第17版

客觀式 勞動法

[사회보장법 포함]

李 相 潤
姜 樂 元 共著

弘 文 社

第17판 머리말

이번 개정판은 최근 개정된 법령내용을 반영하고, 최근 판례 중 학계의 검증을 거친 것들을 반영하였다. 문제도 일부 최근 출제경향에 맞추어 수정 보완하였으므로, 수험생들이 신경향 문제에 적응하는데 도움이 될 것으로 생각한다. 또한 법률용어의 한글화 작업의 일환으로 근로기준법, 산업재해보상보험법, 고용보험법 등의 조문이 완전 개편되어 이를 반영하였다.

최근 2009.4.30.까지 개정된 노동관계법 내용을 완전하게 반영하여 내년 수험준비에 혼돈이 없도록 정리하였다.

노동법을 선택한 수험생 모두에게 합격의 영광이 함께하기를 기원하며 행운이 깃들기를 기도한다. 따스한 봄날에 상춘보다는 책을 출간하는데 많은 애를 써 주신 홍문사 임권규 사장님과 임직원 여러분께 깊은 감사를 드리는 바이다.

2009.5.10
저자들 씀

第16판 머리말

이번 개정판은 내용이 많이 바뀌었다. 근로기준법, 노동조합및노동관계조정법, 근로자참여및협력증진에관한법률, 사회보장기본법, 고용보험법 등이 일부개정되었고, 산업재해보상보험법 및 남녀고용평등과 일·가정 양립지원에 관한 법률이 대폭 개정되었다. 또한 법률용어의 한글화 작업의 일환으로 최저임금법 조문이 개편되어 이를 반영하였다.

교재의 내용 중 설명이 부족한 부분을 대폭 수정·보완을 하였으며, 특히 근로기준법 중 건설업에 대한 임금지급 보장 등에 관한 내용을 이해하기 쉽게 정리하였으며, 남녀고용평등과 일·가정 양립지원에 관한 법률상의 여성근로자보호에 관한 내용과 산업재해보상보험법상 업무상 재해의 인정기준에 관한 내용을 새롭게 정리하였다.

책을 출간하면서 늘 부족함을 느낀다. 하지만 노동법을 선택한 많은 수험생들에게 본 교재가 큰 도움이 되었으면 하는 욕심도 부려본다. 또한 이 책의 출간에 깊은 애정을 쏟아준 홍문사의 임권규 사장님과 임직원 여러분께 깊은 감사를 드리는 바이다.

2008. 9
저자들 씀

초판 머리말

최근의 노사관계는 우리나라의 경제에 커다란 영향을 미치고 있으며, 법학에서도 중요한 지위를 차지하고 있다. 따라서 노동법이 사법시험 과목으로 채택된 것은 당연한 일이며, 오히려 시기적으로 조금 늦은 감이 없지 아니하다.

다만, 최근 노사관계에 관한 법률의 개정이 논의되고 있어 문제집의 발간을 주저하였으나, 수험생들의 독촉에 못이겨 결국 출간하게 되었다.

이 책은 기존의 교과서들이 새로운 制·改正法律 및 판례 등을 반영하지 못하고 있어 이들을 정리·보완하였고, 사회보장법의 분야를 덧붙였다. 따라서 수험생들로 하여금 교과서·요점정리 및 객관식 문제의 모든 분야를 이 책 한 권으로 준비할 수 있도록 정리하였다.

이 책이 발간되기까지 수고하여준 연세대학교 법과대학원의 진해석 군과 이재용 군에게 감사한다. 무더운 여름방학에도 불구하고 문제 및 내용정리에 바쁜 시간을 내어준 두 법학석사의 노고는 정말 무어라고 표현할 수 없을 정도이다. 또한 이 책 출간에 힘써 주신 홍문사의 임권규 사장님과 직원 여러분들에게도 감사드리는 바이다. 부디 이 책이 독자들의 합격에 一助가 되기를 간절히 기원하는 바이다.

1996. 8. 5.
이 상 윤

目　　次

제 1 권　一般理論

제 2 권 個別的 勤勞關係

제 1 편 總 說

제 2 편 勤勞契約

제 8 편　就業規則

제 9 편　寄 宿 舍

제10편 勤勞關係의 變更 및 終了

제 3 권 集團的 勞使關係

제 7 편　勞使協議會

제 8 편　勞動委員會

제 4 권 社會保障法

제 1 권

一般理論

제 1 편 總　　說
제 2 편 勤勞基本權
제 3 편 종합문제

제1편 總　　說

제1장　勞動法의 形成 및 發展

제1절　勞動法의 形成

Ⅰ. 資本主義의 形成 및 發展

산업혁명은 자본주의사회를 형성시켜 경제적 및 사회적 변혁을 가져왔다. 즉 근로자는 기업주에게 자기의 노동력을 상품으로 제공하는 반면에 사용자는 그 대가로서 임금을 지급하였다. 그리하여 노동자들은 자본가에 예속되었으며 사용자는 근로자를 인간 이하의 생산수단 또는 상품의 일부분으로 취급하였다. 따라서 국민은 경제적 강자인 자본가와 경제적 약자로서의 노동자의 2계급으로 분열되었다. 이러한 불안정한 노사관계는 산업혁명을 거쳐 초기자본주의가 성립된 서구제국에 있어 커다란 일대 「사회적 문제」로 대두되었다.

Ⅱ. 資本主義法理의 變化

1. 市民法의 原理

초기 자본주의하에서는 소유권 절대의 원칙, 계약자유의 원칙, 과실책임의 원칙 등이 이른바 시민법의 기본원리를 구성하였는바, 시민법의 원리하에서는 모든 개인은 모두 자유·평등한 것으로 인식되었으나, 이러한 자유와 평등은 「형식적」인 관념에 불과한 것이었다.

2. 社會法의 原理

(1) 내　용　　사회법은 시민법의 기본원리를 수정하는 의미를 가지는 바, 즉 사회법은 국가가 개입하여 형식적인 자유와 평등을 근간으로 하고 있는 시민법의 기본원리를 수정함으로써 「실질적」인 자유와 평등을 도모하고자 대두된 법원리인 것이다.

(2) 사회법의 범위　　사회법의 범위에는 노동법(영국에서 발전)·경제법(미국

에서 발전) 및 사회보장법(독일에서 발전) 등이 포함된다. 일반적으로 사회법이라 함은 사적 자치라는 시민법의 기본원리를 「수정」하기 위하여 대두된 사법 및 공법의 중간영역에 속하는 법원리를 통칭하는 것이다(公私法의 交借).

제2절 勞動法의 發展

Ⅰ. 英國의 勞動立法

영국은 세계최초로 노동법을 제정하였다. 영국은 개별적 근로관계는 의회에서 비교적 상세하게 규정하고 있으나, 집단적 노사관계는 노사자치주의원칙에 따라 당사자의 자주적 결정을 존중하여 주는 것이 일반적이다.

1. 個別的 勤勞關係法

「개별적근로관계법」은 영국에서 1802년 최초로 「도제의건강및도덕에관한법률」(The Health and Morals of Apprentices Act)이 제정되었고, 이후 1833년 「공장연소근로자보호법」(공장법; The Act to Regulate the Labour of Children and Young Persons in Mills and Factories)은 근로감독관제도를 도입하는 등 최초로 근대적 노동법의 전형을 형성하였고, 1975년 「고용보험법」(Employment Protection Act)이 제정되면서 일반근로자에게도 적용되는 일반법이 성립되었다.

2. 集團的 勞使關係法

영국에서 근로자의 단결권은 1799년 「근로자 단결금지법」(Combination of Workmen Act)에 의하여 제한·금지되고 공모죄로 처벌되었으나, 1824년과 1825년 「근로자단결금지법폐지법」에 의하여 근로자의 경제적 단결에 관하여는 형사책임이 면제되었으며, 1871년 마침내 「노동조합법」(Trade ACT Union)이 제정되면서 노동조합을 합법적 단체로 인정받게 되었다.

한편, 1875년에는 「공모및재산보호법」(Conspiracy and Protection Act)이 제정되면서 노동조합활동에 대한 형사면책을 인정하게 되었고, 1906년에는 「노동쟁의법」(Trade Dispute Act)이 제정되어 민사면책을 인정하게 되었으며, 1992년에는 「노동조합및노사관계법」(Trade and Relations Act)이 노사관계에 관한 일반법으로서 통합 제정되었는데 동법은 단체협약에 대한 법적 구속력을 인정하는 점이 특징이다.

Ⅱ. 獨逸의 勞動立法

독일은 헌법상 단결의 권리를 인정하고 있으나, 단체교섭권 및 단체행동권은 명문의 규정이 없어 학설・판례로 인정하고 있다.

1. 個別的 勤勞關係法

독일은 통일적인 개별적 근로관계법을 규정하지 않으며, 다수의 개별법에 의하여 규율하고 있다. 따라서 개별법에 의한 특별법의 형식으로 규정되어 있지 않는 한 민법전의 일반규정이 적용될 뿐이다.

독일 최초의 노동입법은 1839년 「프로이센아동노동법」이었으나, 독일 노동입법의 특징은 비스마르크 재상에 의하여 사회보장정책과 병행 추진된 점이다. 1881년 「근로자보험법」은 최초의 사회보장입법이었으며, 이후 1883년 「질병보험법」, 1884년 「산업재해보험법」 등이 잇달아 제정되었다.

2. 集團的 勞使關係法

독일에는 집단적 노사관계를 포괄적으로 규율하는 일반법은 없다. 1919년 바이마르헌법이 단결권과 단체협약의 법적효력을 명문으로 인정한 이래, 1918년 및 1949년 「단체협약법」에서 단체협약의 규범적 효력을 명시하고 있을 뿐이다.

3. 協同的 勞使關係法

명 칭	내 용
1920년, 경영협의회법	경영협의회 최초 도입, Nazi하 폐지
1951년, 공동결정법 1976년, 공동결정법 개정	회사의 감사회와 이사회에 근로자대표를 참여시키는 경영참가제도
1952년, 경영조직법 1972년, 경영조직법 개정	근로자에게 회사의 사회적・인사적・경제적 사항의 결정에 대한 「공동결정권」과 「협력권」을 부여하는 「노사협의제도」

Ⅲ. 美國의 勞動立法

미국의 경우 i) 개별적 근로관계를 규율하는 연방차원의 일반법으로서는 1938년의 공정근로기준법(Fair Labor Standard Act)이 제정되어 있고, ii) 집단적 노사관계를 규율하는 연방법으로는 다수의 법률이 제정되어 있는 바, 1935년의 「전국노사관계법」(National Labor Relations Act: 와그너법)이 일반법의 지위를 차지하고 있다. 그러나 iii) 협동적 노사관계법은 존재하지 않는다고 볼 수 있다.

법 률	주 요 내 용
(1) 1890년, 셔먼법 (Sherman Act: Antitrust Law-독점금지법)	① 산업의 독점금지를 규정한 법 → 경제입법. 중소기업의 억압금지·중소기업보호. ② 노동조합의 노동운동도 독점적 행위라 하여 근로자의 단결권에도 적용하여 노동조합의 단결을 금지함.
(2) 1914년, 클레이튼법 (Clayton법)	① 노동조합활동에 대한 독점성 부인 ② 노동분쟁에 대한 제한명령·금지명령(Injunction)의 행사금지 → 근로자의 단결·단체교섭은 독점성에 저촉되지 않는다. 즉 근로자의 단체교섭권 인정* ③ '인간의 노동은 상품이 아니다.'—최초선언 ④ '미국노동자들의 마그나 카르타'—Samuel Compers
(3) 1932년, 노리스-라가르디아법 (Noris-LaGuardiaAct: Anti-Injunction Act-반금지명령법)	① 최초의 연방노동입법 ② 노동분쟁에 대한 독점금지법의 적용이나 금지명령의 발부금지 ③ 단체교섭제도 보장 ④ 황견계약(Yellow-dog Contract)의 불법화
(4) 1935년, 와그너법(Wagner Act: National Labor Relations Act-연방노동관계법)	① 기본관념: 노사자치주의 → 정부개입배제 ② 노동조합주의를 우위로 한 법률 ③ 단결권, 단체교섭권, 단체행동권 등 근로3권에 대한 법적 보장* ④ 「전국노동관계행정국(NLRB)」신설 → 부당노동행위판정, 노조의 근로자 대표권 확인, 조합내 조합원의 차별대우금지 ⑤ 노동쟁의 조정제도 설치* ⑥ 단체협약의 개별근로계약에 대한 우위 인정(1941, J. Jakson v. NLRB 사건)* ⑦ 사용자측 부당노동행위 신설* ⑧ Closed Shop 인정 → Open Shop 폐지* ⑨ 배타적 교섭대표제도(단위교섭제도): 과반수 지지받는 노동조합의 배타적 교섭능력 인정
(5) 1947년, 태프트-하틀리법, (Taft-Hartley Act: Labor Management Relations Act-노사관계법)	① 기본이념: 노동조합의 활동과 권한을 제한* ② 노동분쟁에 대한 국가중립의 원칙 수정 → 금지명령제 부활 ③ 와그너법의 친노동정책 수정 → 소극적 단결권을 적극적 단결권과 동위차원에서 보장 ④ NLRB의 단체교섭 규제권한 인정 → 동일산업전체를 상대로 한 단체교섭금지 ⑤ 조합원과 비조합원간의 차별대우금지 ⑥ Closed Shop 폐지 → Union Shop 인정 ⑦ 쟁의행위실행 → 60일간의 냉각기간 ⑧ 공산당원의 노동조합간부취임금지* ⑨ 단체협약의 법적 효력 인정 ⑩ 노동조합측의 부당노동행위인정*

(6) 1959년, 랜드럼-그리핀법 (Landrum-Griffin Act: Labor Management Reporting and Disclosure Act-노조운영 보고·공개법)	① 기본이념: 조합내부민주주의의 확립 → 조합내부사항의 검사와 조사* ② 조합내 공정선거사항 규정 → 조합간부선거의 정기화 ③ 개별조합원의 권리보호 → 모든 조합원의 선거권, 피선거권, 후보자지명권, 총회참가권 보장 ④ 조합원 징계의 제한 → 정당하고 공정한 청문절차의 요구 ⑤ 노동조합의 조합원에 대한 부당노동행위 제한* ⑥ Hot Cargo Contract 금지: 단체협약 체결시, 노동조합방침에 어긋나는 어떠한 사용자와도 거래하지 않겠다는 협약상의 관행* ⑦ 노동조합의 채무에 관한 제한 규정 → 조합은 간부에게 2천불 이상 대여금지. 사용자는 간부에게 무상급여금지. ⑧ 공산주의자의 조합간부 취임금지*

Ⅳ. 우리나라의 勞動立法

1. 第 1 共和國時代의 勞動立法

(1) 헌법의 제정(1948. 7. 17)

- 근로조건의 기준은 법률로 정하고, 여자와 소년의 근로는 특별한 보호의 대상이 된다(헌법 제17조).
- 근로자의 단결권·단체교섭권 및 단체행동권은 보장된다(헌법 제18조).

(2) 노동 4 법의 제정(1953)

- 노동쟁의조정법(법률 제279호)
- 노동조합법(법률 제280호)
- 노동위원회법(법률 제281호)
- 근로기준법(법률 제286호)

2. 第 3 共和國時代의 勞動立法

(1) 1961년 근로기준법 개정

(2) 1963년 노동조합법 개정

- 복수노조금지
- 산별노조강제
- 부당노동행위에 대한 원상회복주의
- 노사협의제 도입

(3) 1963년 노동쟁의조정법 개정

- 긴급조정제도 신설

(4) 새로운 노동입법의 제정
- 「직업안정법」(1961. 12. 6, 법률 1807호)
- 「선원법」(1962. 1. 10, 법률 963호)
- 「산업재해보상보험법」(1963. 11. 5, 법률 1438호)
- 「의료보험법」(1963. 12. 16, 법률 1623호)
- 「사회보장에 관한 법률」(1963. 11. 5, 법률 1438호)
- 기타 「외국인투자기업의 노동조합 및 노동쟁의조정에 관한 임시특례법」(1970년), 「수출자유지역설치법」

3. 第 4 共和國時代의 立法

(1) 1971. 12. 6 국가비상사태의 선포: 「국가보위에 관한 특별조치법」(1971. 12. 27)
- 근로자의 단체교섭권 및 단체행동권 제한(동법 제 9 조 제 1 항)

(2) 유신헌법의 공포(1972. 12. 27)
- 근로삼권은 법률이 정하는 범위 안에서 보장(법률유보조항)(제29조 제 1 항)
- 공무원과 국가, 지방자치단체, 국영기업체, 공익사업체 또는 국민경제에 중대한 영향을 미치는 근로자들의 단체행동권은 법률이 정하는 바에 따라 제한 또는 불인정(제29조 제 3 항)

(3) 1973년 노동조합법 · 노동쟁의조정법 개정
- 산별체제지향규정 삭제

(4) 1974. 1. 14: 「국민생활의 안정을 위한 대통령긴급조치」
- 임금채권의 우선변제의 인정, 근로기준법상의 벌칙강화
- 단체협약 불이행자 및 부당노동행위자에 대한 벌칙강화

4. 第 5 共和國時代의 勞動立法

(1) 제 5 공화국 헌법의 공포(1980. 10. 27)
- 국가는 근로자의 고용증진과 적정임금의 보장에 노력하여야 한다(제30조 제 1 항).
- 근로조건의 기준은 인간의 존엄성을 보장하도록 법률로 정한다(제30조 제 3 항).
- 국가유공자 · 상이군경 및 유가족은 우선적으로 근로의 가치를 부여받는다(제30조 제 5 항).
- 근로자는 근로삼권을 보유하나, 단체행동권의 행사는 법률로 정하는 바에 의한다(헌법 제31조 제 1 항 · 제 2 항).

• 방위산업체 근로자의 단체행동권은 제한된다(제31조 제3항).

(2) 노동법의 개정 및 제정

• 근로기준법, 노동조합법, 노동쟁의조정법의 개정
• 노사협의회법의 제정(1980.12.31)
• 산업안전보건법의 제정(1981.12.31)
• 최저임금법의 제정(1986.12.31)
• 남녀고용평등법의 제정(1987.12.4)

5. 第6共和國 이후의 勞動立法

(1) 노동법의 제정

• 고용정책기본법(1993.12.27)
• 고용보험법(1993.12.27)
• 노동조합및노동관계조정법(1997.3.13)
  * 노동조합법, 노동쟁의조정법의 폐지·통합
• 근로자참여및협력증진에관한법률(1997.3.13)
  * 노사협의회법의 폐지
• 노동위원회법(1997.3.13)
• 근로자직업훈련촉진법(1997.12.24)
  * 직업훈련기본법의 폐지
• 파견근로자보호등에관한법률(1998.2.20)
• 임금채권보장법(1998.2.20)
• 공무원직장협의회의 설립·운영에관한법률(1998.2.24)
• 교원의 노동조합설립및운영등에관한법률(1999.1.29)
• 공무원의 노동조합설립및운영등에관한법률(2005.1.27)
• 근로자퇴직급여보장법(2005.1.27)
• 기간제 및 단시간근로자보호 등에 관한 법률(2006.12.21)

(2) 노동법의 개정

• 근로기준법(2007.4.11)
• 산업재해보상보험법(2007.12.14)
• 고용보험법(2007.5.11)
• 남녀고용평등과 일·가정 양립지원에 관한 법률(2007.12.21)
• 노동조합및노동관계조정법(2006.12.30) 등

제2장 勞動法의 主要體系

제1절 勞動法의 意義

Ⅰ. 意 義

노동법이란 종속적 노동(판례: 「사용종속관계」)에 관한 법이다(다수설).

[대판 1994. 12. 9, 다22859] 근로자가 노동법에 의한 보호를 받기 위하여는 우선 「사용종속관계」(종속노동관계)의 존재가 필요하고, 이의 존재여부는 계약의 명칭·형태와 상관없이 i) 업무내용, 업무수행과정 및 업무시간·장소 등이 사용자의 지휘·명령·감독을 받는지의 여부, ii) 업무의 대체성여부, iii) 보수의 근로에 대한 대상성 유무 등 양 당사자의 경제·사회적 조건 등의 종합적으로 고려하여 판단하여야 한다.

Ⅱ. 從屬勞動의 本質

학 설	내 용	주 장 자
경제적 종속설	근로자는 경제적으로 불평등한 지위에 있으므로 노동자의 계약의사의 비자율성 및 사용자에 대한 경제적 불평등을 노동의 종속성이라는 개념으로 파악하려는 견해이다.	Melsbach, Kaskel
인격적 종속설	종속노동의 본질적 요소는 인격적인 종속이라고 하는 견해이다. 노동자는 사용자의 지휘·명령에 따라 노동을 수행하게 되며, 노동력은 노동자의 인격과 불가분의 관계에 있는 까닭에 노동력에 대한 지배는 곧 노동자의 인격적 지배를 의미하는 것이 된다.	Hueck
조직적 종속설	종속적 노동의 본질적 요소는 노동자가 사용자의 경영체에 편입됨으로써 발생하는 조직권에의 복종에 기인한다고 보는 견해이다.	Pothoff
법률적 종속설	법률적 권력에 의한 소유권은 노동력을 고용하고 관리하는 기능을 함께 행사하므로, 이러한 소유권자인 사용자와 단순한 노동력의 제공자인 근로자 사이에는 종속관계가 존재하게 된다는 것이다.	Sinzheimer
타인결정설	노동의 급부를 도급관계와 같은 특정노동과, 시간급과 같은 일반노동으로 나누고 전자는 급부의 내용이 당사자간의 자유로운 의사에 따라 결정되나 후자의 경우는 사용자의 지시에 따라 근로의 내용이 결정되	Höniger

	기 때문에 일반노동에 있어서는 사용자와 근로자간에 종속노동관계가 성립된다는 견해이다.	

제2절 勞動法의 地位

Ⅰ. 私法性과 公法性

1. 勞動法의 私法的 性質

노동법이 시민법하의 사법적 원리를 극복하고 대두된 법분야라고 할지라도 사법적 성질을 완전히 부정하는 것은 아니다. 특히 개별적 근로관계에 있어서의 근로계약 및 집단적 노사관계에 있어서의 단체협약 등에 관하여는 노동법에 명문으로 규정되지 아니하거나, 노동법의 원리를 적용할 수 없는 경우 민법이 적용되는 것이 원칙이다.

2. 勞動法의 公法的 性質

노동법은 공법적 성질을 가지고 있다. 즉 현재의 노동관계법률 중에서 근로기준법, 노동조합및노동관계조정법, 노동위원회법 등의 제규정은 바로 당사자 자치를 원칙으로 하는 노사관계에 개입하여 일정한 기준을 제시하고 이에 위반되는 경우 벌칙을 부과하는 등 공법적 효력을 갖고 있다.

Ⅱ. 다른 法과의 關係

1. 經濟法과 勞動法

노동법과 경제법은 사회법의 한 부분을 구성하면서 자본주의경제의 내재적 모순을 해결하기 위한 법으로서 발생하였다는「생성사적 측면」에서 공통의 기반을 가지고 있으나, i) 노동법은 근로자의 근로조건에 관한 규제를 대상으로 함에 반하여, ii) 경제법은 경제현상을 그 대상으로 한다는 점에서 구분된다고 할 것이다.

2. 社會保障法과 勞動法

사회보장법도 노동법과 함께 생존권의 확보를 위한 사회법의 한 부분을 구성한다는 점에서 동질적이나, i) 사회보장법은 국민전체를 대상으로 하는 반면에, ii) 노동법은 근로자 및 사용자를 대상으로 한다는 점에서 구별된다. 다만, 산업재해보상보험법 및 고용보험법 등은 노동법과 사회보장법이 교차중복되는 영역이라고 볼 수 있을 것이다.

제 3 절 勞動法의 體系

Ⅰ. 意　義

노동법은 「개별적 근로관계법」과 「집단적 노사관계법」으로 나누는 것이 일반적이다. 최근에는 i) 「노동시장법」 또는 「고용정책법」 등 근로자의 근로의 기회를 보장하는 법분야를 제 3 의 새로운 분류체계로 제시하는 견해도 있으나, ii) 이를 개별적 근로관계를 예정하고 있는 법분야로 보아 광의의 개별적 근로관계에 포함시키는 견해가 일반적이다.

Ⅱ. 勞動法의 區分

구　분		관 련 법 률	특　징
개별적 근로관계법	취업보장에 관한 법률	직업안정법, 근로자직업훈련촉진법, 남녀고용평등과일·가정양립지원에관한법률, 국가유공자예우등에관한법률	① 사용자의 행위를 규제함으로써 개개근로자를 개별적으로 보호하는 법 ② 헌법 「제32조」의 구체화 법률 ③ 시민법의 구성형식 ④ 근로자 對 사용자의 구조 ⑤ 강행법적인 기준설정 ⑥ 국가의 직접적 개입 ⑦ 국가의 행정적 감독 ⑧ 법위반에 대한 벌칙부과
	근로조건의 보호 등에 관한 법률	근로기준법, 최저임금법, 임금채권보장법, 산업안전보건법, 선원법, 파견근로자보호등에관한법률, 기간제및단시간근로자보호등에관한법률	
	사회보험에 관한 법률	사회보장기본법, 산업재해보상보험법, 고용보험법, 국민연금법, 국민건강보험법	
집단적 노사관계법		노동조합및노동관계조정법, 교원의노동조합설립및운영등에관한법률, 공무원의노동조합설립및운영등에관한법률, 노동위원회법, 근로자참여및협력증진에관한법률, 공무원직장협의회의설립·운영에관한법률	① 노동조합이라는 단체를 통하여 스스로 자조할 수 있는 수단을 보장함으로써 근로자들을 집단적으로 보호하는 법 ② 헌법 「제33조」의 구체화 법률 ③ 시민법체계와 다른 차원 ④ 노동조합 對 사용자의 구조 ⑤ 자주적 해결원칙, 노사

		자치주의 ⑥ 국가의 간접적 개입 ⑦ 노사의 실질적 평등확보

※ Alfred Hueck의 분류

제 4 절　勞動法의 法源

Ⅰ. 法源의 意義

1. 意　　義

법원이란「노동법의 존재형식」또는「재판규범의 존재형식」이다. 즉 종속노동관계에서 어떤 법을 어떻게 적용할 것인가에 관한 노동법해석의 자료(노동법내용의 결정근거)를 말한다.

2. 學　　說

(1) 객관적 법만을 규범으로 보는 견해　객관적 규범성과 일반성을 필수적 요소로 보고, 법원을 일반·추상적인「객관적 규범의 발생근거」로 본다(통설).

(2) 주관적 법·주관적 권리로 보는 견해　주관적 규범성 내지 특수성도 그 요소로 보고, 법원을 근로관계를 규정짓는 근거(근로관계의 내용인 권리와 의무)로 본다(김형배).

Ⅱ. 法源의 種類

종　류		내　용	기　타
실정법	헌　법	• 노동법의 해석·적용시 최종적 기준	
	법　률	• 강행적 효력	
	시행령		
국 제 법		• 조약과 일반적으로 승인된 국제법규 →「국내법과 동일한 효력」	• ILO협약
노 동 관습법	관습법 사실인 관 습 경 영 관 행	• 노사의 법적 확신을 기초로 법원의 판결을 통해 노동관습법으로 성립 • 요건(판례) ① 노사간에 명시적·묵시적 합의를 인정할 만한 관행의 존재 ② 기업구성원이 이의없이 수용할 정도의 사실상의 제도화 확립	• 일반론과는 달리 관습법과 사실인 관습을 구별할 필요가 없다(대판 1993. 1. 26, 92다11695).

<table>
<tr><td rowspan="3">노 동
자치법</td><td>단 · 체
협 약</td><td>• 법원성 긍정</td><td>• 조합원과 사용자만 적용됨</td></tr>
<tr><td>취 업
규 칙</td><td>• 법원성 긍정(다수설)</td><td></td></tr>
<tr><td>조 합
규 약</td><td>• 법원성 긍정(대판 2002. 2. 22, 2000다65086)</td><td>• 조합원과 조합간부등 조합기관만 적용 → 제 3 자 비적용</td></tr>
<tr><td colspan="2">근로계약</td><td>• 법원성 부정(통설/반대: 김형배)</td><td></td></tr>
<tr><td colspan="2">사용자 지시권
(업무명령)</td><td>• 법원성 부정(통설/반대: 김형배)</td><td></td></tr>
<tr><td colspan="2">노동판례</td><td>• 법원성 부정(통설: 대판 2002. 4. 23, 2000다50701)</td><td>• 노동관행을 승인하는 판례가 반복되는 경우 노동관습이 성립할 수는 있다.</td></tr>
<tr><td colspan="2">행정해석</td><td>• 법원성 부정(통설: 대판 1990. 9. 25, 90누2727) → 행정관청은 최종적인 법의 해석권자가 될 수 없다.</td><td>• 기관내부의 사무처리지침에 불과하고 대외적인 구속력이 없다(대판 1990. 9. 25, 90누2727).
• 행정해석에 따라 노동관행이 성립될 경우 노동관습법이 성립될 수는 있다.</td></tr>
</table>

Ⅲ. 法源의 適用順序

1. 法源適用의 一般原則

(1) 상위법우선의 원칙　상위의 법원은 하위법원의 기준의 적용이 근로자들에게 불리한 경우에 이를 무효로 하는 효력을 가진다(片面適用의 원칙).

헌법 → 법률 → 시행령 → 단체협약 → 취업규칙(→ 근로계약)

(2) 신법우선의 원칙(질서의 원칙)　적용범위가 같은 두 개의 단체협약이 있는 경우 後에 성립된 新단체협약이 적용된다(대판 1994. 5. 10, 93다31081).

(3) 특별법우선의 원칙

1) 근로기준법의 특별법이 되기 위해서는 입법목적 · 규제대상 등이 근로자의 근로조건결정에 관한 것이어야 한다(근기 01254 - 9222, 1991. 6. 27).

2) 따라서 i) 건강보험법('90 대판) ii) 정부투자기관관리법('92 대판)은 전면적으로 근로기준법의 특별법이라 할 수 없고, i) 선원법의 근로기준법에 대한 관계 ii) 사업장단위 단체협약의 기업단위 단체협약에 대한 관계에서 선원법 또는 사업장단위 단체협약이 우선적용되는 것이다(대판 1992. 11. 27, 92다32357).

2. 有利한 條件優先의 原則

유리한 조건우선의 원칙이란 하위의 법원이 상위의 법원보다 근로자에게 유리한 내용을 규정하고 있는 경우 하위의 규범이 그대로 효력을 발생하고 상위의 법원은 적용되지 않는다는 것을 말한다.

상위의 법원의 최저기준을 정한 것이 명백한 경우 유리의 원칙이 적용되나, 법률상 명문의 규정이 없거나 단체협약의 기준이 최저기준이라는 것이 명확하지 않은 경우에 유리의 원칙을 인정할 것인가와 관련하여 논의가 있다. 즉 규범적 효력의 편면성만 인정할 것인가, 유리한 경우도 무효로 할 것인가의 문제이다.

제 3 장 勞動法의 國際化

제 1 절 國際勞動會議

명　　칭	내　　용
1890년 베를린 국제노동회의(독일)	• 세계최초의 국제노동회의 • 주요결정내용 i) 일요일 휴무 ii) 광산노동보호 iii) 부인노동보호 iv) 아동노동보호
1905년 베른 국제노동회의(스위스)	• 주요결정내용 i) 황산사용금지 ii) 부인야업금지
1919년 파리평화회의(프랑스)	• 국제노동기구(ILO)의 성립

제 2 절 ILO(國際勞動機構)

Ⅰ. 成立 및 發展

1. 成　　立

세계 제 1 차대전이 종식되고 1919년에 프랑스 파리에서 조인된 베르사이유

평화조약의 제1편은 국제연맹에 관한 규정을 하였고 동 조약 제13편은 국제노동기구(International Labor Organization)의 설립에 관한 규정을 하였다. 이에 따라 ILO가 성립되었다.

2. 發　展

1944년에 ILO 제26회 총회가 필라델피아에서 소집되었고 동 회의에서 필라델피아선언이 의결되었다. 동 필라델피아선언은 일명 「국제노동기구의 목적에 관한 선언」이라고도 칭하고 있으며 그후 1946년에 캐나다의 몬트리올에서 개최된 제29회 ILO총회에서 채택된 국제노동기구헌장 개정문서의 전문과 부속서를 구성하고 있다.

[필라델피아 선언]

① 노동은 상품이 아니다. ② 사회의 지속적인 진보를 위하여 표현 및 결사의 자유는 불가결하다. ③ 일부의 빈곤은 전체의 번영에 위험하다. ④ 빈곤의 극복은 노동자 및 사용자대표가 정부의 대표와 동등한 지위에서 사회복지의 증진을 위한 자유로운 토의 및 민주적 결정에 참가함으로써 국제적 노력에 의하여 수행될 것을 요망한다.

Ⅱ. ILO의 主要內容

1. 槪　要

- 설립: 1919년
- 본부: 스위스 제네바
- 회원국: 170여 개 국가
- 우리나라: 1991년 12월 9일 가입
- 성격: 국제연합전문기구중의 하나
- 상벌: 1969년에 노벨평화상 수상(창립 50주년)

2. 組　織

ILO는 다른 UN전문기구와 달리 정부대표만이 참가하는 것이 아니라 근로자와 사용자대표도 함께 참여하는 노·사·정 3자협의기구(Tripartite)라는 특징을 가지고 있다. ILO는 매년 개최되는 총회(General Assembly), 사업집행기관인 이사회(Governing Boby), 그리고 상설 국제노동사무국(Interational Labor Office)으로 구성되어 있다. 또한 지역회의, 산업별위원회, 그리고 전문가회의와 같은 보조기관들을 통해서도 업무를 수행한다.

(1) 국제노동회의(총회) 총회는 이사회의 구성원을 선출하고, 회원국의 회비로 구성되는 예산을 승인하며, 노동·사회문제에 대한 국제토론의 장을 마련한다. 각 국가의 대표단은 4인(정부대표 2인, 노사대표 각 1인)으로 구성된다. 이들 대표는 독립하여 각기 발언권 및 투표권을 행사한다.

(2) 이사회 이사회는 통상 1년에 3차례 제네바에서 개최되는데 국제노동정책이나 사업에 관한 사항을 결정하게 된다. 이사회는 28개국의 정부대표, 14개국의 사용자대표, 14개국의 근로자대표로 구성되어 있으며 인원은 총 56명이다. 이사들의 임기는 3년이며 28명의 정부대표 중에서 10명은 주요 산업국가의 이사중에서 상임이사로 선출되고, 18명의 정부대표는 총회에서 선출된다.

(3) 사무국 ILO사무국은 이사회에서 선출한 사무총장이 통할한다.

(4) 지역회의 및 산업별 위원회제도

1) 지역회의 세계의 각 지역은 지역별로 다른 지역과 구분되는 독특하고 고유한 노사관계 및 경제사정을 갖고 있다. 이에 따라 ILO는 지역별 문제에 국한된 사항을 논의하기 위한 지역회의를 설치하고 있다.

2) 산업별 위원회제도 ILO에는 이사회에 부속되어 있는 8개의 전문위원회 이외에 각 산업별로 위원회가 설치되어 있다. 현재에는 탄광, 운수, 철강, 금속, 섬유, 건축, 토목, 공공산업, 석유 및 화학공업 등 10개 산업별위원회가 설치되어 있다.

3. ILO協約 및 勸告

(1) 협약과 권고의 법적 성격 ILO협약은 일반 국제조약과 마찬가지로 가맹국의 비준 또는 수락이라는 절차를 통해서만 효력이 발생한다.

ILO가 행하는 근로기준 설정에는 협약과 권고의 두 가지 종류가 있다. i) 협약은 가맹국이 비준함으로써 구속력을 가지는 문서이나, ii) 권고는 협약을 보완하거나, 전세계적으로 공통되게 실시하기에는 부적합하므로 각 국가별로 개별적으로 채택하되, 이 경우의 기준을 권고하는 방침에 불과하다.

(2) 협약과 권고의 채택 · 제정

1) 사안의 건의 ILO의 이사회나 세계적인 노사단체 등이 특정 사안을 건의하게 된다.

2) 이사회의 심의 · 결정 건의사항을 접수한 이사회에서 이사회의 의제 및 총회의 의제로의 채택여부를 결정하게 된다.

3) 총회의 심의 · 결정 총회의 의제로 채택하면 i) 제1차 토의에서 당해 사항을 협약으로 할 것인가, 권고로 할 것인가를 결정하고, ii) 다음해의 제2차 토의에서는 제1차 토의의 내용을 재심의함과 동시에 그 결과에 따라 협약이나 권

고 또는 이 두 가지 모두를 채택하게 된다. 이 때에는 출석한 총회대표 3분의 2의 찬성을 필요로 한다.

(3) 협약과 권고의 실시

1) 협 약 총회에서 협약이 채택되면 ILO사무총장은 이를 각 회원국에게 통보한다. 이에 따라 각 회원국은 자국의 입법기관에 보고하고 그 사본을 주요 노사단체에 각각 송부해야 하며 이때 반드시 비준의 필요성 여부와 적용가능성 등에 관한 의견을 함께 첨부해야 한다. 가맹국 입법기관이 협약을 비준한 경우에는 정부책임자가 서명한 결과통보문을 ILO사무총장에게 송부하여야 한다. 비준되지 아니한 경우에는 그 협약이 다루고자 하는 사항에 관한 자국의 법률 및 관행의 실태를 이사회에 보고해야 한다.

2) 권 고 ILO는 총회에서 채택된 권고를 모든 회원국에게 통보한다. 회원국은 입법기관에 비준을 위해 이를 제출하지 아니하여도 무방하다. 여타의 절차는 협약과 동일하게 처리한다.

4. 施行監督

ILO는 협약과 권고를 회원국이 제대로 시행하고 있는지를 확인·감시하게 되는 바, 이를 효과적으로 수행하기 위하여 「협약과 권고의 적용 전문가위원회」와 「의사진행규정 및 협약·권고위원회」라는 기구를 설치·운영하고 있다. 또한 협약위반사항을 신고할 수 있는 제도와 협약준수에 관련한 불만신고 등을 접수할 수 있는 절차를 마련해 두고 있다.

5. 主要 協約의 內容

(1) 핵심협약과 우선협약

1) 핵심협약이란 1998년 「근로자 기본권 선언」을 채택한 이후, 근로자의 가장 기본적인 권리를 다루는 4개 분야에서의 8개 협약을 모든 회원국이 비준하고 이행해야 하는 협약을 말한다.

분야	협약번호	협약명(채택연도)	비준여부
결사의 자유	제87호	결사의 자유 및 단결권 보호에 관한 협약(1948)	×
	제98호	단결권 및 단체교섭권 원칙의 적용에 관한 협약(1949)	×
강제근로	제29호	강제근로에 관한 협약(1930)	×
	제105호	강제근로의 폐지에 관한 협약(1957)	×
아동노동	제138호	취업의 최저연령에 관한 협약(1973)	○
	제182호	가혹한 형태의 아동노동철폐에 관한 협약(1999)	○

차별금지	제100호	동일가치 근로에 대한 남녀근로자의 동등보수에 관한 협약(1951)	○
	제111호	고용 및 직업에 있어서 차별대우에 관한 협약(1958)	○

2) 우선협약이란 노동관련 제도 및 정책에 본질적으로 중요한 문제를 다루는 4개의 협약을 말한다.

분야	협약번호	협약명(채택연도)	비준여부
근로감독	제81호	공업 및 상업부문에서 근로감독에 관한 협약(1947)	○
	제129호	농업부문 근로감독에 관한 협약(1969)	×
고용정책	제122호	고용정책에 관한 협약(1964)	○
3자 협의	제144호	국제노동기준의 이행을 촉진하기 위한 3자 협의에 관한 협약(1976)	○

(2) 분야별 주요협약

1) 기본적 인권 ① 결사의 자유 및 단결권의 보호에 관한 협약(제87호, 1948), ② 단결권 및 교섭권에 대한 원칙적용에 관한 협약(제98호, 1948), ③ 동일가치 동일노동 보수에 관한 협약(제100호, 1951), ④ 강제근로 폐지에 관한 협약(제105호, 1957), ⑤ 고용 및 직업의 차별대우에 관한 협약(제111호, 1958) 등이 있다.

2) 노사관계 ① 전국적 사업규모에 있어 공기업과 근로자단체 그리고 사용자단체간의 협의와 협력에 관한 권고(제113호, 1960), ② 기업내 경영자와 근로자간의 커뮤니케이션에 관한 권고(제129호, 1967), ③ 기업내 고충해결을 위한 심사에 관한 권고(제130호, 1967), ④ 근로자대표에 관한 협약(제135호, 1971), ⑤ 기업내 근로자대표에게 부여된 보호와 편의에 관한 권고(제143호, 1971), ⑥ 단체교섭 촉진에 관한 협약(제154호, 1981) 등이 있다.

3) 근로조건(임금 · 근로시간 · 휴가 등) ① 근로시간을 1일 8시간 및 1주 48시간으로 제한하는 협약(제1호, 1919), ② 최저임금결정제도 설정에 관한 협약(제26호, 1928), ③ 근로시간 단축에 관한 권고(제116호, 1962), ④ 연차유급휴가에 관한 협약(제32호, 1970) 등이 있다.

4) 여성근로 ① 야간에 있어서 부인의 고용에 관한 협약(제103호, 1952), ② 가정책임을 갖는 부인의 고용에 관한 권고(제123호, 1965), ③ 야간근로에 관한 협약(제171호, 1990) 등이 있다.

5) 근로자복지 및 사회보장 ① 사회보장의 최저기준에 관한 협약(제102호, 1952), ② 업무상 재해의 경우에 있어서 급부에 관한 협약(제121호, 1964), ③ 근로자주택에 관한 권고(제115호, 1961), ④ 사회보장권리의 유지에 관한 협약(제157호, 1982), ⑤ 선원의 사회보장에 관한 협약(제165호, 1987) 등이 있다.

(3) 우리나라가 비준한 협약

2008년 3월 현재 우리나라가 비준한 ILO협약은 24개이다.

협약번호 (채택연도)	협 약 명 주 요 내 용	비준일
第73호 (1946)	건강검진(선원) 협약 해상근무에 대한 적격성을 입증하는 권한 있는 기관이 발급한 건강증명서를 소유한 경우에만 선박 내에 고용될 수 있음	1992. 12
第81호 (1947)	근로감독 협약 공업 및 상업부문 사업장에서 근로조건과 근로자 보호에 관한 법규정 집행을 보장하기 위한 근로감독 체계 제공	1992. 12
第122호 (1964)	고용정책 협약 경제성장과 발전을 촉진하고 생활수준을 향상시키고 인력수요를 충족시키는 한편 실업 및 불완전 고용을 해소하기 위하여 완전고용을 촉진하는 적극적인 정책 추진	1992. 12
第142호 (1975)	인적자원 개발 협약 고용과 밀접하게 관계된 직업지도 및 직업능력개발에 관한 포괄적이고 조화된 정책과 프로그램을 채택하고, 특히 공공취업알선기관을 통하여 정책 시행	1994. 1
第100호 (1951)	동등보수 협약 사용자가 근로자에게 직·간접적으로 혹은 현금·현물의 형태로 지불하는 최저임금, 급료, 그 밖의 모든 형태의 추가급여가 남녀 차별 없이 동등 지불 의무	1997. 12
第150호 (1978)	노동행정 협약 비준국은 적절히 조율된 효율적인 노동행정, 기능, 책임체계를 조직해야 함	1997. 12
第160호 (1985)	노동통계 협약 회원국은 기본적인 노동통계를 정기적으로 수집·편집·출판하여야 함	1998. 12
第111호 (1958)	차별(고용과 직업) 협약 직업능력개발·고용·특정직업에의 접근·고용계약과 조건 등에 모든 형태의 차별을 철폐할 목적으로 국가정책을 결정·추진함으로써 기회와 처우의 평등을 촉진하여야 함	1998. 12
第138호 (1973)	최저연령 협약 아동노동의 효율적인 철폐를 보장하고, 또한 취업의 최저연령을 연소자의 심신의 완전한 발달에 가장 적합한 수준까지 점진적으로 높일 것을 규정, 특히 취업 최저연령은 어떤 경우에도 15세 미만이어서는 안됨	1999. 1
第144호	삼자협의(국제노동기준) 협약	1999. 11

(1976)	국제노동기구 관련활동을 하는데 있어 정부·사용자·근로자 대표 사이의 효율적인 협의를 보장하기 위한 절차적 조치를 취해야 함	
第159호 (1983)	직업재활과 고용(장애인) 협약	1999.11
	장애인과 일반 근로자간의 동등한 기회원칙을 토대로 직업소개, 직업능력개발, 취업 및 기타 고용에 관련된 적절한 서비스를 장애인들에게 제공해야 함	
第19호 (1925)	균등대우(재해보상) 협약	2001.3
	산업재해 발생시 내·외국인 근로자를 차별하지 않고 동등하게 보상하여야 함	
第156호 (1981)	가족부양 의무 근로자 협약	2001.3
	모든 근로자는 가족부양의 의무로 인하여 고용·승진 등 모든 경제활동에서 차별 금지	
재182호 (1999)	가혹한 형태의 아동노동 협약	2001.3
	18세 미만 아동에 대한 가혹한 노동을 금지함	
第26호 (1928)	최저임금의 결정제도 협약	2001.12
	임금이 예외적으로 낮은 산업에 종사하는 근로자를 보호하기 위하여 최저임금제도 유지를 규정함	
第131호 (1970)	최저임금 결정 협약	2001.12
	부당한 저임금으로부터의 근로자 보호를 위한 최저임금제 시행을 규정함	
第88호 (1948)	고용서비스 협약	2001.12
	무료의 공공직업안정기관 유지를 규정함	
第135호 (1971)	근로자 대표 협약	2001.12
	근로자 대표에게 불이익을 주지 않을 것을 규정함	
第170호 (1990)	화학물질 협약	2003.4
	작업장에서의 화학물질 사용에 있어 안전유지를 위한 규정 및 사용자와 근로자간 협력 등 규정	
第53호 (1936)	관리자의 자격증명서 협약	2003.4
	상선에 승무하는 선장과 직원의 최저연령, 자격 등 규정	
第162호 (1986)	석면협약	2007.4
	직업상 유해한 석면에 노출되는 근로자의 건강 보호에 관한 협약	
第185호 (2003)	선원신분증명협약	2007.4
	선원신분증명서의 내용, 형태 및 유효한 신분증명서의 효력 등에 관한 협약	
第155호 (1981)	산업안전보건협약	2008.2
	산재 예방을 위해 산업안전보건 및 작업환경에 관한 국가정책의 수립·시행시, 노사 대표와 협의를 거칠 것 등	

제187호 (2006)	산업안전보건증진체계협약 노사 대표기구와의 협의에 의한 국가적 차원의 산재예방체제 구축과 산재예방 정책·프로그램을 통한 지속적 산업안전보건정책의 증진선원신분증명서의 내용, 형태 및 유효한 신분증명서의 효력 등에 관한 협약	2008.2

기출문제 및 기본문제

최근 기출문제

1. 노동법의 법원(法源)과 관련된 설명으로 옳지 않은 것은? 〈51회 사시〉

① 「근로기준법」에 정한 기준에 미달하더라도 단체협약으로 정한 근로조건은 유효하다.

② 취업규칙에서 정한 기준을 상회하는 근로계약은 유효하다.

③ 최저임금의 적용을 받는 근로자와 사용자 사이의 근로계약 중 최저임금액에 미치지 못하는 금액을 임금으로 정한 부분은 무효로 한다.

④ 노동부장관은 단체협약에 어긋나는 취업규칙의 변경을 명할 수 있다.

⑤ 행정관청은 노동위원회의 의결을 얻어 단체협약 중 위법한 내용의 시정을 명할 수 있다.

≪**해설**≫ ① 근로기준법에 저촉되는 취업규칙·근로계약·단체협약 등은 그 부분에 한하여 무효가 된다(1983. 6. 2, 근기 1451-14068). ② 근로기준법 제97조. ③ 최저임금법 제 6 조 제 3 항. ④ 근로기준법 제96조 제 2 항. ⑤ 노동조합및노동관계조정법 제21조 제 2 항.

2. 노동법의 기본이념과 기본원리에 관한 설명으로 옳은 것은? 〈50회 사시〉

① 개인주의와 자유주의를 바탕으로 한 사적자치의 원리를 기본이념으로 하고 있다.

② 근로자의 인간다운 생활의 실현을 기본이념으로 하고 있다.

③ 소유권 존중의 원칙과 계약자유의 원칙은 일정한 제약을 받지만 과실책임의 원칙은 수정되지 않는다.

④ 집단적 자치의 원리는 개인의 인격과 존엄성을 침해할 수 있으므로 노동법의 기본원리가 될 수 없다.

⑤ 헌법은 근로조건의 기준에 대하여 국가경제의 경쟁능력을 해치지 않는 범위 내에서 보장된다는 공공이익 존중의 원리를 명시하고 있다.

≪**해설**≫ 근로조건의 기준은 인간의 존엄성을 보장하도록 법률로 정한다(헌법 제32조 제 3 항).

┃해답┃ **1.** ① **2.** ②

3. 노동법의 법원과 관련한 설명 중 옳지 않은 것은? (다툼이 있는 경우에는 판례에 의함) 〈49회 사시〉

① 취업규칙의 기준에 미달하는 근로계약의 부분은 무효이고, 무효로 된 부분은 취업규칙의 기준이 적용된다.

② 취업규칙은 단체협약에 반할 수 없으며, 노동부장관은 단체협약에 저촉되는 취업규칙의 변경을 명할 수 있다.

③ 단체협약의 기준에 위반하는 근로계약의 부분은 무효이다.

④ ILO협약은 일반적으로 승인된 국제법규이므로 국내법적 효력이 인정된다.

⑤ 노동부의 예규는 법원으로 인정되지 않는다.

≪**해설**≫ ① 근로기준법 제97조. ② 동법 제96조. ③ 노조법 제33조. ④ 헌법에 의하여 체결·공포된 조약과 일반적으로 승인된 국제법규는 국내법과 같은 효력을 가진다(헌법 제 6 조 제 1 항 참조). ILO협약은 일반적으로 승인된 국제법규(예컨대 외교관의 대우에 관한 일반원칙, 포로에 관한 제네바협정 등)가 아니고 헌법에 의하여 체결·공포되어야 할 조약이므로 대통령이 조약의 체결·비준권을 행사하기에 앞서 국회의 동의를 얻어야 국내법과 같은 효력을 가지게 된다. ILO협약이 ILO 총회에서 채택되었다 하여 조약의 체결·비준에 대한 국회의 동의 없이 바로 국내법과 같은 효력을 가지게 되는 것은 아니다. ⑤ 노동부 예규는 그 규정의 성질과 내용이 행정기관 내부의 사무처리준칙을 규정한 데 불과한 것이어서 국민이나 법원을 구속하는 것이 아니라고 할 것이다(통설; 대판 1995. 9. 15, 94누12326; 대판 1995. 2. 14, 94누12982; 대판 1990. 9. 25, 90누2727).

4. 노동법의 법원(法源)의 적용관계에 관한 설명 중 옳은 것은? (다툼이 있는 경우에는 최근 판례에 의함) 〈48회 사시〉

① 단체협약에 정한 바가 있으면 경영상 이유에 의한 해고시 여성을 우선적인 해고대상자로 선정할 수 있다.

② 근로기준법은 강행규정이므로 이보다 근로자에게 유리한 근로조건을 정한 취업규칙의 규정은 무효이다.

③ 상여금지급약정에서 정한 내용이 취업규칙에 비하여 근로자에게 유리한 경우에도 약정은 그 부분에 한하여 무효가 된다.

④ 취업규칙보다 근로자에게 불리한 면직기준을 정한 단체협약은 무효이다.

⑤ 최저임금의 적용을 받는 근로자와 사용자 사이에 최저임금액에 미달하는 임금을 정한 근로계약은 그 부분에 한하여 무효로 한다.

≪**해설**≫ ①④⑤ 근로조건 결정규범 상호간에는 상위법우선의 원칙이 적용된다. 따라서 단체협약이나 근로계약이 강행법령에 위반할 수 없고, 취업규칙보다 단체협약이 우선한다. ②③ 상위법우선의 원칙을 편면적용의 원칙으로 이해할 때 상

┃해답┃ 3 ④ **4** ⑤

하규범 간에는 상위법우선의 원칙의 예외로서 유리한조건 우선의 원칙이 적용된다. 따라서 근로기준법보다 유리한 내용을 규정한 취업규칙의 내용은 유효하며, 취업규칙 상호간에는 당사간에 유리한 내용의 특약이 얼마든지 가능하다.

5. 노동법의 법원(法源)의 적용원칙에 관한 설명 중 옳지 않은 것은? (다툼이 있는 경우에는 판례에 의함) 〈47회 사시〉

① 노동관계법령에 위반하는 취업규칙의 내용은 무효이다.

② 적용범위가 같은 두 개의 단체협약이 시간적으로 전후하여 성립되면 후에 성립된 단체협약이 적용된다.

③ 단체협약이 종전 단체협약보다 조합원에게 불리하게 변경된 경우에 새로운 단체협약은 기존의 조합원에게 적용되지 않는 것이 원칙이다.

④ 선원인 근로자에게는 근로기준법보다 선원법이 우선 적용된다.

⑤ 사립학교 교원의 경우 사립학교법 제61조 제 4 항에서 정하는 감봉(減俸)에 관한 규정이 적용되므로 근로기준법 제95조에서 정하는 제재 관련 규정은 배제된다.

≪**해설**≫ 서로 같은 계층의 자치규범이 서로 충돌하는 경우 나중에 성립된 새로운 자치규범이 우선 적용되는 것이 원칙이므로 구단체협약과 신단체협약이 근로조건을 정하고 있는 경우 신단체협약의 기준이 우선 적용된다(대판 2002. 11. 26, 2001다36504).

6. 국제노동기준에 관한 설명 중 옳지 않은 것은? 〈47회 사시〉

① 우리나라가 비준, 공포한 국제노동기구(ILO)의 협약(Convention)은 국내법과 동일한 효력을 가진다.

② 국제노동기구의 권고(Recommendation)는 법적 구속력이 없으며 가이드라인으로서의 역할을 한다.

③ 국제연합이 채택한 「경제적·사회적및문화적권리에관한국제규약」은 경찰공무원의 단결권에 대하여 국내법에 의한 제한을 허용하지 않고 있다.

④ 국제연합이 채택한 「경제적·사회적및문화적권리에관한국제규약」은 모든 근로자에게 동등한 가치의 노동에 대한 동등한 보수를 받을 권리를 인정할 것을 요구하고 있다.

⑤ 우리나라는 「단결권및단체교섭권에대한원칙적용에관한협약」(ILO 제98호 협약)을 아직 비준하지 않고 있다.

≪**해설**≫ ① 헌법 제 6 조 제 1 항 참조. ③ 경제적·사회적및문화적권리에관한국제규약은 군인, 경찰 구성원 또는 행정관리가 전기한 권리들을 행사하는 것에 대

|해답| 5 ③ 6 ③

하여 합법적인 제한을 부과하는 것을 방해하지 아니한다(동규약 제 8 조 제 2 호). 「경제적, 사회적 및 문화적 권리에 관한 국제규약」은 1966. 12. 16.에 채택되어, 1976. 1. 3.부터 발효되었으며 우리나라에는 1990. 7. 10.부터 적용되고 있다. ④ 동규약 제 7 조 (a) 참조. ⑤ 「단결권및단체교섭권에대한원칙적용에관한협약」(ILO 제98호 협약, 1948)은 우리나라가 아직 비준하지 않고 있다. 우리나라는 2008년 2월에 비준한 제155호(산업안전보건협약), 제187호(산업안전보건증진체계협약) 등 24개의 ILO협약을 비준하였다.

7. 노동법의 법원(法源)이 충돌하는 경우에 관한 설명 중 옳지 않은 것은?

〈46회 사시〉

① 근로기준법의 기준보다 유리한 근로조건을 합의한 근로계약은 유효하다.

② 취업규칙에 정한 기준에 미달하는 근로조건을 정한 근로계약은 그 부분에 한하여 무효로 한다.

③ 단체협약에 정한 기준에 미달하는 근로조건을 정한 취업규칙은 그 부분에 한하여 무효로 된다.

④ 취업규칙은 강행법령에 반할 수 없다.

⑤ 노동위원회는 단체협약에 저촉되는 취업규칙의 변경을 명할 수 있다.

≪**해설**≫ 「노동부장관」은 법령 또는 단체협약에 저촉되는 취업규칙의 변경을 명할 수 있다(근로기준법 제96조 제 2 항).

8. 국제노동기구(ILO)에 관한 설명 중 옳지 않은 것은? 〈46회 사시〉

① ILO는 1946년에 국제연합 전문기구(specialized agencies) 중의 하나로 되었다.

② 국제연합 비회원국이 ILO에 가입하기 위하여는 ILO 총회의 의결을 거쳐야 한다.

③ 우리나라는 ILO 「결사의자유및단결권보호협약」(제87호)을 비준하지 않고 있다.

④ ILO는 근로기준뿐 아니라 사회보장기준에 관한 협약 및 권고도 채택한다.

⑤ ILO총회의 경우 회원국별로 노동자, 사용자, 정부 대표 각 1인씩 참여하고 각자 동등한 표결권을 가진다.

≪**해설**≫ 각 국가의 대표단은 4인(정부대표 2인, 노사대표 각 1인)으로 구성된다. 이들 대표는 독립하여 각기 발언권 및 투표권을 행사한다.

9. 법원(法源)의 개념을 재판규범으로서 법의 존재형식으로 이해할 때, 노동법의 법원으로 보기 어려운 것은? 〈44회 사시〉

▌해답▌ 7 ⑤ 8. ⑤ 9. ③

① 직업안정법 ② 근로기준법시행령
③ 공공부문의단결권보호및근로조건의결정절차에관한협약(ILO 제151호)
④ 단체협약 ⑤ 취업규칙

≪**해설**≫ 법원의 개념을 「재판규범으로서의 법의 존재형식」으로 이해하면 법원은 법적 분쟁을 해결하기 위하여 법관이 기준으로 삼아야 할 재판규범의 존재형식이 된다. ③ 따라서 ILO 제151호와 같이 우리나라에서 비준하지 않은 조약은 재판규범으로서의 법의 존재형식을 가질 수 없고 법원이라 볼 수 없다.

10. 노동법체계와 헌법상 근거규정과 관련하여 옳게 짝지어진 것은? 〈44회 사시〉

㉮ 개별적 근로관계법	㉠ 헌법 제32조(근로권)
㉯ 집단적 노사관계법	㉡ 헌법 제33조(근로 3 권)

① 최저임금법 ········ ㉮-㉡
② 근로자참여및협력증진에관한법률 ········ ㉮-㉡
③ 노동조합및노동관계조정법 ········ ㉯-㉡
④ 남녀고용평등과일·가정양립지원에관한법률 ········ ㉯-㉠
⑤ 임금채권보장법 ········ ㉯-㉠

≪**해설**≫ ①④⑤ 개별적 근로관계법은 헌법 제32조(근로권)에 근거하여 근로자와 사용자간의 근로관계의 체결을 통하여 성립되는 관계에 대하여 적용되는 법규의 총체적 적용관계를 의미하며, ②③ 집단적 노사관계법은 헌법 제33조(근로 3권)에 근거하여 노동조합과 사용자간에 근로 3권을 중심으로 전개되는 집단적 관계에 관한 법규를 총괄하는 개념이라 볼 수 있다.

11. 다음 중 개별적근로관계법에 해당되지 않는 것은? 〈43회 사시〉

① 근로기준법 ② 파견근로자보호등에관한법률
③ 남녀고용평등과일·가정양립지원에관한법률
④ 근로자참여및협력증진에관한법률 ⑤ 산업재해보상보험법

≪**해설**≫ 노동법은 「개별적 근로관계법」과 「집단적 노사관계법」으로 분류되는 바 ①②③⑤는 헌법 제32조에 근거한 개별적 근로관계법으로서 사용자의 행위를 직접 규제함으로써 개개근로자를 개별적으로 보호하는 입법들이며, ④는 헌법 제33조에 근거한 집단적 노사관계법으로서 노사자치주의에 기초하여 근로자들을 집단적으로 보호하는 입법이다.

12. 국제노동기구(ILO)에 관한 설명으로 옳지 않은 것은? 〈43회 사시〉

① ILO는 베르사이유 평화조약에 의하여 국제연맹의 산하단체로 창설되었다.
② 협약 및 권고의 채택은 총회대표 2/3이상의 찬성을 필요로 한다.

|해답| **10.** ③ **11.** ④ **12.** ③

③ ILO는 UN 회원국만이 가입할 수 있으며 우리나라는 1991년 12월 9일자로 가입하였다.

④ ILO는 정부대표 2인, 노사대표 각 1인이 대표로 참석한다.

⑤ 필라델피아 선언은 ILO의 목적과 목표에 관한 선언이라고 불리우고 있다.

≪**해설**≫ ① 국제노동기구(ILO)는 베르사이유 평화조약 제13편의 규정에 따라 국제연맹의 산하단체로 출발하였지만(국제연맹규약 제23조), ILO 자체의 운영은 독자성을 인정받고 있었다. ④ 총회의 구성. ② 조약 및 권고안의 채택. ⑤ 1944년 제26회 총회에서 채택한 필라델피아 선언은 모두 맞는 설명이다. ③ ILO의 가입에 관한 국제노동기구헌장 제 1 조 제 2 항, 제 3 항, 제 4 항에 의하면, i) 1938년 11월 1일에 본 기구의 가맹국이 된 국가 및 제 3 항 및 제 4 항의 규정에 의하여 가맹국이 된 타국가(제 2 항), ii) 국제연합의 원가맹국 및 국제연합헌장에 따라서 국제연합총회의 결정에 의하여 국제연합의 가맹국가의 인정을 받은 국가(제 3 항), iii) ILO 총회가 정부대표 3분의 2 이상이 출석투표하는 회의에서 전체참가대표 3분의 2 이상의 찬성투표에 의하여 가맹을 승인한 국가(제 4 항) 등이 ILO에 가입할 수 있다. 독일과 일본은 제 4 항에 의하여, 우리나라는 제 3 항에 의하여 가입하였다.

13. 다음의 설명 중 가장 옳지 않은 것은? 〈42회 사시〉

① 근로기준법은 헌법 제32조 제 3 항의 근로조건 법정주의에 근거하고 있다.

② 노동조합및노동관계조정법은 헌법 제33조 제 1 항의 근로 3 권 규정에 기초하고 있다.

③ 근로기준법은 근로자 개인과 사용자 사이의 근로계약관계를 규율하고 있다.

④ 노동조합및노동관계조정법은 노동조합과 사용자 또는 사용자단체 사이의 관계를 규율하고 있다.

⑤ 노동조합및노동관계조정법은 근로자 개인의 근로조건 향상과는 관계가 없다.

≪**해설**≫ ①③ 개별적 근로관계법의 기본법은 근로기준법이며 헌법 제32조 제 3 항에 근거한다. ②④ 집단적 노사관계법의 기본법은 노동조합및노동관계조정법이며 헌법 제33조 제 1 항에 근거한다. ⑤ 근로조건의 보장 및 근로자의 보호방안은 크게 i) 개개 근로자를 개별적인 방법으로 보호할 수도 있고, ii) 단결권의 행사인 노동조합을 통한 자조적 수단으로서 집단적인 방법으로 보호할 수도 있다. 다만, 근로자의 생활관계에서 개별적 근로관계가 중심을 이루며, 집단적 노사관계법은 개별적 근로관계법을 보강하는 역할을 담당한다. 한편 노사관계법 제 1 조(목적)는 「이 법은 헌법에 의한 근로자의 단결권·단체교섭권 및 단체행동권을 보장하여 근로조건의 유지·개선과 근로자의 경제적·사회적 지위의 향상을 도모함을 목적으로 한다」고 규정하고 있다.

14. 노동법의 법원(法源)이라고 보기 어려운 것은? 〈42회 사시〉

▌해답▌ 13. ⑤ 14. ⑤

① 헌법 제33조
② 비준 · 공포된 ILO협약
③ 단체협약의 규범적 부분
④ 파견근로자보호등에관한법률
⑤ 노동부 질의회신

≪**해설**≫ ①②③④ 노동법의 법원은 헌법, 법률, 국제법, 노동관습법 및 자치규범으로서 단체협약, 취업규칙, 조합규약 등이 있다. ⑤ 행정해석은 하급관청의 행정을 구속하기는 하나 국민에 대한 재판기준으로서의 법적 구속력은 없다(통설 · 판례). 판례도 또한 사실상 하급법원을 구속하므로 결과적으로 노사관계를 규율하는 사실상의 구속력을 갖고는 있으나 이론상 판례법은 존재할 수 없다(통설 · 판례).

15. 1997년 3월에 개정된 노동관계법의 내용이 아닌 것은? 〈42회 사시〉

① 부당해고에 대한 노동위원회의 구제제도 신설
② 연합단체인 노동조합에 있어서 복수노조의 설립허용
③ 정리해고 규정신설
④ 선택적 근로시간제의 도입
⑤ 노동조합 전임자에 대한 사용자의 급여지급 금지규정 신설

≪**해설**≫ ②③④⑤ 1997년 노동법파동후 3월 13일에 공포된 현행 노사관계법에서 새로이 허용되거나 신설된 것이다. ① 노동위원회의 구제제도는 1963년 개정 노동법부터 시행되어 온 것이다.

16. 노동법에 관한 설명으로 옳지 않은 것은? 〈41회 사시〉

① 추상적 인격체간의 형식적 평등을 지향하는 법이다.
② 종속근로관계를 규율하는 법이다.
③ 자본주의 사회를 유지 · 발전시키기 위한 법이다.
④ 근로자의 생존확보를 위한 법이다.
⑤ 시민법의 수정법으로 등장한 법이다.

≪**해설**≫ 노동법은 시민법이 처리하지 못한 노동문제를 해결하기 위하여 이루어진 법체계로서, 시민법적인 자유와 평등을 근로관계에서 실질적인 의미에서 근로자에게 확대하고 구체화하려는 실질적 평등을 지향하는 법이다.

17. ILO에 대한 설명으로 옳지 않은 것은? 〈41회 사시〉

① 국제노동기준을 설정하고 그 준수여부를 감독하는 역할을 한다.
② ILO는 노사정 3자로 구성된다.
③ 총회는 최소한 연 1회 이상 개최된다.
④ 총회에서의 의결권은 정부대표만 갖는다.
⑤ UN회원국이 아니더라도 가입할 수 있다.

▎해답▎ 15. ① 16. ① 17. ④

≪**해설**≫ 「총회」는 i) 이사회의 구성원을 선출하고, ii) 회원국의 회비로 구성되는 예산을 승인하며, iii) 노동·사회문제에 대한 국제토론의 장을 마련하며, iv) 각 국가의 대표단은 4인(정부대표 2인, 노·사대표 각 1인)으로 구성하되 이들 대표는 독립하여 각각 발언권 및 투표권을 행사한다. 특히 협약과 권고의 채택은 출석한 총회대표 3분의 2 이상의 찬성을 필요로 한다.

18. 노동법의 법원에 대한 설명 중 옳지 않은 것은? 〈41회 사시〉

① 임금의 결정·계산·지급방법에 관하여 취업규칙보다 유리한 근로조건을 정한 근로계약은 취업규칙보다 우선적으로 적용된다.

② 노동부 또는 법무부가 노동법규에 관하여 유권해석을 하더라도 그것은 국민에게 직접 법적 구속력을 가지는 것은 아니다.

③ 단체협약과 취업규칙간에 충돌이 있는 경우 유리한 조건이 우선 적용된다는 원칙이 현행법상 명문으로 규정되어 있다.

④ 우리나라는 ILO회원국이기는 하지만, ILO협약이 직접 국내법적 효력을 가지는 것은 아니다.

⑤ 어느 사업장에 계속적으로 반복되어 온 관행이 있다 하더라도 그것이 근로기준법에 반하는 경우에 효력이 없다.

≪**해설**≫ 법원이 충돌하는 경우 법원의 적용순서는 (1) 상위(相位)법원간에는 i) 원칙적으로 상위법 우선의 원칙(편면적용의 원칙), ii) 예외적으로 유리한 조건 우선의 원칙(유리의 원칙)이 적용되고, (2) 동위(同位)법원간에는 i) 신법우선의 원칙(질서의 원칙·해소의 원칙), ii) 특별법 우선의 원칙이 적용된다. ① 「유리한 조건 우선의 원칙」이란 하위의 법원이 상위의 법원보다 근로자들에게 유리한 내용을 규정하고 있을 때에는 하위의 법원이 그대로 효력을 발생하고 상위의 법원은 적용되지 않는다는 것이다. ② 노동부장관의 업무지침이나 예규 등은 행정기관 내부의 사무처리지침에 불과하므로 국민이나 법원을 구속할 수 없다(대판 1990. 9. 25, 90누2727; 대판 1993. 2. 23, 92누7122). ③ 유리한 조건 우선의 원칙에 관해서는 현행법상 명문의 규정은 없다. 다만, 통설은 유리의 원칙 적용긍정설에 서있다. ④ ILO협약이 국내법적 효력을 가지려면 가맹국이 협약에 비준하여야 한다. ⑤ 「경영관행」은 일종의 사실인 관습으로서 당사자가 그 관행에 의한다거나 의하지 않는다는 의사가 명백하지 않는 한 근로관계의 내용을 형성하는 효력을 가지며, 재판규범으로서 법원성을 가진다. 그러나 경영관행(노동관습)은 근로자보호를 기본관념으로 하는 근로기준법·단체협약 및 취업규칙에 반할 수 없다.

19. 노동법률을 개별적 노사관계법과 집단적 노사관계법으로 구분하는 입장에서 볼 때 두 법 영역의 관계에 대한 설명으로 옳지 않은 것은? 〈40회 사시〉

① 노동법의 보호적 성격은 개별적 노사관계법에서 뚜렷하다.

② 개별적 노사관계법은 사용자와 근로자간의 근로계약관계를 중심으로 한다.

| 해답 | **18.** ③ **19.** ⑤

③ 근로자참여및협력증진에관한법률은 집단적 노사관계법에 해당한다.

④ 근로기준법은 개별적 노사관계법의 전형이다.

⑤ 개별적 노사관계법은 집단적 노사관계법을 보강하는 역할을 담당한다.

≪**해설**≫ 「개별적 근로관계법」과 「집단적 노사관계법」은 각각 별개의 법체계와 헌법적 근거를 갖고 있으나, 양자는 상호 밀접한 연관을 갖고 있다. 즉 i) 집단적 노사관계는 개별적 근로관계의 존재를 전제로 한다. ii) 개별적 근로관계법은 임금·근로시간 등의 근로조건을 법정함으로써 국가가 직접적으로 간섭·개입하나, 집단적 노사관계법은 국가의 개입대신에 근로자의 지위를 사용자와 실질적으로 대등한 지위로 보장하여 대등한 당사자간의 교섭이 가능하게 함으로써 근로조건을 간접적으로 향상시키고 있다. iii) 개별적 근로관계는 반드시 집단적 노사관계의 도움이 없이도 유지될 수 있으나 필연적으로 집단적 노사관계의 보강(도움)을 필요로 한다. ⑤ 따라서 개별적 근로관계가 중심을 이루는 것이므로 집단적 노사관계법이 개별적 근로관계법을 보강하는 역할을 담당하게 된다.

20. 주관적 의미에 있어서는 노동법의 법원이 되지만, 객관적 의미에 있어서는 노동법의 법원으로 취급되지 않는 것은? 〈40회 사시〉

① 헌 법 ② 취업규칙 ③ 법 률

④ 노동관습법 ⑤ 국제조약

≪**해설**≫ 법원이란 무엇이 노동법의 내용을 결정하는 근거가 될 수 있는가에 관한 문제이다. 이에 관해 i) 객관적 규범성 내지 일반성을 그 요소로 보고 「객관적 법」만을 법원으로 보는 견해, ii) 주관적 규범성 내지 특수성도 그 요소로 보고 「주관적 법」 즉 근로관계의 내용인 권리·의무 모두를 법원으로 보는 견해가 있다. 전자가 통설적 입장이고 후자는 독일에서 일반적(단 근로계약의 법원성은 부정하는 견해가 많음)이며 우리나라에서는 김형배 교수님이 취하는 견해이다. 이같은 논의의 실익은 자치법원인 단체협약·취업규칙·조합규약·근로계약·사용자의 지시권 등이 법원으로서 인정될 수 있느냐에 관해서이다. 김형배 교수님은 근로계약·사용자의 지시권까지도 법원성을 긍정하나, 박홍규 교수님은 모두를 「법」으로 인정하지 않으며 단체협약·취업규칙의 규범적 효력을 인정하는 것과 「법」으로 인정하는 것과는 구별하여야 한다고 한다. 즉 그것은 근로조건의 결정규범의 차원인 것이지 「객관적 법」은 아니라는 것이다. ② 따라서 이에 의하면 취업규칙은 특정사업장에서만 효력을 미치는 것으로 주관적 규범성을 가지고 있을 뿐이다. 그러나 다수견해는 「단체협약·취업규칙·조합규약」에 대해서는 법원성을 긍정하고 「근로계약·사용자의 지시(업무명령)」에 대하여는 법원성을 인정할 수 없다고 한다.

21. 노동법의 원리를 설명하는 가운데 「개념이 생활에 따를 것이요, 생활이 개념에 따를 수는 없다」고 한 학자는? 〈40회 사시〉

① Otto von Gierke ② Hugo Sinzheimer ③ Lyon-Caen

④ Saint Simon ⑤ Gustav Radbruch

| 해답 | **20.** ② **21.** ②

≪**해설**≫ 자본주의경제질서를 받쳐주는 시민법체계는 자본주의체제하의 각종 문제점들을 제대로 해결하지 못하는 한계를 노출하였다. 「Hugo Sinzheimer」는 추상적인 법규들만을 그 체계적 상호관련성하에서 이해하는 것을 주된 임무로 삼는 개념법학적 · 순수법학적 태도를 비판하면서 노동문제의 해결에 있어서는 사회 · 경제적 현실에 대한 고려가 중요하다는 것을 위와 같이 역설한 것이다.

22. ILO의 설립배경에 관한 설명 중 가장 옳지 않은 것은? 〈40회 사시〉

① Robert Owen의 근로조건의 국제성 주창이 그 선구적 역할을 했다.

② 프랑스의 르그랑과 영국의 Hindley는 ILO의 선구자이다.

③ ILO의 초대 사무총장은 Albert Thomas로 사회적 요인이 경제적 요인에 우선해야 한다고 강조했다.

④ ILO의 탄생은 국제연맹과 무관하다.

⑤ ILO는 국제노동기준 설정의 핵심기구로 등장했다.

≪**해설**≫ 제 1 차 세계대전중 선진국간에 국제적 노동조직의 필요성이 대두되었고, 제 1 차대전후 1919년 파리에서 조인된 베르사이유평화조약의 제13편에 국제노동기구의 설립을 규정함으로써 ILO가 성립되었다. 따라서 창설당시에는 「국제연맹의 산하기관」으로 출발한 것이다. 다만 제 2 차 세계대전후 국제연맹이 해체되고 1946년 국제연합이 출범함에 따라 ILO는 UN의 구성조직이 아닌 특별기구 즉 UN의 전문기구가 된 것이다. 따라서 UN의 회원국이 아니더라도 가입이 가능하다(예컨대 통독전 서독의 경우).

23. 노동법에 대한 설명으로 옳지 않은 것은? 〈39회 사시〉

① 근로자의 인간다운 생활보장 ② 근대시민법원리의 부정

③ 종속근로관계의 규율 ④ 노사대등의 실현

⑤ 자본주의 체제의 수호

≪**해설**≫ 노동법은 자본제사회의 모순 · 결함을 시정하고 제거하여 자본제사회를 발전시키고자 하는 법이지 결코 시민법의 전면적 부정이나 파괴를 뜻하지 않는다(대판 1993. 6. 11).

24. 필라델피아 선언에 대한 설명으로 가장 옳지 않은 것은? 〈39회 사시〉

① 국제노동기구의 목적에 관한 선언이라고 한다.

② ILO헌장의 부속서로 되었다.

③ ILO가 이 선언의 목적달성을 위해 설립되었다.

④ 1944년 ILO 제26회 총회에서 채택되었다.

⑤ 노동의 상품성을 선언하였다.

≪**해설**≫ 제 1 차 세계대전후 1919년에 설립된 ILO의 목적은 「ILO헌장 전문」

| 해답 | **22.** ④ **23.** ② **24.** ⑤

(1948년)과 「필라델피아 선언」(1944년)에 잘 나타나 있다. 필라델피아 선언은 1944년 ILO 제26차 총회에서 채택되고 1946년 제29차 총회에서 ILO헌장의 부속서로 채택된 것인바 일명 「국제노동기구의 목적에 관한 선언」이라고도 한다. 다만 ③번 지문이 마치 ILO가 필라델피아 선언 이후에 설립된 것 같은 오해를 불러일으킬 소지가 있으나, ILO설립의 취지 · 목적이 동선언에 압축되었고 동선언과 같은 목적달성이 주된 설립취지라는 뜻으로 해석되어야 하리라 본다. 「노동의 상품성」은 객관적으로 거래의 대상이 된다는 점일 뿐 일반상품과는 다른 특수성을 갖는다. 따라서 필라델피아 선언에서 「노동의 비상품성」의 원칙을 선언한 것이다.

[필라델피아 선언]

① 노동은 상품이 아니다. ② 표현의 자유와 결사의 자유는 지속적인 진보에 필수적이다. ③ 일부의 빈곤은 전체의 번영을 위태롭게 한다. ④ 궁핍에 대한 싸움은 노사대표가 정부대표와 동등한 지위에서 공동의 복지를 증진시키기 위한 지속적이고 상호협조적인 국제적 노력에 의하여 수행되어야 한다.

기출문제 및 기본문제

25. 노동법에 대한 다음 기술 중 가장 타당하지 아니한 것은?

① 노동법이라는 용어는 1919년 Weimar헌법에서 처음으로 사용되었다.

② 노동법은 노동관계법규의 총체를 의미한다.

③ 노동법은 사회법의 한 분야이다.

④ 노동법의 대상은 개별적 근로관계와 집단적 노사관계이다.

⑤ 노동법의 대상은 추상적인 규범관계이다.

≪**해설**≫ 노동법의 대상은 추상적인 규범관계가 아니라, 고유한 사회적 · 구체적 생활관계이다.

26. 다음의 노동법의 성질에 대한 기술 중 잘못된 것은?

① 공 · 사법의 교차현상 ② 근로자의 기본생활보장 수단

③ 시민법 원리의 수정 ④ 시장경제체제의 완전한 구현

⑤ 진보적 및 협력적 경향

≪**해설**≫ 완전한 시장경제체제하에서의 당사자의 자유로운 교섭은 현실적으로 근로자들에게 불평등한 계약을 체결하게 하는 결과를 낳게 되므로, 노동법은 이러한 문제점을 수정하기 하여 근로자들을 보호하기 위하여 생성된 것이라 할 수 있다.

▌해답▌ 25. ⑤ **26.** ④

27. 다음 중 노동법의 이상이 아닌 것은? 〈'99 공인노무사〉

① 근로조건 확보 ② 산업평화 유지 ③ 국민경제발전
④ 노사공동이익 증진 ⑤ 근로자의 정치적 지위 향상

≪**해설**≫ 노동법의 이상은 입법취지 내지 법의 목적과 관련되어 법문에 표현되고 있다. ①③ 이 법은 헌법에 의하여 근로조건의 기준을 정함으로써 근로자의 기본적 생활을 보장·형상시키며 균형있는 국민경제의 발전을 도모함을 목적으로 한다(근로기준법 제 1 조). ②⑤ 이 법은 헌법에 의한 근로자의 단결권·단체교섭권 및 단체행동권을 보장하여 근로조건의 유지·개선과 근로자의 경제적·사회적 지위의 향상을 도모하고, 노동관계를 공정하게 조정하여 노동쟁의를 예방·해결함으로써 산업평화의 유지와 국민경제의 발전에 이바지함을 목적으로 한다(노사관계법 제 1 조). ④ 이 법은 근로자와 사용자 쌍방이 참여와 협력을 통하여 노사공동의 이익을 증진함으로써 산업평화를 도모하고 국민경제발전에 이바지함을 목적으로 한다(근로자참여및협력증진에관한법률 제 1 조).

28. 노동법의 특성으로서 적당하지 못한 것은? 〈16회 사시〉

① 노동법의 구체성 ② 노동법의 다양성
③ 노동법의 통합성 ④ 노동법의 신장성
⑤ 노동법의 유동성

≪**해설**≫ 노동법은 사회적·구체적 생활관계를 규율하는 법규들의 총체이므로, 끊임없이 재편성해 나가는 진취적이고 유동적인 성격을 띠며, 점점 세분화되어 구체성 및 개별성을 띠게 된다. 한편 국제노동법을 통한 통일화 경향을 띠고는 있으나, 통합되어가는 것은 아니다.

29. 경제법과 노동법의 구별에 관한 기술로서 잘못된 것은?

① 경제법과 노동법은 모두 자본주의사회의 모순 제거를 목적으로 대두된 것이다.
② 경제법과 노동법 모두 국가가 개입하고 있다는 점에서 동일한 법적 지위를 갖는다.
③ 경제법은 순수한 공법인 반면, 노동법은 사법과 공법의 중간영역을 차지하고 있다.
④ 경제법은 경제현상전반을, 노동법은 근로자의 생활질서에 관한 규제를 대상으로 한다는 점에서 구분된다.
⑤ 경제법과 노동법 모두 시민법상의 사유재산제도, 영리주의 및 시장경제 등의 원리를 극복하려는 목적을 지니고 있다.

≪**해설**≫ 경제법과 노동법 모두 사법과 공법의 중간영역을 차지하는 사회법이다.

해답 27. ⑤ 28. ③ 29. ③

[노동법과 경제법]

공통점	자본주의 경제체제의 모순·병리현상을 극복하기 위한 법이라는 「生成史的 측면」에서의 공통점이 있다. 그러나 이념, 규율대상면에서 다르다.
경제법	경제법은 기업상호간, 기업과 소비자간의 실질적 경제질서를 규율하는 법이다.
노동법	노동법은 사용자와 근로자의 생활관계를 규율함으로써 근로자의 생존권확보와 인간다운 생활보장을 그 이념으로 하는 법이다.

30. 종속노동의 본질에 관하여 근로자가 노동력을 제공한다는 것은 근로자라는 인격자가 사용자에게 인간적으로 구속되는 관계에 서게 되어 여기에 종속관계가 발생하는 것이라고 이해하는 견해는 다음 중 어디에 해당되는가? 〈28회 사시〉

① 경제적 종속설 ② 조직적 종속설 ③ 법률적 종속설
④ 인격적 종속설 ⑤ 타인결정설

31. 노동법의 기본개념에 대한 다음 기술 중 잘못된 것은?

① 근로 3 권은 각각 별개의 독립적 권리이다.
② 노동조합및노동관계조정법과 근로기준법은 상호보완적 관계를 가진다.
③ 노동조합및노동관계조정법의 근로자의 개념과 근로기준법의 근로자개념은 서로 다르다.
④ 노동법의 대상은 개별적 근로관계와 집단적 노사관계로 크게 나뉘어지고 있다.
⑤ 노동조합및노동관계조정법의 사용자개념과 근로기준법의 사용자개념은 서로 다르다.

≪**해설**≫ 근로 3 권의 상호관계에 관하여 (i) 근로 3 권의 상호무관론과, (ii) 근로 3 권의 상호연계론(통설)의 대립이 있다. 「근로 3 권의 상호연계론」이란 단결권·단체교섭권·단체행동권은 불가분의 상호밀접한 관계를 갖는 통일적인 권리라는 것이다. 이는 다시 i) 단결권 중심설과, ii) 단체교섭된 중심설(다수설·판례)로 나누인다. ④ Alfred Hueck의 분류 이래 통설적 분류방법으로 통용되고 있으며, ② 양자의 관계에 관하여는 집단적 노사관계법이 개별적 근로관계법을 보강하는 역할을 담당한다고 보며 상호보완적으로 이해한다. ③⑤ 근로자 및 사용자 개념은 개별적 근로관계법과 집단적 노사관계법에서 서로 다른 의미를 갖는다(근로기준법 제14조, 제15조, 노사관계법 제 2 조 제 1 호·제 2 호).

32. 다음은 노동법의 법원을 설명하고 있다. 틀린 것은?

① 일반적으로 법원이란 법의 존재형식으로서 일반성과 추상성을 가진 객관적 규범을 의미한다.

▌해답▌ 30. ④ **31.** ① **32.** ⑤

② 헌법에 의하여 체결·공포된 조약과 일반적으로 승인된 국제법규는 국내법과 동일한 효력을 갖는다.
③ 통설적 견해에 의하면 판례와 행정해석은 법원성을 인정할 수 없다고 한다.
④ 상하법원간에는 상위법우선의 원칙을, 동위법원간에는 신법우선의 원칙과 특별법우선의 원칙이 적용된다.
⑤ 단체협약과 취업규칙간에는 유리한 조건 우선의 원칙이 적용될 수 없다.

≪**해설**≫ 법원이 충돌하는 경우 법원의 적용순서는 (1) 상위(相位)법원간: 원칙적으로 상위법 우선의 원칙(편면적용의 원칙), 예외적으로 유리한 조건 우선의 원칙(유리의 원칙)이 적용되며, (2) 동위(同位)법원간: i) 신법우선의 원칙(질서의 원칙·해소의 원칙), ii) 특별법 우선의 원칙이 적용된다. ⑤ 따라서 단체협약과 취업규칙간에는 원칙적으로 상위법 우선의 원칙에 따라 단체협약이 적용될 것이나, 유리의 원칙 즉 상위·하위법원간에 서로 다른 근로조건을 정하고 있는 경우 가장 유리한 근로조건을 정한 법원이 우선적으로 적용되어야 한다는 원칙에 의거 취업규칙이 예외적으로 우선 적용될 수 있다. 「유리의 원칙」은 실정법과 자치규범간에는 적용될 수 없고, 자치규범간에만 적용된다는 소수견해(이상윤)도 있으나, 어느 입장에서도 단체협약과 취업규칙간에는 유리의 원칙이 적용된다.

33. 노동자주법이 아닌 것은? 〈17회 사시〉

① 단체협약 ② 취업규칙 ③ 중재재정
④ 조합규약 ⑤ 노동자주법의 법원성은 인정된다.

≪**해설**≫

법 원		주 요 내 용
실정법	국내법	헌법, 법률, 대통령령, 부령 및 조례·규칙
	국제법	ILO협정 등의 국제노동법
관 습 법		사실인 관습, 경영관행
자 치 규 범		단체협약, 취업규칙, 노동조합규약

34. 근대 노동보호법의 효시는 어느 나라에서 비롯되었다고 할 수 있는가?

① 영 국 ② 미 국 ③ 독 일
④ 뉴질랜드 ⑤ 프랑스

≪**해설**≫ 근대노동보호입법은 산업혁명이 최초로 일어난 영국에서 시작되었다고 볼 수 있는데, 그 구체적인 예를 든다면 1802년의 도제의 보건 및 도덕에 관한 법률이라고 할 수 있다.

35. 노동법을 개별적 근로관계법과 집단적 노사관계법으로 구분한 자는?

① Adomeit ② Hueck ③ Kaskel

┃해답┃ 33. ③ 34. ① 35. ②

④ Nipperdey ⑤ Sinzheimer

≪**해설**≫ Alfred Hueck는 노동법을 i) 개별적 근로관계법과, ii) 집단적 노사관계법으로 분류하였다. 이것이 오늘날 통설적 분류법인데 최근에는, iii) 고용정책법(노동시장법)을 별개의 제 3 의 새로운 체계로 분류하고자 하는 견해가 있다(김유성, 박홍규, 김수복).

[국제적인 노동법학자]

학 자	관 련 내 용
Hugo Sinzheimer	① 공무원의 근로자성 최초 주장 ② "개념이 생활을 따를 것이요, 생활이 개념에 따를 수 없다." ③ 단체행동권이나 단체교섭권이 없는 단결권이란 진정한 의미의 단결권이라고 말할 수 없다. ④ 근로계약에 있어서 노사당사자간의 의사가 어떠하든간에 현실적으로 근로자가 억울한 처지에 있으면 의사에 관계없이 근로자의 생존을 중심으로 법을 해석해야 한다고 주장(상태론 · 보호론) ⑤ 법적 종속설 주장, 역사적 · 사회학적 방법론 주장
A. Hueck	① 노동법을 개별적 근로관계법과 집단적 노사관계법으로 구분 ② 인격적 종속설 주장
W. Kaskel	① 노동법과 사회법을 동일시 ② 경제적 종속설 주장 ③ 공무원의 근로자성 부인
S. Gompers	① clayton Act: 「미국 노동자들의 마그나 카르타」 ② AFL 초대 노조위원장
H. C. Nipperdey	① 사회적 부당성을 가지지 않는 쟁의행위의 요건 설명 ② 노동법은 종속적인 근로자에 관한 특별법이다.
K. Adomeit	노동법의 2대 구분을 비판하고 오히려 양자를 결합하여 노동법을 법적 단계구조에 따라 판단해야 한다고 주장
Sydney Webb	① 노동조합이란 근로생활의 제조건을 유지 · 개선하기 위하여 조직된 임금노동자의 상설적인 단체이다. ② 노동조합의 3대기능(상호부조기능, 단체교섭기능, 입법활동기능)
A. Menger	① 전노동수익권 주장(전노동수익권이란 사회의 각인이 그의 노동의 전수익을 법질서에 의해서 그에 소속될 것을 요구할 수 있는 권리를 말한다) ② 자유권에 대하여 생존권을 경제적 기본권이라 하여 생존권을 처음으로 주장 ③ 노동법 개념의 확립자

36. 다음 중 미국식 제도라고 볼 수 없는 것은?

① 부당노동행위제도 ② 냉각기간제도

▌해답▌ 36. ③

③ 단체협약의 지역적 효력확장제도 ④ 노동위원회제도
⑤ 긴급조정제도

≪해설≫ ③ 단체협약의 지역적 효력확장제도는 독일에서 발전된 제도이다.

미국식제도	대륙법적제도
① 부당노동행위제도 ② 냉각기간제도 → 조정기간제도 ③ 노동위원회제도(NLRB) ④ 노동위원회에 의한 조정제도 ⑤ 노사의 성실교섭의무	① 근로계약의 개념 ② 단체협약의 규범적 효력 ③ 단체협약의 일반적 · 지역적 구속력

37. 다음 중 1953년에 제정된 노동 4 법에 해당되지 아니하는 것은?

① 근로기준법 ② 노동조합법 ③ 노동쟁의조정법
④ 노사협의회법 ⑤ 노동위원회법

≪해설≫ 1948년 「제헌헌법」은 i) 근로의 권리와 의무, ii) 근로조건기준의 법정화, iii) 여자와 소년의 근로조건 보호, iv) 노동 3 권의 보장, v) 근로자의 이익균점권을 규정하였다. 이에 근거하여 1949년 노동법 제정을 위한 활동이 진행되었으나 한국전쟁으로 결실을 보지 못하였다. 그 후 헌법제정후 5년만에 1953년 「노동 4 법」이 제정된 것이다. 즉 i) 노동쟁의조정법(제279호), ii) 노동조합법(제280호), iii) 노동위원회법(제281호)은 동년 3월 8일에 공포 · 시행되고, iv) 근로기준법(제286호)은 동년 5월 10일에 공포되고 90일 후에 시행되었다. ④ 노사협의회법은 1980년에 제정되었다.

38. 다음은 미국의 노동관계법이다. 시대순으로 옳게 묶은 것은?

㉮ 셔먼법	㉯ 클래이턴법	㉰ 노리스라가디아법
㉱ 와그너법	㉲ 태프트 하틀리법	

① ㉮-㉯-㉰-㉱-㉲ ② ㉮-㉯-㉲-㉰-㉱ ③ ㉰-㉮-㉯-㉱-㉲
④ ㉱-㉲-㉮-㉰-㉯ ⑤ ㉰-㉮-㉯-㉲-㉱

≪해설≫ ㉮ 1890년에 제정된 셔먼법은 일명 반독점법이라는 경제입법인 바 동법에 의하여 근로자의 단체운동이나 단체행동도 자유로운 경쟁을 파괴하는 독점행위로 판단되어 금지되었다. ㉯ 1914년에 클래이턴법(Clayton Act)이 제정되었는데 근로자의 단체교섭권을 인정하게 되었다. 그러나 미국내 보수적 재판관들은 계속하여 노동운동이 셔먼법에 저촉된다고 판결하여 근로자의 단결권과 단체교섭권을 무의미하게 만들었다. ㉰ 1932년 미국 최초의 연방노동입법이라고 할 수 있는 노리스라가디아법, 일명 반노동운동금지명령법(Anti-Injunction Act)이다. ㉱ 1935년의 와그너법(Wagner Act)은 근로자의 단결권, 단체교섭권 및 단체행동권 등 근로기본권 등 노동기본권의 법적 보장과 아울러 단체교섭을 위한 근로자 대표 선출방법에 대한 규정 및 노동분쟁의 평화적 해결을 목적으로 한 조정제도를 설치하

|해답| 37. ④ 38. ①

였다. 동법은 또한 전국노동관계행정국(National Labor Relation Board: NLRB)을 신설함으로써 노동조합내 조합원에 대한 차별대우를 금지하는 동시에 노동조합의 강력한 조직력을 보호함으로써 학자들 간에는 과도한 노동조합중심주의법이라고 비평한 자도 있다. 노동조합의 조직력을 강력히 보호하기 위한 가장 대표적인 것이 사용자측의 부당노동행위와 클로즈드 샵(Closed Shop)인정에 관한 규정이다. ㉱ 1947년의 Taft-Hartley법은 노동조합측의 최대의 무기였던 Closed Shop을 금지하고 조합원과 비조합원과의 차별대우를 완전히 금지하였으며, 쟁의행위에 대하여 60일간의 냉각기간을 규정하였는 바 1947년의 태프트 하틀리법은 노동조합의 활동과 권한을 제한하는 특징을 가지고 있다.

39. 「미국노동자들의 마그나카르트타」라고 불리우는 노동입법은?

① Anti-Injunction Act

② National Labor Relation Act

③ Labor Management Relations Act

④ Labor Management Reporting and Disclosure Act

⑤ Clayton Law

≪**해설**≫ ① 반금지명령법(노리스-라가디아법). ② 연방노동관계법(와그너법). ③ 노사관계법(태프트-하틀리법). ④ 노조운영보고공개법(랜드럼-그리핀법). ⑤ 클레이톤법.

40. 미국 와그너법의 내용이 아닌 것은?

① Open Shop의 금지

② 사용자의 부당노동행위에 대한 행정적 구제제도의 설치

③ Hot Cargo Contract의 불법화

④ 노동쟁의 조정제도 도입

⑤ 배타적 교섭대표제도

≪**해설**≫ 1935년 와그너법(전국노동관계법)은 i) 근로자의 단결권, 단체교섭권 및 단체행동권의 보장을 선언하고, ii) 이 권리의 행사를 방해·탄압하는 각종 유형의 사용자의 행위(예컨대 단체교섭의 거부, 불이익취급, 황견계약, 회사조합 등)를 부당노동행위로 규정하는 한편, iii) 전국노동관계국을 설치하여 이 부당노동행위에 대한 행정적 구제를 제도화하였으며, iv) 노동조합운동의 활성화를 도모하기 위하여 Open Shop을 금지하여 Union Shop이나 Closed Shop과 같은 조직강제를 승인하였다. ③ 「Hot Cargo Contract」란 단체협약체결시 노동조합방침에 어긋나는 어떠한 사용자와도 거래하지 않겠다는 협약상의 관행으로서 Landrum-Griffin법에서 규정한 것이다.

41. 다음의 국제노동기구(ILO)에 대한 설명으로 잘못된 것은?

| 해답 | **39.** ⑤ **40.** ③ **41.** ④

① ILO는 베르사이유 평화조약에 의하여 창설되었다.
② ILO는 국제노동총회, 국제노동이사회, 국제노동사무국 등의 기구를 가지고 있다.
③ 우리나라는 1991년 12월 9일자로 가입하였다.
④ ILO는 UN의 한 구성기구이므로 UN회원국이 아닌 경우에는 가입할 수 없다.
⑤ ILO는 노벨평화상을 수상한 바 있다.

≪**해설**≫ ILO는 UN회원국이 아니더라도 가입할 수 있다. 국제노동총회는 적어도 매년 1회 이상 개최되며, 그 총회에는 각 가맹국의 정부대표자 2인과 노·사 대표 각 1인이 참석하며, 이 총회에서 국제노동조약과 권고가 결정된다.

42. 다음 중 국제노동기구(ILO)에 관한 설명이 바르지 못한 것은?

① 1919년 베르사이유 평화조약 제13편의 규정에 따라 국제연맹의 산하기관으로 설립되었다.
② 협약과 권고안은 총회의 심의를 거쳐 출석한 총회대표 3분의 2 이상의 찬성으로 의결한다.
③ 총회는 정부대표 2인과 노사대표 각 1인의 국가대표단으로 구성하되 정부대표만 의결권을 행사할 수 있다.
④ 총회에서 협약이 채택되면 ILO사무총장은 각 회원국에 통보하며 회원국은 입법기관에 보고하여야 한다.
⑤ 협약은 가맹국이 비준함으로써 구속력을 가지나 권고는 기준을 권고하는 방침에 불과하다.

≪**해설**≫ 「총회」는 i) 이사회의 구성원을 선출하고, ii) 회원국의 회비로 구성되는 예산을 승인하며, iii) 노동·사회문제에 대한 국제토론의 장을 마련하며, iv) 각 국가의 대표단은 4인(정부대표 2인, 노·사대표 각 1인)으로 구성하되 이들 대표는 독립하여 각각 발언권 및 투표권을 행사한다. 특히 협약과 권고의 채택은 출석한 총회대표 3분의 2 이상의 찬성을 필요로 한다.

43. 국제노동조약과 권고에 대한 설명으로 잘못된 것은?

① 국제노동조약과 권고에 관한 결의는 ILO총회에서 채택된다.
② 권고는 각 국가별로 개별적으로 채택되며 이는 기준을 권고하는 방침에 불과하다.
③ 권고의 채택의 투표에는 출석대표의 3분의 2 이상의 찬동을 요한다.
④ 권고의 경우에는 회원국은 입법기관에 비준을 위하여 이를 제출하여야 한다.

|해답| 42. ③ 43. ④

⑤ ILO이사회는 당사국 정부에 권고실시여부에 대한 실태보고를 요구할 수 있다.

≪**해설**≫ 협약과 권고는 총회에서 출석한 총회대표 3분의 2 이상의 동의로 채택되며, 채택된 권고는 모든 회원국에게 통보된다. 이때 회원국은 입법기관에서 비준절차를 밟지 아니하여도 무방하다.

44. ILO에 관한 사항 중 틀린 것은?

① 노・사・정 3자 대표가 동수로 평등하게 총회에 참가한다.
② 우리나라는 1991년에 가입한 바 있다.
③ 국제연합의 전문기구중의 하나이다.
④ 노동법은 물론 사회보장법에 관한 국제협약도 다루고 있다.
⑤ 노벨평화상을 수상한 바 있다.

≪**해설**≫ 노・사대표는 각 1인, 정부대표는 2인이 참가한다.

45. 다음 중 ILO에 관한 설명 중 옳은 것(○)과 틀린 것(×)의 조합이 맞는 것은 무엇인가? 〈'97 행시〉

㉮ 협약이나 권고는 총회 출석한 대표 과반수의 찬성을 요한다. ㉯ 다른 국제 협약과 달리 비준시 유보가 허용되지 않는다. ㉰ 채택한 조약은 비준이 강제되지는 않으나 국회에 제출할 의무는 있다. ㉱ 비준하지 아니한 경우 당사국의 법률 정비 등 관행의 실태를 이사회에 보고하여야 한다. ㉲ 총회 대표는 노・사・정 각 동수로 구성한다.

① ㉮(×)㉯(○)㉰(○)㉱(○)㉲(○)
② ㉮(○)㉯(○)㉰(×)㉱(×)㉲(○)
③ ㉮(○)㉯(×)㉰(○)㉱(×)㉲(×)
④ ㉮(○)㉯(○)㉰(○)㉱(○)㉲(×)
⑤ ㉮(×)㉯(○)㉰(○)㉱(○)㉲(×)

≪**해설**≫ ILO는 3자구성원칙으로 구성되지만 정부대표 2명, 노사대표 각 1명의 비율로 구성된다. 3자구성원칙은 3자간의 상호독립성의 보장, 다원적 국가관과 노사협조주의를 바탕으로 한 것이다. 출석 총회대표 3분의 2 이상의 동의로 채택된다.

46. 국제노동기구(ILO)에 관한 설명 중 틀린 것은 몇 개인가?

㉮ 1919년 베르사이유 평화조약 제13편의 규정에 따라 국제연맹의 산하기관으로 설립되었다. ㉯ 협약과 권고안은 총회의 심의를 거쳐 총회대표 3분의 2이상의 찬성으

| 해답 | **44.** ① **45.** ⑤ **46.** ②

로 의결한다.

㉰ 총회는 정부대표 2인과 노사대표 각 1인의 노사대표단으로 구성하되 정부대표만 의결권을 행사할 수 있다.

㉱ UN의 산하기관이므로 UN회원국만이 가입할 수 있다.

㉲ 협약은 가맹국이 비준함으로써 구속력을 가지나 권고는 기준을 권고하는 방침에 불과하다.

① 1개 ② 2개 ③ 3개

④ 4개 ⑤ 5개

≪**해설**≫ 「총회」는 i) 이사회의 구성원을 선출하고, ii) 회원국의 회비로 구성되는 예산을 승인하며, iii) 노동·사회문제에 대한 국제토론의 장을 마련하며, iv) 각 국가의 대표단은 4인(정부대표 2인, 노·사대표 각 1인)으로 구성하되 이들 대표는 독립하여 각각 발언권 및 투표권을 행사한다. 특히 협약과 권고의 채택은 출석한 총회대표 3분의 2 이상의 찬성을 필요로 한다. 따라서 ㉰㉱의 항목은 틀린 설명이다.

제 2 편 勤勞基本權

제 1 장 勤勞의 權利

제 1 절 勤勞의 權利의 意義

Ⅰ. 槪 念

1. 消極的 槪念

근로의 권리를 소극적으로 정의하는 경우의 근로의 권리라 함은 개인이 근로를 행함에 있어서 국가 또는 타인의 방해를 받지 아니하고 자유로이 근로를 하거나 또는 근로를 하지 아니할 수 있는 권리를 말한다(자유권적 기본권의 관점).

2. 積極的 槪念

근로의 권리를 적극적으로 정의하는 경우의 근로의 권리라 함은 근로의 의사와 능력이 있는 개인이 국가에 대하여 근로기회의 제공을 요구하고, 국가가 근로의 기회를 제공하지 못하는 경우에는 이에 대신하여 생활비의 지급을 요청할 수 있는 권리를 말한다(생존권적 기본권의 관점).

Ⅱ. 憲法規程

> **헌법 제32조** ① 모든 국민은 근로의 권리를 가진다. 국가는 사회적·경제적 방법으로 근로자의 고용의 증진과 적정임금의 보장에 노력하여야 하며, 법률이 정하는 바에 의하여 최저임금제를 시행하여야 한다.
> ② 모든 국민은 근로의 의무를 진다. 국가는 근로의 의무의 내용과 조건을 민주주의 원칙에 따라 법률로 정한다.
> ③ 근로조건의 기준은 인간의 존엄성을 보장하도록 법률로 정한다.
> ④ 여자의 근로는 특별한 보호를 받으며, 고용·임금 및 근로조건에 있어서 부당한 차별을 받지 아니한다.
> ⑤ 연소자의 근로는 특별한 보호를 받는다.
> ⑥ 국가유공자·상이군경 및 전몰군경의 유가족은 법률이 정하는 바에 의하여 우선적으로 근로의 기회를 부여받는다.

제 2 절 勤勞의 權利의 主要內容

Ⅰ. 本源的 內容

1. 勤勞機會請求權(취업권)

근로기회청구권이라 함은 근로의 의사와 능력이 있는 자는 누구든지 국가에 대하여 근로의 기회를 청구할 수 있는 권리를 말한다.

2. 生活費支給請求權

생활비지급청구권이라 함은 국가가 근로의 기회를 제공할 수 없는 경우 이에 대신하여 이에 상응하는 상당한 생활비의 지급을 국가에 청구할 수 있는 권리를 말한다.

Ⅱ. 派生的 內容

1. 國家의 雇傭增進 및 適正·最低賃金의 保障(헌법 제32조 제1항)

(1) 고용증진의무　국가는 국민의 고용증진에 대한 의무를 지고 있으며, 이를 위하여 사회보장제도·실업보험제도 및 연금제도 등 사회적·경제적 시책을 강구하여야 한다. 예컨대 「고용정책기본법」, 「직업안정법」, 「고용보험법」, 「남녀고용평등과일·가정양립지원에관한법률」, 「장애인고용촉진등에관한법률」, 「고령자고용촉진법」 등이 있다.

(2) 적정·최저임금의 보장　국가는 근로자에게 「적정임금」을 보장하도록 노력하여야 하고 최저임금제를 시행하여야 한다. 예컨대 「최저임금법」, 「국민연금법」 등이 있다.

2. 勤勞條件의 法定化(헌법 제32조 제3항)

인간의 존엄성을 보호·유지할 수 있는 최저기준의 근로조건을 법률로 정함으로써 근로자를 보호하기 위하여 「근로기준법」을 제정하고 있다.

3. 女子勤勞者의 保護와 差別待遇의 禁止(헌법 제32조 제4항)

근로기준법에서 여성근로자에 대한 보호규정을 두고 있고, 「남녀고용평등과일·가정양립지원에관한법률」 등이 제정되어 있다.

4. 年少者의 勤勞保護(헌법 제32조 제 5 항)

근로기준법에서는 연소근로자에 대한 보호규정을 두고 있다.

5. 國家有功者 遺家族 등의 勤勞機會保障(헌법 제32조 제 6 항)

「국가유공자등예우및지원에관한법률」은 국가는 국가유공자와 그 유족 등의 생활안정 및 자아실현을 위하여 취업지원을 한다고 규정하고 있다(동법 제28조).

제 3 절　勤勞의 權利의 法的 性質

Ⅰ. 自由權說

근로의 권리를 자유권으로 이해하는 견해는 근로의 권리란 곧 근로에 대한 자유권을 의미한다.

Ⅱ. 生存權說

1. 法的 權利說

(1) 추상적 권리설　　근로의 권리는 국가가 근로의 권리를 보장하기 위하여 구체적인 법령을 제정하는 경우에만 국민이 동 법률에 근거하여 근로의 권리를 요구할 수 있는 추상적 성질의 권리라고 한다(다수설).

(2) 구체적 권리설　　근로의 권리는 이의 실현을 위한 구체적인 입법이 없는 경우에도 국민이 국가에 대하여 근로를 요구할 수 있는 권리라고 한다.

2. 方針規定說

헌법상 근로의 권리는 근로의 권리의 내용을 실현하기 위한 국가의 정치적·도의적 의무를 선언한 프로그램적 규정에 불과하다고 한다.

제 2 장 勤勞三權

제 1 절 勤勞三權의 槪念

Ⅰ. 槪 念

근로 3 권이라 함은 근로자의 단결권·단체교섭권 및 단체행동권을 통칭하는 개념이다.

Ⅱ. 憲法規程

> **헌법 제33조** ① 근로자는 근로조건의 향상을 위하여 자주적인 단결권·단체교섭권 및 단체행동권을 가진다.
> ② 공무원인 근로자는 법률이 정하는 자에 한하여 단결권·단체교섭권 및 단체행동권을 가진다.
> ③ 법률이 정하는 주요 방위산업체에 종사하는 근로자의 단체행동권은 법률이 정하는 바에 의하여 이를 제한하거나 인정하지 아니할 수 있다.

제 2 절 勤勞三權의 主要內容

Ⅰ. 團 結 權

근로자의 단결권이라 함은 근로자들이 자주적으로 노동조합을 설립·운영하고 이에 가입할 수 있는 권리를 말한다.

1. 團結權과 結社의 自由

단결권은 그 역사적 배경·성격 및 법적 효과 등에 있어서 결사의 자유와 전혀 다른 별개의 개별적인 기본권이라는 것이 일반적이다(다수설).

2. 積極的 團結權과 消極的 團結權

(1) 의 의 「적극적 단결권」이란 노동조합을 결성하고 이에 가입하며 노동조합의 구성원으로서 활동을 할 수 있는 권리이다. 「소극적 단결권」이란 단결하지 아니할 자유를 말하는 바, 원하는 경우 노동조합에 가입하지 아니하거나 언제

든지 노동조합으로부터 탈퇴할 수 있는 권리를 말한다.

(2) 소극적 단결권 인정여부　단결권의 개념에 소극적 단결권, 즉 단결하지 아니할 자유까지도 포함되는 것인가에 대하여 견해가 나뉘고 있다.

1) 소극적 단결권 긍정설　근로자의 단결권에는 단결하지 아니할 자유, 즉 소극적 단결권이 포함되어 있다는 견해이다(소극적 단결권의 문제가 처음 제기되었던 독일의 판례 및 다수설의 입장이자 대부분 선진국의 입장이나, 일본 및 우리나라의 소수 견해).

2) 소극적 단결권 부정설　소극적 단결권을 부인하는 견해는 헌법 제33조의 단결권 보장은 당연히 적극적 단결권을 의미하는 것으로 근로자에게는 일정한 단결강제가 예정되고 있다고 한다. 단결권은 적극적 단결권을 보호하기 위하여 대두된 기본권으로서 소극적 단결권의 보호는 그 대상에서 제외된다는 것이다(다수설).

(3) 단결강제의 범위　소극적 단결권을 부정하는 견해도 단결강제의 범위에 관하여 견해가 나뉘고 있다.

1) 일반적 단결강제설　근로자는 노동조합에 반드시 가입하여야 하나, 노동조합 중 원하는 노동조합을 선택할 수 있는 「단결선택의 권리」를 갖고 있다는 견해이다(다수설).

2) 제한적 단결강제설　근로자는 특정 노동조합에 반드시 가입하여야 하며, 노동조합 중 원하는 노동조합을 선택할 수 있는 권리도 부여되지 아니한다는 견해이다.

Ⅱ. 團體交涉權

근로자의 단체교섭권이라 함은 근로자가 조직한 노동조합이 근로조건을 유지·개선하기 위하여 사용자와 교섭할 수 있는 권리를 말한다.

Ⅲ. 團體行動權

단체행동권은 단체교섭이 결렬되어 노동쟁의가 발생하는 경우 쟁의행위를 할 수 있는 쟁의권을 의미하며, 쟁의권은 근로자가 자신의 주장을 관철하기 위하여 업무의 정상적인 운영을 저해하는 행위를 할 수 있는 권리이다.

제3절 勤勞三權의 效力

Ⅰ. 對國家的 效力

근로3권의 대국가적 효력이란 i) 근로3권의 자유권적 성격에 근거한 소극적 효력으로서, 근로3권에 대한 국가권력의 부당한 간섭·방해를 배제하는 효력, ii) 근로3권의 생존권적 성격에 근거한 적극적 효력으로서, 근로3권의 행사를 국가가 보호하여 주도록 요구할 수 있는 효력을 말한다.

Ⅱ. 對私人的 效力

1. 意 義

근로3권의 대사인적 효력이란 i) 사용자가 근로자의 근로3권을 침해하는 행위, 즉 부당노동행위로부터 보호를 받을 수 있는 효력, ii) 다른 근로자가 근로자의 근로3권을 침해하는 행위로부터 보호를 받을 수 있는 효력을 말한다.

2. 學 說

(1) 부정설　헌법상의 기본권은 그 성질상 사인간에 직접적인 권리·의무관계를 발생시키지 아니하므로, 근로3권의 경우에도 사인의 국가에 대한 권리로서만 파악하여야 하며, 사인간에는 효력을 가지지 아니한다고 본다.

(2) 긍정설

1) 직접적용설　헌법에 기본권의 직접적 효력을 인정하는 명문의 규정은 없으나 사용자와 근로자간 또는 근로자와 근로자간의 관계를 기본 전제로 하고 있는 근로3권의 본질상 근로3권의 효력은 명백히 사용자 또는 근로자에게 직접적으로 적용된다고 한다(다수설).

2) 간접적용설　우리나라 헌법은 독일기본법상의 근로자의 단결권에 관한 규정(제9조 제3항)과는 달리 대사인간의 직접적 효력을 명문으로 규정하고 있지 아니하며, 직접적 효력을 인정하는 것은 결과적으로 근로3권의 「主觀的 私權」을 인정하여 근로3권을 근거로 한 사법상의 권리를 발생시키는 모순을 가져온다는 논거에 근거하고 있다.

제 4 절 勤勞三權의 制限 및 限界

Ⅰ. 勤勞三權의 內在的 限界

근로 3 권의 내재적 한계라 함은 근로 3 권에 내재되고 있는 본질적 성격으로 인하여 근로 3 권의 행사범위가 당연히 제한되는 원리를 말한다.

Ⅱ. 勤勞三權의 制限

1. 公務員에 대한 勤勞三權의 制限

(1) 헌법규정

> **헌법 제33조** ② 공무원인 근로자는 법률이 정하는 자에 한하여 단결권 · 단체교섭권 및 단체행동권을 가진다.

(2) 이론적 근거　　공무원의 근로 3 권이 제한되는 이론적 근거에 관해서는 i) 공무원은 국가 또는 지방자치단체와 특별권력관계를 맺고 포괄적 지배를 받는 지위에 있으므로 이에 따라 근로 3 권이 제한된다는 특별권력관계설, ii) 공무원은 국민 전체에 대한 봉사자이기 때문에 근로 3 권의 향유에 있어 제한을 받는다는 국민전체봉사자설, iii) 공무원의 직무는 공공성이 강하여 그 수행이 중단될 경우 국익을 해할 수 있으므로 그 근로 3 권이 제한된다는 직무성질설 등이 있다.

(3) 근로 3 권의 제한내용

1) 국가공무원법 및 지방공무원법　　국가공무원법 제66조는 국회규칙 · 대법원규칙 · 대통령령 등으로 범위를 정하는 사실상 노무에 종사하는 공무원에 한하여 근로 3 권을 인정하고 있다. 「사실상 노무에 종사하는 공무원」은 i) 정보통신부 · 국립의료원의 작업현장에서 노무에 종사하는 기능직 · 고용직 공무원으로서 ii) 서무 · 인사 · 기밀업무에 종사하는 자, 경리 · 물품납부사무에 종사하는 자, 보안목표시설의 경비에 종사하는 자, 승용차의 운전에 종사하는 자를 제외한 자를 말한다(공무원복무규정 제28조).

또한 지방공무원법 제58조도 국가공무원법 제66조와 동일한 내용을 규정하고 있으며 사실상 노무에 종사하는 공무원의 범위를 조례로써 정하고 있다.

한편, 교육공무원도 국가공무원법 제66조가 적용되기 때문에 단체행동권의 행사가 제한되며, 사립학교교원 및 유치원 교사의 단체행동권도 당연히 제한된다(사립학교법 제55조 및 유아교육진흥법 제17조).

헌법재판소는 사립학교교원의 근로 3 권의 제한은 합헌이라고 판결하였다.

[헌재 1991. 7. 22, 89헌가106] 헌법재판소는 '교육제도와 그 운영, 교육재정 및 교원의 지위에 관한 기본적인 사항은 법률로 정하도록' 한 헌법 제31조 제6항을 근거로 사립학교법 제55조를 합헌으로 보았다. 헌법재판소는 국민의 교육을 받을 기본권은 교원의 근로기본권에 우선하고, 전자를 저해할 우려가 있는 경우에 후자는 제한되어야 한다고 판시하였다.

2) 특정직 공무원에 관한 법 경찰공무원법, 소방공무원법 및 군인사법은 현역군인·군무원·경찰관 등의 공무원에 대하여 근로3권을 행사할 수 없다고 규정하고 있다. 또한 청원경찰법은 청원경찰에 대하여 경찰공무원법을 준용하도록 되어 있어 이들은 근로3권을 행사할 수 없다.

3) 교원의노동조합설립및운영에관한법률

① 목 적 이 법은 국가공무원법 제66조 제1항 및 사립학교법 제55조의 규정에 불구하고 노동조합및노동관계조정법 제5조 단서의 규정에 의하여 교원의 노동조합설립에 관한 사항을 정하고 교원에 적용할 노동조합및노동관계조정법에 대한 특례를 규정함을 목적으로 한다(동법 제1조).

② 근로3권의 행사

ⓐ 단결권 교원은 「특별시·광역시·도 단위」 또는 「전국단위」에 한하여 노동조합을 설립할 수 있다(동법 제4조).

ⓑ 단체교섭권 조합원의 임금·근로조건·후생복지 등 경제적·사회적 지위향상에 대하여 교섭할 권한을 가진다(동법 제6조 제1항).

ⓒ 단체협약 체결된 단체협약의 내용중 법령·조례 및 예산에 의하여 규정되는 내용과 법령 또는 조례에 의한 위임을 받아 규정되는 내용은 단체협약으로서의 효력을 가지지 아니한다(동법 제7조).

ⓓ 쟁의행위의 금지 노동조합과 그 조합원은 파업·태업 기타 업무의 정상적인 운영을 저해하는 일체의 쟁의행위를 하여서는 아니된다(동법 제8조).

③ 노동쟁의의 조정

ⓐ 조 정 단체교섭이 결렬된 경우에는 당사자 일방 또는 쌍방은 중앙노동위원회 「교원노동관계조정위원회」에 조정을 신청할 수 있으며, 조정은 신청이 있는 날부터 30일 이내에 종료하여야 한다(동법 제9조).

ⓑ 중 재 중앙노동위원회는 i) 당사자 쌍방이 함께 중재를 신청한 경우, ii) 중앙노동위원회가 제시한 조정안을 당사자 일방 또는 쌍방이 거부한 경우, iii) 중앙노동위원회위원장이 직권 또는 노동부장관의 요청에 의하여 중재에 회부한다는 결정을 한 경우에 중재를 행한다(동법 제10조).

4) 공무원노동조합설립및운영등에관한법률

① 목 적 이 법은 헌법 제33조 제2항의 규정에 의한 공무원의 노동

기본권을 보장하기 위하여 노동조합및노동관계조정법 제 5 조 단서의 규정에 따라 공무원의 노동조합 설립 및 운영 등에 관한 사항을 정함을 목적으로 한다(동법 제 1 조).

② 근로 3 권의 행사

ⓐ 단결권 공무원이 노동조합을 설립하고자 하는 경우 국회·법원·헌법재판소·선거관리위원회·행정부·특별시·광역시·도·시·군·구(자치구를 말한다) 및 특별시·광역시·도의 교육청을 최소단위로 한다(동법 제 5 조 제 1 항). 노동조합을 설립하고자 하는 자는 노동부장관에게 설립신고서를 제출하여야 한다(동법 제 5 조 제 2 항).

ⓑ 가입범위 노동조합에 가입할 수 있는 공무원의 범위는 i) 6급 이하의 일반직공무원 및 이에 상당하는 연구 또는 특수기술 직렬의 일반직 공무원, ii) 특정직공무원중 6급 이하의 일반직공무원에 상당하는 외무행정·외교정보관리직 공무원, iii) 기능직공무원, iv) 6급 이하의 일반직공무원에 상당하는 별정직공무원 및 계약직공무원, v) 고용직공무원 등이다(동법 제 6 조 제 1 항).

다만, i) 다른 공무원에 대하여 지휘·감독권을 행사하거나 다른 공무원의 업무를 총괄하는 업무에 종사하는 공무원, ii) 인사·보수에 관한 업무를 수행하는 공무원 등 노동조합과의 관계에서 행정기관의 입장에 서서 업무를 수행하는 공무원, iii) 교정·수사 그 밖에 이와 유사한 업무에 종사하는 공무원, iv) 업무의 주된 내용이 노동관계의 조정·감독 등 노동조합의 조합원으로서의 지위를 가지고 수행하기에 적절하지 아니하다고 인정되는 업무에 종사하는 공무원은 노동조합에 가입할 수 없다(동법 제 6 조 제 2 항).

ⓒ 단체교섭권 노동조합의 대표자는 노동조합에 관한 사항 또는 조합원의 보수·복지 그 밖의 근무조건에 관한 사항에 대하여 교섭이 가능하다. 다만, 법령 등에 의하여 국가 또는 지방자치단체가 그 권한으로 행하는 정책결정에 관한 사항, 임용권의 행사 등 그 기관의 관리·운영에 관한 사항으로서 근무조건과 직접 관련되지 아니하는 사항은 교섭의 대상이 될 수 없다(동법 제 8 조 제 1 항).

ⓓ 단체협약 단체협약의 내용 중 법령·조례 및 예산에 의하여 규정되는 내용과 법령 또는 조례에 의한 위임을 받아 규정되는 내용은 단체협약으로서의 효력을 가지지 아니한다(동법 제10조 제 1 항).

ⓔ 쟁의행위의 금지 노동조합과 그 조합원은 파업·태업 그 밖에 업무의 정상적인 운영을 저해하는 일체의 행위를 하여서는 아니된다(동법 제11조).

③ 노동쟁의의 조정

ⓐ 조 정 단체교섭이 결렬된 경우 당사자 일방 또는 쌍방은 중앙노동위원회 「공무원노동관계조정위원회」에 조정을 신청할 수 있으며(동법 제12조

제 1 항), 조정은 신청이 있는 날부터 30일 이내에 종료하여야 한다. 다만, 당사자 간의 합의가 있는 때에는 30일 이내의 범위에서 연장할 수 있다(동법 제12조 제 4 항).

ⓑ 중 재 중앙노동위원회는 i) 관계 당사자 쌍방이 함께 중재를 신청한 경우, ii) 공무원노동관계조정위원회 전원회의에서 중재회부의 결정을 한 경우 지체없이 중재를 행한다(동법 제13조).

5) 공무원직장협의회의설립 · 운영에관한법

① 의 의 공무원의 근무환경개선 · 업무능률향상 및 고충처리 등을 위한 「직장협의회」의 설립 및 운영에 관한 기본적인 사항을 규정함을 목적으로 공무원직장협의회의설립 · 운영에관한법이 제정되었다(동법 제 1 조). 따라서 국가기관 · 지방자치단체 및 그 하부기관에 근무하는 공무원은 직장협의회를 설립하고 이에 자유로이 가입하거나 탈퇴할 수 있다(동법 제 2 조, 제 4 조).

② 성 질 동법은 헌법 제33조 제 1 항의 단결권 · 단체교섭권에 근거한 법률인가 별개의 노사협의회법인가가 문제된다. 이에 대하여 i) 일종의 노사협의회법이라는 견해(김형배), ii) 헌법 제33조 제 1 항의 단결권 · 단체교섭권에 근거한 법률이라는 견해(이병태)가 있다.

③ 직장협의회의 기능 직장협의회는 기관장과 i) 당해 기관 고유의 근무환경개선에 관한 사항, ii) 업무능률향상에 관한 사항, iii) 소속공무원의 고충에 관한 사항, iv) 기타 기관의 발전에 관한 사항에 관하여 협의할 수 있다.

2. 主要防衛産業體에 從事하는 勤勞者의 團體行動權 制限

(1) 관련규정

> **헌법 제33조** ③ 법률이 정하는 주요방위산업체에 종사하는 근로자의 단체행동권은 법률이 정하는 바에 의하여 이를 제한하거나 인정하지 아니할 수 있다.
> **노동조합및노동관계조정법 제41조 【쟁의행위의 제한과 금지】** ② 「방위사업법」에 의하여 지정된 주요방위산업체에 종사하는 근로자중 전력 · 용수 및 주로 방산물자를 생산하는 업무에 종사하는 자는 쟁의행위를 할 수 없으며 주로 방산물자를 생산하는 업무에 종사하는 자의 범위는 대통령령으로 정한다.

(2) 근로 3 권의 제한 내용 노동조합및노동관계조정법 제41조 제 2 항은 단체행동권이 제한되는 근로자를 「방위사업법」에 의하여 지정된 방위산업체에 종사하는 근로자로서, 전력 · 용수 및 주로 방산물자의 생산에 직접 관련된 업무에 종사하는 자로 규정하고 있다. 따라서 주요방위산업체에서 종사하는 근로자라 할지라도 주로 방산물자의 「생산」에 직접 종사하는 근로자만의 「단체행동권」이 제한되며, 그 이외의 자는 단체행동권을 행사할 수 있다. 방위산업체 종사근로자에 대한 근

로 3 권의 제한은 법률이 정하는 「주요」방위산업체의 근로자의 단체행동권에 한정되므로, i) 법률로 정하여지지 아니한 방위산업체의 근로 3 권과, ii) 주요방위산업체의 단결권과 단체교섭권에 대해서는 이를 제한할 수 없다.

3. 憲法 第37條 第 2 項에 의한 勤勞三權의 制限

(1) 헌법규정

> **헌법 제37조** ② 국민의 모든 자유와 권리는 국가안전보장·질서유지 또는 공공복리를 위하여 필요한 경우에 한하여 법률로써 제한할 수 있으며, 제한하는 경우에도 자유와 권리의 본질적 내용을 침해할 수 없다.

(2) 근로 3 권의 제한여부 근로 3 권을 헌법 제37조 제 2 항에 의하여 제한할 수 있는가에 대하여 국가의 안전보장·질서유지와 공공복리의 필요가 있을 때에는 법률로써 이를 제한할 수 있다는 것이 일반적이다(다수설).

4. 非常事態 등에 의한 制限

국가비상사태에 있어서는 헌법 제76조의 규정에 따라 대통령의 긴급재정경제처분·명령과 긴급명령에 의하여 근로 3 권이 잠정적으로 제한될 수 있으며, 헌법 제77조의 규정에 의한 비상계엄선포에 의하여 단체행동이 제약받을 수도 있다.

▣ 요점정리

구 분		근로 3 권			비 고
		단결권	단체교섭	단체행동권	
일반근로자(공익사업포함)		○	○	○	• 헌법 제33조 제 1 항
공무원	일반직 공무원	○	○	×	• 헌법 제33조 제 2 항 • 6급 이하의 공무원
	교육직 공무원(국립·공립·사립학교 교원)	○	○	×	• 국·공립학교 교원, 사립학교교원
	현업공무원	○	○	○	• 정보통신부 및 국립의료원의 사실상 노무에 종사하는 자 • 국가공무원법 제66조
주요 방위산업체 종사자		○	○	×	• 헌법 제33조 제 3 항

기출문제 및 기본문제

최근 기출문제

1. 단결권이 보장되어 노동조합을 조직할 수 있는 자를 올바르게 묶은 것은?

〈51회 사시〉

㉠ 노동조합에 고용된 사무직원	㉡ 4급 일반직 공무원
㉢ 건설업의 일용근로자	㉣ 사립대학의 시간강사
㉤ 개인택시 운송사업자	

① ㉠, ㉡, ㉣ ② ㉠, ㉡, ㉤ ③ ㉠, ㉢, ㉣
④ ㉡, ㉢, ㉤ ⑤ ㉢, ㉣, ㉤

≪**해설**≫ 노동조합및노동관계조정법상 근로자란 직업의 종류를 불문하고 임금·급료 기타 이에 준하는 수입에 의하여 생활하는 자를 말한다(동법 제 2 조 제 1 호). 따라서 ㉤ 개인택시 운송업자 등 자영업자는 근로자로 보기 어렵고(2000. 4. 25, 노조 01254-351), ㉡ 근로자는 자유로이 노동조합을 조직하거나 이에 가입할 수 있으나, 공무원과 교원에 대하여는 따로 법률로 정하도록 규정하고 있는바(동법 제 5 조), 공무원의노동조합설립및운영등에관한법률상 노동조합에 가입할 수 있는 공무원의 범위 i) 6급 이하의 일반직공무원 및 이에 상당하는 연구 또는 특수기술직렬의 일반직공무원, ii) 특정직공무원 중 6급 이하의 일반직공무원에 상당하는 외무행정·외교정보관리직공무원, iii) 기능직공무원, iv) 6급 이하의 일반직공무원에 상당하는 별정직공무원 및 계약직공무원, v) 고용직공무원 등으로 규정되어 있으므로 4급 일반직 공무원은 노동조합을 조직하거나 가입할 수 없다(동법 제 6 조 제 1 항).

2. 헌법이 명시적으로 단체행동권을 제한하거나 인정하지 아니할 수 있다고 규정하고 있는 근로자는?

〈50회 사시〉

① 외국인근로자
② 법률이 정하는 공익사업에 종사하는 근로자
③ 사립학교 교원
④ 법률이 정하는 공기업에 종사하는 근로자
⑤ 법률이 정하는 주요방위산업체에 종사하는 근로자

≪**해설**≫ 법률이 정하는 주요방위산업체에 종사하는 근로자의 단체행동권은 법

▌해답▐ 1. ③ **2.** ⑤

률이 정하는 바에 의하여 이를 제한하거나 인정하지 아니할 수 있다(헌법 제33조 제 3 항).

3. 근로 3 권에 관한 설명으로 옳은 것은? 〈50회 사시〉

① 헌법재판소는 헌법상 보장된 근로자의 단결권에 단결하지 아니할 자유(소극적 단결권)는 포함되지 않는다고 판단하고 있다.

② 헌법재판소는 근로 3 권의 자유권적 성격을 부정하고 있다.

③ 헌법재판소는 헌법에 단체협약체결에 관한 명문의 규정이 없기 때문에 헌법상 단체교섭권에 단체협약체결권은 포함되지 않는다고 판단하고 있다.

④ 공무원은 근로자가 아니기 때문에 단결권 · 단체교섭권 및 단체행동권을 갖지 않는다.

⑤ 교원은 노동조합을 결성할 수 없다.

≪**해설**≫ ① 헌재 2005. 11. 24. 2002헌바95 · 96 ② 근로 3 권은 '사회적 보호기능을 담당하는 자유권' 또는 '사회권적 성격을 띤 자유권'으로서의 성격을 가지고 있다(헌재 1998. 2. 27. 94헌바13 등). 즉, 근로 3 권의 성격은 국가가 단지 근로자의 단결권을 존중하고 부당한 침해를 하지 아니함으로써 보장되는 자유권적 측면인 국가로부터의 자유뿐만 아니라, 근로자의 권리행사의 실질적 조건을 형성하고 유지해야 할 국가의 적극적인 활동을 필요로 한다는 것이다. ③ 헌법 제33조 제 1 항이 '단결권, 단체교섭권, 단체행동권'을 기본권으로 보장하는 뜻은 근로자가 사용자와 대등한 지위에서 단체교섭을 통하여 자율적으로 임금 등 근로조건에 관한 단체협약을 체결할 수 있도록 하기 위한 것이고, 비록 헌법이 위 조항에서 '단체협약체결권'을 명시하여 규정하고 있지 않다고 하더라도 근로조건의 향상을 위한 근로자 및 그 단체의 본질적인 활동의 자유인 '단체교섭권'에는 단체협약체결권이 포함되어 있다고 보아야 한다(헌재 1998. 2. 27. 94헌바13 등). ④ 공무원은 단결권, 단체교섭권은 인정되지만, 단체행동권은 인정되지 아니한다(공무원의 노동조합 설립 및 운영 등에 관한 법률 제 5 조, 제 8 조 및 제11조 참조). ⑤ 교원의 노동조합 설립 및 운영 등에 관한 법률 제 4 조 참조.

4. 현행법상 노동 3 권의 제한과 관련한 설명으로 옳지 않은 것은? 〈49회 사시〉

① 법률이 정하는 주요방위산업체에 종사하는 근로자의 단체행동권은 법률이 정하는 바에 의하여 이를 제한하거나 인정하지 않을 수 있다.

② 교원은 쟁의행위를 할 수 없다.

③ 필수공익사업에 종사하는 근로자는 쟁의행위를 할 수 없다.

④ 정부투자기관에 종사하는 근로자는 쟁의행위를 할 수 있다.

⑤ 조합원은 노동조합에 의하여 주도되지 아니한 쟁의행위를 하여서는 아니된다.

▌해답▐ 3. ① **4.** ③

≪**해설**≫ ①⑤ 헌법 제33조 제 3 항. ② 교원의 노동조합 설립 및 운영 등에 관한 법률 제 8 조. ③ 노사관계법은 종래 공익사업 중 그 업무의 중단으로 공중의 생활 또는 국민경제를 현저히 위태롭게 하는 사업을 필수공익사업으로 규정하고 노동위원회가 직권으로 중재에 회부하여 분쟁을 해결할 수 있는 직권중재제도를 운영하였으나, 직권중재제도는 사전적으로 파업을 금지할 수 있다는 점에서 쟁의권의 과도한 제약이라는 비판과 함께 위헌 논란이 지속적으로 제기되어 왔다. 이에 선진화 방안은 직권중재제도를 폐지하고 업무가 정지 또는 폐지되는 경우 공중의 생명, 신체의 안전이나 건강 또는 공중의 일상생활을 위태롭게 하는 업무를 「필수유지업무」로 규정하면서 쟁의행위 기간 중 필수유지업무의 수행을 의무화하였다(2008.1.1. 시행). 따라서 쟁의행위를 금지하는 것은 아니다(노사관계법 제42조의2 참조). ④ 노동조합 및 노동관계조정법 제37조 제 2 항.

5. 근로 3 권에 관한 설명 중 옳지 않은 것은? 〈48회 사시〉

① 국 · 공립학교 중등교원은 노동조합에 가입할 수 있다.

② 군인과 경찰은 노동조합에 가입할 수 없다.

③ 헌법상의 단결권은 근로자 개인의 권리일 뿐이지 단결체로서 노동조합의 권리는 아니다.

④ 필수공익사업에 대한 직권중재제도를 정한 법률 조항이 헌법에 위반되지 않는다는 것이 헌법재판소의 태도이다.

⑤ 법률이 정하는 주요방위산업체의 근로자 중에서 주로 방산물자를 생산하는 근로자도 노동조합을 조직할 수 있다.

≪**해설**≫ ① 교원의노동조합설립및운영등에관한법률 제 4 조 제 1 항. ② 공무원인 근로자는 법률이 정하는 자에 한하여 단결권 · 단체교섭권 및 단체행동권을 가진다(헌법 제33조 제 2 항). 따라서 군인과 경찰은 국가공무원법 제66조 및 지방공무원법 제58조에 의거 단결권을 행사할 수 없다. ③ 헌법 제33조 제 1 항에 규정된 단결권의 주체에는 근로자 개인뿐만 아니라 근로자의 단결체인 노동조합도 포함된다. ④ 헌재 1996.12.26, 90헌바19. [문제 3] 해설 ③ 참조. ⑤ 법률이 정하는 주요방위산업체의 근로자 중에서 주로 방산물자를 생산하는 근로자의 경우 단체행동권만 제한이나 금지가 가능한 것이지 단결권은 제한이 없다(헌법 제33조 제 3 항).

6. 쟁의행위가 금지된 근로자는? 〈48회 사시〉

① 정부투자기관 직원 ② 초등학교 교원

③ 민간항공사 비행기 조종사 ④ 시내버스 기사

⑤ 석유정제회사 직원

≪**해설**≫ ② 교원의노동조합설립및운영등에관한법률에 의한 교원은 단체행동권이 금지되므로 교원노동조합과 그 조합원은 파업 · 태업 기타 업무의 정상적인 운영을 저해하는 일체의 쟁의행위를 하여서는 아니된다(동법 제 8 조).

▌해답▌ 5. ③ **6.** ②

7. 노동 3 권에 관한 설명으로 옳지 않은 것은? 〈45회 사시〉

① 노동 3 권은 시민법상의 자유주의 법원칙을 수정하는 현대적 권리이다.
② 단결권은 그 권리주체와 행사목적이 결사의 자유와는 구별된다.
③ 헌법재판소는 단체교섭권에 단체협약체결권이 포함되어 있다고 본다.
④ 단체행동권은 근로자의 권리이므로 사용자에게는 일체의 대항적 방어수단이 금지되어 있다.
⑤ 정당한 노동 3 권의 행사에 대하여는 민사 또는 형사상의 책임을 지울 수 없다.

≪**해설**≫ 노사관계법 제 2 조에 쟁의행위의 종류로서 직장폐쇄를 명문으로 규정하고 있고, 직장폐쇄는 사용자가 노동조합의 쟁의행위에 대항하여 직장을 폐쇄함으로서 근로자들의 근로수령을 거부하고 임금을 지급하지 않는 사용자의 쟁의행위로서 조업중단과 함께 근로자의 쟁의행위에 대항하여 행해지는 대표적인 수단 중의 하나이다.

8. 현행법상 쟁의행위를 할 수 있는 자는? 〈45회 사시〉

① 소방사 ② 교도관 ③ 사법경찰관리
④ 사립학교교원 ⑤ 민수물자 생산에 종사하는 방위산업체 근로자

≪**해설**≫ ①②③ 국가공무원법과 지방공무원법에 의하여 사실상 노무에 종사하는 공무원 이외는 단체행동권이 제한되고, 경찰공무원법, 소방공무원법 및 군인사법에서는 현역군인, 군무원, 경찰관, 소방사 등은 근로 3 권을 행사할 수 없도록 규정하고 있어 쟁의행위를 할 수 없다. ④ 사립학교 교원은 교원의노동조합설립및운영등에관한법률에 의하여 단결권 및 단체교섭권은 행사할 수 있으나 단체행동권은 행사할 수 없다(동법 제 8 조). ⑤ 헌법 제33조는 주요방위산업체에 종사하는 근로자의 단체행동권은 법률이 정하는 바에 의하여 제한할 수 있다고 규정하고 있으며, 노동조합및노동관계조정법 제41조는 주요방위산업체에 종사하는 근로자 중 「전력, 용수 및 주로 방산물자를 생산하는 업무에 종사하는 자」는 쟁위행위를 할 수 없다고 규정하고 있다. 따라서 민수물자를 생산하는 방위산업체 근로자는 쟁의행위를 할 수 있다.

9. 다음 설명 중 옳은 것으로만 묶인 것은? 〈44회 사시〉

㉮ 주요 방위산업체에 종사하는 근로자의 단결권을 인정하지 않는다.
㉯ 국가뿐만 아니라 사용자도 단결권의 행사를 방해해서는 안된다.
㉰ 단결권의 정당한 행사에 대해서는 민·형사상 책임이 면제된다.
㉱ 개별 근로자뿐만 아니라 근로자단체도 단결권행사의 주체가 될 수 있다.
㉲ 노동조합의 단결강화를 위하여 제한적 단결강제를 인정한다는 것이 판

| 해답 | 7. ④ 8. ⑤ 9. ④

례의 입장이다.

① ㉮, ㉯, ㉱　② ㉮, ㉰, ㉱　③ ㉮, ㉱, ㉲
④ ㉯, ㉰, ㉱　⑤ ㉯, ㉰, ㉲

≪**해설**≫ ㉮ 법률이 정하는 주요방위산업체에 종사하는 근로자의 「단체행동권」만이 법률이 정하는 바에 의하여 이를 제한하거나 인정하지 아니할 수 있다(헌법 제33조 제 3 항). ㉯ 근로 3 권은 i) 대국가적 효력과 ii) 대사인적 효력(통설)이 인정되므로 타당하다. ㉰ 헌법 제33조 제 1 항 및 노동조합및노동관계조정법 제 3 조 내지 제 4 조 참조. ㉱ 단결권보유의 주체는 「근로자」이지만, 단결권행사의 주체는 근로자 개인과 노동조합(근로자단체) 모두이다. ㉲ 노동조합의 단결강화를 인정한다 하더라도(소극적 단결권 부정설), 단결강제의 범위와 관련하여서는 일반적 단결강제만이 허용될 것이지(다수설, 판례) 제한적 단결강제까지 허용할 것은 아니라는 것이 일반적이다.

10. 공무원의 근로 3 권에 관한 설명 중 옳지 않은 것은? 〈44회 사시변형〉

① 공무원에 대해서는 법률이 정하는 자에 한하여 근로 3 권이 인정된다.
② 국가공무원법은 공무원의 노동운동을 원칙적으로 금지하고 있다.
③ 정보통신부에서 노무를 제공하는 기능직 공무원은 단체행동권을 가진다.
④ 국·공립중학교의 교사들에게는 단결권이 인정된다.
⑤ 정부출연기관의 종사자는 공무원과 동일하게 근로 3 권이 제한된다.

≪**해설**≫ ① 헌법 제33조 제 2 항. ②③ 국가공무원법 제66조, 지방공무원법 제58조 참조. ④ 교원의노조설립및운영등에관한법률 제22조 및 제 4 조 참조. ⑤ 근로 3 권은 헌법에서 보장하는 국민의 기본권이므로 헌법에서 근로 3 권을 제한하지 않는 한 법령에서 이를 제한 금지할 수 없다. 즉 정부출연기관의 종사자는 공무원과 달리 근로 3 권의 제한·금지 규정이 없으므로 공무원과 달리 보아야 한다.

11. 우리 헌법상 노동기본권에 관한 기술로 옳지 않은 것은? 〈43회 사시〉

① 국가는 사회적·경제적 방법으로 근로자의 고용증진에 노력하여야 한다.
② 법률이 정하는 주요방위산업체에 종사하는 근로자의 단결권·단체교섭권 및 단체행동권은 법률이 정하는 바에 의하여 이를 제한하거나 인정하지 아니할 수 있다.
③ 국가는 근로의 의무의 내용과 조건을 민주주의의 원칙에 따라 법률로 정한다.
④ 여자의 근로는 특별한 보호를 받으며, 고용·임금 및 근로조건에 있어서 부당한 차별을 받지 아니한다.
⑤ 공무원인 근로자는 법률이 정하는 자에 한하여 단결권·단체교섭권 및 단

| 해답 | 10. ⑤　11. ②

체행동권을 가진다.

≪**해설**≫ 헌법 제32조는 근로의 권리를 규정한 바, ① 국가의 고용증진의무(헌법 제32조 제 1 항), ③ 근로의 의무(동조 제 2 항), ④ 여자근로자의 보호(동조 제 4 항) 등의 파생적 내용이 있으며, 헌법 제33조는 근로 3 권을 규정하고 있는바, ⑤ 공무원인 근로자의 근로 3 권(헌법 제33조 제 2 항), ② 법률이 정하는 주요 방위산업체에 종사하는 근로자의 「단체행동권」의 제한(동조 제 3 항) 등의 내용을 담고 있다.

12. 현행법상 파업권이 인정되는 자는? 〈43회 사시〉

① 청원경찰

② 국립의료원에서 사실상의 노무에 종사하는 공무원

③ 사용자단체

④ 공무원직장협의회

⑤ 초등학교 교원

≪**해설**≫ ③ 현행법상 근로 3 권이 인정되는 자는 「근로자」이므로 사용자 또는 사용자단체의 단체행동권을 보유할 수 없으며(헌법 제33조 제 1 항), ①②④⑤ 공무원인 근로자는 법률이 정하는 자에 한하여 단결권 · 단체교섭권 및 단체행동권을 가지므로, 청원경찰은 청원경찰법, 초등학교 교원은 교육공무원법 및 사립학교법에 따라 단체행동권이 인정될 수 없으나, 정보통신부 · 국립의료원에서 사실상 노무에 종사하는 기능직 · 고용직 공무원은 국가공무원법 제66조, 지방공무원법 제58조, 공무원복무규정 제28조의 규정에 따라 근로 3 권이 인정되는 것이다. 한편 「공무원직장협의회」는 협의회권만 인정될 뿐 단체교섭권이나 단체행동권은 인정되지 아니한다.

13. 현행법상 단체교섭권을 향유할 수 없는 자는? 〈42회 사시〉

① 정부출연기관에 종사하는 근로자 ② 5급 일반직 공무원

③ 사실상 노무에 종사하는 공무원 ④ 초등학교 교원

⑤ 선 원

≪**해설**≫ 공무원인 근로자는 「법률」이 정하는 자에 한하여 단결권 · 단체교섭권 및 단체행동권을 가진다(헌법 제33조 제 2 항). 따라서 ③은 국가공무원법 제66조, 지방공무원법 제58조에 근거하여 근로 3 권이 인정되며, ④는 교원의노동조합설립및운영에관한법률에 따라 초 · 중등교육법 제19조 제 1 항의 교원에 해당하므로 근로 2 권(단결권 · 단체교섭권)이 인정된다. ①⑤ 공무원인 근로자가 아니므로 특별히 단체교섭권의 제한을 받지 아니한다. 다만 선원은 선원법 제27조에 의한 단체행동권의 제한을 받을 뿐이다. ② 5급 일반직 공무원은 근로 3 권이 인정될 수 없으며, 공무원 직장협의회에도 가입할 수 없다(6급 이하의 일반직 공무원이 가입대상임).

▌해답▌ **12.** ② **13.** ②

14. 현행법상 교원의 노동조합에 관한 설명 중 옳지 않은 것은? 〈42회 사시〉

① 단체교섭이 결렬된 경우 중앙노동위원회에 조정을 신청할 수 있다.

② 설립신고서는 노동부장관에게 제출하여야 한다.

③ 쟁의행위를 할 수 있다.

④ 조직 대상을 같이 하는 2 이상의 노동조합이 설립되어 있는 경우에는 교섭창구를 단일화하여야 한다.

⑤ 시 · 도 단위 또는 전국단위에 한하여 설립이 가능하다.

≪**해설**≫ 교원의노동조합설립및운영에관한법률에 의하여 교원도 노동조합을 설립하고(제 4 조), 단체교섭을 행할 수 있으며(제 6 조), 단체교섭이 결렬된 경우 중앙노동위원회에 설치된 교원노동관계조정위원회에 조정을 신청할 수 있다(제 9 조). 그러나 노동조합과 그 조합원은 파업 · 태업 기타 업무의 정상적인 운영을 저해하는「일체의 쟁의행위」를 하여서는 아니된다(제 8 조).

15. 현행법상 단결권의 주체가 될 수 없는 자는? 〈41회 사시〉

① 연탄소매업자

② 백화점원

③ 행정관청에 종사하는 근로자

④ 공익사업에 종사하는 근로자

⑤ 파견근로자

≪**해설**≫ 단결권의 주체가 될 수 있는 자는 근로자에 해당하여야 한다. 연탄소매업자, 개인택시 운전자, 목수와 같은 자영업자는 근로자가 아니므로 단결권의 주체가 될 수 없다.

16. 헌법 제32조와 제33조의 규정에 근거한 것으로 볼 수 없는 것은? 〈41회 사시〉

① 직장폐쇄

② 노동조합 결성

③ 최저임금제 실시

④ 단체교섭요구

⑤ 근로조건 기준의 법정주의

≪**해설**≫ ①②④ 헌법 제33조 제 1 항에서는 근로자의 단결권 · 단체교섭권 · 단체행동권을 보장하고 있지만, 사용자의 단체행동권을 보장하고 있지는 않다. 그러므로 사용자의 쟁위행위인 직장폐쇄는 헌법 제33조에 근거한 것이 아니다. ③ 헌법 제32조 제 1 항 후단. ⑤ 헌법 제32조 제 3 항.

17. 근로 3 권에 관한 설명 중 옳지 않은 것은? 〈41회 사시〉

① 헌법재판소는 근로 3 권에 관하여 자유권적 기본권적으로서의 성격보다는 생존권적 기본권으로서의 측면이 보다 강하다고 판시한 바 있다.

② 헌법재판소는 구 노동쟁의조정법상 공익사업에 대한 강제중재제도를 정한 법률 조항이 헌법에 위반되지 않는다고 선고한 바 있다.

③ 공무원직장협의회의설립 · 운영에관한법률에서는 일정범위의 공무원에 대

▍해답▍ **14.** ③ **15.** ① **16.** ① **17.** ③

하여 단결권 및 단체교섭권을 보장하고 있다.

④ 판례에 의하면 근로자의 제한적 조직강제를 전면적으로 인정하는 것은 근로자의 단결선택의 자유를 침해하는 것으로서 허용될 수 없다고 한다.

⑤ 근로자의 일반적 조직강제가 허용될 것인지 여부는 근로자에게 소극적 단결권이 인정되는지 여부에 따라 그 결론을 달리할 수 있다.

≪**해설**≫ ① 헌법재판소는 종래 근로3권의 법적 성질을 생존권적 내지 사회권적 기본권으로서 보고 있었으나(헌재 1991.7.22, 89헌바106), 최근에는 근로3권을 자유권적 기본권이라 함으로써 종래와는 다른 태도를 보이고 있어(헌재 1998.2.27, 94헌바13·26, 95헌바44(병합)), 상호 견해가 불일치하므로 ①번은 문제가 있는 지문이라고 할 수 있다. ② 헌재 1996.12.26, 90헌바19, 92헌바49(병합); 대판 1994.1.11, 93누11883. ③ 공무원직장협의회의설립·운영에관한법률은 i) 일종의 노사협의회법으로서 헌법 제33조 제1항의 단결권·단체교섭권에 근거한 법률이 아니라는 견해와(다수설), ii) 헌법 제33조 제1항의 단결권·단체교섭권에 근거한 법률이라는 견해(이병태)가 있다. 동법은 일반공무원에게 헌법상의 단결권을 본격적으로 인정한 것으로 볼 수는 없겠고, 공무원의 단결권 인정범위를 확장하는 과도기적 제도(임종률) 또는 사실상의 단결권 및 제한된 범위의 단체협의권 정도를 인정한 것(이상윤)으로 평가할 수 있겠다. ④⑤ 소극적 단결권 부정설(다수설)의 입장은 단결강제의 범위와 관련하여 i) 일반적 단결강제설과, ii) 제한적 단결강제설의 대립이 있는 바, 단결선택의 자유를 인정하는 범위에서만 단결강제가 허용된다고 보는 일반적 단결강제설이 다수설이다.

18. 근로권에 관한 설명 중 가장 옳은 것은? 〈40회 사시〉

① 우리 헌법상 의무이지 권리는 아니다.

② 사용자의 해고권과는 전혀 무관하다.

③ 헌법상 근로의 의무와 충돌되므로 무효이다.

④ 국가에 대해서 노동기회나 최저생활비를 청구할 수 있는 권리이다.

⑤ 헌법상 근로의 의무가 언제나 근로권에 우선한다.

≪**해설**≫ 근로의 권리란 i) 소극적으로 개인이 근로를 행함에 있어서 국가 또는 타인의 방해를 받지 아니하고 자유로이 근로를 하거나 근로를 하지 아니할 권리를 의미하고, ii) 적극적으로 근로의 의사와 능력이 있는 개인이 국가에 대하여 근로의 기회를 청구하고 또는 이에 대신하여 생활비의 지급을 요구할 수 있는 권리(생활비지급청구권)를 말한다.

19. 다음 빈 칸에 들어갈 용어로 가장 알맞은 것은? 〈40회 사시〉

단결강제는 단결선택의 자유를 침해하지 않는 범위 안에서만 허용된다는 점을 강조하는 입장에서는 ______는(은) 위법하다는 결론에 도달한다.

▌해답▌ 18. ④ **19.** ②

① 소극적 단결권 ② 제한적 단결강제 ③ 일반적 단결강제
④ 클로즈드 샵 ⑤ 유니언 샵

≪**해설**≫ 단결권은 적극적 단결권과 소극적 단결권이 있다. 문제는 단결권의 개념에 소극적 단결권 즉 「단결하지 아니할 자유」가 포함되는가에 관하여 (i) 소극적 단결권 긍정설(독일의 판례 · 다수설)과, (ii) 소극적 단결권 부정설(일본 · 우리나라의 다수설)이 대립한다. 나아가 소극적 단결권을 부정하는 견해도 「단결강제의 범위」에 관하여 견해가 대립되는 바, i) 일반적 단결강제설(다수설)은 근로자는 노동조합에 반드시 가입하여야 하나 원하는 노동조합을 선택할 수 있는 「단결선택의 자유」가 보장된다는 견해이고, ii) 제한적 단결강제설은 근로자는 「특정 노동조합」에 반드시 가입하여야 하며 따라서 노동조합중 원하는 노동조합을 선택할 수 있는 「단결선택의 자유」가 부정된다는 견해인 것이다. 따라서 설문은 단결선택의 자유가 허용될 것을 주장하는 「일반적 단결강제설」의 입장에서 출제된 것이다.

20. 밑줄 친 곳에 들어갈 용어를 순서대로 나열한 것은? 〈39회 사시〉

> "단결강제는 _____를(을) 침해하지 않는 범위에서만 허용된다고 전제하는 입장에서 _____는(은) 위법하다는 결론에 도달한다."

① 소극적 단결권—제한적 단결강제 ② 일반적 단결강제—적극적 단결권
③ 적극적 단결권—일반적 단결강제 ④ 단결선택의 자유—일반적 단결강제
⑤ 단결선택의 자유—제한적 단결강제

≪**해설**≫ 소극적 단결권에 관하여 이를 인정하지 않는 부정설이 우리나라의 통설인 바 부정설 중에서도 단결선택의 자유를 인정하는 일반적 단결강제설이 多數說이다. 특정한 단체에 대하여 제한적으로만 단결강제가 허용될 것이라는 소수설은 단결선택의 자유를 부정하게 된다. 학설용어의 정확한 이해가 요망되는 부분이다.

21. 현행 헌법의 노동관계조항과 부합하지 않는 것은? 〈39회 사시〉

① 국가는 법률이 정하는 바에 의하여 최저임금제를 시행하여야 한다.
② 공무원인 근로자는 법률이 정하는 경우에 한하여 단결권 · 단체교섭권 및 단체행동권을 가진다.
③ 법률이 정하는 국공영기업체에 종사하는 근로자의 단체행동권은 법률이 정하는 바에 의하여 이를 제한하거나 인정하지 아니할 수 있다.
④ 여자의 근로는 고용 · 임금 및 근로조건에 있어서 부당한 차별을 받지 아니한다.
⑤ 연소자의 근로는 특별한 보호를 받는다.

▌해답▌ 20. ⑤ **21.** ③

≪해설≫ 쟁의권의 헌법상 제한은 공무원과 법률이 정하는 주요방위산업체에 종사하는 근로자에 한한다. 국공영기업체의 근로자는 5共헌법상에서 제한된 바 있다.

기출문제 및 기본문제

22. 다음의 근로권에 관한 설명 중 틀린 것은?

① 근로권을 헌법에서 최초로 규정한 것은 1919년의 바이마르헌법이다.

② 우리나라 헌법 제32조 제 1 항에서 규정한 근로의 권리는 국민에게 구체적인 청구권을 인정한 것이 아니고, 입법자 또는 국정의 담당자에게 다만 정치적 · 도의적 의무를 지운 것에 불과하다.

③ 사용자측의 직장폐쇄는 노동기본권이라 볼 수 없다.

④ 취업청구권과 생활비지급청구권을 그 내용으로 한다.

⑤ 취업중에 있는 근로자가 부당한 해고를 당하지 아니하면서 최저생활을 영위하기 위한 근로조건을 유지할 수 있는 권리를 포함한다.

≪해설≫ 우리나라의 근로권의 법적 성질에 관해서는 프로그램적 규정설, 추상적 권리설, 구체적 권리설의 대립이 있으나 다수설은 추상적 권리설이다. 즉 근로의 기회를 제공해 줄 것을 국가 또는 공공단체에 직접 요구할 수 있는 구체적인 법적 권리라고는 할 수 없으나, 단순히 입법자에게 정치적 · 도의적 의무를 지운 것에 불과하다는 입장은 사회적 기본권으로서의 근로권의 역사적 의미나 사회적 기능을 무시할 위험성이 있으므로 근로권실현을 위한 법률(예컨대 직업안정법 등)이 제정된 경우에 헌법상의 근로권규정이 그러한 법률의 해석과 운영의 준칙이 될 뿐만 아니라, 본조에 명백히 위반되는 입법의 경우에 위헌확인소송을 통하여 사법적 구제를 받을 수 있다고 새겨야 할 것이다. 일반적인 근로권의 내용으로 취로청구권과 생활비청구권을 들 수 있겠다. 우리 헌법상 근로의 권리의 내용을 보충하여 주는 것으로 국가의 고용증진의 의무, 적정임금의 보장, 근로조건기준의 법정주의, 여자와 연소자의 근로에 관한 특별보호, 국가유공자 · 상이군경 및 전몰군경 유가족의 우선취업기회보장 등을 들 수 있다.

23. 근로권의 개념확립을 처음으로 시도한 사람은? 〈24회 사시〉

① Anton Menger ② Fourier ③ Gustav Radbruch
④ Kaskel ⑤ Hugo Sinzheimer

≪해설≫ 근대적 노동권운동의 선구자는 「독일 국민에게 고함」을 쓴 독일의 피히테(Fichte)와 프랑스의 후리에(Fourier) 등을 들 수 있다.

해답 22. ② 23. ②

24. 헌법 제32조 제1항에서 「모든 국민은 근로의 권리를 가진다」고 할 때의 근로의 권리의 개념은 일반적으로 다음 어느 권리와 동일적인가?

① 직업선택권
② 근로에 대한 불가침권
③ 인간다운 생활을 할 권리
④ 집회·결사 또는 단결을 방해받지 않을 권리
⑤ 근로조건유지·향상을 위한 단체교섭권

≪**해설**≫ 근로의 권리라 함은 i) 소극적 개념과, ii) 적극적 개념이 있다. 「소극적 개념」은 자유권적 기본권의 관점에서 파악하는 것이고, 「적극적 개념」은 생존권적 기본권의 관점에서 파악하는 것이다. ② 국가 또는 타인의 방해를 받지 아니하며 근로를 할 수 있는 권리란 측면에서 가장 근접한 표현이다.

25. 노동3권에 관한 것 가운데 틀린 것은? 〈27회 사시〉

① 근로조건의 향상과 관계없는 근로자의 단체행동권은 제한된다.
② 현행헌법은 근로자의 단결권, 단체교섭권 및 단체행동권 모두를 법률에 의하여 유보하고 있다.
③ 공무원인 근로자는 법률로 인정된 자를 제외하고는 근로3권을 가질 수 없다.
④ 근로3권은 공공복리를 위하여 필요한 때는 제한된다.
⑤ 방위산업체의 근로자는 단체행동권이 제한된다.

≪**해설**≫ ②④ 현행헌법은 근로3권의 보장규정인 제33조 제1항에 개별적 법률유보조항을 삭제하였다. 따라서 법률유보없이 헌법 제37조 제2항의 일반적 법률유보조항에 의한 제한을 받을 뿐이다. ③ 헌법 제33조 제2항. ⑤ 헌법 제33조 제3항.

26. 다음 중 단체교섭이 아니라 협의권만이 인정되는 경우는?

① 주요 방위산업체 종사자
② 국가기관 공무원
③ 사실상 노무에 종사하는 공무원
④ 사립학교 교원
⑤ 선 원

≪**해설**≫ 국가기관·지방자치단체·그 하부기관에 근무하는 공무원은 직장협의회를 설립할 수 있는 바(공무원직장협의회의설립·운영에관한법률 제3조 제1항), 동 협의회는 기관장과 i) 근무환경 개선, ii) 업무능률 향상, iii) 공무와 관련된 일반적 고충, iv) 기타 기관발전에 관한 사항 등에 관하여 「협의」할 수 있다(동법 제5조).

| 해답 | **24.** ② **25.** ② **26.** ②

27. 단결권에 관한 설명으로 맞지 않는 것은? 〈34회 사시〉

① 헌법상 개별적인 유보조항이 없다.

② 공무원인 근로자에 대해서는 법률로 인정된 자를 제외하고는 인정되지 않는다.

③ 단결강제의 허용여부가 문제된다.

④ 방위산업체에 종사하는 근로자에 대해서는 법률이 정하는 바에 의하여 제한할 수 있다.

⑤ 현업공무원에 대하여는 이를 인정한다.

≪**해설**≫ ① 현행헌법 제33조 제 1 항은 개별적인 법률유보조항을 삭제하였다. ② 헌법 제33조 제 2 항. 즉 i) 정보통신부, ii) 국립의료원의 작업현장에서 노무에 종사하는「기능직 · 고용직」공무원에 한하여 근로 3 권이 인정된다. ③ 단결강제가 허용된다는 소극적 단결권 부정설이 다수설이다. ④ 헌법 제33조 제 3 항; 노사관계법 제41조 제 2 항.

28. 다음 설명 중 바르지 못한 것은?

① 적극적 단결권이란 노동조합을 결성하고 이에 가입하며 조합원으로서 활동할 수 있는 권리이다.

② 소극적 단결권이란 노동조합에 가입하지 아니하거나 노동조합으로부터 탈퇴할 수 있는 권리이다.

③ 헌법 제33조의 단결권의 개념에는 소극적 단결권이 포함되지 않는다는 것이 다수견해이다.

④ 일반적 단결강제설은 근로자가 노동조합에 반드시 가입하여야 하고 탈퇴하면 사용자는 해고하여야 한다는 견해이다.

⑤ 제한적 단결강제설은 단결선택의 자유가 보장되지 않는다는 견해이다.

≪**해설**≫ 단결권은 적극적 단결권과 소극적 단결권으로 분류된다. 이 경우 단결권의 개념에 소극적 단결권 즉 단결하지 아니할 자유가 당연히 포함되는가가 문제되는 바, (i) 소극적 단결권 긍정설과, (ii) 소극적 단결권 부정설(다수설)로 견해가 나뉘고 있다. 소극적 단결권 부정설은 다시「단결강제의 범위」에 관하여 i) 일반적 단결강제설과, ii) 제한적 단결강제설로 나뉜다. ④「일반적 단결강제설」은 근로자가 노동조합에 반드시 가입하여야 하며, 노동조합중 원하는 노동조합을 선택할 수 있는「단결선택의 자유(권리)」가 있다는 것이다.

29. 다음 중 단결권에 대한 설명으로서 틀린 것은? 〈28회 사시〉

① 생존권적 기본권 ② 단결권은 결사권과 동일한 개념

③ 단결강제의 인정 ④ 실질적인 노사평등

| 해답 | **27.** ④ **28.** ④ **29.** ②

⑤ 단체교섭 및 단체행동의 전제

≪**해설**≫ ① 단결권은 i) 소극적 측면에서 자유권적 성질과, ii) 적극적 측면에서 생존권적 성질을 모두 갖고 있으나 생존권적 기본권으로 분류하는 것이 통례이다. ② 단결권과 결사의 자유와의 관계에 관하여 i) 광의의 결사의 자유에 포함된다는 견해(영미법계 국가)도 있으나, ii) 단결권은 그 역사적 배경·성격 및 법적 효과 등에 있어서 결사의 자유와 전혀 별개의 기본권이라는 개별적 기본권설이 다수설이다. ③ 단결강제가 허용되는가의 여부에 관하여 소극적 단결권 부정설이 다수설이며, 단결선택의 자유가 인정된다는 「일반적 단결강제설」이 다수견해이다. ⑤ 단체교섭권 중심설(다수설·판례)에 의하면 단결권·단체행동권은 수단적 권리로 단체교섭권은 목적적 권리로 파악된다.

30. 결사의 자유에 대한 설명이 맞는 것은 〈'99 공인노무사〉

① 근로자만 갖는다.

② 근로자·사용자 모두 갖지 못한다.

③ 단결권과 같은 것이다.

④ 봉건적 굴레에서 벗어나기 위한 것이다.

⑤ 소극적 결사의 자유가 부정된다.

≪**해설**≫ 결사의 자유란 헌법상의 정치적 자유권으로서 18~19세기의 경제적 자유주의 및 기타 자유주의사상을 기초로 하여 승인된 자유로서 단결권과는 아래와 같은 차이를 보인다.

단 결 권	결사의 자유
① 근로자·근로자단체의 권리 ② 경제적 자유권의 성격 ③ 경제적 결사의 자유 ④ 대사인적 자유 ⑤ 사용자로부터 자유 ⑥ 소극적 단결권의 인정여부에 관해 논란(단결강제의 문제) ⑦ 민·형사사의 면책	① 국민의 자유 ② 정치적 자유권의 성격 ③ 정치적 결사의 자유 ④ 대국가적 결사의 자유 ⑤ 국가로부터의 자유 ⑥ 소극적 결사의 자유 당연히 인정

31. 다음 중 단체행동권이 제한되고 있는 자는 모두 몇인가?

㉮ 공익사업체의 직원	㉯ 운수사업종사자
㉰ 주요 방위산업체의 생산직 직원	㉱ 교 원
㉲ 국민경제에 중대한 영향을 미치는 사업체종사자	

① 1개　② 2개　③ 3개

④ 4개　⑤ 없음

▌해답▌ 30. ④ 31. ②

≪해설≫ 법률이 정하는 주요방위산업체에 종사하는 근로자의 단체행동권은 법률이 정하는 바에 의하여 이를 제한하거나 인정하지 아니할 수 있다(헌법 제33조 제 3 항). 방위산업체에관한특별조치법에 의하여 지정된 주요방위산업체에 종사하는 근로자 중 전력, 용수 및 주로 방산물자를 생산하는 업무에 종사하는 자는 쟁의행위를 할 수 없으며 주로 방산물자를 생산하는 업무에 종사하는 자의 범위는 대통령령으로 정한다(노동조합및노동관계조정법 제41조 제 2 항). 교원의 단체행동권은 허용되지 아니한다(교원노조법 제 8 조).

32. 현행법상 단결권을 행사할 수 없는 자는?

① 공장여직공 ② 백화점원 ③ 회사원
④ 농어촌의 농어민 ⑤ 행정관청에 종사하는 근로자

≪해설≫ ④ 자영농민·자영어민·소상공업장 등 근로제공의 대가로 타인으로부터 임금을 수령하여 생활하는 근로자에 해당되지 않으므로 근로기본권의 주체가 될 수 없다.

33. 공무원직장협의회에 관한 설명이 틀린 것은?

① 6급 이하의 일반직공무원 및 이에 준하는 연구·특수기술직열의 일반직공무원은 협의회에 가입할 수 있다.
② 노동운동이 허용되는 기능직·고용직공무원은 협의회에 가입할 수 없다.
③ 공무원직장협의회는 단결권과 단체교섭권을 갖는다.
④ 기관장은 협의회가 문서로 명시하여 협의를 요구한 경우 성실히 임하여야 한다.
⑤ 기관장은 협의회의 조직 및 운영과 관련하여 소속공무원에 대하여 불리한 조치를 하여서는 아니된다.

≪해설≫ ①② 공무원직장협의회에 가입할 수 있는 공무원의 범위(공무원직장협의회의설립·운영에관한법률 제 3 조 제 1 항·제 2 항). ③ 공무원직장협의회의 설립·운영에관한특별법의 법적 성질에 관하여는 i) 헌법 제33조 제 1 항의 단결권·단체교섭권에 근거한 법률이라는 견해(이병태)와, ii) 일종의 노사협의회법이라는 견해(김형배), iii) 사실상의 단결권과 제한된 범위의 단체협의권을 인정한 것이라는 견해(이상윤) 등의 대립이 있다. 그러나 곧바로 근로3권 중 단결권·단체교섭권을 인정한 것이라고 보는 것은 무리이다(다수설). ④ 동법 제 6 조 제 1 항. ⑤ 동법 제 6 조 제 3 항.

34. 다음 공무원직장협의회에 관한 설명 중 타당하지 아니한 것은?

① 국가, 지방자치단체의 공무원은 직장협의회를 설치하고 이에 자유로이 가입·탈퇴할 수 있다.

해답 32. ④ 33. ③ 34. ③

② 6급 이하의 일반직 공무원은 직장협의회에 가입할 수 있다.

③ 근로 3 권이 허용되는 노무직 공무원도 가입할 수 있다.

④ 직장협의회는 기관장과의 단체교섭이 허용되는 것은 아니다.

⑤ 기능직·고용직 공무원이 가입할 수 있다.

≪**해설**≫ ① 공무원직장협의회의설립·운영에관한법률 제 2 조, 제 4 조. ② 동법 제 3 조 제 1 항 제 1 호. ③ 국가공무원법 제66조 제 1 항 단서 및 지방공무원법 제58조 제 1 항 단서의 규정에 의하여 i) 노동운동이 허용되는 공무원과, ii) 지휘·감독의 직책이나 인사·예산·경리·물품출납·비서·기밀·보안·경비 또는 자동차운전 기타 이와 유사한 업무에 종사하는 공무원은 협의회에 가입할 수 없다(공무원직장협의회의설립·운영에관한법률 제 3 조 제 2 항). ④ 제한된 범위의 협의권을 인정한 것이지 단체교섭권을 인정한 것으로는 볼 수 없다(김형배, 이상윤). ⑤ 동법 제 3 조 제 1 항 제 3 호·제 4 호.

35. 근로 3 권에 대한 설명 중 바르지 못한 것은?

① 근로 3 권은 서로 유기적인 밀접한 관계를 갖는 통일적인 권리이다.

② 단결의 궁극적 목적은 단체교섭을 통한 단체협약의 체결이다.

③ 노사간의 단체교섭의 대상이 될 수 없는 사항은 단체행동권을 행사할 수 없다.

④ 근로 3 권은 단체교섭권을 주축으로 상호관련을 맺으면서 재산권과의 균형을 이루어야 한다.

⑤ 근로 3 권은 사용자와의 관계에서 생존권적 기본권의 측면이 부각된다.

≪**해설**≫ ① 근로 3 권은 상호 연계되어 있으며(통설), ②④ 근로 3 권 중 단체교섭권이 중핵적 권리라는 것이 일반적인 견해이다(대판 1990. 5. 15, 90도357). ③ 쟁의행위의 목적을 단체교섭의 대상과 연계시키는 견해는 쟁의행위의 목적을 단체교섭의 대상과 연계시키고 있다(판례·다수설). ⑤ 근로 3 권은 국가에 대하여 생존권적 기본권의 측면이 부각되고, 사용자와의 관계에서 제 3 자적 효력문제가 제기된다.

36. 근로 3 권의 보장에 관한 다음 설명 중 틀린 것은?

① 근로 3 권은 단결권, 단체교섭권, 단체행동권을 포함하는 개념으로서 역사적으로 볼 때 자본주의체제의 모순을 해결하려는 과정에서 성립되었다.

② 근로자들이 사용자와 대등한 입장에서 근로조건을 결정할 수 있도록 하기 위한 것이다.

③ 근로 3 권은 20세기 자연법이 요구하는 필연적인 현상으로서 근로자의 생존권 내지 근로권을 위한 수단으로 인정되어 왔다.

해답 35. ⑤ 36. ⑤

④ 따라서 국가는 근로 3 권의 행사에 있어서 그 장애를 제거해야 할 뿐만 아니라 그 행사를 보장해 주도록 노력해야 한다.

⑤ 근로 3 권에 관한 헌법규정은 추상적인 인격간에 형식적인 평등을 실현하기 위한 것이다.

≪**해설**≫ 근로 3 권은 근로자의 생존권을 보장하기 위하여 사회적·경제적 약자인 근로자로 하여금 단결할 수 있도록 함으로써 대등한 교섭력을 확보하고 실질적인 자유와 평등을 실현하기 위한 것이다. 따라서 추상적인 존재가 아니라 생활속의 구체적 인간관계에서 실질적인 자유와 평등을 실현하기 위한 권리로 보아야 한다.

37. 우리 헌법 제33조의 단결권에 관한 다음 설명 중 틀린 것은?

① 단결권은 시민법하의 형식적 평등관계를 시정하고 실질적인 노사대등관계의 형성을 목적으로 한다.

② 단결권 보유의 주체는 근로자 또는 근로자단체이다.

③ 근로자 개인의 단결권과 노동조합의 단결권은 서로 불가분의 관계에 있으나 때로는 대립하는 측면도 있다.

④ 단결권은 근로조건의 유지·개선 이외에 주로 정치적 지위의 향상을 목적으로 한다.

⑤ 단결권에는 일반적 단결강제가 허용된다는 것이 통설이다.

≪**해설**≫ 노동조합은 주로 정치적 지위의 향상을 그 직접적인 목적으로는 할 수 없다(노사관계법 제 2 조 제 3 호 라목 참조).

38. 다음 설명 중 틀리게 짝지워진 것은?

① 연대금지급조항—노조가 비조직근로자들을 직접 조합가입에 강요하지는 않더라도 노조의 재정적인 부담에 이들을 참여케 하기 위하여 마련된 제도로서 조합비에 해당하는 연대금을 지급하는 비조직근로자에게도 단체협약의 혜택을 부여하는 제도이다.

② 단체협약배제조항—비조직근로자에게 단체협약상의 이익의 전부 또는 일부를 사용자로 하여금 부여하지 못하도록 하는 단체협약상의 협정이다.

③ 격차조항—사용자로 하여금 일정한 협약상의 급부에 대하여 조합원과 비조직 근로자간에 일정한 격차를 유지할 의무를 지게 하는 단체협약의 조항이다.

④ 제한적 조직강제조항—사용자가 고용할 근로자가 어느 특정조합의 조합원일 것 또는 어느 특정조합의 조합원이 될 것을 가리지 않는 조직강제조

해답 37. ④ 38. ④

항이다.

⑤ Maintenance of membership조항—노조로부터 조직근로자를 탈퇴할 수 없도록 하고, 만약 근로자가 조합을 탈퇴하는 경우에는 사용자로 하여금 그 근로자를 해고하도록 한 단체협약의 조항이다.

≪**해설**≫ ①은 미국·영국에서의 Agency Shop과 같은 것이다. ④는 「일반적 조직강제조항」에 대한 설명이다. 「제한적 조직강제조항」은 특정조합의 조합원일 것 또는 조합원이 될 것을 조건으로 하는 조직강제조항이다.

39. 현행법상 파업권을 행사할 수 있는 자에 관한 옳은 것과 틀린 것의 조합이 맞는 것은?

㉮ 주요 방위산업에 사무직 근로자	㉯ 사립학교 교원
㉰ 유치원 교사	㉱ 철도청 현업근로자
㉲ 항해중인 선원	

① ㉮(○)㉯(×)㉰(×)㉱(○)㉲(×)　② ㉮(×)㉯(○)㉰(○)㉱(×)㉲(○)
③ ㉮(○)㉯(×)㉰(×)㉱(×)㉲(×)　④ ㉮(○)㉯(×)㉰(×)㉱(×)㉲(○)
⑤ ㉮(×)㉯(○)㉰(○)㉱(○)㉲(○)

≪**해설**≫ ㉮ 주요방위산업체의 근로자인 경우에도 직접 생산에 종사하는 자만이 단체행동권의 제한을 받는다. 법률이 정하는 주요방위산업체에 종사하는 근로자의 단체행동권은 법률이 정하는 바에 의하여 이를 제한하거나 인정하지 아니할 수 있다(헌법 제33조 제3항). ㉯ 사립학교법 제55조, ㉰ 유아교육진흥법 제17조, ㉱ 국가공무원법 제66조, 지방공무원법 제58조. ㉲ 선원은 선박이 항해중이거나 외국의 항구에 있는 경우 그 밖에 인명 또는 선박에 위해를 줄 염려가 있는 경우에는 선원근로관계에 관한 쟁의행위를 하여서는 아니된다(선원법 제27조).

40. 교원의 근로3권에 대한 설명 중 바르지 못한 것은?

① 초·중등교육법 제19조 제1항에 규정된 교원은 특별시·광역시·도단위 또는 전국단위에 한하여 노동조합을 설립할 수 있다.

② 노동조합의 대표자는 그 노동조합 또는 조합원의 임금·근무조건·후생복지 등 경제적·사회적 지위향상에 관한 사항에 대하여 교육부장관, 시·도 교육감 또는 사립학교를 설립·경영하는 자와 교섭하고 단체협약을 체결할 권한을 가진다.

③ 단체협약의 내용 중 법령·조례 및 예산에 의하여 규정되는 내용과 법령 또는 조례에 의한 위임을 받아 규정되는 내용은 단체협약으로서의 효력을 가지지 아니한다.

|해답| 39. ① 40. ⑤

④ 노동조합과 그 조합원은 파업 · 태업 기타 업무의 정상적인 운영을 저해하는 일체의 쟁의행위를 하여서는 아니된다.

⑤ 단체교섭이 결렬된 경우 당사자 일방 또는 쌍방은 관할지방노동위원회에 조정을 신청할 수 있다.

≪**해설**≫ 헌법 제33조 제 2 항은 공무원인 근로자 중 「법률에 정하는 자」에 한하여 근로3권을 행사할 수 있다고 규정하고 있다. 이에 근거하여 노동조합법 제 8 조 단서는 공무원의 노동조합 조직과 가입의 자유는 따로 법률로 정하도록 하고 있으며, 이에 「교원의노조설립및운영등에관한법률」이 제정 · 공포되어 시행되고 있다. ⑤ 동법 제 9 조 제 1 항에 의하면 노동쟁의의 조정 · 중재는 「중앙노동위원회」가 담당하도록 규정되어 있으며, 중앙노동위원회에 「교원노동관계조정위원회」가 설치되어 있다(동법 제11조 제 1 항). ① 동법 제 2 조, 제 4 조. ② 동법 제 6 조 제 1 항. ③ 동법 제 7 조 제 1 항. ④ 동법 제 8 조.

41. 교원의노조설립및운영등에관한법률에 관한 설명이 바르지 못한 것은?

① 교원노조의 정치활동의 금지

② 교원노조의 전임자 인정

③ 교원노조 대표자의 단체교섭권 및 협약체결권 인정

④ 단체행동권의 제한적 긍정

⑤ 노동쟁의의 조정기간 30일

≪**해설**≫ ① 동법 제 3 조. ② 동법 제 5 조. ③ 동법 제 6 조. ④ 노동조합과 그 조합원은 파업 · 태업 기타 업무의 정상적인 운영을 저해하는 일체의 쟁의행위를 하여서는 아니된다(동법 제 8 조). ⑤ 조정은 단체교섭이 결렬되어 당사자 일방 또는 쌍방의 조정신청이 있는 날부터 「30일」 이내에 종료하여야 한다(동법 제 9 조).

42. 다음 중 공무원의노동조합설립및운영등에관한법률상의 주요 내용이 잘못된 것은?

① 쟁의행위의 금지

② 행자부 산하 공무원노동관계조정위원회에서 조정 · 중재 담당

③ 정치활동의 금지

④ 조정기간 30일

⑤ 직권중재 인정

≪**해설**≫ ① 동법 제11조. ② 단체교섭이 결렬된 경우 이를 조정 · 중재하기 위하여 중앙노동위원회에 공무원노동관계조정위원회를 둔다(동법 제14조 제 1 항). ③ 동법 제 4 조. ④ 동법 제12조 제 4 항. ⑤ 동법 제13조.

| 해답 | **41.** ④ **42.** ②

제 3 편 종합문제

1. 노동의 종속성에 관하여 「법률적 종속설」을 주장한 사람은?

① Kaskel ② Hueck ③ Sinzheimer
④ Wagner ⑤ K. Marx

≪**해설**≫ ①은 경제적 종속설. ②는 인격적 종속설. ③은 법률적 종속설. ④는 1935년 와그너법을 제안한 미국 공화당 상원의원. ⑤는 사회주의 이론을 전개한 사람이다.

2. 자본주의 사회에서 노동법이 생성된 이유 중 옳지 못한 것은?

① 시장경제질서와 생산수단의 사유화
② 노동력과 임금이 서로 대가적 관계에 서게 되었다.
③ 시민법의 개념법학적 기본원리가 노사관계의 발전과 합치되었기 때문
④ 근로자의 경제적 약자의 지위로 인한 임금교섭의 불평등
⑤ 재산권의 효과로서 사용자가 이익을 독점하고 인사권, 경영권을 가지게 되었기 때문

≪**해설**≫ 근대노동법의 성장은 시민법의 개념법학적 운용에 대한 비판에서 비롯된 것이라 볼 수 있다. 즉 시민법질서는 자본주의체제하에서의 개인의 실질적 평등과 자유의 확보에 미흡하게 됨으로써 이를 수정하기 위한 방편으로 노동법이 생성되었다.

3. 노동법의 특성과 관계가 먼 것은? 〈28회 사시〉

① 시민법원리의 연역적 입법 ② 구체적 현실의 고려
③ 세계적 통일의 경향 ④ (법의 분류상) 중간법적 영역
⑤ 사회안정과 분배형평의 지향

≪**해설**≫ ① 노동법은 현실적인 노사관계로부터 규범의식이 발생함으로써 생성되었고 또한 변화되어가는 성격을 가진다(관습적 기원의 경향). ② ILO의 규약·권고를 매개로 세계각국의 근로조건은 통일화되는 경향이 있다(국제적 통일화 경향). ③④ 노동법은 자본주의질서 자체내에서 태동하였고 시민법체계가 다하지 못하는 노동문제를 해결하기 위하여 등장한 법체계인 것이다. 다시 말해 노동법은 자본주의사회를 「선한 사회」로 보고 자본제경제질서·법질서를 전제로 하는 자본제질서하의 법인 것이다. 따라서 노동법은 시민법과 다른 사명을 가지고 있

▎해답▎ 1. ③ 2. ③ 3. ①

으며 독자적인 규제대상과 법체계를 가지고 있다. 즉 노동법은 시민법원리를 「수정」하여 실질적 평등을 이루려는 법이므로 종합적·실질적·구체적인 규범구조를 갖게 되고 귀납적 방식을 중시하게 된다. ⑤ 노동법은 공사법이 교착(교차)하는 특성을 가진다.

4. **다음 중 노동법의 설명으로 부적당한 것은?** 〈27회 사시〉

① 근로자의 기본생활의 확보
② 근대시민법원리의 수정
③ 공사법의 交錯
④ 노사대등의 실현
⑤ 자본주의체제의 부인

≪**해설**≫ 위 문제 해설 참조.

5. **노동법의 의의에 관한 다음 기술 중 가장 적절한 것은?**

① 노동법은 직접적으로 노사관계를 규율하는 순수 공법이다.
② 노동법은 노사관계의 실질적 평등을 전제로 하여 규율하는 법규이다.
③ 노동법은 종속노동관계만을 규율하는 법규이다.
④ 노동법은 실질적 평등관계를 확립하지 못한 근로자가 사용자에 대하여 종속적인 입장에 놓여 있다는 것을 전제로 하고 그것을 시정 또는 규율하고자 하는 법규이다.
⑤ 노동법은 노동력의 지배를 통한 근로자의 인격지배를 내용으로 하는 법규이다.

≪**해설**≫ ① 노동법은 사법적 성질과 공법적 성질이 교차하는 사회법의 영역이다. ② 노동법은 형식적 평등을 전제로 규율하는 사법체계의 문제점을 시정·보완하기 위한 입법으로서, 실질적 자유와 평등을 실현하기 위한 규범체계인 것이지 전제된 것은 아니다. ③ 노동법을 파악하는 태도는 i) 규율대상을 형식적으로 파악하는 입장, ii) 노동의 종속성을 중심으로 파악하는 입장(다수설), iii) 노동법의 이념을 중시하는 입장(김형배) 등이 있다. 따라서 노동법의 주된 규율대상이 종속노동관계란 것이지 종속노동만 규율하는 규범이라고 속단할 수 없다. ⑤ 인격적 종속성은 근로자가 근로자의 신체 및 인격과 분리할 수 없는 노무급부를 해야 할 의무를 지기 때문에 사용자의 지배하에 서게 된다는 의미이지, 근로자의 인격지배를 내용으로 하는 것은 아니다.

6. **근로자의 노동쟁의에 대한 최초의 입법태도는?**

① 정당한 노동쟁의는 면책된다.
② 손괴죄로 처벌한다.
③ 민법상의 손해배상책임만을 진다.
④ 형사공모죄로 처벌한다.
⑤ 소요죄로 처벌한다.

≪**해설**≫ 영국에서는 근로자의 쟁의행위를 거래의 자유를 침해하는 부당한 것으

▎해답▎ **4.** ⑤ **5.** ④ **6.** ④

로 보아, 1799년 단결금지법(Combination Act)을 제정하여 쟁의행위를 형사공모범(Conspiracy)으로 처벌하였다.

7. 근로자의 정당한 쟁의행위에 대한 형사책임의 면책을 최초로 명문화한 입법은?

① 영국의 1799년의 Combination Act

② 영국의 1824년의 Combination Laws Reapeal Act

③ 미국의 1890년의 Sherman Act

④ 미국의 1914년의 Clayton Act

⑤ 미국의 1935년의 Wagner Act

≪**해설**≫ 영국에서는 1799년 단결금지법을 제정하여 근로자의 쟁의행위를 형사공모범으로 처벌하다가, 1824년에 단결금지폐지법(Combination Law Act)에서 정당한 쟁의행위에 대하여는 형사면책하도록 규정하였다. 그후 1871년 노동조합법(Trade Union Act)에서는 노동조합의 법인격을 인정하였고, 1906년 노동쟁의법(Trade Dispute Act)에서는 민법상의 불법행위책임을 제거하였다.

8. 근로자의 정당한 쟁의행위에 대하여 손해배상청구를 금지하는 규정을 명문화한 입법은?

① 영국의 1824년 단결금지폐지법 ② 영국의 1871년 노동조합법

③ 영국의 1906년 노동쟁의법 ④ 독일의 1918년 바이마르헌법

⑤ 미국의 1926년 철도노동법

9. 자주적 단결권, 단체교섭권, 단체행동권의 인정을 핵심적 내용으로 하는 1935년 미국의 제정법은?

① 노리스 – 라가르디아법 ② 전국산업부흥법

③ 와그너법 ④ 태프트 – 하틀리법

⑤ 랜드럼 – 그리핀법

≪**해설**≫ 1935년 뉴딜정책의 일환인 전국산업부흥법(NIRA)이 위헌판결될 즈음에 Robert F. Wagner에 의하여 제안된 「전국노동관계법(National Labor Relations Act)」에서 최초로 노동 3 권(단결권 · 단체교섭권 · 단체행동권)이 명문으로 인정되었다.

10. 부당노동행위를 최초로 제도화한 법률은? 〈27회 사시〉

① 기업경영참가법 ② Sherman Act ③ Wagner Act

④ Taft – Hartley Act ⑤ Landrum – Griffin Act

≪**해설**≫ 부당노동행위제도는 미국의 1935년 Wagner Act에서 사용자의 부당노

▎해답▎ **7.** ② **8.** ③ **9.** ③ **10.** ③

동행위를 규정함으로써 최초로 입법화되었으며, 근로자의 부당노동행위는 미국의 1947년 Taft-Hartley Act에 의하여 규정되었다.

11. 와그너법(Wagner Act)의 내용에 관하여 잘못 기술한 것은?

① 와그너법은 근로자들의 교섭력을 보장하기 위한 법이었다.

② 사용자의 부당노동행위가 최초로 확립되었다.

③ 근로자의 부당노동행위는 태프트 하틀리법에 의해서야 비로소 인정되었다.

④ Closed Shop을 인정하였다.

⑤ 노동조합의 민주적 운영을 규정하였다.

≪**해설**≫ 와그너법(Wagner Act, 1935)은 일명 전국노동관계법(National Labor Relations Act)이라고도 하며, 이 법의 가장 중요한 점은 자주적 단결권·단체교섭권·단체행동권을 인정한 것이며, 이와 더불어 사용자측의 부당노동행위를 규정하였다.

12. 미국에서 처음으로 「단결강제」가 인정된 법은? 〈34회 사시〉

① 태프트·하트리법 ② 셔먼법 ③ 노리스·라가디아법

④ 와그너법 ⑤ 랜드럼·그리핀법

≪**해설**≫ 1935년 Wagner법은 클로즈드 샵(Closed Shop)제도를 인정하는 반면 오픈 샵(Open Shop)제도를 금지하였다.

13. 다음 중 Landrum-Griffin법의 가장 큰 의의는?

① 근로자의 자주적 단결권을 인정한다는 것

② 독점금지법을 통한 근로자의 단결권 제한

③ 노동조합의 부정을 시정함으로써 조합내의 민주주의를 확립하려는 점

④ 단체행동권을 인정한다는 점

⑤ 근로기본권을 제한하려 했던 점

≪**해설**≫ 1935년 Wagner법 이후 미국의 노동조합은 관료조직화되고 노조간부가 과두제화되고 어용화되는 등의 문제를 드러냈다. 이에 노동조합 내부의 주요 사항들을 규제함으로써 「조합민주주의」를 확립하고자 1959년 「노조운영보고·공개법(Labor Management Reporting and Disclosure Act)」을 제정하게 되었다.

14. 미국의 부당노동행위제도는 어느 법에서 비롯되었는가? 〈28회 사시〉

① 1890년의 Sherman법 ② 1914년의 Clayton법

③ 1932년의 Norris-La Guardia법 ④ 1935년의 Wagner법

⑤ 1947년의 Taft-Hartley법

▌해답▌ 11. ⑤ 12. ④ 13. ③ 14. ④

≪**해설**≫ 미국의 부당노동행위제도는 1935년 Wagner법에서 최초로 도입된 제도이다. i) 와그너법에서는 사용자의 부당노동행위를 인정하였으며, ii) 태프트-하틀리법에서는 근로자측의 부당노동행위를 인정하였고, iii) 랜드럼-그리핀법에서는 노동조합의 조합원에 대한 부당노동행위를 인정하게 되었다.

15. 다음 중 노동법의 법원이 될 수 없는 것은? 〈25회 사시〉

① 단체협약 ② 근로계약 ③ 취업규칙
④ 국제노동규약 ⑤ 노동조합규약

≪**해설**≫ ② 근로계약에 대해서 다수의 견해는 법원성을 부정한다. 그러나 법원의 개념을 주관적 법·권리로 보는 견해에 따르면 근로계약이나 사용자 지시권(업무명령)에 대해서는 법원성을 긍정한다.

16. 다음의 ILO의 선언들 중 「노동은 상품이 아니다」라는 근본원리를 제시한 것은?

① 1919년의 베르사이유평화조약에서의 선언
② 1944년의 필라델피아선언
③ 1946년의 몬트리올회의에서의 선언
④ 1918년의 중립국회의에서의 선언
⑤ 1941년의 뉴욕임시대회에서의 선언

≪**해설**≫ 1944년 第26차 ILO총회에서 「국제노동기구의 목적과 목표에 관한 선언」 즉 필라델피아선언이 채택되었다. 동선언은 ILO목적의 근본원칙으로서 i) 노동은 상품이 아니다, ii) 사회의 지속적인 진보를 위하여 표현 및 결사의 자유는 필수불가결하다, iii) 일부계층의 빈곤은 전체의 번영에 위험하다, iv) 빈곤의 극복은 근로자대표 및 사용자대표가 정부대표와 동등한 지위에서 자유로운 토의 및 민주적 결정에 참가함으로써 수행되는 것이 필요하다 등의 4개 항목을 규정하고 있다.

17. ILO의 노사관계의 3당사자는? 〈23회 사시〉

① 근로자대표, 사용자대표, ILO 사무국대표
② 근로자대표, 사용자대표, ILO 대표
③ 근로자대표, 사용자대표, 총회
④ 근로자대표, 사용자대표, 정부대표
⑤ ILO에서 선출한 근로자 대표 및 사용자 대표와 ILO 사무국대표

≪**해설**≫ ILO의 노사관계 3당사자란 i) 정부대표, ii) 근로자대표, iii) 사용자대표를 말하는데, 정부대표 2인과 노사대표 각각 1인이 총회에 참석하게 된다.

18. 노동조합이 당해 사업장 전체근로자의 일정수를 대표하는 경우 잔여근로자 또

▌해답▌ **15.** ② **16.** ② **17.** ④ **18.** ③

는 새로 채용되는 근로자는 자신의 의사와 관계없이 그 조합원이 될 것을 강제하는 단체협정은?

① Closed Shop
② Open Shop
③ Union Shop
④ 황견계약(Yellow Dog Contract)
⑤ Agency Shop

≪**해설**≫ 이를 Union Shop이라 하며, 우리나라에서는 노사관계법 제81조 제 2 호 단서에서 예외적으로 인정하고 있다.

19. 근로기본권에 대한 다음 기술 중 잘못된 것은?

① 근로기본권은 생존권적 기본권이다.
② 근로기본권을 헌법에서 최초로 보장한 나라는 프랑스이다.
③ 우리나라도 제헌헌법이래로 계속적으로 근로기본권을 보장하고 있다.
④ 근로기본권에는 근로권과 단결권, 단체교섭권, 단체행동권의 근로 3 권을 포함하는 개념이다.
⑤ 사용자측의 직장폐쇄(Lock Out)는 근로기본권에 해당된다고 볼 수 없다.

≪**해설**≫ ② 근로기본권을 최초로 보장한 헌법은 바이마르헌법이다.

20. 다음은 단결권과 결사의 자유에 관하여 설명한 것이다. 틀린 것은?

① 결사의 자유는 경찰국가사상을, 단결권은 복지국가사상을 그 기초로 하고 있다.
② 결사의 자유는 자유권이나 단결권은 생존권이다.
③ 결사의 자유는 근대시민법원리의 확대의 기초가 결여되었다는 역사적 의의를 갖고 있으나, 단결권은 근로자의 생존과 생활의 유지를 목적으로 한다.
④ 결사의 자유나 단결권은 국가에 대한 공권이므로 개인에 의한 침해는 문제되지 않는다.
⑤ 결사의 자유는 공동목적을 가진 다수인의 집단행동이 국가에 의해 제한·금지 당하지 않는 것을 내용으로 하나, 단결권은 적극적 단결권만이 그 보호의 대상이 된다.

≪**해설**≫ 단결권은 결사의 자유와는 그 보장의 역사적 배경, 성격, 법적 효과 등에서 전혀 다른 이질적이라는 것이 통설이다. ④ 단결권과 결사의 자유 모두 국가에 대한 공권이기는 하나, 단결권에 있어서는 개인(사용자)의 단결권의 침해는 부당노동행위로서 금지된다(노사관계법 제81조). ⑤ 헌법에 근로자에 대해서만 단결권을 결사의 자유와 구별하여 보장하고 있으며, 근로자는 단결을 통해서만 실질적 평등을 실현할 수 있는 것이요, 헌법이 근로자의 단결권을 보장한 취지가 여기에

해답 19. ② 20. ④

있는 이상 적극적 단결권만이 그 보호의 대상이 된다고 봄이 타당하다(通說).

21. 근로권에 관한 다음 설명 중에서 틀린 것은?

① 근로조건은 법률로 정하게 되어 있다.

② 근로자는 근로조건의 향상을 위하여 단체행동을 할 수 있다.

③ 근로자는 정권교체를 위한 정치적 파업을 할 수 있다.

④ 근로의 의무는 민주주주의 원칙에 따라 법률로 정할 수 있다.

⑤ 최저임금제도도 법률로 도입되어 있다.

≪**해설**≫ ① 법률이 정하는 주요방위산업체에 종사하는 근로자의 단체행동권은 법률이 정하는 바에 의하여 이를 제한하거나 인정하지 아니할 수 있다(헌법 제33조 제 3 항). ② 근로자는 근로조건의 향상을 위하여 자주적인 단결권 · 단체교섭권 및 단체행동권을 가진다(헌법 제33조 제 1 항). ③ 「주로 정치운동을 목적으로 하는 경우」에는 노동조합으로 보지 아니한다(노사관계법 제 2 조 제 4 호 마목). 또한 단체행동권은 목적상의 한계가 있는 바, 「정치파업」에 관하여는 i) 정치파업 긍정설, ii) 정치파업 부정설(통설)의 견해대립이 있으나 후자가 타당하다고 본다. ④ 헌법 제32조 제 2 항. ⑤ 헌법 제32조 제 1 항에 의하여 「최저임금법」이 1986년 제정되어 있다.

22. 근로자의 보호에 관하여 틀린 것은?

① 자본주의하에서 경제적 약자인 근로자를 보호하기 위하여 헌법이 특히 보호규정을 설정하였다.

② 헌법상에는 근로의 권리 · 근로자의 권리 · 근로능력상실, 기타 생활능력이 없는 자의 보호받을 권리를 규정하였다.

③ 모든 국민은 근로의 기회제공을 요구할 권리와 생활능력이 없을 경우에 생활보장을 받을 권리가 있다.

④ 근로자의 단결권 · 단체교섭권과 단체행동권은 집회 · 결사의 자유의 특별규정이며 그 권리는 자유권의 일종이다.

⑤ 공무원인 근로자는 법률이 정하는 자에 한하여 근로 3 권을 가진다.

≪**해설**≫ 근로 3 권의 법적 성질에 관하여는 자유권적 기본권설과 생존권적 기본권설이 대립하고 있으나, 근로 3 권은 그 성질상 자유권으로서의 측면과 생존권으로서의 측면을 모두 가지고 있다. 오늘날은 혼합설이 다수설이다.

23. 헌법 제32조의 「근로의 권리」에 관한 다음 기술 중 타당하다고 생각되는 것은?

① 본 규정에 의하여 국가는 국민을 근로시킬 법적 의무를 진다.

② 국민이 국가권력에 의하여 근로의 자유를 침해받지 아니하는 권리이다.

해답 21. ③ 22. ④ 23. ④

③ 구체적으로 직업의 소개를 청구할 수 있는 권리이다.

④ 국가에 대하여 근로의 기회를 보장받는 것을 내용으로 하는 권리이다.

⑤ 국가에 대하여 생활비의 지급을 요구할 수는 없는 권리이다.

≪**해설**≫ 근로의 권리는 본원적 내용으로서 i) 근로기회청구권(취업권)과, ii) 생활비지급청구권으로 나뉘어 정의된다. 「근로기회청구권(취업권)」이란 근로의 의사와 능력이 있는 자는 누구든지 국가에 대하여 근로의 기회를 청구할 수 있는 권리이다.

24. 헌법 제32조 상의 근로자의 개념에 관한 것 중 틀린 것은?

① 일일근로자는 계속적으로 직업에 종사하는 자가 아니므로 근로자가 아니다.

② 상공업자는 노동력을 팔아서 대가를 얻는 자가 아니므로 근로자라 할 수 없다.

③ 근로자는 노동력을 팔아서 대가를 얻는 자이므로 근로기준법상 취업근로자가 아닌 자는 근로자에 포함되지 아니한다.

④ 국무총리도 정신근로에 의해 보수를 받고 있는 사람이므로 근로자이다.

⑤ 직업의 종류를 불문하고 임금·봉급 등을 얻어 생활하는 자를 말하므로 공무원도 근로자이다.

≪**해설**≫ ③ 실업자는 근로기준법상의 근로자에 해당되지 아니한다. ④⑤ 공무원도 근로자에 해당된다는 것이 일반적인 견해이다. 다만 근로 3 권의 행사에 있어 제한을 받을 뿐이다.

25. 다음 중 근로 3 권에 관한 현행 헌법의 규정 또는 헌법재판소 판례에 맞지 않는 것은?

① 공무원이라도 법률이 정하는 자의 경우라면 단결권·단체교섭권·단체행동권을 가진다.

② 근로 3 권은 근로자들의 자주적인 권리이다.

③ 근로자의 근로조건 향상을 위한 권리로서 인정된다.

④ 방위산업체에 종사하는 근로자의 단결권 등은 법률이 정하는 바에 의하여 이를 인정하지 아니할 수 있다.

⑤ 사립학교 교원의 근로 3 권은 법률로 제한될 수 있다고 보는 것이 우리헌법재판소 결정이다.

≪**해설**≫ 단체행동권을 제한할 수 있을 뿐이지 단결권을 인정하지 않을 수는 없다.

┃해답┃ 24. ① **25.** ④

26. 현행법상 파업권을 행사할 수 있는 자에 관한 기술 중 옳은 것과 틀린 것의 조합이 맞는 것은 무엇인가?

㉮ 주요 방위산업체 사무직 근로자	㉯ 사립학교 교원
㉰ 필수공익사업 근로자	㉱ 철도청 현업근로자
㉲ 국립의료원의 승용차 운전자	

① ㉮(○)㉯(×)㉰(○)㉱(○)㉲(×)

② ㉮(×)㉯(○)㉰(○)㉱(×)㉲(○)

③ ㉮(○)㉯(×)㉰(×)㉱(×)㉲(×)

④ ㉮(○)㉯(×)㉰(×)㉱(×)㉲(○)

⑤ ㉮(×)㉯(○)㉰(○)㉱(○)㉲(○)

≪**해설**≫ ㉮ 법률이 정하는 주요방위산업체에 종사하는 근로자의 단체행동권은 법률이 정하는 바에 의하여 이를 제한하거나 인정하지 아니할 수 있다(헌법 제33조 제 3 항). 주요 방위산업체의 근로자인 경우에도 직접 생산에 종사하는 자만이 단체행동권의 제한을 받는다. ㉯㉰ 최근 「노동조합 및 노동관계조정법」이 개정되어(2006년 12월 30일) 필수공익사업에 대한 직권중재제도를 폐지하되, 기존의 필수공익사업에 항공운수사업, 혈액공급사업을 추가하고 필수공익사업의 업무중 그 업무가 정지 또는 폐지되는 경우 공중의 생명·보건 또는 신체의 안전이나 공중의 일상생활을 현저히 위태롭게 하는 업무를 필수유지업무로 규정하며, 필수공익사업에 대체근로를 허용하고, 쟁의행위 기간중에도 정당한 유지·운영 의무를 부과하였다(동법 제42조의2 내지 제42조의6 및 제43조 제 3 항, 제 4 항). 교원의노동조합설립및운영에관한법률이 근거한 교원노조는 단결과 단체교섭권만 인정되고, 일체의 쟁의행위는 허용되지 아니한다(동법 제 8 조). ㉱㉲ 근로 3 권이 허용되는 사실상 노무에 종사하는 공무원이란 i) 정보통신부·국립의료원의 작업현장에서 노무에 종사하는 기능직·고용직 공무원으로서 ii) 서무·인사·기밀업무에 종사하는 자, 경리·물품납부사무에 종사하는 자, 보안목표시설의 경비에 종사하는 자, 승용차의 운전에 종사하는 자를 제외한 자를 말한다(공무원 복무규정 제28조).

27. 국공립교원이나 사립학교교원에게 인정되는 것이 아닌 경우는 몇 개인가?

㉮ 정치활동	㉯ 노동조합 전임자	㉰ 단체행동권
㉱ 단체교섭제도	㉲ 단체협약의 효력	

① 1개　② 2개　③ 3개

④ 4개　⑤ 없음

≪**해설**≫ ㉮ 교원의노동조합설립및운영등에관한법률 제 3 조. ㉯ 동법 제 5 조. ㉰ 노동조합과 그 조합원은 파업·태업 기타 업무의 정상적인 운영을 저해하는 일체의 쟁의행위를 하여서는 아니된다(교원노조법 제 8 조). ㉱ 동법 제 6 조. ㉲ 동법

| 해답 | **26.** ① **27.** ②

제 7 조.

28. 공무원의 근로 3 권에 관한 설명 중 타당하지 아니한 것은?

① 정보통신부의 사실상 노무에 종사하는 공무원은 「직장협의회」에 가입할 수 없다.

② 직장협의회는 기관장과 근무환경개선에 관하여 협의할 수 있다.

③ 국공립학교 교원은 물론 사립학교 교원도 근로 3 권을 행사할 수 없다.

④ 국가·지방자치단체 및 그 하부기관에 근무하는 공무원은 직장협의회를 설립하고 이에 가입할 수 있다.

⑤ 기능직 공무원·고용직 공무원도 직장협의회에 가입할 수 있다.

≪**해설**≫ ①⑤ 공무원직장협의회에 가입할 수 있는 가입범위는 i) 6급 이하의 일반직공무원 및 이에 준하는 연구·특수기술직렬의 일반직공무원, ii) 특정직 공무원 중 재직경력 10년 미만의 외무행정직·외교정보관리직공무원, iii) 기능직공무원, iv) 고용직공무원, v) 제 1 호의 일반직공무원에 상당하는 별정직공무원이다(공무원직장협의회의설립·운영에관한법률 제 3 조 제 1 항). 그러나 국가공무원법 제66조 제 1 항 단서 및 지방공무원법 제58조 제 1 항 단서의 규정에 의하여 노동운동이 허용되는 공무원과 지휘·감독의 직책이나 인사·예산·경리·물품출납·비서·기밀·보안·경비 또는 자동차운전 기타 이와 유사한 업무에 종사하는 공무원은 협의회에 가입할 수 없다(동조 제 2 항). ② 동법 제 5 조. ④ 동법 제 2 조 제 1 항. ③ 교원노조법의 제정으로 단결권·단체교섭권은 행사할 수 있으며 단체행동권만 행사할 수 없다(동법 제 4 조, 제 6 조, 제 8 조 참조).

❙해답❙ 28. ③

제 2 권

個別的 勤勞關係

제1편 總　　說

제1장 槪　　說

구　분	내　　용
근로기준법	근로자의 근로조건의 기준을 정하는 기본법이자 모법
부속법령	「최저임금법」·「남녀고용평등과일·가정양립지원에관한법률」·「산업안전보건법」, 「근로감독관규정」, 「근로자퇴직급여보장법」, 「파견근로자보호등에관한법률」 및 「기간제및단시간근로자보호등에관한법률」
관련법령	「산업재해보상보험법」·「근로자직업훈련촉진법」·「직업안정법」·「선원법」·「기능장려법」·「사내근로복지기금법」·「진폐의예방과진폐근로자의보호등에관한 법률」·「고령자고용촉진법」·「장애인고용촉진등에관한법률」 등

제2장　勤勞基準法의 適用對象

제1절　勤勞基準法의 適用範圍

Ⅰ. 關聯規程

근로기준법 제11조 【적용 범위】 ① 이 법은 상시 5명 이상의 근로자를 사용하는 모든 사업 또는 사업장에 적용한다. 다만, 동거하는 친족만을 사용하는 사업 또는 사업장과 가사 사용인에 대하여는 적용하지 아니한다.
② 상시 4명 이하의 근로자를 사용하는 사업 또는 사업장에 대하여는 대통령령으로 정하는 바에 따라 이 법의 일부 규정을 적용할 수 있다.
③ 이 법을 적용하는 경우에 상시 사용하는 근로자 수를 산정하는 방법은 대통령령으로 정한다.
근로기준법 제12조 【적용 범위】 이 법과 이 법에 따른 대통령령은 국가, 특별시·광역시·도, 시·군·구, 읍·면·동, 그 밖에 이에 준하는 것에 대하여도 적용된다.

Ⅱ. 勤勞基準法의 適用 範圍

1. 基本原則

근로기준법은 상시 5명 이상의 근로자를 사용하는 모든 사업 또는 사업장에 적용함을 원칙으로 한다.

(1) 사업 또는 사업장　근로기준법의 적용을 받는 「사업」에 해당되기 위하여는 일정한 장소에서 유기적인 조직하에 「업」으로서 행하여져야 한다. 「업」으로 행한다 함은 반드시 영리를 목적으로 하여야 하는 것은 아니다. 예컨대 개인이 목수를 고용하여 집을 수선하거나 정원사로 하여금 정원수를 손질하게 하는 것은 「업」이 아니므로 근로기준법의 적용대상이 아니다.

「업」으로 행하는 경우 i) 이를 계속적으로 행하여야 한다는 견해(김형배, 하갑래), ii) 1회적이든 일시적이든 그 사업의 횟수는 상관이 없다는 견해(다수설; 대판 2007.10.26, 2005도9218)로 나뉘어 있다.

> **[대판 1994.10.25, 94다21979]** 상시 5인 이상의 근로자를 사용하는 사업이라면 당해 사업이 1회에 그치던 사업기간이 일시적이든 상관없이 모두 근로기준법의 적용대상이 된다.

(2) 상시의 기준　「상시」라 함은 상태(常態)의 의미로서 사회통념에 의하여 객관적으로 판단되어야 한다. 근로자수가 때때로 5명 미만이 되더라도 일정기간 중에 고용된 근로자수의 평균이 상태적으로 5명 이상이면 상시 5명 이상으로 보아야 한다(대판 1987.4.14, 87도153; 대판 1995.3.14, 93다42238; 대판 2000.3.14, 99도1243). 이 경우 「근로자」라 함은 근로기준법 제 2 조 제 1 항 제 1 호에 의한 근로자로서 당해 사업장에 계속 근무하는 정규직 근로자뿐만 아니라 임시직, 일용직 등 비정규직 근로자도 포함된다(대판 1987.7.21, 87다카831; 대판 1995.3.14, 93다42238; 대판 2000.3.14, 99도1243).

(3) 5명 이상의 사업장

1) 5명 이상의 사업장　5명 이상의 사업장에는 근로기준법이 「전면」 적용된다. 「상시 5명 이상의 근로자를 사용하는 사업 또는 사업장」이라 함은 「상시 근무하는」 근로자의 수가 5명 이상인 사업 또는 사업장이 아니라 「상시 사용하는」 근로자의 수가 5명 이상인 사업 또는 사업장을 뜻하는 것이다(대판 1995.3.14, 93다42238; 대판 2000.3.14, 99도1243). 「5인」 이상의 구체적인 판단은 「장소」 및 「독립성」을 기준으로 하는 것이 일반적이다.

2) 4명 이하의 사업장　상시 4명 이하의 근로자를 사용하는 사업 또는 사업장에 대하여는 대통령령으로 근로기준법의 일부 조항만이 적용된다.

[4인 이하 사업 · 사업장에 적용되지 않는 것]

• 제 1 장 총칙 중 ① 법령요지 등의 게시(제14조) • 제 2 장 근로계약 중 ① 근로조건의 위반(제19조 제 2 항), ② 해고 등의 제한(제23조 제 1 항), ③ 경영상 이유에 의한 해고의 제한(제24조, 제25조), ④ 부당해고 등의 구제신청(제28조), ⑤ 퇴직급여제도(제34조) • 제 3 장 임금 중 ① 휴업수당(제46조) • 제 4 장 근로시간과 휴식 중 ① 근로시간(제50조), ② 탄력적 근로시간제(제51조), ③ 선택적 근로시간제(제52조), ④ 연장근로의 제한(제53조), ⑤ 연장 · 야간 및 휴일근로(제56조), ⑥ 보상휴가제(제57조) ⑦ 근로시간 계산의 특례(제58조), ⑧ 근로시간 및 휴게시간의 특례(제59조), ⑨ 연차유급휴가(제60조), ⑩ 연차유급휴가의 사용촉진(제61조), ⑪ 유급휴가의 대체(제62조) • 제 5 장 여성과 소년 중 ① 임산부가 아닌 18세 이상의 여성근로자 사용금지(제65조 제 2 항), ② 18세 이상의 여성근로자의 야업 및 휴일근로의 제한(제70조 제 1 항), ③ 생리휴가(제73조) • 제 7 장 기능습득 • 제 9 장 취업규칙 • 제10장 기숙사

(4) 상시 사용하는 근로자 수의 산정 방법　　개정법(2008. 3. 21)은 상시 사용하는 근로자 수를 산정하는 방법을 대통령령에 위임하는 규정을 신설하였다(동법 제11조 제 3 항). 이에 따라 상시 사용하는 근로자 수의 산정 방법에 관한 규정(동법시행령 제7조의2) 및 건설공사 등에 대한 상시 근로자 수 산정 방법에 관한 규정(동법시행령 부칙 제 2 조)을 신설하였다.

2. 例　外

(1) 근로기준법상의 예외　　근로기준법은 i) 동거하는 친족만을 사용하는 사업 또는 사업장, ii) 가사사용인에 대하여는 적용하지 아니한다(근로기준법 제11조 제 1 항 단서). 가사사용인이란 개인 가정의 가정부 · 파출부 및 개인주택 관리인 등을 말한다.

(2) 특별법상의 예외　　특별법이 근로기준법에 우선하여 적용되며, 특별법에 별도의 규정이 없는 사항에 대하여는 근로기준법이 적용된다.

1) 공무원

① 국가공무원법 등의 적용을 받지 아니하는 근로자　　근로기준법 제12조는 제11조와 별도로 「이 법과 이 법에 의하여 발하는 대통령령은 국가, 특별

시・광역시・도, 시・군・구, 읍・면・동 그 밖에 이에 준하는 것에 대하여도 적용된다」고 규정하고 있다.

② 국가공무원법 등의 적용을 받는 공무원 공무원은 국가공무원법, 지방공무원법, 교육공무원법, 공무원복무규정, 공무원연금법 및 공무원보수규정 등의 적용을 받으며 그러한 법령에 근로조건이 포괄적으로 정하여져 있다. 이러한 법령은 근로기준법의 특별법으로서 근로기준법에 우선하여 적용되므로 근로기준법은 적용되지 아니한다(대판 1996.4.23, 94다446).

[대판 1996.4.23, 94다446] 공무원도 임금을 목적으로 근로를 제공하는 근로기준법 제14조(현 제2조 제1항) 소정의 근로자이므로, 공무원연금법, 공무원보수규정, 공무원수당규정 등에 특별한 규정이 없는 경우에는 공무원에 대하여도 성질에 반하지 아니하는 한 원칙적으로 근로기준법이 적용되므로, 근로기준법 제45조(현 제46조)의 휴업수당은 공무원에게도 적용된다.

2) 사립학교교원 사립학교법은 교원의 자격・임면・복무・신분보장 및 징계 등에 대해 근로기준법과 별도로 규정하고 있다. 따라서 사립학교법에서 규정하고 있는 근로조건에 대하여는 근로기준법의 적용이 배제된다.

3) 선 원 선원의 직무・근로조건・직업안정 및 직업훈련 등에 대해서는 「선원법」이 적용된다.

4) 청원경찰 청원경찰에 대한 근로조건의 기준에 관하여는 근로기준법에 우선하여 청원경찰법령이 적용된다.

5) 기 타 ① 기간제근로자 및 단시간근로자(「기간제및단시간근로자보호등에관한법률」), ② 파견근로자(「파견근로자보호등에관한법률」) 등은 관련법령에서 임금 및 근로시간 등의 근로조건과 관련된 사항을 규정하고 있으면 당해부분에 한해 근로기준법의 적용이 배제된다.

▣ 요점정리

<table>
<tr><th colspan="2">구 분</th><th colspan="2">적 용 범 위</th></tr>
<tr><td rowspan="3">원 칙
(근로
기준법)</td><td rowspan="3">상시 5명 이상의 근로자를 사용하는 사업 또는 사업장</td><td colspan="2">• 근로기준법의 모든 규정이 적용(제9장 취업규칙 제외)</td></tr>
<tr><td>적용사업의 예</td><td>비적용사업의 예</td></tr>
<tr><td>• 정부투자・출연기관 및 공기업체
• 국가 및 지방자치단체에 고용된 공무원 이외의 자
• 종교단체가 행하는 일반사업
• 정당에 고용된 근로자
• 무허가 등 행정적으로 금지</td><td>• 순수한 종교행사 및 의식
• 정치활동을 하는 자
• 마약판매 등 형사상 범죄사업
• 주한미군
• 외국소재의 현지법인 소속의 근로자</td></tr>
</table>

		된 사업 · 불법체류외국인 • 국내의 외국인사업(속지주의 원칙) • 주한미군내 한국인 종사자	
	상시 4명 이하의 사업 또는 사업장	• 대통령이 정하는 바에 따라 근로기준법의 일부규정만을 적용	
예 외	근로기준법	• 동거의 친족만을 사용하는 사업장 · 가사사용인	
	특 별 법	• 국가공무원(국가공무원법) · 지방공무원(지방공무원법) · 교육공무원(교육공무원법) • 사립학교 교원(사립학교법) • 청원경찰(청원경찰법) • 선원(선원법) • 기간제 및 단시간근로자(기간제및단시간근로자보호등에관한법률) • 파견근로자(파견근로자보호등에관한법률)	

제 2 절 勤勞基準法上의 勤勞者 및 使用者

Ⅰ. 勤 勞 者

1. 關聯規程

> **근로기준법 제 2 조 【정의】** ① 이 법에서 사용하는 용어의 뜻은 다음과 같다.
> 1. 「근로자」란 직업의 종류와 관계없이 임금을 목적으로 사업이나 사업장에 근로를 제공하는 자를 말한다.

2. 勤勞者의 槪念

(1) 직업의 종류 불문　근로기준법상의 근로자는 종사하는 직업의 종류와 상관없이 성립된다. 즉 정신노동, 육체노동, 사무노동의 구별도 문제가 되지 아니하며 상용, 일용, 임시직, 촉탁직 등 근무형태나 직종 · 직급 등이 근로자여부를 판단하는 기준이 되지 아니한다.

(2) 임금 목적　「임금을 목적으로 근로를 제공하는」 자라 함은 근로자가 사용자에게 고용되어 사용자의 지휘 · 명령에 따라 자신의 노무를 제공하고 그 대가로 임금을 수령 받는 자를 말한다. 「임금」이라 함은 근로기준법 제 2 조 제 1 항 제 5 호에 규정된 임금을 말한다. 다만, 현재 임금을 받지 않더라도 근로계약관계를 유지하고 있는 근로자 예컨대 휴업중인 자, 무급의 휴직 · 정직 중인 자 또는 재적전임자는 근로기준법이 적용된다.

(3) 사업이나 사업장　근로기준법상의 근로자는 「사업이나 사업장」에서 근로

를 제공하여야 한다. 근로기준법상의 근로자는 사업이나 사업장에서 근로를 제공하여야 하므로 사용자와 근로계약을 체결하고 현실적으로 고용되어 있는 「취업자」만이 근로자에 해당된다.

이에 반하여 노동조합및노동관계조정법(이하 「노사관계법」이라 한다)상의 근로자의 개념에는 반드시 사용자에게 고용되어 있는 취업자뿐 아니라 실업자 및 해고자 등의 「미취업자」도 포함된다.

(4) 사용종속관계의 존재 근로자의 판단기준은 근로자가 사업이나 사업장에서 임금을 목적으로 종속적인 관계에서 사용자에게 근로를 제공하였는지 여부에 따라 판단하여야 하는데, 판례는 이를 근로자와 사용자 간에 사용종속 관계의 존부로 판단하고 있다(대판 1996.4.26, 95다20348).

「사용종속적인 관계」가 존재하는지의 여부는 i) 업무의 내용이 사용자에 의하여 정하여지고 취업규칙·복무규정·인사규정 등의 적용을 받으며 업무수행과정에 있어서도 사용자로부터 구체적인 직접적 지휘·감독을 받는지의 여부, ii) 사용자에 의하여 근무시간과 근무장소가 지정되고 이에 구속을 받는지 여부, iii) 근로자 스스로 제 3 자를 고용하여 업무를 대행케 하는 등 업무의 대체성 유무, iv) 비품·원자재·작업도구 등의 소유관계, v) 보수가 근로 자체의 대상적 성격을 갖고 있는지 여부와 기본급이나 고정급이 정하여져 있는지의 여부 및 근로소득세의 원천징수 여부 등 보수에 관한 사항, vi) 근로제공관계의 계속성과 사용자에의 전속성의 유무와 정도, vii) 사회보장제도에 관한 법령 등 다른 법령에 의하여 근로자로서의 지위를 인정받는지의 여부, viii) 양 당사자의 경제·사회적 조건 등 당사자사이의 관계 전반에 나타나는 동 사정을 종합적으로 고려해 판단해야 한다(대판 2000.1.28, 98두9219 등).

다만, 기본급이나 고정급이 정해졌는지, 근로소득세를 원천징수했는지, 사회보장제도에 관하여 근로자로 인정받는지 등의 사정은 사용자가 경제적으로 우월한 지위를 이용하여 임의로 정할 여지가 크다는 점에서 그러한 점들이 인정되지 않는다는 것만으로 근로자성을 쉽게 부정해서는 아니된다고 한다(대판 2006.12.7, 2004다29736: 대판 2007.3.29, 2005두13018, 13025).

(5) 구체적 사례

1) 근로자성을 인정한 사례 구체적으로 판례에 나타난 사례를 보면 ① 방송회사 소속 TV 관현악단원(대판 1997.12.26, 97다17575), ② 신문판매 확장요원(대판 1996.10.29, 95다53171), ③ 한국방송공사(KBS) 시청료 징수원(대판 1993.2.9, 91다21381), ④ 신문사 광고영업사원(대판 2001.6.26, 99다5484), ⑤ 한국방송공사 드라마제작국 외부제작요원(대판 2002.7.30, 2000다27671), ⑥ 의과대학 소속의 전공의(대판 1998.4.24, 97다57672; 대판 2001.3.23, 2000다39513), ⑦ 대입학원 종합반

강사(대판 2006.12.07, 2004다29736), ⑧ 대학교 시간 강사(대판 2007.3.29, 2005두13018, 13025) 등의 경우에는 근로자성을 인정하였다.

2) 근로자성을 부정한 사례 반면에 ① 레미콘 차량 운전기사(대판 1997.11.28, 97다7998; 대판 2003.1.10, 2002다57959), ② 학습지 교육상담교사(대판 1996.4.26, 95다20348), ③ 보험회사의 외무원(대판 2000.1.28, 98두9219; 대판 1990.5.22, 88다카28112), ④ 골프장 캐디(대판 1996.7.30, 95누13432), ⑤ 입시학원 단과반 강사(대판 1996.7.30, 96도732), ⑥ 양복점 재봉공(대판 2001.8.21, 2001도2778) 등의 경우에는 근로자성을 부정하였다.

▣ 요점정리

구 분		근로기준법	노사관계법
근로자	법률규정	• 직업의 종류를 불문하고 사업 또는 사업장에서 임금을 목적으로 근로를 제공하는 자(제2조 제1항 제1호)	• 직업의 종류를 불문하고 임금·급료 기타 이에 준하는 수입에 의하여 생활하는 자(제2조 제1호)
	의 의	• 현재 고용 중인 자만이 해당 • 실업자·해고자 제외	• 현재 고용 중인 자뿐 아니라 실업자·해고자도 포함.
사용자	법률규정	• 사업주 또는 사업경영담당자 기타 근로자에 관한 사항에 대하여 사업주를 위하여 행위하는 자(제2조 제1항 제2호)	• 사업주, 사업의 경영담당자 또는 그 사업의 근로자에 관한 사항에 대하여 사업주를 위하여 행동하는 자(제2조 제2호)
	의 의	• 사용자는 동시에 근로자가 될 수 있는 「상대적」 지위	• 사용자는 동시에 근로자가 될 수 없는 「배타적」 지위

Ⅱ. 使 用 者

1. 關聯規程

근로기준법 제2조 【정의】 ① 이 법에서 사용하는 용어의 뜻은 다음과 같다.
2. 「사용자」라 함은 사업주 또는 사업경영담당자 기타 근로자에 관한 사항에 대하여 사업주를 위하여 행위하는 자를 말한다.

2. 使用者의 槪念

(1) 사업주 「사업주」라 함은 경영주체를 말한다. 개인기업의 경우에는 기업주 개인을 의미하고 법인조직인 경우에는 법인을 가리킨다. 예컨대 비영리단체일지라도 아파트자치회 또는 한국노동조합총연맹 등과 같이 근로자를 직접 고용하고 지휘·명령한다면 당해 단체 자체가 사업주가 된다.

(2) 사업경영담당자 「사업경영담당자」라 함은 사업주로부터 포괄적 위임을 받아 사업경영의 전부 또는 일부에 대하여 대외적으로 사업을 대표하는 등 권한을 행사하거나 책임을 부담하는 자를 말한다(대판 1988.11.22, 88도1162). 구체적으로 주식회사의 대표이사, 합명회사 및 합자회사의 업무집행사원, 유한회사의 이사 및 지배인, 회사정리절차개시 이후의 관리인(대판 2001.1.19, 99다72422) 등이 이에 해당된다.

(3) 근로자에 관한 사항에 대하여 사업주를 위하여 행위하는 자 「근로자에 관한 사항에 대하여 사업주를 위하여 행위하는 자」는 채용·인사·임금·후생 및 재해방지 등의 근로조건의 결정 또는 노무관리에 대하여 지휘 및 명령 등을 할 수 있는 일정한 권한이 사업주에 의하여 부여된 자를 말한다(대판 1983.6.28, 83도1090). 이와 같은 책임과 권한의 유무는 당해 사용자의 형식적인 직명에 따를 것이 아니라 구체적인 직책 및 업무내용 등에 의하여 판단되어야 한다(대판 1989.11.14, 88누6924).

3. 使用者 槪念의 相對性

「사용자 개념의 상대성」이라 함은 근로기준법상의 사용자는 근로자를 전제하지 아니하고는 존재할 수 없으며, 또한 동시에 근로자의 지위도 함께 보유할 수 있다는 것을 말한다. 즉 「사업주」가 아닌 사용자, 즉 「사업경영담당자」 및 「사업주를 위하여 행위하는 자」는 한편으로는 근로기준법 제2조 제1항 제2호상의 사용자에 해당되지만, 다른 한편으로는 근로계약의 당사자인 근로자에도 해당될 수 있는 것이다.

예컨대 이사·부장·과장, 공장장·지점장·영업소장 등과 같이 중간관리자의 경우에는 하위근로자에 대하여 사용자의 지위에 있으나, 사업주에 대하여는 사업주에 의하여 고용되어 그의 지휘와 명령을 받는 사용종속관계에 놓인 근로자에 해당되는 것이다. 대체로 i) 상임이사 등 사업주로부터 위임받은 지시권과 감독권만을 행사하는 사용자는 근로자가 될 수 없는 반면에(대판 1992.12.22, 92다28228), ii) 법인의 이사라 할지라도 지시권과 감독권의 행사 이외에 자신의 고유업무를 수행하여 노무를 제공하는 사용자는 근로자가 될 수 있다(대판 1992.5.12, 91누11490)고 해석하고 있다.

따라서 이러한 사용자 겸 근로자에게는 퇴직급여, 재해보상 및 해고의 제한 등의 근로기준법의 규정이 적용된다.

제3장 勤勞基準法上의 勤勞條件決定規範

제1절 概 說

Ⅰ. 勤勞條件決定規範의 槪念

근로기준을 결정하는 관계법령, 단체협약, 취업규칙, 노사관행 및 근로계약 등을 근로조건의 결정규범이라고 한다.

Ⅱ. 勤勞契約의 空洞化現象

근로조건은 근로자와 사용자가 근로계약의 체결에 의하여 이를 자유로이 결정하는 것이 원칙이다. 즉 근로계약에 의하여 근로조건이 결정되기도 하나 대부분의 구체적인 근로조건은 근로계약이 아닌 관계법령, 단체협약 및 취업규칙 등에 의하여 결정된다고 한다. 이를「근로계약의 공동화 현상」이라고 한다.

제2절 勤勞條件決定規範 相互間의 關係

Ⅰ. 法令과 團體協約·就業規則·勤勞契約間의 關係

1. 法令과 團體協約間의 관계

(1) 관련규정

> **노사관계법 제31조 【단체협약의 작성】** ③ 행정관청은 단체협약 중 위법한 내용이 있는 경우에는 노동위원회의 의결을 얻어 그 시정을 명할 수 있다.

(2) 주요내용 헌법에 위반하는 단체협약은 무효이다. 법령 중 강행법규에 위반되는 단체협약도 당연히 무효가 된다. 예컨대 사법상 공서양속에 위배되는 단체협약이나 근로기준법의 기준에 미달하는 내용의 단체협약 또는 노사관계법상의 부당노동행위를 내용으로 하는 단체협약 등은 무효이다.

2. 法令과 就業規則間의 관계

(1) 관련규정

> **근로기준법 제96조 【단체협약의 준수】** ① 취업규칙은 법령이나 해당 사업 또는 사업장에 대하여 적용되는 단체협약과 어긋나서는 아니 된다.
> ② 노동부장관은 법령이나 단체협약에 어긋나는 취업규칙의 변경을 명할 수 있다.

(2) 주요내용 취업규칙이 법령에 어긋나서는 아니되며(근로기준법 제96조 제1항), 어긋나는 취업규칙의 부분은 당연히 無效라고 하여야 할 것이다(강행적 효력). 법령에 위배되는 취업규칙이 무효가 되는 경우에 무효가 된 취업규칙의 부분은 당해법령에 의하여 대체되지 아니하고, 행정관청의 취업규칙 변경명령으로 해소된다고 본다(다수설).

3. 法令과 勤勞契約間의 관계

(1) 관련규정

> **근로기준법 제15조 【이 법을 위반한 근로계약】** ① 이 법에서 정하는 기준에 미치지 못하는 근로조건을 정한 근로계약은 그 부분에 한하여 무효로 한다.
> ② 제1항에 따라 무효로 된 부분은 이 법에서 정한 기준에 따른다.

(2) 주요내용 법령에 위배되는 근로조건의 기준은 당해 부분에 한하여 무효로 된다(강행적 효력). 법령에는 근로기준법 등의 노사관계법령은 물론 기타 사법상의 강행규정 등이 모두 포함된다. 법령에 위반되어 무효로 된 근로계약의 부분은 법령에서 규정하고 있는 기준이 직접 적용된다(직접적 효력).

Ⅱ. 團體協約과 勤勞契約間의 關係

1. 關聯規程

> **노사관계법 제33조 【기준의 효력】** ① 단체협약에 정한 근로조건 기타 근로자의 대우에 관한 기준에 위반하는 취업규칙 또는 근로계약의 부분은 무효로 한다.
> ② 근로계약에 규정되지 아니한 사항 또는 제1항에 의하여 무효로 된 부분은 단체협약에 정한 기준에 의한다.

2. 主要內容

노사관계법 제33조 제1항은 규범적 효력 중「강행적」효력을 규정하고 있으며, 동조 제2항은 규범적 효력 중「대체적(직접적)」효력을 규정하고 있다. 단체협약에서 정한 기준에 i) 근로계약이 미달하는 경우 근로계약이 무효로 되는 것은 확실하나, ii) 근로계약이 상회하는 경우에도 근로계약이 무효로 되는지의 여부에 관하여는 견해가 나뉜다. 이에 관하여는 제 3 권에서 후술한다.

Ⅲ. 團體協約과 就業規則間의 關係

1. 關聯規程

노사관계법 제33조 【기준의 효력】 (생략)
근로기준법 제96조 【단체협약의 준수】 (생략)

2. 主要內容

단체협약에 취업규칙이 위배되는 경우 취업규칙은 무효로 되고(강행적 효력), 이 경우 무효로 된 부분을 대체하여 단체협약이 적용된다(대체적 효력)(노사관계법 제33조 제 1 항 및 근로기준법 제96조 제 1 항). 노동부장관은 단체협약에 저촉되는 취업규칙의 변경을 명할 수 있다(근로기준법 제96조 제 2 항).

Ⅳ. 就業規則과 勤勞契約間의 關係

1. 關聯規程

근로기준법 제97조 【위반의 효력】 취업규칙에서 정한 기준에 미달하는 근로조건을 정한 근로계약은 그 부분에 관하여는 무효로 한다. 이 경우 무효로 된 부분은 취업규칙에 정한 기준에 따른다.

2. 主要內容

근로기준법 제97조에서는 취업규칙의 기준에 「미달」하는 근로계약만을 무효로 하도록 규정하고 있어 취업규칙에서 정한 기준이 최저기준임을 명확히 하고 있다. 즉 단체협약의 경우에는 그 기준을 상회하는 근로계약일지라도 무효라고 해석할 여지가 있는데 대하여 취업규칙의 경우에는 그 기준을 상회하는 근로계약을 무효라고 해석할 여지는 없다.

제 4 장 勤勞基準法의 基本原理

제 1 절 最低勤勞條件保障의 原則

Ⅰ. 關聯規程

> **근로기준법 제1조 【목적】** 이 법은 헌법에 따라 근로조건의 기준을 정함으로써 근로자의 기본적 생활을 보장, 향상시키며 균형 있는 국민경제의 발전을 꾀하는 것을 목적으로 한다.
> **근로기준법 제3조 【근로조건의 기준】** 이 법에서 정하는 근로조건은 최저기준이므로 근로 관계 당사자는 이 기준을 이유로 근로조건을 낮출 수 없다.

Ⅱ. 主要內容

근로기준법에서 정하고 있는 근로조건의 기준이라 함은 「최저근로기준」을 말하며, 사용자는 최저근로조건보다 낮은 수준의 근로조건을 정하여서는 아니된다. 또한 최저근로기준만 충족시키면 충분한 것으로 판단하여 기존의 근로조건을 최저근로기준 수준으로 저하시켜서도 아니된다.

근로조건을 저하시킨 이유가 이 법의 기준 때문이 아니고 사회적·경제적 사정의 변화 등과 같은 저하시키지 아니하면 아니될 객관적 타당성이 있거나, 합법적인 단체협약 또는 취업규칙 등에 의한 것이라면 근로기준법 제 3 조 위반이 되지 아니한다.

제 2 절 勤勞條件對等決定의 原則

Ⅰ. 關聯規程

> **근로기준법 제 4 조 【근로조건의 결정】** 근로조건은 근로자와 사용자가 동등한 지위에서 자유의사에 따라 결정하여야 한다.

Ⅱ. 主要內容

근로자와 사용자는 형식적으로나 실질적으로 대등한 입장에서 자유의사에 따라 근로조건을 결정하여야 한다.

제3절 勤勞條件의 遵守

Ⅰ. 關聯規程

> **근로기준법 제5조 【근로조건의 준수】** 근로자와 사용자는 각자가 단체협약, 취업규칙과 근로계약을 지키고 성실하게 이행할 의무가 있다.

Ⅱ. 主要內容

노·사가 대등한 입장에서 단체협약, 취업규칙 및 근로계약 등을 통해 근로조건을 정한 이상 이를 준수하고 성실히 이행하여야 하는 것은 당연하다.

제4절 均等待遇의 原則

Ⅰ. 關聯規程

> **헌법 제11조** ① 모든 국민은 법 앞에 평등하다. 누구든지 성별·종교 또는 사회적 신분에 의하여 정치적·경제적·사회적·문화적 생활의 모든 영역에 있어서 차별을 받지 아니한다.
> **근로기준법 제6조 【균등한 처우】** 사용자는 근로자에 대하여 남녀의 성(性)을 이유로 차별적 대우를 하지 못하고, 국적·신앙 또는 사회적 신분을 이유로 근로조건에 대한 차별적 처우를 하지 못한다.

Ⅱ. 主要內容

1. 差別待遇의 事由

(1) 의 의 근로기준법에서 금지하고 있는 차별적 대우는 「남녀의 성(性)·국적·신앙 또는 사회적 신분」을 이유로 하는 것이다.

명시된 차별금지사유에 대하여 i) 차별금지의 단순 예시사항으로서 이들 이외에도 차별금지의 다른 사유가 존재하는 것으로 보는 견해와(예시규정설: 다수설), ii) 죄형법정주의의 원칙상 제한적으로 파악하여야 한다는 견해(제한적 열거규정설: 박홍규, 이상윤)가 대립된다.

근로행태 및 근무성적 등 근로자의 근무능력의 객관적 평가 등에 의한 합리적인 차별대우는 근로기준법 제 6 조 위반이라고 볼 수 없다. 예컨대 근로자의 개인적인 업무의 성질 및 능력이나 근무부서의 난이도 등에 따라 상여금 지급에 차등을 두는 것은 차별적 처우가 아니다.

(2) 남녀의 성(性)을 이유로 한 차별 성별에 따른 차별대우를 금지하고자 헌법 제11조 제 1 항, 제32조 제 4 항, 제34조 제 3 항, 제36조 제 2 항에서 여성의 보호를 규정하고 있고, 근로기준법 제 6 조 및 제 5 장에서 여성근로자의 평등대우와 보호를 규정하고 있다. 한편 남녀고용평등과 일 · 가정 양립지원에 관한 법률은 여성근로자에 대하여 모집과 채용(제7조), 임금(제8조), 임금외 금품(제9조), 교육 · 배치 및 승진(제10조), 정년 · 퇴직 및 해고(제11조) 등에 관한 차별대우를 금지하고 있다. 따라서 임금 등 근로조건에 대한 차별대우, 결혼퇴직제, 출산퇴직제, 차별정년제 등은 본조 위반이 된다.

> **[대판 1993. 4. 9, 92누15765]** 단체협약에서 동일부서 내의 남녀정년을 남자는 55세, 여자는 53세로 달리 정하고 있는 경우 이는 근로기준법 제 5 조(현 제 6 조)와 남녀고용평등법 제 8 조(현 남녀고용평등과일 · 가정양립지원에관한법률 제11조) 위반으로서 무효이다.

(3) 국적을 이유로 한 차별 주로 한국인 근로자와 외국인 근로자와의 차별적인 대우가 문제되나, 특정외국의 국적을 가진 근로자와 다른 외국의 국적을 가진 근로자간의 차별대우도 이에 포함된다. 예컨대 2중 국적자, 무국적자에 대하여 차별적인 대우를 하는 경우에도 근로기준법 제 6 조 위반이 된다.

> **[대판 1995. 9. 15, 94누12067]** 외국인도 근로기준법상의 근로자에 해당되며, 외국인이라는 것을 이유로 임금 및 근로시간 등 근로조건에 있어 어떠한 차별도 받지 아니한다.

(4) 신앙을 이유로 한 차별

1) 정치적 신조 신앙의 개념에 정치적 신조가 포함되는지가 문제되는데, i) 신앙은 그 개념상 종교적 양심이므로 정치적 신조는 이에 포함되지 아니한다는 견해와(박홍규; 이상윤), ii) 균등대우원칙의 근본취지에 비추어 신앙에는 종교적 신념 이외의 정치적 신조도 포함된다는 견해가 있다(다수설).

2) 경향사업체의 특례 경향사업체(Tendenzunternehmen)라 함은 종교적 활동 또는 정치적 목적 등의 수행과 관련되어 영위되는 사업체로서 이러한 활동 또는 목적의 추구 없이는 사업을 영위할 필요가 없는 사업체를 말한다.

이러한 경향사업체에 종사하는 종업원 중 경향사업의 특징적 활동을 직접 수행하여야 할 의무가 있는 근로자가 해당 종교나 정당의 목적에 반하는 행위를 한 경우 해고제한의 규정에 관계없이 해고 등의 차별대우를 하더라도 근로기준법 위반에 해당되지 아니한다는 것이다. 그러나 경향사업과 무관한 일반 종업원은 정당한 이유가 있어야 한다.

예컨대 카톨릭 신학교의 여교사가 이혼한 남자와 혼인한 경우, 카톨릭 병원에 근무하는 의사가 낙태를 옹호하는 의견을 발표하는 경우, 공기업에서 용지보상업무를 담당하던 근로자의 부동산 투기행위 등의 차별대우는 정당하다고 할 것이다.

(5) 사회적 신분을 이유로 한 차별 무엇이 「사회적 신분」인가에 대하여 i) 사람이 태어나면서부터 가지고 있는 봉건적・특권적인 선천적 신분이라고 보는 견해(선천적 신분설: 김형배)와, ii) 선천적인 신분뿐 아니라 후천적인 신분도 포함된다는 견해가 있다(후천적 신분설: 서울민지판 1994. 9. 16, 94가항40258; 헌법학자 다수견해: 이상윤).

2. 差別待遇의 內容

근로기준법 제6조가 금지하고 있는 차별대우는 「근로조건」에 대한 차별대우이다. 「근로조건」에는 고용 중의 경우 및 해고의 경우가 모두 포함되는 것이 일반적이다. 다만, 채용의 경우는 근로조건이 아니므로 남녀고용평등과 일·가정 양립지원에 관한 법률 위반의 문제는 별론으로 하고 차별대우에 속하지 아니한다(다수설・판례).

> **[대판 1992. 8. 14, 92다1995]** 근로기준법 제100조에서 취업규칙에 정한 기준에 미달하는 근로조건을 판단하는 경우 동 근로조건에는 채용에 관한 기준은 포함되지 아니한다.

제5절 强制勞動禁止의 原則

Ⅰ. 關聯規程

> **근로기준법 제7조 【강제 근로의 금지】** 사용자는 폭행, 협박, 감금, 그 밖에 정신상 또는 신체상의 자유를 부당하게 구속하는 수단으로써 근로자의 자유의사에 어긋나는 근로를 강요하지 못한다.

Ⅱ. 主要內容

근로기준법 제7조는 헌법 제12조의 강제노역금지 규정을 구체적으로 실현하고자 하는 취지에서 강제 근로의 금지를 규정하고 있다.

1. 暴行, 脅迫, 監禁

강제노동의 수단으로서 폭행・협박・감금 등의 개념에 대하여 i) 이를 형법상의 폭행(형법 제260조)・협박(형법 제283조)・감금(형법 제276조)의 개념으로 해석하는 견해와, ii) 이는 노동을 강제하는 수단의 하나로서 예시한 데 불과하므로 형법의 구성요건보다는 신축성을 가지고 해석하여야 한다는 견해(다수설)가 있다.

2. 精神上 또는 身體上의 自由를 구속하는 手段

정신상 또는 신체상의 자유를 부당하게 구속하는 수단의 구체적인 예에는 ① 위약예정, 전차금 상계, 강제저축, ② 근로계약과 다른 업무 강요, ③ 사표수리 거부행위, ④ 기숙사 강제수용 등이 이에 해당된다.

근로기준법 제 7 조 위반이 성립되기 위해 강제적인 근로가 실제로 행하여져야 하느냐에 대해 i) 근로의 실행이 필요하다는 견해와, ii) 준비단계의 실현도 근로의 강제에 포함되는 것으로 근로의 실행이 필요하지 아니하다는 견해(다수설)가 있다.

제 6 절 暴行의 禁止

Ⅰ. 關聯規程

> **근로기준법 제 8 조 【폭행의 금지】** 사용자는 사고의 발생이나 그 밖의 어떠한 이유로도 근로자에게 폭행을 하지 못한다.

Ⅱ. 主要内容

봉건적인 노사관계 아래서 근로자가 업무와 관련하여 보복적인 또는 징계적인 가혹행위를 당하는 것을 방지하고자 근로기준법은 형법과 별도로 폭행의 금지를 규정하고 있다.

1. 刑法과의 관계

사용자가 근로자에게 폭행을 한 경우 i) 근로관계와 상관없이 사적인 문제로 행한 폭행은 일반 형사문제가 되어 형법이 적용되나, ii) 근로관계에서 발생한 폭행은 근로기준법 제 8 조 위반이 된다. 형법상의 폭행죄는 피해자가 원하는 경우에 한하여 처벌되는 반의사불벌죄이나, 동조 위반의 죄는 피해자가 원하지 아니하더라도 처벌되는 일반범죄이다.

2. 勤勞基準法 제7조와의 관계

동법 제7조의 폭행은 강제근로의 하나의 수단에 불과하고 「강제노동」의 금지 자체에 그 목적을 두고 있으나, 제8조는 근로자에 대한 「폭행」 자체를 금지하려는 데 그 취지를 두고 있다.

제7절 中間搾取의 排除

Ⅰ. 關聯規程

> **근로기준법 제9조 【중간착취의 배제】** 누구든지 법률에 따르지 아니하고는 영리로 다른 사람의 취업에 개입하거나 중간인으로서 이익을 취득하지 못한다.

Ⅱ. 主要內容

중간착취라 함은 타인의 취업을 소개하거나 알선을 조건으로 소개료·수수료 등의 이익을 취하거나, 취업 후에 중개인·작업반장 및 감독자 등이 그 지위를 이용하여 근로자의 임금의 일부를 착취하는 것을 말한다.

법률에 근거하는 경우, 예컨대 i) 직업안정법에 의한 경우로서 ① 무료·유료 직업소개사업, ② 근로자모집사업, ③ 근로자공급사업, ii) 파견근로자보호등에관한 법률에 의한 경우로서 근로자파견사업 등의 경우는 동조의 적용을 받지 아니한다.

한편, 근로기준법 제9조는 중개행위를 반복함으로써 영업으로 이를 행하는 것을 금지하려는데 목적이 있으므로 영리를 목적으로 하는 한 주업·부업을 따지지 아니하고, 1회의 행위라 하더라도 반복·계속의 의사가 있는 것으로 인정되면 법위반이 된다고 보아야 한다(다수설/반대: 김형배).

제8절 公民權行事의 保障

Ⅰ. 關聯規程

> **근로기준법 제10조 【공민권 행사의 보장】** 사용자는 근로자가 근로시간 중에 선거권, 그 밖의 공민권(公民權) 행사 또는 공(公)의 직무를 집행하기 위하여 필요한 시간을 청구하면 거부하지 못한다. 다만, 그 권리 행사나 공(公)의 직무를 수행하는 데에 지장이 없으면 청구한 시간을 변경할 수 있다.

Ⅱ. 主要內容

근로자도 국민의 한 사람으로서 헌법상의 정치적 기본권을 보장받도록 하며 참여 민주주의에 적극 동참하게 하고 국가의 기능에 적극 협력하도록 하고자 하는 것이 입법취지이다.

1. 公民權 行事 및 公의 職務에 해당하는 業務

(1) 공민권 공민권이라 함은 대통령·국회의원 등의 법령에 근거한 공직의 선거권·피선거권은 물론 국민투표권 등과 같이 국민으로서 공무에 참가하는 권리를 말한다. 근로자가 스스로 입후보하는 입후보 등록행위뿐만 아니라 본인의 선거운동도 포함되나(통설), 다른 후보자를 위한 선거운동은 공민권행사에 포함되지 아니한다. 한편 선거소송·당선소송 등의 수행을 위한 소송의 제기는 공민권의 행사이나, 사법상의 채권·채무에 관한 소송은 제외된다(다수설).

(2) 공의 직무 공의 직무라 함은 법령에 근거를 두고 있는 공적인 직무를 말한다. 이에는 대통령·국회의원·지방의회의원·노동위원회 위원의 업무와 같이 법령에 의해 설치된 심의회 또는 위원회의 직무, 민사소송법·형사소송법·노동위원회법 등 법령에 의한 증인·감정인의 직무, 공직선거법에 의한 입회인의 직무, 향토예비군설치법·민방위기본법 등에 근거를 둔 소집훈련 등이 해당된다. 그러나 노동조합의 활동은 조합자체의 이익을 위한 것이므로 공의 직무에 포함되지 않는다.

2. 필요한 시간의 附與

근로자가 근로시간 중이라도 공민권행사 등을 위해 「필요한 시간」을 청구하는 경우에 사용자는 이를 거부할 수 없다. 다만, 공민권의 행사 또는 공의 직무를 집행하는데 지장이 없는 한 근로자가 청구한 시간을 변경하는 것은 허용되며, 이 경우 날짜의 변경도 가능하다. 또한 공의 직무에 집행에 필요한 시간을 부여하지 아니하여도 공무집행에 직접적인 지장을 가져오지 않으면 그 시간을 부여하지 아니할 수 있다(행정해석 1991.6.28, 근기01254-9404).

한편, 동 규정은 근로자가 청구한 경우에 공민권행사 등에 필요한 시간을 거부할 수 없다는 것일 뿐, 사용자에 의하여 부여된 공민권행사 등을 위한 시간에 대하여 임금을 지급하여야 한다는 것은 아니다. 따라서 그 시간을 유급으로 할 것인가는 사용자의 자유로운 결정에 맡겨진다. 다만, 관계법령에 비추어 공직선거에서의 선거인명부 열람 및 투표(공직선거법 제6조 제2항 참조), 예비군 및 민방위대원의 동원·훈련(향토예비군설치법 제10조, 민방위기본법 제23조 참조)에 대하여는 유급으로 처리하여야 한다고 해석된다.

3. 公民權 行使와 평균임금의 산정

평균임금의 산정시 병역법, 향토예비군설치법, 또는 민방위기본법에 의한 의무이행을 위하여 휴직하거나 근로하지 못한 기간중에 임금을 지급받지 못한 기간이 있을 경우에는 그 기간은 평균임금의 산정기준이 되는 기간에서 제외한다(동법시행령 제 2 조 제 7 호).

제 9 절 技能 習得者에 대한 보호

Ⅰ. 關聯規程

> **근로기준법 제77조 【기능 습득자의 보호】** 사용자는 양성공, 수습, 그 밖의 명칭을 불문하고 기능의 습득을 목적으로 하는 근로자를 혹사하거나 가사, 그 밖의 기능 습득에 관계없는 업무에 종사시키지 못한다.

Ⅱ. 主要內容

사용자는 기능 습득중인 근로자에게 부여된 형식적인 명칭 또는 지위를 불문하고 이들 근로자에게 과도한 근로 등의 혹사를 하거나 잡역 및 가사 등 기능 습득과 무관한 업무에 종사시켜서는 아니된다(근로기준법 제77조).

제 5 장 勤勞監督官制度

제 1 절 意 義

근로기준법상의 최저근로기준은 강행법규로서 반드시 준수되어 실효성이 확보되어야 한다. 이를 위하여 근로기준법은 민사·형사 및 행정의 세 가지 측면에서 이를 보장하고 있다.

첫째, 당사자가 자유로이 근로계약을 체결할지라도, 근로계약의 내용이 근로기준법상의 최저기준에 미달하는 경우에는 당해 근로계약의 민사상 효력은 무효가 되고 근로기준법상의 근로조건이 대체적으로 적용된다(근로기준법 제15조).

둘째, 사용자가 근로기준법상의 최저근로기준을 근로자에게 적용하지 아니하는 등 근로기준법을 위반하는 경우에는 형사상의 벌칙이 적용된다(동법 제107조 내지 제116조).

셋째, 근로기준법이 입법취지에 부합되게 제대로 시행되는지를 사전에 점검·감독하고, 근로자의 사후적 권리구제를 효율적으로 보장하기 위하여 노동부 산하에 근로감독관을 설치하고 있다(동법 제101조 내지 제106조).

제 2 절 勤勞監督官의 設置

Ⅰ. 關聯規程

> **근로기준법 제101조 【감독 기관】** ① 근로조건의 기준을 확보하기 위하여 노동부와 그 소속 기관에 근로감독관을 둔다.
> ② 근로감독관의 자격, 임면(任免), 직무 배치에 관한 사항은 대통령령으로 정한다.

제 3 절 勤勞監督官의 權限과 義務

Ⅰ. 勤勞監督官의 權限

1. 行政上의 權限

> **근로기준법 제102조 【근로감독관의 권한】** ① 근로감독관은 사업장, 기숙사, 그 밖의 부속 건물에 임검(臨檢)하고 장부와 서류의 제출을 요구할 수 있으며 사용자와 근로자에 대하여 심문(尋問)할 수 있다.
> ② 의사인 근로감독관이나 근로감독관의 위촉을 받은 의사는 취업을 금지하여야 할 질병에 걸릴 의심이 있는 근로자에 대하여 검진할 수 있다.
> ③ 제 1 항 및 제 2 항의 경우에 근로감독관이나 그 위촉을 받은 의사는 그 신분증명서와 노동부장관의 임검 또는 검진지령서(檢診指令書)를 제시하여야 한다.
> ④ 제 3 항의 임검 또는 검진지령서에는 그 일시, 장소 및 범위를 분명하게 적어야 한다.

(1) 임검·서류의 제출요구·심문 근로감독관의 행정상의 권한으로서 i) 사업장·기숙사 기타 부속 건물에 대하여 임검하고, ii) 장부와 서류의 제출을 요구할 수 있으며, iii) 사용자와 근로자에 대하여 심문할 수 있다(근로기준법 제102조 제 1 항).

임검 및 심문은 행정처분의 일종으로서 사법상의 수색·심문과는 구별되며, 따라서 형사소송법상의 수색영장은 필요로 하지 않는다. 다만 임검시에는 임검시

일·장소 및 범위를 명기한 노동부장관의 임검지령서와 신분증명서를 제시하여야 한다(근로기준법 제102조 제 3 항 및 제 4 항).

(2) 근로자에 대한 검진 의사인 근로감독관 또는 근로감독관으로부터 위촉을 받은 의사는 취업을 금지시켜야 할 질병에 걸렸다고 의심이 되는 근로자의 검진을 행할 수 있다(근로기준법 제102조 제 2 항). 이와 같은 검진의 경우에도 검진의 시일·장소 및 범위를 명기한 노동부장관의 검진지령서와 신분증명서를 제시하여야 한다(동법 제102조 제 3 항·제 4 항).

2. 司法上의 權限

> **근로기준법 제102조 【근로감독관의 권한】** ⑤ 근로감독관은 이 법이나 그 밖의 노동 관계 법령 위반의 죄에 관하여 「사법경찰관리의 직무를 행할 자와 그 직무범위에 관한 법률」에서 정하는 바에 따라 사법경찰관의 직무를 수행한다.
> **근로기준법 제105조 【사법경찰권 행사자의 제한】** 이 법이나 그 밖의 노동 관계 법령에 따른 임검, 서류의 제출, 심문 등의 수사는 검사와 근로감독관이 전담하여 수행한다. 다만, 근로감독관의 직무에 관한 범죄의 수사는 그러하지 아니하다.

근로감독관은 노동관련법규위반사항에 대해서는 「사법경찰관리의직무를행할자와그직무범위에관한법률」이 정하는 바에 의하여 사법경찰관의 직무를 행한다(근로기준법 제102조 제 5 항). 이 경우 「노동관계법령」이라 함은 근로기준법 등 개별적 근로관계에 관한 법령이외에도 노사관계법 등 집단적 노사관계에 관한 법령도 포함된다(법무 811-21329, 1981.7.10).

사업장에 대한 임검, 서류의 제출 및 심문 등의 수사는 검사와 근로감독관이 전담한다(근로기준법 제105조). 따라서 일반사법경찰관은 이에 관한 사항에 관하여 수사권이 없다. 다만 근로감독관의 직무에 관한 범죄의 수사에 한하여는 그러하지 아니한다(동법 제105조 단서).

Ⅱ. 勤勞監督官의 義務

1. 關聯規程

> **근로기준법 제103조 【근로감독관의 의무】** 근로감독관은 직무상 알게 된 비밀을 엄수하여야 한다. 근로감독관을 그만 둔 경우에도 또한 같다.

Ⅲ. 監督機關에 대한 申告

1. 關聯規程

> **근로기준법 제104조 【감독 기관에 대한 신고】** ① 사업 또는 사업장에서 이 법 또는

이 법에 따른 대통령령을 위반한 사실이 있으면 근로자는 그 사실을 노동부장관이나 근로감독관에게 통보할 수 있다.
② 사용자는 제 1 항의 통보를 이유로 근로자에게 해고나 그 밖에 불리한 처우를 하지 못한다.

■ **요점정리**

<table>
<tr><th colspan="2">근로감독관</th><th>주 요 내 용</th><th>비 고</th></tr>
<tr><td rowspan="2">권한</td><td>행정상 권한</td><td>① 임검 · 서류의 제출 및 심문
- 사업장 · 기숙사 기타 부속건물의 임검
- 장부 · 서류의 제출요구
- 사용자 및 근로자에 대한 심문
② 근로자에 대한 검진
- 의사인 근로감독관
- 근로감독관으로부터 위촉을 받은 의사</td><td>• 형사소송법상의 영장 불필요
• 노동부장관의 지령서와 신분증명서 제시 필요</td></tr>
<tr><td>사법상 권한</td><td>① 근로기준법 또는 노동관계법령위반에 대한 범죄 수사
② 임검 · 서류의 제출 및 심문</td><td>• 「사법경찰관리의직무를행할자와직무범위에관한법률」에 근거한 권한 행사
• 검사와 근로감독관만이 권한 행사</td></tr>
<tr><td>의무</td><td></td><td>① 직무상 지득한 비밀의 준수의무</td><td></td></tr>
</table>

기출문제 및 기본문제

최근 기출문제

1. 「근로기준법」의 적용과 관련된 설명으로 옳지 않은 것은? 〈51회 사시〉

① 동거하는 친족만을 근로자로 사용하는 사업 또는 사업장에는 「근로기준법」이 적용되지 않는다.

② 기간제근로자와 파견근로자에게는 「근로기준법」이 적용되지 않는다.

③ 「근로기준법」은 국가나 지방자치단체에 대하여도 적용된다.

④ 상시 4명 이하의 근로자를 사용하는 사업 또는 사업장에도 「근로기준법」의 일부 규정은 적용된다.

⑤ 가사(家事) 사용인에 대하여는 「근로기준법」이 적용되지 않는다.

≪**해설**≫ ① 근로기준법 제11조. ② 기간제근로자와 파견근로자도 근로조건의 보장이란 측면에서 모두 근로기준법의 적용대상이 된다. 다만, 기간제 및 단시간 근로자 보호 등에 관한 법률 및 파견근로자보호등에관한법률에서 각각 특별한 보호내용이 추가되고 있을 뿐이다. 특히 파견근로자의 경우, 파견중인 근로자의 파견근로에 관하여는 파견사업주 및 사용사업주를 근로기준법 제 2 조의 규정에 의한 사용자로 보아 동법을 적용한다(파견근로자보호등에관한법률 제34조 제 1 항). ③ 근로기준법 제12조. ④ 동법 제11조. ⑤ 동법 제11조.

2. 노동법상 근로자와 사용자에 관한 설명으로 옳은 것은? (다툼이 있는 경우에는 판례에 의함) 〈51회 사시〉

① 근로 3 권의 주체는 근로자와 사용자이다.

② 근로자의 개념은 개별 법률에 따라 상이할 수 있다.

③ 「노동조합 및 노동관계조정법」상 근로자란 임금을 목적으로 사업이나 사업장에 근로를 제공하는 자를 말한다.

④ 사업의 경영담당자는 「근로기준법」에서는 사용자이지만, 「노동조합 및 노동관계조정법」에서는 사용자가 아니다.

⑤ 「근로자참여 및 협력증진에 관한 법률」상 근로자와 사용자란 「노동조합 및 노동관계조정법」상 근로자와 사용자를 말한다.

≪**해설**≫ ① 근로자는 근로조건의 향상을 위하여 자주적인 단결권 · 단체교섭권 및 단체행동권을 가진다(헌법 제33조 제 1 항). 사용자는 근로 3 권의 주체가 될

해답 1. ② 2. ②

수 없고, 단체교섭의 당사자가 될 뿐이다. ② 근로기준법상 근로자 개념과 노동조합 및 노동관계조정법상 근로자 개념이 상이하듯이 법률의 입법 목적에 따라 보호대상자인 근로자의 개념은 상이하다. ③ 「노동조합 및 노동관계조정법」상 근로자라 함은 직업의 종류를 불문하고 임금·급료 기타 이에 준하는 수입에 의하여 생활하는 자를 말한다(동법 제 2 조 제 1 항). 지문은 근로기준법상 근로자 개념이다. ④ 사용자 개념은 법규정상 근로기준법이나(동법 제 2 조 제 1 항 제 2 호) 노동조합 및 노동관계조정법상(동법 제 2 조 제 2 호) 동일하다. 따라서 사업의 경영담당자는 근로기준법뿐만 아니라 노동조합 및 노동관계조정법에서 모두 사용자가 된다. ⑤ 「근로자참여 및 협력증진에 관한 법률」상 근로자와 사용자 개념은 근로기준법 제2조에 따른 근로자 및 사용자를 말한다(동법 제 3 조).

3. 「근로기준법」상의 기본원칙과 관련된 설명으로 옳지 않은 것은? 〈51회 사시〉

① 사용자는 공(公)의 직무의 집행에 필요한 시간에 대해서는 특별한 정함이 없더라도 근로자에게 통상임금을 지급해야 한다.

② 누구든지 법률에 따르지 아니하고는 영리로 다른 사람의 취업에 개입할 수 없다.

③ 사용자는 어떠한 이유로도 근로자에게 폭행을 하지 못한다.

④ 사용자는 국적, 신앙 또는 사회적 신분을 이유로 근로조건에 대한 차별적 처우를 하지 못한다.

⑤ 근로관계 당사자는 「근로기준법」에서 정하는 근로조건의 기준을 이유로 기존의 근로조건을 낮출 수 없다.

≪**해설**≫ ① 공민권행사 또는 공의 직무를 집행하기 위하여 필요한 시간을 부여한 경우 그 시간에 임금을 지급할 것인지 여부는 당사자간의 합의에 의하여 결정되어야 한다(1980.12.16, 법무 811-33086). ② 근로기준법 제 9 조. ③ 동법 제 8 조. ④ 동법 제 6 조. ⑤ 동법 제 3 조.

4. 근로기준법상 상시 4명 이하 근로자를 사용하는 사업 또는 사업장에 적용되는 규정이 아닌 것은? 〈50회 사시〉

① 제 7 조(강제근로의 금지)

② 제17조(근로조건의 명시)

③ 제24조(경영상 이유에 의한 해고의 제한)

④ 제36조(금품청산)

⑤ 제55조(휴일)

≪**해설**≫ [4인 이하 사업·사업장에 적용되지 않는 것]

제 1 장 총칙 중	① 법령요지 등의 게시(제14조)

제 2 장 근로계약 중	① 근로조건의 위반(제19조 제 2 항), ② 해고 등의 제한(제23조 제 1 항), ③ 경영상 이유에 의한 해고의 제한(제24조, 제25조), ④ 부당해고 등의 구제신청(제28조), ⑤ 퇴직급여 제도(제34조)
제 3 장 임금 중	① 휴업수당(제46조)
제 4 장 근로시간과 휴식 중	① 근로시간(제50조), ② 탄력적 근로시간제(제51조), ③ 선택적 근로시간제(제52조), ④ 연장근로의 제한(제53조), ⑤ 연장·야간 및 휴일근로(제56조), ⑥ 보상휴가제(제57조), ⑦ 근로시간 계산의 특례(제58조), ⑧ 근로시간 및 휴게시간의 특례(제59조), ⑨ 연차유급휴가(제60조), ⑩ 연차유급휴가의 사용촉진(제61조), ⑪ 유급휴가의 대체(제62조)
제 5 장 여성과 소년 중	① 임산부가 아닌 18세 이상의 여성근로자 사용금지(제65조 제 2 항), ② 18세 이상의 여성근로자의 야업 및 휴일근로의 제한(제70조 제 1 항), ③ 생리휴가(제73조)
제 7 장 기능습득, 제 9 장 취업규칙, 제10장 기숙사	

5. 노동법상 사용자에 관한 설명 중 옳지 않은 것은? (다툼이 있는 경우에는 판례에 의함) 〈49회 사시〉

① 근로기준법상 사용자와 노동조합 및 노동관계조정법상 사용자는 그 개념이 동일하다.

② 사용자에 해당되면 근로기준법상의 보호를 받을 수 없다.

③ 근로조건의 기획·결정에 대한 실질적인 권한 또는 근로제공에 대한 실질적인 지휘감독권을 가진 자도 사용자에 해당된다.

④ 근로계약의 당사자로서의 사용자는 사업주를 의미한다.

⑤ 단체교섭의 당사자로서의 사용자는 사업주를 의미한다.

≪**해설**≫ ① 근로기준법상 사용자와 노동조합 및 노동관계조정법상 사용자는 법상 개념정의가 동일하다(근로기준법 제 2 조 제 1 항 제 2 호 및 노사관계법 제 2 조 제 2 호 참조). 그러나 근로기준법상의 사용자는 근로기준법의 수규자로서의 사용자의 범위를 규정하고 있으므로 사용자 개념을 상대적으로 파악하게 되고, 노사관계법상의 사용자는 근로 3 권의 보장자로서의 사용자 범위를 규정한 것이므로 사용자 개념을 배타적으로 파악하게 된다. ② 근로기준법상의 사용자란 사업주 또는 사업 경영 담당자, 그 밖에 근로자에 관한 사항에 대하여 사업주를 위하여 행위하는 자를 말하고(동법 제 2 조 제 1 항 제 2 호). 사업 경영 담당자와 근로자에 관한 사항에 대하여 사업주를 위하여 행위하는 자는 근로기준법상 사용자이면서 근로자의 지위를 갖는 상대적 개념이다. 사용자 개념의 상대성에 포섭되는 이들은 해고·퇴직금·재해보상 등의 근로조건에 있어서는 근로자에 해당되고 근로기준법의 준수의무와 그에 대한 책임에 있어서는 사용자에 해당되게 된다. ③ 「사업 경영 담당자」라 함은 사업경영 일반에 관하여 책임을 지는 자로서 사업주로부

▌해답▌ 5. ②

터 사업경영의 전부 또는 일부에 대하여 포괄적인 위임을 받고 대외적으로 사업을 대표하거나 대리하는 자를 말하고, 「기타 근로자에 대한 사항에 대하여 사업주를 위하여 행위하는 자」라 함은 근로자의 인사, 급여, 후생, 노무관리 등 근로조건의 결정 또는 업무상의 명령이나 지휘감독을 하는 등의 사항에 대하여 사업주로부터 일정한 권한과 책임을 부여받은 자를 말한다(대판 2006.5.11, 2005도8364; 대판 1997.11.11, 97도813). ④ 근로기준법상의 사용자와 근로계약의 당사자로서의 사용자는 구별된다. ⑤ 단체교섭의 당사자(주체)는 단체교섭을 타결짓는 명의자를 의미하므로 사업주여야 한다.

6. 근로기준법 제6조의 균등대우 원칙에 관한 설명으로 옳지 않은 것은? (다툼이 있는 경우에는 판례에 의함) 〈49회 사시〉

① 여성이라는 이유로 남성보다 낮은 연령의 정년제를 설정하는 것은 성별에 의한 차별대우이다.

② 근로자의 모집·채용의 단계에서도 균등대우의 원칙이 적용된다.

③ 남녀고용평등과일·가정양립지원에관한법률은 성차별에 관해 임금·승진 등 유형별로 규율함으로써 근로기준법에 의한 차별의 금지를 구체화하고 있다.

④ 사회적 신분이란 사회에서 장기간 차지하는 지위로서 일정한 사회적 평가를 수반하는 것을 의미한다.

⑤ 단체협약을 적용한 결과 조합원과 비조합원 간에 존재하는 임금격차는 균등대우 원칙에 위배되지 아니한다.

≪**해설**≫ ① 근로기준법 제6조의 남녀의 차별적 대우란 합리적인 이유 없이 남성 또는 여성이라는 이유만으로 부당하게 차별대우하는 것을 의미한다. 따라서 성별 작업구분이나 근로조건의 구분을 명확히 하지 아니한 채 남녀를 차별하여 정년을 규정하였다면 근로기준법 제6조 및 남녀고용평등과일·가정양립지원에관한법률 제11조 제1항에 위배되어 무효가 된다(대판 1988.12.27, 85다카657; 대판 1993.4.9, 92누15765; 대판 1996.8.23, 94누13589). ② 사용자는 근로자에 대하여 남녀의 성을 이유로 차별적 대우를 하지 못하고, 국적·신앙 또는 사회적 신분을 이유로 「근로조건」에 대한 차별적 처우를 하지 못한다(근로기준법 제6조). 여기서 금지하고 있는 차별대우는 「근로조건」에 대한 것이고, 「근로조건」에는 고용 중의 경우 및 해고의 경우가 모두 포함되는 것이 일반적이다. 다만, 채용의 경우는 근로조건이 아니므로 차별대우에 속하지 아니한다(다수설; 대판 1992.8.14, 92다1995). ③ 남녀고용평등과일·가정양립지원에관한법률 제7조 내지 11조 참조. ④ 다수설; 서울민지판 1994.9.16, 94가합40258). ⑤ 노동조합원이 아닌 자에 대하여는 노동조합 및 노동관계조정법 제35조, 제36조에 의하여 단체협약의 효력이 확장되는 경우가 아닌 한 원칙적으로 단체협약의 규범적 효력이 미치지 아니한다(대판 2007.6.28, 2007도1539 등). 따라서 단체협약의 적용이 있는 조합원과 그렇지 않은 비조합원 간에 존재하는 임금격차는 균등대우 원칙에 위배되지

|해답| 6. ②

아니한다.

7. 노동법상 근로자 및 사용자 개념에 관한 설명 중 옳지 않은 것은? (다툼이 있는 경우에는 최근 판례에 의함) 〈48회 사시〉

① 노동조합및노동관계조정법상 근로자의 개념은 근로기준법상 근로자의 개념과 다르기 때문에 일시적으로 실업상태에 있는 자나 구직 중인 자도 전자의 개념에 포함되는 것으로 해석된다.

② 최저임금법상 근로자의 개념은 근로기준법상 근로자의 개념과 동일하다.

③ 근로기준법상 근로자는 동시에 사용자의 지위를 가질 수 없다.

④ 사업경영담당자란 사업경영 일반에 관하여 책임을 지는 자로서 사업주로부터 사업경영의 전부 또는 일부에 대하여 포괄적 위임을 받고 대외적으로 사업을 대표하거나 대리하는 자를 말한다.

⑤ 사용사업주는 파견근로자와 근로계약을 체결한 당사자는 아니지만 파견근로자에 대하여 사용자책임을 지는 경우도 있다.

≪**해설**≫ ① 노동조합및노동관계조정법 제 2 조 제 1 호. 대판 2004. 2. 27, 2001두8568 참조. ② 최저임금법 제 2 조. ③ 근로기준법상 「사용자」라 함은 사업주 또는 사업경영담당자 기타 근로자에 관한 사항에 대하여 사업주를 위하여 행위하는 자를 말하며, 「근로자」라 함은 직업의 종류를 불문하고 사업 또는 사업장에 임금을 목적으로 근로를 제공하는 자를 말한다. 따라서 사업경영담당자 기타 근로자에 관한 사항에 대하여 사업주를 위하여 행위하는 자는 상대적 개념이므로 근로기준법상 근로자는 동시에 사용자의 지위를 가질 수 있는 지위가 나온다(동법 제 2 조 제 1 항 제 1 호 및 제 2 호). ④ 대판 1988. 11. 22, 88도1162, ⑤ 파견중인 근로자의 파견근로에 관하여는 파견사업주 및 사용사업주를 근로기준법 제 2 조 제 1 항 제 2 호의 규정에 의한 사용자로 보아 파견근로자보호등에관법률을 적용하는 것이 원칙이나, 일부 규정의 적용에 있어서는 사용사업주를 사용자로 본다(파견근로자보호등에관법률 제34조 제 1 항). 또한 파견사업주와 사용사업주가 근로기준법을 위반하는 내용을 포함한 근로자파견계약을 체결하고 그 계약에 따라 파견근로자를 근로하게 함으로써 동법을 위반한 경우에는 그 계약 당사자 모두를 근로기준법 제 2 조 제 1 항 제 2 호의 규정에 의한 사용자로 보아 해당 벌칙규정도 적용한다(동법 제34조 제 4 항).

8. 근로기준법 조항 가운데 상시 4인 이하의 근로자를 사용하는 사업 또는 사업장에 적용되는 것이 아닌 것은? 〈47회 사시〉

① 공민권행사보장(제10조)

② 근로조건명시(제17조)

③ 위약금예정금지(제20조)

┃해답┃ 7. ③ **8.** ⑤

④ 강제저축금지(제22조)

⑤ 휴업수당지급(제46조)

≪해설≫ [문제 1] 해설 참조.

9. 근로기준법상 균등대우원칙에 관한 설명 중 옳은 것은? 〈47회 사시〉

① 단시간근로자에게는 균등대우원칙이 적용되지 않는다.

② 균등대우원칙에 반하는 차별대우는 사법적으로 무효로 될 뿐 형사처벌되지는 않는다.

③ 가사사용인에게는 균등대우원칙이 적용되지 않는다.

④ 실적에 따른 임금의 차등지급은 균등대우원칙에 반한다.

⑤ 국적을 이유로 채용을 거부하는 것은 균등대우원칙에 반한다.

≪**해설**≫ ① 사용자는 근로자에 대하여 남녀의 차별적 대우를 하지 못하며 국적, 신앙 또는 사회적 신분을 이유로 근로조건에 대한 차별적 처우를 하지 못한다(근로기준법 제 6 조). 단시간근로자의 근로조건은 그 사업장의 같은 종류의 업무에 종사하는 통상근로자의 근로시간을 기준으로 산정한 비율에 따라 결정되어야 한다(동법 제18조 제 1 항). 따라서 단시간근로자에게도 균등대우원칙은 적용된다. ② 근로기준법 제 6 조에 위반하는 자는 사법적으로 무효가 될 뿐만 아니라 500만원 이하의 벌금에 처한다(동법 제114조 제 1 호). ④ 근로자의 노동력의 가치평가와 결부된 합리적인 차별은 일부 근로자에게 상대적으로 불이익을 주더라도 배분적 정의의 관점에 어긋나는 것은 아니다(대판 1991. 7. 12, 90다카17009). ⑤ 근로기준법 제 6 조의 근로조건에는 채용에 관한 기준은 포함되지 아니한다(대판 1992. 8. 14, 92다1995).

10. 근로기준법의 기본원리에 관한 설명 중 옳지 않은 것은? 〈44회 사시〉

① 근로기준법에서 정하는 근로조건은 최저기준이므로 근로관계당사자는 이 기준을 이유로 근로조건을 저하시킬 수 없다.

② 사용자는 근로자에 대하여 국적을 이유로 근로조건에 대한 차별적 처우를 하지 못한다.

③ 사용자는 정신상 또는 신체상의 자유를 부당하게 구속하는 수단으로써 근로자의 자유의사에 반하는 근로를 강요하지 못한다.

④ 어떠한 경우에도 영리로 타인의 취업에 개입하거나 중간인으로서 이익을 취득하지 못한다.

⑤ 사용자는 근로자가 근로시간 중에 선거권을 행사하기 위하여 필요한 시간을 청구하는 경우에는 이를 거부하지 못한다.

≪**해설**≫ ① 근로조건의 기준(근로기준법 제 3 조). ② 균등처우(동법 제 6 조). ③

해답 9. ③ 10. ④

강제근로의 금지(동법 제 7 조). ④ 누구든지 「법률에 따르지 아니하고는」 영리로 타인의 취업에 개입하거나 중간인으로서 이익을 취득하지 못한다(동법 제 9 조). 따라서 직업안정법이나 파견근로자보호등에관한법률에 의하여 영리로 타인의 취업에 개입하는 것이 허용되므로 '어떠한 경우에도'라는 표현은 잘못된 것이다. ⑤ 공민권행사의 보장(동법 제 10 조).

11. 근로기준법의 적용범위에 관한 설명 중 옳지 않은 것은? 〈42회 사시〉

① 상시 5인 이상의 근로자를 사용하는 사업 또는 사업장에는 모든 규정이 적용된다.

② 정부투자기관인 사업장에도 적용된다.

③ 비영리사업에 대하여는 적용되지 아니한다.

④ 가사사용인에게는 적용되지 아니한다.

⑤ 국내에서 운영되는 이상 사업주의 국적을 불문하고 적용된다.

≪**해설**≫ ① 근로기준법은 원칙적으로 상시 5인 이상의 근로자를 사용하는 모든 사업·사업장에 적용된다. 그러나 예외없이 모든 규정이 적용되는 것은 아니며 취업규칙의 작성·신고의무는 상시 10인 이상의 근로자를 사용하는 사업·사업장에만 적용되므로 ①은 올바른 서술이라고 볼 수 없다(동법 제93조 참조). ②③ 사업의 개념에는 영리여부를 묻지 않고 적용되며, 국가공무원법·지방공무원법 등의 적용을 받는 공무원 이외의 경우에는 근로기준법이 적용된다. 예컨대, 국가·지방자치단체가 행하는 사업(동법 제12조), 국영기업체·공익사업체·정부투자기관, 사회사업단체·정치단체·종교단체가 행하는 사업, 아파트자치회·학교육성회와 같은 비영리 단체도 적용된다. ④ 동거의 친족만을 사용하는 사업·사업장과 가사사용인에게는 근로기준법이 적용되지 않는다. ⑤ 속지주의의 원칙상 우리나라에서 운영되는 사업·사업장은 우리 근로기준법이 적용되며, 마찬가지로 한국인이 경영하는 외국 소재 기업체에는 근로기준법이 적용되지 않고, 당해 외국의 노동법이 적용되는 것이다(법무 810-7975, 1968. 5. 4).

12. 근로기준법상의 「중간착취 배제의 원칙」에 관한 설명 중 옳지 않은 것은? 〈42회 사시〉

① 누구든지 법률에 따르지 아니하고는 영리로 타인의 취업에 개입하여 이익을 취득하지 못한다.

② 취득이 금지되는 이익은 소개비, 수수료, 보상금 등 그 명칭을 불문한다.

③ 취업시 뿐만 아니라 취업 중에도 적용되는 원칙이다.

④ 법률에 의하여 타인의 취업에 개입하여 이익을 취득하는 것은 허용된다.

⑤ 근로자파견사업은 모든 업무에 대해서 허용된다.

≪**해설**≫ 근로기준법의 기본원리 중에서 법률유보조항이 있는 것은 중간착취 배제의 원칙뿐이다. 따라서 법률에 의하여 타인의 취업에 개입하여 이익을 취득하는

▌해답▐ 11. ①③ **12.** ⑤

것은 허용된다. 이 경우 「법률」이란 i) 직업안정법상의 무료·유료직업소개사업, 근로자모집사업, 근로자공급사업, ii) 파견근로자보호등에관한법률상의 근로자파견사업 등이 있다. ⑤ 파견근로자보호등에관한법률에서 예정하는 근로자파견사업은 i) 상시허용업무로서 제조업의 직접생산공정업무를 제외하고 전문지식·기술·경험 또는 업무의 성질 등을 고려하여 적합하다고 판단되는 업무로서 대통령령이 정하는 업무(32개 업종)와, ii) 일시허용업무로서 출산·질병·부상 등으로 결원이 생긴 경우 또는 일시적·간헐적으로 인력을 확보하여야 할 필요가 있는 경우 등이다(동법 제5조). 따라서 모든 업무에 대해서 허용된다는 ⑤의 지문은 틀린 것이다.

13. 근로기준법상 공민권의 행사 또는 공의 직무로 볼 수 없는 것은? 〈42회 사시〉

① 민사소송법상 증인으로 출석

② 노동조합 임원으로서 조합원 총회에 참가

③ 향토예비군 훈련에 참가

④ 공직선거 입후보자로서의 선거운동

⑤ 노동위원회 위원으로서 회의에 참석

≪**해설**≫ 공민권행사의 보장에서 「공민권」이란 i) 선거권(선거인명부 열람), ii) 피선거권(입후보등록·법정 선거운동·선거소송), iii) 국민투표권 등을 말하며, 「공의 직무」란 i) 대통령·국회의원·지방의회의원·노동위원회 위원으로서의 직무, ii) 증인·감정인으로서 법원이나 국회에 출석하는 것(민사소송법 제275조, 제305조; 형사소송법 제151조, 제169조; 국회에서에서의증언·감정등에관한법률 제2조, 제12조), iii) 노동위원회에 증인으로서 출석하는 것(노사관계법 제83조 제2항), iv) 공직선거법에 의한 입회인의 직무, v) 향토예비군설치법·민방위기본법상의 소집훈련 등이다. ② 그러나 노동조합의 조합업무를 수행하는 것은 사적 결사체의 활동에 불과하고 공의 직무에 포함되지 아니한다. 왜냐하면 공의 직무란 근로자 개인의 정치적 기본권의 보장이란 측면에서 공법상의 직위에 수반되는 권리·의무의 수행 내지 국가의 사법적·행정적 작용과 관련하여 이에 따르지 않을 수 없는 경우를 의미하기 때문이다(다수설). 따라서 부당노동행위의 구제신청을 한 당사자가 사건 조사를 위하여 노동위원회의 요구에 따라 출석하는 것도 사소권의 행사의 일종으로 보아 공의 직무로 보지 않는 것이다(근기 01254-10093, 1991. 7. 12).

14. 근로기준법상 근로감독관의 권한에 해당하지 않는 것은? 〈40회 사시〉

① 부당노동행위의 구제명령
② 근로자에 대한 검진
③ 장부와 서류의 제출요구
④ 사용자와 근로자에 대한 심문권
⑤ 즉시처분권

≪**해설**≫ 「근로감독관의 권한」은 (1) 행정적 권한: i) 임검, ii) 서류제출 요구, iii) 심문, iv) 검진과 (2) 사법적 권한이 있다. ① 노동위원회의 권한이다. ⑤ 1990년 근로기준법 개정으로 즉시처분권에 관한 규정은 삭제되고, 산업안전보건법으로 대체되었다. 따라서 정답이 ①⑤ 2개이다.

▌해답▌ 13. ② **14.** ①⑤

15. 남녀고용평등과일 · 가정양립지원에관한법률과 근로기준법 제 6 조(균등처우의 원칙)를 동시에 위반한 경우에 해당되지 않는 것은? 〈40회 사시〉

① 남성보다 낮은 임금표를 여성에게 적용하는 것

② 여성이 결혼하면 당연히 퇴직하게 하는 것

③ 여성에게만 승진의 조건을 어렵게 하는 것

④ 모집 · 고용에 있어서 여성에게 남성과 평등한 기회를 부여하지 않는 것

⑤ 여성의 정년연령을 남성보다 낮게 하는 것

≪**해설**≫ 근로기준법상 균등처우조항에서 차별대우의 사유를 예시하고 있는 바(多數說) 남녀의 성별에 의한 차별금지는 남녀고용평등과일 · 가정양립지원에관한법률에서 특별법으로서 다시 한번 제한을 가하고 있다. 이 경우 「근로조건」에 관하여 ① 임금에 대한 차별금지 ② 결혼퇴직제 · 출산퇴직제의 금지 ③ 인사상의 차별금지 ⑤ 차별정년제의 금지(대판 1993.4.9) 등은 공통적으로 금지되고 있으나, 「채용의 경우」는 「근로조건」의 개념에 포함될 수 없고 근로관계 이전의 사항이므로 남녀고용평등과일 · 가정양립지원에관한법률과 같은 특별규정이 없는 한 근로기준법상의 근로조건에 대한 차별대우에 포함되지 않는다는 것이 다수설(반대: 이상윤, 박홍규) · 판례(대판 1992.8.14, 92다1995)입장이다.

16. 근로기준법상의 개념정의와 일치하지 않은 것은? 〈39회 사시〉

① 근로자라 함은 직업의 종류를 불문하고, 임금 · 급료 · 기타 이에 준하는 수입에 의하여 생활하는 자를 말한다.

② 사용자라 함은 사업주 또는 사업경영담당자 기타 근로자에 관한 사항에 대하여 사업주를 위하여 행위하는 자를 말한다.

③ 근로라 함은 정신노동과 육체노동을 말한다.

④ 근로계약이라 함은 근로자가 사용자에게 근로를 제공하고 사용자는 이에 대하여 임금을 지급함을 목적으로 체결된 계약을 말한다.

⑤ 임금이라 함은 사용자가 근로의 대상으로 근로자에게 임금, 봉급 기타 어떠한 명칭으로든지 지급하는 일체의 금품을 말한다.

≪**해설**≫ ① 노사관계법상의 근로자개념이다(노사관계법 제 2 조 제 1 호). ②③④⑤ 근로기준법 제 2 조 제 1 항 제 2 호 내지 제 5 호 참조.

17. 외국인 근로자의 지위에 관한 설명으로 옳지 않은 것은? 〈39회 사시〉

① 취업자격이 없는 외국인의 근로계약이라도 당연히 무효라고 볼 수는 없다.

② 취업자격이 없는 외국인과의 근로계약이라도 그 무자격을 이유로 해지할 수 없다.

③ 동일한 사업장내에서 동일한 가치의 노동을 제공하는 외국인 근로자에게

▌해답▌ 15. ④ **16.** ① **17.** ②

내국인에 비해 낮은 임금을 지급하는 것은 균등처우의 원칙에 어긋난다.

④ 불법체류근로자의 신분이었으나 사고 당시 취업하여 근로중이었다고 하면 근로기준법상의 근로자로 볼 수 있다.

⑤ 위 ④의 경우 산업재해보상보험법상의 요양급여 지급대상이 된다고 볼 수 있다.

≪**해설**≫ 취업자격이 없는 외국인근로자에 대하여 대법원은(대판 1995.9.15, 94누12067) 「취업자격없는 외국인이 출입국관리법상 고용제한규정을 위반하여 근로계약을 체결하였다 하더라도 그것만으로는 그 근로계약이 당연히 무효라고는 할 수 없다. 그러나 취업자격없는 외국인이 국내에서 법률적으로 취업활동을 가능케 하는 것이므로 이미 형성된 근로관계가 아닌 한 취업자격없는 외국인과의 근로관계는 정지된다고 하여야 할 것이고, 당사자는 그와 같은 취업자격이 없음을 이유로 근로계약을 해지할 수 있다」고 판시하였다. ③ 근로기준법 제6조. ④⑤ 산업재해보상보험법상의 「근로자」는 근로기준법상의 근로자를 준용하므로(동법 제5조) 불법체류자라 하더라도 근로기준법상 및 산업재해보상보험법상 근로자에 해당된다(대판 1993.11.26, 93구16774).

18. 균등처우에 관한 설명으로 옳지 않은 것은? 〈39회 사시〉

① 근로기준법은 채용전의 차별대우금지규정을 두고 있다.

② 「임신하면 퇴직한다」는 조건으로 입사한 여성근로자에게 임신을 이유로 퇴직하게 하는 것은 부당하다.

③ 외국인임을 이유로 한 채용거부는 무방하다.

④ 생리휴가는 남녀평등에 반하지 않는다.

⑤ 직종, 업무에 따라 근로조건에 차별을 둘 수는 있다.

≪**해설**≫ ① 근로기준법상 채용(고용)에 있어서도 차별대우가 금지되는가에 관하여 다수설과 판례는 채용은 근로조건에 포함되지 아니하므로 근로기준법 제6조 위반의 문제가 될 수 없다고 본다(대판 1992.8.14, 92다1995). 다만 남녀고용평등과일·가정양립지원에관한법률에서 채용시의 남녀차별대우금지 규정을 두고 있다(동법 제7조 제1항). ② 결혼퇴직제·출산퇴직제를 규정한 근로계약은 그 부분에 한하여 사법상의 효력이 부정된다. ③ 채용시에는 국적·신앙·사회적 신분을 이유로 차별대우를 한다해도 본조의 적용이 없다. ⑤ 본성적 차별만이 금지되는 것이지 근로행태·근무성적 등 근로자의 근무능력의 평가등에 의한 합리적인 차별대우인 제도적 차별은 본조 위반이 아니다(대판 1991.4.9, 90다16245; 대판 2004.6.25, 2002두2857).

▌해답▌ 18. ①

기출문제 및 기본문제

19. 근로기준법에 관한 기술 중 잘못 기술한 것은?

① 근로기준법은 근로자의 기본적 생활을 보장, 향상시켜 균형 있는 국민경제의 발전을 기함을 목적으로 한다.

② 근로기준법은 법정근로조건의 준수를 국가기관의 지도·감독과 법위반에 대한 처벌이라는 방법에 의하여 이를 실현시키고자 하는 법이다.

③ 근로기준법은 근로조건의 최저기준을 정하고 있다.

④ 근로기준법은 국가에 대한 근로자의 직접적 권리로서 설정된 법이다.

⑤ 근로기준법은 사용자의 근로자에 대한 균등한 처우를 요구하고 있다.

≪**해설**≫ 근로기준법은 사용자의 국가에 대한 의무를 설정하는 것인 동시에, 사용자에 대한 근로자의 권리를 설정한 것이라고 볼 수도 있다(김형배). 이 경우 사용자의 근로기준법 위반에 대하여 근로자는 법상의 기준이행을 청구할 수 있는 권리를 갖는다고 보는 것이다. 근로자는 근로기준법령 위반의 경우 노동부장관 또는 근로감독관에게 통고할 수 있을 뿐이다(제104조 제 1 항).

20. 근로기준법의 기본원칙에 해당하지 않는 것은?

① 균등한 임금보장 ② 남녀차별금지

③ 공민권행사의 보장 ④ 근로자에 대한 폭행금지

⑤ 강제근로금지

≪**해설**≫ 근로기준법은 근로자에 대한 균등한 임금을 보장하고자 하는 것이 아니라, 직업의 내용이나 능력에 따른 차등임금을 인정하고 있다.

21. 다음 중 근로기준법의 특성이 될 수 없는 것은? 〈'97 행시〉

① 노사대등결정의 원리 ② 남녀차별 금지

③ 자국근로자 우선보호 원칙 ④ 생존권 이념의 보장

⑤ 근로기준의 평준화·통일화

≪**해설**≫ 노동법은 국제적 통일성의 경향을 갖는다. 아울러 「국적」을 이유로 한 차별적 처우가 금지된다. 따라서 자국근로자나 외국인근로자나 근로기준법의 적용에 있어 균등처우가 보장되어야 한다.

22. 근로기준법의 적용범위에 관하여 틀린 것은?

① 상시 5명 이상의 근로자를 사용하는 모든 사업 또는 사업장에 적용한다.

② 상시 4명 이하의 근로자를 사용하는 사업 또는 사업장에 대하여는 이 법의 일부규정을 적용할 수 있다.

▎해답▎ **19.** ④ **20.** ① **21.** ③ **22.** ⑤

③ 국가, 특별시 · 광역시 · 도, 시 · 군 · 구, 읍 · 면 · 동, 그 밖에 이에 준하는 것도 적용된다.

④ 동거하는 친족만을 사용하는 사업 또는 사업장과 가사사용인에 대해서는 적용하지 아니한다.

⑤ 1인의 외국인 근로자와 6인의 동거친족만으로 구성된 사업장에는 적용하지 아니한다.

≪**해설**≫ 「동거」하는 「친족」만으로 구성된 사업장에는 근로기준법의 적용이 없으나 동거하지 않는 자 또는 친족 아닌 자가 1인이라도 있으면 본법의 적용을 받게 된다. 외국인 근로자 · 불법체류 외국인도 근로기준법 및 산업재해보상보험법의 적용대상이 된다(대판 1995. 9. 15, 94누12067).

23. 근로기준법은 상시 5명 이상의 근로자를 사용하는 모든 사업 또는 사업장에 적용한다. 이에 대한 설명으로 틀린 것은?

① 근로자수가 일시적으로 5명 미만이 되더라도 상태적으로 5명 이상이면 상시 5명 이상으로 보아야 한다.

② 5명 이상의 근로자에는 임시직 · 일용직 근로자도 포함한다.

③ 업으로 행하는 경우 그 사업이 1회적이거나 일시적이라 해도 근로기준법이 적용된다.

④ 따라서 건축업을 하는 개인이 목수를 고용하여 타인에게 팔 집을 건축하는 것은 근로기준법의 적용이 없다.

⑤ 허가를 받지 않은 사업이나 행정상 금지되어 있는 금수품 취급상 등에 고용된 근로자라도 근로기준법의 적용이 있다.

≪**해설**≫ ①② 통설; 대판 1987. 4. 14, 87도133; 대판 1987. 7. 21, 87다카831. ③ 다수설; 대판 1994. 10. 25, 94다21979. ④ 개인이 목수를 고용하여 집을 수선하거나 정원사로 하여금 정원수를 손질하게 하는 것은 「업」이 아니므로 근로기준법의 적용대상이 아니다(대판 1987. 4. 14; 행정해석 1980. 9. 4). 그러나 건축업자나 원예업자가 목수 · 정원사를 고용한 경우에는 「업」에 해당된다. ⑤ 그러나 형사상의 범죄행위 예컨대 마약의 제조 · 판매업에 고용된 근로자의 경우는 적용이 없다.

24. 근로기준법의 적용이 없는 것은?

① 농업협동조합 ② 해외현지법인 ③ 민사회사
④ 아파트자치운영회 ⑤ 지방자치단체가 행하는 사업

≪**해설**≫ 해외현지법인은 준거법이 현지법이다. 따라서 본사가 한국에 없고, 외국에서 독자적으로 사업을 경영하면서 한국인 근로자를 사용하고 있는 경우 근로기준법의 적용이 없다(∵ 속지주의).

┃해답┃ 23. ④ **24.** ②

25. 다음 중 근로기준법의 적용대상에서 제외되지 않는 것은?

① 사립학교교원 ② 일반직 국가공무원 ③ 선 원

④ 공공기업체 ⑤ 청원경찰

≪**해설**≫ ① 사립학교법에서 규정하고 있는 근로조건에 대하여는 근로기준법의 적용이 없다. ② 공무원은 국가공무원법 · 지방공무원법 · 교육공무원법 · 공무원복무규정 · 공무원보수규정 등에 근로조건이 포괄적으로 규정되어 근로기준법보다 우선 적용된다. 다만 공무원도 근로기준법상의 근로자이므로 특별한 규정이 없는 경우에는 성질에 반한지 않는 한(예컨대 휴업수당) 원칙적으로 근로기준법이 적용된다(대판 1996.4.23). ③ 선원법이 적용되는 한도에서 근로기준법의 적용이 배제된다. ⑤ 청원경찰법이 우선적용되므로 동법에 규정되지 아니한 사항에 한하여 근로기준법이 적용된다.

26. 근로기준법의 실효성을 확보하기 위한 방안으로서 가장 거리가 먼 것은?

① 근로감독관제도 ② 양벌주의

③ 노동위원회의 관여 ④ 근로자의 보고 · 출석의무

⑤ 사용자의 주지의무 · 명시의무

≪**해설**≫ ① 사전적 확보장치. ② 사후적 확보장치로서 벌칙주의를 도입한 근로기준법은 사업주도 함께 처벌함으로써 실질적인 실효성 확보에 대한 규정을 두고 있다. ③ 근로기준법상 근로자의 권리구제상의 신속성확보, 권리구제상의 신중성확보 등을 위하여 노동위원회가 관여하는 경우(5곳)가 있다. ④ 근로기준법 제13조. 사용자의 보고 · 출석의무는 근로조건확보 방안이지만 근로자의 보고 · 출석의무는 근로조건확보 방안과 상대적으로 거리가 멀다. ⑤ 근로기준법 제14조.

27. 다음 중 근로기준법의 실효성을 확보하기 위하여 사용자가 근로자에게 반드시 주지시켜야 되는 것이 아닌 것은?

① 근로기준법 ② 취업규칙

③ 근로기준법 시행령 ④ 기능자양성령의 요지

⑤ 기숙사에 관한 규정과 기숙사 규칙

≪**해설**≫ 근로기준법 제14조

[사용자의 주지의무(게시 · 비치의무)]

i) 근로기준법의 요지 ii) 근로기준법 시행령의 요지 iii) 취업규칙 iv) 기숙사에 관한 규정과 기숙사 규칙

28. 다음 중 근로기준법상의 근로자개념에 대한 설명 중 틀린 것은?

| 해답 | **25.** ④ **26.** ④ **27.** ④ **28.** ③

① 근로자에 해당되기 위해서는 근로제공과정에 있어서 사용자의 지휘 · 감독을 받는다.
② 근로에는 육체적 노동이든 정신적 노동이든 관계없다.
③ 접대부와 같이 사회적으로 불건전한 업종에 종사하는 자는 근로자가 아니다.
④ 근로자는 반드시 임금을 목적으로 노동을 제공하는 자를 말한다.
⑤ 근로자가 근로의 대가로 받는 것이 반드시 금전이어야 하는 것은 아니다.

≪**해설**≫ 근로기준법 제 2 조 제 1 항 제 1 호는 「"근로자"란 직업의 종류와 관계없이 임금을 목적으로 사업이나 사업장에 근로를 제공하는 자를 말한다」라고 규정하고 있다.

29. 근로기준법상 근로자개념에 관한 다음 설명 중 바르지 못한 것은? 〈35회 사시〉
① 근로자란 사용종속관계에서 노무에 종사하고 그 대가로 임금 등을 받아 생활하는 자이다.
② 타인과 사용종속관계가 있는 한 노무공급계약의 형태가 고용 · 위임 · 도급 등 어느 형태이든 상관없다.
③ 사용종속관계는 지휘 · 감독관계의 여부, 보수의 노무대가성 여부, 계약체결경위, 근로제공의 실태 등을 종합적으로 파악하여 노무의 실질관계에 의하여 결정된다.
④ 따라서 골프장 캐디의 경우 노무제공의 형태나 캐디피로 지급받는 임금 등을 볼 때 회사와의 종속적 근로관계에 있다고 볼 수 없어 근로자라 할 수 없다.
⑤ 그러나 생명보험회사의 외무원, 한전의 위탁수금원은 위탁계약의 형식으로 채용되고 징수과정이 다소 자유로운 지위에 있다 하더라도 사용자에 대하여 종속적 노무제공관계에 있는 한 근로자에 해당된다.

≪**해설**≫ 최근 대법원은 「골프장 캐디의 경우 내장객으로부터 직접 캐디피라는 봉사료만 받을 뿐 골프장시설운영자로부터 어떠한 금품도 지급받지 못하는 점을 감안하면 임금을 목적으로 근로를 제공하는 근로기준법상의 근로자로 볼 수 없다」고 판시하였다(대판 1996. 7. 30, 95누13432). 한편 노사관계법상의 근로자성 여부에 관하여는 「골프장캐디들과 골프장운영회사의 사이에 종속적 노동관계가 성립되므로 노동조합법상(현 노사관계법)의 근로자로 볼 수 있다」고 판시한 바 있다(대판 1993. 5. 25). ⑤ 레미콘 차량 운전기사(대판 1997. 11. 28, 97다7998; 대판 2003. 1. 10, 2002다57959), 학습지 교육상담교사(대판 1996. 4. 26, 95다20348), 보험회사의 외무원(대판 2000. 1. 28, 98두9219; 대판 1990. 5. 22, 88다카28112), 골프장캐디(대판 1996. 7. 30, 95누13432), 입시학원 강사(대판 1996. 7. 30, 96도732), 양복점 재봉공(대판 2001. 8. 21, 2001도2778)등의 경우에는 근로자성을 부정하였다.

▌해답▌ 29. ⑤

30. 다음 중 최근 판례에 의할 때 근로기준법상 근로자에 해당하는 것은?

① 레미콘 차량 운전기사 ② 학습지 교육상담교사
③ 보험회사의 외무원 ④ 골프장 캐디
⑤ 입시학원 종합반강사

≪**해설**≫ 판례에 의하면 ① 방송회사 소속 TV 관현악단원(대판 1997.12.26, 97다17575), ② 신문판매 확장요원(대판 1996.10.29, 95다53171), ③ KBS 시청료 징수원(대판 1993.2.9, 91다21381), ④ 신문사 광고영업사원(대판 2001.6.26, 99다5484), ⑤ 한국방송공사 드라마제작국 외부제작요원(대판 2002.7.30, 2000다27671), ⑥ 의과대학 소속의 전공의(대판 1998.4.24, 97다57672; 대판 2001.3.23, 2000다39513), ⑦ 대입학원 종합반 강사(대판 2006.12.7, 2004다29736), 대학교 시간 강사(대판 2007.3.29, 2005두13018·13025) 등의 경우에는 근로자성을 긍정하였으나, ① 레미콘 차량 운전기사(대판 1997.11.28, 97다7998; 대판 2003.1.10, 2002다57959), ② 학습지 교육상담교사(대판 1996.4.26, 95다20348), ③ 보험회사의 외무원(대판 2000.1.28, 98두9219; 대판 1990.5.22, 88다카28112), ④ 골프장 캐디(대판 1996.7.30, 95누13432), ⑤ 입시학원 단과반 강사(대판 1996.7.30, 96도732), ⑥ 양복점 재봉공(대판 2001.8.21, 2001도2778)등의 경우에는 근로자성을 부정하였다.

31. 근로기준법상 근로자의 개념에 해당되지 않는 경우는 모두 몇 개인가?

㉮ 타인에게 고용되어 노무를 제공하는 자
㉯ 업무상 횡령으로 해고되어 노동위원회에서 해고의 효력을 다투는 자
㉰ 질병으로 인하여 휴직중인 근로자
㉱ 회사의 사업주
㉲ 개인택시 운전기사

① 1개 ② 2개 ③ 3개 ④ 4개 ⑤ 5개

≪**해설**≫ 근로기준법 제 2 조 제 1 항 제 1 호 참조.

32. 다음 중 근로기준법상의 근로자가 아닌 자는? 〈'99 공인노무사〉

① 정신노동자 ② 노조전임자 ③ 공장장인 상무이사
④ 선 장 ⑤ 개인택시 운전사

≪**해설**≫ 자영업자는 근로자가 아니다.

33. 다음 중 근로기준법상의 근로자가 아닌 자는? 〈34회 사시〉

① 징계중에 있는 자 ② 실업중에 있는 자 ③ 노동조합의 전임간부
④ 휴직중에 있는 자 ⑤ 휴업중에 있는 자

▌해답▐ 30. ⑤ **31.** ③ **32.** ⑤ **33.** ②

≪**해설**≫ 실업자 또는 해고자는 노사관계법상으로는 근로자에 포함되지만, 근로기준법상의 근로자는 아니다.

34. 우리나라에 소재하는 미국회사에 근무하는 우리나라 근로자들의 노동법 적용여부는?

① 미국 노동법의 적용을 받는다. ② 한국 노동법의 적용을 받는다.
③ 노사자치법의 적용을 받는다. ④ 한미행정협정에 따른다.
⑤ 섭외사법에 의한 준거법의 적용을 받는다.

≪**해설**≫ 한미행정협정에 따라 국내법적용이 제외되는 미국회사일지라도 한국인 근로자에 대하여는 우리나라의 노동법이 적용되어야 한다(속지주의 원칙).

35. 근로기준법상 사용자에 대한 설명이다. 틀린 것은?

① 사업주란 개인기업의 경우 경영주 개인을, 법인기업의 경우 법인을 의미한다.
② 하도급의 경우 하도급회사 전체가 원기업의 지휘·명령을 따르는 경우 그 원기업의 사업주가 사용자로 된다.
③ 사업경영담당자란 주식회사의 대표이사, 합명·합자회사의 업무집행사원, 유한회사의 이사·지배인 및 회사정리절차의 개시 이후의 관리인 등이 해당된다.
④ 회사의 임원이라면 사업주로부터 포괄적·일반적 권한을 위임받지 못하더라도 사업의 경영담당자이다.
⑤ 중소기업의 상무이사라는 지위가 형식적·명목적인 것에 불과하고 실제로는 일반근로자와 같이 업무집행권자의 지시·감독에 따라 노무에 종사하였을 개연성이 높은 경우 근로자에 해당된다.

≪**해설**≫ ① 사용자라 함은 i) 사업주, ii) 사업경영담당자, iii) 근로자에 관한 사항에 대하여 사업주를 위하여 행위하는 자를 말한다(근로기준법 제2조 제1항 제2호). ② 대판 1986. 8. 19, 83다카657; 대판 1990. 10. 30, 90다카23592. ③④ 「사업경영담당자」라 함은 사업주로부터 사업경영의 전부·일부에 대하여 포괄적 위임을 받고 권한을 행사하거나 책임을 부담하는 자이다(대판 1988. 11. 22, 88도1162). 이 경우 임원이라도 사업주로부터 포괄적·일반적 권한을 위임받지 못한 경우에는 사업의 경영담당자가 아니다. ⑤ 대판 1997. 12. 23, 97다44393.

36. 다음 근로기준법의 적용에 관한 설명 중 가장 적절한 것은?

① 단순 노무에 종사하는 기능직 공무원은 국가공무원이므로 국가공무원법의 적용을 받을 뿐 근로기준법을 적용할 여지가 없다.

┃해답┃ 34. ② 35. ④ 36. ④

② 외국의 국내진출 기업에 대해서는 근로기준법을 적용할 수 없다.
③ 본사가 한국에 있는 국내기업이라 하더라도 해외에 진출하여 있는 경우에는 속지주의의 원칙에 따라 근로기준법을 적용할 수 없다.
④ 외국인은 물론 불법체류외국인도 근로기준법상의 근로자이다.
⑤ 사업주가 여러 개의 사업을 영위하고 있을 때 근로기준법이 개별적으로 적용되는지 아니면 일괄 적용되는지는 원칙적으로 개개 사업의 독립성 여부를 기준으로 판단하되 동일한 장소에 있는가 여부를 보충적으로 판단한다.

≪**해설**≫ ① 단순노무에 종사하는 기능직 공무원은 국가공무원이라 하여 일반 근로자보다 불리한 처우를 받을 수는 없으므로, 국가공무원법에 저촉되지 않는 범위 내에서 근로기준법의 적용을 받을 수 있다. ② 원칙적으로 속지주의를 적용하는 것이 ILO의 입장이므로 우리나라에서 행하는 사업인 경우 우리나라 근로기준법이 적용된다.(근로기준법 제12조 참조). ③ 속지주의를 원칙으로 하나, 예외적으로 속인주의가 적용되는 경우도 있다. ④ 외국인은 물론 불법체류외국인도 근로기준법상의 근로자이다(대판 1995. 9. 15, 94누12067). ⑤ 본사, 지점, 출장소, 공장 등이 동일한 장소에 있는 경우에는 1개의 사업으로 보나, 장소적으로 분리되어 있을 경우에는 별개의 사업으로 본다(1990. 9. 26, 근기 01254-13555). 따라서 원칙적으로 장소를 기준으로 판단하되, 개개 사업의 독립성 여부를 보충적으로 판단한다.

37. 다음 중 근로자이면서 사용자의 범위에 속하지 아니하는 자는? (판례에 의함)
① 회사의 업무집행권을 가진 이사 등 임원
② 중소기업의 상무이사
③ 공장장인 상무이사
④ 현장소장
⑤ 대표이사의 보좌역인 부사장

≪**해설**≫ ① 판례에 의하면 i) 사업주로부터 위임받은 지시권·감독권만을 행사하는 사용자(업무집행권을 가진 이사; 상임이사)는 근로자가 될 수 없으나(대판 1992. 12. 22, 92다28228), ii) 지시권·감독권의 행사 이외에도 자신의 고유업무를 수행하여 노무를 제공하는 사용자(업무집행권이 없는 이사; 상근이사)는 근로자가 될 수 있다(대판 1992. 5. 12, 91누11490). ②③④⑤ 「사용자 개념의 상대성」 또는 「근로자 개념의 상대성」은 「사업주」가 아닌 사용자 즉 i) 사업경영담당자 ii) 사업주를 위하여 행위 하는 자가 해당될 수 있다.

38. 다음 중 근로조건 적용순서에 관한 서술 중 틀린 것은?
① 근로조건의 기준을 정하는 사항의 순서는 원칙적으로는 법령, 단체협약, 취업규칙, 근로계약의 순이다.

▌해답▌ 37. ① 38. ⑤

② 근로조건을 결정함에 있어서 어느 규범에서 상위의 근로조건이 정하여져 있을 때에는 그 부분이 우선적으로 적용된다.
③ 근로기준법상의 근로조건은 최저 기준을 나타내는 것이므로 만일 취업규칙이나 단체협약에 상회하는 규정이 있는 경우에는 이 우위의 조건이 적용된다.
④ 단체협약은 노사간의 합의에 의하여 결정되는 것이므로 취업규칙이나 근로계약에 우선하는 것이 원칙이다.
⑤ 근로기준법의 근로조건을 하회하는 경우라 하더라도 이것이 노사간에 완전한 합의에 의한 것이라면 그 부분은 유효하게 된다.

≪**해설**≫ 근로기준법은 근로조건의 최저기준을 정한 것이므로 노사간의 합의에 의한 것이라 하더라도 동법의 근로조건보다 하회하는 부분은 무효가 되며, 자동적으로 근로기준법상의 기준을 적용하여야 한다(근로기준법 제 3 조 및 제15조).

39. 근로기준법 제 3 조의 근로조건 저하금지의 원칙에 관한 설명으로 잘못된 것은?

① 근로기준법이 정하는 근로조건은 최저기준을 제시하는 것이다.
② 근로관계당사자는 근로기준법상의 기준을 이유로 근로조건을 저하시킬 수는 없다.
③ 정당한 사유가 있거나 정당한 절차에 의한 경우에는 근로조건을 불리하게 할 수도 있다.
④ 경영사정상 조직을 개편하면서 조·반장직을 해체하고 직책수당을 지급하지 않는 경우, 이는 근로자의 임금저하를 가져오므로 근로조건의 저하에 해당된다.
⑤ 전 직원에게 일률적으로 지급해 오던 식대를 노사합의 없이 사용자가 일방적으로 변경하거나 중단하는 것도 근로조건의 저하에 해당한다.

≪**해설**≫ ④ 이러한 경우에는 정당한 이유 있는 근로조건의 변경이라고 보아야 하므로 근로조건의 저하에 해당하지 아니 한다(근기 01254-18900, 87. 11. 28).

40. 근로기준법상 근로조건대등결정에 관한 다음 기술 중 잘못된 것은?

① 근로조건을 결정하는 과정에서 강제적, 강압적 수단에 의하여 근로조건이 결정되어지는 것을 막기 위한 것이다.
② 자유의사에 의한 근로조건의 결정원칙은 근로자뿐만 아니라 사용자 보호에도 적용되는 것으로 보아야 한다.
③ 강제근로의 방지는 동법 제 7 조에 별도의 규정이 있으므로, 동법 제 4조의

❙해답❙ **39.** ④ **40.** ③

자유의사에 의한 근로조건결정 규정은 강제근로방지와는 별개로 오로지 근로자의 불리한 근로계약을 방지하고자 하는 목적을 지닌다.

④ 근로조건의 결정에 있어서 법정근로조건에 미달하는 경우에는 그 부분은 무효가 되고, 무효가 된 부분은 법정조건을 적용하게 된다.

⑤ 근로조건에는 누진율에 의한 퇴직금, 가족수당, 식대, 통근버스 이용 등을 예로 들 수 있다.

≪**해설**≫ 근로자와 사용자는 형식적으로나 실질적으로 대등한 입장에서 「자유의사」에 따라 근로조건을 결정하여야 함을 천명하고 있다. 따라서 강제근로방지와 별개의 차원이 아니라 전근대적 노사관행의 시정이라는 노동현장적 규정의 취지에 따라 일체적으로 해석하여야 한다.

41. 근로기준법상 균등처우에 관한 기술 중 잘못된 것은?

① 결혼을 퇴직사유로 한 것은 균등처우원칙에 위반된다.

② 여성에 대한 생리휴가는 균등처우원칙의 범위를 벗어난 것은 아니다.

③ 동등한 학력을 소지한 근로자의 노동력평가에 의한 차별적 취급은 균등처우에 어긋나지 않는다.

④ 차별대우는 단지 사법적으로 무효화되는 것에 그치며 처벌되지는 않는다.

⑤ 국적 등을 이유로 고용을 거부하는 것은 균등처우원칙에 위배되지 않는다.

≪**해설**≫ 근로기준법 제 6 조에서는 「사용자는 근로자에 대하여 남녀의 성(性)을 이유로 차별적 대우를 하지 못하고, 국적·신앙 또는 사회적 신분을 이유로 근로조건에 대한 차별적 처우를 하지 못한다.」라고 규정하고 있다. 이에 위반하는 경우 벌칙(500만원 이하의 벌금)이 부과된다(동법 제114조).

42. 근로기준법상 남녀평등의 원칙에 관한 다음의 기술 중 옳은 것과 틀린 것의 조합이 맞는 것은 무엇인가?

㉮ 결혼퇴직제는 위법이다.	㉯ 출산휴가제는 위법이다.
㉰ 차별정년제는 위법이다.	㉱ 생리휴가제는 위법이다.
㉲ 승급차별제는 위법이다.	

① ㉮(×)㉯(×)㉰(○)㉱(○)㉲(×) ② ㉮(○)㉯(○)㉰(○)㉱(×)㉲(○)

③ ㉮(×)㉯(×)㉰(○)㉱(×)㉲(○) ④ ㉮(○)㉯(×)㉰(○)㉱(×)㉲(○)

⑤ ㉮(○)㉯(×)㉰(×)㉱(×)㉲(○)

≪**해설**≫ 근로기준법 제 6 조는 헌법 제11조의 「법 앞의 평등」 원칙을 구체화한 것인 이상 「법 앞의 평등」이란 성별에 의하여 정치적·경제적·사회적 생활의 모든 영역에 있어서 차별대우를 받지 않도록 해석되는 것이기 때문에 임금 이외의

▌해답▌ 41. ④ 42. ④

기타 근로조건에 대하여도 성별을 이유로 한 차별대우를 해서는 아니 된다. 그러나 특히 여성에 대하여 근로시간 · 야업금지 · 생리휴가 · 산전후휴가 등 특별한 보호규정을 설정한 것은 여성의 생리적 특수성에 부응하기 위한 것이기 때문에 오히려 헌법 제11조의 취지를 구체화한 것이라고 보아야 한다.

43. 남녀동일임금의 원칙에 대한 기술 중 틀린 것은?

① 남녀동일임금의 원칙이란 단순한 남녀의 성의 차이를 이유로 차별대우하는 것을 금하는 것이다.

② 생리휴가에 있어서 유급휴가로 하는 것은 남녀동일임금의 원칙에 위반하지 않는다.

③ ILO조약에서도 남녀동일임금의 원칙을 규정하고 있다.

④ ILO조약에서의 임금평등이란 임금액의 평등을 의미하는 것이다.

⑤ 직무 · 능률 · 기술 등에 따른 차별은 위법한 것이 아니다.

≪**해설**≫ ILO 제100호 조약에서는 동일가치의 근로에 대하여 남녀근로자에 대한 동일임금을 규정하고 있다. 즉 동일가치의 노동에 대한 동일임금의 보장을 의미하는 것이다(남녀고용평등과일 · 가정양립지원에관한법률 제 8 조 제 1 항 참조).

44. 다음은 균등처우의 원칙에 대한 설명이다. 잘못된 것은?

① 동일 업무에 대하여 남자직원과 구별하기 위하여 여직원을 별도로 채용하는 것은 균등처우의 원칙에 위배된다.

② 징계처벌을 받은 경력이 있는 근로자에 대하여 임금인상 결정을 유보하는 것은 균등의 원칙에 위배되지 아니한다.

③ 직종이나 업무의 성질에 따라 임금을 달리하는 것은 위 원칙에 어긋나는 것이 아니다.

④ 여성이라는 이유로 남자보다 정년제의 차별을 두는 것은 위 원칙에 어긋나는 것이다.

⑤ 동일가치노동인가 아닌가에 대하여는 근로자가 입증하여야 한다.

≪**해설**≫ 동일노동 · 동일임금의 원칙 위반인가에 대한 입증책임은 사업주에게 있다(남녀고용평등과일 · 가정양립지원에관한법률 제 8 조 및 제30조 참조).

45. 근로기준법상의 강제노동금지의 원칙에 대한 설명 중 틀린 것은?

① 사용자는 폭행 · 협박 · 감금 기타 정신상 또는 신체상의 자유를 부당하게 구속하는 수단으로서 근로자의 자유의사에 반하는 근로를 강요하지 못한다.

② 강제근로가 성립하기 위하여는 사용자의 강요에 의하여 근로자가 실제로

▌해답▌ **43.** ④ **44.** ⑤ **45.** ④

강제근로를 실행하였을 것까지 요하지는 않는다.

③ 근로강제의 수단으로서 폭행·협박·감금 등은 형법상의 개념보다 넓은 개념으로 이해하는 것이 원칙이다.

④ 동 원칙을 위반하였을 경우에는 근로기준법 제107조를 근거로 한 처벌과 형법상 처벌의 이중처벌이 적용된다.

⑤ 채무불이행으로 인한 위약금예정, 전차금상계, 강제저축 등은 강제노동금지 원칙에 위배되는 것으로서 위법한 것이다.

≪**해설**≫ ④ 동 원칙의 위반 시 근로기준법 제107조에 근거하여 처벌을 받게 되나, 이 규정에 의하여 처벌을 받은 경우에는 형법이 적용되지 않는다.

46. 다음 중 「강제노동금지의 원칙」에 관한 설명 중 타당하지 아니한 것은?

① 폭행·협박·감금에 의하여 근로를 강제하는 것뿐만 아니라 위약금예정·전차금상계 등은 강제근로와 관련이 있다.

② 사표수리 거부행위뿐만 아니라 버스회사의 간부가 안내양의 취침장소에 들어가 몸수색을 하는 경우도 근로기준법 제8조가 금지하는 폭행에 해당된다.

③ 실제로 강제노동이 행하여지지 아니한 체 협박만 하는 경우에는 동 원칙에 위배되지 아니한다.

④ 근로계약과 다른 업무를 강요하는 것도 강제노동에 해당된다.

⑤ 강제저축도 강제노동의 수단이 될 수 있다.

≪**해설**≫ ①⑤ 근로계약의 불이행에 대한 배상액의 예정(근로기준법 제20조), 전차금상계(동법 제21조), 강제저축(동법 제22조) 등도 근로자의 의사를 구속하는 한, 부당한 구속방법으로서 강제근로와 관련하여 문제가 된다. ② 1968.8.8, 노정근 1455.9-3828. ④ 강제근로의 금지에서 금지의 대상이 되는 근로의 강제라 함은 근로의 실행뿐만 아니라 준비단계의 착수도 이에 포함된다. 따라서 실제로 강제노동이 행하여지지 아니한 경우에도 「강제노동금지의 원칙」에 위배된다는 것이 일반적인 견해이다.

47. 근로기준법상의 폭행금지에 대하여 잘못 설명한 것은?

① 기술습득을 위하여 채용된 근로자가 작업과정에서 중대한 실수에 대하여 숙련공이 정신을 환기시키기 위하여 가볍게 행한 구타는 폭행금지조항에 위배되지 않는다.

② 버스 안내양의 부정을 방지하기 위하여 강제적으로 몸을 수색하는 것은 동법의 폭행에 해당한다.

| 해답 | **46.** ③ **47.** ①

③ 작업능률이 현저하게 떨어지는 근로자에 대하여 인격적으로 모욕을 하는 것도 이에 해당한다.

④ 상사가 부하직원을 지도하기 위하여 선의적으로 가볍게 구타하는 행위도 폭행금지규정에 해당한다.

⑤ 사업주를 위하여 행위하는 자가 업무와 관련하여 근로자를 폭행한 경우에는 폭행한 자는 당연히 처벌되고, 그 사업주도 그 예방에 필요한 조치를 하지 아니 한 경우에는 처벌을 받게 된다.

≪**해설**≫ 근로기준법 제 8 조에서는 「사용자는 사고발생 기타 어떠한 이유로도 근로자에게 폭행, 구타행위를 하지 못한다」라고 규정하고 있다. 그러므로 ①의 경우에도 본조위반에 해당한다.

48. 다음은 중간착취에 관한 설명이다. 옳지 않은 것은?

① 법률에 의한 유료직업소개업은 이에 해당하지 않는다.

② 영리를 목적으로 반복·계속의 의사가 있어야 한다.

③ 법률에 의하지 아니하고 이를 행하는 자를 말한다.

④ 취업에 관한 것뿐만 아니라 근로개시 후의 중간착취도 당연히 금지된다.

⑤ 이익의 취득이란 명칭이나 유형·무형을 가리지 아니한다.

≪**해설**≫ 중간착취는 영리를 목적으로 하여야 하나, 업으로 한 것임을 요하지 아니하고, 단 1회의 개입도 영리를 목적으로 하는 이상 법 위반이 되고 반드시 반복·계속의 의사를 필요로 하지 않는다(다수설).

49. 중간착취에 관한 설명으로 잘못된 것은?

① 법률에 의하지 아니하고 영리로 타인의 취업에 개입하여 이익을 취득하는 행위는 중간착취에 해당한다.

② 취업의 알선 및 소개를 통하여 영리로 이익을 얻는 행위는 중간착취에 해당한다.

③ 타인의 취업에 개입하여 이익을 얻는 행위자에는 어떠한 직책에 있거나, 또한 자연인이든 법인이든 관계없다.

④ 근로자파견사업은 이에 해당하지 아니한다.

⑤ 중간착취는 중간인으로서 이익을 근로자로부터 취하는 것을 의미하고, 사용자로부터 소개의 대가를 받는 것은 이에 해당하지 않는다.

≪**해설**≫ 중간착취란 근로자의 채용·취업 등의 고용과 관련하여 제 3 자가 취하는 불법적 중간이득을 말한다.

▌해답▌ **48.** ② **49.** ⑤

50. 다음은 근로기준법상의 공민권행사의 보장에 관한 기술들이다. 이 중 잘못된 것은?

① 공민권이란 참정권으로서 대통령 및 국회의원의 선거권과 피선거권 등을 말한다.

② 공의 직무란 법령에 근거가 있고 직무 자체의 성격이 공적인 것으로서 예비군훈련도 이에 해당된다.

③ 사용자는 근로자의 공민권행사나 공의 직무수행을 근로를 이유로 하여 방해하지 못한다.

④ 사용자는 근로자의 공의 직무수행에 지장이 없는 범위 내에서는 근로자가 청구한 시각을 변경할 수는 있다.

⑤ 근로자가 공민권의 행사를 위하여 소요한 시간에 대하여도 사용자는 임금을 지급하여야 한다.

≪**해설**≫ ② 공의 직무의 개념에 관한 옳은 설명으로서 그 예에는 예비군훈련과 국회, 노동위원회, 법원 등에서의 증언과 감정 등의 행위가 해당된다. ③④ 근로기준법 제10조 본문의 내용이다. ⑤ 근로자가 공민권의 행사를 위하여 소요한 시간에 대해서는 노사간의 합의가 없는 한 임금을 지급하지 아니해도 된다.

51. 다음 중 공민권(공의 직무수행)의 보장에 관련한 기술인데 옳은 것은?

① 민사소송의 당사자로서 법원에 출두한 것도 공민권의 행사이다.

② 공민권의 행사에는 대통령, 국회의원, 지방자치단체 등 선거에 있어서의 선거권을 의미하는 것으로서, 이에는 피선거권은 포함되지 않는다고 보는 것이 옳다.

③ 민방위소집에 응하는 것은 공의 직무수행이라고 볼 수 없다.

④ 국회의원선거일을 무급휴일로 처리한다하여도 위법한 것은 아니다.

⑤ 근로자가 공민권행사의 시간을 청구하는 경우에 사용자는 반드시 요구하는 시간에 이를 주어야 한다.

≪**해설**≫ ①② 공민권행사의 내용은 i) 선거권·피선거권·국민투표권 등과 같이 국민으로서 공무에 참가하는 권리를 말하는 바, ii) 이에는 본인의 입후보 등록행위 및 법정선거운동을 위한 시간도 포함된다고 보며, iii) 선거소송·당선소송을 위한 訴權의 행사기간도 보장되어야 한다고 본다(다수설), 그러나 私訴權의 행사까지 사용자가 보장하여야 하는 것은 아니다. ③ 공의직무란 향토예비군설치법·민방위기본법에 의한 소집훈련 및 전국적인 주민등록갱신이나 군입대를 위한 신체검사참여 등도 포함된다. ④ 공민권 행사를 보장하기만 하면 위법의 문제는 아니다. 당사자의 약정이 없다면 무급휴일로 함이 원칙이다(1980.12.16, 법무 811-33086). 다만, 피용자가 예비군대원으로 동원되거나 훈련을 받는 때에는 그 기간

▌해답▌ 50. ⑤ 51. ④

을 휴무로 하거나 그 동원이나 훈련을 이유로 불이익한 처우를 하여서는 아니된다(향토예비군설치법 제10조). ⑤ 권리행사 또는 공의직무를 집행함에 지장이 없는 한 청구한 시간을 「변경」할 수 있다(근로기준법 제10조 단서).

52. 근로감독관제를 제일 먼저 실시한 나라는? 〈25회 사시〉

① 프랑스 ② 스웨덴 ③ 미 국
④ 영 국 ⑤ 이탈리아

≪**해설**≫ 1833년 영국의 공장연소근로자보호법(공장법)에서 최초로 근로감독관 제도가 도입되었다.

53. 근로감독관에 대한 설명으로 잘못된 것은?

① 근로감독관은 노동부장관과 그 소속기관하에 둔다.
② 일반경찰관도 司法的 문제에 한하여 근로감독관의 업무를 수행할 수 있다.
③ 근로감독관은 직무상 지득한 비밀을 엄수하여야 하며, 퇴직한 때에도 마찬가지이다.
④ 형사소송법상의 수색영장의 발부는 필요하지 아니하며, 임검지령서와 신분증명서를 제시하여야 한다.
⑤ 의사인 근로감독관은 취업의 금지를 하여야 할 질병에 걸릴 의심이 있는 근로자의 검진을 행할 수 있다.

≪**해설**≫ 근로감독관은 근로기준법 또는 노동관계법령위반에 한해서만 사법경찰관으로서의 권한이 인정되는 것이며, 일반 형사사건에 대해서는 권한이 없다(근로기준법 제105조 참조).

54. 근로감독관의 권한이 아닌 것은? 〈'97 행시〉

① 근로자의 검진 ② 근로감독관의 직무에 관한 범죄의 수사
③ 사용자와 근로자에 대한 심문
④ 장부와 서류의 제출요구 ⑤ 사업장의 임검

≪**해설**≫ 근로기준법 기타 노사관계법령에 의한 임검, 서류의 제출, 심문 등 수사는 검사와 근로감독관이 전행한다. 다만, 근로감독관의 직무에 관한 범죄의 수사에 한하여는 그러하지 아니하다(근로기준법 제105조).

55. 사용자 A는 근로자 B가 자기의 근로기준법 위반사실을 근로감독관에게 신고하여 수사를 받게 된 사실이 있는데, A는 괘씸하게 생각한 나머지 B를 다른 부서로 전보조치하였다. 이에 대한 다음 설명 중 옳은 것은? 〈1회 공인노무사변형〉

① 인사권은 사용자의 경영권에 속하므로 문제될 것이 없다.

┃해답┃ 52. ④ 53. ② 54. ② 55. ②

② 감독기관에 대한 신고를 이유로 한 불리한 처우로써 벌칙이 적용된다.

③ 어떤 경우이든 입사시 계약된 보직이외에는 전보 조치할 수 없다.

④ 사후에 B의 합의만 얻어 내면 위법의 문제는 발생하지 아니한다.

⑤ 근로감독관의 시정지시에 따라 원직에 환원시키게 되면 문제되지 않는다.

≪**해설**≫ ② 사업 또는 사업장에서 이 법 또는 이 법에 따른 대통령령을 위반한 사실이 있으면 근로자는 그 사실을 노동부장관이나 근로감독관에게 통보할 수 있고, 사용자는 그 통보를 이유로 근로자에게 해고나 그 밖의 불리한 처우를 하지 못한다(근로기준법 제104조). 이를 위반하면 벌칙의 적용이 있다(동법 제110조 제 1 호). ⑤ 제104조 제 2 항 위반으로 일단 근로기준법 위반죄가 성립되면 사후에 시정조치를 하더라도 이미 성립한 범죄에 영향은 없다. [참고: 원 문제는 "② 정당한 사유가 없는 한 부당전보로써 근로기준법 위반죄가 성립한다."인데, 구법에 따르면 부당해고 등의 제한규정(제30조 제 1 항) 위반의 경우 벌칙의 적용이 있었다(제110조). 그러나 현행법은 정당한 이유 없는 해고 등에 대한 처벌규정을 삭제하는 대신, 정당한 이유 없는 해고 등에 대한 구제명령 불이행자에 대하여 이행강제금 및 벌칙을 부과하도록 하였다(동법 제33조, 제111조). 현행법 규정에 맞게 문제를 재구성한 것이다.]

제 2 편　勤勞契約

제1장　概　　說

제1절　意　　義

근로계약은 근로자가 사용자에게 근로를 제공하고 사용자는 임금을 지급하는 것을 내용으로 하는 근로기준법상의 계약을 말한다(근로기준법 제2조 제1항 제4호).

제2절　法的 性質

Ⅰ. 勤勞契約과 雇傭契約의 關係

1. 區別否定說

구별부정설은 근로계약을 민법상의 고용계약과 동일하게 보는 견해이다.

2. 區別肯定說

구별긍정설은 사용종속관계를 근로계약의 본질적 요소로서 파악하고 있으며 고용계약은 사용종속관계가 내포되지 아니하고 있으므로 근로계약과 구별된다고 한다(통설).

Ⅱ. 勤勞契約의 法的 性質

1. 債權契約說

채권계약설에 의하면 근로계약은 근로자가 보수를 받고 근로를 제공할 것을 사용자와 약정하는 「쌍무 · 유상의 채권계약」으로서 「계속적 채권관계」로 파악하고 있다(종래 다수설).

2. 身分契約說

신분계약설에 의하면 근로계약은 「종업원 지위의 취득」이라는 신분계약적 측면과 「근로조건의 결정」이라는 채권계약적 측면을 동시에 보유하고 있으며 양자는 상호 보완적이라고 한다. 이러한 견해에 의하면 근로관계는 i) 채권·채무관계뿐 아니라 ii) 근로자는 기업이라는 조직에 편입되어 양 당사자는 인적으로 결합된 하나의 신분관계를 설정하게 된다고 한다(대판 1996. 4. 23, 95다6823).

> **[대판 1996. 4. 23, 95다6823]** 근로자는 인간의 존엄과 가치를 지닌 인격체이고, 근로계약에 따른 근로제공은 단순히 임금획득만을 목적으로 하는 것이 아니라 자아의 실현, 기술습득, 능력향상 및 원만한 인간관계의 형성 등 자신의 인격을 실현시키고 있다.

제 2 장 勤勞契約의 締結

제 1 절 勤勞契約의 當事者

Ⅰ. 勤 勞 者

1. 意　義

근로계약체결의 당사자로서의 근로자는 사용자와 근로계약을 체결하고 이에 따라 근로를 제공하고자 하는 자를 말한다.

2. 未成年者의 勤勞契約締結

(1) 관련규정

> **근로기준법 제67조 【근로계약】** ① 친권자나 후견인은 미성년자의 근로계약을 대리할 수 없다.
> ② 친권자, 후견인 또는 노동부장관은 근로계약이 미성년자에게 불리하다고 인정하는 경우에는 이를 해지할 수 있다.
> ③ 사용자는 18세 미만인 자와 근로계약을 체결하는 경우에는 제17조에 따른 근로조건을 서면으로 명시하여 교부하여야 한다.

(2) 근로계약 체결방법　　친권자 또는 후견인은 미성년자의 근로계약을 대리할 수 없다(근로기준법 제67조 제 1 항). 즉 미성년자가 근로계약을 체결하고자 하

는 경우 친권자나 후견인의 「동의」를 얻어 미성년자 자신이 직접 계약을 체결하여야 한다.

(3) 근로계약의 해지 친권자 · 후견인 또는 노동부장관은 근로계약이 미성년자에게 불리하다고 인정될 때에는 향후 이를 해지할 수 있다(근로기준법 제67조 제 2 항). 이 경우 무엇이 미성년자에게 불리한 것인가에 관하여 일반적으로 법정대리인 또는 노동부장관이 「주관적」으로 불리하다고 인정하면 그것으로 족하다고 본다(다수설).

(4) 근로조건의 서면명시 · 교부의무 사용자는 18세 미만인 자와 근로계약을 체결하는 경우에는 제17조에 따른 근로조건을 서면으로 명시하여 교부하여야 한다(동법 제67조 제 3 항). 일반근로자의 경우와 달리 근로자의 요구가 없더라도 사용자는 미성년자에게 반드시 근로조건을 서면으로 명시하여 교부하여야 한다.

Ⅱ. 使 用 者

근로계약체결의 당사자로서의 사용자는 사업주인 것이 원칙이다. 그러나 사업주가 아닌 사용자, 즉 사업경영담당자 또는 사업주를 위하여 행위하는 자는 사업주로부터 근로계약체결의 권한을 위임받은 경우에 한하여 근로계약체결의 당사자가 될 수 있다.

제 2 절 勤勞契約의 形式

근로계약의 체결은 특별한 형식을 요구하지 아니하며, 문서는 물론 구두에 의하여도 이를 체결할 수 있다.

Ⅰ. 文書에 의한 勤勞契約

문서에 의하여 근로계약을 체결하는 경우 문서가 반드시 「계약서」라는 명칭이나 외형을 갖출 필요는 없으며, 「서약서」 또는 「약정서」 등의 형태도 무방하다. 예컨대, 근로자로부터 취업규칙을 준수하겠다는 「서약서」를 제출받고 호봉 및 근무처 등을 기재한 「사령장」을 교부한 후 근로의 제공을 받아왔다면 근로계약이 체결되었다고 할 수 있다(1979. 5. 1, 법무 811-10228).

Ⅱ. 口頭에 의한 勤勞契約

근로의 개시라는 사실관계가 존재함에도 불구하고 근로계약이 체결되어 있지 아니한 경우 근로계약이 체결되었는지의 여부가 문제될 수 있다.

일반적으로 사용종속관계 아래서 근로의 제공과 임금의 지급이라는 실질적 사실이 있다고 인정되면 서면계약이 체결되어 있지 아니한 경우에도 구두계약 및 관행·관습에 의하여 근로계약이 체결되어 있는 것으로 보아야 한다(대판 1994.9.30, 94다1418 등). 예컨대, 근로자가 타인의 명의로 근로를 제공한 경우 당해 근로자 자신의 명의로는 근로계약이 체결되어 있지 아니하지만, 당해 근로자와 사업주 간에는 실질적인 근로계약이 체결된 것으로 본다(1979.4.10, 법무 811-8509).

제 3 절 勤勞契約의 內容

Ⅰ. 勤勞條件의 明示義務

1. 關聯規程

근로기준법 제17조 【근로조건의 명시】 사용자는 근로계약을 체결할 때에 근로자에게 임금, 소정근로시간, 제55조에 따른 휴일, 제60조에 따른 연차 유급휴가, 그 밖에 대통령령으로 정하는 근로조건을 명시하여야 한다. 이 경우 임금의 구성항목·계산방법·지급방법, 소정근로시간, 제55조에 따른 휴일 및 제60조에 따른 연차 유급휴가에 관한 사항은 서면으로 명시하고 근로자의 요구가 있으면 그 근로자에게 교부하여야 한다.

2. 勤勞條件明示의 內容

사용자는 근로계약을 체결할 때에 근로자에게 임금, 소정근로시간, 휴일, 연차 유급휴가, 그 밖에 대통령령으로 정하는 근로조건을 명시하여야 한다(근로기준법 제17조 전단). 「그 밖에 대통령령으로 정하는 근로조건」이란 i) 취업의 장소와 종사하여야 할 업무에 관한 사항, ii) 근로기준법 제93조 제 1 호부터 제12호까지의 규정에서 정한 사항, iii) 사업장의 부속 기숙사에 근로자를 기숙하게 하는 경우에는 기숙사 규칙에서 정한 사항 등을 말한다(동법시행령 제 8 조).

이 경우 임금의 구성항목·계산방법·지급방법, 소정근로시간, 제55조에 따른 휴일 및 제60조에 따른 연차 유급휴가에 관한 사항은 서면으로 명시하고 근로자의 요구가 있으면 그 근로자에게 교부하여야 한다(동법 제17조 후단).

3. 勤勞條件의 明示時期 및 方法

(1) 명시시기 사용자가 근로조건을 명시하여야 하는 시기는 근로계약의 체결시이다(근로기준법 제17조). 이미 체결된 근로계약을 「변경」하는 경우에도 근로조건을 명시하여야 할 것이다(다수설).

(2) 명시방법 근로조건의 명시방법은 원칙적으로 구두나 문서 불문한다.

1) 통상근로자 통상근로자의 경우 i) 임금의 구성항목 · 계산방법 및 지급방법, ii) 소정근로시간, iii) 휴일 및 iv) 연차 유급휴가에 관한 사항은 서면으로 명시하여야 하고, 「근로자의 요구」가 있을 때에는 이를 근로자에게 교부하여야 한다(동법 제17조 후단).

2) 18세 미만 연소근로자 18세 미만인 연소근로자의 경우 동법 제17조에 따른 근로조건을 모두 서면으로 명시하여 「반드시」 이를 교부하여야 한다(동법 제67조 제 3 항).

3) 기간제 및 단시간근로자 기간제근로자 또는 단시간근로자의 경우 i) 근로계약기간에 관한 사항, ii) 근로시간 · 휴게에 관한 사항, iii) 임금의 구성항목 · 계산방법 및 지불방법에 관한 사항, iv) 휴일 · 휴가에 관한 사항, v) 취업의 장소와 종사하여야 할 업무에 관한 사항, vi) 근로일 및 근로일별 근로시간(단시간근로자에 한한다)을 서면으로 명시하여야 한다(기간제법 제17조). 다만, 사용자는 단시간근로자를 고용할 경우에 임금, 근로시간, 그 밖의 근로조건을 명확히 적은 근로계약서를 작성하여 근로자에게 내주어야 한다. 또한 단시간근로자의 근로계약서에는 계약기간, 근로일, 근로시간의 시작과 종료 시각, 시간급 임금, 그 밖에 노동부장관이 정하는 사항이 명시되어야 한다(근로기준법 시행령 [별표 2] 제 1 호).

4. 明示義務違反에 대한 救濟方法

(1) 사용자에 대한 제재 사용자가 근로계약체결시에 명시하여야 할 근로조건을 명시하지 아니한 경우에는 벌칙이 부과된다(근로기준법 제114조 제 1 호). 또한 근로계약에 명시되지 아니한 근로조건은 계약상의 효력이 부여되지 아니한다.

(2) 근로자에 대한 구제

1) 관련규정

> **근로기준법 제19조 【근로조건의 위반】** ① 제17조에 따라 명시된 근로조건이 사실과 다를 경우에 근로자는 근로조건 위반을 이유로 손해의 배상을 청구할 수 있으며 즉시 근로계약을 해제할 수 있다.
> ② 제 1 항에 따라 근로자가 손해배상을 청구할 경우에는 노동위원회에 신청할 수 있으며, 근로계약이 해제되었을 경우에는 사용자는 취업을 목적으로 거주를 변경하는 근로자에게 귀향 여비를 지급하여야 한다.

2) 주요내용

① 손해배상청구권 명시된 근로조건이 사실과 상위한 경우에 근로자는 채무불이행으로 인한 손해배상을 「노동위원회」에 청구할 수 있다(동법 제19조 제 1 항 및 제 2 항). 일반법원에 손해배상을 청구할 수도 있으나 이는 비용과 시간이 많이 소요되므로 근로기준법은 노동위원회에 대하여 손해배상을 청구할 수 있는 구제절차를 규정하고 있다(근로기준법 제19조 제 2 항). 따라서 근로자는 노동위원회에 의한 구제절차와 일반법원에 의한 손해배상청구 중에서 이를 「선택적」으로 행사할 수 있다.

노동위원회에 대한 손해배상의 신청은 부당해고·부당노동행위 등 근로관계에서 발생하는 모든 손해배상청구에 대하여 허용되는 것은 아니며, 근로계약 체결시에 명시된 근로조건이 취업 후 사실과 다른 경우에 국한하여 인정된다(대판 1989. 2. 28, 87누496).

② 계약의 즉시해제권 명시된 근로조건이 사실과 다른 경우에 근로자는 근로계약을 즉시 해제할 수 있다(근로기준법 제19조 제 1 항).

③ 귀향여비의 지급 근로계약이 해제된 경우 사용자는 취업을 목적으로 거주를 변경하는 근로자에게 귀향여비를 지급하여야 한다(근로기준법 제19조 제 2 항 후단).

Ⅱ. 禁止되는 勤勞契約

1. 違約 豫定의 禁止

(1) 관련규정

근로기준법 제20조 【위약 예정의 금지】 사용자는 근로계약 불이행에 대한 위약금 또는 손해배상액을 예정하는 계약을 체결하지 못한다.

(2) 주요내용 위약예정 때문에 근로자가 퇴직의 자유를 제한받거나 자유의사에 반하는 강제노동을 하게 되는 것을 방지하고자 위약예정을 금지하고 있다. 민사상 손해배상액 또는 위약금예정제도가 인정되는 것과 대비된다(민법 제398조).

1) 위약금을 예정하는 계약의 금지 위약금이란 근로자의 채무불이행의 경우에 근로자가 사용자에게 실제 손해의 발생여부와 상관없이 일정액을 지불할 것을 미리 약정하는 것이다. 이 경우 실제 사용자에게 손해가 발생되었는지의 여부와 상관없이 위약금이 부과되므로 일종의 벌금부과적 성격을 갖는다.

위약금의 부담대상자는 근로자·친권자·보증인(신원보증인)·연대보증인 또는 제 3 자를 불문한다.

2) **손해배상액을 예정하는 계약의 금지** 손해배상액의 예정이라 함은 근로자의 채무불이행의 경우에 근로자가 사용자에게 배상하여야 할 실제 발생된 손해와 관계없이 손해액을 미리 정하는 것을 말한다.

이 경우 위약금예정은 그 법적 성질상 채무불이행의 경우에만 해당되나, 손해배상은 채무불이행뿐 아니라 불법행위의 경우에도 금지되는 것으로 보아야 할 것이다.

3) **현실적인 손해배상청구의 인정** 근로자의 불법행위 등으로 사용자에게 손해가 발생했을 때 사용자가 근로자에게 「실제로 발생한 손해」에 대한 배상을 할 수 있도록 단체협약·취업규칙 등에 정하거나 신원보증계약을 체결하는 것은 가능하다(대판 1980.9.24, 80다1040). 예컨대 i) 지각·조퇴·결석 등에 대하여 임금을 삭감하는 것, ii) 현실적으로 발생한 손해에 대한 배상액을 담보하기 위하여 신원보증계약을 체결하는 것 등이다.

또한 해외연수를 마친 근로자가 일정기간 근무하지 아니할 때에 해외파견에 소요된 경비 기타 손해를 배상한다는 규정(「비용반환조건부계약(옵션계약)」)은 근로기준법에서 금지된 위약예정이 아니라고 본다(대판 1992.2.25, 91다37263 등).

2. 前借金 相計의 禁止

(1) 관련규정

> **근로기준법 제21조【전차금 상계의 금지】** 사용자는 전차금(前借金)이나 그 밖에 근로할 것을 조건으로 하는 전대(前貸)채권과 임금을 상계하지 못한다.

(2) 주요내용 전차금 상계를 금지하는 것은 근로자의 강제노동을 금지하고 사직의 자유를 보호하고자 하는 것이다.

1) **전차금과 전대채권** 「전차금」이라 함은 근로자가 근로계약을 체결할 때에 근로를 제공하여 향후 임금에서 변제하기로 하고 사용자로부터 차용한 금전을 말한다. 「근로할 것을 조건으로 하는 전대채권」이란 전차금 이외에 근로자 또는 그 친권자 등에게 지급되는 금전으로서 전차금과 동일한 내용을 가지는 것이다.

2) **상계금지의 범위 및 한계** 본조가 금지하고 있는 상계는 전차금 등의 대여 자체가 아니라, 전대채권과 임금과의 상계이다. 따라서 사용자가 근로자에게 임금과의 상계를 전제로 하지 아니하고 전차금을 대여하는 것은 허용된다고 본다. 또한, 사용자의 전대채권을 자동채권으로, 근로자의 임금채권을 수동채권으로 한 상계가 금지되는 것이다.

전차금상계금지의 대상이 되는지 여부는 금전대부기간, 금액, 이자의 고리여부 등을 종합적으로 판단하여 「근로할 것을 조건」으로 하는 것인지 여부를 판단하여야 할 것이다. 예컨대 가불·학자금대여 및 주택구입자금 등은 전차금상계금지의 원칙에 위배되지 아니한다.

3. 强制 貯金의 禁止

(1) 관련규정

> **근로기준법 제22조 【강제 저금의 금지】** ① 사용자는 근로계약에 덧붙여 강제 저축 또는 저축금의 관리를 규정하는 계약을 체결하지 못한다.
> ② 사용자가 근로자의 위탁으로 저축을 관리하는 경우에는 다음 각호의 사항을 지켜야 한다.
> 1. 저축의 종류·기간 및 금융기관을 근로자가 결정하고, 근로자 본인의 이름으로 저축할 것
> 2. 근로자가 저축증서 등 관련 자료의 열람 또는 반환을 요구할 때에는 즉시 이에 따를 것

(2) 주요내용　강제저금으로 근로자가 퇴직의 자유를 제한받게 되거나 저축금이 경영자금으로 유용되는 것을 방지하고자 규정된 것이다.

1) 강제저축의 금지　「근로계약에 덧붙여」라 함은 근로계약의 체결 또는 존속조건으로서 강제저축을 강요하는 것을 말한다.

2) 강제 저축금 관리의 금지　사용자 자신이 직접 근로자의 예금을 받아 스스로 관리하는 「사내예금」은 물론, 사용자가 개개 근로자 명의로 은행 기타 금융기관에 예금한 후 그 통장과 인감을 보관하거나 예금의 인출을 금지·제한하는 경우도 금지된다.

3) 근로자의 위탁에 의한 저축금 관리　근로자의 자유의사에 의하여 저축금을 사용자에게 관리하여 줄 것을 위탁하는 경우 사용자는 저축금을 관리할 수 있다. 다만, 남용의 우려가 있기 때문에 사용자는 다음 사항을 준수하여야 한다(근로기준법 제22조 제 2 항).

① 저축의 종류·기간 및 금융기간을 근로자가 결정하고 근로자 본인의 이름으로 저축할 것.

② 근로자가 저축증서 등 관련자료의 열람 또는 반환을 요구할 때에는 즉시 이에 따를 것.

제 4 절 勤勞契約의 期間

Ⅰ. 關聯規程

> **기간제법 제 4 조 【기간제근로자의 사용】** ① 사용자는 2년을 초과하지 아니하는 범위 안에서(기간제 근로계약의 반복갱신 등의 경우에는 그 계속근로한 총기간이 2년을 초과하지 아니하는 범위 안에서) 기간제근로자를 사용할 수 있다. (단서 생략)
> ② 사용자가 제 1 항 단서의 사유가 없거나 소멸되었음에도 불구하고 2년을 초과하여 기간제근로자로 사용하는 경우에는 그 기간제근로자는 기간의 정함이 없는 근로계약을 체결한 근로자로 본다.

Ⅱ. 主要內容

종전 근로기준법은 근로계약의 기간은 1년을 초과하지 못한다고 규정하였으나 동 규정이 삭제되고(동법 제16조), 기간제 및 단시간근로자 보호등에 관한 법률을 새로이 제정하여 근로계약기간을 연장하였다.

즉 사용자는 2년을 초과하지 아니하는 범위 안에서만 기간제근로자를 사용할 수 있으며(기간제법 제 4 조 제 1 항), 예외사항에 해당하지 않는 한 2년을 초과하여 기간제근로자로 사용하는 경우에는 그 기간제근로자는 기간의 정함이 없는 근로계약을 체결한 근로자로 간주하게 된다(동조 제 2 항). 이는 기간제 근로계약의 반복갱신 등의 경우에 그 계속근로한 총기간이 2년을 초과하는 경우에도 동일하다(동조 제 1 항). 다만, 사업의 완료 또는 특정한 업무의 완성에 필요한 기간을 정한 경우 등 기간제법 제 4 조 제 1 항 단서에 해당하는 경우에는 예외적으로 2년을 초과하는 기간을 정하여 근로계약을 체결할 수 있다.

제 3 장 勤勞契約과 勤勞關係

제 1 절 勤勞關係의 意義

근로관계라 함은 근로자가 사용자에게 근로를 제공하고 사용자는 근로자에게 임금을 지급하는 것을 내용으로 하는 근로계약의 체결에 의하여 성립된 당사자간의 법률관계를 말한다.

제 2 절 勤勞契約과 勤勞關係의 關係

Ⅰ. 學 說

1. 契 約 說

유효한 근로계약이 체결된 경우 이와 동시에 근로관계도 성립된다고 한다(다수설; 대판 1980.4.22, 79다1566).

2. 編 入 說

근로관계가 성립하기 위해서는 유효한 근로계약의 체결 이외에 근로자의 작업개시 또는 경영체계로의 편입이라는 사실적 요소가 필요하다고 한다.

Ⅱ. 非典型的인 勤勞關係

1. 採用內定

채용내정이라 함은 사용자가 근로자를 채용하기로 내정은 되어 있으나 아직 정식의 근로계약을 체결하지 아니한 경우를 말한다.

채용내정의 법적 성질에 대하여는 i) 근로계약예약설, ii) 근로계약체결과정설, iii) 해제조건부근로계약성립설(다수설), iv) 해지권유보부근로계약성립설 등이 있다.

종전 판례는 사용자가 채용을 통지한 후 정당한 이유없이 채용을 취소하는 경우 「불법행위」가 성립하고 이에 따른 손해배상책임을 부담하게 될 뿐이라고 보았으나(대판 1993.9.10, 92다42897), 최근 「현대전자사건」에서 대법원은 채용내정이 채용과정의 최종단계인 경우 내정취소라는 해약권이 유보된 계약으로서 근로기준법 제23조(정당한 이유)가 적용된다는 태도를 취하고 있다(대판 2000. 11. 28, 2000다51476).

> **[대판 2000. 11. 28, 2000다51476]** 회사가 채용내정자들에게 최종합격통보를 하여 줌으로써 당사자 간에는 근로계약관계가 유효하게 성립되어 늦어도 근무 개시 약속기한인 1998. 4. 6 이후에는 채용내정자들이 회사의 근로자가 되었다고 할 것이므로 그 후의 신규채용의 취소통보는 실질적으로 해고에 해당한다.

한편, 채용이 확정된 후 근무를 시작할 입사예정일부터 사용자는 근로자를 취업시킬 의무를 부담한다. 따라서 채용내정자는 종업원의 지위를 취득한 후에 임금청구권을 행사할 수 있으므로 채용내정자가 채용발령연기에 대하여 사전에 동의하고 이에 대하여 부제소합의를 하였다 하더라도 임금채권까지 포기한 것이라고는 볼 수 없다(대판 2002. 12. 10, 2000다25910).

2. 試用期間

시용제도라 함은 사용자가 근로자의 능력 및 인품 등이 종업원으로서의 적격성을 갖추었는지의 여부를 판단하기 위하여 일정기간 근로계약의 체결을 유보한 채 근무를 시킨 후, 그 근무결과여하에 따라 근로계약을 체결하는 것을 말한다.

시용기간부근로관계의 법적 성질에 대하여는 i) 정지조건부 근로계약설, ii) 해제조건부 근로계약설, iii) 해약권유보부 근로계약설(통설·판례) 등이 있다.

시용기간제도는 당사자가 근로계약에서 이를 명시적으로 약정한 경우에만 인정된다(대판 1991. 11. 26, 90다4914; 대판 1999. 11. 12, 99다30473).

> **[대판 1991. 5. 31, 90가합18673]** 시용중의 근로관계는 일종의 해약권이 유보된 근로관계로서, 시용기간중의 해고 또는 본사원 채용거부는 유보된 해약권의 행사라고 할 것이다.

한편, 시용기간중에 있는 근로자를 해고하거나, 시용기간 만료시 본계약의 체결을 거부하는 것은 사용자에게 유보된 해약권의 행사로서 근로기준법상 「해고」에 해당하므로 근로기준법 제23조 제 1 항의 정당한 이유가 있어야 한다. 다만, 「정당한 이유」는 보통의 해고보다는 넓게 인정되나, 이 경우에도 객관적으로 합리적인 이유가 존재하여 사회통념상 상당하다고 인정되어야 할 것이다(대판 1992. 8. 18, 92다15710; 대판 2001. 2. 23, 99두10889; 대판 2006. 2. 24, 2002다62432 등).

3. 修習期間

본래적 의미의 수습기간은 정식의 근로계약체결 후에 근로자의 직무능력이나 적응능력을 향상시키기 위하여 설정되는 것이므로 시용기간과 구별된다. 따라서 수습기간중의 근로관계에는 해고제한의 일반법리(근로기준법 제23조)가 당연히 적용된다. 다만, i) 수습근로자로서 3개월 미만인 자에 대하여는 해고예고 규정이 적용되지 아니하며(동법 제26조), ii) 시간급 최저임금액에서 100분의 10을 감한 금액을 당해 근로자의 시간급 최저임금액으로 한다(최저임금법 제 5 조 제 2 항 제 1 호 및 동법시행령 제 3 조 제 1 항).

제 4 장 勤勞契約과 當事者의 權利 및 義務

제 1 절 槪 說

근로계약은 근로제공과 임금지급을 내용으로 하는 근로자와 사용자간의 계약이다. 따라서 당사자간의 대표적인 권리 · 의무는 우선 i) 근로제공에 대한 근로자의 근로제공의무 및 사용자의 근로수령권리와 ii) 임금지급에 대한 근로자의 임금수령권리 및 사용자의 임금지급의무로 볼 수 있다. 또한 근로자는 충실의무를, 사용자는 배려의무를 부담하고 있다.

제 2 절 勤勞者의 義務

Ⅰ. 勤勞提供義務

근로자는 근로계약에 따라 사용자에게 근로를 제공해야 할 의무를 부담한다. 근로자가 근로의무를 이행한다는 것은 반드시 근로를 실제로 제공하여야 하는 것을 의미하는 것은 아니며 근로자 자신의 노동력을 사용자의 처분가능한 상태에 두는 것으로 충분하다.

Ⅱ. 忠實義務

충실의무는 사용자 또는 경영상의 이익이 침해되지 아니하도록 근로자가 특정행위를 하여야 할 작위의무와, 하지 아니하여야 할 부작위의무를 말한다.

근로자의 충실의무에는 대체로 i) 사용자의 지휘 · 명령에 따라야 하는 명령이행의무, ii) 근로자가 사용자의 이익을 보호하고 이를 침해하여서는 아니되는 성실의무, iii) 최선을 다하여 근로를 제공하여야 하는 직무전념의무, iv) 근로자가 업무상 지득한 기업비밀을 외부에 누설하지 아니할 비밀유지의무, v) 근로자가 사업주와 경쟁이 될 수 있는 동종 또는 유사한 사업을 하여서는 아니된다는 경업금지의무, vi) 근로제공시간 이외의 시간에 다른 직업을 갖지 아니할 겸업금지의무 및 기타, vii) 회사의 사회적 신용을 훼손하지 아니할 의무 등이 이에 해당된다.

제 3 절 使用者의 義務

Ⅰ. 賃金支給義務

사용자는 근로계약에 따라 근로자에게 임금을 지급하여야 할 의무를 부담한다(근로기준법 제 2 조 제 1 항 제 4 호).

임금은 근로자가 제공한 근로에 대한 반대급부로서 지급되는 것이므로 근로자가 근로를 제공하지 아니하는 경우 사용자 역시 임금을 지급하지 아니하는 것이 원칙이다.

Ⅱ. 配慮義務

배려의무는 회사 종업원으로서의 근로자를 전반적으로 보호하고, 근로자의 이익을 침해하지 아니할 의무를 의미한다.

배려의무에는 일반적으로 i) 근로자의 생명 및 신체를 업무상 위험·위해로부터 보호하여야 하는 안전배려의무(대판 1989. 8. 8, 88다카33190), ii) 사용자는 부당한 해고의 의사표시를 하여서는 아니된다는 부당해고회피의무, iii) 사업장 내에서 근로자의 소지품이 도난·훼손되지 아니하도록 하는 보관의무 등이 해당된다.

기출문제 및 기본문제

최근 기출문제

1. 「근로기준법」에 관한 설명으로 옳지 않은 것은? 〈51회 사시〉

① 임금채권은 3년간 행사하지 않으면 시효로 소멸한다.

② 근로계약을 체결할 때 명시된 근로조건이 사실과 다를 경우에 근로자는 근로조건의 위반을 이유로 손해배상의 청구를 노동위원회에 신청할 수 있다.

③ 근로계약 불이행에 대한 위약금을 예정하는 계약을 체결한 경우 사용자는 근로자의 근로계약 불이행이 있으면 약정된 위약금을 청구할 수 있다.

④ 사용자의 귀책사유로 휴업할 때, 사용자는 평균임금의 100분의 70에 해당하는 금액이 통상임금을 초과하는 경우에는 통상임금을 휴업수당으로 지급할 수 있다.

⑤ 사용자는 전차금(前借金)이나 그 밖에 근로할 것을 조건으로 하는 전대(前貸)채권과 임금을 상계하지 못한다.

≪**해설**≫ ① 근로기준법 제49조. ② 동법 제19조 제 1 항. ③ 사용자는 근로계약 불이행에 대한 위약금 또는 손해배상액을 예정하는 계약을 체결하지 못한다(동법 제20조). 위약금을 예정하는 계약을 체결한 경우 동 계약은 무효가 되므로 사용자는 근로자의 근로계약 불이행이 있더라도 약정된 위약금을 청구할 수 없다. ④ 동법 제46조. ⑤ 동법 제21조.

2. 시용계약에 관한 설명 중 옳은 것들을 바르게 연결한 것은? (다툼이 있는 경우에는 판례에 의함) 〈50회 사시〉

가. 신규 채용하는 근로자에 대한 시용기간의 적용을 선택적 사항으로 취업규칙에 규정하고 있는데 어떤 근로자와의 채용계약에서 시용기간의 적용 여부를 명시하지 않았다면,
　A. 이 근로자는 시용 근로자로 채용되었다.
　B. 이 근로자는 정식 사원으로 채용되었다.
나. 시용계약이 체결된 경우에 그 계약의 법적 성질은
　A. 근로계약 체결의 예약이다.

┃해답┃ 1. ③ 2. ⑤

B. 근로계약이다.
다. 사용자가 시용근로자에 대해 본채용을 거절하는 기준은
A. 통상의 근로자에 대한 해고의 기준과 동일해야 한다.
B. 통상의 근로자에 대한 해고의 기준보다 완화시킬 수 있으나 객관적이고 합리적인 이유가 있어야 한다.

① 가 - A, 나 - A, 다 - A ② 가 - B, 나 - A, 다 - A
③ 가 - B, 나 - A, 다 - B ④ 가 - A, 나 - B, 다 - A
⑤ 가 - B, 나 - B, 다 - B

≪**해설**≫ 가. 대판 1991.11.26, 90다4914 나. 대판 1992.8.18, 92다15710 다. 대판 1994.1.11, 92다44695

3. 근로계약 당사자의 의무에 관한 설명으로 옳지 않은 것은? 〈49회 사시〉

① 근로제공은 근로자가 자신의 노동력을 사용자가 처분할 수 있는 상태에 두는 것을 의미한다.
② 근로자가 근로제공의무를 게을리 하더라도 그 이행을 위한 직접강제가 허용되지 않는다.
③ 근로계약상 구체적인 내용이 없으면 사용자는 근로자에 대해 안전배려의무를 부담하지 않는다.
④ 쟁의행위에 참가하여 근로를 제공하지 아니한 근로자에 대하여 사용자는 그 기간 중의 임금을 지급할 의무가 없다.
⑤ 근로자는 근로제공과 관련하여 알게 된 경영상의 비밀을 타인에게 누설하지 아니할 신의칙상의 의무를 부담한다.

≪**해설**≫ ① 근로자의 근로제공의무는 사용자가 처분가능한 상태에 두면 충분하고, 사용자는 근로자의 노동력을 사용하였는지 여부와 관계없이 임금을 지급하여야 한다(근로기준법 제2조 제1항 제4호 참조). ② 근로자의 근로제공의무는 「하는 채무」로서 「채무의 성질이 강제이행을 하지 못할 것인 때」(민법 제389조 제1항 단서)에 해당하여 직접강제는 허용되지 않는다(통설). 따라서 근로자의 근로제공의무 불이행의 경우 대체집행만이 허용된다고 할 것이다. ③ 사용자의 근로계약상 보호의무는 실질적인 근로계약의 특수성을 고려하여 신의칙상 인정되는 부수적 의무로서 당연히 인정되는 것이지, 사업주의 안전상 조치의무를 규정한 산업안전보건법 제23조가 적용되어 비로소 인정되는 것은 아니며, 따라서 근로계약상 구체적인 내용의 약정이 없더라도 인정되어야 하는 것이다(대판 2000.5.16, 99다47129; 대판 1997.4.25, 96다53086 대판 1989.8.8, 88다카33190 등). ④ 사용자의 임금지급의무는 근로자의 근로제공의무와 쌍무적 견련관계에 있으므로 임금은 근로자의 근로제공에 대한 대가로서만 의미가 있다. 따라서 파업기간 중에는

▌해답▌ 3. ③

근로관계정지론에 따라(다수설: 대판(전) 1995. 12. 21, 94다26721) 근로자와 사용자의 주된 권리·의무가 정지됨으로 사용자는 임금을 지급할 의무가 없다(노조법 제44조 참조). ⑤ 근로자의 충실의무는 근로계약의 부수적 의무로서 신의칙상 당연히 인정되는 것이다.

4. 근로계약에 관한 설명 중 옳은 것은? 〈48회 사시변형〉

① 사용자는 근로계약 체결시에 임금, 소정근로시간, 휴일, 연차유급휴가, 그 밖에 대통령령으로 정하는 근로조건을 반드시 서면으로 명시해야 한다.

② 사용자는 1년을 초과하지 아니하는 범위 안에서 기간제근로자를 사용할 수 있다.

③ 근로계약의 근로조건 중 일부가 근로기준법에 정한 근로기준에 미치지 못하는 경우 그 근로계약은 전부가 무효이다.

④ 사용자는 전차금 기타 근로할 것을 조건으로 하는 전대채권과 임금을 상계하지 못한다.

⑤ 근로자의 계약위반에 대비하기 위한 신원보증계약은 위약예정금지 규정에 반한다.

≪**해설**≫ ① 근로계약 체결시에 사용자가 서면으로 명시하여야 할 근로조건은 임금의 구성항목·계산방법·지급방법, 소정근로시간, 제55조에 따른 휴일 및 제60조에 따른 연차유급휴가에 관한 사항에 한한다(근로기준법 제17조). ② 사용자는 원칙적으로 2년을 초과하지 아니하는 범위 안에서 기간제근로자를 사용할 수 있다. 이 경우 기간제 근로계약의 반복갱신 등의 경우에는 그 계속근로한 총기간이 2년을 초과하지 아니하는 범위 안에서 사용할 수 있다(기간제법 제 4 조 제 1 항). ③ 근로계약의 근로조건 중 일부가 근로기준법에 정한 근로기준에 미치지 못하는 경우 그 근로계약은 그 부분에 한하여만 무효가 된다(동법 제15조 제 1 항). ④ 동법 제21조. ⑤ 사용자는 근로계약 불이행에 대한 위약금 또는 손해배상액을 예정하는 계약은 체결하지 못하지만, 근로자의 계약위반에 대비하기 위한 신원보증계약은 가능하다(동법 제20조).

5. 근로관계에 관한 설명 중 옳지 않은 것은? 〈46회 사시변형〉

① 친권자 또는 후견인은 미성년자의 근로계약을 대리할 수 없다.

② 근로계약이 미성년자에게 불리하다고 인정되는 경우에는 노동부장관도 향후 근로계약을 해지할 수 있다.

③ 미성년자는 독자적으로 임금을 청구할 수 있다.

④ 사용자는 18세미만인 자에 대하여 친권자 또는 후견인의 동의와 근로자대표와의 협의를 거친 경우에는 야간근로를 시킬 수 있다.

⑤ 사용자가 2년을 초과하여 기간제근로자로 사용하는 경우 그 기간제근로자

❙해답❙ 4. ④ 5. ④

는 원칙적으로 기간의 정함이 없는 근로계약을 체결한 근로자로 본다.

≪**해설**≫ ① 근로기준법 제67조 제 1 항. ② 근로기준법 제67조 제 2 항. ③ 근로기준법 제68조. ④ 사용자는 임산부와 18세 미만자를 오후 10시부터 오전 6시까지의 사이 및 휴일에 근로시키지 못한다. 다만, 18세 미만자의 동의가 있는 경우, 산후 1년이 경과되지 아니한 여성의 동의가 있는 경우, 임신 중의 여성이 명시적으로 청구하는 경우에 근로자의 건강 및 모성보호를 위하여 그 시행여부와 방법 등에 관하여 당해 사업 또는 사업장의 근로자대표와 성실하게 협의를 거쳐 노동부장관의 인가를 얻은 경우에 예외적으로 야간근로 및 휴일근로가 가능하다(근로기준법 제70조 제 2 항, 제 3 항). ⑤ 기간제법 제 4 조 제 2 항.

6. 근로조건 명시의무 및 그 위반의 법적 효과에 관한 설명 중 옳지 않은 것으로만 묶인 것은? 〈46회 사시〉

㉮ 명시된 근로조건이 사실과 다른 경우에는 근로자는 근로계약을 즉시 해제할 수 있다. ㉯ 근로조건은 반드시 서면으로 명시하여야 효력이 인정된다. ㉰ 명시된 근로조건이 사실과 다른 경우에 근로자는 근로조건 위반을 이유로 손해배상청구를 노동위원회에 신청할 수 있다. ㉱ 근로계약을 해제한 근로자가 여성 또는 연소근로자인 경우 취업목적 여부와 상관없이 사용자는 그에게 귀향여비를 지급하여야 한다.

① ㉮, ㉯ ② ㉮, ㉰ ③ ㉯, ㉱
④ ㉯, ㉰ ⑤ ㉰, ㉱

≪**해설**≫ ㉯ 근로조건의 명시는 반드시 문서로 할 것은 아니며 구두로도 가능하지만, 임금의 구성항목, 계산방법, 지급방법, 소정근로시간, 휴일 및 연차유급휴가에 관한 사항은 반드시 서면으로 명시하여야 한다(동법 제17조). ㉱ 근로자가 근로관계를 해제 또는 해지하고 귀향하는 경우에 그 근로자가 취업을 목적으로 거주를 변경할 때에는 사용자는 그에게 귀향여비를 지급하여야 한다(동법 제19조 제 2 항). 근로자가 여성 또는 연소근로자인 경우에 한하지 않는다.

7. 단체협약, 취업규칙 및 근로계약의 관계에 대한 설명으로 옳은 것은? 〈45회 사시〉

① 단체협약, 취업규칙 및 근로계약의 유효기간은 2년을 초과할 수 없다.
② 단체협약에 정한 기준에 위반하는 근로계약과 취업규칙의 부분은 무효가 되고 단체협약에 정한 바에 의한다.
③ 취업규칙에서 정한 기준과 다른 근로조건을 정한 단체협약과 근로계약의 부분은 무효로 되고 취업규칙이 정하는 바에 의한다.
④ 근로계약에 규정되지 아니한 사항은 단체협약이나 취업규칙으로 정할 수

| 해답 | 6. ③ 7. ②

없다.

⑤ 단체협약, 취업규칙 및 근로계약의 내용이 서로 다를 때 상호간의 효력은 신법우선의 원칙에 따른다.

≪**해설**≫ ① 단체협약의 유효기간은 2년을 초과할 수 없도록 규정하고 있으나(노사관계법 제32조), 취업규칙은 유효기간이 별도로 규정된 바 없다. ③ 취업규칙에 정한 근로기준에 미달하는 근로조건을 정한 근로계약은 무효로 되지만(근로기준법 제97조), 취업규칙에 위반되는 단체협약의 개념은 상위법우선의 원칙상 성립될 수 없다(노사관계법 제33조 참조). ④ 근로자의 근로조건에 관하여 근로계약에 정하지 아니한 사항은 취업규칙이나 단체협약에 의해 정하여지는 것이 일반적이다. ⑤ 서로 다른 지위의 자치규범이 충돌하는 경우에는 상위의 자치규범이 하위의 자치규범보다 우선 적용된다. 따라서 단체협약, 취업규칙 및 근로계약의 순으로 적용된다. 그러나 상위의 자치규범이 최저기준을 정하고 있는 것이 명백하면 유리한 조건 우선의 원칙이 적용된다.

8. 근로기준법상 근로계약의 기간에 관한 설명 중 옳지 않은 것은?

〈44회 사시변형〉

① 기간을 정하지 아니할 수 있다.

② 객관적 · 합리적 사유가 없으면 기간을 설정할 수 없다.

③ 사업의 완료 또는 특정한 업무의 완성에 필요한 기간을 정할 수 있다.

④ 반복갱신하여 계약기간이 형식에 불과하게 될 근로계약갱신거절에는 정당한 이유가 있어야 한다.

⑤ 2년을 초과하여 기간의 정함이 있는 근로계약을 체결하는 경우 원칙적으로 기간의 정함이 없는 근로계약을 체결한 근로자로 본다.

≪**해설**≫ ①② 근로계약은 원칙적으로 그 기간이 2년을 초과하여 설정할 수 없다. 따라서 객관적 · 합리적 사유의 유무에 따라 기간설정의 허부가 결정되는 것은 아니며, 2년을 초과하지 않는 범위내에서 근로자와 사용자가 임의로 설정할 수 있는 것이다. ③ 예외적으로 2년을 초과하는 기간을 정하여 근로계약을 체결할 수 있는 경우는 i) 사업의 완료 또는 특정한 업무의 완성에 필요한 기간을 정한 경우, ii) 휴직 · 파견 등으로 결원이 발생하여 당해 근로자가 복귀할 때까지 그 업무를 대신할 필요가 있는 경우, iii) 근로자가 학업, 직업훈련 등을 이수함에 따라 그 이수에 필요한 기간을 정한 경우, iv) 「고령자고용촉진법」 제 2 조 제 1 호의 고령자와 근로계약을 체결하는 경우, v) 전문적 지식 · 기술의 활용이 필요한 경우와 정부의 복지정책 · 실업대책 등에 따라 일자리를 제공하는 경우로서 대통령령이 정하는 경우, vi) 그 밖에 제 1 호 내지 제 5 호에 준하는 합리적인 사유가 있는 경우로서 대통령령이 정하는 경우 등이다(기간제법 제 4 조 제 1 항 단서). ④ 이른바 연쇄적근로단계의 갱신거절은 정당한 경제적 · 사회적 이유가 있어야 하며 그렇지 않은 경우 정당한 이유없는 해고로서 해고제한의 법리의 적용을 받게 된다(근로기준법 제23조 제 1 항 참조). 다만, 기간제법의 시행(2007. 7. 1)으로 앞으로는 수차의 갱신이 어렵게 되었다. ⑤ 기간제법 제 4 조 제 2 항.

해답 8. ②

9. 근로기준법상 근로계약에 관한 설명으로 옳지 않은 것은? 〈43회 사시변형〉

① 근로기준법이 정한 기준에 미달하는 근로조건을 정한 근로계약은 전체적으로 효력이 없다.

② 사용자는 근로계약 불이행에 대한 위약금을 예정하는 계약을 체결하지 못한다.

③ 사용자는 근로할 것을 조건으로 하는 전대채권과 임금을 상계하지 못한다.

④ 사용자는 근로계약에 덧붙여 저축금의 관리를 규정하는 계약을 체결하지 못한다.

⑤ 근로계약기간은 원칙적으로 2년을 초과하지 못한다.

≪**해설**≫ ① 근로기준법에 정한 기준에 미치지 못하는 근로조건을 정한 근로계약은 「그 부분에 한하여」 무효로 한다(근로기준법 제15조 제 1 항). 민법상 일부무효의 법리의 예외를 규정한 조항으로서 근로기준법은 이른바 「부분무효의 법리」를 취한다. ② 위약예정의 금지(동법 제20조). ③ 전차금상계의 금지(동법 제21조). ④ 강제저금의 금지(동법 제22조). ⑤ 기간제법 제 4 조 제 1 항.

10. 근로기준법상 근로자보호에 관한 설명 중 옳지 않은 것은? 〈42회 사시변형〉

① 근로조건의 명시의무를 위반하더라도 근로계약 자체가 무효로 되는 것은 아니다.

② 손해배상액의 예정이 금지되므로, 사용자는 신원보증계약을 체결하지 않는 한, 근로자로 인하여 발생한 손해의 배상을 청구할 수 없다.

③ 특정한 업무의 완성에 필요한 기간을 정한 경우 근로계약기간이 2년을 초과할 수 있다.

④ 사용자는 전차금(前借金)과 임금을 상계하지 못한다.

⑤ 친권자는 미성년자의 근로계약을 대리할 수 없다.

≪**해설**≫ ① 근로조건 명시의무 위반의 경우 벌칙의 적용이 있을 뿐이다(동법 제114조). ② 위약예정의 금지란 i) 위약금을 예정하는 계약의 금지와, ii) 손해배상액을 예정하는 계약의 금지를 의미하는 것이다. 따라서 근로자의 불법행위 등으로 사용자에게 손해가 발생했을 때 실제로 발행한 손해배상을 허용하는 것은 근로기준법 제20조에 위배되지 아니한다(통설; 근기 01254-1160, 1993.6.4; 근기 01254-455, 1993.3.25). ③ 기간제법 제 4 조 제 1 항. ④ 전차금상계의 금지(동법 제21조). ⑤ 법정대리인의 근로계약대리의 금지(동법 제67조 제 1 항).

11. 근로계약에 대한 설명 중 옳지 않은 것은? 〈40회 사시〉

① 친권자라 할지라도 미성년자의 근로계약을 대리 또는 해지할 수 없다.

② 근로계약의 체결로 통상적으로 근로관계가 성립한다.

▌해답▌ **9.** ① **10.** ② **11.** ①

③ 노무급부와 임금지급을 주된 의무로 하는 쌍무유상계약으로 이해할 수 있다.

④ 근로기준법에 정한 기준에 미달하는 근로조건을 정한 근로계약은 그 부분에 한하여 무효로 한다.

⑤ 반드시 서면으로 해야 할 필요는 없다.

≪**해설**≫ ① 근로기준법 제67조. 친권자·후견인 또는 노동부장관은 근로계약이 미성년자에게 불리하다고 인정하는 경우에는 향후 이를 해지할 수 있다. ② 근로계약과 근로관계의 상호관계에 관하여 i) 계약설(통설·판례)과 ii) 편입설이 있는 바, 전설에 의하면 근로관계의 성립에는 근로계약의 유효한 체결이 필요하고 그것으로 충분하다고 한다. ⑤ 또한 근로계약의 성립에는 명시적인 근로계약의 체결뿐만 아니라 구두계약 또는 관행·관습에 의한 묵시적인 계약에 의하여도 근로계약이 체결된 것으로 보는 경우가 있다(대판 1986.9.19; 대판 1994.9.30). ③ 근로관계의 법적성질은 i) 채권관계설(다수설)과 ii) 신분관계설(판례)의 대립이 있으나, 후자의 경우에도 근로계약상의 법률관계가 기본적으로 채권·채무관계를 규율하는 쌍무유상계약임을 전제하고 나아가 하나의 신분관계를 형성하는 것으로 파악하므로 어느 입장에 의하더라도 맞는 설명이다. ④ 근로기준법 제15조(이른바 「부분무효의 법리」).

12. 근로계약의 체결에 관한 설명 중 가장 옳은 것은? 〈40회 사시〉

① 학력사칭이 징계해고의 사유가 되지 않는다는 것이 대법원의 입장이다.

② 졸업예정자를 근로자로 채용하는 이른바 채용내정에 있어서 근로계약은 졸업시에 성립한다는 것이 지배적 견해이다.

③ 사용자가 만 19세의 미성년자를 채용하는 경우에도 연령을 증명하는 서류를 사업장에 비치해야 한다.

④ 근로관계가 성립하기 위해서는 반드시 명시적인 근로계약이 있어야 한다는 것이 판례이다.

⑤ 근로계약의 체결을 위한 교섭이 사실상 개시된 경우 양당사자에게는 상대방에 대하여 배려, 조사, 고지, 주의 등을 해야 할 신의칙상의 행태의무가 있다.

≪**해설**≫ ① 징계사유 중 학설·판례의 대립이 격심한 부분이 바로 「경력사칭의 문제」로서, i) 현실적으로 기업질서의 문란이라는 구체적인 결과의 발생이 있어야 징계해고를 위한 「정당한 이유」가 있는 것으로 볼 수 있다는 입장(통설)과 ii) 사용자가 경력사칭의 사실을 알았더라면 채용하지 않았을 것이라는 사용자의 주관적 내심과 사칭사실 사이의 가정적 인과관계에 의하여도 징계해고가 인정된다는 입장(판례의 확고한 입장)의 대립이 있다. ② 「채용내정」의 법적성질에 관하여 i) 졸업을 하지 못하는 것을 해제조건으로 내정통고시에 계약이 성립됐다고 보는 「해제조건부근로계약성립설」(다수설)과 ii) 채용내정에는 내정취소라는 해약권이 유

해답 12. ⑤

보되어 있다는 「해지권유보부 근로계약성립설」(대판 2000. 11. 28, 2000다51476) 등의 견해대립이 있다. ③ 근로기준법상 최저취업연령은 15세 이상인 자로서 노동부장관의 「취직인허증」의 소지가 필요한 자는 15세 미만자이고, 연령을 증명하는 가족관계기록사항에 관한 증명서와 법정대리인의 동의서 즉 「연소자증명서」가 필요한 자는 18세 미만인 자이다(동법 제66조). ④ 근로관계의 성립에는 i) 문서에 의한 명시적인 근로계약이나 ii) 구두나 관행에 의한 묵시적인 근로계약으로도 가능하다(통설 · 판례). ⑤ 계약체결을 위한 교섭단계에서 근로자와 사용자는 신의칙상의 배려 · 조사 · 고지와 주의 등을 해야 할 행태의무를 지는 바, 이에 위반하면 상대방에게 계약체결상의 과실책임을 인정하여 손해를 배상하여야 한다.

기출문제 및 기본문제

13. 근로계약에 대한 설명으로 틀린 것은?

① 근로계약이라 함은 근로자가 사용자에게 근로를 제공하고 사용자는 이에 대하여 임금을 지급함을 목적으로 체결된 계약을 말한다.

② 근로기준법에서는 근로계약의 내용 · 형식 · 종료에 대한 제한을 두고 있다.

③ 근로기준법에 위반되는 근로계약은 그 부분에 한하여 무효가 된다.

④ 근로계약의 명칭에 대하여는 제한이 없으므로 비록 고용계약, 도급계약 또는 위임계약의 형식을 취하더라도 그 실질이 근로계약인 이상 근로계약으로 보호를 받는다.

⑤ 근로계약체결의 당사자와 관련하여 근로기준법은 미성년자에 관한 규정을 두고 있을 뿐이다.

≪해설≫ ② 근로계약의 내용은 법위반의 문제가 되지 않는 한 특별한 규정을 두고 있지 아니하며, 그 형식은 구두나 서면에 의한 계약이 모두 허용된다. ⑤ 동법 제63조 참조.

14. 근로계약에 대한 설명 중 바르지 못한 것은? 〈'97 행시〉

① 근로관계의 성립을 위해서 근로계약뿐만이 아니라 별도로 근로자의 경영체제로의 편입이라는 사실적 요소가 필요하다.

② 근로계약은 노무급부의 개시를 통하여 비로소 실현단계에 들어가게 되며, 이때부터 구체적인 권리 · 의무관계뿐만 아니라 근로자에 대한 보호문제가 발생한다.

③ 근로계약상의 사용자는 근로계약체결에 있어서의 일방당사자이며, 보통 근로계약서에 명시된 자에 한정된다.

❙해답❙ 13. ② 14. ①

④ 사용자는 근로자에게 계약체결과 관련하여 중요한 사항을 고지·설명할 의무를 부담한다.

⑤ 착오 또는 사기에 의한 의사표시로 근로계약이 체결된 경우에는 민법의 일반원칙이 당연히 적용된다.

≪**해설**≫ ① 다수설 및 판례(계약설)는 근로관계의 성립에는 유효한 계약체결이 필요하고 그것으로 충분하다고 한다(대판 1980.4.22). ② 이 점을 분명하게 함으로써 법률관계가 명확해진다는 것이 편입설의 장점이다. ③ 경우에 따라 근로계약에 명시된 사용자 이외의 자까지 근로계약상의 사용자책임을 부담시켜야 할 경우가 있다.「근로계약 없는 근로관계」를 인정하는 경우(통설/반대; 판례) 주로 i) 직접적 근로관계의 존재, ii) 묵시적 근로계약, iii) 법인격 부인의 법리에 근거하여 인정되는 바, i) 모자회사관계에서의 모회사, ii) 타회사의 근로자를 사용하는 회사가 사용자가 된다. ④ 근로자와 사용자는 근로계약체결시에 각각 상대방에 대하여 신의칙상 배려·조사·고지·주의 등의 의무를 부담한다고 본다.

15. 사용자가 근로자의 인적 사항을 기재한 명부나 대통령령에 정한 근로계약에 관한 중요 서류들을 보존할 의무가 있는데, 그 기간은 얼마인가?

① 2년　② 3년　③ 5년
④ 7년　⑤ 10년

≪**해설**≫ 사용자는 근로자 명부와 대통령령이 정하는 근로계약에 관한 중요한 서류를「3년간」보존하여야 한다(근로기준법 제42조).

16. 미성년자의 근로계약에 관한 설명 중 맞는 것은? 〈27회 사시〉

① 법정대리인은 본인의 동의를 얻어 미성년자의 근로계약을 대리할 수 있다.
② 법정대리인은 미성년자의 근로계약을 대리할 수 없다.
③ 미성년자의 위임에 의한 임의대리인은 미성년자의 근로계약을 대리할 수 있다.
④ 법정대리인은 제한없이 미성년자의 근로계약을 대리할 수 있다.
⑤ 법정대리인은 친족회의 동의를 얻어 미성년자의 근로계약을 대리할 수 있다.

≪**해설**≫ 친권자 또는 후견인은 미성년자의 근로계약을 대리할 수 없다(근로기준법 제67조 제1항). 친권자, 후견인 또는 노동부장관은 근로계약이 미성년자에게 불리하다고 인정하는 경우에는 향후 이를 해지할 수 있다(동조 제2항).

17. 근로조건의 명시에 관한 다음 기술 중 근로기준법상 옳은 것은?

〈1회 공인노무사〉

① 명시하여야 하는 근로조건의 범위는 취업규칙에서 필요적으로 요구하는 기재사항과 전적으로 일치한다.

▌해답▌ 15. ② 16. ② 17. ④

② 근로계약을 체결할 경우에는 퇴직에 관한 사항은 근로조건이 아니다.
③ 근로계약의 체결에 있어서 일부 근로조건을 명시하지 않은 경우 근로계약은 성립되지 아니한다.
④ 근로계약상의 근로조건의 명시방법은 원칙적으로 구두로 하여도 무방하다.
⑤ 명시된 근로조건과 사실이 다른 경우에는 근로자는 즉시 근로계약을 해제할 수 있으나 그런 경우 취업으로 인하여 주거를 변경한 근로자에 대하여 귀향여비를 지불하여야 하는 것은 연소근로자에 한한다.

≪**해설**≫ ① 명시하여야 할 근로조건은 i) 임금, ii) 소정근로시간, iii) 휴일 iv) 연차유급휴가, v) 기타 대통령령으로 정하는 사항 등이다(근로기준법 제17조). ② 위에 열거된 사항은 배타적·제한적인 것이 아니므로 근로자의 근로조건과 밀접한 관계가 있는 사항도 명시되어야 한다. 퇴직에 관한 사항은 당연하며(동법 제93조 제 4 호) 시용기간도 명시하여야 한다고 한다(대판 1991. 11. 26, 90다4914). ③ 일부무효법리의 예외로서 이른바 부분무효법리가 지배하는 노동법에서는 일단 근로계약은 성립하는 것으로 보되(동법 제15조), 명시의무 위반에 따른 제재를 받게 될 것이다(동법 제19조 참조). ④ 다만 임금의 구성항목·계산방법·지급방법, 소정근로시간, 휴일, 연차유급휴가의 명시는 반드시 「서면」으로 하여야 한다(동법 제17조 후단). ⑤ 귀향여비지급청구는 모든 근로자에게 인정된다(동법 제19조 제 2 항).

18. 근로기준법상 사용자가 필연적으로 명시하지 아니하면 아니될 근로조건에 속하지 않는 것은? 〈25회 사시〉

① 채용에 관한 사항
② 휴 일
③ 휴게에 관한 사항
④ 임금에 관한 사항
⑤ 소정근로시간에 관한 사항

≪**해설**≫ 위 문제 해설 참조.

19. 근로계약체결시 사용자가 구체적인 내용을 문서로 명시하여야 할 사항은 모두 몇 개인가?

㉮ 소정근로시간	㉯ 연차휴가와 휴일에 관한 사항
㉰ 임금의 지급방법	㉱ 단체협약의 내용
㉲ 취업의 장소와 종사하여야 할 업무에 관한 사항	

① 1개 ② 2개 ③ 3개
④ 4개 ⑤ 없음

┃해답┃ 18. ① **19.** ③

≪**해설**≫ 사용자는 근로계약체결시에 근로자에 대하여 일정한 근로조건을 명시하여야 한다(근로기준법 제17조). 반드시 문서로 할 것은 아니며 구두로도 가능하지만, i) 임금의 구성항목, 계산방법, 지급방법, ii) 소정근로시간, iii) 휴일, iv) 연차유급휴가에 관한 사항을 반드시 서면으로 명시하여야 한다.

20. 근로조건명시의무 위반의 효과로서 근로기준법상 규정된 것이 아닌 것은?

〈'99 공인노무사〉

① 사용자에 대한 벌칙의 부과　② 손해배상의 청구
③ 근로계약의 해제　④ 귀향여비의 지급
⑤ 강제이행의 청구

≪**해설**≫ 사용자는 근로계약체결시에 근로자에게 임금·근로시간 기타의 근로조건을 명시하여야 한다(근로기준법 제17조). 이 경우 명시된 근로조건이 사실과 다를 경우에는 (i) 사용자에 대한 제재로서 「벌칙」이 적용되며(동법 제114조 제1호), (ii) 근로자에 대한 구제방법으로서 i) 손해배상청구권, ii) 계약의 즉시해지권, iii) 귀향여비 지급청구권 등이 규정되어 있다(동법 제19조). ⑤ 강제이행의 청구는 근로기준법상 규정된 구제방법도 아니려니와, 강제이행청구권은 신분관계적 성질이 강한 근로계약에는 바람직하지 않다는 견해가 우세하다.

21. 근로계약상 명시된 근로조건을 위반한 경우에 대하여 설명한 것이다. 잘못된 것은?

① 근로자는 근로조건위반을 이유로 근로계약을 해제하거나 그로 인한 손해배상을 청구할 수 있다.
② 근로자가 손해배상을 청구하는 경우에는 법원 또는 노동위원회에 청구할 수 있다.
③ 근로계약이 해제되었을 경우에는 사용자는 취업을 목적으로 거주를 변경하는 근로자에게 귀향여비를 지급하여야 한다.
④ 근로자는 노동위원회에 의한 손해배상절차 또는 일반법원에 의한 구제절차 중 어느 한 절차를 선택적으로 행사할 수 있다.
⑤ 노동위원회에 대한 손해배상청구는 근로관계에서 발생하는 모든 손해배상에 대하여 허용된다.

≪**해설**≫ 노동위원회에 대한 손해배상청구의 신청은 근로조건위반에 관한 모든 손해배상청구에 대하여 허용되는 것은 아니며 근로계약 「체결시」에 명시된 근로조건이 취업 후 사실과 다른 경우에만 한정된다. 따라서 i) 근로기준법 제23조 제1항에 위반된 부당해고나 ii) 노사관계법 제81조에 규정된 사용자의 부당노동행위로 인하여 근로자가 손해를 입은 경우 이를 이유로 노동위원회에 사용자에 대한 손해배상청구신청을 하였다 하더라도 노동위원회가 이를 심리·결정할 권한은

| 해답 | **20.** ⑤ **21.** ⑤

없다.

22. 근로계약에 다음과 같은 조건을 붙인 경우, 근로기준법상 무효가 되는 것은?

〈1회 공인노무사〉

① 회사입사를 포기하거나 또는 실근로 5년 이내에 퇴사할 경우에는 이미 지급받은 장학금 전액을 반환할 것

② 고의 또는 중대한 과실로 인하여 회사에 손해를 끼칠 때에는 연대보증인과 공동으로 그 손해를 배상할 것

③ 근로자의 고의로 사업에 막대한 지장을 초래하거나 재산상 손해를 끼친 경우로서 노동부령이 정하는 사유에 해당하는 경우 해고의 예고를 하지 아니하는 것

④ 근로계약기간은 1년으로 한다.

⑤ 매월 지급받는 임금 및 연 3회의 상여금 중 5%를 사내예금으로 회사가 관리한다는 것

≪**해설**≫ ⑤ 이는 근로기준법 제22조의 강제저축 금지의 원칙에 위배된다.

23. 다음 근로계약에 관한 기술 중 옳은 것과 틀린 것의 조합이 맞는 것은 어느 것인가?

㉮ 사용자는 전차금 기타 근로할 것을 조건으로 하는 전대채권과 임금을 상계할 수 있다.
㉯ 사용자는 근로계약불이행에 대한 위약금 또는 손해배상액을 예정하는 계약을 체결치 못한다.
㉰ 사용자는 근로계약에 덧붙여 강제저축 또는 저축금의 관리를 규정하는 계약을 체결하지 못하는 것이 원칙이다.
㉱ 신원보증계약은 무효이다.
㉲ 사용자는 미성년자의 법정대리인과 근로계약을 체결할 수 있다.

① ㉮(×)㉯(○)㉰(○)㉱(×)㉲(×)
② ㉮(○)㉯(×)㉰(○)㉱(×)㉲(×)
③ ㉮(×)㉯(×)㉰(○)㉱(×)㉲(×)
④ ㉮(○)㉯(○)㉰(○)㉱(○)㉲(×)
⑤ ㉮(○)㉯(○)㉰(○)㉱(○)㉲(×)

≪**해설**≫ ㉮ 근로기준법 제21조. ㉯ 동법 제20조. ㉰ 동법 제22조 제 1 항. ㉱ 신원보증계약은 유효하다. ㉲ 동법 제67조 제 1 항 참조.

24. 다음 중 사용자의 저축금관리가 허용되기 위한 요건이 아닌 것은?

▍해답▍ 22. ⑤ 23. ① 24. ②

① 근로자의 위탁
② 노동부장관의 인가
③ 저축의 종류・기간・금융기관을 근로자가 결정할 것
④ 근로자 본인의 이름으로 저축할 것
⑤ 근로자가 저축증서의 반환을 요구할 때에는 즉시 이에 따를 것

≪**해설**≫ 사용자가 근로자의 위탁으로 저축을 관리하는 경우에는 i) 저축의 종류・기간 및 금융기관을 근로자가 결정하고 근로자 본인의 이름으로 저축할 것, ii) 근로자가 저축증서 등 관련 자료의 열람 또는 반환을 요구할 때에는 즉시 이에 따를 것(근로기준법 제22조 제 2 항) 등의 사항을 준수하여야 한다. ② 노동부장관의 인가요건이 법개정으로 삭제되고 법에서 직접 저축금관리요건을 규정하고 있다.

25. 다음은 근로기준법에 대한 설명이다. 옳게 설명한 것은?

① 근로계약당시 '근로자가 고의・과실에 의하여 사업장에 손해를 가한 경우에는 실제로 입은 손해액을 배상한다'라는 약정을 하였다면 이는 위약금 약정금지의 원칙에 어긋난다.
② 가불해 간 금액을 임금에서 공제하고 지급하는 것은 전차금상계 금지 원칙에 어긋난다.
③ 근로기준법에서는 사용자가 근로자에게 전차금을 대여하는 것 자체를 금지하고 있다.
④ 전차금상계는 그 전대채권과 임금의 상계가 신분적 구속의 위험이 있는 경우에만 금지되는 것이다.
⑤ 근로자가 위탁한 경우에는 사용자는 그 근로자의 저축금을 자유로이 관리할 수 있다.

≪**해설**≫ ① 근로기준법에서 금지하는 위약금약정은 사용자가 입은 실제 손해액에 대한 배상이 아니라, 계약위반의 경우 미리 일정액을 지불할 것을 약정하는 것이다. ②③④ 전차금상계금지란 전대채권과 근로자의 임금을 상쇄함으로써 신분적 구속의 수단으로 사용되어질 염려가 있는 경우에 적용되는 것이므로, 전대금 대여 그 자체를 금지하는 것도 아니고, 가불에 대한 근로자임금의 상쇄와 같이 신분적 구속의 위험이 따르는 것이 아니라면 이 금지원칙에 어긋나는 것이라고 볼 수 없다. ⑤ 근로기준법상 강제저축은 당연 금지되며, 근로자가 위탁한 경우라 할지라도 사용자는 법상의 일정사항을 준수하여야 한다(제22조 제 2 항).

26. 다음 중 근로계약의 체결시 금지되는 사항이 아닌 것은?

① 위약금의 예정

| 해답 | **25.** ④ **26.** ③

② 손해배상액의 예정
③ 실제로 발생된 손해에 대한 배상의무를 단체협약으로 규정하는 것
④ 전차금상계
⑤ 저축금을 강제로 관리하는 것

≪**해설**≫ ①②④⑤는 모두 근로기준법 제20조, 제21조, 제22조 위반이다. ③ 실제로 발생된 손해에 대한 배상의무를 단체협약 또는 취업규칙으로 규정하는 것은 무방하다.

27. 다음 중 근로계약의 체결시 금지되는 사항은?

① 해외연수를 마친 근로자가 일정기간 근무하지 아니하는 경우 유학경비를 부담시키는 것
② 봉급의 가불
③ 학자금 대여
④ 근로자의 위탁에 의한 저축금관리
⑤ 사용자가 지정하는 금융기관에 근로자가 저축하는 것

≪**해설**≫ ① 대판 1992.2.25, 91다37263. ②③은 「전차금상계의 금지원칙」에 위배되지 아니한다는 것이 일반적인 견해이다.

28. 다음 중 근로계약의 기간에 관한 설명으로 바르지 못한 것은?

① 사용자는 2년을 초과하지 아니하는 범위 안에서 기간제근로자를 사용할 수 있다.
② 2년을 초과하여 근로계약을 체결하는 경우 무효가 된다.
③ 근로계약의 기간이 2년을 경과한 경우 근로자는 언제나 근로계약을 해지할 수 있다.
④ 약정기간 범위내에서 사용자는 근로관계의 종료를 주장할 수 없다.
⑤ 근로계약기간을 정한 경우에 근로관계는 기간의 만료로 당연히 종료한다.

≪**해설**≫ ① 기간제법 제 4 조 제 1 항. ② 2년을 초과하여 기간의 정함이 있는 근로계약을 체결하는 경우 원칙적으로 기간의 정함이 없는 근로계약을 체결한 근로자로 본다(동법 제 4 조 제 2 항). ⑤ 전원합의체 판례에 의하면 근로계약기간을 정한 경우에 근로관계 당사자 사이의 근로관계는 특별한 사정이 없는 한 기간의 만료로 「당연히」 종료된다고 한다(대판(전) 1996.8.29, 95다5783).

29. 근로계약기간에 관한 설명 중 옳은 것은?

① 사용자는 1년을 초과하지 아니하는 범위 안에서 기간제근로자를 사용할

┃해답┃ 27. ⑤ 28. ② 29. ②

수 있다.

② 2년을 초과하여 기간제근로자로 사용하는 경우에는 그 기간제근로자는 기간의 정함이 없는 근로계약을 체결한 근로자로 본다.

③ 2년을 초과하는 기간을 정한 근로계약을 체결하면 사용자뿐 아니라 근로자도 처벌된다.

④ 사업의 완료 또는 특정한 업무의 완성에 필요한 기간을 정한 것은 2년 이상의 기간을 정하여 근로계약을 체결할 수 있으나 자동갱신으로 본다.

⑤ 기간을 정하지 않은 근로계약의 기간은 2년으로 한다.

≪**해설**≫ ① 사용자는 원칙적으로 2년을 초과하지 아니하는 범위 안에서 기간제근로자를 사용할 수 있다. 기간제 근로계약의 반복갱신 등의 경우에도 그 계속근로한 총기간이 2년을 초과하지 아니하는 범위 안에서 기간제근로자를 사용할 수 있다(기간제법 제4조 제1항). ② 동법 제4조 제2항. ③ 본조 위반에 대한 처벌규정은 없다. ④ 자동갱신의 형식이 아니라 당사자의 의사에 기초한 근로계약 기간의 합의이다. ⑤ 기간의 약정이 없는 근로계약은 근로자측에서 언제든지 해약할 자유가 있는 것으로(민법 제660조) 본조에서는 이에 대한 제한을 가하고 있지 않다.

30. 근로계약 체결시 계약기간에 대한 제한 규정을 두고 있는데 이에 대한 설명 중 잘못된 것은?

① 계약기간을 제한하는 것은 근로계약이 너무 길 경우 근로자가 가진 퇴직의 자유를 박탈당할 우려가 있는데 이를 방지하기 위하여이다.

② 기간제 및 단시간근로자보호 등에 관한 법률에서는 이러한 경우 근로계약기간을 2년으로 제한하고 있다.

③ 근로계약상의 근로기간이 제한기간을 초과하는 경우라 하더라도 그 계약자체가 무효가 되지는 않는다.

④ 계약기간이 만료된 뒤 갱신계약이 여러 차례 반복되는 경우에는 기간의 정함이 없는 근로계약이 될 수도 있다.

⑤ 기간의 정함이 있는 근로계약의 경우 근로자는 근로계약을 해지할 수 없다.

≪**해설**≫ 기간이 정함이 있는 근로계약의 경우에도 부득이한 사유가 있는 때에는 계약을 해지할 수 있다. 이 경우 그 사유가 당사자 일방의 과실로 인하여 생긴 때에는 상대방에 대하여 손해를 배상하여야 한다(민법 제661조).

31. 무효인 근로계약의 효력에 대한 대법원 판례 중 설명이 잘못된 것은?

① 근로기준법에 정한 기준에 달하지 못한 근로조건을 정한 근로계약은 그 부분에 한하여 무효이므로 그것이 단체협약이나 근로자의 승인을 받은 것일

해답 30. ⑤ 31. ③

지라 하더라도 유효로 볼 수는 없다.

② 노사간 합의에 따라 실질적으로 통상임금에 산입되어야 할 각종 수당을 통상임금에서 배제한 것은 근로기준법에서 정한 기준에 달하지 못하는 근로조건을 정한 근로계약에 해당하여 무효이다.

③ 근로기준법상의 기준에 미달되는 보수를 아무런 이의없이 수령하고서 퇴직후에 이르러 비로소 그 부족한 보수를 구함은 신의칙에 반한다고 보아야 한다.

④ 퇴직금규정상 근로연수의 기산일이 근로자에게 불리하고 지급률이 누진제로 근로자에게 유리한 면이 있는 경우 위와 같은 규정에 의하여 계산된 금액이 근로기준법상 기준액에 미달된다면 미달금액의 범위 내에서 근로기준법에 위반되어 무효라고 할 것이지 기산일에 관한 규정만을 따로 떼어 그 규정을 무효라고 할 것은 아니다.

⑤ 근로기준법에서는 근로계약만을 들고 있으나 단체협약이나 취업규칙에 의해 근로계약이 정하여지므로 단체협약이나 취업규칙이 근로기준법에 정한 기준 미만인 때에도 무효가 된다.

≪**해설**≫ ① 대판 1990.12.21, 90다카24496; 대판 1993.5.27, 92다24509. ② 대판 1993.5.11, 93다4816. ③ 대판 1992.2.11, 91다12202에서는 위의 경우 신의칙에 반하지 않는다고 보았다. ④ 대판 1992.2.28, 91다30828. ⑤ 대판 1993.5.27, 92다24509.

32. 다음 중 근로기준법상의 사용자의 의무들로만 이루어진 것은?

㉮ 임금지급의무	㉯ 안전배려의무	㉰ 근로수령의무
㉱ 취업규칙 · 기숙사규칙 작성과 주지의무		

① ㉮ ② ㉮, ㉯ ③ ㉮, ㉰, ㉱
④ ㉮, ㉯, ㉱ ⑤ ㉮, ㉯, ㉰, ㉱

33. 근로계약과 근로관계에 관한 설명 중 타당하지 아니한 것은?

① 채권관계설은 근로관계를 순수한 채권 · 채무관계로 보고 있다.

② 신분관계설은 근로관계를 채권 · 채무관계 뿐 아니라 인적으로 결합된 하나의 신분관계를 형성하는 것으로 보고 있다.

③ 계약설은 근로계약이 체결되면 곧바로 근로관계가 성립된다고 보고 있다.

④ 편입설은 근로계약이 체결되더라도 작업이 개시되는 경우에 근로관계가 성립된다고 보고 있다.

해답 32. ⑤ 33. ⑤

⑤ 근로관계는 당사자간의 계약에 의하여 성립되어야 하며 법률에 의하여 강제적으로 성립되는 경우는 없다.

≪**해설**≫ ⑤ 「국가유공자등예우및지원에관한법률」에 의하여 그 채용이 강제되는 경우도 있다.

제3편 賃　　金

제1장 概　　說

제1절 賃　　金

Ⅰ. 關聯規程

> **근로기준법 제2조 【정의】** ① 이 법에서 사용하는 용어의 뜻은 다음과 같다.
> 5. "임금"이란 사용자가 근로의 대가로 근로자에게 임금, 봉급, 그 밖에 어떠한 명칭으로든지 지급하는 일체의 금품을 말한다.

Ⅱ. 賃金의 槪念

1. 使用者가 勤勞者에게 支給

임금은 사용자가 근로자에게 지급하여야 한다. 따라서 사용자가 아닌 제3자가 지급하였다면 이를 근로기준법상 「임금」이라고 할 수 없다. 예컨대 접대부 또는 캐디가 받는 봉사료 또는 팁은 임금이 아니다. 다만, 봉사료 또는 팁을 사용자가 고객으로부터 일괄 납부 받고 나중에 근로자에게 분배하는 경우에는 근로기준법상 임금이다(대판 1992.4.28, 91누8104).

2. 勤勞의 對價

근로의 대가라 함은 사용종속관계 아래서 제공되는 근로에 대한 보상, 즉 근로자가 사용자의 지휘·명령 아래서 제공한 근로에 대한 반대급부를 말한다. 근로의 대가성은 i) 근로자에게 정기적·일률적으로 지급될 것, ii) 사용자의 지급의무가 근로제공과 관련될 것의 요건을 충족하여야 할 것이다(대판(전) 1999.5.12, 97다5015; 대판 2003.2.11, 2002다50828 등). 따라서 실비변상적 급여나 은혜적인 급부는 근로의 대가성을 인정할 수 없다.

3. 名稱과는 無關

근로기준법 제2조 제1항 제5호에서 「임금, 봉급…」이라고 표현한 것은 통상적으로 쓰이는 용어를 예시한 데 불과하다. 따라서 정보비 및 복리후생비 등 명칭만을 가지고 임금이 아니라고 판단하여서는 아니되며, 구체적으로 근로에 대한 대가로 지급되었는지의 여부를 살펴보아 판단하여야 한다.

▣ 요점정리

1. 근로의 대상으로 지급되는 것
   ① 정기적 · 제도적으로 지급되는 것
      i) 상여금
      ii) 퇴직금
   ② 단체협약 · 취업규칙 · 관행에 따라 일률적 · 정기적으로 지급되는 것
      i) 가족수당('95 · '94 대판) · 물가수당 · 월동수당 · 하기휴가비('95 대판 · '96 대판)
      ii) 통근수당: 출퇴근교통비('92 대판) · 차량유지비('95 대판)
      iii) 급식비('94 · '93 대판) · 김장값 · 추석떡값 · 주택수당('72 · '73 대판)
      iv) 교육비 · 체력단련비 · 생산장려금('91 대판), 연구수당 · 학생지도수당('77 대판) · 택시운전사의 사납금 공제후 잔액('93 대판)
   ③ 사용자귀책사유의 부담금: 휴업수당
   ④ 유급휴일 · 월차유급휴가 · 연차유급휴가수당
   ⑤ 시설이용 등 경제적 이익의 공여, 기술 · 예능의 전수
2. 근로의 대상으로 지급되는 것이라 볼 수 없는 것
   ① 임의적 · 은혜적으로 지급하는 것
      i) 축의금 · 조위금 · 격려금 · 회사창립일에 호의적으로 특별히 지급하는 금품
      ii) 생활보장을 위한 부조제도의 변형인 해고예고수당
      iii) 재해보상 · 건강보험 · 국민연금
      iv) 사업주부담분의 건강보험료('94 대판)
      v) 출근일수에 차등을 둔 연료수당 · 출근장려수당('90 대판)
      vi) 부양가족있는 자만 지급하는 가족수당('91 대판), 취학자녀있는 자만 지급하는 학비보조금('91 대판)
      vii) 노조전임자의 임금
   ② 복리후생적 급여 · 실비변상적 급여
      i) 주택의 제공
      ii) 실비변상적인 무료승차권 또는 정기승차권, 일 · 숙직 근로수당('90 대판)
   ③ 기업설비 · 보수비의 일환으로 지급되는 것
      i) 작업복 · 제복 등의 작업비품 구입비 · 보안장비 구입비
      ii) 실비변상으로 지급되는 출장비 · 여비, 임원에게 지급되는 판공비 · 기밀비
      iii) 근로자가 지참한 기구의 손료로서 지급하는 기구수당 · 작업용품대금

제 2 절 通常賃金과 平均賃金

Ⅰ. 通常賃金

1. 關聯規程

근로기준법시행령 제 6 조 【통상임금】 ① 법과 이 영에서 "통상임금"이라 함은 근로자에게 정기적·일률적으로 소정근로 또는 총근로에 대하여 지급하기로 정하여진 시간급금액, 일급금액, 주급금액, 월급금액 또는 도급금액을 말한다.

2. 通常賃金의 槪念

통상임금이란 「정기적·일률적」으로 지급하기로 정하여진 고정적인 임금액을 산정기초로 하는 것이므로 예컨대 직무수당·직책수당·기술수당 및 위험수당등과 같이 정기적·일률적으로 지급되는 것은 통상임금의 산정기초로 산입되지만(노동부예규 제327호, 1997.3.28), 연장·야간·휴일근로수당, 상여금 및 정근수당등은 통상임금의 산정에 포함되지 아니한다(대판 1996.5.28, 95다36817; 대판 1996.2.9, 95다19501 등).

여기서 「정기적」으로 지급한다는 것은 매월 1회 이상 지급되는 것만을 의미하는 것은 아니며, 1개월을 초과하는 기간마다 지급되는 것이라도 통상임금에 포함될 수 있고(대판 1996.2.9, 95다19501), 「일률적」이라는 것도 모든 근로자가 아니라 일정요건에 해당하는 근로자에게 지급되는 것이라면 그에 해당한다고 보아야 한다(대판 1996.5.10, 95다22270). 따라서 근속수당의 경우 일정근로연수에 달한 자에게 근무성적과 상관없이 고정적으로 지급되는 것이라면 통상임금에 속한다(대판 1996.5.10, 95다22270; 대판 2002.7.23, 2000다29370).

또한 통상임금의 개념과 범위는 통상임금의 제도적 존재의의, 임금약정 및 지급관행, 기업마다의 고유한 임금체계, 단체협약의 실태, 직종·근무형태, 종래 노동행정당국의 행정지도상의 관례 등을 종합하여 판단하여야 한다(대판 1990.11.9, 90다카6948). 따라서 근로의 양 또는 질에 관계되는 근로의 대가로서 실제 근무일수나 수령액에 관계없이 고정적이고 평균적인 일반임금은 모두 포함된다(대판 1978.10.10, 78다1372; 대판 1996.2.9, 95다19501 등).

한편, 통상임금에 포함되는 성질의 임금이나 수당을 당사자가 합의하여 통상임금에서 제외하기로 하는 합의는 근로기준법 제15조 제 1 항에 위반되어 무효이다(대판 1993.5.11, 93다4816; 대판 2003.7.23, 2003나6254 등).

3. 通常賃金의 算定方法

통상임금은 시간급으로 산정함이 원칙이다. 왜냐하면 통상임금을 계산 기초로 사용하는 대부분의 근로조건, 즉 연장·야간·휴일근로가산수당이 시간단위로 산정이 되기 때문이다. 그러나 임금은 시간급으로 지급되는 경우도 있으나, 일급·주급·월급 또는 도급제 임금 등으로 지급되는 것이 보다 일반적이다. 따라서 시간급 이외의 임금을 시간급으로 환산하는 것이 필요하다(동법시행령 제 6 조 제 3 항 참조).

Ⅱ. 平均賃金

1. 關聯規程

> **근로기준법 제 2 조 【정의】** ① 이 법에서 사용하는 용어의 뜻은 다음과 같다.
> 6. "평균임금"이란 이를 산정하여야 할 사유가 발생한 날 이전 3개월 동안에 그 근로자에게 지급된 임금의 총액을 그 기간의 총일수로 나눈 금액을 말한다. 근로자가 취업한 후 3개월 미만인 경우도 이에 준한다.

2. 平均賃金의 概念

평균임금이라 함은 이를 산정할 사유가 발생한 날 이전 3월간에 당해 근로자에 대하여 지급된 임금의 총액을 그 기간의 총일수로 나눈 금액을 말한다(근로기준법 제 2 조 제 1 항 제 6 호). 취업 후 3월 미만인 근로자의 경우에도 위와 같이 산정한다(동법 제 2 조 제 1 항 제 6 호 단서).

「산정하여야 할 사유」라 함은 퇴직금(근로자퇴직급여보장법 제 8 조 제 1 항), 휴업수당(근로기준법 제46조), 연차유급휴가수당(동법 제60조), 재해보상금(동법 제79조 내지 제85조), 감급액(동법 제95조) 등의 산출이 해당된다.

3. 平均賃金의 算定

(1) 기본원칙

$$평균임금 = \frac{사유가\ 발생한\ 날\ 이전\ 3월간의\ 임금총액}{사유가\ 발생한\ 날\ 이전\ 3월간의\ 총일수}$$

1) 3월간의 임금총액 「임금의 총액」이란 근로기준법 제 2 조 제 1 항 제 5 호 임금의 범위에 포함되는 것으로서 근로자에게 계속적·정기적으로 지급되고 단체협약, 취업규칙, 급여규정, 근로계약, 노동관행 등에 의하여 사용자에게 그 지급의무가 지워져 있는 것은 그 명칭 여하를 불문하고 모두 포함된다(대판 1992. 4. 14, 91다5587; 대판 2003. 4. 22, 2003다10650). 실제로 지급된 임금뿐만 아니라 임금채권

으로 확정된 임금도 포함된다(대판 1996.12.23, 95다32631 등).

그러나 i) 임시로 지불된 임금·수당, ii) 통화 이외의 것으로 지불된 임금으로서 노동부장관이 정하는 것 이외의 것은 산입하지 아니한다(동법시행령 제2조 제2항). 예컨대 해외근무수당과 같이 실비변상적인 것이거나 해외근무라는 특수조건에 따라 임시로 지급받는 임금이나(대판 2003.4.22, 2003다10650; 대판 1995.5.12, 94다55934), 법령, 단체협약 또는 취업규칙의 규정에 의하여 지급되는 현물급여 예컨대 급식 등 이외의 것은 평균임금에 산입되지 아니한다(노동부 예규 제30호, 1981.5.7).

2) 3월간의 총일수

① 원 칙 「3월간의 총일수」는 평균임금을 산정하여야 할 사유가 발생한 날 이전 3월간을 말한다. 3월간은 근로자가 실제로 근로한 근로일수가 아니라, 기산일로부터 소급하여 역월상 3개월간에 포함된 일수를 말한다(대판 1989.4.11, 87다카2901).

② 예외: 평균임금 산정대상기간에서 제외되는 기간 및 임금 상기 평균임금 산정기간 중에 다음에 해당하는 기간이 있는 경우에는 그 기간과 그 기간 중에 지불된 임금은 평균임금 산정기준이 되는 기간과 임금의 총액에서 각각 공제한다(동법시행령 제2조 제1항).

i) 근로기준법 제35조 제5호의 규정에 의한 수습사용중인 기간, ii) 근로기준법 제46조의 규정에 의한 사용자의 귀책사유로 인하여 휴업한 기간, iii) 근로기준법 제74조의 규정에 의한 산전후휴가기간, iv) 근로기준법 제78조의 규정에 의한 업무수행으로 인한 부상 또는 질병의 요양을 위하여 휴업한 기간, v) 남녀고용평등과일·가정양립지원에관한법률 제19조의 규정에 의한 육아휴직기간 및 동법 제19조의2 육아기 근로시간 단축, vi) 노동조합및노동관계조정법 제2조 제6호의 규정에 의한 쟁의행위기간, vii) 병역법·향토예비군설치법·민방위기본법에 의한 의무이행을 위하여 휴직하거나 근로하지 못한 기간. 다만, 그 기간중 임금을 지급받은 기간은 그러하지 아니하다, viii) 업무외 부상·질병 기타의 사유로 인하여 사용자의 승인을 얻어 휴업한 기간.

한편, 직위해제기간, 대기발령기간 및 감봉기간은 이를 총일수에서 제외하여야 한다는 견해도 있으나(이병태), 총일수에 포함시켜야 하며(다수설: 기준 1995-2679, 1971.1.22), 따라서 개인적인 범죄로 구속기소되어 직위해제된 기간 및 그 기간중에 받은 임금액은 평균임금의 산정에 포함된다(대판 1994.4.12, 92다20309).

(2) 예 외

1) 일용근로자 노동부장관이 별도로 사업별 또는 직업별로 평균임금을 정한다(동법시행령 제3조).

2) **특별한 경우** 일반적인 방법으로 평균임금을 산정할 수 없는 경우에는 노동부장관이 정하는 바에 의한다(동법시행령 제4조). 근로기준법 및 동법시행령의 규정에 의하여 평균임금을 산정할 수 없는 경우에는 근로자의 통상의 생활임금을 사실대로 산정할 수 있는 방법에 의하되(평균임금산정 특례고시, 노동부 고시 제2004-22호, 2004.7.26) 그와 같은 방법이 없을 때에는 당해 근로자가 근로하고 있는 지역을 중심으로 한 일대에 있어서 동종의 작업에 종사하고 있는 상용근로자의 평균임금의 액을 표준으로 삼아야 한다(대판 1997.11.28, 97누14798).

또한 「평균임금을 산정할 수 없는 경우」라 함은 산정자체가 기술상 불가능한 것은 물론 사회통념상 현저하게 부당한 경우도 포함된다(다수설; 대판 1995.2.28, 94다8631).

> **[대판 1995.2.28, 94다8631]** 근로자가 평균임금의 산정기간동안에 고의로 야간근로·초과근로 등의 시간외근로를 하여 평균임금수준을 높임으로써 퇴직금을 많이 수령하고자 하는 경우에는 평균임금을 산정하는 것이 불합리하므로 동기간을 평균임금의 산정기간에서 제외하여야 한다.

3) **평균임금의 조정** 재해근로자가 소속한 사업 또는 사업장에서 동일한 직종의 근로자에게 지급된 통상임금의 평균액이 상·하로 5퍼센트 이상 변동한 경우 그러한 변동률에 따라 재해보상금의 산정기준이 되는 평균임금이 증감된다(동법시행령 제5조 제1항).

4) **평균임금의 보장**

① 관련규정

> **근로기준법 제2조 【정의】** ② 제1항 제6호에 따라 산출된 금액이 그 근로자의 통상임금보다 적으면 그 통상임금액을 평균임금으로 한다.

② 주요내용 이전 3개월간에 근로자에 대하여 지급된 임금이 특별한 사유로 인하여 다른 기간에 지급된 임금보다 적은 경우에는 평균임금이 통상임금보다 저액이 될 가능성이 있으므로 동 제도의 취지에 위배될 우려가 있으므로, 동 규정은 이점을 방지하기 위한 것이다.

Ⅲ. 通常賃金과 平均賃金의 範圍 및 相互關係

1. 通常賃金이 適用되는 경우

해고예고수당(근로기준법 제26조), 연장·야간·휴일근로수당(동법 제56조), 산전후휴가(동법 제74조) 기타 법에 「유급」으로 표시되어 있는 경제적 보상의 경우에는 통상임금을 기준으로 하여 그 액수를 산정한다.

2. 平均賃金이 適用되는 경우

퇴직금(근로자퇴직급여보장법 제 8 조 제 1 항), 휴업수당(근로기준법 제46조), 연차유급휴가수당(동법 제60조), 휴업보상 · 장해보상 · 유족보상 · 장의비 · 일시보상 · 분할보상 등 각종 재해보상(동법 제79조~제85조), 감급의 제한(동법 제95조) 등에는 평균임금을 기준으로 하여 그 액수를 산정한다.

3. 通常賃金 또는 平均賃金이 適用되는 경우

연차유급휴가임금의 경우에는 통상임금 또는 평균임금 중 어느 것을 기준으로 하여 그 액수를 산정하여도 무방하다(동법 제60조).

4. 相互關係

(1) 평균임금은 주로 「일급」으로, 통상임금은 주로 「시간급」으로 계산된다.

(2) 평균임금은 「사후적 · 산술적」 개념인데, 통상임금은 「사전적 · 평가적」 개념이다.

제 2 장 賃金水準의 保護

제 1 절 意 義

현재의 최저임금제도는 근로기준법이 아닌 최저임금법에 의하여 규율되고 있으며, 근로기준법은 도급근로자에 대한 임금보호를 규정하고 있다.

제 2 절 勤勞基準法上 都給勤勞者의 賃金保護

Ⅰ. 關聯規程

근로기준법 제47조 【도급 근로자】 사용자는 도급이나 그 밖에 이에 준하는 제도로 사용하는 근로자에게 근로시간에 따라 일정액의 임금을 보장하여야 한다.

Ⅱ. 主要內容

사용자의 귀책사유로 인하여 일의 완성이 지연되는 경우에는 근로자는 임금을 지급받지 못하여 생활의 위협을 받게 된다. 도급근로자의 임금보호는 이러한 점을 방지하기 위한 규정이다.

구체적인 보장액의 수준에 관하여 i) 최저임금법에 의한 최저임금액 이상이면 법 위반이 아니라는 견해(하갑래)도 있으나, ii) 휴업수당에 상당하는 평균임금의 70퍼센트 이상이 타당하다는 견해(다수설)가 있다.

제3절　最低賃金法上의 賃金保護

Ⅰ. 意　義

최저임금제도라 함은 국가가 임금의 결정에 직접 개입하여 임금의 최저수준을 정하고 사용자에게 최저수준 이상의 임금지급을 법적으로 강제하는 제도이다.

최저임금제는 1894년 「뉴질랜드」에서 산업조정중재법의 제정에 따라 최초로 채택되었다. 우리나라의 현행 최저임금법은 1986년 12월 31일에 제정되었다.

Ⅱ. 最低賃金法의 適用範圍

1. 適用事業場

(1) 관련규정

> **최저임금법 제3조 【적용범위】** ① 이 법은 근로자를 사용하는 모든 사업 또는 사업장(이하 "사업"이라 한다)에 적용한다. 다만, 동거하는 친족만을 사용하는 사업과 가사사용인에게는 적용하지 아니한다.
> ② 이 법은 「선원법」의 적용을 받는 선원과 선원을 사용하는 선박의 소유자에게는 적용하지 아니한다.

(2) 주요내용

1) 원　칙　최저임금법은 근로자를 사용하는 모든 사업 또는 사업장에 적용되나, i) 동거하는 친족만을 사용하는 사업과 ii) 가사사용인에게는 적용하지 아니한다(최저임금법 제3조 제1항).

2) 예　외　최저임금법은 선원법의 적용을 받는 선원 및 선원을 사용하는 선박의 소유자에게는 적용되지 아니한다(동법 제3조 제2항).

2. 適用勤勞者

(1) 관련규정

> **최저임금법 제 7 조 【최저임금의 적용 제외】** 다음 각 호의 어느 하나에 해당하는 자로서 사용자가 대통령령으로 정하는 바에 따라 노동부장관의 인가를 받은 자에 대하여는 제 6 조를 적용하지 아니한다.
> 1. 정신장애나 신체장애로 근로능력이 현저히 낮은 자
> 2. 그 밖에 최저임금을 적용하는 것이 적당하지 아니하다고 인정되는 자

(2) 주요내용　최저임금법이 적용되는 사업장이라 하더라도 근로자의 정신 또는 신체의 장애가 당해 근로자를 종사시키고자 하는 업무의 수행에 직접적으로 현저한 지장을 주는 것이 명백하다고 인정되는 자에 대해서는 노동부장관의 인가를 받아 최저임금을 적용하지 아니할 수 있다(최저임금법 제 7 조 및 동법시행령 제 6 조).

Ⅲ. 最低賃金의 決定節次

1. 審議要請

최저임금의 심의는 노동부장관이 매년 3월 31일까지 최저임금위원회에 최저임금의 심의를 요청함으로써 개시된다(최저임금법 제 8 조 제 1 항 및 동법시행령 제 7 조).

2. 審　議

노동부장관의 심의요청을 받은 최저임금위원회는 요청을 받은 날부터 90일 이내에 심의하여 최저임금안을 노동부장관에게 제출하여야 한다(동법 제 8 조 제 2 항).

3. 告示 및 異義提起

노동부장관은 최저임금위원회로부터 최저임금안을 제출받아 이를 고시하고, 이날부터 10일간 노・사의 이의를 제기받는다(동법 제 9 조 제 1 항 및 제 2 항).

4. 最低賃金의 再審議

노동부장관은 ① 최저임금위원회가 심의하여 제출한 최저임금안에 따라 최저임금을 결정하기가 어렵다고 인정되거나(동법 제 8 조 제 3 항), ② 최저임금위원회가 제출한 최저임금안에 대해 노・사대표로부터 받은 이의가 이유있다고 인정되면(동법 제 9 조 제 3 항), 노동부장관은 최저임금안을 제출받은 날부터 20일 이내에 그 이유와 내용을 명시하여 최저임금위원회에 10일 이상의 기간을 정하여 재심의

를 요청할 수 있다(동법 제8조, 제9조). 재심의를 함에 있어 「재적위원 과반수의 출석과 출석위원 3분의 2 이상」의 찬성으로 당초의 최저임금안을 재의결한 때에는 그에 따라 최저임금을 결정하여야 한다(동법 제8조 제5항).

5. 最低賃金의 決定·告示

「노동부장관」은 매년 8월 5일까지 최저임금을 결정하고 지체없이 그 내용을 고시하여야 하며(동법 제8조 제1항, 제10조 제1항), 고시된 최저임금은 「다음 연도 1월 1일」부터 효력을 발생한다(동법 제10조 제2항).

Ⅳ. 最低賃金의 決定基準

1. 關聯規程

최저임금법 제4조 【최저임금의 결정기준과 구분】 ① 최저임금은 근로자의 생계비, 유사 근로자의 임금, 노동생산성 및 소득분배율 등을 고려하여 정한다. 이 경우 사업의 종류별로 구분하여 정할 수 있다.
② 제1항에 따른 사업의 종류별 구분은 제12조에 따른 최저임금위원회의 심의를 거쳐 노동부장관이 정한다.

2. 主要內容

최저임금의 가장 주요한 결정기준은 i) 근로자의 생계비, ii) 유사근로자의 임금, iii) 노동생산성, iv) 소득분배율 등이다(최저임금법 제4조).

최저임금법은 최저임금을 최저임금위원회의 심의를 거쳐 노동부장관이 정하는 「사업의 종류별」로 구분하여 정할 수 있도록 규정되어 있으나(산업별 최저임금제), 실제로는 사업의 종류와 관계없이 모든 산업에 적용함으로써 「일반적 최저임금제」로 운용되고 있다.

Ⅴ. 最低賃金額의 決定

1. 關聯規程

최저임금법 제5조 【최저임금액】 ① 최저임금액(최저임금으로 정한 금액을 말한다. 이하 같다)은 시간·일·주 또는 월을 단위로 하여 정한다. 이 경우 일·주 또는 월을 단위로 하여 최저임금액을 정할 때에는 시간급으로도 표시하여야 한다.
② 다음 각 호의 어느 하나에 해당하는 자에 대하여는 대통령령으로 정하는 바에 따라 제1항에 따른 최저임금액과 다른 금액으로 최저임금액을 정할 수 있다.
1. 수습사용 중에 있는 자로서 수습사용한 날부터 3월 이내인 자
2. 「근로기준법」 제63조 제3호에 따라 감시 또는 단속적으로 근로에 종사하는 자로서 사용자가 노동부장관의 승인을 받은 자

③ 임금이 통상적으로 도급제나 그 밖에 이와 비슷한 형태로 정하여져 있는 경우로서 제 1 항에 따라 최저임금액을 정하는 것이 적당하지 아니하다고 인정되면 대통령령으로 정하는 바에 따라 최저임금액을 따로 정할 수 있다.

최저임금법 제 5 조의2 【최저임금의 적용을 위한 임금의 환산】 최저임금의 적용 대상이 되는 근로자의 임금을 정하는 단위기간이 제 5 조 제 1 항에 따른 최저임금의 단위기간과 다른 경우에 해당 근로자의 임금을 최저임금의 단위기간에 맞추어 환산하는 방법은 대통령령으로 정한다.

2. 主要內容

(1) 최저임금액의 결정단위 　최저임금액은 시간 · 일 · 주 · 월단위로 정하며, 일 · 주 · 월단위로 정한 경우에는 시간급으로도 표시하여야 한다(최저임금법 제 5 조 제 1 항).

(2) 수습사용 중인 자 또는 감시 · 단속적 근로자의 최저임금 　수습사용 중에 있는 자로서 수습사용한 날부터 3월 이내인 자에 대하여는 동법 제 5 조 제 1 항의 규정에 의한 시간급 최저임금액에서 「100분의 10」을 감한 금액을, 「근로기준법」 제63조 제 3 호의 규정에 의하여 감시 또는 단속적으로 근로에 종사하는 자로서 사용자가 노동부장관의 승인을 얻은 자에 대하여는 시간급 최저임금액에서 「100분의 20」을 감한 금액을 당해 근로자의 시간급 최저임금액으로 한다(동법 제 5 조 제 2 항 및 동법시행령 제 3 조).

(3) 도급제근로자의 최저임금 　임금이 도급제 기타 이와 유사한 형태로 정하여져 있는 경우에 근로시간의 파악이 어렵거나 그 밖에 최저임금액을 정하는 것이 적합하지 아니하다고 인정될 때에는 당해 근로자의 생산고 또는 업적의 일정단위에 의하여 최저임금액을 정한다(동법 제 5 조 제 3 항 및 동법시행령 제 4 조).

Ⅵ. 最低賃金의 效力

1. 關聯規程

최저임금법 제 6 조 【최저임금의 효력】 ① 사용자는 최저임금의 적용을 받는 근로자에게 최저임금액 이상의 임금을 지급하여야 한다.

② 사용자는 이 법에 따른 최저임금을 이유로 종전의 임금수준을 낮추어서는 아니 된다.

③ 최저임금의 적용을 받는 근로자와 사용자 사이의 근로계약 중 최저임금액에 미치지 못하는 금액을 임금으로 정한 부분은 무효로 하며, 이 경우 무효로 된 부분은 이 법으로 정한 최저임금액과 동일한 임금을 지급하기로 한 것으로 본다.

④ 다음 각 호의 어느 하나에 해당하는 임금은 제 1 항과 제 3 항에 따른 임금에 산입하지 아니한다.

1. 매월 1회 이상 정기적으로 지급하는 임금 외의 임금으로서 노동부장관이 정하는 것

2. 「근로기준법」 제2조 제1항 제7호에 따른 소정근로시간(이하 "소정근로시간"이라 한다) 또는 소정의 근로일에 대하여 지급하는 임금 외의 임금으로서 노동부장관이 정하는 것
3. 그 밖에 최저임금액에 산입하는 것이 적당하지 아니하다고 인정하여 노동부장관이 따로 정하는 것
⑤ 제4항에도 불구하고 「여객자동차 운수사업법」 제3조 및 같은 법 시행령 제3조 제2호 다목에 따른 일반택시운송사업에서 운전업무에 종사하는 근로자의 최저임금에 산입되는 임금의 범위는 생산고에 따른 임금을 제외한 대통령령으로 정하는 임금으로 한다.
⑥ 제1항과 제3항은 다음 각 호의 어느 하나에 해당하는 사유로 근로하지 아니한 시간 또는 일에 대하여 사용자가 임금을 지급할 것을 강제하는 것은 아니다.
1. 근로자가 자기의 사정으로 소정근로시간 또는 소정의 근로일의 근로를 하지 아니한 경우
2. 사용자가 정당한 이유로 근로자에게 소정근로시간 또는 소정의 근로일의 근로를 시키지 아니한 경우
⑦ 도급으로 사업을 행하는 경우 도급인이 책임져야 할 사유로 수급인이 근로자에게 최저임금액에 미치지 못하는 임금을 지급한 경우 도급인은 해당 수급인과 연대하여 책임을 진다.
⑧ 제7항에 따른 도급인이 책임져야 할 사유의 범위는 다음 각 호와 같다.
1. 도급인이 도급계약 체결 당시 인건비 단가를 최저임금액에 미치지 못하는 금액으로 결정하는 행위
2. 도급인이 도급계약 기간 중 인건비 단가를 최저임금액에 미치지 못하는 금액으로 낮춘 행위
⑨ 두 차례 이상의 도급으로 사업을 행하는 경우에는 제7항의 "수급인"은 "하수급인"으로 보고, 제7항과 제8항의 "도급인"은 "직상 수급인(하수급인에게 직접 하도급을 준 수급인)"으로 본다.

2. 主要內容

(1) 최저임금 이상의 임금지급　사용자는 최저임금의 적용을 받는 근로자에게 최저임금액 이상의 임금을 지급하여야 한다(최저임금법 제6조 제1항). 다만 ① 근로자가 「자기의 사정으로」 소정근로시간 또는 소정의 근로일의 근로를 하지 아니한 경우, ② 사용자가 「정당한 이유로」 근로자에게 소정근로시간 또는 소정의 근로일의 근로를 시키지 아니한 경우에까지 최저임금이상 임금의 지급을 강제하는 것은 아니다(동법 제6조 제6항).

최저임금에 미달하는지의 여부는 근로자가 받을 임금 중에서 최저임금에 산입되는 임금만을 합산하여 결정·고시된 최저임금액과 비교한다. 그러나 ① 매월 1회 이상 정기적으로 지급하는 임금 외의 임금으로서 노동부장관이 정하는 것, ② 소정근로시간 또는 소정의 근로일에 대하여 지급하는 임금 외의 임금으로서 노동부장관이 정하는 것, ③ 그 밖에 최저임금액에 산입하는 것이 적당하지 아니하다고 인정하여 노동부장관이 따로 정하는 것 등은 임금에 산입하지 아니한다

(동법 제 6 조 제 4 항). 그러나 「여객자동차 운수사업법」 제 3 조 및 같은 법 시행령 제 3 조 제 2 호 다목에 따른 일반택시운송사업에서 운전업무에 종사하는 근로자의 최저임금에 산입되는 임금의 범위는 생산고에 따른 임금을 제외한 대통령령으로 정하는 임금으로 한다(동법 제 6 조 제 5 항).

(2) 최저임금을 이유로 한 임금수준 저하의 금지 사용자는 이 법에 따른 최저임금을 이유로 종전의 임금수준을 낮추어서는 아니 된다(동법 제 6 조 제 2 항).

(3) 최저임금에 미달하는 근로계약의 효력 최저임금의 적용을 받는 근로자와 사용자 사이의 근로계약 중 최저임금액에 미치지 못하는 금액을 임금으로 정한 부분은 무효로 하며, 이 경우 무효로 된 부분은 이 법으로 정한 최저임금액과 동일한 임금을 지급하기로 한 것으로 본다(동법 제 6 조 제 3 항).

(4) 도급사업의 최저임금보호 도급으로 사업을 행하는 경우 도급인이 책임져야 할 사유로 수급인이 근로자에게 최저임금액에 미치지 못하는 임금을 지급한 경우 도급인은 해당 수급인과 연대하여 책임을 진다(동법 제 6 조 제 7 항).

두 차례 이상의 도급으로 사업을 행하는 경우에는 「수급인」은 「하수급인」으로 보고, 「도급인」은 「직상 수급인(하수급인에게 직접 하도급을 준 수급인)」으로 본다(동법 제 6 조 제 9 항).

제 3 장 賃金支給方法의 保護

제 1 절 賃金支給의 原則

Ⅰ. 關聯規程

> **근로기준법 제43조 【임금 지급】** ① 임금은 통화(通貨)로 직접 근로자에게 그 전액을 지급하여야 한다. 다만, 법령 또는 단체협약에 특별한 규정이 있는 경우에는 임금의 일부를 공제하거나 통화 이외의 것으로 지급할 수 있다.
> ② 임금은 매월 1회 이상 일정한 날짜를 정하여 지급하여야 한다. 다만, 임시로 지급하는 임금, 수당, 그 밖에 이에 준하는 것 또는 대통령령으로 정하는 임금에 대하여는 그러하지 아니하다.

Ⅱ. 主要內容

1. 直接拂의 원칙

직접불의 원칙은 근로기준법상 법령 또는 단체협약에 의한 예외를 인정하지 아니하고 있다. 다만, ① 민사소송법·국세징수법 등의 규정에 의하여 임금이 압류된 경우, ② 선원법 제48조 제 2 항에 따라 해상근로에 종사하는 선원에 대하여는 예외가 인정된다.

한편, 법정대리인·임의대리인 또는 노동조합에 임금을 지급하는 것은 법위반이 되나, ① 처분권이 없는 사자(심부름꾼, 예컨대 비서, 배우자)에 대한 임금 지급이나, ② 근로자의 동의로 본인의 계좌에 대한 입금 등은 허용된다.

그러나 근로자가 임금채권을 타인에게 양도한 경우에도 양수인에게 임금을 지급할 수 없고 직접 양도인인 근로자에게 지급하여야 한다(대판(전) 1988.12.13, 87다카2803).

> **[대판(전) 1988.12.13, 87다카2803]** 임금채권을 제 3 자에게 양도한 경우에도 임금채권의 압류(민사소송법 제579조 및 제579조의2)의 경우를 제외하고는 사용자는 근로자에게 임금을 직접 지급하여야 한다.

2. 全額拂의 원칙

(1) 원　칙　　임금은 전액이 근로자에게 지급되어야 하는 것이 원칙이다. 그러나 법령 또는 단체협약에 특별한 규정이 있는 경우에는 임금의 일부를 공제할 수 있다. 다만, 임금이 초과지급되어(과오불금) 이를 차기임금에서 정산·공제하는 것은 전액불의 원칙에 위배되지 아니한다(대판 1995.6.29, 94다18553).

> **[대판 1995.6.29, 94다18553]** 계산의 착오 등으로 임금이 초과지급되었을 때에, 초과임금의 반환·공제의 방법 및 시기 등이 합리적이고, 근로자의 경제생활에 안정을 해칠 염려가 없는 경우 초과임금의 반환청구권을 자동채권으로 하여 임금을 공제할 수 있다.

또한 사용자는 근로자에 대한 불법행위·채무불이행으로 인한 손해배상채권 등의 채권과 임금을 상계할 수 없다(대판 1989.11.24, 88다카25038 등). 다만, 학자금 대출금·주택자금 융자금 등 채무불이행의 경우 근로자의 자유로운 동의에 따라 임금에서 공제하는 것은 가능하다(대판 2001.10.23, 2001다25184).

(2) 예　외

1) 법령에 의한 예외　　법령에 의하여 임금일부의 공제가 허용되는 경우로는 갑종근로소득세, 국민연금기여금, 고용보험료, 건강보험료 등의 납부, 쟁의행위중의 임금지급 중지 등이 있다.

2) 단체협약에 의한 예외 단체협약을 통해 공제가 인정되는 경우에는 노동조합의 조합비를 사용자로 하여금 사전에 공제하여 노동조합에 납부하도록 하는 조합비 사전공제제도(Check-off System) 및 대부금반환 등이 있다.

3. 通貨拂의 원칙

임금은 통화로 근로자에게 지급되어야 하는 것이 원칙이다. 그러나 법령 또는 단체협약에 특별한 규정이 있는 경우에는 통화이외의 것으로 지급할 수 있다. 동규정은 i) 현금이 아닌 회사제품 등의 현물급여(Truck System), ii) 현재 강제통용력이 없는 어음·수표 등의 급여를 방지하기 위한 것이다.

다만, i) 단체협약을 체결하여 근로자에게 현금수당 및 점심식사 제공 중에서 어느 하나를 임의로 선택하도록 하거나, ii) 은행지급 보증수표(자기앞수표)로 임금을 지급하는 것, iii) 성과지급수단으로 주식을 지급하는 것, iv) 선원의 경우 기항지에서 통용되는 통화로 지급하는 것(선원법 제48조 제4항) 등은 통화불의 원칙에 위배되지 아니한다(다수설).

4. 매월 1회 이상 定期拂의 원칙

(1) 일반원칙 임금은 매월 1회 이상 일정한 기일을 정하여 지급되어야 한다. 취업규칙에는 반드시 임금지급시기를 명시하여야 한다(근로기준법 제93조).

(2) 정기불원칙의 예외 임시로 지급되는 임금·수당 기타 이에 준하는 것과 대통령령으로 정하는 임금 등은 정기불 원칙의 적용을 받지 않는다(동법 제43조 제2항 단서). 구체적으로 ① 1월을 초과하는 기간의 출근성적에 의하여 지급하는 「정근수당」, ② 1월을 초과하는 일정기간의 계속근로에 대하여 지급되는 「근속수당」, ③ 1월을 초과하는 기간에 걸친 사유에 의하여 산정되는 「장려금·능률수당·상여금」, ④ 기타 부정기적으로 지급되는 제수당 등이 이에 해당된다(동법시행령 제23조).

제 2 절 賃金의 非常時支給

I. 關聯規程

> **근로기준법 제45조 【비상시 지급】** 사용자는 근로자가 출산, 질병, 재해, 그 밖에 대통령령으로 정하는 비상(非常)한 경우의 비용에 충당하기 위하여 임금 지급을 청구하면 지급기일 전이라도 이미 제공한 근로에 대한 임금을 지급하여야 한다.

Ⅱ. 主要內容

「비상한 경우」란 근로자 또는 그의 수입에 의하여 생계를 유지하는 자가 ① 출산하거나 질병 또는 재해를 입은 경우, ② 혼인 또는 사망한 경우, ③ 부득이한 사유로 인해 1주일 이상 귀향하게 되는 경우 등이 이에 포함된다(근로기준법 시행령 제25조).

단체협약·취업규칙 등에 별도로 정하여 있지 아니하는 한 「이미 제공한 근로」에 대한 대가만 지급이 강제되고 장래의 근로에 대한 대가는 포함되지 아니한다.

제4장 賃金債權의 保護

제1절 滯拂賃金에 대한 保護

Ⅰ. 賃金滯拂 使用者에 대한 罰則의 賦課

1. 關聯規程

> **근로기준법 제109조 【벌칙】** ① 제36조, 제43조, 제44조, 제44조의2, 제46조, 제56조 … 를 위반한 자는 3년 이하의 징역 또는 2천만원 이하의 벌금에 처한다. 〈개정 2007. 7. 27〉
> ② 제36조, 제43조, 제44조, 제44조의2, 제46조 또는 제56조를 위반한 자에 대하여는 피해자의 명시적인 의사와 다르게 공소를 제기할 수 없다. 〈개정 2007. 7. 27〉
> **근로기준법 제113조 【벌칙】** 제45조를 위반한 자는 1천만원 이하의 벌금에 처한다.
> **근로기준법 제114조 【벌칙】** 다음 각 호의 어느 하나에 해당하는 자는 500만원 이하의 벌금에 처한다. 〈개정 2007. 7. 27〉
> 1. … 제47조 … 를 위반한 자

2. 主要內容

체불 문제는 본질적으로 사적 권리분쟁으로 민사절차를 통하여 해결하는 것이 타당하나, 민사절차의 진행이 절차·비용·시간면에서 근로자에게 부담스러워 근로기준법은 민사문제를 형사화하여 사용자를 처벌함으로서 근로기준법의 실효성을 강화하는 입법을 취하고 있다.

우선, 사용자가 i) 동법 제36조에 의한 근로자의 사망·퇴직시의 금품청산을 하지 아니한 경우, ii) 동법 제43조에 의한 임금지불방법의 원칙을 위반한 경우, iii)

동법 제44조에 의한 도급사업에 대한 임금지불을 하지 아니한 경우, iv) 동법 제44조의2에 의한 건설업에서의 임금지급에 대한 연대책임을 위반한 경우, v)동법 제46조에 의한 휴업수당을 지급하지 아니한 경우, vi) 동법 제56조에 의한 시간외근로수당을 지급하지 아니한 경우에는 3년 이하의 징역 또는 2천만원 이하의 벌금에 처한다(동법 제109조 제1항). 다만, 위 형벌은 「반의사불벌죄」 즉 피해자의 명시한 의사에 반하여 공소를 제기할 수 없는 범죄이다(동법 제109조 제2항).

그리고 근로기준법 제45조에 의한 비상시 지불규정에 위반한 경우에는 1천만원이하의 벌금에 처하며(동법 제113조), 근로기준법 제47조에 위반하여 도급근로자에 대한 임금지불을 위반한 경우 500만원 이하의 벌금에 처한다(동법 제114조).

Ⅱ. 金品淸算 및 遲延利子의 支給

1. 關聯規程

근로기준법 제36조 【금품 청산】 사용자는 근로자가 사망 또는 퇴직한 경우에는 그 지급 사유가 발생한 때부터 14일 이내에 임금, 보상금, 그 밖에 일체의 금품을 지급하여야 한다. 다만, 특별한 사정이 있을 경우에는 당사자 사이의 합의에 의하여 기일을 연장할 수 있다.
근로자퇴직급여보장법 제9조 【퇴직금의 지급】 사용자는 근로자가 퇴직한 경우에는 그 지급사유가 발생한 날부터 14일 이내에 퇴직금을 지급하여야 한다. 다만, 특별한 사정이 있는 경우에는 당사자간의 합의에 의하여 지급기일을 연장할 수 있다.
근로기준법 제37조 【미지급 임금에 대한 지연이자】 ① 사용자는 제36조에 따라 지급하여야 하는 임금 및 「근로자퇴직급여 보장법」 제2조 제5호에 따른 급여(일시금만 해당된다)의 전부 또는 일부를 그 지급 사유가 발생한 날부터 14일 이내에 지급하지 아니한 경우 그 다음 날부터 지급하는 날까지의 지연 일수에 대하여 연 100분의 40 이내의 범위에서 「은행법」에 따른 금융기관이 적용하는 연체금리 등 경제 여건을 고려하여 대통령령으로 정하는 이율에 따른 지연이자를 지급하여야 한다.
② 제1항은 사용자가 천재·사변, 그 밖에 대통령령으로 정하는 사유에 따라 임금 지급을 지연하는 경우 그 사유가 존속하는 기간에 대하여는 적용하지 아니한다.

2. 金品淸算

(1) 원 칙　사용자는 근로자가 사망 또는 퇴직한 경우에는 그 지급사유가 발생한 때로부터 14일이내에 임금·퇴직금·보상금 기타 일체의 금품을 지급하여야 한다(근로기준법 제36조 본문, 근로자퇴직급여보장법 제9조 본문). 청산되어야 할 「일체의 금품」이란 임금·퇴직금·재해보상금 기타 사용자가 근로관계의 존재로 인하여 근로자에게 지급의무가 발생하는 금품 일체이다.

(2) 예 외　특별한 사정이 있을 경우에는 당사자간의 합의에 의하여 기일을 연장할 수 있다(근로기준법 제36조 단서, 근로자퇴직급여보장법 제9조 단서). 기

일연장에 대한 당사자의 합의는 기간이나 횟수에 제한이 없다(대판(전) 1998. 10. 15, 98도1759).

3. 遲延利子制

(1) 의　의　임금채권에 대하여 당사자간 별도의 약정이 없을 경우 민사법에 따라 연 5%의 이자가 부과되고, 근로자가 임금채권 확보를 위하여 민사소송을 제기할 경우 소송촉진 등에 관한 특례법 제 3 조에 따라 소송제기 시점 또는 확정판결 시점부터 변제일까지 연 20%의 이자가 부과된다. 그러나 근로자는 민사소송을 제기하기가 어려운 경우가 많고, 사업주는 지불능력이 있어도 고의로 체불임금 청산을 지연하는 사례가 빈번하였다. 따라서 임금 및 퇴직금의 지급지연에 대하여 연 20%의 이자율에 따른 이자지급 의무를 부과함으로써 체불발생 예방 및 조기청산을 유도하고자 한 것이다.

(2) 주요내용

1) **기본원칙**　근로기준법 제36조의 규정에 따라 지급하여야 하는 금품 중 미지급된 임금 및 「근로자퇴직급여보장법」 제 2 조 제 5 호에 따른 급여(일시금만 해당된다)의 전부 또는 일부를 사망 또는 퇴직으로 근로관계가 종료된 근로자에게 지급하지 아니하는 경우에 지연이자를 지급하여야 한다(동법 제37조 제 1 항). 따라서 「기타 금품」에는 적용되지 않으며, 재직중인 근로자에 대하여 임금지급이 지연되고 있는 경우에는 적용되지 않는다(동법 제43조 참조).

이 경우 지연이자는 그 지급사유가 발생한 날(퇴사일)부터 14일이 경과한 후 그 다음 날(15일째 되는 날)부터 지급하는 날(변제일)까지의 지연일수에 대하여 연 100분의 40 이내의 범위에서 「은행법」에 의한 금융기관이 적용하는 연체금리 등 경제여건을 감안하여 대통령령이 정하는 이율에 의한 지연이자를 지급하여야 한다(동법 제37조 제 1 항). 「대통령령이 정하는 이율」이라 함은 연 100분의 20을 말한다(동법 시행령 제13조). 따라서 당사자 간에 지급기일 연장에 대하여 유효한 합의가 있었을 경우 동법 제36조 위반은 면할 수 있으나, 지연이자는 면할 수 없다.

2) **적용제외**　사용자가 천재·사변 그 밖의 대통령령이 정하는 사유에 의하여 임금지급을 지연하는 경우 그 사유가 존속하는 기간에 대하여는 적용하지 아니한다(동법 제37조 제 2 항).

「천재·사변」이란 「재난 및 안전관리기본법」 제 3 조의 「재난」(국민의 생명·신체 및 재산과 국가에 피해를 주거나 줄 수 있는 것으로 일정한 것)을 말하며, 「그 밖의 대통령령이 정하는 사유」라 함은 i) 「임금채권보장법 시행령」 제 4 조 각 호의 어느 하나에 해당하는 경우(「채무자 회생 및 파산에 관한 법률」에 의한 파산의 선고, 회생절차개시의 결정, 동법 제5조의 규정에 의한 노동부장관의 도산등사실인정),

ii) 「채무자회생및파산에관한법률」, 「국가재정법」, 「지방자치법」 등 법령상의 제약에 따라 임금 및 퇴직금을 지급할 자금을 확보하기 어려운 경우, iii) 지급이 지연되고 있는 임금 및 퇴직금의 전부 또는 일부의 존부에 관한 사항에 대하여 법원이나 노동위원회에서 다투는 것이 상당하다고 인정되는 경우, iv) 그 밖에 제 1 호 내지 제 3 호에 준하는 사유가 있는 경우 등이다(동법시행령 제18조).

제 2 절 賃金債權의 優先辨濟

Ⅰ. 關聯規程

근로기준법 제38조 【임금채권의 우선변제】 ① 임금, 재해보상금, 그 밖에 근로 관계로 인한 채권은 사용자의 총재산에 대하여 질권(質權) 또는 저당권에 따라 담보된 채권 외에는 조세·공과금 및 다른 채권에 우선하여 변제되어야 한다. 다만, 질권 또는 저당권에 우선하는 조세·공과금에 대하여는 그러하지 아니하다.
② 제 1 항에도 불구하고 다음 각 호의 어느 하나에 해당하는 채권은 사용자의 총재산에 대하여 질권 또는 저당권에 따라 담보된 채권, 조세·공과금 및 다른 채권에 우선하여 변제되어야 한다.
1. 최종 3개월분의 임금
2. 재해보상금

근로자퇴직급여보장법 제11조 【퇴직금의 우선변제】 ① 퇴직금은 사용자의 총재산에 대하여 질권 또는 저당권에 의하여 담보된 채권을 제외하고는 조세·공과금 및 다른 채권에 우선하여 변제되어야 한다. 다만, 질권 또는 저당권에 우선하는 조세·공과금에 대하여는 그러하지 아니하다.
② 제 1 항의 규정에 불구하고 최종 3년간의 퇴직금은 사용자의 총재산에 대하여 질권 또는 저당권에 의하여 담보된 채권, 조세·공과금 및 다른 채권에 우선하여 변제되어야 한다.
③ 제 2 항의 규정에 의한 퇴직금은 계속근로기간 1년에 대하여 30일분의 평균임금으로 계산한 금액으로 한다.

Ⅱ. 賃金債權 優先辨濟의 意義

근로기준법 및 근로자퇴직급여보장법은 사용자가 도산하여 지불능력을 상실할 경우에 대비하여 임금채권과 기타 근로관계로 인한 채권이 다른 채권, 조세·공과금 등보다 우선 변제되어야 함을 명시하고, 특히 최종 3개월분의 임금, 최종 3년간의 퇴직금, 재해보상금에 대해서는 최우선적으로 변제되어야 함을 명시하고 있다(각 동법 제38조 및 동법 제11조).

이 제도는 특히 사용자가 도산·파산하거나 사용자의 재산이 다른 채권자에 의하여 압류되었을 경우에 근로자의 임금채권을 다른 채권자의 채권 또는 조세·

공과금보다 우선하여 변제받도록 함으로써 근로자의 생활보장을 확보하기 위한 것이다.

Ⅲ. 賃金債權과 使用者 總財産의 槪念

1. 賃金債權의 개념

임금채권이라 함은 「임금 · 재해보상금 · 기타 근로관계로 인한 채권」을 말한다.

「근로관계로 인한 채권」이란 각종 수당 · 상여금 및 해고예고수당 등 근로자가 근로관계를 이유로 하여 사용자로부터 수령할 수 있는 모든 금품에 대한 채권을 말한다.

2. 使用者 總財産의 개념

임금채권은 「사용자의 총재산」에 우선하여 변제된다.

「사용자」라 함은 근로기준법 제2조 제1항 제2호에 의한 사용자 중에서 「사업주」만이 해당된다. 따라서 회사가 법인인 경우 총재산은 법인 그 자체의 재산 총액을 의미하므로 대표이사인 사장의 개인 재산은 이에 포함되지 아니한다. 사용자의 제3자에 대한 채권도 사용자의 총재산에 포함된다.

Ⅳ. 賃金債權과 다른 債權의 優先順位

1. 順　位

① 최종 3월분의 임금과 최종 3년간의 퇴직금 및 재해보상금(最優先辨濟), ② 질권 · 저당권에 우선하는 조세 · 공과금, ③ 질권 또는 저당권에 의하여 담보된 채권, ④ ①에 해당하지 아니하는 임금 · 퇴직금 · 재해보상금 · 기타 근로관계로 인한 채권, ⑤ 조세 · 공과금, ⑥ 일반채권.

2. 最終 3월분의 賃金 · 최종 3년간의 退職金 및 災害補償金

최우선변제의 대상이 되는 임금채권은 1989년 3월 29일 이후에 발생된 i) 최종 3월분의 임금과 ii) 최종 3년간의 퇴직금 및 iii) 재해보상금이다(근로기준법 제38조 제2항 및 근로자퇴직급여보장법 제11조 제2항).

(1) 임　금　　최우선변제되는 임금은 「최종 3월분의 임금」이다.

「최종 3월분의 임금」이란 사용자가 지급하지 못한 임금 중 최종 3월의 기간에 대한 임금을 말한다. 각종 수당이나 상여금을 제외한 정기임금 내지 기본급만을 말한다고 보는 견해(김형배)가 있으나, 그렇게 해석할 만한 근거가 없고 또한 평균임금을 기초로 산정되는 퇴직금의 일정 부분이 최우선변제의 대상이 되는 것과의 균형을 고려하더라도 최종 3월분의 임금 전체로 보아야 한다.

(2) 퇴직금　최우선변제되는 퇴직금은 1997년 12월 24일 이후에 발생한 「최종 3년간의 퇴직금」이다. 종전의 근로기준법은 「퇴직금 전액」을 최우선변제의 대상으로 보았으나, 이는 담보물권제도의 본질적 내용을 침해할 소지가 있다는 헌법재판소의 헌법불합치결정에 따라 현행 「최종 3년간」으로 그 기간을 한정한 것이다.

> **[헌재 1997. 8. 21, 94헌바19]** 퇴직금우선변제조항은 질권 또는 저당권의 본질적 내용을 침해할 소지가 있고, 그 담보물권의 효력제한에 있어서 입법자가 준수하여야 할 과잉금지의 원칙에 위배되는 것으로 위헌성이 있다.

퇴직금은 계속근로기간 1년에 대하여 「30일분」의 평균임금으로 계산한 금액으로 한다(근로자퇴직급여보상법 제11조 제 3 항).

(3) 재해보상금　재해보상금이란 업무상의 재해에 대하여 사용자가 지급하지 못한 근로기준법상의 보상금을 말한다.

Ⅴ. 賃金債權의 支給保障制度

1. 意　義

임금채권의 보장제도라 함은 임금 및 퇴직금을 지급받지 못한 상태로 퇴직한 근로자에게 국가가 조성한 임금채권보장기금으로부터 사용자를 대신하여 그 지급을 보장함으로써 근로자의 기본생활을 보장하고 시간·노력을 절약하여 근로자 생활의 곤란을 구제하기 위한 제도를 말한다.

2. 賃金債權의 지급

(1) 관련규정

> **임금채권보장법 제 6 조 【체불임금의 지급】** ① 노동부장관은 사업주가 파산 등 대통령령이 정하는 사유에 해당하는 경우에 퇴직한 근로자가 지급받지 못한 임금 등에 대하여 지급을 청구하는 경우에는 민법 제469조의 규정에 불구하고 그 근로자의 미지급 임금 등을 사업주를 대신하여 지급한다.
> ② 제 1 항의 규정에 의하여 노동부장관이 사업주를 대신하여 지급하는 임금등(이하 「체당금」이라 한다)의 범위는 다음 각호와 같다. 다만, 대통령령이 정하는 바에 따라 근로자의 퇴직 당시의 연령등을 고려하여 그 상한액을 제한할 수 있으며 체당금이 적은 경우에는 지급하지 아니할 수 있다. 〈개정 2000. 12. 30, 2005. 1. 27.〉
> 1. 근로기준법 제38조 제 2 항 제 1 호의 규정에 의한 임금 및 근로자퇴직급여보장법 제11조 제 2 항의 규정에 의한 퇴직금
> 2. 근로기준법 제46조의 규정에 의한 휴업수당(최종 3월분에 한한다)
> ③ 제 1 항의 규정에 의한 체당금의 지급대상이 되는 근로자와 사업주의 기준은 대통령령으로 정한다.

> ④ 기타 체당금의 청구와 지급 등에 관하여 필요한 사항은 대통령령으로 정한다.
> **임금채권보장법 제 2 조 【정의】** 3. 「임금 등」이라 함은 근로기준법 제 2 조 제 1 항 제 5 호·제34조 및 제46조의 규정에 의한 임금·퇴직급여 및 휴업수당을 말한다.

(2) 주요내용

1) 지급사유 임금채권은 사업주가 파산 등 대통령령이 정하는 사유에 해당하는 경우에 퇴직한 근로자에게 지급된다(임금채권보장법 제 6 조 제 1 항). 이 경우 대통령령이 정하는 사유라 함은 ① 「채무자 회생 및 파산에 관한 법률」에 의한 파산의 선고 및 회생절차개시의 결정, ② 노동부장관의 도산등사실인정을 말한다(동법시행령 제 4 조).

2) 지급대상 임금 임금채권의 지급대상은 근로기준법 제38조 제 2 항 제 1 호 및 근로자퇴직급여보장법 제11조 제 2 항의 규정에 따라 임금채권의 최우선변제가 인정되는 임금·퇴직금 및 근로기준법 제46조의 규정에 의한 최종 3월분의 휴업수당(체당금)이다(동법 제 6 조 제 2 항 본문). 다만, 대통령령이 정하는 바에 따라 근로자의 퇴직 당시의 연령 등을 고려하여 그 상한액을 제한할 수 있으며 체당금이 적은 경우에는 지급하지 아니할 수 있다(동법 제 6 조 제 2 항 단서).

3) 지급대상 근로자 및 사용자 동법은 산업재해보상보험법 제 6 조의 규정에 의한 사업에 적용된다(동법 제 3 조). 다만, 국가 및 지방자치단체가 직접 행하는 사업은 그러하지 아니하다.

체당금의 지급대상이 되는 근로자와 사업주의 기준은 대통령령으로 정한다(동법 제 6 조 제 3 항).

제 3 절 賃金債權의 時效

Ⅰ. 關聯規程

> **근로기준법 제49조 【임금의 시효】** 이 법에 따른 임금채권은 3년간 행사하지 아니하면 시효로 소멸한다.
> **근로자퇴직급여보장법 제10조 【퇴직금의 시효】** 이 법에 의한 퇴직금을 받을 권리는 3년간 행사하지 아니하면 시효로 인하여 소멸한다.

Ⅱ. 主要內容

1. 賃金債權의 範圍

임금채권의 「임금」 범위에는 근로기준법 제 2 조 제 1 항 제 5 호에 해당하는 모든 임금이 포함된다.

2. 時效起算日

소멸시효기간은 그 채권을 행사할 수 있는 날부터 진행한다.

근로자가 아닌 이사 등 임원에 대한 퇴직금은 근로기준법 소정의 퇴직금이 아니라 재직중의 직무집행에 대한 보수의 일종으로서 일반채권의 시효규정이 적용되므로(대판 1988. 6. 14, 87다카2268), 그 소멸시효는 10년이다(민법 제162조 제 1 항).

제 4 절 都給事業에 대한 賃金支給保障

Ⅰ. 關聯規程

> **근로기준법 제44조 【도급 사업에 대한 임금 지급】** ① 사업이 여러 차례의 도급에 따라 행하여지는 경우에 하수급인(下受給人)이 직상(直上) 수급인의 귀책사유로 근로자에게 임금을 지급하지 못한 경우에는 그 직상 수급인은 그 하수급인과 연대하여 책임을 진다.
> ② 제 1 항의 직상 수급인의 귀책사유 범위는 대통령령으로 정한다.

Ⅱ. 主要內容

1. 直上受給人의 정의

직상수급인의 정의와 관련하여 근로기준법 제44조의 규정은 1회 또는 2회 이상 등 몇 차례에 걸쳐 도급이 이루어졌는가와는 상관없이 상수급인의 범위를 한정하여 「직상수급인」이 당해 수급인과 연대책임을 지는 것으로 보아야 한다(다수설).

2. 直上受給人의 歸責事由

직상수급인의 귀책사유의 범위는 ① 정당한 사유없이 도급계약에 의한 도급금액지급일에 도급금액을 지급하지 아니한 경우, ② 정당한 사유없이 도급계약에 의한 원자재공급을 지연하거나 공급을 하지 아니한 경우, ③ 정당한 사유없이 도급계약의 조건을 이행하지 아니함으로써 하수급인이 도급사업을 정상적으로 수행하지 못한 경우 등에 인정된다(근로기준법시행령 제24조).

3. 直上受給人의 責任의 범위와 立證責任

직상수급인과 하수급인은 「연대채무관계」에 있으므로 근로자는 그 중 1인에게 또는 양자에 대하여 동시에 또는 순차적으로 임금채무의 전부나 일부의 이행을 청구할 수 있다. 이 경우 직상수급인은 하수급인에게 먼저 임금을 청구할 것을 항변할 수 없다.

▣ 요점정리

대 상	청구권의 소멸시효 및 청구기한
임금채권	소멸시효: 3년
퇴직금 및 각종수당	소멸시효: 3년
근로자가 아닌 이사의 퇴직금	소멸시효: 10년
연차유급휴가청구권	소멸시효: 1년
연차유급휴가 수당청구권	소멸시효: 3년
산재보상청구권	소멸시효: 3년
사용증명서청구권	퇴직 후 3년 이내

제5절 建設業에 대한 賃金支給保障 등

Ⅰ. 序 說

「건설산업기본법」을 위반한 불법 하도급으로 인해 건설일용근로자에 대한 임금체불이 많이 발생하고 있는 현실을 감안하여 건설 하도급 관계에서 발생하는 임금지급 방식을 개선하여 건설근로자의 권리를 보장할 수 있도록 입법화하였다.

즉 건설업의 경우 다단계의 하도급 구조로 인하여 건설현장에 종사하는 근로자들의 근로계약 관계가 불안정하고, 특히 임금체불이 타 업종에 비해 빈번하게 발생하였다. 이에 「건설산업기본법」의 개정(2007.5.17)으로 시공참여자 제도가 2008년 1월 1일부터 폐지되었고, 「근로기준법」개정(2007.7.27, 시행일 2008.1.28)으로 불법 하도급 시 직상수급인의 임금지급 연대책임(동법 제44조의2) 및 임금에 관한 특례(동법 제44조의3) 규정을 신설하게 되었다.

Ⅱ. 建設業에 대한 賃金支給 連帶責任

1. 關聯規程

근로기준법 제44조의2 【건설업에서의 임금 지급 연대책임】 ① 건설업에서 사업이 2차례 이상 「건설산업기본법」 제2조 제8호에 따른 도급(이하 「공사도급」이라 한다)이 이루어진 경우에 같은 법 제2조 제5호에 따른 건설업자가 아닌 하수급인이 그가 사용한 근로자에게 임금(해당 건설공사에서 발생한 임금으로 한정한다)을 지급하지 못한 경우에는 그 직상 수급인은 하수급인과 연대하여 하수급인이 사용한 근로자의 임금을 지급할 책임을 진다.

> ② 제 1 항의 직상 수급인이 「건설산업기본법」 제 2 조 제 5 호에 따른 건설업자가 아닌 때에는 그 상위 수급인 중에서 최하위의 같은 호에 따른 건설업자를 직상 수급인으로 본다.
> [본조신설 2007.7.27]

2. 意 義

건설업에서 사업이 2차례 이상 「건설산업기본법」 제 2 조 제 8 호에 따른 도급(이하 "공사도급"이라 한다)이 이루어진 경우에 「건설산업기본법」 제 2 조 제 5 호에 따른 건설업자가 아닌 하수급인이 그가 사용한 근로자에게 임금을 지급하지 못한 경우에는 그 직상 수급인에게 임금지급의 연대책임을 부과하고(동법 제44조의2), 이를 위반할 경우 벌칙에 처하도록 한 것이다(동법 제109조).

3. 要 件

(1) 건설업에서 사업이 2차례 이상 공사도급이 이루어진 경우이어야 한다.

「2차례 이상 공사도급이 이루어진 경우」란 발주자로부터 최하위 하수급업자(「건설산업기본법」상 건설업자가 아닌 경우도 포함한다)까지의 도급이 2차례 이상 이루어진 경우를 말한다.

〈2차례 이상 공사도급이 이루어진 경우〉

발주자→원수급인(일반건설)→하수급인(전문건설)→시공참여자(십장, 오야지 등)
(1차) (2차) (3차)

(2) 「건설산업기본법」 제 2 조 제 5 호에 따른 건설업자가 아닌 하수급인이 그가 사용한 근로자에게 임금을 지급하지 못한 경우이어야 한다. 이 경우 임금은 해당 건설공사에서 발생한 임금으로 한정한다.

「건설업자가 아닌 하수급인」이란 「건설산업기본법」 또는 다른 법률 등에 의하여 등록 등을 하지 아니하고 건설공사 및 이에 수반되는 업을 영위하는 자, 예컨대 십장, 오야지 등을 말한다.

「해당 건설공사에서 발생한 임금」이란 직상수급인과 하수급인간에 체결한 도급계약 범위 내에 있는 건설공사 시행과정에서 발생하는 임금을 말한다. 다만, 퇴직금은 제외된다. 퇴직금의 체불에 대하여는 「근로자퇴직급여보장법」에 벌칙이 규정되어 있어(동법 제31조) 임금지급 연대책임에 포함되지 않는다.

임금을 지급하지 못한 경우가 발생하면 족하며, 직상수급인의 귀책사유가 있는지 여부는 문제되지 않는다.

4. 效 果

(1) 직상수급인은 하수급인과 연대하여 하수급인이 사용한 근로자의 임금을 지급할 책임을 부담한다.

직상수급인은 「건설산업기본법」 또는 다른 법률 등에 의하여 등록 등을 하고 건설관련업을 하는 자를 말하고, 건설업자가 아닌 때에는 그 상위 수급인 중에서 최하위의 건설업자를 직상수급인으로 본다.

발주자→일반건설(원수급인)→전문건설(직상수급인)→십장①→십장② ※ 십장②가 사용한 근로자의 임금체불에 대한 연대책임을 십장①이 아닌 전문건설업자(직상수급인)가 진다.

직상수급인은 하수급인과 연대하여 책임을 지므로 하수급인이 임금체불을 청산한 경우 그 범위 내에서 직상수급인의 연대책임은 면하게 되고, 또한 직상수급인이 연대책임을 이행하면 그 범위 내에서 하수급인의 체불임금 책임은 면하게 된다.

(2) 직상수급인이 연대책임을 지지 않는 경우 처벌규정을 적용한다(동법 제109조).

한편, 임금체불을 한 하수급인이 지는 책임은 동법 제43조(임금지급) 및 제36조(금품청산)에 대한 책임이다.

Ⅲ. 建設業의 工事都給에 있어서의 賃金에 관한 特例

1. 關聯規程

근로기준법 제44조의3 【건설업의 공사도급에 있어서의 임금에 관한 특례】 ① 공사도급이 이루어진 경우로서 다음 각 호의 어느 하나에 해당하는 때에는 직상 수급인은 하수급인에게 지급하여야 하는 하도급 대금 채무의 부담 범위에서 그 하수급인이 사용한 근로자가 청구하면 하수급인이 지급하여야 하는 임금(해당 건설공사에서 발생한 임금으로 한정한다)에 해당하는 금액을 근로자에게 직접 지급하여야 한다. 1.~3. (생략) ② 「건설산업기본법」 제2조 제7호에 따른 발주자의 수급인(이하 「원수급인」이라 한다)으로부터 공사도급이 2차례 이상 이루어진 경우로서 하수급인(도급받은 하수급인으로부터 재하도급 받은 하수급인을 포함한다. 이하 이 항에서 같다)이 사용한 근로자에게 그 하수급인에 대한 제1항 제2호에 따른 집행권원이 있는 경우에는 근로자는 하수급인이 지급하여야 하는 임금(해당 건설공사에서 발생한 임금으로 한정한다)에 해당하는 금액을 원수급인에게 직접 지급할 것을 요구할 수 있다. 원수급인은 근로자가 자신에 대하여 「민법」 제404조에 따른 채권자대위권을 행사할 수 있는 금액의 범위에서 이에 따라야 한다. ③ 직상 수급인 또는 원수급인이 제1항 및 제2항에 따라 하수급인이 사용한 근

> 로자에게 임금에 해당하는 금액을 지급한 경우에는 하수급인에 대한 하도급 대금채무는 그 범위에서 소멸한 것으로 본다.
> [본조신설 2007.7.27]

2. 意 義

민법상 「채권자 대위권」의 요건 일부를 완화하여 직상수급인·원수급인에 대하여 하수급인이 사용한 근로자들이 일정한 조건하에서 하수급인을 대신하여 임금에 해당하는 채무를 직접 지급해 줄 것을 청구할 수 있는 권리를 규정한 것이다(동법 제44조의3).

기본적으로 채권자 대위권의 법리가 적용되므로 i) 직상수급인은 하수급인에 대한 하도급 대금채무의 범위 내에서 임금해당액의 지급책임을 지고, ii) 원수급인은 원수급인과 하수급인들 간에 하도급 대금채무가 순차적으로 존재하고, 채권·채무 중 최소의 금액 범위 내에서 임금해당액의 지급책임을 진다.

3. 要 件

(1) 직상수급인의 임금 해당액 지급책임

1) 공사도급이 이루어진 경우이어야 한다.

공사도급이 이루어진 경우란 원수급인에서부터 도급이 1차례이상 이루어진 경우를 말한다.

2) 직상수급인이 하수급인에게 지급하여야 하는 하도급 대금채무의 부담 범위 내이어야 한다.

하도급 대금채무는 자재비, 인건비 등 어떠한 명칭에도 불구하고 도급계약에서 정한 도급금액 지급일에 지급하기로 한 금액 중 지급하지 않고 있는 금액을 말하는데, 「민법」상 채권자 대위권의 법리에 따라 직상수급인의 하도급 대금채무가 존재하지 않는 경우에는 직상수급인이 임금 해당액을 지급할 의무가 없다.

> ※ 채권자 대위권은 자기의 채권을 보전하기 위하여 자기의 이름으로 채무자의 권리를 행사할 수 있는 권리를 말한다(민법 제404조).
> 예를 들어, 甲이 乙에게 100만원의 채무를 지고, 乙은 丙에게 50만원의 채무를 지고 있는 경우, 丙은 자기의 채권을 확보하기 위해 乙에게 행사 할 수 있는 채권의 범위 내(50만원)에서 甲에게 지급을 청구할 수 있다.

3) 다음의 어느 하나에 해당하는 경우이어야 한다.

① 직상수급인이 하수급인을 대신하여 하수급인이 사용한 근로자에게 지급하여야 하는 임금을 직접 지급할 수 있다는 뜻과 그 지급방법 및 절차에 관하여 직상수급인과 하수급인이 합의한 경우

② 「민사집행법」 제56조 제3호에 따른 확정된 지급명령, 하수급인의 근로자에게 하수급인에 대하여 임금채권이 있음을 증명하는 「민사집행법」 제56조 제4호에 따른 집행증서, 「소액사건심판법」 제5조의7에 따라 확정된 이행권고결정, 그 밖에 이에 준하는 집행권원이 있는 경우

③ 하수급인이 그가 사용한 근로자에 대하여 지급하여야 할 임금채무가 있음을 직상수급인에게 알려주고, 직상수급인이 파산 등의 사유로 하수급인이 임금을 지급할 수 없는 명백한 사유가 있다고 인정하는 경우

4) 하수급인이 사용한 근로자들이 직상수급인에 대하여 임금에 해당하는 금액을 지급해 줄 것을 청구하여야 한다.

「임금에 해당하는 금액」이란 해당 건설공사에서 발생한 임금으로 한정한다. 청구는 구두나 서면 모두 가능하며, 청구할 수 있는 기간은 임금채권을 행사할 수 있는 기간(3년) 이내이지만, 직상수급인의 공사대금 채무가 소멸한 경우에는 청구할 수 없다. 즉 「민법」 제163조 제3호에 따라 공사대금채권의 소멸시효는 3년으로 하수급인의 직상수급인에 대한 공사대금채권이 소멸하여 직상수급인의 채무가 없는 경우 하수급인이 사용한 근로자들은 직상수급인에 대하여 임금지급을 청구할 수 없다.

(2) 원수급인의 임금 해당액 지급책임

1) 공사도급이 원수급인으로부터 2차례 이상 이루어진 경우이어야 한다.

공사도급이 1차례만 이루어진 경우에는 직상수급인과 원수급인이 동일하게 되므로 본조 제1항의 규정이 적용된다.

2) 원수급인과 하수급인들 간에 하도급대금채무가 순차적으로 존재하고 있어야 한다.

「원수급인」은 「건설산업기본법」 제2조 제7호에 따른 발주자의 수급인을 말하며, 하수급인에는 도급받은 하수급인으로부터 재하도급을 받은 하수급인을 포함한다.

3) 하수급인이 사용한 근로자에게 그 하수급인에 대한 동조 제1항 제2호에 따른 집행권원이 있는 경우이어야 한다.

4) 하수급인이 사용한 근로자들이 임금에 해당하는 금액을 원수급인에게 직접 지급할 것을 요구하여야 한다.

4. 效　果

(1) 직상수급인은 하수급인에게 지급하여야 하는 하도급 대금채무의 부담 범위에서 그 하수급인이 사용한 근로자가 청구하면 하수급인이 지급하여야 하는 임금에 해당하는 금액을 근로자에게 직접 지급하여야 한다.

(2) 하수급인이 사용한 근로자가 하수급인이 지급하여야 하는 임금에 해당하는 금액을 원수급인에게 직접 지급할 것을 요구하는 경우, 원수급인은 근로자가 자신에 대하여 「민법」 제404조에 따른 채권자 대위권을 행사할 수 있는 금액의 범위 내에서 직접 지급하여야 한다.

(3) 직상수급인 또는 원수급인이 하수급인이 사용한 근로자에게 임금 해당액을 지급한 경우에는 하수급인에 대한 하도급 대금채무는 그 범위에서 소멸한 것으로 본다.

5. 支給拒否 時 民事的 解決

본조 위반의 경우에는 처벌규정이 없다. 따라서 직상수급인 또는 원수급인이 그 지급을 거부하는 경우에는 민사절차에 의해 권리를 행사할 수밖에 없다. 즉 가압류절차, 독촉에 의한 절차, 민사소송절차, 소액사건심판절차 등의 방법을 통해 임금에 해당하는 금액의 채권을 확보하여야 한다.

제5장 休業手當

Ⅰ. 關聯規程

근로기준법 제46조 【휴업수당】 ① 사용자의 귀책사유로 휴업하는 경우에 사용자는 휴업기간 동안 그 근로자에게 평균임금의 100분의 70 이상의 수당을 지급하여야 한다. 다만, 평균임금의 100분의 70에 해당하는 금액이 통상임금을 초과하는 경우에는 통상임금을 휴업수당으로 지급할 수 있다.
② 제1항에도 불구하고 부득이한 사유로 사업을 계속하는 것이 불가능하여 노동위원회의 승인을 받은 경우에는 제1항의 기준에 못 미치는 휴업수당을 지급할 수 있다.

Ⅱ. 主要內容

1. 基本原則

(1) 사용자의 귀책사유　사용자의 「귀책사유」로 인하여 휴업하는 경우 사용자는 근로자에게 휴업수당을 지급하여야 한다(동법 제46조 제1항).

민법상의 귀책사유는 「고의·과실 또는 이와 동등시 되는 사유」를 요건으로 하고 있다. 이에 비하여 휴업수당제도상의 귀책사유의 개념은 i) 민법상의 귀책사유를 포함함은 물론 ii) 민법상의 귀책사유가 없는 경우에도 사용자의 세력범위 안에서 발생한 경영장애도 사용자의 귀책사유에 해당된다(세력범위설·지배영역설; 通說).

(2) 휴업의 개념 「휴업」이란 근로의무 있는 시간에 근로를 할 수 없게 되는 것을 말한다. 근로자가 그 노동력을 사용자의 처분에 맡겼으나 사용자가 이를 처분하지 않은 경우에는 근로를 제공한 것이므로 휴업이라 볼 수 없다. 휴업이란 사업의 전부 또는 일부가 정지되는 경우뿐만 아니라 개개의 근로자가 근로계약에 따라 근로를 제공할 의사가 있음에도 불구하고 그 의사에 반하여 취업이 거부되거나 불가능하게 된 경우도 포함되고(대판 1991.12.13, 90다18999), 1일 전체의 휴업만이 아니라 1일 소정근로시간 중의 일부에 한정되는 휴업도 포함된다.

사용자의 귀책사유를 인정한 사례	부득이한 사유로 인정한 사례
① 공장의 소실(1980.2.13, 법무811-3396) ② 기계의 파손 ③ 원자재의 부족(1957.7.4, 보로 제537호) ④ 주문감소 내지 판매부진·자금난(1968.11.30, 기준1455.9-11203) ⑤ 배급유통기구의 차질에 의한 작업량감소(대판 1969.3.4, 68다1972) ⑥ 원도급업체의 공사중단에 따른 하도급업체의 조업중단(대판 1970.5.26, 70다523·524) ⑦ 전력회사의 전력공급중단(1968.9.7, 기준1455.9-8444) ⑧ 감독관청의 적법한 권고나 명령에 따른 조업정지 ⑨ 경영상의 휴업·공장이전(1970.2, 기준1455.9-2528) ⑩ 갱내 낙반사고 등으로 인한 구조작업	① 유일한 자재 공급원의 상실 ② 예기치 못한 악천후로 인한 작업중단 ③ 계절적 사업인 천일염업체의 하기휴업 ④ 폭설·홍수로 인한 교통두절과 교통통제 ⑤ 한전의 공사관계 등 외부적인 사유로 인한 정전(1979.4.10, 법무811-8509) ⑥ 전시중의 생산설비 징발 ⑦ 법령에 기한 휴업 ⑧ 정당성을 갖지 못한 파업(대판 2000.11.24, 99두4280)

(3) 휴업수당액 근로기준법 제46조의 규정에 의한 휴업수당은 평균임금의 100분의 70 이상이다. 사용자의 귀책사유로 인한 휴업기간 중에 근로자가 임금의 일부를 받은 경우에는 휴업기간 중에 해당하는 평균임금에서 이미 지급된 임금을 뺀 나머지 금액에 100분의 70을 곱하여 휴업지불액을 산정한다(동법시행령 제26조 본문).

다만, 평균임금의 100분의 70에 해당하는 금액이 통상임금을 초과하는 경우에는 통상임금을 휴업수당으로 지급할 수 있다(동법 제46조 제1항 단서). 이 경우 근로자가 휴업기간 중에 임금의 일부를 받은 경우에는 통상임금과 지급받은 임금과의 차액을 지급한다(동법시행령 제26조 단서).

2. 休業手當의 例外

(1) 부득이한 사유　　부득이한 사유로 사업계속이 불가능하여 노동위원회의 승인을 얻은 경우, 사용자는 평균임금의 100분의 70 이하의 휴업수당을 지급할 수 있다(근로기준법 제46조 제2항). 정당성이 상실된 파업으로 인하여 정상조업이 불가능한 경우 이를 부득이한 사유로 볼 수 있다(대판 2000.11.14, 99두4280).

> [대판 2000.11.24, 99두4280] 정당성을 갖추지 못한 쟁의행위로 정상조업이 불가능하여 휴업을 하는 경우 휴업수당지급의 예외신청을 받아 들인 것은 정당하다.

(2) 노동위원회의 승인　　부득이한 사유로 사업계속이 불가능하다고 하더라도 노동위원회의 승인을 얻지 못하면 휴업수당의 감액은 할 수 없다(대판 1968.9.17, 68누151). 불가항력 등 부득이한 사유로 사업계속이 불가능하다는데 대한 「입증책임」은 휴업수당지급의 책임을 면하고자 하는 사용자에게 있다(대판 1970.2.24, 69다1568).

(3) 감액의 정도　　「제1항의 기준에 못 미치는」이라는 것은 i) 평균임금의 100분의 70보다 감액은 하되 적정수준의 휴업수당은 반드시 지급하여야 한다는 견해(박홍규)도 있으나, ii) 평균임금의 100분의 70보다 「감경」하는 것은 물론 완전한 「면제」도 허용된다고 본다(다수설; 대판 2000.11.14, 99두4280).

3. 기타 關聯問題

(1) 부분파업과 휴업수당　　정당한 파업참가 근로자에게는 임금 또는 휴업수당의 지급이 문제되지 않는다(대판(전) 1995.12.21, 94다26721).

부분파업시에 파업불참자나 비조합원이 근로를 희망할 때 사용자가 수령을 거부한 경우 근로자가 임금 또는 휴업수당을 청구할 수 있는가가 문제된다.

1) 근로희망자만으로 조업을 할 수 있는 경우, 사용자가 근로자의 근로제공을 거부하면 수령지체의 책임을 부담하며 임금지급책임을 부담한다.

2) 근로희망자만으로 조업을 할 수 없는 경우, 즉 부분파업으로 인한 조업계속의 불능이 「부득이한 사유」에 해당되느냐가 문제된다.

i) 부분파업을 일종의 불가항력으로 보는 입장은 휴업수당의 지급을 부정(김형배, 이상윤)하며, ii) 부분파업을 노동력의 공급부족현상으로 보는 입장에서는 조합원이 아닌 근로희망자는 제3자에 해당되므로 휴업수당을 지급하여야 한다고 본다(다수설).

(2) 직장폐쇄와 휴업수당　　직장폐쇄가 「합법」적인 경우 사용자는 임금지급의무나 휴업수당지급의무를 부담하지 아니한다.

직장폐쇄가 「위법」한 경우 i) 근로기준법 제46조의 규정에 의한 「휴업수당」

을 지급하여야 한다는 견해(이병태)가 있으나, ii) 위법한 직장폐쇄는 근로계약상의 채무불이행책임에 따라 사용자는 「임금전액」의 지급의무가 있다는 견해(김형배, 이상윤)가 타당하다.

(3) 민법상의 임금지급청구권과 휴업수당청구권　귀책사유 구별설에 따라 i) 사용자의 귀책사유가 「경영장애」에 해당하는 경우에는 휴업수당청구권만 발생하며, ii) 사용자의 귀책사유가 민법상의 「고의・과실」에 해당하는 경우에는 근로기준법 제46조의 휴업수당 청구권과 민법상의 임금전액에 대한 지급청구권(민법 제538조 제1항)이 경합하게 된다(청구권경합설)(통설: 1968. 9. 7, 기준 1455, 9-8444).

(4) 휴업기간 중 다른 기업에 취업한 경우　휴업기간 중에 근로자가 다른 기업에 취업하여 임금을 수령한 경우(중간수입) 휴업수당지급액에서 동 임금을 공제하여야 하는 문제(이익상계의 문제)가 발생한다. 이에 대하여 판례는 근로기준법 제46조에 의한 휴업수당(평균임금의 100분의 70)은 강행규정에 의한 기준금액이므로 공제에 의한 그 이하의 지급은 금지되며 이를 「초과」하는 금액만을 공제할 수 있다고 한다(대판 1993. 11. 9, 93다37915; 대판 1996. 4. 23, 94다446).

■ 요점정리

서류보존의무	서류비치의무
• 근로자명부 및 근로계약에 관한 중요서류: 3년 • 임금대장: 3년 • 산업재해보상보험에 관한 서류: 2년 • 노동조합에 관한 서류: 3년 • 노사협의회 회의록: 3년 • 고충처리 관련서류: 1년	• 근로기준법・동법시행령・취업규칙 및 기숙사규칙 • 근로자명부 • 임금대장 • 15세 미만 근로자: 취직인허증 • 18세 미만 근로자: 가족관계기록사항에 관한 증명서 및 친권자・후견인의 동의서

기출문제 및 기본문제

최근 기출문제

1. 「근로기준법」상 임금지급의 원칙과 관련된 설명으로 옳은 것은? (다툼이 있는 경우에는 판례에 의함) 〈51회 사시〉

① 단체협약에 특별한 규정이 있는 경우에는 임금의 일부를 공제할 수 있다.
② 임금을 정기적으로 지급하기만 하면, 매월 1회 이상 지급하지 않아도 된다.
③ 취업규칙에 특별한 규정이 있는 경우에는 임금을 통화 이외의 것으로 지급할 수 있다.
④ 임금채권의 양도계약이 체결된 경우에는 사용자는 임금을 임금채권의 양수인에게 지급하여야 한다.
⑤ 근로자가 비상한 경우의 비용에 충당하기 위하여 청구하는 경우에 사용자는 1개월분의 임금을 미리 지급하여야 한다.

≪**해설**≫ ① 근로기준법 제43조 제 1 항. ② 임금은 매월 1회 이상 일정한 날짜를 정하여 지급하여야 한다(동법 제43조 제 2 항). ③ 임금은 통화(通貨)로 직접 근로자에게 그 전액을 지급하여야 하나, 법령 또는 단체협약에 특별한 규정이 있는 경우에는 임금의 일부를 공제하거나 통화 이외의 것으로 지급할 수 있다(동법 제43조 제 1 항). ④ 임금채권의 양도계약이 체결된 경우에도 임금채권의 압류의 경우를 제외하고, 사용자는 직접불의 원칙에 따라 임금을 임금채권의 양도인인 근로자에게 지급하여야 한다(대판(전) 1988.12.13, 87다카2803). ⑤ 근로자가 비상한 경우의 비용에 충당하기 위하여 청구하는 경우, 1개월분의 임금이 아니라 이미 제공한 근로에 대한 임금을 지급하여야 한다(동법 제45조).

2. 임금지급에 관한 설명 중 옳은 것(○)과 옳지 않은 것(×)을 바르게 조합한 것은? 〈50회 사시〉

㉮ 사용자가 미성년자인 근로자의 임금을 근로자의 부모에게 지급하는 것은 근로기준법 위반이 아니다.
㉯ 사용자가 근로할 것을 조건으로 근로자에게 빌려 준 돈과 임금을 상계하는 것은 근로기준법 위반이 아니다.
㉰ 사용자가 법령 또는 단체협약에 특별한 규정이 없는데도 임금을 통화가 아닌 물품으로 지급한 경우 피해자의 명시적인 의사와 다르게 공소

|해답| **1.** ① **2.** ①

> 를 제기할 수 없다.
> ㉣ 사용자가 최저임금법상 최저임금의 적용을 받는 근로자에게 최저임금 이상의 임금을 지급하지 않으면 형사처벌을 받는다.
> ㉤ 남녀고용평등과 일·가정 양립지원에 관한 법률은 동일가치노동·동일임금지급원칙을 명시하고 있다.

① ㉮(×), ㉯(×), ㉰(○), ㉱(○), ㉲(○)
② ㉮(○), ㉯(○), ㉰(×), ㉱(○), ㉲(○)
③ ㉮(×), ㉯(×), ㉰(×), ㉱(○), ㉲(○)
④ ㉮(○), ㉯(×), ㉰(○), ㉱(×), ㉲(○)
⑤ ㉮(×), ㉯(×), ㉰(○), ㉱(×), ㉲(×)

≪**해설**≫ ㉮ 임금은 통화로 직접 근로자에게 그 전액을 지급하여야 한다(근로기준법 제43조). ㉯ 사용자는 전차금(前借金)이나 그 밖에 근로할 것을 조건으로 하는 전대(前貸)채권과 임금을 상계하지 못한다(동법 제21조). ㉰ 근로기준법 제43조(임금 지급)를 위반한 자에 대하여는 피해자의 명시적인 의사와 다르게 공소를 제기할 수 없다. ㉱ 사용자는 최저임금의 적용을 받는 근로자에게 최저임금액 이상의 임금을 지급하여야 한다(최저임금법 제 6 조 제 1 항). 이를 위반한 자는 3년 이하의 징역 또는 2천만원 이하의 벌금에 처하거나 이를 병과할 수 있다(동법 제28조). ㉲ 사업주는 동일한 사업내의 동일가치의 노동에 대하여는 동일한 임금을 지급하여야 한다(남녀고용평등과 일·가정 양립 지원에 관한 법률 제 8 조 제 1 항).

3. 임금에 관한 설명 중 옳지 않은 것은? (다툼이 있는 경우에는 판례에 의함)

〈49회 사시〉

① 일정한 직급에 종사하는 근로자에게 고정적으로 지급하는 상여금은 임금에 해당된다.
② 근로자가 자신의 임금채권을 제 3 자에게 양도한 경우에도 사용자는 그 근로자에게 임금을 직접 지급해야 한다.
③ 전액지급의 원칙은 단체협약으로 그 예외를 설정할 수 없다.
④ 연봉제 하에서도 임금은 매월 1회 이상 정기적으로 지급하여야 한다.
⑤ 이미 발생한 임금청구권은 단체협약이 아니라 개별 근로자의 동의를 통해 포기할 수 있다.

≪**해설**≫ ① 임금이란 근로기준법 제 2 조 제 1 항 제 5 호의 임금을 의미함으로, i) 근로자에게 계속적·정기적으로 지급되고, ii) 단체협약, 취업규칙, 급여규정, 근로계약, 노동관행 등에 사용자에게 지급의무가 지워져 있다면 그 명칭 여하를 불문하고 모두 그에 포함된다(대판 1990.12.7, 90다카19647; 대판 1999.9.3, 98다34393 등 참조). 따라서 상여금이 계속적·정기적으로 지급되고 그 지급액이 확

┃해답┃ 3. ③

정되어 있다면 이는 근로의 대가로 지급되는 임금의 성질을 가진다고 본다(대판 2002.6.11, 2001다16722; 대판 2005.10.13, 2004다13755 등). ② 근로기준법 제43조 임금의 직접지급의 원칙상 당연하다(대판(전) 1988.12.13, 87다카2803 참조). ③ 임금은 「전액」을 근로자에게 지급하여야 한다. 다만, 법령 또는 단체협약에 특별한 규정이 있는 경우에는 임금의 일부를 공제할 수 있다(근로기준법 제43조 제1항). ④ 동법 제43조 제2항. ⑤ 이미 구체적으로 그 지급청구권이 발생한 임금(상여금 포함)이나 퇴직금은 근로자의 사적 재산영역으로 옮겨져 근로자의 처분에 맡겨진 것이기 때문에 노동조합이 근로자들로부터 개별적인 동의나 수권을 받지 않는 이상, 사용자와 사이의 단체협약만으로 이에 대한 포기나 지급유예와 같은 처분행위를 할 수는 없다(대판 2000.9.29, 99다67536; 대판 2002.4.12, 2001다41384; 대판 2003.9.5, 2001다14665 등). 그러나 근로기준법에 정한 기준에 달하지 못하는 근로조건을 정한 근로계약은 그 부분에 한하여 무효가 되는 것이므로(동법 제15조), 근로기준법 소정의 기준에 미달하는 근로조건이 단체협약에 의한 것이라거나 근로자들의 승인을 받은 것이라고 하여 유효로 볼 수는 없는 것이다(대판 1990.12.21, 90다카24496 등).

4. 甲은 乙을 비롯한 종업원 10명을 7개월간 고용하여 사업을 경영하다가 2007.1.1. 폐업하였고 동시에 乙 등과의 근로계약도 종료되었다. 폐업 당시 甲의 재산으로는 경기도 용인시에 있는 80㎡토지가 유일하였고, 위 토지에는 이미 2006.1.1.자로 丙을 저당권자로 하는 피담보채권 1억원의 저당권설정등기가 마쳐져 있었다. 甲이 폐업하자 丙의 임의경매신청으로 위 토지는 매각되었고, 배당할 금액은 1억 2,000만원이 되었다. 한편 경매절차에서는 대한민국이 국세 2,000만원의 배당신청(교부청구)을 하였다. 乙 등의 임금은 채용시부터 폐업시까지 매월 각 100만원이었고, 乙 등은 근무기간 동안 임금을 전혀 지급받지 못하였다. 위 경매절차에 참여한 乙을 비롯한 종업원 10명이 배당받을 수 있는 총금액은 얼마인가? 〈49회 사시〉

① 2,000만원 ② 3,000만원
③ 4,000만원 ④ 7,000만원
⑤ 배당받을 수 없다.

≪**해설**≫ 기업이 도산하는 경우에 사용자의 총재산에 대하여 변제를 받을 수 있는 변제의 순위는 i) 최종 3월분의 임금, 최종 3년간의 퇴직금 및 재해보상금, ii) 질권 또는 저당권에 우선하는 조세·공과금, iii) 질권 또는 저당권에 의하여 담보된 채권, iv) 근로관계로 인한 일반임금채권, v) 일반 조세·공과금 및 일반채권의 순이다(근로기준법 제38조 제1항 및 근로자 퇴직급여 보장법 제11조 제1항). 여기서 i) 최종 3월분의 임금, ii) 최종 3년간의 퇴직금 및 iii) 재해보상금은 사용자의 총재산에 대하여 최우선으로 변제되어야 한다(근로기준법 제38조 제2항 및 근로자 퇴직급여 보장법 제11조 제2항). ② 따라서 「최종 3월분의 임금」 총액인 3,000만원(=종업원 10명 × 임금 100만원 × 최종 3개월분)은 2006.1.1.자로

|해답| 4. ②

설정된 피담보채권 1억원이나 국세 2,000만원보다 우선하는 최우선변제의 대상이 된다.

5. 근로관계 종료 후 근로기준법 제36조의 금품청산에 관한 설명으로 옳지 않은 것은? 〈49회 사시〉

① 사용자는 근로자가 사망 또는 퇴직한 경우에는 그 지급사유가 발생한 때부터 14일 이내에 임금·보상금 기타 일체의 금품을 지급해야 한다.

② 특별한 사정이 있는 경우에는 당사자간의 합의에 의하여 지급기일을 연장할 수 있다.

③ 사용자가 제36조의 규정을 위반한 경우에도 근로자의 명시한 의사에 반하여 공소를 제기할 수 없다.

④ 근로자가 금품청산을 요구하지 아니하여도 이에 관한 사용자의 의무는 근로관계의 종료시에 발생한다.

⑤ 근로자가 징계해고를 당한 경우에는 제36조의 규정이 적용되지 않는다.

≪**해설**≫ ① 근로기준법 제36조 본문. ② 동법 제36조 단서. ③ 반의사불벌죄(동법 제109조 제2항). ④⑤ 사용자의 금품청산 의무는 근로자가 사망 또는 퇴직한 경우에 당사자간의 별도의 합의가 없는 한 당연히 발생한다. 따라서 근로자의 의사표시에 의한 사직, 임의해지, 당사자의 사망, 기간의 만료로 인한 소멸, 정년 등 근로관계 종료의 원인 여하를 불문하며, 사용자에 의한 해고로 근로관계가 종료되는 경우에도 당연히 발생한다.

6. 임금의 지급에 관한 설명 중 옳은 것은? 〈48회 사시〉

① 사용자는 근로자에게 통화로 임금을 지급하여야 한다. 다만, 개별 근로자의 동의가 있는 경우에는 통화 이외의 것으로 지급할 수 있다.

② 사용자는 근로자에게 매월 1회 이상 일정한 기일을 정하여 임금을 지급하여야 한다. 따라서 매 3월마다 상여금을 지급하는 것은 허용되지 않는다.

③ 사용자는 근로자에게 임금을 전액 지급하여야 한다. 다만, 법령 또는 단체협약에 특별한 규정이 있는 경우에는 임금의 일부를 공제하여 지급할 수 있다.

④ 사용자는 임금을 직접 근로자에게 지급하여야 한다. 다만, 근로자의 청구가 있거나 단체협약에 특별한 규정이 있는 경우에는 제3자에게 지급할 수 있다.

⑤ 임금채권은 1년간 행사하지 아니하는 때에는 시효로 인하여 소멸한다.

≪**해설**≫ ①③ 임금은 통화로 직접 근로자에게 그 전액을 지급하여야 하는 것이

▌해답▌ 5. ⑤ 6. ③

원칙이나, 법령 또는 단체협약에 특별한 규정이 있는 경우에는 임금의 일부를 공제하거나 또는 통화이외의 것으로 지급할 수 있다(근로기준법 제43조 제 1 항). 따라서 개별근로자의 동의로는 통화 이외의 것으로 지급할 수 없다. ② 임금은 매월 1회 이상 일정한 기일을 정하여 지급하여야 하는 것이 원칙이나, 임시로 지급하는 임금, 수당 기타 이에 준하는 것 또는 대통령령이 정하는 임금에 대하여는 그러하지 아니하다(동법 제43조 제 2 항). 따라서 매 3월마다 상여금을 지급하는 것은 허용된다(동법시행령 제23조). ④ 근로기준법상 직접불의 원칙은 예외가 허용되지 않는다(동법 제43조 제 1 항). ⑤ 근로기준법 규정에 의한 임금채권은 3년간 행사하지 아니하는 때에는 시효로 인하여 소멸한다(동법 제49조).

7. 최저임금법에 의한 최저임금의 적용을 받는 자는? 〈47회 사시변형〉

① 정신장애나 신체장애로 근로능력이 현저히 낮은 자로서 사용자가 대통령령이 정하는 바에 의하여 노동부장관의 인가를 받은 자
② 동거하는 친족만을 사용하는 사업 또는 사업장의 근로자
③ 선원법의 적용을 받는 선원
④ 가사사용인
⑤ 18세 미만의 근로자

≪**해설**≫ ②④ 최저임금법은 근로자를 사용하는 모든 사업 또는 사업장에 적용되나, 동거하는 친족만을 사용하는 사업과 가사사용인에게는 적용하지 아니한다(동법 제 3 조 제 1 항). ③ 「선원법」의 적용을 받는 선원과 선원을 사용하는 선박의 소유자에게는 적용하지 아니한다(동법 제 3 조 제 2 항). ① i) 정신장애나 신체장애로 근로능력이 현저히 낮은 자, ii) 그 밖에 최저임금을 적용하는 것이 적당하지 아니하다고 인정되는 자로서 사용자가 대통령령으로 정하는 바에 따라 노동부장관의 인가를 받은 자에 대하여는 제 6 조(최저임금의 효력)를 적용하지 아니한다(동법 제 7 조 및 동법시행령 제 6 조).

8. 근로기준법상의 통상임금을 기준으로 산정하는 것이 아닌 것은? 〈47회 사시〉

① 해고예고수당 ② 야간근로수당 ③ 연장근로수당
④ 장해보상금 ⑤ 휴일근로수당

≪**해설**≫ 근로기준법상 통상임금이 적용되는 경우는 해고예고수당(동법 제26조), 연장·야간·휴일근로수당(동법 제56조), 산전후휴가 중 급여(동법 제74조) 등이 있으며, 평균임금이 적용되는 경우는 퇴직금(근로자퇴직급여보장법 제 8 조 제 1 항), 휴업수당(근로기준법 제46조), 연차유급휴가수당(동법 제60조), 휴업보상·장해보상·유족보상·장의비·일시보상·분할보상 등 각종 재해보상(동법 제79조 내지 제85조), 감급의 제한(동법 제95조) 등이 있다.

9. 현행법상 근로관계에 관한 甲과 乙의 주장이 모두 옳은 것은? (단체협약, 취업규칙 및 근로계약 등에서 별도로 정한 바가 없는 것을 전제로 한다) 〈46회 사시〉

해답 7. ⑤ 8. ④ 9. ②

① 甲: 임금은 근로자 본인에게 전액 지급해야 한다.
乙: 단체협약으로도 임금 전액지급에 대한 예외를 둘 수 없다.

② 甲: 사용자는 정당한 파업에 참가하여 근로를 제공하지 않은 근로자에게 그 기간 중의 임금을 지급하지 않아도 된다.
乙: 노동조합은 파업기간중의 임금지급을 목적으로 쟁의행위를 하여서는 아니 된다.

③ 甲: 사용자의 귀책사유로 휴업한 때에는 사용자는 그 기간에 대하여 근로기준법 제46조에서 정하는 바에 따라 휴업수당을 지급하여야 한다.
乙: 근로기준법 제46조에 의한 휴업수당은 원칙적으로 통상임금의 70%이상을 지급해야 한다.

④ 甲: 퇴직금은 임금으로 보아야 한다.
乙: 근로자가 퇴직금의 중간정산을 요구한 경우에 사용자는 이를 지급하여야 한다.

⑤ 甲: 단시간근로자의 근로조건은 당해 사업장의 동종의 업무에 종사하는 통상근로자의 임금을 기준으로 산정한 비율에 따라 결정한다.
乙: 단시간근로자 중에서 1월간의 소정근로시간이 뚜렷하게 짧은 단시간근로자에게는 근로기준법이 적용되지 않는다.

≪**해설**≫ ① 단체협약을 통해 공제가 인정되는 경우에는 노동조합의 조합비를 사용자로 하여금 사전에 공제하여 노동조합에 납부하도록 하는 조합비 사전공제제도(Check-off System) 및 대부금 반환 등이 있다(근로기준법 제43조 제 1 항 참조). ③ 휴업수당은 평균임금을 기준으로 한다(근로기준법 제46조 제 1 항 참조). ④ 근로자의 요구가 있는 경우라도 사용자가 이에 반드시 응할 의무가 있는 것은 아니다(근로자퇴직급여보장법 제 8 조 제 2 항). ⑤ 1주간의 소정근로시간이 뚜렷하게 짧은 단시간근로자에 대하여는 근로기준법의 일부규정이 적용되지 아니할 뿐이다(근로기준법 제18조 제 3 항).

10. 최저임금법에 관한 설명 중 옳지 않은 것은? 〈46회 사시〉

① 최저임금법은 선원법의 적용을 받는 선원에게도 적용된다.
② 최저임금법상의 근로자 및 사용자의 개념은 근로기준법상의 근로자 및 사용자의 개념과 동일하다.
③ 최저임금법은 동거의 친족만을 사용하는 사업과 가사사용인에 대하여 적용되지 않는다.
④ 최저임금액에 미달하는 임금을 정한 근로계약은 그 부분에 한하여 무효로 한다.

┃해답┃ 10. ①

⑤ 최저임금법상의 임금개념은 근로기준법상의 임금개념과 동일하다.

≪**해설**≫ 최저임금법은 모든 사업 또는 사업장에 적용한다. 다만, 동거하는 친족만을 사용하는 사업과 가사사용인에게는 적용하지 않는다(최저임금법 제 3 조 제 1 항). 또한 선원법의 적용을 받는 선원 및 선원을 사용하는 선박의 소유자에 대하여도 적용하지 않는다(동법 제 3 조 제 2 항).

11. 노동관계법상 평균임금을 산정기준으로 삼는 급여로만 묶인 것은?

〈45회 사시변형〉

㉠ 시간외근로수당	㉡ 휴업수당	㉢ 해고예고수당
㉣ 퇴직금	㉤ 장해보상	

① ㉠, ㉡, ㉢　② ㉠, ㉡, ㉣　③ ㉡, ㉢, ㉣
④ ㉡, ㉢, ㉤　⑤ ㉡, ㉣, ㉤

≪**해설**≫ 평균임금을 산정기준으로 하는 급여는 퇴직금(근로자퇴직급여보장법 제 8 조 제 1 항), 휴업수당(근로기준법 제46조), 연차유급휴가수당(동법 제60조), 재해보상금(동법 제79조 내지 제85조)과 감급 제재시 제한의 기준으로 1회의 감액이 평균임금의 1/2를 초과하지 못하도록 규정하고 있다(동법 제95조).

12. 근로기준법상 임금지급에 관한 설명 중 옳지 않은 것은? 〈45회 사시〉

① 임금채권을 제 3 자에게 양도한 경우에도 근로자에게 직접 지급해야 한다.
② 임금은 단체협약에 의하여 그 일부를 현물로 지급할 수 있다.
③ 사용자가 임금의 초과 지급을 이유로 상계를 주장하는 것은 일정한 요건하에서 허용된다.
④ 월급제는 매월 1회 임금을 지급해야 하지만 연봉제는 매년 1회 임금을 지불해야 한다.
⑤ 임금의 지급방법은 근로계약에서 서면으로 명시하여야 한다.

≪**해설**≫ ① 근로자가 그 임금채권을 양도한 경우라 할지라도 그 임금의 지급에 관하여는 임금 직접지급의 원칙을 규정하는 취지에 따라 사용자는 직접 근로자에게 임금을 지급하지 아니하면 안되는 것이고 그 결과 비록 양수인이라고 할지라도 스스로 사용자에 대하여 임금의 지급을 청구할 수는 없는 것이다(대판(전) 1988.12.13, 87다카2803; 대판 1996.3.22, 95다2630; 대판 1996.2.23, 94다21160). ② 근로기준법은 통화불의 원칙 및 전액불 원칙에 대하여는 법령 또는 단체협약에 의하여 예외를 인정하고 있다(동법 제43조 제 1 항 단서). ③ 임금의 직접지급의 원칙상 사용자가 근로자에 대하여 가지는 채권으로서 근로자의 임금채권과 상계를 하지 못하는 것이 원칙이나, 계산의 착오 등으로 임금이 초과지급된 경우 일정한 요건을 갖춘 경우에는 사용자가 초과 지급된 임금의 부당이득반환청구권을 자동채권으로 하여 상계할 수 있는 것이다(대판 1993.12.28, 93다38529 등).

|해답| 11. ⑤ 12. ④

④ 연봉제는 1년의 임금을 미리 정하여 지불하는 것으로 연봉제라 하더라도 임금은 매월 1회이상 분할하여 정기일에 지급되어야 한다(동법 제43조 제 2 항). 따라서 1년에 1회 지급하는 것은 매월 정기불의 원칙에 위반된다. ⑤ 근로계약 체결시 임금의 구성항목, 계산방법 및 지급방법에 대해서는 서면으로 명시하여야 한다(동법 제17조 후단).

13. 최저임금법상 최저임금에 관한 설명으로 옳지 않은 것은? 〈45회 사시〉

① 최저임금액에 미달하여 무효로 된 근로계약 부분은 최저임금액과 동일한 임금을 지급하기로 정한 것으로 본다.

② 사용자는 최저임금을 이유로 종전의 임금 수준을 낮추어서는 아니 된다.

③ 사용자가 정당한 이유로 근로자에게 소정의 근로일에 근로를 시키지 아니한 경우에도 최저임금이 지급된다.

④ 매월 1회 이상 정기적으로 지급하는 임금은 최저임금의 산정에 포함된다.

⑤ 최저임금은 최저임금위원회가 심의·의결한 최저임금안에 따라 노동부장관이 결정한다.

≪**해설**≫ ①② 최저임금이 정해진 경우에 사용자는 그 금액에 미달하는 임금으로 근로자를 사용할 수 없으며, 최저임금을 이유로 종전의 임금수준을 최저임금수준으로 낮추어서는 아니된다(최저임금법 제 6 조 제 1 항, 제 2 항 및 제 3 항). ③ 근로자가 자기의 사정으로 소정의 근로시간 또는 소정의 근로일의 근로를 하지 않는 경우나, 사용자가 정당한 이유로 근로자에게 소정의 근로시간 또는 소정의 근로일의 근로를 시키지 아니한 경우에는 최저임금의 적용이 강제되지 않는다(동법 제 6 조 제 6 항). ④ 매월 1회 이상 정기적으로 지급하는 임금과 소정의 근로기간 또는 소정의 근로일에 대하여 지급하는 임금 등은 지급이 강제되는 최저임금에 포함된다(동법 제 6 조 제 4 항 참조). ⑤ 동법 제 8 조 제 1 항.

14. 근로기준법상 통상임금을 기초로 산정하는 것이 아닌 것은? 〈44회 사시변형〉

① 제재로서의 감급의 제한 ② 해고예고수당
③ 연장근로수당 ④ 휴일근로수당
⑤ 산전후휴가수당

≪**해설**≫ 근로기준법상 ②③④⑤ 는 통상임금을 기초로 산정하고, ①은 평균임금을 기초로 산정한다. 연차유급휴가수당(동법 제60조)은 평균임금 또는 통상임금을 기초로 산정한다.

15. 근로기준법 소정의 평균임금을 기초로 산정하여야 하는 것이 아닌 것은?

① 장해보상 ② 퇴직금 〈43회 사시〉
③ 휴업수당 ④ 해고예고수당

▌해답▌ **13.** ③ **14.** ① **15.** ④

⑤ 장의비

≪**해설**≫ 평균임금과 통상임금은 근로자에 대한 여러가지 급여금의 산출기초가 되는 바, 「평균임금」은 i) 퇴직금(근로자퇴직급여보장법 제 8 조 제 1 항), ii) 휴업수당(근로기준법 제46조), iii) 연차유급휴가수당(동법 제60조), iv) 재해보상금(동법 제79조 내지 85조), v) 감급액의 제한(동법 제95조)을 산출하는 기초로 사용된다.

16. 최저임금법상 최저임금의 결정권자는? 〈43회 사시〉

① 노동부장관 ② 기획예산처장관 ③ 노동위원회
④ 국무총리 ⑤ 대통령

≪**해설**≫ 「노동부장관」은 매년 3월 31일까지 최저임금위원회에 심의를 요청하고, 최저임금위원회가 심의·의결한 최저임금안에 따라 매년 8월 5일까지 최저임금을 결정하여야 한다(최저임금법 제 8 조 및 동법시행령 제 7 조).

17. 임금에 관한 설명으로 옳지 않은 것은? 〈43회 사시〉

① 법령 또는 단체협약에 특별한 규정이 있는 경우에는 임금을 통화 이외의 것으로 지급할 수 있다.
② 판례는 직접지급의 원칙에 따라 임금채권의 양도를 허용하지 않는다.
③ 사용자는 근로자가 출산 등 비상한 경우의 비용에 충당하기 위하여 임금지급을 청구하면 지급기일 전이라도 이미 제공한 근로에 대한 임금을 지급하여야 한다.
④ 임금은 매월 1회 이상 일정한 기일을 정하여 지급하여야 하는 것이 원칙이다.
⑤ 법령 또는 단체협약에 특별한 규정이 있는 경우에는 임금의 일부를 공제할 수 있다.

≪**해설**≫ ① 통화불 원칙의 예외(근로기준법 제43조 제 1 항 단서). ② 민법상 채권양도의 법리와는 달리 강행법인 근로기준법 제43조 제 1 항은 「직접불의 원칙」을 규정하고 있는 바, 임금이 확실하게 근로자 본인의 수중에 들어가게 하여 근로자의 생활을 보호하고자 하는 입법취지에서 근로자가 그의 임금채권을 양도한 경우라 할지라도 사용자는 직접 근로자에게 임금을 지급하여야 한다(대판(전) 1988.12.13, 87다카12803). 지문처럼 임금채권의 양도를 금지하고자 한 취지가 아니다. ③ 비상시 지급(동법 제45조). ④ 매월 1회 이상 정기일불의 원칙(동법 제43조 제 2 항). ⑤ 전액불 원칙의 예외(동조 제 1 항 단서).

18. 임금대장 등 근로계약에 관한 중요한 서류의 보존기간과 임금채권의 소멸시효가 옳게 연결된 것은? 〈43회 사시〉

▌해답▌ **16.** ① **17.** ② **18.** ④

	보존기간	소멸시효
①	1년	1년
②	1년	3년
③	1년	10년
④	3년	3년
⑤	3년	10년

≪**해설**≫ 근로자명부와 대통령령이 정하는 근로계약에 관한 중요한 서류의 보존기간은 「3년」이며(근로기준법 제42조), 임금채권의 소멸시효도 「3년」이다(근로기준법 제49조).

19. 근로기준법상의 임금이라고 보기 어려운 것은? 〈42회 사시〉

① 휴업수당

② 전문직에게 정기적으로 지급하는 연구비

③ 연차휴가수당

④ 근로자의 자녀가 혼인하는 경우 지불하는 축하금

⑤ 야간근로수당

≪**해설**≫ 임금이란 사용자가 근로의 대상으로 지급하는 일체의 금품을 말하고 의례적·호의적 의미에서 지급하는 것은 포함하지 아니한다(대판 1973. 1. 27, 72다2425; 대판 1990. 11. 9, 90다카4683). ① 휴업수당은 i) 배상 또는 보상책임의 성격이 강하므로 이를 임금으로 보지 않는 견해(근기 1988. 1. 14, 015254-574)가 있으나, ii) 채권법적 시각(쌍무적 견련관계를 엄격히 요구함)과는 달리 근로관계하의 근로제공의무는 근로자의 노동력을 사용자의 지배하에 맡기는 데 있으므로, 근로자가 현실적으로 취업에 종사하지 못하게 된 원인이 사용자에게 있다면 현실적으로 소비된 근로의 대가로서의 보수가 아니더라도 근로자의 생계보장을 위한 급여로 보아 이를 임금으로 보아야 한다(통설). 본 문제는 특별히 행정해석에 의거한다는 표현이 없으므로 이론적으로 학설에 따라 휴업수당을 임금으로 보는 것이 타당하다. ② 연구수당·학생지도수당 등은 실적에 따른 실비변상이 아니라, 일반적으로 정기적·계속적으로 지급한 것이면 임금으로 보아야 한다(대판 1997. 9. 28, 77다300). ③⑤ 유급휴일수당·연차유급휴가수당·시간외근로수당 등은 근로의 대가이므로 임금이다. ④ 의례적·호의적으로 지급되는 것은 「노무대가성」이 없으므로 임금이 아니다(통설·판례).

20. 헌법재판소가 헌법불합치결정 또는 위헌결정을 내린 사항에 해당하는 것은?

〈42회 사시변형〉

㉮ 공익사업의 직권중재제도 ㉯ 퇴직금 전액에 대한 최우선변제제도

▌해답▌ 19. ④ **20.** ②

> ㉰ 노동조합 설립신고제도
> ㉱ 단체협약 불이행에 대한 형벌부과
> ㉲ 주요 방위산업체 근로자의 쟁의행위 금지제도

① ㉮, ㉰ ② ㉯, ㉱ ③ ㉰, ㉱
④ ㉮, ㉲ ⑤ ㉰, ㉲

≪**해설**≫ ㉮ 공익사업에 대한 강제중재의 허용은 단체행동권의 본질적인 내용을 침해하는 것이 아니다(헌재 1996.12.26, 90헌바19, 92헌바41, 92헌바49(병합); 대판 1990.5.15, 990도357; 대판 1990.9.28, 90도602). ㉯ 퇴직금우선변제조항은 질권 또는 저당권의 본질적 내용을 침해할 소자가 있고, 그 담보물권의 효력제한에 있어서 입법자가 준수하여야 할 과잉금지의 원칙에 위배되는 것으로 위헌성이 있다(헌재 1997.8.21, 94헌바19). ㉰ 노동조합의 설립신고제도(노사관계법 제10조). ㉱ 단체협약 불이행에 대하여 형벌을 부과하는 것은 위헌이다(헌재 1998.3.26, 96헌가20). ㉲ 방위산업체에 종사하는 근로자의 쟁의행위를 제한한 노사관계법 제41조 제2항의 규정은 i) 헌법 제33조 제3항의 유보조항에 근거를 둔 것이고, ii) 또 방위산업체에 종사하는 근로자에 한하여 특별히 쟁의행위를 금지한다 하여 평등원칙에 위배되는 것이라 볼 수 없다(대판 1991.1.15, 90도2278; 대판 1993.4.23, 93도493).

21. 근로기준법상의 평균임금과 통상임금에 관한 설명 중 옳지 않은 것은?

〈41회 사시〉

① 산업재해보상보험법상의 휴업급여는 평균임금을, 해고예고수당은 통상임금을 기초로 하여 산정한다.
② 월급여 중 휴일근로수당은 통상임금을 산정함에 있어서 공제되어야 한다.
③ 쟁의행위기간은 평균임금 산정기간에서 제외된다.
④ 일정 근속연수 이상 근속한 근로자에게 근속연한에 따라 가산하여 지급하는 정근수당은 통상임금의 범위에 포함되지 아니한다는 것이 판례의 입장이다.
⑤ 징계로 인한 직위해제기간은 평균임금 산정기간에서 제외되어야 한다는 것이 판례의 입장이다.

≪**해설**≫ ① 산업재해보상보험법 제39조 제1항, 근로기준법 제26조. ② 연장근로수당·야간근로수당·휴일근로수당·정근수당·학비보조금 등은 근로자에게 정기적·일률적으로 지급되는 것이 아니므로 통상임금의 범위에 속하지 않는다(대판 1996.5.28, 95다36817; 대판 1996.3.22, 95다56767). ③ 근로기준법시행령 제2조 참조. ④ 그러나 일정근로연수에 달한 자에게 근무성적과 상관없이 고정적으로 지급되는 근속수당인 경우에는 통상임금에 속한다(대판 1996.5.10, 95다22270; 대판 2002.7.23, 2000다29370). ⑤ 근로자가 징계로 인하여 근로하지 못한 직위해제

해답 21. ⑤

기간, 대기발령기간 및 감봉기간의 평균임금산정기간의 제외여부와 관련하여 i) 이러한 징계조치는 그 자체로써 과거의 근로대가인 퇴직금에 대해서까지 불이익을 줄 수 없으므로 징계조치기간은 기간의 총일수에 산입되어서는 아니된다는 견해와(서울고판 1996.4.10, 91다33621, 이병태, 김형배, 하갑래), ii) 개인적인 범죄로 구속기소되어 직위해제되었던 기간은 총일수에서 제외되지 아니하고, 그로 인하여 산출된 평균임금액이 통상임금액보다 저액일 경우에는 근로기준법 제2조 제2항에 따라 통상임금을 평균임금으로 하여야 한다는 견해가 있다(대판 1994.4.12, 92다20309; 1971.1.22, 기준, 1455-696).

22. 최저임금에 관한 설명으로 옳지 않은 것은? 〈41회 사시〉

① 최저임금법은 임금의 최저수준을 보장하여 근로자의 생활안정과 노동력의 질적향상을 기함을 목적으로 한다.

② 사용자는 최저임금의 적용을 받는 근로자에 대하여 최저임금액 이상의 임금을 지급하여야 한다.

③ 최저임금위원회는 노사공익을 대표하는 각 9인으로 구성된다.

④ 최저임금은 근로자의 생계비, 유사근로자의 임금, 노동생산성 및 소득분배율 등을 고려하여 정한다. 이 경우 사업의 종류별로 구분하여 정할 수 있다.

⑤ 최저임금법에 따른 최저임금이 적용되는 사업은 최저임금위원회의 심의를 거쳐 국무총리가 결정한다.

≪**해설**≫ ① 최저임금법의 목적(최적임금법 제1조). ② 최저임금의 효력(동법 제6조 제1항). ③ 최저임금위원회의 구성(동법 제14조 제1항). ④ 최저임금의 결정기준(동법 제4조 제1항). ⑤ 최저임금법상 최저임금의 결정권자는 「노동부장관」이다. 노동부장관은 매년 8월 5일까지 「최저임금위원회」가 심의·의결한 최저임금안에 따라 최저임금을 결정하여야 한다(동법 제8조 제1항).

23. 매월 100만원의 임금(근로기준법상의 평균임금의 액수도 이와 같다)을 지급 받아오다가 사용자에 의해 부당해고된 근로자가 사용자에게 그 부당해고기간 동안의 임금으로 매월 100만원의 지급을 청구하는 경우, 만약 그 근로자가 해고기간 동안 다른 직장에 종사하여 매월 50만원의 중간수입을 얻어 왔다면 사용자가 위 근로자에게 매월 지급하여야 할 임금액수를 판례 및 현행 법률규정에 따라 산정하면? 〈41회 사시〉

① 매월 50만원 ② 매월 60만원 ③ 매월 70만원
④ 매월 80만원 ⑤ 매월 100만원

≪**해설**≫ 근로자가 부당하게 해고된 경우 사용자의 책임있는 사유에 해당되고, 근로자는 그로 인하여 취업할 수 없었던 기간동안의 임금을 청구할 수 있다(민법 제538조 제1항). 이 경우 근로자가 해고기간중에 타직장에 취업하여 얻은 수입

|해답| **22.** ⑤ **23.** ③

이 있는 경우(중간수입) 근로자가 자기의 근로제공의 의무를 면함으로써 이익을 얻은 경우이므로 해고기간중의 전체 임금액으로부터 공제할 수 있는가에 관하여 논의가 있다. 우리 판례는 그와 같은 중간수입은 사용자가 지급할 임금액에서 공제할 수 있으나 공제의 대상은 휴업수당을 초과하는 부분에 한하고, 휴업수당의 범위내의 금액은 중간수입으로 공제할 수 없다고 한다. 왜냐하면 근로기준법 제46조는 근로자의 최저생활을 보장하려는 취지에서 강행적으로 설정된 기준금액이기 때문이라는 것이다(대판 1996.4.23, 94다446 등).

24. 근로기준법 및 근로자퇴직급여보장법상 임금채권의 우선변제순위를 옳게 배열한 것은? 〈41회 사시변형〉

㉮ 질권·저당권에 의하여 담보된 채권
㉯ 임금·퇴직금·재해보상금 기타 근로관계로 인한 채권
㉰ 질권·저당권에 우선하는 조세·공과금
㉱ 조세·공과금 및 다른 채권

① ㉰-㉯-㉮-㉱ ② ㉰-㉮-㉯-㉱ ③ ㉰-㉱-㉮-㉯
④ ㉯-㉰-㉮-㉱ ⑤ ㉯-㉮-㉰-㉱

≪**해설**≫ [임금채권과 다른 채권의 변제순위]

① 최종 3월분의 임금·최종 3년간의 퇴직금·재해보상금
② 질권·저당권보다 우선하는 조세·공과금
③ 질권·저당권으로 담보된 채권
④ ①을 제외한 임금, 퇴직금, 재해보상금 기타 근로관계로 인한 채권
⑤ 조세·공과금
⑥ 일반채권

※ 「질권·저당권보다 우선하는 조세·공과금」이란 해당목적물에 직접 부과하는 조세로서 상속세, 증여세, 재평가세, 등록세, 가산금을 말한다(국세기본법 제35조 참조).

25. 노동관계법상 평균임금을 기초로 하여 산정하지 않는 것은? 〈40회 사시변형〉

① 퇴직금 ② 휴업수당 ③ 휴업보상
④ 해고예고수당 ⑤ 감급제재로서의 감급액

≪**해설**≫ 평균임금이란「이를 산정할 사유」가 발생한 경우에 그 사유에 기한 임금지급상의 근로자간 형평성을 도모하고자 안출된 일종의 조작적 개념이다. 따라서 통상임금이 실제 근무일수나 수령액에 구애없이「지급하기로 정하여진」임금(사전적·평가적 개념)인 반면 평균임금은 근로자가 일정기간동안(사유발생일 이전 3월간)「실제 제공한 근로」에 대하여「실제로 지급받은」임금으로서 이는「사후적·산술적」으로 산출된 개념인 것이다. 이같은 평균임금이 이용되는 경우로서 (1) 근로기준법상 i) 휴업수당(제46조), ii) 연차유급휴가수당(제60조 제 5 항), iii)

해답 24. ② 25. ④

재해보상금(휴업보상(제79조)·장해보상(제80조)·유족보상(제82조)·장의비(제83조)·일시보상(제84조)·분할보상(제85조)), iv) 감급제재의 제한액(제95조), (2) 근로자퇴직급여보장법상 퇴직금(동법 제 8 조), (3) 산업재해보상보험법상 보험급여의 산정(동법 제39조~제48조), (4) 고용보험법상 급여기초임금일액의 산정(동법 제45조) 등이 있다.

26. 임금의 지급방법에 관한 근로기준법의 규정에 위배된다고 볼 수 있는 것은?

〈39, 40회 사시〉

① 단체협약에 의거하여 노동조합비를 임금에서 공제하는 것
② 파업참가기간에 대한 임금을 삭감하는 것
③ 단순한 사자(심부름꾼)에게 임금을 지급하는 것
④ 근로자가 지정하는 요구불계좌에 임금을 입금하는 것
⑤ 임금을 약속어음으로 지급하는 것

≪**해설**≫ 임금의 지급방법은 「임금지급의 4대원칙」에 의거하여야 하는 바 i) 직접불, ii) 통화불, iii) 전액불, iv) 매월 1회 이상 정기일불의 원칙이 그것이다. 그 중에서 법령·단체협약에 의한 예외가 인정되는 것이 i) 통화불 원칙, ii) 전액불 원칙인 바 ①은 조합비공제제도 ②는 노사관계법 제44조 제 1 항에 의거하여 예외가 인정된다. ⑤ 어음·수표에 의한 임금지급은 법위반이 된다. 다만 은행지급 보증수표에 의한 임금지급은 허용된다고 본다(다수설).

27. 휴업수당에 대한 설명 중 옳지 않은 것은? 〈40회 사시〉

① 사용자의 귀책사유로 인하여 휴업하는 경우 사용자는 휴업기간 중 당해 근로자에 대하여 평균임금의 100분의 70 이상의 수당을 지급하여야 한다.
② 사용자가 휴업수당을 지급하여야 할 사유는 사용자에게 고의·과실이 있는 경우에만 적용된다.
③ 휴업이란 근로자에게 노무제공의 능력과 의사가 있음에도 불구하고 사용자측의 사정으로 그 이행이 거부된 것을 말한다.
④ 휴업수당을 기일 내에 지급하지 않으면 사용자는 3년 이하의 징역 또는 2,000만원 이하의 벌금에 처한다.
⑤ 휴업수당의 지급은 근로자에 대하여 평균임금의 100분의 70 이상을 지급하여야 하나, 다만 평균임금의 100분의 70에 상당하는 금액이 통상임금을 초과하는 경우에는 통상임금을 휴업수당으로 지급할 수 있다.

≪**해설**≫ 휴업수당(휴업지불)이란 i) 사용자의 귀책사유로 인하여 ii) 휴업하는 경우에 사용자가 근로자에게 지급하여야 하는 수당을 말한다. 상기요건 중 「사용자의 귀책사유」의 범위에 관하여 민법 제538조 제 1 항 본문 중 사용자의 귀책사유로 인한 이행불능에서 말하는 귀책사유와 같은 것인가 다른 것인가에 관한 논

해답 26. ⑤ 27. ②

의가 있다. i) 귀책사유동일설, ii) 귀책사유구별설(통설)의 대립인바 후자에 의하면 근로기준법 제46조상의 「사용자의 귀책사유」는 민법상의 귀책사유를 포함함은 물론 사용자의 세력범위 안에서 발생한 경영장애도 모두 포함된다고 본다(통설).

28. 최저임금법상의 최저임금의 효력에 대한 설명 중 옳지 않은 것은? 〈39회 사시〉

① 사용자는 최저임금액 이상의 임금을 지급해야 한다.

② 최저임금액에 미달하는 임금지급을 내용으로 하는 근로계약이 전부 무효로 되는 것은 아니다.

③ 근로자가 자기의 사정으로 인하여 소정의 근로시간의 근로를 하지 아니한 경우에 최저임금을 사용자에게 강제할 수 없다.

④ 수습사용중에 있는 자에 대해서도 최저임금은 적용된다.

⑤ 월단위로 정해진 임금에 대하여는 그 금액은 1월의 소정근로시간수로 나눈 금액으로 환산하여 최저임금을 정한다.

≪**해설**≫ ① 최저임금법 제 6 조 제 1 항(최저임금의 효력). ② 동법 제 6 조 제 3 항(이른바 「부분무효의 법리」). ③ 「임금의 지급이 강제되지 않는 경우」로서 i) 근로자가 자기의 사정으로 소정근로시간 · 소정의 근로일의 근로를 하지 아니한 경우, ii) 사용자가 정당한 이유로 근로자에게 소정근로시간 · 소정의 근로일의 근로를 시키지 아니한 경우가 있다(동법 제 6 조 제 6 항). ④ 종래 수습사용 중에 있는 자는 사용자가 노동부장관의 인가를 받은 경우 최저임금법을 적용하지 않았으나, 2005.5.31. 법 개정으로 수습사용 중에 있는 자로서 수습사용한 날부터 3월 이내인 자에 대하여는 법 제 5 조 제 1 항의 규정에 의한 시간급 최저임금액에서 「100분의 10」을 감한 금액을 당해 근로자의 시간급 최저임금액으로 정할 수 있도록 하였다(동법 제 5 조 제 2 항 및 동법시행령 제 3 조). ⑤ 동법 제 5 조 제 1 항 참조.

29. 휴업수당이 지불될 수 없는 경우는? 〈39회 사시〉

① 정당한 직장폐쇄조치로 일할 수 없게 된 근로희망자

② 작업량이 감소하여 휴업하게 된 경우

③ 자금난에 의한 휴업

④ 공장 이전으로 인한 휴업

⑤ 갱내 붕괴사고로 구조작업을 펴는 기간 동안 작업이 중단된 경우

≪**해설**≫ 사용자의 귀책사유에 의한 휴업수당 지급시 귀책사유에 해당하는 사례들을 숙지하는 것이 좋다. ① 부분적 직장폐쇄에 관하여는 견해대립이 있으나, 전면적 직장폐쇄에 관하여는 임금지급의무가 없다. ②③④⑤는 실무상 등장한 전형적인 사례들이다.

| 해답 | **28.** 답없음 **29.** ①

기출문제 및 기본문제

30. 임금으로 볼 수 없는 것은? 〈27회 사시〉

① 정기적으로 지급하는 상여금
② 퇴직금
③ 가족수당으로 지급되는 것
④ 연차 휴가비
⑤ 파업중 지급하는 금품

≪**해설**≫ 근로기준법 제2조 제1항 제5호는 임금의 정의로써 「이 법에서 임금이라 함은 사용자가 근로의 대상으로 근로자에게 임금, 봉급, 기타 여하한 명칭으로든지 지급하는 일체의 금품을 말한다」라고 규정하고 있다.

임금의 의의	임금에 해당하는 경우	임금에 해당하지 않는 경우
① 사용자가 근로자에게	• 봉사료 · 팁 → 사용자가 일괄적 예치후 분할시 • 택시운전자의 사납금 공제후 잔액	• 봉사료 · 팁(원칙: '92 대판) • 캐디피('96 대판) • 의료보험비('94 대판)
② 근로의 대가로서	• 상여금 · 퇴직금 • 복리후생비라도 단체협약 · 취업 규칙에 의하여 정기적 · 일률적으로 지급되는 것 • 각종수당: 통근수당, 벽지수당, 별거수당, 추석떡값 • 휴업수당 • 연차 유급휴가비	• 사회보장적 급여 – 해고수당 – 재해보상, 장해보상 • 은혜적 · 호혜적인 것 – 경조금, 위로금 • 실비변상적인 것 – 업무용 물품의 구입비 – 출장비, 기구수당, 판공비 • 복리후생비 – 교통비, 학자금 보조 – 노조전임자 임금
③ 명칭과 무관	• 현물급여(임금으로 지급되는 것)	• 현물급여(임금 이외의 지급)
※ 구체적 기준 ① 사용자가 직접 지급하는지 여부 ② 근로의 제공여부(노무대가성 여부) ③ 정기적 · 일률적으로 지급되는지 여부		

31. 다음 중 임금이 아닌 것에 관한 기술 중 옳은 것의 조합은 어느 것인가?

㉮ 출장비	㉯ 상여금	㉰ 퇴직금
㉱ 휴업수당	㉲ 해고예고수당	

① ㉮, ㉯
② ㉯, ㉰
③ ㉮, ㉲
④ ㉯, ㉲
⑤ ㉰, ㉱

≪**해설**≫ 임금이란 i) 노무대가성, ii) 사용자 지급성, iii) 명칭 여하의 불문이란

▌해답▌ 30. ⑤ 31. ③

요소를 갖추어야 한다. 이 경우 복리후생적·실비변상적 급여는 근로의 대상으로 지급되는 것이 아니므로 임금이 아니다.

32. 임금에 포함되지 않는 것은? 〈34회 사시〉

① 해고예고수당 ② 월차수당 ③ 상여금
④ 퇴직금 ⑤ 가족수당

≪**해설**≫ 해고예고수당은 근로제공에 대한 반대급부가 아니라 근로자의 생활기반상실을 방지하기 위한 생활보장적 차원의 부조제도로서의 기능을 수행하는 것이므로 근로기준법상의 임금이 아니다.

33. 근로기준법상 임금에 관한 서술로 잘못된 것은?

① 사용자는 근로자가 출산, 질병, 재해 그 밖에 대통령령으로 정하는 비상한 경우의 비용에 충당하기 위하여 청구하는 경우에는 지급기일 전이라도 이미 제공된 근로에 대한 임금을 지급하여야 한다.
② 사용자의 귀책사유로 인하여 휴업을 하는 경우에도 사용자는 휴업기간동안에 임금을 지급하여야 한다.
③ 위 ②의 경우에는 통상임금의 100분의 70 이상을 지급하여야 한다.
④ 사용자는 도급이나 그 밖에 이에 준하는 제도로 사용하는 근로자에게 근로시간에 따라 일정액의 임금을 보장하여야 한다.
⑤ 근로기준법상의 임금채권은 3년간 행사하지 아니하는 때에는 시효로 인하여 소멸한다.

≪**해설**≫ ① 근로기준법 제45조의 비상시 지급에 관한 내용이다. ② 동법 제46조. ③ 동법 제46조에서는 이 경우 평균임금의 100분의 70을 지급하여야 한다. ④ 동법 제47조. ⑤ 동법 제49조.

34. 다음 중 평균임금과 통상임금에 관한 설명이 틀린 것은?

① 평균임금은 퇴직금·휴업수당·재해보상금 등을 산정하는 경우에 이용된다.
② 통상임금은 정기적·일률적으로 지급되는 근로의 대가이다.
③ 근무일수에 따라 지급 여부 및 지급액이 달라지는 근속수당은 통상임금에 속한다.
④ 평균임금이 당해 근로자의 통상임금보다 저액일 경우 그 통상임금을 평균임금으로 한다.
⑤ 평균임금은 사후적·산술적 개념인데 반하여 통상임금은 근로의 질·양에 대한 사전적·평가적 개념이다.

❙해답❙ 32. ① **33.** ③ **34.** ③

≪**해설**≫ ① 평균임금이 이용되는 경우는 i) 퇴직금(근로자퇴직급여보장법 제 8 조), ii) 휴업수당(근로기준법 제46조), iii) 연차유급휴가수당(동법 제60조 제 5 항), iv) 재해보상금(휴업수당 · 장해보상 · 유족보상 · 장의비 · 일시보상 · 분할보상), v) 감급제재의 제한액(동법 제95조)을 계산할 때이다. ② 「통상임금」이라 함은 근로자에게 「정기적 · 일률적」으로 소정근로 또는 총근로에 대하여 지급하기로 정하여진 시간급금액 · 일급금액 · 주급금액 · 월급금액 또는 도급금액을 말한다. ③ 「근속수당」은 근무일수 등에 의하여 그 지급 여부 및 지급액이 달라지는 경우 통상임금에서 제외되나(대판 1996. 5. 28, 95다36817), 근로의 양 · 질과 무관하게 은혜적으로 지급되는 것이 아니라 일정 근로연수에 달한 자에게 근무성적과는 상관없이 매월 일정액을 정기적 · 일률적으로 지급되는 고정적 임금인 경우에는 통상임금에 속한다(대판 1996. 5. 10, 95다2227; 대판 2002. 7. 23, 2000다293701). ④ 동법 제 2 조 제 2 항. ⑤ 평균임금은 주로 「일급」 계산에, 통상임금은 주로 「시간급」 계산에 이용된다.

35. 다음 중 통상임금의 산출기준이 적용되는 것이 아닌 것은?

① 해고예고수당 ② 시간외근로수당
③ 연차유급휴가수당 ④ 산전후 휴가
⑤ 휴업수당

≪**해설**≫ ⑤ 휴업수당은 평균임금을 산출기준으로 하고 있다.

36. 다음 중 통상임금을 기초로 산정하는 것은 어느 것인가? 〈'99 공인노무사〉

① 가산임금 ② 퇴직금 ③ 휴업보상
④ 휴업수당 ⑤ 구직급여의 기초일액

≪**해설**≫ 통상임금이 이용되는 경우로는 i) 해고예고수당(근로기준법 제26조), ii) 연장근로 · 야간근로 · 휴일근로수당(동법 제56조), iii) 기타 「유급」으로 표시되어 있는 경제적 보상의 경우 등이 있다. ⑤ 구직급여의 산정기초가 되는 임금일액(「기초일액」)은 평균임금으로 산정한다(고용보험법 제45조).

37. 평균임금의 적용이 없는 경우는 모두 몇 개인가?

㉮ 연차유급휴가수당	㉯ 휴업수당	㉰ 장해보상
㉱ 퇴직금	㉲ 장의비	

① 1개 ② 2개 ③ 3개
④ 4개 ⑤ 없음

≪**해설**≫ 평균임금이라 함은 이를 산정하여야 할 사유가 발생한 날 이전 3개월간에 그 근로자에 대하여 지급된 임금의 총액을 그 기간의 총 일수로 제한 금액을 말한다(근로기준법 제 2 조 제 1 항 제 6 호).

해답 35. ⑤ 36. ① 37. ⑤

[평균임금이 이용되는 경우]

i) 퇴직금(근로자퇴직급여보장법 제 8 조), ii) 휴업수당(근로기준법 제46조), iii) 연차유급휴가수당(동법 제60조 제 5 항), iv) 재해보상금[휴업보상(동법 제79조), 장해보상(동법 제80조), 유족보상(동법 제82조), 장의비(동법 제83조), 일시보상(동법 제84조), 분할보상(동법 제85조)], v) 감급제재의 제한액(동법 제95조)

38. 일용근로자의 평균임금은 어떻게 결정하는가? 〈2회 공인노무사〉

① 통상임금을 평균임금으로 본다.

② 노동위원회에서 결정한다.

③ 노동부장관이 사업별 또는 직업별로 정한 금액으로 한다.

④ 사유발생일 이전 3개월 간에 근로자에게 지급된 임금총액을 그 기간의 총 일수로 나눈 금액을 말한다.

⑤ 사용자와 합의된 금액으로 한다.

≪**해설**≫ 일용근로자에 대하여는 「노동부장관」이 사업별·직업별로 정하는 금액을 평균임금으로 한다(근로기준법시행령 제 3 조).

39. 다음 중 평균임금의 산출에 있어 임금총액에 들어가지 않는 것은?

① 요양휴업기간에 지급되는 임금 〈35회 사법시험 유사〉

② 가족수당 ③ 상여금

④ 연차유급휴가수당 ⑤ 작업수당

≪**해설**≫ [평균임금산정시 임금총액의 범위]
[임금총액에 산입되는 것] ① 기본급과 주기적수당, ② 상여금, ③ 월차·연차수당·통근수당·주택수당·연료수당·식사보조비, ④ 연장근로·야간근로·휴일·근로수당, ⑤ 임금채권으로 확정되어 지급되어질 것
[임금총액에 산입되지 않는 것] ① 임시적·은혜적으로 지급되는 임금·수당 i) 결혼수당, ii) 사상병수당, iii) 추석선물, ② 통화외의 것으로 지불된 임금(단 노동부장관이 정하는 것은 임금으로 산입), ③ 평균임금의 계산에서 제외되는 기간 및 임금(동법시행령 제 2 조 제 1 항) i) 수습사용중의 기간, ii) 사용자의 귀책사유로 인하여 휴업한 기간, iii) 산전후 휴가기간, iv) 업무상 부상·질병의 요양을 위하여 휴업한 기간, v) 육아휴직기간, vi) 쟁의행위기간, vii) 병역법·향토예비군설치법·민방위 기본법에 의한 의무이행을 위하여 휴직하거나 근로하지 못한 기간(단 동기간 중 임금을 지급받은 경우는 포함), viii) 업무외 부상·질병 기타의 사유로 인하여 사용자의 승인을 얻어 휴업한 기간.

40. 다음 평균임금의 산정대상기간에서 제외되는 기간에 대한 기술 중 옳은 것과 틀린 것의 조합이 맞는 것은 무엇인가?

❙해답❙ **38.** ③ **39.** ① **40.** ⑤

> ㉮ 수습기간
> ㉯ 업무상 부상·질병으로 인하여 휴업한 기간
> ㉰ 업무외 부상·질병으로 인하여 사용자의 승인을 얻어 휴업한 기간
> ㉱ 쟁의행위기간
> ㉲ 병역의무의 이행을 위하여 임금을 받으면서 휴직한 기간

① ㉮(×)㉯(○)㉰(×)㉱(×)㉲(○)
② ㉮(○)㉯(○)㉰(×)㉱(×)㉲(×)
③ ㉮(○)㉯(○)㉰(○)㉱(×)㉲(×)
④ ㉮(○)㉯(×)㉰(○)㉱(×)㉲(○)
⑤ ㉮(○)㉯(○)㉰(○)㉱(○)㉲(×)

≪**해설**≫ ㉲ 병역법·향토예비군설치법 또는 민방위기본법에 의한 의무이행을 위하여 임금을 지급받으면서 휴직한 기간은 평균임금의 산정대상기간에서 제외되지 아니한다(근로기준법 시행령 제2조 제7호).

41. 다음 중 일반적인 방법으로 산정할 수 없는 경우 평균임금의 산정방법은?

① 노동부장관이 별도로 정한다.
② 일반근로자와 동일하게 산정한다.
③ 최저임금을 적용한다.
④ 일당을 적용한다.
⑤ 통상임금을 적용한다.

≪**해설**≫ 근로기준법 제2조 제1항 제6호(평균임금의 정의)와 동법시행령 제2조(평균임금의 계산에서 제외되는 기간 및 임금)·제3조(일용근로자의 평균임금)의 규정에 의하여 「평균임금을 산정할 수 없는 경우」에는 노동부장관이 정하는 바에 의한다(동법시행령 제4조). 이 경우 물리적으로 산정이 불가능한 경우뿐만 아니라 현저히 부당·불합리한 경우도 포함된다(대판 1995.2.28, 94다8631).

42. 최저임금법 규정에 관한 다음 설명 중 잘못된 것은?

① 이 법에서의 임금이란 근로기준법상의 임금과 동일한 개념이다.
② 이 법에서의 근로자의 개념은 근로기준법상의 근로자를 말한다.
③ 원칙적으로 근로자를 사용하는 모든 사업 또는 사업장에 적용된다.
④ 선원법의 적용을 받는 선원 및 선원을 사용하는 선박의 소유자에 대하여도 적용한다.
⑤ 이 법에서의 사용자의 개념은 근로기준법상의 사용자의 개념에 의한다.

≪**해설**≫ ①②⑤ 이 법에서 '근로자', '사용자' 및 '임금'이란 「근로기준법」 제2조에 따른 근로자, 사용자 및 임금을 말한다(동법 제2조). ③ 동법의 적용범위에 관하여 제3조 제1항은 「근로자를 사용하는 모든 사업 또는 사업장에 적용」하나, 「다만, 동거하는 친족만을 사용하는 사업과 가사사용인에게는 적용하지 아니한다」라고 규정하고 있다. ④ 예외적으로 선원법의 적용을 받는 선원 및 선원을 사용하는 선박의 소유자에게는 적용하지 아니한다(동법 제3조 제2항).

▌해답▌ 41. ① 42. ④

43. 다음 중 최저임금법상 최저임금의 적용이 제외되는 자가 아닌 것은?

㉮ 정신장애로 근로능력이 현저히 낮은 자로서 노동부장관의 인가를 받은 자 ㉯ 근로자의 신체의 장애가 당해 근로자를 종사시키고자 하는 업무의 수행에 직접적으로 현저한 지장을 주는 것이 명백하다고 인정되는 자로서 노동부장관의 인가를 받은 자 ㉰ 감시 또는 단속적으로 근로에 종사하는 자로서 노동부장관의 인가를 받은 자 ㉱ 근로자직업훈련촉진법에 의하여 사업주가 실시하는 양성훈련을 받는 자로서 노동부장관의 인가를 받은 자 ㉲ 선원법의 적용을 받는 선원 및 선원을 사용하는 선박의 소유자

① ㉮, ㉯ ② ㉯, ㉰ ③ ㉰, ㉱
④ ㉱, ㉲ ⑤ ㉮, ㉲

≪**해설**≫ ㉮㉯ 최저임금법 제 7 조 및 동법시행령 제 6 조. ㉰㉱ 종래 적용제외 대상자였으나 2005.5.31. 법 개정으로 최저임금의 적용제외대상에서 삭제되었다(동법 제 7 조 참조). ㉲ 동법 제 3 조 제 2 항.

44. 최저임금법에 관한 설명으로 잘못된 것은?

① 최저임금은 근로자의 생계비, 유사근로자의 임금, 노동생산성 및 소득분배율 등을 고려하여 정한다. 이 경우 사업의 종류별로 구분하여 정할 수 있다.
② 최저임금액은 시간·일·주 또는 월을 단위로 하여 정한다. 이 경우 일·주 또는 월을 단위로 하여 최저임금액을 정하는 때에는 시간급으로도 이를 표시하여야 한다.
③ 수습사용 중에 있는 자로서 수습사용한 날부터 3월 이내인 자와 「근로기준법」 제63조 제 3 호에 따라 감시 또는 단속적으로 근로에 종사하는 자로서 사용자가 노동부장관의 승인을 받은 자에 대하여는 일반적인 최저임금액과 다른 금액으로 최저임금액을 정할 수 있다.
④ 매월 1회 이상 정기적으로 지급하는 임금외의 임금으로서 노동부장관이 정하는 것 또는 소정근로시간 또는 소정의 근로일에 대하여 지급하는 임금외의 임금으로서 노동부장관이 정하는 것도 최저임금에 산입한다.
⑤ 2차례 이상의 도급으로 사업을 행하는 경우에 직상수급인이 책임져야 할 사유로 하수급인이 근로자에게 최저임금액에 미치지 못하는 임금을 지급한 경우 그 직상수급인은 해당 하수급인과 연대하여 책임을 진다.

▍해답▍ 43. ③ **44.** ④

≪**해설**≫ ① 최저임금법 제 4 조 제 1 항. ② 동법 제 5 조 제 1 항. ③ 동법 제 5 조 제 2 항. ④ 매월 1회 이상 정기적으로 지급하는 임금외의 임금으로서 노동부장관이 정하는 것, 소정근로시간 또는 소정의 근로일에 대하여 지급하는 임금외의 임금 및 그 밖에 최저임금액에 산입하는 것이 적당하지 아니하다고 인정하여 노동부장관이 따로 정하는 것은 최저임금에 산입하지 아니한다(동법 제 6 조 제 4 항). ⑤ 동법 제 6 조 제 7 항 및 제 9 항.

45. 최저임금의 결정기준에 해당되지 아니하는 것은?

① 근로자의 생계비 ② 유사근로자의 임금 ③ 물가상승률
④ 노동생산성 ⑤ 소득분배율

≪**해설**≫ 최저임금은 i) 근로자의 생계비, ii) 유사근로자의 임금, iii) 노동생산성, iv) 소득분배율 등을 고려하여 정한다. 이 경우 사업의 종류별로 구분하여 정할 수 있는데, 사업의 종류별 구분은 최저임금위원회의 심의를 거쳐 노동부장관이 정한다(동법 제 4 조).

46. 최저임금의 효력에 관한 설명으로 잘못된 것은?

① 최저임금의 적용을 받는 근로자와 사용자 사이에 최저임금에 미치지 못하는 금액을 임금으로 정한 근로계약은 계약 전부가 무효가 된다.
② 위와 같은 내용의 근로계약을 체결한 경우에는 최저임금법이 정한 최저임금액과 동일한 임금을 지급하기로 정한 것으로 본다.
③ 사용자는 최저임금을 이유로 하여 종전의 임금수준을 낮추어서는 아니된다.
④ 근로자가 자기의 사정으로 소정근로시간 또는 소정의 근로일을 근로하지 아니한 경우에는 그 시간 또는 일에 대하여도 최저임금효력규정이 적용되는 것은 아니다.
⑤ 소정근로시간 또는 소정의 근로일에 대하여 지급하는 임금외의 임금으로서 노동부장관이 정하는 것에 대하여는 최저임금에 산입하지 아니한다.

≪**해설**≫ ①② 최저임금의 효력에 관하여는 최저임금법 제 6 조 제 3 항에서 「최저임금의 적용을 받는 근로자와 사용자 사이의 근로계약 중 최저임금액에 미치지 못하는 금액을 임금으로 정한 부분은 무효로 하며, 이 경우 무효로 된 부분은 이 법으로 정한 최저임금액과 동일한 임금을 지급하기로 한 것으로 본다」라고 규정하고 있다. 즉 「일부무효법리의 예외」 또는 이른바 「부분무효의 법리」가 적용된다. ③ 동조 제 2 항. ④ 동조 제 6 항 제 1 호. ⑤ 동조 제 4 항 제 2 호.

47. 최저임금법에 의하여 결정된 최저임금의 법적 효과에 관한 설명 중 틀린 것은?

① 최저임금이 정하여진 경우에도 노동부장관의 인가를 얻으면 최저임금액에 미달하는 임금을 지급하여도 된다.

▌해답▌ 45. ③ 46. ① 47. ①

② 노동부장관은 최저임금위원회가 의결한 최저임금안에 따라 최저임금을 결정하여야 한다.
③ 수습사용 중에 있는 자로서 수습사용한 날부터 3월 이내인 자에 대하여는 일반적인 시간급 최저임금액에서 100분의 10을 감한 금액을 당해 근로자의 시간급 최저임금액으로 한다.
④ 최저임금에 미치지 못하는 금액을 임금으로 정한 계약을 체결해도 그 계약조항은 무효가 되며, 최저임금액으로 임금의 계약을 체결한 것으로 본다.
⑤ 정신장애나 신체장애로 근로능력이 현저히 낮은 자로서 노동부장관의 인가를 받은 경우에는 최저임금효력규정이 적용되지 않는다.

≪**해설**≫ 사용자는 최저임금의 적용을 받는 근로자에게 최저임금액 이상의 임금을 지급하여야 한다. 사용자는 최저임금을 이유로 종전의 임금수준을 낮추어서는 아니 된다. 최저임금의 적용을 받는 근로자와 사용자 사이의 근로계약 중 최저임금액에 미치지 못하는 금액을 임금으로 정한 부분은 무효로 하며, 이 경우 무효로 된 부분은 이 법으로 정한 최저임금액과 동일한 임금을 지급하기로 한 것으로 본다(최저임금법 제 6 조 제 1 항 내지 제 3 항).

48. 최저임금법상 최저임금의 결정권자와 최저임금의 효력발생시기는 언제인가?

① 대통령, 매년 1월 1일부터
② 노동부장관, 매년 1월 1일부터
③ 국무총리, 매년 9월 1일부터
④ 국무총리, 매년 9월 1일부터
⑤ 노동부장관, 매년 9월 1일부터

≪**해설**≫ 「노동부장관」은 매년 8월 5일까지 최저임금을 결정하여야 한다. 노동부장관이 최저임금을 결정할 경우에는 최저임금위원회의 심의를 요청하고, 최저임금위원회가 심의·의결한 최저임금안에 따라 최저임금을 결정하여야 하는데(최저임금법 제 8 조 제 1 항), 노동부장관이 최저임금을 결정한 때에는 지체없이 그 내용을 고시하여야 하며(동법 제10조 제 1 항), 고시된 최저임금은 「다음 연도 1월 1일부터」 효력이 발생한다. 다만, 노동부장관은 사업의 종류별로 임금교섭시기등을 고려하여 필요하다고 인정하면 효력발생시기를 따로 정할 수 있다(동법 제10조 제 2 항).

49. 다음 임금지급의 원칙 중에서 근로기준법에서 명문으로 예외를 인정하고 있지 아니한 원칙은?

① 직접불의 원칙
② 전액불의 원칙
③ 통화불의 원칙
④ 정기불의 원칙
⑤ 매월 1회 이상 지불의 원칙

≪**해설**≫ 근로기준법 제43조 제 1 항 참조. 직접불의 원칙을 제외한 나머지 원칙은 법령, 단체협약에 의한 예외가 적용된다.

▍해답▍ 48. ② 49. ①

50. 다음 중에서 노동조합비의 사전공제제도(Check - off)는 임금지급의 원칙 중 어느 원칙에 대한 예외를 인정하고 있는 것인가?

① 직접불　② 전액불　③ 통화불
④ 정기불　⑤ 매월 1회 이상 지불

≪**해설**≫ 법령·단체협약에 특별한 규정이 있는 경우 i) 전액불원칙, ii) 통화불원칙의 예외가 인정되는 바(제43조 제1항 단서), 이 경우 단체협약에 의한 예외란 소비조합에서의 구매대금·사택료·대부금 등을 단체협약에 의하여 공제할 것을 약정한 경우이거나 조합비공제제도(Check - off System)에 의한 공제 등을 말한다.

51. 임금지급원칙 중에서 틀린 것은? 〈17·28회 사시〉

① 전액불의 원칙　② 직접불의 원칙　③ 통화불의 원칙
④ 매월불의 원칙　⑤ 정기일불의 원칙

≪**해설**≫ 임금지급의 4대원칙은 ① 통화불 ② 직접불 ③ 전액불 ④ 매월 1회 이상 정기일불의 원칙이다. 따라서 매월 최소 1회 이상 지급되어야 한다.

52. 직접불의 원칙에 관한 다음 설명 중 틀린 것은?

① 근로자의 법정대리인에게 임금을 지급하는 것은 직접불의 원칙에 반한다.
② 근로자가 제3자에게 임금채권을 양도한 경우라도 직접 근로자에게 지불해야 한다.
③ 사용자가 제3자인 은행에 지불사무를 위임하는 것은 직접불의 원칙에 반하지 않는다.
④ 단체협약이 정하는 바에 의하여 위임한 경우에는 근로기준법상의 직접불의 원칙에 반하지 않는다.
⑤ 근로자의 使者에 대하여 임금을 지불하는 것은 직접불의 원칙에 반하지 않는다.

≪**해설**≫ ① 미성년자의 법정대리인은 미성년자의 근로계약을 대리할 수 없으며 임금수령권도 없다(근로기준법 제67조 제1항, 제68조). ② 동법 제43조 제1항은 임금수령권한을 위임한 경우라도 임금의 본인직접불의 원칙을 관철하려는 것으로 임금채권을 양도한 경우라도 사용자는 직접 근로자에게 지불하여야 한다(통설; 대판(전) 1988.12.13, 87다카2803). ③ 은행, 노동조합의 대표자 등이 제3자에게 임금의 지불사무를 위임하여 이들로 하여금 사업주를 위하여 근로자에게 임금을 지급시키는 것은 이들이 사용자의 입장이 되는 것이기 때문에 직접불 원칙에 반하지 않는다. ④ 직접불의 원칙에는 법령 또는 단체협약에 의한 예외를 인정하지 않고 있다(이점은 전액불 또는 통화불의 원칙과는 다르다).

해답 **50.** ② **51.** ④ **52.** ④

53. 임금의 지급방법에 관한 다음 설명 중 바르지 못한 것은? (판례에 의함)

① 임금지불원칙에 관한 근로기준법 제43조는 개개근로자의 임금확보를 위한 것이므로 근로자 1인에 대한 위반행위로 1죄가 성립한다.

② 근로자의 퇴직금에 대하여 사용자가 그 근로자에 대한 대출금채권으로 언제나 상계할 수 있다.

③ 단체협약에 의한 가불금이나 복리후생시설의 이용료 등은 임금과 상계할 수 있다.

④ 법령·단체협약에 특별한 규정이 있는 경우 통화불·전액불 원칙에 대한 예외가 인정된다.

⑤ 過拂賃金에 대하여는 차기임금액에서 이를 공제할 수 있다.

≪**해설**≫ ① 대판 1995.4.14, 94도1724. ② 사용자가 근로자에 대하여 가지는 채권을 가지고 일방적으로 근로자의 임금채권을 상계하는 것은 원칙적으로 금지된다(대판 1976.9.28, 75다1768; 대판 1990.5.8, 88다카26413 등). 다만 사용자가 근로자의 동의를 얻어 근로자의 임금채권에 대하여 상계하는 경우에 그 동의가 근로자의 자유로운 의사에 터잡아 이루어진 것이라고 인정할 만한 합리적인 이유가 객관적으로 존재하는 때에는 한정적으로 허용될 수 있다(대판 2001.10.23, 2001다25184). ③ 통설. ④ 근로기준법 제43조 제 1 항 단서. ⑤ 임금이 계산착오로 과지급된 경우 이를 차기임금에서 상계할 수 있으나(대판 1995.6.29, 94다18553 등), 기타 사용자는 근로자에 대한 불법행위·채무불이행으로 인한 손해배상채권 등의 채권과 임금을 상계할 수 없다(대판 1989. 11.24, 88다카25038 등).

54. 임금지불에 대한 직접지불원칙에 반하는 것은?

① 임금채권이 압류된 경우에는 근로자에게 임금을 직접 지급하지 아니하여도 된다.

② 임금을 근로자의 使者에게 지급하는 것은 직접지불원칙에 반하지 않는다.

③ 사용자가 제 3 자인 은행에 임금지불사무를 위임하는 것은 직접지불의 원칙에 반하지 않는다.

④ 사용자가 근로자의 임금에 대하여 압류중인 채권자에게로 지불하는 것은 동 원칙에 위배되는 것이 아니다.

⑤ 임금을 근로자의 부모에게 지급하는 것은 이 원칙에 위배되는 것이 아니다.

≪**해설**≫ ① 대판 1988.12.13, 87다카2803. ⑤ 근로자의 법정대리인(친권자·후견인)·임의대리인에 대한 임금지급이나 노동조합에 임금을 지급하는 것, 또한 임금채권을 양도한 경우라도 임금의 직접지급의 원칙이 적용되어야 한다(대판 1996.3.22, 95다2630).

▌해답▌ 53. ② 54. ⑤

55. 원칙적으로 임금을 수령할 수 있는 권한이 제한되지 않는 사람은?

① 임금을 압류당한 근로자 ② 근로자의 使者
③ 근로자의 친권자 ④ 근로자의 법정대리인
⑤ 근로자의 임의대리인

≪**해설**≫ 직접불의 원칙에 따라 임금은 반드시 근로자 본인에게 지급되어야 하지만, i) 근로자의 희망에 의하여 지정된 은행의 본인구좌로 입금하거나 ii) 사자에 대한 임금지급(예컨대 불가피한 경우 배우자가 인감을 가지고 임금을 수령하는 행위), iii) 선원법상의 선원에 대한 임금지급은 허용된다(통설).

56. 다음은 임금지급방식에 대한 서술이다. 잘못된 것은?

① 임금에 갈음하여 현물로 지급하는 것은 원칙에 위배된다.
② 단체협약에 의하여 임금전액 중 일부를 원천공제하는 것은 원칙에 위배되는 것이 아니다.
③ 단체협약에서 정한 바에 따라 직접 근로자에게 지급하지 않아도 원칙에 위배되지는 않는다.
④ 사용자의 귀책사유에 의한 휴업이라 함은 근로자에게 근로제공의 능력과 의사가 있음에도 불구하고 사용자측의 사정으로 이것이 거부된 경우를 말한다.
⑤ ④에서의 휴업이라 함은 반드시 1일 단위로 볼 것이 아니고 1일 근로시간 중 일부만 휴업한 경우에도 적용된다.

≪**해설**≫ ③ 근로기준법 제43조 제 1 항 단서에서는 법령이나 단체협약에 정하는 바에 따라 예외를 인정할 수 있는 것으로 임금의 일부공제 또는 비통화지급만을 규정하고 있다. 즉 통화지급과 전액지급에 대한 예외만을 인정하고 있을 뿐 직접불의 원칙에는 근로기준법상의 예외를 허용하지 않고 있으며 선원법 제48조 제 3 항에 의한 예외가 인정될 뿐이다. ⑤ 휴업이란 사업의 전부 또는 일부가 정지되는 경우뿐만 아니라 개개의 근로자가 근로계약에 따라 근로를 제공할 의사가 있음에도 불구하고 그 의사에 반하여 취업이 거부되거나 불가능하게 된 경우도 포함되고(대판 1991.12.13, 90다18999), 1일 전체의 휴업만이 아니라 1일 소정근로시간 중의 일부에 한정되는 휴업도 포함된다.

57. 다음 중 금품청산 및 미지급 임금에 대한 지연이자에 관한 설명이 잘못된 것은?

① 사용자는 근로자가 사망 또는 퇴직한 경우에는 그 지급사유가 발생한 때로부터 14일이내에 임금·보상금 기타 일체의 금품을 지급하여야 한다.
② 다만, 특별한 사정이 있는 경우에는 당사자간의 합의에 의하여 기한의 제한 없이 지급기일을 연장할 수 있다.

해답 55. ② 56. ③ 57. ⑤

③ 사용자는 임금 및 퇴직금의 전부 또는 일부를 그 지급사유가 발생한 날부터 14일 이내에 지급하지 아니하는 경우 그 다음 날부터 지급하는 날까지의 지연일수에 대하여 연 100분의 40 이내의 범위에서 「은행법」에 의한 금융기관이 적용하는 연체금리 등 경제여건을 감안하여 대통령령이 정하는 이율에 의한 지연이자를 지급하여야 한다.

④ 사용자가 천재・사변 그 밖의 대통령령이 정하는 사유에 의하여 임금지급을 지연하는 경우 그 사유가 존속하는 기간에 대하여는 적용하지 아니한다.

⑤ 사용자가 임금 및 퇴직금의 전부 또는 일부를 그 지급사유가 발생한 날부터 14일 이내에 지급하지 아니하는 경우 근로기준법 제36조에 위반되어 3년이하의 징역 또는 2,000만원 이하의 벌금에 처하도록 되어 있으나 2005. 3. 31. 동법이 개정되어 친고죄로 규정하고 있다.

≪**해설**≫ ①② 근로기준법 제36조(금품청산). ③④ 동법 제37조(미지급 임금에 대한 지연이자). ⑤ 2005. 3. 31. 개정된 근로기준법에 의하면, 사용자가 i) 동법 제36조에 의한 근로자의 사망・퇴직시의 금품청산을 하지 아니한 경우, ii) 동법 제43조에 의한 임금지불방법의 원칙을 위반한 경우, iii) 동법 제44조에 의한 도급사업에 대한 임금지불을 하지 아니한 경우, iv) 동법 제46조에 의한 휴업수당을 지급하지 아니한 경우, v) 동법 제56조에 의한 시간외근로수당을 지급하지 아니한 경우에는 3년이하의 징역 또는 2,000만원 이하의 벌금에 처하나(동법 제109조 제 1 항), 위 형벌은 「반의사불벌죄」 즉 피해자의 명시한 의사에 반하여 공소를 제기할 수 없는 범죄로 규정하고 있다(동법 제109조 제 2 항).

58. 다음 중 근로기준법상 반의사불벌죄로 규정된 것이 아닌 것은?

① 동법 제45조에 의한 비상시 지불규정에 위반한 경우

② 동법 제43조에 의한 임금지불방법의 원칙을 위반한 경우

③ 동법 제44조에 의한 도급사업에 대한 임금지불을 하지 아니한 경우

④ 동법 제46조에 의한 휴업수당을 지급하지 아니한 경우

⑤ 동법 제56조에 의한 시간외근로수당을 지급하지 아니한 경우

≪**해설**≫ 사용자가 i) 동법 제36조에 의한 근로자의 사망・퇴직시의 금품청산을 하지 아니한 경우, ii) ②③④⑤에 해당하는 경우에는 3년이하의 징역 또는 2,000만원 이하의 벌금에 처하도록 하고 있으나(동법 제109조 제 1 항), 다만, 위 형벌은 「반의사불벌죄」 즉 피해자의 명시한 의사에 반하여 공소를 제기할 수 없는 범죄로 규정하고 있다(동법 제109조 제 2 항). ① 근로기준법 제45조에 의한 비상시 지불규정에 위반한 경우에는 1,000만원이하의 벌금에 처한다(동법 제113조). 규정은 일반범죄이다.

59. 최우선변제되는 임금채권의 범위가 타당한 것은?

| 해답 | **58.** ① **59.** ②

㉮ 최종 3월간의 임금 ㉯ 최종 3년간의 임금 ㉰ 임금전액 ㉱ 최종 3월간의 퇴직금 ㉲ 최종 3년간의 퇴직금 ㉳ 퇴직금전액 ㉴ 최종 3월간의 재해보상금 ㉵ 최종 3년간의 재해보상금 ㉶ 재해보상금전액

① ㉮, ㉱, ㉴　② ㉮, ㉲, ㉶　③ ㉮, ㉲, ㉵
④ ㉯, ㉲, ㉶　⑤ ㉯, ㉲, ㉵

≪**해설**≫ 임금채권의 최우선변제가 인정되는 범위는 i) 최종 3월분의 임금, ii) 최종 3년간의 퇴직금, iii) 재해보상금이다(근로기준법 제38조 제 2 항 및 근로자퇴직급여보장법 제11조 제 2 항).

60. 다음 임금채권의 최우선변제에 관한 설명 중 타당하지 아니한 것은?

① 1997년 12월 24일 이전에 퇴직한 근로자의 경우 최우선변제의 대상이 되는 임금채권은 1989년 3월 29일 이후에 발생한 것이어야 한다.
② 1997년 12월 24일 이후에 입사한 근로자에게는 최종 3월분의 임금, 최종 3년간의 퇴직금 및 재해보상금 전액이 그 대상이 되는 것이 원칙이다.
③ 최종 3년간의 퇴직금은 계속근로연수 1년에 대하여 30일분 이상의 평균임금으로 계산한 금액으로 한다.
④ 1997년 12월 24일 이전에 입사한 근로자에게는 3년을 초과하는 퇴직금을 지급할 수 있으나, 퇴직금 총액은 250일간의 평균임금을 초과할 수 없다.
⑤ 질권 · 저당권에 우선하는 조세 · 공과금보다도 우선적으로 변제된다.

≪**해설**≫ 최우선변제되는 퇴직금은 계속근로연수 1년에 대하여 30일「분」의 평균임금으로 계산한 금액으로 한다(근로자퇴직급여보장법 제11조 제 3 항).

61. 임금채권보장법에 의하여 지급되는 체당금(임금채권)의 범위는?

㉮ 임　금	㉯ 퇴직금	㉰ 재해보상금	㉱ 휴업수당

① ㉮, ㉯　② ㉯, ㉱　③ ㉮, ㉯, ㉱
④ ㉮, ㉯, ㉰　⑤ ㉮, ㉯, ㉰, ㉱

≪**해설**≫ 임금채권보장법에 의한 체당금의 범위는 i) 근로기준법 제38조 제 2 항 제 1 호의 규정에 의한 최종 3월분의 임금, ii) 근로자퇴직급여보장법 제11조 제 2 항의 규정에 의한 최종 3년간의 퇴직금 및 iii) 근로기준법 제46조의 규정에 의한 휴업수당(최종 3월분에 한한다)으로 한다. 다만 대통령령이 정하는 바에 따라 근로자의 퇴직당시의 연령 등을 고려하여 그 상한액을 제한할 수 있으며 체당금이 적은 경우에는 지급하지 아니할 수 있다(임금채권보장법 제 6 조 제 2 항).

62. 임금채권보장법에 관한 설명 중 타당하지 아니한 것은?

| 해답 | **60.** ③ **61.** ③ **62.** ④

① 노동부장관은 사업주가 체당금을 지급하지 못하는 경우 사업주를 대신하여 지급한다.

② 체당금은 근로기준법 제38조 제 2 항 제 1 호에 의한 최종 3월분의 임금 및 근로자퇴직급여보장법 제11조 제 2 항에 의한 최종 3년간의 퇴직금과 근로기준법 제46조에 의한 휴업수당(최종 3월분에 한함)이다.

③ 노동부장관은 근로자의 퇴직당시의 연령 등을 감안하여 상한액을 제한하거나, 체당금이 적은 경우에는 지급하지 아니할 수 있다.

④ 노동부장관으로부터 체당금을 지급받은 사업주는 체당금의 지급을 신청한 근로자에게 이를 분할지급한다.

⑤ 노동부장관이 체당금을 지급한 경우, 당해 사업주에 대한 당해 근로자의 미지급임금 및 퇴직금청구권을 대위한다.

≪**해설**≫ ① 임금채권보장법 제 6 조 제 1 항. ② 동조 제 2 항. ③ 동조 제 2 항 단서. ④ 노동부장관이 근로자에게 직접 지급한다(동조 제 1 항). ⑤ 동법 제 7 조.

63. 다음 설명 중 잘못된 것은?

① 근로자가 출산·질병·재해 등 비상시의 경우 그 비용 충당을 위하여 비상시 지급을 사용자에게 청구할 수 있다.

② 위의 경우 지급기일전이라도 청구할 수 있다.

③ 비상시 지급의 경우 그 지급기간의 임금 전체를 미리 지급받을 수 있다.

④ 비상시 지급은 관행상의 가불과는 다른 개념이다.

⑤ 임금채권의 소멸시효는 3년이다.

≪**해설**≫ ①② 근로기준법 제45조 규정의 내용이다. ③ 비상시 지급은 비상시 그 이전에 이미 제공된 근로에 대한 임금을 지급기일 전에 청구할 수 있을 뿐이다. ④ 가불은 상호신뢰를 기반으로 근로하지 아니한, 즉 앞으로 근로를 예상하고 그 예상되는 임금에 대하여도 지급할 수 있는 것이므로, 사용자에게 법적 지급의무가 있는 비상시 지급과는 다른 것이다. ⑤ 근로기준법 제49조.

64. 다음 중 틀린 것은? (판례에 의함) 〈'99 공인노무사〉

① 임금채권을 양도한 경우라도 직접불원칙이 적용된다.

② 임금의 비상시 지급은 이미 제공한 근로에 대한 임금에 한한다.

③ 임금의 시효는 5년이다.

④ 최우선변제되는 퇴직금은 최종 3년간의 퇴직금이다.

⑤ 퇴직금은 후불임금이다.

≪**해설**≫ ① 대판 1996.3.22, 95다2630. ② 근로기준법 제45조. ③ 임금채권의

┃해답┃ 63. ③ **64.** ③

소멸시효는 3년이다. ④ 근로자퇴직급여보장법 제11조 제 2 항. ⑤ 통설·판례 입장. 다만 최근의 일부 판례와 헌재결정례에서 혼합설을 취한 바 있다(대판 1995. 10. 12, 94다36186).

65. 휴업수당에 관한 설명으로서 맞지 않는 것은? 〈32·35회 사시〉

① 근로자가 파업에 참가한 경우에는 휴업수당의 지급은 문제되지 않는다.

② 동조의 규정에 관계없이 민법의 규정에 따라 사용자의 수령지체책임을 물어 임금전액에 상당하는 금액을 청구할 수도 있다.

③ 동 규정은 근로자의 생존권의 확보를 목적으로 하여 임금상실의 위험으로부터 근로자를 보호하기 위한 것이다.

④ 동조의 귀책사유는 민법의 이론을 유추적용하여 고의·과실 및 이와 동일시 할 수 있는 사유라 할 수 있다.

⑤ 평균임금의 100분의 70 이상을 지급하여야 한다.

≪**해설**≫ ① 근로자가 정당한 파업에 참가한 경우 근로자의 노무제공의무와 사용자의 임금지급의무는 정지하게 되며(근로관계정지론), 따라서 휴업수당은 문제되지 않는다(대판(전) 1995. 12. 21, 94마26721). ②③ 휴업수당은 근로자를 임금상실의 위험으로부터 보호하기 위하여, 민법의 원리와는 다른 원리에 입각한 노동법의 독자적인 제도로서, 양 청구권이 경합하여 발생할 수 있으며(청구권 경합설; 통설·판례) 이 때에 휴업수당지급의 한도 내에서 민법상의 청구권이 소멸한다고 할 수 있다. ④ 귀책사유도 민법상의 그것보다 넓게 해석하여 경영장애 등과 같이 사용자의 세력범위에 속하는 모든 사유가 포함되는 것으로 해석한다(귀책사유구별설; 통설). ⑤ 근로기준법 제46조 제 1 항.

66. 휴업수당이 지불될 수 없는 경우는?

① 전시중 생산설비의 징발

② 작업량이 감소하여 휴업하게 된 경우

③ 차량정비불량으로 인한 면허정지기간

④ 공장 이전으로 인한 휴업

⑤ 갱내 붕괴사고로 구조작업을 펴는 기간 동안 작업이 중단된 경우

≪**해설**≫ 사용자의 「귀책사유」로 인하여 휴업하는 경우 사용자는 근로자에게 휴업수당을 지급하여야 한다. 휴업수당제도상의 귀책사유의 개념은 i) 민법상의 귀책사유를 포함함은 물론 ii) 민법상의 귀책사유가 없는 경우에도 사용자의 세력범위안에서 발생한 경영장애도 사용자의 귀책사유에 해당된다(세력범위설·지배영역설; 통설). ① 부득이한 사유로써 휴업수당의 지급이 감면된다.

67. 사용자 귀책사유에 의한 휴업기간의 임금지불에 관하여 잘못 설명한 것은?

▌해답▌ **65.** ④ **66.** ① **67.** ⑤

① 사용자의 귀책사유에 대하여는 사용자의 고의·과실에 의한 경우뿐만이 아니라 불가항력이라고 주장할 수 없는 모든 경우를 포함한다.
② 사용자의 귀책사유를 배제하는 불가항력의 범위에 대하여는 학설이 크게 세력권설과 불가항력설로 나뉘어지고 있다.
③ 여기서의 휴업이란 사업의 전부 또는 일부, 1일 단위로 볼 것이 아니라 특정 근로자의 근로제공 거부나 1일 근로기간 중 일부만의 휴업도 포함된다.
④ 사용자의 부당한 해고나 대기조치, 출근정지처분 또는 직장폐쇄로 인한 근로자의 근로제공이 거부된 경우에도 휴업에 해당한다고 보는 견해도 있다.
⑤ 사용자가 천재·지변이나 이에 준하는 정도로 불가항력적이고 돌발적인 사유에 기하여 사업계속이 불가능하게 된 경우에는 당연히 휴업지불을 하지 아니하여도 된다.

≪**해설**≫ ①②는 학설상 옳은 서술이다. ③ 대판 1991. 12. 13, 90다18999. ④ 대판 1991. 12. 13, 90다18999. ⑤ 근로기준법 제46조 제 2 항의 「부득이한 사유」에 해당하는 경우, 노동위원회의 승인을 얻어 휴업수당 범위 이하의 휴업수당을 지급할 수 있다.

68. 휴업수당에 관하여 옳은 설명은 어느 것인가?

① 임시 일용근로자에 대하여는 작업형편상 휴업한 경우에는 휴업수당을 지급하지 아니하여도 된다.
② 노동쟁의 중 사용자가 적법절차를 거쳐 직장폐쇄를 한 경우에는 휴업수당을 지급한다는 견해와 임금 전액을 지급한다는 견해로 나뉘어 있다.
③ 전력소비 과잉으로 정전되어 작업을 할 수 없게 된 경우에는 휴업수당을 지급하지 않는다.
④ 작업중 원료부족으로 인한 중단은 사용자의 귀책사유로 보지 않는다.
⑤ 휴업기간중 취업규칙에 따른 무급휴일이 있는 경우에 그 무급휴일에 대하여는 휴업수당을 지급하지 아니하여도 된다.

≪**해설**≫ ① 일용근로자라 할지라도 휴업수당을 지급하여야 한다. 휴업수당은 법정수당으로서 임금에 해당하며, 휴업한 경우 근로형태를 불문하고 모든 근로자에게 지급되어야 한다. ② 정당한 직장폐쇄의 경우에는 사용자는 임금지급의무나 휴업수당지급의무를 지지 아니한다. ③④의 경우에는 사용자의 귀책사유에 의한 것이라고 볼 수 있으므로 당연히 휴업수당을 지급하여야 한다. ⑤ 취업규칙 등에 무급휴일로 정해진 경우에는 사용자에게는 근로자의 노무수령의무가 없으므로 휴

❙해답❙ 68. ⑤

업수당지급을 하지 않아도 된다.

69. 사용자가 임금지급을 하지 아니하는 경우 지연이자의 최대범위는?

① 연 10%　　② 연 20%
③ 연 40%　　④ 연 100%
⑤ 당사자가 자율로 결정한다.

≪**해설**≫ 근로기준법 제37조 제 1 항 참조.

▌해답▐ 69. ③

제4편 勤勞時間과 休息

제1장 勤勞時間

제1절 意　　義

Ⅰ. 槪　　要

근로시간 단축의 역사는 먼저 1일 근로시간의 단축으로부터 시작되었다. 1866년 제1회 인터내셔널대회에서 8시간근로제가 국제노동운동의 강령으로 채택되었다.

Ⅱ. 勤勞時間의 槪念 및 算定

1. 勤勞時間의 槪念

(1) 근로시간　　근로기준법상의 근로시간이라 함은 근로자가 사용자의 「지휘・감독」 아래 근로를 제공하는 시간을 말한다(지휘・감독설: 통설・판례).

(2) 소정근로시간

1) 관련규정

> **근로기준법 제2조 【정의】** ① 이 법에서 사용하는 용어의 뜻은 다음과 같다.
> 7. "소정(所定)근로시간"이란 제50조, 제69조 본문 또는 「산업안전보건법」 제46조에 따른 근로시간의 범위에서 근로자와 사용자 사이에 정한 근로시간을 말한다.

2) **주요내용**　　소정근로시간이라 함은 i) 일반근로자의 경우 1일 8시간, 1주 40시간(근로기준법 제50조), ii) 연소자의 경우 1일 7시간, 1주 40시간(근로기준법 제69조), iii) 유해위험작업의 경우 1일 6시간, 1주 34시간(산업안전보건법 제46조)의 범위 안에서 당사자가 합의한 근로시간을 말한다(근로기준법 제2조 제1항 제7호).

소정근로시간의 개념은 시간급 통상임금의 산정에 있어 일급이나 월급을 시간급으로 환산하기 위하여 주로 사용된다.

2. 勤勞時間의 算定

(1) 기본원칙

1) 실근로에 부수되는 시간

① 실근로에 부수된 작업이 단체협약・취업규칙・근로계약 등에 의무화되어 있거나, 사용자의 지휘・명령하에 있거나, 업무수행에 필수불가결한 경우 모두 근로시간에 포함된다(대판 1993.3.9, 92다22770). 또한 근로계약에서 정하지 않은 다른 종류의 작업을 하거나, 연수・훈련 및 야유회 등의 시간도 사용자의 지시에 따른 이상 근로시간에 포함된다.

② 시업시의 기산점 문제 i) 작업지시・작업조편성을 위한 작업전 회의시간, ii) 교대인수・인계, 기계점검, 정리정돈, iii) 조회・회의・체조 등이 사용자의 지휘・감독하에 의무적으로 행하여진 시간은 근로시간에 산입된다(대판 1993.5.27, 92다24509; 대판 1993.9.28, 93다3363). iv) 작업복을 갈아입는 것이 단순한 준비행위에 불과한 경우, 예컨대 여자행원의 제복착용은 근로시간에 포함되지 아니하나, 안전보호구의 착용 등은 필수적인 업무관련행위로써 근로시간에 해당된다(통설).

③ 종업시의 기산점 문제 i) 작업종료 후 정돈시간, 기계점검・청소・인수・인계 등은 근로시간에 산입되나(대판 1993.3.9, 92다22770), ii) 목욕, 탈의시간 등은 특별한 사정이 없는 한 근로시간에 산입되지 아니한다.

2) 대기시간 근로대기상태에 있는 시간을 근로자가 자유롭게 이용할 수 있는지의 여부에 따라 근로시간여부를 결정한다(대판 1992.4.14, 91다20548).

예컨대, i) 의사・간호사・식당종업원의 대기시간, ii) 노선버스 운전기사・차장의 배차를 위한 대기시간, iii) 작업도중의 정전・기계고장・원료공급중단 등으로 인한 대기시간, iv) 호텔포터의 야간근무대기시간 등은 원칙적으로 근로시간으로 본다(통설).

3) 입・출갱 소요시간 입출갱소요시간은 근로시간에 포함시켜야 한다는 견해도 있으나(김형배), 판례는 갱내에서의 식사 및 휴식시간과 입출갱소요시간은 근로시간에서 제외된다는 입장이다(대판 1993.12.28, 93다38529; 대판 1994.12.23, 93다53276).

4) 일・숙직근로 일・숙직근무시간은 그 근무의 태양이나 내용과 질에서 통상근무와 마찬가지라고 인정될 때에는 통상의 근로시간으로 본다(대판 1990.12.26, 90다카13465).

5) 예비군・민방위훈련시간 예비군훈련시간(향토예비군설치법 제10조), 민방위훈련시간(민방위기본법 제23조)은 근무시간으로 본다.

[대판 1993.9.28, 93다3363] 실근로에 부수된 작업이 단체협약・취업규칙 및 근

로계약 등에 의무화되어 있거나, 사용자의 지휘·명령하에 행하여지는 경우 이에 소요되는 시간은 근로시간에 포함된다.

(2) 근로시간 계산의 특례(인정 · 간주근로시간제)

1) 관련규정

근로기준법 제58조 【근로시간 계산의 특례】 ① 근로자가 출장이나 그 밖의 사유로 근로시간의 전부 또는 일부를 사업장 밖에서 근로하여 근로시간을 산정하기 어려운 경우에는 소정근로시간을 근로한 것으로 본다. 다만, 그 업무를 수행하기 위하여 통상적으로 소정근로시간을 초과하여 근로할 필요가 있는 경우에는 그 업무의 수행에 통상 필요한 시간을 근로한 것으로 본다.
② 제 1 항 단서에도 불구하고 그 업무에 관하여 근로자대표와의 서면 합의를 한 경우에는 그 합의에서 정하는 시간을 그 업무의 수행에 통상 필요한 시간으로 본다.
④ 제 1 항과 제 3 항의 시행에 필요한 사항은 대통령령으로 정한다.

2) 주요내용

① 기본원칙 근로자가 i) 출장 기타의 사유로 근로시간의 전부 또는 일부를 사업장밖에서 근로하여 ii) 근로시간을 산정하기 어려운 때에는 당사자가 약정한 「소정근로시간」을 근로한 것으로 본다(동법 제58조 제 1 항 본문). 이는 근로시간의 산정이 어려운 경우 실근로시간과 임금의 계산 등에 관하여 노사분쟁발생의 소지가 있으므로 소위 「인정근로시간제도」를 도입하여 일정시간을 근로한 것으로 보는 제도이다.

② 예외: 실근로시간이 소정근로시간을 초과하는 경우 i) 근로자대표와 서면합의가 없는 경우, 당해 업무를 수행하기 위하여 통상적으로 소요되는 실제 근로시간이 소정근로시간을 초과하는 경우에는 그 업무의 수행에 통상 필요한 시간을 근로한 것으로 보며(동법 제58조 제 1 항 단서), ii) 근로자대표와 서면합의가 있는 경우, 서면합의에서 정한 시간을 업무수행에 통상 필요한 근로시간으로 본다(동법 제58조 제 2 항).

제 2 절 勤勞時間의 保護

I. 勤勞基準法上의 保護

1. 一般勤勞者의 勤勞時間 保護

(1) 기준근로시간

1) 관련규정

근로기준법 제50조 【근로시간】 ① 1주 간의 근로시간은 휴게시간을 제외하고 40시

> 간을 초과할 수 없다.
> ② 1일의 근로시간은 휴게시간을 제외하고 8시간을 초과할 수 없다.

2) 기준근로시간의 의의 「1주」 및 「1일」의 개념은 「월요일부터 일요일」 또는 「0시부터 24시」 등과 같이 반드시 특정시점으로부터 특정시점까지를 의미하는 것은 아니며, 「1주」는 7일 동안, 「1일」은 24시간 동안의 시간적 길이를 의미한다(다수설).

3) 기준근로시간의 신축적 운용 탄력적 근로시간제도(동법 제51조) 및 선택적 근로시간제도(동법 제52조)의 경우 1주 평균 40시간을 초과하지 아니하는 범위 안에서 1일 8시간을 초과하여 근무할 수 있다.

(2) 기준근로시간의 연장

1) 원 칙(합의연장근로)

① 관련규정

> **근로기준법 제53조 【연장 근로의 제한】** ① 당사자 간에 합의하면 1주 간에 12시간을 한도로 제50조의 근로시간을 연장할 수 있다.
> ② 당사자 간에 합의하면 1주 간에 12시간을 한도로 제51조의 근로시간을 연장할 수 있고, 제52조 제 2 호의 정산기간을 평균하여 1주 간에 12시간을 초과하지 아니하는 범위에서 제52조의 근로시간을 연장할 수 있다.

② 주요내용

ⓐ 당사자 연장근로의 합의를 할 수 있는 근로자측 당사자에 관하여 i) 「근로자개인」의 개별적인 합의가 원칙이고(다수설) 단체협약 등 「근로자단체」의 집단적 합의가 허용되는 경우에도 「근로자개인」의 합의권을 제한하지 아니하는 범위 내에서만 인정된다는 견해(개별적 합의설; 대판 1995. 2. 10, 94다19228)와, ii) 실질적으로 개별적인 노사당사자의 합의는 근로자에게 불리하게 적용될 가능성이 있으므로, 원칙적으로 노동조합 또는 노사협의회의 근로자대표를 의미하는 것으로 보아야 한다는 견해(집단적 합의설; 김형배)가 있다.

ⓑ 합의의 방법 연장근로에 대한 합의의 방법과 관련하여 i) 연장근로에 대한 합의는 단체협약·노사합의서 등과 같은 서면에 의한 협정을 말하며, 당해 합의에는 연장근로의 사유, 기간 및 시간, 대상업무의 범위나 종류, 합의의 유효기간 및 대상근로자 등이 반드시 명기되어야 한다는 「개별적·구체적합의설」(다수설)과, ii) 당사자간의 합의는 서면에 의하든 구두에 의하든 불문하며, 연장근로의 사유, 기간 및 시간, 대상업무의 범위나 종류, 합의의 유효기간 및 대상근로자 등을 당사자간에 구체적으로 정할 수도 있고 포괄적으로 사용자의 결정에 맡길 수도 있다는 「일반적·포괄적합의설」(임종률, 이상윤; 대판 1995. 2. 10, 94다19228)이 있다.

ⓒ 1일에 대한 제한 문제 i) 근로기준법의 취지를 감안하여 성인남자근로자의 연장근로시간은 1일에 2시간을 초과할 수 없다는 견해도 있으나(법무 811-14768, 1980.6.20; 박상필, 김수복), ii) 동법 제53조 제 1 항에서는 「1주간에 12시간을 한도」로 연장근로할 수 있다고만 규정하고 있을 뿐 1일의 최장근로시간에 대해서는 명문의 규정이 없으므로, 1주간에 12시간을 초과하지 않는다면 특별한 사정이 없는 한 1일 연장근로시간의 제한은 없다고 해석된다(다수설; 대판 1997.7.25, 96다29892; 근기 01254-13641, 1990.9.27). 다만, 산업안전보건법 제46조에 규정된 유해, 위험작업에 종사하는 근로자와 연소근로자의 근로시간에 대해서는 제한된다 할 것이다(1988.1.25, 근기 01254-1135).

ⓓ 탄력적·선택적 근로시간제하의 연장근로의 상한 문제 탄력적·선택적 근로시간제하의 연장근로의 상한에 대해 i) 근로기준법 제53조 제 2 항의 「12시간을 한도로」라는 기준을 절대적 제한규정으로 보아 탄력적 근로(변형근로)에 의하여도 1주 52시간 이내에서만 수용될 수 있다는 견해도 있으나(김형배), ii) 동법 제53조 제 2 항의 「12시간을 한도로」라는 기준을 상대적 제한규정으로 보아 3개월 52시간 제도의 탄력적 근로시간제도를 채택하고 있는 경우에도 1주간 52시간 제한에 다시 당사자 간의 합의로 12시간을 초과해서 64시간까지 연장근로가 가능하다고 해석하여야 할 것이다(다수설; 대판 1997.10.10, 97누4951).

2) 예 외

① 특별한 사정으로 인한 연장근로(인가연장근로)

ⓐ 관련규정

> **근로기준법 제53조 【연장 근로의 제한】** ③ 사용자는 특별한 사정이 있으면 노동부장관의 인가와 근로자의 동의를 받아 제 1 항과 제 2 항의 근로시간을 연장할 수 있다. 다만, 사태가 급박하여 노동부장관의 인가를 받을 시간이 없는 경우에는 사후에 지체 없이 승인을 받아야 한다.
> ④ 노동부장관은 제 3 항에 따른 근로시간의 연장이 부적당하다고 인정하면 그 후 연장시간에 상당하는 휴게시간이나 휴일을 줄 것을 명할 수 있다.

ⓑ 요 건

i) 실체적 요건 「특별한 사정」이 존재할 것(근로기준법 제53조 제 3 항). 「특별한 사정」이라 함은 해당 사업 또는 사업장에서 자연재해와 「재난관리법」에 따른 재난 또는 이에 준하는 사고가 발생하여 이를 수습하기 위한 연장근로를 피할 수 없는 경우를 말한다(동법시행규칙 제 9 조 제 2 항). 「재난」이란 화재·붕괴·폭발, 교통사고, 화생방사고, 환경오염사고 등 국민의 생명과 재산에 피해를 줄 수 있는 사고를 말한다(재난관리법 제 2 조). 「이에 준하는 사고」에는 예컨대 사업의 운영을 불가능하게 하는 돌발적인 기계의 고장, 보일러의 파열, 그

밖에 인명이나 공익의 침해를 가져올 위험한 사태 등이 포함된다. 그러나 통상적인 업무의 증가나 기계의 수리 등은 이에 포함되지 않는다.

ii) 절차적 요건　노동부장관의 인가와 근로자의 동의를 얻을 것. 다만, 사태가 급박하여 노동부장관의 인가를 받을 여가가 없으면 근로시간의 연장이후에 「지체없이」 승인을 얻어야 한다(사후승인제)(동법 제53조 제 3 항 단서).

ⓒ 적용범위　위 요건을 충족하면 i) 기준근로시간의 연장(동법 제53조 제 1 항) 및 ii) 탄력적·선택적근로시간의 연장(동법 제53조 제 2 항)에 대하여 근로시간을 추가 연장할 수 있다. 다만, 노동부장관은 근로시간의 연장이 부적당하다고 인정되는 경우 그 후 연장시간에 상당하는 휴게 또는 휴일을 줄 것을 명할 수 있다(代休命令制)(동법 제53조 제 4 항).

② 특별한 사업에 대한 예외

ⓐ 관련규정

> **근로기준법 제59조 【근로시간 및 휴게시간의 특례】** 다음 각 호의 어느 하나에 해당하는 사업에 대해서 사용자가 근로자대표와 서면 합의를 한 경우에는 제53조 제 1 항에 따른 주(週) 12시간을 초과하여 연장근로를 하게 하거나 제54조에 따른 휴게시간을 변경할 수 있다.
> 1. 운수업, 물품 판매 및 보관업, 금융보험업
> 2. 영화 제작 및 흥행업, 통신업, 교육연구 및 조사 사업, 광고업
> 3. 의료 및 위생 사업, 접객업, 소각 및 청소업, 이용업
> 4. 그 밖에 공중의 편의 또는 업무의 특성상 필요한 경우로서 대통령령으로 정하는 사업

ⓑ 요　건

i) 실체적 요건: 사업이 다음에 해당할 것(근로기준법 제59조).

㉠ 운수업·물품판매 및 보관업·금융보험업

㉡ 영화제작업 및 흥행업·통신업·교육연구 및 조사사업·광고업

㉢ 의료 및 위생사업·접객업·소각업 및 청소업·이용업

㉣ 기타 공중의 편의 또는 업무의 특성상 필요한 경우로서 대통령령이 정하는 사업(사회복지사업)(동법시행령 제32조).

ii) 절차적 요건: 사용자는 근로자대표와 연장근로에 대하여 書面合意를 할 것(동법 제59조).

ⓒ 적용범위　위 요건이 충족되는 경우 i) 기준근로시간의 연장(제53조 제 1 항)을 「초과」하여 연장근로하거나, ii) 휴게시간(제54조)을 「변경」할 수 있다.

2. 年少勤勞者 및 女性勤勞者의 勤勞時間保護

(1) 연소근로자의 근로시간 보호

1) 기준근로시간

① 관련규정

> **근로기준법 제69조【근로시간】** 15세 이상 18세 미만인 자의 근로시간은 1일에 7시간, 1주일에 40시간을 초과하지 못한다. 다만, 당사자 사이의 합의에 따라 1일에 1시간, 1주일에 6시간을 한도로 연장할 수 있다.

② 탄력적 근로시간제와 선택적 근로시간제의 적용제외　15세 이상 18세 미만의 연소근로자에 대하여는 탄력적 근로시간제(근로기준법 제51조)와, 선택적 근로시간제(동법 제52조)가 적용되지 아니한다(동법 제51조 및 제52조).

2) 기준근로시간의 연장　연소근로자는 정신적·신체적인 특성이 있어 특별보호를 규정하고 있다. 1일에 7시간이라 함은 휴게시간을 제외한 실근로시간을 말하며, 연장근로에 대하여는 가산임금을 지급하여야 한다(동법 제56조).

(2) 여성근로자의 근로시간보호

1) 기준근로시간　여성근로자의 기준근로시간에 관하여는 특별한 규정이 없으므로 일반근로자 또는 연소근로자의 근로시간 보호에 준한다(근로기준법 제50조 및 제69조 참조).

2) 기준근로시간의 연장

① 임산부가 아닌 18세 이상의 여성근로자　일반근로자의 연장근로 제한에 관한 규정이 적용된다(동법 제53조 제 1 항 및 제 2 항).

② 임산부인 여성근로자

ⓐ 임신중인 여성근로자

i) 관련규정

> **근로기준법 제74조【임산부의 보호】** ④ 사용자는 임신 중의 여성 근로자에게 시간외근로를 하게 하여서는 아니 되며, 그 근로자의 요구가 있는 경우에는 쉬운 종류의 근로로 전환하여야 한다.

ii) 주요내용　「시간외 근로」를 시키지 못한다는 것은 연장근로가 허용되지 않는다는 것을 의미한다. 예외가 허용되지 아니한다.

ⓑ 산후 1년이 경과되지 아니한 여성근로자

i) 관련규정

> **근로기준법 제71조【시간외근로】** 사용자는 산후 1년이 지나지 아니한 여성에 대하여는 단체협약이 있는 경우라도 1일에 2시간, 1주일에 6시간, 1년에 150시간을 초과하는 시간외근로를 시키지 못한다.

ii) 주요내용 본조는 근로기준법 제53조 제 1 항 및 제 2 항과의 관계, 동법 제53조 제 3 항과의 관계 및 동법 제59조와의 관계에서 특별규정적 성질을 가지므로 본조가 우선 적용되는 것으로 보아야 한다.

(3) 연소근로자와 여성근로자의 야업 및 휴일근로의 제한

사용자는 임산부가 아닌 18세 이상의 여성근로자를 야간 및 휴일에 근로시키려면 그 근로자의 동의를 얻어야 하며, 원칙적으로 임산부와 18세 미만자를 야간 및 휴일에 근로 시키지 못한다. 다만, 동의나 명시적 청구가 있는 경우로서 근로자대표와 협의하여 노동부장관의 인가를 얻은 경우에는 야간 및 휴일근로를 시킬 수 있다(근로기준법 제70조). 상세한 내용은 후술한다.

■ 요점정리

<table>
<tr><th colspan="3">구 분</th><th>기준근로시간</th><th>연장근로</th><th>야간 · 휴일근로</th></tr>
<tr><td colspan="3">18세 미만
(연소근로자)</td><td>1일 7시간
1주 40시간
(제69조)</td><td>• 당사자의 합의에 의하여 1일 1시간, 1주일 6시간 한도로 연장(제69조)</td><td>• 원칙: 금지
• 예외: 노동부장관의 인가와 당사자동의(제70조 제 2 항)</td></tr>
<tr><td rowspan="3">18세
이상</td><td colspan="2">임산부 아닌
여성</td><td>1일 8시간
1주 40시간
(제50조)</td><td>• 당사자 합의
(제53조)</td><td>• 원칙: 당해 근로자의 동의(제70조 제 1 항)</td></tr>
<tr><td rowspan="2">임산부</td><td>임신중</td><td>1일 8시간
1주 40시간
(제50조)</td><td>• 원칙: 금지
- 당사자 요구가 있는 경우 경이한 종류의 근로로 전환(제74조 제 4 항)</td><td>• 원칙: 금지
• 예외: 노동부장관의 인가 및 당사자의 명시적 청구(제70조 제 2 항)</td></tr>
<tr><td>산후
1년
이내</td><td>1일 8시간
1주 40시간
(제50조)</td><td>• 단체협약이 있는 경우라도 1일 2시간, 1주 6시간, 1년 150시간 초과금지(제71조)</td><td>• 원칙: 금지
• 예외: 노동부장관의 인가 및 당사자의 동의(제70조 제 2 항)</td></tr>
</table>

3. 短時間勤勞者의 勤勞時間 保護

사용자는 단시간근로자에 대하여 소정근로시간을 초과하여 근로하게 하는 경우에는 당해 근로자의 동의를 얻어야 하며, 이 경우 1주간에 12시간을 초과하여 근로시킬 수 없다(기간제근로자법 제 6 조 제 1 항). 단시간근로자는 사용자가 동의를 얻지 아니하고 초과근로를 하게 하는 경우에는 이를 거부할 수 있다(동법 제 6 조 제 2 항).

4. 特殊勤勞者에 대한 適用除外

(1) 관련규정

> **근로기준법 제63조 【적용의 제외】** 이 장과 제 5 장에서 정한 근로시간, 휴게와 휴일에 관한 규정은 다음 각 호의 어느 하나에 해당하는 근로자에 대하여는 적용하지 아니한다.
> 1.~4. (생략)

(2) 적용범위 근로기준법은 모든 사업 또는 사업장의 근로자에게 적용되는 것이 원칙이나 사업의 성질 또는 업무의 특수성으로 인해 출·퇴근시간을 엄격하게 정할 수 없다거나 근로시간·휴일·휴게의 적용이 적절하지 아니한 업종·직종·근로형태에 대해서는 그 적용을 배제하고 있다.

1) **적용이 배제되는 규정** 근로기준법 제 4 장(근로시간과 휴게)과 제 5 장(여성과 소년) 중 「근로시간」·「휴게」·「휴일」에 관한 규정은 적용되지 아니한다.

2) **적용이 인정되는 규정**

① 야간근로 제56조의 규정 중 야간근로에 대한 야간근로수당, 제70조의 여성과 연소자의 야간근로 금지에 관한 규정은 적용된다.

② 휴 가 제60조의 연차유급휴가, 제73조의 생리휴가 및 제74조의 산전·산후휴가는 적용된다(다수설; 대판 1990.11.27, 89다카15939).

(3) 적용배제 대상근로자 ① 토지의 경작·개간·식물의 재배·채취사업 기타의 농림사업. ② 동물의 사육·수산동식물의 채포·양식사업, 기타의 축산, 양잠, 수산사업. ③ 감시 또는 단속적으로 근로에 종사하는 자로서 사용자가 노동부장관의 승인을 얻은 자. ④ 대통령령으로써 정한 사업에 종사하는 근로자(관리·감독업무, 기밀을 취급하는 업무)(동법시행령 제34조).

Ⅱ. 産業安全保健法上의 勤勞時間 保護

1. 關聯規程

> **산업안전보건법 제46조 【근로시간 연장의 제한】** 사업주는 유해 또는 위험한 작업으로서 대통령령이 정하는 작업에 종사하는 근로자에 대하여는 1일 6시간, 1주 34시간을 초과하여 근로하게 하여서는 아니된다.

2. 主要內容

산업안전보건법 제46조는 「유해 또는 위험한 작업으로서 대통령령이 정하는 작업에 종사하는 근로자에 대하여는 1일 6시간, 1주 34시간을 초과하여 근로하게 하여서는 아니된다」고 규정하고 있다.

이 기준근로시간의 적용을 받는 유해·위험작업에는 「잠함·잠수작업 등 고기압하에서 행하는 작업」만이 해당된다(산업안전보건법 시행령 제32조의8 제 1 항).

제 3 절 時間外勤勞와 時間外勤勞手當

Ⅰ. 關聯規程

> **근로기준법 제56조 【연장·야간 및 휴일 근로】** 사용자는 연장근로(제53조·제59조 및 제69조 단서에 따라 연장된 시간의 근로)와 야간근로(오후 10시부터 오전 6시까지 사이의 근로) 또는 휴일근로에 대하여는 통상임금의 100분의 50 이상을 가산하여 지급하여야 한다.

Ⅱ. 主要內容

시간외근로라 함은 근로기준법에 정하여진 법정근로시간 이외의 시간에 근로를 하는 것을 말한다. 시간외근로는 「연장근로」, 「야간근로」, 「휴일근로」를 포함하는 개념으로 사용하기도 하고, 연장근로를 의미하는 것으로 사용하기도 한다(동법 제74조 제 4 항).

연장근로·야간근로 및 휴일근로가 중복되는 경우 연장근로수당·야간근로수당 및 휴일근로수당을 합산하여 지급해야 한다(대판 1991. 3. 22, 90다6545).

사용자가 위법한 연장근로, 야간근로 및 휴일근로를 시켜 이에 따른 처벌을 받는 경우에도 가산임금은 근로기준법 제56조에 따라 지급하여야 한다. 다만 할증임금이 지급되었다 하여 위법한 연장·야간·휴일근로가 정당화되는 것은 아니다(통설).

1. 延長勤勞

(1) 지급대상

1) 지급되는 경우 연장근로수당을 지급하여야 하는 연장근로의 대상은 i) 당사자의 합의에 의한 경우 및 특별한 사정이 있는 경우(동법 제53조), ii) 근로시간의 계산에 대한 특례의 경우(동법 제59조), iii) 연소자의 근로시간(동법 제69조) 등이다.

2) 단시간근로자의 연장근로수당 단시간근로자에 대해서도 1일 8시간, 1주 40시간의 기준근로시간이 적용되는 것이 원칙이다. 그러나 단시간근로자가 약정한 소정근로시간을 초과하여 근로하는 경우에도 기준근로시간에 미달하는 즉 법내연장근로 내지 법내초과근로의 경우 연장근로수당이 지급되지 아니한다(통설;

대판 1991.6.28, 90다카14758; 대판 1996.2.9, 93다54057). 다만, 이 경우에 법내초과 근로에 대하여 할증임금을 지급할 것인지의 여부에 관해서는 노사가 자유롭게 합의할 수 있을 뿐이다.

3) 지급되지 아니하는 경우 탄력적 근로시간제도(근로기준법 제51조) 및 선택적 근로시간제도(동법 제52조)를 채택하는 경우, 1일 8시간을 초과하여 근무하여도 연장근로수당이 지급되지 아니한다.

(2) 지급액 사용자는 연장근로시간에 대하여 i) 연장근로수당으로서 통상임금의 50퍼센트와 ii) 연장근로임금으로서 통상임금의 100퍼센트의 총 150퍼센트를 지급하여야 한다.

2. 夜間勤勞

(1) 지급대상 하오 10시부터 상오 6시까지의 근로를 야간근로라 한다. 야간근로에는 야간근로수당을 지급하여야 한다(근로기준법 제56조).

1) 일반근로자의 야간근로 야간근로수당이 지급되어야 함은 물론이다. 이 경우 야간근로수당은 근로시간이 법정근로시간을 초과하던 또는 초과하지 아니하던간에 상관없이 지급된다. 임산부가 아닌 18세 이상의 여성 근로자는 본인의 동의를 얻어야 야간근로가 가능하다(동법 제70조 제 1 항).

2) 임산부와 18세 미만의 자 원칙적으로 야간근로가 금지되나 근로자 본인의 동의 또는 명시적 청구와 노동부장관의 인가를 얻어 야간근로를 시킬 경우에는(동법 제70조 제 2 항) 야간근로수당을 지급하여야 한다(동법 제56조).

3) 근로기준법 제63조의 각호에서 열거하는 사업에 종사하는 특수근로자 야간근로에 대한 적용을 배제하지 아니하고 있으므로 이에 대해서는 야간근로수당을 지급하여야 한다(통설).

(2) 지급액 야간근로에 대한 지급액은 i) 야간근로임금으로서 통상임금의 100퍼센트와 ii) 야간근로수당으로서 통상임금의 50퍼센트를 합한 통상임금의 총 150퍼센트를 지급하여야 한다.

3. 休日勤勞

(1) 지급대상 근로자가 휴일근로를 한 경우 이에 대하여 휴일근로수당을 지급하여야 한다(근로기준법 제56조).

근로기준법 제56조의 휴일근로에서의 휴일이란 i) 법정휴일(동법 제55조의 주휴일 등), ii) 법정공휴일, 단체협약이나 취업규칙에 의하여 휴일로 정하여져 있어서 근로자가 근로할 의무가 없는 약정휴일을 말한다(대판 1991.5.14, 90다14089).

휴일근로는 근로계약에서 정하지 않은 다른 종류의 작업을 하거나, 연수·훈련 및 야유회 등의 시간도 사용자의 지시가 있는 한 근로시간으로 보고 가산금을 지급하여야 한다.

(2) 지급액 유급휴일에 근로하는 경우에는 i) 본래 근로를 하지 아니하여도 당연히 지급되는 임금 100퍼센트와 ii) 휴일에 근로한 임금 100퍼센트에 iii) 휴일근로수당 50퍼센트를 합하여 총 250퍼센트의 임금을 지급해야 한다. 무급휴일은 i) 휴일에 근로한 임금 100퍼센트에 ii) 휴일근로수당 50퍼센트를 합하여 총 150퍼센트의 임금을 지급하면 된다.

(3) 연장시간근로와 휴일근로가 겹치는 경우 연장근로수당과 휴일근로수당을 함께 지급해야 한다(대판 1991. 3. 22, 90다6545). 예컨대, 유급휴일근로시 해당 근로시간에 대한 임금지급률은 휴일수당으로서의 통상임금 100% 및 해당 시간 근로의 대가인 휴일근로수당 100%와 휴일근로수당 50%, 연장근로수당 50%로서 합계 300%가 되는 것이다(대판 1991. 3. 22, 90다6545).

Ⅲ. 包括賃金算定制度

사용자는 근로자에 대하여 기본임금을 결정하고 이에 연장근로수당, 야간근로수당 및 휴일근로수당 등의 시간외근로수당을 각기 계산하여 지급함이 원칙이다.

그러나 근로형태 및 업무의 성질 등에 따라서는 시간외근로수당을 명확하게 확정하기 어려운 경우가 있으며, 또한 계산의 편의와 직원의 근무의욕을 고취하는 뜻에서 시간외근로수당을 구체적으로 하나하나 계산하여 합산하지 아니하고 매월 일정액의 시간외근로수당을 지급하는 경우가 있다. 이러한 임금지급방법을 포괄임금산정제도(정액수당제도)라고 한다.

전체 시간외근로시간에 실제적으로 지급하여야 할 시간외근로수당보다 높은 금액의 수당이 지급된다면 포괄임금산정제도는 합법적이고 유효한 시간외근로수당의 지급방법이라고 보아야 할 것이다(통설 · 판례).

Ⅳ. 補償休暇制

1. 關聯規定

> **근로기준법 제57조 【보상 휴가제】** 사용자는 근로자대표와의 서면 합의에 따라 제56조에 따른 연장근로 · 야간근로 및 휴일근로에 대하여 임금을 지급하는 것을 갈음하여 휴가를 줄 수 있다.

2. 主要內容

근로자와 사용자의 임금과 휴가에 대한 선택의 폭을 확대하고자 하는 취지에서 사용자는 근로자대표와의 서면합의에 의하여 연장·야간 및 휴일근로에 대하여 지급되는 임금에 갈음하여 휴가를 부여할 수 있도록 하는 보상 휴가제가 신설되었다.

근로자대표와의 서면합의는 효력발생요건이며, 연장·야간·휴일근로에 대한 임금과 이에 갈음하여 부여하는 휴가 사이에는 동등한 가치가 있어야 하므로 근로기준법 제56조에 의한 가산임금까지 감안되어야 한다. 예컨대 휴일근로를 8시간 한 경우 가산임금을 포함하면 총 12시간분의 임금이 지급되어야 하므로 12시간의 휴가가 발생한다.

▣ **요점정리**

<table>
<tr><th colspan="3">구 분</th><th>연장근로수당</th><th>야간근로수당</th><th>휴일근로수당</th></tr>
<tr><td rowspan="4">대상</td><td rowspan="3">근로 기준법</td><td>일반 근로자</td><td>• 당사자 합의(제53조 제1항, 제2항), 특별한 사정(제53조 제3항), 특별한 사업(제59조) 및 연소근로자 근로시간(제69조 단서) : 수당지급
• 탄력적·선택적 근로시간제도: 수당지급불요</td><td>• 수당지급</td><td>• 수당지급</td></tr>
<tr><td>여성 및 18세 미만의 근로자</td><td>• 여성근로자에 대한 연장근로수당의 근거규정 없으나 해석상 인정 - 수당지급</td><td>• 야간근로가 인정되는 경우 수당지급</td><td>• 휴일근로가 인정되는 경우 수당지급</td></tr>
<tr><td>특수근로자 (적용배제)</td><td>• 근로시간 적용배제(제63조) - 따라서 수당지급 불필요</td><td>• 야간근로 적용 - 따라서 수당지급</td><td>• 휴일 적용배제 - 따라서 수당지급 불필요</td></tr>
<tr><td>산업안전 보 건 법</td><td>위험·유해 근로자</td><td>• 연장근로 불가</td><td>• 수당지급</td><td>• 수당지급</td></tr>
<tr><td colspan="3">총지급액</td><td>통상임금의 150%</td><td>통상임금의 150%</td><td>통상임금의 250%(유급휴일), 150%(무급휴일)</td></tr>
</table>

제 4 절 勤勞時間의 伸縮的 運用

■ 요점정리

<table>
<tr><td colspan="2" rowspan="2"></td><td colspan="2">탄력적 근로시간제도</td><td rowspan="2">선택적 근로시간제도</td></tr>
<tr><td>2주 48시간</td><td>3월 52시간</td></tr>
<tr><td colspan="2">목 적</td><td colspan="3">• 1주의 평균근로시간이 40시간을 초과하지 아니하는 범위 안에서 특정주, 특정일의 근로시간이 1주 40시간, 1일 8시간을 초과할 수 있음.</td></tr>
<tr><td colspan="2">단 위</td><td>2주 단위</td><td>3월 단위</td><td>1월 단위</td></tr>
<tr><td colspan="2">주당 최고 근로시간</td><td>48시간</td><td>52시간
(1일 12시간)</td><td>-</td></tr>
<tr><td colspan="2">근거규범</td><td>• 취업규칙</td><td>• 근로자대표와의 서면합의</td><td>• 근로자대표와의 서면합의</td></tr>
<tr><td colspan="2">연장근로수당</td><td colspan="2">• 부지급
- 사용자는 임금보전방안을 강구할 의무 있음.</td><td>• 부지급
- 사용자는 임금보전방안의 강구의무 없음.</td></tr>
<tr><td rowspan="2">연장근로</td><td>당사자의 합의(원칙)</td><td colspan="3">• 1주일에 12시간 한도로 연장</td></tr>
<tr><td>특별한 사정이 있는 경우(예외)</td><td colspan="3">• 노동부장관의 인가와 근로자의 동의로 1주일에 12시간 한도로 연장된 근로시간을 재연장</td></tr>
</table>

Ⅰ. 彈力的 勤勞時間制度

1. 關聯規程

근로기준법 제51조 【탄력적 근로시간제】 ① 사용자는 취업규칙(취업규칙에 준하는 것을 포함한다)에서 정하는 바에 따라 2주 이내의 일정한 단위기간을 평균하여 1주 간의 근로시간이 제50조 제 1 항의 근로시간을 초과하지 아니하는 범위에서 특정한 주에 제50조 제 1 항의 근로시간을, 특정한 날에 제50조 제 2 항의 근로시간을 초과하여 근로하게 할 수 있다. 다만, 특정한 주의 근로시간은 48시간을 초과할 수 없다.

② 사용자는 근로자대표와의 서면 합의에 따라 다음 각 호의 사항을 정하면 3개월 이내의 단위기간을 평균하여 1주 간의 근로시간이 제50조 제 1 항의 근로시간을 초과하지 아니하는 범위에서 특정한 주에 제50조 제 1 항의 근로시간을, 특정한 날에 제50조 제 2 항의 근로시간을 초과하여 근로하게 할 수 있다. 다만, 특정한 주의 근로시간은 52시간을, 특정한 날의 근로시간은 12시간을 초과할 수 없다.

1. 대상 근로자의 범위
2. 단위기간(3개월 이내의 일정한 기간으로 정하여야 한다)
3. 단위기간의 근로일과 그 근로일별 근로시간

> 4. 그 밖에 대통령령으로 정하는 사항
> ③ 제 1 항과 제 2 항은 15세 이상 18세 미만의 근로자와 임신 중인 여성 근로자에 대하여는 적용하지 아니한다.
> ④ 사용자는 제 1 항 및 제 2 항에 따라 근로자를 근로시킬 경우에는 기존의 임금 수준이 낮아지지 아니하도록 임금보전방안(賃金補塡方案)을 강구하여야 한다.

2. 主要內容

(1) 탄력적 근로시간제도의 개념　　탄력적 근로제도라 함은 1주 또는 1개월간의 최대 근로시간을 기준근로시간으로 정하고, 수주간 또는 수개월간의 근로시간을 평균하여 1일, 1주 또는 3개월의 실제근로시간이 기준근로시간을 초과하지 아니하는 경우 특정 일, 특정 주 또는 특정 월의 근로시간이 기준근로시간을 초과하여 근로하게 하더라도 가산임금을 지급하지 않아도 무방한 제도를 말한다.

탄력적 근로시간제도는 기후에 영향을 받는 계절적 사업, 건설업 또는 수요·공급의 증감이 격심한 사업 등 근로시간의 탄력적 운용이 필요한 사업에서 요구된다.

(2) 탄력적 근로시간제도의 유형과 요건

1) 2주 48시간제도(동법 제51조 제 1 항)

① 사용자가 취업규칙으로 정할 것.

② i) 2주간의 근로시간을 평균하여 1주의 평균근로시간이 40시간을 초과하지 아니하고, ii) 어느 주라도 1주의 최장 근로시간이 48시간을 초과하지 아니할 것.

2) 3개월 52시간제도(동법 제51조 제 2 항)

① 사용자와 근로자대표와의 「서면합의」에 의하여 다음 사항을 정할 것(동법 제51조 제 2 항).

i) 대상근로자의 범위, ii) 단위기간(3월 이내의 일정한 기간), iii) 단위기간에 있어서의 근로일 및 당해 근로일별 근로시간, iv) 그 밖에 대통령령으로 정하는 사항(서면합의의 유효기간)(동법시행령 제28조 제 1 항).

② i) 1월의 근로시간을 평균하여 1주의 평균근로시간이 40시간을 초과하지 아니하고, ii) 어느 주라도 1주의 최장근로시간이 52시간을 초과하지 아니하며, 특정일의 근로시간은 12시간을 초과하지 아니할 것.

(3) 적용대상의 제한　　탄력적 근로시간제도는 i) 15세 이상 18세 미만의 연소근로자와 ii) 임신 중인 여성근로자에게는 적용되지 아니한다(동법 제51조 제 3 항).

(4) 임금보전방안의 강구　　탄력적 근로시간제도를 채택하는 경우 기존의 임금수준이 저하되지 아니하도록 임금보전방안을 강구하여야 한다(동법 제51조 제 4 항).

Ⅱ. 選擇的 勤勞時間制度

1. 關聯規程

> **근로기준법 제52조 【선택적 근로시간제】** 사용자는 취업규칙(취업규칙에 준하는 것을 포함한다)에 따라 업무의 시작 및 종료 시각을 근로자의 결정에 맡기기로 한 근로자에 대하여 근로자대표와의 서면 합의에 따라 다음 각 호의 사항을 정하면 1개월 이내의 정산기간을 평균하여 1주간의 근로시간이 제50조 제1항의 근로시간을 초과하지 아니하는 범위에서 1주 간에 제50조 제1항의 근로시간을, 1일에 제50조 제2항의 근로시간을 초과하여 근로하게 할 수 있다.
> 1. 대상 근로자의 범위(15세 이상 18세 미만의 근로자는 제외한다)
> 2. 정산기간(1개월 이내의 일정한 기간으로 정하여야 한다)
> 3. 정산기간의 총 근로시간
> 4. 반드시 근로하여야 할 시간대를 정하는 경우에는 그 시작 및 종료 시각
> 5. 근로자가 그의 결정에 따라 근로할 수 있는 시간대를 정하는 경우에는 그 시작 및 종료 시각
> 6. 그 밖에 대통령령으로 정하는 사항

2. 主要內容

(1) 선택적 근로제도의 개념　선택적 근로제도(Flexible Working Hours)라 함은 당사자가 일정한 정산기간(Accounting Period) 동안의 총근로시간을 결정한 다음, 근로자가 자신의 근로제공시간을 일정한 시간대에서 자유로이 선택하되, 총근로시간을 충족하기만 하면 되는 근로시간제도이다.

전문직 근로자 등 직무의 성질상 근무시간을 고정할 필요가 없는 경우, 주부 등 비전문직 근로자가 개인생활과 조화시키면서 여가를 활용하는데 유용한 제도이다.

(2) 선택적 근로시간제도의 요건

1) 취업규칙(이에 준하는 것을 포함한다)에 의하여 시업 및 종업시각을 「근로자」의 결정에 맡기기로 할 것.

2) 근로자대표와의 「서면합의」에 의하여 다음의 사항을 정할 것.

i) 대상근로자의 범위(15세 이상 18세 미만의 근로자를 제외한다), ii) 정산기간(1월 이내의 일정한 기간으로 정하여야 한다), iii) 정산기간에 있어서의 총근로시간, iv) 반드시 근로하여야 할 시간대(의무근로시간대)를 정하는 경우에는 그 개시 및 종료시각, v) 근로자가 그의 결정에 의하여 근로할 수 있는 시간대(선택근로시간대)를 정하는 경우에는 그 개시 및 종료시각, vi) 그 밖에 대통령령으로 정하는 사항(표준근로시간(유급휴가 등의 계산기준으로 사용자와 근로자대표가 합의하여 정한 1일의 근로시간))(동법시행령 제29조).

3) 1개월 이내의 정산기간을 평균하여 1주간의 근로시간이 40시간을 초과하

지 아니할 것.

Ⅲ. 裁量的 勤勞時間制度

1. 關聯規程

> **근로기준법 제58조 【근로시간 계산의 특례】** ③ 업무의 성질에 비추어 업무 수행 방법을 근로자의 재량에 위임할 필요가 있는 업무로서 대통령령으로 정하는 업무는 사용자가 근로자대표와 서면 합의로 정한 시간을 근로한 것으로 본다. 이 경우 그 서면 합의에는 다음 각 호의 사항을 명시하여야 한다.
> 1. 대상업무
> 2. 사용자가 업무의 수행 수단 및 시간 배분 등에 관하여 근로자에게 구체적인 지시를 하지 아니한다는 내용
> 3. 근로시간의 산정은 그 서면 합의로 정하는 바에 따른다는 내용
>
> ④ 제 1 항과 제 3 항의 시행에 필요한 사항은 대통령령으로 정한다.

2. 主要內容

(1) 재량적 근로시간제도의 개념　연구개발, 정보처리시스템의 분석, 설계업무, 기사취재 등 고도의 전문적 업무에 종사하는 근로자에 대하여는 실제 근로시간을 문제삼지 아니하고 당사자간의 약정에 의하여 결정하게 되는 바 이를 재량적 근로시간제도라고 한다.

재량적 근로시간제는 전문직종사에게만 인정될 수 있고, 근로시간의 결정이 곤란한 경우 근로시간의 길이를 확정하겠다는 취지의 제도로서 선택적 근로시간제와 구분된다.

(2) 재량적 근로시간제의 대상업무　① 신상품 또는 신기술의 연구개발이나 인문사회과학 및 자연과학분야의 연구업무, ② 정보처리시스템의 설계 또는 분석업무, ③ 신문・방송 또는 출판사업에 있어서 기사의 취재, 편성 또는 편집업무, ④ 의복・실내장식・공업제품・광고 등의 디자인 또는 고안 업무, ⑤ 방송프로그램, 영화 등의 제작사업에 있어서 프로듀서 또는 감독업무, ⑥ 그 밖에 노동부장관이 정하는 업무(동법시행령 제31조 제 1 항).

(3) 재량적 근로시간제도의 요건

1) 업무의 성질에 비추어 업무수행방법을 근로자의 재량에 위임할 필요가 있는 업무로서 대통령령이 정하는 업무에 해당될 것.

2) 사용자가 근로자대표와 「서면합의」에 의하여 다음의 사항을 명시할 것(동법 제58조 제 3 항).

i) 대상업무, ii) 사용자가 업무의 수행수단 및 시간배분 등에 관하여 근로자에게 구체적인 지시를 하지 아니한다는 내용, iii) 근로시간의 산정은 당해 서면합

의로 정하는 바에 따른다는 내용.

Ⅳ. 交代制勤勞制度

교대제근로라 함은 1일 근로를 두 개 이상의 시간대로 구분하여 일정한 시간마다 근로자들을 순차적으로 작업하게 하는 근로형태를 말한다.

교대제의 유형은 교대조의 수와 교대순번에 따라 2조 격일제, 2조 1일 2교대제, 3조 1일 2교대제, 3조 1일 3교대제, 4조 1일 3교대제 등의 형태가 있다. 근로기준법상 1일 8시간의 근로원칙을 준수하기 위하여는 「4조 1일 3교대제」를 채택하여야 한다(통설).

▣ 요점정리

- 근로자 대표: 노동조합이 근로자의 과반수를 대표하고 있는 경우에는 그 노동조합, 이러한 노동조합이 없는 경우에는 근로자의 과반수를 대표하는 자(근로기준법 제24조 제 3 항).
- 근로자 대표와 협의: i) 정리해고(동법 제24조), ii) 임산부와 18세 미만자의 야업 및 휴일근로(동법 제70조)
- 근로자대표와 서면합의: i) 3월 단위 탄력적근로시간제도(동법 제51조), ii) 선택적근로시간제도(동법 제52조), iii) 보상휴가제(제57조), iv) 인정근로시간제도(동법 제58조 제 1·2 항), v) 재량적근로시간제도(동법 제58조 제 3 항), vi) 근로시간 및 휴게시간의 특례(동법 제59조), vii) 유급휴가의 대체(동법 제62조).

제2장 休憩 · 休日 · 休暇

제1절 休 憩

Ⅰ. 關聯規程

근로기준법 제54조 【휴게】 ① 사용자는 근로시간이 4시간인 경우에는 30분 이상, 8시간인 경우에는 1시간 이상의 휴게시간을 근로시간 도중에 주어야 한다. ② 휴게시간은 근로자가 자유롭게 이용할 수 있다.

Ⅱ. 主要內容

1. 休憩時間의 意義

휴게시간이란 근로자가 근로시간 중에 사용자의 지휘 · 감독에서 벗어나 근로를 제공하지 아니하고 자유로이 사용할 수 있는 시간을 말한다.

2. 休憩時間의 길이와 附與方法

(1) 휴게시간의 길이

근로시간이 8시간인 경우에는 1시간 이상의 휴게시간을 주어야 하므로, 「근로시간이 4시간인 경우에는 30분 이상」의 휴게시간을 주라는 것은 근로시간이 4시간 미만인 경우에는 휴게시간을 주지 않아도 되지만, 근로시간이 4시간 이상 8시간 미만인 경우에는 30분 이상의 휴게시간을 주라는 것을 의미한다. 한편, 근로시간이 8시간을 초과하는 경우에 대하여는 명문의 규정이 없으므로 1시간 이상의 휴게시간을 주면 될 것이다.

(2) 휴게시간의 부여방법

휴게시간은 근로시간 「도중에」 주어야 하므로, 근무의 개시 전 또는 종료 후에 부여하는 것은 휴게시간에 해당되지 아니한다. 휴게시간은 원칙적으로 30분 또는 60분을 한꺼번에 부여하여야 하나, 사회통념상 합리성이 인정된다면 분할하여 줄 수도 있다(다수설; 근기 01254-884, 1992. 6. 22).

3. 自由利用의 原則

휴게시간은 근로자가 자유로이 이용할 수 있다(근로기준법 제54조 제 2 항). 예컨대 휴게시간 중의 조합활동이나 휴게시간중의 정치활동도 원칙적으로 허용된다(통설 · 판례). 다만, 직장질서나 시설관리를 위하여 필요한 최소한의 제한조치, 예컨대 외출신고제, 객관적 기준에 따른 외출허가제 등은 허용된다.

> **[대판 1991. 11. 12, 91누4146]** 휴게시간 중에 유인물을 배포하는 등 노동조합활동을 하는 것은 타인의 휴게시간을 방해하지 아니하고 직장질서를 문란하게 하지 아니하는 한 무방하다고 할 것이다.

제 2 절 休　日

▣ **요점정리(하갑래, 근로기준법)**

구 분	법 정	약 정
휴 일	• 주휴일(법 제55조) • 근로자의 날(5월 1일, 근로자의날제정에관한법률)	• 공휴일 • 회사창립일 등
휴 가	• 연차유급휴가(법 제60조) • 생리휴가(법 제73조) • 산전 · 후 휴가(법 제74조) • 육아휴직(남녀고용평등과일 · 가정양립지원에관한법률 제19조) • 보상휴가(법 제57조)	• 하계휴가 • 경조휴가
특 징	• 의무적으로 부여하되 법정기준 이상으로 주는 것은 노 · 사가 자율적으로 결정 • 임금을 지급하여야 함(단, 육아휴직제는 무급).	• 부여여부, 부여조건, 부여일수에 대해 단체협약 · 취업규칙 등을 통해 노 · 사가 결정 • 임금지급여부도 단체협약 · 취업규칙 등을 통해 노 · 사가 결정

Ⅰ. 關聯規程

> **근로기준법 제55조 【휴일】** 사용자는 근로자에게 1주일에 평균 1회 이상의 유급휴일을 주어야 한다.

Ⅱ. 主要內容

「유급휴일」은 1주간의 소정근로일수를 「개근」한 자에게 주어야 한다(동법시행령 제30조).

1회의 휴일은 24시간의 역일(오전 0시부터 오후 12시까지)을 의미하지만, 교대제작업의 경우 계속 24시간의 휴식을 주면 된다(1969.6.7, 기준 1455.9-6327). 또한 휴일은 반드시 일요일일 필요는 없다(통설).

제 3 절 年次有給休暇

Ⅰ. 關聯規程

근로기준법 제60조 【연차 유급휴가】 ① 사용자는 1년간 8할 이상 출근한 근로자에게 15일의 유급휴가를 주어야 한다.
② 사용자는 계속해서 근로한 기간이 1년 미만인 근로자에게 1개월 개근 시 1일의 유급휴가를 주어야 한다.
③ 사용자는 근로자의 최초 1년 간의 근로에 대하여 유급휴가를 주는 경우에는 제2항에 따른 휴가를 포함하여 15일로 하고, 근로자가 제2항에 따른 휴가를 이미 사용한 경우에는 그 사용한 휴가 일수를 15일에서 뺀다.

휴가는 i) 법정휴가로서 근로기준법상 연차유급휴가(제60조), 생리휴가(제73조), 산전후·유사산 휴가(제74조) 등 법률규정에 의하여 부여되는 휴가와, ii) 약정휴가로서 하계휴가, 경조휴가, 명절휴가 등 당사자가 임의로 결정하는 휴가가 있다.

Ⅱ. 年次有給休暇의 意義

연차유급휴가란 비교적 장기간에 걸쳐 근로의무를 면제해 줌으로써 근로자의 정신적·육체적 휴양을 보장하고 노동의 재생산을 보장하며 문화생활의 확보와 재충전의 기회를 주고자 유급으로 보장한 법정휴가제도이다.

연차유급휴가권의 법적 성질에 대하여는 i) 청구권설, ii) 형성권설, iii) 종류채권설, iv) 이분설, v) 시기지정권설 등이 제기되고 있으나,「연차유급휴가권」자체는 근로기준법의 요건을 충족하는 경우 당연히 부여되는 법적 권리이나, 연차유급휴가의「시기지정권」은 휴가의 시기를 특정하는 형성권이라는 이분설로 설명하는 것이 일반적이다.

Ⅲ. 主要內容

1. 成立要件

(1) 계속근로 사용자는 1년간 8할 이상 출근한 근로자에 대하여는 15일의

유급휴가를 주어야 한다(근로기준법 제60조 제 1 항).

「1년간 8할 이상 출근」이란 1년간의 계속근로 중 8할 이상 출근한 자를 말한다. 1년간의 계속근로의 기산일은 당해 근로자의 채용일로 보는 것이 원칙이나, 모든 근로자에게 획일적으로 적용되는 기산일을 정하여 시행해도 무방하다(1989. 1. 28, 근기 01254-1448 등).

(2) 8할 이상의 출근　1년간 8할 이상의 출근이라 함은 1년의 총일수에서 휴일 등을 제한 일수, 즉 소정근로일수를 8할 이상 출근한 것을 말한다.

따라서 주휴일·연차휴가일·생리휴가일·공민권행사일 기타 공휴일과 약정휴일 등은 모두 근로일에서 제외된다(1997. 5. 3, 근기 68207-709; 1987. 7. 20, 근기 01254-11683 등). 사용자의 귀책사유에 의한 휴업이나 불가항력으로 인한 휴업(1983. 6. 23, 근기 1451-15970; 1990. 1. 16, 임금 32240-673), 사용자에 의한 직장폐쇄 기간(다수설), 파업기간 기타 쟁의행위기간도 근로일에서 제외된다(다수설; 1990. 7. 13, 임금 32240-9902 등).

그러나 업무상 부상 또는 질병으로 휴업한 기간과 산전·후 휴가 및 유·사산휴가로 휴업한 기간은 출근한 것으로 본다(근로기준법 제60조 제 6 항).

2. 加算休暇制

> **근로기준법 제60조 【연차 유급휴가】** ④ 사용자는 3년 이상 계속하여 근로한 근로자에게는 제 1 항에 따른 휴가에 최초 1년을 초과하는 계속 근로 연수 매 2년에 대하여 1일을 가산한 유급휴가를 주어야 한다. 이 경우 가산휴가를 포함한 총 휴가 일수는 25일을 한도로 한다.

(1) 적용대상　근로기준법 제60조 제 4 항은 공로보상적 차원에서 3년 이상 계속 근로한 자에 대하여 「제 1 항의 휴가에 1일을 가산」하도록 규정하고 있다.

근로자가 가산휴가를 받기 위해서는 i) 3년 이상 계속근로하여야 하며, ii) 휴가산정 대상기간 중에 8할 이상 출근하여야 한다.

(2) 휴가의 최대한도　본래 15일의 연차유급휴가휴가와 가산휴가를 합산한 연차유급휴가의 총일수가 25일을 초과하면 그 초과하는 일수에 대해 유급휴가를 주지 아니할 수 있다(근로기준법 제60조 제 4 항 단서).

3. 年次有給休暇의 附與時期

> **근로기준법 제60조 【연차 유급휴가】** ⑤ 사용자는 제 1 항부터 제 4 항까지의 규정에 따른 휴가를 근로자가 청구한 시기에 주어야 하고, 그 기간에 대하여는 취업규칙 등에서 정하는 통상임금 또는 평균임금을 지급하여야 한다. 다만, 근로자가 청구한 시기에 휴가를 주는 것이 사업 운영에 막대한 지장이 있는 경우에는 그 시기를 변

경할 수 있다.

(1) 근로자의 시기지정권 근로자의 시기지정권의 행사방법은 단체협약 또는 취업규칙 등에 구체적인 방법 및 절차 등을 규정하는 것이 원칙이나, 이러한 규정이 없을지라도 근로자의 시기지정권은 연차휴가권을 구체화하는 것이므로 언제부터 언제까지 사용할 것인지에 관하여 특정하여야 그 효력이 발생할 수 있다(대판 1997.3.25, 96다4930; 대판 1997.3.28, 96누4220).

(2) 사용자의 시기변경권 사용자의 시기변경권의 행사방법 또한 구두 또는 서면의 방법으로 시기변경의 의사표시가 전달되었다면 정당한 시기변경권의 행사로 볼 수 있다(다수설; 대판 1992.6.23, 92다7542).

따라서 취업규칙에 연차유급휴가를 청구하는 경우 사전에 기관장에 신청하여 승인을 얻도록 규정하고 있더라도, 이는 근로자의 시기지정권을 박탈하는 것이 아니라 사용자의 시기변경권의 적절한 행사를 위한 것이므로 유효하다고 본다(대판 1992.6.23, 92다7542).

4. 年次有給休暇의 分割使用 및 使用用途

(1) 분할사용 연차유급휴가는 계속하여 부여하는 것이 원칙이다. 다만 근로자가 분할하여 청구한 때에는 분할하여 부여할 수 있을 것이나, 사용자의 시기변경권에 의하여 제한을 받는다고 보아야 한다.

(2) 사용용도 연차휴가의 사용목적에 관해서는 명문의 규정을 두고 있지 아니하므로 근로자가 자유로이 결정할 수 있는 것이 원칙이다.

휴가 중에 근로자가 다른 직업에 종사하는 것이 허용되는지와 관련하여 다툼이 있으며, 근로자의 다수가 일제히 연차유급휴가를 사용하여 출근하지 아니하는 경우 준법투쟁의 정당성과 관련하여 논란이 있다.

5. 年次有給休暇請求權의 消滅時效

근로기준법 제60조 【연차 유급휴가】 ⑦ 제 1 항부터 제 4 항까지의 규정에 따른 휴가는 1년간 행사하지 아니하면 소멸된다. 다만, 사용자의 귀책사유로 사용하지 못한 경우에는 그러하지 아니하다.

근로자의 귀책사유로 인하여 1년간 연차유급휴가를 행사하지 아니한 경우 연차유급휴가는 소멸된다. 다만, 사용자의 귀책사유로 근로자가 휴가를 사용하지 못한 경우에는 휴가청구권 발생일로부터 1년이 지나더라도 휴가청구권은 소멸되지 아니하고 이월된다. 사용자의 귀책사유라 함은 사용자가 시기변경권을 행사한 것을 말한다.

6. 年次有給休暇와 賃金請求權의 問題

(1) 연차유급휴가임금 유급휴가 중에 근로를 제공하지 아니하여도 당연히 지급되는 수당은 단체협약 또는 취업규칙 등에서 정하는 통상임금 또는 평균임금으로 하여야 한다(동법 제60조 제 5 항). 이 경우 연차유급휴가임금은 유급휴가를 주기 전 또는 준 직후의 임금지급일에 지급하여야 한다(동법시행령 제33조).

연차유급휴가청구권을 1년간 행사하지 아니하여 소멸한 경우에도 연차유급휴가임금에 대한 청구권은 3년간 소멸하지 아니한다.

(2) 연차유급휴가근로수당 현행법은 근로자가 휴가를 사용할 경우 휴가수당(통상임금 또는 평균임금)을 지급하도록 규정하고 있을 뿐(동법 제60조 제 5 항), 근로자가 휴가를 사용하지 않은 경우 그 미사용한 휴가에 대하여 휴가수당으로 보상(휴가근로수당)해야 한다는 규정은 없다. 그러나 대법원은 휴가사용기간(1년)이 경과한 경우 연차휴가청구권은 소멸하지만, 이때 연차휴가근로수당 청구권이 발생한다는 입장을 일관되게 유지해 오고 있다(대판 1991. 6. 28, 90다카14758; 대판 1991. 7. 26, 90다카11636; 대판 1995. 6. 29, 94다18553; 대판(전) 1995. 12. 21, 94다26721 등).

즉 연차유급휴가를 사용하지 아니하고 근로자가 근로한 경우에는 사용자는 이에 대한 임금을 별도로 지급하여야 한다. 연차유급휴가를 1년간 사용하지 아니하여 휴가청구권이 소멸하였다 할지라도 휴가기간 중의 근로제공에 대한 임금청구권은 3년간 소멸하지 아니한다.

(3) 연차유급휴가와 휴일근로수당 지급여부 연차유급휴가를 사용하지 아니하고 근로를 제공하여 연차유급휴가근로수당을 지급하는 경우에도 근로기준법 제56조에 규정한 휴일근로수당이 지급되어야 하는가가 문제된다.

이에 대하여 근로기준법은 휴일과 휴가를 명백히 구분하고 있고, 동법 제56조의 시간외근로수당 지급대상에서 휴가를 규정하고 있지 아니하다는 점 등을 고려하여 볼 때, 시간외근로수당을 지급할 사용자의 법적 의무는 없는 것으로 본다(다수설; 대판 1990. 10. 26, 90다카12493; 대판 1991. 6. 28, 90다카14758; 대판 1991. 7. 26, 90다카11636).

7. 年次有給休暇의 使用促進

> **근로기준법 제61조 【연차 유급휴가의 사용 촉진】** 사용자가 제60조 제 1 항 · 제 3 항 및 제 4 항에 따른 유급휴가의 사용을 촉진하기 위하여 다음 각 호의 조치를 하였음에도 불구하고 근로자가 휴가를 사용하지 아니하여 제60조 제 7 항 본문에 따라 소멸된 경우에는 사용자는 그 사용하지 아니한 휴가에 대하여 보상할 의무가 없고, 제60조 제 7 항 단서에 따른 사용자의 귀책사유에 해당하지 아니하는 것으로 본다.
> 1. 제60조 제 7 항 본문에 따른 기간이 끝나기 3개월 전을 기준으로 10일 이내에 사용자가 근로자별로 사용하지 아니한 휴가 일수를 알려주고, 근로자가 그 사용

시기를 정하여 사용자에게 통보하도록 서면으로 촉구할 것
2. 제 1 호에 따른 촉구에도 불구하고 근로자가 촉구를 받은 때부터 10일 이내에 사용하지 아니한 휴가의 전부 또는 일부의 사용 시기를 정하여 사용자에게 통보하지 아니하면 제60조 제 7 항 본문에 따른 기간이 끝나기 2개월 전까지 사용자가 사용하지 아니한 휴가의 사용 시기를 정하여 근로자에게 서면으로 통보할 것

우리나라는 외국에 비해 휴가사용률이 크게 저조한 상황이고, 휴가제도가 본래의 취지보다는 금전보전의 수단으로 이용되고 있는 실태를 개선하여 휴가사용률을 제고할 필요가 있었다. 따라서 사용자의 적극적인 사용권유에도 불구하고 근로자가 휴가를 사용하지 않는 경우 사용자의 금전보상의무를 면제하고자 개정법에서 도입하였다.

법정요건을 충족하는 경우 사용자는 그 미사용 휴가에 대하여 보상할 의무가 없으며, 소멸시효를 중단시키는 사유로서 사용자의 귀책사유에 해당하지도 아니하는 것으로 본다(동법 제61조).

8. 年次有給休暇의 代替

근로기준법 제62조 【유급휴가의 대체】 사용자는 근로자대표와의 서면 합의에 따라 제60조에 따른 연차 유급휴가일을 갈음하여 특정한 근로일에 근로자를 휴무시킬 수 있다.

연차휴가가 휴가제도 본래의 취지를 점차 상실함에 따라 노사합의로 연차휴가를 다른 근로일과 대체가능하도록 하여 경영여건과 근로자측 사정에 따라 휴일과 근무일의 신축적인 연계운용이 가능하도록 하는 제도이다.

연차유급휴가를 대체하기 위하여는 근로자대표와의 서면합의를 필요로 한다. 서면합의의 내용은 지나치게 포괄적이거나 추상적이지 않는 범위에서 특정 근로일의 조건·시기·부서 및 대상 등을 규정하여야 할 것이다(다수설).

[月次有給休暇]

1. 關聯規程

구 근로기준법 제57조 【월차유급휴가】 ① 사용자는 1월에 대하여 1일의 유급휴가를 주어야 한다.
② 제 1 항의 규정에 의한 유급휴가는 근로자의 자유의사로 1년간에 한하여 적치하여 사용하거나 분할하여 사용할 수 있다.

2. 主要內容

구법에서 사용자는 1월간 소정의 근로일수를 「개근」한 자에 대하여 주는 유급휴가를 운영하였으나(구 근로기준법 제57조 및 동법 시행령 제27조), 2003.9.15. 법개정으로 삭제되었다. 다만, 개정된 현행법은 사업장의 규모에 따라 순차적으로 적용되고 20인 미만 사업장 및 국가·지자체의 기관은 2011년을 기한으로 대통령령으로 시행시기를 정하도록 규정되어 있어 그 내용은 숙지할 필요가 있다.

기출문제 및 기본문제

최근 기출문제

1. **「근로기준법」상 근로시간에 관한 설명으로 옳은 것은?** (1주 40시간의 법정근로시간제가 적용되는 사업장의 경우) 〈51회 사시〉

① 임신 중인 여성 근로자는 선택적 근로시간제의 대상 근로자로 할 수 없다.

② 15세 이상 18세 미만의 근로자는 탄력적 근로시간제의 대상 근로자로 할 수 있다.

③ 근로자가 근로시간의 전부 또는 일부를 사업장 밖에서 근로하여 근로시간을 산정하기 어려운 경우에는 1주 40시간을 근로한 것으로 본다.

④ 업무 수행 방법을 근로자의 재량에 위임할 필요가 있는 업무는 소정(所定)근로시간을 근로한 것으로 본다.

⑤ 감시 또는 단속적으로 근로에 종사하는 자로서 사용자가 노동부장관의 승인을 받은 자에 대하여는 근로시간에 관한 「근로기준법」의 규정(제 4 장과 제 5 장)을 적용하지 아니한다.

≪**해설**≫ ① 연소근로자는 선택적 근로시간제의 대상이 될 수 없으나, 임신 중인 여성 근로자는 선택적 근로시간제의 적용이 가능하다(근로기준법 제52조). ② 탄력적 근로시간제는 15세 이상 18세 미만의 연소근로자와 임신 중인 여성 근로자에 대하여는 적용하지 아니한다(동법 제51조 제 4 항). ③ 근로자가 출장이나 그 밖의 사유로 근로시간의 전부 또는 일부를 사업장 밖에서 근로하여 근로시간을 산정하기 어려운 경우에는 소정근로시간을 근로한 것으로 본다(동법 제58조 제 1 항). ④ 업무의 성질에 비추어 업무 수행 방법을 근로자의 재량에 위임할 필요가 있는 업무로서 대통령령으로 정하는 업무는 사용자가 근로자대표와 서면 합의로 정한 시간을 근로한 것으로 본다(동법 제58조 제 3 항). ⑤ 근로시간, 휴게와 휴일에 관한 규정은 i) 토지의 경작·개간, 식물의 재식(栽植)·재배·채취 사업, 그 밖의 농림 사업, ii) 동물의 사육, 수산 동식물의 채포(採捕)·양식 사업, 그 밖의 축산, 양잠, 수산 사업, iii) 감시(監視) 또는 단속적(斷續的)으로 근로에 종사하는 자로서 사용자가 노동부장관의 승인을 받은 자, iv) 관리·감독 업무 또는 기밀을 취급하는 업무에 종사하는 근로자에 대하여는 적용하지 아니한다(동법 제63조).

2. **「근로기준법」상 연차유급휴가제도에 관한 설명으로 옳지 않은 것은?** (1주 40시간의 법정근로시간제가 적용되는 사업장의 경우) 〈51회 사시〉

▌해답▐ **1.** ⑤ **2.** ④

① 사용자는 1년간 8할 이상 출근한 근로자에게 15일의 유급휴가를 주어야 한다.

② 사용자는 계속하여 근로한 기간이 1년 미만인 근로자에게 1개월 개근시 1일의 유급휴가를 주어야 한다.

③ 연차휴가제도와 관련해서는 근로자가 업무상 부상 또는 질병으로 휴업한 기간은 출근한 것으로 본다.

④ 연차휴가는 사용자의 귀책사유 없이 근로자가 3년간 행사하지 아니하면 소멸된다.

⑤ 사용자는 근로자가 청구한 시기에 연차휴가를 주는 것이 사업운영에 막대한 지장이 있는 경우에는 그 시기를 변경할 수 있다.

≪**해설**≫ ① 제60조 제1항. ② 제60조 제2항. ③ 제60조 제6항. ④ 연차 유급휴가는 1년간 행사하지 아니하면 소멸된다. 다만, 사용자의 귀책사유로 사용하지 못한 경우에는 그러하지 아니하다(근로기준법 제60조 제7항). ⑤ 제60조 제5항.

3. 근로기준법 또는 남녀고용평등과 일 · 가정 양립지원에 관한 법률상 사용자가 근로자의 청구가 없는 경우에도 반드시 주어야 하는 것만으로 묶인 것은? (1주 40시간의 법정 근로시간제가 적용되는 사업장의 경우) 〈50회 사시〉

① 휴게 - 주휴일

② 주휴일 - 생리휴가

③ 연차 유급휴가 - 생리휴가

④ 연차 유급휴가 - 유산 · 사산보호휴가(임신 16주 이후 유산 · 사산한 경우)

⑤ 육아휴직 - 유산 · 사산보호휴가(임신 16주 이후 유산 · 사산한 경우)

≪**해설**≫ ②③ 사용자는 여성 근로자가 청구하면 월 1일의 생리휴가를 주어야 한다(근로기준법 제73조). ③④ 사용자는 연차유급휴가를 근로자가 청구한 시기에 주어야 한다(동법 제60조 제5항). ④⑤ 사용자는 임신 중인 여성이 임신 16주 이후 유산 또는 사산한 경우로서 그 근로자가 청구하면 보호휴가를 주어야 한다(동법 제74조 제2항). ⑤ 사업주는 생후 3년 미만의 영유아를 가진 근로자가 그 영유아의 양육을 위하여 휴직을 신청하는 경우에 이를 허용하여야 한다(남녀고용평등과 일·가정 양립 지원에 관한 법률 제19조 제1항).

4. 근로기준법상 근로자대표에 관한 설명으로 옳지 않은 것은? (1주 40시간의 법정 근로시간제가 적용되는 사업장의 경우) 〈50회 사시〉

① 당해 사업장에 근로자의 과반수로 조직된 노동조합이 있는 경우에는 그 노동조합이 근로자대표이다.

② 당해 사업장에 근로자의 과반수로 조직된 노동조합이 없는 경우에는 근로

| 해답 | **3.** ① **4.** ③

자의 과반수를 대표하는 자가 근로자대표이다.

③ 경영상의 이유에 의한 해고를 하고자 할 경우 사용자는 반드시 근로자대표에게 해고하고자 하는 날의 30일 전까지 통보하여야 한다.

④ 3개월 단위의 탄력적 근로시간제를 실시하려면 사용자는 반드시 근로자대표와 서면합의를 하여야 한다.

⑤ 선택적 근로시간제를 실시하려면 사용자는 반드시 근로자대표와 서면합의를 하여야 한다.

≪**해설**≫ ③ 사용자는 경영상 이유에 의한 해고를 피하기 위한 방법과 해고의 기준 등에 관하여 그 사업 또는 사업장에 근로자의 과반수로 조직된 노동조합이 있는 경우에는 그 노동조합(근로자의 과반수로 조직된 노동조합이 없는 경우에는 근로자의 과반수를 대표하는 자를 말한다. 이하 「근로자대표」라 한다)에 해고를 하려는 날의 50일 전까지 통보하고 성실하게 협의하여야 한다(근로기준법 제24조 제 3 항).

5. 근로기준법상 연장근로에 관한 설명으로 옳지 않은 것은? (18세 이상의 남성 근로자의 경우) 〈50회 사시〉

① 특별한 사유가 없더라도 당사자간의 합의만으로 1주간에 12시간까지는 연장근로를 시킬 수 있다.

② 탄력적 근로시간제를 적용하고 있는 사업장에서도 당사자간의 합의가 있으면 연장근로를 시킬 수 있다.

③ 개별 근로자와의 연장근로에 관한 합의는 근로계약으로 미리 약정할 수 있다는 것이 판례의 태도이다.

④ 주문량의 증가로 연장근로가 필요한 때에는 노동부장관의 인가와 근로자의 동의를 얻어 1주간에 12시간을 초과하여 연장근로를 시킬 수 있다.

⑤ 운수업의 사용자는 근로자대표와의 서면합의가 있으면 1주간에 12시간을 초과하여 연장근로를 시킬 수 있다.

≪**해설**≫ ④ 사용자는 특별한 사정이 있으면 노동부장관의 인가와 근로자의 동의를 받아 근로시간을 연장할 수 있다(근로기준법 제53조 제 3 항). 「특별한 사정」이라 함은 대체로 천재, 사변 기타 이에 준하는 재해와 긴급하고 불가피한 사고로서 통상적인 업무의 운영으로는 이를 예견할 수 없는 경우라고 해석된다.

6. 1주 40시간의 법정근로시간이 적용되는 사업장의 경우 근로기준법 제60조에서 규정하고 있는 연차유급휴가에 관한 설명 중 옳지 않은 것은? (다툼이 있는 경우에는 판례에 의함) 〈49회 사시〉

① 사용자는 1년간 8할 이상 출근한 근로자에 대하여 유급휴가를 주어야 한다.

❙해답❙ 5. ④ **6.** ⑤

② 계속근로년수에 따라 휴가일수가 가산되는 제도를 도입하고 있다.

③ 연차유급휴가의 총일수는 25일을 한도로 한다.

④ 근속 1년 미만인 근로자에 대해서는 1월간 개근시 1일의 유급휴가를 주어야 한다.

⑤ 사용자가 근로자에게 연차휴가기간에 근로를 시킨 경우에는 가산임금을 지급해야 한다.

≪**해설**≫ ①②③④ 근로기준법 제60조 참조. ⑤ 연차유급휴가를 사용하지 아니하고 근로를 제공하여 연차유급휴가근로수당을 지급하는 경우에도 동법 제56조에 규정한 가산임금이 지급되어야 하는가가 문제된다. 이에 대하여 i) 연차휴가제도는 주휴일 제도나 시간외근로 제도와는 그 취지가 다르다는 점, ii) 근로기준법의 규정에서도 휴일과 휴가를 명백히 구분하고 있다는 점, iii) 근로기준법 제56조의 시간외근로수당 지급대상에서 휴가를 규정하고 있지 아니하다는 점 등을 고려하여 볼 때 시간외근로수당을 지급할 사용자의 법적 의무는 없는 것으로 본다(다수설; 대판 1990.10.26, 90다카12493; 대판 1991.6.28, 90다카14758; 대판 1991.7.26, 90다카11636).

7. 근로기준법상 휴게와 휴일에 관한 설명 중 옳지 않은 것은? 〈49회 사시〉

① 사용자는 근로시간 8시간에 대하여 1시간 이상의 휴게시간을 주어야 한다.

② 휴게시간은 근로자가 근로시간 도중 사용자의 지휘 또는 명령으로부터 벗어나 자유로이 이용할 수 있는 시간을 의미한다.

③ 관공서의 공휴일에 관한 규정에 의한 공휴일은 근로기준법상 휴일에 해당하므로 근로제공의무가 없다.

④ 근로자가 1주간의 소정근로일수를 개근하지 않으면 사용자는 1주일에 1회 이상의 유급휴일을 부여할 의무가 없다.

⑤ 작업상의 사정으로 대기하는 시간은 근로시간에 포함된다.

≪**해설**≫ ① 근로기준법 제54조. ③ 휴일은 법정휴일과 약정휴일로 구분되는데, 여기서 법정휴일이란 근로기준법상의 휴일인 주휴제(동법 제55조)와 근로기준법에 의한 유급휴일로 규정한 근로자의 날(5월 1일)을 의미한다(근로자의 날 제정에 관한 법률 참조). 「관공서의 공휴일에 관한 규정」에 의한 공휴일은 관공서의 공휴일에 관한 사항을 규정한 것이지 근로기준법상의 법정휴일이 아니라서 약정휴일로 운영할 뿐인 것이다. ④ 동법 제55조 및 동법시행령 제30조 참조. ②⑤ 근로기준법상의 근로시간은 근로자가 사용자의 지휘·감독 아래 근로계약상의 근로를 제공하는 시간을 말하는바, 근로자가 작업시간의 도중에 현실로 작업에 종사하지 않은 대기시간이나 휴식·수면시간 등이라 하더라도 그것이 휴게시간으로서 근로자에게 자유로운 이용이 보장된 것이 아니고 실질적으로 사용자의 지휘·감독 아래 놓여있는 시간이라면 이는 근로시간에 포함된다(대판 1993.5.27, 92다24509; 대판 2006.11.23, 2006다419900).

❙해답❙ 7. ③

8. 근로기준법상 「근로자대표와의 서면합의」가 유효요건이 아닌 것은? (1주 40시간의 법정근로시간제가 적용되는 사업장의 경우) 〈48회 사시〉

① 3월 단위 탄력적 근로시간제(제51조 제 2 항)

② 보상휴가제(제57조)

③ 재량근로의 근로시간 계산의 특례(제58조 제 3 항)

④ 근로시간 및 휴게시간의 특례(제59조)

⑤ 법정근로시간에 대한 연장근로의 합의(제53조 제 1 항)

≪**해설**≫ ⑤ 법정근로시간에 대한 연장근로의 제한은 당사자간의 합의로 가능하다(근로기준법 제53조 제 1 항).

9. 근로시간에 관한 설명 중 옳지 않은 것은? 〈48회 사시〉

① 탄력적 근로시간제를 채택한 경우 연장근로는 허용되지 않는다.

② 선택적 근로시간제는 15세 이상 18세 미만의 근로자에게는 적용되지 않는다.

③ 농림사업에 종사하는 근로자에 대하여는 근로시간에 관한 근로기준법 규정이 적용되지 않는다.

④ 선택적 근로시간제는 사용자와 근로자대표 사이의 서면합의로 정해져야 한다.

⑤ 탄력적 근로시간제는 15세 이상 18세 미만의 근로자와 임신 중인 여성근로자에게는 적용되지 않는다.

≪**해설**≫ ① 탄력적 근로시간제를 채택한 경우에도 1주간에 12시간 범위내에서 연장근로가 가능하다(근로기준법 제53조 제 2 항). ② 동법 제52조 제 1 호. ③ 동법 제63조. ④ 동법 제52조. ⑤ 동법 제51조 제 3 항.

10. 근로기준법에 의하면 일정한 사업에 대해서는 사용자가 근로자대표와 서면합의를 한 때에는 같은 법 제53조 제 1 항의 규정에 의한 주 12시간을 초과하여 연장근로하게 하거나 같은 법 제54조의 규정에 의한 휴게시간을 변경할 수 있다. 그러한 사업에 해당하지 않은 것은? 〈47회 사시〉

① 건 설 업 ② 운 수 업 ③ 통 신 업

④ 접 객 업 ⑤ 영화제작업

≪**해설**≫ 근로기준법은 i) 운수업, 물품판매 및 보관업, 금융보험업, ii) 영화제작 및 흥행업, 통신업, 교육연구 및 조사사업, 광고업, iii) 의료 및 위생사업, 접객업, 소각 및 청소업, 이용업, iv) 그 밖에 공중의 편의 또는 업무의 특성상 필요한 경우로서 대통령령이 정하는 사업(사회복지사업)에 대하여 사용자는 근로자대표와 서면합의를 한 때에는 제53조 제 1 항의 규정에 의한 주 12시간을 초과하여 연장근로하게 하거나 제54조의 규정에 의한 휴게시간을 변경할 수 있는 근로시간 및

┃해답┃ 8. ⑤ 9. ① 10. ①

휴게시간의 특례를 인정하고 있다(동법 제59조 및 동법시행령 제32조).

11. 근로시간 또는 휴가에 관한 X군의 제도와 이를 실시하기 위하여 필요한 Y군의 법적 요건이 올바르게 짝지워진 것은? 〈46회 사시〉

[X군]
A. 2주이내 단위기간의 탄력적 근로시간제
B. 연차유급휴가에 갈음하는 특정 근로일 휴무
C. 업무수행 방법을 근로자의 재량에 맡긴 경우의 간주근로시간
[Y군]
㉮ 당사자간의 합의
㉯ 취업규칙
㉰ 근로자대표와의 서면합의

① A－㉮, B－㉮, C－㉯
② A－㉮, B－㉯, C－㉰
③ A－㉯, B－㉰, C－㉰
④ A－㉯, B－㉰, C－㉮
⑤ A－㉰, B－㉯, C－㉮

≪**해설**≫ A. 2주이내 단위기간의 탄력적 근로시간제의 경우 사용자는 취업규칙(취업규칙에 준하는 것을 포함한다)에서 정하는 바에 의하여 2주간 이내의 일정한 단위기간을 평균하여 1주간의 근로시간이 40시간을 초과하지 아니하는 범위 안에서 특정주에 40시간을, 특정일에 8시간을 초과하여 근로하게 할 수 있다. 다만, 특정주의 근로시간은 48시간을 초과할 수 없다(근로기준법 제51조 제 1 항). B. 유급휴가의 대체의 경우 사용자는 근로자대표와 서면합의에 의하여 연차유급휴가일에 갈음하여 특정근로일에 근로자를 휴무시킬 수 있다(동법 제62조). C. 재량근로제의 경우 업무의 성질에 비추어 업무수행방법을 근로자의 재량에 위임할 필요가 있는 업무로서 대통령령이 정하는 업무는 사용자가 근로자대표와 서면합의로 정한 시간을 근로한 것으로 본다(동법 제58조 제 3 항).

12. 근로기준법상 탄력적 근로시간에 관한 설명으로 옳지 않은 것은? 〈45회 사시변형〉

① 3월 이내의 단위기간을 정하여 탄력적 근로시간제를 실시하려면 당해 근로자와 서면합의가 있어야 한다.
② 16세인 근로자에게는 탄력적 근로시간제를 실시할 수 없다.
③ 임신중인 여성근로자에게는 탄력적 근로시간제를 실시할 수 없다.
④ 2주 단위의 탄력적 근로시간제에서 특정한 주의 근로시간은 48시간을 초과할 수 없다.

▌해답▌ 11. ③ 12. ①

⑤ 3월 단위의 탄력적 근로시간제에서 특정한 날의 근로시간은 12시간을 초과할 수 없다.

≪**해설**≫ 2주 단위 탄력적 근로시간제는 취업규칙에 의하여, 3월 단위 탄력적 근로시간제는 근로자대표와의 서면합의에 의하여 할 수 있다(동법 제51조). 이 경우에 개별 근로자와의 별도의 합의·동의는 요구되지 않는다.

13. 연차유급휴가에 관한 설명 중 괄호 안에 들어갈 것으로 옳게 짝지어진 것은?

〈45회 사시변형〉

> 사용자는 1년간 8할 이상 출근한 근로자에 대하여는 (A)일의 유급휴가를 주어야 한다. 계속 근로연수가 1년 미만인 근로자에 대하여는 1월간 개근시 1일의 유급휴가를 주어야 하며, 근로자의 최초 1년간의 근로에 대하여 유급휴가를 주는 경우에는 (B)일로 하고, 근로자가 휴가를 이미 사용한 경우에는 그 사용한 휴가일수를 (C)일에서 공제한다. 또한 3년 이상 계속근로한 근로자에 대하여는 최초 1년을 초과하는 계속근로연수 매 2년에 대하여 1일을 가산한 유급휴가를 주어야 하며, 이 경우 가산휴가를 포함한 총 휴가일수를 (D)일을 한도로 한다.

	A	B	C	D
①	10	12	12	20
②	10	12	15	20
③	15	15	12	25
④	15	15	15	25
⑤	20	10	12	27

≪**해설**≫ 근로기준법 제60조 제 1 항 내지 제 4 항.

14. 근로기준법상 사용자와 근로자대표 사이에 서면합의가 필요한 것은?

〈44회 사시〉

① 선택적 근로시간제

② 2주 이내 단위기간의 탄력적 근로시간제

③ 취업규칙의 불이익 변경

④ 경영상 이유에 의한 해고

⑤ 여성근로자의 야간근로

≪**해설**≫ 근로기준법상 사용자와 근로자대표와의 서면합의를 필요로 하는 것은 i) 3월단위 탄력적 근로시간제도(근로기준법 제51조 제 2 항), ii) 선택적 근로시간제도(동법 제52조), iii) 보상휴가제(동법 제57조), iv) 근로시간계산의 특례(동법

해답 13. ③ 14. ①

제58조 제 2 항 및 제 3 항), v) 근로시간 및 휴게시간의 특례(동법 제59조), vi) 유급휴가의 대체(동법 제62조) 등이다.

15. 근로기준법상 연차유급휴가에 관한 설명 중 옳지 않은 것은? 〈44회 사시변형〉

① 연차유급휴가권은 근로자가 8할 이상 출근한 경우에 발생한다.

② 계속근로연수에 따라 휴가일수가 가산되는 제도를 채택하고 있다.

③ 휴가기간중 근로를 제공한 경우에는 통상임금의 50%를 가산하여 지급해야 한다는 것이 판례의 입장이다.

④ 휴가의 시기지정권은 근로자에게 있다.

⑤ 연차유급휴가권의 소멸시효는 1년이다.

≪**해설**≫ ① 연차유급휴가의 부여요건(근로기준법 제60조 제 1 항). ② 가산휴가제도(동법 제60조 제 4 항). ③ 연차휴가제도는 i) 주휴일 제도나 시간외근로 제도와는 그 취지가 다르다는 점, ii) 근로기준법의 규정에서도 휴일과 휴가를 명백히 구분하고 있다는 점, iii) 근로기준법 제56조의 시간외근로수당 지급대상에서 휴가를 규정하고 있지 아니하다는 점에서 연차유급휴가기간 중에 근로를 제공하여 연차휴가근로수당을 지급하는 경우라 하더라도 시간외근로수당을 지급할 사용자의 법적 의무는 없는 것으로 본다(다수설; 대판 1990. 10. 26, 90다카12493; 대판 1991. 6. 28, 90다카14758; 대판 1991. 7. 26, 90다카11636). ④ 근로자의 시기지정권, 사용자가 시기변경권(동법 제60조 제 5 항). ⑤ 연차휴가권 행사기간(동법 제60조 제 7 항).

16. 근로기준법상 탄력적 근로시간제에 관한 설명으로 옳지 않은 것은? 〈43회 사시변형〉

① 2주 단위의 탄력적 근로시간제는 취업규칙(이에 준하는 것 포함)이 정하는 바에 의하여, 3월 단위의 탄력적 근로시간제는 근로자대표와의 서면합의에 의하여 각각 실시한다.

② 2주 단위의 탄력적 근로시간제하에서 특정한 주의 근로시간은 48시간을 초과할 수 없다.

③ 3월 단위의 탄력적 근로시간제하에서 특정한 주의 근로시간은 52시간을, 특정한 날의 근로시간은 12시간을 초과할 수 없다.

④ 임신중인 여성근로자와 15세 이상 18세 미만의 근로자에 대해서는 탄력적 근로시간제를 실시할 수 없다.

⑤ 탄력적 근로시간제하에서는 당사자간의 합의에 의한 연장근로를 시킬 수 없다.

≪**해설**≫ 탄력적 근로시간제의 유형은 i) 2주 단위의 탄력적 근로시간제와 ii) 3월단위의 탄력적 근로시간제가 있다. ① 탄력적 근로시간제를 도입하기 위한 요

▌해답▌ 15. ④ 16. ⑤

건이 유형에 따라 다르다. ②③ 특정한 주 또는 특정한 날의 근로시간의 상한에 제한이 있다. 다만, 2주 단위의 탄력적 근로시간제의 경우 1일 근로시간의 제한은 없다(근로기준법 제51조 제 1 항, 제 2 항). ④ 탄력적 근로시간제의 적용제외(동조 제 3 항). ⑤ 탄력적 근로시간제하에서도 당사자간의 합의가 있는 경우에는 연장근로가 가능하다(동법 제53조 제 2 항).

17. 근로기준법상 시간외의 근로에 관한 설명으로 옳지 않은 것은? 〈43회 사시변형〉

① 야간근로라 함은 하오 10시부터 상오 6시까지 사이의 근로를 말한다.

② 연소자의 근로시간은 1일 7시간, 1주 40시간을 초과하지 못한다.

③ 사용자는 산후 1년이 경과되지 아니한 여성에 대하여 단체협약이 있는 경우에는 1일에 2시간, 1주일에 6시간을 초과하는 시간외의 근로를 시킬 수 있다.

④ 산후 1년이 경과되지 아니한 여성근로자의 야간근로에는 그 근로자의 동의와 노동부장관의 인가를 필요로 한다.

⑤ 사용자는 휴일근로에 대하여는 통상임금의 100분의 50이상을 가산하여 지급하여야 한다.

≪**해설**≫ ①⑤ 근로기준법 제56조 참조. ② 연소근로자의 근로시간(동법 제69조). ③ 개정법(2003. 9. 15)에 따라 지문을 변형하였다. 동법 제71조 참조. ④ 개정법에 의하면 i) 18세 이상의 여성근로자는 근로자의 동의를 요건으로, ii) 18세 미만자와 산후 1년이 경과되지 아니한 여성의 경우 그 근로자의 동의와 노동부장관의 인가를 요건으로, iii) 임신중인 여성의 경우 그 근로자의 명시적인 청구와 노동부장관의 인가를 요건으로 야간근로 및 휴일근로가 허용된다(동법 제70조 참조).

18. 근로기준법상 휴가에 관한 설명으로 옳지 않은 것은? 〈43회 사시변형〉

① 사용자는 근로자에게 연차유급휴가권을 포기하게 해서는 안된다.

② 월차유급휴가는 우리나라의 독특한 휴가제도이었으나 현행법에서 삭제되었다.

③ 연차유급휴가청구권의 소멸시효는 3년이다.

④ 연차유급휴가를 사용하지 않고 퇴직하는 경우에 휴가근로수당청구권은 존속한다.

⑤ 사용자는 계속근로년수에 따라 가산한 유급휴가를 주어야 한다.

≪**해설**≫ ① 근로기준법상의 휴가제도는 객관적 요건의 충족에 의하여「법률상 당연히」발생하고 근로자는 소정일수의 유급휴가를 받을 권리를 취득한다. 따라서 사용자는 근로자의 휴가청구권에 응하여야 하며 이를 포기하게 할 수 없다(근로기준법 제60조). 휴가 관련규정은 강행규정으로서 동조를 위반하면 사용자가 처벌 받는다(동법 제110조). ③ 연차유급휴가의 소멸시효는「1년」이다(동법 제60조

▌해답▌ 17. ③ 18. ③

제 7 항). ④ 미사용 휴가일수에 상당하는 연차유급휴가 근로수당이 발생하는 바, 이는 임금청구권으로서 3년의 소멸시효에 걸린다. ⑤ 가산휴가제(동법 제60조 제 4 항).

19. 휴일 · 휴가에 관한 설명 중 옳지 않은 것은? 〈42회 사시변형〉

① 연차유급휴가는 1년간 행사하지 아니한 때에는 소멸한다.

② 1년간 8할 미만 출근한 자에 대하여는 연차유급휴가를 주지 않을 수가 있다.

③ 주휴일은 반드시 일요일로 특정할 필요는 없다.

④ 사용자는 여성인 근로자가 청구하는 때에는 월 1일의 생리휴가를 주어야 한다.

⑤ 휴가를 사용하지 않고 근로한 경우에도 휴일근로와 마찬가지로 가산임금을 지급하여야 한다는 것이 판례의 입장이다.

≪**해설**≫ ① 연차유급휴가권의 행사기간은 1년이다. 다만, 사용자의 귀책사유 예컨대 사용자가 시기변경권을 행사하였기 때문에 사용하지 못한 경우에는 그러하지 아니하다(근로기준법 제60조 제 7 항). ② 연차유급휴가권은 i) 1년 이상 계속근로할 것, ii) 8할 이상 출근할 것의 요건을 갖추어야 성립한다. 따라서 근무기간이 1년 미만인 근로자에게는 특별한 약정이 없는 한 연차유급휴가가 부여되지 아니한다(통설; 대판 1991.11.12, 91다14826). ③ 주휴일은 단체협약, 취업규칙 및 근로계약 등에 의하여 정하여지는 것이 원칙이며 반드시 일요일일 필요는 없으며, 6일간 개근한 근로자에 대하여 1주일의 어느 특정일에 1회 이상의 유급휴일을 부여하면 된다(동법 제55조, 동법시행령 제30조; 통설). ④ 동법 제73조 참조. ⑤ 연차유급휴가 · 산전후휴가 · 생리휴가 · 육아휴직 등 각종 휴가기간 중의 근로제공에 대하여 시간외근로수당을 지급하여야 하는가에 관하여 i) 휴일근로와 휴가근로는 본질적으로 구별할 수 없으므로 가산임금을 지급하여야 한다는 긍정설(박상필)도 있으나, ii) 통설 · 판례는 근로기준법 제56조 가산임금 지급사유가 한정적으로 열거되어 있으므로 휴가중의 근로가 제외되고 가산임금을 지급할 필요가 없다는 입장이다(다수설; 대판 1990.10.26, 90다카12493; 대판 1991.6.28, 90다카14758; 대판 1991.7.26, 90다카11636; 법무 811-14938, 1979.6.22; 근기 1455-1570, 1981.5.21).

20. 선택적 근로시간제에 관한 설명으로 옳지 않은 것은? 〈41회 사시〉

① 선택적 근로시간제는 업무의 시작 및 종료시각을 사용자의 결정에 맡기기로 한 근로시간제이다.

② 1월 이내의 정산기간을 평균하여 주 40시간을 초과하지 않는 범위내에서 1일에 8시간을 초과하여 근로하게 할 수 있다.

③ ②, ⑤에 의하여 초과된 연장근로에 대하여는 가산임금이 지급되지 않는다.

④ 선택적 근로시간제를 실시하기 위하여는 근로자대표와의 서면합의가 있어

해답 19. ⑤ 20. ①

야 한다.

⑤ 1월 이내의 정산기간을 평균하여 주 40시간을 초과하지 않는 범위내에서 1주간에 40시간을 초과하여 근로하게 할 수 있다.

≪**해설**≫ ① 선택적 근로시간제는 업무의 시작 및 종료시각을 「근로자」의 결정에 맡기기로 한 근로시간제이다. ②④⑤ 근로기준법 제52조 참조. ③ 선택적 근로시간제가 도입된 경우 야간근로수당·휴일근로수당은 지급되는 것이 원칙이나, 주 40시간을 초과하지 않는 범위내에서 1일에 8시간을 초과하여 근로하게 한 경우에 연장근로수당은 지급되지 않는다. 선택적 근로시간제도 일종의 변형근로제이기 때문이다. 그러나 정산기간 중 총근로의무시간을 초과한 잉여근로시간이 발생하면 연장근로수당이 지급될 수 있다.

21. 근로기준법상 야간근로라 함은? 〈40회 사시〉

① 하오 10시부터 상오 6시까지 사이의 근로를 말한다.

② 하오 9시부터 상오 6시까지 사이의 근로를 말한다.

③ 하오 10시부터 상오 5시까지 사이의 근로를 말한다.

④ 하오 9시부터 상오 5시까지 사이의 근로를 말한다.

⑤ 하오 11시부터 상오 6시까지 사이의 근로를 말한다.

≪**해설**≫ 「야간근로」에 관한 노동법상의 규제조항은 i) 야간근로의 개념(하오 10시부터 상오 6시까지 사이의 근로)(근로기준법 제56조), ii) 가산임금의 지급사유(연장근로시간과 중복되더라도 각각 가산하여 지급됨: 대판 1991.3.22, 90다6545), iii) 여성과 18세 미만자의 야업 및 휴일근로 제한(다만 근로자의 동의와 노동부장관의 인가에 의한 예외인정)(동법 제70조) 등이 있다.

22. 근로기준법령상 3개월 단위의 탄력적 근로시간제를 채택하기 위한 노사간의 서면합의 내용이 아닌 것은? 〈40회 사시변형〉

① 대상근로자의 범위

② 단위기간(3개월 이내의 일정 기간으로 정하여야 함)

③ 15세 이상 18세 미만 근로자에 적용할 사항

④ 단위기간에 있어서의 근로일

⑤ 당해 근로일별 근로시간

≪**해설**≫ 「3월단위 탄력적 근로시간제」를 채택하기 위하여는 사용자·근로자대표와의 서면합의에 의하여야 하는 바 서면에 명시하여야 할 합의사항은 i) 대상근로자의 범위, ii) 단위기간(3월 이내의 일정한 기간으로 정함), iii) 단위기간에 있어서의 근로일 및 당해 근로일별 근로시간, iv) 그 밖에 대통령령으로 정하는 사항(동법시행령 제28조: 서면합의의 유효기간) 등이다(근로기준법 제51조 제 2 항).

| 해답 | **21.** ① **22.** ③

23. 대부분의 직장에서는 9시에 출근하여 6시에 퇴근하는 것을 원칙으로 하고 있다. 이 경우 중간의 한시간은 점심시간으로 제공된다. 이러한 근무관행에 대한 법적 판단으로 옳은 것은? 〈39회 사시〉

① 이러한 직장의 하루 근로시간은 9시간이다.

② 점심시간 1시간을 휴게시간으로 볼 수 있으므로 하루 근로시간은 8시간이다.

③ 1일 8시간 근로제란 7시간의 실제근로와 1시간의 중간휴식을 뜻하므로 1일 한시간씩 시간외 근로수당을 주지 않는 이상 불법적 관행이다.

④ 점심시간은 생리적 필요를 위해 주어지므로 법상의 휴게시간이 아니다. 따라서 오전, 오후에 각각 30분씩의 휴게시간을 따로 주어야 한다.

⑤ 법적 판단 대상이 될 수 없는 단순한 관행일 뿐이다.

≪**해설**≫ 8시간 근로제란 근로의 시작에서부터 종료시간까지의 시간중 휴게시간을 제외한 시간이다. 따라서 점심시간 1시간을 휴게시간으로 볼 수 있으므로 하루 근로시간은 8시간이라 할 수 있다. 그리고 휴게시간은 근로시간 도중에 주어야 하며 1시간을 일시에 주는 것이 원칙이나 나누어 줄 수도 있다. 따라서 ③④는 바르지 못한 표현이다.

24. 탄력적 근로시간제에 관한 설명 중 옳지 않은 것은? 〈39회 사시변형〉

① 사용자는 취업규칙(취업규칙에 준하는 것을 포함)에서 정하는 바에 의하여 2주간 이내의 일정한 단위기간을 평균하여 1주간의 근로시간이 40시간을 초과하지 아니하는 범위 안에서 특정한 주에 40시간을, 특정한 날에 8시간을 초과하여 근로하게 할 수 있다.

② 위 ①의 경우 특정한 주의 근로시간은 48시간을 초과할 수 없다.

③ 사용자는 근로자대표와의 서면합의에 의하여 3월이내의 단위기간을 평균하여 1주간의 근로시간을 60시간까지, 특정한 날의 근로시간을 14시간까지 연장할 수 있다.

④ 탄력적 근로시간제는 연소근로자와 임신중인 여성근로자에 대하여는 적용하지 아니한다.

⑤ 사용자는 탄력적 근로시간제를 적용할 경우 기존의 임금수준이 저하되지 않도록 임금보전방안을 강구하여야 한다.

≪**해설**≫ 3월단위 탄력적 근로시간제의 법정요건을 분명하게 숙지하는 것이 필요하다. 근로기준법 제51조 제 2 항 단서에 특정한 주의 근로시간이 52시간을, 특정한 날의 근로시간이 12시간을 초과할 수 없도록 명시하고 있다.

25. 연차유급휴가 및 휴가수당에 대한 설명 중 옳지 않은 것은? 〈39회 사시변형〉

| 해답 | **23.** ② **24.** ③ **25.** ③

① 1년간 근무한 경우 8할 미만 출근한 자에 대하여는 연차유급휴가를 주지 않을 수 있다.
② 연차유급휴가는 1년간 행사하지 아니한 때는 소멸한다.
③ 연차유급휴가수당은 평균임금에 포함되지 않는다.
④ 연차유급휴가의 시기선택권은 원칙적으로 근로자에게 있다.
⑤ 산전후 휴가를 사용한 경우에는 출근율을 계산함에 있어 출근한 것으로 간주한다.

≪**해설**≫ 평균임금과 통상임금의 개념 및 산출기초, 사용되는 경우 등은 매우 중요하다. 연차유급휴가수당은 평균임금의 산출시 산입되는 수당(임금)일 뿐 아니라 연차유급휴가수당의 지급시에도 평균임금을 기준으로 산출한다. ①은 통설입장이며 ②④ 통설·판례의 일치된 해석론이다. ⑤ 근로기준법 제60조 제6항 제2호.

기출문제 및 기본문제

26. 다음 중 근로기준법상의 휴일·휴가가 아닌 것은? 〈'99 공인노무사〉

① 생리휴가 ② 연차휴가 ③ 출산휴가
④ 공휴일 ⑤ 주휴일

≪**해설**≫ 공휴일은 관공서가 쉬는 날로서 노동관계법에 기업이 쉬는 날로 정해져 있지 아니하므로 당연히 근로자의 휴일이 되는 것이 아니다. 공휴일은 「관공서의공휴일에관한규정」(대통령령 제13155호, 1990.11.5)에 규정된 날을 말하기 때문이다(현재 일요일과 기타 정부에서 수시로 정하는 날 예컨대 대통령 선거일, 국회의원 총선거일 등을 제외하면 17일이다). 따라서 공휴일은 「약정휴일」이며 유급여부는 노·사가 정하는 바에 따른다(서울민지판 1990.1.23, 89가합42113; 근기 1451-10675, 1983.4.26).

27. 다음 중 실근로시간 또는 근로실효시간에 포함된다고 볼 수 없는 것은?

① 일·숙직 근무 ② 안전보호구의 착용시간
③ 부서단위의 자유스러운 야유회 ④ 작업전 회의시간
⑤ 간호사의 대기시간

≪**해설**≫ 근로시간이란 사용자의 지휘·감독하의 근로제공시간으로서 휴게시간을 제외한 시간을 말한다(통설·판례). 이 경우 근로자의 노무제공상태가 계속되는 한 사용자가 실제 사용하였는지는 묻지 않는다. 따라서 i) 실근로에 부수하는 시간, ii) 대기시간도 실근로시간에 포함된다. ② 다만, 여자행원의 제복착용같이 작업복을 갈아입는 단순한 준비행위나 작업종료 후 목욕, 탈의시간 등은 제외된다. ③ 연수·훈련·야유회 등의 시간이 사용자의 지시에 따른 이상 근로시간에

| 해답 | **26.** ④ **27.** ③

포함되나 사용자의 지휘·감독이 미치지 않는 임의적·자율적인 야유회 등은 근로시간에 포함되지 아니한다.

28. 다음 근로시간의 개념 및 산정에 관한 설명 중 타당하지 아니한 것은?

① 유해위험작업의 경우 소정근로시간이라 함은 1일 6시간, 1주 34시간의 범위안에서 당사자가 합의한 근로시간을 말한다.

② 근로시간은 종업시간에서 시업시간을 뺀 시간에서 휴게시간을 제외한 시간을 말한다.

③ 입·출갱시간 및 갱내에서의 식사·휴식시간은 근로시간에 포함된다.

④ 근로자가 근로시간의 전부 또는 일부를 사업장 밖에서 근로하여 근로시간을 산정하기 어려운 때에는 당사자가 약정한 소정근로시간을 근로한 것으로 본다.

⑤ 18세 이상의 여성근로자의 기준근로시간은 1일 8시간, 1주 40시간이다.

≪**해설**≫ 입출갱소요시간에 대하여 i) 근로시간에 포함시키는 견해(김형배)와 ii) 근로시간에 포함시키지 않는 견해(이병태; 대판 1993. 12. 28, 93다38529; 대판 1994. 2. 23, 93다53276)가 있으나 후자가 다수견해이다.

29. 근로시간을 산정하기 어려운 장기 출장자의 근로시간은 어떻게 산정하는가?

① 근로자가 실근무시간을 증명하여야 한다.

② 출장 거리에 따라 달리 산정된다.

③ 소정근로시간을 근무한 것으로 본다.

④ 1일 8시간을 근무한 것으로 본다.

⑤ 기준근로시간을 근무한 것으로 한다.

≪**해설**≫ 근로기준법 제58조 제 1 항에 의하면 근로시간을 산정하기 곤란한 출장자는 「소정근로시간」을 근로한 것으로 본다.

30. 다음 중 근로기준법상의 근로시간에 관한 기술 중 틀린 것은?

① 15세 이상 18세 미만자의 근로시간은 1일에 7시간, 1주에 40시간을 초과하지 못한다.

② 여성과 18세 미만의 연소자는 어떠한 경우에도 야간작업과 휴일근로에 종사시키지 못한다.

③ 산후 1년이 경과되지 아니한 여성에 대해서는 단체협약의 규정이 있는 경우에도 1일에 2시간, 1주일에 6시간, 1년에 150시간을 초과하는 시간외 근로를 시키지 못한다.

| 해답 | 28. ③ 29. ③ 30. ②

④ 야간근로라 함은 하오 10시부터 상오 6시까지의 자의의 근로를 말한다.

⑤ 15세 이상 18세 미만자의 근로시간은 당사자간의 합의에 의해 1일 1시간, 1주일 6시간까지 연장할 수 있다.

≪**해설**≫ ① 근로기준법 제69조. ② 18세 이상의 여성은 근로자의 동의를 얻어, 임산부(임신중이거나 산후 1년이 경과되지 아니한 여성)와 18세 미만자는 근로자의 동의 또는 명시적인 청구와 근로자대표와의 성실한 협의 후 노동부장관의 인가를 얻은 경우에는 야간작업과 휴일근로에 종사시킬 수 있다(동법 제70조). ③ 동법 제71조. ④ 동법 제56조. ⑤ 동법 제69조 단서.

31. 다음 근로시간의 특례(근로기준법 제58조)에 관한 설명 중 타당하지 아니한 것은?

① 근로자가 출장 기타의 사유로 근로시간의 전부 또는 일부를 사업장 밖에서 근로하여 근로시간을 산정하기 어려울 때에는 소정근로시간을 근로한 것으로 본다.

② 특정업무를 수행하기 위하여 통상적으로 소정근로시간을 초과하여 근무하는 경우에는 1일 8시간을 근로한 것으로 본다.

③ ②의 경우 근로자대표와 사용자간의 서면합의가 있는 때에는 그 합의에서 정한 시간을 근로한 것으로 본다.

④ 사업장 밖의 근로에 대한 근로시간관리를 용이하게 하며 업무의 효율성을 제고시키고자 입법화 하였다.

⑤ 이는 근로시간의 산정이 어려운 경우 소위 「인정근로시간제도」를 도입하여 일정시간을 근로한 것으로 보는 제도이다.

≪**해설**≫ 근로자가 출장 기타의 사유로 근로시간의 전부 또는 일부를 사업장 밖에서 근로하여 근로시간을 산정하기 어려운 때에는 「소정근로시간」을 근로한 것으로 본다. 다만, 당해 업무를 수행하기 위하여 통상적으로 소정근로시간을 초과하여 근로할 필요가 있는 경우에는 그 업무의 수행에 통상 필요한 시간을 근로한 것으로 본다(근로기준법 제58조 제 1 항).

32. 다음 근로시간의 연장에 관한 설명 중 타당하지 아니한 것은?

① 당사자가 합의하는 경우 1주 12시간의 연장근로가 가능하다.

② 당사자가 합의하는 경우 탄력적 근로시간제도하에서 1주 평균 근로시간을 12시간 연장할 수 있다.

③ 특별한 사정이 있는 경우 노동부장관의 인가 및 근로자의 동의를 얻어 1주 12시간 연장된 근로시간을 초과하여 근로하게 할 수 있다.

④ 특별한 사업에 대하여 근로자대표와의 서면합의에 의하여 1주 12시간 연장된 근로시간을 초과하여 근로하게 할 수 있다.

| 해답 | **31.** ② **32.** ⑤

⑤ 특수한 근로자에 대하여 근로시간 및 휴게 · 휴일 · 휴가에 관한 규정은 적용되지 아니한다.

≪**해설**≫ 특수근로자에게는 i) 근로시간, ii) 휴게, iii) 휴일에 관한 규정이 적용되지 아니한다(근로기준법 제63조). 따라서 i) 야간근로(야간근로수당(동법 제56조) · 여성과 연소자의 야간근로와 휴일근로의 제한(동법 제70조)), ii) 휴가[연차유급휴가(동법 제60조) · 생리휴가(동법 제73조) · 산전후 휴가(동법 제74조)]는 적용한다.

33. 근로기준법상의 근로시간 규정에 대한 서술 중 맞는 경우는 모두 몇 개인가?

㉮ 근로시간은 휴식시간을 포함하여 1일에 8시간을 초과할 수 없다.
㉯ 근로시간은 1주일에 40시간을 초과할 수 없다.
㉰ 당사자간의 합의에 의하여 1주일에 12시간 한도로 연장근로할 수 있다.
㉱ 사용자는 근로시간이 4시간인 경우에는 30분 이상, 8시간인 경우에는 1시간 이상의 휴식시간을 근로시간 도중에 주어야 한다.
㉲ 연소근로자의 경우에는 1일 7시간, 일주일에 40시간을 초과하지 못한다.

① 1개 ② 2개 ③ 3개 ④ 4개 ⑤ 5개

≪**해설**≫ ㉮ 근로시간은 휴식시간을 「제외」하여 1일에 8시간, 1주일에 40시간을 초과하지 못하는 것으로 규정하고 있다(근로기준법 제50조). ㉲ 연소근로자의 근로시간에 대하여는 근로기준법 제69조에 규정되어 있다.

34. 근로기준법 제53조의 특별한 사정이 있는 경우의 연장근로에 대한 설명 중 타당하지 아니한 것은?

① 특별한 사정이 있는 경우 노동부장관의 인가와 근로자의 동의를 얻어 근로시간을 연장할 수 있다.
② 연장근로시간은 1주 12시간을 초과할 수 있다.
③ 사태가 급박한 경우 사후에 노동부장관의 승인을 얻어도 무방하다.
④ 노동부장관은 근로시간의 연장이 부적당하다고 인정할 경우에는 연장시간에 상당하는 휴게 · 휴일을 줄 것을 명할 수 있다.
⑤ 탄력적 근로시간제도를 채택하고 있는 경우에는 연장근로가 인정되지 아니한다.

≪**해설**≫ 사용자는 i) 특별한 사정이 있는 경우에는 ii) 노동부장관의 인가와 근로자의 동의를 얻어 「제 1 항(합의연장근로)과 제 2 항(탄력적 근로시간제 · 선택적 근로시간제하의 합의연장근로)」의 근로시간을 연장할 수 있다(근로기준법 제53조 제 3 항)고 규정하고 있으므로, 탄력적 근로시간제도를 채택하고 있는 경우에도

| 해답 | **33.** ④ **34.** ⑤

연장근로가 인정된다.

35. **사용자가 근로자대표와의 서면합의로써 근로시간을 변경할 수 있는 사업이 아닌 것은?**

① 운수업 ② 금융보험업 ③ 접객업
④ 감독·관리업무 ⑤ 광고업

≪**해설**≫ [근로시간 · 휴게시간의 특례(근로기준법 제59조)]

① 운수업, 물품판매 및 보관업, 금융보험업
② 영화제작 및 흥행업, 통신업, 교육연구 및 조사사업, 광고업
③ 의료 및 위생사업, 접객업, 소각 및 청소업, 이용업
④ 기타 공중의 편의 또는 업무의 특성상 필요한 경우로서 대통령령이 정하는 사업(동법시행령 제28조; 사회복지사업)

36. **근로기준법 제59조의 근로시간 및 휴게시간의 특례에 대한 설명으로 잘못된 것은?**

① 근로자대표와의 서면합의를 하여야 한다.
② 동법 제53조(연장근로의 제한)에 의한 1주 12시간을 초과할 수 있다.
③ 동법 제54조(휴게)에 의한 휴게시간을 변경할 수 있다.
④ 사용자는 서면합의 내용을 노동부장관에게 신고하여야 한다.
⑤ 공중의 편의 또는 업무의 특성상 필요한 경우로서 대통령령이 정하는 사업이 이에 해당된다.

≪**해설**≫ 서면합의 내용을 노동부장관에게 신고해야 할 의무규정은 1999.2.8. 삭제되었다.

37. **근로기준법상의 근로시간, 휴게와 휴일에 관한 규정이 적용되지 않는 사업과 근로자 중 옳지 않은 것은 어느 것인가?** 〈33회 사시〉

① 방위산업 ② 농림수산업에 종사하는 자
③ 수위업무·화재감시업무 종사자 ④ 감독·관리적 지위에 있는 자
⑤ 비 서

≪**해설**≫ [근로시간·휴게·휴일규정의 적용제외(근로기준법 제63조)]

① 토지의 경작·개간, 식물의 재식·재배·채취사업 기타의 농림사업
② 동물의 사육, 수산동식물의 채포·양식사업, 기타의 축산·양잠·수산사업
③ 감시 또는 단속적으로 근로에 종사하는 자로서 사용자가 노동부장관의 승인을 얻은 자
④ 대통령령으로 정한 사업에 종사하는 근로자(동법시행령 제34조; 감독·관리업무 또는 기밀을 취급하는 업무)

▎해답▎ **35.** ④ **36.** ④ **37.** ①

38. 근로기준법상 농림수산업에 종사하는 근로자의 근로시간 등에 관한 설명 중 타당하지 아니한 것은?

① 근로시간 · 휴게 · 휴일에 관한 규정은 적용되지 아니한다.

② 야간근로와 연차유급휴가에 관한 규정은 적용된다.

③ 산전후휴가와 생리휴가에 관한 규정은 적용된다.

④ 관리 · 감독업무 또는 기밀을 취급하는 업무에 종사하는 근로자는 이에 해당되지 아니한다.

⑤ 감시 또는 단속적으로 근로에 종사하는 자로서 노동부장관의 승인을 얻은 자는 이에 해당된다.

≪**해설**≫ 위 문제 해설 참조. 감독 · 관리업무 또는 기밀을 취급하는 업무에 종사하는 근로자는 이에 해당된다(근로기준법시행령 제34조).

39. 다음 중 1주에 52시간 이상을 초과하여 합법적으로 연장근로 할 수 있는 경우는?

① 특별한 사정으로 인하여 노동부장관의 인가와 본인의 동의를 얻은 경우

② 당사자가 합의한 경우

③ 공익 또는 국방상 필요하여 노동부장관의 승인을 얻은 경우

④ 필수공익사업에 종사하는 특수근로자에 해당하는 경우

⑤ 유해 · 위험한 업무에 종사하는 근로자에 해당하지 아니하는 경우

≪**해설**≫ 이른바 「인가연장근로」로서 사용자는 특별한 사정이 있는 경우에는 노동부장관의 인가와 근로자의 동의를 얻어 합의에 의한 연장근로시간의 제한을 초과하여 다시 연장할 수 있다. 다만, 사태가 급박하여 노동부장관의 인가를 받을 시간이 없는 경우에는 사후에 지체없이 승인을 얻어야 한다(근로기준법 제53조 제 3 항).

40. 다음 중 유해 · 위험한 작업에 종사하는 근로자에 대한 설명 중 타당하지 아니한 것은?

① 유해 · 위험한 작업은 휴일근로가 금지된다.

② 산업안전보건법 제46조에 의하여 1일 6시간, 1주 34시간의 법정근로시간이 적용된다.

③ 근로기준법은 임산부와 연소근로자의 유해 · 위험한 작업에의 근무를 원칙적으로 금지하고 있다.

④ 산업안전보건법에는 1일 6시간, 1주 34시간에 대한 예외적인 연장근로를 규정하지 아니하고 있다.

⑤ 유해 · 위험한 작업을 야간에 하는 것은 허용된다.

▌해답▌ 38. ④ 39. ① 40. ①

≪**해설**≫ 산업안전보건법 제46조가 1990년 1월 13일 개정되어 유해·위험작업의 근로시간은 1일 6시간, 1주 34시간을 초과하지 못하고 「연장근로」는 금지되었다. 그러나 유해·위험작업이라도 휴일근로·야간근로까지 금지되는 것은 아니며, 이에 대한 가산임금을 지급하고 근로시킬 수 있는 것이다.

41. 다음은 여성과 소년근로자의 야간근로와 휴일근로의 제한규정이다. 괄호안에 들어갈 내용이 바르게 연결된 것은?

> ㉮ 사용자는 18세 이상의 여성을 오후 10시부터 오전 6시까지의 사이 및 휴일에 근로시키고자 하는 경우에는 당해 ( )를 얻어야 한다.
> ㉯ 사용자는 임산부와 18세 미만자를 오후 10시부터 오전 6시까지의 사이 및 휴일에 근로시키지 못한다. 다만, 다음 각호의 1의 경우로서 노동부장관의 인가를 얻은 경우에는 그러하지 아니하다.
> 1. 18세 미만자의 ( )가 있는 경우
> 2. 산후1년이 경과되지 아니한 여성의 ( )가 있는 경우
> 3. 임신중의 여성이 ( ) 하는 경우
>
> ㉰ 사용자는 ㉯의 경우 노동부장관의 인가를 얻기 이전에 근로자의 건강 및 모성보호를 위하여 그 시행여부와 방법 등에 관하여 당해 사업 또는 사업자의 ( )와(과) 성실하게 협의하여야 한다.

① 당사자간의 합의—동의—동의—동의—근로자대표
② 당사자간의 합의—동의—명시적 청구—명시적 청구—노동조합
③ 근로자의 동의—합의—합의—동의—노동조합
④ 근로자의 동의—동의—동의—명시적 청구—근로자대표
⑤ 근로자대표의 동의—동의—명시적 청구—명시적 청구—노사협의회

≪**해설**≫ 개정법은 일반 여성근로자의 고용촉진을 위하여 시간외·야간·휴일근로의 제한 규정을 합리적으로 조정함으로써 여성의 고용기피 요인을 해소하기 위한 제도개선을 추진한 바, 위의 ㉮, ㉯, ㉰와 같은 내용으로 개정되었다(근로기준법 제70조).

42. 법정근로시간 제한원칙에 대한 설명으로 옳지 않은 것은? (판례에 의함)

① 계속 근로가 2일에 걸칠 경우에는 역일을 달리하더라도 하나의 근로로 보고 8시간 제한규정을 적용해야 한다.
② 숙직근무의 모습이 내용과 질에 있어서 통상근무의 모습과 마찬가지라고 인정될 때에 한하여 할증임금이 지급되어져야 할 것이다.
③ 1주 12시간을 한도로 가능한 합의에 의한 연장근로에서 합의의 주체는 원

┃해답┃ 41. ④ 42. ④

칙적으로 근로자 개인과 사용자이다.

④ 연장근로에 대한 합의는 연장근로를 할 때마다 그때 그때하여야 하며 근로계약 등으로 사전에 약정해 놓을 수 없다.

⑤ 성년남자의 경우 연장근로는 1주 12시간을 초과하지 않는 범위 내에서 1일의 제한시간은 없다.

≪**해설**≫ ② 대판 1990.12.26, 90다카13465. ③ 근로기준법 제53조 합의연장근로에서의 「당사자 사이의 합의」는 개별적 합의가 원칙이다. 노동조합과 사용자간의 단체협약에 의한 합의도 가능하나, 그것은 개별근로자의 합의권한을 침해하거나 제한하지 않는 범위 내에서 유효할 수 있다. 노사협의회에 의한 합의는 유효한 합의가 아니다. ④ 판례는 근로계약 등으로 사전에 약정해 놓을 수 있다고 본다(일반적·포괄적 동의설)(대판 1995.2.10, 94다19228). 이는 판례가 업무의 특성상 연장근로, 야간근로, 휴일근로 수당이 사전에 포괄적으로 계산되어 있다고 인정하는 것과 더불어 근로시간에 관한 규율을 무기력하게 만든다는 비판을 받는다. ⑤ 통설과 판례(대판 1997.10.10, 97누4951)의 입장이다.

43. 휴일·야간근로에 대한 가산임금 지급에 관한 설명으로 틀린 것은?

① 야간근로는 기준근로시간 내일지라도 가산임금을 지급하여야 한다.

② 경비직 야간근로자에게는 가산임금을 지급하지 않아도 무방하다.

③ 특수근로자(근로기준법 제63조)에게도 야간근로수당을 지급하여야 한다.

④ 휴일에 회사창립기념 운동회를 개최한 경우에도 가산임금이 지급된다.

⑤ 유급휴일근로자는 당일근로의 대가 100%와 휴일근로가산금 50%의 합계 150% 이상의 임금을 받게 된다.

≪**해설**≫ ① 다수설, 행정해석의 입장. ②④ 통설·판례. ③ 근로시간·휴게·휴일에 관한 규정은 적용되지 않으나 야간근로에 대한 적용은 배제되지 않는다.

야간·연장근로 (10시~6시)	소정의 통상임금 100%+연장근로가산금 50%+야간근로가산금 50%=합계 200%이상
유급휴일근로	유급휴일임금 100%+당해일 근로의 대가 100%+휴일가산금 50%=합계 250% 이상
무급휴일근로	당해일 근로의 대가 100%+휴일근로가산금 50%=합계 150% 이상

44. 다음 시간외근로의 할증금계산 중 틀린 것은?

① 격일제 24시간 근무자에게는 연장·휴일·야간근로수당을 지급하지 않아도 무방하다.

② 휴일근로·연장근로 및 야간근로가 중복될 경우 각각 가산금을 지급해야 한다.

▌해답▌ 43. ⑤ 44. ④

③ 변형 근로시간제가 합의되면 1주 40시간 내에서 이에 대하여 가산금이 지급되지 않는다.

④ 소정근로시간이 1일 8시간, 1주 40시간 미만인 경우 기준근로시간까지의 연장근로에 대하여는 가산금이 지급되어야 한다.

⑤ 사용자는 근로자대표와의 서면합의에 따라 연장근로·야간근로 및 휴일근로에 대하여 임금을 지급하는 것에 갈음하여 휴가를 부여할 수 있다.

≪**해설**≫ ① 격일제 24시간 근로계약은 기준초과근로에 대한 수당이 이미 포함되어 있다고 본다(대판 1991. 4. 9). ④ 이른바 「법내연장근로」에 대하여는 가산임금제가 적용되지 아니한다(통설). ⑤ 근로기준법 제57조(보상휴가제) 참조.

45. 근로시간 계산의 특례규정에 따라 인정되는 이른바 재량근로시간제(재량 간주근로시간제)에 관한 설명 중 바르지 못한 것은?

① 신상품·신기술의 개발업무, 신문·방송·출판사업 등 전문직 근로자에게만 주로 인정된다.

② 근로시간의 결정이 곤란한 경우 근로시간의 길이를 확정하겠다는 근로시간 결정에 관한 제도이다.

③ 사용자는 근로자대표와의 서면합의에 의하여 근로시간을 정하여야 한다.

④ 근로시간의 양은 불문하고 질과 성과에 따라 보수를 결정한다.

⑤ 따라서 시간외·휴일·야간근로에 대한 가산임금은 적용되지 아니한다.

≪**해설**≫ 재량근로제도하에서도 법정근로시간을 넘는 시간외근로에 대하여는 원칙적으로 할증임금을 지급하여야 한다.

46. 다음 중 15세 이상 18세 미만의 연소근로자와 임신중인 여성근로자에게 적용되지 아니하는 것은?

① 탄력적 근로시간제도 ② 선택적 근로시간제도

③ 재량적 근로시간제도 ④ 단시간근로제도

⑤ 교대제근로제도

≪**해설**≫ 탄력적 근로시간제도에 관하여는 i) 연소근로자(15세 이상 18세 미만)와 ii) 임신중인 여성근로자에 대하여 이를 적용하지 아니한다(근로기준법 제51조 제 3 항). 연소근로자의 경우 변형근로시간대와 의무교육시간대가 충돌될 가능성이 있고 임신중인 여성근로자의 경우 모성보호차원에서 적용이 제외되는 것이다.

47. 다음 중 15세 이상 18세 미만의 연소근로자에게 적용되지 아니하는 것에 관한 기술 중 옳은 것의 조합은 어느 것인가?

▌해답▌ 45. ⑤ **46.** ① **47.** ①

㉮ 탄력적 근로시간제도	㉯ 선택적 근로시간제도
㉰ 재량적 근로시간제도	㉱ 교대제 근로제도

① ㉮, ㉯　② ㉯, ㉰　③ ㉰, ㉱
④ ㉮, ㉱　⑤ ㉯, ㉱

≪**해설**≫ 연소근로자(15세 이상 18세 미만인 자)에게는 i) 탄력적 근로시간제(근로기준법 제51조 제 3 항)와 ii) 선택적 근로시간제(동법 제52조 제 1 호)에 관하여 적용이 없다.

48. 다음 중 2주 48시간의 탄력적 근로시간제도에 관한 설명 중 타당하지 아니한 것은?

① 1주 평균근로시간은 40시간을 초과하지 아니하는 것이 원칙이다.
② 취업규칙(취업규칙에 준하는 것 포함)에 의하여 도입할 수 있다.
③ 특정한 주의 근로시간은 48시간을 초과할 수 없다.
④ 3월 52시간제도와 달리 임금수준이 저하될 염려가 없어 임금보전방안을 강구할 필요가 없다.
⑤ 15세 이상 18세 미만의 연소근로자와 임신중인 여성근로자에게는 적용되지 아니한다.

≪**해설**≫ ② 사용자가 취업규칙(10인 이상의 근로자를 사용하는 사업) 또는 취업규칙에 준하는 것(10인 미만의 근로자를 사용하는 사업)으로 정하여 도입할 수 있다. 따라서 2주단위 탄력적 근로시간제도를 도입하는 경우 취업규칙의 변경절차(근로자 과반수의 의견 또는 동의 절차)를 밟아야 한다(근로기준법 제94조 참조). ④ 2주 48시간제도와 3월 52시간제도 모두 임금보전방안 강구의무가 있다(동법 제51조 제 4 항).

49. 선택적 근로시간제에 관한 설명이 틀린 것은?

① 근로자의 출·퇴근의 편의나 여가활용욕구를 충족시킬 수 있는 제도이다.
② 전문직 종사자나 주부 등 비전문직 종사자를 불문하고 근무시간을 고정할 필요가 없는 자에게 인정된다.
③ 1월 이내의 정산기간을 평균하여 1주의 평균근로시간이 40시간을 초과하지 않아야 된다.
④ 사용자가 근로할 수 있는 시간대를 정하여 근로하게 할 수 있다.
⑤ 15세 이상 18세 미만의 근로자에게는 적용할 수 없다.

≪**해설**≫ ①② 산업화·도시화·전문화에 수반하여 통근문제·교통문제 등이 대두하였고, 전문직·연구직 근로자 등 직무의 성질상 근무시간을 고정할 필요가

▌해답▌ **48.** ④ **49.** ④

없는 업무가 증가하였다. 또한 주부 등 여성근로자·고령근로자의 취업활동이 증가하면서 근로시간배분이 자주적으로 이루어질 필요성이 커지면서, 근로자가 자신의 제공시간을 일정한 시간대에서 자유로이 선택할 수 있는 선택적 근로시간제도(Flexible Working Hours)가 도입된 것이다. ③ 근로기준법 제52조 참조. ④ 의무근로시간대(Core Time)와 달리 선택근로시간대(Flexible Time)는 「근로자」가 그의 결정에 의하여 근로할 수 있는 시간대 즉 개시 및 종료시각을 정하여 근로하면 된다. ⑤ 동법 제52조 제 1 호.

50. 선택적 근로시간제를 적용하려는 경우 사용자와 근로자대표와의 서면합의에 명시할 사항이 아닌 것은?

① 대상근로자의 범위 ② 표준근로시간 ③ 총근로시간
④ 휴게시간대 ⑤ 의무근로시간대

≪**해설**≫ 휴게시간에 관한 것은 명시적 기재사항이 아니다(근로기준법 제52조 각호 참조). ② 표준근로시간이란 유급휴가 등의 계산기준으로 사용자와 근로자대표가 합의하여 정한 1일의 근로시간을 말한다(동법시행령 제29조).

[선택적 근로시간제의 서면합의 기재사항(근로기준법 제52조)]

① 대상근로자의 범위(15세 이상 18세 미만의 근로자를 제외한다).
② 정산기간(1월 이내의 일정한 기간으로 정하여야 한다).
③ 정산기간에 있어서의 총근로시간.
④ 반드시 근로하여야 할 시간대를 정하는 경우에는 그 개시 및 종료시각.
⑤ 근로자가 그의 결정에 의하여 근로할 수 있는 시간대를 정하는 경우에는 그 개시 및 종료시각.
⑥ 기타 대통령령이 정하는 사항(표준근로시간: 유급휴가 등의 계산기준으로 사용자와 근로자대표가 합의하여 정한 1일의 근로시간).

51. 탄력적 근로시간제(전자)와 선택적 근로시간제(후자)를 비교한 다음 설명 중 바르지 못한 것은?

① 전자는 특정한 근로일과 근로시간대가 정해지면 일률적으로 따라야 하나, 후자는 의무근로시간대만 일률적으로 결정하고 시업·종업시각 등은 개별근로자가 임의로 결정한다.
② 전자는 1일·1주에 대한 근로시간의 상한이 제한되지만, 후자는 근로자의 임의에 맡기게 되므로 상한규제가 없다.
③ 전자는 사용자에게 임금보전방안의 강구의무가 부과되나, 후자는 이 같은 의무규정이 없다.
④ 전자는 근로자대표와의 서면합의와 개별근로자의 동의가 있어야 하나, 후자는 근로자대표와의 서면합의만으로 시행할 수 있다.

| 해답 | 50. ④ 51. ④

⑤ 전자는 임부·연소근로자에 대한 적용이 배제되나, 후자는 연소근로자에 대한 적용만 배제된다.

≪**해설**≫ ④ 2주단위 탄력적 근로시간제는 취업규칙에 의하여, 월단위 탄력적 근로시간제는 근로자대표와의 서면합의에 의하여 시행할 수 있다. 이 경우 개별 근로자의 별도의 합의·동의는 요구되지 아니한다.

[탄력적 근로시간제와 선택적 근로시간제의 비교]

탄력적 근로시간제	선택적 근로시간제
특정한 근로일과 근로시간대가 정해지면 일률적으로 따라야 함.	의무근로시간대만 일률적으로 결정하고, 시업·종업시각 등은 개별근로자가 임의로 결정할 수 있음.
1일·1주에 대한 근로시간의 상한의 제한이 있음.	근로자의 임의에 맡기므로 근로시간의 상한규제가 없음.
임부·연소근로자에 대한 적용이 배제됨.	연소근로자에게만 적용이 배제됨.

52. 다음 중 선택적 근로시간제도에 관한 설명 중 타당하지 아니한 것은?

① 취업규칙에 시업 및 종업시각을 근로자의 결정에 맡기기로 한 경우에 한하여 인정되며, 15세 이상 18세 미만의 근로자는 제외된다.

② 정산기간은 1월을 초과할 수 없다.

③ 정산기간 중의 총 근로시간, 의무근로시간대 및 선택근로시간대를 결정하여 사용자와 근로자대표가 서면합의하여야 한다.

④ 1주의 평균 근로시간이 40시간을 초과하여서는 아니된다.

⑤ 사용자는 기존의 임금수준이 저하되지 아니하도록 임금보전방안을 강구하여야 한다.

≪**해설**≫ 선택적 근로시간제도의 경우 사용자는 임금보전의무를 강구할 필요가 없다. 그 이유는 선택적 근로시간제도는 근로자의 이익도 도모하고 있기 때문이다(근로기준법 제52조 참조).

53. 다음 재량적 근로시간제도에 관한 설명 중 타당하지 아니한 것은?

① 재량적 근로시간제도를 채택하는 경우 근로시간의 산정은 필요하지 아니하며, 일의 성과 및 업적만을 고려의 대상으로 한다.

② 사용자가 근로자대표와의 서면합의로 채택한다.

③ 서면합의에는 대상업무 및 사용자가 시간배분등에 관하여 근로자에게 구체적인 지시를 하지 아니한다는 내용이 포함되어야 한다.

④ 전문직 근로자의 근로시간의 결정이 곤란한 경우에 근로시간의 길이를 확정하겠다는 취지의 제도이다.

▌해답▌ 52. ⑤ **53.** ①

⑤ 재량적 근로시간제도의 대상업무에는 신문・방송 또는 출판사업에 있어서 기사의 취재, 편성 또는 편집업무 등이 포함된다.

≪해설≫ ① 재량적 근로시간제란 i) 업무의 성질에 비추어 업무수행방법을 근로자의 재량에 위임할 필요가 있는 업무로서, ii) 사용자가 근로자대표와 근로시간에 대하여 서면합의를 한 경우, 당사자가 합의한 시간을 근로시간으로 인정한다는 취지의 제도이므로, 근로시간 산정이 불필요한 것은 아니며 서면합의에서 정한 시간이 근로시간이 되는 것이다(근로기준법 제58조 제 3 항).

54. 재량적 근로시간제도의 대상업무에 해당하지 아니하는 것은?

① 신상품 또는 신기술의 연구개발
② 교통・통신・운송
③ 정보처리시스템의 설계・분석
④ 신문・방송 또는 출판사업
⑤ 의복・실내장식・공업제품・광고

≪해설≫ [재량근로의 대상업무(근로기준법 시행령 제31조)]

1. 신상품 또는 신기술의 연구개발이나 인문사회과학 및 자연과학분야의 연구업무
2. 정보처리시스템의 설계 또는 분석업무
3. 신문・방송 또는 출판사업에 있어서 기사의 취재・편성 또는 편집업무
4. 의복・실내장식・공업제품・광고 등의 디자인 또는 고안업무
5. 방송프로그램・영화 등의 제작사업에 있어서 프로듀서 또는 감독업무
6. 그 밖에 노동부장관이 정하는 업무

55. 다음 사항 중에서 정당한 것은? 〈1회 공인노무사〉

① 여성은 하오 6시부터 상오 10시까지의 사이에 근로시키지 못한다.
② 사용자는 18세 미만자를 갱내에서 근로시켜도 무방하다.
③ 미성년자는 독자적으로 임금을 청구할 수 없다.
④ 임산부가 아닌 18세 이상의 여성에 대해서는 1년에 150시간 이상의 시간외근로를 시킬 수 있다.
⑤ 여자에 대해서는 월 1회의 유급생리휴가를 주어야 한다.

≪해설≫ ① 임산부와 18세 미만인 자는 하오 10시부터 상오 6시까지의 사이에 근로시키지 못하며, 또 휴일근로에 종사시키지 못한다. 다만, 그 근로자의 동의 또는 명시적인 청구와 노동부장관의 인가를 얻은 경우에는 그러하지 아니하다(근로기준법 제70조). ② 사용자는 여성과 18세 미만인 자를 갱내에서 근로시키지 못한다. 다만, 보건・의료, 보도・취재 등 대통령령이 정하는 업무를 수행하기 위하여 일시적으로 필요한 경우에는 그러하지 아니하다(동법 제72조). ③ 미성년자는 독자적으로 임금을 청구할 수 있다(동법 제68조). ④ 사용자는 산후 1년이 경과되지 아니한 여성에 대하여는 단체협약이 있는 경우라도 1일에 2시간, 1주일에 6시간, 1년에 150시간을 초과하는 시간외의 근로를 시키지 못한다(동법 제71조). ⑤ 개정법에서 사용자는 여성인 근로자가 청구하는 경우 월 1일의 무급생리휴가

| 해답 | 54. ② 55. ④

를 주도록 개정되었다(동법 제73조).

56. 다음 중 연장근로수당이 부여되는 경우에 대한 기술 중 옳은 것과 틀린 것의 조합이 맞는 것은 무엇인가? (위법적인 경우 제외)

㉮ 근로기준법 제51조에 의한 탄력적 근로시간제도
㉯ 산업안전보전법 제46조에 의한 유해·위험업무종사자의 연장근로
㉰ 여성 및 18세 미만의 근로자의 연장근무
㉱ 근로기준법 제63조에 의한 농수산업자의 연장근무
㉲ 연차유급휴가기간중의 근로

① ㉮(○)㉯(×)㉰(○)㉱(×)㉲(○)
② ㉮(○)㉯(○)㉰(×)㉱(○)㉲(×)
③ ㉮(×)㉯(×)㉰(○)㉱(×)㉲(×)
④ ㉮(×)㉯(○)㉰(×)㉱(×)㉲(○)
⑤ ㉮(×)㉯(×)㉰(○)㉱(×)㉲(○)

≪**해설**≫ ㉮ 탄력적 근로시간제란 단위기간 내에서는 1주간의 근로시간이 40시간을 초과하지 않는 상태에서 연장근로에 대한 가산임금의 지급없이 특정한 날에 8시간을, 특정한 주에 40시간을 초과하여 근로시킬 수 있는 제도이다. 따라서 연장근로수당이 지급되지 아니한다. ㉯ 산업안전법상의 유해·위험업무종사자의 기준근로시간은 1일에 6시간, 1주일에 34시간이며 합의에 의한 연장근로가 허용되지 않는다. 따라서 연장근로수당이 지급되지 않는다. ㉱ 근로시간·휴게·휴일에 관한 규정이 적용되지 아니한다. ㉲ 통상임금만이 지급된다.

57. 다음 중 틀린 것은? 〈'99 공인노무사 변형〉

① 단시간근로자의 취업규칙은 통상근로자의 취업규칙과 따로 작성할 수 있다.
② 구직급여는 이직일 이전 18월간에 피보험단위기간이 통산하여 180일 이상 이어야 지급받을 수 있다.
③ 불법체류외국인은 근로기준법상의 근로자가 아니다.
④ 회사는 근로자대표와의 서면합의에 의하여 전직원의 연차휴일을 일률적으로 통상의 샌드위치 근무일과 맞바꾸어 사용하게 할 수 있다.
⑤ 공민권의 행사에는 피선거권 및 본인의 선거운동도 포함된다.

≪**해설**≫ ① 사용자는 단시간근로자에게 적용되는 취업규칙을 별도로 작성할 수도 있으며, 별도의 취업규칙을 작성하지 아니한 경우에는 통상근로자에게 적용되는 취업규칙을 적용할 수도 있다(근로기준법 제18조 제 2 항, 동법시행령 제 9 조 제 1 항 [별표 2] 제 5 호 가목·다목). ② 고용보험법 제40조 제 1 항, 구직급여의 수급요건. ③ 이미 취업한 외국인이 제공한 근로에 따른 권리나 이미 형성된 근로관계에 있어서의 근로자로서의 노동관계법령상의 권리는 출입국관리법에 위반하여 취업자격없는 외국인이라 하여도 제한 받지 아니한다(대판 1995. 9. 15, 94누12067).

▌해답▌ 56. ③ 57. ③

④ 근로기준법 제62조. ⑤ 통설입장.

58. 유급휴일에 근무하는 경우에 근로자가 받을 수 있는 총 수령액은?

① 통상임금의 50% ② 통상임금의 100% ③ 통상임금의 150%
④ 통상임금의 200% ⑤ 통상임금의 250%

≪**해설**≫ 유급휴일에 근무하는 경우 i) 유급으로서 당연히 지급되는 100%, ii) 휴일근로임금 100%에 iii) 휴일근로수당 50%를 합하여, 총 통상임금의 250%가 지급된다.

59. 휴게에 관한 다음 설명 중 잘못된 것은? 〈1회 공인노무사〉

① 휴게시간은 반드시 작업 중에 주어야 한다.
② 휴게시간은 근로시간으로 합산된다.
③ 휴게시간은 8시간 근로하면 60분 이상 주어야 한다.
④ 휴게시간에는 대기시간이 포함되지 않는다.
⑤ 휴게시간은 근로자가 자유롭게 활용할 수 있다.

≪**해설**≫ ①③ 사용자는 근로시간이 4시간인 경우에는 30분 이상, 8시간인 경우에는 1시간 이상의 휴게시간을 근로시간 도중에 주어야 한다(근로기준법 제54조 제1항). ② 근로시간은 작업의 개시부터 종료까지의 시간에서 휴게시간을 제외한 시간을 말한다. ④ 대기시간은 근로자가 사용자의 지휘·감독하에 놓이게 되는지의 여부에 따라 근로시간인지 휴게시간인지가 결정되는바(대판 1992.4.14, 91다20548), 간호원·식당종업원의 대기시간, 노선버스 운전기사, 사용자의 업무중단지시·대기명령이 내려진 경우 등은 근로시간에 포함된다. ⑤ 휴게시간 자유이용의 원칙(동법 제54조 제2항).

60. 근로시간과 휴게에 대한 근로기준법의 설명에 대한 것 중 틀린 것은?

〈35회 사시〉

① 사용자는 근로시간 4시간인 경우에는 30분 이상, 8시간인 경우에는 1시간 이상의 휴게시간을 근로시간 도중에 주어야 한다.
② 만약 근로시간이 6시간이라면 30분만 휴식을 주어도 된다.
③ 대기시간은 휴식시간으로 대체할 수 없다.
④ 휴게시간 중의 조합활동·정치활동은 금지되는 것이 일반적이다.
⑤ 30분 또는 1시간을 일시에 주는 것이 원칙이나 사회통념상 합리성이 인정된다면 나누어 줄 수도 있다.

≪**해설**≫ ② 근로시간이 4시간 이상인 경우에는 30분 이상의 휴식을 주어야 하나 8시간이 되지 않는 경우에는 30분만 주어도 무방하다. ④ 휴게시간 자유이용

해답 58. ⑤ 59. ② 60. ④

의 원칙에 따라 휴게시간 중의 조합활동·정치활동은 원칙적으로 보장된다(다수설; 소극적 제한 조치설). ⑤ 다수설; 행정해석.

61. 근로기준법상 휴일에 관한 설명 중 바르지 못한 것은?

① 법정휴일이란 법률로서 의무적으로 부여되는 주휴일·근로자의 날 등이며, 약정휴일이란 단체협약·취업규칙에 의하여 당사자가 임의로 결정하는 공휴일·경축일·회사창립일 등이다.

② 주휴일은 소정의 근로일수를 개근한 자에게 주어지는 것이다.

③ 격일제 근무자, 교대제 근무자, 시간제 근무자에게는 무급의 휴일청구권이 주어진다.

④ 1회의 휴일은 원칙적으로 오전 0시부터 오후 12시까지의 역일을 의미하나 교대제작업의 경우 계속 24시간만 확보하면 무방하다.

⑤ 휴일은 처음부터 근로의 의무가 없는 날로서 소정근로일에서 제외된다.

≪**해설**≫ ③ 주휴일은 근무형태나 근로자의 종류를 불문하고 소정의 근로일수를 개근한 자에게 당연히 주어지는 휴일이다.

62. 휴가제도에 관한 설명 중 바르지 못한 것은? (판례에 의함) 〈'97 행시변형〉

① 연차휴가는 근로일수에 관계없이 적용된다.

② 연차휴가에 대하여 사용자의 시기변경권이 법상 보장된다.

③ 생리휴가는 그 달이 지나면 휴가청구권이 소멸한다.

④ 육아휴직제는 무급을 원칙으로 한다.

⑤ 휴가에 관한 권리는 퇴직으로 인하여 소멸하지 않는다.

≪**해설**≫ ① 근로기준법 제60조 제 1 항. ② 동법 제60조 제 5 항. ④ 남녀고용평등과일·가정양립지원에관한법률 제19조.

63. 근로기준법상 연차유급휴가에 대한 설명 중 틀린 것은?

① 사용자는 1년간 8할 이상 출근한 근로자에 대하여는 15일의 유급휴가를 주어야 한다.

② 사용자는 계속근로연수가 1년 미만인 근로자에 대하여는 1월간 개근시 1일의 유급휴가를 주어야 한다.

③ 사용자는 근로자의 최초 1년간의 근로에 대하여 유급휴가를 주는 경우에는 ②의 휴가를 포함하여 15일로 하고, 근로자가 휴가를 이미 사용한 경우에는 그 사용한 휴가일수를 15일에서 공제한다.

④ 사용자는 3년 이상 계속근로한 근로자에 대하여는 ①의 휴가에 최초 1년

|해답| 61. ③ 62. ① 63. ⑤

을 초과하는 계속근로연수 매 2년에 대하여 1일을 가산한 유급휴가를 주어야 한다.

⑤ 가산휴가를 포함한 총 휴가일수는 30일을 한도로 한다.

≪**해설**≫ ⑤ 이 경우 가산휴가를 포함한 총 휴가일수는 25일을 한도로 한다(근로기준법 제60조 제 4 항).

64. 1년 미만 근속자의 연차휴가산정에 관한 설명이 잘못된 것은?

① 1년 미만 근속기간에 대해서도 매 1월간 개근시 1일의 연차휴가가 발생한다.

② 근로자가 최초 1년간 8할 이상 출근한 경우 1월당 1일의 휴가를 포함하여 총 15일의 연차휴가가 발생한다.

③ 1년 미만의 근속기간 중에 1월당 1일씩 발생하는 휴가를 사용한 경우에는 그 사용한 휴가일수만큼 15일에서 공제하고 부여한다.

④ 2008. 1. 1 입사한 근로자의 경우 다음연도 1. 1에 12일의 휴가가 발생한다.

⑤ 1년 미만 근속기간 중 발생하는 휴가는 발생일로부터 1년간 사용할 수 있다.

≪**해설**≫ ④ 2008. 1. 1 입사한 근로자의 경우 각 1월간 개근하면 2. 1~12. 1에 총 11일의 연차휴가가 발생하며 다음연도 1. 1에 그 11일을 포함한 15일의 휴가가 발생한다. 이 경우 1년미만 근속기간 내에 3일의 휴가를 사용한 경우에는 다음연도 1. 1에 12일의 휴가가 발생하게 된다.

65. 연차휴가산정에 관한 설명이 잘못된 것은?

① 1년간 8할 이상 출근한 근로자에 대하여는 15일의 유급휴가가 발생한다.

② 8할 이상 출근자의 경우 근속년수가 10년이면 24일, 20년이면 34일의 연차유급휴가가 발생한다.

③ 1년 미만 근속기간 중 발생한 휴가를 사용하지 못하고 1년 미만 근속기간 중 퇴직하는 경우에는 그 미사용한 휴가에 대해 연차휴가근로수당을 지급하여야 한다.

④ 현행 연차휴가는 입사일을 기준으로 산정해야 함이 원칙이나 노무관리의 편의를 위해 회계연도 등을 기준으로 전 근로자에게 일률적으로 부여할 수도 있다.

⑤ 휴가사용률 제고를 위하여 사용자의 적극적인 사용권유에도 불구하고 근로자가 휴가를 사용하지 않는 경우 사용자의 금전보상의무를 면제하는 휴가사용촉진 방안이 도입되었다.

≪**해설**≫ 개정 근로기준법이 시행되더라도 기존의 근속연수는 그대로 인정되며, 기존 근속연수를 기준으로 연차휴가를 부여하면 된다. 따라서 8할 이상 출근자의

▌해답▐ 64. ④ 65. ②

경우 근속연수가 10년이면 19일, 20년이면 24일의 연차유급휴가가 발생한다.

66. 2008년 1.1. 입사하여 5.31.까지는 매월 개근하였고, 6.1.부터 12.31.까지는 매월 개근하지 못하였지만 2008년도 1년간에 8할 이상 출근하였다. 2008년 여름에 4일간 휴가를 사용한 경우 2009.1.1.발생하는 연차유급휴가일수는?

① 10일 ② 11일 ③ 12일
④ 13일 ⑤ 14일

≪**해설**≫ 2008년 1.1부터 5.31까지 매월 개근할 경우 2.1, 3.1, 4.1, 5.1, 6.1에 각 1일씩 총 5일의 연차휴가가 발생한다. 같은 해 6.1.부터 12.31.까지는 매월 개근하지 못하였다고 하였으므로 2009.1.1에 5일의 휴가를 포함하여 15일의 연차휴가가 발생하되, 5일의 휴가 중 4일을 2008년 여름휴가에 사용했다면 이를 공제하고 11일의 휴가를 부여하면 된다. 2010.1.1.부터는 정상적인 휴가를 부여한다. 예컨대 2010.1.1.은 15일, 2011.1.1.은 16일, 2012.1.1은 16일, 2013.1.1은 17일 등이다.

67. 다음 괄호 안에 들어갈 적당한 것의 바른 조합은?

> 사용자가 유급휴가의 사용을 촉진하기 위하여 다음 각호의 조치를 하였음에도 불구하고 근로자가 휴가를 사용하지 아니하여 소멸시효기간이 소멸된 경우 사용자는 그 미사용휴가에 대하여 보상할 의무가 없다.
> 1. 소멸시효기간이 끝나기 (㉮)전을 기준으로 (㉯) 이내에 사용자가 근로자별로 미사용휴가일수를 알려 주고, 근로자가 그 사용시기를 정하여 사용자에게 통보하도록 서면으로 촉구할 것
> 2. 제1호의 규정에 의한 촉구에 불구하고 근로자가 촉구를 받은 때부터 (㉰) 이내에 미사용휴가의 전부 또는 일부의 사용시기를 정하여 사용자에게 통보하지 아니한 경우에는 소멸시효기간이 끝나기 (㉱)전까지 사용자가 미사용휴가의 사용시기를 정하여 근로자에게 서면으로 통보할 것

	㉮	㉯	㉰	㉱
①	3월	10일	10일	2월
②	2월	10일	10일	3월
③	3월	15일	15일	2월
④	3월	20일	20일	2월
⑤	3월	10일	15일	2월

≪**해설**≫ 근로기준법 제61조 참조.

68. 연차유급휴가에 대한 설명 중 틀린 것은? 〈37회 사시변형〉

┃해답┃ 66. ② 67. ① 68 ⑤

① 사용자는 1년간 8할 이상 출근한 근로자에 대하여는 15일의 유급휴가를 주어야 한다.

② 사용자는 3년 이상 계속근로한 근로자에 대하여는 ①의 휴가에 최초 1년을 초과하는 계속근로연수 매 2년에 대하여 1일을 가산한 유급휴가를 주어야 한다.

③ 이 경우 가산휴가를 포함한 총 휴가일수는 25일을 한도로 한다.

④ 사용자는 근로자대표와의 서면합의로 연차유급휴가일에 갈음하여 특정근로일에 휴무시킬 수 있다.

⑤ 연차유급휴가의 청구시기는 입사일을 기준으로 최초 2년을 초과한 때부터 적용된다.

≪**해설**≫ ① 근로기준법 제60조 제 1 항. ②③ 동법 제60조 제 4 항. ④ 유급휴가의 대체제도(동법 제62조). ⑤ 원칙적으로 입사일을 기준으로 계속근로 1년간을 8할 이상 근무한 경우에 연차유급휴가권이 발생한다. 다만 특정일을 정하여 산정마감일을 산정하는 것은 가능하다(동법 제60조 제 1 항).

69. 근로기준법상의 연차유급휴가에 대해 잘못 기술한 것은?

① 사용자는 1년간을 개근한 근로자에 대하여는 8할 이상 출근한 근로자에 대하여는 15일의 유급휴가를 주어야 한다.

② 사용자는 3년 이상 계속근로한 근로자에 대하여는 ①의 휴가에 최초 1년을 초과하는 계속근로연수 매 2년에 대하여 1일을 가산한 유급휴가를 주어야 한다.

③ 계속근로연수에 의하여 연차유급휴가가 추가된다 하더라도 그 총일수는 20일을 초과할 수는 없고, 근로자는 그 초과일수에 대하여는 통상임금으로 대체지급을 받을 수 있을 뿐이다.

④ 유급휴가를 1년간 사용하지 않은 경우에는 소멸하나, 연차휴가근로수당의 소멸시효는 3년이다.

⑤ 연차유급휴가를 사용하지 아니하고 근로를 제공하여 연차휴가근로수당을 지급하는 경우 시간외근로수당은 지급할 필요가 없다.

≪**해설**≫ ① 근로기준법 제60조 제 1 항. ② 연차유급휴가의 가산제(동조 제 4 항). ③ 구법상의 연차유급휴가의 환가 또는 연차유급휴가대체수당은 현행법에서 삭제되었다. ④ 동조 제 7 항. ⑤ 다수설; 대판 1991. 6. 28, 90다카14758.

70. 근로기준법상의 연차유급휴가에 대한 설명으로 잘못된 것은?

① 노조업무만을 담당하는 노조전임자는 당연히 연차휴가청구권은 가지는 것

┃해답┃ 69. ③ **70.** ④

은 아니다.

② 사용자의 승인을 얻어서 또는 단체협약의 규정에 의하여 군복무기간동안 휴직하였다면, 군복무기간은 연차휴가 가산일수산정을 위한 근속기간에 포함되어야 한다.

③ 사용자의 귀책사유에 의한 휴업기간에 대하여는 소정근로일수 산정시 이를 제외한다.

④ 설날, 추석, 하기휴가 등을 유급휴가로 따로 정하지 않은 경우라 할지라도 이를 연차유급휴가와 대체할 수는 없다.

⑤ 만 1년이 되기 이전 퇴사한 자에게도 연차휴가수당을 지급하여야 하는 경우가 발생한다.

≪**해설**≫ ① 노조전임자는 연차휴가청구권이나 연차휴가수당청구권은 없다고 본다(근기 01254-14289, 86.8.30). ② 근기 01254-18611, 87.11.24. ③ 연차휴가는 소정근로일을 개근했는지 여부에 따라 휴가일수에 차이가 나므로 소정근로일수에 산입되는지 여부가 중요하다. 주휴일·근로자의 날·취업규칙 또는 단체협약에서 정한 약정휴일·사용자의 귀책사유로 인한 휴업기간·적법한 쟁의행위기간·육아휴직기간·기타 이에 준하는 날 또는 기간은 소정근로일수 산정시 제외된다(근기 68207-709, 97.5.30). ④ 유급휴가의 대체제도(동법 제62조)가 새로이 도입되었으므로 얼마든지 가능하다. 1997.3.13 제정 근로기준법 이전에도 같은 취지로 해석되었다. 각 사업장에서 설날, 추석, 하기휴가를 취업규칙 등에 유급휴가로 따로 정하지 아니하였다면 연차휴가와 대체할 수 있다(법무 811-14715, 97.6.20).

71. 다음 근로기준법상의 연차휴가에 대한 기술로 잘못된 것은?

① 정당성이 없는 쟁의행위기간은 소정의 근로일수를 개근한 것으로 볼 수 없으므로 연차유급휴가 산정시 결근으로 처리할 수 있다.

② 산전·산후의 여성이 휴업한 기간은 출근한 것으로 본다.

③ 연차유급휴가일에 갈음하여 특정 근로일에 근로자를 휴무시킬 수 있다.

④ 연차휴가수당은 유급휴가로서 휴업수당의 경우와 마찬가지로 평균임금을 지급하여야 한다.

⑤ 근로자의 청구에 대한 연차휴가기간변경에 있어 사업운영에 막대한 지장이란 사회통념에 따라 객관적으로 판단하여야 한다.

≪**해설**≫ ① 위법한 쟁의행위기간은 소정근로일수 계산시 이를 제외시키지 않으므로 결근처리된다. ② 근로기준법 제60조 제 6 항 제 2 호. ③ 유급휴가의 대체제도(동법 제62조). ④ 「연차유급휴가임금」은 통상임금 또는 평균임금을 사용자가 지급하면 되고, 소정 근로의 대가로 지급되는 「연차휴가근로수당」은 통상임금을 지급하면 된다. ⑤ 다수설; 근기 01254-3454, 90.3.8.

▌해답▌ 71. ④

72. 연차유급휴가에 관한 설명 중 타당한 것은 모두 몇 개인가?

> ㉮ 1년간 개근한 근로자에 대하여는 10일, 9할 이상 출근한 자에 대하여는 8일의 유급휴가가 부여된다.
> ㉯ 2년 이상 계속 근로한 자에게는 1년을 초과하는 매 1년마다 1일을 가산한다.
> ㉰ ㉯의 경우 총 휴가일이 20일을 초과하는 경우에 근로자는 휴가 또는 통상임금 중 어느 하나를 선택할 수 있다.
> ㉱ 연차유급휴가에 대체하여 지급되는 수당청구권의 소멸시효는 3년이다.
> ㉲ 연차유급휴가 청구권의 소멸시효는 1년이다.

① 1개 ② 2개 ③ 3개
④ 4개 ⑤ 5개

≪**해설**≫ ㉮ 근로기준법의 개정에 따라 1년간 8할 이상 출근한 근로자에 대하여는 15일의 유급휴가가 부여된다(근로기준법 제60조 제1항). ㉯ 사용자는 3년 이상 계속근로한 근로자에 대하여 최초 1년을 초과하는 계속근로연수 매 2년에 대하여 1일을 가산한 유급휴가를 주어야 한다(동법 제60조 제4항). ㉰ 연차유급휴가대체수당은 현행법에서 삭제되었다(구 근로기준법 제60조 제2항).

73. 다음 연차유급휴가에 관한 설명 중 타당하지 아니한 것은? (판례에 의함)

① 근로자가 연차유급휴가를 신청하는 경우 2분설에 의하면 사용자는 이에 대한 시기변경권을 행사할 수 없다.
② 가산휴가를 포함한 총 휴가일수는 25일을 한도로 한다.
③ 근로자가 연차유급휴가를 가고자 하는 경우 사용자의 승인을 얻도록 취업규칙에 정하고 있는 것은 근로자의 연차유급휴가 시기지정권을 박탈하는 것은 아니다.
④ 연차유급휴가를 1년간 행사하지 아니하는 경우 연차유급휴가청구권은 소멸하나, 휴가기간중의 수당청구권은 소멸하지 아니한다.
⑤ 사용자가 연차유급휴가의 사용을 촉진하기 위하여 휴가사용촉진조치를 하였음에도 불구하고 근로자가 휴가를 사용하지 아니하여 소멸된 경우 사용자는 그 미사용휴가에 대하여 보상할 의무가 없다.

≪**해설**≫ ① 근로기준법 제60조 제5항. ② 근로기준법 제60조 제4항. ③ 대판 1992.6.23, 92다7542. ④ 대판 1996.2.9, 94다26561. ⑤ 근로기준법 제61조.

74. 근로기준법상 반드시 서면합의에 의하여야 하는 것과 거리가 먼 것은?

┃해답┃ **72** ② **73** ① **74** ③

① 3월단위 탄력적 근로시간제의 설정
② 선택적 근로시간제의 설정
③ 합의연장근로의 설정
④ 재량근로시간제의 설정
⑤ 보상휴가제

≪**해설**≫ 근로기준법은 노사간 이해 대립이 첨예한 사항에 대하여는 서면합의를 의무화 함으로써 분쟁의 소지를 제거시키고자 하는 규정을 두고 있다. ③ 합의연장근로시 합의의 방식은 서면에 의하여야 한다는 것은 통설입장이다.

[근로자대표와의 서면합의를 규정한 예]

① 3월단위 탄력적근로시간제(근로기준법 제51조 제 2 항) ② 선택적근로시간제(동법 제52조) ③ 보상휴가제(동법 제57조) ④ 간주근로시간제(동법 제58조 제 2 항) ⑤ 재량근로시간제(동법 제58조 제 3 항) ⑥ 근로시간 · 휴게시간의 특례(동법 제59조) ⑦ 유급휴가의 대체(동법 제62조)

제 5 편 女性 · 年少勤勞者 및 期間制 · 短時間 勤勞者의 保護

제 1 장 女性 및 年少勤勞者의 保護

제 1 절 槪 要

여성근로자와 연소근로자는 남자 성인근로자에 비하여 신체적 조건이 열악하므로 근로기준법에서 특별한 보호를 받고 있다. 더구나 연소근로자는 육체적 · 정신적으로 성장과정에 있으므로 성숙하고 건전한 인간으로 성숙하기 위하여 보다 심도있는 보호가 요구되고 있다.

여성근로자의 경우 신체적 · 생리적 특성의 보호뿐 아니라 이들에 대한 남성근로자와의 평등대우도 보호를 받고 있다. 그러나 최근에는 여성근로자의 특별보호에 대하여는 이를 완화 · 축소하는 경향이 대두되고 있다.

제 2 절 基本體系

근로기준법	공통된 보 호	(1) 탄력적 근로시간제도의 금지(제51조 제 3 항) (2) 유해 · 위험사업에의 사용금지(제65조) (3) 야간근로와 휴일근로의 제한(제70조) (4) 갱내근로의 금지(제72조)
	연소자 보 호	(1) 15세 미만자(중학교에 재학 중인 18세 미만인 자 포함): 사용금지가 원칙. 취직인허증이 있는 자는 예외(제64조) (2) 18세 미만자: 가족관계기록사항에 관한 증명서 및 친권자 · 후견인의 동의서 비치의무(제66조) (3) 15세 이상 18세 미만자: 근로시간 1일 7시간, 1주 40시간 초과금지가 원칙, 합의에 따라 1일 1시간, 1주일 6시간 연장가능(제69조). 탄력적 · 선택적 근로제도 금지(제51조, 제52조) (4) 미성년자(20세 미만): ① 근로계약체결대리의 금지, 근로계약해제의 대리는 허용(제67조), ② 독자적 임금청구(제68조)

<table>
<tr><td></td><td>여 성
보 호</td><td>(1) 생리휴가(제73조)
(2) 산전후 휴가(90일). 임신중의 여성근로자에 대한 시간외 근로의 금지(제74조)
(3) 태아검진시간의 허용(제74조의2)
(4) 유급수유시간(1일 2회, 각 30분 이상)(제75조)
(5) 산후 1년이 경과되지 아니한 여성에 대한 시간외근로의 제한(1일 2시간, 1주 6시간, 1년 150시간)(제71조)</td></tr>
<tr><td rowspan="3">남녀고용평등과일·가정양립지원에관한법률</td><td>기회균등</td><td>(1) 차별대우의 금지(제 2 조)
(2) 구체적 범위
• 모집과 채용(제 7 조)
• 임 금(제 8 조)
• 임금외의 금품(제 9 조)
• 교육 · 배치 및 승진(제10조)
• 정년 · 퇴직 및 해고(제11조)</td></tr>
<tr><td>모성보호</td><td>(1) 산전후 휴가 지원(제18조)
(2) 배우자 출산 휴가(제18조의2)</td></tr>
<tr><td>일 · 가정의양립지원</td><td>(1) 유아휴직제도(제19조)
(2) 유아기근로시간 단축(제19조의2)
(3) 육아지원을 위한 그 밖의 조치(제19조의5)
(4) 직장복귀를 위한 사업주의 지원(제19조의6)
(5) 생계비용과 고용유지비용의 지원(제20조)
(6) 직장보육시설의 설치 및 지원(제21조, 제21조의2)
(7) 공공복지시설의 설치(제22조)
(8) 근로자의 가족 돌봄 등을 위한 지원(제22조의2)
(9) 일 · 가정 양립지원 기반조성(제22조의3)</td></tr>
</table>

제 3 절 勤勞基準法上의 保護

I. 女性과 年少者에 대한 共通된 保護

1. 彈力的 勤勞時間制度의 禁止

(1) 關聯規程

근로기준법 제51조 【탄력적 근로시간제】 ③ 제 1 항과 제 2 항은 15세 이상 18세 미만의 근로자와 임신 중인 여성 근로자에 대하여는 적용하지 아니한다.

2. 有害 · 危險事業에의 使用禁止

(1) 關聯規程

근로기준법 제65조 【사용 금지】 ① 사용자는 임신 중이거나 산후 1년이 지나지 아니한 여성(이하 "임산부"라 한다)과 18세 미만자를 도덕상 또는 보건상 유해 · 위

> 험한 사업에 사용하지 못한다.
> ② 사용자는 임산부가 아닌 18세 이상의 여성을 제 1 항에 따른 보건상 유해 · 위험한 사업 중 임신 또는 출산에 관한 기능에 유해 · 위험한 사업에 사용하지 못한다.
> ③ 제 1 항 및 제 2 항에 따른 금지 직종은 대통령령으로 정한다.

(2) **主要內容**　종전에는 여성과 18세 미만자로 나누어 사용금지직종을 정하고 있었으나, 개정법에서는 i) 임신중인 여성, ii) 출산 후 1년이 경과하지 아니한 여성, iii) 임산부가 아닌 18세 이상의 여성, iv) 18세 미만자로 나누어 사용금지직종을 정하되, 임산부가 아닌 여성의 사용금지직종을 축소 조정하였다(근로기준법 시행령 제40조 및 [별표 4]). 당사자간의 합의에 의한 예외가 허용되지 않는다.

3. 夜間 · 休日勤勞의 制限

(1) 關聯規程

> **근로기준법 제70조 【야간근로와 휴일근로의 제한】** ① 사용자는 18세 이상의 여성을 오후 10시부터 오전 6시까지의 시간 및 휴일에 근로시키려면 그 근로자의 동의를 받아야 한다.
> ② 사용자는 임산부와 18세 미만자를 오후 10시부터 오전 6시까지의 시간 및 휴일에 근로시키지 못한다. 다만, 다음 각 호의 어느 하나에 해당하는 경우로서 노동부장관의 인가를 받으면 그러하지 아니하다.
> 1. 18세 미만자의 동의가 있는 경우
> 2. 산후 1년이 지나지 아니한 여성의 동의가 있는 경우
> 3. 임신 중의 여성이 명시적으로 청구하는 경우
>
> ③ 사용자는 제 2 항의 경우 노동부장관의 인가를 받기 전에 근로자의 건강 및 모성 보호를 위하여 그 시행 여부와 방법 등에 관하여 그 사업 또는 사업장의 근로자대표와 성실하게 협의하여야 한다.

(2) 主要內容

1) 18세 이상의 여성근로자　사용자는 18세 이상의 여성을 오후 10시부터 오전 6시까지의 사이 및 휴일에 근로시키고자 하는 경우에는 당해 근로자의 동의를 얻어야 한다(동법 제70조 제 1 항).

2) 임산부와 18세 미만자

① 기본원칙　사용자는 i) 임산부, 즉 임신중이거나 산후 1년이 경과되지 아니한 여성과 ii) 18세 미만자를 오후 10시부터 오전 6시까지의 사이 및 휴일에 근로시키지 못한다(동법 제70조 제 2 항 본문).

② 예　외　다음의 1에 해당하는 경우로서 노동부장관의 인가를 얻은 경우에는 근로시킬 수 있다(동법 제70조 제 2 항 단서).

ⓐ 임신중의 여성이 명시적으로 청구하는 경우

ⓑ 산후 1년이 지나지 아니한 여성의 동의가 있는 경우

ⓒ 18세 미만자의 동의가 있는 경우

③ 근로자대표와의 성실한 협의 사용자는 상기 노동부장관의 인가를 얻기 이전에 근로자의 건강 및 모성보호를 위하여 그 시행여부와 방법 등에 관하여 당해 사업 또는 사업장의 근로자대표와 성실하게 「협의」하여야 한다(동법 제70조 제 3 항).

4. 坑內勤勞의 禁止

(1) 關聯規程

> **근로기준법 제72조 【갱내근로의 금지】** 사용자는 여성과 18세 미만인 자를 갱내(坑內)에서 근로시키지 못한다. 다만, 보건·의료, 보도·취재 등 대통령령으로 정하는 업무를 수행하기 위하여 일시적으로 필요한 경우에는 그러하지 아니하다.

(2) 主要內容 작업장소가 갱내로 판단되는 한 그 작업의 내용이 반드시 광업이 아닐지라도 갱내근로에 해당된다. 종전에는 여성 및 18세 미만자의 갱내근로를 금지하였으나, 개정법은 ① 보건·의료 및 복지업무, ② 보도·취재업무, ③ 학술 연구를 위한 조사업무, ④ 관리·감독업무, ⑤ ① 내지 ④의 업무분야에서 행하는 실습업무 등을 위하여 일시적으로 출입하는 경우에는 갱내근로를 허용하기로 하였다(동법시행령 제42조).

당사자간의 합의에 의한 예외가 허용되지 않는다.

Ⅱ. 年少勤勞者에 대한 特別保護

1. 最低就業年齡의 保護

(1) 關聯規程

> **근로기준법 제64조 【최저 연령과 취직인허증】** ① 15세 미만인 자(「초·중등교육법」에 따른 중학교에 재학 중인 18세 미만인 자를 포함한다)는 근로자로 사용하지 못한다. 다만, 대통령령으로 정하는 기준에 따라 노동부장관이 발급한 취직인허증(就職認許證)을 지닌 자는 근로자로 사용할 수 있다.
> ② 제 1 항의 취직인허증은 본인의 신청에 따라 의무교육에 지장이 없는 경우에는 직종(職種)을 지정하여서만 발행할 수 있다.
> ③ 노동부장관은 거짓이나 그 밖의 부정한 방법으로 제 1 항 단서의 취직인허증을 발급받은 자에게는 그 인허를 취소하여야 한다.

(2) 主要內容 15세 미만자(초·중등교육법에 의한 중학교에 재학 중인 18세 미만인 자 포함)는 대통령령이 정하는 기준에 따라 노동부장관의 취직인허증을 소지한 자에 한하여 근로자로 사용할 수 있다(근로기준법 제64조 제 1 항). 이 경우 취직인허증을 받을 수 있는 자는 13세 이상 15세 미만인 자로 한다. 다만, 예술공

연 참가를 위한 경우에는 13세 미만인 자도 취직인허증을 받을 수 있다(동법시행령 제35조 제 1 항). 노동부장관은 거짓 또는 그밖의 부정한 방법으로 취직인허증을 발급받은 자에 대하여 그 인허를 취소하여야 한다(동법 제64조 제 3 항).

2. 年少者證明書의 備置

(1) 關聯規程

> **근로기준법 제66조 【연소자 증명서】** 사용자는 18세 미만인 자에 대하여는 그 연령을 증명하는 가족관계기록사항에 관한 증명서와 친권자 또는 후견인의 동의서를 사업장에 갖추어 두어야 한다. 〈개정 2007.5.17〉

3. 未成年者의 勤勞契約

(1) 關聯規程

> **근로기준법 제67조 【근로계약】** ① 친권자나 후견인은 미성년자의 근로계약을 대리할 수 없다.
> ② 친권자, 후견인 또는 노동부장관은 근로계약이 미성년자에게 불리하다고 인정하는 경우에는 이를 해지할 수 있다.
> ③ 사용자는 18세 미만인 자와 근로계약을 체결하는 경우에는 제17조에 따른 근로조건을 서면으로 명시하여 교부하여야 한다. 〈신설 2007.7.27〉

(2) 主要內容 미성년자의 근로계약 체결 시 법정대리인의 대리권 부정, 노동부장관의 해지권 인정에 관하여는 앞에서 설명하였다.

사용자는 18세 미만인 자와 근로계약을 체결한 경우에는 임금, 소정근로시간, 휴일, 연차 유급휴가 등의 근로조건을 서면으로 명시하여 교부하도록 하고, 이를 위반한 자에 대하여 500만원 이하의 벌금에 처하도록 한 것이다(동법 제67조 제 3 항 및 제114조 제 1 호).

4. 未成年者의 賃金請求

(1) 關聯規程

> **근로기준법 제68조 【임금의 청구】** 미성년자는 독자적으로 임금을 청구할 수 있다.

(2) 主要內容 이는 민법상 행위능력이 없는 미성년자 일지라도 법정대리인의 동의없이 단독으로 임금을 청구할 수 있는 권리를 인정한 규정이다.

5. 年少者 勤勞時間의 制限

(1) 關聯規程

> **근로기준법 제69조 【근로시간】** 15세 이상 18세 미만인 자의 근로시간은 1일에 7시간, 1주일에 40시간을 초과하지 못한다. 다만, 당사자 사이의 합의에 따라 1일에 1시간, 1주일에 6시간을 한도로 연장할 수 있다.

Ⅲ. 女性勤勞者에 대한 特別保護

1. 生理休暇

(1) 關聯規程

> **근로기준법 제73조 【생리휴가】** 사용자는 여성 근로자가 청구하면 월 1일의 생리휴가를 주어야 한다.

(2) 主要內容

1) 의 의 사용자는 여성근로자가 청구하면 월 1일의 생리휴가를 주어야 한다. 종래 근로자의 청구와 관계없이 월 1일의 유급 생리휴가를 부여하던 것을 개정법(2003.9.15)은 생리휴가를 무급으로 하고, 근로자의 청구에 따라 부여하도록 하였다.

2) 행사요건 생리휴가제도는 여성근로자의 특수한 신체적·생리적 사정을 보호하기 위하여 설정된 제도로서, 직종·근로시간 및 개근여부 등에 상관없이 임시직근로자·시간제근로자 등을 포함한 모든 여성근로자에게 생리여부 사실에 따라 부여되어야 한다.

생리휴가는 여성근로자가 「청구」하면 부여하는 것이므로 생리를 가진 여성근로자라 하더라도 청구하지 않으면 생리휴가를 받을 수 없다. 즉 생리기간 중의 특정한 근로일을 휴가일로 지정하여 그 전에 청구하여야 한다.

3) 생리휴가의 부여 여성근로자가 생리휴가를 청구한 경우 사용자는 휴가를 부여해야 하며, 사용자는 단체협약, 취업규칙, 근로계약 등에 노사가 달리 약정한 바가 없다면 휴가사용일에 대하여 임금을 지급할 의무는 없다.

만약 생리휴가에 관하여 유급으로 사용할 수 있게 규정되었다면, 여성근로자가 생리휴가일에 휴가를 사용하지 아니하고 근로한 경우, 사용자는 근로의 대가로서 이에 상응하는 생리휴가근로수당을 지급하여야 한다(서울고법 2007.5.4, 2006나60054). 다만, 여성인 근로자가 생리휴가를 청구하지 않고 근로를 제공한 경우 반드시 가산임금(수당)까지 지급하여야 하는 것은 아니다(대판 1989.2.28, 86다카2567; 대판 1991.6.28, 90다카14758 등).

4) **생리휴가와 근로관계** 주휴일 또는 연차휴가 등을 부여하기 위한 소정근로일수 및 출근율 산정시 생리휴가일은 소정근로일수에 포함되고 그 날은 출근한 것으로 보아야 한다. 생리휴가청구권은 그 달이 지나면 소멸한다.

5) **생리현상 없는 여성근로자에 대한 휴가부여 여부 및 입증책임** 생리현상이 없거나 중단된 자에 대하여는 생리휴가 청구권이 발생하지 않는다(다수설; 서울지판 1993.5.7, 92나27668). 생리유무자체의 입증책임은 구법과 달리 근로자가 부담한다고 본다(김형배/반대: 임종율).

2. 産前 · 後 保護休暇

(1) 關聯規程

> **근로기준법 제74조 【임산부의 보호】** ① 사용자는 임신 중의 여성에게 산전과 산후를 통하여 90일의 보호휴가를 주어야 한다. 이 경우 휴가 기간의 배정은 산후에 45일 이상이 되어야 한다.
> ② 사용자는 임신 중인 여성이 임신 16주 이후 유산 또는 사산한 경우로서 그 근로자가 청구하면 대통령령으로 정하는 바에 따라 보호휴가를 주어야 한다. 다만, 인공 임신중절 수술(「모자보건법」 제14조 제 1 항에 따른 경우는 제외한다)에 따른 유산의 경우는 그러하지 아니하다.
> ③ 제 1 항 및 제 2 항에 따른 휴가 중 최초 60일은 유급으로 한다. 다만, 「남녀고용평등과일 · 가정양립지원에관한법률」 제18조에 따라 산전후휴가급여 등이 지급된 경우에는 그 금액의 한도에서 지급의 책임을 면한다.
> ④ 사용자는 임신 중의 여성 근로자에게 시간외근로를 하게 하여서는 아니 되며, 그 근로자의 요구가 있는 경우에는 쉬운 종류의 근로로 전환하여야 한다.
> ⑤ 사업주는 제 1 항에 따른 보호휴가 종료 후에는 휴가 전과 동일한 업무 또는 동등한 수준의 임금을 지급하는 직무에 복귀시켜야 한다. 〈신설 2008. 3. 28〉

(2) 主要內容

1) 산전 · 후 휴가의 부여

① 신청권자 근로기준법상 1인 이상 사업장의 여성근로자는 근로계약의 형태 예컨대 정규직이나 비정규직(임시직 · 일용직 등)에 관계없이 누구든지 활용할 수 있다. 휴가의 성질상 여성근로자가 직접 출산한 경우만 해당되므로 입양은 산전후휴가 및 산전후휴가급여 지급대상이 아니다.

② 산전후휴가기간 사용자는 임신 중의 여성에 대하여 산전 · 후를 통하여 모두 90일의 보호휴가를 주어야 하되, 최초 60일은 유급으로 하여야 하고(근로기준법 제74조 제 1 항 본문, 제 2 항), 휴가기간의 배치는 산후에 45일 이상이 되어야 한다(동법 제74조 제 1 항 단서). 산전에 45일 이상을 휴가로 사용하였을 경우에도 산후에 45일 이상의 보호휴가를 주어야 한다.

③ 유산 · 사산휴가의 신설 2005년 5월 31일 근로기준법의 개정으로 사

용자는 임신 중인 여성이 임신 16주 이후 유산 또는 사산한 경우로서 당해 근로자가 청구하는 때에는 i) 유산 또는 사산한 근로자의 임신기간이 16주 이상 21주 이내인 경우: 유산 또는 사산한 날부터 30일까지, ii) 임신기간이 22주 이상 27주 이내인 경우: 유산 또는 사산한 날부터 60일까지, iii) 임신기간이 28주 이상인 경우: 유산 또는 사산한 날부터 90일까지 보호휴가를 주도록 되었다(동법 제74조 제 2 항 및 동법시행령 제43조 제 2 항). 「임신 16주 이후」라 함은 임신 16주가 시작되는 첫날부터가 유산·사산휴가의 대상이 된다는 것이며, 유산·사산휴가를 청구하는 경우 유산·사산휴가 신청서에 의료기관의 진단서를 첨부하여 사업주에게 제출하여야 한다(동법시행령 제43조 제 1 항).

이 경우 원칙적으로 자연 유산·사산인 경우에만 보호휴가를 부여하고 인공임신중절수술의 경우는 보호휴가를 부여할 의무가 없다(동법 제74조 제 2 항 단서). 다만, 모자보건법 제14조에서 허용하는 인공임신중절수술의 경우 예외적으로 보호휴가를 부여하여야 한다. 따라서 불가피한 사유에 기한 인공유산의 경우라 하더라도 모자보건법 제14조에 해당되는 경우가 아니면 보호휴가를 활용할 수 없다.

④ 유급휴가와 산전후휴가급여등 산전후휴가 중 최초 60일은 유급으로 하되, 「남녀고용평등과일·가정양립지원에관한법률」 제18조의 규정에 따라 고용보험법 제75조에 의한 산전후휴가급여등이 지급된 때에는 그 금액의 한도 안에서 지급의 책임을 면한다(동법 제74조 제 3 항). 고용보험에서 산전후휴가급여등을 받은 경우 그 금액의 한도에서만 지급의 책임을 면하므로 차액에 대한 지급의무는 여전히 남아있게 된다.

2) 임신 중의 여성근로자에 대한 시간외근로의 금지 임신 중의 여성근로자에 대하여 시간외근로를 시켜서는 아니된다(동법 제74조 제 4 항 전단).

3) 경이한 종류의 근로 전환 임신 중의 여성근로자의 요구가 있는 경우에는 그 여성근로자가 현재 제공하고 있는 근로보다 쉬운 종류의 근로로 전환하여야 한다(동법 제74조 제 4 항 후단).

4) 산전후휴가종료 후 동일업무 등에 복귀 사업주는 보호휴가 종료 후에는 휴가 전과 동일한 업무 또는 동등한 수준의 임금을 지급하는 직무에 복귀시켜야 한다(동법 제74조 제 5 항).

5) 해고의 제한 사업을 계속할 수 없게 된 경우를 제외하고는 산전·후의 휴업기간과 그 후의 30일 동안에는 여성근로자를 해고할 수 없다(동법 제23조 제 2 항).

또한 사업을 계속할 수 없는 경우를 제외하고는 남녀고용평등과일·가정양립지원에관한법률 제19조 제 2 항에 의한 육아휴직 기간동안 그 근로자를 해고하지 못한다(동법 제19조 제 3 항).

3. 胎兒檢診 時間의 許容

(1) 關聯規程

> **근로기준법 제74조의 2 【태아검진 시간의 허용 등】** ① 사용자는 임신한 여성근로자가 「모자보건법」 제10조에 따른 임산부 정기건강진단을 받는데 필요한 시간을 청구하는 경우 이를 허용하여 주어야 한다.
> ② 사용자는 제1항에 따른 건강진단 시간을 이유로 그 근로자의 임금을 삭감하여서는 아니 된다. [본조신설 2008.3.21]

(2) 主要內容　저출산 문제가 심각한 현실에서 임신한 여성근로자와 태아에 대한 보호 필요성이 더욱 증가하고 있으며, 일반 여성근로자에게 매월 1회 생리휴가를 부여하는 것과의 형평성 차원에서 개정법(2008.3.21)은 임신한 여성근로자에 대한 태아검진 시간의 허용 규정을 신설하였다.

4. 育兒時間

(1) 關聯規程

> **근로기준법 제75조 【육아 시간】** 생후 1년 미만의 유아(乳兒)를 가진 여성 근로자가 청구하면 1일 2회 각각 30분 이상의 유급 수유 시간을 주어야 한다.

(2) 主要內容　이는 직장생활을 계속 영위하면서도 유아의 양육을 가능케 함으로써, 유아를 가진 직장여성의 모성보호와 근로제공을 동시에 확보하고자 하는 제도이다.

1) **육아시간의 청구권자**　육아시간을 청구할 수 있는 자는 생후 1년 미만의 유아를 가진 여성근로자로서 기혼·미혼을 불문한다. 이 경우 「유아」란 여성근로자 자신이 출산한 자이든 타인이 출산한 자이든 불문한다.

2) **육아시간**　사용자는 생후 1년 미만의 유아를 가진 여성근로자가 청구하면 1일 2회 각각 30분 이상의 유급수유시간을 주어야 한다. 수유시간은 반드시 사실상의 수유시간만에 한정되는 것이 아니라 여성근로자가 이에 부수하여 유아를 보살피는 시간도 이에 포함된다.

5. 時間外勤勞 制限

(1) 關聯規程

> **근로기준법 제71조 【시간외근로】** 사용자는 산후 1년이 지나지 아니한 여성에 대하여는 단체협약이 있는 경우라도 1일에 2시간, 1주일에 6시간, 1년에 150시간을 초과하는 시간외근로를 시키지 못한다.

(2) 主要內容　이는 산후 1년이 지나지 아니한 여성과 영아의 건강을 보호

하기 위하여 연장근로는 허용하되 그 한도를 엄격하게 제한한 것이다.

「단체협약이 있는 경우라도」의 의미는 당사자 사이의 합의가 있는 경우는 물론, 근로자대표와의 서면합의나 단체협약이 있는 경우도 포함하는 것이다. 사용자가 산후 1년이 지나지 않은 여성근로자와 합의한 경우에는 연장근로는 시킬수 있지만, 이 경우에도 소정의 한도를 초과할 수는 없다.

제 4 절 男女雇傭平等과 일·家庭 兩立支援에 관한 法律上의 女性勤勞者保護

Ⅰ. 意 義

개정된 「남녀고용평등과 일·가정 양립지원에 관한 법률(2007.12.21)」은 「일 중심」에서 「가정과의 균형」을 중시하는 근로자들의 의식변화에 대응하고, 저출산·고령화 시대에 여성 인력의 경제활동 참여를 늘리기 위하여 일·가정의 양립을 위한 정책을 강화하고, 이에 따라 법 제명을 「남녀고용평등법」에서 「남녀고용평등과 일·가정 양립지원에 관한 법률」로 변경하였다.

Ⅱ. 女性勤勞者에 대한 差別待遇禁止

1. 差別待遇의 概念

(1) 원 칙 「차별」이란 사업주가 근로자에게 성별, 혼인, 가족 안에서의 지위, 임신 또는 출산 등의 사유로 합리적인 이유 없이 채용 또는 근로의 조건을 다르게 하거나 그 밖의 불리한 조치를 하는 경우를 말한다. 사업주가 채용조건이나 근로조건은 동일하게 적용하더라도 그 조건을 충족할 수 있는 남성 또는 여성이 다른 한 성에 비하여 현저히 적고 그에 따라 특정 성에게 불리한 결과를 초래하며 그 조건이 정당한 것임을 증명할 수 없는 경우에도 이를 차별로 본다(동법 제 2 조 제 1 호).

(2) 예 외 다만, 다음 각목의 어느 하나에 해당하는 경우는 차별로 보지 아니한다.

① 직무의 성격에 비추어 특정 성이 불가피하게 요구되는 경우, ② 여성 근로자의 임신·출산·수유 등 모성보호를 위한 조치를 하는 경우, ③ 그 밖에 이 법 또는 다른 법률에 따라 적극적 고용개선조치를 하는 경우(동법 제 2 조 제 1 호 각 목) 등이다. 통상 여성근로자에 대한 이러한 우대조치를 「차별해소조치」(Affirmative

Action)라고 한다.

2. 募集과 採用에 있어서의 平等

(1) 모집 · 채용에 있어서의 남녀균등대우　사업주는 근로자를 모집하거나 채용할 때 남녀를 차별하여서는 아니 된다(동법 제 7 조 제 1 항).

(2) 용모 등 제한의 금지　사업주는 여성 근로자를 모집 · 채용할 때 그 직무의 수행에 필요하지 아니한 용모 · 키 · 체중 등의 신체적 조건, 미혼 조건, 그 밖에 노동부령으로 정하는 조건을 제시하거나 요구하여서는 아니 된다(동법 제 7 조 제 2 항).

3. 賃金에 있어서의 平等

(1) 동일가치노동에 대한 동일임금의 지급　사업주는 동일한 사업 내의 동일가치 노동에 대하여는 동일한 임금을 지급하여야 한다(동법 제 8 조 제 1 항).

「동일가치노동」이란 직무수행에서 요구되는 기술 · 노력 · 책임 및 작업조건 등의 기준에서 볼 때 본질적으로 동일한 가치가 있다고 인정되는 노동을 말한다(동법 제 8 조 제 2 항).

(2) 동일가치노동의 결정　동일 가치 노동의 기준은 사업주가 결정하되, 같은 법 제25조에 따른 노사협의회의 근로자를 대표하는 위원의 의견을 들어야 한다(동법 제 8 조 제 2 항). 동일가치노동 · 동일임금원칙은 서로 비교되는 남녀근로자가 모두 하나의 사업 내에서 근로를 제공하는 경우에 한하는 것을 원칙으로 한다.

이 경우 사업이 별개로 나누어져 있다 하더라도 사업주가 임금차별을 목적으로 설립한 별개의 사업은 동일한 사업으로 본다(동법 제 8 조 제 3 항).

4. 賃金外의 金品에 있어서의 平等

사업주는 임금 외에 근로자의 생활을 보조하기 위한 금품의 지급 또는 자금의 융자 등 복리후생에서 남녀를 차별하여서는 아니 된다(동법 제 9 조).

5. 教育 · 配置 및 昇進에 있어서의 平等

사업주는 근로자의 교육 · 배치 및 승진에서 남녀를 차별하여서는 아니 된다(동법 제10조).

6. 停年 · 退職 및 解雇에 있어서의 平等

(1) 정년 및 해고차별의 금지　사업주는 근로자의 정년 · 퇴직 및 해고에서 남녀를 차별하여서는 아니 된다(동법 제11조 제 1 항).

(2) 결혼퇴직제 · 출산퇴직제의 금지　사업주는 여성 근로자의 혼인, 임신 또

는 출산을 퇴직 사유로 예정하는 근로계약을 체결하여서는 아니 된다(동법 제11조 제 2 항). 이러한 근로계약의 내용을 결혼퇴직제 또는 독신조항이라고 한다.

Ⅲ. 職場內 性戱弄의 禁止 및 豫防

1. 職場內 性戱弄의 槪念

「직장 내 성희롱」이란 사업주・상급자 또는 근로자가 직장 내의 지위를 이용하거나 업무와 관련하여 다른 근로자에게 성적 언동 등으로 성적 굴욕감 또는 혐오감을 느끼게 하거나 성적 언동 또는 그 밖의 요구 등에 따르지 아니하였다는 이유로 고용에서 불이익을 주는 것을 말한다(동법 제 2 조 제 2 호).

2. 職場內 性戱弄의 禁止

사업주, 상급자 또는 근로자는 직장 내 성희롱을 하여서는 아니 된다(동법 제12조).

3. 職場內 性戱弄의 豫防敎育

사업주는 직장 내 성희롱을 예방하고 근로자가 안전한 근로환경에서 일할 수 있는 여건을 조성하기 위하여 직장 내 성희롱의 예방을 위한 교육(이하 「성희롱 예방 교육」이라 한다)을 실시하여야 하며(동법 제13조 제 1 항), 성희롱 예방 교육기관에 위탁하여 실시할 수 있다(동법 제13조의2 제 1 항).

4. 職場內 性戱弄 發生時 措置事項

(1) 행위자에 대한 징계조치의무　　사업주는 직장 내 성희롱 발생이 확인된 경우 지체 없이 행위자에 대하여 징계나 그 밖에 이에 준하는 조치를 하여야 한다(동법 제14조 제 1 항).

(2) 피해근로자에 대한 불이익조치 금지　　사업주는 직장 내 성희롱과 관련하여 피해를 입은 근로자 또는 성희롱 피해 발생을 주장하는 근로자에게 해고나 그 밖의 불리한 조치를 하여서는 아니 된다(동법 제14조 제 2 항).

5. 顧客 等에 의한 性戱弄 防止

(1) 의 의　　현행법상 직장내 성희롱의 범위는 사업주・상급자 또는 근로자가 직장 내의 지위를 이용하거나 업무와 관련하여 일어나는 행위로 한정되어 있어, 외부고객 등 업무와 밀접한 관련이 있는 제 3 자가 업무수행과정에서 근로자에게 성적 굴욕감 또는 혐오감 등을 느끼게 하는 등 성희롱 행위를 할 경우 근로

자를 보호할 제도적 장치가 미흡하여 개정법(2007. 12. 21)에서 신설된 규정이다.

(2) 주요내용

1) **근무장소 변경 등의 조치 노력의무** 사업주는 고객 등 업무와 밀접한 관련이 있는 자가 업무수행 과정에서 성적인 언동 등을 통하여 근로자에게 성적 굴욕감 또는 혐오감 등을 느끼게 하여 해당 근로자가 그로 인한 고충 해소를 요청할 경우 근무 장소 변경, 배치전환 등 가능한 조치를 취하도록 노력하여야 한다(동법 제14조의2 제 1 항). 「고객 등 업무와 밀접한 관련이 있는 자」란 해당 사업장과 납품, 구매, 용역 등 어떠한 명칭으로든지 업무나 영업과 관련하여 지속적 또는 일시적으로 거래관계에 있는 자와 해당 사업장에서 제공하는 서비스를 지속적 또는 일시적으로 이용하는 자 등을 말한다.

2) **불이익한 조치 금지** 사업주는 근로자가 고객 등에 의한 성희롱으로 피해를 주장하거나 고객 등으로부터의 성적 요구 등에 불응한 것을 이유로 해고나 그 밖의 불이익한 조치를 하여서는 아니 된다(동법 제14조의2 제 2 항).

Ⅳ. 女性勤勞者의 母性保護

1. 産前後休暇 支援

국가는 「근로기준법」 제74조에 따른 산전후휴가 또는 유산·사산 휴가를 사용한 근로자 중 일정한 요건에 해당하는 자에게 그 휴가기간에 대하여 통상임금에 상당하는 금액(이하 「산전후휴가급여 등」이라 한다)을 지급할 수 있다(동법 제18조 제 1 항). 이에 따라 지급된 산전후휴가급여 등은 그 금액의 한도에서 「근로기준법」 제74조 제 3 항에 따라 사업주가 지급한 것으로 본다(동법 제18조 제 2 항). 여성 근로자가 산전후휴가급여 등을 받으려는 경우 사업주는 관계 서류의 작성·확인 등 모든 절차에 적극 협력하여야 한다(동법 제18조 제 4 항).

2. 配偶者 出産休暇

(1) 의 의 남성 근로자의 직장·가정생활의 양립을 지원하기 위해 배우자 출산휴가를 제도적으로 보장함으로써 근로자의 직무 만족도를 높이고, 양성 평등한 출산문화 정착으로 저출산·고령화 문제를 해소하고자 개정법(2007. 12. 21)에서 도입된 것이다.

(2) 주요내용 사업주는 근로자가 배우자의 출산을 이유로 휴가를 청구하는 경우에 3일의 휴가를 주어야 한다(동법 제18조의2 제 1 항). 이 경우 휴가는 무급이 원칙이나, 노사간에 단체협약 또는 취업규칙 등을 통해 자율적으로 유급 또는 무급으로 제도를 활용할 수 있다. 배우자 출산휴가는 근로자의 배우자가 출산한 날

부터 30일이 지나면 청구할 수 없다(동법 제18조의2 제 2 항).

Ⅴ. 일 · 家庭의 兩立 支援

1. 育兒休職制度

(1) 의 의　　사업주는 생후 3년 미만된 영유아가 있는 근로자가 그 영유아의 양육을 위하여 휴직을 신청하는 경우에 이를 허용하여야 한다(동법 제19조 제 1 항). 여성근로자가 출산한 경우 모성을 보호하고 아기의 양육을 위하여 산전후휴가 또는 배우자 출산휴가 외에 육아휴직을 인정하는 것이다.

(2) 신청권자　　육아휴직 신청권자는 육아휴직 청구일 현재 생후 3년 미만된 영유아가 있는 「근로자」이다(동법 제19조 제 1 항). 근로자는 근로여성 또는 그를 대신한 배우자인 근로자를 포함하며, 여성근로자는 산모 · 입양모 및 대리모까지를 포함한다. 이 경우 3년 미만의 영유아에는 친자외에 법률상 양자도 포함되며, 법률상 · 사실상 혼인관계로 인한 영아도 포함된다.

(3) 육아휴직기간　　육아휴직의 기간은 1년 이내로 한다(동법 제19조 제 2 항). 개정법(2007. 12. 21)은 「당해 영유아가 생후 3년이 되는 날을 경과할 수 없다」는 자동종료제도를 폐지하여, 2008년 6월 22일 이후에는 육아휴직기간 중에 자녀의 연령이 3세에 도달하여도 나머지 육아휴직기간을 모두 사용할 수 있게 되었다.

(4) 불리한 처우의 금지　　사업주는 육아휴직을 이유로 해고나 그 밖의 불리한 처우를 하여서는 아니 되며, 육아휴직 기간에는 사업을 계속할 수 없는 경우 외에는 그 근로자를 해고하지 못한다(동법 제19조 제 3 항).

(5) 육아휴직 종료 후 복직　　사업주는 육아휴직을 마친 후에는 휴직 전과 같은 업무 또는 같은 수준의 임금을 지급하는 직무에 복귀시켜야 한다. 또한 육아휴직 기간은 근속기간에 포함한다(동법 제19조 제 4 항).

2. 育兒期 勤勞時間 短縮

(1) 의 의　　육아휴직제와 함께 「육아를 위한 근로시간 단축제」를 도입하여 육아기 근로자들의 선택의 폭을 넓히고, 육아휴직으로 인한 근로자들의 경력단절 방지와 업무숙련도 마모 방지, 육아휴직보다 소득감소 완화 및 고용의 연속성 등을 보장하기 위하여 개정법(2007. 12. 21)에서 도입하였다.

즉, 사업주는 육아휴직을 신청할 수 있는 근로자가 육아휴직 대신 근로시간의 단축(이하 「육아기 근로시간 단축」이라 한다)을 신청하는 경우에 이를 허용할 수 있고(동법 제19조의2 제 1 항), 사업주가 육아기 근로시간 단축을 허용하지 아니하는 경우에는 해당 근로자에게 그 사유를 서면으로 통보하고 육아휴직을 사용하게 하거나 그 밖의 조치를 통하여 지원할 수 있는지를 해당 근로자와 협의하여야 한다(동법 제19조의2 제 2 항).

(2) 육아기 근로시간 단축 후 근로시간 육아기 근로시간 단축을 허용하는 경우 단축 후 근로시간은 주당 15시간 이상이어야 하고 30시간을 넘어서는 아니 된다(동법 제19조의2 제 3 항).

(3) 육아기 근로시간 단축 기간 육아기 근로시간 단축의 기간은 1년 이내로 한다(동법 제19조의2 제 4 항).

(4) 불리한 처우의 금지 사업주는 육아기 근로시간 단축을 이유로 해당 근로자에게 해고나 그 밖의 불리한 처우를 하여서는 아니 된다(동법 제19조의2 제 5 항).

(5) 육아기 근로시간 단축과 원직복직 사업주는 근로자의 육아기 근로시간 단축기간이 끝난 후에 그 근로자를 육아기 근로시간 단축 전과 같은 업무 또는 같은 수준의 임금을 지급하는 직무에 복귀시켜야 한다(동법 제19조의2 제 6 항).

(6) 육아기 근로시간 단축 중 근로조건 등

① 근로시간에 비례한 적용 사업주는 육아기 근로시간 단축을 하고 있는 근로자에 대하여 근로시간에 비례하여 적용하는 경우 외에는 육아기 근로시간 단축을 이유로 그 근로조건을 불리하게 하여서는 아니 된다(동법 제19조의3 제 1 항). 육아기 근로시간 단축을 한 근로자의 근로조건(육아기 근로시간 단축 후 근로시간을 포함한다)은 사업주와 그 근로자 간에 서면으로 정한다(동법 제19조의3 제 2 항).

② 연장근로의 제한 사업주는 육아기 근로시간 단축을 하고 있는 근로자에게 단축된 근로시간 외에 연장근로를 요구할 수 없다. 다만, 그 근로자가 명시적으로 청구하는 경우에는 사업주는 주 12시간 이내에서 연장근로를 시킬 수 있다(동법 제19조의3 제 3 항).

③ 육아기 근로시간 단축과 평균임금 육아기 근로시간 단축을 한 근로자에 대하여 「근로기준법」 제 2 조 제 6 호에 따른 평균임금을 산정하는 경우에는 그 근로자의 육아기 근로시간 단축 기간을 평균임금 산정기간에서 제외한다(동법 제19조의3 제 4 항).

(7) 육아휴직과 육아기 근로시간 단축의 사용형태 근로자는 육아휴직이나 육아기 근로시간 단축을 하려는 경우에는 i) 육아휴직의 1회 사용, ii) 육아기 근로시간 단축의 1회 사용, iii) 육아휴직의 분할 사용(1회만 할 수 있다), iv) 육아기 근로시간 단축의 분할 사용(1회만 할 수 있다), v) 육아휴직의 1회 사용과 육아기 근로시간 단축의 1회 사용의 방법 중 하나를 선택하여 사용할 수 있다. 이 경우 어느 방법을 사용하든지 그 총 기간은 1년을 넘을 수 없다(동법 제19조의4).

3. 育兒支援을 위한 그 밖의 措置

사업주는 초등학교 취학 전까지의 자녀를 양육하는 근로자의 육아를 지원하기 위하여 i) 업무를 시작하고 마치는 시간 조정, ii) 연장근로의 제한, iii) 근로시간의 단축, 탄력적 운영 등 근로시간 조정, iv) 그 밖에 소속 근로자의 육아를 지원하기 위하여 필요한 조치 중 어느 하나에 해당하는 조치를 하도록 노력하여야 한다(동법 제19조의5 제 1 항).

4. 職場復歸를 위한 事業主의 支援

사업주는 육아휴직 중인 근로자에 대한 직업능력 개발 및 향상을 위하여 노력하여야 하고 산전후휴가, 육아휴직 또는 육아기 근로시간 단축을 마치고 복귀하는 근로자가 쉽게 직장생활에 적응할 수 있도록 지원하여야 한다(동법 제19조의6).

5. 일·家庭의 兩立을 위한 支援

국가는 사업주가 근로자에게 육아휴직이나 육아기 근로시간 단축을 허용한 경우 그 근로자의 생계비용과 사업주의 고용유지비용의 일부를 지원할 수 있다(동법 제20조 제 1 항).

6. 職場保育施設의 設置 및 支援

사업주는 근로자의 취업을 지원하기 위하여 수유·탁아 등 육아에 필요한 보육시설(이하 "직장보육시설"이라 한다)을 설치하여야 한다(동법 제21조 제 1 항).

7. 公共福祉施設의 設置

국가 또는 지방자치단체는 여성 근로자를 위한 교육·육아·주택 등 공공복지시설을 설치할 수 있다(동법 제22조 제 1 항).

8. 勤勞者의 家族 돌봄 등을 위한 支援

근로자가 가족의 질병, 사고, 노령 등을 이유로 그 가족을 돌볼 필요가 있는 경우에 사업주는 i) 가족 간호를 위한 휴직, ii) 업무를 시작하고 마치는 시간 조정, iii) 연장근로의 제한, iv) 근로시간의 단축, 탄력적 운영 등 근로시간 조정, v) 그 밖에 사업장 사정에 맞는 지원조치 중 어느 하나에 해당하는 조치를 하도록 노력하여야 한다. 이 경우 노동부장관은 고용 효과 등을 고려하여 필요한 지원을 할 수 있다(동법 제22조의2 제 1 항 및 제 3 항). 또한 사업주는 소속 근로자가 건전하게 직장과 가정을 유지하는 데에 도움이 될 수 있도록 필요한 심리상담 서비스를 제공하도록 노력하여야 한다(동법 제22조의2 제 2 항).

사업장의 사정에 따라 자율적으로 다양한 프로그램을 운영하도록 노력의무를 규정한 것이다.

9. 일 · 家庭 兩立支援 基盤造成

노동부장관은 일 · 가정 양립프로그램의 도입 · 확산, 모성보호 조치의 원활한 운영 등을 지원하기 위하여 조사 · 연구 및 홍보 등의 사업을 하고, 전문적인 상담 서비스와 관련 정보 등을 사업주와 근로자에게 제공하여야 한다. 이 경우 노동부장관은 직장보육시설 설치 · 운영의 지원에 관한 업무를 공공기관 또는 민간에 위탁하여 수행할 수 있으며, 노동부장관은 업무를 위탁받은 기관에 업무수행에 사용되는 경비를 지원할 수 있다(동법 제22조의3).

Ⅵ. 紛爭의 豫防과 解決

1. 相談支援

노동부장관은 차별, 직장 내 성희롱, 모성보호 및 일 · 가정 양립 등에 관한 상담을 실시하는 민간단체에 필요한 비용의 일부를 예산의 범위에서 지원할 수 있다(동법 제23조 제 1 항).

2. 名譽雇傭平等監督官

노동부장관은 사업장의 남녀고용평등 이행을 촉진하기 위하여 그 사업장 소속 근로자 중 노사가 추천하는 자를 명예고용평등감독관(이하 「명예감독관」이라 한다)으로 위촉할 수 있다(동법 제24조 제 1 항). 이 경우 사업주는 명예감독관으로서 정당한 임무 수행을 한 것을 이유로 해당 근로자에게 인사상 불이익 등의 불리한 조치를 하여서는 아니 된다(동법 제24조 제 3 항).

3. 紛爭의 自律的 解決

사업주는 같은 법 제 7 조부터 제13조까지, 제13조의2, 제14조, 제14조의2, 제18조제4항, 제18조의2, 제19조, 제19조의2부터 제19조의6까지, 제21조 및 제22조의2에 따른 사항에 관하여 근로자가 고충을 신고하였을 때에는 「근로자참여 및 협력증진에 관한 법률」에 따라 해당 사업장에 설치된 노사협의회에 고충의 처리를 위임하는 등 자율적인 해결을 위하여 노력하여야 한다(동법 제25조 제 1 항).

한편, 이 법과 관련한 분쟁해결에서의 입증책임은 「사업주」가 부담한다(동법 제30조).

제 2 장 期間制 및 短時間勤勞者의 保護

제 1 절 意 義

I. 槪 要

노동법은 기간제 및 단시간근로자에 대하여 다음과 같은 이유에서 특별한 법적 보호를 규정하고 있다.

첫째, 기간제 및 단시간근로자는 정규직근로자에 비하여 동일한 근로를 제공함에도 불구하고 근로조건이 열악하다. 따라서 임금 등 근로조건에서 정규직과 기간제·단시간근로자간의 차별금지를 통한 동등한 대우가 필요하다.

둘째, 기간제 및 단시간근로자는 계약직·임시직이 대부분이므로 고용이 불안정하다. 따라서 사용자의 계약 갱신 거부 등으로부터 이들을 보호하여 안정된 일자리를 제공하는 것이 필요하다.

기간제 및 단시간근로자의 보호는 i) 근로자에 대한 근로조건 향상 및 고용안정과 ii) 사용자의 고용 유연성이 조화·균형되도록 하여야 한다. 기간제 및 단시간근로자를 무조건 정규직으로 전환하는 것은 단기적으로 이들 근로자를 보호하는 효과를 가져올 수도 있다. 그러나 장기적으로는 고용비용의 상승을 가져와 i) 이들 근로자는 물론 정규직 근로자의 고용감소를 초래할뿐더러 ii) 기업의 경쟁력을 약화시켜 궁극적으로는 기업의 존속 및 근로자의 근로조건에 부정적 결과를 가져올 수 있다.

II. 基本體系

기간제근로자에 대하여는 「기간제및단시간근로자보호등에관한법률」(이하 「기간제근로자법」이라 한다)이 적용되고 있다.

단시간근로자에 대하여는 i) 「근로기준법」 제 2 조 제 1 항 제 8 호 및 동법 제18조 ii) 「기간제근로자법」이 적용되고 있다. 「기간제근로자법」에서 규정되고 있지 아니한 사항에 대하여는 근로기준법이 적용된다.

제 2 절 適用範圍

Ⅰ. 關聯規程

> **기간제근로자법 제3조 【적용범위】** ① 이 법은 상시 5인 이상의 근로자를 사용하는 모든 사업 또는 사업장에 적용한다. 다만, 동거의 친족만을 사용하는 사업 또는 사업장과 가사사용인에 대하여는 적용하지 아니한다.
> ② 상시 4인 이하의 근로자를 사용하는 사업 또는 사업장에 대하여는 대통령령이 정하는 바에 따라 이 법의 일부 규정을 적용할 수 있다.
> ③ 국가 및 지방자치단체의 기관에 대하여는 상시 사용하는 근로자의 수에 관계없이 이 법을 적용한다.

Ⅱ. 主要內容

1. 基本原則

「기간제근로자법」은 상시 5인 이상의 근로자를 사용하는 모든 사업 또는 사업장에 적용된다(동법 제3조 제1항 본문).

2. 例　　外

(1) 同居의 親族만을 사용하는 事業 또는 事業場과 家事使用人　동법을 적용하지 아니한다(동법 제3조 제1항 단서).

(2) 4人 以下의 事業場　상시 4인 이하의 근로자를 사용하는 사업 또는 사업장에 대하여는 대통령령이 정하는 바에 따라 이 법의 일부 규정을 적용한다(동법 제3조 제3항).

(3) 國家 및 地方自治團體의 機關　상시사용하는 근로자의 수에 관계없이 동법을 적용한다(동법 제3조 제3항).

제 3 절 期間制勤勞者의 保護

Ⅰ. 期間制勤勞者의 槪念

「기간제근로자」라 함은 기간의 정함이 있는 기간제근로계약을 체결한 근로자를 말한다(동법 제2조 제1호).

Ⅱ. 期間制勤勞者의 使用

1. 原　則

사용자는 2년을 초과하지 아니하는 범위 안에서(기간제근로계약의 반복갱신 등의 경우에는 그 계속근로한 총기간이 2년을 초과하지 아니하는 범위 안에서) 기간제근로자를 사용할 수 있다(동법 제 4 조 제 1 항 본문).

2. 例　外

(1) 2年 超過使用의 許容事由　다음에 해당하는 경우에는 2년을 초과하여 기간제근로자로 사용할 수 있다(동법 제 4 조 제 1 항 단서).

1) 사업의 완료 또는 특정한 업무의 완성에 필요한 기간을 정한 경우

2) 휴직·파견 등으로 결원이 발생하여 당해 근로자가 복귀할 때까지 그 업무를 대신할 필요가 있는 경우

3) 근로자가 학업, 직업훈련 등을 이수함에 따라 그 이수에 필요한 기간을 정한 경우

4) 「고령자고용촉진법」상의 고령자와 근로계약을 체결하는 경우

5) 전문적 지식·기술의 활용이 필요한 경우와 정부의 복지정책·실업대책 등에 의하여 일자리를 제공하는 경우로서 대통령령이 정하는 경우

6) 그 밖에 1) 내지 2)에 준하는 합리적인 사유가 있는 경우로서 대통령령이 정하는 경우

(2) 勤勞契約 締結의 擬制　사용자가 상기 사유가 없거나 소멸되었음에도 불구하고 2년을 초과하여 기간제근로자로 사용하는 경우에는 그 기간제근로자는 기간의 정함이 없는 근로계약을 체결한 근로자로 본다(동법 제 4 조 제 2 항).

Ⅲ. 期間制勤勞者의 優先 雇傭

사용자는 기간의 정함이 없는 근로계약을 체결하고자 하는 경우에 당해 사업 또는 사업장의 동종 또는 유사한 업무에 종사하는 기간제근로자를 우선적으로 고용하도록 노력하여야 한다(동법 제 5 조).

제 4 절 短時間勤勞者의 保護

Ⅰ. 短時間勤勞者의 槪念

단시간근로자란 1주 동안의 소정근로시간이 그 사업장에서 같은 종류의 업무에 종사하는 통상 근로자의 1주 동안의 소정근로시간에 비하여 짧은 근로자를 말한다(기간제근로자법 제 2 조 제 2 호 및 근로기준법 제 2 조 제 1 항 제 8 호).

Ⅱ. 勤勞基準法上의 保護

1. 關聯規定

> **근로기준법 제18조 【단시간근로자의 근로조건】** ① 단시간근로자의 근로조건은 그 사업장의 같은 종류의 업무에 종사하는 통상 근로자의 근로시간을 기준으로 산정한 비율에 따라 결정되어야 한다.
> ② 제 1 항에 따라 근로조건을 결정할 때에 기준이 되는 사항이나 그 밖에 필요한 사항은 대통령령으로 정한다.
> ③ 4주 동안(4주 미만으로 근로하는 경우에는 그 기간)을 평균하여 1주 동안의 소정근로시간이 15시간 미만인 근로자에 대하여는 제55조와 제60조를 적용하지 아니한다.

2. 主要內容

(1) 短時間勤勞者의 勤勞條件 　단시간근로자의 근로조건은 단시간근로자와 당해 사업장의 같은 종류의 업무에 종사하는 통상근로자의 근로시간을 상호 비교하여 그 비율대로 결정된다(근로기준법 제18조 제 1 항). 상기 근로조건결정의 기준 등 기타 필요한 사항은 다음과 같이 대통령령으로 정한다(동법 제18조 제 2 항 및 동법시행령 제 9 조 제 1 항 [별표 2]).

1) 근로계약의 체결 　사용자가 단시간근로자를 고용할 경우에는 임금·근로시간, 기타의 근로조건을 명확히 기재한 근로계약서를 작성하여 근로자에게 교부하여야 한다([별표 2] 제 1 호 가목).

단시간근로자의 근로계약서에는 계약기간, 근로일, 근로시간의 시작과 종료시각, 시간급임금 기타 노동부장관이 정하는 사항이 명시되어야 한다(제 1 호 나목).

2) 賃金의 計算 　단시간근로자의 임금산정 단위는 시간급을 원칙으로 한다.

시간급임금을 일급통상임금으로 산정할 경우에는 1일 소정근로시간수에 시간급임금을 곱하여 산정한다. 단시간근로자의 1일 소정근로시간수는 4주간의 소정근로시간을 그 기간의 총일수로 나눈 시간수로 한다(제 2 호).

3) 超過勤勞 　사용자는 단시간근로자에 대하여 소정근로일이 아닌 날에 근

로시키거나 소정근로시간을 초과하여 근로시키고자 할 경우에는 근로계약서·취업규칙 등에 그 내용 및 정도를 명시하여야 하며, 초과근로에 대하여 가산임금을 지급하기로 한 경우에는 그 지급률을 명시하여야 한다(제 3 호 가목).

사용자는 근로자와 합의한 경우에만 초과근로를 시킬 수 있다(제 3 호 나목).

4) 休日·休暇의 적용

① 有給休日 사용자는 단시간근로자에 대하여 근로기준법 제54조의 규정에 의한 유급휴일을 주어야 한다(제 4 호 가목). 이 경우 사용자가 지급하는 임금은 일급통상임금을 기준으로 한다(제 4 호 라목).

② 年次有給休暇 사용자는 단시간근로자에 대하여 연차유급휴가를 주어야 한다. 이 경우 有給休暇는 각각 다음의 방식으로 계산한 시간단위로 하며, 1시간 미만은 1시간으로 본다(제 4 호 나목). 이 경우 사용자가 지급하여야 하는 임금은 시간급을 기준으로 한다(제 4 호 마목).

$$\text{통상근로자의 연차휴가일수} \times \frac{\text{단시간근로자의 소정근로시간}}{\text{통상근로자의 소정근로시간}} \times 8$$

③ 無給生理休暇 및 產前後休暇 사용자는 여성인 단시간근로자에 대하여 근로기준법 제73조의 규정에 의한 무급생리휴가 및 근로기준법 제74조의 규정에 의한 산전후휴가를 주어야 한다(제 4 호 다목).

사용자가 지급하여야 하는 임금은 일급통상임금을 기준으로 한다(제 4 호 라목).

5) 就業規則의 作成 및 變更

① 별도의 就業規則을 作成하는 경우 사용자는 단시간근로자에게 적용되는 취업규칙을 통상근로자에게 적용되는 취업규칙과 별도로 작성할 수 있다(제 5 호 가목).

취업규칙을 작성하거나 이를 변경하고자 할 경우에는 적용대상이 되는 단시간근로자 과반수의 의견을 들어야 한다. 다만, 취업규칙을 단시간근로자에게 불이익하게 변경하는 경우에는 그 동의를 얻어야 한다(제 5 호 나목).

② 별도의 就業規則을 作成하지 아니하는 경우 단시간근로자에게 적용될 별도의 취업규칙이 작성되지 아니한 경우에는 통상근로자에게 적용되는 취업규칙이 적용된다. 다만, 취업규칙에서 단시간근로자에 대하여 적용이 배제되는 규정을 두거나 달리 적용한다는 규정을 둔 경우에는 이에 따른다(제 5 호 다목).

(2) 適用排除 4주 동안(4주 미만으로 근로하는 경우에는 그 기간)을 평균하여 1주 동안의 소정근로시간이 15시간 미만인 근로자에 대하여는 제55조(유급휴일)와 제60조(연차유급휴가)를 적용하지 아니한다(근로기준법 제18조 제 3 항). 또한, 근로

자퇴직급여보장법상 퇴직급여제도가 배제된다(동법 제 4 조 제 1 항 단서).

Ⅲ. 期間制勤勞者法上의 保護

1. 短時間勤勞者의 超過勤勞 制限

사용자는 단시간근로자에 대하여 「근로기준법」 제 2 조 제 1 항 제 7 호의 소정근로시간을 초과하여 근로하게 하는 경우에는 당해 근로자의 동의를 얻어야 한다. 이 경우 1주간에 12시간을 초과하여 근로시킬 수 없다(기간제근로자법 제 6 조 제 1 항).

단시간근로자는 사용자가 상기 동의를 얻지 아니하고 초과근로를 하게 하는 경우에는 이를 거부할 수 있다(동법 제 6 조 제 2 항).

2. 短時間勤勞者의 優先 雇傭

사용자는 통상근로자를 채용하고자 하는 경우에는 당해 사업 또는 사업장의 동종 또는 유사한 업무에 종사하는 단시간근로자를 우선적으로 고용하도록 노력하여야 한다(동법 제 7 조 제 1 항).

사용자는 가사, 학업 그 밖의 이유로 근로자가 단시간근로를 신청하는 때에는 당해 근로자를 단시간근로자로 전환하도록 노력하여야 한다(동법 제 7 조 제 2 항).

제 5 절 期間制勤勞者 및 短時間勤勞者에 共通된 保護

1. 差別的 處遇의 禁止 및 是正

(1) 차별적 처우의 개념 「차별적 처우」라 함은 임금 그 밖의 근로조건 등에 있어서 합리적인 이유 없이 불리하게 처우하는 것을 말한다(기간제근로자법 제 2 조 제 1 호).

(2) 차별적 처우의 금지 사용자는 기간제근로자임을 이유로 당해 사업 또는 사업장에서 동종 또는 유사한 업무에 종사하는 기간의 정함이 없는 근로계약을 체결한 근로자에 비하여 차별적 처우를 하여서는 아니된다(동법 제 8 조 제 1 항). 또한, 사용자는 단시간근로자임을 이유로 당해 사업 또는 사업장에서 동종 또는 유사한 업무에 종사하는 통상근로자에 비하여 차별적 처우를 하여서는 아니된다(동법 제 8 조 제 2 항).

(3) 차별적 처우의 시정신청 기간제근로자 또는 단시간근로자는 차별적 처우를 받은 경우 노동위원회에 그 시정을 신청할 수 있다(동법 제 9 조 제 1 항 본문).

다만, 차별적 처우가 있은 날(계속되는 차별적 처우는 그 종료일)부터 3월이 경과한 때에는 그러하지 아니하다(동법 제 9 조 제 1 항 단서).

기간제근로자 또는 단시간근로자가 시정신청을 하는 때에는 차별적 처우의 내용을 구체적으로 명시하여야 한다(동법 제 9 조 제 2 항).

노동위원회는 조정 및 직권중재 또는 시정명령을 하며 이에는 차별적 행위의 중지, 임금 등 근로조건의 개선 및 적절한 금전보상 등이 포함될 수 있다(동법 제13조).

(4) 입증책임 차별적 처우의 금지 및 시정신청과 관련된 분쟁에 있어서 입증책임은 사용자가 부담한다(동법 제 9 조 제 4 항).

2. 不利한 處遇의 禁止

사용자는 기간제근로자 또는 단시간근로자가 다음에 해당하는 행위를 한 것을 이유로 해고 그 밖의 불리한 처우를 하지 못한다(동법 제16조).

1) 사용자의 부당한 초과근로 요구의 거부

2) 차별적 처우의 시정신청, 노동위원회에의 참석 및 진술, 재심신청 또는 행정소송의 제기

3) 시정명령 불이행의 신고

4) 감독기관에 대한 통고

3. 勤勞條件의 書面明示

사용자는 기간제근로자 또는 단시간근로자와 근로계약을 체결하는 때에는 다음 각 호의 모든 사항을 서면으로 명시하여야 한다. 다만, 6)은 단시간근로자에 한한다(동법 제17조).

1) 근로계약기간에 관한 사항

2) 근로시간 · 휴게에 관한 사항

3) 임금의 구성항목 · 계산방법 및 지불방법에 관한 사항

4) 휴일 · 휴가에 관한 사항

5) 취업의 장소와 종사하여야 할 업무에 관한 사항

6) 근로일 및 근로일별 근로시간

기출문제 및 기본문제

최근 기출문제

1. 「근로기준법」상 임산부의 보호에 관한 설명으로 옳은 것은? (유산 또는 사산하지 않은 경우) 〈51회 사시〉

① 사용자는 임신 중의 여성 근로자에게 산전과 산후를 통하여 60일의 보호휴가를 주어야 한다.

② 사용자는 산전후휴가의 기간과 그 후 90일 동안은 해고하지 못한다.

③ 사용자는 임신 중인 여성 근로자에게 시간외근로를 하게 할 수 있다.

④ 사업주는 산전후휴가가 종료된 여성 근로자를 휴가 전과 동일한 업무 또는 동등한 수준의 임금을 지급하는 직무에 복귀시켜야 한다.

⑤ 사용자는 산후 1년이 지나지 아니한 여성 근로자에 대해 단체협약이 있는 경우를 제외하고는 1일에 1시간, 1주일에 6시간을 초과하는 시간외근로를 시키지 못한다.

≪**해설**≫ ① 사용자는 임신 중의 여성에게 산전과 산후를 통하여 90일의 보호휴가를 주어야 한다(근로기준법 제74조 제1항). ② 사용자는 산전후휴가의 기간과 그 후 30일 동안은 해고하지 못한다(동법 제23조 제2항). ③ 사용자는 임신 중의 여성 근로자에게 시간외근로를 하게 하여서는 아니 된다(동법 74조 제4항). ④ 동법 제74조 제5항. ⑤ 사용자는 산후 1년이 지나지 아니한 여성에 대하여는 단체협약이 있는 경우라도 1일에 2시간, 1주일에 6시간, 1년에 150시간을 초과하는 시간외근로를 시키지 못한다(동법 제71조).

2. 근로기준법상 연소자 또는 미성년자의 근로관계에 관한 설명으로 옳은 것은? 〈50회 사시〉

① 친권자나 후견인은 미성년자의 동의를 얻어 미성년자의 근로계약을 대리할 수 있다.

② 사용자는 18세 미만자의 동의만으로 18세 미만자를 오후 10시부터 오전 6시까지의 시간에 근로시킬 수 있다.

③ 노동부장관은 근로계약이 미성년자에게 불리하다고 인정하는 경우에도 이를 해지할 수 없다.

④ 사용자는 15세 미만인 자가 취직인허증이 없는 경우 근로자로 사용하지

해답 1. ④ 2. ④

못한다.

⑤ 미성년자는 독자적으로 임금을 청구할 수 없다.

≪**해설**≫ ① 친권자나 후견인은 미성년자의 근로계약을 대리할 수 없다(근로기준법 제67조 제 1 항). ② 사용자는 18세 미만자를 오후 10시부터 오전 6시까지의 시간 및 휴일에 근로시키려면 본인의 동의와 노동부장관의 인가를 받아야 한다(동법 제70조 제 2 항 제 1 호). ③ 친권자, 후견인 또는 노동부장관은 근로계약이 미성년자에게 불리하다고 인정하는 경우에는 이를 해지할 수 있다(동법 제67조 제 2 항). ④ 15세 미만인 자는 근로자로 사용하지 못한다. 다만, 대통령령으로 정하는 기준에 따라 노동부장관이 발급한 취직인허증을 지닌 자는 근로자로 사용할 수 있다(동법 제64조 제 1 항). ⑤ 미성년자는 독자적으로 임금을 청구할 수 있다(동법 제68조).

3. 근로기준법상 18세 미만인 근로자에 관한 규정 중 옳지 않은 것은? (1주 40시간의 법정근로시간제가 적용되는 사업장의 경우) 〈48회 사시〉

① 법정근로시간은 1일에 7시간, 1주일에 40시간이다.

② 사용자는 단체협약에 의하여 1일에 2시간, 1년에 150시간 한도로 시간외근로를 시킬 수 있다.

③ 사용자는 근로자의 동의와 노동부장관의 인가를 얻어 야간근로를 시킬 수 있다.

④ 사용자는 근로자의 동의가 있더라도 도덕상 또는 보건상 유해·위험한 사업에 사용할 수 없다.

⑤ 사용자는 법령에서 정하는 경우가 아니면 원칙적으로 갱내에서 근로시키지 못한다.

≪**해설**≫ ② 15세 이상 18세 미만인 자의 근로시간은 1일에 7시간, 1주일에 40시간을 초과하지 못하는 것이 원칙이나, 당사자간의 합의에 의하여 1일에 1시간, 1주일에 6시간을 한도로 연장할 수 있다(동법 제69조). ③ 동법 제70조 제 2 항. ④ 동법 제65조. ⑤ 동법 제72조.

4. 근로기준법상 여성보호에 관한 설명 중 옳지 않은 것은? 〈48회 사시〉

① 사용자는 임신 중의 여성에 대해서는 시간외근로를 시킬 수 없다.

② 사용자는 임신 중의 여성근로자가 명시적으로 청구하고 노동부장관의 인가를 얻은 경우에는 야간근로 및 휴일근로를 시킬 수 있다.

③ 사용자는 임신 중의 여성근로자에게 산전·산후를 통하여 60일의 보호휴가를 주어야 한다. 이 경우 휴가기간의 배치는 산후에 30일 이상이 되어야 한다.

❙해답❙ 3. ② 4. ③

④ 사용자는 산전·산후의 여성이 근로기준법의 규정에 의하여 휴업한 기간과 그 후 30일간은 해고하지 못한다. 다만, 사업을 계속할 수 없게 된 경우에는 그러하지 아니하다.

⑤ 사용자는 산후 1년이 경과되지 아니한 여성에 대하여는 단체협약이 있는 경우라도 1일에 2시간, 1주일에 6시간, 1년에 150시간을 초과하는 시간외의 근로를 시키지 못한다.

≪**해설**≫ ① 근로기준법 제74조 제 4 항. ② 동법 제70조 제 2 항. ③ 산전후휴가 90일 중 휴가기간의 배치는 산후에 45일 이상이 되어야 한다(동법 제74조 제 1 항). ④ 동법 제23조 제 2 항. ⑤ 동법 제71조.

5. 남녀고용평등과일·가정양립지원에관한법률상 차별로 보는 것은? 〈48회 사시〉

① 사업주가 직무의 성질상 특정 성이 불가피하게 요구되어 채용조건을 달리하는 경우

② 사업주가 근로여성에게 수유시간을 부여한 경우

③ 현존하는 차별을 해소하기 위하여 국가가 잠정적으로 특정 성을 우대하는 조치를 취하는 경우

④ 동일한 업무를 담당하는 남녀간의 정년연령을 달리 정하는 경우

⑤ 사업주가 정당한 조건을 남녀에게 동일하게 적용하여 채용을 하였으나 특정 성에게 불리한 결과를 초래한 경우

≪**해설**≫ ①②③⑤ 동법 제 2 조 제 1 호. ④ 사업주는 근로자의 정년·퇴직 및 해고에서 남녀를 차별하여서는 아니된다(동법 제11조 제 1 항). 따라서 동일한 업무를 담당하는 남녀간의 정년연령을 달리 정하는 경우 동법 위반으로 차별은 무효가 되며 처벌된다(동법 제37조 제 1 항).

6. 남녀고용평등과일·가정양립지원에관한법률의 규정에 관한 설명 중 옳지 않은 것은? 〈47회 사시〉

① 사업주는 여성근로자를 모집·채용함에 있어서 모집·채용하고자 하는 직무의 수행에 필요하지 아니한 용모·키·체중 등의 신체적 조건을 제시하거나 요구해서는 안된다.

② 사업주는 여성인 것을 이유로 근로자의 생활을 보조하기 위한 금품의 지급 또는 자금의 융자 등 복리후생에 있어서 차별대우를 해서는 안된다.

③ 사업주는 직장내 성희롱을 예방하기 위해 그 예방교육을 연 1회 이상 실시해야 한다.

④ 사업주는 근로자의 교육·배치 및 승진에 있어서 남녀를 차별하여서는 안

▌해답▌ 5. ④ 6. ⑤

된다.

⑤ 사업주는 근로여성의 혼인, 임신 또는 출산을 퇴직사유로 예정하는 근로계약을 체결할 수 있다.

≪**해설**≫ ① 동법 제 7 조 제 2 항. ② 동법 제 9 조. ③ 동법 제13조 및 동법시행령 제 3 조 제 1 항. ④ 동법 제10조 ⑤ 사업주는 여성근로자의 혼인, 임신 또는 출산을 퇴직사유로 예정하는 근로계약을 체결하여서는 아니된다(동법 제11조 제 2 항).

7. 근로기준법상 여성과 소년의 보호에 관한 설명 중 옳지 않은 것은?

〈46회 사시〉

① 선택적 근로시간제도는 임신중의 여성근로자 및 18세미만의 연소근로자에게도 적용된다.

② 임신중의 여성이 명시적으로 청구하는 경우 근로자대표와 협의를 거쳐 노동부장관의 인가를 얻어 야간근로를 시킬 수 있다.

③ 임산부가 아닌 18세 이상의 여성이 동의하는 경우 휴일근로를 시킬 수 있다.

④ 임신중의 여성에 대하여 산전후를 통하여 90일의 휴가를 주되 휴가기간의 배치는 산후에 45일 이상이 되어야 한다.

⑤ 생후 1년 미만의 유아를 가진 여성근로자의 청구가 있는 경우에는 1일 2회 각각 30분 이상의 유급수유시간을 주어야 한다.

≪**해설**≫ ① 선택적 근로시간제도는 15세 이상 18세 미만의 근로자에게 적용이 제외된다(근로기준법 제52조). ② 동법 제70조 제 2 항 및 제 3 항. ③ 동법 제70조 제 1 항. ④ 동법 제74조 제 1 항. ⑤ 동법 제75조.

8. 남녀고용평등과일 · 가정양립지원에관한법률상 육아휴직에 관한 설명으로 옳지 않은 것은?

〈46회 사시변형〉

① 사업을 계속할 수 없는 경우 사업주는 육아휴직기간 중에 있는 근로자를 해고할 수 있다.

② 육아휴직기간은 근속기간에 포함된다.

③ 육아휴직기간의 종료 후 복직을 하는 경우 사업주는 휴직전과 동일한 업무 또는 동등한 수준의 임금을 지급하는 직무에 복귀시켜야 한다.

④ 육아휴직기간은 1년 이내로 한다.

⑤ 국가는 육아휴직기간 중 당해 근로자에게 생계비용을 지원하지 아니한다.

≪**해설**≫ ① 동법 제19조 제 3 항 단서. ②③ 동법 제19조 제 4 항. ④ 동법 제19조 제 2 항. ⑤ 국가는 사업주가 근로자에게 육아휴직이나 육아기 근로시간 단축을 허용한 경우 그 근로자의 생계비용과 사업주의 고용유지비용의 일부를 지원할

▌해답▌ 7. ① 8. ⑤

수 있다(동법 제20조 제 1 항). 한편, 노동부장관은 남녀고용평등과일・가정양립지원에관한법률 제19조에 따른 육아휴직을 30일(근로기준법 제74조에 따른 산전후 휴가기간 90일과 중복되는 기간을 제외한다) 이상 부여받은 피보험자 중 일정 요건을 갖춘 경우에 육아휴직급여를 지급하되, 육아휴직급여액은 대통령령으로 정하도록 되어 있다(고용보험법 제70조). 2007년 4월 27일부터 육아휴직급여액이 월 40만원에서 월 50만원으로 인상되었다(동법 시행령 제95조 제 1 항).

9. 근로기준법상 여성보호에 관한 설명으로 옳지 않은 것은? 〈45회 사시〉

① 임산부가 아닌 18세 이상의 여성을 야간 및 휴일에 근로시키려면 당해 근로자의 동의를 얻어야 한다.

② 임신중의 여성에 대하여는 산・전후를 통하여 80일의 보호휴가를 주어야 한다.

③ 임신중의 여성이 명시적으로 청구하는 경우에는 노동부장관의 인가를 얻어야 야간 및 휴일근로를 시킬 수 있다.

④ 임산부가 아닌 18세 이상의 여성은 보건상 임신 또는 출산에 관한 기능에 유해・위험한 사업에 사용하지 못한다.

⑤ 산후 1년 미만의 여성에 대하여는 단체협약이 있는 경우라도 1일에 2시간, 1주일에 6시간, 1년에 150시간을 초과하는 근로를 시키지 못한다.

≪해설≫ ① 근로기준법 제70조 제 1 항. ② 사용자는 임신중의 여성에 대하여 산・전후를 통하여 90일의 보호휴가를 주어야 하는데, 90일의 보호휴가 중 최초 60일은 유급으로 하여야 한다. 이 경우 휴가기간의 배치는 산후에 45일 이상이 확보되어야 한다(동법 제74조 제 1 항 및 제 3 항). ③ 동법 제70조 제 2 항. ④ 동법 제65조 제 2 항. ⑤ 동법 제71조.

10. 1주간의 소정근로시간이 뚜렷하게 짧은 단시간근로자에게 적용이 배제되는 규정만으로 묶인 것은? 〈45회 사시변형〉

㉮ 해고예고	㉯ 퇴직급여
㉰ 주 휴 일	㉱ 연차유급휴가
㉲ 취업규칙	

① ㉮, ㉯, ㉰　　② ㉯, ㉰, ㉱　　③ ㉰, ㉱, ㉲

④ ㉮, ㉱, ㉲　　⑤ ㉮, ㉯, ㉲

≪해설≫ 소정근로시간이 뚜렷하게 짧은 단시간근로자라 함은 4주동안(4주 미만으로 근로하는 경우에는 그 기간)을 평균하여 1주동안의 소정근로시간이 15시간 미만인 자를 말하며, 이 같은 최단시간근로자는 근로기준법 제55조 유급주휴일, 제60조 연차유급휴가 및 근로자퇴직급여보장법 제 4 조 퇴직급여제도 등의 규정은 적

┃해답┃ 9. ② 10. ②

용받지 않는다. 따라서 해고 및 취업규칙 관련규정은 최단시간근로자에게도 적용된다(근로기준법 제18조 제 3 항 및 근로자퇴직급여보장법 제 4 조 제 1 항 참조).

11. 여성과 연소자의 보호에 관한 설명으로 옳지 않은 것은? 〈43회 사시〉

① 15세 미만의 자는 어떠한 경우에도 근로자로 채용될 수 없다.

② 18세 미만의 자를 사용하는 경우에는 사업장에 연소자증명서를 비치하여야 한다.

③ 임산부인 여성은 도덕상 또는 보건상 유해·위험한 사업에 사용할 수 없다.

④ 친권자 또는 후견인은 미성년자의 근로계약을 대리할 수 없다.

⑤ 노동부장관은 근로계약이 미성년자에게 불리하다고 인정되는 경우 이를 해지할 수 있다.

≪해설≫ ①「초·중등교육법」에 의한 중학교에 재학 중인 18세 미만인 자를 포함하여 15세 미만인 자는 근로자로 사용하지 못한다. 다만, 대통령령이 정하는 기준에 따라 노동부장관이 발급한 취직인허증을 소지한 자는 그러하지 아니하다(근로기준법 제64조). 1999년 1월 비준한 ILO협약 제138호(취업최저연령에 관한 협약) 내용을 반영하여 취직인허를 받을 수 있는 최저연령을 13세 이상으로 정하였는 바, 취직인허증을 받을 수 있는 자는「13세 이상 15세 미만」이어야 하나, 다만 예술공연 참가를 위한 경우에는 13세 미만인 자라도 취직인허증을 받을 수 있다(동법시행령 제35조 제 1 항). ② 연소자 증명서의 비치(동법 제66조). ③ 종전에는 여성과 18세 미만자로 나누어 사용금지직종을 정하고 있었으나 앞으로는 i) 임신중인 여성, ii) 출산후 1년이 경과하지 아니한 여성, iii) 임산부가 아닌 18세 이상의 여성, iv) 18세 미만자로 나누어 사용금지직종을 정하되, 임산부가 아닌 여성의 사용금지직종을 축소 조정하였다. 즉 사용자는 임신중이거나 산후 1년이 경과되지 아니한 여성, 즉「임산부」와 18세 미만자를 도덕상 또는 보건상 유해·위험한 사업에 사용하지 못하며(동법 제65조 제 1 항), 임산부가 아닌 18세 이상의 여성을 보건상 유해·위험한 사업 중 임신 또는 출산에 관한 기능에 유해·위험한 사업에 사용하지 못한다(동조 제 2 항). ④⑤ 미성년자의 근로계약(동법 제67조).

12. 남녀고용평등과일·가정양립지원에관한법률의 내용에 관한 설명으로 옳지 않은 것은? 〈43회 사시〉

① 사업주는 근로자의 모집 및 채용에 있어서 남녀차별을 하여서는 안된다.

② 사업주는 동일한 사업내의 동일가치의 노동에 대하여는 동일한 임금을 지급하여야 한다.

③ 남녀고용평등과일·가정양립지원에관한법률과 관련한 분쟁해결에서의 입증책임은 근로자가 부담한다.

④ 육아휴직은 근로여성뿐만 아니라 그 배우자에 대해서도 인정될 수 있다.

⑤ 현존하는 차별을 해소하기 위하여 사업주가 잠정적으로 근로여성을 우대

▌해답▌ 11. ① 12. ③

하는 조치를 취하는 것은 차별대우가 아니다.

≪**해설**≫ ① 동법 제 7 조 제 1 항. ② 동법 제 8 조 제 1 항. ③ 이 법과 관련한 분쟁해결에서의 입증책임은 「사업주」가 부담한다(동법 제30조). ④ 육아휴직은 생후 3년 미만의 영유아를 가진 「근로자」에 대해서 인정되므로, 여성근로자뿐만 아니라 남성근로자도 신청할 수 있다(동법 제19조 제 1 항). ⑤ 동법 제 2 조 제 1 호 다목 및 제 3 호.

13. 근로기준법 제18조상의 단시간근로자의 개념에 관한 설명으로 옳은 것은?

〈43회 사시〉

① 1주간의 소정근로시간이 당해 사업장의 동종업무에 종사하는 통상근로자의 1주간의 소정근로시간에 비하여 짧은 근로자
② 1주간의 소정근로시간이 당해 사업장의 동종업무에 종사하는 통상근로자의 1주간의 소정근로시간에 비하여 3할 이상 짧은 근로자
③ 1주간의 소정근로시간이 근로기준법상의 법정 근로시간에 비하여 짧은 근로자
④ 1주간의 소정근로시간이 근로기준법상의 법정 근로시간에 비하여 3할 이상 짧은 근로자
⑤ 1주간의 실근로시간이 근로기준법상의 법정 근로시간에 비하여 짧은 근로자

≪**해설**≫ 「단시간근로자」란 1주동안의 「소정근로시간」이 그 사업장에서 같은 종류의 업무에 종사하는 「통상근로자」의 1주동안의 「소정근로시간」에 비하여 「짧은」 근로자를 말한다(근로기준법 제 2 조 제 1 항 제 8 호). 소정근로시간이 짧은 근로자란 1주동안의 근로시간이 통상근로자에 비하여 1시간이 짧더라도 단시간근로자에 해당된다.

14. 남녀고용평등과일 · 가정양립지원에관한법률의 내용으로 옳지 않은 것은?

〈42회 사시〉

① 사업주는 직장내 성희롱을 한 자에 대해 징계 등의 조치를 취하여야 한다.
② 사업주는 임신을 퇴직사유로 예정하는 근로계약을 체결하여서는 안된다.
③ 사업주는 생후 3년 미만의 영유아를 가진 근로여성이 육아휴직을 신청한 경우 이를 허용해야 한다.
④ 근로여성의 배우자인 근로자에게는 육아휴직을 신청할 권리가 인정되지 아니한다.
⑤ 사업주는 근로자의 채용에 있어서 여성에게 남성과 평등한 기회를 주어야 한다.

≪**해설**≫ ① 직장내 성희롱 발생시 조치(동법 제14조). ② 혼인 · 임신 · 출산을

▌해답▌ 13. ① 14. ④

퇴직사유로 예정하는 근로계약의 체결 금지(동법 제11조 제 2 항). ③④ 사업주는 생후 3년 미만된 영유아가 있는 「근로자」가 그 영유아의 양육을 위하여 휴직을 신청하는 경우에 이를 허용하여야 한다(동법 제19조 제 1 항). ⑤ 모집과 채용에 있어서 평등한 기회의 보장(동법 제 7 조 제 1 항).

15. 근로기준법상 단시간근로자의 근로조건에 관한 설명 중 옳지 않은 것은?

〈42회 사시〉

① 근로계약서를 작성해야 한다.

② 임금산정 단위는 시간급을 원칙으로 한다.

③ 초과근로시에는 반드시 가산임금이 지급되어야 한다.

④ 4주간을 평균하여 1주간의 소정근로시간이 15시간 미만인 경우 유급휴일을 주지 않아도 된다.

⑤ 취업규칙을 별도로 작성할 수 있다.

≪**해설**≫ ① 근로계약서의 작성·교부(근로기준법시행령 제 9 조 제 1 항 및 [별표 2] 제 1 호 가목). ② 임금산정단위는 원칙적으로 시간급, 예외적으로 일급통상임금(유급휴일, 산전후휴가)으로 한다(근로기준법시행령 제 9 조 제 1 항 및 [별표 2] 제 2 호 가목). ③ 사용자는 단시간근로자에 대하여 「합의」가 있는 경우에 한하여 초과근로를 시킬 수 있다(근로기준법시행령 제 9 조 제 1 항 및 [별표 2] 제 3 호 나목). i) 소정근로일이 아닌 날에 근로시키거나, ii) 소정근로시간을 초과하여 근로시키고자 할 경우에는 근로계약서·취업규칙 등에 그 내용 및 정도를 「명시」하여야 하며, 초과근로에 가산임금을 「지급하기로 한 경우에는」 그 지급율을 「명시」하여야 한다(제 3 호 가목). ④ 이른바 초단시간근로자에게는 i) 근로기준법 제34조 퇴직급여제도(근로자퇴직급여보장법 제 4 조 제 1 항), ii) 동법 제55조 주휴제, iii) 동법 제60조 연차유급휴가제등이 적용되지 아니한다(근로기준법 제18조 제 3 항). ⑤ 별도의 취업규칙의 작성(동법시행령 제 9 조 제 1 항, [별표 2] 제 5 호 가목).

16. 근로기준법상 여성과 18세 미만인 자에게 공통적으로 적용되는 특별조치가 아닌 것은?

〈41회 사시〉

① 야업제한

② 갱내근로의 금지

③ 휴일근로제한

④ 법정근로시간의 단축

⑤ 도덕상 또는 보건상 유해·위험사업장에의 사용금지

≪**해설**≫ [여성과 연소자의 특별보호]

공통된 보호규정	여성보호규정	연소자 보호규정
① 탄력적 근로시간제의 적용제외 ② 유해·위험사업에의 사용금지	① 생리휴가 ② 산전·후휴가 등 ③ 임신중 여성근로자의 보호	① 15세 미만자의 사용금지(중학교에 재학 중인 18세 미만인 자 포함) 단, 취직인허증이 있는 자는

I 해답 I 15. ③ 16. ④

③ 야업 및 휴일근로의 제한 ④ 갱내근로 금지	④ 해고의 제한 ⑤ 유급육아시간 ⑥ 시간외근로제한(1일 2시간, 1주 6시간, 1년 150시간) ⑦ 육아휴직제(無給) ⑧ 보육시설의 설치	예외 ② 18세 미만자의 보호 • 가족관계기록사항에 관한 증명서 및 친권자·후견인의 동의서 비치 의무 ③ 미성년자(20세 미만) • 근로계약체결의 대리 금지 • 근로계약의 해지 • 독자적 임금청구권 ④ 근로시간 특례 • 1일 7시간, 1주 40시간 • 연장근로: 1일 1시간, 1주 6시간 ⑤ 탄력적·선택적 근로시간제의 적용대상 제외

④ 연소근로자는 근로시간에 대한 특례가 인정되므로 1일에 7시간 1주에 40시간을 초과하지 못하나, 여성근로자의 경우 연소자인 여성근로자는 연소근로자의 근로시간이 적용되겠으나 18세 이상인 여성근로자인 경우에는 특별한 제한이나 보호규정이 없으므로 일반근로자의 근로시간(1일 8시간, 1주 40시간)에 관한 규정(근로기준법 제50조)이 적용된다. 다만, 산후 1년이 경과되지 아니한 여성에 대하여는 1일에 2시간, 1주일에 6시간, 1년에 150시간을 초과하는 시간외의 근로를 시키지 못할 뿐이다(동법 제71조).

17. 남녀고용평등과일·가정양립지원에관한법률상의 육아휴직에 관한 설명 중 옳은 것은? 〈41회 사시〉

① 육아휴직기간은 1년 이내로 한다.

② 육아휴직기간에 사용자는 반드시 임금을 지급하여야 한다.

③ 생후 2년 미만의 영아를 가진 경우에 허용된다.

④ 육아휴직은 영아를 가진 근로여성만이 허용된다.

⑤ 육아휴직기간은 근속기간에 포함되지 않는다.

≪**해설**≫ ①②③④⑤ 사업주는 생후 3년 미만된 영유아가 있는 「근로자」가 그 영유아의 양육을 위하여 휴직을 신청하는 경우에 대통령령으로 정하는 경우 외에는 이를 허용하여야 한다. 육아휴직기간은 1년 이내로 하고, 육아휴직을 이유로 불리한 처우를 하여서는 아니되며, 육아휴직기간은 근속기간에 포함된다(동법 제19조).

18. 18세 미만의 연소자에 대한 특별보호조치라고 볼 수 없는 것은? 〈40회 사시〉

▌해답▌ 17. ① **18.** ①④

① 장학금의 지급
② 갱내근로의 금지
③ 야간근로의 원칙적 금지
④ 연장근로에 대한 50%의 가산임금지급
⑤ 독자적인 임금청구권

≪**해설**≫ 연소근로자에 대한 특별보호조치로서 i) 최저취업연령(15세 미만인 자)의 제한, ii) 연소자증명서의 비치, iii) 근로계약 대리체결의 금지 · 근로계약의 해지, iv) 독자적인 임금청구권, v) 근로시간의 특례(1일 7시간, 1주 40시간; 1일 1시간, 1주 6시간) 등이 있다. ① 구법상 장학금제도는 현행법에서 삭제되었으며, ④ 가산임금제도는 모든 근로자의 근로시간보호를 위한 규정이므로 특별보호조치로 볼 수 없다.

19. 남녀고용평등과일 · 가정양립지원에관한법률상 여성근로자의 모집에 있어서 구비요건으로 제시하여도 좋은 것은? 〈40회 사시〉

① 자격증 ② 용 모 ③ 키
④ 체 중 ⑤ 미 혼

≪**해설**≫ 사업주는 여성근로자를 모집 · 채용할 때 그 직무의 수행에 필요하지 아니한 i) 용모 · 키 · 체중 등의 신체적 조건, ii) 미혼조건 그 밖에 노동부령으로 정하는 조건을 제시하거나 요구하여서는 아니된다(동법 제 7 조 제 2 항).

20. 단시간 근로자에 대한 설명 중에서 가장 옳은 것은? 〈40회 사시〉

① 단시간 근로자란 1주간의 소정근로시간이 통상근로자의 그것에 비해 3할 이상 짧은 자를 말한다.
② 사용자는 단시간 근로자에 대하여 소정근로시간을 초과하여 근로시킨 때에는 통상임금의 50% 이상을 가산한 임금을 지급하여야 한다.
③ 10인 이상의 단시간 근로자를 사용하고 있는 사용자는 단시간 근로자에게 적용되는 취업규칙을 통상근로자에게 적용되는 취업규칙과 별도로 작성하여야 한다.
④ 단시간 근로자의 임금산정단위는 시간급을 원칙으로 한다.
⑤ 사용자가 단시간 근로자를 해고하고자 하는 때에는 해고예고를 하지 않아도 된다.

≪**해설**≫ ① 구법하 「시간제근로자의 근로조건보장에 관한 지침」에서는 시간제근로자란 통상근로자의 소정근로시간보다 3할 이상 짧은 자를 의미하였으나, 현행법에서는 「짧은」근로자라 하였으므로 1주간의 소정근로시간이 통상근로자에 비하여 「1시간이라도」 짧은 경우 단시간근로자에 해당된다(근로기준법 제 2 조 제 1

| 해답 | **19.** ① **20.** ④

항 제 8 호). ② 단시간근로자에게도 「8시간근로의 원칙」이 적용되므로 단시간근로자가 「기준(법정)근로시간」을 초과하여 근로한 경우에는 할증임금을 지급하여야 한다. 이른바 「법내연장근로」에 대하여는 할증임금을 지급할 의무가 없다. 「소정근로시간」을 초과하여 근로한 경우 가산임금이 당연히 발생하는 것은 아니다. ③ 단시간근로자의 취업규칙은 i) 별도로 작성하거나 ii) 통상근로자에게 적용되는 취업규칙을 적용하여도 무방하다(동법시행령 제 9 조 제 1 항 [별표 2] 제 5 호 가목, 다목). ④ 근로기준법시행령 제 9 조 제 1 항 [별표 2] 제 2 호 가목. ⑤ 기간의 정함이 없는 단시간근로자의 해고에 있어서는 통상근로자의 해고와 마찬가지로 i) 해고제한규정(동법 제23조 및 제24조) 및 ii) 해고예고절차규정(동법 제26조)이 적용된다.

21. 남녀고용평등과일 · 가정양립지원에관한법률에 대한 설명 중 옳지 않은 것은?

〈39회 사시변형〉

① 남녀고용평등과일 · 가정양립지원에관한법률은 근로기준법을 보완하여 근로관계에 있어서 실질적인 남녀평등을 이룩하고 모성을 보호하기 위한 법이다.

② 임금차별을 목적으로 사업주가 별도로 사업을 벌이더라도 이는 하나의 사업으로 본다.

③ 1년간의 육아휴직기간을 근로연수에 포함시켜서 퇴직금 · 연차휴가계산 등에서 혜택을 받는다.

④ 이 법은 정년해고에서의 차별과 근로계약시 혼인 · 임신 · 출산을 퇴직 사유로 하는데 대해 벌칙을 규정하고 있고, 모집 · 채용 · 교육 · 배치 · 승진에서의 차별금지는 선언적 성격을 갖는다.

⑤ 사업주와 근로여성 사이의 분쟁해결에서의 모든 입증책임은 사업주가 부담한다.

≪**해설**≫ ① 동법 제 1 조(목적). ② 동법 제 8 조 제 3 항. ③ 동법 제19조 제 4 항 단서. ④ 모집과 채용, 임금과 임금외의 금품지급, 교육 · 배치 · 승진, 정년 · 퇴직 · 해고, 직장내 성희롱의 예방 등 i) 채용단계부터 ii) 고용 중의 근로조건에 관한 것과 iii) 고용종료 후의 경우에 이르기까지 고용에 있어서의 남녀의 평등한 기회 및 대우 등에 반하는 사업주의 처분은 모두 벌칙의 적용을 받게 된다(동법 제 7 조, 제 8 조, 제 9 조, 제10조, 제11조, 제37조). ⑤ 동법 제30조(입증책임).

기출문제 및 기본문제

22. 근로기준법상 여성근로자의 특별보호규정에 해당되는 사항이 아닌 것은?

| 해답 | **21.** ④ **22.** ⑤

① 야업 및 휴일근로의 제한　　② 생리휴가　　〈'99 공인노무사〉
③ 육아시간　　④ 출산휴가
⑤ 귀향여비의 지급

≪**해설**≫ ⑤ 근로기준법 제17조에 따라 명시된 근로조건이 사실과 다를 경우에 근로자는 근로조건 위반을 이유로 손해의 배상을 청구할 수 있으며 즉시 근로계약을 해제할 수 있다(동법 제19조 제1항). 근로계약이 해제되었을 경우에 취업을 목적으로 거주를 변경하는 근로자에게 지급하는 귀향여비의 지급에 관한 규정은 모든 일반근로자에게 적용되는 보호규정이다(동법 제19조 제2항 후단).

23. 최저취업연령제한에 대한 설명으로 잘못된 것은?

① 15세 미만인 자와 「초·중등교육법」에 의한 중학교에 재학 중인 18세 미만인 자는 원칙적으로 근로자로 사용하지 못한다.

② 친권자의 신청에 의하여 발급된 노동부장관의 취직인허증이 있으면 13세 이상 15세 미만자라도 사용할 수 있다.

③ 노동부장관에게 취직인허증을 신청할 때에는 학교장의 서명, 친권자 또는 후견인의 서명을 받아 사용자가 될 자의 연명으로 아동의 연령을 증명하는 호적초본 또는 호적등본을 첨부하여야 한다.

④ 13세 미만인 자라도 예술공연참가를 위한 경우에는 취직인허증을 받을 수 있다.

⑤ 노동부장관의 취직인허증은 의무교육에 지장이 없는 경우에 한하여 발행할 수 있다.

≪**해설**≫ ① 근로기준법 제64조 제1항. ②⑤ 노동부장관의 취직인허증은 「본인의 신청」에 의하여 발부되는 것이다(동법 제64조 제2항). ③ 근로기준법 시행령 제35조에서는 노동부장관이 고시하는 서식에 의하여 지문 ③과 같은 서류를 첨부할 것을 요하고 있다. ④ 동법시행령 제35조 제1항 단서.

24. 다음의 기술 내용 중 잘못된 것은?

① 원칙적으로 임산부인 여성과 18세 미만자는 도덕상 또는 보건상 유해·위험한 사업에 사용하지 못한다.

② 사용자는 18세 미만자에 대하여는 그 연령을 증명하는 가족관계기록사항에 관한 증명서와 친권자 또는 후견인의 동의서를 사업장에 비치하여야 한다.

③ 친권자 또는 후견인은 미성년자를 대리하여 근로계약을 체결할 수 없다.

④ 노동부장관이 발급하는 취직인허증은 원칙적으로 직종을 지정하여서만 발

| 해답 | **23.** ② **24.** ⑤

행할 수 있다.

⑤ 미성년자는 친권자나 후견인의 동의서를 첨부하여야만 임금을 단독으로 수령할 수 있다.

≪**해설**≫ ① 근로기준법 제65조. ② 동법 제66조. ③ 동법 제67조. ④ 동법 제64조 제 2 항. ⑤ 동법 제68조에서는 미성년자일지라도 독자적으로 임금을 청구·수령할 수 있도록 하고 있다.

25. 다음의 괄호 안에 들어갈 말로 옳은 것은?

사용자는 ( )미만자에 대하여는 ( )와 ( )의 동의서를 사업장에 비치하여야 한다.

① 15세, 신원증명서, 학교장

② 15세, 가족관계기록사항에 관한 증명서, 학교장

③ 18세, 신원증명서, 친권자

④ 18세, 가족관계기록사항에 관한 증명서, 친권자

⑤ 20세, 신원증명서, 친권자.

≪**해설**≫ 사용자는 18세 미만인 자에 대하여는 그 연령을 증명하는 가족관계기록사항에 관한 증명서와 친권자 또는 후견인의 동의서를 사업장에 갖추어 두어야 한다(근로기준법 제66조).

26. 다음의 미성년자의 근로계약에 관한 설명 중 타당하지 아니한 것은?

① 친권자나 후견인은 미성년자의 근로계약을 대리하지 못한다.

② 근로기준법이 금지하고 있는 근로계약의 대리는 법정대리에 한하므로, 미성년자의 임의대리에 의한 근로계약체결의 대리는 가능하다.

③ 친권자, 후견인 또는 노동부장관은 근로계약이 미성년자에게 불리하다고 인정하는 경우에는 향후 이를 해지할 수 있다.

④ 지문 ③의 경우 미성년자에게 불리하다는 것이 객관적으로 명백하지 아니하는 경우에도 그 근로계약을 해지할 수 있다.

⑤ 친권자 또는 후견인이 미성년자를 대리하여 근로계약을 체결한 경우에는 500만원 이하의 벌금형을 내릴 수 있다.

≪**해설**≫ ① 근로기준법 제67조 제 1 항. ② 지문과 같은 내용의 일부 학설이 있으나, 우리나라에서는 법정대리는 물론 미성년자가 근로계약의 체결을 위임하는 임의대리까지도 금지된다고 보는 것이 다수견해이다. ③ 근로기준법 제67조 제 2 항. ④ 무엇이 「불리」한가에 관하여 친권자 등의 판단에 따라 주관적으로 불리하다고 인정되면 해지할 수 있다고 본다(다수설). ⑤ 근로기준법 제114조 제 1 호.

▌해답▌ 25. ④ 26. ②

27. 다음 미성년자의 근로계약에 관한 설명 중 잘못된 것은?

① 미성년자는 친권자나 후견인의 동의 없이도 단독으로 근로계약을 체결할 수 있다.

② 친권자나 후견인 그리고 그외의 임의대리인은 미성년자의 동의를 받았다 하더라도 근로계약을 대리체결하지 못한다.

③ 미성년자에게 불리함이 객관적으로 명백한 경우에는 친권자나 후견인은 미성년자의 의사에 반하여 근로계약을 해지할 수 있다.

④ 친권자나 후견인의 근로계약해제는 사용자에게 통보함으로써 향후 효력이 발생한다.

⑤ 미성년자는 친권자나 후견인의 별도 동의 없이도 독자적으로 임금을 청구할 수 있다.

≪**해설**≫ ①② 미성년자가 법률행위를 하려면 원칙적으로 법정대리인의 「동의」를 얻어야 한다(민법 제5조 제1항). 근로계약 체결에 관하여는 법정대리인(친권자·후견인)일지라도 권한을 남용하여 미성년자의 의사에 반하여 근로를 강제할 우려가 있으므로 이를 방지하기 위하여 대리체결을 금지시키지만(근로기준법 제67조 제1항), 미성년자 본인의 동의는 필요하다고 본다(다수설). ③ 미성년자의 법률행위를 취소할 수 있는 자는 i) 미성년자 본인, ii) 법정대리인, iii) 승계인이 되나, 미성년자의 근로계약에 관하여는 노동부장관도 법정대리인을 대신하여 근로계약을 해지할 수 있는 점이 특징이다(동조 제2항). ④ 근로계약의 해지는 장래를 향하여만 효과가 발생한다(장래효). ⑤ 미성년자가 재산상의 행위(임금청구권)를 함에는 법정대리인의 동의를 얻어야 하겠지만, 근로기준법 제68조에서는 동의없이 독자적으로 임금을 청구할 수 있음을 규정한 것이다. 이 경우 법정대리인의 임금청구권이 금지되는가에 관하여는 이를 긍정하는 견해도 있으나, 법정대리인은 미성년자를 대리하여 직접 임금청구권을 행사할 수 있으나 다만 임금의 대리수령은 금지되고 직접불원칙(제43조)에 따라 미성년자 본인에게 지급되어야 함을 규정한 것이라 본다.

28. 다음 중 근로기준법상 연소근로자에 대한 특별한 보호조치에 대한 기술 중 옳은 것과 틀린 것의 조합이 맞는 것은 무엇인가?

㉮ 갱내근로금지
㉯ 휴일근로금지
㉰ 시간외근로의 금지
㉱ 도덕상·보건상 유해·위험한 사업에의 사용 금지
㉲ 야간근로금지

① ㉮(×)㉯(×)㉰(○)㉱(×)㉲(○) ② ㉮(×)㉯(×)㉰(×)㉱(×)㉲(×)

| 해답 | 27. ① 28. ③

③ ㉮(○)㉯(○)㉰(×)㉱(○)㉲(○)　　④ ㉮(○)㉯(○)㉰(○)㉱(○)㉲(○)
⑤ ㉮(○)㉯(○)㉰(×)㉱(○)㉲(×)

≪**해설**≫ [문 9] 해설 참조.

29. 다음 중 여성 및 연소근로자에 관한 설명 중 잘못된 것은?

① 13세 이상 15세 미만인 자를 근로자로 사용하기 위하여는 노동부장관의 취직인허증이 있어야 한다.
② 18세 미만인 자는 도덕상 또는 보건상 유해·위험한 사업에 사용하지 못한다.
③ 임산부가 아닌 18세 이상의 여성을 도덕상 또는 보건상 유해·위험한 사업 중 임신 또는 출산에 관한 기능에 유해·위험한 사업에 사용하지 못한다.
④ 15세 이상 18세 미만인 자의 근로시간은 1일에 7시간, 1주일에 40시간을 초과하지 못한다.
⑤ 다만, 당사자간의 합의에 의하여 1일에 1시간, 1주일에 6시간을 한도로 연장할 수 있다.

≪**해설**≫ 사용자는 임신중이거나 산후 1년이 경과되지 아니한 여성(「임산부」)과 18세 미만자를「도덕상 또는 보건상」유해·위험한 사업에 사용하지 못한다. 또한 사용자는 임산부가 아닌 18세 이상의 여성을「보건상」유해·위험한 사업 중 임신 또는 출산에 관한 기능에 유해·위험한 사업에 사용하지 못한다(동법 제65조).

30. 다음 기술 중 근로기준법상의 규정과 내용이 다른 것은?

① 임산부와 18세 미만자에게는 원칙적으로 야업을 시키지 못한다.
② 임산부와 18세 미만자에게는 원칙적으로 휴일근로를 시키지 못한다.
③ 산후 1년이 경과되지 아니한 여성에 대하여는 단체협약이 있더라도 1일 2시간, 1주일에 6시간, 1년에 150시간을 초과하는 시간외의 근로를 시키지 못한다.
④ 사용자는 여성과 18세 미만자에게는 갱내에서 근로를 시키지 못한다.
⑤ 사용자는 여성인 근로자가 청구하는 때에는 월 1일의 유급생리휴가를 주어야 한다.

≪**해설**≫ ①② 임산부와 18세 미만자는 원칙적으로 야간근로 및 휴일근로가 제한된다. 다만, 18세 미만자의 동의, 산후 1년이 지나지 아니한 여성의 동의, 임신중의 여성의 명시적 청구가 있는 경우 근로자대표와의 협의를 거쳐 노동부장관의 인가를 받으면 야간근로 및 휴일근로를 시킬 수 있다(근로기준법 제70조 제 2 항

해답 29. ③ 30. ⑤

및 제 3 항). ③ 동법 제71조. ④ 동법 제72조. ⑤ 개정법은 생리휴가를 무급으로 바꾸었다(동법 제73조).

31. 다음 중 옳은 것은 몇 개인가?

㉮ 사용자는 18세 이상의 여성근로자의 동의만으로도 휴일에 근로시킬 수 있다.
㉯ 취직인허증을 받을 수 있는 자는 원칙적으로 13세 이상 15세 미만자이다.
㉰ 사용자는 임신중의 여성을 오후 10시부터 오전 6시까지의 사이에 근로시키기 위하여는 그 근로자의 동의와 노동부장관의 인가를 얻어야 한다.
㉱ 여성과 18세 미만인 자도 보건·의료, 보도·취재업무를 수행하기 위하여 일시적으로 필요한 경우에는 갱내근로를 시킬 수 있다.
㉲ 사용자는 임산부에 대하여는 단체협약이 있는 경우라도 1일에 2시간, 1주일에 6시간, 1년에 150시간을 초과하는 시간외의 근로를 시키지 못한다.

① 1개 ② 2개 ③ 3개
④ 4개 ⑤ 5개

≪**해설**≫ ㉮ 근로기준법 제70조 제 1 항. ㉯ 동법 제64조 제 1 항 및 동법시행령 제35조 제 1 항. ㉰ 동법 제70조 제 2 항 단서 제 3 호. 임신중의 여성이 명시적으로 청구한 경우라야 맞다. ㉱ 동법 제72조 단서. ㉲ 동법 제71조. 산후 1년이 경과되지 아니한 여성이라야 맞다.

32. 생리휴가에 관한 설명이 잘못된 것은?

① 생리휴가는 여성근로자가 생리로 인하여 신체적·정신적으로 근로에 어려움을 겪지 않도록 생리사실에 기하여 본인이 청구할 경우 부여하는 것이다.
② 생리휴가는 ILO기준에 없으며, 세계적으로 일본, 인도네시아만 무급으로 하고 있다.
③ 생리휴가는 1월간 소정근로일수 만근 여부와 관계없이 근로자가 청구하면 부여하여야 한다.
④ 생리휴가가 유급에서 무급으로 개정됨에 따라 단체협약, 취업규칙, 근로계약 등에 노사가 달리 약정한 바가 없으면 여성근로자가 생리휴가를 청구하는 경우 휴가사용일에 대하여 임금을 지급할 의무가 없다.
⑤ 생리휴가가 무급으로 개정되었으므로 주휴일, 연차휴가 등을 부여하기 위한 소정근로일수 및 출근율 산정시 소정근로일수에서 제외하고 그 날은

▌해답▌ 31. ③ 32. ⑤

결근한 것으로 보아야 한다.

≪**해설**≫ 생리휴가가 무급으로 개정되었더라도 법에 의하여 부여되는 휴가이므로 주휴일, 연차휴가 등을 부여하기 위한 소정근로일수 및 출근율 산정시 소정근로일수에 포함하고 그 날은 출근한 것으로 보아야 한다.

33. 생리휴가에 대한 설명으로 잘못된 것은?

① 생리휴가는 여성의 신체특성상 가지는 것이므로 개근여부나 근로형태를 불문하고 사용자는 여성 근로자의 청구가 있는 경우 당연히 주어야 한다.
② 임신·폐경 등 생리현상이 없는 여성근로자에게도 생리휴가를 주어야 한다.
③ 생리휴가를 사용하지 아니하여 생리휴가일에 근로한 결과가 되었다 할지라도 휴일근무수당이나 가산임금을 추가로 지급하는 것은 아니다.
④ 일용근로자이거나 취업일수가 적다는 이유로 생리휴가를 주지 않을 수 없다.
⑤ 그 달에 생리휴가를 사용하지 아니한 경우에 생리휴가는 소멸한다.

≪**해설**≫ ①④ 생리휴가제도는 여성근로자의 특수한 신체적·생리적 특성을 보호하기 위하여 설정된 제도이므로, i) 직종·근로시간·「개근여부」 등에 상관없이, ii) 임시직·시간제·일용직·격일제 근로자 등 「근로형태」를 불문하고, 월 1일의 생리휴가를 모든 여성근로자에게, iii) 「생리여부」에 따라 부여되어야 한다(통설; 행정해석). ② 생리현상 없는 여성근로자에게도 생리휴가를 부여하여야 하는가에 관하여 이를 부정하는 것이 다수견해이며 실무계의 해석이다(근기 01254-1553, 89.11.1; 근기 01254-1245, 93.6.15; 서울민지판 1993.5.7, 92나27668). ③ 생리휴가를 사용하지 아니하여 생리휴가일에 근로한 결과가 되었더라도 휴일근로가 되지 않는다(대판 1989.2.28, 86다카2567). 생리휴가를 청구함이 없이 근로한 경우에는 근로자가 자유의사로 휴가를 사용치 않을 경우 권리의 포기·수령지체가 되어 「휴가사용권」은 소멸된다(근기 01254-5698, 89.4.18; 근기 68207-708, 94.7.27). ⑤ 생리휴가제는 생리때문에 일하기 힘든 여자근로자를 보호하기 위한 것이므로 그 달이 지나면 휴가사용권의 의의가 없어지므로 소멸하게 된다. 따라서 휴가의 대체나 적치는 허용될 수 없는 것이다.

34. 생리휴가에 대한 설명으로 옳은 것은?

① 상용·일용·임시직·격일제 근로자라도 소정근로일수를 개근한 자에게 주어진다.
② 생리휴가는 청구에 상관없이 당연히 근로자에게 준다.
③ 생리휴가는 무급으로 개정되었으므로 출근율 산정시 결근으로 보아야 한다.
④ 생리현상이 없다는 입증책임은 근로자가 부담한다.
⑤ 생리휴가를 사용하지 않은 경우 가산임금을 청구할 수 없으며 그 달이 지나면 휴가권은 소멸한다.

▌해답▌ 33. ② 34. ⑤

≪**해설**≫ ① 생리휴가는 개근여부와 상관없이 준다. ② 개정법은 본인의 청구에 의하여 부여할 수 있도록 하였다(근로기준법 제73조). ③ 주휴일, 연차휴가 등을 부여하기 위한 소정근로일수 및 출근율 산정시 소정근로일수에 포함하고 그 날은 출근한 것으로 보아야 한다. ④ 생리사실 유무의 입증책임은 휴가부여 의무면제를 주장하는 「사용자」에게 있다(근기 01254-1552, 89.11.1).

35. 다음 잘못된 기술은 어느 것인가?

① 임신중인 여성의 경우에는 생리현상이 없는 것이 사실이나 그렇다 하더라도 생리휴가를 주어야 한다는 견해가 있다.

② 여성과 18세 미만자에 대하여 당사자간의 합의만 있으면 야업 및 휴일근로를 시킬 수 있다.

③ 사용자는 임신중인 여성에 대하여는 산전·후를 통하여 90일의 산전·후 휴가를 주어야 한다.

④ 여성 근로자에게 산전·후 보호휴가를 주는 경우에도 산후에 45일 이상이 확보되어야 한다.

⑤ 사용자는 임신중의 여성근로자에 대하여는 시간외근로를 시킬 수 없다.

≪**해설**≫ ① 임신중인 여성에 대하여는 생리가 없으므로 생리휴가를 주지 않아도 된다는 것이 다수설과 판례입장이나, 모성보호를 이유로 생리휴가를 주어야 한다는 소수설도 있다. ② 18세 이상의 여성은 당사자의 동의만으로 야업 및 휴일근로가 가능하나, 임산부와 18세 미만자에게 야업 및 휴일근로를 시키기 위하여는 당사자간의 합의뿐만이 아니라 근로자대표와의 성실한 협의를 거쳐 노동부장관의 인가를 얻어야 한다(근로기준법 제70조 참조). ③④⑤ 근로기준법 제74조의 내용이다.

36. 다음 중 산전·후휴가등에 대한 설명 중 잘못된 것은?

① 사용자는 임신 중의 여성에 대하여 산전후를 통하여 90일의 보호휴가를 주어야 한다.

② 이 경우 휴가기간의 배치는 산후에 45일 이상이 되어야 한다.

③ 사용자는 임신 중인 여성이 임신 16주 이후 유산 또는 사산한 경우로서 당해 근로자가 청구하는 때에는 인공임신중절수술(「모자보건법」 제14조 제1항의 규정에 의한 경우는 제외한다)에 의한 유산의 경우가 아닌 한 보호휴가를 주어야 한다.

④ 산전후휴가 중 최초 60일은 유급으로 하되, 남녀고용평등과일·가정양립지원에관한법률 제18조에 따라 산전후휴가급여 등이 지급된 때에는 그 금액의 한도 안에서 지급의 책임을 면한다.

❙해답❙ 35. ② **36.** ⑤

⑤ 불가피한 사유에 기한 인공유산 또는 사산의 경우 보호휴가를 활용할 수 있다.

≪**해설**≫ ①② 근로기준법 제74조 제 1 항. ③ 동법 제74조 제 2 항. ④ 동법 제74조 제 3 항. ⑤ 불가피한 사유에 기한 인공유산의 경우라 하더라도 모자보건법 제14조에 해당되는 경우가 아니면 보호휴가를 활용할 수 없다.

37. 다음 중 산전후휴가 등 임산부의 보호에 관한 설명이 잘못된 것은?

① 1인 이상 사업장의 여성근로자는 정규직이나 비정규직 등 근로계약의 형태에 관계없이 누구든지 활용할 수 있다.

② 휴가의 성질상 여성근로자가 직접 출산한 경우만 해당되므로 입양은 산전후휴가 및 산전후휴가급여 지급대상이 아니다.

③ 원칙적으로 자연 유산·사산인 경우에만 보호휴가를 부여하고 인공임신중절수술의 경우는 보호휴가를 부여할 의무가 없다.

④ 모자보건법 제14조에서 허용하는 본인 또는 배우자가 대통령령이 정하는 우생학적 또는 유전학적 정신장애나 신체질환이 있는 경우 등 인공임신중절수술의 경우에는 예외적으로 보호휴가를 부여하여야 한다.

⑤ 산전후휴가급여등은 대규모기업의 경우 최초 60일 초과분에 대하여, 우선지원대상기업의 경우는 고용보험에서 90일을 부담하게 되므로 사업주는 차액에 대한 지급책임도 면하게 된다.

≪**해설**≫ ④ 유산·사산 보호휴가는 원칙적으로 자연유산·사산인 경우에만 보호휴가를 부여하고 인공임신중절수술의 경우는 보호휴가를 부여할 의무가 없으나(근로기준법 제74조 제 2 항 단서), 모자보건법 제14조에 의한 i) 본인 또는 배우자가 대통령령이 정하는 우생학적 또는 유전학적 정신장애나 신체질환이 있는 경우, ii) 본인 또는 배우자가 대통령령이 정하는 전염성 질환이 있는 경우 iii) 강간 또는 준강간에 의하여 임신된 경우, iv) 법률상 혼인할 수 없는 혈족 또는 인척간에 임신된 경우, v) 임신의 지속이 보건의학적 이유로 모체의 건강을 심히 해하고 있거나 우려가 있는 경우 등의 인공임신중절수술의 경우에는 예외적으로 보호휴가를 부여하여야 한다. ⑤ 산전후휴가 중 최초 60일은 사용자가 부담할 유급이기 때문에 「남녀고용평등과일·가정양립지원에관한법률」 제18조의 규정에 따라 고용보험법 제75조에 의한 산전후휴가급여등이 지급된 때에는 그 금액의 한도 안에서만 지급책임을 면하게 되고(근로기준법 제74조 제 3 항). 차액에 대한 지급의무는 여전히 남아있게 된다. 한편, 산전후휴가급여는 최초 60일은 사업주 부담, 이후 30일은 고용보험에서 부담하는 것이 원칙이나 우선지원대상기업의 경우는 고용보험에서 90일을 부담하게 된다(고용보험법 제76조).

38. 근로기준법상 여성근로자의 보호에 관한 내용과 틀린 것은?

▎해답▎ 37. ⑤ 38. ③

① 사업주는 산전후휴가 종료 후에는 휴가 전과 동일한 업무 또는 동등한 수준의 임금을 지급하는 직무에 복귀시켜야 한다.
② 사업을 계속할 수 없게 된 경우를 제외하고는 산전·후의 휴업기간과 그 후의 30일 동안에는 여성근로자를 해고할 수 없다.
③ 사용자는 임신한 여성근로자가 임산부 정기건강진단을 받는데 필요한 시간을 청구하는 경우 이를 허용할 수 있다.
④ 육아시간을 청구할 수 있는 자는 생후 1년 미만의 유아를 가진 여성근로자로서 기혼·미혼을 불문한다.
⑤ 임신중의 여성근로자에 대하여 시간외근로를 시켜서는 아니 된다.

≪**해설**≫ ① 근로기준법 제74조 제 5 항 ② 동법 제23조 제 2 항 ③ 저출산 문제가 심각한 현실에서 임신한 여성근로자와 태아에 대한 보호 필요성이 더욱 증가하고 있으며, 일반 여성근로자에게 매월 1회 생리휴가를 부여하는 것과의 형평성 차원에서 개정법(2008. 3. 21)은 임신한 여성근로자에 대한 태아검진 시간의 허용 규정을 신설하였다(동법 제74조의2). 태아검진 시간의 허용은 사용자의 재량사항이 아니라, 임신한 여성근로자가 청구하면 사용자는 이를 허용하여야 한다. ④ 동법 제75조 ⑤ 동법 제74조 제 4 항 전단

39. 근로기준법상 부여되는 육아시간에 대한 설명이 잘못된 것은?

① 생후 1년 미만의 유아를 가진 여성근로자에 대하여 주어진다.
② 여성근로자의 청구가 있는 경우에는 1일 2회 각각 30분 이상을 주어야 한다.
③ 육아시간제도는 유아와 모성의 건강을 보호하려는데 그 취지가 있다.
④ 수유시간은 여성근로자의 친자에 한하여 주어진다.
⑤ 1일 2회는 1일 8시간 근로를 전제로 하는 것이므로 1일 4시간 근로에서는 1회만 주어도 무방하다.

≪**해설**≫ ①② 근로기준법 제75조. ④ 수유시간의 적용을 받는 유아는 반드시 그 여성근로자가 낳은 아이에 한정되는 것은 아니며 타인이 출산한 아이도 포함된다(다수설).

40. 다음 중 잘못 설명하고 있는 것은?

① 육아휴직기간은 생후 3년 미만의 영유아를 가진 근로자에 대하여 주어야 한다.
② 친권자 또는 후견인은 미성년자를 대리하여 임금을 수령할 수 없다.
③ 임신중인 여성근로자에 대하여는 당사자의 동의가 있으면 시간외근로를 시킬 수 있다.
④ 갱내근로란 광업이 아닐지라도 갱내에서 행하는 사무직 업무도 포함된다.

|해답| **39.** ④ **40.** ③

⑤ 생리휴가는 연령과 관계없이 사실상 생리가 있는지 여부에 따라 부여된다.

≪**해설**≫ ① 남녀고용평등과일·가정양립지원에관한법률 제19조. ② 미성년자에 임금을 지급해 줄 것을 사용자에게 청구할 수는 있으나 대리수령할 수는 없으므로 직접불 원칙에 따라 미성년자에게 직접 지불하여야 한다. ③ 임신중인 여성근로자에 대해서는 근로자의 동의와 상관없이 시간외근로를 시켜서는 아니된다(근로기준법 제74조 제 4 항). ④ 다수설. ⑤ 다수설; 부소 68247-7, 94.1.7.

41. 다음의 보기 중에서 원칙적으로 연장근로가 허용되지 아니하는 근로자는?

㉮ 18세 미만의 여성근로자	㉯ 유해·위험작업 종사근로자
㉰ 임신중의 근로자	㉱ 15세 미만의 근로자

① ㉯·㉰ ② ㉮·㉯ ③ ㉮·㉱
④ ㉰·㉱ ⑤ ㉯·㉱

≪**해설**≫ 산업안전보건법 제46조에 의하면 유해·위험작업 종사자는 1일 6시간·1주 34시간을 기준근로시간으로 정하고 있으나 합의에 의한 연장근로를 허용하지 않고 있다. 또한 임신중인 여성근로자에 대하여는 시간외 근로가 금지되며 합의에 의한 예외를 허용하지 않고 있다(근로기준법 제74조 제 4 항).

42. 여성근로자에 대한 특별보호로서 근로기준법에 규율하고 있지 않는 것은? 〈34회 사시〉

① 상이한 법정기준 근로시간 ② 시간외 근로의 제한
③ 생리휴가 ④ 갱내근로금지
⑤ 야업과 휴일근로의 제한

≪**해설**≫ 여성근로자의 보호에 관하여는 ① 근로기준법상의 보호; i) 남녀의 차별적 대우금지(제 6 조), ii) 생리휴가(제73조), iii) 산전·후휴가(제74조), iv) 경이한 종류의 근로에의 전환(제74조 제 4 항), v) 시간외근로의 금지(제74조 제 4 항), vi) 유급수유시간(제75조), vii) 연장근로제한(제71조), viii) 해고의 제한(제23조 제 2 항) 등과 ② 남녀고용평등과일·가정양립지원에관한법률상의 보호; i) 여성근로자의 차별대우금지(제 7 조 내지 제11조), ii) 모성보호(산전후휴가지원, 배우자 출산휴가), 일·가정의 양립지원(육아휴직, 육아기 근로시간 단축, 생계비용과 고용유지비용의 지원, 직장보육시설의 설치 및 지원 등) 등이 있다. ① 법정근로시간은 일반근로자(근로기준법 제50조)와 연소근로자(동법 제69조)간에는 차이가 있으나 여성근로자에게는 동일하다. 다만 연장근로의 제한이 있을 뿐이다(동법 제71조).

43. 여성과 연소자보호에 관한 설명 중 틀린 것은? 〈1회 공인노무사〉

① 15세 미만자라도 법정대리인의 동의가 있으면 사용할 수 있다.
② 법정대리인은 미성년자의 근로계약을 대리할 수 없다.

▎해답▎ 41. ① **42.** ① **43.** ①

③ 여성과 연소근로자는 유해·위험작업에 사용할 수 없다.

④ 연소근로자의 근로시간은 1일 1시간 한도로 당사자의 합의로 연장할 수 있다.

⑤ 임산부에 대하여는 산전·후를 통하여 90일의 보호휴가를 주어야 한다.

≪**해설**≫ ① 15세 미만인 자는 근로자로 사용하지 못한다. 다만 노동부장관의 「취직인허증」을 소지한 자는 사용이 가능하다(근로기준법 제64조). ② 대리계약금지(동법 제67조 제1항). ③ 도덕상·보건상 유해·위험사업에 대한 사용금지(동법 제65조). ④ 연소근로자의 근로시간의 제한(동법 제69조). ⑤ 산전·후 휴가기간(동법 제74조).

44. 생리휴가에 관한 다음 기술 중 타당한 것은? 〈2회 공인노무사 변형〉

① 소정근로일수를 개근한 경우에만 준다.

② 청구에 관계없이 반드시 주어야 한다.

③ 생리불순으로 월 2일의 휴가를 청구하는 경우 반드시 주어야 한다.

④ 임시직 여성근로자에게도 반드시 주어야 한다.

⑤ 휴가사용일에 임금을 지급하여야 한다.

≪**해설**≫ ①③ 근로형태를 불문하고 「개근여부」에 관계없이 월 1일의 생리휴가를 부여한다(근로기준법 제73조), ② 개정법에서 청구요건이 신설되었다. ④ 격일제 근로자·주 5일제 근로자·수습근로자·임시직근로자·단시간근로자 등 직종이나 근로형태를 불문하고 생리사실에 따라 부여해야 된다(법무 811-31778, 80. 12.4; 근기 11455-10531, 70.11.7). ⑤ 단체협약, 취업규칙, 근로계약 등에 특약이 없다면 생리휴가사용일에 임금을 지급할 의무가 없다.

45. 다음 사항 중에서 정당한 것은?

① 모든 여성은 하오 10시부터 상오 6시까지의 사이에 근로시키지 못한다.

② 사용자는 18세 미만자를 갱내에서 근로시켜도 무방하다.

③ 미성년자는 독자적으로 임금을 청구할 수 없다.

④ 임산부가 아닌 18세 이상의 여성에 대해서는 1년에 150시간 이상의 시간외근로를 시킬 수 있다.

⑤ 여성에 대해서는 월 1회의 유급생리휴가를 주어야 한다.

≪**해설**≫ ① 18세 이상의 여성을 야간 및 휴일에 근로시키고자 하는 경우 당해 근로자의 「동의」를 얻으면 가능하나, 임산부와 18세 미만인 자는 하오 10시부터 상오 6시까지의 사이에 근로시키지 못하며, 또한 휴일근로에 종사시키지 못한다. 다만, 그 근로자의 동의 또는 명시적인 청구와 근로자대표와의 협의를 거쳐 노동부장관의 인가를 얻은 경우에는 그러하지 아니하다(근로기준법 제70조). ② 사용자는 여성과 18세 미만인 자를 갱내에서 근로시키지 못한다. 다만, 보건·의료, 보

해답 44. ④ 45. ④

도・취재 등 대통령령이 정하는 업무를 수행하기 위하여 일시적으로 필요한 경우에는 그러하지 아니하다(동법 제72조). ③ 미성년자는 독자적으로 임금을 청구할 수 있다(동법 제68조). ④ 사용자는 산후 1년이 경과되지 아니한 여성에 대하여는 단체협약이 있는 경우라도 1일에 2시간, 1주일에 6시간, 1년에 150시간을 초과하는 시간외의 근로를 시키지 못한다(동법 제71조). ⑤ 사용자는 여성인 근로자에 대하여 월 1일의 생리휴가를 주어야 한다(동법 제73조). 유급여부는 노사 약정사항이다.

46. 다음 중 남녀고용평등과일・가정양립지원에관한법률의 위반이 아닌 것은?

〈34회 사시〉

① 남녀차등 정년제

② 감원대상에서 여성을 우선적으로 선정하는 것

③ 모집시 여성 응모자에게만 '미혼'인 것을 요구하는 것

④ 승진 및 승진시험 기회가 여성에게는 제한되는 것

⑤ 교환원 남성과 타자수 여성에게 각각 차별임금을 주는 것

≪**해설**≫ ① 정년・퇴직・해고에 있어서의 차별금지(동법 제11조 제 1 항). ② 해고대상자를 선정하는 경우 그 기준이 기혼의 여자, 자녀있는 여자, 맞벌이 부부인 여자 등과 같이 해고사유가 정당한 이유가 없으면 차별적인 해고에 해당된다. ③ 여성근로자의 혼인・임신・출산을 퇴직사유로 예정하는 근로계약 예컨대 결혼퇴직제・독신조항, 출산퇴직제 등은 금지된다(동법 제11조 제 2 항). ④ 교육・배치・승진에 있어서 남녀의 차별금지(동법 제10조). ⑤ 사업주는 동일한 사업 내의 동일가치의 노동에 대하여는 동일한 임금을 지급하여야 한다(동법 제 8 조 제 1 항). 그러나 동일가치노동이 아닌 경우 동일임금이 지급될 필요는 없다.

47. 남녀고용평등과일・가정양립지원에관한법률상 잘못된 서술은? 〈'97 행시〉

① 이 법에서 「차별」이라 함은 사업주가 근로자에게 성별, 혼인 또는 가족상의 지위, 임신, 출산 등의 사유로 합리적인 이유없이 채용 또는 근로의 조건을 달리하거나 기타 불이익한 조치를 취하는 경우를 말한다.

② 여성근로자의 임신, 출산, 수유 등 모성보호를 위한 조치를 취하는 경우 이 법에서 말하는 차별로 보지 아니한다.

③ 현존하는 차별을 해소하기 위하여 국가, 지방자치단체 또는 사업주가 잠정적으로 남성근로자를 우대하는 조치를 취하는 것은 이 법에서 말하는 차별로 보지 아니한다.

④ 금품의 지급 또는 자금의 융자에 있어서 여성을 남성보다 우대하는 것은 차별 대우가 아니다.

⑤ 생후 3년 미만의 영유아를 가진 근로자는 여성이나 남성 모두 육아휴직을

▌해답▌ 46. ⑤ 47. ④

신청할 수 있다.

≪**해설**≫ ① 동법 제2조 제1호. ② 동조 제1호 단서 나목. ③ 동조 제1호 단서 다목 및 제3호. ④ 사업주는 임금 외에 근로자의 생활을 보조하기 위한 금품의 지급 또는 자금의 융자 등 복리후생에서 남녀를 차별하여서는 아니된다(동법 제9조). ⑤ 동법 제19조 제1항.

48. 남녀고용평등과 일·가정 양립지원에 관한 법률상 배우자 출산휴가에 관한 설명 중 옳지 않은 것은?

① 근로자의 직장과 가정생활의 양립을 지원하기 위한 제도로서, 기업차원에서 자율적으로 운영되던 것을 법정 제도화하였다.

② 사업주는 근로자가 배우자의 출산을 이유로 휴가를 청구하는 경우에 3일의 휴가를 주어야 한다.

③ 배우자 출산휴가는 유급이 원칙이다.

④ 노사 간에 단체협약 또는 취업규칙 등을 통해 자율적으로 유급 또는 무급으로 제도를 활용할 수 있다.

⑤ 배우자 출산휴가는 근로자의 배우자가 출산한 날부터 30일이 지나면 청구할 수 없다.

≪**해설**≫ ② 동법 제18조의2 제1항 ③④ 배우자 출산휴가는 무급이 원칙이나, 노사 간에 자율적으로 유급 또는 무급으로 제도를 활용할 수 있다. ⑤ 동법 제18조의2 제2항

49. 다음 중 남녀고용평등과일·가정양립지원에관한법률상의 육아휴직제에 관한 설명이 잘못된 것은 모두 몇 개인가?

㉮ 육아휴직제는 무급으로 운영한다.
㉯ 육아휴직은 근로여성만 신청할 수 있다.
㉰ 생후 3년 미만의 영유아를 가진 근로자만 허용된다.
㉱ 사업주는 육아휴직을 이유로 불리한 처우를 하면 안된다.
㉲ 육아휴직기간은 근속기간에 포함된다.

① 1개　② 2개　③ 3개
④ 4개　⑤ 5개

≪**해설**≫ ㉮ 근로기준법상의 휴일·휴가제도는 유급으로 운영되는 데 반하여, 육아휴직제는 「무급」으로 운영된다. 즉 사업주는 육아휴직급여 지급의무가 없으며, 고용보험법 제70조에 따라 육아휴직급여를 지급한다. ㉯㉰ 육아휴직신청권자는 육아휴직청구일 현재 생후 3년 미만의 영유아를 가진 근로자이다(동법 제19조

❙해답❙ 48. ③ 49. ①

제 1 항). 따라서 육아휴직신청권자는 여성근로자를 대신할 배우자인 근로자를 포함한다. 3년 미만의 영유아란 친생자·입양자가 포함되며, 법률상·사실상 혼인관계로 인한 영유아도 포함된다. ㉣㉤ 동법 제19조 제 3 항 및 제 4 항.

50. 남녀고용평등과일·가정양립지원에관한법률상의 육아휴직에 관한 설명 중 틀린 것은?

① 육아휴직기간은 1년 이내로 한다.

② 사업을 계속할 수 없는 경우가 아니라면 육아휴직 기간동안은 당해 근로자를 해고하지 못한다.

③ 육아휴직 종료후에는 휴직전과 동일한 업무 또는 동등한 수준의 임금을 지급하는 직무에 복귀시켜야 한다.

④ 육아휴직은 근로여성의 배우자에게도 허용된다.

⑤ 육아휴직기간은 근속시간에 포함되지 않는다.

≪**해설**≫ ①②③④⑤ 사업주는 생후 3년 미만된 영유아가 있는 「근로자」가 그 영유아의 양육을 위하여 휴직을 신청하는 경우에 이를 허용하여야 한다. 다만, 대통령령으로 정하는 경우에는 그러하지 아니하다. 육아휴직의 기간은 1년 이내로 한다. 사업주는 육아휴직을 이유로 해고나 그 밖의 불리한 처우를 하여서는 아니되며, 육아휴직 기간에는 그 근로자를 해고하지 못한다. 다만, 사업을 계속할 수 없는 경우에는 그러하지 아니하다. 사업주는 육아휴직을 마친 후에는 휴직 전과 같은 업무 또는 같은 수준의 임금을 지급하는 직무에 복귀시켜야 한다. 또한 육아휴직 기간은 근속기간에 포함한다(동법 제19조). 육아휴직기간 중에는 고용보험에서 육아휴직급여가 지급된다(고용보험법 제70조).

51. 남녀고용평등과 일·가정 양립지원에 관한 법률상 육아휴직제도와 육아기 근로시간 단축제도의 비교에 관한 설명 중 옳지 않은 것은?

① 육아휴직 및 육아기 근로시간 단축제도 모두 계속근로기간이 1년 미만인 근로자는 적용이 제외된다.

② 육아휴직 기간 및 육아기 근로시간 단축의 기간은 1년 이내이다.

③ 육아휴직 및 육아기 근로시간 단축제도 모두 1회에 한하여 분할하여 사용할 수 있다.

④ 근로자가 신청하면 육아휴직 및 육아기 근로시간 단축을 사업주가 반드시 허용하여야 한다.

⑤ 사업주는 육아휴직 또는 육아기 근로시간 단축기간이 끝난 후에 육아휴직 또는 육아기 근로시간 단축 전과 같은 업무 또는 같은 수준의 임금을 지급하는 직무에 복귀시켜야 한다.

▌해답▌ 50. ⑤ **51.** ④

≪**해설**≫ ① 휴직개시예정일의 전날까지 해당 사업에서 계속 근로한 기간이 1년 미만인 근로자와 같은 영유아에 대하여 배우자가 육아휴직을 하고 있는 근로자는 적용이 제외된다(동법 제19조 제 1 항, 제19조의2 제 1 항 및 동법시행령 제10조). ② 동법 제19조 제 2 항, 제19조의2 제 4 항. ③ 동법 제19조의4 ④ 근로자가 신청하면 육아휴직은 사업주가 반드시 허용하여야 하지만(동법 제19조 제 1 항), 육아기 근로시간 단축은 사업주의 재량사항이다(동법 제19조의2 제 1 항). ⑤ 직장복귀의 보장(동법 제19조 제 4 항, 제19조의2 제 6 항)

52. 남녀고용평등과 일 · 가정 양립지원에 관한 법률상 육아휴직제도와 육아기 근로시간 단축제도에 관한 설명 중 옳지 않은 것은?

① 육아휴직 기간은 1년 이내로 하되, 그 영유아가 생후 3년이 되면 육아휴직 기간은 강제 종료된다.

② 사업주가 해당 근로자에게 육아기 근로시간 단축을 허용하는 경우 단축 후 근로시간은 주당 15시간 이상이어야 하고 30시간을 넘어서는 아니 된다.

③ 육아기 근로시간 단축을 한 근로자의 근로조건은 사업주와 그 근로자 간에 서면으로 정한다.

④ 사업주는 육아기 근로시간 단축을 하고 있는 근로자에게 단축된 근로시간 외에 연장근로를 요구할 수 없지만, 그 근로자가 명시적으로 청구하는 경우에는 사업주는 주 12시간 이내에서 연장근로를 시킬 수 있다.

⑤ 육아기 근로시간 단축을 한 근로자에 대하여 평균임금을 산정하는 경우에는 그 근로자의 육아기 근로시간 단축 기간을 평균임금 산정기간에서 제외한다.

≪**해설**≫ ① 현행법은 육아휴직기간 강제종료규정을 삭제하여 육아휴직기간 1년을 보장하였다(동법 제19조 제 2 항). ② 동법 제19조의2 제 3 항 ③ 동법 제19조의3 제 2 항 ④ 동법 제19조의3 제 3 항 ⑤ 동법 제19조의3 제 4 항

53. 다음 중 남녀고용평등과일 · 가정양립지원에관한법률상 남녀차별에 해당하는 것은?

① 여성근로자에 한하여 육아휴직을 주는 것

② 현존하는 차별을 해소하기 위하여 사업주가 남성근로자를 우대하는 것

③ 직무의 성질상 여성이 불가피하게 요구되는 경우 사업주가 여성근로자를 우대하는 것

④ 근로여성에 대한 모성보호

⑤ 직장내 성희롱과 관련하여 피해자인 남성근로자에게 고용상의 불이익한 조치를 취하지 아니한 것

▎해답▎ 52. ① 53. ①

≪**해설**≫ ① 육아휴직은 생후 3년 미만의 영유아를 가진 근로자가 여성이든 남성이든 불문하고 그 영유아의 양육을 위하여 휴직을 신청할 수 있다(동법 제19조 제 1 항). ②③ 현존하는 남녀 간의 고용차별을 없애거나 고용평등을 촉진하기 위하여 잠정적으로 「특정성」의 근로자(남성근로자 또는 여성근로자)를 우대하는 조치를 취하는 경우와 직무의 성격에 비추어 「특정성」이 불가피하게 요구되는 경우는 이 법에서 말하는 차별로 보지 아니한다(동법 제 2 조 제 1 호 가목 · 다목 및 제 3 호). ④ 동법 제 3 장 참조. ⑤ 동법 제14조 제 2 항 참조.

54. 직장내 성희롱의 예방의무에 관한 설명이 바르지 못한 것은?

① 「직장내 성희롱」이라 함은 사업주, 상급자 또는 근로자가 직장내의 지위를 이용하거나 업무와 관련하여 다른 근로자에게 성적인 언동 등으로 성적 굴욕감 또는 혐오감을 느끼게 하거나 성적언동 기타 요구 등에 대한 불응을 이유로 고용상의 불이익을 주는 것을 말한다.

② 사업주는 직장내 성희롱을 예방하고 근로자가 안전한 근로환경에서 일할 수 있는 여건조성을 위하여 직장내 성희롱의 예방을 위한 교육을 실시하여야 한다.

③ 직장내 성희롱예방교육이 단순히 교육자료 등을 배포 · 게시하는 방법에 의한 경우에는 예방교육을 실시한 것으로 보지 아니한다.

④ 사업주는 직장내 성희롱 발생이 확인된 경우 지체없이 행위자에 대하여 징계, 기타 이에 준하는 조치를 취할 수 있다.

⑤ 사업주는 성희롱과 관련하여 피해근로자에게 해고 기타 불이익한 조치를 하여서는 안된다.

≪**해설**≫ ① 남녀고용평등과일 · 가정양립지원에관한법률 제 2 조 제 2 호. ② 동법 제13조 제 1 항. ③ 동법시행령 제 4 조 제 3 항 단서. ④ ……조치를 하여야 한다(동법 제14조 제 1 항). 성희롱 예방교육이나 성희롱한 자에 대한 징계를 하지 않는 사업주는 과태료의 처벌을 받는다. 따라서 사업주의 징계조치는 의무규정이지 재량적 임의규정이 아니다(동법 제39조 제 2 항 제 1 호 참조). ⑤ 동법 제14조 제 2 항. 동 규정 위반의 경우에는 벌칙의 적용을 받는다(동법 제37조 제 2 항 제 2 호).

55. 남녀고용평등과 일 · 가정 양립지원에 관한 법률상 성희롱 금지 및 방지와 관련된 내용으로 옳지 않은 것은?

① 직장 내 성희롱의 행위자는 사업주, 상급자 또는 근로자이지만, 고객 등에 의한 성희롱의 행위자는 고객 등 업무와 밀접한 관련이 있는 자이다.

② 고객 등 업무와 밀접한 관련이 있는 자가 업무수행과정에서 성적인 언동 등을 통하여 근로자에게 성적 굴욕감이나 혐오감 등을 느끼게 하여 해당

▌해답▌ 54. ④ 55. ⑤

근로자가 그로 인한 고충 해소를 요청할 경우 사업주는 근무장소 변경이나 배치전환 등 가능한 조치를 취하도록 노력하여야 한다.

③ 해당 사업장에서 제공하는 서비스를 일시적으로 이용하는 자도 고객 등 업무와 밀접한 관련이 있는 자에 포함된다.

④ 사업주는 고객 등으로부터 성적 요구 등에 불응한 것을 이유로 불이익한 조치를 하여서는 아니 된다.

⑤ 직장 내 성희롱과 관련하여 성희롱 피해 발생을 주장하는 근로자에 대한 불리한 조치 금지 규정에 위반한 경우와 마찬가지로 고객 등에 의한 성희롱으로 피해를 주장하는 근로자에 대한 불이익한 조치 금지 규정 위반에 대하여도 동일하게 벌칙이 부과된다.

≪**해설**≫ ①② 동법 제12조, 제14조의2 제 1 항 ③「고객 등 업무와 밀접한 관련이 있는 자」란 해당 사업장과 납품, 구매, 용역 등 어떠한 명칭으로든지 업무나 영업과 관련하여 지속적 또는 일시적으로 거래관계에 있는 자와 해당 사업장에서 제공하는 서비스를 지속적 또는 일시적으로 이용하는 자 등을 말한다. ④ 동법 제14조의2 제 2 항 ⑤ 불리한 조치 금지규정 위반 시, i) 직장 내 성희롱의 경우에는 벌칙이 부과되지만(동법 제37조 제 2 항 제 2 호), ii) 고객 등에 의한 성희롱의 경우에는 과태료가 부과될 뿐이다(동법 제39조 제 2 항 제 2 호).

56. 기간제 근로자에 관한 설명 중 틀린 것은?

① 기간제근로자보호법은 근로기준법의 특별법적 성격을 갖는다.

② 기간제근로자보호법은 5인 이상의 사업장에는 전면적용되나, 4인 이하의 사업장에는 부분적용된다.

③ 동거의 친족만을 사용하는 사업 또는 사업장과 가사사용인에게는 적용되지 아니한다.

④ 국가 및 지방자치단체의 기관에 대하여는 상시 사용하는 근로자의 수와 상관없이 적용된다.

⑤ 사용자는 2년을 초과하여 근로자를 사용하고자 하는 경우 근로자와 합의하여야 한다.

≪**해설**≫ ① 기간제근로자보호법이 특별법으로서 우선 적용되고, 기간제근로자보호법에서 규정하고 있지 아니한 경우 근로기준법이 적용된다. ②③④ 동법 제 3 조 참조. ⑤ 사용자는 2년을 초과하여 근로자를 사용할 수 없는 것이 원칙이며, 예외적으로 법률이 규정하고 있는 경우에 2년을 초과하여 고용할 수 있다(동법 제 4 조 및 동법시행령 제 3 조).

57. 기간제근로자를 2년을 초과하여 고용할 수 있는 사유가 아닌 것은?

▌해답▌ 56. ⑤ 57. ⑤

① 사업의 완료 또는 특정한 업무의 완성에 필요한 경우
② 휴직·파견 등으로 결원이 발생하여 당해 근로자가 복귀할 때까지 그 업무를 대신할 필요가 있는 경우
③ 근로자가 학업·직업훈련 등을 이수함에 따라 그 이수에 필요한 기간을 정한 경우
④ 고령자고용촉진법상의 고령자와 근로계약을 체결하는 경우
⑤ 당사자가 합의하는 경우

≪**해설**≫ ①②③④ 기간제근로자법 제 4 조 제 1 항 단서 참조. 이외에도 제 5 호는 전문적 지식·기술의 활용이 필요한 경우와 정부의 복지정책·실업대책 등에 의하여 일자리를 제공하는 경우로서 대통령령이 정하는 경우에 2년을 초과하여 고용할 수 있도록 규정하고 있다. ⑤ 당사자가 합의하여도 기간제근로자를 2년 초과하여 사용할 수 없다.

58. 기간제근로자를 동법 제 4 조 제 1 항 단서에 규정된 초과고용 허용사유 없이 2년을 초과하여 고용하는 경우 그 법적 효과는?

① 근로계약이 당연히 종료된다.
② 기간의 정함이 없는 근로계약이 된다.
③ 1회에 한하여 근로계약을 연장할 수 있다.
④ 당해 근로계약은 무효이다.
⑤ 어떠한 경우에도 2년을 초과하여 고용할 수 없다.

≪**해설**≫ ② 기간제및단시간근로자보호등에관한법률 제 4 조 제 2 항 참조.

59. 기간제 및 단시간근로자 보호에 관한 설명 중 틀린 것은?

① 사용자는 기간의 정함이 없는 근로계약을 체결하고자 하는 경우에 당해 사업의 동종 또는 유사한 업무에 종사하는 기간제근로자를 우선적으로 고용하도록 노력하여야 한다.
② 사용자는 통상근로자를 채용하고자 하는 경우에 당해 사업의 동종 또는 유사한 업무에 종사하는 단시간근로자를 우선적으로 고용하도록 노력하여야 한다.
③ 사용자는 근로자가 단시간근로를 신청하는 때에는 당해 근로자를 단시간근로자로 전환하도록 노력하여야 한다.
④ 사용자는 기간제근로자 또는 단시간근로자임을 이유로 사업의 동종 또는 유사한 업무에 종사하는 「정규직」 또는 통상근로자에 비하여 차별적 처우를 해서는 안된다.

| 해답 | **58.** ② **59.** ⑤

⑤ 기간제근로자 또는 단시간근로자는 차별적 처우를 받은 경우 고용평등위원회에 시정을 신청할 수 있다.

≪해설≫ ① 기간제및단시간근로자보호등에관한법률 제 5 조. ② 동법 제 7 조 제 1 항. ③ 동법 제 7 조 제 2 항. ④ 동법 제 8 조. ⑤ 노동위원회에 시정을 신청할 수 있다(동법 제 9 조 제 1 항 본문).

60. 기간제근로자 및 단시간근로자의 차별대우에 대한 구제로서 틀린 것은?

① 기간제근로자 또는 단시간근로자는 차별적 처우를 받은 경우 노동위원회에 그 시정을 신청할 수 있다.
② 시정신청은 차별적 처우가 있은 날(계속되는 차별적 처우는 그 종료일)부터 3월이 경과되어서는 아니된다.
③ 시정신청을 하는 때에는 차별적 처우의 내용이 반드시 구체적으로 명시되어야 하는 것은 아니다.
④ 노동위원회는 조정 및 직권중재 또는 시정명령을 한다.
⑤ 시정조치에는 차별적 행위의 중지, 임금 등 근로조건의 개선 및 적절한 금전보상이 포함된다.

≪해설≫ ③ 구체적으로 명시되어야 한다. 기간제및단시간근로자보호등에관한법률 제 9 조 제 2 항 ① 동법 제 9 조 제 1 항 본문 ② 동법 제 9 조 제 1 항 단서 ④⑤ 동법 제13조.

61. 다음 중 1주간의 소정근로시간이 뚜렷하게 짧은 단시간근로자에게 적용하지 아니할 수 있는 근로조건이 바르게 묶인 것은?

㉮ 퇴직금제도	㉯ 유급휴일제도	㉰ 보상휴가제도
㉱ 연차유급휴가제도	㉲ 휴게제도	

① ㉮, ㉲　② ㉯, ㉰, ㉱　③ ㉰, ㉱
④ ㉮, ㉰, ㉲　⑤ ㉰, ㉲

≪해설≫ 1주간의 소정근로시간이 「뚜렷하게 짧은」 단시간근로자란 4주간을 평균하여 1주간의 소정근로시간이 15시간 미만인 자로서, 이른바 초단시간근로자에게는 i) 근로기준법 제34조 퇴직급여제도(근로자퇴직급여보장법 제 4 조 제 1 항), ii) 동법 제55조 주휴일제, iii) 동법 제60조 연차유급휴가제(근로기준법 제18조 제 3 항) 등이 적용되지 아니한다.

62. 다음 단시간 근로제도에 관한 설명 중 타당하지 아니한 것은?

① 단시간근로자라 함은 1주간의 소정근로시간이 통상근로자의 그것에 비하

▌해답▌ 60. ③ 61. ⑤ 62. ②

여 짧은 근로자를 말한다.

② 단시간근로자가 소정근로시간을 초과하여 연장근로하는 경우 연장근로수당이 지급되어야 한다.

③ 단시간근로자의 근로조건은 단시간근로자와 통상 근로자의 근로시간을 상호 비교하여 그 비율대로 결정한다.

④ 소정근로시간이 뚜렷하게 짧은 단시간근로자에 대하여는 퇴직급여·휴일·연차유급휴가에 관한 규정을 적용하지 아니할 수 있다.

⑤ 단시간근로자의 근로조건에 관한 구체적인 내용은 대통령령으로 정한다.

≪**해설**≫ 소정의 근로시간을 초과하여 연장근로하는 경우에도 기준근로시간보다 짧은 경우에는 연장근로수당이 지급되지 아니한다. 물론 소정근로시간을 초과하고 나아가 법정근로시간을 초과한 경우에는 가산임금을 지급하여야 한다(근로기준법 제18조 및 동법시행령 제 9 조 [별표 2] 제 3 호 참조).

63. 다음 중 단시간근로자의 근로조건의 내용에 관한 설명으로서 틀린 것은?

① 연차유급휴가권은 통상근로자와의 비율을 고려하여 휴가일수를 정한다.

② 단시간근로자의 일급 통상임금은 1월간의 소정근로시간을 그 기간 소정근로일수로 나눈 시간수에 시간급임금을 곱하여 산정한다.

③ 기간을 정한 근로계약을 반복·갱신하는 연쇄적 근로관계는 정당한 경제적·사회적 이유가 있어야 정당화된다.

④ 단시간근로자에게만 적용되는 취업규칙을 별도로 작성할 수 있다.

⑤ 소정근로시간을 초과하여 근로시키고자 하는 경우 취업규칙·근로계약서 등에 그 내용 및 정도를 명시하여야 하며, 이 경우 기준근로시간을 초과한 것에 대하여는 가산임금을 지급하여야 한다.

≪**해설**≫ ① 여성인 단시간근로자에 대하여도 법 제73조의 규정에 의한 무급생리휴가 및 법 제74조의 규정에 의한 산전후휴가를 통상근로자의 근로시간의 비율에 따라 보장해 주어야 한다(근로기준법시행령 제 9 조 제 1 항, [별표 2] 제 4 호 다목. ② 시간급임금을 일급통상임금으로 산정할 경우 1일 소정근로시간수에 시간급임금을 곱하여 산정한다. 이 경우 단시간근로자의 1일 소정근로시간수는 4주간의 소정근로시간을 그 기간의 총일수로 나눈 시간으로 한다(동법시행령 제 9 조 제 1 항, [별표 2] 제 2 호).

64. 단시간근로자에 대한 설명으로서 틀린 것은?

① 단시간근로자란 1주간의 소정근로시간이 통상근로자의 그것에 비하여 1시간이라도 짧으면 된다.

② 단시간근로자를 고용할 때에는 근로조건을 명확히 기재한 서면계약서를

❙해답❙ 63. ② 64. ④

작성하여야 한다.

③ 일급통상임금은 주휴일과 및 산전후휴가에 대하여 지급기준이 된다.

④ 단시간근로자의 해고에 있어서는 해고예고절차가 필요하지 않다.

⑤ 단시간근로자에게도 8시간 근로의 원칙 · 휴게시간에 대한 원칙 · 주휴제 원칙 · 합의에 의한 초과근로의 원칙 등이 모두 적용된다.

≪**해설**≫ 단시간근로자의 근로계약이 i) 기간의 정함이 있는 경우에는 계약기간의 만료에 의해 종료하므로 해고의 예고를 하지 않아도 되지만, ii) 기간의 정함이 없는 단시간근로자의 해고에 있어서는 통상근로자와 마찬가지로 적용된다. 따라서 해고시기의 제한규정(근로기준법 제23조 제 2 항) 및 해고예고규정(동법 제26조)은 그대로 적용된다.

제 6 편　安全과 保健

1. 關聯規定

근로기준법 제76조 【안전과 보건】 근로자의 안전과 보건에 관하여는 「산업안전보건법」에서 정하는 바에 따른다.

근로기준법은 근로자의 안전과 보건에 관하여 제76조에서 산업안전보건법에 따르도록 규정하고 있다.

제 7 편 災害補償

제 1 장 産業災害補償의 意義

제 1 절 産業災害補償制度의 背景 및 發展

산업재해보상제도는 i) 민법상의 손해배상제도, ii) 근로기준법상의 재해보상제도 및 iii) 산업재해보상보험법상의 재해보상제도 순서로 발전하여 왔다.

▣ 요점정리

제 도	고의 · 과실	지불 방식	장 · 단점	비 고
민 법	과실책임	• 민사재판 • 직접보상	• 근로자가 과실입증책임 • 비용 · 시간 과다소요 • 근로자의 재해보상 불충분	
근로기준법	무과실책임	• 법정지급 • 직접보상	• 구체절차의 간이화 • 사용자가 지불능력이 없는 경우 실효성상실	• 무과실책임주의 도입 – 1871년 독일 「연방배상책임법」 – 1880년 영국 「사용자책임법」
산업재해보상보험법	무과실책임	• 법정지급 • 사회보험 (간접보상)	• 보상의 신속 · 공정 • 충분한 재해보상 • 국고참여	• 사회보험방식의 도입 (산재보상제도의 효시) – 1884년 독일 「재해보험법」 – 1897년 영국 「근로자보상법」

제 2 절 法的 體系

Ⅰ. 災害補償의 基本體系

1. 勤勞基準法

근로기준법에 의한 보상방식은 「직접보상제」이며, 근로자에게 산업재해가 발생되면 사용자가 근로자에게 직접 보상을 한다.

2. 産業災害補償保險法

산업재해보상보험법에 있어서는 「보상보험제(간접보상제)」를 채택하고 있으므로 보험금은 국가가 근로자에게 지급한다. 사용자는 단지 보험료의 납부의무를 부담하고 있을 뿐이다. 즉 근로기준법하에서는 근로자와 사용자가 보상관계의 당사자가 되나, 산업재해보상보험법하에서는 근로자와 국가가 당사자가 된다.

Ⅱ. 適用範圍

1. 勤勞基準法

재해보상관련조항은 근로기준법시행령에 의하여 상시 근로자가 4인 이하인 사업장에도 적용된다.

2. 産業災害補償保險法

(1) 원 칙 산업재해보상보험법은 근로자를 사용하는 모든 사업에 적용되는 것을 원칙으로 한다(동법 제 6 조 본문).

> [대판 1995. 9. 15, 94누12067] 불법체류 외국인일지라도 근로기준법상의 근로자에 해당되는 경우 산업재해보상보험법에 의한 제반 보험급여를 받을 수 있다.

(2) 예 외 산업재해보상보험법은 사업의 위험률 · 규모 및 사업장소 등을 고려하여 대통령령으로 정하는 사업에는 적용하지 아니한다(동법 제 6 조 단서).

"대통령령으로 정하는 사업"이란 ① 「공무원연금법」 또는 「군인연금법」에 따라 재해보상이 되는 사업, ② 「선원법」, 「어선원및어선재해보상보험법」 또는 「사립학교교직원연금법」에 따라 재해보상이 되는 사업, ③ 「주택법」에 따른 주택건설사업자, 「건설산업기본법」에 따른 건설업자, 「전기공사업법」에 따른 공사업자, 「정보통신공사업법」에 따른 정보통신공사업자, 「소방시설공사업법」에 따른 소방시설업자 또는 「문화재보호법」에 따른 문화재수리업자가 아닌 자가 시공하는 i) 총공사금액이 2천만원 미만인 공사, ii) 연면적이 100제곱미터 이하인 건축물의 건축 또는 연면적이 200제곱미터 이하인 건축물의 대수선에 관한 공사, ④ 가구내 고용활동, ⑤ 제 1 호부터 제 4 호까지의 사업 외의 사업으로서 상시근로자수가 1명 미만인 사업, ⑥ 농업 · 임업(벌목업을 제외한다) · 어업 · 수렵업 중 법인이 아닌 자의 사업으로서 상시근로자수가 5명 미만인 사업 등을 말한다(동법시행령 제 2 조 제 1 항).

(3) 적용사업의 종류

당연적용사업은 사업이 개시되거나 사업이 소정의 요건을 충족하게 되었을 때 사업주의 의사와 관계없이 자동적으로 보험관계가 성립하는 사업을 말하며(보험료징수법 제 5 조 제 3 항 참조), 임의적용사업은 근로복지공단의 승인을 얻어 가입할 수 있으며(보험료징수법 제 5 조 제 4 항 참조), 비적용사업은 산재보험법이 적용되지 않는 사업으로서, 특별법에 재해보상제도를 별도로 규정하고 있다.

(4) 산재보험의 적용특례

① 해외파견자(동법 제122조), ② 현장실습생(동법 제123조), ③ 중·소기업 사업주(동법 제124조), ④ 특수형태근로종사자로서, i) 보험 또는 공제를 모집하는 사람으로서, 「보험업법」 제83조 제 1 항 제 1 호에 따른 보험설계사, 「보험업법」 제83조 제 1 항 제 5 호 중 보험대리점 또는 보험중개사의 사용인으로서 같은 법에 따라 모집에 종사할 사람으로 신고된 사람, 「농업협동조합법」에 따른 공제를 모집하는 사람, 「우체국 예금·보험에 관한 법률」에 따른 우체국보험의 모집을 전업으로 하는 사람, ii) 「건설기계관리법」 제 3 조 제 1 항에 따라 등록된 콘크리트믹서트럭을 소유하여 그 콘크리트믹서트럭을 직접 운전하는 사람, iii) 「통계법」에 따라 통계청장이 고시하는 한국표준직업분류상의 세세분류에 따른 학습지 교사, iv) 「체육시설의 설치·이용에 관한 법률」 제19조에 따라 체육시설업의 등록을 한 골프장에서 골프경기를 보조하는 골프장 캐디(동법 제125조 및 동법 시행령 제125조), ⑤ 국민기초생활보장법상의 수급자(동법 제126조) 등은 산재보험법의 적용을 받는 근로자로 본다.

Ⅲ. 適用對象

1. 勤勞基準法

근로기준법에 의하면 사용자가 보상해야 할 재해의 종류를 근로자의 업무상의 부상·질병·신체장해 또는 사망으로 하고 있으며, 이러한 재해에 대하여 요양보상(동법 제78조)·휴업보상(동법 제79조)·장해보상(동법 제80조)·유족보상(동법 제82조)과 장의비(동법 제83조)를 보상하도록 하고 있다.

2. 產業災害補償保險法

산업재해보상보험법도 업무상의 사유에 따른 근로자의 부상·질병·장해 또는 사망을 업무상의 재해로 규정하고 있으며(동법 제 5 조 제 1 호), 이러한 재해에 대하여 요양급여(동법 제40조), 휴업급여(동법 제52조), 장해급여(동법 제57조), 간병급여(동법 제61조), 유족급여(동법 제62조) 및 장의비(동법 제71조) 이외에 상병보상연금(동법 제66조) 및 직업재활급여(동법 제72조)를 지급하고 있다.

[근로기준법과 산업재해보상보험법의 비교]

구　분	근로기준법	산업재해보상보험법
법적성질	무과실책임주의. 다만, 근로자의 중과실의 경우 휴업·장해보상 배제	무과실책임주의. 다만, 3일 이내 완치의 경우 요양·휴업급여 배제
보상방법	직접보상주의	간접보상주의
적용범위	4인 이하 사업장에도 적용	근로자를 사용하는 모든 사업에 적용됨이 원칙. 다만 대통령령에서 적용배제 사업 별도 규정
보상사유	부상·질병·장해 및 사망	좌　동
보상내용	① 요양보상 ② 휴업보상 ③ 장해보상 ④ 유족보상 ⑤ 장의비	① 요양급여 ② 휴업급여 ③ 장해급여 ④ 간병급여 ⑤ 유족급여 ⑥ 장의비 ⑦ 상병보상연금 ⑧ 직업재활급여

제 2 장 産業災害의 成立要件(認定基準)

제1절 意 義

종전 산업재해보상보험법은 「업무상의 재해」의 개념에 대하여 지나치게 포괄적으로 정하고 있어 포괄위임의 논란이 제기되어 왔다.

개정 산업재해보상보험법(2007.12.14)은 제37조를 신설하여 업무상 재해의 인정기준을 업무상 사고와 업무상 질병으로 구분하고 근로자가 근로계약에 따라 업무 및 그에 따르는 행위를 하던 중 발생한 사고 등을 업무상 사고의 기준으로, 유해・위험요인을 취급하거나 그에 노출되어 발생한 질병 등을 업무상 질병의 기준으로 명시하였다. 업무상 재해의 인정기준이 법률에 명확히 규정됨으로써 업무상 재해의 인정기준을 둘러싼 논란이 해소될 것으로 기대된다.

한편 업무상 재해의 구체적 인정기준에 관하여는, 종전에는 동법 시행규칙에서 규정하고 있었으나, 법 개정(2008.6.25)으로 동법 시행령으로 정하게 되었다.

산업재해보상보험법 제 5 조 【정의】 1. "업무상의 재해"란 업무상의 사유에 따른 근로자의 부상・질병・장해 또는 사망을 말한다.

산업재해보상보험법 제37조 【업무상의 재해의 인정기준】 ① 근로자가 다음 각 호의 어느 하나에 해당하는 사유로 부상・질병 또는 장해가 발생하거나 사망하면 업무상의 재해로 본다. 다만, 업무와 재해 사이에 상당인과관계가 없는 경우에는 그러하지 아니하다.

1. 업무상 사고
   가. 근로자가 근로계약에 따른 업무나 그에 따르는 행위를 하던 중 발생한 사고
   나. 사업주가 제공한 시설물 등을 이용하던 중 그 시설물 등의 결함이나 관리소홀로 발생한 사고
   다. 사업주가 제공한 교통수단이나 그에 준하는 교통수단을 이용하는 등 사업주의 지배관리하에서 출퇴근 중 발생한 사고
   라. 사업주가 주관하거나 사업주의 지시에 따라 참여한 행사나 행사준비 중에 발생한 사고
   마. 휴게시간 중 사업주의 지배관리하에 있다고 볼 수 있는 행위로 발생한 사고
   바. 그 밖에 업무와 관련하여 발생한 사고
2. 업무상 질병
   가. 업무수행 과정에서 유해・위험 요인을 취급하거나 그에 노출되어 발생한 질병
   나. 업무상 부상이 원인이 되어 발생한 질병
   다. 그 밖에 업무와 관련하여 발생한 질병

② 근로자의 고의・자해행위나 범죄행위 또는 그것이 원인이 되어 발생한 부상・질병・장해 또는 사망은 업무상의 재해로 보지 아니한다. 다만, 그 부상・질병・장

> 해 또는 사망이 정상적인 인식능력 등이 뚜렷하게 저하된 상태에서 한 행위로 발생한 경우로서 대통령령으로 정하는 사유가 있으면 업무상의 재해로 본다.
> ③ 업무상의 재해의 구체적인 인정 기준은 대통령령으로 정한다.

제 2 절 業務上 災害의 存在

Ⅰ. 意 義

「업무상 재해」란 i) 근로자가 업무를 수행하는 도중에 재해가 발생하였다는 의미에서의 「업무 수행성」, ii) 근로자가 수행한 업무로 인하여 재해가 발생하였다는 의미의 「업무기인성」의 두 가지 요소로 나누어 볼 수 있다(통설).

1. 業務起因性

「업무기인성」이란 재해가 업무에 기인하여 발생하는 것, 즉 업무수행과 재해발생 사이에 인과관계가 있는 것을 말한다. 어느 정도의 인과관계가 필요한가에 관하여는 ① 조건설, ② 기회원인설, ③ 최유력원인설, ④ 상당인과관계설 등이 있다. 인과관계는 일반적인 경험과 지식에 비추어 그러한 업무를 수행하지 않았다면 그러한 재해가 발생하지 않았을 것이라고 인정되는 관계, 즉 상당인과관계를 말한다고 해석된다(통설). 산업재해보상보험법은 업무상 재해의 인정기준에 관하여 업무와 재해 사이에 상당인과관계를 요구하고 있다(동법 제37조 제 1 항 단서). 한편, 판례도 같은 입장을 보이고 있다(대판 1992.5.12, 91누10466; 대판 1993.3.12, 92누17471; 대판 1995.3.14, 94누7935).

> **[대판 1993.3.12, 92누17471]** 업무와 직접 관련이 없이 발생한 기존의 질병이 업무로 인하여 악화된 경우에도 인과관계가 존재한다.

2. 業務遂行性

「업무수행성」이라 함은 사용자의 지휘·명령하에서 구체적인 업무를 실제로 수행하는 도중에 발생하거나, 사업주가 관리하고 있는 시설물의 결함 또는 관리상의 하자로 인하여 발생한 재해를 말한다(동법 제37조 제 1 항 참조). 그러나 이에 국한되는 것이 아니라 그 직무에 부수되는 행위 또는 사고로 인하여 발생한 재해도 포함된다(대판 1993.1.19, 92누13073).

Ⅱ. 業務起因性과 業務遂行性間의 關係

업무기인성은 업무수행성에서 파생된 것이다. 업무수행성이 인정되는 경우에는 업무기인성이 부인되는 예가 거의 없기 때문에 업무수행성이 인정되면 이로써 업무기인성이 추정된다(다수설). 이 점에서 업무상 재해의 1차적 판단기준은 업무수행성이라 할 수 있다. 그러나 판례는 업무수행 중 재해가 발생하였으나 그 사인이 분명하지 않은 경우에는 업무기인성이 부정된다고 한다(대판 1990. 1. 23, 88누5037).

업무수행성과 업무기인성을 모두 갖추어야 업무상 재해로 인정되는 것이 원칙이다. 그러나 업무수행성이 없더라도 업무기인성만으로 업무상의 재해를 인정해야 할 경우가 있다. 예컨대 직업병이나 과로사는 업무수행 중이 아니라 사업장 밖에서 업무시간 외에 발생하더라도 이를 업무상 재해로 인정하지 않을 수 없다(대판 1992. 9. 25, 92누11299; 대판 1993. 3. 12, 92누17471 등). 따라서 업무수행성은 업무상 재해의 1차적 판단기준이긴 하지만 불가결한 기준이라고 할 수는 없다. 결국「업무상 재해」란 업무수행 중에 업무에 기인하여 발생한 재해 및 업무에 기인하여 발생한 재해를 말한다고 할 수 있을 것이다.

Ⅲ. 業務上 災害의 具體的 認定基準

1. 業務上 事故

(1) 업무수행 중의 사고 근로자가 근로계약에 따른 업무나 그에 따르는 행위를 하던 중 발생한 사고는 업무상 재해로 본다(동법 제37조 제 1 항 제 1 호 가목).

1) 사업장 내의 사고 근로자가 i) 근로계약에 따른 업무수행 행위, ii) 업무수행 과정에서 하는 용변 등 생리적 필요 행위, iii) 업무를 준비하거나 마무리하는 행위, 그 밖에 업무에 따르는 필요적 부수행위, iv) 천재지변 · 화재 등 사업장 내에 발생한 돌발적인 사고에 따른 긴급피난 · 구조행위 등 사회통념상 예견되는 행위 등을 하던 중에 발생한 사고는 업무상 사고로 본다(동법 시행령 제27조 제 1 항).

2) 출장 중의 사고 근로자가 사업주의 지시를 받아 사업장 밖에서 업무를 수행하던 중에 발생한 사고는 업무상 사고로 본다. 다만, 사업주의 구체적인 지시를 위반한 행위, 근로자의 사적 행위 또는 정상적인 출장 경로를 벗어났을 때 발생한 사고는 업무상 사고로 보지 않는다(동법 시행령 제27조 제 2 항).

또한 업무의 성질상 업무수행 장소가 정해져 있지 않은 근로자가 최초로 업무수행 장소에 도착하여 업무를 시작한 때부터 최후로 업무를 완수한 후 퇴근하기 전까지 업무와 관련하여 발생한 사고는 업무상 사고로 본다(동법 시행령 제27조 제 3 항).

> **[대판 1993. 4. 13, 92누11435]** 출장 근무 중 감독자에 대한 보고나 승낙없이 개인적인 용무로 차량을 운전하다 사망한 경우 업무상 재해와 관련성이 없다.

(2) 시설물 등의 결함 등에 따른 사고　사업주가 제공한 시설물, 장비 또는 차량 등("시설물 등"이라 한다)의 결함이나 사업주의 관리 소홀로 발생한 사고는 업무상 사고로 본다(동법 제37조 제 1 항 제 1 호 나목 및 동법 시행령 제28조 제 1 항).

다만, 사업주가 제공한 시설물 등을 사업주의 구체적인 지시를 위반하여 이용한 행위로 발생한 사고와 그 시설물 등의 관리 또는 이용권이 근로자의 전속적 권한에 속하는 경우에 그 관리 또는 이용 중에 발생한 사고는 업무상 사고로 보지 않는다(동법 시행령 제28조 제 2 항).

(3) 출·퇴근 중의 사고　사업주가 제공한 교통수단이나 그에 준하는 교통수단을 이용하는 등 사업주의 지배관리하에서 출・퇴근 중 발생한 사고는 업무상 재해로 본다(동법 제37조 제 1 항 제 1 호 다목).

즉 근로자가 출・퇴근하던 중에 발생한 사고가 업무상 사고에 해당하기 위해서는, i) 사업주가 출퇴근용으로 제공한 교통수단이나 사업주가 제공한 것으로 볼 수 있는 교통수단을 이용하던 중에 사고가 발생하였을 것, ii) 출퇴근용으로 이용한 교통수단의 관리 또는 이용권이 근로자측의 전속적 권한에 속하지 아니하였을 것 등의 요건을 모두 갖추어야 한다(동법 시행령 제29조).

그러나 사용자가 근로자에게 제공한 차량 등의 교통수단을 이용하지 않은 근로자의 일반 출・퇴근은 업무상 재해로 보지 아니한다.

> **[대판 1994. 6. 14, 93누24155]** 일반적으로 통근방법과 경로의 선택이 근로자에게 유보되어 있어 통상 사업주의 지배・관리하에 있다고 할 수 없으므로 단순한 근로자의 출・퇴근중 발생한 재해는 업무상 재해로 볼 수 없다.

(4) 행사 중의 사고　사업주가 주관하거나 사업주의 지시에 따라 참여한 행사나 행사준비 중에 발생한 사고는 업무상 재해로 본다(동법 제37조 제 1 항 제 1 호 라목).

운동경기・야유회・등산대회 등 각종 행사에 근로자가 참가하는 것이 사회통념상 노무관리 또는 사업운영상 필요하다고 인정되는 경우로서, i) 사업주가 행사에 참가한 근로자에 대하여 행사에 참가한 시간을 근무한 시간으로 인정하는 경우, ii) 사업주가 그 근로자에게 행사에 참가하도록 지시한 경우, iii) 사전에 사업주의 승인을 받아 행사에 참가한 경우, iv) 그 밖에 제 1 호부터 제 3 호까지의 규정에 준하는 경우로서 사업주가 그 근로자의 행사 참가를 통상적 · 관례적으로 인정한 경우 중 어느 하나에 해당하는 경우에 근로자가 그 행사에 참가(행사 참가를 위한 준비 · 연습을 포함한다)하여 발생한 사고는 업무상 사고로 본다(동법 시행령 제30조).

(5) 휴게시간 중의 사고　휴게시간 중 사업주의 지배관리하에 있다고 볼 수 있는 행위로 발생한 사고는 업무상 재해로 본다(동법 제37조 제 1 항 제 1 호 마목).

(6) 그 밖에 업무와 관련하여 발생한 사고

1) 특수한 장소에서의 사고　사회통념상 근로자가 사업장 내에서 할 수 있다고 인정되는 행위를 하던 중 태풍 · 홍수 · 지진 · 눈사태 등의 천재지변이나 돌발적인 사태로 발생한 사고는 근로자의 사적 행위, 업무 이탈 등 업무와 관계없는 행위를 하던 중에 사고가 발생한 것이 명백한 경우를 제외하고는 업무상 사고로 본다(동법 시행령 제31조).

2) 요양 중의 사고　업무상 부상 또는 질병으로 요양을 하고 있는 근로자에게 i) 요양급여와 관련하여 발생한 의료사고, ii) 요양 중인 산재보험 의료기관(산재보험 의료기관이 아닌 의료기관에서 응급진료 등을 받는 경우에는 그 의료기관) 내에서 업무상 부상 또는 질병의 요양과 관련하여 발생한 사고는 업무상 사고로 본다(동법 시행령 제32조).

3) 제 3 자의 행위에 따른 사고　제 3 자의 행위로 근로자에게 사고가 발생한 경우에 그 근로자가 담당한 업무가 사회통념상 제 3 자의 가해행위를 유발할 수 있는 성질의 업무라고 인정되면 그 사고는 업무상 사고로 본다(동법 시행령 제33조).

2. 業務上 疾病

(1) 직업성 질병　직업성 질병은 업무수행 과정에서 유해 · 위험요인을 취급하거나 그에 노출되어 발생한 질병으로서 업무상 재해에 해당된다(동법 제37조 제 1 항 제 2 호 가목).

근로자가 「근로기준법 시행령」 제44조 제 1 항 및 같은 법 시행령 [별표 5]의 업무상 질병의 범위에 속하는 질병에 걸린 경우에, i) 근로자가 업무수행 과정에서 유해 · 위험요인을 취급하거나 유해 · 위험요인에 노출된 경력이 있을 것, ii) 유해 · 위험요인을 취급하거나 유해 · 위험요인에 노출되는 업무시간, 그 업무에 종사한 기간 및 업무 환경 등에 비추어 볼 때 근로자의 질병을 유발할 수 있다고 인정될 것, iii) 근로자가 유해 · 위험요인에 노출되거나 유해 · 위험요인을 취급한 것이 원인이 되어 그 질병이 발생하였다고 의학적으로 인정될 것 등의 3가지 요건 모두에 해당하면 업무상 질병으로 본다(동법 시행령 제34조 제 1 항).

또한, 근로자가 노동부령으로 정하는 분진작업에 종사하여 진폐증에 걸리면 업무상 질병으로 본다(동법 시행령 제35조 제 1 항).

(2) 사고성 질병 사고성 질병은 업무상 부상이 원인이 되어 발생한 질병으로서 업무상 재해에 해당된다(동법 제37조 제 1 항 제 2 호 나목).

업무상 부상을 입은 근로자에게 발생한 질병이 i) 업무상 부상과 질병 사이의 인과관계가 의학적으로 인정될 것, ii) 기초질환 또는 기존 질병이 자연발생적으로 나타난 증상이 아닐 것 등의 요건 모두에 해당하면 업무상 질병으로 본다(동법 시행령 제34조 제 2 항).

(3) 그 밖에 업무와 관련하여 발생한 질병

1) **업무상 과로에 의한 질병**

> **[대판 1996. 9. 6, 96누6103]** i) 재해의 발생원인이 업무와 직접 관련이 없는 개인적 질병에 의한 것이라 하더라도 업무상 과로가 질병·사망을 악화·유발시켰더라면 인과관계가 있다고 보고 있으며, 또한 ii) 평소에는 정상적인 근무가 가능한 기초질환이나 기존질병이 업무의 과중으로 급속히 악화되거나 사망한 경우에는 과로로 인한 업무상 질병·사망에 해당된다고 보아야 한다.

2) **조합활동 중의 재해** 노조활동 중에 노조전임자가 입은 재해는 업무상재해에 해당된다. 그러나 쟁의행위 중에 근로자가 입은 재해는 업무상재해에 해당되지 아니한다(대판 1994. 2. 22, 92누14502).

> **[대판 1996. 6. 28, 96다12733]** 노동조합업무 전임자가 근로계약상 본래 담당할 업무를 노동조합의 업무를 전임하게 된 것이 사용자인 회사의 승낙에 의한 것이며 재해발생 당시 근로자의 지위를 보유하고 있었고 그 질병이 노동조합업무수행중 육체적·정신적 과로로 인하여 발병된 경우, 특별한 사정이 없는 한 이는 근로기준법상 재해보상이 되는 업무상 재해로 보아야 하고, 다만 i) 그 업무의 성질상 사용자의 사업과는 무관한 상부 또는 연합관계에 있는 노동단체와 관련된 활동이거나, ii) 불법적인 노동조합활동 또는 사용자와 대립관계로 되는 쟁의단계에 들어간 이후의 노동조합 활동 중에 생긴 재해 등은 이를 업무상 재해로 볼 수 없다.

[業務上 災害로 認定하지 않은 사례]

(1) 휴식시간중 사업장 밖에서의 사적행위
(2) 단순한 출·퇴근중의 사고; 자기차량을 이용한 경우(판례)
(3) 사회통념상 휴식시간중에 할 수 있다고 인정될 수 없는 행위
(4) 자해행위, 자살행위, 업무이탈행위, 범죄행위
(5) 업무수행중 사적인 외출중의 사고
(6) 작업시간중 상사의 지휘·명령을 벗어난 중의 사고
(7) 업무수행중 사망이라도 사인이 불분명한 경우('91 대판)
(8) 출장중 정상적 경로를 벗어난 사고(출장중 음주행위 등)
(9) 사업주의 지시위반으로 사상당한 경우
(10) 직원간 친목도모차 야유회중의 재해('92 대판)
(11) 사적인 유흥행위중의 재해('95 대판)

⑿ 쟁의행위중의 재해('94 대판)

제 3 절 勤勞者의 故意·過失의 不存在

Ⅰ. 關聯規程

근로기준법 제81조 【휴업보상과 장해보상의 예외】 근로자가 중대한 과실로 업무상 부상 또는 질병에 걸리고 또한 사용자가 그 과실에 대하여 노동위원회의 인정을 받으면 휴업보상이나 장해보상을 하지 아니하여도 된다.
산업재해보상보험법 제37조 【업무상의 재해의 인정기준】 ② 근로자의 고의·자해행위나 범죄행위 또는 그것이 원인이 되어 발생한 부상·질병·장해 또는 사망은 업무상의 재해로 보지 아니한다. 다만, 그 부상·질병·장해 또는 사망이 정상적인 인식능력 등이 뚜렷하게 저하된 상태에서 한 행위로 발생한 경우로서 대통령령으로 정하는 사유가 있으면 업무상의 재해로 본다.

Ⅱ. 主要內容

1. 勤勞基準法上의 重大한 過失의 부존재

(1) 중대한 과실 근로자에게 업무상 재해가 발생하는 경우에도 근로자에게 「중대한 과실」이 있는 경우에는 재해보상을 하지 아니하여도 된다(근로기준법 제81조). 이 경우 사용자가 근로자의 과실에 대하여 노동위원회의 「인정」을 받아야 한다.

(2) 적용범위 근로기준법 제81조의 규정은 「휴업보상」과 「장해보상」에 한하여 사용자의 보상책임을 면제시키는 것이다.

2. 産業災害補償保險法上의 故意 등의 부존재

근로자의 고의·자해행위나 범죄행위 또는 그것이 원인이 되어 발생한 부상·질병·장해 또는 사망은 업무상의 재해로 보지 아니한다. 다만, 그 부상·질병·장해 또는 사망이 정상적인 인식능력 등이 뚜렷하게 저하된 상태에서 한 행위로 발생한 경우로서, i) 업무상의 사유로 발생한 정신질환으로 치료를 받았거나 받고 있는 사람이 정신적 이상 상태에서 자해행위를 한 경우, ii) 업무상의 재해로 요양 중인 사람이 그 업무상의 재해로 인한 정신적 이상 상태에서 자해행위를 한 경우, iii) 그 밖에 업무상의 사유로 인한 정신적 이상 상태에서 자해행위를 하였다는 것이 의학적으로 인정되는 경우에는 업무상의 재해로 본다(동법 제37조 제2항 및 동법 시행령 제36조).

제 3 장 産業災害補償의 内容

■ 요점정리

종 류		근로기준법	산업재해보상보험법
요양보상 요양급여	범위	① 진찰, ② 약제 · 진료재료 · 의지 그 밖의 보조기의 지급, ③ 처치 · 수술 그 밖의 치료, ④ 입원, ⑤ 간병 ⑥ 이송	①, ②, ③, ④, ⑤, ⑥ 외 ⑦ 재활치료, ⑧ 노동부령으로 정하는 사항 추가
	방법	• 요양 또는 요양비 중 선택	• 요양이 원칙. 부득이한 경우 요양비 지급 • 3일 이내의 요양으로 치유될 수 있는 경우 요양급여 지급 안함
	특칙	• 일시보상: 2년 이내에 완치되지 아니하는 경우, 평균임금의 1,340일분을 지급하고 모든 보상책임 면제	
휴업보상 휴업급여	방법	• 평균임금의 100분의 60	• 평균임금의 100분의 70
	특칙	• 근로자의 중과실과 노동위원회의 인정을 받으면 보상 안함	• 3일 이내의 요양으로 치유될 수 있는 경우 휴업급여 지급 안함
장해보상 장해급여	방법	• 평균임금의 1,340일분(1등급) 내지 50일분(14등급) 지급 • 연금지급방식 없음	• 장해보상연금, 일시금 수급권자 선택 • 일시금: 1,474일분(1등급) 내지 55일분(14등급) 지급 • 연 금: 329일분(1등급) 내지 138일분(7등급) 지급
	특칙	• 근로자의 중과실과 노동위원회의 인정의 경우 적용 안함	• 장해특별급여: 보험가입자의 고의 또는 과실로 업무상 재해가 발생한 경우
간병급여	대상		• 요양급여를 받은 자가 치유후 간병이 필요하여 실제로 간병을 받는 자에게 지급
유족보상 유족급여	방법	• 평균임금의 1,000일분	• 원칙적으로 유족보상연금, 예외적으로 일시금 • 유족보상일시금: 평균임금의 1,300일분
	특칙		• 행방불명된 경우: 사고발생일 사망한 것으로 추정

			• 유족특별급여: 보험가입자의 고의 또는 과실로 업무상 재해가 발생한 경우
상병보상연금	대상		• 요양급여를 받는 근로자가 요양을 시작한 지 2년이 지난날 이후에 그 부상이나 질병이 치유되지 아니한 상태에 있고, 그 부상이나 질병에 따른 폐질의 정도가 제 1 급 내지 제 3 급에 해당하는 상태가 계속되면 휴업급여 대신 상병보상연금을 지급
장의비	방법	• 평균임금의 90일분	• 평균임금의 120일분
직업재활급여	대상		• 직업훈련기관에 대한 직업훈련비용 • 훈련대상자에 대한 직업훈련수당 • 사업주에 대한 직장복귀지원금, 직장적응훈련비, 재활운동비

제 1 절 療養補償 및 療養給與

Ⅰ. 意 義

요양보상 또는 요양급여라 함은 근로자가 업무상 부상 또는 질병에 걸린 경우에 이의 치료·회복을 위한 요양을 행하거나 필요한 요양비를 부담하는 것을 말한다.

Ⅱ. 療養補償 및 療養給與의 範圍

요양보상 및 요양급여의 범위는 근로기준법 및 산업재해보상보험이 공통되게 i) 진찰(및 검사), ii) 약제 또는 진료재료와 의지 그 밖의 보조기의 지급, iii) 처치·수술 그 밖의 치료, iv) 입원, v) (간호 및) 간병, vi) 이송의 여섯 가지를 규정하고 있다(근로기준법시행령 제44조 제 1 항 및 산업재해보상보험법 제40조 제 4 항). 다만 산업재해보상보험법에서는 위의 여섯 가지 이외에도 「재활치료」 및 「노동부령으로 정하는 사항」을 추가하고 있다.

Ⅲ. 療養補償 및 療養給與의 內容 및 方法

1. 勤勞基準法上의 療養補償

근로기준법상의 요양보상으로서 사용자는 필요한 요양을 행하거나 또는 필요한 요양비를 부담하여야 한다(동법 제78조 제 1 항). 사용자는 양자 중 하나를 선택할 수 있다. 요양보상은 매월 1회 이상 하여야 한다(동법시행령 제46조).

2. 産業災害補償保險法上의 療養給與

산업재해보상보험법상의 요양급여는 원칙적으로 산재보험 의료기관에서 요양을 하게 한다(동법 제40조 제 2 항 본문). 다만, 부득이한 경우에는 예외적으로 요양비를 지급할 수 있다(동법 제40조 제 2 항 단서). 그리고 부상 또는 질병이 3일 이내의 요양으로 치유될 수 있는 때에는 요양급여를 지급하지 아니한다(동법 제40조 제 3 항).

요양급여를 받은 자가 치유후 요양의 대상이 되었던 업무상의 부상 또는 질병이 재발하거나 치유 당시보다 상태가 악화되어 이를 치유하기 위한 적극적인 치료가 필요하다는 의학적 소견이 있는 경우에는 다시 제40조에 따른 요양급여(「재요양」)를 받을 수 있다(동법 제51조).

Ⅳ. 療養補償 및 療養給與의 特例

1. 勤勞基準法上의 一時補償

요양보상을 받는 근로자가 요양을 시작한 지 2년이 지나도 부상 또는 질병이 완치되지 아니하는 경우에는 사용자는 평균임금 「1,340일분」의 일시보상을 하여 그 후의 근로기준법에 따른 모든 보상책임을 면할 수 있다(동법 제84조).

2. 産業災害補償保險法上의 傷病補償年金

산업재해보상보험법에 있어서는 요양급여를 받는 근로자가 요양을 시작한지 2년이 지난 날 이후에 그 부상이나 질병이 치유되지 아니한 상태에 있으며, 그 부상이나 질병에 따른 폐질의 정도가 산업재해보상보험법시행령 제65조에 따른 [별표 8]의 폐질등급기준(제 1 급 내지 제 3 급)에 해당하는 경우에는 휴업급여 대신에 상병보상연금을 그 근로자에게 지급하도록 규정하고 있다(동법 제66조).

3. 産業災害報償保險法上의 看病給與

간병급여는 요양급여를 받은 자가 치유후 의학적으로 상시 또는 수시로 간병이 필요하여 실제로 간병을 받는 자에게 지급한다(동법 제61조 제1항).

제 2 절 休業補償 및 休業給與

Ⅰ. 意 義

휴업보상 또는 휴업급여라 함은 근로자가 요양으로 인하여 취업할 수 없는 경우에 임금대신 지급되는 보상을 말한다.

Ⅱ. 休業補償·休業給與의 內容 및 方法

1. 勤勞基準法上의 休業補償

요양중에 있는 근로자에게 사용자는 그 근로자의 요양중 평균임금의 100분의 60의 휴업보상을 하여야 한다(동법 제79조 제1항). 휴업보상을 받을 기간에 그 보상을 받을 자가 임금의 일부를 지급받은 경우에는 사용자는 평균임금에서 그 지급받은 금액을 뺀 금액의 100분의 60의 휴업보상을 하여야 한다(동법 제79조 제2항). 다만 근로자의 중대한 과실이 있고, 노동위원회의 인정을 받으면 휴업보상을 지급하지 아니한다(동법 제81조). 휴업보상은 매월 1회 이상 하여야 한다(동법 시행령 제46조).

2. 産業災害補償保險法上의 休業給與

(1) 휴업급여 휴업급여는 업무상 사유로 부상을 당하거나 질병에 걸린 근로자에게 요양으로 취업하지 못한 기간에 대하여 지급하되, 1일당 지급액은 평균임금의 100분의 70에 상당하는 금액으로 한다. 다만, 취업하지 못한 기간이 3일 이내이면 이를 지급하지 아니한다(동법 제52조). 따라서 취업하지 못한 기간이 3일 이내인 때에는 휴업급여를 지급하지 아니하므로 이 경우에는 근로기준법에 의한 휴업보상을 지급받아야 한다.

(2) 부분휴업급여 종전에는 요양 중에 부분적으로 취업을 한 경우에는 휴업급여를 지급하지 않아서 근로능력이 떨어진 상태에서 부분적으로 취업을 하면 취업하지 않는 경우보다 소득이 오히려 줄어들게 되므로 취업을 회피하는 요인으로 작용하였다. 이에 법 개정(2007.12.14)으로 부분휴업급여제도를 신설하여, 산재근로자가 요양과 취업을 병행하는 경우에는 취업한 날 또는 시간에 해당하는 근로자의 평균임금에서 취업한 날 또는 시간에 받은 실제 임금과의 차액의 100분의 90에 상당하는 금액을 부분휴업급여로 지급하도록 규정하였다(동법 제53조 참조).

제 3 절 障害補償 및 障害給與

Ⅰ. 意 義

장해보상 또는 장해급여라 함은 근로자가 업무상 부상 또는 질병에 걸리고 완치된 후에도 신체상의 장해가 있는 경우 이에 대한 보상을 지급하는 것을 말한다.

Ⅱ. 障害補償 및 障害給與의 內容 · 方法

1. 勤勞基準法上의 障害補償

근로자가 업무상 부상 또는 질병에 걸리고, 완치된 후 신체에 장해가 있으면 사용자는 그 장해 정도에 따라 평균임금에 별표에서 정한 일수를 곱한 금액의 장해보상(제 1 급: 1,340일분 내지 제14급: 50일분)을 하여야 한다(동법 제80조 제 1 항). 이미 신체에 장해가 있는 자가 부상 또는 질병으로 인하여 같은 부위에 장해가 더 심해진 경우에 그 장해에 대한 장해보상 금액은 장해 정도가 더 심해진 장해등급에 해당하는 장해보상의 일수에서 기존의 장해등급에 해당하는 장해보상의 일수를 뺀 일수에 보상청구사유 발생 당시의 평균임금을 곱하여 산정한 금액으로 한다(동법 제80조 제 2 항).

2. 産業災害補償保險法上의 障害給與

(1) 장해급여 산업재해보상보험법에서는「수급권자의 선택」에 의하여 장해보상일시금(제 1 급: 1,474일분 내지 제14급: 55일분) 또는 장해보상연금 중 원하는 보상을 지급받을 수 있다(동법 제57조 제 3 항). 다만, 대통령령으로 정하는 노동력을 완전히 상실한 장해등급의 근로자에게는 장해보상연금을 지급하고, 장해급여 청구사유 발생 당시 대한민국 국민이 아닌 자로서 외국에서 거주하고 있는 근로자에게는 장해보상일시금을 지급한다(동법 제57조 제 3 항 단서).

(2) 장해특별급여 보험가입자의 고의 또는 과실로 업무상 재해가 발생한 경우 수급권자가「민법」에 따른 손해배상청구에 갈음하여 장해특별급여를 청구하면 장해급여외에 장해특별급여를 보험금에서 지급할 수 있다. 다만, 근로자와 보험가입자 사이에 장해특별급여에 관하여 합의가 이루어진 경우에 한한다(동법 제78조 제 1 항).

(3) 장해등급의 재판정 종전에는 요양 종결 당시 결정된 장해등급은 장해종류에 따라 호전되거나 악화되는 등 변경될 가능성이 있음에도 재판정제도가 없어 한번 판정되면 같은 장해등급이 계속 유지되는 문제가 있었다. 법개정(2007. 12.

14)으로 장해보상연금 수급권자 중 관절의 기능장해, 신경계통의 장해 등 장해 상태가 호전되거나 악화될 가능성이 있는 경우에는 근로복지공단의 직권이나 그 수급권자의 신청에 따라 1회에 한하여 재판정할 수 있도록 하고, 재판정 결과 장해등급이 변경되면 그 변경된 장해등급에 따라 장해급여를 지급하도록 하였다(동법 제59조 참조).

제 4 절 遺族補償 및 遺族給與

Ⅰ. 意 義

유족보상 또는 유족급여라 함은 근로자가 업무상 사고 또는 질병으로 인하여 사망한 경우에 근로자의 유족에게 지급되는 보상을 말한다. 유족보상 또는 유족급여는 업무상 사고로 인하여 즉사한 경우뿐 아니라 업무상 부상・질병으로 인하여 사망한 경우도 포함한다. 부상・질병이 치유된 후 다시 악화되어 사망한 경우도 유족보상 대상이 된다.

Ⅱ. 遺族補償 및 遺族給與의 內容

1. 勤勞基準法上의 遺族補償

근로자가 업무상 사망한 경우에는 사용자는 근로자가 사망한 후 지체없이 그 유족에게 평균임금 1,000일분을 유족보상으로 지급하여야 한다(동법 제82조 제 1 항).

2. 産業災害補償保險法上의 遺族給與

(1) 유족급여 유족급여는 유족보상보상연금이나 유족보상일시금으로 하되, 유족보상일시금은 근로자가 사망할 당시 유족보상연금을 받을 수 있는 자격이 있는 자가 없는 경우에 지급하되, 유족보상일시금은 평균임금의 1,300일분이다(동법 제62조 제 2 항).

(2) 유족특별급여 보험가입자의 고의 또는 과실로 업무상 재해가 발생하여 근로자가 사망한 경우에는 수급권자가 「민법」에 따른 손해배상청구에 갈음하여 유족특별급여를 청구한 때에는 유족급여외에 유족특별급여를 지급할 수 있다(동법 제79조 제 1 항). 유족특별급여에 관하여는 장해특별급여에 관한 규정이 준용된다(동법 제79조 제 2 항).

제 5 절 葬 儀 費

Ⅰ. 勤勞基準法上의 葬儀費

근로자가 업무상 사망한 경우 사용자는 근로자가 사망한 후 지체없이 평균임금 90일분의 장의비를 지급하여야 한다(동법 제83조).

Ⅱ. 産業災害補償保險法上의 葬儀費

장의비는 근로자가 업무상의 사유로 사망한 경우에 지급하되, 평균임금의 120일분에 상당하는 금액을 그 장제를 지낸 유족에게 지급한다. 다만, 장제를 지낼 유족이 없거나 그 밖에 부득이한 사유로 유족이 아닌 자가 장제를 지낸 경우에는 평균임금의 120일분에 상당하는 금액의 범위에서 실제 드는 비용을 그 장제를 지낸 자에게 지급한다(동법 제71조 제 1 항).

제 6 절 職業再活給與

Ⅰ. 意 義

종전에는 요양이 끝난 산재근로자의 직장·사회복귀 지원을 위한 직업재활사업이 직업훈련을 중심으로 한 예산 사업으로 운영되어 그 효과에 한계가 있었다. 이에 법개정(2007.12.14)으로 산재보험급여의 종류에 직업재활급여를 신설하여 요양이 끝난 후 장해급여를 지급받는 자에게 재취업에 필요한 직업훈련을 실시하거나 직업훈련수당을 지급하고, 원 직장에 복귀한 장해급여자를 고용하거나 직장적응훈련비 또는 재활운동비를 지원하도록 하였다(산업재해보상보험법 제72조 참조).

요양이 끝난 산재근로자의 직업훈련 등을 통하여 산재근로자의 직업복귀 촉진과 생계안정에 기여할 것으로 기대된다.

Ⅱ. 職業再活給與의 種類

직업재활급여의 종류로는, i) 장해급여자 중 훈련대상자에 대하여 실시하는 직업훈련에 드는 비용 및 직업훈련수당, ii) 업무상의 재해가 발생할 당시의 사업장에 복귀한 장해급여자에 대하여 사업주가 고용을 유지하거나 직장적응훈련 또는 재활운동을 실시하는 경우에 각각 지급하는 직장복귀지원금, 직장적응훈련비 및 재활운동비 등이 있다(동법 제72조 제 1 항).

제 4 장 産業災害補償에 대한 異義

제 1 절 勞動法上의 救濟制度

Ⅰ. 勤勞基準法上의 審査와 仲裁

1. 勞動部長官의 審査와 仲裁

(1) 절 차 업무상의 부상·질병 또는 사망의 인정, 요양의 방법, 보상금액의 결정 기타 보상실시에 관하여 이의가 있는 자는 노동부장관에게 심사 또는 사건의 중재를 「청구」할 수 있다(동법 제88조 제 1 항). 노동부장관은 필요에 따라 「직권」으로써 심사 또는 사건의 중재를 할 수 있다(동법 제88조 제 3 항).

(2) 법적 성격 심사라 함은 분쟁에 관한 당사자의 입장 및 쟁점에 관한 사실판단을 하는 것이며, 따라서 행정처분에 해당하지 아니한다.

중재는 분쟁을 해결할 수 있도록 당사자를 화해·권고시키는 것을 말하며, 당사자를 구속하지 아니한다(대판 1982.12.14, 82누448).

2. 勞動委員會의 審査와 仲裁

노동부장관이 근로기준법 제88조 제 2 항에 의하여 1월 내에 심사 또는 중재를 하지 않거나 노동부장관의 심사 또는 중재에 대하여 불복이 있는 자는 노동위원회에 심사 또는 중재를 「청구」할 수 있다(근로기준법 제89조 제 1 항).

노동위원회의 심사 및 중재도 권고·화해적인 성격을 지니며 행정처분에 해당되지 아니한다(대판 1982.12.14, 82누448).

Ⅱ. 産業災害補償保險法上의 審査와 再審査

1. 審査請求

(1) 의 의 보험급여 결정 등에 불복하는 자는 공단에 심사청구를 할 수 있다(동법 제103조 제 1 항). 그러나 보험급여 결정 등에 대하여는 행정심판법에 따른 행정심판을 제기할 수 없다(동법 제103조 제 5 항).

(2) 산업재해보상보험심사위원회　종전에는 보험급여에 관한 결정에 불복하는 경우에 제기하는 심사청구사건에 대하여 근로복지공단이 단독심 체제로 심리·결정함으로써 객관성과 전문성 부족 등에 대한 문제가 제기되어 왔다.

이에 법개정(2007.12.14)으로 근로복지공단에 관계전문가 등으로 구성되는 산업재해보상보험심사위원회를 설치하여 근로복지공단이 보험급여 결정 등에 관한 심사청구사건에 대하여 심리·결정할 때에는 동 심사위원회의 심의를 거치도록 하였다.

2. 再審查請求

(1) 의　의　공단의 심사 청구에 대한 결정에 불복하는 자는 산업재해보상보험재심사위원회에 재심사 청구를 할 수 있다(동법 제106조 제 1 항).

(2) 산업재해보상보험재심사위원회　재심사 청구를 심리·재결하기 위하여 노동부에 산업재해보상보험재심사위원회를 둔다(동법 제107조 제 1 항).

3. 審查請求 및 再審查請求와 行政訴訟과의 關係

보험급여 결정 등에 불복하는 자는 산업재해보상보험법상의 심사청구 및 재심사청구를 거치지 아니하고 바로 취소소송을 제기하거나, 임의적으로 심사청구 및 재심사청구를 모두 거친 후에 비로소 취소소송을 제기하거나, 임의적으로 심사청구만을 하여 그 결정을 받은 후 바로 취소소송을 제기할 수도 있는 것이다(대판 2002.11.26, 2002두6811; 대판 2003.3.11, 2002두12670).

제 2 절　民事上의 損害賠償

Ⅰ. 勤勞基準法上의 災害補償과 民事訴訟

근로기준법상의 재해보상에 대하여 근로자는 행정기관에 대한 이의신청(근로기준법 제88조 및 제89조) 이외에도 민사소송을 제기할 수 있다.

Ⅱ. 産業災害補償保險法上의 災害補償과 民事訴訟

산업재해보상보험법에 따른 심사·재심사를 청구하였으나 이에 불복하는 경우 행정소송을 제기할 수 있음은 물론이나, 이와는 별도로 민사소송을 제기할 수도 있다.

기출문제 및 기본문제

최근 기출문제

1. 「산업재해보상보험법」과 관련된 설명으로 옳지 않은 것은? 〈51회 사시〉

① 노동부장관의 위탁을 받아 산업재해보상보험 사업의 효율적 수행을 위해 설립된 법인이 근로복지공단이다.

② 업무상의 재해란 업무상의 사유에 따른 근로자의 부상 · 질병 · 장해 또는 사망을 말한다.

③ 휴업급여는 업무상 재해의 요양으로 취업하지 못한 기간이 3일 이내이면 지급하지 아니한다.

④ 대통령령으로 정하는 중 · 소기업 사업주는 근로복지공단의 승인을 받아 보험에 가입할 수 있다.

⑤ 근로자가 보험급여를 받을 권리는 퇴직으로 소멸된다.

≪**해설**≫ ① 산업재해보상보험법 제10조. ② 동법 제 5 조 제 1 항. ③ 동법 제52조. ④ 동법 제124조. ⑤ 근로자의 보험급여를 받을 권리는 퇴직하여도 소멸되지 아니한다(동법 제88조).

2. 산업재해보상보험법상 업무상 재해에 해당하지 않는 것은? (다툼이 있는 경우에는 판례에 의함) 〈50회 사시〉

① 업무와 관련하여 발생한 재해로 인한 기존 질병의 악화

② 회사의 출장업무 수행 중 발생한 사고로 인한 부상

③ 회사가 제공한 통근버스를 타고 출근하던 중 발생한 교통사고로 인한 사망

④ 근로시간 종료 후 노동조합이 개최한 체육대회경기 중 사고로 인한 부상

⑤ 회사가 주최한 야유회에 참가 중 발생한 부상으로 인한 신체장해

≪**해설**≫ ① 기존 질병이 업무로 인하여 악화되었음이 의학적으로 인정되면 업무상 질병으로 본다(동법시행령 제34조 제 3 항 및 [별표 3] 제 2 호 나목). ② 근로자가 사업주의 지시를 받아 사업장 밖에서 업무를 수행하던 중에 발생한 사고는 업무상 사고로 본다. 다만, 사업주의 구체적인 지시를 위반한 행위, 근로자의 사적 행위 또는 정상적인 출장 경로를 벗어났을 때 발생한 사고는 업무상 사고로 보지 않는다(동법 제37조 제 1 항 제 1 호 가목 및 동법시행령 제27조 제 2 항). ③ 동법 제37조 제 1 항 제 1 호 다목 및 동법시행령 제29조. ④ 노동조합 전임자가

▌해답▌ 1. ⑤ 2. ④

노동조합이 근무시간 종료 후 개최한 체육대회에 참가하여 경기 도중 부상을 당한 것은 업무상 재해에 해당하지 않는다(대판 1997.3.28, 96누16179). ⑤ 행사 중의 사고(동법 제37조 제1항 제1호 라목 및 동법시행령 제30조).

3. 산업재해보상보험법상 업무상재해로 볼 수 없는 것은? (다툼이 있는 경우에는 판례에 의함) 〈49회 사시〉

① 통근버스를 놓쳐 택시를 타고 퇴근하던 중 발생한 사고

② 노사화합을 위해서 사업주가 주최하는 운동대회 중의 재해

③ 휴게시간 중 사업장의 시설 하자로 발생한 재해

④ 업무상 스트레스로 인하여 정신과 치료를 받던 중 자살한 경우

⑤ 노조간부가 일상적인 조합활동 중 과로로 사망한 경우

≪**해설**≫ ① 사업주가 제공한 교통수단이나 그에 준하는 교통수단을 이용하는 등 사업주의 지배관리하에서 출퇴근 중 발생한 사고는 업무상의 재해로 본다(동법 제37조 제1항 제1호 다목). 즉 근로자가 출퇴근하던 중에 발생한 사고가 i) 사업주가 출퇴근용으로 제공한 교통수단이나 사업주가 제공한 것으로 볼 수 있는 교통수단을 이용하던 중에 사고가 발생하였을 것, ii) 출퇴근용으로 이용한 교통수단의 관리 또는 이용권이 근로자측의 전속적 권한에 속하지 아니하였을 것 등의 요건 모두에 해당하면 업무상 사고로 본다(동법시행령 제29조). 따라서 출·퇴근 도중에 발생한 사고라도 교통수단에 대한 선택권 또는 관리·이용권이 근로자 측에 전담된 경우에는 업무상 재해로 볼 수 없다. ② 동법 제37조 제1항 제1호 라목 및 동법시행령 제30조. ③ 동법 제37조 제1항 제1호 나목. ④ 동법 제37조 제2항 단서 및 동법시행령 제36조. ⑤ 대판 1996.6.28, 96다12733 등.

4. 산업재해보상보험제도에 관한 설명 중 옳은 것은? 〈48회 사시〉

① 사용자와 근로자가 보험료를 각각 반반씩 부담한다.

② 사용자의 고의나 과실이 없는 경우에도 근로자가 보험급여를 받을 수 있다.

③ 상시 5인 이상의 사업장에만 적용된다.

④ 보험급여에는 노령급여, 실업급여 및 유족급여가 포함되어 있다.

⑤ 보험료 산정에는 해당 업체의 영업실적을 감안한다.

≪**해설**≫ ① 산업재해보상보험법상 보험료는 사용자가 전액을 부담한다(동법 제4조 및 보험료징수법 제13조 제5항). ② 근로기준법 및 산업재해보상보험법상 재해보상제도는 민사상의 손해배상제도와 달리 무과실책임주의다. ③ 근로기준법상 재해보상 관련규정 및 산업재해보상보험법은 근로자를 사용하는 모든 사업 또는 사업장에 적용한다(근로기준법 제11조 제2항, 동법시행령 제7조, [별표 1] 및 산업재해보상보험법 제6조). ④ 보험급여의 종류는 요양급여, 휴업급여, 장해급여, 간병급여, 유족급여, 상병보상연금, 장의비, 직업재활급여(2007.12.14 신설) 등이 있다(산업재해보상보험법 제36조 제1항). 노령급여는 국민연금법상의 급여

해답 3. ① 4. ②

의 종류이며(국민연금법 제45조). 실업급여는 고용보험법상 고용보험사업의 하나이다(고용보험법 제 4 조 제 1 항). ⑤ 산재보험료율은 매년 9월 30일 현재 과거 3년 동안의 임금총액에 대한 산재보험급여총액의 비율을 기초로 하여, 「산업재해보상보험법」에 의한 연금 등 산재보험급여에 드는 금액, 재해예방 및 재해근로자의 복지증진에 드는 비용 등을 고려하여 사업의 종류별로 구분하여 노동부령으로 정한다(보험료징수법 제14조 제 3 항). 해당 업체의 영업실적은 감안하지 않는다.

5. 산업재해보상보험법상의 보험급여에 해당되지 않은 것은? 〈47회 사시〉

① 요양급여 ② 건강검진 ③ 휴업급여
④ 간병급여 ⑤ 유족급여

≪**해설**≫ 산업재해보상보험법상 보험급여의 종류는 i) 요양급여, ii) 휴업급여, iii) 장해급여, iv) 간병급여, v) 유족급여, vi) 상병보상연금, vii) 장의비 viii) 직업재활급여 등이 있다(동법 제36조 제 1 항).

6. 산업재해보상보험법상 「업무상 재해」에 해당되지 않는 것은? 〈46회 사시〉

① 사업장내에서 작업시간 중에 작업을 하던 중 근로자의 경미한 과실로 발생한 사고로 인한 부상
② 회사가 주최하는 행사의 기획업무를 담당하고 있는 근로자가 그 업무의 수행 중에 발생한 사고로 인한 부상
③ 사업장내에서 화재가 발생하여 사회통념상 예견될 수 있는 구조행위를 하고 있을 때 발생한 사고로 인한 사망
④ 출장 중 사업주의 구체적 지시를 위반한 행위로 인한 부상
⑤ 출장지시를 받아 사업장 밖에서 업무를 수행하다 발생한 사고로 인한 부상

≪**해설**≫ ① 업무수행중의 사고(동법 제37조 제 1 항 제 1 호 가목 및 동법시행령 제27조 제 1 항 제 1 호). ② 행사중의 사고(동법 제37조 제 1 항 제 1 호 라목 및 동법시행령 제30조). ③ 업무수행중의 사고(동법 제37조 제 1 항 제 1 호 가목 및 동법시행령 제27조 제 1 항 제 4 호). ④⑤ 근로자가 사업주의 지시를 받아 사업장 밖에서 업무를 수행하던 중에 발생한 사고는 업무상 사고로 본다. 다만, i) 사업주의 구체적인 지시를 위반한 행위, ii) 근로자의 사적 행위 또는 정상적인 출장 경로를 벗어났을 때 발생한 사고는 업무상 사고로 보지 않는다(동법 제37조 제 1 항 제 1 호 가목 및 동법시행령 제27조 제 2 항).

7. 산업재해보상보험법상 업무상 재해로 인정하기 어려운 것은? 〈44회 사시〉

① 근로자 소유의 승용차로 퇴근 도중 발생한 교통사고
② 작업시간 중 용변을 보다가 발생한 사고
③ 회사가 주최한 운동경기 도중의 사고

▌해답▌ 5. ② 6. ④ 7. ①

④ 작업시간 중 제 3 자의 행위로 인하여 발생한 사고

⑤ 과로사

≪**해설**≫ ① 근로자 소유의 승용차, 자전거 또는 도보로 출·퇴근하다 발생한 재해는 업무상 재해로 볼 수 없다(동법 제37조 제 1 항 제 1 호 다목 및 동법시행령 제29조). ② 업무수행 중의 사고(동법 제37조 제 1 항 제 1 호 가목 및 동법시행령 제27조 제 1 항 제 2 호). ③ 행사중의 사고(동법 제37조 제 1 항 제 1 호 라목 및 동법시행령 제30조). ④ 제 3 자의 행위에 따른 사고(동법 제37조 제 1 항 제 1 호 바목 및 동법시행령 제33조). ⑤ 대판 1996.9.6, 96누6103 등 참조.

8. 산업재해보상보험법상의 '업무상의 재해'로 볼 수 없는 것은? (이견이 있을 경우 판례에 따름) 〈43회 사시〉

① 통근버스를 이용한 출퇴근 중의 사고

② 시업(始業)시간 전 업무준비행위 중의 사고

③ 조회·종례 중의 사고

④ 작업시간 중 용변 등 생리를 위한 행위 중의 사고

⑤ 중식시간 중 노동조합이 주최한 체육대회 중의 사고

≪**해설**≫ ① 출퇴근 중의 사고(동법 제37조 제 1 항 제 1 호 다목 및 동법시행령 제29조). ②③④ 업무수행 중의 사고(동법 제37조 제 1 항 제 1 호 가목 및 동법시행령 제27조 제 1 항 제 2 호·제 3 호). ⑤ 휴게시간 중 사업주의 지배관리하에 있다고 볼 수 있는 행위로 발생한 사고는 업무상의 재해로 본다(동법 제37조 제 1 항 제 1 호 마목). 그러나 휴게시간 중에 노동조합이 주최한 체육대회는 통상적인 휴게시간중의 활동이라 볼 수 없으므로 동 사고는 업무상 재해로 볼 수 없다.

9. 업무상 재해를 당한 근로자가 산업재해보상보험급여를 지급받으려면 어느 기관에 신청하여야 하는가? 〈42회 사시〉

① 근로복지공단 ② 근로감독관 ③ 노동부장관

④ 노동위원회 ⑤ 노동부에 설치된 산업재해보상보험심사위원회

≪**해설**≫ 산업재해보상보험법에 의한 보험사업은 노동부장관이 관장한다(동법 제 2 조 제 1 항). 다만, 노동부장관의 위탁을 받아 근로복지공단이 설립되었으므로(동법 제10조), 근로복지공단이 보험급여를 결정·지급하게 되어 있어(동법 제11조 제 1 항 제 3 호 참조) 공단에 신청하여야 한다.

10. 산업재해보상보험법상의 급여에 해당하지 않는 것은? 〈42회 사시〉

① 요양급여 ② 장해급여 ③ 상병보상연금

④ 분만급여 ⑤ 장의비

≪**해설**≫ 산업재해보상보험법상 보험급여의 종류는 i) 요양급여, ii) 휴업급여,

┃해답┃ 8. ⑤ 9. ① 10. ④

iii) 장해급여, iv) 간병급여, v) 유족급여, vi) 상병보상연금, vii) 장의비 viii) 직업재활급여 등이다(동법 제36조 제 1 항). ④ 분만급여는 국민건강보험법상의 보험급여의 종류이다(동법 제28조).

11. 산업재해보상보험의 보험료를 부담하는 자는? 〈42회 사시〉

① 정 부 ② 정부와 사업주 ③ 사업주

④ 사업주와 근로자 ⑤ 근로자

≪**해설**≫ 산업재해보상보험법상의 보험관계는 국가(노동부장관)와 사업의 사업주간에 형성된다(보험료징수법 제 5 조 제 3 항). 따라서 공단은 보험가입자인 사업주로부터 보험료 전액을 징수하는 바, 보험료는 보험가입자가 경영하는 사업의 임금총액에 같은 종류의 사업에 적용되는 보험료율을 곱한 금액으로 한다(동법 제13조 제 5 항).

12. 업무상 재해라고 할 수 있는 것은? 〈41회 사시변형〉

① 도보로 출근시 발생한 사고

② 쟁의기간 중 노조전임자의 재해

③ 야근 후 자가용차로 퇴근시 졸음운전 중 발생한 사고

④ 점심시간 중 족구경기로 인한 사고

⑤ 노사단합 야유회에서의 사고

≪**해설**≫ ①③ 출퇴근의 경로와 방법이 근로자에게 맡겨져 있는 출퇴근 도중의 재해는 업무상 재해가 아니다(산업재해보상보험법 제37조 제 1 항 제 1 호 다목 및 동법시행령 제29조). ② 쟁의행위중의 재해는 업무상 재해로 인정되지 않는다(대판 1996. 6. 28, 96다12733). ④ 휴게시간 중의 사고(동법 제37조 제 1 항 제 1 호 마목). ⑤ 사업주가 주관하거나 사업주의 지시에 따라 참여한 행사나 행사준비 중에 발생한 사고는 업무상의 재해로 본다(동법 제37조 제 1 항 제 1 호 라목). 즉 운동경기 · 야유회 · 등산대회 등 각종 행사에 근로자가 참가하는 것이 사회통념상 노무관리 또는 사업운영상 필요하다고 인정되는 경우로서, i) 사업주가 행사에 참가한 근로자에 대하여 행사에 참가한 시간을 근무한 시간으로 인정하는 경우 ii) 사업주가 그 근로자에게 행사에 참가하도록 지시한 경우 iii) 사전에 사업주의 승인을 받아 행사에 참가한 경우 iv) 그 밖에 이에 준하는 경우로서 사업주가 그 근로자의 행사 참가를 통상적 · 관례적으로 인정한 경우 중 어느 하나에 해당하는 경우에 근로자가 그 행사에 참가(행사 참가를 위한 준비 · 연습을 포함한다)하여 발생한 사고는 업무상 사고로 본다(동법시행령 제30조). 판례법리에 따르면, 행사중에 발생한 재해를 업무상 재해로 인정하기 위해서는 행사의 주최자, 목적, 내용, 참가인원의 강제성 여부, 운영방법 그리고 비용부담 내지 장소제공 등의 여러 사정을 고려하여야 한다. 예컨대 회사 직원 중 일부가 자신들의 친목을 도모하기 위하여 스스로 비용을 갹출하여 야유회를 갖고 또 야유회의 전반적인 과정이 회사의 지배나 관리하에 있다고 볼 수 없는 경우에 야유회의 참가로 인하여 발생한

❙해답❙ **11.** ③ **12.** ④⑤

재해(대판 1992.10.9, 92누11107), 회식이 업무의 연장 또는 업무의 원활화를 위한 것이 아니라 참석자들의 사적 내지 자의적인 유흥행위에 지나지 않을 경우에 그 회식에 참가하던 중 발생한 재해(대판 1986.12.23, 86다카556; 대판 1992.7.20, 92누6280; 대판 1995.5.26, 94다60509) 등은 업무상의 재해라 할 수 없다.

13. 산업재해보상보험법상 업무상 재해에 해당될 수 없는 것은? 〈40회 사시〉

① 업무시간 중 사적 외출 중의 재해

② 통근버스로 통근 도중의 재해

③ 작업종료 후 작업장 정리 중의 재해

④ 회사 운동대회 중의 재해

⑤ 출장근로 중의 재해

≪**해설**≫ ① 사업주의 구체적인 지시를 위반한 행위, 근로자의 사적 행위 또는 정상적인 출장 경로를 벗어났을 때 발생한 사고는 업무상 사고로 보지 않는다(동법시행령 제27조 제2항 단서). 또한 근로자의 고의·자해행위나 범죄행위 또는 그것이 원인이 되어 발생한 부상·질병·장해 또는 사망은 업무상의 재해로 보지 아니한다(동법 제37조 제2항 본문).

14. 해당 보험료 전액을 사업주가 부담하도록 규정하고 있는 법률은? 〈40회 사시〉

① 국민연금법 ② 공무원연금법 ③ 국민건강보험법

④ 고용보험법 ⑤ 산업재해보상보험법

≪**해설**≫ ① 국민연금법상 i) 사업장가입자의 경우 근로자본인의 기여금·사용자의 부담금, ii) 지역가입자의 경우 본인전액부담, ② 공무원연금법상 공무원본인의 기여금·국가 및 지자체의 부담금. ③ 건강보험법상 피보험자인 근로자·사용자 각각 50%씩 부담. ④ 고용보험법상 i) 고용안정·직업능력개발사업의 경우 사업주전액부담(단 국고부담 가능), ii) 실업급여의 경우 근로자·사용자 50%씩 부담. ⑤ 보험료징수법 제13조 제5항.

15. 산업재해보상보험법상의 업무상의 재해로 볼 수 없는 것은? 〈39회 사시〉

① 휴게시간중 사업장의 시설의 하자로 발생한 재해

② 사업주가 제공한 교통수단으로 출근하던 중 입은 재해

③ 출장업무중 사적 원한으로 피살되어 입은 재해

④ 더운 작업환경으로 인하여 생긴 갈증을 해소하기 위해서 물을 마시려다가 입은 재해

⑤ 공장 부속 기숙사에서 취침중 일어난 화재로 입은 재해

≪**해설**≫ 근로자의 단순한 사적 행위나 자의적 행위는 업무상 재해로 인정될 수 없다.

▌해답▐ 13. ① 14. ⑤ 15. ③

16. 산업재해보상보험의 가입에 관한 설명으로 옳지 않은 것은? 〈39회 사시변형〉

① 적용이 배재되는 사업은 위험율, 규모 및 사업장소 등을 참작하여 대통령령으로 정해진다.

② 근로자를 단속적으로 사용하여 상시 근로자의 수가 1인 이상이 되지 아니하는 사업은 적용하지 않는다.

③ 근로자를 사용하는 사업의 사업주는 대통령령으로 정하는 경우를 제외하고는 의무적으로 가입하여야 한다.

④ 농업 · 임업(벌목업 제외) · 어업 · 수렵업 중 법인이 아닌 자의 사업으로서 상시 5인 미만의 근로자를 사용하는 사업은 적용하지 않는다.

⑤ 임의적인 가입의 가능성은 산업재해보상보험에서는 배제되어 있다.

≪**해설**≫ ①②④ 적용제외사업(산업재해보상보험법 제 6 조 단서; 동법시행령 제 2 조 제 1 항). ③ 당연적용사업은 의무적으로 가입이 강제된다(보험료징수법 제 5 조 제 3 항). ⑤「산업재해보상보험법」의 적용을 받는 사업의 사업주는 당연적용이 원칙이나(보험료징수법 제 5 조 제 3 항) 적용제외사업의 사업주는 공단의 승인을 얻어 임의적용이 가능하다(동법 제 5 조 제 4 항). ②④는 1999. 12. 31 개정된 현행법에 따라 변형한 것이다.

기출문제 및 기본문제

17. 다음 중 산재보험이 가진 특성이 아닌 것은?

① 사회보험 ② 강제보험 ③ 재해보험

④ 무과실보험 ⑤ 상해보험

≪**해설**≫ 상해보험이란 보험자가 피보험자의 신체의 상해에 관한 보험사고가 생길 경우에 보험금액 기타의 급여를 할 목적으로 하는 보험을 말하는 것으로(상법 제737조), 업무상 재해에 기한 산재보험과 그 특성이 다르다.

18. 산업재해보상보험에 관한 기술 중 옳은 것과 틀린 것의 조합이 맞는 것은 무엇인가?

㉮ 보험료는 사용자 및 근로자가 반반씩 부담한다.
㉯ 보험시설과 사무비용은 국가가 부담한다.
㉰ 산재보험은 노동부장관이 관장한다.
㉱ 산재보험은 사회보험제도의 하나이다.
㉲ 산재보험은 사용자의 과실책임에 입각하고 있다.

▌해답▐ 16. ⑤ **17.** ⑤ **18.** ⑤

① ㉮(×)㉯(○)㉰(○)㉱(○)㉲(○) ② ㉮(○)㉯(×)㉰(×)㉱(×)㉲(○)
③ ㉮(○)㉯(○)㉰(○)㉱(○)㉲(×) ④ ㉮(○)㉯(×)㉰(×)㉱(○)㉲(×)
⑤ ㉮(×)㉯(○)㉰(○)㉱(○)㉲(×)

≪**해설**≫ ㉮ 산업재해보상보험의 보험가입자는 「사업의 사업주」이며(보험료징수법 제 5 조 제 3 항), 보험가입자인 사업주가 보험료 「전액」을 부담한다(보험료징수법 제13조 제 5 항). ㉯ 보험시설과 업무비용을 국가가 부담한다는 것은 산재보험의 사회보장적인 측면을 잘 나타내는 사항이다(산업재해보상보험법 제 3 조 참조). ㉰ 동법 제 2 조 제 1 항. ㉲ 산재보험은 민법상의 과실책임주의를 극복하고, 무과실책임주의를 전제로 한다.

19. 우리나라는 다음 중 어느 유형의 재해보상방식을 취하고 있는가?

① 사회보험방식
② 사회보장방식
③ 간접보상방식
④ 사회보험방식과 사회보장방식의 절충
⑤ 직접보상방식과 사회보험방식의 병용

≪**해설**≫ 근로기준법은 직접보상방식, 산업재해보상보험법은 사회보험방식(간접보상방식)을 채택하고 있다.

20. 다음 중 근로기준법상 재해보상청구권의 소멸시효로 옳은 것은? 〈28회 사시〉

① 1년 ② 2년 ③ 3년
④ 5년 ⑤ 10년

≪**해설**≫ 재해보상청구권은 3년간 행사하지 아니하는 경우에는 시효로 인하여 소멸한다(근로기준법 제92조).

21. 다음 중 근로자에게 산업재해가 발생한 경우 무과실책임주의에 의하여 재해보상을 인정하는 법률에 관한 조합 중 옳은 것은 어느 것인가?

㉮ 민 법	㉯ 근로기준법
㉰ 산업재해보상보험법	

① 민법, 근로기준법
② 근로기준법, 산업재해보상보험법
③ 산업재해보상보험법, 민법
④ 민법, 근로기준법, 산업재해보상보험법
⑤ 민 법

❙해답❙ **19.** ⑤ **20.** ③ **21.** ②

≪**해설**≫ 민법은 과실책임주의, 근로기준법 및 산업재해보상보험법은 무과실책임주의를 채택하고 있다.

22. 다음 중 업무상 재해로 인정하기에 가장 타당하지 않은 것은?

① 휴게시간 중 발생된 천재지변에 대한 반사행위로서의 재해

② 노동조합활동중에 노조전임자가 입은 재해

③ 쟁의행위 중에 발생한 재해

④ 숙직 중에 강도에 의하여 부상을 입거나 사망한 경우

⑤ 업무상 부상 또는 질병으로 요양 중인 산재보험 의료기관 내에서 업무상 부상 또는 질병의 요양과 관련하여 발생한 사고

≪**해설**≫ ① 사회통념상 근로자가 사업장 내에서 할 수 있다고 인정되는 행위를 하던 중 태풍 · 홍수 · 지진 · 눈사태 등의 천재지변이나 돌발적인 사태로 발생한 사고는 근로자의 사적 행위, 업무 이탈 등 업무와 관계없는 행위를 하던 중에 사고가 발생한 것이 명백한 경우를 제외하고는 업무상 사고로 본다(산업재해보상보험법 제37조 제 1 항 제 1 호 바목 및 동법시행령 제31조). ②③ 노조활동 중에 노조전임자가 입은 재해는 업무상 재해에 해당되지만, 쟁의행위 중에 근로자가 입은 재해는 업무상 재해에 해당되지 아니한다(대판 1994. 2. 22, 92누14502). ④ 제 3 자의 행위에 따른 사고(동법 제37조 제 1 항 제 1 호 바목 및 동법시행령 제33조). ⑤ 요양 중의 사고(동법 제37조 제 1 항 제 1 호 바목 및 동법시행령 제32조).

23. 다음 중 산업재해보상보험법상의 업무상 재해로 인정될 수 없는 것은 어느 것인가? 〈2회 공인노무사〉

① 출장으로 현지 여관에서 취침 중 연탄가스로 중독 사망한 경우

② 작업 중 낙뢰로 인한 사망

③ 회사 구내식당에서 점심식사 도중 운반하던 온수에 화상

④ 작업 중 근로자의 자해행위로 인한 부상

⑤ 회사 통근버스로 출 · 퇴근하다가 입은 부상

≪**해설**≫ 업무상 재해는 크게 「업무상 사고」와 「업무상 질병」의 두 가지 형태가 있다. 업무상 사고란 (i) 업무수행 중의 사고, (ii) 시설물의 결함 등에 따른 사고, (iii) 출퇴근 중의 사고, (iv) 행사 중의 사고, (v) 휴게시간 중의 사고, (vi) 그 밖에 업무와 관련하여 발생한 사고로 분류된다(동법 제37조 제 1 항 및 동법시행령 제27조 내지 제33조). 그러나 업무수행 중의 사고라 하더라도 i) 사업주의 구체적인 지시를 위반한 행위, ii) 사적 행위 또는 정상적인 출장 경로를 벗어났을 때 발생한 사고는 업무상 사고로 보지 아니한다(동법시행령 제27조 제 2 항 단서). 또한 근로자의 고의 · 자해행위나 범죄행위 또는 그것이 원인이 되어 발생한 부상 · 질병 · 장해 또는 사망은 업무상의 재해로 보지 아니한다(동법 제37조 제 2 항 본문).

| 해답 | **22.** ③ **23.** ④

24. 업무상 재해와 관련된 다음 설명 중 거리가 먼 것은? (판례에 의함)

① 불법취업한 외국인도 근로기준법상의 근로자이므로 산업재해보상보험법의 적용을 받는다.

② 통근방법과 경로의 선택이 근로자에게 유보되어 있는 경우 단순한 근로자의 출·퇴근 중 발생한 재해는 업무상 재해가 아니다.

③ 업무상 재해로 인한 심신상실·정신착란의 상태에서 자살을 한 경우 사망과 업무 사이에 상당인과관계가 존재한다.

④ 재해의 발생원인이 업무와 직접관련이 없는 개인적 질병에 의한 것이라 하더라도 업무상 과로가 질병·사망을 악화·유발시켰다면 인과관계가 있다.

⑤ 노조간부가 불법적인 조합활동중 다친 경우 업무상 재해로 인정할 수 있다.

≪**해설**≫ ① 대판 1995.9.15. ② 산업재해보상보험법 제37조 제1항 제1호 다목 및 동법시행령 제29조 참조, 대판 1994.6.14. ③ 동법 제37조 제2항 단서 및 동법시행령 제36조 참조, 대판 1993.12.14. ④ 대판 1996.9.6. ⑤ 「노조업무 전임자」가 본래의 업무를 수행하는 중에 재해를 당한 경우에는 원칙적으로 근로기준법상의 재해보상의 대상이 되나, i) 업무의 성질상 사용자의 사업과 무관한 상부단체(연합단체)에 관련된 활동이거나, ii) 불법적인 노동조합활동 또는, iii) 사용자와 대립관계로 되는 쟁의단계에 들어간 이후의 노동조합 활동 중에 생긴 재해 등은 이를 업무상 재해로 볼 수 없다(대판 1996.6.28, 96다12733).

25. 산업재해보상보험법상 업무상 재해의 인정기준에 관한 설명 중 틀린 것은?

① 천재지변·화재 등 사업장 내에 발생한 돌발적인 사고에 따른 긴급피난·구조행위 등 사회통념상 예견되는 행위 등을 하던 중에 발생한 사고는 업무상 사고로 본다.

② 사업주가 주관하거나 사업주의 지시에 따라 참여한 행사나 행사준비 중에 발생한 사고는 업무상 재해로 본다.

③ 사업주가 제공한 시설물 등을 사업주의 구체적인 지시를 위반하여 이용한 행위로 발생한 사고와 그 시설물 등의 관리 또는 이용권이 근로자의 전속적 권한에 속하는 경우에 그 관리 또는 이용 중에 발생한 사고는 업무상 사고로 보지 않는다.

④ 직업병이나 과로사는 업무수행성이 없으므로 업무상 재해로 인정할 수 없다.

⑤ 제3자의 행위로 근로자에게 사고가 발생한 경우에 그 근로자가 담당한 업무가 사회통념상 제3자의 가해행위를 유발할 수 있는 성질의 업무라고 인정되면 그 사고는 업무상 사고로 본다.

| 해답 | 24. ⑤ 25. ④

≪**해설**≫ ① 업무수행 중 사업장 내의 사고(동법 제37조 제 1 항 제 1 호 가목, 동법 시행령 제27조 제 1 항) ② 행사 중의 사고(동법 제37조 제 1 항 제 1 호 라목) ③ 시설물 등의 결함에 따른 사고(동법 제37조 제 1 항 제 1 호 나목, 동법 시행령 제28조 제 2 항) ④ 직업병이나 과로사는 업무수행 중이 아니라 사업장 밖에서 업무시간 외에 발생하더라도 이를 업무상 재해로 인정하지 않을 수 없다(대판 1992.9.25, 92누11299; 대판 1993.3.12, 92누17471 등). ⑤ 제 3 자의 행위에 따른 사고(동법 제37조 제 1 항 제 1 호 바목, 동법 시행령 제33조)

26. 근로기준법상의 재해보상에 해당하는 경우는 모두 몇 개인가?

㉮ 요양보상	㉯ 유족보상	㉰ 장해보상
㉱ 장의비	㉲ 휴업보상	

① 2개　② 3개　③ 4개
④ 5개　⑤ 없음

≪**해설**≫ [보상사유 및 종류]

보상사유	부상 · 질병 · 장해 및 사망 〈근로기준법〉	左 同 〈산업재해보상보험법〉
보상내용	① 요양보상 ② 휴업보상 ③ 장해보상 ④ 유족보상 ⑤ 장의비	① 요양급여 ② 휴업급여 ③ 장해급여 ④ 간병급여 ⑤ 유족급여 ⑥ 장의비 ⑦ 상병보상연금 ⑧ 직업재활급여

27. 업무상 부상 또는 질병에 의하여 요양중인 근로자에게 지급되는 휴업보상은?

① 평균임금의 100분의 50　② 통상임금의 100분의 60
③ 평균임금의 100분의 60　④ 통상임금의 100분의 70
⑤ 사용자가 그 비용으로 요양을 시키거나 필요한 비용을 부담하여야 하므로 별도의 휴업보상은 하지 아니하여도 된다.

≪**해설**≫ [근로기준법상의 재해보상]

종 류	내 용
요양보상	① 진찰, ② 약제 또는 진료재료와 의지 그 밖의 보조기의 지급, ③ 처치, 수술 그 밖의 치료, ④ 입원, ⑤ 간병, ⑥ 이송
휴업보상	평균임금의 60/100
장해보상	평균임금의 최고 1,340(1급)~최저 50일분(14급)

❙해답❙ **26.** ④ **27.** ③

유족보상	평균임금의 1,000일분
장 의 비	평균임금의 90일분

28. 다음은 근로기준법상의 재해보상에 관한 설명이다. 설명이 잘못된 것은?

① 근로자가 업무상 부상 또는 질병에 걸린 경우에는 사용자는 그 비용으로 필요한 요양을 행하거나 필요한 요양비를 부담하여야 한다.

② 요양중에 있는 근로자에게는 평균임금의 100분의 60의 휴업보상을 하여야 한다.

③ 근로자가 업무상의 부상 또는 질병에 걸리고 완치된 후에는 신체장해가 있는 경우에도 장해보상을 하지 아니한다.

④ 근로자의 중대한 과실에 의하여 업무상 부상 또는 질병에 걸리고 사용자가 노동위원회에 그 과실에 대하여 인정을 받은 경우에는 휴업보상이나 장해보상을 행하지 아니하여도 무방하다.

⑤ 근로자가 업무상 사망한 경우에는 사용자는 근로자가 사망한 후 지체없이 그 유족에게 평균임금의 1,000일분의 유족보상을 하여야 한다.

≪**해설**≫ ① 근로기준법 제78조 제 1 항. ② 동법 제79조 제 1 항. ③ 동법 제80조 제 1 항. ④ 동법 제81조. ⑤ 동법 제82조 제 1 항.

29. 다음은 근로기준법의 재해보상에 관한 설명이다. 잘못된 것은?

① 근로기준법상의 휴업보상·장해보상의 사유는 근로자가 자신의 고의나 중대한 과실없이 업무상의 이유로 부상 또는 질병을 얻은 경우이다.

② 근로자가 업무상 사망한 경우에는 사용자는 근로자가 사망한 후 지체없이 평균임금의 90일분의 장의비를 지급하여야 한다.

③ 동법에 의한 보상청구권은 퇴직으로 인하여 변경되지 않지만, 양도 또는 압류는 할 수 있다.

④ 근로자가 요양개시 후 2년을 경과하는 경우에도 완치되지 아니한 경우에는 평균임금의 1,340일분의 일시보상을 행하고 그 후의 모든 배상책임을 면할 수 있다.

⑤ 사용자는 재해보상에 관한 중요한 서류를 재해보상이 끝나지 아니하거나 재해보상청구권이 시효로 소멸되기 전에 폐기하여서는 아니 된다.

≪**해설**≫ ① 휴업보상·장해보상의 경우 근로자의 중대한 과실에 의한 경우 노동위원회의 인정을 받아 지급을 하지 않아도 되는 예외가 인정되므로 옳은 서술이다(근로기준법 제81조 참조). ② 동법 제83조. ③ 보상을 받을 권리는 퇴직으로

▌해답▌ 28. ③ 29. ③

인하여 변경되지 아니 하고, 압류나 양도하지 못한다(동법 제86조). ④ 동법 제84조. ⑤ 동법 제91조. 한편, 사용자는 근로자명부와 대통령령으로 정하는 근로계약에 관한 중요한 서류를 3년간 보존하여야 한다(동법 제42조).

30. 근로기준법과 산업재해보상보험법에서 공통적으로 적용이 제외되는 특칙을 두고 있는 재해보상의 형태는 어느 것인가?

① 휴업보상(급여) ② 장해보상(급여) ③ 요양보상(급여)
④ 장의비 ⑤ 일시보상(급여)

≪**해설**≫ 근로기준법상 근로자의 중대한 과실로 업무상 부상 또는 질병에 걸리고 사용자가 그 과실에 대하여 노동위원회의 인정을 받으면 휴업보상이나 장해보상을 하지 아니하여도 된다(동법 제81조). 산업재해보상보험법상 부상 또는 질병이 3일이내의 요양으로 치유될 수 있으면 요양급여를 지급하지 아니하며, 취업하지 못한 기간이 3일 이내이면 휴업급여를 지급하지 아니한다(동법 제40조 제3항 및 제52조 단서).

[재해보상의 지급제한]

	근로기준법	산업재해보상보험법
사 유	• 근로자의 중과실 • 노동위원회의 인정	• 3일 이내에 완치되는 경우 • 미취업기간이 3일 이내인 경우
종 류	① 휴업보상 ② 장해보상	① 요양급여 ② 휴업급여

31. 산업재해보상보험법상 직업재활급여의 종류가 아닌 것은?

① 직업훈련수당
② 직장복귀지원금
③ 직장적응훈련비
④ 재활운동비
⑤ 직업능력개발수당

≪**해설**≫ 직업재활급여의 종류로는, i) 장해급여자 중 훈련대상자에 대하여 실시하는 직업훈련에 드는 비용 및 직업훈련수당, ii) 업무상의 재해가 발생할 당시의 사업장에 복귀한 장해급여자에 대하여 사업주가 고용을 유지하거나 직장적응훈련 또는 재활운동을 실시하는 경우에 각각 지급하는 직장복귀지원금, 직장적응훈련비 및 재활운동비 등이 있다(동법 제72조 제1항). ⑤ 직업능력개발수당은 실업급여 중 취업촉진수당에 해당한다.

32. 근로계약서류와 임금대장의 보존의무기간은?

① 3년, 2년 ② 2년, 2년 ③ 2년, 3년
④ 3년, 3년 ⑤ 3년, 1년

해답 30. ① 31. ⑤ 32. ④

≪해설≫ 근로계약서류 및 임금대장은 3년간 보존할 의무를 진다(근로기준법 제42조 및 동법시행령 제22조 제 1 항).

33. 일시보상에 관한 설명이 잘못된 것은?

① 장해보상을 받는 근로자가 요양개시후 2년을 경과하여도 부상·질병이 완치되지 않는 경우에 실시할 수 있다.

② 사용자는 평균임금의 1,340일분의 일시보상을 한 경우 근로기준법상의 모든 보상책임을 면하게 된다.

③ 근로자가 업무상 질병·부상의 요양을 위하여 휴업한 기간과 그 후 30일간에도 사용자가 일시보상을 행한 경우 해고할 수 있다.

④ 사용자는 지급능력이 있는 것을 증명하고 보상받을 자의 동의를 얻은 경우에는 일시보상금을 1년간에 걸쳐 분할보상할 수 있다.

⑤ 산업재해보상보험법상의 요양급여를 받는 근로자가 요양을 시작한 후 3년이 지난 날 이후에 상병보상연금을 지급받고 있는 경우에는 근로기준법상의 일시보상을 지급한 것으로 본다.

≪해설≫ ①② 「요양보상」을 받는 근로자가 요양개시후 2년을 경과하여도 부상 또는 질병이 완치되지 아니하는 경우에는 평균임금의 1,340일분의 일시보상을 행하여 그후의 이 법에 의한 모든 보상책임을 면할 수 있다(근로기준법 제84조). ③ 사용자가 일시보상을 행한 후에는 근로기준법에 의한 모든 보상책임을 면한다고 했으므로(동법 제84조), 해고시기의 제한을 받지 않고 사용자는 근로자를 해고 할 수 있다(동법 제23조 제 2 항). ④ 동법 제85조. ⑤ 산업재해보상보험법 제80조 제 4 항.

34. 다음 중 분할보상이 가능한 것들로만 묶인 것은?

㉮ 요양보상	㉯ 휴업보상	㉰ 장해보상
㉱ 유족보상	㉲ 장의비	㉳ 일시보상

① ㉮, ㉯, ㉰, ㉱ ② ㉮, ㉰, ㉱, ㉳ ③ ㉯, ㉰, ㉱, ㉳
④ ㉰, ㉱, ㉲, ㉳ ⑤ ㉰, ㉱, ㉳

≪해설≫ 근로기준법 제85조에서는 「사용자는 지급능력이 있는 것을 증명하고 보상을 받을 자의 동의를 얻은 경우에 있어서는 제80조(장해보상), 제82조(유족보상), 제84조(일시보상)의 규정에 의한 보상금을 1년 간에 걸쳐 분할보상할 수 있다」고 규정하고 있다.

35. 다음 중 동일한 사유에 대하여 근로기준법에 의하여는 재해보상이 인정되지 아니하나, 산업재해보상보험법에 의하여는 인정되는 것은?

해답 33. ① 34. ⑤ 35. ⑤

① 요양급여　　② 장해급여　　③ 유족급여
④ 장의비　　⑤ 상병보상급여

≪**해설**≫ 근로기준법에서의 보상내용과는 달리 산업재해보상보험법에서 인정되는 보험급여는 i) 간병급여, ii) 상병보상연금, iii) 직업재활급여 등이 있다(동법 제36조 제 1 항). ⑤ 상병보상급여는 근로기준법상의 보상내용에 없다. 따라서 산재법상의 규정에 의해서만 지급된다(동법 제66조).

36. 산업재해보상보험법상의 보험급여는 지급결정일부터 몇 일 내에 지급되어야 하는가?

① 7일　　② 10일　　③ 14일
④ 15일　　⑤ 30일

≪**해설**≫ 보험급여는 지급결정일부터 「14일」 이내에 지급하여야 한다(동법 제82조).

37. 산업재해보상보험법상 보험급여 결정 등에 관해 이의가 있는 경우 구제절차가 올바른 것은? 〈1회 공인노무사, '97 행시변형〉

① 노동부장관 → 노동위원회 → 행정소송
② 산업재해보상보험심사위원회 → 노동부장관 → 행정소송
③ 근로복지공단 → 노동위원회 → 중앙노동위원회 → 행정소송
④ 노동부장관 → 산업재해보상보험심사위원회 → 행정소송
⑤ 근로복지공단 → 산업재해보상보험재심사위원회 → 행정소송

≪**해설**≫ [보험급여에 대한 불복방법]

산업재해보상보험 재심사위원회 〈재심〉 ↑ 근로복지공단 〈초심〉 ↑ 급여결정(불승인)	• 취소 또는 기각의 재결: 행정심판 → 행정소송가능 • 60일내 결정 – 안 날부터 90일내 재심사 청구 → 시효중단 • 특별심판제도 → 일반행정심판 × • 60일내 결정 – 안 날부터 90일내 심사청구 → 시효중단

38. 산업재해보상보험법상 보험급여에 관한 설명 중 틀린 것은?

① 요양급여는 현물급여를 원칙으로 하며, 3일 이내에 치유될 수 있는 부상의 경우에도 요양급여를 받을 수 있다.
② 휴업급여는 평균임금의 100분의 70에 상당하는 금액으로 하되, 취업하지

| 해답 | 36. ③　37. ⑤　38. ①

못한 기간이 3일이내인 때에는 이를 지급하지 아니한다.

③ 장해보상연금 또는 장해보상일시금은 수급권자의 선택에 따라 지급하되, 장해보상일시금은 장해등급 제 1 급(평균임금 1,474일분) 내지 제14급(평균임금 55일분), 장해보상연금은 장해등급 제 1 급(평균임금 329일분) 내지 제 7 급(평균임금 138일분)으로 한다.

④ 간병급여는 요양급여를 받은 자가 치유 후 의학적으로 상시 또는 수시로 간병이 필요하여 실제로 간병을 받는 자에게 지급한다.

⑤ 유족급여는 유족보상연금 또는 유족보상일시금으로 하되, 유족보상일시금은 유족급여를 연금의 형태로 지급하는 것이 곤란한 경우에 한하여 지급하며, 유족보상연금의 수급권자가 원하는 경우에는 유족보상일시금(평균임금 1,300일분)의 100분의 50에 상당하는 금액을 일시금으로 지급하고 유족보상연금은 100분의 50을 감액하여 지급한다.

≪**해설**≫ ① 요양보상은 現金拂 또는 現物拂의 선택적 지급이나(근로기준법 제78조), 산재법상 요양급여는 현물급여를 원칙으로 한다(산업재해보상보험법 제40조). ② 산업재해보상보험법 제52조. ③ 산업재해보상보험법 제57조 제 2 항, [별표 2]. ④ 산업재해보상보험법 제61조. ⑤ 산업재해보상보험법 제62조.

39. 요양급여를 받는 근로자가 요양을 시작한 지 2년이 지난 날 이후에도 그 부상 · 질병이 치유되지 아니하고 그 폐질의 정도가 대통령령으로 정하는 폐질등급기준에 해당하는 경우에 지급하는 것은? 〈'99 공인노무사〉

① 장해보상연금 ② 상병보상연금 ③ 장해특별급여
④ 유족특별급여 ⑤ 일시보상

≪**해설**≫ ① 장해급여란 업무상의 질병 · 부상이 완치후에도 신체상의 장해가 있는 경우에 보상을 지급하는 것으로, i) 장해보상연금과 ii) 장해보상일시금이 있는바 수급권자의 선택에 따라 지급하게 된다. 다만 노동력을 완전히 상실한 장해등급의 근로자에 대하여는 장해보상연금을 지급한다(산업재해보상보험법 제57조). ② 상병보상연금에 관한 설명이다. 이 경우 상병보상연금수급권자에게는 휴업급여를 지급하지 아니한다(동법 제66조 제 1 항). ③ 보험가입자의 고의 또는 과실로 발생한 업무상 재해로 근로자가 대통령령으로 정하는 장해등급에 해당하는 장해를 입은 경우에는 수급권자가 민법에 따른 손해배상청구에 갈음하여 장해특별급여를 청구하면 장해급여 외에 대통령령으로 정하는 장해특별급여를 지급할 수 있다. 다만, 근로자와 보험가입자 사이에 장해특별급여에 관하여 합의가 이루어진 경우에 한한다(동법 제78조 제 1 항). 이 경우 수급권자가 장해특별급여를 받으면 동일한 사유에 대하여 보험가입자에게 민법이나 그 밖의 법령에 따른 손해배상을 청구할 수 없다(동조 제 2 항). ④ 보험가입자의 고의 또는 과실로 발생한 업무상의 재해로 근로자가 사망한 경우에 수급권자가 민법에 따른 손해배상청구에 갈음

해답 39. ②

하여 유족특별급여를 청구하면 유족급여 외에 대통령령으로 정하는 유족특별급여를 지급할 수 있다(동법 제79조 제1항). ⑤ 요양보상을 받는 근로자가 요양을 시작한 지 2년이 지나도 부상 또는 질병이 완치되지 아니하는 경우에는 사용자는 그 근로자에게 평균임금의 1,340일분의 일시보상을 하여 그 후의 근로기준법에 따른 모든 보상책임을 면할 수 있다(근로기준법 제84조).

40. 산재보험에 관한 보험사업의 관장자는 누구인가?

① 사용자 ② 노동조합 ③ 정 부
④ 노동부장관 ⑤ 근로복지공단

≪**해설**≫ 산업재해보상보험법에 의한 보험사업은 「노동부장관」이 이를 관장한다(동법 제2조 제1항).

41. 산업재해보상보험의 보험자는? 〈34회 사시〉

① 노동조합 ② 사용자단체 ③ 노·사·정 공동체
④ 정부(근로복지공단) ⑤ 보험종류에 따라 다르다.

≪**해설**≫ 산업재해보상보험법에 의한 보험사업은 노동부장관이 관장하되, 노동부장관의 「위탁」을 받아 보험사업의 효율적 운영과 근로자보호를 위하여 「근로복지공단」이 보험사업을 수행한다(동법 제10조). 따라서 산업재해보상보험의 보험자는 정부이며, 보험가입자는 산재보험법의 적용을 받는 사업의 사업주로서, 법인의 경우 법인 그 자체, 개인사업체인 경우는 자연인인 사업주가 보험가입자가 된다.

해답 40. ④ 41. ④

제 8 편 就業規則

제1장 概 說

제1절 意 義

취업규칙이란 사업장에서 근로자가 지켜야 할 규율 또는 근로조건에 관해 사용자가 일방적으로 정한 통일적인 규칙을 말한다.

제2절 法的 性質

Ⅰ. 法規範說

법규범설은 취업규칙이 일종의 법규범으로서 근로자와 사용자를 구속한다는 견해이다. 법규범설은 그 법규범성의 근거를 어디에서 찾느냐에 따라 다음과 같이 학설이 나뉘고 있다.

1. 經營權說 또는 所有權說

취업규칙은 사용자의 소유권의 행사에 의하여 작성된 기업의 규율이고, 국가가 그러한 소유권을 법적으로 보장하기 때문에 취업규칙이 법규범이 된다는 견해이다.

2. 慣習法 또는 社會自主法說

취업규칙은 기업이라는 사회에서 일종의 사회규범으로서의 관습법에 준하는 법규범의 성질을 갖는다고 한다(김치선).

3. 授權說 또는 效力附與說

취업규칙 자체로는 법규범성을 가지지 아니하는 사회규범이지만 근로기준법 제 5 조(근로조건의 준수), 및 제97조(취업규칙의 효력) 등의 규정이 취업규칙에 근로자와 사용자를 구속할 수 있는 효력을 부여함으로써 법규범으로 작용할 수 있도록 한다는 견해이다(다수설; 대판 1977. 12. 27, 77다1378).

Ⅱ. 契 約 說

계약설은 취업규칙의 구속력의 근거를 근로자와 사용자간의 약정 내지는 동의에서 구하는 견해이다. 계약설은 다음과 같이 나뉘고 있다.

1. 순수한 契約說

취업규칙은 일반적 계약의 한 유형으로서 당사자의 합의를 통해서만 취업규칙의 내용이 결정된다고 한다.

2. 事實規範說

취업규칙을 사용자가 근로조건에 대하여 일방적으로 결정한 사실상의 기준, 즉 사실규범으로 보는 견해이다. 이러한 견해는 취업규칙은 사실규범에 불과하므로 법적 구속력이 인정되지 아니하고 취업규칙의 구속력의 근거는 근로자의 묵시적·명시적 약정 내지는 동의에서 찾아야 한다고 한다.

3. 事實慣習說

근로조건이 당사자간의 특별한 약정이나 단체협약에서 규정되지 아니하는 한 취업규칙에 의하여 결정된다는 것이 사실인 관습(민법 제106조)으로서 통용되고 있다는 견해이다(김형배).

제 2 장 就業規則의 作成

제 1 절 就業規則의 作成

Ⅰ. 關聯規程

> **근로기준법 제93조 【취업규칙의 작성·신고】** 상시 10명 이상의 근로자를 사용하는 사용자는 다음 각 호의 사항에 관한 취업규칙을 작성하여 노동부장관에게 신고하여야 한다. 이를 변경하는 경우에도 또한 같다.

Ⅱ. 就業規則의 作成義務

근로기준법은 상시 10인 이상의 근로자를 고용하고 있는 사업장의 사용자에게 취업규칙을 작성하여 행정관청에 신고하도록 의무화하고 있다(근로기준법 제93조).

Ⅲ. 意見聽取義務

취업규칙을 작성하는 경우 근로자의 과반수로 조직된 노동조합이 있는 경우에는 그 노동조합, 근로자의 과반수로 조직된 노동조합이 없는 경우에는 근로자의 과반수(이하 「근로자 대표」라 한다)의 「의견」을 들어야 한다. 이에 관하여는 후술한다.

Ⅳ. 複數의 就業規則 作成

하나의 사업장 내에서 상이한 근로자에게 별도로 적용되는 복수의 취업규칙을 작성하거나, 근로자의 일부에게만 적용되는 취업규칙을 작성할 수 있는지의 여부가 문제시 될 수 있다.

노동법은 모든 근로자를 획일적으로 동등하게 대우하는 것이 아니라 근로자의 능력·지위·특성 및 업무 등에 따라 별도로 구분하여 대우하는 것을 원칙으로 하고 있다. 따라서 근로자의 근로조건, 근로형태 및 업무의 특수성에 따라 별도의 취업규칙을 작성하는 것은 이를 위법이라고 볼 수 없다(대판 2000. 2. 25, 98다11628). 이 경우 모든 취업규칙들을 모두 합한 것이 당해 사업장의 취업규칙으로 된다(대판 1992. 2. 28, 91다30828).

제 2 절 就業規則의 記載內容

Ⅰ. 記載事項

근로기준법 제93조는 제12호에 걸쳐 취업규칙에 기재할 다음의 내용을 열거하고 있다. ① 업무의 시작과 종료 시각, 휴게시간, 휴일, 휴가 및 교대근무에 관한 사항, ② 임금의 결정·계산·지급방법, 임금의 산정기간·지급시기 및 승급에 관한 사항, ③ 가족수당의 계산과 지급방법에 관한 사항, ④ 퇴직에 관한 사항, ⑤ 근로자퇴직급여보장법 제 8 조의 규정에 의한 퇴직금, 상여 및 최저임금에 관한 사항, ⑥ 근로자의 식비, 작업용품 등 부담에 관한 사항, ⑦ 근로자를 위한 교육시설에 관한 사항, ⑧ 산전후휴가·육아휴직 등 근로자의 모성보호 및 일·가정 양립지원에 관한 사항, ⑨ 안전과 보건에 관한 사항, ⑩ 근로자의 성별·연령 또는 신체적 조건 등의 특성에 따른 사업장 환경의 개선에 관한 사항, ⑪ 업무상과 업무 외의 재해부조에 관한 사항, ⑫ 표창과 제재에 관한 사항, ⑬ 그 밖에 당해 사업 또는 사업장의 근로자 전체에 적용될 사항.

Ⅱ. 記載事項이 미비된 就業規則의 效力

근로기준법 제93조에 정한 기재사항 중 일부가 기재되어 있지 아니한 경우 취업규칙의 작성·신고의무 위반으로 벌칙을 받게 되는 것은 물론이나, 취업규칙으로서의 효력을 상실하는 것은 아니라고 보아야 할 것이다(통설; 근기 01254-8855, 1991.6.21).

제 3 장 就業規則의 變更

제 1 절 關聯規程

근로기준법 제94조 【규칙의 작성, 변경의 절차】 ① 사용자는 취업규칙의 작성 또는 변경에 관하여 해당 사업 또는 사업장에 근로자의 과반수로 조직된 노동조합이 있는 경우에는 그 노동조합, 근로자의 과반수로 조직된 노동조합이 없는 경우에는 근로자의 과반수의 의견을 들어야 한다. 다만, 취업규칙을 근로자에게 불리하게 변경하는 경우에는 그 동의를 받아야 한다.

② 사용자는 제93조에 따라 취업규칙을 신고할 때에는 제 1 항의 의견을 적은 서면을 첨부하여야 한다.

제 2 절 主要內容

Ⅰ. 不利益하지 아니한 就業規則의 變更

1. 原 則

취업규칙의 변경이 근로자에게 불리하지 아니한 경우 사용자는 근로자의 과반수로 조직된 노동조합이 있는 경우에는 그 노동조합, 근로자의 과반수로 조직된 노동조합이 없는 경우에는 근로자의 과반수의 의견을 듣는 것으로 족하다. 즉

i) 당해 사업장에 근로자의 과반수로 조직된 노동조합이 있는 경우에는 당해 노동조합, ii) 이러한 노동조합이 없는 경우에는 근로자의 과반수의 의견을 들어야 한다.

> **[대판 1990.12.7, 90다카19647]** 취업규칙 중 일부조항에 단서를 붙여 일부 근로자에게만 적용시키는 경우나 취업규칙이 시간제근로자용과 일반근로자용과 같이 이원화 되어있는 경우에는 전체 근로자의 근로자대표의 의견과 함께 해당 취업규칙을 적용받는 일부 근로자의 근로자대표의 의견도 함께 들어야 한다.

2. 意見聽取의 效果

의견청취는 동의나 합의를 의미하는 것이 아니므로 사용자는 근로자의 과반수로 조직된 노동조합이 있는 경우에는 그 노동조합, 근로자의 과반수로 조직된 노동조합이 없는 경우에는 근로자의 과반수의 의견에 구속되지 아니한다. 따라서 근로자집단이 취업규칙의 변경에 반대하는 경우에도 사용자가 적법한 의견청취절차를 밟았다면, 사용자는 취업규칙을 변경할 수 있다(대판 1989.5.9, 88다카4277; 대판 1991.4.9, 90다16245).

의견청취절차를 위반한 취업규칙의 효력과 관련하여 i) 근로기준법 제94조의 의견청취규정은 단속규정으로서 취업규칙의 변경은 유효하다는 견해와(대판 1994.12.23, 94누3001), ii) 동조는 효력규정으로서 취업규칙의 변경은 무효라는 견해가 있다(다수설).

Ⅱ. 不利益한 就業規則의 變更

1. 原 則

취업규칙의 변경이 근로자에게 불이익한 경우 사용자는 근로자 집단의 「집단의사결정방식」에 의한 「동의」를 얻어야 하며, 단지 「의견」을 청취하는 것으로는 부족하다(통설·판례). 노동조합의 동의는 노조위원장의 대표권이 제한되었다고 볼 만한 특별한 사정이 없는 한 노조위원장이 노동조합을 대표하여 하면 된다(대판 2000.9.29, 99두10902 등).

「근로자 과반수로 구성된 노동조합이 없는 경우」 근로자들의 회의방식에 의한 과반수 동의가 필요하다. 「회의방식」은 사업(장)의 기구별·부서별로 의견 교환하여 찬반의견을 집약한 후 전체적으로 취합하는 방식도 허용된다(대판 2005.5.12, 2003다52456; 대판 1992.2.25, 91다25055 등). 그러나 회람형식의 동의서에 근로자 개인이 개별적으로 서명하거나(대판 1991.3.27, 90도3031), 노사협의회에서 근로자위원이 동의한 것은 동의의 효력을 인정할 수 없다(대판 1994.6.24, 92다28556).

취업규칙이 불리하게 변경된 경우 근로자들이 명시적 반대의사를 표시하지 아니하였다고 하여 근로자들의 묵시적인 동의 또는 추인이 있었다고 볼 수 없으며(대판 1994. 4. 12, 83다8714), 불리하게 변경된 취업규칙에 대한 사후승인이 인정될 수 있는지의 여부에 대하여 이는 아직 발효되지 아니한 취업규칙의 변경에 대한 동의에 해당되므로 동의 이후부터 효력을 발생하고 소급효는 인정되지 아니한다고 본다(통설).

2. 不利益變更의 判斷基準

(1) 판단의 기준

1) **주관적 기준** 불이익 여부를 근로자가 스스로 판단하는 것으로서 근로자의 과반수가 반대한 경우에는 근로자에게 불이익한 변경이라고 보는 견해이다(다수설).

2) **객관적 기준** 불이익 여부를 사회통념상 합리성이 있는지의 여부에 따라 객관적으로 판단해야 된다는 견해이다. 따라서 사회통념상 당해 변경이 불이익하지 아니하거나 합리성이 인정된다면 사용자는 근로자의 동의 없이도 취업규칙을 변경할 수 있다고 한다(대판 2001. 1. 5, 99다70846; 대판 2004. 7. 22, 2002다57362 등).

(2) 이익변경과 불이익변경의 조화

1) 취업규칙에서 2개 이상의 근로조건을 동시에 변경하는 경우 변경되는 근로조건 전체를 「종합적」으로 고려하여 불이익변경의 여부를 판단하여야 할 것이다(대판 1992. 2. 28, 91다30828).

2) 취업규칙의 변경이 일부 근로자에게는 유리하고, 다른 근로자에게는 불리한 경우에는 이를 불이익한 변경으로 보아야 한다(대판 1993. 12. 28, 92다50416).

3. 同意를 받지 못한 不利益變更의 效力

(1) 원 칙 근로자에게 불이익하게 취업규칙을 변경하는 경우 근로자집단의 동의를 받지 못한 경우, 원칙적으로 변경된 부분은 근로자 전체는 물론 변경에 동의한 근로자 개인에게도 취업규칙변경의 효력이 발생하지 아니한다(통설·판례). 다만, 사회통념상 합리성이 인정되는 경우에는 동의를 받지 못한 경우에도 취업규칙의 변경이 당연히 무효로 되는 것은 아니다(판례).

[대판 2001. 1. 15, 99다70846] 사용자가 일방적으로 새로운 취업규칙을 작성·변경하여 근로자의 기득권을 박탈하여 불이익한 근로조건을 부과하는 것은 원칙적으로 허용되지 아니하나, 당해 취업규칙의 작성·변경이 그 필요성 및 내용의 양면으로 보아 그에 의하여 근로자가 입게 될 불이익의 정도를 고려하더라도 여전히 당해 조항의 법적 규범성을 시인할 수 있을 정도로 사회통념상 합리성이 있다고 인정되는 경우에는 근로자의 집단적 의사결정방법에 의한 동의가 없다는 이유만으로 그

적용을 부정할 수는 없다고 할 것이다.

(2) 신규근로자에 대한 적용여부 사용자가 취업규칙의 불이익변경에 있어 기존의 근로자집단의 동의를 얻지 못하여 그 변경이 무효가 된 경우, 이를 신규근로자에게 따로이 적용할 수 있는가의 문제에 대하여 두 가지 견해가 있다.

1) **절대적 무효설(다수설)** 기존 근로자는 물론 신규근로자에게도 변경의 효력이 없다(다수설; 종전의 판례).

2) **상대적 무효설(판례)** 기존 근로자집단의 동의를 얻지 못한 취업규칙은 기존 근로자에게는 당연히 적용되지 아니하지만, 신규근로자에게는 변경의 효력이 미친다(이상윤; 대판(전) 1992. 12. 22, 92다45165).

[대판(전) 1992. 12. 22, 92다45165] 사용자가 취업규칙에서 정한 근로조건을 근로자에게 불리하게 변경함에 있어서 근로자의 동의를 얻지 못한 경우에 그 변경으로 기득이익이 침해되는 기존의 근로자에 대한 관계에서는 그 변경의 효력이 미치지 않게 되어 종전 취업규칙의 효력이 그대로 유지되지만, 그 변경 후에 변경된 취업규칙에 따른 근로조건을 수용하고 근로관계를 갖게 된 근로자에 대한 관계에서는 당연히 변경된 취업규칙이 적용되어야 하고 기득이익의 침해라는 효력배제사유가 없는 변경 후의 취업근로자에 대해서까지 그 변경의 효력을 부인하여 종전 취업규칙이 적용되어야 한다고 볼 근거가 없다.

(3) 취업규칙의 수 상대적 무효설에 의하는 경우 몇 개의 취업규칙이 존재하게 되는가에 대해 두 가지 견해가 있다.

1) **1개라는 견해(이상윤; 판례)** 사업장에는 변경된 취업규칙 1개만 존재한다는 견해이다(대판 1992. 12. 22, 91다45165 등). 이 견해는 현행의 효력을 가진 취업규칙은 변경된 취업규칙뿐이고, 다만 기존 근로자의 기득권이 침해되지 아니하도록 이들에게만 종전의 취업규칙이 적용된다고 한다.

2) **2개라는 견해** 사업장에는 기존의 취업규칙과 변경된 취업규칙이 함께 병존한다는 견해이다(김형배). 이 견해는 판례가 취업규칙의 법적성질에 관해서는 법규범설을 취하면서, 상대적 무효설을 채택하는 경우에는 하나의 사업장에 2개의 취업규칙이 존재하게 되므로 법규범설과 상대적 무효설의 입장을 동시에 취하는 대법원 판례는 상호 모순된다고 한다. 따라서 취업규칙의 법적성질을 계약설로 보는 경우에는 계약자유의 원칙에 따라 하나의 사업장에 2개의 취업규칙이 존재할 수 있으므로 상대적 무효설도 성립할 수 있다고 한다.

(4) 취업규칙의 변경과 퇴직급여차등제도와의 관계 대법원은 변경된 퇴직급여제도와 별개의 퇴직급여제도를 적용하는 결과가 되었다 하더라도 이는 근로자퇴직급여보장법에 위반되는 퇴직급여차등제도를 설정한 경우에 해당되지 아니한다

고 한다(대판 1993.6.11, 93다11876 · 11883(병합)).

(5) 취업규칙의 변경과 단체협약에 의한 소급승인

1) 취업규칙이 근로자들의 동의를 얻어서 불이익하게 변경된 경우라도 동의 이전까지 소급하여 적용할 수는 없다(다수설; 판례).

2) 불이익하게 변경된 취업규칙이 근로자들의 동의를 얻지 못하다가, 사후에 단체협약의 체결로서 소급승인하는 것이 가능한가의 문제; 예컨대 「위 단체협약 시행일 이전에 발생한 모든 사항은 위 협약에 의한 것으로 본다」는 규정을 둔 경우이다. 이 경우 판례는 노동조합이 소급하여 동의할 수 있다고 하나(이상윤; 대판 1993.3.23, 92다52115), 노동조합은 불리한 퇴직금 규정을 소급하여 동의할 수 없으며, 그러한 단체협약조항은 무효이며, 따라서 동의의 효력은 장래효만 갖는다고 한다(다수설).

제 4 장 就業規則의 申告 · 審査 및 周知義務

제 1 절 就業規則의 申告

Ⅰ. 關聯規程

근로기준법 제93조 【취업규칙의 작성 · 신고】 (생략) 근로기준법 제94조 【규칙의 작성, 변경의 절차】 (생략)

Ⅱ. 主要內容

취업규칙을 작성 또는 변경한 경우에는 노동부장관이 고시하는 서식에 취업규칙 및 근로자집단의 의견 또는 동의를 기입한 서면을 첨부하여 노동부장관에게 신고하여야 한다(근로기준법 제93조, 제94조).

Ⅲ. 申告하지 아니한 就業規則의 效力

사업장에서 취업규칙을 신고하지 아니하였으나 실제로 근로자에게 적용되어 왔다면 이러한 취업규칙이 유효한지의 여부에 관하여 i) 신고하지 아니한 취업규칙은 효력이 없다는 견해도 있으나, ii) 신고의무규정은 행정상의 편의를 위한 절차규정으로서 신고는 취업규칙의 효력요건이 아니므로 신고를 아니하여도 취업규칙은 有效하다는 것이 일반적이다(통설 · 판례).

제 2 절 就業規則의 審査

Ⅰ. 關聯規程

> **근로기준법 제96조 【단체협약의 준수】** ① 취업규칙은 법령이나 해당 사업 또는 사업장에 대하여 적용되는 단체협약과 어긋나서는 아니 된다.
> ② 노동부장관은 법령이나 단체협약에 어긋나는 취업규칙의 변경을 명할 수 있다.

Ⅱ. 主要內容

법령에 위배되는 취업규칙이 무효가 되는 경우에 무효가 된 취업규칙의 부분이 당해 법령에 의하여 대체되느냐의 문제가 제기될 수 있다.

이에 대하여 i) 무효로 된 취업규칙에 대하여 관련 법령이 대체적으로 적용되는 것으로 해석하는 견해도 있으나(이상윤), ii) 근로기준법 제96조에는 동법 제97조나 노사관계법 제36조와 같은 대체적 효력에 관한 규정이 없고 오히려 제 2 항에서 행정관청의 취업규칙 변경명령이 규정되어 있는 것으로 보아 이를 부정적으로 해석하는 견해가 일반적이다(다수설).

제 3 절 就業規則의 周知義務

Ⅰ. 關聯規程

> **근로기준법 제14조 【법령 요지 등의 게시】** ① 사용자는 이 법과 이 법에 따른 대통령령의 요지(要旨)와 취업규칙을 근로자가 자유롭게 열람할 수 있는 장소에 항상 게시하거나 갖추어 두어 근로자에게 널리 알려야 한다.
> ② 사용자는 제 1 항에 따른 대통령령 중 기숙사에 관한 규정과 제99조 제 1 항에 따른 기숙사규칙을 기숙사에 게시하거나 갖추어 두어 기숙(寄宿)하는 근로자에게 널리 알려야 한다.

Ⅱ. 主要內容

취업규칙의 내용을 다수 근로자에게 주지시킴으로써 취업규칙이 실효적으로 이행될 수 있도록 하려는 취지에서 설정된 규정이다.

취업규칙은「항상」게시하거나 갖추어 두어야 하므로 일시적으로 게시하거나 갖추어 둔 뒤 철거 또는 회수하는 것은 허용되지 않는다. 주지의무를 위반하면 벌칙이 적용된다(동법 제116조).

제 4 절 就業規則과 勤勞契約間의 關係

Ⅰ. 關聯規程

근로기준법 제97조【위반의 효력】 취업규칙에서 정한 기준에 미달하는 근로조건을 정한 근로계약은 그 부분에 관하여는 무효로 한다. 이 경우 무효로 된 부분은 취업규칙에 정한 기준에 따른다.

Ⅱ. 主要內容

이 부분에 관해서는 이미 설명하였다(제 2 권 제 1 편 제 3 장 제 2 절 Ⅳ).

기출문제 및 기본문제

최근 기출문제

1. 취업규칙의 변경에 관한 설명으로 옳은 것은? (상시 10명 이상의 근로자를 사용하고 근로자의 과반수로 조직된 노동조합이 없는 사업장인 경우, 다툼이 있는 경우에는 판례에 의함) 〈51회 사시〉

① 사용자가 취업규칙을 변경한 경우에는 취업규칙을 근로자에게 교부해야 한다.

② 전체 근로자에게 적용되던 취업규칙이 일부 근로자에게는 유리하고 다른 일부 근로자에게는 불리하게 변경된 경우는 취업규칙의 불이익 변경으로 본다.

③ 근로자 상호간에 의견 교환 없이 근로자의 과반수가 개별적으로 동의하는 경우 취업규칙의 불이익 변경은 유효하다.

④ 불리하게 변경된 취업규칙이 기존 근로자 과반수의 동의를 얻지 못하면 그 변경된 취업규칙은 변경 후 신규 채용된 근로자에게도 당연히 효력이 없다.

⑤ 근로자의 과반수의 동의를 받아 불리하게 변경된 취업규칙은 그 변경에 반대한 근로자에게는 효력이 없다.

≪**해설**≫ ① 상시 10명 이상의 근로자를 사용하는 사용자는 법정사항에 관한 취업규칙을 작성하여 노동부장관에게 신고하여야 한다. 그러나 이를 근로자에게 교부할 의무는 없다(근로기준법 제93조). ② 대판 1993.12.28, 92다50416. 전체 근로자에게 적용되는 취업규칙을 불이익하게 변경하는 경우 근로자의 과반수로 조직된 노동조합이 있으면 그 노동조합의 동의를 얻어야 한다(2002.9.10, 근기 68207-2901). ③ 취업규칙의 불이익 변경은 집단의사결정방식에 의한 동의를 받아야 한다(대판 1991.3.27, 90도3031 등). 따라서 근로자 상호간에 의견 교환 없이 근로자의 과반수가 개별적으로 동의하는 경우 취업규칙의 불이익 변경은 무효가 된다(대판 1992.2.25, 91다25055 등). ④ 근로자집단의 동의 없이 불이익 변경한 취업규칙도 신규 입사자에 대하여는 효력이 있다(대판(전) 1992.12.22, 92다45165). ⑤ 취업규칙을 불이익하게 변경하려면 근로자 과반수의 동의를 얻어야 하며, 취업규칙의 법규범적 성질상 개별적으로 반대하는 근로자에게도 효력이 있다(대판 1997.12.27, 77다1378 등).

▌해답▐ **1.** ②

2. 사업 또는 사업장에 근로자의 과반수로 조직된 노동조합이 있는 경우 취업규칙을 근로자에게 불리하게 변경하는 것에 관한 설명으로 옳지 않은 것은? (다툼이 있는 경우에는 판례에 의함) 〈50회 사시〉

① 노동조합의 동의를 얻어야 한다.

② 노동조합의 동의를 얻지 못한 경우에 신규입사자에 대해서는 변경된 취업규칙이 적용된다.

③ 노동조합의 동의가 없더라도 개정 당시의 상황을 근거로 사회통념상 합리성이 있다고 인정되면 변경된 취업규칙이 적용된다.

④ 노동조합의 동의가 없더라도 개인적으로 동의한 근로자에게는 변경된 취업규칙이 적용된다.

⑤ 노동조합의 동의는 특별한 사정이 없는 한 노동조합의 대표자가 노동조합을 대표하여 할 수 있다.

≪**해설**≫ ① 사용자는 취업규칙을 근로자에게 불리하게 변경하는 경우 해당 사업 또는 사업장에 근로자의 과반수로 조직된 노동조합이 있는 경우에는 그 노동조합, 근로자의 과반수로 조직된 노동조합이 없는 경우에는 근로자의 과반수의 동의를 받아야 한다(근로기준법 제94조 제1항). ② 대판 1996.9.10, 96다3241. ③ 대판 2004.7.22, 2002다57362. ④ 근로자들의 동의 없이 불이익하게 변경된 취업규칙은 개인적으로 동의한 근로자에게도 효력이 없다(대판 1992.12.8, 91다38174). ⑤ 대판 2000.9.29, 99두10902.

3. 취업규칙에 관한 설명 중 옳지 않은 것은? 〈48회 사시〉

① 사용자는 단시간근로자에게 적용되는 취업규칙을 통상근로자에게 적용되는 취업규칙과 별도로 작성할 수 있다.

② 판례에 의하면 노사협의회 근로자위원들의 동의를 얻은 취업규칙의 불이익변경은 항상 유효하다.

③ 취업규칙에 정한 기준에 미달하는 근로조건을 정한 근로계약은 그 부분에 관하여는 무효로 한다.

④ 판례에 의하면 불이익변경의 유효요건을 갖추지 못한 채 변경된 취업규칙도 변경 후 신규입사자에게는 적용된다.

⑤ 사용자는 취업규칙의 작성에 관하여 사업장에 근로자의 과반수로 조직된 노동조합이 없는 경우에는 근로자의 과반수의 의견을 들어야 한다.

≪**해설**≫ ① 근로기준법 제18조 제2항 및 동법 시행령 제9조 제1항 관련 [별표 2] 제5호 가목. ② 노사협의회는 노동조합과 그 제도의 취지가 다르므로 비록 회사가 근로조건에 관한 사항을 그 협의사항으로 규정하고 있다 하더라도 근로자들이 노사협의회를 구성하는 근로자위원들을 선출함에 있어 그들에게 근로조

┃해답┃ 2. ④ **3.** ②

건을 불이익하게 변경함에 있어서 근로자들을 대신하여 동의를 할 권한까지 포괄적으로 위임한 것이라고 볼 수 없으며, 그 근로자위원들이 퇴직금규정의 개정에 동의를 함에 있어서 사전에 그들이 대표하는 각 부서별로 근로자들의 의견을 집약 및 취합하여 그들의 의사표시를 대리하여 동의권을 행사하였다고 볼 만한 자료가 없다면, 근로자위원들의 동의를 얻은 것을 근로자들 과반수의 동의를 얻은 것과 동일시할 수 없다(대판 1994.6.24, 92다28556). ③ 동법 제97조. ④ 대판(전) 1992.12.22, 92다45165. ⑤ 집단의사결정방식에 의한 취업규칙 작성 변경이 이루어져야 한다(동법 제94조 제1항).

4. 근로기준법상 취업규칙에 관한 다음 글의 ( ) 안에 들어갈 것으로 옳게 짝지어진 것은? 〈47회 사시〉

> 취업규칙에서 근로자에 대하여 감급의 제재를 정할 경우에는 그 감액은 1회의 액이 (A)의 1일분의 2분의 1을, 총액이 1임금지급기에 있어서의 임금총액의 (B)을(를) 초과하지 못한다.

	A	B
①	평균임금	10분의 1
②	평균임금	10분의 2
③	통상임금	10분의 1
④	통상임금	10분의 2
⑤	평균임금	10분의 3

≪**해설**≫ 취업규칙에서 근로자에 대하여 감급의 제재를 정할 경우에는 그 감액은 1회의 액이 평균임금의 1일분의 2분의 1을, 총액이 1임금지급기에 있어서의 임금총액의 10분의 1을 초과하지 못한다(근로기준법 제95조).

5. 취업규칙에 관한 설명 중 옳은 것은? 〈46회 사시〉

① 사용자는 취업규칙의 작성 또는 변경에 관하여 당해 사업 또는 사업장의 근로자대표의 동의를 얻어야 한다.

② 단시간근로자에 대하여 별도의 취업규칙을 작성할 수 없다.

③ 취업규칙에서 감급의 제재를 정할 경우에는 그 감액은 1회의 액이 평균임금의 1일분의 2분의 1을, 총액이 1임금지급기에 있어서의 임금총액의 10분의 1을 초과하지 못한다.

④ 사업의 규모와 관계없이 모든 사용자는 취업규칙을 작성해야 한다.

⑤ 사용자는 취업규칙을 작성하는 경우 노동위원회에 신고하여야 한다.

≪**해설**≫ ① 사용자는 취업규칙의 작성·변경에 관하여 당해 사업장에 근로자의 과반수로 조직된 노동조합이 있는 경우에는 그 노동조합, 근로자의 과반수로 조

해답 4. ① 5. ③

직된 노동조합이 없는 경우에는 근로자의 과반수의 의견을 들어야 한다. 다만, 취업규칙을 근로자에게 불이익하게 변경하는 경우에는 그 동의를 얻어야 한다(근로기준법 제94조 제1항). ② 단시간근로자에 대하여 별도의 취업규칙을 작성할 수 있다(동법 시행령 제9조 제1항, [별표 2] 제5호 가목). ③ 동법 제95조. ④ 취업규칙의 작성·신고의무는 상시 10명 이상의 근로자를 사용하는 사용자이다(동법 제93조). ⑤ 취업규칙은 노동부장관에게 신고하여야 한다(동법 제93조).

6. 근로기준법상 취업규칙 불이익변경에 관한 설명 중 옳지 않은 것은?

〈45회 사시〉

① 사회통념상 합리성이 없는 불이익변경은 근로자의 집단적 의사결정방법에 의한 동의를 얻어야 한다.

② 근로자 과반수로 조직된 노동조합이 있는 경우에는 노동조합의 동의를 얻어야 한다.

③ 근로자 과반수로 조직된 노동조합이 없는 경우에는 근로자 과반수의 동의를 얻어야 한다.

④ 노동조합이 없고 전체 근로자회의가 불가능한 경우에는 각 부서별로 자유롭게 의견을 교환하고 찬반의견을 집약한 후 이를 전체적으로 취합하는 동의 방식도 허용된다.

⑤ 불이익변경의 유효요건을 갖추지 못한 취업규칙은 그 변경 이후에 입사한 근로자에 대하여 효력이 없다는 것이 대법원 판례의 입장이다.

≪**해설**≫ ①②③ 취업규칙의 불이익변경시 당해 사업 또는 사업장에 근로자의 과반수로 조직된 노동조합이 있는 경우에는 그 노동조합, 근로자의 과반수로 조직된 노동조합이 없는 경우에는 근로자의 과반수의 동의를 얻어야 하는데(근로기준법 제94조), 동의를 얻는 방식은 집단적 의사결정방법에 의한 동의이다. ④ 그러나 전체 회의가 불가능한 경우 하나의 사업 또는 사업장의 기구별 또는 단위부서별 사용자측의 개입이나 간섭이 배제된 상태에서 근로자 상호간에 의견을 교환하여 찬반의견을 집약한 후 전체적으로 취합하는 방식도 허용된다(대판 1992.2.25, 91다25055 등). ⑤ 취업규칙 불이익변경의 유효요건을 갖추지 못한 취업규칙의 법적효력에 대한 판례의 입장은 기존 근로자에 대하여는 그 변경의 효력이 미치지 않게 되어 종전 취업규칙의 효력이 그대로 유지되지만 변경된 취업규칙에 따라 근로조건을 수용한 채 새로 입사한 근로자는 당연히 변경된 취업규칙이 적용되어야 하고, 기득이익의 침해라는 효력배제사유가 없는 변경 후의 근로자에게까지 그 변경의 효력을 부인하여 종전 취업규칙이 적용되어야 한다고 볼 근거가 없다(대판(전) 1992.12.22, 91다45165).

7. 사업장에 노동조합이 조직되어 있지 않은 경우 취업규칙의 작성에 관한 설명으로 옳은 것은?

〈43회 사시〉

해답 6. ⑤ 7. ④

① 노사협의회와 협의하여야 한다.

② 근로자 과반수를 대표하는 자의 의견을 들어야 한다.

③ 근로자 과반수를 대표하는 자의 동의를 얻어야 한다.

④ 근로자 과반수의 의견을 들어야 한다.

⑤ 근로자 과반수의 동의를 얻어야 한다.

≪**해설**≫ 근로기준법 제94조 제 1 항

8. 취업규칙에 관한 설명 중 옳지 않은 것은? 〈42회 사시〉

① 사업의 규모와 관계없이 모든 사용자는 취업규칙을 작성해야 한다.

② 취업규칙의 기준에 미달하는 근로계약부분은 무효이다.

③ 노동부장관은 단체협약에 저촉되는 취업규칙의 변경을 명할 수 있다.

④ 근로자들의 개별적인 동의에 의하여 취업규칙을 불이익하게 변경하는 경우에는 그 변경의 효력이 없다.

⑤ 근로자측의 적법한 동의절차 없이 취업규칙을 불이익변경하더라도 변경이후 신규입사한 근로자에 대해서는 그 변경의 효력이 미친다는 것이 판례의 입장이다.

≪**해설**≫ ① 상시 「10명」이상의 근로자를 사용하는 사용자는 취업규칙을 작성하여 노동부장관에게 신고하여야 한다(근로기준법 제93조). ② 취업규칙 위반의 근로계약(동법 제97조). ③ 노동부장관의 취업규칙 변경명령권(동법 제96조 제2항). ④ 취업규칙의 불이익변경시 근로자 집단의 동의를 얻어야 하는바 동의의 방식은 근로자의 집단적 동의방식이어야 한다. 따라서 i) 회람형식의 동의서에 의한 근로자 개인의 동의, ii) 노사협의회의 근로자위원에 의한 동의 등은 허용되지 아니한다. ⑤ 동의를 받지 못한 불이익변경의 효력은 원칙적으로 무효이나, 사용자가 이를 신규근로자에게 따로 적용할 수 있는가에 관하여 i) 절대적무효설(다수설), ii) 상대적무효설(이상윤; 판례)의 대립이 있다. 상대적 무효설에 의하면 기존 근로자집단의 동의를 얻지 못한 취업규칙은 기존 근로자에게는 당연히 적용되지 아니하지만, 신규근로자에게는 변경의 효력이 미친다고 한다(대판 1992. 12. 22, 92다45165).

9. 다음 설명 중 옳지 않은 것은? (판례에 의함) 〈41회 사시변형〉

① 2년 이상의 기간을 정하여 근로계약을 체결하더라도 근로계약 자체가 무효로 되는 것은 아니다.

② 근로자가 제 3 자에게 임금채권을 양도한 경우에도 사용자는 직접 근로자에게 그 임금을 지급해야 한다.

③ 징계에 의해 해고되더라도 법정퇴직금은 지급되어야 한다.

▌해답▌ 8. ① **9.** ⑤

④ 연차휴가청구권은 1년간 행사하지 아니한 때에는 소멸한다.

⑤ 취업규칙이 근로자의 동의없이 불리하게 변경된 경우 변경 후에 새로이 취업한 근로자에게도 변경의 효력이 인정되지 않는다.

≪**해설**≫ ① 대판(전) 1996.8.29, 95다5783. ② 대판(전) 1988.12.13, 87다카2803 등. ③ 제한의 범위가 근로기준법 제34조 소정의 최저퇴직금제도에 위배되지 아니함으로써 그 수단의 상당성과 법익의 균형성을 갖춘 것으로써 퇴직금 감액규정은 퇴직금의 본질에 어긋나는 것이라고 볼 수 없다(대판 1995.10.12, 94다36186)고 하여 법정퇴직금은 지급되어야 한다. ④ 근로기준법 제60조 제 7 항 본문. ⑤ 취업규칙이 기존 근로자집단의 동의없이 불리하게 변경된 경우 기존근로자에 대해서만 무효이고 신규입사자에 대해서는 유효하다(대판(전) 1992.12.22, 92다45165 등).

10. 취업규칙에 관한 설명 중 옳지 않은 것은? 〈40회 사시〉

① 상시 10명 이상의 근로자를 사용하는 사용자는 취업규칙을 작성해야 한다.

② 사용자는 취업규칙의 작성·변경시에 근로자측의 의견을 들어야 한다.

③ 취업규칙의 불이익한 변경에 대해 근로자측이 반대의견을 보인 때에는 그 취업규칙은 변경 이후 신규로 채용된 근로자측에 대해서는 규범적 효력을 갖지 않는다.

④ 사용자는 근로자에 대한 취업규칙의 불이익변경에 관하여 당해 사업장에 근로자의 과반수로 조직된 노동조합, 근로자의 과반수로 조직된 노동조합이 없는 경우에는 근로자의 과반수의 동의를 얻어야 한다.

⑤ 취업규칙에 정한 기준에 미달하는 근로조건을 정한 근로계약은 그 부분에 관하여는 무효로 하며, 이 경우에 무효로 된 부분은 취업규칙에 정한 기준에 의한다.

≪**해설**≫ ① 근로기준법 제93조. ② 동법 제94조 제 1 항. ③「동의를 받지 못한 불이익한 변경」은 (1) 원칙적으로 근로자 전체는 물론 변경에 동의한 근로자 개인에게도 취업규칙변경의 효력이 발생하지 아니한다(대판 1992.12.8). (2) 다만 신규근로자에 대하여 적용할 수 있는가에 관하여 i) 절대적 무효설(다수설·종래의 판례) ii) 상대적 무효설(이상윤; 최근 확립된 판례)의 대립이 있는 바, 최근의 판례에 의하면「기존 근로자집단의 동의를 얻지 못한 취업규칙은 기존 근로자에게는 당연히 적용되지 않지만 신규근로자에게는 변경의 효력이 미친다(대판 1992.12.22)」고 한다. ④ 동법 제94조 제 1 항. ⑤ 동법 제97조.

11. 당해 사업장에 근로자의 과반수로 조직된 노동조합이 없는 경우에 근로조건을 저하시키는 취업규칙의 변경이 유효하게 되기 위한 요건은? 〈39회 사시〉

① 근로자 과반수의 의견청취

② 근로자 과반수를 대표하는 자의 의견청취

▌해답▌ **10.** ③ **11.** ④

③ 근로자 과반수를 대표하는 자의 동의
④ 회의방식에 의한 근로자 과반수의 동의
⑤ 의견청취나 동의가 없더라도 벌칙이 과하여질 뿐 취업규칙 자체는 유효

≪**해설**≫ 취업규칙의 불이익변경은 근로자 과반수로 조직된 노동조합 또는 근로자 「과반수의 동의」를 얻어야 한다. ③ 기숙사 규칙의 작성 또는 변경에 관하여 기숙사에 기숙하는 「근로자의 과반수를 대표하는 자의 동의」와 구별하여야 한다. (근로기준법 제94조 제 1 항과 제99조 제 2 항과의 비교).

기출문제 및 기본문제

12. 취업규칙에 관한 설명 중 옳은 것은? 〈'97 행시〉

① 취업규칙의 변경시 근로자 과반수의 동의를 얻어야 한다.
② 취업규칙이 법령·단체협약에 저촉된 경우 취업규칙 자체가 무효이다.
③ 판례는 취업규칙 변경 전의 근로자와 불이익하게 변경된 후 입사한 근로자의 퇴직금차등규정을 적법한 것으로 보았다.
④ 불이익하게 변경된 취업규칙 규정이 단체협약으로 소급승인한다는 약정이 있다 하더라도 소급동의한 것으로 볼 수 없다는 것이 판례입장이다.
⑤ 불이익변경시 불이익이란 모든 근로자에 대한 사항을 의미하므로 일부에만 불리한 것은 불이익 변경이라 볼 수 없다.

≪**해설**≫ ① 근로자 과반수의 의견청취(근로기준법 제94조). ② 동법 제96조(이른바 부분무효의 법리). ③ 사용자가 취업규칙의 불이익변경에 있어 기존 근로자집단의 동의를 받지 못하여 그 변경이 무효가 된 경우, 이를 신규근로자에게는 따로 적용할 수 있는가에 관하여 i) 다수설은 절대적 무효설을, ii) 판례는 상대적 무효설을 취하고 있다. 이 경우 판례는 기존의 근로자에게는 퇴직금누진제가, 신규근로자에게는 퇴직금단수제가 적용되어도 퇴직금차등제도의 금지에 반하지 않는다고 한다. ④ 판례는 노동조합이 소급하여 동의할 수 있다고 한다(대판 1993. 3. 23, 92다52115). 반면 다수견해는 노동조합은 불리한 퇴직금 규정을 소급하여 동의할 수 없으며, 그러한 단체협약조항은 무효이며, 동의의 효력은 장래효만 갖는다고 한다. ⑤ 일부 근로자에게만 불리한 경우도 불이익한 변경이다(대판 1993. 12. 28).

13. 취업규칙에 대한 설명으로 잘못된 것은?

① 상시 10명 이상의 근로자를 사용하는 사용자는 취업규칙을 작성하여야 한다.
② 취업규칙의 작성은 노동부장관에 대한 신고사항이다.
③ 취업규칙을 변경하고자 하는 경우에는 노동부장관의 사전승인을 받아야

| 해답 | 12. ③ 13. ③

한다.

④ 사용자는 취업규칙을 작성할 의무를 부담하고, 또한 작성할 권한을 가지고 있다.

⑤ 취업규칙을 작성하는 경우 법정 필요적 기재사항이 있다.

≪**해설**≫ ①⑤ 근로기준법 제93조. ②③ 취업규칙의 작성·변경시 모두 노동부장관에게 「신고」하여야 한다(동법 제93조). 승인사항이 아니다.

14. 근로기준법상 취업규칙의 필요적 기재사항에 해당하는 것은 모두 몇 개인가?

〈'99 공인노무사〉

㉮ 안전과 보건에 관한 사항	㉯ 표창과 제재에 관한 사항
㉰ 샵조항	㉱ 임금의 결정방법
㉲ 퇴직에 관한 사항	

① 1개 ② 2개 ③ 3개

④ 4개 ⑤ 5개

≪**해설**≫ [취업규칙 작성의 필요적 기재사항(동법 제93조)]

1. 업무의 시작과 종료 시각, 휴게시간, 휴일·휴가와 교대근로에 관한 사항
2. 임금의 결정·계산·지급방법, 임금의 산정기간·지급시기 및 승급에 관한 사항
3. 가족수당의 계산·지급방법에 관한 사항
4. 퇴직에 관한 사항
5. 근로자퇴직급여보장법 제 8 조의 규정에 의한 퇴직금, 상여 및 최저임금에 관한 사항
6. 근로자의 식비·작업용품 등 부담에 관한 사항
7. 근로자를 위한 교육시설에 관한 사항
8 산전후휴가·육아휴직 등 근로자의 모성보호 및 일·가정 양립지원에 관한 사항 〈2008. 3. 28 개정〉
9. 안전과 보건에 관한 사항

9의2. 근로자의 성별·연령 또는 신체적 조건 등의 특성에 따른 사업장 환경의 개선에 관한 사항〈2008. 3. 28 신설〉

10. 업무상과 업무외의 재해부조에 관한 사항
11. 표창과 제재에 관한 사항
12. 그 밖에 해당 사업 또는 사업장의 근로자 전체에 적용될 사항

15. 다음은 취업규칙에 대한 설명 중 옳은 것과 틀린 것의 조합이 맞는 것은 무엇인가?

㉮ 취업규칙이란 당해 사업장의 소속 근로자에게 적용할 근로조건 또는

| 해답 | **14.** ④ **15.** ④

근무규칙 등에 관하여 제정하는 일종의 자치규범이다.
㉯ 모든 사업장의 사용자는 취업규칙을 작성하여 노동부장관에게 신고하여야 한다.
㉰ 취업규칙 작성의 주체는 사용자이다.
㉱ 취업규칙은 원칙적으로 노사합의에 의하여 작성된다는 점에서는 단체협약과 동일하다.
㉲ 사용자가 취업규칙을 변경하고자 할 때에는 근로자의 의견을 청취하거나 동의를 얻어야 한다.

① ㉮(×)㉯(×)㉰(○)㉱(×)㉲(×)
② ㉮(○)㉯(×)㉰(○)㉱(○)㉲(○)
③ ㉮(○)㉯(×)㉰(×)㉱(×)㉲(○)
④ ㉮(○)㉯(×)㉰(○)㉱(×)㉲(○)
⑤ ㉮(○)㉯(○)㉰(○)㉱(×)㉲(○)

≪**해설**≫ ㉮㉰㉲ 근로기준법 제93조, 제94조 참조. ㉯ 10명 이상 사업장에만 취업규칙 작성의무가 부과된다. ㉱ 취업규칙은 그 작성주체가 사용자이므로, 원칙적으로 노사협의에 의하여 작성되는 것이 아니다. 그러므로 노사협의에 의하는 단체협약과는 성질을 달리한다.

16. 취업규칙에 관한 설명으로 잘못된 것은?

① 상시 10명 이상의 근로자를 사용하는 사용자는 취업규칙을 작성해야 한다.
② 사용자는 취업규칙을 작성·변경할 때에는 근로자측의 의견을 들어야 한다.
③ 취업규칙상의 기준에 미달하는 근로계약은 전체가 무효이다.
④ 근로자측의 의견을 듣고 작성한 취업규칙은 노사쌍방에 법적 구속력을 가진다.
⑤ 취업규칙의 불리한 변경에 대하여 근로자측이 반대의견을 제시한 때에는 그 취업규칙은 근로자측에 대해서는 효력을 갖지 않는다.

≪**해설**≫ ① 취업규칙의 작성의무(근로기준법 제93조). ② 취업규칙 작성·변경시 근로자의 의견청취의무(동법 제94조). ③ 취업규칙에 정한 기준에 미달하는 근로조건을 정한 근로계약은 그 「부분에 관하여」는 무효로 한다(일부무효법리의 예외). 이 경우에 무효로 된 부분은 취업규칙에 정한 기준에 의한다(동법 제97조). ④ 법규범설(수권설)이 다수견해이자 판례입장이다. ⑤ 동의를 받지 못한 불이익변경은 원칙적으로 무효이다(다수설·판례).

17. 취업규칙의 변경에 대한 설명으로 잘못된 것은? (판례에 의함)

① 취업규칙의 작성 및 변경 후 노동부에 신고할 때에는 근로자집단의 의견 또는 동의의 내용을 기입한 서면을 첨부하여야 한다.

❙해답❙ 16. ③ **17.** ④

② 취업규칙의 불이익한 변경이 근로자 집단의 동의를 받지 아니한 경우에는 원칙적으로 무효가 되며, 개정 이전의 취업규칙이 적용된다.
③ 취업규칙이 사회통념상 합리적으로 변경되었다고 인정되는 한 근로자에 대한 불리한 변경이라고 속단할 수 없고 따라서 근로기준법 제94조의 불리한 변경절차를 이행하지 아니했다고 하여도 무효라고 할 수는 없다.
④ 취업규칙의 불이익변경의 여부는 근로자가 판단하며, 따라서 근로자대표가 변경에 동의하지 아니한다면 취업규칙은 무효이다.
⑤ 불리한 취업규칙의 변경에 있어서의 동의방법은 근로자의 집단적 의사결정방식에 의한 동의이어야 한다.

≪**해설**≫ ① 근로기준법 제94조 제 2 항. ② 불이익변경의 취업규칙이 무효인 경우에, 변경 이전의 취업규칙을 적용해야 할 것이라고 한다. ③ 대판 1988. 5. 10, 87다카2853. ④ 취업규칙의 불이익변경여부에 대한 판단은 사회통념에 비추어 객관적으로 판단한다(판례; 객관설). ⑤ 대판 1989. 5. 9, 88다카4277.

18. 취업규칙에 대한 설명이 잘못된 것은? (판례에 의함)

① 불이익한 취업규칙의 변경은 근로자의 과반수로 조직된 노동조합 또는 근로자의 과반수의 동의를 얻어야 한다.
② 불이익변경의 판단기준은 사회통념상 합리성이 있는지의 여부에 따라 객관적으로 판단해야 된다는 것이 판례입장이다.
③ 동의를 받지 못한 불이익변경의 효력에 관하여 상대적 무효설에 의하면 신입사원에게는 적용이 안된다고 본다.
④ 판례에 의하면 기존의 취업규칙과 변경된 취업규칙이 병존하는 경우에도 퇴직금 차등제도에 반하지 않는다고 한다.
⑤ 취업규칙에서 근로자에 대하여 감급의 제재를 정할 경우에는 그 감액은 1회의 액이 평균임금의 1일분의 2분의 1을, 총액이 1임금지급기의 임금총액의 10분의 1을 초과하지 못한다.

≪**해설**≫ ① 취업규칙의 작성·변경은 근로자대표의 「의견」을 청취해야 하며, 불이익한 변경은 근로자대표의 「동의」를 얻어야 한다(근로기준법 제94조 제 1 항). ② 불이익변경의 판단기준은 i) 주관설(다수설), ii) 객관설(판례)의 대립이 있으나 변경되는 근로조건 전체를 종합적으로 고려하여 불이익변경의 여부를 판단해야 할 것이다(대판 1992. 2. 28, 91다30828). ③ 동의를 받지 못한 불이익변경의 효력은 원칙적으로 무효이나, 사용자가 이를 신규근로자에게 따로 적용할 수 있는가에 관하여 i) 절대적 무효설(다수설), ii) 상대적 무효설(이상윤; 판례)의 대립이 있다. 상대적 무효설에 의하면 기존 근로자집단의 동의를 얻지 못한 취업규칙은 기존 근로자에게는 당연히 적용되지 아니하지만 신규근로자에게는 변경의 효

▎해답▎ 18. ③

력이 미친다고 한다(대판 1992. 12. 22, 92다45165). ④ 상대적 무효설에 의하는 경우 사업장에는 몇개의 취업규칙이 존재하는가에 관하여 i) 1개라는 견해(이상윤; 판례), ii) 2개라는 견해(김형배)가 있다. 이 경우 취업규칙의 수와 관련하여 퇴직금차등제도의 금지규정과의 관계이다. 이에 대하여 대법원은 변경된 퇴직금제도와 별개의 퇴직금제도를 적용하는 결과가 되었다 하여도 이는 근로자퇴직급여보장법 제4조 제2항에 위반되는 퇴직금차등제도를 설정한 경우에 해당되지 아니한다고 보고 있다(대판 1993. 6. 11, 93다11876; 93다11883). ⑤ 동법 제95조.

19. 사용자는 취업규칙을 작성하거나 변경할 때에는 당해 사업장 근로자의 의견을 들어야 한다. 옳게 설명한 것은? 〈2회 공인노무사〉

① 근로자의 과반수에 불구하고 조직된 노동조합이 있는 경우에는 그 노동조합의 의견

② 근로자의 과반수로 조직된 노동조합이 있는 경우에는 근로자의 과반수를 대표하는 자의 의견

③ 근로자의 과반수로 조직된 노동조합이 없는 경우에는 근로자의 과반수의 의견

④ 노사협의회의 의견

⑤ 노동조합의 조직유무를 불구하고 근로자의 3분의 2 이상의 의견

≪**해설**≫ 사용자는 취업규칙의 작성 또는 변경에 관하여 당해 사업 또는 사업장에 근로자의 과반수로 조직된 노동조합이 있는 경우에는 그 노동조합, 근로자의 과반수로 조직된 노동조합이 없는 경우에는 근로자의 과반수의 의견을 들어야 한다. 다만, 취업규칙을 근로자에게 불이익하게 변경하는 경우에는 그 동의를 얻어야 한다(근로기준법 제94조 제 1 항).

20. 취업규칙에 관한 기술 중 가장 올바른 것은? 〈25회 사시〉

① 근로자의 과반수로 조직된 노동조합이 있는 경우 노동조합의 대표자의 의견을 듣고 사용자가 작성한다.

② 노동조합이나 근로자의 의견 또는 동의를 얻어 사용자가 작성한다.

③ 사업의 종류나 규모에 관계없이 반드시 사용자가 작성한다.

④ 단체협약의 내용에 따라 사용자가 작성한다.

⑤ 노동위원회의 승인을 얻어 사용자가 일방적으로 작성한다.

≪**해설**≫ ③ 상시 10명 이상의 근로자를 사용하는 사용자에게 취업규칙 작성의무가 부과되어 있다(근로기준법 제93조). ④⑤ 사용자는 취업규칙을 임의로 작성하여 근로자측의 의견을 청취한 다음 의견을 기입한 서면을 첨부하여 노동부장관에게 신고하여야 한다(동법 제94조, 제93조). ①② 취업규칙의 작성·변경에 관하여는 근로자의 과반수로 조직된 노동조합이 있는 경우에는 그 노동조합, 근로자

▌해답▌ **19.** ③ **20.** ①

의 과반수로 조직된 노동조합이 없는 경우에는 근로자 과반수의 「의견」을 들어야 하며, 취업규칙의 불이익한 변경에 관하여는 근로자의 과반수로 조직된 노동조합이 있는 경우에는 그 노동조합, 근로자의 과반수로 조직된 노동조합의 없는 경우에는 근로자 과반수의 「동의」를 얻어야 한다(동법 제93조 제 1 항).

21. 취업규칙에 관한 판례의 내용 중 옳은 것과 틀린 것의 조합이 맞는 것은?

㉮ 취업규칙의 법적 성질은 법규범에 속한다는 판례도 있다. ㉯ 취업규칙의 변경이 일부 근로자에게는 유리하고, 다른 근로자에게는 불리한 경우에는 이를 사회통념에 비추어 유·불리여부를 판단한다. ㉰ 취업규칙의 불이익변경이 기존 근로자의 동의를 얻지 못한 경우 기존 근로자에게는 적용되지 아니하나 신규근로자에게는 적용될 수 있다. ㉱ 취업규칙의 불이익변경여부는 근로자를 기준으로 하여 판단한다. ㉲ 취업규칙을 작성하는 경우, 또는 불이익변경이 아닌 경우 근로자의 의견청취절차를 거쳤다면 사용자는 그 의견에 구속되지 아니한다.

① ㉮(×)㉯(○)㉰(×)㉱(○)㉲(○) ② ㉮(○)㉯(×)㉰(○)㉱(×)㉲(○)
③ ㉮(×)㉯(×)㉰(○)㉱(○)㉲(○) ④ ㉮(○)㉯(×)㉰(○)㉱(○)㉲(○)
⑤ ㉮(○)㉯(○)㉰(○)㉱(○)㉲(×)

≪**해설**≫ ㉮ 대판 1997.12.27, 77다1378. ㉯ 이를 불이익한 취업규칙의 변경으로 본다. 대판 1993.5.14, 93다1893. ㉰ 대판 1993.6.11, 93다11876. ㉱ 대판 1994.5.24, 93다14493. 사회통념에 비추어 객관적으로 판단한다. ㉲ 대판 1991.4.9, 90다16245.

22. 취업규칙의 효과에 관한 설명으로 거리가 먼 것은?

① 취업규칙에 규정된 내용은 사용자와 근로자를 동일하게 구속한다.
② 취업규칙에는 법령에 반하는 규정을 할 수 없다.
③ 법령 또는 단체협약에 정한 근로조건의 기준에 위반하는 취업규칙의 부분은 무효가 된다.
④ 취업규칙변경의 불이익판단은 근로자를 기준으로 행한다.
⑤ 취업규칙은 당해 사업 또는 사업장의 조직·미조직근로자에게 적용된다.

≪**해설**≫ ① 판례는 법규범설의 입장에서 파악한다. 즉 취업규칙은 사용자가 그의 경영권에 기하여 일방적으로 작성하는 것이지만, 일단 성립된 경우에는 하나의 법규범으로서 제정자의 의사를 떠나 객관적 존재와 일반적 타당성을 취득하여 기업의 구성원은 누구나 그 행동양식에 따르지 않으면 안된다. ②③ 근로기준법 제96조, 노사관계법 제33조 참조. ④ 사회통념에 따라 판단한다(객관적 기준). ⑤ 조직·미조직을 불문하고 모든 근로자에게 적용된다. 이것은 단체협약이 원칙적으로 협약당사자인 조합의 조합원에게만 적용되는 점과 다르다.

┃해답┃ 21. ② 22. ④

23. 취업규칙의 불이익한 변경에 관한 판례의 태도가 아닌 것은? 〈'99 공인노무사〉

① 근로자집단의 동의를 받지 못한 경우 변경된 부분은 취업규칙변경의 효력이 원칙적으로 발생하지 아니한다.

② 기존 근로자집단의 동의를 얻지 못한 취업규칙은 기존 근로자에게는 당연히 적용되지 아니하지만 신규근로자에게는 변경의 효력이 미친다.

③ 취업규칙변경에 관한 근로자들의 동의가 없더라도 단체협약의 규정으로 이를 추후 승인한 경우 소급적으로 동의한 것으로 본다.

④ 노사협의회의 근로자위원들이 취업규칙의 불이익변경에 동의한 경우에도 동의의 효력을 인정할 수 있다.

⑤ 기존의 퇴직금제도를 불리하게 변경하여 새로운 퇴직금제도를 모든 근로자에게 일률적으로 적용하는 경우 변경되기 이전의 기간에 대하여 기존의 퇴직금제도를 적용하더라도 퇴직금차등금지제도에 반하지 않는다.

≪**해설**≫ ① 대판 1992.12.8, 91다38174 등. ② 대판 1992.12.22, 92다45165 등. ③ 대판 1993.3.23, 92다52115. ④ 노사협의회의 근로자위원들이 동의한 경우 원칙적으로 동의의 효력을 인정할 수 없다(대판 1994.6.24, 92다28556). 근로자집단의 집단의사결정방식에 의한 동의가 있어야 한다. ⑤ 대판 1990.11.27, 89다카15939.

❙해답❙ **23.** ④

제9편 寄 宿 舍

제1장 勤勞者의 私生活保護

제1절 關聯規程

근로기준법 제98조 【기숙사 생활의 보장】 ① 사용자는 사업 또는 사업장의 부속 기숙사에 기숙하는 근로자의 사생활의 자유를 침해하지 못한다.
② 사용자는 기숙사 생활의 자치에 필요한 임원 선거에 간섭하지 못한다.

제2절 主要內容

근로자는 근로시간 중에는 사용자의 지휘·명령에 따라 근로를 제공할 의무를 부담한다. 그러나 근로시간이 종료된 이후에는 사용자의 지휘·명령에서 벗어나 사생활의 자유를 가진다. 따라서 근로기준법은 기숙사생활을 하는 근로자의 사생활의 자유를 보장할 것을 규정하고 있으며(근로기준법 제98조 제1항), 또한 근로자의 기숙사생활의 자치확보를 위한 임원선거에 사용자가 간섭할 수 없도록 하고 있다(동법 제98조 제2항).

제2장 寄宿舍規則의 作成·變更

제1절 關聯規程

근로기준법 제99조 【규칙의 작성과 변경】 ① 부속 기숙사에 근로자를 기숙시키는 사용자는 다음 각 호의 사항에 관하여 기숙사규칙을 작성하여야 한다.
1.~6. (생략)

② 사용자는 제1항에 따른 규칙의 작성 또는 변경에 관하여 기숙사에 기숙하는 근로자의 과반수를 대표하는 자의 동의를 받아야 한다.
③ 사용자와 기숙사에 기숙하는 근로자는 기숙사규칙을 지켜야 한다.

제2절 主要內容

Ⅰ. 寄宿舍規則의 作成·變更 및 申告

사용자가 사업의 부속기숙사에 근로자를 기숙시키는 경우에는 기숙사규칙을 작성·신고하여야 한다(근로기준법 제99조 제1항).

Ⅱ. 寄宿舍規則의 記載事項

사용자는 ① 기침·취침·외출과 외박에 관한 사항, ② 행사에 관한 사항, ③ 식사에 관한 사항, ④ 안전과 보건에 관한 사항, ⑤ 건설물과 설비의 관리에 관한 사항, ⑥ 기타 기숙사에 기숙하는 근로자전체에 적용될 사항을 기재하여야 한다(동법 제99조 제1항).

Ⅲ. 勤勞者 過半數를 代表하는 者의 同意

사용자가 기숙사규칙을 작성 또는 변경하고자 하는 경우에는 기숙사에 기숙하는 「근로자의 과반수를 대표하는 자의 동의」를 얻어야 한다(동법 제99조 제2항).

Ⅳ. 寄宿舍規則의 遵守義務

사용자와 기숙사에 기숙하는 근로자는 기숙사규칙을 준수하여야 한다(동법 제99조 제3항).

제 3 장 寄宿舍의 安全·保健

제 1 절 關聯規程

근로기준법 제100조 【설비와 안전 위생】 ① 사용자는 부속 기숙사에 대하여 근로자의 건강, 풍기(風紀)와 생명의 유지에 필요한 조치를 강구하여야 한다.
② 제 1 항에 따라 강구하여야 할 조치의 기준은 대통령령으로 정한다.

기출문제 및 기본문제

기본문제

1. 다음은 근로기준법상의 기숙사에 관한 설명이다. 잘못된 것은?

① 사용자는 기숙사생활의 자치에 필요한 임원선거에 간섭하지 못한다.

② 근로기준법에서는 근로자가 기숙하는 모든 기숙사에 대하여 사용자의 의무를 규정하고 있다.

③ 사용자는 사업의 부속기숙사에 기숙하는 근로자의 사생활의 자유를 침범하지 못한다.

④ 사업장 부속기숙사에 근로자를 기숙시키는 사용자는 그 사항에 관하여 기숙사규칙을 작성하여야 한다.

⑤ 근로기준법에서 기숙사에 관한 규정을 둔 것은 과거에 기숙사가 근로자를 저임금하에서 억압하는 수단으로 이용되어 오던 폐단을 제거하기 위한 것이다.

≪**해설**≫ ①③④ 근로기준법 제98조, 제99조에 해당하는 내용이다. ② 근로기준법에서는 사업장의 부속기숙사에 한정하여 이를 규제대상으로 하고 있을 뿐이다.

2. 기숙사 규칙을 제정하는 경우에는 기숙사에 기숙하는 근로자 과반수를 대표하는 자의 ㉠ (　　)를(을), 변경하는 경우에는 이의 ㉡ (　　)를(을) 얻어야 한다.

① ㉠ 동의, ㉡ 동의　　② ㉠ 의견, ㉡ 의견

③ ㉠ 의견, ㉡ 동의　　④ ㉠ 동의, ㉡ 의견

⑤ 사용자가 임의로 제정・변경한다.

≪**해설**≫ 사용자는 기숙사규칙의 작성・변경에 관하여 기숙사에 기숙하는 근로자의 과반수를 대표하는 자의 동의를 얻어야 한다(근로기준법 제99조 제 2 항).

|해답| 1. ② 2. ①

제10편 勤勞關係의 變更 및 終了

제 1 장 人事移動

제 1 절 人事移動의 槪念

인사이동은 전직, 전적, 전출, 전근, 전보, 출장, 파견, 배치전환, 근로자공급 및 근로관계의 이전 등 다양한 형태의 근로관계의 변경을 포함하는 개념으로서 이를 일률적으로 정의하기는 용이하지 아니하다. 그러나 인사이동의 개념은 대체로 기업 내에서 또는 기업과 기업간의 근로자의 근무내용·근무장소 및 근로제공 상대방의 변경을 가져오는 근로관계의 변동이라고 정의할 수 있을 것이다.

제 2 절 人事權의 法的 根據

Ⅰ. 經營權說

사용자는 자신의 경영권을 바탕으로 하여 인사권을 행사할 수 있다고 한다. 즉 근로자는 근로계약체결에 의하여 경영체계에 편입됨으로써 사용자의 인사권 행사에 따른 노무지휘를 받게 된다는 것이다(이상윤).

[대판 1995. 10. 13, 94다52928] 전직이나 전보는 원칙적으로 인사권자인 사용자의 권한에 속하며, 업무상 필요한 범위 안에서 권리남용에 해당하는 등 특별한 사정이 없는 한 상당한 재량을 인정하여야 할 것이다.

Ⅱ. 包括的 合意說

근로자는 사용자와의 근로계약체결을 통하여 자신의 노동력을 사용자의 지휘·관리권한에 속하게 하는 포괄적 합의를 하게 되며, 사용자는 이러한 합의에 근거하여 인사권을 행사하게 된다고 한다(다수설).

Ⅲ. 契 約 說

근로자와 사용자는 근로계약에 의하여 근로조건에 합의하게 되며, 이 경우 인사권의 행사 역시 하나의 근로조건으로서 근로계약의 합의사항에 포함되므로, 이러한 계약에 근거하여 사용자는 인사권을 행사할 수 있다고 한다. 따라서 사용자의 인사권은 근로계약상 합의된 범위내에서만 유효하다고 한다(박홍규).

제 3 절 人事移動의 主要形態

Ⅰ. 企業內 人事移動

기업내 인사이동은 기업안에서 근로자의 직무내용 또는 근무장소 등을 장기간에 걸쳐 변경하는 것을 말한다(배치전환이라고도 한다). 기업내 인사이동은 장기간에 걸친다는 점에서 단기적·일시적으로 다른 사업장에서 근로를 제공하는 출장 또는 작업응원과 구분된다.

1. 職務內容의 變更

근로자가 제공하는 직종의 변경을 말하며, 이를 일반적으로 「전보」라고 부른다(이를 전직으로 부르는 견해도 있다). 예컨대 경리직 근로자를 판매직 근로자로 바꾸는 경우 등이 이에 해당된다.

2. 勤務場所의 變更

⑴ 전 근　동일한 기업내에서 수개의 사업장이 있는 경우 한 사업장에서 다른 사업장으로 근무장소를 변경하는 경우를 말한다. 전근은 근로자의 생활근거의 이전을 수반하는 경우도 있으므로 배치전환에 비하여 근로자의 지위에 커다란 영향을 미치게 된다.

⑵ 배치전환　동일한 사업장내에서의 근무장소를 변경하는 경우를 말한다.

Ⅱ. 企業間 人事移動

기업간 인사이동은 근로자가 다른 기업에 가서 다른 기업의 지휘·감독아래 장기간 근로를 제공하는 것을 말한다. 기업간 인사이동은 전출과 전적으로 크게 나누어 볼 수 있다.

1. 轉　出

(1) 의　의　　전출은 본래의 소속기업에 재적한 체 다른 기업에서 상당히 장기간 동안 근로를 제공하는 것을 말한다.

(2) 근로관계　　전출은 근로자와 소속기업간의 근로계약관계, 소속기업과 전출기업간의 전출계약관계, 근로자와 전출기업간의 근로제공관계 등으로 복잡하게 구성되어 있다. 전출의 경우 근로자는 소속기업과 근로계약을 체결하게 되나, 근로의 제공은 전출기업에서 하게 되므로, 전출기업의 지휘·명령하에서 근로를 제공하여야 한다.

(3) 주요사례: 근로자파견제도　　이에 관하여는 후술한다.

2. 轉　籍

(1) 의　의　　전적이라 함은 본래의 소속기업과의 근로계약관계를 종료하고 다른 기업과 근로계약관계를 새로이 체결하는 것을 말한다. 전적은 본래의 소속기업과의 근로계약이 종료된다는 점에서 근로계약이 그대로 존속되는 전출과 구별된다.

(2) 근로관계　　전적의 경우 i) 본래의 소속기업과 근로자와의 관계는 근로계약의 종료, ii) 전적대상기업과 근로자와의 관계는 새로운 근로계약의 체결, iii) 본래의 소속기업과 전적대상기업간에는 전적계약의 체결이 이루어진다.

당사자간의 특별한 합의가 없는 경우 근로관계는 본래의 소속기업과 전적대상기업간에 단절된 것으로 보는 것이 원칙이다. 따라서 당해근로자의 「개별적·구체적 동의」를 필요로 한다(대판 1993. 1. 26, 92다11695).

(3) 주요사례　　동일 그룹내의 계열사간의 전적, 영업양도 및 합병 등이 전적의 가장 대표적인 형태이다.

제 4 절　人事權의 制限

사용자의 인사권 행사는 근로기준법 제23조 제 1 항에 규정된 「정당한 이유」가 있는 경우에 한하여 인정된다. 「정당한 이유」에 관하여는 단체협약 및 취업규칙 등에 구체적으로 정하여지는 것이 일반적이나, i) 인사권행사의 업무상 필요성과 근로자의 생활상 불이익의 비교형량 및 ii) 근로자와의 사전협의 등 인사권행사에 신의칙상 요구되는 절차를 거쳐야 할 것이다(대판 1994. 5. 10, 93다47677; 대판 1995. 5. 9, 93다51263).

> [대판 1994. 5. 10, 93다47677] 전직처분이 정당한 인사권의 범위 내에 속하는 지의 여부는 전직명령의 업무상의 필요성과 전직에 따른 근로자의 생활상 불이익과의 비교형량, 근로자본인과의 협의 등 신의칙상 요구되는 절차를 거쳤는지의 여부에 따라 결정되어야 한다.

제2장 懲　戒

제1절 懲戒權의 意義

징계라 함은 근로자가 회사의 복무규율이나 기타의 기업질서를 위반하는 경우 이에 대하여 사용자가 취하는 제재조치를 말한다.

제2절 懲戒權의 法的 性質

Ⅰ. 使用者固有權說

사용자는 규율과 질서를 필요로 하는 기업의 운영자로서 당연히 고유한 징계권을 가진다고 한다. 이러한 견해는 경영권의 한 내용으로서 경영질서의 형성 및 유지와 이의 위반에 대한 제재는 당연히 사용자의 고유권한에 속한다고 본다(이상윤).

Ⅱ. 勞使合意說

1. 契 約 說

사용자의 징계권은 근로계약 또는 취업규칙에 명시되어 근로자가 이에 합의하는 경우에 인정된다고 한다. 이러한 견해는 동 근로계약 및 취업규칙 등에 열거된 징계사유나 수단이외의 다른 것은 인정되지 아니한다고 한다.

2. 自治規範說

징계권의 근거를 노사공동의 기업질서(Betriebliche Ordnung)의 위반행위에 대한 제재조치를 규정하고 있는 노사당사자의 자치규범, 즉 단체협약·노사협정(김형배) 또는 취업규칙(이병태, 박홍규) 등에서 찾고 있다.

제 3 절 懲戒의 種類

Ⅰ. 譴責 · 警告

「견책」이란 사용자가 근로자에게 시말서를 제출하도록 하여 징계하는 방법이며, 「경고」는 상대방을 구두 · 문서로 훈계할 뿐 시말서의 제출이 수반되지 아니하는 징계방법이다.

Ⅱ. 減　俸

> **근로기준법 제95조 【제재 규정의 제한】** 취업규칙에서 근로자에 대하여 감급(減給)의 제재를 정할 경우에 그 감액은 1회의 금액이 평균임금의 1일분의 2분의 1을, 총액이 1임금지급기의 임금 총액의 10분의 1을 초과하지 못한다.

Ⅲ. 出勤停止 또는 停職

출근정지 또는 정직이란 근로계약을 존속시키지만 근로자의 근로제공을 일정기간 금지하는 것을 말한다. 「자택근신」 또는 「징계휴직」이라고 부를 때도 있다.

Ⅳ. 懲戒解雇

징계해고는 사용자의 일방적 의사표시 근로관계를 종료시키는 징계처분이다. 징계처분 중에서 가장 커다란 제재효과를 갖고 있다.

제 4 절 懲戒의 事由

징계는 근로기준법 제23조 제 1 항에 따라 「정당한 이유」가 있는 경우에 허용된다. 징계의 사유는 단체협약 및 취업규칙 등에 규정되는 것이 일반적이다. 대체로 징계사유로서는 i) 직무태만 및 해태, ii) 업무지시 · 명령의 위반, iii) 업무방해, iv) 직장규율위반, v) 종업원으로서의 지위 · 신분에 따른 규율위반 및 vi) 경력사칭 등이 제시되고 있다.

제 5 절 懲戒의 節次

징계절차에 관하여 근로기준법은 일반적인 규정을 두지 않고 있다. 다만, 근로자의 해고에 한하여 사전에 이를 예고하도록 규정하고 있으며(동법 제26조), 해고사유와 해고시기를 서면으로 통지할 것을 규정하고 있을 뿐이다(동법 제27조). 따라서 대부분의 징계절차는 취업규칙 및 단체협약 등에 규정하는 것이 일반적이다. 예컨대 사용자가 징계처분을 내리기 전에 노동조합과 사전에 협의를 거치도록 하거나 또는 노동조합의 동의·합의를 요구하는 경우가 이에 해당된다.

한편, 징계해고에 관한 절차상 하자가 있다는 이유로 노동위원회 또는 법원이 부당해고로 판정한 경우, 사용자가 위 징계를 취소한 후 취업규칙 등에 정해진 정당한 징계절차를 거쳐 같은 징계사유로 다시 징계처분을 한다고 하더라도 일사부재리의 원칙이나 신의칙에 위배되는「이중징계」라고 할 수는 없다(대판 1995. 12. 5, 95다36138 판결 등).

제 3 장 勤勞關係의 移轉

제 1 절 意 義

근로관계라 함은 특정 사용자와 근로자사이의 근로계약의 체결에 의하여 성립된다. 근로계약의 당사자인 사용자가 변동하는 경우에도 근로관계가 그대로 지속되는 것인지에 관한 문제점이 제기될 수 있다. 이것이 근로관계의 이전문제이다.

노동법은 사용자의 지위변경에 따른 근로관계의 이전문제에 대하여「파견근로자보호등에관한법률」이외에 아무런 明文의 규정도 아니두고 있다. 따라서 근로관계의 이전에 관하여는 해석에 의존할 수밖에 없다.

제 2 절 營業讓渡와 勤勞關係

Ⅰ. 槪 要

상법학에 있어서의 영업양도라 함은 영업조직체를 그 동일성을 유지하면서 하나의 채권계약에 의해 이전할 것을 목적으로 하는 것이다.

영업양도는 합병과는 달리 포괄승계되는 것이 아니라 특정승계되는 것이므로 개개의 재산에 관하여 이전절차를 거쳐야 한다. 또한 합병은 일부합병이 있을 수 없으나 영업양도는 특정부문의 영업만을 양도할 수도 있다.

Ⅱ. 營業讓渡와 勤勞關係의 移轉

1. 當事者의 합의와 勤勞關係의 移轉

영업양도에 있어 근로관계가 승계되기 위하여는 이에 대한 당사자간의 합의가 필요한 지에 대하여 문제가 제기되고 있다.

(1) 당연승계설(자동승계설) 영업양도 당사자간의 합의여하에 상관없이 종래의 근로관계가 포괄적으로 양수인에게 법률상 당연히 승계된다는 견해이다(김영훈, 임종률).

(2) 특약필요설(비승계설) 당사자간에 근로관계의 승계에 관한 명시적·묵시적 합의가 있는 경우에 한하여 근로관계가 승계된다는 견해이다.

(3) 원칙승계설(유기적 조직설) 당사자간에 근로자의 일부 또는 전부를 배제한다는 별도의 합의가 없는 한 근로관계는 포괄적으로 승계된다는 견해이다(다수설·판례).

2. 勤勞者의 동의와 勤勞關係의 移轉

영업양도상 근로관계의 이전이 유효하게 성립하기 위하여 근로자의 동의가 필요한지의 여부에 관하여 견해가 나뉘고 있다.

(1) 동의필요설 근로관계의 이전에는 근로자의 동의가 필요하다는 견해이다(이상윤, 김지형; 대판 2000.10.13, 98다11437). 그 논거로 i) 민법 제657조의 적용을 주장하여 근로관계의 이전에는 영업양도 당사자의 합의와 각 근로자의 동의가 필요하다고 하며, ii) 헌법상 보장된 직업선택의 자유, 인간의 존엄성 보호 아래 근로자의 동의는 근로자의 의사에 반하는 근로관계의 자동적 이전을 저지하는 것으로 필요하다고 한다.

(2) 동의불요설 근로자의 동의가 없는 경우에도 근로관계는 당연히 양수인에게로 이전한다는 견해이다(김형배, 하경효). 그 논거로 i) 민법 제657조상의 노무계약은 노동법상의 근로계약과 그 성질을 달리하므로, 근로계약의 이전에는 적용되지 아니하고, ii) 근로자에게 양수회사와의 근로관계를 스스로 해지할 권리가 있는 이상 직업선택의 자유나 인간의 존엄성을 침해한 것으로는 볼 수 없다고 한다.

Ⅲ. 營業讓渡와 勤勞關係의 變更

1. 營業讓渡와 個別的 勤勞關係

(1) 근로계약　　근로관계의 승계로 인하여 개별 근로자가 영업양수인이 경영하는 영업에 편입되어 새로운 근로관계를 형성하는 것이 아니라, 영업양도인과 근로자 사이의 근로관계의 내용이 영업양수인과 근로자 사이의 근로관계에 변동없이 그대로 적용되는 것이 원칙이다(대판 1994.3.8, 93다1589). 따라서 양수인은 양도인이 부담해야 할 근로계약상의 채무를 승계한다고 보아야 하며, 이 경우 양도인에 의하여 면제되지 않은 채무에 대하여는 양도인과 양수인은 「부진정 연대채무자」의 지위에 있다고 본다.

그러나 양수인은 이미 퇴직한 근로자들의 임금·퇴직금에 대하여는 원칙적으로 책임을 지지 않으며(다수설/반대: 임종률), 영업양도에 의하여 승계된 근로자와 양수회사에 종래 종사하던 근로자들의 근로조건 사이에는 균등처우의 원칙(근로기준법 제6조), 퇴직급여의 차등금지의 원칙(근로자퇴직급여보장법 제4조 제2항)은 적용될 수 없고(다수설: 대판 1995.12.26, 95다41659), 기존사업장에서의 근속기간은 인수사업장에서의 근속기간과 합산하여 퇴직금 및 연차유급휴가일수 산정시 산입하여야 한다(다수설: 대판 1991.11.12, 91다12806).

[대판 1994.3. 93, 93다1589] 영업양수인은 영업양도인과 근로자사이에 형성된 종전의 근로조건에 따라 사용자로서의 의무를 이행하고, 근로자도 종전과 동일한 내용의 근로관계상의 의무를 영업양수인에 대하여 부담한다.

(2) 해　고　　영업양도의 경우 사용자는 근로기준법 제24조 제1항에 규정된 경영악화를 방지하기 위한 경우에 한하여 근로자를 해고할 수 있다.

한편, 영업양도인에 의하여 해고된 자 또는 해고의 효력을 다투는 자의 지위는 영업양수인에게 승계되지 아니한다(대판 1995.9.29, 94다54245).

[대판 2000.10.13, 93다11437] 근로관계의 승계를 거부하는 근로자에 대하여는 그 근로관계가 양수기업에 승계되는 것이 아니라 양도기업에 그대로 존속하게 된다. 이 경우 양도기업의 사용자는 영업 일부의 양도로 인한 경영상의 필요에 따라 감원이 불가피한 사정이 있어 정리해고로서의 요건이 갖추어졌다면 그 절차를 거쳐 고용승계를 거부한 근로자를 해고할 수 있다.

2. 營業讓渡와 集團的 勞使關係

(1) 노동조합　　영업양도회사 노동조합의 조합원이 영업양도로 인하여 영업양수인에게 그 근로관계가 승계되는 경우 영업양도회사 및 영업양수회사의 노동조합은 어떠한 지위에 있게 되는가가 문제된다.

사업주의 변경에도 불구하고 노동조합의 존속을 그대로 인정한다면 조직대상을 달리하는 두 개의 노동조합이 양수회사에 일시적으로 병존하게 된다(다수설: 서울지판 1998.11.24, 98가단28159). 따라서 두 개의 노동조합이 합병절차를 밟게 될 것이다.

(2) 단체협약　양도회사의 노동조합이 체결한 단체협약에 대하여 양수회사의 사업주가 이의 효력을 인정하여야 하는가의 문제, 즉 단체협약의 승계문제가 제기될 수 있다.

1) **승계긍정설**　당사자간의 별단의 특약이 없는 한 양도회사의 채권·채무관계가 양수회사로 승계되므로 단체협약의 효력도 그대로 이전한다는 견해이다(다수설; 대판 1989.5.23, 88누4508; 대판 2002.3.26, 2000다3347).

2) **승계부정설**　단체협약의 당사자인 사업주가 변경되므로 단체협약은 당연히 소멸된다고 한다.

3) **절충설**　단체협약의 규정 중에서 협약당사자 사이의 채무적 부분은 영업양도에 의해서 당사자의 변경으로 인하여 소멸되지만, 근로조건에 관한 규범적 부분은 단체협약의 효력발생과 함께 근로관계의 내용으로 체화되어 영업양도 후에도 그대로 존속한다고 한다(김형배).

제 3 절　合併과 勤勞關係

Ⅰ. 概　　要

1. 合併의 槪念

합병에는 흡수합병과 신설합병이 있다. 흡수합병이란 수개의 회사 중 1회사만이 존속하게 되고 존속회사가 나머지 소멸회사의 권리의무를 포괄적으로 승계하는 합병을 말한다. 신설합병이란 수개의 회사가 모두 소멸하고 이들에 의해 신설된 회사가 소멸회사의 권리의무를 포괄적으로 승계하는 합병을 말한다.

2. 合併과 營業讓渡의 區別

합병의 경우 존속회사 또는 신설회사는 소멸회사의 모든 권리·의무를 포괄적으로 승계한다. 포괄적인 승계이므로 개별적 승계를 원칙으로 하는 영업양도의 경우와 구별된다.

Ⅱ. 合併과 勤勞關係의 移轉

1. 當事者間의 合意

합병의 경우 그 성질상 근로자의 근로관계는 당연히 합병회사에 포괄적으로 승계된다고 해석하는 것이 일반적인 견해이다. 따라서 합병에 있어서 근로자의 전부 또는 일부를 승계대상에서 제외한다는 당사자간의 합의는 합병의 성질상 무효라고 해석하여야 할 것이다(통설 · 판례).

2. 勤勞者의 同意

합병에 의한 근로관계의 승계에 대하여 근로자의 동의를 필요로 하는가에 관한 의문이 제기되고 있다. 이에 관하여는 i) 근로자의 동의가 없더라도 당연히 근로자의 근로관계가 합병회사로 승계된다는 견해와 ii) 근로자의 동의는 근로관계의 승계에 대하여 필요하다고 보는 견해가 있다.

Ⅲ. 合併과 勤勞關係의 變更

1. 個別的 勤勞關係

합병에 의하여 피합병회사의 근로계약은 포괄적으로 합병회사에 승계되고 근로자는 임금 및 근로시간 등의 모든 근로조건에 있어서 종전의 동일한 대우를 받는다.

> [대판 1994. 3. 8, 93다1589] 두 회사가 합병한 경우 합병 후 존속되는 존속회사 또는 신설회사는 소멸회사에 근무하던 근로자에게 적용되던 종전의 퇴직금제도를 동일한 내용으로 승계하는 것으로 보아야 할 것이다.

경영악화를 위한 합병을 하는 경우 경영해고가 인정된다(근로기준법 제24조 제1항).

2. 集團的 勞使關係

합병의 경우 i) 흡수합병의 경우에는 피합병회사의 노동조합이 합병회사의 노동조합으로 흡수되거나 두 개의 노동조합이 합병절차를 밟는 것이 일반적이며, ii) 신설합병의 경우에는 피합병회사의 노동조합이 해산되고 새로운 노동조합으로 신설되는 것이 일반적이다.

어떠한 경우에도 기존의 조합이 체결한 단체협약상의 권리 · 의무는 새로운 합병회사와 노동조합이 포괄적으로 승계되므로 근로자는 불이익을 받지 아니한다고 보아야 할 것이다.

제 4 절 勤勞者派遣과 勤勞關係

Ⅰ. 槪 要

1. 勤勞者派遣의 개념

「근로자파견」이라 함은 파견사업주가 근로자를 고용한 후 그 「고용관계」를 유지하면서 근로자파견계약의 내용에 따라 사용사업주의 지휘·명령을 받아 사용사업주를 위한 근로에 종사하게 하는 것을 말한다(근로자파견법 제2조 제1호).

2. 勤勞者派遣事業의 許可

근로자파견사업을 하고자 하는 자는 노동부장관의 「허가」를 받아야 한다(동법 제7조 제1항).

3. 勤勞者派遣事業의 대상업무

(1) 기본원칙

1) 상시허용업무 근로자파견사업은 i) 제조업의 직접생산공정업무를 제외하고 ii) 전문지식·기술 또는 경험 또는 업무의 성질 등을 고려하여 적합하다고 판단하는 업무로서 대통령령이 정하는 업무를 대상으로 한다(근로자파견법 제5조 제1항).

2) 파견기간 상기 근로자의 파견기간은 1년을 초과하지 못한다(근로자파견법 제6조 제1항). 그러나 파견사업주·사용사업주·파견근로자간의 합의가 있는 경우에는 파견기간을 연장할 수 있다(동법 제6조 제2항 전단). 이 경우 1회 연장시 그 연장기간은 1년을 초과하지 못하며, 연장된 기간을 포함한 총파견기간은 2년을 초과하지 못한다(동법 제6조 제2항 후단). 고령자고용촉진법에 의한 고령자인 파견근로자에 대하여는 2년을 초과하여 근로자파견기간을 연장할 수 있다(동법 제6조 제3항).

(2) 예 외

1) 일시허용업무 i) 출산·질병·부상 등으로 결원이 생긴 경우, ii) 일시적·간헐적으로 인력을 확보하여야 할 필요가 있는 경우에는 상기 대상업무에 해당되지 아니하는 경우에도 근로자파견사업을 행할 수 있다(동법 제5조 제2항 본문). 이러한 특수한 경우에도 파견근로자를 사용하여야 할 경우 사용사업자는 근

로자대표와 사전에 성실하게 「협의」하여야 하며(동법 제5조 제4항), 이 경우 파견기간은 다음과 같다.

① 출산·질병·부상 등 그 사유가 객관적으로 명백한 경우에는 그 사유의 해소에 필요한 시간

② 일시적·간헐적으로 인력을 확보할 필요가 있는 경우에는 3월 이내의 기간. 다만, 그 사유가 해소되지 아니하고 파견사업주·사용사업주·파견근로자간의 합의가 있는 경우에는 1회에 한하여 3월의 범위안에서 그 기간을 연장할 수 있다.

2) 절대금지업무

① 건설공사현장에서 이루어지는 업무

② 항만운송사업법, 철도소운송업법, 농수산물유통 및 유가안정에 관한 법률, 화물유통촉진법에 의한 하역업무로서 직업안정법 제33조의 규정에 의하여 근로자공급사업 허가를 받은 지역의 업무

③ 선원법 제3조의 규정에 의한 선원의 업무

④ 산업안전보건법 제28조의 규정에 의한 유해하거나 위험한 업무

⑤ 기타 근로자보호 등의 이유로 근로자파견사업의 대상으로는 적절하지 못하다고 인정하여 대통령령으로 정하는 업무(동법 제5조 제3항)

Ⅱ. 派遣事業主·使用事業主·派遣勤勞者의 關係

1. 派遣事業主와 使用事業主간의 關係

(1) 근로자파견계약의 체결 및 해지

1) 의 의 파견사업주와 사용사업주는 근로자파견계약의 당사자로서 「근로자파견계약」을 서면으로 체결하여야 한다(근로자파견법 제20조).

2) 근로자파견계약의 내용 근로자파견계약에는 법 소정의 내용이 포함되어야 한다(동법 제20조).

3) 파견사업주 및 사용사업주의 의무

① 파견사업주의 의무 파견사업주는 정당한 이유없이 파견근로자의 고용관계의 종료 후 사용사업주가 당해 파견근로자를 고용하는 것을 금지하는 내용의 근로자파견계약을 체결하여서는 아니된다(동법 제25조 제2항).

② 사용사업주의 의무 사용사업주는 근로자파견계약에 위반되지 아니하도록 적절한 조치를 강구하여야 한다(동법 제30조).

4) 근로자파견계약의 해지 사용사업주는 파견근로자의 성별·종교·사회적 신분이나 파견근로자의 정당한 노동조합의 활동 등을 이유로 근로자파견계약을

해지하여서는 아니된다(동법 제22조 제 1 항).

2. 派遣事業主와 派遣勤勞者와의 關係

(1) 근로계약의 체결　　파견근로주와 파견사업주 사이에는「근로계약」이 체결되고, 그 관계는 원칙적으로 근로계약관계이다.

파견사업주는 정당한 이유없이 파견근로자 또는 파견근로자로서 고용되고자 하는 자와 그 고용관계의 종료 후 사용사업주에게 고용되는 것을 금지하는 내용의 근로계약을 체결하여서는 아니된다(근로자파견법 제25조 제 1 항).

(2) 파견근로자의 복지증진

(3) 파견근로자에 대한 고지의무

1) **파견근로자 고용시의 고지의무**　　파견사업주는 근로자를 파견근로자로서 고용하고자 할 때에는 미리 당해 근로자에게 그 취지를 서면으로 알려주어야 한다(동법 제24조 제 1 항).

2) **파견근로자외의 자 파견시의 고지의무 및 근로자의 동의**　　파견사업주는 그가 고용한 근로자 중 파견근로자로 고용하지 아니한 자를 근로자파견의 대상으로 하고자 할 경우에는 미리 그 취지를 알려주고, 당해 근로자의「동의」를 얻어야 한다(동법 제24조 제 2 항).

(4) 근로자파견의 제한　　파견사업주는 쟁의행위 중인 사업장에 그 쟁의행위로 중단된 업무의 수행을 위하여 근로자를 파견하여서는 아니된다(동법 제16조 제 1 항).

3. 使用事業主와 派遣勤勞者와의 關係

(1) 사용관계의 성립　　파견근로자와 사용사업주간에는「사용관계」가 성립한다.

(2) 파견근로자의 직접고용의무

1) **직접고용의무의 사유**　　사용사업주가 다음에 해당하는 경우에는 당해 파견근로자를 직접 고용하여야 한다(동법 제 6 조의2 제 1 항).

① 제 5 조 제 2 항에 위반하여 출산 · 질병 · 부상 등에 의한 결원이 생기지 아니하였거나, 일시적 · 간헐적으로 인력을 확보할 필요가 없음에도 불구하고 2년을 초과하여 계속적으로 파견근로자를 사용한 경우

② 제 5 조 제 3 항에 위반하여 근로자파견사업이 금지되는 업무에 파견근로자를 사용하는 경우

③ 제 6 조 제 2 항 규정된 2년의 최장 파견근로기간, 또는 제 6 조 제 4 항에 규정된 출산 · 질병 · 부상 또는 일시적 · 간헐적 인력확보에 필요한 파견근로기간을 위반하여 2년을 초과하여 계속적으로 파견근로자를 사용하는 경우

④ 제 7 조 제 3 항의 근로자파견사업의 허가규정에 위반하여 근로자파견사

업을 하는 자로부터 2년을 초과하여 계속적으로 근로자파견의 역무를 제공받은 경우

다만, 당해 파견근로자가 명시적인 반대의사를 표시하거나 대통령령이 정하는 정당한 이유가 있는 경우에는 직접 고용하지 아니하여도 무방하다(동법 제6조의2 제2항).

2) 근로조건 사용사업주가 파견근로자를 직접 고용하는 경우에 있어서 파견근로자의 근로조건은 다음과 같다(동법 제6조의2 제3항).

① 사용사업주의 근로자 중 당해 파견근로자와 동종 또는 유사업무를 수행하는 근로자가 있는 경우에는 그 근로자에게 적용되는 취업규칙 등에서 정하는 근로조건에 의할 것

② 사용사업주의 근로자 중 당해 파견근로자와 동종 또는 유사업무를 수행하는 근로자가 없는 경우에는 당해 파견근로자의 기존의 근로조건의 수준보다 저하되어서는 아니될 것

(3) 파견근로자의 우선고용의무 사용사업주는 파견근로자를 사용하고 있는 업무에 근로자를 직접 고용하고자 하는 경우에는 당해 파견근로자를 우선적으로 고용하도록 노력하여야 한다(동법 제6조의2 제4항).

(4) 근로자파견의 제한 사용사업주는 경영해고를 한 후 2년이 경과하기 전에는 당해업무에 파견근로자를 사용하여서는 아니된다. 다만, 근로자대표의 동의를 얻은 경우에는 정리해고 후 6개월이 경과한 후 그 업무에 파견근로자를 사용할 수 있다(동법 제16조 제2항, 동법시행령 제4조).

(5) 고충처리 사용사업주는 파견근로자로부터 파견근로에 관한 고충의 제시가 있는 경우에는 그 고충의 내용을 파견사업주에게 통지하고, 신속·적절하게 고충을 처리하여야 한다(동법 제31조).

Ⅲ. 派遣勤勞者의 勤勞關係

1. 派遣勤勞者의 個別的 勤勞關係

(1) 근로기준법의 적용에 관한 특례 파견근로자에게 근로기준법을 적용하는 경우 파견사업주 및 사용사업주의 양자를 근로기준법상의 사용자로 보는 것이 원칙이다(동법 제34조 본문). 다만, 근로자파견법은 파견근로자의 특정 근로조건에 관하여 파견사업주 및 사용사업주 중 누구를 사용자로 볼 것인가에 관하여 특례를 두고 있다.

(2) 산업안전보건법의 적용에 관한 특례 파견근로자에게 산업안전보건법을 적용하는 경우 사용사업주를 동법상의 사용자로 보는 것이 원칙이다(동법 제35조 제

1 항). 다만, 산업안전보건법은 특례를 규정하고 있다.

2. 派遣勤勞者의 集團的 勞使關係

동법 제22조 제 1 항은 「사용사업주는 … 파견근로자의 정당한 노동조합의 활동 등을 이유로 근로자 파견 계약을 해지하여서는 아니된다」라고 규정함으로써 파견근로자도 정당한 노동조합활동을 할 수 있음을 밝히고 있다.

제 4 장 勤勞關係의 終了

제 1 절 意 義

Ⅰ. 槪 要

근로관계의 종료사유에는 ① 사용자에 의한 해고, ② 기간의 정함이 있는 근로관계에 있어서 기간의 만료, ③ 합의해지, ④ 근로자에 의한 사직, ⑤ 정년, ⑥ 당사자의 소멸 등이 있다.

Ⅱ. 法的 體系

근로기준법은 해고에 관하여 제23조, 제24조, 제26조, 제27조, 제28조, 제35조에 명문으로 규정하고 있다. 그러나 해고 이외의 다른 종료사유에 대해서는 아무런 명문의 규정도 아니두고 있다. 따라서 해고 이외의 「근로관계 종료사유」에 대해 다툼이 있을 때는 원칙적으로 민법의 법리에 따라 해석되어야 할 것이다.

제 2 절 解 雇

Ⅰ. 意 義

시민법체계하에서 사용자는 근로자와 자유로이 근로계약을 체결하고, 또한 이를 자유로이 해지할 수 있는 것이 원칙이다. 그러나 사용자에 의한 해지의 자유는 근로제공을 유일한 생존수단으로 삼고 있는 근로자에게는 근로기회의 상실을 가져와 생존에 커다란 위협을 주게 된다. 따라서 근로자의 근로기회의 보장을 위하여 사용자의 해고권에 대한 법적 제한이 요구되었으며, 이것이 바로 노동법상의 해고자유제한의 법리가 대두된 이유이다.

Ⅱ. 解雇의 實質的 要件: 정당한 이유

근로기준법은 「정당한 이유」가 있는 경우에 한하여 사용자가 징계 및 해고 등을 할 수 있도록 규정하고 있다. 징계 및 해고 등의 실질적 요건이라 함은 이러한 「정당한 이유」를 말한다.

1. 關聯規程 및 趣旨

근로기준법 제23조 【해고 등의 제한】 ① 사용자는 근로자에게 정당한 이유 없이 해고, 휴직, 정직, 전직, 감봉, 그 밖의 징벌(懲罰)(이하 "부당해고등"이라 한다)을 하지 못한다.

근로기준법은 "사용자는 「정당한 이유」없이 근로자를 해고하여서는 아니된다"라고 명문으로 규정하고 있다(동법 제23조 제1항). 그러나 근로기준법은 정리해고 이외에 무엇이 「정당한 이유」인가에 관하여 구체적으로 규정하지 아니하고 있다.

[대판 1992. 5. 22, 91누5884] 정당한 이유의 판단은 개별적·구체적으로 결정되어야 할 것이지만, 대체로 사회통념상 해당 근로자와 사용자 사이의 근로관계를 계속 유지할 수 없을 정도로 근로자에게 책임이 있는 사유가 있다든가 또는 부득이한 경영상의 필요가 있는 경우를 말한다고 할 것이다.

해고의 정당한 이유는 대체로 i) 근로자측의 해고사유와 ii) 사용자측의 해고사유로 구분하는 것이 일반적이다(근기 1451-24180, 1984. 12. 10).

2. 勤勞者側의 解雇事由

(1) 귀책사유가 없는 경우 근로자에게 귀책사유가 없으나, 근로자개인의 정신적·육체적 기타의 사유로 인하여 법령, 단체협약, 취업규칙 및 근로계약 등에 규정된 근로제공의무를 충분히 이행할 수 없는 경우 이를 이유로 한 해고처분을 말한다. 이를 보통 일반해고 또는 통상해고라 한다.

예컨대 i) 질병 및 신체장애, ii) 필요한 직무능력의 부족, iii) 동료직원과의 불화, iv) 경쟁업체와의 밀접한 관계, v) 경향사업체에서의 경향의 상실, vi) 약물중독·알콜중독, vii) 도벽, viii) 성격이상 등이 이에 해당될 것이다.

(2) 귀책사유가 있는 경우 근로자가 자신의 귀책사유로 인하여 근로계약·

취업규칙 · 단체협약 및 경영관행상의 의무를 위반하는 행위를 한 경우 이를 이유로 한 해고처분을 말한다. 이를 일반적으로 「징계해고」라고 부른다.

예컨대 i) 무단결근 · 조퇴 · 지각의 경우, ii) 약정된 근로제공의 거부, iii) 하자 있는 근로제공, iv) 불법쟁의행위의 참가 · 선동, v) 업무수행의 태만, vi) 회사경영에 대한 손해야기, vii) 회사명예의 훼손, viii) 회사상사의 지시 불복종, ix) 회사기밀의 누설 등이 이에 해당될 것이다.

근로자가 직무 이외의 영역에서 행한 범죄로 「형사상의 소추」를 받거나 「유죄판결」을 받았다고 하여 곧바로 해고할 수 있는 것은 아니지만, 이로 인하여 장기간 노무급부가 불가능하게 되어 계약의 목적이 달성될 수 없는 경우('93 대판), 업무상 특별히 요구되는 근로자에 대한 신뢰나 품위 또는 사용자의 명예가 손상됨으로써 근로관계의 유지가 기대될 수 없는 경우('88 대판)에는 해고의 사유가 될 수 있다.

3. 使用者側의 解雇事由: 整理解雇

(1) 관련규정

> **근로기준법 제24조 【경영상 이유에 의한 해고의 제한】** ① 사용자가 경영상 이유에 의하여 근로자를 해고하려면 긴박한 경영상의 필요가 있어야 한다. 이 경우 경영 악화를 방지하기 위한 사업의 양도 · 인수 · 합병은 긴박한 경영상의 필요가 있는 것으로 본다.
> ② 제 1 항의 경우에 사용자는 해고를 피하기 위한 노력을 다하여야 하며, 합리적이고 공정한 해고의 기준을 정하고 이에 따라 그 대상자를 선정하여야 한다. 이 경우 남녀의 성을 이유로 차별하여서는 아니 된다.
> ③ 사용자는 제 2 항에 따른 해고를 피하기 위한 방법과 해고의 기준 등에 관하여 그 사업 또는 사업장에 근로자의 과반수로 조직된 노동조합이 있는 경우에는 그 노동조합(근로자의 과반수로 조직된 노동조합이 없는 경우에는 근로자의 과반수를 대표하는 자를 말한다. 이하 "근로자대표"라 한다)에 해고를 하려는 날의 50일 전까지 통보하고 성실하게 협의하여야 한다.
> ④ 사용자는 제 1 항에 따라 대통령령으로 정하는 일정한 규모 이상의 인원을 해고하려면 대통령령으로 정하는 바에 따라 노동부장관에게 신고하여야 한다.
> ⑤ 사용자가 제 1 항부터 제 3 항까지의 규정에 따른 요건을 갖추어 근로자를 해고한 경우에는 제23조 제 1 항에 따른 정당한 이유가 있는 해고를 한 것으로 본다.

(2) 정리해고의 정당성 요건

1) 긴박한 경영상의 필요

① 긴박한 경영상의 정도

ⓐ 도산회피설 도산회피설에 의하면 정리해고를 하지 아니하면 기업이 도산되거나 존속유지가 위태롭게 될 것이 객관적으로 인정되는 경우에 한하여 정리해고가 인정된다고 한다. 종래의 대법원판례의 입장이다(대판 1989. 5. 23,

87다카2132).

ⓑ 합리적 필요설 및 감량경영설　정리해고가 사회통념에 비추어 생산성 향상·구조조정 및 기술혁신 등 객관적이고 합리적이라고 인정되는 경우에는 도산회피까지 이르지 아니할지라도 정리해고가 인정된다고 한다. 최근 대법원의 판례(대판 1991.12.10, 91다8647; 대판 1992.5.12, 90누9421; 대판 1992.8.14, 92다16973; 대판 1993.1.26, 92누3076)이다.

② 긴박한 경영상의 필요의 구체적 사례

ⓐ 계속되는 경영의 악화　정리해고를 하지 아니하면 안 될 경영상의 어려움이 계속적으로 누적되어 왔고 장래에도 쉽사리 해소되지 아니할 개연성이 존재하여야 한다. 그러나 i) 노동조합의 파업 등으로 기업에 일시적인 경영난이 있거나(대판 1993.1.26, 92누3076), ii) 해고된 근로자 수만큼 또는 그 이상의 인원을 즉시 신규채용한 경우(대판 1987.4.28, 86다카1873; 대판 1989.5.23, 87다카2132) 등은 계속되는 경영의 악화에 해당되지 아니한다.

ⓑ 생산성 향상　생산성 향상 또는 경쟁력 강화를 위하여 구조조정 또는 기술혁신을 하거나 업종을 전환하는 경우에도 정리해고가 인정된다.

ⓒ 사업의 양도·인수·합병　경영악화를 방지하기 위한 사업의 양도·인수·합병은 긴박한 경영상의 필요가 있는 것으로 본다(근로기준법 제24조 제1항 후단). 이 경우 「경영악화를 방지」하기 위한 경우에 한하여 긴박한 경영상의 필요가 인정되는 것으로 좁게 해석하여야 할 것이다.

2) 해고회피노력

① 해고회피노력의 기준　사용자는 해고회피를 위한 노력을 하여야 한다(동법 제24조 제2항). 즉 i) 정리해고조치 이외의 경영상의 실현가능한 모든 조치를 취하였음에도 불구하고 긴박한 경영상의 필요를 충족시키지 못하였거나, ii) 정리해고조치 이외의 다른 조치를 취하는 것이 불가능하여야 한다.

② 구체적 사례　해고회피노력의 구체적 사례에는 i) 시간외근로의 중단, 근로시간의 축소 등 조업단축을 실시하거나, ii) 전근 및 전직 등을 통한 취업의 유지, iii) 새로운 시장개척 등이 해당된다.

3) 합리적이고 공정한 해고기준의 설정

① 해고기준의 설정기준　사용자는 합리적이고 공정한 해고의 기준을 정하고 이에 따라 해고대상 근로자를 선정하여야 한다(동법 제24조 제2항). 해고대상근로자의 선정기준은 i) 근로자측의 입장으로서 연령, 건강, 가족상황 및 재취업가능성을 종합적으로 고려하여 사회적·경제적 약자를 우선적으로 보호하고, ii) 사용자측의 입장으로서 근로자의 근무능력, 근속기간 및 능률성 등을 고려하여 경영에 필요한 근로자를 우선적으로 보호되도록 설정되어야 한다.

판례는 「합리적이고 공정한」 기준은 확정적 · 고정적인 것은 아니고 해당 사용자가 직면한 경영위기의 강도와 정리해고를 실시해야 하는 경영상의 이유, 정리해고를 실시한 사업부문의 내용과 근로자의 구성, 정리해고 실시 당시의 사회경제상황 등에 따라 달라진다고 하면서(대판 2002.7.9, 2001다29452), 근로자측 요소와 사용자측 요소를 임의로 혼합하여 기준으로 한 경우는 물론 사용자측 요소만 고려한 경우(대판 1987.5.12, 85누690), 심지어 인사고과에 따른 근무성적만을 기준으로 한 경우(대판 1992.11.10, 91다19463)도 합리성과 공정성을 부정할 수 없다고 본다.

② 구체적 사례 i) 정규직 근로자보다 일용직 근로자를 우선해고 대상으로 삼은 경우(대판 1966.4.6, 66도204), ii) 상용직 근로자보다 단시간 근로자를 우선해고 대상으로 삼은 경우, iii) 연령이 낮거나 근속연수가 낮은 근로자를 우선해고 대상으로 삼은 경우(대판 1993.12.28, 92다34858) 등은 합리적이고 공정한 기준에 해당된다. 그러나 남녀의 성을 이유로 차별하는 것은 인정되지 아니한다(근로기준법 제24조 제 2 항 후단).

4) 근로자대표와의 사전협의

① 사전협의절차 사용자는 해고를 회피하기 위한 방법 및 해고의 기준 등에 관하여 당해 사업장에 근로자의 과반수로 조직된 노동조합이 있는 경우에는 당해 노동조합과, 이러한 노동조합이 없는 경우에는 근로자의 과반수를 대표하는 근로자대표에 대하여 해고를 하고자 하는 날의 50일 전까지 통보하고 성실하게 협의하여야 한다(동법 제24조 제 3 항). 이러한 협의절차를 거치지 아니한 경우에는 정당한 해고에 해당되지 아니하므로 해고는 無效가 된다(근로기준법 제24조 제 5 항; 다수설; 대판 1993.1.26, 92누376).

사전협의의 법적 성질에 관하여는 i) 근로조건에 관한 단체교섭을 하는 것과 같다는 입장도 있으나(박홍규, 이광택, 김인재), ii) 단체교섭을 의미하는 것이 아니라 노사협의적 성질이라고 판단해야 한다(대판 2001.4.24, 99도4893).

> **[대판 2001.4.24, 99도4893]** 정리해고의 실시는 사용자의 경영상의 조치라고 할 것이므로… (정리해고에 관한 사항은) 원칙적으로 단체교섭의 대상이 될 수 없고, 단체교섭사항이 될 수 없는 사항을 달성하려는 쟁의행위는 그 목적의 정당성을 인정할 수 없다.

② 근로자대표 「근로자대표」란 해당 사업 또는 사업장에 근로자의 과반수로 조직된 노동조합이 있으면 그 노동조합, 그러한 노동조합이 없으면 근로자의 과반수를 대표하는 자를 말한다.

한편 근로자라 함은 정식의 근로계약이 이미 체결되어 확정된 근로자를 의미한다. 따라서 사용자에게 근로계약의 해약권이 유보되어 있는 채용내정자 또는 시용근로자는 이에 해당되지 아니하므로 이들을 경영해고 하고자 하는 경우 별도의 협의를 거칠 필요가 없다는 것이 대법원 판례의 입장이다(대판 2000.11.28, 2000다51478).

③ 해고협의의 통보 사용자는 경영 해고를 하고자 하는 날의 「50일 전」까지 정리해고계획을 근로자대표에게 통보하여야 한다. 「50일전 사전통보기간」과 관련하여 판례는 정리해고의 다른 요건은 충족되었지만 근로자대표에 대한 통지·협의의 기간이 법정기준에 미달하는 경우 해고는 정당한 것으로 인정한다(대판 2003.11.13, 2003두4119). 한편, 「50일전 사전통보기간」에 근로기준법 제26조의 30일간의 해고예고기간이 포함되는가에 관하여 이를 긍정하는 견해(이상윤)와 부정하는 견해(김형배)가 있다.

(3) 정리해고의 신고 사용자는 일정규모 이상의 인원을 해고하고자 할 때에는 노동부장관에게 신고를 하여야 한다(근로기준법 제24조 제 4 항; 동법 시행령 제10조 제 1 항).

① 상시 근로자수가 99인 이하인 사업 또는 사업장: 10인 이상

② 상시 근로자수가 100인 이상 999인 이하인 사업 또는 사업장: 상시 근로자수의 10퍼센트 이상

③ 상시 근로자수가 1,000인 이상 사업 또는 사업장: 100인 이상

(4) 정리해고후의 근로자보호

1) 사용자의 우선재고용의무 경영상 이유에 의하여 근로자를 해고한 사용자는 근로자를 해고한 날부터 3년 이내에 해고된 근로자가 해고 당시 담당하였던 업무와 같은 업무를 할 근로자를 채용하려고 할 경우 경영상 이유에 의하여 해고된 근로자가 원하면 그 근로자를 우선적으로 고용하여야 한다(근로기준법 제25조 제 1 항).

종전의 우선재고용 노력의무는 선언적 성질에 그쳐 정리해고된 자를 그 기업에 재고용하는데 있어 실효성이 낮다는 지적이 있어, 이번 개정법(2007.1.26)에서는 사용자에게 법적 의무를 부과하는 내용을 명확히 하였다. 따라서 재고용 의무위반 시 형사처벌로 이행을 강제하지는 않지만 민사상의 권리의무를 확정시켜, 사용자가 재고용 의무 불이행시 근로자에게는 민사상 청구권이 발생하게 하였다.

경영해고를 한 후 일정한 기간이 경과하기 전에는 당해 업무에 파견근로를 사용하여서는 아니된다(파견근로자보호등에관한법 제16조 제 2 항).

2) 국가의 고용보장의무 정부는 경영해고된 근로자에 대하여 생계안정, 재취업, 직업훈련 등 필요한 조치를 우선적으로 취하여야 한다(근로기준법 제25조 제 2 항).

4. 團體協約 · 就業規則과 正當한 理由

(1) 해고사유가 규정되어 있는 경우

1) 해고사유가 단체협약 및 취업규칙에 규정되어 있다하여 곧 정당한 이유가 있는 해고에 해당하는 것은 아니다. 따라서 객관적으로 정당한 이유가 아닌 것을 해고사유로 규정한 단체협약이나 취업규칙의 부분은 무효가 된다. 판례는 단체협약이나 취업규칙으로 정한 해고사유에 해당한다 하더라도 고용관계를 유지하는 것이 현저히 부당 또는 불공평하다고 인정될 정도에 이르러야 해고의 정당성이 인정된다고 한다(대판 1992.5.12, 91다27518).

2) 해고사유가 i) 근로기준법 등 관련법령에 위배되지 아니하고, ii) 신의칙에 위반하거나, 권리남용에 해당되지 아니하는 등 사회통념상 합리성을 지니고 있는 경우에 한하여 이러한 사유에 따른 해고는 정당한 이유가 인정된다(대판 1991.10.11, 91다20713; 대판 1992.3.13, 91다39559).

(2) 해고사유가 한정적으로 규정되어 있는 경우　　단체협약이나 취업규칙 등에서 근로자에 대한 징계사유가 제한적으로 열거되어 있는 경우에는 그와 같이 열거되어 있는 사유 이외의 사유로는 징계할 수 없다(대판 1993.11.9, 93다37915; 대판 1994. 12.27, 93다52525).

Ⅲ. 解雇의 節次的 要件

1. 意　義

현행 근로기준법은 해고절차에 관하여 i) 동법 제23조 제 2 항에서 해고의 시기를 제한하고 있고, ii) 제26조에서 해고예고제도를 두고 있으며, iii) 제27조에서 해고사유 등의 서면통지를 규정하고 있다. 그 이외의 해고절차에 관하여는 단체협약 및 취업규칙 등에서 이를 구체적으로 규정하고 있는 것이 일반적이다.

2. 解雇時期의 制限

(1) 근로기준법상의 제한

1) 관련규정

> **근로기준법 제23조 【해고 등의 제한】** ② 사용자는 근로자가 업무상 부상 또는 질병의 요양을 위하여 휴업한 기간과 그 후 30일 동안 또는 산전(産前) · 산후(産後)의 여성이 이 법에 따라 휴업한 기간과 그 후 30일 동안은 해고하지 못한다. 다만, 사용자가 제84조에 따라 일시보상을 하였을 경우 또는 사업을 계속할 수 없게 된 경우에는 그러하지 아니하다.
> ③ 삭제 〈99.2.8〉

2) **취 지** 근로자가 노동력을 상실한 기간이나 효과적인 구직활동을 할 수 없는 기간에는 근로자를 실직의 위협으로부터 보호하려는 취지에서 설정한 규정이다.

3) **주요내용**

① 원 칙 사용자는 i) 근로자의 업무상 부상 또는 질병의 요양을 위한 휴업기간과 그 후 30일간 및 ii) 산전·후 휴가기간과 그 후 30일간은 근로자를 해고하지 못한다(근로기준법 제23조 제2항). 근로자의 사후 승인이 있다 하여도 그 해고는 무효이다.

② 예 외 근로기준법 제23조 제2항 단서는 i) 사용자가 동법 제84조에 규정된 일시보상을 지급하였을 경우, 또는 ii) 사업을 계속할 수 없게 된 경우에는 해고금지기간 중에도 근로자를 해고할 수 있다고 규정하고 있다.

(2) 남녀고용평등과 일 · 가정 양립지원에 관한 법률상의 제한

1) **관련규정**

남녀고용평등과 일 · 가정 양립지원에 관한 법률 제19조 【육아휴직】 ③ 사업주는 육아휴직을 이유로 해고나 그 밖의 불리한 처우를 하여서는 아니 되며, 육아휴직 기간에는 그 근로자를 해고하지 못한다. 다만, 사업을 계속할 수 없는 경우에는 그러하지 아니하다.

2) **주요내용** 사업주는 육아휴직 기간동안 당해 근로자를 해고하지 못한다(동법 제19조 제3항 본문). 다만, 사업을 계속할 수 없는 경우는 그러하지 아니하다(동법 제19조 제3항 단서).

3. 解雇豫告制度

(1) 관련규정

근로기준법 제26조 【해고의 예고】 사용자는 근로자를 해고(경영상 이유에 의한 해고를 포함한다)하려면 적어도 30일 전에 예고를 하여야 하고, 30일 전에 예고를 하지 아니하였을 때에는 30일분 이상의 통상임금을 지급하여야 한다. 다만, 천재·사변, 그 밖의 부득이한 사유로 사업을 계속하는 것이 불가능한 경우 또는 근로자가 고의로 사업에 막대한 지장을 초래하거나 재산상 손해를 끼친 경우로서 노동부령으로 정하는 사유에 해당하는 경우에는 그러하지 아니하다.

(2) 원칙: 해고의 예고

1) **취 지** 예측하지 못한 해고로 인하여 근로자가 갑자기 생활기반을 상실하는 것을 방지하고, 재취업에 필요한 충분한 시간적 여유를 부여하기 위하여 해고예고제도를 두고 있다.

2) **해고예고 또는 해고예고수당지급의 선택** 사용자는 해고예고의무와 해고예

고수당지급의무 중에서 어느 하나를 선택적으로 이행할 수 있다.

해고예고는 특별한 형식을 요하지 아니하며 당해 근로자에게 전달할 수 있는 적절한 방법으로 예고할 수 있으나(법무 1979.6.22, 811-14939), 해고될 근로자와 해고될 날을 명시하여야 한다. 또한 불확정 기한이나 조건부 해고예고는 무효이다(법무 1979.6.22, 811-14939).

해고예고기간 중 부득이 「결근」한 경우에도 임금을 지급하여야 한다. 이 경우 「해고예고수당」은 근로제공에 대한 대가가 아니므로 근로기준법상의 임금에 해당되지 아니 한다(대판 1962.3.22, 4294민상1301).

3) 해고가 정당한 이유가 없는 경우의 해고의 예고 해고의 예고는 근로기준법 제23조 제1항의 규정에 의한 정당한 이유가 있는 경우에 한하여 인정되는 것이므로 해고의 정당한 이유가 없는 경우에는 해고의 예고를 하였다 할지라도 유효한 해고가 되는 것은 아니다(대판 1992.3.31, 91누6184).

(3) 예외: 즉시해고 다음의 경우에는 해고예고가 필요 없으며 즉시해고가 가능하다(근로기준법 제26조 단서).

1) 천재·사변 등 부득이한 사유로 인하여 사업계속이 불가능한 경우

2) 근로자가 고의로 사업에 막대한 지장을 초래하거나 재산에 손해를 끼친 경우로서 노동부령이 정하는 사유에 해당하는 경우

(4) 해고예고의 적용제외

1) 근로기준법 제35조상의 적용제외

근로기준법 제35조 【예고해고의 적용 예외】 제26조는 다음 각 호의 어느 하나에 해당하는 근로자에게는 적용하지 아니한다.
1. 일용근로자로서 3개월을 계속 근무하지 아니한 자
2. 2개월 이내의 기간을 정하여 사용된 자
3. 월급근로자로서 6개월이 되지 못한 자
4. 계절적 업무에 6개월 이내의 기간을 정하여 사용된 자
5. 수습 사용 중인 근로자

근로기준법시행령 제16조 【수습근로자의 정의】 법 제35조 제5호에서 "수습 사용 중인 근로자"란 수습 사용한 날부터 3개월 이내인 자를 말한다.

근로계약기간이 비교적 단기간이라서 노사간에 신뢰가 형성됐다고 보기에 무리가 있어 제외하고 있는 것으로 보인다.

2) 근로관계의 성질상 적용제외

① 퇴 직 해고예고는 근로자의 의사에 반하여 근로관계가 종료되는 해고에만 적용되는 제도이다. 따라서 정년퇴직·임의퇴직 및 합의퇴직 등에는 적용되지 아니하는 것이 원칙이다.

② 기간의 정함이 있는 근로계약 사업완료에 필요한 일정한 기간을 정

하여 채용되고, 당해 사업의 완료와 동시에 근로계약이 종료되는 경우에는 근로관계의 종료시기가 당사자에게 이미 알려져 있으므로 해고예고제도는 적용되지 아니한다.

4. 解雇事由 等의 書面通知

(1) 관련규정

> **근로기준법 제27조 【해고사유 등의 서면통지】** ① 사용자는 근로자를 해고하려면 해고사유와 해고시기를 서면으로 통지하여야 한다.
> ② 근로자에 대한 해고는 제1항에 따라 서면으로 통지하여야 효력이 있다.

(2) 주요내용　이 규정은 사용자가 해고 여부를 더 신중하고 명확하게 결정하도록 하려는 것이고, 다른 한편으로는 해고사유와 해고시기를 명확하게 함으로써 후일의 분쟁을 해결하는 데 도움을 주게 하려는 것이다. 명시적 규정은 없으나 정리해고의 경우에도 적용된다고 보아야 한다.

5. 團體協約 및 就業規則上의 解雇節次

취업규칙등의 징계에 관한 규정에 징계혐의자의 출석 및 진술의 기회부여등에 관한 절차규정이 없다면 동 절차를 밟지 아니한 해고 등의 징계는 무효라고는 할 수 없다.

그러나 취업규칙등에 징계에 관한 절차규정이 정하여져 있으면 반증이 없는 한 그 절차는 정의가 요구하는 것으로서 징계의 유효조건이라고 할 것이고 동 절차를 지키지 아니한 해고의 효력은 無效가 된다(다수설; 대판 1986. 7. 8, 85다375; 대판 1995. 6. 30, 94다35350; 대판 2000. 6. 23, 99두4235).

Ⅳ. 不當解雇의 法的 效力과 罰則

1. 解雇의 實質的 要件의 缺如

(1) 사법적 효력　근로기준법 제23조 제1항에 위반하여 정당한 이유없이 해고를 한 경우 당해 해고의 사법상 효력은 무효이다.

한편, 사용자에게 부당해고 등에 대한 고의·과실이 인정되는 경우에 있어서는 불법행위가 성립되어 그에 따라 입게 된 근로자의 정신적 고통에 대하여도 이를 배상할 의무가 있다 할 것이다(대판 2001. 6. 12, 99다27880 등).

(2) 벌칙규정　동조에 위반하여 부당해고를 하는 경우에도 형사처벌이 부과되지 아니한다. 그러나 부당해고구제절차에서 노동위원회 또는 법원에 의하여 확정된 구제명령 또는 판결을 이행하지 아니하는 경우 1년 이하의 징역 또는 1천만

원 이하의 벌금에 처한다(동법 제111조).

2. 解雇의 節次的 要件의 缺如

(1) 해고시기제한의 위반

1) 사법적 효력 근로기준법 제23조 제 2 항 해고시기의 제한규정을 위반하여 근로자를 해고하는 경우 이는 무효이다(대판 1984.4.10, 84도387 등).

2) 벌칙규정 근로기준법 제23조 제 2 항에 위반하여 근로자를 해고한 경우에는 5년 이하의 징역 또는 3천만원 이하의 벌금에 처한다(동법 제107조).

(2) 해고예고제도의 위반

1) 사법적 효력

① 유효설 근로기준법 제26조는 단순한 단속규정으로서 사법상의 효력은 발생하므로 정당한 사유가 있는 한 해고 자체는 효력이 있다(대판 1993.12.7, 93다39342 등).

② 무효설 해고예고는 강행규정으로 이에 위반된 해고는 무효이다(다수설).

③ 상대적 무효설 예고없는 해고는 무효이지만 해고통지 후 해고예고기간이 지나거나 해고예고수당을 지급하는 등 근로기준법 제26조 요건을 구비하면 효력이 발생한다(하경효, 임종율).

2) 벌칙규정 사용자가 근로기준법 제26조에 위반하여 근로자를 해고한 경우에는 2년 이하의 징역 또는 1,000만원 이하의 벌금형이 부과된다(근로기준법 제110조 제 1 항).

(3) 해고서면통지제도의 위반 해고전에 서면통지를 하지 아니하는 경우 해고의 효력이 발생하지 아니한다(동법 제27조 제 2 항). 동 규정을 위반하여도 형사처벌이 부과되지 아니한다.

Ⅴ. 不當解雇 등의 救濟

1. 意 義

(1) 노동위원회에 의한 행정적 구제제도와 사법적 구제제도; 이원주의 근로자는 사용자의 부당한 처분행위를 다투고자 하는 경우 법원에 의한 사법적 구제와 노동위원회를 통한 행정적 구제를 받을 수 있다. 근로자는 2가지 중 하나를 선택할 수도 있고, 노동위원회에 부당해고 등 구제신청을 함과 동시에 법원에 해고무효확인의 소도 동시에 제기할 수도 있다.

(2) 원상회복주의와 형벌주의

1) **의 의** 근로기준법은 종래 부당노동행위에 준하여 원상회복주의와 형벌주의를 병과하여 양자의 장점을 취하고 단점을 극복하고자 하는 입법주의를 취하였으나, 노사관계선진화입법을 통하여 부당해고등에 대한 벌칙규정을 삭제하게 되었다.

부당해고 등에 대하여 형사처벌을 할 수 있도록 벌칙규정을 둔 것은 실질적으로 타당성이 없을 뿐만 아니라, 근로자와 사용자간의 근로관계라는 민사상의 법률분쟁을 형사사건화하여, 사건의 본질과 당사자의 의사를 왜곡시킬 위험성이 크다는 점이 지적되어 왔었고, 비교법적 관점에서도 그 예를 찾을 수 없는 제도이다.

2) **원상회복주의** 노동위원회의 원상회복주의에 근거한 구제는 구제명령을 통하여 부당해고가 행하여지기 이전의 상태로 원상복직시킴으로써 침해된 근로자의 권리를 회복하는데 근본취지를 두고 있다. 원상회복주의에 의하면 사용자는 근로자를 복직만 시키면 아무런 불이익을 받지 아니하므로 언제든지 다시 부당해고를 행할 여지가 있다는 문제점이 있다.

3) **형벌주의** 형벌주의는 사용자의 부당해고를 범죄행위로 간주하고 형사처벌을 함으로써 사전에 예방·억제하고, 이에 대한 응보로서 이를 위반한 자를 직접 처벌하는데 근본취지가 있다. 형벌주의에 의하면 부당해고를 사전에 예방하고, 부당해고를 행한 사용자를 응징하는 데는 적합하지만 근로의 권리가 침해된 근로자의 피해를 회복하는 데는 적합하지 아니하다는 문제가 있다.

(3) 구제제도의 개편 최근 노사관계선진화 입법의 일환으로 근로기준법이 개정되어(2007. 1. 26) 시행되고 있는데, 개정 근로기준법은 i) 부당해고 등의 구제신청과 절차 등에 대하여 동법에 직접 규정하였으며(동법 제28조 내지 제33조), ii) 부당해고에 대한 구제방식의 다양화라는 측면에서 정당한 이유 없는 해고에 대한 금전보상제를 도입하였으며(동법 제30조 제 3 항), iii) 정당한 이유 없는 해고 등에 대한 처벌규정을 삭제하는 대신, 구제명령의 실효성을 제고하고 근로자의 권익보호에 기여하고자 부당해고 등에 대한 구제명령 불이행자에 대하여만 이행강제금제를 도입하고(동법 제33조) 행정벌로서 벌칙을 부과하도록 개정되었다(동법 제111조).

2. 勞動委員會에 의한 救濟節次

(1) 의 의

1) **관련규정**

> **근로기준법 제28조 【부당해고등의 구제신청】** ① 사용자가 근로자에게 부당해고등을 하면 근로자는 노동위원회에 구제를 신청할 수 있다.

2) **주요내용** 노동위원회에 의한 구제절차는 초심절차 및 재심절차로 나누어 볼 수 있으며, 노동위원회의 결정에 대하여 불복하는 자는 행정법원에 행정소송을 제기할 수 있다. 초심·재심절차는 신청·심사·합의 및 구제명령의 순서로 진행되며, 그 과정에서 신청의 각하·취하 또는 화해에 의하여 구제절차가 종료될 수 있다. 행정소송을 제기하는 경우 출소기간 및 재심사에 관한 노사관계법상의 특례규정을 제외하고는 행정소송법상의 절차에 의한다.

(2) 당사자

1) **신청인** 사용자의 부당해고 등으로 권리를 침해당한 근로자이다. 여기서 근로자는 근로기준법 제 2 조 제 1 항 제 1 호의 규정에 의한 요건을 갖춘 자를 말한다. 따라서 부당노동행위구제의 신청인이 부당노동행위를 당한 근로자 또는 노동조합인 점과 다르다.

2) **피신청인** 피신청인은 원칙적으로 사용자이다. 근로기준법 제 2 조 제 1 항 제 2 호의 사용자 중 사업주만이 피신청인이 되는 것이다.

(3) 초심절차

1) **구제절차**

① 구제신청 초심절차는 부당해고 등이 발생한 사업장의 소재지를 관할하는 지방노동위원회에 부당해고 등이 있은 날부터 3개월 이내에 그 구제를 신청함으로써 개시된다(동법 제28조).

② 심 사 심사절차는 조사와 심문의 두 부분으로 나뉘어진다(동법 제29조 제 1 항).

ⓐ 조 사 노동위원회는 부당해고 등의 구제신청을 받은 때에는 지체 없이 필요한 조사를 하여야 한다(동법 제29조 제 1 항).

ⓑ 심 문 조사가 종료된 후에는 부당해고 등의 구제명령을 내리기 이전에 반드시 필요한 심문을 하여야 한다(동법 제29조 제 1 항).

심문절차에서는 당사자의 참석기회부여, 증거제출 및 증인의 출석, 심문절차의 공개 및 노사위원의 참여 등이 보장되고 있다(노동위원회규칙 제25조).

노동위원회가 심문을 할 때에는 관계당사자의 신청 또는 직권으로 증인을 출석하게 하여 필요한 사항을 질문하게 할 수 있다(동법 제29조 제 2 항). 심문과정에서는 관계당사자에 대하여 증거의 제출과 증인에 대한 반대심문을 할 수 있는 충분한 기회를 주어야 한다(동법 제29조 제 3 항).

③ 의 결 심판위원회가 심문을 종결하였을 때에는 판정회의를 개최하여야 한다(노동위원회규칙 제26조 제 1 항). 심판위원회위원장은 판정하기 전에 심문회의에 참석한 사용자위원 및 근로자위원에게 당해 사건에 대하여 의견을 진술할 기회를 주어야 한다(노동위원회규칙 제26조 제 2 항). 심판위원회는 위원들의 의

견이 일치하지 아니하여 의결하지 못하는 경우 심문회의를 재개할 수 있다(노동위원회규칙 제26조 제 3 항).

④ 화 해 노동위원회는 「근로기준법」 제28조에 따른 판정・명령 또는 결정이 있기 전까지 관계 당사자의 신청 또는 직권에 의하여 화해를 권고하거나 화해안을 제시할 수 있다(노동위원회법 제16조의3 제 1 항). 노동위원회는 화해안을 작성함에 있어서 관계 당사자의 의견을 충분히 들어야 하며(동법 제16조의3 제 2 항), 관계 당사자가 화해안을 수락한 때에는 화해조서를 작성하여야 하고(동법 제16조의3 제 3 항), 화해조서에는 관계 당사자와 화해에 관여한 위원 전원이 서명 또는 날인하여야 한다(동법 제16조의3 제 4 항). 이렇게 작성된 화해조서는 「민사소송법」에 따른 재판상 화해의 효력을 갖게 된다(동법 제16조의3 제 5 항). 이 밖에 화해의 방법, 화해조서의 작성 등에 관하여 필요한 사항은 중앙노동위원회가 따로 정한다(동법 제16조의3 제 6 항).

⑤ 구제명령 노동위원회는 심문을 종료하고 부당해고 등이 성립한다고 판정한 경우에는 사용자에 대하여 구제명령을 하여야 하며, 부당해고 등이 성립하지 아니한다고 판정한 경우에는 구제신청을 기각하는 결정을 하여야 한다(근로기준법 제30조 제 1 항).

2) 구제명령의 내용

① 의 의 구제명령의 내용은 신청인의 청구내용을 존중하되 이에 반드시 구속되는 것은 아니다. 즉 노동위원회는 신청인의 청구를 전부 또는 일부만을 인용하는 등 신청의 취지에 반하지 아니하는 한, 그 재량으로 적절한 내용의 구제명령을 발할 수 있다.

통상적으로 원상회복명령을 원칙으로 하고, 새로이 도입된 금전보상명령의 활용도 증가할 것으로 보인다. 다만, 사용자에 대한 형벌의 부과, 손해배상명령 및 원상회복을 초과하는 추상적 부작위 명령은 허용되지 아니한다.

노동위원회가 사용자에게 구제명령을 하는 때에는 구제명령을 한 날부터 30일 이내로 이행기한을 정하여야 한다(근로기준법시행령 제11조).

② 원상회복명령 구제명령은 원칙적으로 부당해고등이 행하여지지 아니하였던 것과 동일한 상태로의 회복, 즉 원상회복을 목적으로 하므로 원상회복명령을 하여야 한다(동법 제30조 제 1 항). 근로자는 해고 이전의 근로계약관계에 따라 근로를 제공하고 임금지급을 청구할 수 있다.

③ 금전보상명령 종전 근로기준법(2007. 7. 1. 이전)은 노동위원회가 사용자에 대하여 구제명령으로써 원직복직을 명하게 되는 경우 근로자가 이를 원하지 아니하면 효과적인 구제수단이 되지 못하는 문제가 있었다.

이에 개정법(2007. 1. 26)은 근로자가 원직복직을 원하지 아니하는 경우에는 원직복직을 명하는 대신 근로자가 해고기간 동안 근로를 제공하였더라면 지급받을 수 있었던 임금상당액 이상의 금품을 근로자에게 지급하도록 명할 수 있도록 하였다(동법 제30조 제 3 항). 이는 부당해고에 대한 구제방식의 다양화 차원에서 원상회복주의를 보완하고 권리구제의 실효성을 도모하고자 한 것이다.

3) 구제명령의 효력

① 의 의　부당해고등에 대한 판정, 구제명령 및 기각결정은 사용자와 근로자에게 각각 서면으로 통지하여야 한다(동법 제30조 제 2 항).

지방노동위원회의 구제명령 또는 기각결정에 불복하는 사용자 또는 근로자는 구제명령서 또는 기각결정서를 통지받은 날부터 10일 이내에 중앙노동위원회에 재심을 신청할 수 있으며(동법 제31조 제 1 항), 중앙노동위원회의 재심판정에 대하여 사용자 또는 근로자는 재심판정서를 송달받은 날부터 15일 이내에 「행정소송법」이 정하는 바에 따라 소(訴)를 제기할 수 있다(동법 제31조 제 2 항). 따라서 위에 정한 기간 내에 재심을 신청하지 아니하거나 행정소송을 제기하지 아니하는 때에는 그 구제명령 · 기각결정 또는 재심판정은 확정된다(동법 제31조 제 3 항).

이 경우 관계당사자는 확정된 구제명령 · 기각결정 또는 재심판정을 따라야 하며(구속력), 노동위원회의 구제명령 · 기각결정 또는 재심판정은 중앙노동위원회에의 재심신청이나 행정소송의 제기에 의하여 그 효력이 정지되지 아니한다(집행부정지의 원칙)(동법 제32조).

② 구제명령의 불이행과 제재　개정 근로기준법은 구제명령의 실효성을 제고하고 근로자의 권익보호에 기여하고자 정당한 이유 없는 해고등에 대한 구제명령 불이행자에 대하여 장래의 의무이행의 실현을 확보하려는 행정강제 수단인 이행강제금 및 과거의 의무위반에 대한 제재로서의 행정벌인 벌칙을 도입하게 되었다.

ⓐ 이행강제금　정당한 이유 없는 해고 등에 대한 노동위원회의 구제명령의 실효성을 담보하기 위하여 구제명령 불이행자에 대하여 2천만원 이하의 이행강제금을 1년에 2회의 범위안에서 최대 2년까지 부과하도록 하였다(근로기준법 제33조 제 1 항 및 제 5 항). 이행강제금은 일정한 기한까지 의무를 이행하지 않을 경우 사용자에게 심리적 압박을 가하여 의무이행을 간접적으로 강제하기 위하여 과하는 금전벌이다.

이 경우 노동위원회는 이행강제금을 부과하는 날의 30일 전까지 이행강제금을 부과 · 징수한다는 뜻을 사용자에게 미리 문서로써 알려 주어야 하며(동법 제33조 제 2 항), 이행강제금을 부과하는 때에는 이행강제금의 금액, 부과사유, 납부기한, 수납기관, 이의제기방법 및 이의제기기관 등을 명시한 문서로써 행하여야 한다(동법 제33조 제 3 항).

ⓑ 벌 칙 선진화 입법은 부당해고 등에 대한 처벌규정을 삭제하는 대신, 노동위원회의 구제명령이 확정되거나 행정소송을 제기하여 확정된 구제명령 또는 구제명령을 내용으로 하는 재심판정을 이행하지 아니한 자에 대하여 벌칙을 부과하는 것으로 규정하였다. 즉 확정된 구제명령을 이행하지 아니한 자에 대하여는 1년 이하의 징역 또는 1천만원 이하의 벌금에 처하도록 한 것이다(동법 제111조).

그리고 동 범죄는 친고죄로 규정함으로서 노동위원회의 고발이라는 특별소송조건이 충족되어야 공소를 제기할 수 있도록 하였으며(동법 제112조 제1항), 노동위원회의 고발이 없는 경우 검사는 확정된 구제명령에 위반한 죄에 해당하는 위반행위가 있음을 노동위원회에 통보하여 고발을 요청할 수 있도록 하였다(동법 제112조 제2항).

③ 구제명령의 사법상의 효력 부당해고 등 구제제도는 헌법상 근로의 권리의 대 사인적 효력을 구체화한 제도로서 부당해고 등 구제명령은 사용자에 대하여 공법상의 의무를 부담시키는 것에 국한되며, 당사자간의 사법상 법률관계를 발생·변경 또는 소멸시키는 것은 아니다.

따라서 노동위원회의 구제명령은 부당해고 등의 사법상 효력에 대하여 아무런 영향도 미치지 못하고 사용자가 이러한 구제명령을 따르지 아니하는 경우에는 이행강제금 또는 형벌규정에 의하여 이를 간접 강제할 수 있음에 불과하다고 할 것이다. 근로자가 부당해고등에 대하여 사법상의 권리구제를 받기 위하여는 사용자를 상대로 해고무효확인의 소 또는 종업원의 지위확인의 소 등을 구하는 민사소송을 법원에 제기하여야 한다.

(4) 재심절차 지방노동위원회 또는 특별노동위원회의 구제명령 또는 기각결정에 대해서는 중앙노동위원회에 재심신청을 할 수 있다(동법 제31조 제1항).

1) 재심신청 지방노동위원회 또는 특별노동위원회 구제명령 또는 기각결정에 불복이 있는 관계당사자는 그 명령서 또는 결정서의 송달을 받은 날부터 10일 이내에 중앙노동위원회에 그 심사를 신청할 수 있다(동법 제31조 제1항). 동 기간 내에 재심을 신청하지 아니하는 때에는 그 구제명령·기각결정은 확정된다(동법 제31조 제3항).

2) 재심범위 재심사는 신청한 불복의 범위 내에서 행하여지므로 불복신청은 초심에서 청구한 범위를 벗어나지 아니하는 한도 내에서만 재심할 수 있다(노동위원회 규칙 제36조).

3) 재심절차 초심절차에 관한 규정은 그 성질에 반하지 아니하는 한 재심절차에도 그대로 준용된다(노동위원회 규칙 제37조 제4항). 즉 초심절차에 적용되었던 신청·조사·심사·의결·명령 등의 절차가 재심절차에서도 그대로 행하여

진다.

4) 재심의 구제명령　중앙노동위원회는 재심사의 결과 i) 그 신청이 이유 없다고 인정하는 경우에는 이를 기각하고, ii) 이유 있다고 인정할 때에는 지방노동위원회의 처분을 취소·변경하여야 한다(노동위원회 규칙 제38조 제 1 항 본문). 다만, 초심의 명령을 변경하는 때에는 「불복의 범위 내에서」만 할 수 있다(노동위원회 규칙 제38조 제 2 항 단서).

(5) 행정소송　중앙노동위원회의 재심판정에 대하여 관계당사자는 재심판정서를 송달 받은 날부터 15일 이내에 행정소송법이 정하는 바에 의하여 중앙노동위원회 위원장을 상대로 행정소송을 제기할 수 있다(동법 제31조 제 2 항). 이 기간 내에 행정소송을 제기하지 아니한 때에는 그 재심판정은 확정된다(동법 제31조 제 3 항).

노동위원회의 구제명령·기각결정 또는 재심판정은 제31조에 따른 중앙노동위원회에의 재심신청이나 행정소송의 제기에 의하여 그 효력이 정지되지 아니한다(동법 제32조).

3. 法院에 의한 司法的 救濟

(1) 의 의　사용자의 부당해고 등에 대하여 근로자는 법원에 해고·전직·휴직·징계 등의 무효를 확인하는 소송을 제기하여 구제받을 수 있다. 신속한 구제를 위하여 이 소송을 본안으로 한 지위보전 가처분 신청이나 임금지급의 가처분신청을 할 수도 있다.

(2) 해고 무효확인 소송의 제기 여부　부당해고를 당한 근로자가 해고 무효확인 소송을 언제든지 또는 어떤 경우에나 할 수 있느냐가 문제된다.

이에 대하여 판례는 해고의 효력을 다투지 않는 등 제반 사정에서 근로자가 그 오랜 기간이 지난 경우에는 신의칙상 해고 무효확인 소송을 제기할 수 없다고 한다. 예컨대 퇴직금을 수령하기 전에 이미 해고의 효력을 다투는 소를 제기한 경우에는 퇴직금을 수령함으로써 해고의 효력을 인정하였다고 볼 수 없고(대판 1992. 3. 31, 90다8763 등), 해고 직후 근로자가 이의 없이 퇴직금을 수령하였더라도 해고의 효력을 인정하지 않고 다투고 있었다고 볼 수 있는 객관적인 사정이 있는 경우에는 근로자가 해고의 효력을 인정한 것으로 볼 수 없다고 한다(대판 1993. 9. 24, 93다21736). 그러나 퇴직금을 수령하면서 해고예고수당을 수령하지 않은 사정만으로는 해고에 대한 불복을 표시한 것이라고 볼 수 없다고 한다(대판 1991. 4. 12, 90다8084).

(3) 해고 무효확인 판결의 효력　해고가 부당하여 사법상 무효로 확인되는 경우에도 근로자에게는 취업청구권이 없으므로, 민사구제의 경우에는 해고자에 대하여 종업원 지위의 확인 내지 보전을 하는데 그치고 직장복귀는 강제되지 않는

다. 한편, 해고가 무효로 확인되는 경우에는 근로자는 해고 기간 동안의 임금을 청구할 수 있다.

(4) 불법행위에 의한 손해배상청구권　부당해고 등에 대하여 사용자의 고의·과실이 있고, 그 해고로 근로자에게 손해가 발생한 경우에는 근로자의 고용을 유지할 이익이나 명예를 침해하는 불법행위가 될 수 있고, 근로자는 이를 근거로 손해배상을 청구할 수 있다.

판례도 사용자가 고의로 부당해고를 한 이상 위법하게 상대방에게 정신적 고통을 가하는 것이 되어 불법행위를 구성할 수도 있고, 해고가 무효가 되어 직장에 복귀한다 하여 사회적 사실로서의 해고가 소급적으로 소멸·해소되는 것은 아니므로 소급임금을 지급받는다 하더라도 불법행위에 따른 정신적 고통의 손해가 완전히 치유되는 것은 아니라고 한다(대판 1993.12.24, 91다36192; 대판 1996.4.23, 95다6823 등).

제3절 辭　職

Ⅰ. 辭職의 意義

사직이라 함은 근로자의 일방적 의사표시에 의하여 근로관계를 해지하는 것을 말한다. 사직에 관하여 근로기준법은 아무런 규정도 아니두고 있다.

Ⅱ. 辭職의 自由

1. 期間의 정함이 없는 勤勞契約

기간의 정함이 없는 근로계약의 경우 근로자는 아무런 손해배상책임도 부담하지 아니하고 언제든지 근로계약을 해지할 수 있다. 사용자가 해지의 통고를 받은 후 1월이 경과하면 근로관계는 소멸된다(민법 제660조 제1항). 기간으로 보수를 정한 때에는 사용자가 해지의 통고를 받은 당기후의 1기를 경과함으로써 해지의 효력이 생긴다(민법 제660조 제2항).

2. 期間의 정함이 있는 勤勞契約

기간의 정함이 있는 근로계약의 경우 부득이한 사유가 있는 때가 아니면 근로관계를 해지할 수 없다(민법 제661조 본문). 그리고 그 사유가 당사자 일방의 과실로 인하여 생긴 때에는 상대방에 대하여 손해를 배상하여야 한다(민법 제661조 단서).

Ⅲ. 辭職의 强要

근로자의 진정한 의사에 반하여 사용자의 명시적·묵시적 강요에 의하여 사직하는 경우 당해 사직의 효력문제가 발생할 수 있다. 이는 실질적으로 해고에 해당하는 것이므로 앞에서 설명한 해고의 요건을 갖추어야 한다(대판 1992.3.13, 91누10046; 대판 1992.9.1, 92다26260; 대판 1993.1.26, 91다38686).

> **[대판 1993.1.26, 91다38686]** 의원면직의 형식을 취하여 근로관계를 종료시킨다 할지라도 사직의사가 없는 근로자로 하여금 강제로 사직서를 작성·제출하게 하는 것은 해고에 해당되므로 정당한 이유가 없는 해고는 부당해고라 할 것이다.

제 4 절 勤勞關係의 終了와 勤勞者의 保護

근로관계가 종료되거나, 또는 종료되어질 근로자의 보호를 위하여 근로기준법 또는 근로자퇴직급여보장법은 i) 퇴직급여의 지급, ii) 금품청산(근로기준법 제36조), iii) 임금채권의 우선변제, iv) 귀향여비의 지급, v) 사용증명서의 교부, vi) 취업방해의 금지 등의 규정을 두고 있다.

Ⅰ. 退職給與制度

1. 槪 要

(1) 퇴직급여의 의의 퇴직급여라 함은 계속적인 근로관계의 종료를 사유로 하여 사용자가 퇴직근로자에게 지급하는 금전급부를 말한다.

근로계약을 체결한 때에 퇴직급여를 지급한다는 약정이 없거나 단체협약 또는 취업규칙에 퇴직급여를 규정하고 있지 아니한 경우에도 퇴직급여는 반드시 지급되어야 한다(대판 1991.11.8, 91다27730 등).

(2) 퇴직급여제도의 법적체계

1) 관련규정

> **근로기준법 제34조 【퇴직급여 제도】** 사용자가 퇴직하는 근로자에게 지급하는 퇴직급여 제도에 관하여는 「근로자퇴직급여 보장법」이 정하는 대로 따른다.
>
> **근로자퇴직급여보장법 제 2 조 【정의】** 이 법에서 사용하는 용어의 정의는 다음과 같다.
>
> 6. "퇴직급여제도"라 함은 제 2 장의 규정에 의한 퇴직금제도 및 제 3 장의 규정에 의한 퇴직연금제도를 말한다.

2) **법적체계** 퇴직급여법상의 퇴직급여제도에는 i) 종전의 근로기준법 제34

조의 퇴직금제도와 동일·유사한 「퇴직금제도」(퇴직급여법 제 2 장), ii) 퇴직급여법에 의하여 신설된 「퇴직연금제도」(동법 제 3 장)가 있고, iii) 종전 근로기준법 제34조 제 4 항 「퇴직보험 등 제도」는 2010년까지 한시적으로 인정되게 되었고(동법부칙 제 2 조), iv) 상시근로자 10인 미만을 사용하는 사업에서 「개인퇴직계좌」를 설정한 경우 이를 퇴직급여제도를 설정한 것으로 보고 있다(동법 제26조).

2. 退職給與制度의 適用範圍

(1) 關聯規程

> **근로자퇴직급여보장법 제 3 조 【적용범위】** 이 법은 근로자를 사용하는 모든 사업 또는 사업장(이하 "사업"이라 한다)에 적용한다. 다만, 동거의 친족만을 사용하는 사업 및 가사사용인에 대하여는 적용하지 아니한다.

(2) 기본원칙

1) 5인 이상 사업장 2005년 12월 1일부터 시행한다(동법부칙 제 1 조 본문).

2) 4인 이하 사업장 2008년 이후 2010년을 넘지 아니하는 기한 이내에서 대통령령이 정하는 날부터 시행한다(동법부칙 제 1 조 단서). 한편 4인 이하 사업의 사용자가 부담하는 퇴직급여액은 5인 이상 사업의 사용자가 부담하는 수준의 50퍼센트 이상, 100퍼센트 이하의 범위 안에서 대통령이 정하는 법에 따라 단계적으로 인상할 수 있다(동법부칙 제 3 조 본문).

(3) 예 외 동거의 친족만을 사용하는 사업 및 가사사용인에게는 적용하지 아니한다(동법부칙 제 3 조 단서).

3. 退職給與制度의 設定

(1) 關聯規程

> **근로자퇴직급여보장법 제 4 조 【퇴직급여제도의 설정】** ① 사용자는 퇴직하는 근로자에게 급여를 지급하기 위하여 퇴직급여제도 중 하나 이상의 제도를 설정하여야 한다. 다만, 계속근로기간이 1년 미만인 근로자, 4주간을 평균하여 1주간의 소정근로시간이 15시간 미만인 근로자에 대하여는 그러하지 아니하다.
> ② 제 1 항의 규정에 의한 퇴직급여제도를 설정함에 있어서 하나의 사업 안에 차등을 두어서는 아니된다.
> ③ 사용자가 퇴직급여제도의 종류를 선택하거나 선택한 퇴직급여제도를 다른 종류의 퇴직급여제도로 변경하고자 하는 경우에는 당해 사업에 근로자의 과반수로 조직된 노동조합이 있는 경우에는 그 노동조합, 근로자의 과반수로 조직된 노동조합이 없는 경우에는 근로자의 과반수(이하 "근로자대표"라 한다)의 동의를 얻어야 한다.
> ④ 사용자가 제 3 항의 규정에 따라 선택되거나 변경된 퇴직급여제도의 내용을 변경하고자 하는 경우에는 근로자대표의 의견을 들어야 한다. 다만, 근로자에게 불이익하게 변경하고자 하는 경우에는 근로자대표의 동의를 얻어야 한다.
> **근로자퇴직급여보장법 제 5 조 【퇴직급여제도의 미설정에 따른 처리】** 제 4 조 제 1 항의

> 규정에 불구하고 사용자가 퇴직급여제도를 설정하지 아니한 경우에는 제 8 조의 규정에 의한 퇴직금제도를 설정한 것으로 본다.

(2) 법정퇴직급여제도

1) 기본원칙 사용자는 퇴직하는 근로자에게 급여를 지급하기 위하여 퇴직급여제도 중 하나이상의 제도를 설정하여야 한다(퇴직급여법 제 4 조 제 1 항 단서). 따라서 사용자는 동법 제 2 장의 퇴직금제도 및 제 3 장의 퇴직연금제도 중 어느 하나를 선택하거나, 두 개의 제도 모두를 설정할 수 있다.

퇴직급여제도는 사용자로 하여금 퇴직급여제도를 설정하고 이를 지급하도록 하여 의무화되고 있으므로 충당금 및 적립금 등 어떠한 명목으로든지 근로자에게 이를 부담시킬 수 없다(임금 32240-5377, 1990. 4. 16).

2) 예 외

① 계속근로기간이 1년 미만인 근로자 퇴직급여를 지급받을 수 있는 근로자는 근로기준법 제14조의 규정에 의한 근로자로서 1년 이상 계속근로한 자이다(대판 1989. 7. 11, 88다카21296: 대판 1991. 11. 8, 91다27730: 대판 1991. 12. 23, 91다24250). 근로연수가 1년 미만인 경우란 입사일 이후 전체 근속연수가 1년 미만임을 뜻한다(대판 1971. 5. 11, 71다485).

② 1주간 소정근로시간이 15시간 미만인 근로자 4주간을 평균하여 1주간의 소정근로시간이 15시간 미만인 근로자는 퇴직급여제도를 설정하지 아니하여도 무방하다.

③ 근로자에 해당하지 아니하는 자 퇴직급여를 지급받을 수 있는 근로자는 사용자와 사이에 적법·유효한 근로관계가 성립되어 근무하다가 퇴직한 근로자이어야 한다(대판 1987. 4. 14, 86누459).

(3) 퇴직급여제도 종류의 선택 및 변경

사용자가 퇴직급여제도의 종류를 i) 최초로 선택하는 경우, ii) 이미 선택한 제도를 다른 종류로 변경하는 경우에는 근로자대표의 동의를 얻어야 한다(퇴직급여법 제 4 조 제 3 항).

근로자대표라 함은 당해 사업에 근로자의 과반수로 조직된 노동조합이 있는 경우에는 그 노동조합, 근로자의 과반수로 조직된 노동조합이 없는 경우에는 근로자의 과반수를 말한다(동법 제 4 조 제 3 항).

(4) 퇴직급여제도 내용의 변경

1) 불이익하지 아니한 변경 사용자가 이미 선택 또는 변경된 퇴직급여제도의 내용을 근로자에게 불이익하지 아니하게 변경하고자 하는 경우 근로자대표의 「의견」을 들어야 한다(퇴직급여법 제 4 조 제 4 항 본문).

2) 불이익한 변경　퇴직급여제도의 내용을 근로자에게 불이익하게 변경하고자 하는 경우 근로자대표의 「동의」를 얻어야 한다(동법 제4조 제4항 단서).

(5) 퇴직급여차등제도의 금지

1) 관련규정

> **근로자퇴직급여보장법 제4조 【퇴직급여제도의 설정】** ② 제1항의 규정에 의한 퇴직급여제도를 설정함에 있어 하나의 사업 안에 차등제도를 두어서는 아니된다.

2) 주요내용　사용자는 퇴직급여제도를 설정함에 있어 하나의 사업 안에 차등제도를 두어서는 아니된다(퇴직급여법 제4조 제2항). 하나의 사업 안에서 직종별, 직위별 또는 업종별로 서로 다른 퇴직급여제도를 두어 차별하는 것을 금지하고 하나의 퇴직급여제도를 적용하게 하려는 취지의 규정이다. 따라서 예컨대 i) 생산직 근로자에게는 퇴직연금제도를, 사무직 근로자에게는 퇴직금제도를 채택하거나, ii) 과장급 이상은 확정급여형 퇴직연금제도를, 과장급 미만은 확정기여형 퇴직연금제도를 채택하는 것은 금지된다.

여기서 「하나의 사업」이라 함은 특별한 사정이 없는 한 경영상의 일체를 이루는 기업체 그 자체를 의미한다(대판 1993.2.9, 91다21381; 대판 1993.10.12, 93다18365; 대판 1997.11.28, 97다24511; 대판 1999.8.20, 선고 98다765 등).

한편, 기존의 퇴직급여제도를 불리하게 변경하여 새로운 퇴직급여제도를 모든 근로자에게 일률적으로 적용하는 경우, 변경되기 이전의 기간에 대하여 기존의 퇴직급여제도를 그대로 적용하는 것은 퇴직급여차등금지의 원칙에 위배되지 아니한다(대판 1990.11.27, 89다카15939: 근기 01254-9416, 1987.6.10).

또한 퇴직급여제도의 불리한 변경에 대하여 근로자대표가 동의하지 아니하는 경우 i) 기존의 근로자에게는 변경 전의 퇴직급여제도를 그대로 적용하고, ii) 신규근로자에게는 변경된 새로운 취업규칙을 적용하는 것은 동법 제4조의 퇴직금차등금지의 원칙에 위배되지 아니한다는 대법원 판례가 있다(대판(전) 1992.12.22, 91다45165).

> **[대판 2002.6.28, 2001다77970; 대판 1997.8.22, 96다6967]** 취업규칙에서 정하고 있는 퇴직금제도의 불리한 변경에 대하여 근로자대표가 동의하지 아니하는 경우 기존의 근로자에게는 변경전의 퇴직금제도가 그래도 적용된다. 그러나 그 후의 단체협약에서 "퇴직금의 지급률은 회사의 규정에 따른다"는 조항을 두는 경우, 단체협약의 시행일 이후에 퇴직하는 근로자에게는 취업규칙의 변경당시 기존 또는 신규근로자의 여부에 상관없이 변경 후의 퇴직금제도가 적용된다.

(6) 퇴직급여제도의 미설정에 따른 처리

사용자는 퇴직하는 근로자에게 급여를 지급하기 위하여 소정의 절차를 거쳐

퇴직급여제도 중 하나 이상의 제도를 설정하여야 하지만(퇴직급여법 제 4 조 제 1 항), 사용자가 퇴직급여제도를 설정하지 아니한 경우에는 근로자퇴직급여보장법에 의한 퇴직금제도를 설정한 것으로 본다(동법 제 5 조).

4. 退職金制度

(1) 퇴직금제도의 설정

1) 관련규정

> **근로자퇴직급여보장법 제 8 조 【퇴직금제도의 설정】** ① 퇴직금제도를 설정하고자 하는 사용자는 계속근로기간 1년에 대하여 30일분 이상의 평균임금을 퇴직금으로 퇴직하는 근로자에게 지급할 수 있는 제도를 설정하여야 한다.

2) 퇴직금제도의 법적 성질

① 학 설

ⓐ 공로보상설 근로자가 기업에서 장기간 근무한 공로에 대한 은혜로서 사용자가 지급하는 것이라는 설이다.

ⓑ 생활보장설 근로자가 퇴직한 후에는 임금을 수령하지 못하므로 근로자의 생활이 보장되도록 기업이 지급하는 급부라는 견해이다(김치선).

ⓒ 임금후불설 근로자에게 재직 중 적립하여 두었던 임금을 사후적으로 지급하는 근로조건으로서 후불임금이라는 설이다(다수설: 대판 1973.10.10, 73다278 등).

ⓓ 혼합설 퇴직급여는 공로보상적 성격, 생활보장적 성격 및 임금후불적 성격을 함께 갖는다는 견해이다(이상윤, 이영희: 대판 1995.10.12, 94다36186: 헌재 1995.7.21, 94헌바27 · 29).

② 판 례 판례는 기본적으로 임금후불설을 취하고 있다(대판 1975.7.22, 74다1840 등). 다만, 최근 일부판례와 헌재 결정례에서는 퇴직금은 사회보장적 성격과 공로보상적인 성격이 포함되어 있으나 사용자와 근로자의 관계에 있어서는 근로의 대가인 임금적인 성질을 갖는 것이다고 하고 있다(대판 1995.10.12, 94다36186: 헌재 1995.7.21. 94헌바27-29).

3) 퇴직금 지급의 산정방법 퇴직급여법 제 8 조는 퇴직금으로서 i) 계속근로연수 1년에 대하여 ii) 30일분의 평균임금을 iii) 퇴직하는 근로자에게 지급하는 제도를 설정하여야 한다고 규정하고 있다.

① 계속근로연수의 산정 계속근로연수라 함은「근로계약을 체결한 후 해지될 때까지의 기간」즉 재직기간을 의미하는 것이 원칙이며, 반드시「계속하여 근로를 제공한 기간」을 의미하는 것은 아니다(대판 1996.12.10, 96다42024). 계속근로연수가 1년 이상인 경우에는 1년에 미달하는 기간에 대하여도 그 기간에

비례하여 퇴직금을 지급하여야 한다(대판 1987.9.22, 86다카1651).

ⓐ 휴직기간 및 군복무기간 계속근로연수는 근로기준법이 적용되는 근로계약체결일을 기산일로, 근로계약종료일을 마감일로 하는 것이 원칙이므로(대판 1996.12.10, 96다42024) 휴직기간도 계속근로연수에 포함되어야 한다(다수설·판례). 그러나 「군복무기간」은 근속연수에 통산되어 승진의 경우에는 실무종사기간으로 참작해야 하나(병역법 제74조 참조) 퇴직금지급기간까지 가산할 것은 아니라는 입장이다(대판 1993.1.15, 92다41986).

ⓑ 기업의 조직변동(합병·분할·양도) 기업의 동일성이 유지되면서 포괄적인 근로관계가 승계되어 근로관계의 계속성이 유지되는 한 계속근로로 통산된다(대판 1991.11.12, 91다12806). 예컨대, 영업양도의 경우(대판 2001.7.24, 2001다24662 등), 폐업회사와 신설회사가 실질적으로 동일한 경우(대판 1987.2.24, 다카1409) 등이다.

ⓒ 고용형태가 변경된 경우 예컨대 임시직에서 정규직으로, 또는 도급제에서 일반직으로 고용형태가 변경되는 경우 실질적인 근로계약관계가 존속되는 한 계속근로연수에 산입된다(대판 1995.7.11, 93다26168).

② 평균임금의 산정 사용자는 근로자에게 계속근로 1년에 대해 30일분의 평균임금을 지급하여야 한다(퇴직급여법 제8조 제1항).

퇴직금은 「퇴직시점」이 평균임금을 기준으로 하여 산정하며, 매년도의 평균임금을 기준으로 산정하지 아니한다(대판 1991.6.28, 90다14560).

또한 판례는 퇴직금규정에 의하여 산출된 퇴직금액이 퇴직급여법 제8조 제1항에서 규정한 최저기준을 상회하는 것이라면 비록 퇴직금산정방법의 일부가 근로기준법의 규정과 다르다 할지라도 이를 무효로 볼 수 없다고 한다(대판 1987.2.24, 84다카1409; 대판 1992.6.9, 92다6716 등).

③ 퇴직하는 근로자 퇴직금을 지급받을 수 있는 근로자는 근로기준법 제2조 제1항 제1호 규정에 의한 근로자로서 1년 이상 계속 근로한 이상 퇴직사유는 문제되지 않는다. 퇴직급여는 해고·사직 등 퇴직의 외형적인 명칭 또는 종류와 관계없이 근로계약이 종료되면 계속 근로연수를 판단하여 의무적으로 지급하여야 한다. 따라서 자진퇴직하거나, 범법행위 등으로 징계해고 되었을 때에도 퇴직급여는 지급되어야 한다(대판 1972.4.11, 71다1033; 근기 1451-22692, 1984.11.4).

(2) 퇴직금의 지급시기

1) 기본원칙

① 관련규정

근로자퇴직급여보장법 제9조 【퇴직금의 지급】 사용자는 근로자가 퇴직한 경우에는 그 지급사유가 발생한 날부터 14일 이내에 퇴직금을 지급하여야 한다. 다만, 특별

> 한 사정이 있는 경우에는 당사자간의 합의에 의하여 지급기일을 연장할 수 있다.

② 주요내용 사용자는 근로자가 퇴직한 경우 그 지급사유가 발생한 날부터 14일 이내에 퇴직금을 지급하여야 한다(퇴직급여법 제 9 조 본문). 다만, 특별한 사정이 있는 경우에는 당사자간의 합의에 의하여 지급기일을 연장할 수 있다(동법 제 9 조 단서).

2) 퇴직금 중간정산제

① 관련규정

> **근로자퇴직급여보장법 제 8 조 【퇴직금제도의 설정】** ② 제 1 항의 규정에 불구하고 사용자는 근로자의 요구가 있는 경우에는 근로자가 퇴직하기 전에 당해 근로자가 계속 근로한 기간에 대한 퇴직금을 미리 정산하여 지급할 수 있다. 이 경우 미리 정산하여 지급한 후의 퇴직금산정을 위한 계속근로연수는 정산시점부터 새로이 기산한다.

② 주요내용 근로자의 중간정산요구에 대하여 사용자가 반드시 응해야 할 「의무」가 있는 것은 아니다. 이러한 계속근로연수의 단절은 퇴직금의 경우에만 인정되는 것이므로 연차유급휴가, 상여금, 경력 및 승진·승급기간의 산정 등의 경우에는 계속근로연수가 그대로 인정된다.

한편, 취업규칙 및 단체협약 등으로 중간정산제도를 규정하는 경우에도 근로자 개인의 개별적 요구가 없는 한 중간정산을 「강제」할 수 없다. 예컨대 근로자에게 퇴직 및 재입사의 형식을 취하게 하는 경우 또는 영업양도·합병·계열회사로의 전직 등의 경우에도 i) 근로자의 자의적 의사에 따라 퇴직금을 중간정산하는 경우에는 그 중간정산이 유효하나, ii) 사용자의 강요에 의한 것일 때에는 무효이며 계속근로연수가 그대로 인정되는 것이다(대판 2001. 9. 18, 2000다60630).

5. 退職年金制度

(1) 퇴직연금제도의 종류

퇴직연금제도에는 i) 확정급여형 퇴직연금제도와 ii) 확정기여형 퇴직연금제도의 두 가지 유형이 있다.

1) 확정급여형 퇴직연금제도

① 관련규정

> **근로자퇴직급여보장법 제12조 【확정급여형 퇴직연금제도의 설정】** 확정급여형 퇴직연금제도를 설정하고자 하는 사용자는 근로자대표의 동의를 얻어 다음의 사항을 기재한 확정급여형 퇴직연금규약을 작성하여 노동부장관에게 신고하여야 한다.
> 1. 퇴직연금사업자 선정에 관한 사항
> 2. 가입자에 관한 사항

> 3. 가입기간에 관한 사항. 이 경우 가입기간은 퇴직연금의 설정 이후 당해 사업에서 근로를 제공한 기간으로 하되, 당해 퇴직연금의 설정 전에 제공한 근로기간에 대하여도 가입기간으로 할 수 있다.
> 4. 급여수준에 관한 사항. 이 경우 가입자의 퇴직일을 기준으로 산정한 일시금의 금액이 계속근로기간 1년에 대하여 30일분의 평균임금에 상당하는 금액 이상이어야 한다.
> 5. 재정건전성 확보에 관한 사항. 이 경우 다음 각 호의 어느 하나에 해당하는 금액 중 더 큰 금액이 적립되도록 명시하여야 한다.
> 가. 매 사업연도 말일 현재 급여에 소요되는 비용예상액의 현재가치와 부담금 수입
> 나. 가입자 및 가입자이었던 자의 당해 사업연도 말일까지의 가입기간에 대한 급여에 소요되는 비용예상액을 노동부령이 정하는 방식에 의하여 산정된 금액으로서 대통령령이 정하는 수준
> 6. 급여의 종류 및 수급요건 등에 관한 사항. 이 경우 다음 각 호의 내용이 명시되어야 한다.
> 가. 연금은 55세 이상으로서 가입기간이 10년 이상인 가입자에게 지급할 것. 이 경우 연금의 지급기간은 5년 이상이어야 한다.
> 나. 일시금은 연금수급 요건을 갖추지 못하거나 일시금 수급을 원하는 가입자에게 지급할 것
> 7. 제15조의 규정에 의한 운용관리업무 및 제16조의 규정에 의한 자산관리업무의 수행을 내용으로 하는 계약의 체결 및 해지, 해지에 따른 계약이전에 관한 사항
> 8. 확정급여형 퇴직연금 운용현황의 통지에 관한 사항. 이 경우 매년 1회 이상 적립금액 및 운용수익률 등이 노동부령이 정하는 바에 따라 가입자에게 통지되어야 한다.
> 9. 가입자의 퇴직 등 급여지급 사유발생과 급여의 지급절차에 관한 사항
> 10. 퇴직연금의 폐지·중단에 관한 사항. 이 경우 폐지 중단사유 등이 명시되어야 한다.
> 11. 그 밖에 확정급여형 퇴직연금의 운영을 위하여 대통령령이 정하는 사항

② 주요내용　　확정급여형(Defined Benefit) 퇴직연금제도라 함은 근로자가 수령하는 연금급여는 그 액수가 사전에 확정되며, 사용자의 부담금은 적립금의 운용결과에 따라 변동되는 퇴직연금제도를 말한다. 동 제도는 적립금의 운영실적에 상관없이 근로자가 일정한 액수의 퇴직급여를 수령하게 되므로 안정적이라는 장점이 있다.

2) 확정기여형 퇴직연금제도

① 관련규정

> **근로자퇴직급여형보장법 제13조 【확정기여형 퇴직연금의 설정】** 확정기여형 퇴직연금제도를 설정하고자 하는 사용자는 근로자대표의 동의를 얻어 다음의 사항을 포함한 확정기여형 퇴직연금규약을 작성하여 노동부장관에게 신고하여야 한다.
> 1. 부담금의 부담에 관한 사항. 이 경우 다음의 내용이 명시되어야 한다.
> 가. 사용자는 최소한 가입자의 연간 임금총액의 12분의 1에 해당하는 금액은 현금으로 부담하도록 할 것
> 나. 가입자는 가목에 의한 사용자의 부담금 외에 추가로 부담금을 부담할 수

있다는 것
2. 부담금의 납부에 관한 사항. 이 경우 다음의 내용이 명시되어야 한다.
가. 사용자는 매년 1회이상 정기적으로 부담금을 납부할 것
나. 사용자는 가입자가 탈퇴한 대에 당해 가입자에 대한 부담금을 미납한 경우에는 탈퇴일부터 14일 이내에 그 부담금을 납부할 것
3. 적립금의 운용에 관한 사항. 이 경우 가입자는 적립금의 운용방법을 스스로 선정할 수 있고, 매반기 1회이상 적립금 운용방법의 변경이 가능하여야 한다.
4. 적립금 운용방법 및 정보의 제공 등에 관한 사항. 이 경우 다음의 내용이 명시되어야 한다.
가. 매반기 1회 이상 위험과 수익구조가 서로 다른 세 가지 이상의 적립금 운용방법이 제시되어 있을 것
나. 운용방법별 이익 및 손실의 가능성에 관한 정보 등 가입자가 적립금의 운용방법을 선정하는데 필요한 정보가 제공될 것
5. 중도인출에 관한 상항. 이 경우 주택구입 등 대통령령이 정하는 사유가 발생하는 때에는 중도인출이 허용되어야 한다.
6. 제12조 제 1 호 내지 제 3 호-제 6 호 내지 제10호에 관한 사항
7. 그 밖에 확정기여형 퇴직연금의 운영을 위하여 대통령령이 정하는 사항

② 주요내용 확정기여형(Defined Contribution) 퇴직연금제도라 함은 사용자의 부담금이 사전에 확정되고, 근로자의 연금급여는 적립금 운용결과에 따라 그 액수가 변동하게 되는 퇴직연금제도를 말한다. 동 제도는 적립금의 운용실적에 따라 그 액수가 변동하게 되는 퇴직연금제도를 말한다. 동 제도는 적립금의 운용실적에 따라 근로자의 연금급여가 결정되므로 실적이 좋은 경우 연금급여가 많아지나, 실적이 나쁜 겨우 연금급여가 적어질 우려가 있다.

6. 個人退職計座

(1) 관련규정

근로자퇴직급여보장법 제25조 【개인퇴직계좌의 설정 및 운영 등】 ① 퇴직연금사업자는 개인퇴직계좌를 운영할 수 있다.
② 다음 각 호의 어느 하나에 해당하는 자는 개인퇴직계좌를 설정할 수 있다.
1. 퇴직급여제도의 일시금을 수령한 자
2. 안정적인 노후소득 확보가 필요한 자로 대통령령이 정하는 자
③ 제15조 및 제16조의 규정은 개인퇴직계좌의 운용관리업무 및 자산관리업무의 수행에 있어서 이를 준용한다. 이 경우 "사용자"는 "가입자"로 본다.
④ 적립금을 운용함에 있어서 다음의 사항이 준수되어야 한다.
1. 가입자는 적립금의 운용방법을 스스로 선정할 수 있어야 하며, 매반기 1회 이상 적립금 운용방법의 변경이 가능하여야 할 것
2. 퇴직연금사업자는 매반기 1회 이상 위험과 수익구조가 서로 다른 세 가지 이상의 적립금 운용방법을 제시할 것
3. 퇴직연금사업자는 적립금 운용방법별 이익 및 손실의 가능성에 관한 정보 등 가입자가 적립금 운용방법을 선정하는 데 필요한 정보를 제공할 것
⑤ 개인퇴직계좌의 급여의 종류별 수급요건, 중도인출에 관한 사항은 대통령령으

> 로 정한다.

(2) 의 의 최근 노동시장은 잦은 직장이동과 단기근속자의 증가, 중간정산제 또는 연봉제의 확산 등으로 퇴직금이 노후자금으로 쓰이지 못하고 소액자금으로 소진되는 문제점이 발생하였다. 이에 따라 직장을 옮기더라도 일시금을 계속 적립하였다가 은퇴 시에 일시금 또는 연금으로 받을 수 있는 장치를 마련할 필요가 생긴 것이다.

(3) 10인 미만 사업에 대한 특례

1) **관련규정**

> **퇴직급여보장법 제26조 【10인 미만 사업에 대한 특례】** ① 상시 근로자 10인 미만을 사용하는 사업의 경우 제 4 조 제 1 항의 규정에 불구하고 사용자가 근로자 대표의 동의를 얻어 근로자 전원으로 하여금 제25조의 규정에 의한 개인퇴직계좌를 설정하게 한 경우에는 퇴직급여제도를 설정한 것으로 본다.
> ② 제 1 항의 규정에 의하여 개인퇴직계좌를 설정하는 경우에는 다음 각 호의 사항이 준수되어야 한다.
> 1. 퇴직연금사업자 선정에 있어서 근로자대표의 동의를 얻을 것
> 2. 사용자는 최소한 가입자의 연간 임금총액의 12분의 1에 해당하는 금액은 현금으로 부담할 것
> 3. 가입자는 사용자의 부담금 외에 추가로 부담금을 부담할 수 있을 것
> 4. 사용자는 매년 1회 이상 정기적으로 부담금을 납부할 것
> 5. 사용자는 가입자의 탈퇴시에 당해 가입자에 대한 부담금을 미납한 경우에는 탈퇴일부터 14일 이내에 그 부담금을 납부할 것
> 6. 근로자의 수급권의 안정적인 보호를 위하여 대통령령이 정하는 사항

2) **개인퇴직계좌의 설정** 상시 근로자 10인 미만을 사용하는 사업의 경우 사용자가 근로자 대표의 동의를 얻어 근로자전원으로 하여금 개인퇴직계좌를 설정하게 한 경우에는 퇴직급여제도를 설정한 것으로 본다(퇴직급여법 제26조 제 1 항).

Ⅱ. 金品淸算

금품청산제도는 근로관계가 종료된 후 사용자로 하여금 14일 이내에 근로자에게 임금·퇴직금 등의 금품을 청산하도록 하는 의무를 부과하는 한편(근로기준법 제36조), 이를 불이행하는 경우 형사상의 제재를 가함으로서 근로자를 보호하고자 하는 것이다(동법 제109조 제 1 항). 따라서 사용자에게 임금지급의무의 이행을 유예하여 준 것은 아니다(대판 2001. 4. 24, 99다9370; 대판 2001. 10. 30, 2001다24051).

Ⅲ. 歸鄕旅費의 支給

근로기준법 제17조상의 명시된 근로조건이 사실과 다를 경우에는 근로자는 즉시 근로계약을 해제할 수 있으며, 이 경우 사용자는 취업목적으로 거주를 변경하는 근로자에게 귀향여비를 지급하여야 한다(동법 제19조).

Ⅳ. 使用證明書 交付

1. 關聯規程

> **근로기준법 제39조 【사용증명서】** ① 사용자는 근로자가 퇴직한 후라도 사용 기간, 업무 종류, 지위와 임금, 그 밖에 필요한 사항에 관한 증명서를 청구하면 사실대로 적은 증명서를 즉시 내주어야 한다.
> ② 제 1 항의 증명서에는 근로자가 요구한 사항만을 적어야 한다.

2. 主要內容

(1) 사용증명서 기재사항 사용증명서의 기재사항은 사용기간, 업무종류, 지위와 임금 기타 필요한 사항 중 근로자가 「청구」하는 사항이다(근로기준법 제39조 제 1 항, 제 2 항). 따라서 사용증명서는 근로자가 재취업함에 있어서 근로자에게 유리한 자료가 되는 사항을 기재하는데 목적이 있으므로 근로자가 자신에게 불리하다고 판단하여 청구하지 아니한 사항을 사용자가 임의로 기재하여서는 아니된다.

(2) 사용증명서의 형식 사용증명서는 별도의 형식을 필요로 하지 아니한다. 따라서 근로자의 요구사항이 반영되도록 합리적인 방법으로 작성하면 된다.

(3) 사용증명청구권의 제한 사용증명서를 청구할 수 있는 자는 계속하여 30일 이상 근무한 근로자로 하되, 청구할 수 있는 기간은 퇴직한 후 3년 이내로 한다(동법시행령 제19조).

Ⅴ. 就業妨害의 禁止

1. 關聯規程

> **근로기준법 제40조 【취업 방해의 금지】** 누구든지 근로자의 취업을 방해할 목적으로 비밀 기호 또는 명부를 작성·사용하거나 통신을 하여서는 아니 된다.

2. 主要內容

본조 위반의 죄는 형법상 목적범으로서 행위자의 주관적인 취업방해의 「목적」을 필요로 한다.

기출문제 및 기본문제

최근 기출문제

1. 「근로기준법」상 해고에 관한 설명으로 옳은 것은? 〈51회 사시〉

① 해고의 정당한 이유가 있는 경우에는 사용자가 해고사유와 해고시기를 구두로 통지하여도 그 해고는 효력이 있다.

② 일용근로자에 대하여는 3개월을 계속 근무하지 않았더라도 사용자는 해고의 예고를 하여야 한다.

③ 노동위원회는 부당해고에 대한 구제명령을 내릴 때 해당 근로자의 복직을 사용자가 원하지 않으면 금전으로 보상하고 근로관계를 청산하도록 명령할 수 있다.

④ 사용자가 노동위원회로부터 부당해고의 구제명령을 받고도 이행기한까지 구제명령을 이행하지 않으면 노동위원회는 사용자에게 이행강제금을 부과한다.

⑤ 노동위원회에 부당해고의 구제를 신청한 근로자는 그 해고에 대해 법원에 해고무효 확인의 소(訴)를 제기할 수 없다.

≪**해설**≫ ① 사용자는 근로자를 해고하려면 해고사유와 해고시기를 서면으로 통지하여야 한다(근로기준법 제27조 제1항). ② 해고의 예고는 일용근로자로서 3개월을 계속 근무하지 아니한 근로자에게는 적용하지 아니한다(동법 제35조). ③ 노동위원회는 해고에 대한 구제명령을 할 때에 근로자가 원직복직(原職復職)을 원하지 아니하면 원직복직을 명하는 대신 근로자가 해고기간 동안 근로를 제공하였더라면 받을 수 있었던 임금 상당액 이상의 금품을 근로자에게 지급하도록 명할 수 있다(동법 제30조 제3항). ④ 동법 제33조 제1항. ⑤ 부당해고를 다투고자 하는 근로자는 행정적 구제방법과 사법적 구제방법을 선택적으로 행사할 수 있으므로, 노동위원회에 부당해고의 구제신청을 하든가 법원에 해고무효 확인의 소(訴)를 제기할 수 있다.

2. 경영상 이유에 의한 해고에 관한 설명으로 옳지 않은 것은?(다툼이 있는 경우에는 판례에 의함) 〈50회 사시〉

① 대통령령으로 정하는 일정한 규모 이상의 인원을 해고하려면 최초로 해고하려는 날의 30일 전까지 노동부장관에게 신고하여야 한다.

┃해답┃ 1. ④ 2. ②

② 근로자를 해고한 날부터 3년 이내에 해고된 근로자가 해고 당시 담당하였던 업무와 다른 업무를 할 근로자를 채용하고자 할 때에도 해고된 근로자가 원하면 그 근로자를 우선적으로 고용하여야 한다.
③ 경영악화를 방지하기 위한 사업의 양도·인수·합병은 긴박한 경영상의 필요가 있는 것으로 본다.
④ 연령만을 기준으로 해고대상자를 우선선정하여 해고하는 것은 부당해고에 해당한다.
⑤ 근로자대표와의 사전협의와는 별도로 해고대상자로 선정된 근로자에게 해고예고를 하여야 한다.

≪**해설**≫ ① 사용자는 1개월 동안에 일정규모 이상의 인원을 해고하려면 최초로 해고하려는 날의 30일 전까지 노동부장관에게 신고하여야 한다(근로기준법 제24조 제 4 항 및 동법시행령 제10조). ② 제24조에 따라 근로자를 해고한 사용자는 근로자를 해고한 날부터 3년 이내에 해고된 근로자가 해고 당시 담당하였던 업무와 같은 업무를 할 근로자를 채용하려고 할 경우 해고된 근로자가 원하면 그 근로자를 우선적으로 고용하여야 한다(근로기준법 제25조 제 1 항). ③ 동법 제24조 제 1 항. ④ 무엇이 합리적이고 공정한 해고의 기준이 될 것인가는 당해 사용자가 직면한 경영위기의 강도와 정리해고를 실시하여야 하는 경영상의 이유, 정리해고를 실시한 사업 부문의 내용과 근로자의 구성, 정리해고 실시 당시의 사회경제상황 등에 따라 달라지는 것이지만, 통상 판례는 사용자측 요소와 근로자측 요소를 종합적으로 고려하여 판단하고 있다(대판 2002. 7. 9, 2001다29452; 대판 2003. 9. 26, 2001두10776, 10783). 따라서 연령만으로 해고대상자를 선정하는 것은 부당한 조치이다. ⑤ 정리해고 시 근로자대표와 사전협의를 하여야 한다는 규정과 정리해고 대상자가 확정된 경우 해고대상자에 대한 해고예고를 하여야 한다는 규정은 별개의 의무사항이다(동법 제24조 및 제26조 참조).

3. 근로기준법상 부당해고 구제절차에 관한 설명이다. (　　)에 들어갈 내용으로 옳게 짝지워진 것은? 〈사시 50회〉

사용자가 근로자를 부당하게 해고하면 (A) 해고가 있었던 날부터 (B) 이내에 노동위원회에 구제를 신청할 수 있다.

	A	B
①	근로자 또는 노동조합은	3개월
②	노동조합은	1개월
③	근로자는	6개월
④	근로자 또는 노동조합은	6개월
⑤	근로자는	3개월

| 해답 | **3.** ⑤

≪**해설**≫ 사용자가 근로자에게 부당해고 등을 하면 근로자는 노동위원회에 구제를 신청할 수 있으며, 구제신청은 부당해고 등이 있었던 날부터 3개월 이내에 하여야 한다(근로기준법 제28조).

4. 영업양도의 노동법적 효과와 관련한 설명 중 옳은 것은? (다툼이 있는 경우에는 판례에 의함) 〈49회 사시〉

① 양도회사의 퇴직금 규정보다 양수회사의 퇴직금 규정이 불리하더라도, 하나의 사업 내에 퇴직금의 차등제도를 둘 수 없기 때문에, 양도회사의 근로자에게도 양수회사의 퇴직금제도가 적용된다.

② 영업양도가 아닌 자산양도의 경우에 있어서도 근로관계가 양수인에게 포괄적으로 승계된다.

③ 영업양도의 결과 양도회사의 노동조합은 소멸하고 그 노동조합과 양도회사간에 체결한 단체협약도 효력을 상실한다.

④ 영업양도 당사자 사이에 양도회사에서의 근속기간은 양수회사의 근로연수에 산입하지 않기로 하는 특약이 존재하더라도, 근로자의 동의가 없는 한 효력이 없다.

⑤ 영업양도 당사자 사이에 일부 근로자를 승계의 대상에서 제외하기로 하는 특약이 인정되므로, 승계에서 제외된 근로자는 이의를 제기할 수 없다.

≪**해설**≫ 근로관계의 승계로 인하여 개별 근로자가 영업양수인이 경영하는 영업에 편입되어 새로운 근로관계를 형성하는 것이 아니라, 영업양도인과 근로자 사이의 근로관계의 내용이 영업양수인과 근로자 사이의 근로관계에 변동 없이 그대로 적용되는 것이 원칙이다(대판 1994.3.8, 93다1589). 따라서 양수인은 양도인이 부담해야 할 근로계약상의 채무를 승계한다고 보아야 한다. ① 따라서 양도회사의 근로자에게는 양도회사의 퇴직금제도가 적용된다고 하더라도 퇴직금 차등금지의 원칙에 위반된다고 볼 수 없으며(대판 1995.12.26, 95다41659), ② 자산매각의 형식으로 양수인이 특정사업부문을 양수한 경우라면 공장설비와 같은 단순한 물적자산만 양도한 경우이므로 고용승계는 이루어지지 않는 것이며, ③ 양도회사의 노동조합은 소멸하지 않는다고 보아야 하고(서울지판 1998.11.24, 98가단28159), 양도회사의 노동조합과 체결한 단체협약의 효력도 그대로 이전한다고 보아야 하며(대판 1989.5.23, 88누4508; 2002.3.26, 2000다3347). ④ 양도회사에서의 근속기간은 원칙적으로 양수회사의 계속근로연수에 산입되어야 하므로 특약으로 산입하지 않을 수는 없는 것이며(대판 1991.11.12, 91다12806), ⑤ 당사자간에 근로자의 일부 또는 전부를 배제한다는 별도의 합의가 인정된다 하더라도(대판 1994.6.28, 93다33173), 그 특약에 다라 근로관계의 승계가 이루어지지 않을 수 있으나 그러한 특약은 실질적으로 해고나 다름없으므로 근로기준법 제23조 제1항의 정당한 이유가 있어야 유효한 것이다(대판 2000.10.13, 98다11437; 대판 1991.11.12, 91다12806). 다만, 근로자가 양수기업에 대한 재취업신청을 철회 또는 포기하는 의

▌해답▌ 4. ④

사가 표시되는 경우에는 근로관계는 승계되지 않는다고 보아야 한다(大判 2002. 3. 29, 2000두8455).

5. 근로기준법상 해고에 관한 기술 중 옳지 않은 것은? 〈49회 사시〉

① 18세 미만의 연소근로자를 해고하는 경우 친권자나 후견인의 동의를 얻어야 한다.

② 사용자는 산전·산후의 여성이 같은 법 제74조(임산부의 보호)의 규정에 의하여 휴업한 기간과 그 후 30일간은 해고하지 못한다.

③ 경영상 해고의 경우 경영악화를 방지하기 위한 사업의 합병은 긴박한 경영상의 필요가 있는 것으로 본다.

④ 사용자가 해고를 한 경우 해당 근로자는 해고가 있은 날부터 3개월 이내에 노동위원회에 부당해고 구제를 신청할 수 있다.

⑤ 월급근로자로서 근무기간이 6개월이 되지 못한 자에 대하여는 해고예고를 하지 않아도 된다.

≪**해설**≫ ① 미성년자가 법률행위를 하려면 원칙적으로 법정대리인의 동의를 얻어야 한다(민법 제 5 조 제 1 항). 따라서 미성년자를 채용하는 경우 법정대리인의 동의를 얻어 근로계약을 체결하여야 한다(다수설; 근로기준법 제66조 참조). 그러나 해고는 사용자의 일방적 의사표시에 의한 근로관계의 종료를 의미하는 것이므로 상대방 없는 단독행위로서 법정대리인의 동의사항이 아니다. ② 근로기준법 제23조 제 2 항. ③ 동법 제24조 제 1 항. ④ 동법 제28조 제 2 항. ⑤ 동법 제35조.

6. 근로자 퇴직급여 보장법상 퇴직급여에 관한 설명 중 옳지 않은 것은? 〈49회 사시〉

① 사용자가 퇴직급여제도의 종류를 선택하거나 선택한 퇴직급여제도를 다른 종류의 퇴직급여제도로 변경하고자 하는 경우에는 근로자대표의 의견을 들어야 한다.

② 퇴직연금제도의 종류로는 확정급여형과 확정기여형이 있다.

③ 같은 법에 의한 퇴직금을 받을 권리는 3년간 행사하지 아니하면 시효로 인하여 소멸한다.

④ 사용자는 퇴직급여제도 중 하나 이상의 제도를 설정하여야 하는데, 사용자가 이를 설정하지 아니하는 경우에는 퇴직금제도를 설정한 것으로 본다.

⑤ 퇴직금제도를 설정하고자 하는 사용자는 계속근로기간 1년에 대하여 30일분 이상의 평균임금을 퇴직금으로 퇴직하는 근로자에게 지급할 수 있는 제도를 설정하여야 한다.

▌해답▌ 5. ① 6. ①

≪**해설**≫ ① 사용자가 퇴직급여제도의 종류를 선택하거나 선택한 퇴직급여제도를 다른 종류의 퇴직급여제도로 변경하고자 하는 경우에는 당해 사업에 근로자의 과반수로 조직된 노동조합이 있는 경우에는 그 노동조합, 근로자의 과반수로 조직된 노동조합이 없는 경우에는 근로자의 과반수(이하 「근로자대표」라 한다)의 「동의」를 얻어야 한다(근로자 퇴직급여 보장법 제 4 조 제 3 항). ② 동법 제12조 및 제13조 참조. ③ 동법 제10조. ④ 동법 제 4 조 제 1 항 및 제 5 조. ⑤ 동법 제 8 조 제 1 항.

7. 경영상 이유에 의한 해고에 관한 설명 중 옳지 않은 것은? 〈48회 사시변형〉

① 경영악화를 방지하기 위한 사업의 양도·인수·합병은 긴박한 경영상의 필요가 있는 것으로 보지 않는다.

② 정부는 경영상 이유에 의하여 해고된 근로자에 대하여 직업훈련 등 필요한 조치를 우선적으로 취하여야 한다.

③ 경영상 이유에 의하여 근로자를 해고한 사용자가 근로자를 해고한 날부터 3년 이내에 근로자가 해고당시 담당하였던 업무와 동일한 업무에 근로자를 채용하고자 할 때에는 해고된 근로자를 우선적으로 고용하여야 한다.

④ 사용자는 대통령령이 정하는 일정규모 이상의 인원을 경영상 이유에 의하여 해고하고자 할 경우에 노동부장관에게 신고하여야 한다.

⑤ 경영상 이유에 의한 해고가 입법화되기 전에도 판례는 이를 인정하여 왔다.

≪**해설**≫ ① 사용자는 경영상 이유에 의하여 근로자를 해고하고자 하는 경우에는 긴박한 경영상의 필요가 있어야 한다. 이 경우 경영악화를 방지하기 위한 사업의 양도·인수·합병은 긴박한 경영상의 필요가 있는 것으로 본다(동법 제24조 제 1 항). ② 동법 제25조 제 2 항. ③ 동법 제25조 제 1 항. ④ 동법 제24조 제 4 항. ⑤ 대판 1989.5.23, 87다카2132, 대판 1991.12.10, 91다8647 등.

8. 근로기준법상 「경영상 이유에 의한 해고」에 관한 설명 중 옳지 않은 것은? 〈47회 사시〉

① 경영악화를 방지하기 위한 사업의 양도는 긴박한 경영상의 필요가 있는 것으로 본다.

② 사용자는 해고대상자의 선정에 있어서 남녀차별을 하여서는 아니된다.

③ 사용자는 해고를 피하기 위한 노력을 다하여야 한다.

④ 사용자는 합리적이고 공정한 기준을 정하여 해고대상자를 선정하여야 한다.

⑤ 사용자는 경영상 이유에 의한 해고를 하고자 하는 경우에 근로자대표와 합의하여야 한다.

▌해답▌ 7. ① **8.** ⑤

≪**해설**≫ 사용자는 해고를 피하기 위한 방법 및 해고의 기준 등에 관하여 당해 사업 또는 사업장에 근로자의 과반수로 조직된 노동조합이 있는 경우에는 그 노동조합(근로자의 과반수로 조직된 노동조합이 없는 경우에는 근로자의 과반수를 대표하는 자를 말한다)에 대하여 해고를 하고자 하는 날의 50일 전까지 통보하고 성실하게 「협의」하여야 한다(근로기준법 제24조 제 3 항).

9. 근로기준법 및 근로자퇴직급여보장법상 퇴직금제도에 관한 설명 중 옳은 것은?

〈47회 사시변형〉

① 사용자는 계속근로연수 1년에 대하여 통상임금의 30일분 이상을 퇴직금으로서 퇴직하는 근로자에게 지급할 수 있는 제도를 설정하여야 한다.

② 취업일부터 퇴직일까지의 근로연수가 1년 미만인 근로자에 대하여는 퇴직금을 지급하지 않아도 된다.

③ 사업주를 가입자로 하는 퇴직연금에 가입한 경우에는 퇴직급여제도를 설정한 것으로 본다.

④ 중대한 귀책사유로 해고된 근로자에 대하여는 퇴직금을 지급하지 않아도 된다.

⑤ 사용자는 근로자의 요구가 있는 경우에는 퇴직전이라도 퇴직금을 미리 정산하여 지급하여야 한다.

≪**해설**≫ ①② 사용자는 계속근로연수 1년에 대하여 30일분 이상의 「평균임금」을 퇴직금으로서 퇴직하는 근로자에게 지급할 수 있는 제도를 설정하여야 한다. 다만 근로연수가 1년 미만인 경우에는 그러하지 아니하다(근로자퇴직급여보장법 제 8 조 제 1 항 및 제 4 조 제 1 항 단서). ③ 근로자퇴직급여보장법상 가입자라 함은 퇴직연금에 가입하거나 개인퇴직계좌를 설정한 근로자를 말한다(동법 제 2 조 제10호). ④ 퇴직금은 해고, 사직 등 퇴직의 외형적인 명칭 또는 종류와 관계없이 근로계약이 종료되면 계속근로연수를 판단하여 의무적으로 지급해야 한다. 따라서 자진퇴직하거나(1991. 5. 24, 임금 32240-7481), 범법행위 등으로 징계해고되었을지라도 퇴직금은 지급되어야 한다(1981. 4. 2, 법무 81110-418). 또한 근로계약을 체결한 때에 퇴직금을 지급한다는 약정이 없거나 단체협약 또는 취업규칙에 퇴직금을 규정하고 있지 아니한 경우에도 퇴직금은 반드시 지급되어야 한다(대판 1991. 11. 8, 91다27730; 대판 1987. 2. 24, 86다카1355). ⑤ 사용자는 근로자의 요구가 있는 경우에는 근로자가 퇴직하기 전에 당해 근로자가 계속 근로한 기간에 대한 퇴직금을 미리 정산하여 지급할 수 있다. 이 경우 미리 정산하여 지급한 후의 퇴직금 산정을 위한 계속근로연수는 정산시점부터 새로이 기산한다(동법 제 8 조 제 2 항).

10. 근로기준법상 해고예고가 적용되는 근로자는? 〈46회 사시〉

① 일용근로자로서 3월 이상 6월 미만을 계속 근로한 자

▌해답▌ 9. ② **10.** ①

② 2월이내의 기간을 정하여 사용된 자
③ 월급근로자로서 6월이 되지 못한 자
④ 계절적 업무에 6월이내의 기간을 정하여 사용된 자
⑤ 수습사용한 날부터 3월이내인 수습사용 중의 근로자

≪**해설**≫ 일용근로자로서 3월을 계속근무하지 아니한 자, 2월 이내의 기간을 정하여 사용된 자, 월급근로자로서 6월이 되지 못한 자, 계절적 업무에 6월 이내의 기간을 정하여 사용된 자, 수습사용 중의 근로자(수습 사용한 날부터 3개월 이내인 자)에 대하여는 해고하여야 할 정당한 이유가 있으면 해고예고나 해고예고수당을 지급하지 않고 바로 해고할 수 있다(근로기준법 제35조 및 동법시행령 제16조).

11. 근로기준법상 부당해고 등의 구제에 관한 설명으로 옳지 않은 것은?

〈45회 사시변형〉

① 노동조합은 조합원의 부당해고에 대하여 독립하여 노동위원회에 구제신청을 할 수 없다.
② 해고무효확인 소송을 제기하기 위해서는 사전에 노동위원회의 구제절차를 거쳐야 한다.
③ 부당해고 등의 구제신청과 절차등에 대하여 종래 부당노동행위 구제절차를 준용하다가 근로기준법에서 직접 규율하게 되었다.
④ 해고무효확인 소송에서 근로자의 패소가 확정되면 부당해고 등 구제절차를 유지할 필요가 없다는 것이 대법원의 판례이다.
⑤ 중앙노동위원회의 재심판정은 행정소송의 제기에 의하여 그 효력이 정지되지 않는다.

≪**해설**≫ ① 부당해고등 구제신청권자는 부당노동행위 구제신청과 달리 근로기준법 제2조 제1항 제1호의 근로자 개인만이 가능하며 노동조합과 같은 근로자대표는 구제신청을 할 수 없다. ② 사용자의 부당해고에 대한 구제제도로서 노동위원회에 의한 부당해고구제제도와 법원에 의한 사법적 구제제도가 있는데 근로자는 양자 중 하나를 선택하여 구제신청할 수 있다. ③ 종전(2007.7.1. 이전)과 달리 부당해고 등의 구제신청과 절차 등에 대하여 근로기준법에 직접 규정하였다(동법 제28조 내지 제33조 참조). ④ 법해석의 최종적 권한은 법원에 있으므로 일단 법원에서 부당해고가 아니라는 판결이 확정된 때에는 행정적 구제는 할 수 없다(대판 1992.7.28, 92누6099). ⑤ 노동위원회의 구제명령, 기각결정 또는 재심판정은 중앙노동위원회에 대한 재심 신청이나 행정소송 제기에 의하여 그 효력이 정지되지 아니한다(동법 제32조). 행정구제법의 일반원칙처럼 집행부정지의 원칙을 입법화 하였다.

12. 근로기준법상 해고에 관한 설명 중 옳지 않은 것은? 〈44회 사시〉

❙해답❙ **11.** ② **12.** ①

① 정당한 이유없는 해고에 대하여 벌칙규정이 있다.

② 부당해고의 경우 노동위원회에 그 구제를 신청할 수 있다.

③ 천재, 사변 기타 부득이한 사유로 사업계속이 불가능한 경우에는 해고의 예고를 하지 않아도 된다.

④ 경영상 이유에 의한 해고에 있어서 사용자는 근로자대표와 성실하게 협의하여야 하나, 이를 위반했다고 하여 해고가 무효로 되는 것은 아니다.

⑤ 부당한 해고에 대하여는 사용자가 근로자의 정신적 고통에 따른 손해를 배상해야 할 경우가 있다.

≪**해설**≫ ① 개정법(2007. 1. 26)은 정당한 이유 없는 해고 등에 대한 처벌규정을 삭제하는 대신, 정당한 이유 없는 해고 등에 대한 구제명령 불이행자에 대하여 이행강제금을 부과하고 이를 위반하는 경우에 벌칙을 적용하도록 하였다(근로기준법 제33조, 제111조). ② 부당해고 등의 구제신청(동법 제28조). ③ 즉시해고(동법 제26조 단서). ④ 긴박한 경영상 필요성에 따라 정리해고를 하는 경우에 노조나 근로자측과 사전 협의를 거친다 해도 별다른 효과를 기대할 수 없었던 특별한 사정이 인정되는 경우에는 그 해고의 효력에는 영향이 없다(대판 1994. 5. 10, 93다4892). ⑤ 부당한 해고의 경우 상대방에게 정신적 고통을 가하는 것이 되어 근로자에 대한 관계에서 불법행위를 구성할 수도 있다는 것이 판례입장이다(대판 1993. 10. 12, 92다43586 등).

13. 근로자퇴직급여보장법상 퇴직금에 관한 설명 중 옳지 않은 것은?

〈44회 사시변형〉

① 계속근로연수 1년에 대하여 평균임금의 30일분 이상을 지급하여야 한다.

② 징계해고의 경우에도 최소한의 법정퇴직금을 지급하여야 한다.

③ 후불제 임금의 성질을 인정하는 것이 판례의 입장이다.

④ 사용자는 퇴직금의 재원을 매년 적립해 둘 의무가 있다.

⑤ 퇴직하기 전이라도 중간정산을 할 수 있다.

≪**해설**≫ ①④ 퇴직금제도를 설정하고자 하는 사용자는 계속근로기간 1년에 대하여 30일분 이상의 평균임금을 퇴직금으로 퇴직하는 근로자에게 지급할 수 있는 제도를 설정하여야 한다(근로자퇴직급여보장법 제 8 조 제 1 항). 따라서 퇴직금의 재원 적립의무는 없다. ② 법정퇴직금은 퇴직의 사유를 불문하고 지급한다. ③ 후불임금설이 통설 판례이다. ⑤ 퇴직금 중간정산제(동법 제 8 조 제 2 항).

14. 경영상 이유에 의한 해고에 관한 기술로 옳지 않은 것은? 〈43회 사시변형〉

① 근로기준법에서 그 요건이 법정화되기 이전에도 대법원 판례에 의하여 경영상 이유에 의한 해고의 정당성이 인정되었다.

② 경영악화를 방지하기 위한 사업의 양도 · 인수 · 합병은 긴박한 경영상의

| 해답 | **13.** ④ **14.** ②

필요가 있는 것으로 보지 아니한다.

③ 해고를 피하기 위한 노력을 다하여야 하며 합리적이고 공정한 해고의 기준을 정하고 이에 따라 그 대상자를 선정하여야 한다.

④ 일정규모 이상의 인원을 해고하고자 할 때에는 노동부장관에게 신고하여야 한다.

⑤ 근로자를 해고한 날부터 3년 이내에 해고된 근로자가 해고당시 담당하였던 업무와 동일한 업무에 근로자를 채용하고자 할 때에는 해고된 근로자가 원하는 경우 그 근로자를 의무적으로 고용하여야 한다.

≪**해설**≫ ① 경영상 이유에 의한 해고 즉 정리해고의 정당성은 판례에 의하여 이미 정립된 것을(대판 대법원 판례에 1989.5.23, 87다카2132; 대판 1991.12.10. 91다8647 등) 현행법(1997.3.13)에서 명문화 하였다. ② 근로기준법 제24조 제1항 제2문. ③ 동조 제2항. ④ 동조 제4항. ⑤ 우선재고용은 해당 근로자가 원하는 경우에 인정되며, 근로자가 원하는 경우라면 사용자가 반드시 재고용하여야 한다(동법 제25조).

15. 경영상의 이유로 근로자를 해고할 때 사용자는 해고회피방법 등에 관하여 노동조합 또는 근로자대표에게 통보하고 성실하게 협의하여야 한다. 이 경우 통보시기는? 〈43회 사시변형〉

① 협의하고자 하는 날의 30일 전 ② 협의하고자 하는 날의 50일 전
③ 해고하고자 하는 날의 30일 전 ④ 해고하고자 하는 날의 50일 전
⑤ 현행법상 제한은 없음

≪**해설**≫ 사용자는 해고를 피하기 위한 방법 및 해고의 기준 등에 관하여 당해 사업 또는 사업장에 근로자의 과반수로 조직된 노동조합이 있는 경우에는 그 노동조합 근로자의 과반수로 조직된 노동조합이 없는 경우에는 근로자의 과반수를 대표하는 자(이하 「근로대표자」라 한다)에 대하여 「해고를 하고자 하는 날」의 50일전까지 통보하고 성실하게 협의하여야 한다(근로기준법 제24조 제3항).

16. 해고시에 해고예고가 필요한 근로자는? 〈43회 사시〉

① 수습사용 중의 근로자
② 2월 이내의 기간을 정하여 사용된 자
③ 단시간근로자
④ 월급근로자로서 6월이 되지 못한 자
⑤ 일용근로자로서 3월을 계속 근무하지 아니한 자

≪**해설**≫ 해고예고제도란 예측하지 못한 해고로 인하여 근로자가 갑자기 생활기반을 상실하는 것을 방지하고, 재취업에 필요한 충분한 시간적 여유를 부여하기

▌해답▐ 15. ④ 16. ③

위한 것이므로, 근로관계의 성질상 근로관계의 종료시기가 당사자에게 이미 알려져 있는 경우라거나, 근로관계의 존속기간이 짧은 경우에는 해고예고제도는 적용되지 아니한다. ③ 단시간근로자는 소정근로시간이 통상근로자의 소정근로시간에 비하여 짧은 근로자일 뿐 해고예고의 적용대상이 된다(근로기준법 제35조 참조).

17. 퇴직금에 관한 설명으로 옳지 않은 것은? 〈43회 사시변형〉

① 최종 3년간의 퇴직금은 근로자퇴직급여보장법 제11조 제 2 항의 최우선변제의 효력이 인정된다.

② 임시직으로서 1년 이상 근로한 근로자에 대하여도 퇴직금을 지급하여야 한다.

③ 고의로 사업에 막대한 지장을 초래하거나 재산상 손해를 끼친 근로자를 해고하는 경우에는 퇴직금을 지급할 필요가 없다.

④ 사용자는 퇴직하는 근로자에게 급여를 지급하기 위하여 퇴직금제도 또는 퇴직연금제도 등 퇴직급여제도 중 하나 이상의 제도를 설정하여야 한다.

⑤ 근로자가 퇴직금의 중간정산을 요구한 때에는 사용자가 반드시 이에 응할 필요는 없다.

≪**해설**≫ ① 최우선변제의 효력이 인정되는 범위는 i) 최종 3월간의 임금, ii) 최종 3년간의 퇴직금, iii) 재해보상금이다(근로기준법 제38조 제 2 항 및 근로자퇴직급여보장법 제11조 제 2 항). ② 퇴직금 지급대상자는 근로기준법 제 2 조 제 1 항 제 1 호에 의한 근로자로서 임시직, 일용직, 외국인 등 근로형태를 불문한다. ③ 퇴직금은 해고·사직 등 퇴직의 명칭이나 사유에 관계없이 의무적으로 지급되어야 하므로, 범법행위 등으로 징계해고되었을 경우에도 퇴직금은 지급되어야 한다(통설·판례). ③ 즉시해고 사유이다(동법 제26조 단서 참조). ④ 근로자퇴직급여보장법 제 4 조 제 1 항. ⑤ 퇴직금 중간정산제는 근로자의 요구가 있는 경우에도 사용자가 이에 반드시 응할 의무가 있는 것은 아니다((근로자퇴직급여보장법 제 8 조 제 2 항).

18. 근로계약종료 후의 법률관계에 관한 설명으로 옳지 않은 것은? 〈43회 사시〉

① 임금청구권이나 재해보상청구권은 근로관계의 종료 후에도 소멸시효가 완성될 때까지는 여전히 존속한다.

② 근로관계의 종료 후에 근로자는 그가 보관했던 물품을 반환하고 회사서류를 인도할 의무가 있다.

③ 사용자는 근로자에게 금품청산의무가 발생하며, 그 지급사유가 발생한 때로부터 14일 이내에 지급하여야 한다.

④ 금품청산의무는 특별한 사정이 있는 경우 당사자간의 합의에 의하여 기일을 연장할 수 있다.

▌해답▌ 17. ③ **18.** ⑤

⑤ 사용자는 근로자가 퇴직 후에도 사용증명서를 청구한 때에는 즉시 교부하여야 하며, 근로자가 요구하지 않는 사항일지라도 사실대로 정확하게 기입하여야 한다.

≪**해설**≫ ① 임금청구권이나 재해보상청구권의 소멸시효는 모두 「3년」이다(근로기준법 제49조, 제92조). ② 근로계약상 근로자의 충실의무에서 도출되는 신의칙상의 의무로 볼 수 있다. ③④ 금품청산의무(동법 제36조). ⑤ 사용증명서에는 「근로자가 요구한 사항만」을 기입하여야 한다(동법 제39조 제2항). 동조 위반의 경우 500만원 이하의 과태료가 부과된다(동법 제116조 제1항 제2호).

19. 근로계약관계의 종료에 관한 설명 중 가장 옳은 것은? 〈42회 사시〉

① 근로자에 의한 해지의 의사표시도 근로기준법의 제한을 받는다.
② 판례에 의하면 사용자가 해고의 예고 없이 한 해고는 무효이다.
③ 사업양도에 의하여 근로관계는 당연히 종료된다.
④ 업무상 부상의 요양을 위하여 휴업한 기간과 그 후 30일간은 해고가 금지되는 것이 원칙이다.
⑤ 해고예고수당은 30일분 이상의 평균임금을 기준으로 산정되어야 한다.

≪**해설**≫ ① 근로자에 의한 해지의 의사표시로 인한 근로관계의 해지, 즉 「사직」에 관하여 근로기준법상의 제한은 없다. 민법상 i) 기간의 약정이 없는 근로관계는 언제든지 해지의 통고를 할 수 있으며 다만 1월이 경과하면 근로관계는 소멸된다는 규정(민법 제660조 제1항·제2항)과, ii) 기간의 약정이 있는 근로관계는 부득이한 사유가 없으면 근로관계를 해지할 수 없으나 당사자 일방의 과실로 인한 경우에 손해배상을 하여야 한다는 규정(민법 제661조)이 있을 뿐이다. ② 해고예고절차규정 위반의 사법적효력에 관하여 i) 해고예고규정은 단속규정에 불과하므로 유효하다는 「유효설」(이상윤; 대판 1993.12.7, 93다39342 등)과, ii) 해고예고제도는 강행규정이므로 무효라는 「무효설」의 대립이 있다. ③ 사업양도(영업양도)에 의하여 근로관계는 특별한 사정이 없는 한 영업양도인에서 영업양수인에게로 승계되므로 근로관계의 변동없이 그대로 적용된다. ④ 해고시기의 제한(동법 제23조 제2항). ⑤ 해고예고수당은 30일분 이상의 「통상임금」이다(제26조).

20. '경영상 이유에 의한 해고'에 관한 설명 중 옳지 않은 것은? 〈42회 사시변형〉

① 경영악화를 방지하기 위한 사업의 양도는 긴박한 경영상의 필요가 있는 것으로 본다.
② 사용자는 해고대상자의 선정에 있어서 남녀차별을 하여서는 아니된다.
③ 사용자는 해고를 피하기 위한 노력을 다하여야 한다.
④ 해고대상자의 인원수와 관계없이 해고사실을 노동부장관에게 신고하여야 한다.

▎해답▎ **19.** ④ **20.** ④

⑤ 해고하고자 하는 날의 50일 전까지 근로자대표에게 통보하고 성실하게 협의하여야 한다.

≪**해설**≫ ① 경영상 이유에 의한 고용조정의 요건으로서 긴박한 경영상의 필요(제24조 제1항 2문). ② 합리적이고 공정한 해고기준의 설정 및 그에 기초한 대상자의 선정(동조 제2항 2문). ③ 해고회피노력(동조 제2항 1문). ④ 사용자는 대통령령이 정하는 「일정규모 이상」의 인원을 해고하고자 할 경우에만 노동부장관에게 신고하여야 한다(동조 제4항). 즉 i) 상시 근로자수가 99인 이하인 사업(장): 10인 이상, ii) 상시 근로자수가 100인 이상 999인 이하인 사업(장): 상시 근로자수의 10%이상, iii) 상시 근로자수가 1000인 이상인 사업(장): 100인 이상을 해고하고자 하는 경우에는 최초로 해고하고자 하는 날의 30일전까지 노동부장관에게 신고하여야 한다(동법시행령 제10조 제1항).

21. 부당해고의 구제에 관한 설명 중 옳은 것은? 〈42회 사시변형〉

① 법원에 소를 제기하기 위해서는 반드시 노동위원회의 구제절차를 거쳐야 한다.

② 불법행위로 인한 위자료청구를 할 수 없다.

③ 노동위원회의 구제절차에 관하여는 부당노동행위 구제절차의 규정이 준용된다.

④ 부당해고는 형사처벌의 대상이 된다.

⑤ 노동위원회 또는 법원에 의하여 확정된 구제명령 또는 재심판정을 이행하지 아니하는 경우 형사처벌이 부과된다.

≪**해설**≫ ① 부당해고에 대한 구제제도는 i) 노동위원회에 의한 부당해고구제제도와, ii) 법원에 의한 사법적 구제제도가 있으며, 근로자가 양자 중 하나를「선택」할 수 있다. ② 일반법원에 해고무효확인의 소를 제기하는 경우 위자료 청구가 가능하다. ③ 별도의 절차가 규정되어 있다(근로기준법 제28조 이하 참조). ④ 부당해고를 한 경우 해고의 사법적 효력은 무효이나 형사처벌이 되는 것은 아니다. 다만, 확정된 구제명령 또는 구제명령을 내용으로 하는 재심판정을 이행하지 아니한 자는 1년 이하의 징역, 1천만원 이하의 벌금에 처한다(동법 제111조). ⑤ 부당해고가 아니라는 주장과 입증은 입증책임분배의 일반원칙에 따라 사용자가 부담한다.

22. 근로자퇴직급여보장법상 퇴직금에 관한 설명 중 옳은 것은?

〈42회, 39회 사시변형〉

① 근속년수 1년에 대하여 통상임금의 30일분 이상의 퇴직금을 지급하여야 한다.

② 회사재산의 횡령으로 징계해고된 자에 대해서도 법정퇴직금은 이를 감액

| 해답 | **21.** ⑤ **22.** ②

하여 지급할 수는 없다.

③ 생산직과 사무직에 대해 서로 다른 퇴직금제도를 설정할 수 있다.

④ 퇴직금은 사회보장적 급여로서 임금이라 할 수 없다.

⑤ 임시직근로자에게는 근속년수와 관계없이 퇴직금을 지급하지 않아도 무방하다.

≪**해설**≫ ① 법정퇴직금액은 「평균임금」의 30일분 이상을 퇴직하는 근로자에게 지급하여야 한다(근로자퇴직급여보장법 제 8 조 제 1 항). ② 재직중의 사유로 형사처벌을 받거나 징계되었다 하여도 「법정」퇴직금은 감액할 수 없다(통설; 대판 1972.4.11, 71다1033 등). 다만 퇴직금 누진제하에서 재직중의 사유로 형사처벌을 받거나 징계해고된 자에 대하여 퇴직금을 감액하더라도 감액 후의 퇴직금이 법정퇴직금에 미달되지 않으면 적법하다(대판 1995.10.12, 94다36186). 공무원연금법에서는 일정 한도의 감액이 허용되는 바(제66조 제 1 항, 동법시행령 제55조 제 1 항) 이것이 헌법에 반하는 것은 아닌 것으로 판시되었다(헌재 1995.6.29, 91헌마50). ③ 퇴직급여제도 차등금지원칙(근로자퇴직급여보장법 제 4 조 제 2 항). ④ 퇴직금은 후불임금설에 따라 근로제공에 대한 반대급부적 성격과 생계보장을 위한 급여로서의 성질이 공존하는 특수한 형태의 임금으로 본다(통설; 대판 1973.10.10, 73다278 등). ⑤ 퇴직금을 지급받을 수 있는 근로자는 근로기준법 제 2 조 제 1 항 제 1 호의 규정에 의한 근로자로서 1년 이상 계속 근로한 자이다(통설; 대판 1978.4.14, 86누459). 따라서 임시직('78 대판), 일용직('79 행정), 수련의 등 전문직('91 대판), 외국인('87 행정) 등은 모두 퇴직금을 지급받는 근로자이다.

23. 기업내의 전직이나 전보에 관한 설명으로 옳지 않은 것은? 〈41회 사시〉

① 근로자가 그가 담당하고 있는 업무를 수행할 능력이 없거나 또는 능력을 상실한 경우 사용자는 근로자를 배치전환할 수 있다.

② 업무상의 필요성이 있더라도 전직이나 전보에는 근로자의 동의를 필요로 한다.

③ 해당 근로자의 노동조합활동을 방해할 목적으로 배치전환하는 것은 부당하다.

④ 기업내의 전직이나 전보는 원칙적으로 사용자의 권한에 속하는 것으로 근로기준법 제23조 제 1 항에 위반하거나 권리남용에 해당하는 등 특별한 사정이 없는 한 정당하다.

⑤ 전직이나 전보의 정당성은 업무상의 필요성과 그로 인해 근로자가 입게되는 생활상의 불이익을 비교형량하여 판단한다.

≪**해설**≫ 전직이나 전보는 원칙적으로 사용자의 권한에 속하여 업무상 필요한 범위내에서는 상당한 재량을 인정하여야 하고, 이것이 근로기준법 제23조 제 1 항 또는 제104조에 위반하거나 권리남용에 해당하는 등 특별한 사정이 없는 한 당연

▌해답▌ 23. ②

무효라고 할 수는 없고, 업무상의 필요성이 있는 이상 전보명령에 근로자의 동의를 필요로 한다고 할 수 없으며, 전보명령의 업무상의 필요성과 그로 인해 근로자가 입게 될 생활상의 불이익을 비교·교량하여 보더라도 근로자가 입게 되는 생활상의 불이익이 사회통념상 통상의 전보에 따르는 정도를 현저히 넘어서지 않는 한 권리남용이 되지 않는다(대판 1995.10.13, 94다52928 등).

24. 경영상이유에 의한 고용조정에 대한 설명으로 옳지 않은 것은? 〈41회 사시〉

① 사용자는 근로자대표와 성실하게 협의하여야 한다.

② 일정규모의 인원을 해고하고자 할 때에는 노동위원회의 승인을 받아야 한다.

③ 긴박한 경영상의 필요가 있어야 한다.

④ 사용자는 해고를 피하기 위한 노력을 다해야 한다.

⑤ 사용자는 합리적이고 공정한 해고의 기준을 정하고 이에 따라 그 대상자를 선정하여야 한다.

≪**해설**≫ ①③④⑤ 경영상이유에 의한 고용조정, 즉 정리해고의 요건이다(근로기준법 제24조 제1항·제2항·제3항). ② 「일정규모 이상」의 인원 즉 i) 상시 근로자가 99인 이하인 사업·사업장은 10인 이상, ii) 상시 근로자수가 100인 이상 999인 이하인 사업·사업장은 상시 근로자수의 10% 이상, iii) 상시 근로자수가 1000인 이상인 사업·사업장은 100인 이상을 해고하고자 할 때에는 「노동부장관」에게 신고하여야 한다(동법 제24조 제4항 및 동법시행령 제10조).

25. 근로기준법상 해고예고의 적용제외자에 해당되지 않는 자는? 〈40회 사시〉

① 수습사용중의 근로자

② 월급근로자로서 6월이 되지 못한 자

③ 3월 이내의 기간을 정하여 사용된 자

④ 계절적 업무에 6월 이내의 기간을 정하여 사용된 자

⑤ 일용근로자로서 3월을 계속 근무하지 아니한 자

≪**해설**≫ 해고예고제도의 적용이 제외되는 경우는 (i) 성질상 제외되는 것으로서 i) 고용기간의 약정이 있는 경우, ii) 근로계약의 합의해제 등과, iii) 근로자측으로부터의 해약, (ii) 근로기준법 제35조의 규정에 의해 제외되는 것이 있다. ③ 「2월」 이내의 기간을 정하여 사용된 자이다.

26. 근로기준법상 사용증명서에 관한 설명으로 옳지 않은 것은? 〈40회 사시〉

① 근로자가 요구하는 사항이 아니라 할지라도 타사용자에게 필요하다고 판단되는 사항에 대하여 임의로 기재할 수 있다.

② 보통 경력증명서라고도 한다.

③ 해고근로자에 대하여도 발급을 거부할 수 없다.

❙해답❙ 24. ② **25.** ③ **26.** ①

④ 근로자의 재취업에 필요한 자료취득을 용이하게 하기 위한 제도이다.

⑤ 퇴직후 3년 이내에는 사용자는 근로자의 요구가 있을 경우 몇번이라도 발급해 줘야 한다.

≪**해설**≫ ①②④ 사용증명서는 근로자가 재취업함에 있어서 근로자에게 유리한 자료가 되는 사항을 기재하는 데 목적이 있으므로 근로자가 청구하지 아니한 사항을 사용자가 임의로 기재할 수 없으며 「근로자가 요구한 사항만」을 기입하여야 한다(근로기준법 제39조). 동조위반에 대하여는 벌칙의 적용이 있게 된다. ③⑤ 30일 이상 근무한 근로자라면 퇴직하게 된 원인을 불문하고 발급을 청구할 수 있으며, 퇴직후 3년 이내에 청구하여야 한다(동법시행령 제19조).

27. 해고의 예고에 대한 설명 중 옳지 않은 것은? 〈39회 사시〉

① 정당한 해고사유가 있는 경우에도 해고예고를 하여야 한다.

② 수습사용중의 근로자에 대하여도 해고예고를 하여야 한다.

③ 단속적 근로에 종사하는 자에 대하여도 해고예고를 하여야 한다.

④ 근로자가 고의로 막대한 재산상의 손해를 끼친 경우에는 해고예고를 하지 않아도 된다.

⑤ 30일 전에 예고를 받은 근로자가 직장을 구하기 위하여 결근한 경우에는 임금을 삭감할 수 없다는 것이 통설의 입장이다.

≪**해설**≫ 근로기준법상 해고의 요건은 (i) 실질적 요건; 정당한 이유(근로기준법 제23조 제1항) (ii) 절차적 요건; i) 해고시기의 제한(동법 제23조 제2항), ii) 해고예고제도(동법 제26조), iii) 단체협약·취업규칙상의 절차 등으로 살펴볼 수 있다. ① 해고의 정당한 이유가 있더라도 절차적 요건을 구비하여야 한다. ②③ 해고예고절차는 단시간근로자·단속적근로자인 여부를 불문하고 적용되나 일정한 경우 적용이 제외되고 있다(동법 제35조). ④ 이른바 「즉시해고」 사유로서 i) 천재지변 기타 부득이한 사유로 사업계속이 불가능한 경우, ii) 근로자가 고의로 사업에 막대한 지장을 초래하거나 재산상 손해를 끼친 경우로서 노동부령이 정하는 사유에 해당하는 경우에는 해고예고를 하지 않아도 해고할 수 있다(동법 제26조 단서). ⑤ 해고예고제도는 근로자의 생계비보장과 재취업을 위한 충분한 시간적 여유를 부여하기 위한 제도이므로 타당한 설명이다.

기출문제 및 기본문제

28. 다음 근로관계의 이전에 관한 설명 중 타당하지 아니한 것은?

① 경영악화를 방지하기 위한 영업양도 및 합병의 경우 정리해고의 「긴박한 경영상의 필요」에 해당된다.

| 해답 | **27.** ② **28.** ④

② 영업양도의 경우 양도인과 양수인 간의 별도의 특약이 없는 한 근로관계는 포괄적으로 승계된다.
③ 영업양도의 경우 개별적 근로관계의 승계로 인하여 근로자의 근로조건은 그대로 유지되는 것이 원칙이다.
④ 영업양도의 경우 해고의 효력을 다투는 자의 지위도 승계되는 것이 원칙이다.
⑤ 합병의 경우 개별적 근로관계의 승계로 인하여 근로자의 근로조건은 그대로 유지되는 것이 원칙이다.

≪**해설**≫ ④ 영업양도 계약에 따라 승계되는 근로관계는 계약 체결일 현재 실제로 근무하고 있는 근로자와의 근로관계만을 의미하고 계약 체결일 이전에 근무하다가 해고된 근로자로서 해고의 효력을 다투는 근로자와의 근로관계까지 승계되는 것은 아니다(대판 95.9.29, 94다54245).

29. 다음은 전출 및 전적에 대한 설명이다. 틀린 것은?

① 전출이란 원기업과의 관계에서는 휴직이 되는 경우가 보통이다.
② 전적이라 함은 원기업과의 근로계약관계를 종료시키고 다른 기업과 근로계약관계를 성립시키는 점에서 원기업과의 근로계약관계를 존속시키는 전출과 구별된다.
③ 전출·전적명령은 근로자의 사전적·포괄적 동의를 필요로 한다.
④ 전출의 경우 산업안전보건법상의 사업주 책임은 현실적으로 노무급부를 받고 있는 전출기업이 부담한다.
⑤ 전적에 있어서는 근로계약상의 사용자는 물론 근로기준법상의 사용자도 원래의 기업이 아닌 전적기업뿐이다.

≪**해설**≫ ③ 전출은 근로자의 사전적·포괄적 동의로써 족하다. 그러나 전적은 원래 기업과의 근로계약관계를 종료시키고 새로이 다른 기업과 근로계약을 체결하는 것이므로 당해 근로자의 개별적·구체적 동의를 요한다(대판 1993.1.26, 92다11695).

30. 다음 중 근로자파견대상업무인 것은?

① 건설업 ② 하역업무 ③ 선원업무
④ 유해·위험한 업무 ⑤ 간병인업무

≪**해설**≫ 근로자파견사업은 i) 원칙적으로 제조업의 직접 생산공정업무를 제외하고 전문지식·기술·경험 또는 업무의 성질 등을 고려하여 적합하다고 판단되는 업무로서 대통령령이 정하는 업무를 대상으로 하며, ii) 예외적으로 출산·질병·부상 등으로 결원이 생긴 경우 또는 일시적·간헐적으로 인력을 확보하여야 할

▌해답▌ 29. ③ 30. ⑤

필요가 있는 경우에는 위 해당업무가 아니라도 근로자파견사업을 행할 수 있지만, iii) 건설공사현장에서 이루어지는 업무, 「항만운송사업법」 제3조 제1호, 「한국철도공사법」 제9조 제1항 제1호, 「농수산물유통 및 가격안정에 관한 법률」 제40조, 「물류정책기본법」 제2조 제1항 제1호의 하역업무로서 「직업안정법」 제33조의 규정에 따라 근로자공급사업 허가를 받은 지역의 업무, 「선원법」 제3조의 규정에 따른 선원의 업무, 「산업안전보건법」 제28조의 규정에 따른 유해하거나 위험한 업무, 그 밖에 근로자 보호 등의 이유로 근로자파견사업의 대상으로는 적절하지 못하다고 인정하여 대통령령이 정하는 업무 등에 대하여는 근로자파견사업이 금지된다(파견근로자보호등에 관한 법률 제5조 제1항 내지 제3항).

31. 근로자파견제도의 적용범위에 관한 설명 중 타당하지 아니한 것은?

① 제조업의 직접 생산 공정업무에는 적용되지 아니한다.
② 전문지식·기술·경험 또는 업무의 성질 등을 고려하여 적합하다고 판단되는 업무에 적용된다.
③ 출산·질병·부상 등으로 결원이 생긴 경우에 적용된다.
④ 일시적·간헐적으로 인력을 확보하여야 할 필요가 있는 경우에 적용된다.
⑤ 건설공사현장에서 이루어지는 업무에 적용된다.

≪**해설**≫ 근로자파견대상업무는 i) 상시허용업무(파견근로자보호등에 관한 법률 제5조 제1항), ii) 일시허용업무(동조 제2항), iii) 절대금지업무(동조 제3항)로 분류된다(동법 제5조). ①②③④는 허용되는 업무이나 ⑤는 절대금지업무로서 근로자파견이 허용되지 아니한다.

32. 근로자파견제도상 파견기간에 관한 설명 중 타당하지 아니한 것은?

① 근로자의 파견기간은 1년을 초과하지 못하는 것이 원칙이다.
② 파견사업주·사용사업주·파견근로자의 합의가 있는 경우 1회에 한하여 1년의 범위안에서 그 기간을 연장할 수 있다.
③ 고령자고용촉진법에 의한 고령자의 경우 2년을 초과하여 근로자파견기간을 연장할 수 있다.
④ 일시적·간헐적으로 인력을 확보할 필요가 있는 경우에는 그 사유의 해소에 필요한 기간이다.
⑤ 연장된 기간을 포함하여 총 파견기간은 2년을 초과하지 못한다.

≪**해설**≫ ① 파견근로자보호등에 관한 법률 제6조 제1항, ② 동조 제2항, ③⑤ 동조 제3항, ④ 일시적·간헐적으로 인력을 확보할 필요가 있는 경우의 근로자파견의 기간은 「3월」 이내의 기간이다(동조 제4항 제2호).

33. 근로자파견사업주와 파견근로자와의 관계에 관한 설명으로 틀린 것은?

|해답| **31.** ⑤ **32.** ④ **33.** ③

① 근로자파견계약은 반드시 서면으로 작성하여야 한다.
② 파견사업주는 고용계약시 미리 근로자에게 그 취지를 고지하여야 한다.
③ 파견사업주는 파견근로자가 고용관계의 종료 후 사용사업주에게 고용되는 것을 금지하는 내용의 근로계약을 체결할 수 있다.
④ 파견사업주는 미리 파견근로자에게 취업조건을 주지시켜야 한다.
⑤ 파견사업주를 상대로 파견근로자는 단체교섭을 요구할 수 있다.

≪**해설**≫ ① 파견근로자보호 등에 관한 법률 제20조. ② 동법 제24조 제1항. ③ 파견사업주는 정당한 이유없이 파견근로자 또는 파견근로자로서 고용되고자 하는 자와 그 고용관계의 종료후 사용사업주에게 고용되는 것을 금지하는 내용의 근로계약을 체결하여서는 아니된다(동법 제25조 제1항). ④ 동법 제26조. ⑤ 파견근로자의 단체교섭의 상대방은 i) 근로관계에 있는 파견사업주에 한한다는 견해(판례)와, ii) 사용사업주도 단체교섭의 상대방이 될 수 있다는 견해(다수설)가 있다.

34. 사용사업주와 파견근로자의 관계에 관한 설명 중 타당하지 아니한 것은?

① 사용사업주는 파견근로자를 사용하고 있는 업무에 근로자를 직접 고용하고 있는 경우 당해 파견근로자를 우선적으로 고용하도록 노력하여야 한다.
② 파견근로자는 사용사업주에게 임금을 직접 청구할 수 없다.
③ 사용사업주는 파견근로자로부터 고충의 제시가 있는 경우에는 그 고충의 내용을 신속·적절하게 처리하여야 한다.
④ 사용사업주는 정리해고를 한 경우에는 절대로 당해 업무에 파견근로자를 사용하여서는 아니된다.
⑤ 일시허용업무에 파견근로자를 사용하고자 할 경우 사용사업주는 근로자대표와 사전에 성실하게 협의하여야 한다.

≪**해설**≫ ① 파견근로자보호 등에 관한 법률 제6조의2 제4항 참조. ② 임금관련항목은 파견사업주를 사용자로 본다(동법 제34조 제1항 단서). ③ 동법 제31조. ④ 사용사업주는 경영해고를 한 후 일정기간이 경과되면 당해 업무에 파견근로자를 사용할 수 있다(동법 제16조 제2항 참조). ⑤ 일시허용업무에 파견근로자를 사용하고자 할 경우 사용사업주는 근로자대표와 사전에 성실하게 협의하여야 한다(동법 제5조 제4항).

35. 근로자파견사업에 관한 설명 중 틀린 것은?

① 근로기준법의 적용에 관하여는 원칙적으로 파견사업주와 사용사업주를 사용자로 본다.
② 파견사업주가 임금을 채불하는 경우 사용사업주와 파견사업주가 연대하여 책임을 진다.

▌해답▌ 34. ④ 35. ②

③ 사용사업주가 유급휴일·유급휴가를 주는 경우 그 휴일·휴가에 대하여 지급되는 임금은 파견사업주가 지급한다.
④ 산업안전보건법의 적용에 대하여는 원칙적으로 사용사업주를 사용자로 본다.
⑤ 정기건강진단·채용시건강진단에 대하여는 파견사업주를 사용자로 본다.

≪**해설**≫ 「사용사업주의 귀책사유」로 임금체불이 있는 경우에 임금지급에 대하여 연대책임을 진다(파견근로자보호 등에 관한 법률 제34조 제2항).

36. 근로자파견과 근로관계에 관한 서술이 바르지 못한 것은?

① 근로자파견사업은 제조업의 직접생산공정업무를 제외하고 전문지식·기술·경험 또는 업무의 성질 등을 고려하여 적합하다고 판단되는 업무로서 대통령령이 정하는 업무를 대상으로 한다.
② 「근로자파견계약」이라 함은 파견사업주와 사용사업주간에 근로자파견을 약정하는 계약을 말한다.
③ 파견사업주는 쟁의행위 중인 사업장에 그 쟁의행위로 중단된 업무의 수행을 위하여 근로자를 파견하여서는 아니된다.
④ 파견사업주가 대통령령이 정하는 사용사업주의 귀책사유로 인하여 근로자의 임금을 지급하지 못한 때에는 사용사업주는 당해 귀책사업주와 연대하여 책임을 진다.
⑤ 연장근로 등에 대한 할증임금의 지급에 관한 규정은 사용사업주를 사용자로 본다.

≪**해설**≫ ① 근로자파견 상시허용업무(파견근로자보호등에 관한 법률 제5조 제1항). ② 동법 제2조 제6호. ③ 근로자파견의 제한(동법 제16조 제1항). ④⑤ 근로기준법의 적용에 관한 특례. 대체로 i) 근로계약이나 임금지급 등의 사항은 「파견사업주」가 사용자이며, ii) 근로의 제공과 관계되는 사항은 「사용사업주」가 사용자이다. 연장근로 등에 대한 가산임금의 지급에 관한 규정(근로기준법 제56조)은 「파견사업주」가 사용자이다(동법 제34조 제1항).

37. 파견근로자를 직접 고용하는 경우에 해당하지 않는 것은?

① 출산·질병·부상 등에 의한 결원이 생기지 아니하였거나, 일시적·간헐적으로 인력을 확보할 필요가 없음에도 불구하고 2년을 초과하여 계속적으로 파견근로자를 사용한 경우
② 고령자고용촉진법에 의한 고령자를 2년을 초과하여 계속적으로 파견근로자로 사용한 경우
③ 근로자파견사업이 금지되는 업무에 파견근로자를 사용하는 경우

| 해답 | **36.** ⑤ **37.** ②

④ 근로자파견사업의 허가규정에 위반하여 근로자파견사업을 하는 자로부터 2년을 초과하여 계속적으로 파견근로자를 사용하는 경우

⑤ 2년의 최장 파견근로기간을 초과하여 계속적으로 파견근로자를 사용하는 경우

≪**해설**≫ ①③④⑤ 파견근로자보호등에 관한 법률 제 6 조의2 제 1 항. ② 고령자고용촉진법에 의한 고령자는 2년을 초과하여 사용할 수 있다(동법 제 5 조 제 3 항).

38. 기업내의 배치전환인 전직 · 전보에 대한 설명 중 틀린 것은? (판례에 의함)

① 근로자가 담당업무를 수행할 능력이 없거나 능력을 상실한 경우 사용자는 근로자를 배치전환할 수 있다.

② 기업내 전직 · 전보는 원칙적으로 사용자의 권한에 속한다. 따라서 근로기준법 제23조 제 1 항 또는 제104조에 위반하거나 권리남용에 해당하는 등 특별한 사정이 없는 한 무효라 할 수 없다.

③ 전직이나 전보는 업무상의 필요성이 있더라도 전보명령에 근로자의 동의를 필요로 한다.

④ 전직 · 전보의 정당성은 전보명령의 업무상 필요성과 그로 인해 근로자가 입게 되는 생활상의 불이익을 비교 · 형량하여 판단한다.

⑤ 업무상의 필요성이 있는지와 그 정도는 객관적으로 보아 기업의 합리적인 운영에 기여하는가에 따라 판단해야 한다.

≪**해설**≫ ① 배치전환은 적재적소에 노동력을 배치하여 근로의욕과 경영능률을 증진시키고 부서간의 인사교류를 통해서 업무운영의 원활화를 기하기 위해 활용하는 제도이므로 타당하다. ②③ 전직이나 전보에 관한 우리나라의 판례는 i) 사용자의 전근명령권은 근로계약에서 근거지우는 것이 아니라 처음부터 사용자의 인사권에 기하여 인정되는 것이며, ii) 사용자의 일방적 의사표시에 의하여 전근의 효력을 발생케 한다는 점에서 이른바 경영권설에 기초하고 있다고 본다. 따라서 업무상의 필요성이 있는 이상 전보명령에 근로자의 동의를 필요로 한다고 할 수 없다(대판 1989. 2. 28, 86다카2567; 대판 1991. 2. 22, 90다카27389; 대판 1991. 9. 24, 90다12366; 대판 1991. 10. 25, 90다20428). ④⑤ 전직 · 전보의 정당성은 i) 업무상의 필요성, ii) 생활상의 불이익, iii) 나아가 인사이동 절차에 있어 신의성실의 원칙 위반이 있는지 여부에 따라 판단한다(대판 1998. 1. 20, 97다29417; 대판 1995. 10. 13, 94다52928 등).

39. 다음 중 근로관계의 종료사유가 아닌 것은? 〈33회 사시〉

① 해 고 ② 정년도래 ③ 퇴 직

④ 근로기간의 만료 ⑤ 휴 업

해답 38. ③ 39. ⑤

≪**해설**≫ 휴업은 근로계약이 존속된 상태에서 일정한 이유로 사실상의 근로제공을 하지 못하는 것을 말한다.

[근로계약의 종료사유]

i) 계약기간의 만료, ii) 사용자에 의한 해고, iii) 근로자에 의한 임의퇴직(사직), iv) 일방의 의사표시에 의한 계약의 해지, v) 합의해지, vi) 정년퇴직, vii) 당사자의 소멸; 근로자의 사망, 법인소멸, viii) 합병·영업양도, ix) 사업의 완료, x) 이행불능

40. 다음 중 해고의 구제제도에 관한 설명이 잘못된 것은?

① 근로자는 사용자의 부당한 해고 등을 다투고자 하는 경우 법원에 의한 사법적 구제와 노동위원회를 통한 행정적 구제를 받을 수 있다.

② 부당해고 등에 대하여 형사적 처벌을 할 수 있도록 하는 벌칙규정이 삭제되었다.

③ 구제신청절차는 당사자의 신청 또는 직권으로 개시된다.

④ 노동위원회에 의한 구제절차는 초심절차 및 재심절차로 나누어지고, 노동위원회의 결정에 대하여 불복하는 자는 행정법원에 행정소송을 제기할 수 있다.

⑤ 노동위원회의 구제명령은 부당해고 등의 사법상 효력에 대하여 영향을 미치지 못한다.

≪**해설**≫ ① 근로기준법은 부당해고 등의 사용자의 처분에 대하여 법원에 의한 사법적 구제와 노동위원회에 의한 행정적 구제라는 이원주의 입법례를 취하고 있다. ② 형벌주의는 사용자의 부당해고를 범죄행위로 간주하고 형사적 처벌을 함으로써 사전에 부당해고를 예방하는 일반예방효과를 거두고, 부당해고를 행한 사용자를 응징하여 침해된 근로자의 권리를 회복하자는 것이다. 그러나 벌칙규정을 운영하는 것이 범죄의 일반예방이라는 현실적인 타당성이 없고, 근로자와 사용자간의 근로관계라는 민사상의 법률분쟁을 형사사건화하여 사건의 본질과 당사자의 의사를 왜곡시킬 위험성이 크고, 비교법적 관점에서도 그 예를 찾을 수 없으므로 폐지되어야 한다는 점이 지적되어 오다가 이번 개정법(2007. 1. 26)에서 폐지하였다. ③ 사용자가 근로자에 대하여 부당해고 등을 한 경우에는 근로자는 노동위원회에 구제를 신청할 수 있다(근로기준법 제28조). 따라서 부당노동행위구제의 신청인이 부당노동행위를 당한 근로자 또는 노동조합인 점과 다르다. 부당해고 등의 구제절차상 구제신청은 당사자주의에 기초한 것이고, 심사절차는 직권주의가 가미되어 있다. ④⑤ 노동위원회의 구제명령은 부당해고 등의 사법상 효력에 대하여 아무런 영향도 미치지 못하고, 사용자가 이러한 구제명령을 따르지 아니하는 경우에는 이행강제금 또는 형벌규정에 의하여 이를 간접 강제할 수 있음에 불과하다.

41. 다음 중 정리해고의 요건에 관한 서술이 바르지 못한 것은?

▌해답▌ 40. ③ 41. ⑤

① 긴박한 경영상의 필요가 있어야 한다.
② 사용자는 해고를 피하기 위한 노력을 다하여야 한다.
③ 사용자는 합리적이고 공정한 해고의 기준을 정하고 이에 따라 그 대상자를 선정하여야 한다.
④ 사용자는 해고를 피하기 위한 방법 및 해고의 기준 등에 관하여 근로자대표와 성실하게 협의하여야 한다.
⑤ 사용자는 정리해고를 하고자 하는 날의 30일전까지 정리해고계획을 근로자대표에게 통보하여야 한다.

≪**해설**≫ 정리해고의 요건은 i) 긴박한 경영상의 필요, ii) 해고회피노력, iii) 공정하고 합리적인 해고기준의 설정, iv) 근로자대표와의 협의 등 4가지 요건을 갖추어야 한다(근로기준법 제24조 제 1 항 · 제 2 항 · 제 3 항). ⑤ 해고협의의 통보는 「50일전」까지 근로자대표에게 하여야 한다.

42. 다음 중 정리해고의 요건에 관하여 긴박한 경영상의 필요에 관한 설명 중 옳은 것과 틀린 것의 조합이 맞는 것은 무엇인가?

㉮ 경영악화로 인한 사업의 양도 · 합병 · 인수의 경우 ㉯ 생산성 향상을 위한 구조조정 또는 기술혁신 ㉰ 근로자 과반수를 대표하는 자와의 합의 ㉱ 근무실적이 지극히 저조한 근로자의 해고 ㉲ 업무자동화 등 업무능률의 향상

① ㉮(○)㉯(○)㉰(×)㉱(○)㉲(×)
② ㉮(○)㉯(○)㉰(×)㉱(○)㉲(○)
③ ㉮(×)㉯(×)㉰(○)㉱(○)㉲(×)
④ ㉮(○)㉯(○)㉰(×)㉱(×)㉲(○)
⑤ ㉮(×)㉯(×)㉰(○)㉱(×)㉲(×)

≪**해설**≫ 긴박한 경영상의 필요란 i) 계속되는 경영악화, ii) 생산성 향상 예컨대 경영상태의 악화로 불필요한 담당부서를 폐지한 경우(서울고판 1987. 7. 16, 86나2932), 해당 사업부문을 외부 하도급제로 운영하기로 함에 따라 잉여인력을 감축한 경우(대판 1995. 12. 22, 94다52119), iii) 경영악화 방지를 위한 사업의 양도, 기업의 인수 · 합병(근로기준법 제24조 제 1 항) 등이다. ㉰ 협의가 필요하다. ㉱ 징계해고의 사유가 될 수는 있다.

43. 다음 정리해고에 관한 설명 중 타당하지 아니한 것은?

① 기업이 정리해고를 하지 아니하는 경우 도산에 이르는 등 긴박한 경영상의 필요가 있는 경우는 물론 생산성향상을 위하여도 정리해고가 인정된다.
② 여성근로자를 우선적인 해고대상으로 선정하는 것은 근로기준법에서 명문

| 해답 | **42.** ④ **43.** ⑤

으로 금지하고 있다.

③ 사용자는 정리해고일 50일 전까지 근로자 대표에게 정리해고계획을 통지하고 성실하게 협의하여야 한다.

④ 사용자는 일정규모 이상의 인원을 해고하고자 할 때에는 노동부장관에게 신고하여야 한다.

⑤ 일반적인 사업의 양도·인수·합병의 경우에도 긴박한 경영상의 필요가 있는 것으로 본다.

≪**해설**≫ ⑤ 경영악화방지를 위한 양도·인수·합병의 경우에만 긴박한 경영상의 필요가 있는 것으로 본다(근로기준법 제24조 제1항 참조).

44. 다음 해고의 절차에 관한 설명 중 타당하지 아니한 것은?

① 근로기준법은 해고의 절차에 관하여 「해고시기의 제한」, 「해고예고제도」 및 「해고의 서면통지제도」 이외에 구체적인 규정을 아니두고 있다.

② 근로기준법에 규정된 해고예고절차를 위반하는 경우에도 해고의 효력은 유효하다는 것이 대법원판례의 입장이다.

③ 단체협약 및 취업규칙 등에 규정된 해고절차를 위반하는 경우 해고의 효력은 무효라는 것이 대법원판례의 입장이다.

④ 서면통지를 하지 않아도 해고는 유효하다는 것이 근로기준법의 입장이다.

⑤ 천재·사변 기타 부득이한 사유로 인하여 사업이 불가능한 경우로서 노동부령이 정하는 사유에 해당하는 경우에는 「해고의 예고」규정에 불구하고 해고할 수 있다.

≪**해설**≫ ① 근로기준법 제23조 제2항, 제26조, 제27조. ② 해고의 절차적 요건을 결여한 경우의 사법적 효력에 관하여 i) 유효설(판례·행정해석), ii) 무효설(통설), iii) 상대적 무효설(하경호; 서울고판 1990.5.4, 89나35884)의 대립이 있다. 판례에 의하면 근로기준법 제26조의 해고예고절차(해고예고 또는 해고예고수당)는 즉시해고를 하고자 하는 사용자에게 과해지는 근로기준법상의 의무인 것이며 즉시해고의 요건은 아니라 한다(대판 1970.3.31, 69누75). ③ 대판 1986.7.8, 85다375. ④ 해고사유 및 해고시기에 관하여 서면통지를 하지 않은 경우 효력이 없다(동법 제27조). ⑤ 동법 제26조 단서.

45. 근로기준법상의 해고에 대하여 잘못 설명한 것은?

① 사용자는 근로자를 해고하기 위하여는 30일 전에 예고를 하여야 한다.

② 30일 전에 예고를 하지 않은 경우에는 30일분 이상의 통상임금을 지급하여야 한다.

③ 근로자가 고의·과실로 사업에 막대한 지장을 초래하거나 재산상 손해를

해답 44. ④ 45. ③

끼친 경우에는 곧 사용자는 즉시해고를 할 수 있다.

④ 천재·사변 기타 부득이한 사유로 사업계속이 불가능한 경우로서 노동부령이 정하는 사유에 해당하는 경우에는 즉시해고할 수 있다.

⑤ 사용사업주는 정리해고를 한 후 일정기간이 경과되지 아니하는 경우 당해 업무에 파견근로자를 사용할 수 없다.

≪**해설**≫ ①②③④ 동법 제26조. 근로자가 「고의」로 사업에 막대한 지장을 초래하거나 재산상 손해를 끼친 경우로서 「노동부령으로 정하는 사유에 해당하는 경우」에는 해고예고를 하지 않아도 된다. ⑤ 근로자파견법 제16조 제 2 항 참조.

46. 다음 해고에 관한 설명 중 타당한 것은?

① 계약기간 만료나 정년에 달하면 근로기준법상의 해고제한제도에 관한 규정의 적용문제는 생기지 않는다.

② 업무상 질병으로 인하여 상당기간 요양을 하였음에도 불구하고 기존의 업무를 수행할 수 없을 경우에는 곧바로 해고할 수 있다.

③ 업무상 부상으로 인하여 요양을 하던 중에 정년에 달하여도 정년퇴직을 시키지 못한다.

④ 근로자가 회사의 경영방침에 대한 비판을 한 경우 이를 이유로 해고시킬 수 있다.

⑤ 입사시 결혼과 동시에 퇴직하겠다는 약정을 하고 입사한 여사원이 결혼 후에도 퇴직을 거부한다면 이는 해고의 정당한 사유가 된다.

≪**해설**≫ ① 기간의 정함이 있는 근로계약에서 계약기간 만료가 되면 그 기간만료와 동시에 해고제한의 적용은 당연히 소멸하게 되는 것이고, 정년제에 대하여도 취업규칙에 별도의 규정이 없다면 정년에 달하면 해고제한제도의 적용문제는 생기지 않는다. ② 이와 같은 경우에도 기존의 업무를 수행할 수는 없으나 경미한 작업으로 전환할 수 있는 여지가 있음에도 불구하고 곧바로 해고하는 것은 정당하지 못하다. ③ 이러한 경우에는 단체협약이나 취업규칙에 정년퇴직일을 정하고 있다면 요양기간 중이더라도 정년으로 인하여 당연히 퇴직이 되는 것이다. ④ 단순히 근로자가 임금, 작업환경 등을 이유로 사업장을 비난하였다고 하여 해고시키는 것은 정당사유에 해당한다고 볼 수 없다. ⑤ 입사시 결혼 후 퇴직하겠다는 약정이 있었다 하더라도 이는 근로기준법상의 균등처우원칙에 위배되는 약정이므로 이를 근거로 하여 해고함은 부당한 것이다.

47. 해고예고 및 통지에 관한 설명으로 옳은 것은?

① 사용자는 근로자의 해고사유 및 해고시기를 서면 또는 구두로 통지하여야 한다.

┃해답┃ **46.** ① **47.** ③

② 해고예고는 구두로는 할 수 없고 반드시 문서로 하여야 한다.
③ 해고통지를 구두로 하는 경우 효력이 발생하지 아니한다.
④ 해고예고제도를 위반한 사용자에 대하여는 징역 또는 벌금의 처벌규정이 없다.
⑤ 고의 또는 과실로 인하여 사업에 지장을 초래한 근로자에 대하여는 예고기간이나 30일분 이상의 통상임금을 지급하지 않고도 해고할 수 있다.

≪**해설**≫ ① 반드시 서면으로 통지하여야 한다(근로기준법 제27조). ② 해고예고는 특별한 형식을 요하지 않으며 적절한 방법으로 예고할 수 있다(법무 811-14939, 79.6.22). ③ 해고는 서면으로 통지하여야 효력이 발생한다(근로기준법 제27조). ④ 동조 위반의 사용자는 2년 이하의 징역 또는 1,000만원 이하의 벌금에 처한다(동법 제110조 제1호). ⑤ 즉시해고가 가능한 경우로는 근로자의 「고의」에 의한 경우이다.

48. 다음 중 해고예고제도의 적용을 받는 자는?

① 2월 이내의 기간을 정하여 사용된 자
② 수습사용중의 근로자
③ 월급근로자로서 5개월이 된 자
④ 일용근로자로서 3개월 이상 계속근무한 자
⑤ 계절적 업무에 대하여 5개월의 기간을 정하여 사용 중인 자

≪**해설**≫ 해고예고제도의 적용이 제외되는 경우는 (i) 근로기준법 제35조에 의한 예외와 (ii) 근로관계의 성질상 적용이 제외되는 경우가 있다. 후자의 경우 i) 정년퇴직·합의퇴직·임의퇴직과, ii) 기간의 정함이 있는 근로계약의 경우가 이에 해당된다.

49. 다음 중 근로관계의 성질상 해고예고제도가 적용되는 것의 조합은?

㉮ 기간의 정함이 있는 근로계약	㉯ 정년퇴직
㉰ 임의퇴직	㉱ 정리해고
㉲ 기간의 정함이 없는 근로계약	

① ㉮, ㉰　　② ㉰, ㉱　　③ ㉱, ㉲
④ ㉮, ㉲　　⑤ ㉯, ㉰

≪**해설**≫ 근로관계의 성질상 해고예고가 제외되는 경우는 i) 기간의 정함이 있는 근로계약, ii) 근로자의 임의퇴직(사직), iii) 합의퇴직·정년퇴직 등이다.

50. 해고예고에 관한 설명이 잘못된 것은? 〈'99 공인노무사〉

┃해답┃ **48.** ④ **49.** ③ **50.** ⑤

① 경영상 이유에 의한 해고의 경우에도 사용자는 해고의 예고를 하여야 한다.
② 해고의 정당한 이유가 없는 경우에는 해고의 예고를 하였다 할지라도 유효한 해고가 되지 않는다.
③ 수습사용중의 근로자에게는 해고예고에 관한 규정의 적용이 없다.
④ 근로자가 고의로 사업에 막대한 지장을 초래한 경우로서 노동부령이 정하는 사유에 해당하는 경우에는 해고의 예고를 하지 않아도 무방하다.
⑤ 해고예고수당은 임금에 해당한다.

≪**해설**≫ ① 해고사유를 불문하고 사용자가 근로자를 해고하고자 하는 경우에는 i) 해고의 예고 또는, ii) 해고예고수당을 지급하여야 한다(근로기준법 제26조). ② 해고예고절차는 근로기준법 제23조 제 1 항의 규정에 의한 정당한 이유가 있는 경우에 한하여 인정되는 것이므로 옳은 설명이다(통설・판례). ③ 동법 제35조. ④ 동법 제26조 단서. 즉시해고를 할 수 있는 사유이다. ⑤ 해고예고제도는 불측의 해고로 인하여 근로자가 생활기반을 상실하는 것을 방지하고 재취업에 필요한 충분한 시간적 여유를 부여하기 위한 제도이다. 근로제공에 대한 반대급부가 아니므로 근로기준법상의 해고예고수당의 지급 역시 임금이 아니다(대판 1962. 3. 22, 4294 민상1301).

51. 근로기준법 제23조 제 1 항에 규정된 정당한 이유없이 행한 해고에 대하여 불복하는 경우 구제신청을 청구할 수 있는 기관은?

① 노동위원회 ② 법 원 ③ 노동부장관
④ 근로감독관 ⑤ 노동위원회 및 법원

≪**해설**≫ 근로자는 양자 중 어느 하나를 선택하거나 양자 모두에 대하여 구제신청을 제기할 수 있다.

52. 부당해고 등의 구제제도와 관련하여 최근에 개정(2007. 1. 26)된 근로기준법의 내용이 잘못된 것은?

① 부당해고 등의 구제신청과 절차 등에 대하여 동법에 직접 규정하였다.
② 부당해고 등에 대한 벌칙규정을 삭제하였다.
③ 부당해고 등에 대한 원상회복명령제를 폐지하고 금전보상제를 도입하였다.
④ 부당해고 사건에 대하여 당사자의 합의를 통한 화해제도에 관하여 법적근거를 마련하였다.
⑤ 부당해고 등에 대한 구제명령 불이행자에 대하여는 이행강제금제를 도입하고, 행정벌로서 벌칙을 부과할 수 있도록 하였다

≪**해설**≫ ① 부당해고등의 구제신청과 절차 등에 대하여 종래 노사관계법상 부당노동행위 구제절차를 준용하던 것을 이번에 근로기준법의 개정으로 직접 규정

▌해답▌ 51. ⑤ 52. ③

하였다(동법 제28조 내지 제33조 참조). ③ 구제방식의 다양화라는 측면에서 부당해고 등에 대한 구제명령의 내용으로 원상회복주의 외에 금전보상제를 새로이 도입하였다(동법 제30조 제3항). ④ 노동위원회는 「근로기준법」 제28조에 따른 판정·명령 또는 결정이 있기 전까지 관계 당사자의 신청 또는 직권에 의하여 화해를 권고하거나 화해안을 제시할 수 있다(노동위원회법 제16조의3 제1항). ②⑤ 부당해고 등에 대한 처벌규정을 삭제하는 대신, 구제명령의 실효성을 제고하고 근로자의 권익보호에 기여하고자 부당해고 등에 대한 구제명령 불이행자에 대하여는 이행강제금제를 도입하고(동법 제33조) 확정된 구제명령 불이행자에 대하여 행정벌로서 벌칙을 부과하도록 개정되었다(동법 제111조).

53. 노동위원회를 통한 부당해고 등 구제절차에 관한 설명이 잘못된 것은?

① 사용자가 근로자에 대하여 부당해고 등을 한 경우에는 근로자는 노동위원회에 구제를 신청할 수 있다.

② 노동위원회는 「근로기준법」 제28조에 따른 판정·명령 또는 결정이 있기 전까지 관계 당사자의 신청 또는 직권에 의하여 화해를 권고하거나 화해안을 제시할 수 있다.

③ 노동위원회의 구제명령, 기각결정 또는 재심판정은 중앙노동위원회에 대한 재심 신청이나 행정소송 제기에 의하여 그 효력이 정지된다.

④ 노동위원회는 해고에 대한 구제명령을 할 때에 근로자가 원직복직을 원하지 아니하면 원직복직을 명하는 대신 근로자가 해고기간 동안 근로를 제공하였더라면 받을 수 있었던 임금 상당액 이상의 금품을 근로자에게 지급하도록 명할 수 있다.

⑤ 노동위원회는 구제명령 또는 구제명령을 내용으로 하는 재심판정을 받은 후 이행기한까지 구제명령을 이행하지 아니한 사용자에게는 2천만원 이하의 이행강제금을 부과한다.

≪**해설**≫ ① 근로기준법 제28조 제1항. ② 노동위원회법 제16조의3 제1항. ③ 노동위원회의 구제명령, 기각결정 또는 재심판정은 중앙노동위원회에 대한 재심신청이나 행정소송 제기에 의하여 그 효력이 정지되지 아니한다(근로기준법 제32조). ④ 동법 제30조 제3항. ⑤ 동법 제33조 제1항.

54. 근로기준법상 부당해고 등 구제절차에 관한 설명이 잘못된 것은?

① 근로자가 부당해고 등에 대하여 노동위원회에 구제신청을 하고자 하는 경우 부당해고 등이 있었던 날부터 3개월 이내에 하여야 한다.

② 노동위원회는 구제신청을 받으면 지체 없이 직권으로 필요한 조사를 하고 관계 당사자를 심문하여야 하며, 관계 당사자의 신청이나 직권으로 증인

| 해답 | 53. ③ 54. ③

을 출석하게 하여 필요한 사항을 질문할 수 있다.

③ 부당해고 등이 성립한다고 판정하면 사용자에게 구제명령을 하여야 하는데 구제명령은 사용자에게 서면으로 통지하면 충분하고 근로자에게는 이해관계 있는 기각결정을 통지하면 된다.

④ 지방노동위원회로부터 구제명령서나 기각결정서를 통지받은 날부터 10일 이내에 재심을 신청하지 아니하거나, 중앙노동위원회로부터 재심판정서를 송달받은 날부터 15일 이내에 행정소송을 제기하지 아니하면 그 구제명령, 기각결정 또는 재심판정은 확정된다.

⑤ 정당한 이유 없는 해고 등에 대한 노동위원회의 구제명령 불이행자에 대하여 2천만원 이하의 이행강제금을 1년에 2회의 범위안에서 최대 2년까지 부과하도록 한다.

≪해설≫ ① 근로기준법 제28조 참조. ② 동법 제29조. ③ 노동위원회는 심문을 끝내고 판정회의를 통하여 의결을 통하여 부당해고 등이 성립한다고 판정하면 사용자에게 구제명령을 하여야 하며(동법 제30조 제1항), 부당해고 등이 성립하지 아니한다고 판정하면 구제신청을 기각하는 결정을 하여야 하는데, 이 같은 노동위원회의 판정, 구제명령 및 기각결정은 사용자와 근로자에게 각각 서면으로 통지하여야 한다(동법 제30조 제2항). ④ 지방노동위원회의 구제명령이나 기각결정에 불복하는 사용자나 근로자는 구제명령서나 기각결정서를 통지받은 날부터 10일 이내에 중앙노동위원회에 재심을 신청할 수 있고, 중앙노동위원회의 재심판정에 대하여 사용자나 근로자는 재심판정서를 송달받은 날부터 15일 이내에 행정소송을 제기할 수 있는데, 같은 기간 이내에 재심을 신청하지 아니하거나 행정소송을 제기하지 아니하면 그 구제명령, 기각결정 또는 재심판정은 확정된다(동법 제31조 참조). ⑤ 동법 제33조 참조.

55. 다음 중 근로자의 사직에 관한 설명 중 타당하지 아니한 것은?

① 사직은 근로자의 일방적인 의사표시에 의한 근로관계의 해지이다.

② 근로자는 사직의 자유를 갖는 것이 원칙이며, 사용자는 이를 거부하여 근로를 강제할 수 없다.

③ 기간의 약정이 있는 근로계약이 수차 갱신되어 온 경우 근로자가 사직하려면 손해배상책임을 부담한다.

④ 기간의 약정이 없는 근로계약의 경우 근로자는 아무런 손해배상책임도 부담하지 아니하고 사직할 수 있다.

⑤ 사용자가 위협하여 사직하는 경우 이는 해고에 해당되므로 근로기준법 제23조 제1항의 「해고제한의 법리」의 적용을 받는다.

≪해설≫ 기간의 약정이 있는 근로계약이 자동적으로 수차례 갱신되는 경우 이

|해답| **55.** ③

는 기간의 약정이 없는 근로계약이 되므로(대판 1994. 1. 16, 93다14843), 근로자는 근로계약의 해지에 따른 손해배상책임을 부담하지 아니하고 사직할 수 있다.

56. 근로자퇴직급여보장법에 관한 설명이 바르지 못한 것은?

① 근로자 퇴직급여제도의 설정 및 운영에 필요한 사항을 정함으로써 근로자의 안정적인 노후생활 보장에 이바지함을 목적으로 제정되었다.

② 동법에서 「근로자」 또는 「사용자」라 함은 근로기준법 제 2 조의 규정에 의한 근로자 또는 사용자를 말한다.

③ 「퇴직급여제도」라 함은 동법 제 2 장의 규정에 의한 퇴직금제도 및 동법 제 3 장의 규정에 의한 퇴직연금제도를 말한다.

④ 동법은 원칙적으로 근로자를 사용하는 모든 사업 또는 사업장에 적용하되, 다만, 동거의 친족만을 사용하는 사업 및 가사사용인에 대하여는 적용하지 아니한다.

⑤ 사용자는 퇴직하는 근로자에게 급여를 지급하기 위하여 퇴직금제도 및 퇴직연금제도를 반드시 설정하여야 한다.

≪**해설**≫ ① 근로자퇴직급여보장법 제 1 조. ② 동법 제 2 조 제 1 호 및 제 2 호. ③ 동법 제 2 조 제 6 호. ④ 동법 제 3 조. ⑤ 사용자는 퇴직하는 근로자에게 급여를 지급하기 위하여 퇴직급여제도 중 하나 이상의 제도를 설정하여야 한다(동법 제 4 조 제 1 항).

57. 근로자퇴직급여보장법상 근로자퇴직급여제도에 관한 설명이 바르지 못한 것은?

① 사용자가 퇴직하는 근로자에게 지급하는 퇴직급여제도에 관하여는 근로자퇴직급여보장법이 정하는 바에 따른다.

② 사용자는 퇴직하는 근로자에게 급여를 지급하기 위하여 퇴직급여제도 중 하나 이상의 제도를 설정하여야 한다. 다만, 계속근로기간이 1년 미만인 근로자, 4주간을 평균하여 1주간의 소정근로시간이 15시간 미만인 근로자에 대하여는 그러하지 아니하다.

③ 퇴직급여제도를 설정함에 있어서 하나의 사업안에 차등을 두어서는 아니된다.

④ 사용자가 퇴직급여제도의 종류를 선택하거나 선택한 퇴직급여제도를 다른 종류의 퇴직급여제도로 변경하고자 하는 경우에는 당해 사업에 근로자의 과반수로 조직된 노동조합이 있는 경우에는 그 노동조합, 근로자의 과반수로 조직된 노동조합이 없는 경우에는 근로자의 과반수의 의견을 구해야 한다.

┃해답┃ 56. ⑤ **57.** ④

⑤ 사용자가 ④에 따라 선택되거나 변경된 퇴직급여제도의 내용을 변경하고자 하는 경우에는 근로자대표의 의견을 들어야 한다. 다만, 근로자에게 불이익하게 변경하고자 하는 경우에는 근로자대표의 동의를 얻어야 한다.

≪**해설**≫ ① 근로기준법 제34조. ② 근로자퇴직급여보장법 제 4 조 제 1 항. ③ 동법 제 4 조 제 2 항. ④ 사용자가 퇴직급여제도의 종류를 선택하거나 선택한 퇴직급여제도를 다른 종류의 퇴직급여제도로 변경하고자 하는 경우에는 근로자대표의 「동의」를 얻어야 한다(동법 제 4 조 제 3 항). ⑤ 동법 제 4 조 제 4 항.

58. 퇴직금지급을 위한 계속근로연수의 산정이 잘못된 것은? (판례에 의함)

① 영업양도의 경우 계속근로로서 통산된다.

② 휴직기간도 재직연수에 따라 계속근로연수에 포함된다.

③ 재직중의 군복무기간도 근속연수에 통산된다.

④ 일용직 근로자가 정식직원으로 임명되어 계속근무한 경우 계속근로로 인정된다.

⑤ 근로자의 필요에 의하여 중간퇴직의 형식으로 사직서를 제출한 경우 퇴직금산정을 위한 계속근로연수는 정산시점부터 새로이 기산한다.

≪**해설**≫ ① 대판 1994. 1. 25, 92다23834 등. ② 대판 1976. 3. 9, 75다872. ③ 군복무기간에 관하여 i) 통설은 계속근로로 보나, ii) 판례는 근속연수에 통산되어 승진·승급의 경우에는 반영되나 퇴직금의 지급기간까지 산정되는 것은 아니라 한다(대판 1993. 1. 15, 92다41986). ④ 대판 1995. 7. 11, 93다26186. ⑤ 근로자의 승급의 방편이나 사용자의 편의에 의해 퇴직금을 중간정산하는 경우에도 계속근로연수에는 영향을 미치지 않는다(대판 1992. 5. 22, 92다2295). 그러나 지문과 같이 자유의사와 선택으로 사직서를 제출하고 퇴직금을 수령하였다면 퇴직계산의 기초가 되는 근로관계에 관한한 퇴직한 것으로 본다(근로자퇴직급여보장법 제 8 조 제 2 항).

59. 다음 중 퇴직금을 지급받을 수 없는 경우는 모두 몇 개인가?

㉮ 외국인 근로자	㉯ 임시직 근로자	㉰ 지역예비군 중대장
㉱ 산업기술연수생	㉲ 수련의	

① 1개 ② 2개 ③ 3개
④ 4개 ⑤ 5개

≪**해설**≫

퇴직금을 지급받는 자	퇴직금을 지급받지 못하는 자
i) 임시직('78 대판) ii) 일용직('79 대판) iii) 도급계약근로자('91 대판)	i) 회사의 대표이사('73 대판) ii) 주식회사의 임원('81 행정) → 정관·주총결의로 보수 결정.

|해답| **58.** ③ **59.** ①

iv) 수련의 등 전문직('91 대판) v) 외국인인 근로자('97 대판) vi) 산업기술연수생('97 대판)	iii) 비상근 임원('83 행정) iv) 순수한 도급계약자('81 행정) v) 공인회계사 시보('87 행정) vi) 지역예비군 중대장('79 대판) → 공무원연금법

60. 다음 퇴직금의 중간정산제도에 관한 설명 중 타당하지 아니한 것은?

① 사용자는 퇴직사유발생일부터 14일 이내에 퇴직금을 지급하여야 하는 것이 원칙이다.

② 근로자가 요구하는 경우 근로자가 퇴직하기 전이라도 근무기간에 대한 퇴직금을 미리 정산할 수 있다.

③ 퇴직금을 중간정산하는 경우 퇴직금산정을 위한 계속근로연수는 정산시점부터 새로이 기산한다.

④ 퇴직금을 중간정산하는 경우 퇴직금산정 이외의 근무조건을 위한 계속근로연수는 당사자가 합의하는 바에 따른다.

⑤ 근로자가 퇴직금의 중간정산을 요구하는 경우에도 사용자가 반드시 이에 응하여야 하는 것은 아니다.

≪**해설**≫ ① 사용자는 근로자가 퇴직한 경우 그 지급사유가 발생한 날부터 특별한 사정이 없는 한 14일 이내에 퇴직금을 지급하여야 하는 것이 원칙이다(근로자퇴직급여보장법 제9조). ②③⑤ 동법 제8조 제2항. ④ 계속근로연수는 입사시점부터 계속하여 합산되는 것이 원칙이다.

61. 근로자퇴직급여보장법상 퇴직연금제도에 관한 설명이 바르지 못한 것은?

① 퇴직연금제란 현재 퇴직시 일시금으로 받는 퇴직금을 퇴직후 일정연령(55세)에 달한 때부터 연금(근로자 본인이 원하는 경우 퇴직시 일시금 수령도 가능함)으로 받을 수 있도록 하는 제도를 말한다.

② 모든 사업장에서 강제로 퇴직연금제도를 실시해야 하는 것은 아니고, 사용자의 유동성 부담 및 근로자들의 퇴직금에 대한 정서 등을 고려하여 개별 사업장에서 노사가 합의한 경우에만 퇴직금제 대신에 실시할 수 있도록 하였다.

③ 퇴직연금이 현행 퇴직보험을 보완·발전시킨 형태이므로 현행 근로기준법상 퇴직보험제는 폐지하고 퇴직연금제로 점진적으로 전환할 수 있도록 약 5년의 경과규정을 두었다.

④ 상시 근로자 10인 미만을 사용하는 사업의 경우에는 특례를 두어 사용자

▌해답▐ 60. ④ 61. ⑤

가 근로자 대표의 동의를 얻어 근로자 전원으로 하여금 개인퇴직계좌를 설정하게 한 경우에는 퇴직급여제도를 설정한 것으로 간주하도록 하였다.

⑤ 근로기준법상의 퇴직금제도는 근로자퇴직급여보장법이 시행되는 2005년 12월 1일부터 폐지된다.

≪**해설**≫ 근로자퇴직급여보장법이 2005년 12월 1일부터 시행되더라도 근로기준법상의 퇴직금제도는 폐지되지 않으나, 퇴직금제도의 근거가 「근로기준법」이 아니라 「근로자퇴직급여보장법」으로 옮겨진다. 퇴직금제도는 근로자 퇴직급여로서 그 성격이 유사한 퇴직연금과 일괄하여 규정하기 위한 것이다.

62. 근로자퇴직급여보장법상 퇴직연금제도에 관한 설명이 바르지 못한 것은?

① 사용자는 퇴직하는 근로자에게 급여를 지급하기 위하여 퇴직금제도 및 퇴직연금제도 모두를 설정하여야 한다.

② 확정급여형 퇴직연금(DB, Defined Benefit Retirement Pension)이란 근로자가 받을 연금급여(산정방식)가 사전에 확정되고, 사용자가 부담(적립)할 금액은 적립금 운용결과에 따라 변동될 수 있는 연금제도를 말한다.

③ 확정급여형퇴직연금제도를 설정하고자 하는 사용자는 근로자대표의 동의를 얻어 퇴직연금사업자 선정에 관한 사항 등 법정사항을 기재한 확정급여형퇴직연금규약을 작성하여 노동부장관에게 신고하여야 한다.

④ 확정기여형 퇴직연금(DC, Defined Contribution Retirement Pension)이란 사용자의 부담금이 사전에 확정되고 근로자가 받을 퇴직급여는 적립금 운용실적에 따라 변동될 수 있는 연금제도를 말한다.

⑤ 확정기여형퇴직연금제도를 설정하고자 하는 사용자는 근로자대표의 동의를 얻어 부담금의 부담에 관한 사항 등 법정사항을 기재한 확정기여형퇴직연금규약을 작성하여 노동부장관에게 신고하여야 한다.

≪**해설**≫ ① 사용자는 퇴직하는 근로자에게 급여를 지급하기 위하여 「퇴직급여제도중 하나 이상의 제도」를 설정하여야 한다(근로자퇴직급여보장법 제 4 조 제 1 항). ② 따라서 확정급여형 퇴직연금은 임금이 계속 인상되는 연공급 임금체계를 가지고 있거나, 경영이 안정적이어서 급여를 떼일 염려가 없는 사업장의 경우에 더 적합한 제도이다(동법 제 2 조 제 7 호 참조). ③ 동법 제12조. ④ 따라서 확정기여형 퇴직연금은 연봉제 및 임금피크제 실시사업장, 기업의 수명이 짧거나 경영이 불안정하여 급여의 수급이 담보되기 어려운 사업장에 더 적합한 제도이다(동법 제 2 조 제 8 호 참조). ⑤ 동법 제13조.

63. 근로자퇴직급여보장법상 퇴직급여제도에 관한 설명이 바르지 못한 것은?

① 4주간을 평균하여 1주간의 소정근로시간이 15시간 미만인 근로자에 대하

┃해답┃ 62. ① 63. ②

여는 퇴직급여제도 중 하나 이상의 제도를 설정하지 아니하여도 무방하다.

② 사용자가 퇴직급여제도를 설정하지 아니한 경우에는 퇴직연금제도를 설정한 것으로 본다.

③ 퇴직연금의 급여를 받을 권리는 원칙적으로 양도하거나 담보로 제공할 수 없다.

④ 퇴직연금제도가 폐지되거나 운영이 중단된 경우에는 폐지된 이후 또는 중단된 기간에 대하여도 퇴직금제도를 적용한다.

⑤ 퇴직급여제도의 일시금을 수령한 자, 안정적인 노후소득 확보가 필요한 자로서 대통령령이 정하는 자는 개인퇴직계좌를 설정할 수 있다.

≪**해설**≫ ① 근로자퇴직급여보장법 제 4 조 제 1 항 단서. ② 사용자가 퇴직급여제도를 설정하지 아니한 경우에는 「퇴직금제도」를 설정한 것으로 본다(동법 제 5 조). ③ 동법 제 7 조. ④ 동법 제27조. ⑤ 동법 제25조 제 2 항.

64. 근로기준법상 근로자의 사망 또는 퇴직 등의 경우 임금·보상금을 원칙적으로 그 사유발생으로부터 얼마의 기간 내에 청산하여야 하는가? 〈25·34회 사시〉

① 10일 ② 14일 ③ 30일

④ 50일 ⑤ 100일

≪**해설**≫ 근로기준법 제36조에서는 금품청산에 관하여 「14일」 이내에 지급할 것을 원칙으로 하고 있으며, 만일 특별한 사정이 있을 경우에는 당사자간의 합의를 통한 기간연장을 인정하고 있다.

▌해답▌ 64. ②

제11편 종합문제

1. 근로기준법의 적용범위에 관하여 틀린 것은?

① 상시 5명 이상의 근로자를 사용하는 모든 사업 또는 사업장에 적용한다.

② 상시 4명 이하의 근로자를 사용하는 사업에 대하여는 이 법의 일부규정을 적용할 수 있다.

③ 상시 4명 이하의 근로자를 사용하는 사업장의 범위는 대통령령으로 이를 정한다.

④ 국가 및 지방자치단체에는 적용되지 아니한다.

⑤ 동거하는 친족만을 사용하는 사업 또는 사업장과 가사사용인에 대해서는 적용하지 아니한다.

≪**해설**≫ 근로기준법과 근로기준법에 의하여 발하는 대통령령은 국가, 특별시·광역시·도, 시·군·구, 읍·면·동 기타 이에 준하는 것에 대하여도 적용된다(근로기준법 제12조).

2. 한 사업주가 두 개 이상의 사업장을 갖는 경우에 관한 사항 중 틀린 것은?

① 두 공장이 동일한 조직적 관련을 갖고 있으면 하나의 공장으로 취급한다.

② 두 공장의 사업의 독립성이 없는 경우에는 한 공장으로 취급한다.

③ 근로형태가 달라도 하나의 공장내에 있으면 동일한 사업장으로 본다.

④ 회계가 독립되어 있으면 별개의 사업장으로 본다.

⑤ 동일한 사업주에 속해 있는 수개의 사업장은 하나의 사업장으로 본다.

≪**해설**≫ 한 사업주가 두 개의 공장을 갖고 있을 경우 각각의 근로형태가 다르거나 회계가 독립되어 있어 별개의 경영체를 이루고 독립적이면 별개의 사업장으로 본다.

3. 다음 설명 중 타당한 것은? 〈25회 사시〉

① 근로기준법은 근로조건의 기준을 직종별로 정하고 있다.

② 근로기준법은 노동자의 단체를 규율대상으로 한다.

③ 근로기준법은 위생·복리만의 기준을 정하고 있다.

④ 근로기준법상의 기준은 사용자가 지켜야 할 최저의 기준이다.

❙해답❙ 1. ④ **2.** ③ **3.** ④

⑤ 상시 5명 이하의 근로자를 사용하는 사업에 대해서는 근로기준법이 적용되지 않는다.

≪**해설**≫ ① 근로조건의 기준은 직종을 불문한다. 즉 이 법에서 「근로자」란 직업의 종류와 관계없이 임금을 목적으로 사업이나 사업장에 근로를 제공하는 자를 말한다(근로기준법 제2조 제1항 제1호). ② 근로기준법은 개별적 근로관계법으로서 개별 근로자와 사용자간의 근로관계를 규율대상으로 한다. ③ 근로기준법은 근로조건 전반에 관한 일반법이다. ④ 근로기준법에서 정하는 근로조건은 최저기준이므로 근로관계당사자는 이 기준을 이유로 근로조건을 저하시킬 수 없다(근로기준법 제3조). ⑤ 상시 4명 이하의 근로자를 사용하는 사업 또는 사업장에 대하여는 대통령령이 정하는 바에 따라 이 법의 일부규정을 적용할 수 있다(근로기준법 제11조 제2항).

4. 다음 설명 중 옳은 것은? 〈1회 공인노무사〉

① 근로기준법상의 기준은 사용자가 지켜야 할 최고의 기준이다.

② 상시 6명 이하의 근로자를 사용하는 사업에는 근로기준법이 적용되지 않는다.

③ 근로기준법은 개별적 근로관계를 규율대상으로 한다.

④ 근로기준법은 근로조건의 기준을 산업별로 규정하고 있다.

⑤ 근로기준법은 위생·복리만의 기준을 규정하고 있다.

≪**해설**≫ ① 근로기준법에서 정하는 근로조건은 최저기준이므로 근로관계당사자는 이 기준을 이유로 근로조건을 낮출 수 없다(근로기준법 제3조). ② 근로기준법은 상시 5명 이상의 근로자를 사용하는 모든 사업 또는 사업장에 적용한다. 다만, 동거의 친족만을 사용하는 사업 또는 사업장과 가사사용인에 대해서는 적용하지 아니한다(동법 제11조 제1항). ④⑤ 근로기준법에서 「근로자」란 직업의 종류와 관계없이 임금을 목적으로 사업이나 사업장에 근로를 제공하는 자를 말한다(근로기준법 제2조 제1항 제1호). 따라서 직종이나 산업을 불문하고 근로조건 전반에 관한 최저의 근로조건을 정한 일반법이다.

5. 근로기준법상 근로자의 개념에 해당되지 않는 것은? 〈28회 사시〉

① 사업 또는 사업장에서 임금을 목적으로 노무를 제공하는 자

② 타인에게 고용되어 노무를 제공하는 자

③ 사용자의 지휘명령을 받는 자

④ 자영업을 하는 자

⑤ 질병으로 인하여 휴업중인 근로자

≪**해설**≫ ①②③ 근로기준법 제2조 제1항 제1호 참조. ④ 근로기준법상의 근로자란 사용자의 지휘·명령을 받으면서 사용종속관계에서 노무를 제공하는 자이

▌해답▌ 4. ③ 5. ④

므로, 자영업자는 사용종속관계에 있다고 볼 수 없으므로 근로자가 아니다. ⑤ 현재 근로기준법 제2조 제1항 제5호에 의한 임금을 목적으로 노무를 제공하는 자가 아니더라도, 근로계약관계를 유지하는 자로서 i) 휴직중인 자, ii) 휴양중인 자, iii) 재적전임자 등은 근로기준법이 적용된다.

6. 근로기준법상의 근로자의 개념에 해당되지 않는 경우는 모두 몇 개인가?

㉮ 1주일에 15시간 미만 근로하는 자
㉯ 정리해고되어 노동위원회에 해고의 효력을 다투는 자
㉰ 질병으로 인하여 휴직중인 근로자
㉱ 부당노동행위로 해고되어 법원에서 해고의 효력을 다투는 자
㉲ 자영업을 하는 자

① 1개 ② 2개 ③ 3개
④ 4개 ⑤ 5개

≪**해설**≫ 근로기준법 제2조 제1항 제1호에 의하면 「근로자」란 직업의 종류와 관계없이, 임금을 목적으로, 사업이나 사업장에, 근로를 제공하는 자로서 사용자의 지휘명령을 받으며 사용종속관계하에 있는 자를 말한다. 따라서 ㉯㉱㉲는 근로기준법상의 근로자가 아니다.

7. 다음 중 사용자가 아닌 자는 다음 중 누구인가?

① 합자회사의 업무집행사원
② 사업의 운영주체가 된 경우 기업설비의 임차인
③ 회사정리절차 이후의 청산인
④ 주식회사의 주주
⑤ 직접 또는 간접으로 사용자의 이익을 위하여 행위하는 일체의 자

≪**해설**≫ 주식회사의 주주는 회사의 소유자이나, 사용자는 아니다.

8. 노동관행에 대한 다음의 제사항 중 틀린 사항은 어느 것인가?

① 노동관행은 근로관계에 대하여 형성적 성질을 갖고 있다.
② 사업장은 계속적 고용관계이기 때문에 노동관행이 자연적으로 발생된다.
③ 모든 노동관행은 신의성실의 원칙에 따라 지켜야 한다.
④ 노동관행은 노사관계를 규율하는 법원이 될 수 없다.
⑤ 노동관행을 지키면 법적 안정성을 가져온다.

≪**해설**≫ 근로관계는 통일적이고 유기적인 기업운영을 전제로 하는 계속적 법률관계이기 때문에 오랫동안 그 기업을 지배하여 온 노동관행은 근로관계에 대하여 형

❙해답❙ **6.** ③ **7.** ④ **8.** ④

성적 성질을 가지고 적용된다. 노사관행은 당사자를 구속하는 법원이 될 수 있다.

9. 다음 근로기준법의 기본원리에 관한 설명 중 타당하지 아니한 것은?

① 누구든지 어떠한 경우라도 영리로 타인의 취업에 개입하거나 중간인으로서 이익을 취득하지 못한다.

② 사용자는 근로자가 근로시간 중에 선거권을 행사하기 위하여 필요한 시간을 청구하는 경우에는 거부하지 못한다.

③ 단 1회적인 것이라도 반복·계속하여 이익을 얻을 의사가 있는 경우에는 중간착취에 해당한다.

④ 지방자치단체의 피선거권·공무원담임권도 공민권 또는 공의 직무에 포함된다.

⑤ 근로기준법에서 임금이라 함은 사용자가 근로의 대상으로 근로자에게 임금, 봉급 기타 여하한 명칭으로든지 지급하는 일체의 금품을 말한다.

≪**해설**≫ ① 근로기준법 제9조는 「누구든지 법률에 의하지 아니하고는 영리로 타인의 취업에 개입하거나 중간인으로서 이익을 취득하지 못한다」고 규정하고 있다. 따라서 법률에 의한 경우 예컨대 직업안정법, 파견근로자보호등에관한법률 등에 의하여 예외가 인정되고 있다.

10. 다음 중 근로기준법 및 노동조합 및 노사관계조정법(이하 「노사관계법」이라 한다) 상의 근로자 및 사용자에 관한 설명 중 타당하지 아니한 것은?

① 근로기준법상의 근로자에는 취업자만이 해당된다.

② 노사관계법상의 근로자에는 실업자 및 해고자도 이에 포함된다.

③ 근로기준법 및 노사관계법상의 사용자는 동시에 근로자가 될 수 있으며, 이를 사용자개념의 상대성이라고 한다.

④ 해고의 효력을 다투는 자는 근로기준법상의 근로자가 될 수 없다.

⑤ 해고의 효력을 다투는 자는 노사관계법상의 근로자가 될 수 있다.

≪**해설**≫ ③ 사용자개념의 상대성은 근로기준법상의 사용자로서 사업주인 자가 아닌 i) 사업경영담당자, ii) 근로자에 관한 사항에 대하여 사업주를 위하여 행위하는 자에게 적용된다.

11. 다음 근로조건의 결정규범에 관한 설명 중 타당하지 아니한 것은?

① 법령에 위배되는 단체협약·취업규칙 및 근로계약의 효력은 그 부분에 한하여 무효이다.

② 노동부장관은 법령에 위배되는 단체협약·취업규칙 및 근로계약의 시정

▎해답▎ 9. ① 10. ③ 11. ②

또는 변경을 명할 수 있다.

③ 단체협약에 위배되는 근로계약의 효력에 관하여는 이를 무조건 무효로 보는 견해와 유리한 조건우선의 원칙을 인정하는 견해로 나뉘어 있다.

④ 취업규칙에 위배되는 근로계약의 효력에 관하여는 유리한 조건우선의 원칙이 적용된다.

⑤ 단체협약에 위배되는 취업규칙의 효력은 취업규칙 전부가 무효가 되는 것이 아니라 위배되는 부분만이 무효가 된다.

≪**해설**≫ ② 노동부장관은 법령이나 단체협약에 어긋나는 취업규칙의 변경을 명할 수 있고(근로기준법 제96조 제 2 항), 근로계약의 시정·변경은 명할 수 없다.

12. 다음 중 근로기준법 제 6 조에 규정된 균등대우의 원칙에 관한 설명 중 타당하지 아니한 것은?

① 한국인 근로자와 외국인 근로자간의 차별은 물론 서로 다른 외국인 근로자 상호간의 차별, 무국적자 및 인종간의 차별도 금지된다.

② 특정 종교의 전파를 목적으로 설립된 경영사업체에서 당해 종교교리에 위배되는 행위를 한 근로자에 대하여 차별대우하여도 신앙을 이유로 한 차별에 해당되지 아니한다.

③ 사회적 신분에는 선천적 신분뿐 아니라 후천적 신분도 이에 포함된다.

④ 차별이 금지되는 근로조건에는 근로자 채용시의 차별도 포함된다.

⑤ 여성근로자의 차별대우금지를 위하여 별도의 법률이 제정되어 있다.

≪**해설**≫ ④ 근로자채용시의 차별은 근로조건에 포함되지 아니한다(대판 1992. 8. 14, 92다1995). ⑤ 남녀고용평등과일·가정양립지원에관한법률이 제정되어 있다.

13. 다음 균등대우의 원칙에 관한 법령 및 판례 중 타당하지 아니한 것은?

① 근로기준법 제97조에서 취업규칙상의 근로기준에 미달하는 근로조건을 판단하는 경우 근로기준에는 채용에 관한 기준은 포함되지 아니한다.

② 외국인도 근로기준법상의 근로자에 해당되므로 근로기준법이 당연히 적용된다.

③ 사회적 신분을 이유로 한 차별을 금지하는 경우 선천적 지위는 이에 해당되나 후천적 지위는 해당되지 아니한다.

④ 단체협약에서 동일부서내의 남녀정년을 남자는 55세, 여자는 53세로 달리 정하는 것은 근로기준법 제 6 조와 남녀고용평등과일·가정양립지원에관한법률 제11조 제 1 항 위반으로 무효이다.

▌해답▌ 12. ④ **13.** ③

⑤ 국적을 이유로 한 차별금지에는 이중국적자·무국적자에 대한 차별은 물론 상이한 국적을 가진 외국인간의 차별도 이에 포함된다.

≪**해설**≫ ① 대판 1992.8.14, 92다1995. ② 대판 1995.9.15, 94누12067. ③ 서울민지판 1994.9.16, 94가합40258. 선천적 신분뿐만 아니라 후천적 신분도 포함된다는 것이 판례의 견해이다. ④ 대판 1993.4.9, 92누15765.

14. 공민권행사에 관한 다음 사항 중 틀린 것은?

① 공민권행사를 위한 시간은 연차유급휴가를 부여하기 위한 개근여부의 산정을 하는 경우 이를 근로시간으로 본다.
② 근로자가 선거에 입후보하는 경우에는 부여되지 않는다.
③ 재판소에 증인으로 출두하는 경우에도 적용된다.
④ 노동위원회의 위원으로서의 직무에도 적용된다.
⑤ 예비군훈련에 참가하는 경우에 근로하지 못하여 임금을 지급받지 못한 기간은 평균임금의 산정기간에서 제외된다.

≪**해설**≫ ② 근로자가 선거에 입후보하는 경우에도 그의 피선거권은 공민권으로서 보장되어 있다. ⑤ 근로기준법시행령 제2조 제1항 제7호.

15. 공민권의 내용에 관한 다음 사항 중 틀리는 것은?

① 국회의원선거에의 참가 ② 노동조합의 업무에의 참가
③ 대통령선거에의 참가 ④ 법원에의 출두
⑤ 노동위원회의 회의참가

≪**해설**≫ 근로기준법 제10조의 공무는 노동위원회의 위원, 지방의회의 의원, 증인으로 법원에 출두하는 경우 등 법에 의하여 공민으로서 이행할 의무가 규정되어 있는 직무를 말하는 것이며, 노동조합의 업무는 조합자체의 이익을 위하여 하는 행위로 공의 직무에 해당하지 아니한다.

16. 다음 중 강제저축의 금지에 관한 사항 중 틀리는 것은?

① 근로계약에 덧붙여 체결하는 계약은 체결하지 못한다.
② 특정 은행·우체국·저축조합에 저금할 것을 계약하는 것도 금지된다.
③ 노동부장관의 인가를 얻은 저축계약은 허용된다.
④ 근로자가 위탁하는 경우 예외적으로 허용된다.
⑤ 저축금의 관리를 규정하는 계약으로 사용자가 관리하는 것도 허용되지 아니한다.

≪**해설**≫ 근로계약에 덧붙여 근로자와 강제저축의 계약을 체결하거나 또는 저축

| 해답 | **14.** ② **15.** ② **16.** ③

금의 관리를 규정하는 계약을 체결하는 것을 금지하는 것이므로, 사용자가 근로자의 위탁으로 근로자의 저축금을 관리하게 될 경우에는 i) 저축의 종류·기간 및 금융기관을 근로자가 결정하고 근로자본인의 이름으로 저축할 것, ii) 근로자가 저축증서 등 관련자료의 열람 또는 반환을 요구할 때에는 즉시 이에 따를 것 등의 사항을 준수하여야 한다(근로기준법 제22조).

17. 다음 중 법률에 근거하여서만 타인의 취업에 개입하는 사업이 아닌 것은?

① 직업소개사업 ② 근로자모집사업 ③ 근로자공급사업
④ 근로자파견사업 ⑤ 근로자용역사업

≪**해설**≫ 무료·유료직업소개사업은 각각 직업안정법 제18조 및 제19조, 근로자모집사업과 근로자공급사업은 각각 동법 제28조 및 제33조에 의하여 법률에 근거하고 있다. ④ 근로자파견사업은 「파견근로자보호등에관한법률」에 의하여 근거하고 있다.

18. 근로감독관의 권한이 아닌 것은? 〈17회 사시〉

① 근로자의 검진 ② 근로자의 일반형사범죄수사
③ 사용자와 근로자에 대한 심문 ④ 장부와 서류의 제출요구
⑤ 사업장의 임검

≪**해설**≫ 근로조건의 기준을 확보하기 위하여 노동부 및 그 소속기관에 근로감독관을 두는데(근로기준법 제101조 제 1 항) 근로감독관의 권한으로는 ① 사업장·기숙사 기타 부속건물의 임검, ② 장부와 서류의 제출, ③ 사용자와 근로자에 대한 심문, ④ 근로자의 검진, ⑤ 사법경찰관직무의 대행, ⑥ 노동부장관 권한의 대행 등이 특수한 경우 인정된다(근로기준법 제102조, 제105조 참조).

19. 근로계약의 공동화현상에 관하여 타당하지 아니한 설명은?

① 근로계약의 내용이 대부분 단체협약 및 취업규칙 등에 의하여 이미 결정되어 있는 경우이다.
② 근로계약의 공동화현상은 반드시 근로계약의 무효화를 초래하는 것은 아니다.
③ 근로계약의 체결은 이미 결정된 근로조건을 수용할 지의 여부만을 결정하게 된다.
④ 근로계약체결 자유의 원칙에 위배될 소지가 있다.
⑤ 최근에는 근로계약의 기능이 강화되고 있는 추세이다.

≪**해설**≫ ①②③④ 최근에 대두되는 일반적인 경향이다. ⑤ 그 결과 근로계약의 기능이 형해화되고 있다.

▎해답▎ **17.** ⑤ **18.** ② **19.** ⑤

20. 다음 중 미성년자의 근로계약에 관한 설명 중 틀린 것은?

① 15세 미만자는 근로자로 사용하지 못한다. 다만, 대통령령이 정하는 기준에 따라 노동부장관이 발급한 취직인허증을 소지한 자는 그러하지 아니하다.

② 사용자는 18세 미만자에 대하여는 그 연령을 증명하는 호적 증명서와 친권자 또는 후견인의 동의서를 사업장에 비치하여야 한다.

③ 친권자, 후견인 또는 노동부장관은 근로계약이 미성년자에게 불리하다고 인정하는 경우에는 향후 이를 해제할 수 있다.

④ 친권자 또는 후견인은 본인의 동의를 얻어 미성년자의 근로계약을 대리할 수 있다.

⑤ 미성년자는 독자적으로 임금을 청구할 수 있다.

≪**해설**≫ 근로기준법 제67조 제1항에서는 「친권자 또는 후견인은 미성년자의 근로계약을 대리할 수 없다」고 규정하고 있다.

21. 근로기준법상 미성년자의 근로계약에 따른 다음 사항 중 옳은 것은?

① 법정대리인은 미성년자의 동의하에 미성년자의 근로계약을 대리할 수 있다.

② 법정대리인의 동의없이도 미성년자는 근로계약을 체결할 수 있다.

③ 법정대리인은 미성년자의 동의없이도 근로계약의 체결을 대리할 수 있다.

④ 법정대리인은 미성년자의 근로계약을 해지할 수 없다.

⑤ 법정대리인은 근로계약이 미성년자에게 불리하다고 인정하는 경우 미성년자의 동의없이도 이를 해지할 수 있다.

≪**해설**≫ ①③ 민법은 미성년자의 동의가 있으면 법정대리인이 미성년자의 고용계약을 대리할 수 있으나, 근로기준법은 예외규정을 두어(제67조 제1항) 친권자 또는 후견인은 미성년자의 근로계약을 대리할 수 없도록 하였다. ② 근로기준법에 특별한 규정이 없으므로 민법의 일반이론에 따라 「동의」는 받아야 한다고 본다(多數說). ④⑤ 동법 제67조 제2항 참조. 특히 「불리하다고 인정하는 경우」란 주관적 판단에 의해서도 가능하다고 본다(주관설).

22. 근로계약의 기간에 관한 설명 중 타당하지 아니한 것은 모두 몇 개인가?

① 사용자는 2년을 초과하지 아니하는 범위 안에서 기간제근로자를 사용할 수 있다.

② 사업의 완료 또는 특정한 업무의 완성에 필요한 기간을 정한 경우에는 2년을 초과하여 기간제근로자로 사용할 수 있다.

③ 휴직·파견 등으로 결원이 발생하여 당해 근로자가 복귀할 때까지 그 업

┃해답┃ 20. ④ 21. ⑤ 22. ④

무를 대신할 필요가 있는 경우에는 2년을 초과하여 기간제근로자로 사용할 수 있다.

④ 위 ② 또는 ③의 사유가 없거나 소멸되었음에도 불구하고 2년을 초과하여 기간제근로자로 사용하는 경우에는 그 근로계약은 무효가 된다.

⑤ 근로계약 기간의 정함이 없는 근로계약의 경우 근로자는 언제든지 근로계약을 해지할 수 있다.

≪**해설**≫ ① 기간제법 제 4 조 제 1 항 본문. ②③ 기간제법 제 4 조 제 1 항 단서. ④ ②③과 같은 예외사유에 해당하지 아니하는 한 2년을 초과하여 기간제근로자로 사용하는 경우에는 그 기간제근로자는 기간의 정함이 없는 근로계약을 체결한 근로자로 본다(동법 제 2 항). ⑤ 민법 제660조 참조.

23. 근로계약의 기간에 관한 설명이다. 최근 판례입장과 거리가 먼 것은?

① 근로계약기간은 단지 근로계약의 존속기간에 불과할 뿐 근로기준법 소정의 근로조건에 해당되지 않는다.

② 2년을 초과하는 근로계약기간을 정한 근로계약에서 그 계약기간의 정함 자체는 유효하다.

③ 근로계약의 약정기간 범위내에서 사용자는 근로관계의 종료를 주장할 수 없다.

④ 사용자는 2년이 경과한 후에는 해고의 예고를 한 후 당해 근로계약을 해지할 수 있다.

⑤ 근로계약기간을 정한 경우 그 기간이 만료함에 따라 사용자의 해고조치 없이도 근로관계는 종료된다.

≪**해설**≫ ①②③⑤ 대판(전) 1996. 8. 29, 95다5783. ④ 근로관계의 종료시기가 당사자에게 이미 알려져 있으므로 해고예고제도는 적용되지 아니한다. 즉 근로계약기간을 정한 경우 그 기간이 만료함에 따라 사용자의 해고예고 등의 조치 없이도 근로관계는 당연히 종료된다.

24. 시용기간부 근로계약의 법적 성질에 관한 대법원 판례의 태도는?

① 근로계약체결과정설 ② 정지조건부근로계약설
③ 해제조건부근로계약설 ④ 해약권유보근로계약설
⑤ 근로계약체결설

≪**해설**≫ 대판 1991. 5. 31, 90가합18673.

25. 명시된 근로조건이 사실과 상위한 때에는 근로자에게 일정한 권리가 생기는데

▌해답▌ 23. ④ 24. ④ 25. ③

다음 중 틀린 것은?

① 계약해제권 ② 손해배상청구권 ③ 부당노동행위구제
④ 귀향여비청구권 ⑤ 형사고발

≪해설≫ 근로조건을 명시하여야 하는데 명시된 근로조건이 사실과 상위가 있을 때에는 i) 근로자는 근로계약을 즉시 해제할 수 있을 뿐 아니라, ii) 근로조건위반에 대한 손해의 배상은 청구할 수 있으며, iii) 사용자는 취업을 목적으로 거주를 변경하는 근로자에게 귀향여비를 지급하여야 한다(근로기준법 제19조).

26. 근로조건의 명시의무 대상 중 반드시 문서로 명시해야 하는 것은 몇 개인가?

㉮ 임금의 구성항목 · 계산방법 및 지급방법 ㉯ 소정근로시간 ㉰ 휴 일 ㉱ 연차유급휴가 ㉲ 법정근로시간 ㉳ 휴 게

① 2개 ② 3개 ③ 4개 ④ 5개 ⑤ 6개

≪해설≫ 근로기준법 제17조 후단.

27. 다음 중 근로계약에 관한 판례의 입장과 다른 것은?

① 해외파견후 일정한 기간 동안 복무하지 아니하는 경우 해외파견에 소요된 경비 기타 손해를 배상한다는 단체협약상의 규정은 근로기준법에서 금지한 위약예정이 아니다.

② 노동위원회에 대한 손해배상은 근로계약에 명시된 근로조건이 취업 후 사실과 다른 경우에 한하여 청구할 수 있으며, 부당해고 · 부당노동행위 등 근로관계에서 발생하는 손해배상청구 전반에 대하여 인정되는 것은 아니다.

③ 구체적인 전직금지약정이 없는 경우 부정경쟁방지 및 영업비밀보호에 관한 법률 제10조 제1항에 의한 침해행위의 금지 또는 예방조치로서 전직한 회사에서 관련 업무에 종사하는 것을 금지시킬 수 없다.

④ 시용중의 근로관계는 일종의 해약권이 유보된 근로관계로서, 시용기간 중의 해고는 유보해약권의 행사이다.

⑤ 근로계약에 따른 근로제공은 단순히 임금획득만을 목적으로 하는 것이 아니라 자아실현, 기술습득, 능력향상 및 원만한 인간관계의 형성 등 자아의 인격을 실현하고 있다.

해답 26. ③ 27. ③

≪**해설**≫ ① 대판 1992.2.25, 91다37263. ② 대판 1989.2.28, 87누496. ③ 근로자가 전직한 회사에서 영업비밀과 관련된 업무에 종사하는 것을 금지하지 않고서는 회사의 영업비밀을 보호할 수 없다고 인정되는 경우에는 구체적인 전직금지약정이 없다고 하더라도 부정경쟁방지 및 영업비밀보호에 관한 법률 제10조 제 1 항에 의한 침해행위의 금지 또는 예방 및 이를 위하여 필요한 조치 중의 한가지로서 그 근로자로 하여금 전직한 회사에서 영업비밀과 관련된 업무에 종사하는 것을 금지하도록 하는 조치를 취할 수 있다(대판 2003.7.16, 2002마4380). ④ 대판 1991.5.31, 90가합18673. ⑤ 대판 1996.4.23, 95다6823.

28. 임금에 관한 설명 중 틀린 것은 어느 것인가? 〈1회 공인노무사〉

① 사용자는 임금에 갈음하여 현물로 지급할 수 있다.

② 상여금과 퇴직금도 임금의 일종이다.

③ 대기근로시간에 대하여도 임금을 지급해야 한다.

④ 임금은 최소한 매월 1회 이상 일정 기일에 지급해야 한다.

⑤ 정당한 직장 폐쇄기간에 대하여는 임금을 지급하지 않아도 좋다.

≪**해설**≫ ①④ 임금지급의 4대원칙은 i) 직접지불의 원칙, ii) 전액지불의 원칙, iii) 통화지불의 원칙, iv) 매월 1회 이상 정기일지불의 원칙 등인바, ①은 통화불원칙에 반하는 현물급여(Truck System)가 금지되므로 틀린다. ② 근로의 대가로 정기적·제도적으로 지급하는 것으로 근로기준법상의 임금이다. ③ 대기기간은 휴게시간이 아니므로 근로의 대가로 임금이 지급되어야 한다. ⑤ 직장폐쇄의 효과로서 사용자는 임금지급의무가 없다.

29. 임금에 관한 기술로서 잘못된 것은? 〈25회 사시변형〉

① 퇴직급여제도를 설정함에 있어서 하나의 사업 내에 차등을 두어서는 아니 된다.

② 평균임금이 노동자의 통상임금보다 저액일 경우에는 그 통상임금을 평균임금으로 한다.

③ 근로자가 퇴직한 경우에는 14일 이내에 임금, 퇴직금, 보상금 기타 일체의 금품을 지급하여야 한다.

④ 임금, 퇴직금은 사용자의 총재산에 대하여 질권, 저당권에 의하여 담보된 채권보다도 우선한다.

⑤ 근로자퇴직급여보장법 제11조 제 3 항의 퇴직금은 계속근로연수 1년에 대하여 30일분의 평균임금으로 계산한 금액으로 한다.

≪**해설**≫ ① 근로자퇴직급여보장법 제 4 조 제 2 항. ② 근로기준법 제 2 조 제 2 항. ③ 동법 제36조 및 근로자퇴직급여보장법 제 9 조. ④ 임금·퇴직금·재해보상금 기타 근로관계로 인한 채권은 질권·저당권에 의하여 담보된 채권보다는 우선하

┃해답┃ **28.** ① **29.** ④

지 못한다. 다만, 최우선임금채권은 담보부채권보다 우선하여 변제되어야 한다(동법 제38조 및 근로자퇴직급여보장법 제11조). ⑤ 근로자퇴직급여보장법 제11조 제 3 항.

30. 다음 평균임금의 산정방법에 관한 설명 중 타당하지 아니한 것은?

① 평균임금은 산정사유가 발생한 날 이전 3개월간의 임금총액을 3월간의 총일수로 나눈 금액을 말한다.

② 취업 후 3월 미만인 근로자에 대하여는 노동부장관이 별도로 정한다.

③ 일용근로자에 대하여는 노동부장관이 별도로 정한다.

④ 일반적으로 평균임금을 산정할 수 없을 경우에는 노동부장관이 별도로 정한다.

⑤ 평균임금이 통상임금보다 저액일 때는 통상임금을 평균임금으로 한다.

≪**해설**≫ ① 근로기준법 제 2 조 제 1 항 제 6 호 전단, ③ 근로기준법시행령 제 3 조, ④ 근로기준법시행령 제 4 조, ⑤ 근로기준법 제 2 조 제 2 항, ② 취업 후 3월 미만인 근로자에 대하여는 ①에 준하여 결정한다(근로기준법 제 2 조 제 1 항 제 6 호 후단).

31. 도급사업의 직상수급인의 임금지급의무를 설명한 것으로 옳은 것은?

① 언제나 하수급인만이 임금지급의무를 진다.

② 직상수급인도 하수급인과 함께 공동으로 임금지급의무를 진다.

③ 하수급인의 파산의 경우만 직상수급인은 임금지급의무를 진다.

④ 직상수급인에게 귀책사유가 있을 때만 임금지급의무가 있다.

⑤ 직상수급인의 귀책사유와 하수급인의 파산의 경우만 직상수급인은 임금의무를 진다.

≪**해설**≫ 근로기준법 제44조 제 1 항의 취지는 도급사업에 있어서 하수급인에게 고용된 근로자에 대하여 당해 사용자인 하수급인이 임금을 지급할 수 없을 때 그것이 직상수급인의 귀책사유로 인한 때에는 직상수급인도 하수급인과 연대하여 임금지급의 의무를 부담한다.

32. 다음 중 최저임금법상 최저임금의 적용제외 근로자가 아닌 자는?

① 선 원

② 가사사용인

③ 동거의 친족만을 사용하는 사업

④ 근로자를 1인 사용하는 사업

⑤ 정신 또는 신체의 장애로 근로능력이 현저히 낮은 자

▌해답▌ **30.** ② **31.** ④ **32.** ④

≪해설≫ ① 최저임금법 제 3 조 제 2 항. ②③ 최저임금법 제 3 조 제 1 항 단서. ④ 최저임금법은 근로자를 사용하는 모든 사업 또는 사업장에 적용하는 것이 원칙이다(최저임금법 제 3 조 제 1 항 본문 참조). ⑤ 이 경우 사용자는 대통령령이 정하는 바에 의하여 노동부장관의 인가를 받아야 한다(최저임금법 제 7 조).

33. 최저임금법상의 최저임금에 관한 설명 중 틀린 것은? 〈2회 공인노무사 변형〉

① 최저임금은 근로자의 생계비 등을 고려하여 사업의 종류별로 구분하여 정할 수 있다.

② 노동부장관은 최저임금을 결정한 때에는 1개월 이내에 그 내용을 고시하여야 한다.

③ 사용자는 최저임금을 이유로 종전의 임금수준을 낮추어서는 안된다.

④ 최저임금의 적용을 받는 근로자와 사용자 사이의 근로계약 중 최저임금액에 미치지 못하는 금액을 임금으로 정한 부분은 무효로 한다.

⑤ 노동부장관은 매년 8월 5일까지 최저임금을 결정하여야 한다.

≪해설≫ ① 최저임금법 제 4 조 제 1 항. ② 노동부장관은 최저임금을 결정한 때에는「지체없이」그 내용을 고시하여야 한다(동법 제10조 제 1 항). ③ 동법 제 6 조 제 2 항. ④ 동조 제 3 항. ⑤ 동법 제 8 조 제 1 항.

34. 최저임금법상 최저임금의 결정기준과 관련이 없는 것은? 〈34회 사시〉

① 사용자의 지불능력 ② 소득분배율 ③ 근로자의 생계비

④ 유사근로자의 임금 ⑤ 노동생산성

≪해설≫ 최저임금은 i) 근로자의 생계비, ii) 유사근로자의 임금, iii) 노동생산성, iv) 소득분배율 등을 고려하여 정한다. 이 경우 사업의 종류별로 구분하여 정할 수 있는데, 사업의 종류별 구분은 최저임금위원회의 심의를 거쳐 노동부장관이 정한다(동법 제 4 조).

35. 다음 중 최저임금법에 대하여 틀린 것은? 〈2회 공인노무사〉

① 이 법은 근로자를 사용하는 모든 사업 또는 사업장에 적용한다.

② 이 법은 선원법의 적용을 받는 선원 및 선박의 소유자에게도 적용한다.

③ 이 법은 근로자의 생활안정을 도모함에 있다.

④ 이 법은 근로자에 대하여 노동력의 질적 향상을 기함으로써 국민경제의 건전한 발전에 이바지하게 함을 목적으로 한다.

⑤ 사용자는 이 법에 의한 최저임금을 이유로 종전의 임금 수준을 낮추어서는 안된다.

≪해설≫ ① 최저임금법 제 3 조 제 1 항. ② 동조 제 2 항. ③④ 근로자에 대하여

해답 33. ② 34. ① 35. ②

임금의 최저수준을 보장하여 근로자의 생활안정과 노동력의 질적향상을 꾀함으로써 국민경제의 건전한 발전에 이바지하는 것을 목적으로 한다(동법 제1조). ⑤ 동법 제6조 제2항.

36. 취업규칙에 매달의 근무에 대한 임금을 당해월의 말일에 지급하도록 규정하고 있는 경우 임금지급에 관한 설명 중 타당하지 아니한 것은?

① 근로자는 어느 달의 15일에 1달분의 가불을 신청할 수 있다.

② 사용자는 근로자의 처에게 임금을 지불하여도 반드시 법령에 위배되는 것은 아니다.

③ 임시로 지급되는 수당은 어느 달의 15일에 지급하여도 무방하다.

④ 비상한 경우에는 근로자가 어느 달의 15일에 1달분의 임금을 신청할 수 있다.

⑤ 조합비의 사전공제는 임금전액불의 원칙에 위배되는 것은 아니다.

≪**해설**≫ ① 사용자가 임의로 가불금을 지급하는 것은 허용된다. ② 사자(예컨대 처)에 대한 임금지급은 직접불 원칙에 반하지 않는다. ③ 법령에 의하여 임시로 지급되는 수당은 정기일불 원칙에 반하지 않는다. ④ 어느 달의 15일에 이미 제공된 기왕의 근로에 대한 임금, 즉 15일 간의 임금만을 청구할 수 있다(근로기준법 제45조 참조). ⑤ 조합비공제제도(Check-off System)는 단체협약에 의하여 상계가 허용되므로 전액불 원칙에 반하지 않는다.

37. 임금지급원칙 중에서 틀린 것은? 〈17·28회 사시〉

① 전액불 ② 직접불 ③ 통화불

④ 일시불 ⑤ 일정기일불

≪**해설**≫ 임금은 i) 통화로, ii) 직접 근로자에게, iii) 그 전액을 지급하여야 한다. 또한 임금은, iv) 매월 1회 이상 일정한 기일을 정하여 지급하여야 한다(근로기준법 제43조).

38. 다음 임금지급의 원칙에 관한 설명 중 옳은 것과 틀린 것의 조합이 맞는 것은 무엇인가?

㉮ 임금채권을 제3자에게 양도한 경우에도 압류된 경우를 제외하고는 근로자에게 임금이 직접 지급되어야 한다.

㉯ 임금이 초과지급되어 이를 차기임금에서 정산·공제하는 것은 전액불의 원칙에 위배되지 아니한다.

㉰ 선원의 경우 다른 자에게 임금을 지급하여도 반드시 직접불의 원칙에 위배되는 것은 아니다.

해답 36. ④ 37. ④ 38. ⑤

㉱ 사용자는 근로자의 퇴직금에 대하여 자신이 근로자의 불법행위로 인한 채권과 이를 상계할 수 없다. ㉲ 법령 또는 단체협약에 의하는 경우 근로자에게 임금이 직접 지급되지 아니하여도 무방하다.

① ㉮(○)㉯(○)㉰(×)㉱(○)㉲(×) ② ㉮(×)㉯(×)㉰(○)㉱(○)㉲(○)
③ ㉮(○)㉯(×)㉰(○)㉱(○)㉲(○) ④ ㉮(○)㉯(○)㉰(○)㉱(×)㉲(○)
⑤ ㉮(○)㉯(○)㉰(○)㉱(○)㉲(×)

≪**해설**≫ ㉮ 대판 1988.12.13, 87다카2803. ㉯ 대판 1995.6.29, 94다18553. ㉰ 선원법 제61조 단서. ㉱ 대판 1976.9.28, 75다1768. ㉲ 직접불의 원칙은 근로기준법상 예외가 없다(근로기준법 제43조 제 1 항).

39. 임금의 지불방법에 관한 다음 기술 중 옳은 것은?

① 현물급여는 원칙적으로 금지되나 어음·수표 등은 무방하다.
② 임금은 근로자에게 직접 지불하나 부모에게 지급하는 것도 무방하다.
③ 임금채권을 근로자에 대한 손해배상액과 상쇄하지 못한다.
④ 조합비 사전공제(Check-off)는 임금의 전액불의 원칙에 위반된다.
⑤ 기업의 경영난이나 불가항력에 의한 휴업의 경우에도 채무불이행이 되며 민사상 손해배상의 책임을 부담한다.

≪**해설**≫ ① 회사주식·어음·수표에 의한 임금지급은 금지되나 은행지급 보통수표(자기앞수표)로 지급하는 것은 허용된다(다수설). ② 법정대리인(친권자·후견인)·임의대리인에 대한 임금지급은 금지되나 사자에게 지급하는 것은 허용된다(다수설). ③ 사용자는 근로자에 대한 불법행위·채무불이행으로 인한 손해배상채권 등과 임금을 상계할 수 없다(다수설·판례). ④ 법령·단체협약에 의한 임금의 일부공제가 허용되므로, 조합비 사전공제제도(Check-off System)에 의한 공제가 허용된다(다수설·판례). ⑤ 사용자의 경영상의 장애로 휴업한 경우 휴업수당(평균임금의 70% 이상)을 지급할 책임을 진다(근로기준법 제46조).

40. 임금전액지불의 원칙에 대한 예외로써 틀린 것은?

① 갑종근로소득세 공제 ② 국민저축금 공제
③ 보험료 공제 ④ 채권상계
⑤ 조합비 공제

≪**해설**≫ ①②③⑤는 임금지불전 사전공제가 가능하다. ④ 사용자는 근로자에 대한 채권 또는 채무불이행으로 인한 손해배상채권을 가지고 임금채권에 대하여 상계할 수 없다.

▌해답▌ **39.** ③ **40.** ④

41. 근로기준법령상 임금의 정기급원칙의 예외 중 틀린 것은?

① 정근수당　② 근속수당　③ 능률수당 및 상여금
④ 임　금　⑤ 장려가급

≪**해설**≫ 근로기준법 제43조 제 2 항의 정기불의 원칙에 대한 예외로써 동법시행령은 1월을 초과하는 임시로 지급하는 임금·수당의 범위를 규정하고 있는 바, 이에 따르면 i) 1월을 초과하는 기간의 출근성적에 의하여 지급되는 정근수당, ii) 1월을 초과하는 일정기간의 계속근무에 대하여 지급되는 근속수당, iii) 1월을 초과하는 기간에 걸친 사유에 의하여 산정되는 장려가급, 능률수당 또는 상여금 및 기타 수당으로 되어 있다.

42. 다음 임금에 관한 최근의 판례 및 법령 중 타당하지 아니한 것은?

① 근로자가 평균임금의 산정기간 동안에 고의로 시간외근로를 하여 평균임금수준을 높이는 것은 불합리하므로 동 기간을 평균임금의 산정기간에서 제외하여야 한다.
② 임금채권을 제 3 자에게 양도하는 경우에도 민사소송법상의 임금채권의 압류에 해당하는 경우가 아니라면 사용자는 근로자에게 임금을 전액 지급하여야 한다.
③ 계산착오 등으로 임금이 초과지급 되었다면 초과임금의 반환청구권을 자동채권으로 하여 임금을 공제할 수 있다.
④ 근로자가 아닌 이사 등 임원에 대한 퇴직금은 일반채권의 시효규정이 적용되므로 그 소멸시효는 10년이다.
⑤ 사용자의 귀책사유로 인한 휴업기간 중에 근로자가 임금의 일부를 받은 경우에는 휴업기간 중에 해당되는 평균임금에서 이미 지급된 임금을 뺀 나머지 금액에 100분의 70을 곱하여 휴업지불액을 산정한다.

≪**해설**≫ ① 대판 1995. 2. 28, 94다8631. ② 대판 1988. 12. 13, 87다카2803. 임금을 '직접'지급하여야 한다. ③ 대판 1995. 6. 29, 94다18553. ④ 대판 1988. 6. 14, 87다카2268. ⑤ 근로기준법시행령 제26조 본문.

43. 다음 임금채권에 관한 설명 중 타당하지 아니한 것은?

① 임금채권의 최우선변제의 범위는 1989년 3월 29일 이후의 임금·퇴직금 및 재해보상금이다.
② 퇴직금의 경우 최종 3년간의 퇴직금만 최우선변제가 인정된다.
③ 우선변제되는 사용자의 총재산에 사용자가 제 3 자에게 처분한 재산은 포함되지 아니하나, 사용자의 제 3 자에 대한 채권은 포함된다.

해답 41. ④ 42. ② 43. ④

④ 해고무효확인의 소를 제기한 경우에도 임금채권의 소멸시효가 중단되는 것은 아니다.

⑤ 사용자가 재산을 취득하기 전에 이미 설정된 담보권에 대하여도 우선변제권이 인정되지 아니한다.

≪**해설**≫ ① 근로기준법 제38조 및 부칙. ② 대판 1995.7.25, 94다54474. ③ 대판 1994.12.27, 94다19242. ④ 소멸시효는 i) 청구(특히 재판상의 청구), ii) 압류·가압류·가처분, iii) 승인 등이 있는 경우에 중단된다(민법 제168조)(대판 1994.5.10, 90다21606). ⑤ 대판 1994.1.11, 93다30938.

44. 임금채권보장법에 의한 임금채권의 보호에 관한 설명 중 타당하지 아니한 것은?

① 임금채권은 사업주가 파산 등의 사유에 해당하는 경우에 노동부장관이 근로자에게 직접 지급된다.

② 미성년자인 근로자는 법정대리인의 동의를 얻어 직접 임금채권의 지급을 청구할 수 있다.

③ 임금채권의 지급대상은 근로기준법 제38조 제 2 항에 의한 임금채권의 최우선변제가 인정되는 임금·퇴직금 및 휴업수당(최종 3월분에 한함)이다.

④ 임금채권보장법은 산업재해보상보험법이 적용되는 사업장에 적용된다.

⑤ 노동부장관이 체당금을 지급한 경우 당해 사업주에 대한 당해 근로자의 미지급 임금 및 퇴직금청구권을 대위한다.

≪**해설**≫ ② 미성년자인 근로자는 독자적으로 체당금의 지급을 청구할 수 있다(동법 제11조 제 3 항 참조).

45. 다음 각종 청구권의 소멸시효가 3년이 아닌 것은?

① 임금채권 ② 이사의 퇴직금 ③ 각종 수당
④ 연차유급휴가수당 ⑤ 산업재해보상

≪**해설**≫ ② 이사의 퇴직금청구권의 소멸시효는 10년이며, 나머지는 모두 3년이다. 연차유급휴가청구권의 소멸시효는 1년이나, 연차유급휴가수당청구권의 소멸시효는 3년임에 주의하여야 한다.

46. 다음 휴업수당에 관한 설명 중 타당하지 아니한 것은?

① 사용자가 민법상의 고의, 과실 등이 없는 경우에도 사용자의 경영상의 이유로 행한 휴업의 경우 휴업수당을 지급하여야 한다.

② 근로자의 부분파업의 경우 사용자가 휴업수당을 지급하여야 하는지에 대하여 견해가 나뉘고 있다.

┃해답┃ **44.** ② **45.** ② **46.** ③

③ 휴업수당의 액수는 통상임금의 100분의 70 이상이 원칙이나, 동 금액이 평균임금을 초과하는 경우에는 평균임금을 지급할 수 있다.

④ 부득이한 사유로 노동위원회의 승인을 얻는 경우에는 통상의 휴업수당에 미달하는 휴업수당을 지급할 수 있다.

⑤ 부득이한 사유로 휴업수당지급을 감면받고자 하는 경우 그 입증책임은 사용자가 부담한다.

≪**해설**≫ ③ 통상임금과 평균임금이 서로 바뀌고 있다(근로기준법 제46조 제1항 단서 참조).

47. 다음 중 평균임금의 계산에서 제외되는 기간 및 임금에 해당되지 아니하는 것은?

① 수습기간 ② 휴업기간 ③ 산전・후 휴가기간
④ 쟁의행위기간 ⑤ 시간외근로기간

≪**해설**≫ 근로기준법시행령 제2조 참조.

48. A회사는 자신이 담당하는 건축공사 중 외장사업을 B회사에게 하도급하면서, 원자재공급을 하기로 약속하였다. A회사는 약속된 원자재공급을 B에게 이행하지 아니하여, B회사는 도급을 완성하지 못하였으므로 B에게 고용된 근로자에게 임금을 지급하지 못하였다. 이 경우 근로자의 임금보호에 관한 설명 중 타당하지 아니한 것은?

① A회사는 근로기준법 제44조의 직상수급인의 개념에 포함된다.

② 근로자는 A 또는 B에게 동시에 또는 어느 하나를 선택하여 임금을 청구할 수 있다.

③ A가 원자재공급을 하지 못한 것은 근로기준법 제44조에 규정된 귀책사유에 포함된다.

④ A와 B는 근로자에 대하여 연대책임을 지며, A는 B에게 임금지급을 먼저 청구할 것을 항변할 수 없다.

⑤ A회사가 만일 C회사로부터 당해사업을 하도급받은 것인 때에는 C회사도 연대책임을 부담한다.

≪**해설**≫ ④ 연대채무의 경우 보증채무와 달리 최고・검색의 항변권(민법 제437조)을 갖지 아니한다. ⑤ C회사는 직상수급인이 아니므로 연대책임을 부담하지 아니한다. 즉 도급이 1차에 걸쳐 행하여지든 수차에 걸쳐 행하여지든 이를 묻지 않고 「직상수급인」이 연대책임을 지도록 하는 것으로 본다(다수설). 이 경우 직상수급인은 상시 5인 미만의 근로자를 사용하는 경우라도 근로기준법 제44조가 적용된다고 본다(근기 68207-396, 94.3.8).

해답 47. ⑤ 48. ⑤

49. 사용자의 직장폐쇄가 법률에 비추어 정당한 경우에 임금 및 휴업수당은?

① 사용자는 휴업수당의 50%를 지급해야 한다. 〈34회 사시〉

② 사용자는 통상임금이나 휴업수당 어느 것도 지급할 필요가 없다.

③ 사용자는 통상임금을 전액 지급해야 한다.

④ 사용자는 통상임금의 50%를 지급해야 한다.

⑤ 사용자는 통상임금을 지급할 필요가 없으나 휴업수당을 지급해야 한다.

≪**해설**≫ 직장폐쇄가 적법한 경우 사용자는 임금지급의무나 휴업수당지급의무를 부담하지 아니한다(통설・판례). 직장폐쇄가 위법한 경우 i) 휴업수당을 지급해야 한다는 견해(하갑래, 이병태; 기준 1455.9－11349, 69.10.30), ii) 채무불이행에 기한 임금 전액의 지급의무가 있다는 견해(김형배, 이상윤)가 있다.

50. 다음 중 근로시간에 관한 설명 중에서 타당하지 아니한 것은?

① 근로시간은 종업시간에서 시업시간을 뺀 시간에서 휴게시간을 공제한 시간을 말한다.

② 근로시간은 근로자가 사용자의 지휘・감독아래 근로를 제공하는 시간을 말한다.

③ 취업규칙에는 시업시간 및 종업시간을 반드시 기재하여야 한다.

④ 출장으로 인하여 근로시간의 산정이 곤란한 때에는 1일 8시간 근로한 것으로 본다.

⑤ 근로를 실제로 제공하지 아니하는 대기시간도 근로시간에 포함된다.

≪**해설**≫ 근로자가 출장 기타의 사유로 근로시간의 전부 또는 일부를 사업장 밖에서 근로하여 근로시간을 산정하기 어려운 때에는 「소정근로시간」을 근로한 것으로 본다. 다만 당해 업무를 수행하기 위하여 통상적으로 소정근로시간을 초과하여 근로할 필요가 있는 경우에는 그 업무의 수행에 통상 필요한 시간을 근로한 것으로 본다(근로기준법 제58조 제 1 항).

51. 다음 근로시간에 관한 최근 판례 및 법령 중 타당하지 아니한 것은?

① 실근로에 부수된 작업이 사용자의 지휘・명령하에 행하여지는 경우 이에 소요되는 시간은 근로시간에 포함된다.

② 갱내에서의 식사・휴식시간 및 입・출갱 소요시간은 근로시간에 포함된다.

③ 근로기준법 제53조에서 당사자간의 합의에 따라 근로시간을 연장하는 경우 당사자로서 근로자 개인의 개별적 합의가 원칙이다.

④ 당사자간에 약정한 소정근로시간이 1일 6시간인 경우 1일 6시간을 초과하여 근무하여도 1일 8시간의 법정근로시간에 미달하는 경우에는 연장근로

▌해답▌ **49.** ② **50.** ④ **51.** ②

수당이 지급되지 아니한다.

⑤ 월차유급휴가를 사용하지 아니하고 1년이 경과하는 경우 월차유급휴가청구권은 소멸하나, 월차유급휴가기간중의 임금청구권까지 소멸하는 것은 아니다.

≪**해설**≫ ① 대판 1993.9.28, 93다3363. ② 대판 1994.12.23, 93다53276. 근로시간에 포함되지 아니한다. ③ 대판 1995.2.10, 94다19228. ④ 대판 1991.6.28, 90다카14758. ⑤ 대판 1996.2.9, 94다26561.

52. 탄력적 근로시간제도에 관한 설명 중 타당하지 아니한 것은?

① 2주 48시간제도와 3월 52시간제도 모두 1주 평균 근로시간이 40시간을 초과하여서는 아니된다.

② 어느 주의 근로시간이 1주 40시간 또는 1일 8시간을 초과하여도 연장근로수당을 지급하지 아니한다.

③ 당사자의 합의에 의하여 1주 12시간을 한도로 근로시간을 연장할 수 있다.

④ 특별한 사정이 있는 경우 ③에 의하여 1주 12시간이 연장된 근로시간을 재연장할 수 있다.

⑤ ④의 경우 노동위원회의 승인을 얻어야 한다.

≪**해설**≫ 노동부장관의 인가와 근로자의 동의를 얻어야 한다(근로기준법 제53조 제 3 항).

53. 선택적 근로시간제도에 관한 설명 중 타당하지 아니한 것은?

① 1월간의 정산기간을 평균하여 1주의 근로시간이 40시간을 초과할 수 있다.

② 1일의 근로시간은 8시간을 초과하여서는 아니된다.

③ 선택적 근로시간제를 운영하는 경우에도 당사자의 합의에 의하여 1주 12시간을 한도로 근로시간을 연장할 수 있다.

④ 근로기준법 제53조 제 3 항의 특별한 사정이 있는 경우 ③에 의하여 1주 12시간이 연장된 근로시간을 재연장할 수 있다.

⑤ 15세 이상 18세 미만의 근로자에게는 적용되지 아니한다.

≪**해설**≫ 선택적 근로시간제를 채택하는 경우 1월 이내의 정산기간을 평균하여 1주간의 근로시간이 40시간을 초과하지 아니하는 범위 안에서 1주간에 40시간을, 1일에 8시간을 초과하여 근로하게 할 수 있다(근로기준법 제52조).

54. 다음 중 연소근로자 및 여성근로자의 근로시간에 관한 설명 중 타당하지 아니한 것은?

❙해답❙ 52. ⑤ 53. ② 54. ①

① 18세 미만의 연소근로자 및 임신중인 여성근로자에게는 탄력적 근로시간제도 및 선택적 근로시간제도는 적용되지 아니한다.
② 연소근로자의 기준근로시간은 1일 7시간, 1주 40시간이 원칙이나, 1일 1시간, 1주 6시간 한도에서 연장가능하다.
③ 여성근로자의 기준근로시간은 1일 8시간, 1주 40시간이 원칙이나, 1일 2시간, 1주 6시간, 1년 150시간 한도에서 연장가능하다.
④ 임산부 및 18세 미만의 연소근로자의 야간근로 및 휴일근로는 금지되나, 근로자의 동의와 노동부장관의 인가를 얻은 경우에는 가능하다.
⑤ 임신중인 여성의 경우 노동부장관의 인가를 얻고 당사자가 명시적으로 정구하는 경우에 한하여 야간근로 및 휴일근로가 인정된다.

≪**해설**≫ ① 임신중인 여성근로자의 경우 선택적 근로시간제도가 적용될 수 있다(근로기준법 第52조).

55. 다음 중 시간외근로수당이 지급되는 경우는?

① 탄력적 근로시간제도　② 선택적 근로시간제도
③ 재량적 근로시간제도　④ 위험 · 유해작업의 연장근로
⑤ 교대제 근로제도

≪**해설**≫ ①②③ 1일 8시간을 초과하여 연장근로하여도 연장근로수당이 지급되지 아니한다. ④ 연장근로가 인정되지 아니한다. 따라서 ⑤가 정답이다.

56. 다음 단시간근로자에 관한 설명 중 타당하지 아니한 것은?

① 단시간근로자의 근로조건은 단시간 근로자와 당해 사업장의 동종업무에 종사하는 통상근로자의 근로시간을 상호 비교하여 그 비율대로 결정한다.
② 1주평균 소정근로시간이 15시간 이상인 단시간근로자에게는 퇴직금 · 유급휴일 · 연차유급휴가를 주어야 한다.
③ 단시간근로자에게만 적용되는 취업규칙을 별도로 작성하여서는 아니된다.
④ 단기간근로자가 차별적 처우를 받은 경우 노동위원회에 그 시정을 신청할 수 있다.
⑤ 단시간근로자의 임금산정단위는 시간급을 원칙으로 한다.

≪**해설**≫ ③ 단시간근로자에게만 적용되는 별도의 취업규칙을 작성할 수 있다.

57. 다음 재량적 근로시간제에 관한 설명 중 타당하지 아니한 것은?

① 사용자가 근로자대표와 서면합의를 정한 시간을 근로한 것으로 본다.

▌해답▌ 55. ⑤　56. ③　57. ③

② 업무의 성질에 비추어 업무수행방법을 근로자의 재량에 위임할 필요가 있는 업무에 해당되어야 한다.
③ 사용자는 전반적인 업무의 수행수단 및 시간 배분 등에 관하여 근로자에 대하여 지시할 수 있다.
④ 주로 전문직 근로자에게만 인정된다.
⑤ 대상업무는 대통령령으로 정한 업무 중에서 사용자가 근로자대표와 서면 합의로 정한다.

≪**해설**≫ ③ 사용자는 업무의 수행수단 및 시간배분 등에 관하여 근로자에게 구체적인 지시를 하여서는 아니된다(근로기준법 제58조 제3항 참조).

58. 다음의 근로기준법상의 근로시간과 휴식에 관한 규정이 적용되지 않는 사업과 근로자 중 틀린 것은?

① 경작·개간·식물의 재배·채취사업 기타 농림사업
② 감시 또는 단속적으로 근로에 종사해야 할 자
③ 방위산업
④ 동물의 사육·수산동식물의 채포·양식사업 등
⑤ 대통령령으로서 정한 사업에 종사하는 근로자

≪**해설**≫ 근로기준법 제63조 참조.

59. 근로기준법 제56조의 규정에 의한 가산임금(할증임금)을 반드시 지급하지 아니하여도 되는 것은 모두 몇 개인가?

㉮ 주휴일근로 ㉯ 야간근로 ㉰ 연·월차휴가근로 ㉱ 단시간근로에 있어 소정근로시간을 초과하나 법정근로시간에 미달하는 근로 ㉲ 탄력적 근로시간제를 도입한 경우의 1일 8시간 초과근로

① 1개 ② 2개 ③ 3개
④ 4개 ⑤ 5개

≪**해설**≫ ㉰ 연차휴가시 가산임금이 지급되지 아니한다. ㉱ 단시간근로제의 경우에도 법정근로시간을 초과하는 경우에만 연장근로수당이 지급된다. ㉲ 탄력적 근로시간제도의 도입시 연장근로수당이 지급되지 아니한다.

해답 58. ③ 59. ③

60. 다음 중 시간외근로수당에 관한 설명 중 타당하지 아니한 것은?

① 근로기준법 제53조에 따라 당사자가 합의하여 연장근로를 한 경우에는 연장근로수당을 지급한다.

② 근로기준법 제59조에 따라 특별한 경우에 연장근로를 한 경우에는 연장근로수당을 지급한다.

③ 산업안전보건법 제46조의 유해·위험작업의 경우 연장근로를 한 경우에는 연장근로수당을 지급한다.

④ 탄력적 근로시간제도 및 선택적 근로시간제도를 채택한 경우에는 1주 40시간을 초과하여도 연장근로수당이 지급되지 아니한다.

⑤ 근로기준법 제69조 및 제71조에 의한 연소근로자와 18세 이상 여성의 연장근로에는 연장근로수당을 지급한다.

≪**해설**≫ 산업안전보건법 제46조의 유해·위험작업의 경우에는 연장근로를 할 수 없다.

61. 휴가제도에 관한 설명이 잘못된 것은? (개정법에 의함)

① 법정근로시간 단축에 따라 휴가일수를 국제기준에 부합하도록 합리적으로 조정하였다.

② 월차휴가는 폐지하되 연차휴가 부여일수는 ILO 기준(3주)을 참조하여 1년 근무에 15일로 하고 2년마다 1일씩 가산하되 25일을 상한으로 하였다.

③ 단기계약직 근로자를 배려하여 계속근로기간이 1년에 미달하더라도 1월당 1일의 월차유급휴가를 보장하였다.

④ 근로자가 최초 1년간 8할 이상 출근한 경우 1월당 1일의 휴가를 포함하여 총 15일의 연차휴가가 발생한다.

⑤ 개정법이 시행되더라도 종전의 근속년수는 계속 인정되며 연차휴가 산정방법만 개정법에 의하게 된다.

≪**해설**≫ 법정근로시간 단축에 따라 휴가일수를 국제기준에 부합하도록 합리적으로 조정하면서, 월차휴가는 폐지하고 연차휴가 부여일수는 ILO 기준(3주)을 참조하여 1년 근무에 15일로 하고 2년마다 1일씩 가산하되 25일을 상한으로 하였으며, 단기계약직 근로자를 배려하여 계속근로기간이 1년에 미달하더라도 1월당 1일의 연차휴가를 보장한 것이 개정법의 특징이다.

62. 다음 설명 중 맞는 것은? 〈34회 사시변형〉

① 개정법에서 월차유급휴가제도는 삭제되었으나 유럽 각국에서도 채택하고 있다.

| 해답 | **60.** ③ **61.** ③ **62.** ⑤

② 단체협약은 협약당사자의 합의로서 성립하고 효력을 발생한다.

③ 취업시간 중에 단체교섭을 하고 임금을 지급하는 것은 경비원조로서 부당노동행위가 성립한다.

④ 생리휴가제도는 여성근로자에 대한 특별보호 내용으로서 각국의 법률 또는 단체협약에 규정되어 있는 것이 일반적이다.

⑤ 긴급조정의 결정에 따른 조정과 중재는 중앙노동위원회가 행한다.

≪**해설**≫ ① 월차유급휴가는 우리나라 근로자의 근로시간이 길고 임금수준이 낮다는 점을 감안하여, i) 근로자의 심신보호 및 ii) 임금상승효과를 도모하기 위한 우리나라의 특유한 제도이었으나, 금번 개정법에서 삭제되었다. ILO나 서구 산업국가의 경우 무급주휴일과 연차유급휴가제만 시행하고 있는 것이 일반적이다. ② 노사관계법 제31조. ③ 동법 제81조 제4호 단서. ④ 생리휴가는 1941년 일본의 여자정신대규칙에서 유래하며 일본은 1947년, 우리나라는 1953년에 근로기준법에 입법화 되었으나, 법에 명시하여 보장하는 나라는 거의 없다. ⑤ 노사관계법 제78조, 제80조.

63. 연차유급휴가에 관한 설명 중 타당하지 아니한 것은?

① 연차유급휴가기간중에는 통상임금 또는 평균임금을 지급한다.

② 연차유급휴가일에 갈음하여 특정근로일에 근로자를 휴무시킬 수 있다.

③ 연차유급휴가의 총 일수가 20일을 초과하는 경우 초과일수에 대하여는 통상임금을 지급하고 휴가를 주지 아니할 수 있다.

④ 연차유급휴가는 근로자가 청구한 시기에 주는 것이 원칙이다.

⑤ 연차유급휴가기간은 평균임금의 산정기간에 포함된다.

≪**해설**≫ 연차유급휴가의 환가제는 개정법에서 삭제되었다(구 근로기준법 제59조 제2항).

64. 근로자 A는 10개월을 개근하였고, B는 2년을, C는 15년을, D는 25년을 8할 이상 출근하며 계속 근로하였다. 근로자 A, B, C, D의 연차유급휴가일수가 맞는 것은?

	A	B	C	D
①	10일	15일	22일	25일
②	10일	15일	23일	27일
③	0일	16일	22일	25일
④	0일	16일	23일	27일
⑤	9일	15일	23일	26일

해답 63. ③ 64. ①

≪**해설**≫ 1년미만 근속기간에 대해서도 매 1월간 개근시 1일의 연차휴가가 발생하므로 근로자 A는 10일, 1년간 8할 이상 출근한 근로자에 대하여는 15일의 유급휴가가 발생하며, 가산휴가는 3년 이상 계속근로한 근로자에 대하여 발생하므로 B는 15일, 1년 근무에 15일로 하고 2년마다 1일씩 가산하되 25일을 상한으로 하므로 C는 22일, D는 25일이 된다.

65. 다음 연차유급휴가에 관한 설명 중 타당하지 아니한 것은? (판례에 의함)

① 근로기간이 1년 미만인 근로자에 대하여는 연차유급휴가가 부여되지 아니하는 것이 원칙이다.

② 연차유급휴가청구권은 1년이 경과하는 경우 시효로 소멸되나, 연차유급휴가 기간 중의 임금청구권까지 소멸되는 것은 아니다.

③ 사용자의 귀책사유에 의한 휴업이나 불가항력으로 인한 휴업, 사용자에 의한 직장폐쇄 기간, 파업기간 기타 쟁의행위기간도 근로일에서 제외된다.

④ 근로자의 시기지정권은 연차휴가권을 구체화하는 것이므로 언제부터 언제까지 사용할 것인지에 관하여 특정하여야 그 효력이 발생할 수 있다.

⑤ 연차유급휴가를 신청하는 경우 사업주의 승인을 얻도록 하는 취업규칙의 내용은 근로자의 연차유급휴가가 시기지정권을 제한하고 있으므로 무효이다.

≪**해설**≫ ① 대판 1991.11.12, 91다14826. ② 대법원은 휴가사용기간(1년)이 경과한 경우 연차휴가청구권은 소멸하지만, 이때 연차휴가근로수당 청구권이 발생한다는 입장을 일관되게 유지해 오고 있다(대판 1991.6.28, 90다카14758; 대판 1991.7.26, 90다카11636; 대판 1995.6.29, 94다18553; 대판(전) 1995.12.21, 94다26721 등). ③ 사용자의 귀책사유에 의한 휴업이나 불가항력으로 인한 휴업(1983.6.23, 근기 1451-15970; 1990.1.16, 임금 32240-673), 사용자에 의한 직장폐쇄기간(다수설), 파업기간 기타 쟁의행위기간도 근로일에서 제외된다(다수설; 1990.7.13, 임금 32240-9902 등). ④ 근로자의 시기지정권의 행사방법은 단체협약 또는 취업규칙 등에 구체적인 방법 및 절차 등을 규정하는 것이 원칙이나, 이러한 규정이 없을지라도 근로자의 시기지정권은 연차휴가권을 구체화하는 것이므로 언제부터 언제까지 사용할 것인지에 관하여 특정하여야 그 효력이 발생할 수 있다(대판 1997.3.25, 96다4930; 대판 1997.3.28, 96누4220). ⑤ 사용자의 시기변경권의 행사는 구두 또는 서면의 방법으로 시기변경의 의사표시가 전달되었다면 정당한 시기변경권의 행사로 볼 수 있다(다수설). 따라서 취업규칙에 연차유급휴가를 청구하는 경우 사전에 기관장에 신청하여 승인을 얻도록 규정하고 있더라도, 이는 근로자의 시기지정권을 박탈하는 것이 아니라 사용자의 시기변경권의 적절한 행사를 위한 것이므로 유효하다고 본다(대판 1992.6.23, 92다7542).

66. 근로기준법에서 여성 및 연소자에 대한 특별보호에 해당되지 아니하는 것은?

① 갱내근로 금지 ② 야업의 원칙적 금지 〈17회 사시〉

해답 65. ⑤ 66. ④

③ 휴일근로의 원칙적 금지 ④ 비상시 지불
⑤ 도덕상·보건상 유해·위험사업에의 사용금지

≪**해설**≫ 여성과 연소자에 대한 공통된 특별보호는 i) 탄력적 근로시간제도의 금지(근로기준법 제51조), ii) 유해·위험사업에의 사용금지(동법 제65조), iii) 야간근로·휴일근로의 원칙적 금지(동법 제70조), iv) 갱내근로의 금지(동법 제72조) 등이 있다.

67. 여성과 연소근로자 보호규정이 잘못된 것은?

① 15세 미만인 자(「초·중등교육법」에 의한 중학교에 재학 중인 18세 미만인 자를 포함한다)는 근로자로 사용하지 못한다. 다만, 대통령령이 정하는 기준에 따라 노동부장관이 발급한 취직인허증을 소지한 자는 그러하지 아니하다.
② 취직인허증을 받을 수 있는 자는 13세 이상 15세 미만이어야 하나, 예술공연 참가를 위한 경우에는 13세 미만인 자라도 취직인허증을 받을 수 있다.
③ 사용자는 임신중이거나 산후 1년이 경과되지 아니한 여성(이하 「임산부」라 한다)과 18세 미만자를 도덕상 또는 보건상 유해·위험한 사업에 사용하지 못한다.
④ 사용자는 임산부가 아닌 18세 이상의 여성을 도덕상 또는 보건상 유해·위험한 사업 중 임신 또는 출산에 관한 기능에 유해·위험한 사업에 사용하지 못한다.
⑤ 사용자는 18세 이상의 여성을 오후 10시부터 오전 6시까지의 사이 및 휴일에 근로시키고자 하는 경우에는 당해 근로자의 동의만 얻으면 된다.

≪**해설**≫ ①② 최저취업연령과 취직인허증(근로기준법 제64조, 동법시행령 제35조). ③④ 사용금지업종(동법 제65조). 개정법은 임산부가 아닌 18세 이상의 여성을 사용하지 못하게 하는 요건을 완화하여 '도덕상' 유해·위험한 사업을 사용금지업종에서 제외하였다. ⑤ 야업 및 휴일근로의 제한 요건도 완화하여 18세 이상의 여성의 경우에는 노동부장관의 인가를 받을 필요가 없다(동법 제70조 제1항).

68. 임산부의 보호에 관한 설명이 잘못된 것은?

① 사용자는 임신중의 여성에 대하여 산전후를 통하여 90일의 유급보호휴가를 주어야 하며, 국가는 산전후휴가를 사용한 근로자 중 일정한 요건에 해당하는 자에 대하여는 기업의 규모에 관계없이 90일분의 산전후휴가급여를 지급하여야 한다.

▌해답▌ 67. ④ **68.** ①

② 사용자는 임신 중인 여성이 임신 16주 이후 유산 또는 사산한 경우로서 당해 근로자가 청구하는 때에는 원칙적으로 보호휴가를 주어야 한다. 다만, 인공임신중절수술(「모자보건법」 제14조 제 1 항의 규정에 의한 경우는 제외한다)에 의한 유산의 경우는 그러하지 아니하다.

③ 임신 16주 이후 유산이나 조산의 경우 모자보건법 제14조 제 1 항의 규정에 의한 경우를 제외한 인공임신중절수술에 의한 유산의 경우는 제외된다.

④ 산전후휴가 중 최초 60일은 유급으로 하되, 산전후휴가급여 등이 지급된 경우 사용자는 그 금액의 한도 안에서 지급의 책임을 면한다.

⑤ 당해 근로자의 요구가 있는 경우에는 경이한 종류의 근로로 전환시켜야 한다.

≪**해설**≫ ① 임신중의 여성이 산전후를 통하여 90일의 보호휴가를 사용한 경우 최초 60일에 대하여만 유급으로 하도록 하고 있으며(근로기준법 제74조 제 1 항 및 제 3 항), 「남녀고용평등과일 · 가정양립지원에관한법률」 제18조의 규정에 따라 고용보험법 제75조에 의한 산전후휴가급여 등이 지급된 때에는 그 금액의 한도 안에서만 지급책임을 면하게 된다(동법 제74조 제 3 항 단서). 한편, 산전후휴가급여는 대규모기업의 경우 최초 60일을 초과하는 부분에 대하여, 우선지원대상기업의 경우는 고용보험에서 90일을 부담하게 된다(고용보험법 제76조).

69. 다음 여성과 미성년자의 근로보호에 관한 사항 중 맞는 것은? 〈1회 공인노무사〉

① 미성년자는 독자적으로 임금을 청구할 수 없다.

② 산후 1년이 경과되지 아니한 여성에 대해서는 1년에 150시간의 연장근로를 시킬 수 있다.

③ 여성은 하오 6시부터 상오 10시까지의 사이에 근로를 시키지 못한다.

④ 사용자는 18세 미만자를 갱내에서 근로시켜도 무방하다.

⑤ 여성에 대해서는 월 1회의 무급생리휴가를 주어야 한다.

≪**해설**≫ ① 미성년자는 독자적으로 임금을 청구할 수 있다(근로기준법 제68조). ② 동법 제71조. ③ 임산부와 18세 미만자는 야간근로 · 휴일근로가 원칙적으로 금지되는 바, 야간근로란 하오 10시부터 상오 6시까지 사이의 근로를 말한다(동법 제70조). ④ 사용자는 여성과 18세 미만인 자를 갱내에서 근로시키지 못한다(동법 제72조). 이 경우 합의에 의한 예외가 없다. ⑤ 동법 제73조.

70. 기간제 및 단시간근로자의 보호에 관한 설명 중 타당하지 않은 것은?

① 국가 및 지방자치단체의 기관에 대하여는 상시 사용하는 근로자의 수와 관계없이 기간제근로자법이 적용된다.

② 고령자고용촉진법상의 고령자의 경우 2년을 초과하는 기간의 근로계약을

해답 69. ⑤ 70. ⑤

체결할 수 있다.

③ 단시간근로자라 함은 당해 사업장의 동종업무에 종사하는 통상근로자 보다 1주간의 소정근로시간이 짧은 근로자를 말한다.

④ 사용자는 가사·학업 그 밖의 이유로 근로자가 단시간근로를 신청하는 때에는 당해 근로자를 단시간근로자로 전환하도록 노력하여야 한다.

⑤ 기간제 또는 단시간근로자는 차별적 처우를 받은 경우 노동위원회의 조정을 받을 수 있으나, 직권중재는 허용되지 아니한다.

≪**해설**≫ ⑤ 조정, 직권중재 또는 시정명령을 한다(동법 제13조 참조).

71. 근로자에 대한 산업재해보상제도에 관한 설명 중 타당하지 아니한 것은?

① 근로기준법 및 산업재해보상보험법은 무과실책임주의를 채택하고 있으나, 민법은 과실책임주의를 원칙적으로 채택하고 있다.

② 민법 및 근로기준법은 직접지불방식, 산업재해보상보험법은 사회보험방식을 채택하고 있다.

③ 근로기준법과 산업재해보상보험법은 보상내용이 모두 동일하나, 산업재해보상보험법은 상병보상급여 및 간병급여를 추가로 규정하고 있다.

④ 근로기준법과 산업재해보상보험법의 적용대상사업장은 동일하다.

⑤ 근로자의 재해발생에 대하여 산업안전보건법은 사전적·예방적 조치에 중점을 두는 반면에, 산업재해보상보험법은 사회적·보상적 성격을 갖고 있다.

≪**해설**≫ ④ 근로기준법은 5인 이상의 사업장, 산업재해보상보험법은 근로자를 사용하는 모든 사업을 적용대상으로 하고 있다.

72. 다음 중 근로기준법상의 재해보상 중 근로자에게 중과실이 있는 경우 인정되지 아니하는 보상은?

㉮ 요양보상	㉯ 휴업보상	㉰ 장해보상
㉱ 유족보상	㉲ 장사비	

① ㉮, ㉯　　② ㉯, ㉰　　③ ㉰, ㉱
④ ㉮, ㉱　　⑤ ㉮, ㉯, ㉰, ㉱

≪**해설**≫ 근로자가 중대한 과실로 인하여 업무상 부상 또는 질병에 걸리고 또한 사용자가 그 과실에 대하여 노동위원회의 인정을 받은 경우에는 휴업보상 또는 장해보상을 행하지 아니하여도 된다(근로기준법 제81조).

73. 산업재해보상보험급여에 관한 설명 중 틀린 것은? 〈1회 공인노무사〉

▌해답▌ 71. ④ **72.** ② **73.** ⑤

① 산업재해보상보험법은 업무상 재해의 신속한 보상과 근로자의 사회복귀에 이바지한다.
② 보험가입자는 사업의 사업주이다.
③ 사업이 폐지된 경우에는 그 익일부터 보험관계가 소멸된다.
④ 도급사업에 있어서는 원칙적으로 원수급인이 보험가입자이다.
⑤ 보험급여청구는 5년으로 그 소멸시효가 완성된다.

≪**해설**≫ 보험급여를 받을 권리의 소멸시효는 「3년」이다(산업재해보상보험법 제112조).

74. 산재보험의 적용범위에 관한 내용 중 틀린 것은?

① 일반근로자 및 선원은 산업재해보상보험법이 적용된다.
② 대통령령이 정하는 중소기업사업주는 공단의 승인을 얻어 보험에 가입할 수 있다.
③ 노동부장관이 정하는 현장학습생에 대해서는 산업재해보상보험법이 적용된다.
④ 회사의 해외파견자에게도 근로복지공단의 승인을 얻어 산업재해보상보험법이 적용된다.
⑤ 사립학교 교원에 대해서는 사립학교교직원연금법이 적용된다.

≪**해설**≫ 선원의 재해보상에 관해서는 선원법 중 선원보험법이 적용되고 공무원에 관해서는 공무원연금법이 적용된다. 해외파견자(동법 제122조), 현장실습생(동법 제123조), 중소기업사업주(동법 제124조), 특수형태근로종사자(동법 제125조)에게도 산업재해보상보험법이 적용된다.

75. 산재보험의 보험관계가 성립되는 주체는?

① 사용자와 정부(공단) ② 근로자와 정부 ③ 근로자와 사용자
④ 노동조합과 사용자 ⑤ 노동조합과 정부

≪**해설**≫ 산업재해보상보험법에 의하여 사업의 사업주는 당연히 산재보험에 가입해야 하며 사용자가 보험에 가입하면 정부와 사용자간에 보험관계가 성립한다(보험료징수법 제 5 조 제 3 항).

76. 다음 중 재해보상에 관한 설명으로 틀린 것은 무엇인가?

① 근로자가 재해보상을 청구할 수 있기 위해서는 그 재해가 업무상 발생한 것이어야 한다.
② 근로자가 산업재해보상보험을 수령한 경우 그 한도 내에서 사용자에게 책

해답 74. ① 75. ① 76. ④

임이 면제된다.

③ 재해보상의 내용에는 요양보상, 휴업보상, 장해보상, 유족보상 및 장의비가 포함된다.

④ 근로자에게 중대한 과실이 있을 때에도 장해보상과 유족보상은 항상 지급되어야 한다.

⑤ 근로자의 중대한 과실이란 예컨대 근로자가 법령위반행위를 했다든가 또는 명백히 사용자의 지시나 명령에 위반한 경우 등을 말한다.

≪**해설**≫ 근로자가 중대한 과실로 인하여 업무상 부상 또는 질병에 걸리고 사용자가 그 과실에 대하여 노동위원회의 인정을 받은 경우에는 휴업보상 또는 장해보상을 행하지 아니하여도 무방하다(근로기준법 제81조).

77. 다음 중 업무상 재해에 해당하는 경우는 모두 몇 개인가?

㉮ 업무준비 중의 재해	㉯ 사후정리 중의 재해
㉰ 공휴일의 작업 중의 재해	㉱ 회사의 행사참석 중의 재해
㉲ 작업시간 중 사적행위 중의 재해	

① 1개　② 2개　③ 3개
④ 4개　⑤ 없음

≪**해설**≫ ㉲ 다만 정상집무시간 중의 사적행위라 할지라도 그것이 업무수행에 수반한 사적 행위에 의하여 생긴 재해는 업무수행상의 재해라 할 것이다.

78. 다음 중 재해보상청구권의 소멸시효는? 〈28회 사시〉

① 1년　② 2년　③ 3년
④ 5년　⑤ 10년

≪**해설**≫ 근로기준법 규정에 의한 재해보상청구권은 3년간 행사하지 아니하는 경우에는 시효로 인하여 소멸한다(근로기준법 제92조).

79. 산업재해보상보험에 가입한 사업장에서 업무상 부상을 당한 근로자가 2일만에 치료하여 회복한 경우 근로자는 어떠한 법률에 근거하여 배상을 청구할 수 있는가?

① 산업재해보상보험법　② 민 법
③ 근로기준법　④ 민법 및 근로기준법
⑤ 산업재해보상보험법 및 민법

≪**해설**≫ 산업재해보상보험법에 따르면, i) 업무상 부상, 질병이 3일 이내의 요

▎해답▎ 77. ④ 78. ③ 79. ④

양으로 치유될 수 있으면 요양급여를 지급하지 아니하며(동법 제40조 제 3 항), ii) 취업하지 못한 기간이 3일 이내이면 휴업급여를 지급하지 아니한다(동법 제52조 단서). 따라서 업무상 부상을 당한 근로자가 2일 만에 치료하여 회복한 경우 근로자는 i) 근로기준법상의 요양보상(동법 제78조), 휴업보상(동법 제79조) 또는 ii) 민법상 손해배상책임만을 물을 수 있다.

80. 산업재해보상보험법상의 보험급여에 대한 설명 중 틀린 것은? 〈2회 공인노무사〉

① 장의비는 평균임금의 90일분에 상당하는 금액으로 한다.

② 보험급여의 산정기초는 평균임금이다.

③ 유족보상일시금은 평균임금의 1,300일분에 상당하는 금액으로 한다.

④ 장해급여는 장해보상연금과 장해보상일시금으로 구분되며, 수급권자의 선택에 따라 지급된다.

⑤ 상병보상연금을 지급하는 때에는 휴업급여를 지급할 필요가 없다.

≪**해설**≫ ① 근로기준법상의 장의비는 평균임금의 90일분이지만(근로기준법 제83조), 산업재해보상보험법상의 장의비는 평균임금의 120일분이다(산업재해보상보험법 제71조 제 1 항). ② 동법 제36조 제 3 항 내지 제 7 항. ③ 동법 제62조 제 2 항 및 [별표 3]. ④ 동법 제57조 제 2 항·제 3 항. ⑤ 동법 제66조 제 1 항.

81. 근로기준법상의 재해보상의 내용에 관한 다음 설명 중 틀린 것은?

① 요양보상은 매월 1회 이상 행하여야 한다.

② 요양 중에 있는 근로자에 대하여 사용자는 근로자의 요양 중 평균임금의 100분의 60의 휴업보상을 하여야 한다.

③ 근로자가 요양개시 후 2년을 경과하여도 부상 또는 질병이 완치되지 않는 경우에는 평균임금의 1,340일분의 일시보상을 행하여 그 후의 이법에 의한 모든 배상책임을 면할 수 있다.

④ 일시보상이 행하여진 후에는 민사상의 손해배상책임이나 위자료지급 책임도 면제된다.

⑤ 요양보상채무는 부상 등이 있었던 월의 말일에 이행지체가 된다.

≪**해설**≫ ① 근로기준법 시행령 제46조. ② 근로기준법 제79조 제 1 항. ③ 동법 제84조. ④ 동법 제84조에 의해 일시보상이 행하여진 경우라도 민사상의 손해배상책임이나 위자료지급책임이 당연히 면제되는 것은 아니며, 근로기준법상의 책임만이 면제된다.

82. 다음 중 산업재해보상에 관한 판례의 입장과 다른 것은?

① 합법적으로 체류하는 외국인의 경우에만 산업재해보상보험법에 의한 보상

❙해답❙ 80. ① 81. ④ 82. ①

을 받을 수 있다.

② 산업재해보상의 '업무기인성'에 관하여 판례는 상당인과관계설을 채택하고 있다.

③ 통근방법과 경로의 선택이 근로자에게 유보되어 있는 경우 근로자의 출·퇴근중 발생한 재해는 업무상 재해로 볼 수 없다.

④ 업무상 재해로 인한 심신상실 또는 정신착란의 상태에서 자살을 한 경우 사망과 업무 사이에 업무기인성이 존재한다.

⑤ 노조활동중에 전임자가 입은 재해는 업무상 재해에 해당되나, 쟁의행위중에 근로자가 입은 재해는 업무상 재해에 해당되지 아니한다.

≪**해설**≫ ① 대판 1995. 9. 15, 94누12067. 불법체류외국인일지라도 근로기준법상의 근로자에 해당하는 경우 산업재해보상보험법상의 재반보험급여를 받을 수 있다. ② 대판 1995. 3. 14, 94누7935. ③ 대판 1994. 6. 14, 93누24155. ④ 대판 1993. 12. 24, 93누9392. ⑤ 대판 1994. 2. 22, 92누14502.

83. 산업재해보상보험법상 권리구제제도인 심사청구 및 재심사청구에 관한 설명으로 틀린 것은?

① 보험급여에 관하여 불복이 있는 자는 근로복지공단에 심사청구를 할 수 있다.

② 심사청구에 대한 결정에 불복이 있는 자는 산업재해보상보험재심사위원회에 재심사를 청구할 수 있다.

③ 보험급여에 관하여 심사청구 외에도 행정심판을 제기할 수 있다.

④ 심사청구 및 재심사청구의 제기는 시효중단에 관하여 재판상의 청구로 본다.

⑤ 이 법은 그 특수성에 비추어 행정심판법에 대한 특별법으로 제정된 것이다.

≪**해설**≫ 보험급여에 관한 심사청구 등의 규정은 일종의 행정심판에 해당하므로, 보험급여결정 등에 대하여는 행정심판법에 따른 행정심판을 제기할 수 없다(산업재해보상보험법 제103조 제 5 항).

84. 다음 기술 중 틀린 것은? 〈2회 공인노무사〉

① 취업규칙은 법령 또는 당해 사업장에 대하여 적용되는 단체협약에 반할 수 없다.

② 노동부장관은 법령 또는 단체협약에 저촉되는 취업규칙의 변경을 명할 수 있다.

③ 상시 10인 이상의 근로자를 사용하는 사용자는 취업규칙을 작성하여 노동부장관에게 신고하여야 한다.

▌해답▌ 83. ③ 84. ④

④ 사용자는 취업규칙의 작성 또는 변경에 관하여 당해 사업장에 근로자의 과반수로 조직된 노동조합이 있는 경우에도 근로자의 과반수를 대표하는 자의 의견을 들어야 한다.

⑤ 취업규칙에 정한 기준에 미달하는 근로조건을 정한 근로계약은 그 부분에 관하여는 무효로 한다.

≪**해설**≫ ① 단체협약의 준수(근로기준법 제96조 제1항). ② 취업규칙 변경명령권(동조 제2항). ③ 취업규칙의 작성·신고(동법 제93조). ④ 취업규칙의 작성·변경시 근로자의 과반수로 조직된 노동조합이 없는 경우에는 「근로자의 과반수」의 의견을 들어야 한다(동법 제94조 제1항). ⑤ 동법 제97조.

85. 취업규칙에 관한 다음 기술 중 맞는 것은? 〈1회 공인노무사〉

① 취업규칙을 작성함에 있어서 당해 사업장에 노동조합이 있는 경우에는 언제나 그 노동조합의 의견을 들어야 한다.

② 취업규칙을 변경하였을 때에는 근로자가 상시 10인 미만이 된 경우에도 이를 신고하여야 한다.

③ 상시 10인 이상의 근로자를 고용하는 사용자는 반드시 취업규칙을 작성하여 노동부장관의 허가를 받아야 한다.

④ 단체협약에서 근로시간을 1일 7시간으로 정하고 있는 경우, 취업규칙에서 1일 8시간으로 정하였을 때에는 취업규칙의 그 효력을 인정할 수 없으나 처벌을 받는 것은 아니다.

⑤ 취업규칙은 당시 사업장의 부장·과장 등의 중간관리자에게는 적용되지 않는다.

≪**해설**≫ ① 근로자의 과반수로 조직된 노동조합만이 근로자대표로서의 정당성이 인정된다(근로기준법 제94조 제1항). ②③ 취업규칙은 상시 10인 이상의 근로자를 사용하는 사용자가 작성하여 노동부장관에게 신고하도록 되어 있다(동법 제93조). ⑤ 근로기준법상의 사용자는 상대적 개념이 인정되므로 근로조건에 관하여는 중간관리자도 근로자가 된다. 따라서 모두 취업규칙의 적용을 받게 된다.

86. 취업규칙에서 근로자에 대하여 감급의 제재를 정할 경우에 있어서는 그 감액의 1회의 액이 평균임금의 1일분의 ( )을 초과하지 못하고 총액이 1임금지급기에 있어서의 임금총액의 ( )을 초과하지 못하는가?

① 반액, 10분의 1　　② 반액, 10분의 2　　③ 해당액, 10분의 1
④ 해당액, 10분의 2　　⑤ 반액, 10분의 3

≪**해설**≫ 취업규칙에서 근로자에 대하여 감급의 제재를 정한 경우에 있어서는

┃해답┃ 85. ④ 86. ①

그 감액은 1회의 액이 평균임금의 1일분의 반액을 초과하고 총액이 1임금지급기에 있어서의 임금총액의 10분의 1을 초과하지 못한다(근로기준법 제95조).

87. 다음 취업규칙에 대한 대법원의 판례 중 올바른 것은?

㉮ 취업규칙의 변경이 일부 근로자에게 유리하고 다른 근로자에게 불리한 경우 이는 불리한 변경으로 본다.
㉯ 취업규칙의 불이익변경이 기존 근로자의 동의를 얻지 못한 경우 기존 근로자에게는 적용되지 아니하나 신규근로자에게는 적용될 수 있다.
㉰ ㉯의 경우 당해 사업장 내의 취업규칙의 수는 2개이다.
㉱ 취업규칙의 불이익변경여부는 사회통념에 비추어 객관적으로 판단한다.
㉲ 취업규칙의 작성·변경시 사용자는 근로자대표의 의견에 구속된다.
㉳ 노사협의회의 근로자대표와의 합의는 근로자대표의 동의를 얻은 것으로 본다.

① ㉮, ㉯, ㉰ ② ㉮, ㉯, ㉱ ③ ㉰, ㉱, ㉲
④ ㉮, ㉱, ㉲ ⑤ ㉯, ㉱, ㉲

≪**해설**≫ ㉮ 대판 1993.12.28, 92다50416. ㉯ 대판 1992.12.22, 92다45165(상대적 무효설). ㉰ 이 경우 변경된 취업규칙 1개만 존재한다고 본다(대판 1993.6.11, 93다11876; 93다11883(병합)). ㉱ 대판 1994.5.24, 93다14493(객관설). ㉲ 근로자대표의 의견에 구속되지 않으며, 의견청취 자체를 하지 않아도 취업규칙의 작성·변경은 유효하다고 한다(대판 1994.12.23, 94누3001). ㉳ 노사협의회의 근로자위원들이 취업규칙의 불이익변경에 동의한 경우에도 동의의 효력을 인정할 수 없다(대판 1994.6.24, 92다28556).

88. 다음 근로자파견제도에 관한 설명 중 타당하지 아니한 것은?

① 파견근로자에게 임금을 지급하는 사용자는 파견사업주인 것이 원칙이나, 사용사업주의 귀책사유로 임금을 지급하지 못하는 경우에는 양자가 연대책임을 부담한다.
② 근로기준법을 적용하는 경우 파견사업주 및 사용사업주 양자를 모두 사용자로 보나, 산업안전보건법을 적용하는 경우 사용사업주를 사용자로 보는 것이 원칙이다.
③ 근로자파견사업은 제조업의 직접생산공정업무에는 적용되지 아니하나, 출산·질병·부상 등으로 결원이 생긴 경우에는 예외가 인정된다.
④ 근로자파견사업은 건설공사현장에서 이루어지는 업무에는 적용되지 아니하나 일시적·간헐적으로 인력을 확보할 필요가 있는 경우 등에는 예외

| 해답 | 87. ② 88. ④

가 인정된다.

⑤ 근로자의 파견기간은 원칙적으로 1년을 초과하지 못한다.

≪**해설**≫ ④ 근로자파견사업의 일시허용업무 대상은 업종의 제한없이 허용된다. 다만, 이러한 경우에도 편법적 남용이 우려되는 i) 건설공사현장, ii) 근로자공급사업 허가지역, iii) 선원의 업무, iv) 유해·위험한 업무 등에는 예외가 인정되지 않는다(이른바 「절대금지업무」)(파견근로자보호등에 관한 법률 제 5 조 제 3 항).

89. 파견근로자에 관한 설명 중 틀린 것은?

① 파견사업주·사용사업주·파견근로자의 합의가 있는 경우 파견기간을 연장할 수 있으며, 이 경우 1회 연장시 그 연장기간은 1년을 초과하지 못하며, 연장된 기간을 포함한 총 파견기간은 2년을 초과하지 못한다.

② 고령자고용촉진법에 의한 고령자인 파견근로자는 2년을 초과하여 근로자 파견기간을 연장할 수 있다.

③ 사용사업주는 파견근로자를 사용하고 있는 업무에 근로자를 직접 고용하고자 하는 경우에는 당해 파견근로자를 우선적으로 고용하도록 노력하여야 한다.

④ 사용사업주가 파견근로자를 직접 고용하는 경우 파견근로자의 근로조건은 사용사업주의 근로자 중 파견근로자와 동종·유사한 업무를 수행하는 근로자가 있는 경우에는 그 근로자에게 적용되는 취업규칙 등에서 정하는 근로조건에 의한다.

⑤ ④의 경우 파견근로자와 동종·유사한 업무를 수행하는 근로자가 없는 경우에는 타기업의 근로자에게 적용되는 근로조건에 의한다.

≪**해설**≫ ⑤ 이 경우 당해 파견근로자의 기존의 근로조건의 수준보다 저하되어서는 아니된다. 동법 제 6 조의2 제 3 항 참조.

90. 다음 정리해고에 관한 설명 중 타당하지 아니한 것은?

① 사용사업주는 정리해고를 한 후 일정기간이 경과하기 전에는 당해 업무에 파견근로자를 사용하여서는 아니된다.

② 사용자는 일정규모 이상의 인원을 해고하고자 할 때에는 노동위원회의 승인을 얻어야 한다.

③ 사용자는 정리해고를 하고자 하는 날의 50일 전까지 정리해고계획을 근로자대표에게 통보하여야 한다.

④ 경영악화를 방지하기 위한 사업의 양도·인수·합병은 긴박한 경영상의 필요가 있는 것으로 본다.

▌해답▌ 89. ⑤ **90.** ②

⑤ 정리해고를 한 사용자가 근로자를 해고한 날부터 3년 이내에 해고된 근로자가 해고당시 담당하였던 업무와 동일한 업무에 근로자를 채용하고자 하는 경우에는 정리해고된 근로자가 원하는 경우 우선 고용하여야 한다.

≪**해설**≫ ② 노동부장관에게 신고하여야 한다(근로기준법 제24조 제 4 항).

91. 경영상 이유에 의한 해고에 대한 설명이다. 틀린 것은?

① 합리적이고 공정한 해고기준의 설정 및 해고대상자의 선정시 남녀의 성을 이유로 차별하여서는 아니된다.

② 사용자는 1월동안에 상시 근로자수가 100인 이상 999인 이하인 사업・사업장에서 상시 근로자수의 10%이상을 해고하고자 하는 경우 최초로 해고하고자 하는 날의 30일전까지 노동부장관에게 신고하여야 한다.

③ 근로자를 해고한 사용자는 3년 이내에 근로자를 채용하고자 하는 경우 해고된 근로자의 의사여부에 관계없이 그 근로자를 우선적으로 고용하여야 한다.

④ 정부는 해고된 근로자에 대하여 생계안정・재취업・직업훈련 등 필요한 조치를 우선적으로 취하여야 한다.

⑤ 사용자가 제24조 제 1 항・제 2 항・제 3 항의 정리해고요건을 갖추어 근로자를 해고한 때에는 정당한 이유가 있는 해고를 한 것으로 본다.

≪**해설**≫ ① 근로기준법 제24조 제 2 항 단서. ② 동조 제 4 항; 동법시행령 제10조 제 1 항 참조. ③ 「해고된 근로자가 원하는 경우」에만 우선 재고용하여야 한다(제25조). ④ 제25조 제 2 항. ⑤ 제24조 제 5 항.

92. 해고의 예고 및 통보에 관한 설명 중 맞지 않는 것은? 〈34회 사시 변형〉

① 해고통보는 반드시 문서로 하여야 효력이 발생한다.

② 근로자가 근로계약을 해제한 경우에는 해고예고에 관한 규정이 적용되지 않는다.

③ 기간의 약정이 있는 근로계약에 대하여도 사용자는 해고의 예고를 하여야 한다.

④ 근로계약을 합의해제할 때에는 해고예고제도가 적용되지 않는다.

⑤ 근로자가 고의로 사업에 막대한 지장을 초래하거나 재산상의 손해를 끼친 경우에는 사용자는 해고의 예고를 할 필요가 없다.

≪**해설**≫ ③ i) 고용기간의 약정이 있는 근로계약, ii) 근로계약의 합의해제, iii) 근로자측으로부터의 해약에 대하여는 성질상 해고예고제도의 적용이 없다.

▌해답▌ 91. ③ **92.** ③

93. 다음 근로관계의 변경 및 종료에 관한 판례 중 타당하지 아니한 것은?

① 전직이나 전보는 원칙적으로 인사권자인 사용자의 권한에 속하며, 업무상 필요한 범위안에서 상당한 재량을 인정하여야 한다.

② 영업양수인은 영업양도인과 근로자 사이에 형성된 종전의 근로조건에 따라 사용자로서의 의무를 부담한다.

③ 경영해고(정리해고)의 경우 경영해고를 하지 아니하면 기업이 도산하거나 존속유지가 위태롭게 될 것이 객관적으로 인정되는 경우에 한하여 인정된다.

④ 경영해고의 경우 정규직 근로자에 우선하여 임용직 근로자 또는 단시간 근로자를 우선해고 대상으로 삼은 것은 합법적이다.

⑤ 해고예고수당은 근로제공에 관한 대가가 아니므로 근로기준법상의 임금에 해당되지 아니한다.

≪**해설**≫ ① 대판 1995.10.13, 94다52928. ② 대판 1994.3.8, 93다1589. ③ 지문의 내용은 종전의 도산회피설의 입장이다. 최근 대법원판례(대판 1993.1.26, 92누3076)는, 경영해고가 사회통념에 비추어 생산성향상, 구조조정 및 기술혁신 등 객관적·합리적이라고 인정되는 경우에는 도산회피까지 이르지 아니한 경우에도 경영해고가 인정된다고 한다. ④ 대판 1993.12.28, 92다34858. ⑤ 대판 1962.3.22, 4294민상1301.

94. 다음 퇴직금에 관한 설명 중 타당하지 아니한 것은?

① 퇴직금의 법적 성질은 원칙적으로 후불되는 임금이다.

② 계속근로연수가 1년 미만인 근로자가 퇴직하는 경우에도 그 근무기간에 비례하여 퇴직금이 지급되어야 한다.

③ 계속근로연수가 1년 이상인 경우 1년에 미달하는 기간일지라도 그 기간에 비례하여 퇴직금을 지급하여야 한다.

④ 퇴직금 금액이 근로기준법에서 정한 최저금액을 상회하는 경우에는 그 산정방법이 근로기준법의 규정과 다를지라도 무방하다.

⑤ 사용자는 퇴직하는 근로자에게 급여를 지급하기 위하여 퇴직금제도 또는 퇴직연금제도 중 하나 이상의 제도를 설정하여야 한다.

≪**해설**≫ ① 대판 1975.7.22, 74다1840. ② 계속근로연수가 1년 이상인 근로자에게만 지급된다(근로자퇴직급여보장법 제 4 조 제 1 항 단서). ③ 대판 1987.9.22, 86다카1651. ④ 대판 1992.6.9, 92다6716. ⑤ 동법 제 4 조 제 1 항 본문.

95. 근로자퇴직급여보장법상 퇴직금에 관한 설명 중 타당하지 아니한 것은?

▌해답▌ **93.** ③ **94.** ② **95.** ⑤

① 퇴직금은 일종의 임금이므로 퇴직 후 14일 이내에 지급되어야 한다.
② 기존근로자와 신규근로자간에 취업규칙에 의하여 서로 다른 퇴직금제도가 적용되는 경우에도 이는 퇴직금차등금지의 원칙에 위배되지 아니한다.
③ 근로기준법상의 퇴직금산정방법과 취업규칙상의 퇴직금산정방법이 다른 경우에도 취업규칙상의 퇴직금총액이 근로기준법상의 퇴직금총액을 상회하는 경우에는 취업규칙상의 퇴직금제도는 유효하다.
④ 퇴직금을 매년 정산하는 등 근로자는 퇴직일이 도달하기 전에 퇴직금을 미리 청구할 수 있다.
⑤ 최종 3년간의 퇴직금은 사용자의 총재산에 대하여 질권 또는 저당권에 의하여 담보된 채권을 제외하고는 조세·공과금 및 다른 채권에 우선하여 변제되어야 한다.

≪**해설**≫ ① 근로자퇴직급여보장법 제9조. ② 대판 1992.12.22, 91다45165. ③ 대판 1992.6.9, 92다6716. ④ 동법 제8조 제2항. ⑤ 최종 3년간의 퇴직금은 사용자의 총재산에 대하여 질권 또는 저당권에 의하여 담보된 채권, 조세·공과금 및 다른 채권에 우선하여 변제되어야 한다(동법 제11조 제2항).

96. 근로자퇴직급여보장법상 퇴직급여에 관한 설명 중 타당하지 아니한 것은?

① 사용자는 계속근로기간이 1년 미만인 근로자, 4주간을 평균하여 1주간의 소정근로시간이 15시간 미만인 근로자에 대하여는 퇴직급여제도를 설정하지 않아도 된다.
② 퇴직급여제도를 설정함에 있어서 하나의 사업안에 차등을 두어서는 아니된다.
③ 사용자가 퇴직급여제도의 종류를 선택하거나 선택한 퇴직급여제도를 다른 종류의 퇴직급여제도로 변경하고자 하는 경우에는 근로자대표의 동의를 얻어야 한다.
④ 사용자가 퇴직급여제도를 설정하지 아니한 경우에는 퇴직금제도를 설정한 것으로 본다.
⑤ 확정급여형퇴직연금제도 또는 확정기여형퇴직연금제도를 설정하고자 하는 사용자는 근로자대표의 동의를 얻어 확정급여형퇴직연금규약 또는 확정기여형퇴직연금규약을 작성하여 노동위원회에 신고하여야 한다.

≪**해설**≫ ① 근로자퇴직급여보장법 제4조 제1항. ② 동법 제4조 제2항. ③ 동법 제4조 제3항. ④ 동법 제5조. ⑤ 확정급여형퇴직연금제도 또는 확정기여형퇴직연금제도를 설정하고자 하는 사용자는 근로자대표의 동의를 얻어 확정급여형퇴직연금규약을 작성하여 노동부장관에게 신고하여야 한다(동법 제12조 및 제

❙해답❙ 96. ⑤

13조).

97. 근로자퇴직급여보장법상 퇴직급여제도에 관한 설명 중 타당하지 아니한 것은 모두 몇 개인가?

> ㉮ 퇴직급여제도라 함은 퇴직금제도, 확정급여형퇴직연금, 확정기여형퇴직연금을 말하는데 세 가지 제도는 모두 동등한 가치를 갖는 것으로 간주되며, 2005년 12월 이후 신설되는 사업장은 세 제도 중 한 가지 이상의 제도를 근로자대표의 동의를 얻어 설정하여야 한다.
> ㉯ 퇴직금제도 및 퇴직연금제도는 모두 동등한 지위를 가지는 제도로서 근로자마다 적용되는 퇴직급여제도가 다르더라도 이는 동법 제4조 제2항에 의한 차등에 해당하지 않는다.
> ㉰ 신규 입사자는 확정기여형을, 기존 근로자는 확정급여형을 가입하도록 하는 식의 어떤 근로자가 어떤 제도를 가입하게 하는 것까지도 노사간의 자율적 선택 사항이므로 근로자대표의 동의 절차를 통해 규정할 수 있다.
> ㉱ 퇴직연금제도를 설정하고자 하는 사용자는 근로자대표의 동의를 얻어 퇴직연금규약을 작성하여 노동부 장관에게 신고하여야 하는데 퇴직연금규약이란 근로기준법상의 취업규칙과 그 성격이 유사한 것으로서 개별 사업장의 퇴직연금제도 설계서에 해당되며, 법정 필수기재사항이 모두 포함되어야 하고 사항별로 법정요건을 충족하여야 한다.
> ㉲ 퇴직연금의 급여는 원칙적으로 퇴직 후 연금 또는 일시금으로 수급할 수 있는 바 연금은 55세 이상으로서 규약이 정한 시점부터 받을 수 있고 일시금은 일시금 수급을 원하는 자가 받을 수 있다. 다만, 퇴직연금제도의 폐지 및 중단 등으로 계약이 해지되는 경우에도 지급받을 수 있다.

① 없다 ② 1개 ③ 2개
④ 3개 ⑤ 4개

≪**해설**≫ 노동부「퇴직연금제 주요내용 설명」참조.

▌해답▌ 97. ①

제 3 권

集團的 勞使關係

제 1 편 總　　說
제 2 편 團 結 權
제 3 편 團體交涉權
제 4 편 團體行動權
제 5 편 勞動爭議調整制度
제 6 편 不當勞動行爲制度
제 7 편 勞使協議會
제 8 편 勞動委員會
제 9 편 종합문제

제1편 總　　說

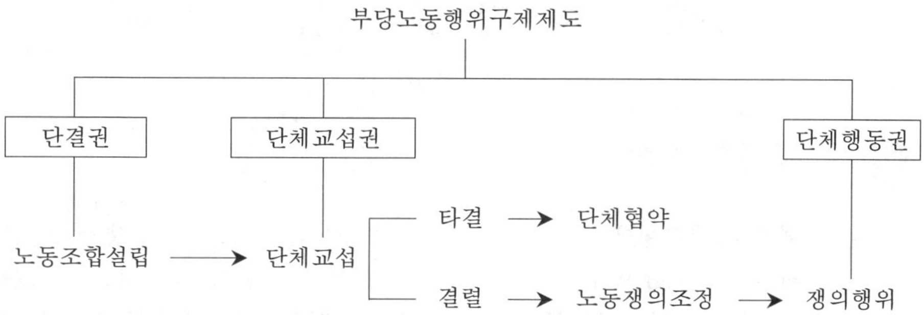

근로자는 헌법상 단결권·단체교섭권 및 단체행동권의 근로3권을 보장받고 있다. 이에 따라 근로자는 ① 단결권을 행사하여 노동조합을 설립하고, ② 단체교섭권을 행사하여 노동조합이 사용자와 단체교섭을 행하며, ③ 그 결과 교섭이 i) 타결되면 단체협약을 체결하고, ii) 결렬되면 노동쟁의조정을 거친 후에 단체행동권의 행사로서 쟁의행위를 하게 된다.

한편 근로자의 헌법상 근로3권의 행사를 사용자가 침해하는 경우, 국가는 이를 구제하는 공법상의 제도를 마련하고 있는 바, 이것이 바로 부당노동행위구제제도이다.

제 2 편 團 結 權

제 1 장 總 說

제 1 절 團結의 主體

헌법 제33조 제 1 항에 규정된 단결권의 주체에는 근로자 개인뿐만 아니라 근로자의 단결체인 노동조합도 포함된다. 근로자 개인의 단결권의 내용은 노동조합을 조직하고 이에 가입·활동할 수 있는 권리를 말한다. 또한 노동조합이 향유하는 단결권의 내용은 노동조합의 존립 및 활동에 관한 권리를 의미한다.

Ⅰ. 勤 勞 者

1. 積極的 要件

(1) 관련규정

> **노사관계법 제 2 조 【정의】** 1. "근로자"라 함은 직업의 종류를 불문하고 임금, 급료, 기타 이에 준하는 수입에 의하여 생활하는 자를 말한다.

(2) 주요내용

1) 근로자는 「직업의 종류」에 의하여 한정되지 아니하며, 직종의 구별없이 모두 근로자의 개념에 포함된다. 육체적·정신적 노동을 구별하지 아니하며, 단시간 근로자, 기간제근로자 등 비정규직 등은 물론, 가사사용인과 같은 자본제생산과 관계없는 자도 모두 포함된다.

2) 근로자는 「임금·급료·기타 이에 준하는 수입」에 의하여 생활하는 자이다. 현실적으로 취업하고 있는 근로자는 물론 구직활동 중인 근로자(대판 2004.2.27, 2001두8568), 해고자, 실업자 등 장차 근로를 제공하려는 자도 모두 노사관계법상의 근로자 개념에 포함된다.

3) 근로자는 임금 등의 「수입에 의하여 생활하는 자」이다. 따라서 자영업자로서 사용종속관계를 인정할 수 없는 경우 예컨대 영세농어민, 영세상공인 등은 경제적 약자일지라도 자신의 자산으로 생업을 영위하는 자이므로 근로자에 해당

하지 아니한다.

2. 消極的 要件

근로자의 적극적 요건을 충족하여 근로자의 개념에 해당하는 경우에도 사용자의 개념에 해당하는 자는 단결권의 주체인 근로자가 될 수 없다.

Ⅱ. 勞動組合

1. 勞動組合의 組織形態

(1) 조합원의 자격에 의한 유형

1) 직종별 노조 인쇄공·선반공·전기공·목수 등 동일한 직종에 속하는 근로자들이 기업과 산업을 초월하여 「횡적」으로 결합한 노동조합이다. 직종별 노조는 노동조합의 형태 중 가장 일찍 발달한 형태로서 유럽에 있어서는 숙련노동자의 조직적 독점체로서 등장하였다.

이 조직유형의 장점으로는 i) 임금 기타 근로조건에 관한 근로자의 통일된 입장을 제시할 수 있고, ii) 단결력이 강하여 사용자에 의한 어용화의 가능성이 적으며, iii) 취업자뿐 아니라 미취업자도 조합원으로 가입할 수 있다는 점을 들 수 있다. 단점으로는 i) 조합원과 사용자간의 관계가 밀접하지 못하고, ii) 배타적이고 독점적이어서 다른 직종에 종사하는 근로자의 경제적 및 사회적 지위의 향상을 위하여는 적합하지 아니하다는 점 등을 들 수 있다.

2) 산업별 노조 동종의 산업에 종사하는 근로자에 의하여 직종과 기업을 초월하여 「횡적」으로 조직된 노동조합 형태이다. 산업별 노조는 산업혁명이 진행됨에 따라 대량의 미숙련 노동자들이 노동시장에 진출하면서 이들의 권익을 보호하기 위하여 발달한 것으로 오늘날 구미 각국에 있어서 일반적으로 채택되고 있는 조직유형이다.

이 조직유형은 대규모조직을 바탕으로 한 강력한 단체교섭권을 기반으로 하여 동종 산업에 종사하는 근로자의 지위를 통일적으로 개선할 수 있다는 장점을 들 수 있으나, 개별 근로자의 직종별 또는 기업별 특수성에 기인하는 근로조건의 확립이 어렵다는 단점이 있다.

3) 기업별 노조 하나의 기업에 종사하는 근로자를 직종의 구별없이 「종단적」으로 조직된 노동조합으로서 하나의 기업이 조직상의 단위가 된다.

이 조직유형의 장점으로서는 i) 단일 기업체에 종사하는 근로자들의 근로조건을 체계적으로 정하여 동일한 기업내에 속한 근로자간의 형평성을 도모할 수 있고, ii) 사용자와의 관계가 긴밀하여 노조의 경영참가 등 노사협조가 잘 이루어질 수 있다는 것이고, 단점으로서는 i) 사용자에 의하여 노동조합이 어용화될 위험이 있고, ii) 조합원보다는 종업원 의식이 강하여 기업을 초월한 조합원들의 협조가 미약하며 동일 직종에 속하더라도 기업간의 근로조건이 현저하게 차이가 날 수도 있다는 점이다.

4) **일반노조** 일반노조는 근로자들의 직종·산업 또는 소속기업과는 상관없이 근로의 능력과 의사가 있는 근로자는 누구나 가입할 수 있는 노동조합을 말한다.

(2) 결합방식에 의한 유형

1) **단위노조** 개별 조합으로서의 설립요건을 갖추고 있는 최소한 단위의 조합으로서 근로자 개인을 구성원으로 하고 있는 노동조합이다.

2) **연합노조** 단위노조를 구성원으로 하는 노동조합을 말한다. 연합노조의 구성원은 개개의 근로자가 아니라 개별 노동조합들로 구성된 독자적인 노동조합이다.

3) **혼합노조** 근로자 개인 또는 단위노조를 모두 구성원으로 하는 노동조합을 말한다.

2. 우리나라 勞動組合의 組職形態

(1) 관련규정

노사관계법 제5조【노동조합의 조직·가입】 근로자는 자유로이 노동조합을 조직하거나 이에 가입할 수 있다. 다만, 공무원과 교원에 대하여는 따로 법률로 정한다.

(2) 우리나라 노동조합의 전개과정

1953년, 제정 노동조합법	노동조합형태에 관한 규정이 없었음 → 자유설립주의
1963년, 개정 노동조합법	산업별 조합형태로 강제함
1973년, 개정 노동조합법	산업별 조합형태 삭제
1980년, 개정 노동조합법	기업별 조합형태로 강제함
1987년, 개정 노동조합법	근로자의 자유선택. 따라서 현재 기업별·직종별·산업별 조합형태가 모두 가능함 → 자유설립주의

(3) 우리나라 연합체조합

노사관계법 제10조【설립의 신고】 ② 제1항의 규정에 의한 연합단체인 노동조합은 동종산업의 단위노동조합을 구성원으로 하는 산업별 연합단체와 산업별 연합단체 또는 전국규모의 산업별 단위노동조합을 구성원으로 하는 총연합단체를 말한다.

[대판 1993. 2. 23, 92누7122] 근로자는 노동조합의 조직형태를 기업별·산업별·직종별·지역별 중의 어느 것으로 할 것인가를 선택할 권리를 갖고 있고 이러한 권리는 헌법상 단결권의 본질적 내용을 구성한다.

제2절 團結의 目的

Ⅰ. 必要目的

1. 概 念

노동조합의 필요목적이라 함은 노동조합이 의무적으로 반드시 수행하여야 할 목적을 말한다. 필요목적을 수행하지 아니하는 노동조합은 노동조합법상의 노동조합이라고 할 수 없다고 할 것이다.

2. 主要內容

노사관계법 제2조 제4호 본문「근로조건의 유지·개선 기타 근로자의 경제적·사회적 지위향상을 도모함」이 노동조합의 필요목적이다.

Ⅱ. 任意目的

1. 概 念

노동조합의 임의목적이라 함은 노동조합이 반드시 의무적으로 수행할 필요는 없으나 노동조합이 자유로운 의사결정에 의하여 임의로 수행할 수 있는 목적을 말한다.

2. 主要內容

(1) 공제·수양 기타 복리사업 임의목적에는 공제·수양 기타 복리사업 등이 포함되며 이외에도 친목·종교·운동 및 사교 등의 목적을 수행할 수 있을 것이다. 다만, 노동조합이「공제·수양 기타 복리사업만을 목적으로 하는 경우」에는 노사관계법상의 노동조합이 될 수 없다(노사관계법 제2조 제4호 다목).

(2) 정치운동 노동조합은 노동조합의 목적달성을 위하여 국가의 정책결정·입법과정에 대한 비판·지지, 공명선거추진활동·후보자토론회 개최, 노동조합 자신의 명의·대표의 명의로 특정 정당·후보자에 대한 지지·반대 또는 지지·반대의 권유(통합선거법 제87조 단서), 개인자격에 기한 특정 정당에 대한 가입·지지·선거운동 등의 정치운동을 할 수 있다. 다만「주로 정치운동을 목적으로 하는 경우」에는 노사관계법상 노동조합이 될 수 없다(동조 동호 마목).

한편 노동조합이 정치활동을 하는 경우에도「정치자금에관한법률」및「공직선거및선거부정방지법」등 정치관련법령에 의한 제한을 받음은 물론이다.

Ⅲ. 禁止目的

노동조합의 금지목적이라 함은 노동조합이 수행하여서는 아니되는 목적으로서, 그 수행이 단결권의 내재적 성질에 의하여 당연히 제한되거나 또는 관계 법령 등에 의하여 금지되는 목적을 말한다.

제 3 절 團結의 相對方

Ⅰ. 意 義

단결권 행사의 상대방 중 가장 중요한 의미를 갖는 것은 사용자이다. 다만 단체교섭과 단체행동의 경우와 달리 노동조합의 설립에 있어 그 상대방인 사용자 또는 사용자단체가 반드시 존재하여야 하는 것은 아니다(판례).

> **[대판 1993. 2. 23, 92누7122]** 동일직종 종사자들의 도단위 지역노조설립의 경우 현행 노동조합법상 조합에 대응하는 사용자 또는 사용자단체가 존재하지 아니한다는 사실이 노조설립의 장애사유가 될 수 없다.

Ⅱ. 使 用 者

1. 關聯規程

> **노사관계법 제 2 조 【정의】** 2. "사용자"라 함은 사업주, 사업의 경영담당자 또는 그 사업의 근로자에 관한 사항에 대하여 사업주를 위하여 행동하는 자를 말한다.
> 4. "노동조합"이라 함은 근로자가 주체가 되어 자주적으로 단결하여 근로조건의 유지·개선 기타 근로자의 경제적·사회적 지위의 향상을 도모함을 목적으로 조직하는 단체 또는 그 연합단체를 말한다. 다만, 다음 각 호의 1에 해당하는 경우에는 노동조합으로 보지 아니한다.
> 가. 사용자 또는 항상 그의 이익을 대표하여 행동하는 자의 참가를 허용하는 경우

2. 使用者의 槪念

(1) 사업주　「사업주」란 자신의 이름으로 사업을 경영하는 자를 말한다. 개인기업의 경우에는 기업주, 법인조직의 경우에는 법인, 기타 아파트 자치회 등 영리를 목적으로 하지 아니하는 사회단체인 경우에는 그 단체가 사업주로 된다.

(2) 사업의 경영담당자　「사업의 경영담당자」란 사업경영의 전반에 관하여 권한을 보유·행사하고 책임을 지는 자로서, 사업주로부터 사업경영의 전부 또는 일부에 대하여 포괄적인 위임을 받고 대외적으로 사업을 대표하는 자를 말한다.

주식회사의 대표이사·감사, 합명회사 및 합자회사의 업무집행사원, 유한회사의 이사 및 지배인 및 공장·지점·지사 등의 장이 이에 해당될 것이다.

(3) **근로자에 관한 사항에 대하여 사업주를 위하여 행동하는 자** 「근로자에 관한 사항에 대하여 사업주를 위하여 행동하는 자」라 함은 인사·급여·후생·노무관리 등과 같은 근로조건의 결정·실시에 관하여 지휘명령 내지 감독을 할 수 있는 일정한 책임과 권한이 사업주에 의하여 주어진 자를 말한다.

(4) **항상 사용자의 이익을 대표하여 행동하는 자** 「항상 사용자의 이익을 대표하여 행동하는 자」에는 통상 i) 사용자에 전속되어 사용자의 업무를 보조하는 비서, 전용운전기사, ii) 사용자의 지시를 받아 근로자에 관한 감시·감독적 지위에 있는 감사담당 부서의 직원, iii) 회사 내의 경리·회계를 전담하는 부서의 직원 및 책임자, iv) 회사 내의 재산의 보호, 출입자의 감시, 순찰 등의 경찰적 업무를 담당하는 경비직 등이 이에 해당한다고 할 것이다.

Ⅲ. 使用者團體

1. 關聯規程

> **노사관계법 제 2 조 【정의】** 3. "사용자단체"라 함은 노동관계에 관하여 그 구성원인 사용자에 대하여 조정 또는 규제할 수 있는 권한을 가진 사용자의 단체를 말한다.

제 4 절 團結의 方法

유 형	개 념	위헌성
오픈 샵 (Open Shop)	• 사용자가 조합원·비조합원의 여부에 상관없이 임의로 채용할 수 있는 제도 • 조합원인지의 여부와 사용자의 신규채용과는 아무런 상관도 없으며, 근로자는 채용조건 또는 고용유지조건으로서 노동조합에 가입할 의무가 없다.	• 합헌
클로즈드 샵 (Closed Shop)	• 사용자가 조합원만을 종업원으로 신규채용할 수 있는 제도로서 비조합원은 원칙적으로 신규채용할 수 없다. • 사용자측으로부터 종업원 채용의사의 통지를 받은 후 일정기간 내에 조합이 조합원 중에서 적합한 자를 제공할 수 없는 경우 사용자는 비조합원도 고용할 수 있으나, 고용된 자는 신속히 당해 조합에 가입하여야 한다. • 헌법상 직업선택의 자유 및 단결선택의 자유를 침해하여 위헌의 소지가 있다.	• 위헌소지

유니온 샵 (Union Shop)	• 사용자가 조합원, 비조합원의 여부에 상관없이 임의로 고용할 수 있으나, 일단 고용된 후 일정기간 이내에 근로자는 조합에 가입하여야 하는 제도 • 노사관계법 제81조 제2호- 예외적으로 인정	• 합헌(헌재 2005. 11. 24, 2002헌바95)
에이전시 샵 (Agency Shop)	• 종업원들 중에서 조합가입의 의사가 없는 자에게는 조합가입이 강제되지 아니하나 組合加入에 대신하여 組合費를 조합에 납입하여야 하는 제도 • 비조합원인 근로자가 조합에 加入하지 아니하여 조합비를 지불하지 아니하고도 조합이 체결하는 단체협약의 수혜를 받는 것, 소위 無賃乘車(Free Rider)를 방지하기 위한 제도	• 합헌
조합원자격유지제도 (Maintenance of Membership)	• 조합원자격유지제도(Maintenance of Membership)는 使用者가 조합원 또는 비조합원의 여부에 상관없이 종업원을 고용할 수는 있으나 단체협약체결 당시에 조합원인 종업원은 고용계속의 조건으로서 단체협약의 유효기간동안 組合員 資格을 유지해야 하고 따라서 조합으로부터 제명되거나 탈퇴하는 경우에는 解雇되는 제도	• 위헌소지
조합원우대제도 (Preferential Shop)	• 조합원우대제도(Preferential Shop)는 使用者가 조합원 또는 비조합원의 여부에 상관없이 아무나 종업원으로 채용할 수 있으나, 인사이동·해고 및 승진 등에 있어서 조합원에 우선적 특권을 부여하는 제도 • 조합원이 비조합원에 비하여 우대되기 때문에 조합원 자격의 취득을 장려하는 효과가 있다.	• 위법소지

제 2 장 勞動組合의 設立

제 1 절 勞動組合의 設立要件

Ⅰ. 意 義

노동조합의 설립요건은 크게 실질적 요건과 형식적 요건으로 구분할 수 있다. 노동조합의 「실질적 요건」으로서 i) 노사관계법 제 2 조 제 4 호의 노동조합의 요건을 충족하고, ii) 동법 제11조의 조합규약을 갖추어야 한다(이상윤). 이 경우 노사관계법 제 2 조 제 4 호는 대외적 자주성의 요건이며, 동법 제11조는 대내적 민주성의 확보에 관한 요건이다. 노동조합의 「형식적 요건」은 노동조합의 설립에 관한 절차적 요건으로서 노사관계법 제10조에 따라 행정관청에게 노동조합의 설립신고를 하여야 한다.

Ⅱ. 勞動組合의 實質的 要件

1. 對外的 自主性의 확보를 위한 要件

> **노사관계법 제2조 【정의】** 4. 노동조합이라 함은 근로자가 주체가 되어 자주적으로 단결하여 근로조건의 유지·개선 기타 경제적·사회적 지위의 향상을 도모함을 목적으로 조직하는 단체 또는 그 연합단체를 말한다. 그러나 다음 각호의 1에 해당하는 경우에는 그러하지 아니하다.
> 가. 사용자 또는 항상 그의 이익을 대표하여 행동하는 자의 참가를 허용하는 경우
> 나. 경비의 주된 부분을 사용자로부터 원조받는 경우
> 다. 공제·수양 기타 복리사업만을 목적으로 하는 경우
> 라. 근로자가 아닌 자의 가입을 허용하는 경우. 다만, 해고된 자가 노동위원회에 부당노동행위의 구제신청을 한 경우에는 중앙노동위원회의 재심판정이 있을 때까지는 근로자가 아닌 자로 해석하여서는 아니된다.
> 마. 주로 정치운동을 목적으로 하는 경우

(1) 적극적 요건

1) 주체상의 요건

① 근로자가 아닌 자의 결성·가입을 허용하는 견해　노동조합에 근로자가 아닌 자가 일부 가입하였다 할지라도 당연히 노동조합의 자격이 부인되지 아니한다고 한다(다수설; 대판 2004.2.27, 2001두8568).

② 근로자만의 결성·가입을 허용하는 견해　사용자의 지배로부터 노동조합이 독립할 것을 의미하므로 비근로자는 조합원이 될 수 없다고 한다(종래의 판례).

2) 목적상의 요건　노동조합은 근로조건의 유지·개선 기타 경제적·사회적 지위향상을 목적으로 하여야 한다. 그러나 필요목적을 추구하지 아니하고 임의목적만 추구하는 노동조합은 노사관계법상의 노동조합이 될 수 없다.

(2) 소극적 요건

1) 노동조합이 사용자 또는 항상 그의 이익을 대표하여 행동하는 자의 참가를 허용하는 경우　이러한 자의 노동조합 참여를 제한하는 것은 노동조합의 결성·운영에 있어서 노동조합이 자주성을 확보할 수 없으며, 나아가 어용조직화할 가능성이 있기 때문이다.

2) 경비지출의 주된 부분을 사용자로부터 원조받는 경우　이는 노동조합이 재정적인 면에서 사용자로부터 자주성을 유지하기 위하여 필요한 조건이다. 여기에

서 「주된」이란 말은 사용자로부터의 원조를 조금도 받아서는 아니된다는 것을 의미하는 것이 아니라 「일부분」은 받아도 무방하다는 뜻으로 해석된다(다수설).

① 허용되는 경비　i) 근로자가 근로시간 중 사용자와 협의·교섭하는 것을 사용자가 허용하는 것, ii) 근로자의 후생자금 또는 경제상의 불행 기타의 재액의 방지와 구제 등을 위한 기금의 기부, iii) 최소한 규모의 노동조합 사무소의 제공(노사관계법 제81조 제 4 호 단서).

② 허용되지 아니하는 경비　i) 노동조합의 전임자에게 급여를 지급하는 것, ii) 노동조합의 운영비를 원조하는 행위(동법 제81조 제 4 호 본문).

3) 노동조합이 공제·수양 기타 복리사업만을 목적으로 하는 경우　조합원의 근로조건의 유지·개선이라는 필요목적을 도외시 한 채 공제·수양 기타 복리사업 등만의 임의목적을 수행하는 경우 이를 노동조합이라고 할 수 없다는 것을 말한다.

4) 노동조합이 근로자가 아닌 자의 가입을 허용한 경우

① 근로자가 아닌자의 범위

ⓐ 사용자와 근로계약관계를 필요로 하는 견해　노조법상 근로자의 개념을 사용자와 근로계약관계를 체결하고 사용종속관계에 있는 자로 좁게 해석하는 입장이다. 근로기준법상의 근로자 개념과 노동조합및노동관계조정법상의 근로자 개념을 동일하게 파악하는 입장이다(종래 대판 1992.2.11, 91도1342; 대판 1992.5.26, 90누9438 등).

ⓑ 사용자와 근로계약관계를 필요로 하지 아니하는 견해　노조법상 근로자의 개념을 사용자와의 근로계약관계를 체결한 취업근로자는 물론 미취업자나 해고자 및 실업자도 포함하는 광의의 개념으로 해석하는 입장이다.

최근 판례는 노조법 제 2 조 제 1 호 및 제 4 호 본문에서 말하는 근로자에는 특정한 사용자에게 고용되어 현실적으로 취업하고 있는 자뿐만 아니라, 일시적으로 실업상태에 있는 자나 구직중인 자도 근로3권을 보장할 필요성이 있는 한 그 범위에 포함된다고 판시하고 있다(대판 2004.2.27, 2001두8568).

② 해고자가 부당노동행위구제신청을 한 경우

ⓐ 의　의　해고된 자가 노동위원회에 부당노동행위의 구제신청을 한 경우에는 중앙노동위원회의 재심판정이 있을 때까지 동호에 규정된 「근로자가 아닌 자」에 해당되지 아니한다. 즉 노조법 제 2 조 제 4 호 라목 단서는 「기업별 노동조합」의 조합원이 사용자로부터 해고됨으로써 근로자성이 부인될 경우에 대비하여 마련된 규정으로써, 원래부터 사용종속관계를 필요로 하지 않는 산업별, 직종별, 지역별 노동조합에는 적용되지 않는다(대판 2004.2.27, 2001두8568).

ⓑ 적용범위

(i) 노사관계법상의 지위　협의설에 의하면 해고의 효력을 다투는 자가 근로자로서의 지위를 유지한다는 의미가 노동조합 설립의 경우에만 적용되고 단체교섭 및 쟁의행위에는 적용되지 아니한다고 한다. 이에 반하여 광의설에 의하면 노동조합의 설립뿐 아니라 단체교섭 및 쟁의행위에도 적용되는 것으로 해석하고 있다(다수설; 대판(전) 1990.11.27, 89도1579).

> [대판 1992.3.31, 91다14413]　해고의 효력을 다투는 근로자의 후보등록을 거부한 채 실시된 노조위원장의 선거는 무효이다.

(ii) 근로기준법상의 지위　해고의 효력을 다투는 자를 「근로자가 아닌 자」로 보지 아니하는 경우에도 이는 사용자와의 임금수령 및 노무제공 등의 근로기준법상의 근로관계가 지속적으로 유지되는 것으로 해석되어서는 아니된다(대판 1993.6.8, 92다42354).

(iii) 근로자참여및협력증진에관한법률상의 지위　해고의 효력을 다투는 자는 노사협력법상의 근로자대표가 될 수 없다.

5) 주로 정치운동을 목적으로 하는 경우　노동조합의 정치운동은 허용되나, 이를 주로 하는 경우에는 노사관계법상의 노동조합이 될 수 없다.

2. 對內的 民主性의 확보를 위한 要件

노동조합이 민주성을 갖추고 있는지의 여부는 노사관계법 제11조에서 규정하고 있는 조합규약에서 우선적으로 발견할 수 있다. 노사관계법 제11조는 조합규약의 목적이 노동조합의 민주적 운영에 있음을 명문으로 규정하고 있다. 상세한 내용은 후술한다.

▣ 요점정리

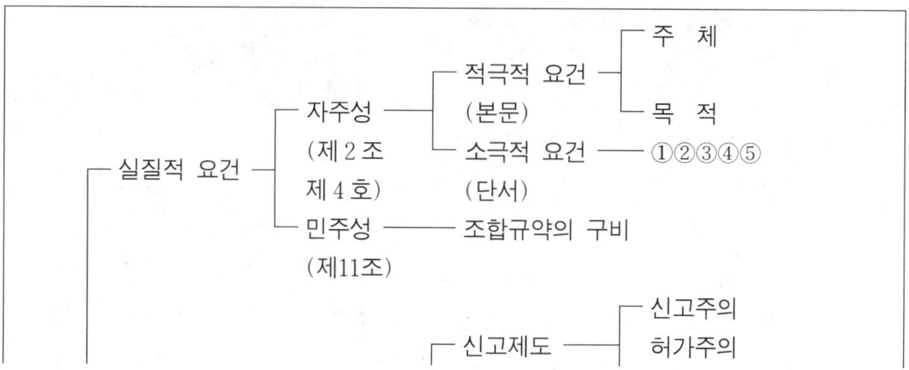

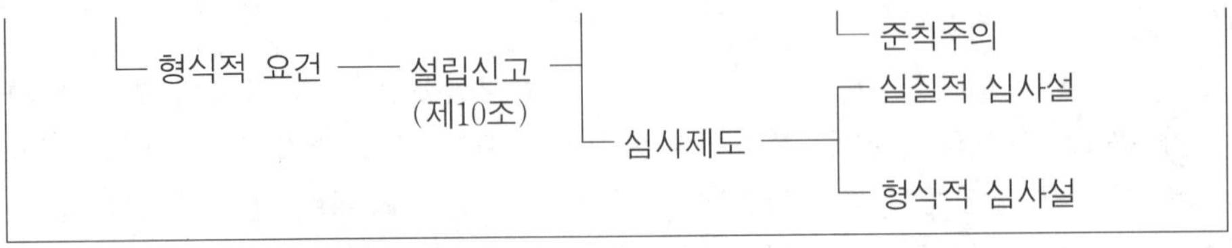

Ⅲ. 勞動組合의 形式的 要件

1. 意　　義

대외적으로 자주성을, 대내적으로 민주성을 갖추어 노동조합의 실질적 요건을 충족한 노동조합은 설립신고서에 조합규약을 첨부하여 행정관청에 설립신고를 하여야 한다.

이러한 신고절차는 크게 i) 노사관계법 제10조의 「설립신고제도」와 ii) 동법 제12조의 「설립심사제도」로 구성되어 있다.

2. 設立申告制度

(1) 관련규정

> **노사관계법 제10조 【설립의 신고】** ① 노동조합을 설립하고자 하는 자는 다음 각호의 사항을 기재한 신고서에 제11조의 규정에 의한 규약을 첨부하여 연합단체인 노동조합과 2 이상의 특별시·광역시·도·특별자치도에 걸치는 단위노동조합은 노동부장관에게, 2 이상의 시·군·구(자치구를 말한다)에 걸치는 단위노동조합은 특별시장·광역시장·도지사에게, 그 외의 노동조합은 특별자치도지사·시장·군수·구청장(자치구의 구청장을 말한다. 이하 제12조 제 1 항에서 같다)에게 제출하여야 한다.
> 1. 명칭
> 2. 주된 사무소의 소재지
> 3. 조합원수
> 4. 임원의 성명과 주소
> 5. 소속된 연합단체가 있는 경우에는 그 명칭
> 6. 연합단체인 노동조합에 있어서는 그 구성노동단체의 명칭, 조합원수, 주된 사무소의 소재지 및 임원의 성명·주소

(2) 신고의 법적 성격

1) 신고주의　설립신고란 근로자의 자주적 조직으로서의 노동조합이 결성되었음을 행정관청에 단순 통지하는 것에 불과하다고 본다(다수설). 이 설에 의하면 노동조합의 설립은 자유설립주의에 신고주의를 결합한 것이라고 한다.

2) 허가주의　노동조합은 일정한 법적 규제하에서만 인정·보호되는 것이므로, 설립신고는 국가로부터 인정·보호 받기위한 법적 절차로서의 허가를 신청하

는 것이라고 본다.

3) 준칙주의 노동조합이 노사관계법상의 보호를 받기 위한 일정한 자격을 갖추었음을 심사하여 달라는 청구가 설립신고라고 본다(이상윤, 임종률).

3. 設立審査制度

(1) 관련규정

> **노사관계법 제12조【신고증의 교부】** ① 노동부장관, 특별시장・광역시장・도지사・특별자치도지사 또는 시장・군수・구청장(이하 "행정관청"이라 한다)은 제10조 제 1 항의 규정에 의한 설립신고서를 접수한 때에는 제 2 항 전단 및 제 3 항의 경우를 제외하고는 3일 이내에 신고증을 교부하여야 한다.
> ② 행정관청은 설립신고서 또는 규약이 기재사항의 누락 등으로 보완이 필요한 경우에는 대통령령이 정하는 바에 따라 20일 이내의 기간을 정하여 보완을 요구하여야 한다. 이 경우 보완된 설립신고서 또는 규약을 접수한 때에는 3일 이내에 신고증을 교부하여야 한다.
> ③ 행정관청은 설립하고자 하는 노동조합이 다음 각호의 1에 해당하는 경우에는 설립신고서를 반려하여야 한다.
> 1. 제 2 조 제 4 호 각목의 1에 해당하는 경우
> 2. 제 2 항의 규정에 의하여 보완을 요구하였음에도 불구하고 그 기간내에 보완을 하지 아니하는 경우

(2) 심사의 대상 노동조합의 설립신고서를 접수한 행정관청은 i) 노사관계법 제 2 조 제 4 호에 규정된 노동조합의 소극적 요건에 해당되는지의 여부, ii) 설립신고서 또는 규약에 기재사항의 누락 등 보완이 필요한지의 여부 등에 대하여 심사를 한다(노사관계법 제12조).

1) 실질적 심사설 실질적 심사설을 주장하는 경우에도 심사대상 중 첫번째의 노사관계법 제 2 조 제 4 호 각목에 해당하는지의 여부를 심사하는 경우에만 이를 적용하고, 기타의 경우에 대하여는 형식적 심사설을 취하는 경우가 일반적이다(김형배, 김수복, 이상윤).

2) 형식적 심사설 행정관청이 심사를 하는 경우 실질적 심사를 하여서는 아니되며 심사는 설립신고서와 규약을 기준으로 하여 필요한 내용의 기재여부 및 서류의 구비여부 등 요식행위에 그쳐야 한다고 본다(종래 다수설).

(3) 심사의 결과

1) 심사기준을 충족하는 경우 3일 이내에 노동조합의 설립신고증을 교부한다(동법 제12조 제 1 항).

3일 이내에 신고증을 교부하지 아니하는 경우, i) 행정관청의 유효한 수리행위가 있는 것으로 보는 견해, ii) 3일이 경과한 후에도 설립신고서에 대하여 반려처분 또는 보완지시를 할 수 있다는 견해(대판 1990.10.23, 89누3243)가 있다.

2) 심사기준을 충족하지 못하는 경우

① 노동조합의 실질적 요건 중 소극적 요건에 해당되는 경우 노동조합이 노사관계법 제 2 조 제 4 호 각목에 해당하는 경우에는 보완요구 없이 설립신고서를 반려한다(동법 제12조 제 3 항 제 1 호).

② 설립신고서 또는 규약 등에 누락이 있는 경우 노동조합의 설립신고가 i) 설립신고서에 규약이 첨부되어 있지 아니하거나 설립신고서 또는 규약의 기재사항 중 누락 또는 허위사실이 있는 경우, ii) 임원의 선거절차 또는 규약의 제정절차가 법규정에 위반되는 경우에는 20일 이내의 기간을 정하여 보완을 요구하여야 한다(동법 제12조 제 2 항 및 동법시행령 제 9 조 제 1 항).

제 2 절 勞動組合의 設立과 法的 效果

Ⅰ. 勞動組合의 成立時期

1. 關聯規程

> **노사관계법 제12조 【신고증의 교부】** ④ 노동조합이 신고증을 교부받은 경우에는 설립신고서가 접수된 때에 설립된 것으로 본다.

2. 主要內容

노동조합의 성립시기에 대하여는 i) 행정관청에 의한 유효한 신고증 교부를 정지조건으로 하여 신고서를 접수한 때에 소급하여 노동조합이 성립한다고 보는 「신고증교부 정지조건부 접수시설」 또는 ii) 행정관청에 의한 유효한 신고증의 불교부를 해제조건으로 하여, 노동조합은 신고서를 접수한 때부터 성립하나 신고증이 교부되지 아니하는 경우 소급하여 노동조합이 성립되지 아니한다는 「신고증불교부 해제조건부 접수시설」로 해석하여 볼 수 있다(김형배, 이상윤).

Ⅱ. 勞動組合 成立의 法的 效果

■ 요점정리

노동조합의 요건		지 위	법적 효과
실질적 요건	형식적 요건		
○	○	노사관계법상의 노동조합(법내 조합)	노동법상의 모든 법적 보호 향유
		i) 법내노조설	① 단체교섭권

○	×	ii) 법외노조설(헌법노조설) : 다수설 iii) 비노조설: 판례, 이상윤	② 단체협약체결권 ③ 민사·형사면책권 (다수설)
×	×	비노조설: 다수설, 판례	

1. 勞動組合의 設立要件을 갖추고 있는 경우

노동조합설립의 실질적 요건과 형식적 요건을 모두 갖춘 노동조합은 「노사관계법상의 노동조합」으로서 성립하게 된다.

•**노사관계법** ① 노동조합이라는 명칭을 사용할 수 있고(제 7 조 제 3 항), ② 조정·중재를 받을 수 있으며(제 7 조 제 1 항), ③ 노동위원회에 부당노동행위의 구제를 신청할 수 있고(제 7 조 제 1 항), ④ 법인격의 취득을 할 수 있으며(제 6 조), ⑤ 단체협약의 지역적 효력 확장이 인정되고(제36조), ⑥ 조세면제의 특전이 부여되며(제 8 조), ⑦ 정당한 근로3권 행사에 대한 민사·형사상의 면책(제 3 조 및 제 4 조)을 인정하고 있다.

2. 勞動組合의 設立要件을 갖추고 있지 못한 경우

(1) 실질적 요건은 갖추었으나 형식적 요건을 갖추지 못한 경우

1) 법내노조설 설립신고서를 제출하지 아니하였거나 설립신고를 미필한 조합도 노사관계법상의 노동조합으로서의 적법한 자격을 갖는다고 본다(김유성).

2) 법외노조설 형식적 요건을 갖추고 있지 못한 조합은 소위 법외노조(헌법노조)로서 노사관계법 등의 법적 보호를 받지 못하고 불이익을 받으나, 이러한 법외노조도 헌법상의 노조로서 노사관계법 등이 인정하는 법적 보호 이외에 헌법상의 보호 내지 이익은 누릴 수 있다고 한다(다수설). 즉 법외노조설은 i) 단체교섭권, ii) 민사상·형사상의 면책, iii) 단체협약의 체결능력 및 그 단체협약의 효력은 헌법노조로서의 법외노조에게도 인정된다고 한다.

3) 비노조설 형식적 요건을 갖추고 있지 아니한 조합은 비록 실질적 요건을 갖추고 있을 지라도 노사관계법 등의 법적 보호를 받을 수 없음은 물론 그외의 노동조합으로서의 어떠한 헌법적 보호도 받을 수 없다는 견해이다(이상윤; 대판·행정해석).

[대판 1979. 12. 11, 76누189] 노조설립신고서가 반려된 근로자단체는 「인적 집합체」에 불과하다.

(2) 실질적 요건을 갖추지 못한 경우 실질적 요건이 결여된 조합에 대하여는 비노조설이 일반적인 견해이다.

[法外組合의 法的地位](다수설에 의함)

법외노조에 인정되는 것	법외노조에 인정되지 않는 것
① 단체교섭권 ② 단체협약체결능력 → 그 협약의 효력 인정 ③ 민사면책 ④ 형사면책 ⑤ 사적조정 ⑥ 근로자 개인의 부당노동행위 구제신청 ⑦ 불법행위에 기한 손해배상청구권과 해고무효확인소송의 제기 ⑧ 소송상 당사자 능력 ⑨ 등기능력	① 「노동조합」 명칭 사용금지(제 7 조 제 3 항) ② 노동위원회의 조정신청 금지(제 7 조 제 1 항) ③ 노동위원회에 부당노동행위 구제신청 금지(제 7 조 제 1 항) ④ 노동쟁의의 신고(영 제17조) ⑤ 법인격 취득금지(제 6 조) ⑥ 단체협약의 일반적 · 지역적 효력확장 금지(제35조, 제36조) ⑦ 노동위원회 근로자위원 추천금지(노위법 제 6 조 제 3 항)

제 3 절 勞動組合과 法人格

Ⅰ. 關聯規程

노사관계법 제 6 조 【법인격의 취득】 ① 노동조합은 그 규약이 정하는 바에 의하여 법인으로 할 수 있다.
② 노동조합은 당해 노동조합을 법인으로 하고자 할 경우에는 대통령령이 정하는 바에 의하여 등기를 하여야 한다.
③ 법인인 노동조합에 대하여는 이 법에 규정된 것을 제외하고는 민법 중 사단법인에 관한 규정을 적용한다.

Ⅱ. 法人格 取得의 必要性

노동조합은 단체교섭 · 단체행동 등 근로 3 권의 행사를 위하여 반드시 법인격을 갖출 필요가 없으며, 또한 노동조합의 성립요건에는 법인격이 필요하지 아니하다. 그러나 노동조합은 순수한 재산상의 거래관계에 있어 권리 · 의무의 주체가 될 수 있으며 이러한 경우에는 법인격을 취득하는 것이 편리하다.

Ⅲ. 法人設立의 節次

노동조합이 법인이 되고자 할 때에는 노동조합의 대표자가 주된 사무소의 소유지를 관할하는 등기소에 등기를 하여야 한다(동법 제 6 조 제 2 항 및 동법시행령 제 2 조).

등기신청서에는 조합규약 및 설립신고증사본을 첨부하여야 한다(동법시행령 제 4 조). 설립신고증사본을 첨부하여야 하므로 노동조합 설립의 형식적 요건을 결여한 근로자 단체는 법인격을 취득할 수 없다.

Ⅳ. 法人인 勞動組合의 地位

1. 民法의 準用

노동조합이 법인격을 취득한 경우에는 노동조합법에 규정된 것을 제외하고는 민법의 사단법인에 관한 규정이 준용된다(동법 제 6 조 제 3 항).

2. 當事者 能力

법인인 노동조합이 소송당사자능력을 갖는다는 점은 의문의 여지가 없다.

(1) 법인이 아닌 노동조합　　민사소송법 제52조는 법인이 아닌 사단으로서 대표자가 있으면 그 이름으로 소송당사자가 될 수 있다고 규정하고 있으므로, 법인격 없는 노동조합도 소송당사자능력을 갖고 있다고 할 것이다(대판 1977. 1. 25, 76다2194).

(2) 근로자 단체　　노동조합의 성립요건을 갖추지 못한 근로자 단체가 사단으로서 인정되는 한 민사소송법 제52조의 규정에 의하여 소송당사자가 될 수 있다(대판 1979. 12. 11, 76누189).

제 3 장　勞動組合의 運營과 活動

제 1 절　組合員의 地位

Ⅰ. 組合員 地位의 取得 및 喪失

1. 組合員 地位의 取得

조합원으로서의 지위 또는 자격은 새로운 노동조합을 「결성」하거나, 기존 노동조합에 「가입」함으로써 취득된다.

2. 組合과 組合員과의 關係

(1) 계약설　계약설에 의하면 노동조합의 존재는 조합원 상호간의 계약이며, 이 계약은 노동조합이라고 하는 단체를 결성하고 이것을 계속적 조직으로 운영한다고 하는 내용을 갖는다고 한다(김형배).

(2) 사단설　노동조합을 별도의 법적 실체 즉 사단으로 보고, 조합과 조합원간의 관계는 사단의 법원칙이 적용된다는 견해이다(다수설).

3. 組合員 地位의 喪失

조합원으로서의 지위는 i) 조합원의 사망, ii) 조합원 자격의 상실, iii) 조합으로부터의 탈퇴·제명 및 iv) 조합의 해산에 의하여 상실된다.

Ⅱ. 組合員의 權利 및 義務

1. 組合員의 權利

(1) 평등권

> **노사관계법 제 9 조 【차별대우의 금지】** 노동조합의 조합원은 어떠한 경우에도 인종·종교·성별·연령·신체적 조건·고용형태·정당 또는 신분에 의하여 차별대우를 받지 아니한다.
> **노사관계법 제22조 【조합원의 권리와 의무】** 노동조합의 조합원은 균등하게 그 노동조합의 모든 문제에 참여할 권리와 의무를 가진다. 다만, 노동조합은 그 규약으로 조합비를 납부하지 아니하는 조합원의 권리를 제한할 수 있다.

(2) 선거권·피선거권　조합원은 그 조합의 임원을 선출하고, 또한 자신이 임원으로 선출될 수 있는 권리를 가지며, 임원을 해임할 수 있다(동법 제16조 제 1 항 제 2 호). 총회에 갈음할 대의원회를 두는 경우에 조합원은 대의원을 선출하거나 자신이 선출될 수 있는 권리를 가진다(동법 제17조 제 2 항 및 제 4 항).

(3) 총회출석·의결권 및 임시총회소집요구권　조합원은 총회에 출석하여 발언하고 의결에 참여할 권리를 가지며(동법 제16조 제 1 항 및 제 2 항), 조합원 또는 대의원의 3분의 1 이상(연합단체인 노동조합에 있어서는 그 구성단체의 3분의 1 이상)이 회의에 부의할 사항을 제시하고 임시총회의 소집을 요구할 수 있다(동법 제18조 제 2 항).

(4) 조합운영상황공개요구권

> **노사관계법 제26조 【운영상황의 공개】** 노동조합의 대표자는 회계년도마다 결산결과와 운영상황을 공표하여야 하며, 조합원의 요구가 있을 때에는 이를 열람하게 하여야 한다.

(5) 조합재산에 관한 권리 법인인 노동조합의 재산은 노동조합의 단독소유가 된다. 그러나 법인이 아닌 노동조합은 단일의 소유주체가 될 수 없기 때문에 그 재산은 노동조합이라는 사단의 단독소유가 아니라 전체 조합원의 「총유」가 된다. 또한 노동조합의 재산은 원칙적으로 조합원 전원의 근로조건 기타 대우 향상을 위하여 결집된 독립의 목적재산이며, 조합원의 출연도 지분보유를 기대한 출자행위가 아니라 노동조합의 필요경비의 분담이므로, 법인격 유무를 불문하고 노동조합의 재산에 대한 조합원의 지분은 인정되지 않는다.

2. 組合員의 義務

(1) 조합비 등의 납입의무 노동조합은 조합원이 규약으로 정한 금액을 납입하지 아니한 때에는 규약으로 그 조합원의 권리를 제한할 수 있다(노사관계법 제22조 단서).

(2) 조합통제에 복종할 의무 노동조합의 조합원은 조합의 통제에 복종할 의무를 부담한다.

제 2 절 勞動組合의 運營 및 活動

Ⅰ. 勞動組合의 自主的 運營 및 活動

1. 行政官廳에 의한 監督

(1) 조합규약의 시정 행정관청은 노동조합의 규약이 노동관계 법령에 위반한 경우 행정관청은 노동위원회의 의결을 얻어 그 시정을 명할 수 있다(노사관계법 제21조 제 1 항).

(2) 조합 결의 · 처분의 시정 행정관청은 노동조합의 결의 또는 처분이 노동관계 법령 또는 규약에 위반된다고 인정되는 경우에는 노동위원회의 의결을 얻어 그 시정을 명할 수 있다. 다만, 규약위반시의 시정명령은 이해관계인의 「신청」이 있는 경우에 한한다(동법 제21조 제 2 항).

이 경우 시정명령을 받은 노동조합은 「30」일 이내에 이를 이행하되 정당한 사유가 있는 경우에는 그 기간을 연장할 수 있다(동조 제 3 항).

(3) 자료의 제출 노동조합은 행정관청이 요구하는 경우에는 결산결과와 운영상황을 보고하여야 한다(동법 제27조).

(4) 서류의 비치

노사관계법 제14조 【서류비치등】 ① 노동조합은 조합설립일부터 30일이내에 다음

> 각호의 서류를 작성하여 그 주된 사무소에 비치하여야 한다.
> 1. 조합원 명부(연합단체인 노동조합에 있어서는 그 구성단체의 명칭)
> 2. 규약
> 3. 임원의 성명·주소록
> 4. 회의록
> 5. 재정에 관한 장부와 서류
>
> ② 제 1 항 제 4 호 및 제 5 호의 서류는 3년간 보존하여야 한다.

(5) 설립신고의 변경신고 및 통보

1) 신고사항

> **노사관계법 제13조 【변경사항의 신고등】** ① 노동조합은 제10조 제 1 항의 규정에 의하여 설립신고된 사항 중 다음 각 호의 1에 해당하는 사항에 변경이 있는 때에는 그날부터 30일이내에 행정관청에게 변경신고를 하여야 한다.
> 1. 명칭
> 2. 주된 사무소의 소재지
> 3. 대표자의 성명
> 4. 소속된 연합단체의 명칭

2) 통보사항

> **노사관계법 제13조 【변경사항의 신고등】** ② 노동조합은 매년 1월 31일까지 다음 각 호의 사항을 행정관청에게 통보하여야 한다. 다만, 제 1 항의 규정에 의하여 전년도에 변경신고된 사항은 그러하지 아니하다.
> 1. 전년도에 규약의 변경이 있는 경우에는 변경된 규약내용
> 2. 전년도에 임원의 변경이 있는 경우에는 변경된 임원의 성명
> 3. 전년도 12월 31일 현재의 조합원수(연합단체인 노동조합에 있어서는 구성단체별 조합원수)

[행정관청 관여사항]

> 1. 설립신고서·규약의 보완요구(제12조 제 2 항)
> 2. 설립신고서 반려(제12조 제 3 항)
> 3. 임시총회소집권자의 지명(제18조 제 3 항) → 노동위원회 의결사항
> 4. 규약의 시정명령(제21조 제 1 항) → 노동위원회 의결사항
> 5. 노조의 결의·처분의 시정명령(제21조 제 2 항) → 노동위원회 의결사항
> 6. 자료제출, 조사(제27조)
> 7. 조합의 해산(제28조 제 1 항 제 4 호) → 노동위원회 의결사항
> 8. 단체협약의 시정명령(제31조 제 3 항) → 노동위원회 의결사항
> 9. 지역적 구속력의 결정(제36조) → 노동위원회 의결사항
> 10. 안전보호시설의 쟁의중지통보(제42조 제 2 항) → 노동위원회 의결사항
> 11. 긴급조정결정(제76조 제 3 항)

2. 使用者에 의한 財政 등의 支援制限

노동조합의 운영 및 활동에 대한 사용자의 지배·개입은 노동조합의 자주성

을 해치게 된다. 따라서 노사관계법 제 2 조 제 4 호는 「노동조합의 경비지출에 있어서 주로 사용자의 원조를 받은 경우」에는 노동조합설립의 실질적 요건을 갖추지 못하여 노동조합이 성립되지 아니한다고 규정하고 있다.

Ⅱ. 組合規約

1. 意 義

조합규약은 노동조합의 자주적이고 민주적인 조직·운영에 관한 기본사항을 정하고 있는 자주적인 조합규범이다.

2. 組合規約의 內容

(1) 의무적 기재사항 조합규약에는 노동조합에 대한 외부세력으로부터의 지배·개입을 배제하고, 노동조합 간부의 전횡을 방지하는 등 노동조합의 民主性과 自主性을 확보하기 위하여 필요한 최소한의 사항을 규정하여야 한다.

> **노사관계법 제11조 【규약】** 노동조합은 그 조직의 자주적·민주적 운영을 보장하기 위하여 그 규약에 다음 각 호의 사항을 기재하여야 한다.
> 1. 명칭, 2. 목적과 사업, 3. 주된 사업소의 소재지, 4. 조합원에 관한 사항(연합단체인 노동조합에 있어서는 그 구성단체에 관한 사항), 5. 소속된 연합단체가 있는 경우에는 그 명칭, 6. 대의원회를 두는 경우에는 대의원회에 관한 사항, 7. 회의에 관한 사항, 8. 대표자와 임원에 관한 사항, 9. 조합비 기타 회계에 관한 사항, 10. 규약변경에 관한 사항, 11. 해산에 관한 사항, 12. 쟁의행위와 관련된 찬반투표 결과의 공개, 투표자 명부 및 투표용지 등의 보존·열람에 관한 사항, 13. 대표자와 임원의 규약위반에 대한 탄핵에 관한 사항, 14. 임원 및 대의원의 선거절차에 관한 사항, 15. 규율과 통제에 관한 사항

(2) 임의적 기재사항 노동조합은 필요적 기재사항 이외에도 노동조합의 자주적·민주적 운영과 활동에 필요한 사항을 자유로이 기재할 수 있는 바, 이를 임의적 기재사항이라 한다.

1) **「법정 임의적 기재사항」** 조합규약에 기재하지 아니하여도 무방하나, 조합규약에 기재되지 아니한 경우 법적 효력이 부여되지 아니한다고 노사관계법에 명시된 사항을 말한다.

> ① 노동조합의 법인격 취득(노사관계법 제 6 조 제 1 항), ② 대의원회의 설치(동법 제17조 제 1 항), ③ 총회 및 대의원회의 소집공고기간 단축(동법 제19조), ④ 조합비를 납부하지 아니하는 조합원의 권리제한(동법 제22조).

2) **「자치 임의적 기재사항」** 조합규약에 기재하는 경우 그 사항에 관하여 법적 효력이 인정되는 것은 물론이나, 조합규약에 기재하지 아니하였다고 하여 법적

효력이 반드시 부인되는 것은 아닌 사항을 말한다.

3. 組合規約의 行政的 審査

(1) 노동조합 설립시의 심사　　노동조합을 설립하고자 하는 경우에는 조합규약을 조합설립신고서와 함께 행정관청에 제출하여 이를 신고하여야 한다(노사관계법 제10조).

(2) 노동조합 설립후의 심사

1) 규약의 변경통보　　조합규약을 변경한 경우 매년 1월 31일까지 행정관청에게 통보하여야 한다(동법 제13조 제 2 항).

2) 위법한 규약의 시정명령　　행정관청은 조합규약이 노동관계법령에 위반한 경우에는 「노동위원회의 의결」을 얻어 그 시정을 명할 수 있다(동법 제21조).

Ⅲ. 勞動組合의 機關

1. 議決機關

(1) 총　회

1) 의결사항　　총회의 전권사항으로서 노사관계법이 규정하는 총회의 의결사항은 다음과 같다(동법 제16조 제 1 항 본문).

> 1. 규약의 제정과 변경에 관한 사항, 2. 임원의 선거와 해임에 관한 사항, 3. 단체협약에 관한 사항, 4. 예산·결산에 관한 사항, 5. 기금의 설치·관리 또는 처분에 관한 사항, 6. 연합단체의 설립·가입 또는 탈퇴에 관한 사항, 7. 합병·분할 또는 해산에 관한 사항, 8. 조직형태의 변경에 관한 사항, 9. 기타 중요한 사항

2) 의결방법

① 의결정족수　　총회는 재적조합원 과반수의 출석과 출석조합원 과반수의 찬성으로 의결(일반의결정족수)하나, i) 규약의 제정·변경, ii) 임원의 해임, iii) 합병·분할·해산, iv) 조직형태의 변경에 관한 사항은 「재적조합원 과반수의 출석과 출석조합원의 3분의 2 이상의 찬성」(특별의결정족수)이 있어야 한다(동법 제16조 제 2 항).

② 결선투표제　　임원의 선거에 있어서 출석조합원 과반수의 찬성을 얻은 자가 없는 경우에는 규약이 정하는 바에 따라 결선투표를 실시하여 다수의 찬성을 얻은 자를 임원으로 선출할 수 있다(동조 제 3 항).

③ 직접·비밀·무기명 투표 및 표결권의 제한　　i) 규약의 제정·변경과 ii) 임원의 선거·해임에 관한 사항은 조합원의 직접·비밀·무기명 투표에 의하여야 한다(동조 제 4 항). 다만 노동조합이 특정 조합원에 대하여 의결할 때에는

그 조합원은 표결권이 없다(동법 제20조).

3) 개최시기

① 정기총회

> **노사관계법 제15조 【총회의 개최】** ① 노동조합은 매년 1회이상 총회를 개최하여야 한다.
> ② 노동조합의 대표자는 총회의 의장이 된다.

② 임시총회

> **노사관계법 제18조 【임시총회등의 소집】** ① 노동조합의 대표자는 필요하다고 인정할 때에는 임시총회 또는 임시대의원회를 소집할 수 있다.
> ② 노동조합의 대표자는 조합원 또는 대의원의 3분의 1이상(연합단체인 노동조합에 있어서는 그 구성단체의 3분의 1이상)이 회의에 부의할 사항을 제시하고 회의의 소집을 요구한 때에는 지체없이 임시총회 또는 임시대의원회를 소집하여야 한다.
> ③ 행정관청은 노동조합의 대표자가 제 2 항의 규정에 의한 회의의 소집을 고의로 기피하거나 이를 해태하여 조합원 또는 대의원의 3분의 1이상이 소집권자의 지명을 요구한 때에는 15일 이내에 노동위원회의 의결을 요청하고 노동위원회의 의결이 있는 때에는 지체없이 회의의 소집권자를 지명하여야 한다.
> ④ 행정관청은 노동조합에 총회 또는 대의원회의 소집권자가 없는 경우에 조합원 또는 대의원의 3분의 1이상이 회의에 부의할 사항을 제시하고 소집권자의 지명을 요구한 때에는 15일이내에 회의의 소집권자를 지명하여야 한다.

4) 소집절차 총회 또는 대의원회는 회의 개최일 「7일전」에 그 회의에 부의할 사항을 공고하고 규약에서 정한 방법에 의하여 소집하여야 한다. 그러나 노동조합이 동일한 사업장의 근로자로 구성된 때에는 그 규약으로 공고기간을 「단축」할 수 있다(동법 제19조).

(2) 대의원회 대의원회는 총회에 「갈음」하여 설치되는 것이므로 총회에 관한 규정은 대의원회의 경우에 이를 준용한다(동법 제17조 제 1 항 및 제 4 항).

1) 구 성 대의원회의 구성에 관하여는 노사관계법에 아무런 규정도 두고 있지 아니하므로 「조합규약」으로 이를 정하여야 한다(동법 제11조 제 6 호).

대의원회의 대의원은 조합원의 직접・비밀・무기명투표에 의하여 선거되어야 한다(동법 제17조 제 2 항). 따라서 대의원을 투표로 선거하는 대신에 조합규약으로 선거에 의하지 아니하는 당연직 대의원을 규정하는 것은 무효이다.

2) 지위 및 운영 대의원회의 개최시기 및 소집절차 등에 관한 사항은 총회의 경우와 동일하다. 대의원회는 의결기관이지 집행기관이 아니므로 대의원은 대의원회에 참석하여 의결하는 권한만을 행사하며, 이러한 대의원의 지위 및 권한은 타인에게 위임할 수 없다.

▣ 요점정리

1. 일반정족수(재적 1/2출석 및 출석 1/2찬성): 총회의 의결 사항. 다만, 임원선거시 1/2 이상이 없는 경우에는 다수결
2. 특별정족수(재적 1/2출석 및 출석 2/3찬성): ① 규약의 제정 및 변경, ② 임원의 해임, ③ 합병·분할·해산, ④ 조직변경에 관한 사항
3. 재적 1/2요구: 쟁의행위 찬반투표
4. 재적 1/3요구: 임시총회 또는 임시대의원회의 소집
5. 직접·비밀·무기명 투표: ① 규약의 제정 및 변경, ② 임원의 선거·해임, ③ 대의원의 선거, ④ 쟁의행위 찬반투표

2. 執行機關(任員)

(1) 구 성　　집행기관은 의결기관이 의결한 사항을 집행하고 대외적으로 조합을 대표한다. 집행기관의 위원장은 노조의 대표자가 맡는 것이 상례이다.

(2) 권 한　　조합규약상 특별한 규정이 없는 한 집행기관의 직무권한은 조합의 목적달성에 필요한 일체의 업무에 걸치며, 집행기관의 의사결정은 과반수의 집행위원으로 결정한다. 집행위원은 각자 조합을 대표한다.

한편 노조대표자는 i) 총회의 의장이 되고(동법 제15조 제 2 항), ii) 회계감사를 실시하게 하며(동법 제25조 제 1 항), iii) 임시총회를 소집하고(동법 제18조 제 1 항), iv) 노조의 운영상황을 공개하여야 한다(동법 제26조).

(3) 선임 및 해임　　집행기관 등 임원의 선임절차는 i) 조합규약의 필요적 기재사항이므로(동법 제11조 제14호) 조합규약에서 정하는 바에 의하며, ii) 임원은 반드시 조합원 중에서(동법 제23조 제 1 항), iii) 조합원의 직접·비밀·무기명투표에 의하여야 하며(동법 제16조 제 4 항), iv) 임원의 선거는 총회의 의결사항에 속하므로 재적조합원 과반수의 출석과 출석조합원 과반수의 찬성으로 의결한다(동법 제16조 제 2 항 본문).

(4) 임 기　　임원의 임기는 조합규약으로 정하되 「3년」을 초과할 수 없다(동법 제23조 제 2 항).

(5) 노조전임　　노사당사자가 단체협약으로 정하거나 사용자의 동의가 있는 경우에는 노조전임자를 둘 수 있다(노사관계법 제24조 제 1 항). 노조전임자는 그 전임기간동안 사용자로부터 어떠한 급여도 지급받아서는 아니된다(동법 제24조 제 2 항).

3. 監査機關

감사기관이란 업무의 집행상황을 감사하는 기관을 말한다. 노사관계법에는 감사기관을 두도록 의무화하고 있지 아니하나, 노동조합은 일반적으로 감사기관을

두고 있다.

> **노사관계법 제25조 【회계감사】** ① 노동조합의 대표자는 그 회계감사원으로 하여금 6월에 1회이상 당해 노동조합의 모든 재원 및 용도, 주요한 기부자의 성명, 현재의 경리상황 등에 대한 회계감사를 실시하게 하고 그 내용과 감사결과를 전체 조합원에게 공개하여야 한다.
> ② 노동조합의 회계감사원은 필요하다고 인정할 경우에는 당해 노동조합의 회계감사를 실시하고 그 결과를 공개할 수 있다.

Ⅳ. 勞動組合의 財政

1. 勞動組合의 收入

(1) 조합비

1) 의 의 조합비는 노동조합비의 수입 중 가장 중요한 비중을 차지하고 있으며, 조합비를 납부하지 아니하는 조합원은 조합의 제제를 받게 된다(노사관계법 제22조 단서).

2) 노동조합의 조합비사전공제

① 의 의 노동조합의 조합비공제제도(Check off)라 함은 조합원의 임금으로부터 조합비를 사용자가 사전에 원천공제하고 이를 노동조합에 일괄하여 직접 납입하는 조합비 납입방법이다.

② 근로기준법 제43조 제 1 항의 적용여부 근로기준법 제43조 제 1 항(임금지불의 원칙)은 강행규정으로서 집단적 노사관계하에서의 노동조합에 관한 사항에도 적용되어야 한다. 따라서 조합비공제제도는 근로기준법 제43조 제 1 항에 따라 단체협약으로 규정되는 경우에 한하여 비로소 유효하게 성립된다(다수설).

③ 조합원개인의 동의여부 조합비공제제도가 유효하게 성립하기 위하여는 i) 단체협약의 체결만으로 충분하며 조합원개인에 의한 별도의 동의는 필요하지 아니하다는 견해(김유성; 이상윤)가 있으나, ii) 단체협약이외에도 조합원개인의 동의가 필요하다고 한다(다수설). 이유는 단체협약상의 조합비공제제도는 노동조합과 사용자만을 구속하는 채무적 효력만을 갖고 조합원개인을 구속하는 규범적 효력은 갖지 아니하므로 조합원개인이 별도로 이에 동의하는 경우에만 조합원개인을 구속하는 효력을 갖는다고 보기 때문이다.

(2) 기부금 노동조합은 제 3 자로부터 기부금을 받을 수 있다. 다만, 사용자로부터의 기부금은 근로자의 후생자금, 경제상의 불행 기타의 재액방지와 구제 등을 위한 기금기부 등을 제외하고는 부당노동행위에 해당된다(노사관계법 제81조). 노동조합의 대표자는 주요한 기부자의 성명공개 등 기부금에 대한 감사를 실시하고 그 결과를 공개하여야 한다(노사관계법 제25조 제 1 항).

(3) 사업수익금 노동조합은 수익사업을 실시하여 그 수익금을 노동조합재정의 재원으로 사용할 수 있다. 이 경우 수익사업을 하는 사업체에 대하여는 조세면제의 특혜가 부여되지 아니한다(노사관계법 제 8 조).

2. 租稅의 免除

노동조합에 대하여는 그 사업체를 제외하고는 세법이 정하는 바에 따라 조세를 부과하지 아니한다(노사관계법 제 8 조).

V. 勞動組合의 活動

1. 意　　義

(1) 조합활동의 개념

일반적으로 조합활동이라 함은 협의의 조합활동을 지칭한다. 조합활동에는 대체로 i) 조합원의 모집·가입권유, ii) 노동조합 방침의 결정·홍보·집행, iii) 게시판·조합사무소 등 회사시설물의 사용, iv) 각종 현수막·유인물 등 홍보물의 배포·부착, v) 조합비의 징수 및 vi) 공제·수양·기타 복리사업 등이 해당된다.

(2) 조합활동의 법적 보호 조합활동은 헌법상 근로 3 권의 보호에 따라 당연히 인정되는 노동조합의 헌법적 권리이다. 따라서 정당한 조합활동은 민사·형사면책이 인정되며, 사용자가 이를 제한·침해하는 경우에는 부당노동행위가 성립되므로 이에 대한 구제를 받을 수 있다.

(3) 조합활동의 주체 조합활동의 주체는 i) 노동조합과 ii) 조합원이다. 이러한 노동조합과 조합원에는 이미 설립된 노동조합은 물론 설립과정 중에 있는 노동조합 및 이에 속한 근로자들도 당연히 포함된다.

한편 조합원 개인의 경우 ① 노동조합의 명시적인 수권·지시를 따라 활동하는 경우는 물론, ② 노동조합의 명시적인 수권·지시가 없는 경우라도 노동조합의 묵시적인 승인·지시를 받았다고 볼 수 있거나, 그 활동의 성질상 당연히 노동조합의 활동으로 볼 수 있는 경우 조합원은 조합활동의 주체가 될 수 있다(다수설; 대판 1990. 8. 10, 89누8217; 대판 1991. 11. 12, 91누4164). ③ 노동조합의 수권·지시에 위반하는 경우, 예컨대 「조합원이 반집행부활동」을 전개하는 경우 조합활동의 주체로 볼 수 있는가에 관하여 i) 단결권 보장의 취지에 비추어 객관적으로 용인될 수 있는 행위인 경우에는 이를 긍정하여야 한다는 견해(김유성, 이상윤)와 ii) 조합활동에 포함시킬 수 없다는 견해(김형배)가 있다.

2. 法的性質

(1) 조합활동의 법적근거

1) 학 설

① 수인의무설 조합활동은 헌법상 근로 3 권에 내제하는 권리이므로 사용자는 이에 대한 수인의무를 부담한다고 한다. 따라서 사용자의 업무지휘권 및 시설관리권 등은 합리적인 범위 내에서 당연히 제약받는다고 한다.

② 위법성조각설 조합활동은 헌법상 근로 3 권의 행사로서 위법성을 조각하는 면책특권으로서의 성질을 갖는다고 한다. 따라서 조합활동이 합리적인 범위 내에서 사용자의 경영권을 침해하여도 위법성이 조각되므로 적법한 행위로 보장되어야 한다고 한다.

(2) 편의제공의 법적근거

1) 학 설

① 단결권설 편의제공은 헌법상 보장된 단결권을 근거로 하고 있으므로 사용자는 편의제공을 승인·보장할 의무만을 부담하고 이를 거부할 권리는 없다고 한다.

② 협정설 편의제공은 단체협약, 취업규칙 및 노사관행에 의하여 또는 사용자가 원하는 경우에 임의로 제공하는 것이며, 사용자는 편의제공을 승인할 아무런 의무도 없다고 한다(대판 1996. 2. 23, 94누9177; 다수설). 이러한 견해에 의하면 단체협정, 취업규칙 및 노사관행 등에 의하여 보장되어 있지 아니한 경우 근로자는 사용자에게 편의제공을 요구할 수 없다고 한다.

3. 組合活動과 勞務指揮權

(1) 의 의 근로자는 근로시간 중에 근로를 제공할 의무를 부담하며, 이러한 근로제공의무는 관련법령·단체협약·취업규칙 등에 규정되어 있거나 사용자가 임의로 허용하는 경우에 한하여 면제되는 것이 원칙이다.

(2) 근로시간중의 조합활동 근로자가 근로시간중에 근로를 제공하지 아니하고 조합활동을 하는 것은 허용되지 아니하며, 조합활동은 근로시간외에 행하는 것이 원칙이다.

다만, 근로시간중의 조합활동은 i) 단체협약 및 취업규칙 등에 규정되어 있거나, ii) 노사관행에 의하여 허용되는 경우(대판 1995. 2. 17, 94다44422) 또는 iii) 사용자의 명시적인 승낙이 있는 경우에 한하여 인정될 수 있다고 할 것이다(대판 1992. 4. 10, 91도3044). 그러나 iv) 단체협약·취업규칙·노사관행 또는 사용자의 승낙이 없는 경우에도 근로시간 중의 조합활동이 완전히 부인되는 것은 아니며,

당해 조합활동의 필요성 및 긴급성 등과 노무지휘권의 침해정도 등을 구체적·종합적으로 판단하여 인정되어야 할 것이다(대판 1994.2.22, 93도613; 대판 1995.3.14, 94누5496).

> **[대판 1994.2.22, 93도613]** 근로자들이 정당한 근로삼권의 행사를 위하여 근로시간중에 조합활동을 하는 것 이외에 다른 방법이 없는 경우에는 사용자에게 합리적 방법에 의하여 사전통지를 하고 근무시간중에 최소한도의 조합활동을 하여도 무방하다고 할 것이다.

(3) 노조전임제도

1) 노조전임제도의 의의 노조전임제도라 함은 조합간부가 근로시간 중에 근로를 제공하지 아니하고 상시적으로 노동조합의 업무만을 담당하는 제도를 의미한다.

2) 관련규정

> **노사관계법 제24조 【노동조합의 전임자】** ① 근로자는 단체협약으로 정하거나 사용자의 동의가 있는 경우에는 근로계약 소정의 근로를 제공하지 아니하고 노동조합의 업무에만 종사할 수 있다.
> ② 제1항의 규정에 의하여 노동조합의 업무에만 종사하는 자(이하 "專任者"라 한다)는 그 전임기간동안 사용자로부터 어떠한 급여도 지급받아서는 아니된다.

3) 노조전임제도의 법적근거 현행 노사관계법 제24조 제1항은 「근로자는 단체협약으로 정하거나 사용자의 동의가 있는 경우」에는 노조전임이 인정될 수 있다고 규정함으로써 協定說을 명문화하고 있다.

즉 노조전임의 인정여부, 선임·해임절차, 노조전임기간, 노조전임자 수 및 노조전임의 대우 등 노조전임의 임금을 제외한 모든 사항은 사용자의 재량에 따라 인정되는 것이다.

> **[대판 1996.2.23, 94누9177]** 노조전임제도는 단체협약 또는 사용자의 동의가 있는 경우에 한하여 인정되는 소위 임의교섭대상으로서 강제중재의 대상이 되지 아니한다.

4) 노조전임의 법적지위

① 의 의 노조전임은 기업 내의 근로자로서의 신분을 그대로 유지하나, 근로계약상의 근로제공의무를 면제받고 있다. 노조전임의 이러한 특성에 따라 노조전임의 법적지위는 휴직상태에 있는 근로자와 유사한 것으로 본다(다수설; 대판 1996.12.6, 96다26671; 대판 1998.4.24, 97다54727; 대판 2003.9.2, 2003다4815·4822·4839; 대판 2004.2.27, 2003다51675; 대판 2005.6.23, 2003두12790).

② 노조전임과 임금 노조전임은 근로계약상의 근로를 제공하지 아니하므로 임금 역시 지급받지 못하는 것이 원칙이다. i) 노조전임자는 그 재임기간 동

안 사용자로부터 어떠한 급여도 지급받아서는 아니되고(동법 제24조 제 2 항), ii) 노조전임자에게 사용자가 급여를 지원하는 경우에는 부당노동행위에 해당된다(동법 제81조 제 4 호).[1]

③ 노조전임과 출·퇴근 노조전임은 노동조합의 업무에 전념하게 되므로 과연 다른 근로자와 마찬가지로 회사에 출·퇴근을 하여야 하는가의 의문점이 제기될 수 있다. 통설·판례는 이를 긍정하고 있다(대판 1995. 4. 11, 94다58087; 대판 2000. 7. 28, 2000다23297).

> **[대판 2000. 7. 28, 2000다23297]** 노조전임자도 사용자와의 사이에 기본적 근로관계는 유지되는 것이므로 단체협약에 특별한 규정을 두거나 특별한 관행이 존재하지 아니하는 한 취업규칙 등에 따라 출근을 하여야 하며, 그러하지 아니하는 경우 이는 무단결근에 해당된다. 이 경우 노조전임자의 출근은 통상적인 조합업무가 수행되는 사무실에서 조합업무를 개시할 수 있는 상태에 임하는 것이다.

④ 노조전임과 상여금지급·연차휴가 판례는 노조전임은 휴직상태에 있는 근로자와 유사한 지위를 갖고 있으므로 단체협약 등에 정함이 없는 한 사용자에게 상여금 또는 연차휴가를 청구할 수 있는 권리가 「당연히」 있는 것은 아니라고 판결하고 있다(대판 1995. 11. 10, 94다54566).

⑤ 노조전임과 산업재해보상보험 판례는 노조전임자의 조합활동중의 재해는 조합활동이 사용자의 사업과 무관한 대외활동 또는 사용자와의 대립관계인 쟁의행위에 해당되는 등의 특별한 사정이 없는 한 이를 산업재해보상보험법상의 구제대상으로 보아야 한다고 판결하고 있다(대판 1993. 1. 26, 92다11695; 대판 1994. 2. 22, 92누14502).

⑥ 노조전임과 고용보험 노조전임은 자기의 임금총액에 실업급여의 보험료율을 곱한 금액을 보험료로 납부하여야 한다(보험료징수법 제13조 제 2 항 단서).

⑦ 노조전임과 복직권 노조전임자의 임기 또는 지위가 종료되는 경우에는 단체협약, 취업규칙, 노사관행 또는 노사당사자간의 합의된 사항에 따라 즉시 원직에 복귀된다(대판 1997. 6. 13, 96누17738; 서울동부지판 1992. 10. 2. 91가합21907). 사용자는 일방적으로 노조전임자의 원직복귀명령을 내릴 수 없다(다수설).

4. 組合活動과 施設管理權

(1) 의 의 시설관리권은 본래 사용자의 권리에 속하므로 노동조합이 기업내에서 또는 기업시설을 이용하여 조합활동을 할 수 있는가에 관한 의문이 제기

1) 노조전임에 대한 급여제한을 규정하고 있는 노사관계법 제24조 제 2 항 및 제81조 제 4 호는 2010년 1월 1일부터 시행한다. 사용자는 2009년 12월 31일까지 전임자에 대한 급여지원 규모를 노사협의에 의하여 점진적으로 축소하도록 노력하여야 하며, 이 경우 그 재원을 노동조합의 재정자립에 사용하도록 한다(동법 부칙 제 6 조).

될 수 있다. 예컨대, 기업 내의 유인물 게시, 현수막 게양, 강당·운동장에서의 집회 및 조합사무실의 설치 등이 이에 해당된다.

우리나라는 기업별 조직형태를 원칙으로 하고 있어 조합의 기업시설이용을 허용하지 아니하고는 노조활동이 커다란 제약을 받음으로써 헌법상의 단결권이 침해될 우려가 있다. 따라서 노조의 기업시설이용이 사용자의 기업시설관리권의 행사 또는 업무의 수행에 지장을 주지 아니하는 합리적인 범위 내에서 조합원은 기업의 시설을 이용할 수 있다고 본다.

(2) 조합사무소의 제공 노동자가 기업시설을 이용하는 것은 사용자의 노동조합에 대한 지배·개입에 해당되어 부당노동행위를 구성할 우려가 있으나, 최소한 규모의 노동조합사무소의 제공은 부당노동행위에 해당되지 아니한다(동법 제81조 제 4 호).

Ⅵ. 組合의 內部統制

1. 意 義

노동조합은 조합원에 대하여 일정한 규제와 강제를 행사하며 이러한 통제에 복종하지 아니하는 조합원에 대하여 제재를 가하게 된다. 이를 노동조합의 내부통제라 한다.

조합의 통제에 의거한 징계사유로는 대체로 규약위반, 결의·지시불복종, 조합의 명예훼손 등을 정하고 있으며, 제재의 종류로는 경고, 견책, 제재금의 부과, 권리정지 및 제명 등을 규정하고 있다.

2. 統制權의 法的根據

(1) 계약설 계약설에 의하면 조합원간의 계약은 조합원의 권리와 의무에 관한 조건을 명시하고 있고 조합원의 신분의 취득과 상실에 관한 조건도 규정하고 있는 바, 이러한 계약에서 통제권의 행사가 인정된다고 한다.

(2) 사단설

1) **단체고유권설** 단체고유권설은 노동조합을 하나의 일반 단체로 보고, 단체는 본질상 일정한 목적 수행에 필요한 한도 내에서 내부통제권을 가진다고 보는 견해이다.

2) **단결권설** 단결권설은 노동조합은 일반 단체와는 달리 헌법 제33조 제 1 항에서 인정된 헌법상의 단체로서 보통 단체에서는 볼 수 없는 더욱 강한 통제력을 필요로 하고 이러한 통제권의 근거를 헌법상의 단결권 보장에서 구한다(다수설).

3. 統制違反에 대한 制裁節次

노동조합의 내부통제는 조합원에 대한 불이익을 부과하게 되는 바 특히 除名은 조합원으로서의 자격을 喪失하여, 조합원의 단결권을 침해할 우려가 있다. 따라서 조합에는 통제위반에 대하여 制裁를 하는 경우 일정한 제재절차가 마련되어야 한다.

4. 統制에 대한 司法審査

조합의 조합원에 대한 통제는 본질적으로는 조합의 내부문제이므로 조합의 자치에 일임하는 것이 단결권 보장의 취지에 가장 적합하다. 그러나 조합의 통제의 수준이 지나치거나 절차상의 하자로 인하여 조합원이 이에 불복하는 경우에는 이를 구제할 수 있는 사법절차가 마련되어야 한다.

조합규약에 징계사유와 절차가 명확하고 구체적으로 규정되어 있는 경우에는 조합의 자주적인 결정을 존중해야 할 것이며, 이러한 절차를 현저히 일탈·남용한 경우에만 사법심사의 대상이 된다고 할 것이다.

제3절 勞動組合의 解散과 組織變更

Ⅰ. 解 散

1. 意 義

노동조합의 해산이라 함은 조합이 소멸하기 위한 절차를 개시·진행하는 것을 말하며, 이미 소멸의 절차가 종료한 것을 의미하는 것은 아니다. 따라서 법인인 노동조합이 해산의 절차를 진행하는 경우 그 청산의 목적범위 안에서 권리를 행사하고 의무를 부담한다.

2. 解散事由

노사관계법 제28조【해산사유】 ① 노동조합은 다음 각호의 1에 해당하는 경우에는 해산한다.
1. 규약에서 정한 해산사유가 발생한 경우
2. 합병 또는 분할로 인한 소멸한 경우
3. 총회 또는 대의원회의 해산결의가 있는 경우
4. 노동조합의 임원이 없고 노동조합으로서의 활동을 1년 이상 하지 아니한 것으로 인정되는 경우로서 행정관청이 노동위원회의 의결을 얻은 경우

② 제1항 제1호 내지 제3호의 사유로 노동조합이 해산한 때에는 그 대표자는 해산한 날부터 15일 이내에 행정관청에게 이를 신고하여야 한다.

(1) 규약에서 정한 해산사유의 발생　「해산에 관한 사항」은 조합규약의 필요적 기재사항이다(동법 제11조 제11호). 조합규약에 해산사유가 규정되어 있는 경우 당해 해산사유가 발생되면 조합은 해산된다.

(2) 합병 또는 분할로 인한 소멸

1) 합　병　노동조합의 합병이라 함은 2개 이상의 노동조합이 통합하여 하나의 노동조합이 되는 것으로서, 이에는 신설합병과 흡수합병이 있다.

신설합병은 구노동조합을 모두 해산하고 하나의 신노동조합을 결성하는 것을 말하며, 흡수합병은 하나의 노동조합이 다른 노동조합을 모두 흡수하여 하나의 노동조합을 결성하는 것이다. 구노동조합과 신노동조합간의 동질성이 인정되는 경우 구노동조합의 권리·의무 및 단체협약은 포괄적으로 신노동조합에 승계되는 것이 원칙이다.

2) 분　할　노동조합의 분할이라 함은 하나의 노동조합이 2개 이상의 노동조합으로 분열됨으로써 구노동조합이 완전히 소멸되는 것을 말한다. 분할은 구노동조합이 소멸된다는 점에서 구노동조합은 그대로 존속한 채, 일부 조합원이 탈퇴하여 새로운 별개의 노동조합을 결성하는「탈퇴」와 구분된다.

분할의 경우 기존의 단체협약은 효력을 상실하나, 탈퇴의 경우 효력을 상실하지 아니한다.

3) 합병 및 분할의 절차　합병 및 분할의 경우 i) 총회의 의결사항이 되고(동법 제16조 제 1 항 제 7 호), ii) 동 의결에는 재적조합원 과반수의 출석과 출석조합원 3분의 2 이상의 찬성이 필요하다(동법 제16조 제 2 항).

(3) 총회 또는 대의원회의 해산결의　이는 노동조합의 임의해산에 관한 것으로 조합규약에 정한 해산사유의 발생과는 상관없이 조합의 해산을 의결할 수 있다. 이 경우 재적조합원 과반수의 출석과 출석조합원 3분의 2 이상의 찬성이 필요하다(동법 제16조 제 2 항).

(4) 노동조합의 활동이 없는 경우　노동조합의 대내적·대외적 활동을 담당하는 임원인 위원장·부위원장 등이 없고, 노동조합으로서의 활동을 1년 이상 수행하지 아니하여 행정관청이 노동위원회의 의결을 얻은 경우 노동조합은 해산된다. 즉 노동조합의 기능이 사실상 정지된 경우이다.

노동조합으로서의 활동을 1년 이상 하지 아니한 경우라 함은 계속하여 1년 이상 조합원으로부터 조합비를 징수한 사실이 없거나 총회 또는 대의원회를 개최한 사실이 없는 경우를 말한다(동법시행령 제13조의 제 1 항). 노동조합은 행정관청이 관할노동위원회의 의결을 얻은 때에 해산된 것으로 본다(동법시행령 제13조 제 2 항).

Ⅱ. 組織變更

노동조합의 조직변경은 노동조합이 자신의 조직을 변경하는 것을 말한다. 노사관계법은 조직변경에 관하여 아무런 명문의 규정도 아니두고 있는 바 이는 조합규약으로 정하여야 할 것이다. 조직변경의 종류에는 i) 조합원의 가입자격변경, ii) 단위조직과 연합체간의 상호전환, iii) 산업별 노조·직종별 노조 및 기업별 노조간의 상호전환 등이 이에 해당된다.

노동조합의 조직변경이 있는 때에는 i) 총회 또는 대의원회에서 조직변경을 의결하여야 하는바(동법 제16조 제 1 항 제 8 호), ii) 재적조합원 과반수의 출석과 출석조합원의 3분의 2 이상의 찬성이 있어야 한다(동법 제16조 제 2 항).

기출문제 및 기본문제

최근 기출문제

1. 「노동조합 및 노동관계조정법」상 행정관청이 노동위원회의 의결을 얻어 할 수 있는 사항을 모두 묶은 것은? 〈51회 사시〉

㉮ 노동관계법령에 위반된 노동조합 규약의 시정명령
㉯ 노동조합에 대한 자료제출 요구
㉰ 지역 단위에서 단체협약의 효력확장 결정
㉱ 사업장 단위에서 단체협약의 효력확장 결정

① ㉮　② ㉮, ㉰　③ ㉯, ㉰
④ ㉯, ㉰, ㉱　⑤ ㉮, ㉯, ㉰, ㉱

≪**해설**≫ 행정관청이 노동위원회의 의결을 얻어야 할 수 있는 것으로는 i) 임시총회 소집권장의 지명(노조법 제18조 제 3 항), ii) 규약의 시정명령(동법 제21조 제 1 항), iii) 노조의 결의, 처분의 시정명령(동법 제21조 제 2 항), iv) 조합의 해산(동법 제28조 제 1 항), v) 단체협약의 시정명령(동법 제31조 제 3 항), vi) 지역적 구속력의 결정(동법 제36조), vii) 안전보호시설의 쟁의중지 통보(동법 제42조 제 2 항) 등이 있다.

2. 노동조합의 실질적 요건을 갖추었으나 설립신고를 하지 않은 단결체(이하 '법외노조'라 한다)에 관한 설명 중 옳은 것(○)과 옳지 않은 것(×)을 올바르게 조합한 것은? (다툼이 있는 경우에는 판례에 의함) 〈51회 사시〉

㉮ 법외노조는 노동위원회에 노동쟁의의 조정을 신청할 수 없다.
㉯ 법외노조는 노동위원회에 부당노동행위 구제신청을 할 수 없다.
㉰ 법외노조는 어떠한 경우에도 단체교섭의 주체가 될 수 없다.
㉱ 법외노조는 노동조합이라는 명칭을 사용할 수 없다.

① ㉮(○), ㉯(○), ㉰(○), ㉱(○)
② ㉮(○), ㉯(×), ㉰(○), ㉱(○)
③ ㉮(○), ㉯(○), ㉰(×), ㉱(○)
④ ㉮(×), ㉯(×), ㉰(×), ㉱(○)

해답 1. ② 2. ③

⑤ ㉮(×), ㉯(×), ㉰(○), ㉱(×)

≪**해설**≫ ㉮㉯ 노동조합및노동관계조정법 제 7 조 제 1 항. ㉰ 법외노조라도 헌법 제33조 제 1 항의 규정에 의한 헌법상의 노동조합으로 사용자에 대하여 단체교섭권을 행사할 수 있다(다수설). ㉱ 동법 제 7 조 제 3 항.

3. **「노동조합 및 노동관계조정법」상 조합원의 직접 · 비밀 · 무기명투표를 요하는 것은?** 〈51회 사시〉

① 조합원의 제명　　② 임원의 선거
③ 기금의 처분　　④ 조합원의 탈퇴승인
⑤ 임시총회의 요구

≪**해설**≫ 노동조합 및 노동관계조정법상 i) 규약의 제정 · 변경(노조법 제16조 제 4 항), ii) 임원의 선거 · 해임에 관한 사항(동법 제16조 제 4 항), iii) 대의원의 선거에 관한 사항(동법 제17조 제 2 항), iv) 쟁의행위의 찬반투표에 관한 사항(동법 제41조 제 1 항)은 조합원의 직접 · 비밀 · 무기명투표를 요한다.

4. **「노동조합 및 노동관계조정법」상 단체협약으로 정하거나 사용자의 동의가 있어야 노동조합에 둘 수 있는 자는?** 〈51회 사시〉

① 노동조합의 대표자
② 노동조합의 단체교섭 담당자
③ 노동조합 대의원회의 대의원
④ 노동조합의 회계감사원
⑤ 노동조합의 전임자

≪**해설**≫ 노동조합의 전임자는 단체협약으로 정하거나 사용자의 동의가 있는 경우에는 근로계약 소정의 근로를 제공하지 아니하고 노동조합의 업무에만 종사할 수 있다(노조법 제24조).

5. **노동조합의 해산사유인 것은?** 〈50회 사시〉

① 노동조합이 합병으로 소멸
② 노동조합의 파산
③ 소속 연합단체에 의한 제명
④ 노동조합 대표자의 해산결정
⑤ 사용자의 사업양도

≪**해설**≫ [노동조합의 해산사유](노사관계법 제28조).

1. 규약에서 정한 해산사유가 발생한 경우

| 해답 | **3.** ② **4.** ⑤ **5.** ①

2. 합병 또는 분할로 소멸한 경우
3. 총회 또는 대의원회의 해산결의가 있는 경우
4. 노동조합의 임원이 없고 노동조합으로서의 활동을 1년 이상 하지 아니한 것으로 인정되는 경우로서 행정관청이 노동위원회의 의결을 얻은 경우

6. 노동조합의 기관과 운영에 관한 설명으로 옳지 않은 것은? 〈사시 50회〉

① 규약의 제정과 변경에 관한 사항은 총회의 의결을 거쳐야 한다.

② 최고 의사결정기관은 총회이고, 규약으로 총회에 갈음하는 대의원회를 둘 수 있다.

③ 노동조합의 임원은 그 조합원 중에서 선출되어야 하고 임기는 규약으로 정하되 3년을 초과할 수 없다.

④ 노동조합의 대표자는 근로계약 소정의 근로를 제공하지 아니하고 노동조합의 업무에만 종사할 수 있는 전임자이어야 한다.

⑤ 노동조합의 대표자는 회계연도마다 결산결과와 운영상황을 공표하여야 하며 조합원의 요구가 있는 경우 이를 열람하게 하여야 한다.

≪**해설**≫ ① 노사관계법 제16조 제 1 항. ② 동법 제16조 및 17조 참조. ③ 동법 제23조. ④ 근로자는 단체협약으로 정하거나 사용자의 동의가 있는 경우, 근로계약 소정의 근로를 제공하지 아니하고 노동조합의 업무에만 종사할 수 있는데, 이를 전임자라 한다(동법 제24조). 그러나 노동조합의 대표자가 반드시 전임자이어야 하는 것은 아니다(협정설). ⑤ 동법 제25조.

7. 노동조합 및 노동관계조정법상 노동위원회의 의결을 필요로 하지 않는 사항은?

① 노동조합에 대한 자료제출 요구 〈49회 사시〉

② 조합규약의 시정명령

③ 휴면노조의 해산

④ 노동조합의 결의·처분의 시정명령

⑤ 단체협약의 시정명령

≪**해설**≫ ① 행정관청이 결산결과와 운영상황의 보고를 요구하는 경우 노동위원회의 의결없이 할 수 있으며, 노동조합은 이에 응하여야 한다(노사관계법 제27조). ② 동법 제21조 제 1 항. ③ 동법 제28조 제 1 항. ④ 동법 제21조 제 2 항. ⑤ 동법 제31조 제 3 항.

8. 노동조합에 관한 설명 중 옳지 않은 것은? 〈48회 사시〉

① 조합원이 아닌 자도 노동조합의 임원으로 선출될 수 있다.

② 노동조합의 조합원이 1인만 남게 된 경우 조합원이 증가될 일반적 가능성

┃해답┃ 6. ④ 7. ① 8. ①

이 없는 한 노동조합으로서의 단체성을 상실하며 청산목적과 관련되지 않는 한 당사자능력이 없다.

③ 기업별 노동조합의 조합원인 근로자가 해고되어 노동위원회에 부당노동행위의 구제신청을 한 경우에는 중앙노동위원회의 재심판정이 있을 때까지는 근로자가 아닌 자로 해석하여서는 아니된다.

④ 공제·수양 기타 복리사업만을 목적으로 하는 경우 노동조합으로 보지 않는다.

⑤ 노동조합이 신고증을 교부받은 경우에는 설립신고서가 접수된 때에 설립된 것으로 본다.

≪**해설**≫ ① 노동조합의 임원은 그 조합원 중에서 선출되어야 한다(노사관계법 제23조 제 1 항). ② 노동조합은 그 요건으로 단체성이 요구되므로 복수인이 결합하여 규약을 가지고 그 운영을 위한 조직을 갖추어야 하는바, 법인 아닌 노동조합이 일단 설립되었다고 할지라도 중도에 그 조합원이 1인밖에 남지 아니하게 된 경우에는, 그 조합원이 증가될 일반적 가능성이 없는 한, 노동조합으로서의 단체성을 상실하여 청산목적과 관련되지 않는 한 당사자능력이 없다(대판 1998.3.13, 97누19830). ③ 대판(전) 1990.11.27, 80도1579 등. ④ 동법 제 2 조 제 4 호 다목. ⑤ 동법 제12조 제 4 항.

9. 노동조합및노동관계조정법상 노동조합에 관한 설명 중 옳은 것은? 〈48회 사시〉

① 노동조합이 운영하는 영리 사업체에 대해서는 조세를 부과하지 않는다.

② 노동조합이 아닌 근로자단체도 노동위원회에 노동쟁의의 조정을 신청할 수 있다.

③ 노동조합은 그 명칭 등 법정사항에 변경이 있는 때에는 그 날부터 60일 이내에 행정관청에 변경신고를 하여야 한다.

④ 노동조합은 규약으로 총회에 갈음할 대의원회를 둘 수 있다.

⑤ 노동조합은 법인설립등기를 하여야 한다.

≪**해설**≫ ① 노동조합에 대하여는 그 사업체를 제외하고는 세법이 정하는 바에 따라 조세를 부과하지 아니한다(노사관계법 제 8 조). 따라서 영리 사업체에 대해서는 조세를 부과하게 된다. ② 노동조합및노동관계조정법에 의하여 설립된 노동조합이 아니면 노동위원회에 노동쟁의의 조정 및 부당노동행위의 구제를 신청할 수 없다(동법 제 7 조 제 1 항). 따라서 노동조합이 아닌 근로자단체가 노동위원회에 노동쟁의의 조정을 신청할 수는 없다. ③ 노동조합은 설립신고 된 사항 중 i) 명칭, ii) 주된 사무소의 소재지, iii) 대표자의 성명, iv) 소속된 연합단체의 명칭 등에 변경이 있는 때에는 그 날부터 30일 이내에 행정관청에게 변경신고를 하여야 한다(동법 제13조 제 1 항). ④ 대의원회 설치여부는 법정임의적 기재사항이다(동법 제17조 제 1 항). ⑤ 노동조합은 그 규약이 정하는 바에 의하여 법인으로 할 수

해답 9. ④

있다(동법 제 6 조 제 1 항). 즉 법정임의적 기재사항이다.

10. 노동조합의 운영에 관한 설명 중 옳지 않은 것은? 〈48회 사시〉

① 노동조합의 대표자는 매년 1회 이상 당해 노동조합의 모든 재원 및 용도 등에 대하여 외부회계감사를 받아야 한다.

② 노동조합의 회계감사원은 필요하다고 인정할 경우에는 당해 노동조합의 회계감사를 실시하고 그 결과를 공개할 수 있다.

③ 노동조합의 대표자는 회계연도마다 결산결과와 운영상황을 공표하여야 한다.

④ 노동조합은 행정관청이 요구하는 경우에는 결산결과와 운영상황을 보고하여야 한다.

⑤ 노동조합은 조합설립일부터 30일 이내에 법률에서 정하는 서류를 작성하여 그 주된 사무소에 비치하여야 한다.

≪**해설**≫ ① 노동조합의 대표자는 그 회계감사원으로 하여금 6월에 1회 이상 당해 노동조합의 모든 재원 및 용도, 주요한 기부자의 성명, 현재의 경리 상황 등에 대한 회계감사를 실시하게 하고 그 내용과 감사결과를 전체 조합원에게 공개하여야 한다(노사관계법 25조 제 1 항). ② 동법 25조 제 2 항. ③ 동법 26조. ④ 동법 제27조. ⑤ 동법 제13조 제 1 항.

11. 노동조합의 해산사유만으로 묶인 것은? 〈48회 사시〉

㉮ 총회의 해산결의	㉯ 합병으로 인한 소멸
㉰ 소속 상부연합단체의 제명처분	㉱ 노동부장관의 해산명령
㉲ 규약에서 정한 해산사유의 발생	

① ㉮, ㉰, ㉲　　② ㉯, ㉱, ㉲　　③ ㉮, ㉰, ㉱
④ ㉯, ㉰, ㉱　　⑤ ㉮, ㉯, ㉲

≪**해설**≫ 노동조합의 해산사유는 i) 규약에서 정한 해산사유가 발생한 경우, ii) 합병 또는 분할로 소멸한 경우, iii) 총회 또는 대의원회의 해산결의가 있는 경우, iv) 노동조합의 임원이 없고 노동조합으로서의 활동을 1년 이상 하지 아니한 것으로 인정되는 경우로서 행정관청이 노동위원회의 의결을 얻은 경우 등이다(노사관계법 제28조 제 1 항).

12. 노동조합및노동관계조정법상 노동조합의 소극적 요건(결격요건)이 아닌 것은?

① 사용자의 참가를 허용하는 경우 〈47회 사시〉

② 경비의 주된 부분을 사용자로부터 원조받는 경우

③ 공제, 수양 기타 복리사업을 부수적으로 하는 경우

해답 10. ① 11. ⑤ 12. ③

④ 항상 사용자의 이익을 대표하여 행동하는 자의 참가를 허용하는 경우

⑤ 주로 정치운동을 목적으로 하는 경우

≪**해설**≫ ①④ 노동조합및노동관계조정법 제 2 조 제 4 호 가목. ② 동법 동조 동호 나목. ③ 노동조합이 임의목적만을 추구하는 경우에는 노동조합및노동관계조정법상 노동조합이라고 할 수 없으나 필요목적 이외로 임의목적을 부수적으로 수행하는 경우에는 결격요건에 해당한다고 할 수 없다. 따라서 공제, 수양 기타 복리사업만을 목적으로 하는 경우에는 결격사유에 해당한다(동법 제 2 조 제 4 호 다목). ⑤ 동법 동조 동호 마목

13. 노동조합및노동관계조정법상 대의원회를 두지 않은 노동조합의 임원에 관한 설명 중 옳지 않은 것은? 〈47회 사시〉

① 임원은 총회에서 재적조합원 과반수의 출석과 출선조합원 과반수의 찬성으로 선출하는 것을 원칙으로 한다.

② 임원은 조합원의 직접 · 비밀 · 무기명투표에 의해 선출한다.

③ 임원의 해임은 총회에서 재적조합원 과반수의 출석과 출석 조합원 3분의 2이상의 찬성이 있어야 한다.

④ 임원의 임기는 규약으로 정하되, 2년을 초과할 수 없다.

⑤ 임원의 성명과 주소는 노동조합을 설립할 때 제출하여야 할 신고서에 기재하여야 한다.

≪**해설**≫ ①③ 노동조합및노동관계조정법 제16조 제 2 항. ② 동법 제16조 제 4 항. ④ 임원의 임기는 조합규약으로 정하되 3년을 초과할 수 없다(동법 제23조 제 2 항). 3년이란 1회의 임기를 정한 것이므로 조합규약으로 연임을 허용하는 경우 3년을 초과할 수 있음은 물론이다. ⑤ 동법 제14조 제 1 항.

14. 노동관계의 당사자에 관한 설명으로 옳지 않은 것은? 〈47회 사시〉

① 근로기준법과 노동조합및노동관계조정법은 각각 근로자의 정의에 관한 규정을 두고 있다.

② 근로기준법상의 근로자에 해당하는지 여부를 판단할 때 계약의 형식보다 실질적인 종속관계의 존재유무를 중시하는 것이 판례의 태도이다.

③ 회사의 업무집행권을 가진 이사는 특별한 사정이 없는 한 근로기준법상의 근로자가 아니라는 것이 판례의 태도이다.

④ 일시적으로 실업상태에 있거나 구직중인 자는 지역별 노동조합에 가입할 자격이 없다는 것이 판례의 태도이다.

⑤ 당해 사업의 근로자에 관한 사항에 대하여 사업주를 위하여 행동하는 자는 노동조합및노동관계조정법상의 사용자이다.

| 해답 | **13.** ④ **14.** ④

≪**해설**≫ ① 근로기준법 제 2 조 제 1 항 제 1 호, 노동조합및노동관계조정법 제 2 조 제 1 호. ② 형식상으로는 민법상의 도급 또는 위임의 외형을 취하고 있더라도 그 노무공급의 형태가 실질적으로는 사용자의 지휘·명령하에 행하여지는 그 한도에서 근로관계의 존립을 인정하여야 한다(대판 2000. 1. 18, 99다48986). ③ 상임이사 등 사업주로부터 위임받은 지시권과 감독권만을 행사하는 사용자는 근로자가 될 수 없는 반면에(대판 1992. 12. 22, 92다28228), 법인의 이사라 할지라도 지시권과 감독권의 행사 이외에 자신의 고유업무를 수행하여 노무를 제공하는 사용자는 근로자가 될 수 있다(대판 1992. 5. 12, 91누11490). ④ 노동조합및노동관계조정법 제 2 조 제 1 호 및 제 4 호 라목 본문에서 말하는 근로자에는 특정한 사용자에게 고용되어 현실적으로 취업하고 있는 자뿐만 아니라, 일시적으로 실업상태에 있는 자나 구직중인 자도 노동 3 권을 보장할 필요성이 있는 한 그 범위에 포함되고, 따라서 지역별 노동조합의 성격을 가진 원고가 그 구성원인 구직중인 여성노동자를 포함시키고 있다 하더라도 구직중인 여성노동자 역시 노조법상의 근로자에 해당한다(대판 2004. 2. 27, 2001두8568). ⑤ 노동조합및노동관계조정법 제 2 조 제 2 호.

15. 현행 법령의 해석상 노동조합의 조합원이 될 수 있는 자를 모두 고른 것은?

〈46회 사시〉

㉮ 초등학교 교사	㉯ 응급실 근무 병원 간호사
㉰ 재래시장 노점상인	㉱ 은행 지점장
㉲ 아파트 경비원	

① ㉮, ㉰　　② ㉮, ㉱　　③ ㉰, ㉱

④ ㉮, ㉯, ㉲　　⑤ ㉯, ㉰, ㉲

≪**해설**≫ ㉮ 교원의노동조합설립및운영에관한법률에 따라 초중등 교원도 노동조합의 조합원이 될 수 있으며, ㉯㉲ 직업의 종류를 불문하고 임금·급료 기타 이에 준하는 수입에 의하여 생활하는 근로자는 단결권의 주체가 될 수 있다(노동조합및노동관계조정법 제 2 조 제 1 호). ㉰ 노동조합및노동관계조정법은 근로자가 아닌 자의 노동조합 가입을 허용하지 아니하므로 자영업자는 노동조합의 조합원이 될 수 없고, ㉱ 채용, 인사, 노무관리, 재해방지 등 근로조건의 결정 또는 근로의 제공에 관하여 지휘·명령 및 감독할 수 있는 권한과 책임이 사업주에 의하여 주어진 자, 비서, 전용운전수, 근로자에 대한 감시·감독적 지위에 있는 감사담당부서의 직원, 경리·회계를 전담하는 부서의 직원 및 책임자, 회사내의 재산의 보호, 출입자의 감시·순찰 등을 담당하는 경비직, 청원경찰 등은 사용자 또는 항상 그의 이익을 대표하여 행동하는 자의 참가를 허용하는 경우에 해당되어 노조에 가입할 수 없다.

16. 노동조합및노동관계조정법에 의하여 설립신고증을 교부받은 노동조합이 아닌 근로자단체의 법적 지위에 관한 설명 중 옳지 않은 것은? 〈46회 사시〉

① 사용자가 단체교섭을 거부하는 경우 부당노동행위의 구제신청을 할 수 없다.

| 해답 | **15.** ④ **16.** ④

② 노동조합이라는 명칭을 사용할 수 없다.
③ 세법이 정하는 바에 따라 조세가 부과될 수 있다.
④ 사용자가 노동조합 설립을 방해하는 경우 소속 근로자 개인은 부당노동행위의 구제신청을 할 수 없다.
⑤ 노동위원회에 노동쟁의조정신청을 할 수 없다.

≪해설≫ ①②⑤ 노사관계법 제7조. ③ 동법 제8조. ④ 실질적 요건을 갖추고 있으나 설립신고증을 교부받지 못하여 형식적 요건을 결여한 법외노조(헌법노조)의 법적지위와 관련하여 다수설은 i) 단체교섭권, ii) 협약체결권, iii) 쟁위행위에 대한 민사·형사상의 면책특권 등은 헌법에 근거하여 긍정하고 있으며, 관계법령의 해석상 사적조정, 근로자개인의 부당노동행위 구제신청, 불법행위에 기한 손해배상청구권과 해고무효확인소송의 제기, 소송상 당사자 능력, 등기능력 등도 인정된다고 본다.

17. 노동조합(교원노동조합은 제외한다) 전임자에 관한 설명 중 옳지 않은 것은?

〈46회 사시〉

① 근로자는 단체협약으로 정하거나 사용자의 동의가 있는 경우 근로계약 소정의 근로를 제공하지 아니하고 노동조합의 업무에만 종사할 수 있다.
② 대법원 판례에 따르면, 노조 전임자는 근로제공의무와 관련하여 휴직상태에 있는 근로자와 유사한 지위를 지닌다.
③ 대법원 판례에 따르면, 노조 전임자는 특별한 정함이나 관행이 없는 한 출퇴근에 관한 사규의 적용을 받지 않는다.
④ 대법원 판례에 따르면, 노조 전임자가 자신이 주도한 쟁의행위로 인하여 부상을 입은 경우 업무상 재해에 해당하지 않는다.
⑤ 노조 전임자에 대해 사용자가 급여를 지원하는 것은 2009. 12. 31.까지 부당노동행위에 해당하지 않는다.

≪해설≫ ① 노사관계법 제24조 제1항. ② 노동조합 전임자는 사용자와의 사이에 기본적 노사관계는 유지되고 기업의 근로자로서의 신분도 그대로 가지는 것이지만, 휴직상태에 있는 근로자와 유사하여 근로계약상의 근로를 하지 않을 수 있는 지위에 있다(대판 1996. 12. 6, 96다26671; 대판 1997. 4. 25, 97다6926; 대판 1998. 4. 24, 97다54727; 대판 2003. 9. 2, 2003다4815·4822·4839; 대판 2004. 2. 27, 2003다51675). ③ 노조전임자라 할지라도 사용자와의 사이에 기본적 근로관계는 유지되는 것으로서 취업규칙이나 사규의 적용이 전면적으로 배제되는 것이 아니므로 단체협약에 조합전임자에 관하여 특별한 규정을 두거나 특별한 관행이 존재하지 아니하는 한 출·퇴근에 대한 사규의 적용을 받게 된다(대판 1995. 4. 11, 94다58087; 대판 1997. 3. 11, 95다46715; 대판 1997. 4. 25, 97다6926; 대판 2000. 7. 28, 2000다23297 참조). ④ 노동조합업무 전임자가 근로계약상 본래 담당할 업무를

| 해답 | 17. ③

면하고 노동조합의 업무를 전임하게 된 것이 사용자인 회사의 승낙에 의한 것이며 재해 발생 당시 근로자의 지위를 보유하고 있었고 그 질병이 노동조합업무 수행 중 육체적·정신적 과로로 인하여 발병된 경우, 특별한 사정이 없는 한 이는 근로기준법 또는 산업재해보상보험법 제 4 조 제 1 호 소정의 업무상 재해에 해당한다(대판 1994.2.22, 92누14502; 대판 1996.6.28, 96다12733; 대판 1998.12.8, 98두14006). 다만 그 업무의 성질상 사용자의 사업과는 무관한 상부 또는 연합관계에 있는 노동단체와 관련된 활동이거나 불법적인 노동조합 활동 또는 사용자와 대립관계로 되는 쟁의단계에 들어간 이후의 노동조합 활동 중에 생긴 재해 등은 이를 업무상 재해로 볼 수 없다(대판 1997.6.10, 96누13866). ⑤ 노사관계법 부칙 제 6 조 제 1 항.

18. 노동조합및노동관계조정법상 노동조합의 총회에서 재적조합원 과반수의 출석과 출석 조합원 3분의 2이상의 찬성이 있어야 함과 동시에 조합원의 직접·비밀·무기명투표에 의하여 의결해야 할 사항으로 명시되어 있는 것은? 〈46회 사시〉

① 단체협약에 관한 사항
② 노동조합의 해산
③ 임원의 해임
④ 임원의 선거
⑤ 노동조합의 분할

≪**해설**≫ 노동조합의 총회에서 재적조합원 과반수의 출석과 출석조합원 3분의 2 이상의 찬성이 있어야 하는 것은 i) 규약의 제정·변경, ii) 임원의 해임, iii) 합병·분할·해산, iv) 조직형태의 변경에 관한 사항이며, 조합원의 직접·비밀·무기명투표에 의하여 의결해야 할 사항은 i) 규약의 제정·변경, ii) 임원의 선거·해임, iii) 대의원의 선거, iv) 쟁의행위의 찬반투표에 관한 사항이다. 따라서 임원의 해임에 관한 사항은 노동조합의 총회에서 재적조합원 과반수의 출석과 출석조합원 3분의 2이상의 찬성이 있어야 할 뿐만 아니라(노사관계법 제16조 제 2 항), 조합원의 직접·비밀·무기명투표에 의하여 의결해야 할 사항(노사관계법 제16조 제 4 항)이다.

19. 노동조합및노동관계조정법 제 2 조 제 4 호 단서 라목의 「해고된 자가 노동위원회에 부당노동행위의 구제신청을 한 경우에는 중앙노동위원회의 재심판정이 있을 때까지는 근로자가 아닌 자로 해석하여서는 아니 된다」는 규정에 관한 설명으로 옳지 않은 것은? 〈45회 사시〉

① 해고된 근로자를 둘러싼 노사분쟁의 장기화를 방지하기 위한 것이다.
② 사용자의 부당노동행위로 인하여 노동조합의 설립, 존속 또는 활동이 방해받는 것을 방지하기 위한 것이다.
③ 중앙노동위원회의 재심판정으로 부당노동행위의 불성립이 확정된 경우에는 근로자의 자격이 유지되지 않는다.
④ 조합원의 지위가 유지되므로 해고된 근로자는 노동조합의 위원장선거에

▌해답▌ 18. ③ 19. ⑤

출마할 수 있다.

⑤ 근로계약상 근로자로서의 지위도 유지된다고 보는 것이 대법원 판례의 기존 입장이다.

≪**해설**≫ ①② 동 규정은 사용자의 해고권 남용으로부터 근로자 및 노동조합의 단결권을 보호하기 위한 규정으로, 해고된 근로자가 이 규정의 보호를 받기 위해서는 우선 「노동위원회」에 대한 부당노동행위 구제신청을 통하여 해고의 효력을 다투어야 한다. 현행법은 노사분쟁의 장기화를 방지하기 위해 법원에 해고무효확인의 소를 제기한 경우에는 임시의 지위를 인정하지 않고 노동위원회에 대한 부당노동행위 구제신청으로 제한하고 있다. ④⑤ 해고의 효력을 다투는 자가 보호받는 범위에 관하여는 견해가 나뉘는데 i) 해고의 효력을 다투는 자가 근로자로서의 지위를 유지하는 것은 노동조합의 설립의 경우에만 한정된다는 견해(김형배)도 있으나, ii) 노동조합의 설립뿐만 아니라 사업장출입, 임원출마 등의 노동조합활동은 물론 단체교섭 및 쟁의행위의 경우에도 적용되는 것으로 넓게 해석하는 것이 일반적이다(다수설; 대판 1997.5.7, 96누2057). 그러나 동 규정이 근로기준법상 근로자의 지위나 공법상의 지위가 지속적으로 유지되는 것은 아니라는 것이 판례 및 학설의 일치된 견해이다. 따라서 근로자가 해고의 효력을 다투더라도 사원아파트에서 퇴거를 거부하거나(대판 1993.6.8, 92다42354), 회사의 해고통지에 기하여 병무청이 방위산업체특례보충역인 근로자에 대하여 발하는 입영영장의 효력을 다툴 수 없다고 한다(대판 1990.3.13, 89도2399).

20. 조합활동에 관한 다음 설명 중 괄호 안에 들어갈 것으로 옳게 짝지어진 것은?

〈45회 사시〉

> 조합활동이 정당하려면 취업규칙이나 단체협약에 별도의 허용규정이 있거나, 관행이 존재하는 경우 그리고 사용자의 승낙이 있는 경우를 제외하고 (A)에 행해져야 하며, 또한 (B) 조합활동에 있어서는 사용자의 (C)에 바탕을 둔 합리적인 규율이나 제약에 따라야 한다.

	A	B	C
①	취업시간내	사업장밖	시설관리권
②	취업시간외	사업장내	시설관리권
③	취업시간내	사업장내	노무지휘권
④	취업시간내	사업장밖	신의성실
⑤	취업시간외	사업장밖	노무지휘권

≪**해설**≫ 조합활동의 정당성은 조합활동이 타인의 권리나 이익과 충돌하는 경우에 문제가 되는데, 특히 기업시설 내에서 또는 취업시간중의 조합활동이 이루어지는 경우에 문제가 된다. 대법원은 노동조합활동이 정당성을 갖기 위하여는 취업규칙이나 단체협약에 별도의 허용규정이 있거나 관행이 존재하는 경우 그리고

▎해답▎ 20. ②

사용자의 승낙이 있는 경우를 제외하고는 원칙적으로 취업시간외에 행해져야 하며 또한 사업장내 조합활동에 있어서는 사용자의 시설관리권에 바탕을 둔 합리적인 규율이나 제약에 따라야 한다(대판 1990.5.15, 90도357 등)고 판시하고 있어, 기업단위 노조중심의 우리 현실로 볼 때 사용자측 권리보호에 치우쳤다는 비판도 제기된다.

21. 노동조합및노동관계조정법상 노동조합의 설립신고에 관한 다음 괄호 안에 들어갈 것으로 옳게 짝지어진 것은? 〈44회 사시〉

행정관청은 설립신고서 또는 규약의 기재사항이 누락되었을 경우 (㉮)일 이내의 기간을 정하여 보완을 요구하여야 한다. 이 경우 보완된 설립신고서 또는 규약을 접수한 때에는 (㉯)일 이내에 신고증을 교부하여야 한다.

㉮ ㉯ / ㉮ ㉯

① 10- 3
② 10- 7
③ 14-14
④ 20- 3
⑤ 20- 7

≪**해설**≫ 노동조합의 형식적 요건인 신고절차는 설립신고제도(노사관계법 제10조)와 설립심사제도(동법 제12조)가 있는 바, 심사결과에 대한 사후보완책에 관한 내용이다(동법 제12조 제 2 항).

22. 노동조합및노동관계조정법상 노동조합의 총회에서 조합원의 직접·비밀·무기명투표에 의하여 의결해야 할 사항에 해당하는 것(○)과 해당하지 않는 것(×)을 옳게 표시한 것은? 〈44회 사시〉

㉮ 규약의 변경	㉯ 임원의 선거
㉰ 임원의 해임	㉱ 노동조합의 합병
㉲ 연합단체의 가입	

① ㉮(○)㉯(○)㉰(×)㉱(×)㉲(○)
② ㉮(×)㉯(×)㉰(○)㉱(○)㉲(×)
③ ㉮(×)㉯(○)㉰(○)㉱(×)㉲(○)
④ ㉮(○)㉯(×)㉰(○)㉱(○)㉲(×)
⑤ ㉮(○)㉯(○)㉰(○)㉱(×)㉲(×)

≪**해설**≫ 총회의 의결사항(노사관계법 제16조 제 1 항) 중 조합원의 직접·비밀·무기명투표에 의하여 의결할 사항은 i) 규약의 제정·변경, ii) 임원의 선거·해임에 관한 사항이다(동법 제16조 제 4 항). 한편, 조합원의 직접·비밀·무기명투표로 결정할 사항은 i) 대의원의 선출(동법 제17조 제 2 항), ii) 노동조합의 쟁의행위(동법 제41조 제 1 항)가 있다. ㉱㉲ 연합단체의 설립·가입 또는 탈퇴에

해답 21. ④ 22. ⑤

관한 사항, 합병・분할 또는 해산에 관한 사항은 총회의 의결사항이지만 조합원의 직접・비밀・무기명투표에 의할 필요는 없다(동법 제16조 제 1 항).

23. 다음의 근로자 중 현행법상 노동조합을 결성할 수 있는 자를 모두 고른 것은?

〈43회 사시〉

㉮ 기간의 정함이 있는 근로자
㉯ 취업기간이 6개월이 되지 않은 월급제 근로자
㉰ 단시간 근로자
㉱ 공립 고등학교 교사
㉲ 정부출연기관에 종사하는 근로자

① ㉮, ㉯, ㉰, ㉱　② ㉮, ㉯, ㉰, ㉲　③ ㉮, ㉯, ㉱, ㉲
④ ㉯, ㉰, ㉱, ㉲　⑤ ㉮, ㉯, ㉰, ㉱, ㉲

≪**해설**≫ 노사관계법상 근로자라 함은 직업의 종류를 불문하고 임금, 급료, 기타 이에 준하는 수입에 의하여 생활하는 자를 말한다(동법 제 2 조 제 1 호). 따라서 ㉮㉯㉰ 계약직이든 임시직이든 불문하며, ㉲ 정부출연기관이나 정부투자기관도 공무원이 아닌 한 근로 3 권을 당연히 행사할 수 있으며, ㉱ 교원노조법에 따라 초중등교원도 단체행동권을 제외한 근로 2 권을 행사할 수 있다.

24. 행정관청이 노동조합의 설립신고서를 접수한 때에는 보완・반려의 경우를 제외하고는 언제까지 신고증을 교부하여야 하는가? 〈43회 사시〉

① 즉　시　② 1일 이내　③ 3일 이내
④ 7일 이내　⑤ 10일 이내

≪**해설**≫ 행정관청은 설립신고서를 접수한 때에는 보완 또는 반려의 경우가 아니라면 「3일 이내」에 신고증을 교부하여야 한다(노사관계법 제12조).

25. 노동조합의 결격요건에 해당되지 않는 것은? 〈43회 사시〉

① 사용자의 이익대표자가 가입한 경우
② 노동조합 운영경비를 주로 사용자로부터 원조받는 경우
③ 최소한의 규모의 조합사무소를 사용자로부터 제공받는 경우
④ 복리사업만을 목적으로 하는 경우
⑤ 주로 정치활동을 목적으로 하는 경우

≪**해설**≫ 노동조합은 실질적 요건으로서 자주성의 확보를 위한 요건이 요구되는 바, 주체・목적상의 적극적 요건과 소극적 요건이 있다. ③ 경비의 「주된 부분」을 사용자로부터 원조받는 경우는 결격요건에 해당되나, i) 근로자가 근로시간 중에 사용자와 협의 또는 교섭하는 것을 사용자가 허용하는 것, ii) 근로자의 후생자금

┃해답┃ 23. ⑤ **24.** ③ **25.** ③

또는 경제상의 불행 기타 재액의 방지와 구제 등을 위한 기금의 기부와 iii) 최소한의 규모의 노동조합사무소의 제공은 예외로 한다(노사관계법 제 2 조 제 4 호, 제81조 제 4 호).

26. 노동관계법령에 위반하거나 부당한 노동조합규약에 대하여 행정관청이 노동위원회의 의결을 얻어 취할 수 있는 조치는? 〈43회 사시〉

① 위법한 내용에 대해서만 그 시정을 명할 수 있다.

② 위법한 내용에 대해서만 그 취소를 명할 수 있다.

③ 위법 및 부당한 내용에 대해 그 시정을 명할 수 있다.

④ 위법 및 부당한 내용에 대해 그 취소를 명할 수 있다.

⑤ 위법한 내용에 대해서는 그 취소를, 부당한 내용에 대해서는 그 시정을 명할 수 있다.

≪**해설**≫ 행정관청은 노동조합의 규약이 「노동관계법령에 위반한 경우」에는 노동위원회의 의결을 얻어 그 「시정」을 명할 수 있다(노사관계법 제21조 제 1 항). 행정관청의 조합규약에 대한 시정명령권은 일종의 행정처분이다. 1987년 이전에는 「공익을 해할 염려」가 있는 경우에도 「취소 또는 변경」을 명할 수 있었던 것이 1987년 개정시 「취소」를 제외하였고, 현행법은 「시정」명령으로 규정하고 있으며, 「위법」한 경우에만 시정명령이 가능하고 행정관청의 자의적 해석의 여지가 있는 「부당」한 경우는 행정처분을 할 수 없는 것으로 본다(통설・판례).

27. 노동조합및노동관계조정법상 재적조합원의 과반수의 출석과 출석조합원 3분의 2 이상의 찬성으로 의결해야 하는 것이 아닌 것은? 〈43회 사시〉

① 규약의 제정 ② 규약의 변경 ③ 조직형태의 변경

④ 합병에 관한 사항 ⑤ 임원의 선거

≪**해설**≫ 총회는 재적조합원 과반수의 출석과 출석조합원 과반수의 찬성으로 의결하는 것이 원칙이나, i) 규약의 제정・변경, ii) 임원의 해임, iii) 합병・분할・해산, iv) 조직형태의 변경에 관한 사항은 재적조합원 과반수의 출석과 출석조합원 3분의 2 이상의 찬성이 있어야 한다(특별 의결정족수)(노사관계법 제16조 제 2 항).

28. 노동조합및노동관계조정법상의 근로자 개념에 관한 설명 중 가장 옳은 것은? 〈42회 사시〉

① 근로기준법상의 근로자 개념과 동일하다.

② 일용근로자도 포함된다.

③ 휴직 중에 있는 근로자는 포함되지 않는다.

④ 해고된 근로자는 노동조합에 가입할 수 없다.

⑤ 국내에 사업장을 두고 있는 외국기업에 고용된 한국인 근로자는 노동조합에 가입할 수 없다.

▌해답▌ 26. ① 27. ⑤ 28. ②

≪**해설**≫ ①③④ 노사관계법상의 근로자는 i) 직업의 종류를 불문하고, ii) 임금·급료 기타 이에 준하는 수입에 의하여, iii) 생활을 유지하는 자이다(동법 제2조 제1호). 따라서 취업자나 휴직자뿐만 아니라 해고자·실업자도 근로자이므로 근로기준법상의 근로자 개념과 상이하다. ② 고용형태는 정규직·임시직·계약직·일용직·시간제 등을 불문한다. ⑤ 속지주의 원칙에 따라 국내에 사업장이 있는 경우 사업주의 국적이나 근로자의 국적은 문제되지 않으며 우리나라 노동법이 적용된다. 따라서 외국기업의 한국인 근로자도 당연히 노동조합에 가입할 수 있다.

29. 서울시에 소재하고 있는 A기업의 근로자 100명은 1999년 9월 1일 노동조합을 결성하기로 결의하고, 같은 해 12월 1일 창립총회를 개최한 후, 같은 달 10일 서울특별시장에게 설립신고서를 접수하여, 같은 달 20일에 신고증을 교부받았다. A기업의 노동조합이 설립된 시기는? 〈42회 사시〉

① 1999년 9월 1일 ② 1999년 12월 1일 ③ 1999년 12월 10일
④ 1999년 12월 13일 ⑤ 1999년 12월 20일

≪**해설**≫ 노동조합이 신고증을 교부받은 경우에는 설립신고서가 「접수」된 때에 설립된 것으로 본다(노사관계법 제12조 제4항). 즉 신고증교부정지조건부 접수시설 또는 신고증불교부 해제조건부 접수시설(김형배, 이상윤)로 해석된다.

30. 노동조합 조합원의 권리가 아닌 것은? 〈42회 사시〉

① 임원선거권·피선거권 ② 총회출석권·의결권
③ 임시총회소집요구권 ④ 조합운영상황공개요구권
⑤ 조합탈퇴시 조합재산분할청구권

≪**해설**≫ ① 노사관계법 제16조, 제23조 참조. ② 동법 제16조 제2항. ③ 동법 제18조 제2항. ④ 조합운영상황공개요구권은 모든 개별 조합원의 권리이다(동법 제26조). ⑤ 법인인 노동조합의 재산은 노동조합자체의 단독소유가 되며, 법인이 아닌 노동조합은 전체 조합원의 「총유」가 되므로 조합원의 지분권은 생각할 수 없다. 한편으로 노동조합의 재산은 조합원 전원의 근로조건 기타 대우의 향상을 위하여 형성된 독립재산이므로 법인격 유무를 불문하고 조합재산에 대한 조합원의 지분은 인정되지 않는다고 본다(김유성, 임종률).

31. 노동조합의 해산사유가 아닌 것은? 〈42회 사시〉

① 다수의 조합원들이 집행부에 반대하여 집단적으로 탈퇴한 경우
② 규약에서 정한 해산사유가 발생한 경우
③ 기업의 합병으로 인하여 2개의 조합이 하나로 합병되는 경우
④ 총회 또는 대의원회의 해산결의가 있는 경우
⑤ 임원이 없고 1년 이상 활동이 없으며 행정관청이 노동위원회의 의결을 얻

▌해답▌ 29. ③ 30. ⑤ 31. ①

은 경우

≪**해설**≫ ③④⑤ 노사관계법 제28조 참조. ①「집단적 탈퇴」 또는「사실상의 분리」는 기존노조가 그대로 존속하면서 일부 조합원들이 집단적으로 탈퇴·분리되는 것이므로, 기존의 노동조합이 소멸하는 노동조합의 분할과는 다르다.

32. 노동조합 재정의 자주적·민주적 운영 확보와 관계가 적은 것은? 〈41회 사시〉

① 행정관청의 결산결과 보고 요구

② 노동조합의 법인격 취득

③ 경비의 주된 부분을 사용자로부터 원조받는 행위의 금지

④ 조합비 기타 회계에 관한 사항을 규약에 기재

⑤ 노동조합의 전임자에 대한 사용자로부터의 급여지급 금지

≪**해설**≫ ①⑤ 조합 내부의 재정에 관한 민주적 운영과 관련되어 있다(노사관계법 제27조, 제24조 제2항). ② 노동조합의 법인격취득여부는 노동조합 재정의 자주적·민주적 운영 확보와는 전혀 관련이 없다. 법정임의적 기재사항으로서 조합활동의 편의적 규정에 불과하다(동법 제6조). ③④ 재정적 자주성 확보를 위한 규정으로 관련성이 깊다(동법 제2조 제4호, 제11조 제9호).

33. 실질적 요건을 갖추고 있는 법외노조에 관한 설명으로 옳지 않은 것은? (다수설에 의함) 〈39회, 41회 사시〉

① 민·형사면책에 관한 규정이 적용된다.

② 노동위원회에 근로자위원을 추천할 수 없다.

③ 사용자의 근로3권 침해행위에 대하여 사법적 구제를 신청할 수 있다.

④ 노동쟁의 조정의 신청 및 부당노동행위의 구제신청을 할 수 없다.

⑤ 단체협약을 체결할 수 없다.

≪**해설**≫ 실질적 요건을 갖추고 있으나 형식적 요건을 결여한 법외노조(헌법노조)의 법적지위와 관련하여 학설은 i) 단체교섭권, ii) 협약체결권, iii) 쟁위행위에 대한 민사·형사상의 면책특권 등을 긍정하고 있다. ⑤ 법외노조는 헌법 제33조의 근로3권을 향유할 수 있는 주체로서 당연히 단체협약을 체결할 수 있다(다수설).

34. 취업시간 중의 정당한 조합활동으로 인정되지 않는 것은? (판례에 의함)

① 정기총회에 뒤이어 실시된 문화체육행사(대동제) 〈41회 사시〉

② 파업 찬반투표를 위한 임시총회

③ 노조대의원 선거출마를 위한 결근

④ 노조지부 결성을 위한 집단적 월차휴가

⑤ 병원근로자의 사복착용

해답 32. ② 33. ⑤ 34. ⑤

≪**해설**≫ ①②③④ 사용자의 승낙을 받지 않고 총회, 대동제, 보고대회 등의 조합활동을 취업시간 중에 하는 것은 원칙적으로 인정되지 않으나, 그 조합활동의 필요성 및 노무지휘권 침해의 정도 등 여러사정을 고려하여 예외적으로 정당성을 인정한다(대판 1995. 2. 17, 94다44422; 대판 1994. 2. 22, 93도613; 대판 1992. 10. 25, 92다20842; 대판 1994. 5. 10, 91구15380 등). ⑤ 병원근로자의 사복착용에 대해서는 정당한 조합활동으로 보지 않고 있다. 즉 병원에 근무하는 직원들이 복무규정을 위반하여 위생복 위에 구호가 적힌 셔츠를 근무중에 착용하고 집단행동을 한 행위 등은 정당한 징계사유에 해당한다(대판 1996. 4. 23, 95누6151).

35. 노조전임자에 대한 설명으로 옳지 않은 것은? (판례에 의함) 〈41회 사시〉

① 단체협약으로 정하거나 사용자의 동의가 있는 경우에는 근로계약상 소정의 근로를 제공하지 아니하고 노동조합의 업무에만 종사할 수 있다.

② 노조전임자가 노조업무수행 중 육체적·정신적 과로로 재해를 입은 경우 업무상 재해에 해당한다.

③ 노조전임자는 그 전임기간동안 사용자에 대하여 임금청구권이 있다.

④ 노조전임자의 지위는 휴직상태에 있는 근로자의 지위와 유사하다.

⑤ 노조전임자라 할지라도 사용자와의 기본적 근로관계는 유지되므로 취업규칙이 전면적으로 배제되는 것은 아니다.

≪**해설**≫ ① 노사관계법 제24조 제 1 항. ②④⑤ 통설·판례. ③ 노조전임자에 대한 급여지급 금지(동법 제24조 제 2 항 및 제81조 제 4 호). 다만, 동 규정은 2009년 12월 31일까지 적용하지 아니한다(동법 부칙 제 6 조 제 1 항).

36. 행정관청이 노동위원회의 의결을 거치지 않고 할 수 있는 것은? 〈41회 사시〉

① 지역적 구속력의 결정
② 노동조합의 규약 시정
③ 노동조합의 결의 시정
④ 위법한 단체협약 내용의 시정
⑤ 노동조합에 대한 자료제출 요구

≪**해설**≫ ⑤ 노동조합은 행정관청이 요구하는 경우에는 결산결과와 운영상황을 보고하여야 한다(노사관계법 제27조). 노동조합 및 노동관계조정법상 「행정관청」이 「노동위원회」의 의결을 얻어 행하는 사항은 i) 노조의 대표자가 총회 또는 대의원회를 기피·해태하는 경우의 소집권자 지명(동법 제18조 제 3 항), ii) 노동관계법령 위반의 규약 시정명령(동법 제21조 제 1 항), iii) 노동관계법령 위반·규약위반의 노동조합 결의·처분의 시정명령(동법 제21조 제 2 항), iv) 휴면노조의 의결(동법 제28조), v) 위법한 내용의 단체협약의 시정명령(동법 제31조 제 3 항), vi) 지역적 구속력의 확장적용(동법 제36조 제 1 항), vii) 안전보호시설의 정폐를 수반하는 쟁의행위의 중지명령(동법 제42조 제 3 항) 등이 있다.

37. 노동조합및노동관계조정법상의 근로자에 해당하는 자는? (대법원의 최근판례에

| 해답 | 35. ③ 36. ⑤ 37. ②

의함) 〈40회 사시〉

① 보험외무사원 ② 일시적 실업상태에 있는 자 ③ 개인택시운전자
④ 연탄소매업자 ⑤ 자유기고자

≪**해설**≫ 노사관계법상 근로자라 함은「직업의 종류를 불문하고 임금·급료 기타 이에 준하는 수입에 의하여 생활하는 자」를 말한다. 판례에 의하면「사용종속관계」에 있는 자 예컨대 i) 사용자의 배타적 지배권 여부, ii) 근무장소와 출퇴근 시간의 구속성 여부, iii) 업무내용·작업방법의 구속성 여부, iv) 작업용구 등 생산수단의 부담관계, v) 보수의 노무대가성 여부 등을 종합적으로 고려하여 구체적인 사안에 따라 판단하여야 한다고 한다. ① 대판 1990.5.22, 88다카28112. ② 대판 2004.2.27, 2001두8568. ③④⑤ 그렇지만 소농, 영세어민, 영세상공업자, 자유기고가 등 자신의 자산으로 생활하는 자는 경제적 약자일지라도 근로자가 아니다.「사용종속관계」가 없는 자이기 때문이다.

38. 노동조합의 설립과 관리에 관한 설명으로 옳지 않은 것은? 〈30회, 40회 사시〉

① 노동조합을 법인으로 하고자 할 경우에는 등기를 하여야 한다.
② 설립신고서에 규약이 첨부되어 있지 않은 경우에는 행정관청은 20일 이내의 기간을 정하여 보완을 요구하여야 한다.
③ 예산과 결산에 관한 사항은 총회의 의결을 거쳐야 한다.
④ 행정관청이 요구하더라도 결산결과와 운영상황은 보고할 필요가 없다.
⑤ 노동조합의 규약에 의하여 조합비를 납부하지 아니하는 조합원의 권리를 제한할 수 있다.

≪**해설**≫ ① 노사관계법 제 6 조 제 2 항. ② 동법 제12조 제 2 항. ③ 동법 제16조 제 1 항 제 4 호. 총회의결사항은 i) 일반의결정족수를 필요로 하는 것(5가지)과, ii) 특별의결정족수를 필요로 하는 것(4가지)으로 구분하여 정리할 것과 조합규약에 필요적으로 기재할 것(14가지)과의 차이점을 성질론에 따라 구분·정리할 것이 필수적이다. ④ 노동조합은 행정관청이 요구하는 경우에는 결산결과와 운영상황을 보고하여야 한다(동법 제27조). ⑤ 노사관계법 제22조 단서. 조합비와 관련하여서는 i) 조합비 미납자에 대한 조합원의 권리제한 가능성, ii) 동 조합원의 권리제한은 규약으로 규정한 경우에만 가능하다는 점(법정임의적 기재사항), iii) 조합비 상한 제한규정(조합원 임금의 100분의 2 초과금지)의 삭제 등을 정리하면 충분하다.

39. 노동조합 총회의결사항 중「재적조합원 과반수의 출석과 출석조합원 3분의 2 이상의 찬성」으로 의결해야 하는 사항이 아닌 것은? 〈40회 사시〉

① 규약의 제정·변경 ② 임원의 선거 ③ 임원의 해임
④ 합병·분할·해산 ⑤ 조직형태의 변경

≪**해설**≫ 노동조합의 총회의결사항(8가지)은 i) 일반의결정족수: 재적조합원 과

|해답| **38.** ④ **39.** ②

반수의 출석과 출석조합원 과반수의 찬성을 필요로 하는 것(5가지)과 ii) 특별의 결정족수: 재적조합원 과반수의 출석과 출석조합원 3분의 2 이상의 찬성을 필요로 하는 것(4가지)이 있다(노사관계법 제16조 제1항·제2항). 각각 정리할 필요성이 있다. 더불어 iii) 노동쟁의에 관한 사항은 총회의결사항에서 빠지고 따로 규정하는 바(노사관계법 제41조), 「조합원(재적) 과반수의 찬성」으로 결정하도록 개정되었다는 점 조심하길 바란다.

40. 기업별 노조가 산별 노조로 조직형태를 변경하려는 경우에 대한 현행법의 규정으로 옳은 것은? 〈40회 사시〉

① 반드시 기존 노조의 해산절차를 선행해야만 가능하다.

② 노동부의 승인을 받아야 한다.

③ 규약변경절차를 밟으면 된다.

④ 노동조합법을 개정하여야만 가능하다.

⑤ 복수노조금지조항은 신규 산별 노조결성시 문제될 여지가 없다.

≪**해설**≫ 「조직변경」이란 i) 조합원의 자격범위의 변경, ii) 단일조직에서 연합체로, 연합체에서 단일조직으로의 상호전환, iii) 기업별·직종별·산업별 조합간의 상호전환 등을 말한다. 조직변경에 관하여는 i) 총회의결사항이란 점(노사관계법 제16조 제1항 제8호), ii) 특별의결정족수를 요한다는 점(동법 제16조 제2항), iii) 규약의 변경을 수반하므로 규약변경절차(즉 특별의결정족수에 기한 총회의결)를 거쳐야 한다는 점을 정리할 것이다.

41. 노동조합및노동관계조정법 제2조 제4호 단서에서 정한 노동조합의 결격요건이라고 볼 수 없는 것은? 〈39회 사시〉

① 사용자 또는 항상 그의 이익을 대표하여 행동하는 자의 참가를 허용한 경우

② 경비의 일부라도 사용자로부터 원조받는 경우

③ 공제·수양 기타 복리사업만을 목적으로 하는 경우

④ 근로자가 아닌 자의 가입을 허용하는 경우(예외 있음)

⑤ 주로 정치운동을 목적으로 하는 경우

≪**해설**≫ 「경비의 주된 부분」을 원조받는 경우가 결격요건이므로(노사관계법 제2조 제4호 나목), 반대해석상 일부분은 무방하다(통설).

42. 노동조합및노동관계조정법상의 요건을 전혀 갖추지 못한 무자격조합에 대한 설명으로 옳지 않은 것은? 〈39회 사시〉

① 노동조합이라는 명칭을 사용할 수 없다.

② 노동쟁의발생신고를 할 수 없다.

③ 부당노동행위에 대한 구제신청은 할 수 있다.

▍해답▍ **40.** ③ **41.** ② **42.** ③

④ 노동위원회에 근로자 위원을 추천할 수 없다.

⑤ 단체협약의 효력확장적용의 대상이 될 수 없다.

≪**해설**≫ 노동조합의 성립요건으로서 실직적 요건과 형식적 요건을 모두 결여한 경우 이를 무자격조합(비노조)이라 한다. ③ 무자격조합은 부당노동행위의 구제신청을 할 수 없다(노사관계법 제 7 조 제 1 항). 다만 근로자 개인자격으로 부당노동행위의 구제신청은 가능하다(노사관계법 제 7 조 제 2 항).

43. 노동조합에 대한 설명 중 옳은 것은? 〈39회 사시〉

① 노동관계법에 위반되는 노동조합의 처분에 대하여 행정관청은 시정명령을 할 수 있으며, 이에 응하지 않을 때에는 노동위원회의 의결을 얻어 해산명령을 할 수 있다.

② 행정관청은 노동조합의 결의가 노동관계법령 또는 규약에 위반된다고 인정할 경우에는 노동위원회의 의결을 얻어 그 시정을 명할 수 있다.

③ 노동조합의 임원이 없고 2년 이상 조합활동을 하지 않으면 해산한 것으로 본다.

④ 노동조합의 규약이 노동관계법에 명백하게 위반한 경우에는 행정관청은 노동위원회의 의결을 얻지 않고도 그 변경을 명할 수 있다.

⑤ 노동조합의 총회는 해산결의를 할 수 있으나 대의원회는 해산결의를 할 수 없다.

≪**해설**≫ ①②④ 행정관청은 노동조합의 결의 또는 처분이 노동관계법령 또는 규약에 위반된다고 인정할 경우에는 노동위원회의 의결을 얻어 그 시정을 명할 수 있다. 다만, 규약위반시의 시정명령은 이해관계인의 신청이 있는 경우에 한한다(노사관계법 제21조 제 1 항·제 2 항). ③⑤ 노동조합은 다음 각호의 1에 해당하는 경우에는 해산한다. i) 규약에서 정한 해산사유가 발생한 경우, ii) 합병 또는 분할로 소멸한 경우, iii) 총회 또는 대의원회의 해산결의가 있는 경우, iv) 노동조합의 임원이 없고 노동조합으로서 활동을 1년 이상 하지 아니한 것으로 인정되는 경우로서 행정관청이 노동위원회의 의결을 얻은 경우(동법 제28조 제 1 항).

기출문제 및 기본문제

44. 노사관계법 제 1 조에 명시되어 있는 노동조합의 목적으로 틀린 것은?

① 노사간의 관계개선

② 근로자의 근로조건의 유지·개선

③ 근로자의 자주적인 단결권·단체교섭권 및 단체행동권 보장

해답 43. ② 44. ①

④ 국민경제의 발전에 기여

⑤ 근로자의 그 경제적 · 사회적 지위의 향상

≪**해설**≫ 노사관계법은 헌법에 의한 근로자의 단결권 · 단체교섭권 및 단체행동권을 보장하여 근로조건의 유지 · 개선과 근로자의 경제적 · 사회적 지위의 향상을 도모하고, 노동관계를 공정하게 조정하여 노동쟁의를 예방 · 해결함으로써 산업평화의 유지와 국민경제의 발전에 이바지함을 목적으로 한다(노사관계법 제 1 조).

45. 다음 중 노사관계법상 노조에 가입할 수 있는 근로자에 해당되는 자는?

① 해고자 ② 기업의 인사담당자 ③ 기업의 이사

④ 영세어민 ⑤ 사업주

≪**해설**≫ ② 기업의 인사담당자는 '근로자에 관한 사항에 관하여 사업주의 이익을 위해 행위하는 자'로서 사용자에 포함된다.

46. 다음 중에서 노사관계법상 근로자의 정의는? 〈1회 공인노무사〉

① 임금 · 급료 기타 이에 준하는 수입에 의해서 생활하는 자

② 사업 또는 사업장에서 임금을 목적으로 근로를 제공하는 자

③ 임금 · 봉급 등 현금수입을 목적으로 근로를 제공하는 자

④ 사업장에서 지위의 고하를 불문하고 임금을 목적으로 근로하는 자

⑤ 사업장에서 생산직에 종사하는 자

≪**해설**≫ 노사관계법상 「근로자」라 함은 직업의 종류를 불문하고 임금 · 급료 기타 이에 준하는 수입에 의하여 생활하는 자를 말한다(동법 제 2 조 제 1 호). 한편 근로기준법상 "근로자"라 함은 직업의 종류와 관계없이 임금을 목적으로 사업이나 사업장에 근로를 제공하는 자를 말한다(근로기준법 제 2 조 제 1 항 제 1 호).

47. 노동조합에 가입할 수 있는 자에 관한 기술 중 옳은 것과 틀린 것의 조합이 맞는 것은 무엇인가? (판례에 의함)

㉮ 사장비서 ㉯ 공장지배인 ㉰ 산업별노조의 경우 사업 또는 사업장에서 해고된 자 ㉱ 기업별노조의 경우 사업 또는 사업장에서 해고된 자 ㉲ 안전보호시설에 종사하는 자

① ㉮(○)㉯(○)㉰(○)㉱(○)㉲(×) ② ㉮(○)㉯(○)㉰(×)㉱(○)㉲(×)

③ ㉮(×)㉯(×)㉰(×)㉱(×)㉲(○) ④ ㉮(○)㉯(○)㉰(○)㉱(×)㉲(×)

⑤ ㉮(×)㉯(×)㉰(○)㉱(○)㉲(○)

| 해답 | **45.** ① **46.** ① **47.** ⑤

≪**해설**≫ [노사관계법상의 근로자]

<table>
<tr><td>특 징</td><td colspan="2">① 고용을 전제로 하지 않음(통설/반대: 판례)
② 고용의 대가는 「임금 · 급료 기타 수입」을 불문함
③ 근로자를 집단적 보호대상으로 파악함
④ 노동조합에 가입할 필요가 있는 모든 자</td></tr>
<tr><td rowspan="4">요 건</td><td>직업종류 불문</td><td>① 육체노동자, 정신노동자 불문
② 공무원 · 사기업체근로자 또는 학생신분 불문
③ 일용근로 · 상용근로 불문</td></tr>
<tr><td>고용관계 여부</td><td>• 필요설(판례, 행정해석) → 취업자만 근로자. 예외: 항운노조 조합원('96대판)
• 불요설(다수설) → 취업자, 실업자, 피해고자, 임시노무자 모두 포함</td></tr>
<tr><td>임금급료 기타 이에 준하는 수입</td><td>① 일체의 금품
② 「준하는 수입」이란 생활보장적 수당(실업보험금) 등이 포함됨</td></tr>
<tr><td>수입에 의하여 생활하는 자</td><td>① 임금수입자뿐만 아니라 현재 임금을 받지 못하는 실업자도 근로의 대가로 생활하고 있으므로 근로자이다(통설).
② 노동위원회를 통한 해고를 다투고 있는 자도 근로자이다.</td></tr>
<tr><td>인정례</td><td></td><td>① 정신 근로자
② 임시직 근로자
③ 실업자(통설/반대: 판례)
④ 해고의 효력을 다투는 자('92 대판)
⑤ 골프장 캐디('93 대판)
⑥ 방송사와 출연계약을 맺은 악단원
⑦ 불법체류자인 외국노동자</td></tr>
</table>

48. 노동조합및노동관계조정법상의 근로자가 아닌 자는?

① 연탄소매업자 ② 외국노동자 ③ 임시직 근로자
④ 실업자 ⑤ 해고의 효력을 다투는 자

≪**해설**≫ 노사관계법상의 근로자는 i) 직업의 종류를 불문하고, ii) 임금 급료 기타 이에 준하는 수입에 의하여, iii) 생활을 유지하는 자이다. 따라서 육체 · 정신노동을 불문하고 직원 · 공원 · 임시공 등은 물론 가사사용인도 직종의 구별없이 모두 근로자이며, 현금급여 이외에 현물급여 기타 팁 등 봉사료로 생활하는 자도 포함되며, 임금 등의 수입이 생활비의 주된 부분을 차지하는 자이다. 그러나 자영업자와 같은 영세농어민 · 영세상공인 · 개인택시운전사 · 연탄배달업자 · 목수 등은 자신의 자산으로 생활하는 자이므로 경제적 약자일지라도 근로자에 해당하지 아니한다.

| 해답 | **48.** ①

1. 근로자에 해당되는 자 ① 취업자: 직원, 공원, 임시공, 단순노무자, 팁에 의존하여 생활하는 자 포함 ② 미취업자: 해고자, 실업자 등 2. 근로자에 해당되지 아니하는 자 ① 사용자의 개념에 해당되는 자 ② 소상인, 영세농어민, 자산으로 생활하는 자 등

49. 현행 노사관계법상 조직형태의 원칙은? 〈34회 사시〉

① 업종별 노조원칙 ② 자유로운 선택 ③ 기업별 노조원칙
④ 산업별 노조원칙 ⑤ 지역별 노조원칙

≪**해설**≫ 근로자는 자유로이 노동조합을 조직하거나 이에 가입할 수 있다(노사관계법 제5조). 즉 현행법은 자유설립주의를 취하고 있다. ③ 1980년 개정 노동조합법. ④ 1963년 개정 노동조합법에서 규정한 노동조합의 조직형태이다.

50. 다음 노동조합의 조직형태에 관한 설명 중 틀린 것은?

① 근로자는 헌법 제33조 제1항의 단결권에 근거하여 자유로이 노동조합의 조직형태를 결정할 수 있다.
② 기업별 단위노조는 직장 차원의 요구에 대처하기 쉽고, 기업의 당면문제를 노사협력으로 해결하기 쉬운 반면, 노조운영에 있어 사용자의 지배를 받기 쉬운 약점이 있다.
③ 직종별 단위노조는 미숙련근로자의 권익보호에 적합하다.
④ 산업별 단위노조는 기업별, 직종별 특수성이 반영된 근로조건의 확립이 곤란하다.
⑤ 노조의 결합방식에 따라 단위노조, 연합노조, 혼합노조의 형태가 있다.

≪**해설**≫ ③ 직종별 단위노조는 시장독점을 배경으로 강력한 교섭력을 가지는 반면, 배타적·독선적 경향이 있어 미숙련근로자, 여성·연소근로자의 권익보호에 미흡하다. 미숙련근로자의 권익보호에 적합한 노조의 조직형태는 산업별 노조이다.

51. 현행 노사관계법상 노동조합의 조직형태에 관하여 틀린 것은?

① 기업별 노조를 원칙으로 하고 있지 아니하다.
② 연합단체노조로서 산업별연합단체와 총연합단체의 두 가지 형태를 인정하고 있다.
③ 총연합단체는 산업별 연합단체와 전국규모의 단위노동조합을 구성원으로 한다.
④ 산업별연합단체는 개별노동조합 및 조합원 개인을 구성원으로 한다.

해답 49. ② 50. ③ 51. ④

⑤ 단일노동조합은 조합원 개인을 구성원으로 하고 있다.

≪**해설**≫ ① 현행 노사관계법은 자유로운 노조형태를 인정하고 있다. 따라서 기업별노조뿐 아니라 직종별·산업별 노조도 설립할 수 있다. ②③④ 제 1 항의 규정에 의한 연합단체인 노동조합은 동종산업의 단위노동조합을 구성원으로 하는 산업별 연합단체와 산업별 연합단체 또는 전국규모의 산업별 단위노동조합을 구성원으로 하는 총연합단체를 말한다(노사관계법 제10조 제 2 항). 「산업별 연합단체」란 동종산업에 속하는 단위노동조합을 구성원으로 하여 조직된 연합단체인 것이지, 근로자 개인을 조직대상으로 하는 산업별 단위노조와는 구별된다.

52. 기업별노조에 관한 설명 중 바르지 못한 것은?

① 기업간 격차가 큰 곳에서 일반적으로 활용된다.

② 각 직종간의 대립을 초래할 염려가 있다.

③ Union Shop협정과 관련하여 특정노조가 조직을 독점할 가능성이 있다.

④ 횡단적 조직이라 볼 수 있다.

⑤ 어용조합화의 우려가 가장 크다.

≪**해설**≫

	기업별노조	직종별노조	산업별노조
개념	동일기업 종사자끼리 결집한 노동조합	직업성질, 기술이 같은 종사자끼리 결집한 노동조합	동일산업 종사자끼리 결성한 노동조합
장점	① 근로조건의 통일적·종합적 결정 가능 ② 노사협조가 원활 ③ 동일 기업내 근로자간의 형평성 도모	① 임금 기타의 근로조건의 향상을 위하여는 가장 유효하고 단결력 강고함 ② 직장단위가 조직중심이 아니므로 실업근로자도 가입할 수 있다는 장점이 있다.	① 동종의 산업에 종사하는 근로자 지위의 통일적 개선 ② 단결력이 강고하며 압력단체로서의 위력발휘 가능 ③ 미숙련근로자의 권익보호에 적합
단점	① 동일 기업내 각 직종간의 근로조건 개선에 공평을 기하기가 곤란하다. ② 御用勞組(Yellow Union)화의 우려가 가장 큰 형태이다.	① 동직자로서의 유대가 강하여 배타적·독선적 경향이 있다. ② 미숙련 근로자, 여성·연소근로자를 포함하지 못하는 한계가 있다.	① 직종별, 기업별 특수성이 반영된 근로조건의 확립이 곤란하다. ② 조직의 방대함으로 단결력이 형식화될 우려가 있다.
비고	우리나라의 일반적 형태	제일 먼저 등장한 형태	구미의 일반적 형태

53. 산업별노동조합의 장점이라고 볼 수 없는 것은? 〈17회 사시〉

① 숙련공·미숙련공의 구별없이 그 조직을 강화할 수 있다.

▎해답▎ 52. ④ 53. ⑤

② 사용자의 직·간접적인 지배개입이 어렵다.
③ 동종산업에 종사하는 근로자의 지위를 통일적으로 개선할 수 있다.
④ 전국적인 규모로 대규모적인 노동운동을 전개할 수 있다.
⑤ 사용자와의 관계가 긴밀하여 동일 산업내 각 기업의 특수성을 제대로 반영할 수 있다.

≪**해설**≫ 위 문제 해설 참조.

54. 가장 먼저 발달한 노동조합의 형태는 어느 것인가? 〈16회 사시〉

① 산업별 노동조합 ② 일반 노동조합 ③ 직종별 노동조합
④ 지역별 노동조합 ⑤ 기업별 노동조합

≪**해설**≫ 「직종별 노동조합」은 노동조합의 형태 중 가장 먼저 발달한 형태로서 주로 숙련 근로자들이 이를 조직하고 가입하였다.

55. 다음 중 헌법으로 보장하고 있는 근로3권에 대한 위헌시비의 요소가 없는 것은?

① 오픈 샵 ② 클로즈드 샵 ③ 유니온 샵
④ 조합원 우대제도 ⑤ 조합원 자격유지제도

≪**해설**≫ 오픈 샵(Open Shop)은 사용자가 조합원·비조합원의 여부에 상관없이 아무나 채용할 수 있는 제도이다. 따라서 가장 일반적이고 기본적인 샵제도로서 위헌의 소지가 없다고 할 것이다.

56. 다음 중 노동조합에의 가입이 강제되지 아니하나, 조합비의 납부의무가 부과되는 샵(Shop)제도는?

① 오픈 샵 ② 클로즈드 샵 ③ 유니온 샵
④ 에이전시 샵 ⑤ 조합원 자격유지제도

≪**해설**≫ 에이전시 샵(Agency Shop)은 종업원들 중에서 조합가입의 의사가 없는 자에게는 조합가입이 강제되지는 않으나, 조합가입에 대신하여 조합비를 납입하여야 하는 제도이다. 이 제도는 이른바 무임승차(Free Rider)를 방지하기 위한 제도이다.

57. 다음 중 채용에 있어서 노동조합원에게 우선순위를 주는 제도는?

① Union Shop제도 ② Closed Shop제도 〈1회 공인노무사〉
③ Agency Shop제도 ④ Prefrential Shop제도
⑤ Maintenance of Membership제도

≪**해설**≫ 조합원우대제도(Preferential Shop)는 사용자가 조합원 또는 비조합원의 여부에 상관없이 아무나 종업원으로 채용할 수 있으나, 배치전환·해고 및 승

해답 54. ③ 55. ① 56. ④ 57. ④

진 등에 있어서 조합원에 우선적 특권을 부여하는 제도를 말한다. 조합원이 비조합원에 비하여 우대되기 때문에 조합원 자격의 취득을 장려하는 효과를 가진다.

58. 다음 중 노사관계법상의 노동조합이 될 수 없는 것은?

① 근로자가 근로시간 중에 사용자와 협의 또는 교섭하는 것을 사용자가 허용하는 경우

② 노동조합이 사용자로부터 후생자금 또는 복리기금의 기부를 받는 경우

③ 노동조합이 사용자로부터 최소한의 규모의 노동조합사무소를 제공받는 경우

④ 노동조합이 해고의 효력을 다투는 자를 가입시킨 경우

⑤ 주로 정치운동을 하는 경우

≪**해설**≫ ①②③④는 모두 노사관계법상 허용되나, ⑤는 노동조합으로 인정되지 아니하는 동법 제 2 조 제 4 호의 조합의 소극적 요건에 해당하는 것이다.

59. 다음 중에서 노동조합의 자격요건으로 가장 관계가 적은 것은? 〈25회 사시〉

① 근로자의 주체성 ② 근로자의 자주성 ③ 근로자의 복지증진

④ 근로자의 사회적 지위 ⑤ 근로자의 경제적 지위

≪**해설**≫ ①②④⑤ 노동조합의 자주성·민주성을 확립하는데 필요적인 자격요건으로 볼 수 있으나, ③은 노동조합이 반드시 의무적으로 수행할 필요는 없으나 노동조합이 자유로운 의사결정에 의하여 임의로 수행할 수 있는 목적에 불과하다. 현행법은 제 1 조 목적과 제 2 조 제 4 호 본문의 자주성 요건에서 「근로자의 복지증진」 부분을 삭제하고 노사협의회의 협의사항에서 다루도록 하고 있다(노사협력법 제19조 제 1 항 참조).

60. 노동조합의 자주성과 민주성을 확립하기 위하여 요구되는 것과 거리가 먼 것은?

① 회계에 관한 사항을 규약에서 정하여야 한다.

② 노동조합은 법인격을 취득하여야 한다.

③ 노동조합의 임원은 그 조합원 중에서 선출되어야 한다.

④ 행정관청은 자료의 제출을 요구할 수 있다.

⑤ 행정관청은 규약의 시정을 명할 수 있다.

≪**해설**≫ 노동조합은 자주적으로 조직되고 민주적으로 운영되어야 한다. 노동조합의 「자주성」과 「민주성」은 노동조합의 설립 및 운영에 불가결한 요소로서, i) 노사관계법 제 2 조 제 4 호에서 대외적 자주성 확보를 위한 규정을, ii) 노사관계법 제11조에서 대내적 민주성 확보를 위한 규정을 두고 있으며, iii) 기타 조합민주주의의 원칙을 확립하고자 행정관청의 개입을 통한 자주성·민주성 확보규정들이 있다. 물론 이 경우 행정관청의 개입은 최소의 필요한 경우에 그쳐야 할 것이다. ① 노사관계법 제11조 제 9 호. ② 노동조합은 근로 3 권의 행사를 위하여 반드

| 해답 | 58. ⑤ 59. ③ 60. ②

시 법인격을 갖출 필요가 없으며 노동조합의 성립요건에는 자주성과 민주성의 확보로 충분하며 법인격이 필요하지 아니하다(통설). 따라서 노사관계법 제 6 조 제 1 항도 임의적 기재사항으로 규정하고 있다. ③ 동법 제23조 제 1 항. ④ 동법 제27조. ⑤ 동법 제21조 제 1 항.

[행정관청의 개입에 의한 자주성 확보]

① 설립신고서 · 규약의 보완요구(제12조 제 2 항) ② 서류의 비치(제14조 제 1 항) ③ 설립신고서 변경신고 및 통보(제13조 제 1 항 · 제 2 항) ④ 조합규약의 시정명령(제21조 제 1 항) ⑤ 조합결의 · 처분의 시정명령(제21조 제 2 항) ⑥ 자료의 제출(제27조)

61. 노동조합의 설립에 관한 서술 중 바르지 못한 것은?

① 노동조합을 설립하고자 하는 자는 설립신고서에 조합규약을 첨부하여 행정관청에 제출하여야 한다.

② 행정관청은 설립신고서를 접수한 때에는 3일 이내에 신고증을 교부하여야 한다.

③ 행정관청은 설립신고서 또는 규약이 기재사항의 누락 등으로 보완이 필요한 경우에는 대통령령이 정하는 바에 따라 20일 이내의 기간을 정하여 보완을 요구하여야 한다. 이 경우 보완된 설립신고서 또는 규약을 접수한 때에는 3일 이내에 신고증을 교부하여야 한다.

④ 노동조합이 신고증을 교부 받은 경우에는 설립신고서가 접수된 때에 설립된 것으로 본다.

⑤ 행정관청이 3일 이내에 신고증을 교부하지 않은 경우 판례에 의하면 유효한 수리행위가 있는 것으로 본다.

≪**해설**≫ ① 노사관계법 제10조 제 1 항. ② 동법 제12조 제 1 항 ③ 동법 제12조 제 2 항. ④ 동법 제12조 제 4 항. ⑤ 신고증교부기간이 경과한 후에는, i) 유효한 수리행위가 있는 것으로 보는 입장(다수설)과, ii) 3일 경과 후에도 반려나 보완지시가 가능하다는 입장(판례)이 있다.

62. 노동조합설립신고시에 필요한 사항은? 〈27회 사시〉

① 노동조합연합체의 승인서 ② 조합대표자의 신원증명

③ 조합임원의 이력서 ④ 설립총회회의록

⑤ 조합규약

≪**해설**≫ 노동조합을 설립하고자 하는 자는 다음 각 호의 사항을 기재한 신고서

▌해답▌ 61. ⑤ **62.** ⑤

에 제11조의 규정에 의한 규약을 첨부하여 연합단체인 노동조합과 2 이상의 특별시·광역시·도에 걸치는 단위노동조합은 노동부장관에게, 그 외의 노동조합은 특별시장·광역시장·도지사에게 제출하여야 한다. i) 명칭, ii) 주된 사무소의 소재지, iii) 조합원수, iv) 임원의 성명과 주소, v) 소속된 연합단체가 있는 경우에는 그 명칭, vi) 연합단체인 노동조합에 있어서는 그 구성노동단체의 명칭, 조합원수, 주된 사무소의 소재지 및 임원의 성명·주소(노동조합및노동관계조정법 제10조 제 1 항).

63. 다음 중 노동조합의 설립에 필요한 절차는? 〈28회 사시〉

① 행정관청의 설립허가 ② 행정관청에의 설립신고

③ 노동위원회에의 신고 ④ 중앙노동위원회의 보고

⑤ 법원의 설립등기

≪**해설**≫ 위 문제 해설 참조.

64. 다음은 해고의 효력을 다투는 자에 대한 설명이다. 틀린 것은? (법률 및 판례에 의함)

① 해고된 자가 노동위원회에 부당노동행위의 구제시청을 한 경우에는 중앙노동위원회의 재심판정이 있을 때까지는 근로자가 아닌 자로 해석하여서는 아니된다.

② 노동조합의 설립보장 및 조합원으로서의 지위보장을 목적으로 도입되었다.

③ 해고의 효력을 다투는 자를 근로자가 아닌 자로 보지 않는다는 동 규정은 임금청구 등과 관계된 근로기준법상 종업원으로서의 지위도 유지된다.

④ 해고의 효력을 다투는 자는 노동조합의 위원장이 될 수 있는 자격이 있다고 해석된다.

⑤ 현행법은 구법과 달리 법원에 의한 확정판결시까지가 아니라 중앙노동위원회의 재심판정시까지만 근로자의 지위를 인정하고 있다.

≪**해설**≫ ① 노사관계법 제 2 조 제 4 호 단서 라목. ② 판례는 해고의 효력을 다투고 있는 근로자는 근로자가 아닌 자로 보지 않는다는 의미, 즉 근로자로서의 지위를 유지한다는 의미가 노동조합의 설립뿐 아니라 쟁의행위에 참가하는 자도 근로자가 아닌 자로 보아서는 안 되는 것으로 해석한다(대판(전) 1990. 11. 27, 89도1579 등). ③ 대판 1993. 6. 8, 92다42354. ④ 대판 1992. 3. 31, 91다14413.

65. 노사관계법이 규정하고 있는 노동조합의 성립시기는?

① 조직결성시설 ② 설립신고서제출시설

③ 설립신고서수리시설 ④ 설립신고증교부시설

▌해답▌ 63. ② 64. ③ 65. ⑤

⑤ 설립신고증교부조건부 설립신고서접수시설

≪**해설**≫ 노동조합이 신고증을 교부받은 경우에는 설립신고서가 접수된 때에 설립된 것으로 본다(노사관계법 제12조 제 4 항).

66. 노조설립의 심사결과에 대한 설명 중 타당하지 아니한 것은?

① 심사기준을 충족하는 경우 3일 이내에 설립신고증을 교부한다.

② 노동조합설립의 실질적 요건 등 소극적 요건에 해당하는 경우에는 설립신고서의 보완을 요구한다.

③ 설립신고서에 규약이 첨부되어 있지 아니한 경우에는 그 보완을 요구한다.

④ 규약의 기재사항 중 누락이 있는 경우에는 그 보완을 요구한다.

⑤ 임원의 선거절차 또는 규약의 제정절차가 위법한 경우에는 그 보완을 요구하여야 한다.

≪**해설**≫ ① 노사관계법 제12조 제 1 항. ② 행정관청은 설립하고자 하는 노동조합이 i) 노동조합의 소극적 요건에 해당하거나(동법 제 2 조 제 4 호 각목; 동법 부칙 제 5 조 제 2 항), ii) 보완요구에도 불구하고 20일 이내에 보완을 하지 아니한 경우에는 설립신고서를 「반려」하여야 한다. ③④⑤ 설립신고서 · 규약이 기재사항의 누락 등으로 「보완」이 필요한 경우이다(동법 제12조 제 2 항).

67. 법외노조의 법적지위에 관한 설명이 잘못된 것은? (다수설에 의함)

① 사용자의 불법행위에 대하여는 손해배상을 청구할 수 있다.

② 민사 · 형사면책권이 인정된다.

③ 단체교섭권이 인정된다.

④ 노동위원회의 근로자위원을 추천할 수 없다.

⑤ 노동위원회에 부당노동행위의 구제를 신청할 수 있다.

≪**해설**≫ 노동조합의 설립요건중 실질적 요건은 갖추었으나 형식적 요건을 갖추지 못한 조합의 법적 지위에 관하여 i) 법내조합설, ii) 법외조합설(다수설), iii) 비조합설(이사윤 · 판례 · 행정해석)의 견해 대립이 있다. ④ 노동위원회의 근로자위원 추천권은 실질적 요건과 형식적 요건을 모두 갖춘 법내조합 · 적격조합 · 노사관계법상의 노동조합만이 행사할 수 있다.

68. 다음 중 노동조합의 형식적 요건을 결한 법외조직의 법적지위에 관한 설명이다. 틀린 것은?

① 단체교섭거부로 인한 사용자 처벌

② 노동위원회 근로자위원 추천권 배제

③ 단체협약의 일반적 · 지역적 효력확장 금지

▌해답▌ **66.** ② **67.** ⑤ **68.** ①

④ 노사관계법상 쟁의행위금지(판례)

⑤ 노동쟁의조정의 신청불가

≪**해설**≫ 법외노조는 단체교섭을 요구할 수 있으나 사용자가 이를 거부하여도 부당노동행위에 해당하지 않으므로 부당노동행위의 구제신청을 할 수 없고 벌칙의 적용도 없다.

69. 노동조합과 법인격에 관한 설명이다. 틀린 것은?

① 법인인 노동조합은 해산하더라도 그 청산목적 범위내에서는 권리가 있고 의무를 부담한다.

② 노동조합은 단체교섭·단체협약의 체결 및 쟁의행위 등에 있어서 반드시 법인격을 요건으로 하지 않는다.

③ 노동조합이 법인이 되고자 할 때에는 등기절차를 밟아야 한다.

④ 노동조합이 등기 후 법인격을 취득하면 노사관계법에 규정된 것을 제외하고는 민법의 사단법인에 관한 규정이 준용된다.

⑤ 법외조합의 경우 당사자능력을 인정할 수 없다.

≪**해설**≫ 법인격이 없는 단체라 하더라도 사회생활을 함에 있어서 그 구성원으로부터 독립한 조직체를 이루면서 그 이름으로 활동하고 있는 경우에는 이에 대하여 소송의 주체성을 부여하는 것이 사회의 실정에 합당하며, 소송의 합리화에도 적합하다. 그러므로 노동조합이 이와 같은 입법취지에 부합하는 사단이라고 인정되는 때에는 노사관계법상의 조합은 물론, 법외조합에 대하여도 당사자능력을 인정할 수 있다(대판 1996. 3. 22; 대판 1979. 12. 11).

70. 다음 사항 중 노동조합이 조합규약에 반드시 기재하지 아니하여도 무방한 사항은?

① 노동조합의 명칭

② 노동조합의 목적과 사업

③ 노동조합이 소속된 연합단체의 명칭

④ 노동조합의 주된 사무소의 소재지

⑤ 노동조합의 조합비 기타 회계에 관한 사항

≪**해설**≫ 노동조합이 소속된 연합단체의 명칭은 노동조합이 연합단체에 가입한 경우에 한하여 기재하면 되며, 반드시 연합단체에 가입하도록 의무화하고 있는 것은 아니다.

71. 다음 중 노동조합설립신고서에 반드시 기재하여야 할 필요적 기재사항이 아닌 것은?

① 소속된 연합단체의 명칭 ② 임원의 성명과 주소

해답 69. ⑤ 70. ③ 71. ①

③ 노동조합의 명칭 ④ 조합원의 수
⑤ 주된 사무소의 소재지

≪**해설**≫ 신고서에는 i) 임원의 성명과 주소, ii) 노동조합의 명칭, iii) 조합원 수, iv) 주된 사무소의 소재지, v) 연합단체인 노동조합에 있어서는 그 구성노동단체의 명칭·조합원 수·주된 사무소의 소재지 및 임원의 성명·주소를 기재하여야 한다(노사관계법 제10조 제 1 항). 규약과 설립신고서에 「소속된 연합단체가 있는 경우」에는 그 명칭을 기재하도록 규정한 改正노사관계법 제10조 제 1 항 제 5 호는 강행규정이 아니라 당해 조합이 산업별연합단체 또는 총연합단체에 가입한 경우에 한하여 기재하도록 하는 취지의 규정이다. 종전에 동 규정의 해석에 관하여도 판례는 임의적 기재사항으로 본 바 있다(대판 1992.12.22).

72. 조합규약에 반드시 기재할 사항 중 틀린 것은? 〈'97 행시〉

① 대표자와 임원에 관한 사항
② 규율과 통제에 관한 사항
③ 쟁의에 관한 사항
④ 대표자와 임원의 규약 위반에 대한 탄핵에 관한 사항
⑤ 모든 사무소의 소재지

≪**해설**≫ ⑤ 주된 사무소의 소재지(노사관계법 제11조).

73. 다음 중 노동조합의 운영에 따른 조합원의 권리라고 볼 수 없는 것은?

① 결산결과와 운영상황의 공개요구 〈28회 사시〉
② 회계감사권
③ 임원으로서 선출될 권리
④ 노동조합의 운영에 대한 균등한 참여권
⑤ 임시총회의 소집요구권

≪**해설**≫ 회계감사는 회계감사원이 실시하는 것이고 조합원은 감사결과를 공개하도록 요구할 수 있을 뿐이다(노사관계법 제25조).

[조합원의 권리와 의무]

① 균등한 권리·의무(제22조)
② 차별대우의 금지(제 9 조) → 표결권의 특례(제20조)
③ 임원·대의원의 선거권·피선거권(제16조 제 1 항 제 2 호; 제17조 제 2 항·제 4 항)
④ 총회 출석·발언·표결권(제16조 제 1 항)
⑤ 임시총회 소집요구권(제18조 제 2 항)
⑥ 조합운영상황 공개요구권(제26조)
⑦ 조합시설 및 기금의 이용권(제22조)
⑧ 회계에 관한 권리(제25조)

해답 72. ⑤ 73. ②

⑨ 조합비 납부의무(제22조)
⑩ 조합통제에 복종할 의무(제38조 제 3 항)
※ 현행법에서 조합비 상한(임금의 2/100 초과금지)제한규정 삭제

74. 노사관계법상 총회의 필요적 의결사항으로 규정된 것이 아닌 것은?

① 노사협의회에 관한 사항
② 조직형태의 변경에 관한 사항
③ 단체협약에 관한 사항
④ 임원의 선거와 해임에 관한 사항
⑤ 합병 · 분할 · 해산에 관한 사항

≪**해설**≫ ① 노사협의회의 구성에는 근로자의 과반수로 조직된 노동조합이 관여하나, 노사협의회에 관한 사항이 노동조합의 총회에서 의결될 사항은 아니다(노사협력법 제 6 조 제 2 항). 노동조합의 활동은 노사협력법에 의하여 영향을 받지 아니한다(동법 제 5 조). ②④ 노사관계법 제16조 제 1 항 참조.

75. 다음은 조합총회에 관한 설명이다. 틀린 것은?

① 행정관청은 노동조합의 결의 또는 처분이 노동관계법령에 위반된다고 인정되는 경우 이해관계인의 신청이 있는 경우에 한하여 노동위원회의 의결을 얻어 시정을 명할 수 있다.
② 총회의 소집이나 의결절차가 법령 · 규약에 위배되는 경우 총회의 결의는 원칙적으로 무효이다. 다만 절차상의 하자가 근소한 것이면 이를 당연무효라 할 수 없다.
③ 총회는 원칙적으로 취업시간 이외의 시간에 개최하여야 하나 업무의 특수성으로 인하여 조합활동이 불가피하다고 단체협약에 취업시간중의 조합활동을 허용하고 있는 때에는 취업시간 중에도 총회를 개최할 수 있다.
④ 노동조합의 대표자는 적어도 회의개최일 7일 전에 그 총회에 부의할 사항을 공고하고 규약에 정한 방법에 의하여 소집하여야 한다.
⑤ 임원의 선거에 있어서 출석조합원 과반수의 찬성을 얻은 자가 없는 경우에는 결선 투표를 반드시 실시하여야 하는 것은 아니다.

≪**해설**≫ ① 노동조합의 결의 또는 처분이 노동관계법령 또는 규약에 위반된다고 인정되는 경우에는 노동부장관은 노동위원회의 의결을 얻어 그 시정을 명할 수 있으며, 시정명령을 받은 노동조합은 30일 이내에 이를 이행하여야 한다(노사관계법 제21조 제 2 항 · 제 3 항), 이 경우 i) 규약위반시의 시정명령은 이해관계인의 「신청」이 있는 경우에 한하며, ii) 노동관계법령위반시의 시정명령은 언제든지 가능하다(동법 제21조 제 2 항 단서). ② 긴급히 조합총회나 대의원대회를 소집하여야 할 필요성으로 인하여 규약에 규정된 절차를 제대로 지키지 아니하고 회의를 소집하는 경우는 어떠한가에 대하여 규약상의 절차가 부득이하게 지켜지지 아니

▌해답▌ 74. ① 75. ①

하였으나 그 원인이 사안의 성질상 긴급을 요하는 것이고, 소집공고기간이 규약의 규정보다 단축되었더라도 조합원이 총회에 부의할 안건을 이미 알고 있었으며, 그 안건에 대하여 자신의 의사를 결정할 시간적 여유를 충분히 가지고 있었고, 또한 조합원의 대다수가 총회에 참석하여 아무런 장애없이 의사결정을 하였다면 그와 같은 총회결의의 효력을 부인한다거나 무효라고 해석할 필요는 없을 것이다(대판 1991. 3. 31). ④ 노동조합의 대표자는 총회를 소집하며(노사관계법 제18조 참조), 적어도 회의개최일 7일 전에 그 회의에 부의할 사항을 공고하고 소집하여야 한다(노사관계법 제19조 본문). ⑤ 임원의 선거에 관한 「결선투표제」는 규약이 정하는 바에 따라 임의적으로 채택할 수 있는 것이며 필요적인 사항은 아니다(동법 제16조 제 3 항).

76. 노동조합의 총회는 최소한 어느 정도의 기간 동안에 한 번씩 개최되어야 하는가?

① 3개월 ② 6개월 ③ 1년
④ 3년 ⑤ 단위노조는 1년, 연합단체노조는 3년

≪**해설**≫ 노동조합을 매년 1회 이상 총회를 개최하여야 한다. 노동조합의 대표자는 총회의 의장이 된다(노사관계법 제15조).

77. 노동조합의 임시총회에 관한 설명이다. 틀린 것은?

① 노동조합은 매년 1회 이상의 정기총회를 가져야 하며, 대표자가 필요하다고 인정하는 경우에는 언제든지 임시총회를 소집할 수 있다.
② 임시총회의 소집에 대하여는 회의에 부의할 사항을 제시하고 조합원 또는 대의원 3분의 1 이상의 찬성으로 요구할 수 있다.
③ 대표자가 조합원들의 임시총회 소집요구를 고의로 기피하거나 이를 해태하는 경우에도 임시총회의 소집사유가 된다.
④ 당해 노동조합에 소집권자가 없어 조합원 또는 대의원 3분의 1 이상이 회의에 부의할 사항을 제시하고 소집권자 지명을 요구하는 경우 행정관청은 노동위원회의 의결을 얻어 소집할 자를 지명하여 회의를 소집케 할 수 있다.
⑤ 총회의 소집은 원칙적으로 적어도 회의 개최일 7일 전에 그 회의에 부의할 사항을 공고하고 소집하여야 한다.

≪**해설**≫ ① 노사관계법 제15조 제 1 항; 제18조 제 1 항. ② 동법 제18조 제 2 항. ③④ 행정관청이 임시총회 소집권자를 지명하여야 하는 경우로는 i) 조합원·대의원의 3분의 1 이상이 임시총회의 소집을 요구하였음에도 노동조합의 대표자가 회의소집을 「고의로 기피·해태」하는 경우, ii) 노동조합에 총회소집권자가 「없는」 경우가 있다. 이 경우 노동위원회의 의결을 얻어 소집권자를 지명하여야 하는 것은 전자의 경우에 한한다. 행정관청의 자의·남용의 여지를 방지하기 위한 것이

| 해답 | **76.** ③ **77.** ④

다(동법 제18조 제 2 항 · 제 3 항 참조).

78. 노동조합의 임원에 관한 설명으로 틀린 것은?

① 임원의 선거와 해임에 관한 사항은 총회의 의결사항이다.
② 임원의 선거와 해임에 관한 사항은 조합원의 직접 · 비밀 · 무기명 투표에 의하여야 한다.
③ 임원은 반드시 그 조합원 중에서 선출되어야 한다.
④ 임원의 임기는 규약으로 정하되 3년을 초과할 수 없다.
⑤ 임원은 근로계약 소정의 근로를 제공하지 아니하고 노동조합의 업무에만 종사하는 노조의 전임자가 된다.

≪**해설**≫ 임원 중에서 노조전임자가 선임될 것이나 임원이 곧 전임자인 지위에 있게 되지는 않는다(노사관계법 제24조 참조).

[임원의 법적지위]

① 조합원 중에서 선출됨(제23조 제 1 항) ② 선거 · 해임은 총회의결사항임(제16조 제 1 항 제 2 호) ③ 결선투표제(제16조 제 3 항) ④ 직접 · 비밀 · 무기명투표(제16조 제 4 항) ⑤ 임기는 3년내로 규약에서 정함(제23조 제 2 항)

79. 다음 설명 중 잘못된 사항은? 〈25회 사시〉

① 조합총회에 관한 규정은 대의원회에 준용한다.
② 단체협약에 관한 사항은 총회의 결의를 거쳐야 한다.
③ 조합비를 납부하지 않은 조합원의 권리는 제한될 수 있다.
④ 대의원은 조합원의 직접 · 비밀 · 무기명투표로 선거된다.
⑤ 임원의 선거는 대의원의 직접 · 비밀 · 무기명투표로 한다.

≪**해설**≫ ⑤ 임원의 선거와 해임에 관한 사항은 총회의 의결을 거쳐야 하며(노사관계법 제16조 제 1 항 제 2 호), 조합원의 직접 · 비밀 · 무기명투표에 의하여야 한다(동법 제16조 제 4 항).

80. 소수조합원의 임시총회개최요구시 노동조합의 대표자가 회의소집을 고의로 기피하는 때에는 어떻게 해야 하는가? 〈1회 공인노무사〉

① 일정기간 경과 후 소수 조합원만 회의를 소집한다.
② 노동위원회가 소집할 자를 지명한다.
③ 법원으로부터 회의에 갈음하는 판결을 얻는다.
④ 행정관청이 소집할 자를 지명한다.

▌해답▌ 78. ⑤ **79.** ⑤ **80.** ⑤

⑤ 노동위원회의 의결을 얻어 행정관청이 소집할 자를 지명한다.

≪**해설**≫ 행정관청은 노동조합의 대표자가 회의의 소집을 고의로 기피하거나 이를 해태하여 조합원 또는 대의원의 3분의 1 이상이 소집권자의 지명을 요구한 때에는 15일 이내에 노동위원회의 의결을 요청하고 노동위원회의 의결이 있는 때에는 지체없이 회의의 소집권자를 지명하여야 한다(노사관계법 제18조 제 3 항).

81. 노동조합의 총회의 의결사항이 아닌 것은? 〈17회 사시〉

① 예산 · 결산에 관한 사항
② 임원의 불신임결의
③ 단체협약에 관한 사항
④ 취업규칙의 변경
⑤ 규약의 변경에 관한 사항

82. 다음 사항 중 재적조합원 과반수의 출석과 출석조합원 3분의 2 이상의 찬성으로 의결할 수 있는 사항은 모두 몇 개인가?

㉮ 임원의 해임에 관한 사항 ㉯ 노동쟁의에 관한 사항 ㉰ 규약의 제정 · 변경에 관한 사항 ㉱ 연합단체의 설립 · 가입 또는 탈퇴에 관한 사항 ㉲ 임원의 선출에 관한 사항

① 1개
② 2개
③ 3개
④ 4개
⑤ 5개

≪**해설**≫ 총회는 재적조합원 과반수의 출석과 출석조합원 과반수의 찬성으로 의결한다. 다만, i) 규약의 제정 · 변경, ii) 임원의 해임, iii) 합병 · 분할 · 해산 및 iv) 조직형태의 변경에 관한 사항은 재적조합원 과반수의 출석과 출석조합원 3분의 2 이상의 찬성이 있어야 한다(노사관계법 제16조 제 2 항).

83. 다음 중 조합원의 직접 · 비밀 · 무기명투표에 의하여 의결하여야 하는 사항의 조합은?

㉮ 규약의 제정 · 변경에 관한 사항 ㉯ 단체협약에 관한 사항 ㉰ 예산 · 결산에 관한 사항 ㉱ 조합의 합병 · 분할 또는 해산에 관한 사항 ㉲ 임원의 선거

① ㉮, ㉯
② ㉯, ㉱
③ ㉮, ㉲

해답 81. ④ 82. ② 83. ③

④ ㉰, ㉱ ⑤ ㉰, ㉲

≪**해설**≫ 규약의 제정 · 변경과 임원의 선거는 조합원의 직접 · 비밀 · 무기명 투표에 의하여야 한다(노사관계법 제16조 제 4 항).

84. 다음 중 노동조합의 조합원들의 직접 · 무기명투표에 의하지 아니하여도 되는 것은? 〈28회 사시〉

① 노동조합임원의 선거 ② 취업규칙의 작성
③ 쟁의행위의 실시여부 ④ 노동조합규약의 제정
⑤ 노동조합규약의 변경

≪**해설**≫ [조합원의 직접 · 비밀 · 무기명투표를 요하는 것]

① 규약의 제정 · 변경(제16조 제 4 항) ② 임원의 선거 · 해임(제16조 제 4 항) ③ 대의원의 선출(제17조 제 2 항) ④ 쟁의행위의 결정(제41조 제 1 항)

85. 노동법상 노조전임자의 법적지위에 관한 설명 중 틀린 것은?

① 노조전임제도는 협정설에 근거하여 단체협약으로 정하거나 사용자의 동의가 있는 경우에만 설정될 수 있다.
② 노조전임자의 법적지위는 휴직상태에 있는 근로자의 지위와 유사하므로 취업규칙 · 사규가 전면적으로 적용이 배제된다고 본다.
③ 노조전임자는 그 재임기간 동안 사용자로부터 어떠한 급여도 지급받아서는 안되고 노조전임자에게 급여를 지원하는 경우 부당노동행위에 해당된다.
④ 노조업무 수행 중 재해를 입은 경우 원칙적으로 산업재해보상보험법상의 보험급여를 받는다.
⑤ 상여금지급의 요구나 연차수당을 청구할 수 있는 권리가 당연히 있는 것은 아니다.

≪**해설**≫ ① 따라서 노조전임의 인정여부, 선임 · 해임절차, 노조전임기간, 노조전임자 수 및 노조전임의 대우 등 노조전임의 임금을 제외한 모든 사항은 사용자의 재량에 따라 인정되는 것이다(노사관계법 제24조). ② 휴직상태에 있는 근로자의 지위를 완전히 부인하지는 않으나 헌법상 근로3권의 보장에 따라 이를 달리 보는 견해가 있다(이병태, 이상윤). 또한 출 · 퇴근의무와 관련하여 판례는 이를 긍정한 바 있다(대판 1995. 4. 11, 94다58087). ③ 노사관계법 제24조 제 2 항 및 제81조 제 4 호의 규정(노동조합 전임자의 급여지원 금지규정)은 2009년 12월 31일까지 적용하지 아니한다(부칙 제 6 조 제 1 항). ④ 판례. 다만 i) 조합활동이 사용자의 사업과 무관한 대외활동이거나, ii) 쟁의행위에 해당되는 경우에는 적용이 없

▌해답▌ 84. ② **85.** ②

다. ⑤ 당연히 청구할 수 있는 것은 아니고, 단체협약 등에 지급의무가 정해진 경우에 이를 근거로 청구할 수 있다(대판 1995. 11. 10, 94다54566).

86. 다음 노조전임에 관한 설명 중 타당하지 아니한 것은?

① 노조전임은 사용자의 동의가 있는 경우 인정된다.
② 노조전임에 대한 임금지급은 금지된다.
③ 노조전임의 인정여부에 관한 사항은 단체교섭의 대상이 되지 아니한다.
④ 노조전임에 대한 임금지급은 부당노동행위에 해당된다.
⑤ 노조전임도 다른 근로자와 마찬가지로 출·퇴근시간을 준수하여야 한다.

≪**해설**≫ ①② 노사관계법 제24조 참조. ③ 단체교섭의 임의교섭대상이며, 당사자는 단체협약을 체결할 수 있다. ④ 노사관계법 제81조 제 4 호. ⑤ 대판 1995. 4. 11, 94다58087; 대판 2000. 7. 28, 2000다23297.

87. 다음 노조전임에 관한 설명 중 타당한 경우는 모두 몇 개인가?

㉮ 노조전임에 대한 임금지급은 부당노동행위에 해당된다.
㉯ 노조전임에게도 산업재해보상보험법에 의한 재해보상이 인정된다.
㉰ 노조전임자가 파업에 참가하다가 재해를 입은 경우 재해보상이 인정되지 아니한다.
㉱ 노조전임은 고용보험법에 의한 보험료를 납부하지 아니한다.
㉲ 노조전임에게 연차휴가가 당연히 인정되는 것은 아니한다.

① 1개 ② 2개 ③ 3개
④ 4개 ⑤ 5개

≪**해설**≫ ㉱ 노조전임은 자기의 임금총액에 실업급여의 보험료율을 곱한 금액을 보험료로 납부하여야 한다(보험료징수법 제13조 제 2 항 단서).

88. 판례에 의할 때 근로시간 중의 조합활동으로서 정당한 것으로 볼 수 없는 것은?

① 근로자 개인이 노조대의원 선거출마를 위해 결근한 경우
② 휴게시간중에 유인물을 배포한 경우
③ 단체협약·취업규칙 및 노사관행에 의하여 허용되는 경우
④ 노조지부설립을 위하여 부득이 사용자의 승인없이 월차유급휴가를 사용한 경우
⑤ 요구사항의 관철 목적으로 집단적인 일제휴가를 사용하여 근로제공을 거부한 경우

해답 86. ③ 87. ④ 88. ⑤

≪**해설**≫ ②③ 조합활동은 근로시간 외에 행하는 것이 원칙이다. 따라서 휴게시간중의 유인물배포는 i) 다른 근로자의 취업에 나쁜 영향을 미치거나, ii) 휴게시간의 자유로운 이용을 방해하거나, iii) 구체적으로 직장질서를 문란하게 하는 것이 아닌 한 사용자의 허가없이도 조합활동의 일환으로 허용된다고 본다(대판 1991. 11. 12, 91누4164). 그러나 근로시간 중이라도 i) 단체협약·취업규칙 등에 규정이 있거나, ii) 노사관행에 의하여 허용되는 경우, iii) 사용자의 명시적인 승낙이 있는 경우, iv) 당해 조합활동의 필요성 및 긴급성 등과 노무지휘권의 침해정도 등을 구체적·종합적으로 판단하여 인정되는 경우가 있다. 예컨대 ①④의 경우가 그것이다. ① 대판 1992. 10. 25, 92다20842. ④ 대판 1994. 5. 10, 91구15380. ⑤ 일제휴가를 취함으로써 집단적인 근로제공을 거부하는 것은 쟁의행위의 요건을 갖추는 경우에만 그 정당성이 인정되므로(다수설·판례), 노조위원장이 회사로부터 거부당한 요구사항을 관철할 목적으로 집단적 연차휴가를 사용하여 근로제공을 거부한 것은 노사관계법상의 적법절차를 거치지 아니하였으므로 정당한 쟁의행위의 한계를 벗어난 것이라 보아야 하다(대판 1996. 7. 30, 96누587).

89. 재적전임자에 대한 설명이 틀린 것은? 〈'99 공인노무사〉

① 단체협약으로 정하거나 사용자의 동의가 있는 경우에는 재적전임자를 둘 수 있다.

② 전임자는 전임기간동안 사용자로부터 임금지급이 금지된다는 규정은 유보없이 현재 시행되고 있다.

③ 노조전임제는 노동조합에 대한 편의제공의 한 형태로서 임의적 교섭사항에 불과하다.

④ 노조전임자도 단체협약 등에 정하는 바에 따라 휴가청구권을 행사할 수 있다.

⑤ 노조전임의 임기나 노조임원의 지위가 종료되는 경우에는 즉시 원직에 복귀된다.

≪**해설**≫ ① 노조전임에 대한 법적 근거는 i) 단결권설과, ii) 협정설의 대립이 있는 바, 현행 노사관계법은 「협정설」을 명문화 하였다(동법 제24조 제 1 항). ② 노조전임자에 대한 임금지급은 금지된다(동법 제24조 제 2 항). 다만 노사관계법 시행 당시(1997년 3월 13일) 사용자가 노동조합 전임자의 급여를 지원하고 있는 사업·사업장의 경우에는 2009년 12월 31일까지 적용하지 아니한다(동법 부칙 제 6 조 제 1 항). ③ 대판 1996. 2. 23, 94누9177. ④ 대판 1995. 11. 10, 94다54566. ⑤ 노조전임의 임기가 만료된 후 사용자가 복직을 거부하거나, 다른 근로자에 비하여 승진·승급·임금 등의 근로조건에서 차별대우를 하는 경우 이는 부당노동행위에 해당된다(다수설).

90. 노동조합의 재정에 대한 설명이 바르지 못한 것은? 〈'99 공인노무사〉

① 경비의 주된 부분을 사용자로부터 원조받는 것은 금지된다.

▌해답▌ 89. ② 90. ②

② 근로자의 후생자금 또는 경제상의 불행 기타 재액의 방지와 구제 등을 위한 기금의 기부도 금지된다.

③ 행정관청은 결산결과와 운영상황을 보고하게 할 수 있다.

④ 재정에 관한 장부 · 서류의 작성과 비치를 의무화하고 있다.

⑤ 예산 · 결산에 관한 사항과 기금의 설치 · 관리 · 처분에 관한 사항은 총회의 의결사항이다.

≪**해설**≫ ① 노사관계법 제 2 조 제 4 호 나목. 따라서 주된 부분이 아닌「일부분」은 받아도 무방하다고 본다(다수설). ② 근로자가 i) 근로시간 중에 사용자와 협의 · 교섭하는 것을 사용자가 허용하는 것, ii) 근로자의 후생자금 · 경제상의 불행 기타의 재액방지와 구제 등을 위한 복리기금의 기부, iii) 최소한 규모의 노동조합 사무소의 제공은 경비원조라 할 수 없다(동법 제81조 제 4 호 단서). ③ 동법 제27조. ④ 동법 제14조 제 1 항 제 5 호. ⑤ 동법 제16조 제 1 항 제 4 호 · 제 5 호.

91. 노동조합의 해산사유가 아닌 것은?

① 조합규약에 정한 해산사유의 발생

② 분 할

③ 대의원회의 해산결의

④ 노동조합의 임원이 없거나 노동조합으로서의 활동을 1년 이상 하지 아니한 경우

⑤ 총회의 해산결의

≪**해설**≫ [노동조합의 해산사유]

i) 규약에 정한 해산사유의 발생 ii) 합병 또는 분할로 인한 소멸 iii) 조합원 또는 대의원 과반수의 출석과 출석조합원 또는 대의원 3분의 2 이상의 찬성으로 행한 총회 또는 대의원회의 해산결의 iv) 노동조합의 임원이 없고 노조로서의 활동을 1년 이상 하지 않은 것으로 인정되는 경우로서 행정관청이 노동위원회의 의결을 얻은 경우

92. 노동조합의 합병 · 분할에 관한 설명이다. 바르지 못한 것은?

① 합병결의는 총회의 특별의결정족수를 필요로 한다.

② 신설노조는 신규약을 제정하고 설립신고를 하여야 한다.

③ 흡수노조는 규약변경절차를 거쳐야 하며 30일 이내에 변경된 내용을 행정관청에 통보하여야 한다.

④ 합병전에 소멸노조가 체결한 단체협약 및 권리 · 의무는 원칙적으로 흡수노조 · 신설노조에게 포괄적으로 이전된다.

┃해답┃ 91. ④ 92. ③

⑤ 분할결의는 총회·대의원회에서 의결하여야 하며 이 경우 기존노조의 권리·의무는 신설노조에게 포괄적으로 이전되나 기존노조가 체결된 단체협약의 효력은 원칙적으로 종료된다.

≪**해설**≫ ①②③ 노동조합의 합병은 i) 신설합병, ii) 흡수합병이 있다.「신설합병」의 경우 i) 해산된 구노동조합(소멸노조)은 해산절차(15일내 행정관청 신고)를, ii) 새로 성립된 신노동조합(신설노조)은 설립절차(규약제정, 설립신고서 첨부 설립신고)를 밟게 된다.「흡수합병」의 경우 i) 존속하는 노동조합(흡수노조)은 조직변경절차(규약변경, 매년 1월 31일 까지 행정관청에 통보)를, ii) 소멸하는 노동조합(소멸노조)은 해산절차(15일내 행정관청 신고)를 밟게 된다. ④⑤ 이 경우 소멸노조는 해산되나 i)「합병」의 경우에는 소멸노조가 체결한 단체협약 및 권리·의무는 흡수노조·신설노조에게 포괄적으로 이전되어 효력이 유지된다(通說). ii)「분할」의 경우 기존노조의 권리·의무는 신설노조에게 포괄적으로 이전되나 기존노조가 체결한 단체협약의 효력은 기존노조와 신설노조간의 실질적 동질성을 인정하기 어렵기 때문에 원칙적으로 종료한다(통설).

93. 노동조합의 해산에 관한 적법한 요건이 틀린 것은? 〈'99 공인노무사〉

① 규약에서 정한 해산사유가 발생한 경우 노동조합은 해산한다.

② 조합규약상의 해산사유와는 상관없이 대의원회의 해산결의로서 노동조합은 해산한다.

③ 노동조합의 조합원이 1명도 남아 있지 아니한 경우 노동조합은 1년 경과 전이라도 자연 소멸된다.

④ 휴면노조의 경우 노동위원회의 의결을 얻은 때에 해산된 것으로 본다.

⑤ 노동조합이 해산한 때에는 해산한 날부터 2주 이내에 해당관청에게 신고하여야 한다.

≪**해설**≫ ①②④ 노동조합의 해산사유는 i) 규약에서 정한 해산사유가 발생한 경우, ii) 합병 또는 분할로 소멸한 경우, iii) 총회 또는 대의원회의 해산결의가 있는 경우, iv) 노동조합의 임원이 없고 노동조합으로서의 활동을 1년 이상 하지 아니한 것으로 인정되는 경우로서 행정관청이 노동위원회의 의결을 얻은 경우 등이 있다(노사관계법 제28조 제 1 항). ③ 노동조합의 임원인 위원장·부위원장 등이 없고, 노동조합으로서의 활동을 1년 이상 하지 아니한 경우에 노동조합은 해산된다. 그러나 조합원이 1명도 남아 있지 아니한 경우 노동조합은 단체로서의 조직성을 상실하므로 자연 소멸되며(노조 01254-12058, 90.8.29), 이 경우에는 1년이 경과하기 전이라도 소멸하게 된다. 따라서 노동조합은 최소한 조합원이 2인 이상이 있어야 존속할 수 있게 된다. ⑤ 노동조합이 해산한 때에는 그 대표자는 해산한 날부터「15일」이내에 행정관청에게 이를 신고하여야 한다(동법 제28조 제 2 항).

94. 노동조합의 해산사유가 아닌 것은? 〈1회 공인노무사, 25·27회 사시〉

▌해답▌ 93. ⑤ 94. ⑤

① 조합규약에 정한 해산사유의 발생 ② 합병으로 인한 소멸
③ 총회의 해산 결의
④ 휴면노조로서 행정관청이 노동위원회의 의결을 얻은 경우
⑤ 행정관청의 해산명령

≪**해설**≫ ⑤ 행정관청의 노동조합에 대한 해산명령제도는 1987. 11. 28 노동조합법의 개정으로 삭제되었다.

95. 다음 중 행정관청이 노동위원회의 의결을 얻지 않고서도 할 수 있는 것은?

① 임시총회 소집권자의 지명 ② 조합규약의 시정명령
③ 자료제출요구권 ④ 조합 결의·처분의 시정명령
⑤ 단체협약의 시정명령

≪**해설**≫ 노동조합은 관련법령을 준수하여야 하고 그 활동 및 운영이 자주적·민주적이어야 한다. 이의 확보를 위하여 노동조합의 활동 및 운영에 행정관청이 개입하고 있는 바, 때로는 노동조합의 자주성·민주성을 침해할 소지도 배제할 수 없어 일정한 경우에는 중립적 기구인 노동위원회의 의결을 얻어야만 개입이 허용되도록 규정하고 있다. ③ 노동조합은 행정관청이 요구하는 경우에는 결산결과와 운영상황을 보고하여야 한다(노사관계법 제27조).

[노동위원회의 의결사항]

① 임시총회 소집권자의 지명(제18조 제 3 항) ② 조합규약의 시정명령(제21조 제 1 항) ③ 조합의 결의·처분의 시정명령(제21조 제 2 항) ④ 휴면노조의 인정(제28조 제 1 항 제 4 호) ⑤ 단체협약의 시정명령(제31조 제 3 항) ⑥ 지역적 구속력의 확장(제36조 제 1 항) ⑦ 안전보호시설에 대한 쟁의중지명령(제42조 제 3 항)

96. 다음 중 법정준수기간이 나머지 것과 다른 것은?

① 노동조합의 서류 비치
② 규약·결의처분의 시정명령의 이행
③ 노동위원회의 단체협약에 대한 유권해석
④ 조정위원회의 조정안에 대한 견해 제시
⑤ 긴급조정시의 쟁의행위 중지

≪**해설**≫ ④ 수락된 조정안에 대한 당사자의 의견의 불일치가 있는 경우, 조정위원회·단독조정인은 7일 이내에 명확한 견해를 제시하여야 한다.

[노동조합 및 노동관계조정법상 유의해야 할 기간]

▌해답▌ 95. ③ **96.** ④

① 노조설립신고서 또는 규약의 보완기간(제12조 제 2 항): 20일 이내
② 노동조합의 서류비치 의무(제14조): 설립일로부터 30일 이내
③ 노동조합총회의 개최(제15조): 매년 1회 이상
④ 노동조합대의원 및 임원의 임기(제17조, 제23조): 3년 이내
⑤ 노동관계법령위반 규약의 시정명령, 노동관계법령·규약위반 결의·처분의 시정명령(제21조): 30일 이내(연장가능)
⑥ 노동조합에 대한 회계감사(제25조): 6개월에 1회 이상
⑦ 휴면노조 활동 정지기간(제28조): 1년
⑧ 단체협약의 유효기간(제32조): 2년 이내(임금협약도 동일)
⑨ 단체협약의 유권해석기간(제34조): 30일 이내
⑩ 조정시 쟁의행위금지기간(제54조): 일반사업 10일, 공익사업 15일
⑪ 조정서 유권해석시 쟁의행위금지기간(제60조): 7일
⑫ 중재회부시 쟁의행위금지기간(제63조): 15일
⑬ 긴급조정시 쟁의행위금지기간(제77조): 30일

제 3 편　團體交涉權

제 1 장　團體交涉

제 1 절　總　　說

Ⅰ. 團體交涉의 槪念

역사적 · 사회적 제 요인의 차이로 말미암아 국가마다 상이하게 단체교섭의 제도화가 이루어졌기 때문에 단체교섭의 개념은 다양한 형태를 보여주고 있다. 따라서 단체교섭의 명확한 정의는 찾아볼 수 없다. 다만, 근로3권 중 단체교섭권이 중핵적 권리라는 것이 일반적 견해이다(대판 1990. 5. 15, 90도357).

Ⅱ. 團體交涉의 方式

1. 企業別 交涉

기업별 노조와 그 상대방인 사용자와의 사이에 행하는 단체교섭이다. 우리나라와 일본에서의 일반적 교섭방식이다. 또한 미국의 산업별 노조의 경우도 하부조합인 지역조합과 개개 사용자와의 기업단위의 교섭이 주요 교섭형태의 하나가 되고 있다.

2. 産業別 交涉

산업별 노조와 산업별 노조에 대응한 사용자단체간에 통일적으로 행하는 단체교섭이다. 영국 및 독일 등 서구제국에서는 이 산업별 교섭이 단체교섭의 중심적 형태를 이루고 있다.

3. 共同交涉

기업별 노조와 그 상부단체가 각각의 단체교섭권에 기하여 공동으로 사용자와 교섭하는 형태이다.

4. 集團(聯合)交涉

i) 산업별 노조의 통제하에 수개의 기업별 노조와 각 기업간의 교섭을 동일 장소에서 동시에 행하는 교섭형태, 또는 ii) 산업별 노조의 통제하에 기업별 노조가 동시에 개별적으로 기업별 교섭을 행하는 방식도 이에 포함된다.

5. 對角線交涉

산업별 상부단체가 단독으로 개개의 사용자와 교섭하는 방식이다. 대각선교섭의 상대방 사용자를 한 자리에 합석시켜 그 교섭을 동시에 집단적으로 행하는 방식인 대각선집단교섭도 있다.

6. 企業別 交涉에의 上部團體 任員의 參加

상부단체의 임직원이 산하 기업별 노조로부터 교섭권한의 위임을 받아 기업별 교섭에 참가하는 교섭형태이다.

제 2 절 團體交涉의 主體(當事者)

Ⅰ. 意 義

1. 槪 念

교섭의 주체라 함은 단체교섭을 자신의 명의로 수행하는 단체교섭의 당사자를 말한다. 따라서 단체교섭의 주체는 노동조합과 사용자로 볼 수 있다.

2. 團體交涉의 主體와 類似槪念과의 區別

(1) 단체교섭권의 주체와의 구별 헌법 제33조 제 1 항의 단체교섭권의 주체는 근로자 개인과 노동조합이다. 근로자 개인과 노동조합은 모두 단체교섭권을 보유하고 있으나, 단체교섭권의 행사는 노동조합만이 할 수 있다.

(2) 단체교섭의 담당자와의 구별 단체교섭의 담당자는 단체교섭을 실제로 수행할 수 있는 법적 자격이 있는 자, 즉 단체교섭의 권한을 갖고 있는 자를 말한다. 이에 반하여 단체교섭의 주체는 단체교섭을 스스로의 이름으로 행하는 자, 즉 단체교섭의 당사자를 말한다.

(3) 단체협약의 주체와의 구별 단체협약의 주체라 함은 단체교섭의 결과 체결된 단체협약의 당사자로서 단체협약상의 권리·의무를 부담하는 자를 말한다. 노동조합이 단체교섭을 수행하여 단체협약을 체결한 경우에는 당해 노동조합이

단체교섭의 주체인 동시에 단체협약의 주체도 될 수 있으나, 이는 하나의 노동조합이 단체교섭의 주체와 단체협약의 주체라는 서로 다른 두 개의 법적 지위를 동시에 갖게 되는 것으로 파악하여야 하며, 단체교섭의 주체와 단체협약의 주체를 동일한 법적 지위로 혼동하여서는 안 될 것이다.

▣ 요점정리

개 념	정 의	해 당 자	
		근로자측	사용자측
단체교섭의 주체	단체교섭의 당사자 단체교섭의 명의인	노동조합(○) 근로자개인(×)	사용자 또는 사용자단체
단체교섭권의 주체	단체교섭권의 보유 및 행사의 주체	노동조합(행사 주체) 근로자개인(보유 주체)	–
단체교섭의 담당자	단체교섭의 수행자 단체교섭의 권한자	노동조합의 대표자 및 노동조합으로부터 위임을 받은 자	사용자 또는 사용자단체의 대표자 및 이들로부터 위임을 받은 자
단체협약의 주체	단체협약상 권리·의무의 주체	노동조합	사용자 또는 사용자단체

Ⅱ. 團體交涉의 主體

1. 勤勞者側 主體

(1) 단위노동조합

1) **노사관계법상의 노동조합** 당연히 단체교섭의 주체가 된다. 따라서 i) 노동조합이 단체교섭을 요구하는 경우 이를 사용자가 정당한 이유 없이 거부하는 경우에는 부당노동행위가 성립하고, ii) 정당한 단체교섭행위는 민사·형사상의 면책을 받게 되며, iii) 단체교섭이 합의에 이르는 경우 단체협약을 체결할 수 있고, iv) 단체교섭이 결렬된 경우 노동쟁의조정을 거친 후에 쟁의행위를 할 수 있다.

2) **근로자 단체(법외노조)** 노동조합이 실질적 요건은 구비하였으나, 형식적 요건을 구비하지 못한 경우 i) 단체교섭권, ii) 단체협약의 체결능력은 물론 iii) 정당한 단체교섭에 대한 민사·형사상의 면책특권도 부여된다(다수설).

(2) 연합단체(연합노조)

1) **개 념** 연합단체란 단위노조가 산업별·업종별 또는 지역별로 다른 단위노조와 결합관계를 가지는 경우 그 단위노조들의 상부에 존재하는 근로자단체로서 현행법상 「연합단체인 노동조합」을 말한다.

2) **연합단체가 단위노조와는 별도로 단체교섭을 행할 수 있는가의 문제**

① 단체교섭의 주체성을 부인하는 견해 기업별 노조의 상부단체의 구

성원은 조합원이 아니라 단위노조이므로 연합단체가 그 구성원이 아닌 개별 조합원에게 직접 적용될 근로조건에 관하여 교섭·결정하는 권한이 없다. 따라서 단위노조의 총회 또는 대의원회로부터 위임을 받은 경우에만 그 상부단체인 연합단체가 단체교섭의 주체가 될 수 있다고 한다.

② 단체교섭의 주체성을 긍정하는 견해 상부 연합단체도 독자적인 노동조합으로서의 조직을 갖추고 있고 하부 단위노조에 통제력을 발휘할 수 있으면 자신에 관련된 사항과 하부 단위노조의 공통적인 사항에 대하여 또는 하부 단위노조 또는 구성원에게 구속력을 갖지 아니하는 범위 내에서 한정적인 단체교섭의 주체가 된다고 한다.

③ 검 토 연합단체는 하부노조에 대한 통제력 유무에 불구하고 단체교섭의 주체가 될 수 있다고 본다. 연합단체가 단위노조에 대한 실제적인 통제력이 필요한지의 여부는 동일한 단체교섭대상에 관하여 연합단체와 단위노조 간에 단체교섭 주체로서의 경합이 발생한 경우에 한하여 논의되어야 할 것으로 본다.

(3) 하부조직(하부노조)

1) 개 념 하부노조란 지부·분회 등과 같이 사업소·출장소·공장 및 작업장 등의 기업하부조직에 결성된 「단위노조의 하급단체」이다.

2) 근로조건의 결정권이 있는 독립된 사업 또는 사업장에 조직된 노동단체는 지부·분회 등 명칭여하에 불구하고 당해조직에 특유한 사항에 관하여 단체교섭의 당사자가 될 수 있다(다수설: 대판 2001. 2. 23, 2000도4299/반대: 이상윤).

3) 그러나 지부·분회가 독립된 조직성을 갖지 못하고, 단순한 의사전달기구로만 기능하는 경우 단체교섭당사자의 지위는 부정된다.

(4) 미조직근로자의 우발적 집단(쟁의단)

쟁의단이 단체교섭의 주체가 되는지가 문제된다. 단체로서의 실체를 갖추지 못하였다는 이유로 단체교섭의 주체가 될 수 없다고 보는 견해가 있다. 우발적 집단은 구성원이 불명확하고, 그 제기한 요구나 불만의 해결과 동시에 소멸한다는 점에서 단체협약을 체결할 자격은 인정되지 않는다. 그러나 사실상의 대표자가 존재하는 이상 그 요구나 불만의 해결을 위하여 단체교섭만은 할 수 있다는 제한된 의미에서 단체교섭의 주체가 된다고 보아야 할 것이다.

(5) 단체교섭 주체간의 경합

1) 단위노조 상호간의 경합

① 의 의 동일한 사업장내에 두 개 이상의 노동조합이 존재하는 경우 복수노조 모두를 하나의 사용자에 대한 단체교섭의 주체로서 각각 인정할 수 있을 것이다. 단체협약의 일반적 구속력 및 지역적 구속력이 적용되는 경우 소수노조의 단체교섭의 주체성은 이를 인정하여야 한다고 본다.

② 유일교섭단체조항 유일교섭단체조항이란 사용자가 특정의 노동조합과만 단체교섭을 행하고, 다른 노동조합과는 단체교섭을 행하지 아니할 것을 약정하는 단체협약조항을 말한다.

유일교섭단체조항의 법적 효력에 대하여 i) 노사자치의 원칙상 이를 유효하다고 보는 견해도 있으나, ii) 이를 무효로 보는 것이 일반적인 견해이다.

한편 2010년 이후에는 하나의 사업 또는 사업장의 동종 근로자를 조직대상으로 하는 복수의 단위노조가 허용되지만 교섭창구의 단일화를 전제로 한다. 따라서 기업 차원에서 조직대상이 중복되는 복수의 단위노조는 각각 단체교섭의 당사자가 되는 것이 아니라 2009년까지 마련될 교섭창구 단일화절차에 의하여 권한을 부여받은 하나의 단위노조 또는 단체교섭체만이 단체교섭의 당사자가 된다.

2) 단위노조와 연합단체간의 경합 연합단체인 상급노조에 대하여 고유한 단체교섭의 주체성이 인정되는 경우에는 단위노조와 단체교섭권 행사에 관한 경합문제가 생기게 된다.

① 학 설 i) 연합단체가 단위노조에 대한 통제력을 가지고 통일적 의사형성을 행하는 경우에는 연합단체가 단체교섭의 주체가 되고 단위노조는 연합단체의 단체교섭권 행사에 저촉되지 아니하는 범위 안에서만 단체교섭권을 행사할 수 있다고 보는 견해, ii) 단위노조가 총회·대의원회의 의결을 거쳐 단체교섭권을 위임한 경우에만 연합단체가 단체교섭의 주체가 된다는 견해, iii) 연합단체를 구성하는 각 단위노조에 공통되는 문제는 연합단체에 고유의 단체교섭의 주체성이 인정되나 각 단위노조에 특유한 사항에 대해서는 단위노조에 단체교섭의 주체성이 있는 것으로 보는 견해 등이 있다.

② 검 토 상부단체인 연합단체와 단위노조는 상호 별개의 독립된 노동조합이므로 각기 독자적인 단체교섭의 주체가 되고, 이들 상호간의 경합문제는 조합자치의 문제이므로 조합간의 상호의사결정에 의하여 해결함이 원칙이라고 본다. 따라서 각 단위노조에 공통되는 문제라 할지라도 연합단체가 단체교섭의 주체가 되는 것에 대하여 단위노조가 명시적으로 반대하거나 단위노조와 연합단체간의 합의가 없는 경우에 연합단체는 이에 대한 단체교섭의 주체가 될 수 없다고 할 것이다.

2. 사용자측 주체

단체교섭의 사용자측 주체라 함은 근로자의 단체교섭 요구에 대하여 이의 응락 의무를 지는 단체교섭의 상대방으로서의 사용자를 말한다. 사용자측 단체교섭의 주체는 사용자 또는 사용자단체이다.

(1) 사용자 사용자에게는 헌법상 단체교섭권이 보장되어 있지 아니하므로 사

용자는 노동조합에 대해 단체교섭을 요구할 수는 없다. 그러므로 사용자는 노동조합의 교섭요구에 응해야 하는 의무를 진 수동적 성격의 단체교섭의 주체이다.

(2) 사용자단체　단체교섭의 주체로서의 사용자단체란 노동조합과의 단체교섭을 목적으로 한 사용자들의 자주적 단체이다.

따라서 사용자단체가 노동조합과의 단체교섭 등 노사문제에 대응하기 위하여 조직된 경우에는 단체교섭의 주체가 되지만, 사용자들의 일반적인 경제적 이익의 증진을 위해 결성된 단체는 단체교섭의 주체인 사용자단체라 할 수 없다. 예컨대 사용자단체라 할지라도 노동문제에 관한 조사, 계몽에 그치는 사용자단체는 단체교섭의 주체가 될 수 없다.

Ⅲ. 團體交涉의 擔當者

1. 意　義

(1) 개　념　단체교섭의 담당자는 단체교섭의 주체인 노동조합과 사용자를 각각 대표하여 실제로 교섭을 직접 담당하는 자를 말한다.

(2) 관련규정

> **노사관계법 제29조 【교섭 및 체결권한】** ① 노동조합의 대표자는 그 노동조합 또는 조합원을 위하여 사용자나 사용자단체와 교섭하고 단체협약을 체결할 권한을 가진다.
> ② 노동조합과 사용자 또는 사용자단체로부터 교섭 또는 단체협약의 체결에 관한 권한을 위임받은 자는 그 노동조합과 사용자 또는 사용자단체를 위하여 위임받은 범위 안에서 그 권한을 행사할 수 있다.
> ③ 노동조합과 사용자 또는 사용자단체는 제 2 항의 규정에 의하여 교섭 또는 단체협약의 체결에 관한 권한을 위임한 때에는 그 사실을 상대방에게 통보하여야 한다.

2. 團體交涉의 擔當者

(1) 근로자측 단체교섭담당자　노동조합측의 단체교섭담당자는 i) 노동조합의 대표자와 ii) 노동조합으로부터 교섭권한을 위임받은 자가 이에 해당된다(노사관계법 제29조).

1) 노동조합의 대표자

① 의　의　노동조합의 대표자는 당연히 단체교섭권한 및 단체협약체결권한을 보유하며, 이는 노동조합으로부터의 별도의 위임없이도 당연히 인정된다(노사관계법 제29조 제 1 항). 노동조합 대표자가 단체협약을 체결하는 경우 노동조합의 규약 또는 총회의 의결에 의하여 「노동조합의 추인 또는 승인을 받아야 한다」는 조건을 부과함으로써, 노동조합 대표자의 단체협약체결권한을 제한하는 것은 무효이다(대판(전) 1993. 4. 27, 91누12257).

[대판(전) 1993. 4. 27, 91누12257] 단체협약안의 채택여부에 대하여 조합총회의 의결을 거쳐야 한다는 것은 노동조합대표자의 단체협약체결권한을 전면적 · 포괄적으로 제한함으로써 단체협약체결권한을 형식화하므로 무효이다.

2) 노동조합으로부터 위임을 받은 자

① 위임의 상대방　위임의 상대방은 조합원, 상부단체는 물론 외부의 제 3 자에게도 단체교섭권한을 위임할 수 있다.

노동조합으로부터 교섭 또는 단체협약체결에 관한 권한을 위임받은 자는 당해 노동조합으로부터 위임받은 범위안에서 그 권한을 행사할 수 있다(노사관계법 제29조 제 2 항). 노동조합(사용자 또는 사용자단체)은 단체교섭 또는 단체협약체결권한의 위임사실을 상대방에게 통보하여야 한다(동법 제29조 제 3 항).

한편, 노동조합이 단체교섭권한을 위임한 후라도 노동조합의 단체교섭권한은 여전히 수임자의 단체교섭권한과 「중복」하여 경합적으로 남아있다 할 것이고, 단위노동조합이 상부단체인 연합단체에 그러한 권한을 위임한 경우에도 같다(대판 1998. 11. 13, 98다20790).

② 제 3 자 위임금지 조항　노사간의 단체협약으로 단체교섭권한을 당해 노동조합의 조합원 이외의 자에게 위임하지 아니할 것을 약속하고 이를 단체협약에 명시한 경우 이러한 규정을 「제 3 자 위임금지 조항」이라 한다. 사용자가 이 조항을 근거로 근로자측의 교섭권한의 수임자와 교섭할 것을 거부한 경우 이 조항의 법적 효력에 대하여 i) 유효설(다수설)과 ii) 무효설이 있다.

(2) 사용자측 단체교섭담당자　사용자 또는 사용자단체의 대표자는 당연히 단체교섭권한을 갖고, 사용자 또는 사용자단체로부터 위임을 받은 자도 단체교섭권한을 갖는다고 할 것이다(노사관계법 제29조 제 1 항 · 제 2 항).

1) 사용자 또는 사용자단체의 대표자　사용자측의 단체교섭권한자에는 사용자 또는 사용자단체의 대표자가 해당된다.

2) 사용자 또는 사용자단체로부터 위임을 받은 자　사용자측에서도 근로자측과 마찬가지로 자유로이 단체교섭권한을 타인에게 위임할 수 있다.

제 3 절　團體交涉의 對象

Ⅰ. 意　義

단체교섭의 대상이라 함은 법률의 규정 또는 노사 당사자간의 합의에 의하여 단체교섭의 주제 또는 목적으로 부의된 사항을 말한다.

Ⅱ. 團體交涉의 對象

1. 團體交涉對象의 三分體系

단체교섭의 대상은 의무교섭대상·임의교섭대상 및 금지교섭대상의 셋으로 구분하는 것이 합리적이다. 최근 판례(대판 1996.2.23, 94누9177; 서울고법 1996.6.13, 95구22810)는 노조전임자에 대한 단체교섭을 임의교섭대상이라고 하여 3분체계를 사실상 도입하고 있다.

▣ 요점정리

	의무교섭대상	임의교섭대상	금지교섭대상
개 념	근로자의 단체교섭 요구시 사용자는 의무적으로 이에 응하여야 함	근로자의 단체교섭 요구시 사용자가 원하는 경우에 임의로 응함	교섭대상이 될 수 없음
단체교섭 거부시	부당노동행위 해당	불해당	불해당
단체교섭 결렬시	쟁의행위 가능	쟁의행위 불가	-
단체교섭 타결시	단체협약체결(의무적)	단체협약체결(임의적)	-
노동쟁의 조정	조정대상에 해당	조정대상이 안됨	-
구체적 사례	임금 및 근로시간 등의 근로조건	① 노조전임의 인정(제24조; 대판 1996.2.23, 94누9177) ② 쟁의행위 중 임금지급(제44조) ③ 경영권 ④ 해고자 복직 ⑤ 근로시간 중의 노조활동 허용	① 전임자에 대한 급여지급(제24조) ② 구속자 석방 ③ 특정정당지지 ④ 클로즈드 샵 ⑤ 특정종교의지지

2. 團體交涉對象의 具體的 事例

(1) 근로조건

1) 개별적 근로관계 구체적으로는 i) 근로자가 사용자에게 제공하는 근로의 시간, 질, 내용, ii) 근로를 제공하는 환경, 위생, 장소 등, iii) 휴일 및 휴가 등의 휴식, iv) 사용자가 근로의 대가로서 지급해야 하는 기본급, 수당, 상여금, 퇴직금 등의 임금, v) 주택, 복지시설 등의 복지후생, vi) 전직·징계 및 해고 등의 인사에 관한 기준이나 절차, vii) 기타 근로자의 고용 및 근로조건·대우에 관련된 모든 사항 등을 포함하는 것으로 해석한다.

2) 집단적 노사관계 조합활동에 관한 사항, 단체교섭절차에 관한 사항, 노사협의기구, 고충처리기관 등에 관한 사항, 쟁의행위의 개시방법에 관한 사항, 알

선·조정·중재에 관한 사항 등 집단적 노사관계에 해당하는 사항도 의무교섭대상에 포함된다고 할 것이다(다수설, 대판 2003.12.26, 2003두8906). 한편, 노사관계법이 '근로조건'의 결정에 관한 분쟁을 노동쟁의로 규정하고 있는 것에 착안하여 노조전임제는 근로조건이 아니므로 임의적 교섭사항에 불과하다고 설시한 판례가 있다(대판 1996.2.23, 94누9177).

(2) 경영권 사용자의 경영권에 관한 사항이 단체교섭의 대상이 될 수 있는지의 여부에 관하여 노사간의 견해가 첨예하게 대립되고 있다.

1) **부정설** 경영에 관한 사항은 사용자의 고유한 경영권에 속하고 근로조건에 해당되지 아니하므로 의무교섭대상이 아니며, 임의교섭대상에 해당될 수 있을 뿐이라고 한다(대판 1994.3.25, 93다30242; 대판 1992.9.25, 92다118542).

그러나 경영에 관한 사항은 근로조건에 관한 사항에 영향을 미치거나 밀접한 관련을 갖게 되는 경우가 있는 바, 경영에 관한 사항 자체는 의무교섭대상이 될 수 없으나 경영권의 행사로 인하여 영향을 받거나 이와 밀접한 관련을 갖고 있는 근로조건은 단체교섭의 의무교섭대상이 될 수 있다(제한부정설; 이상윤; 대판 2001.4.24, 99도4893; 대판 1994.3.25, 93다30242; 대판 1992.5.12, 91다34523; 대판 1994.8.24, 93누21514).

[대판 1994.3.25, 93다30242] 부서폐지에 따라 특정 사업장에서 근무하는 근로자의 일부를 다른 사업장으로 배치하고, 남은 근로자로 하여금 기존의 업무를 수행하게 하는 경우 남은 근로자의 업무량은 증가하게 된다. 이 경우 근로자의 일부를 다른 공장으로 배치하는 것은 경영권에 속하는 사항이므로 의무교섭대상에 해당되지 아니하나, 재배치 결과 증가된 업무량은 경영권의 행사 결과 그 영향을 받은 근로조건에 해당되므로 의무교섭대상에 포함된다(제한부정설).

2) **긍정설** 경영에 관한 사항도 사용자의 처분권한에 속하는 것으로서 근로조건에 영향을 주는 경우에는 의무교섭대상에 포함되지만 근로조건과 무관한 경우에는 임의적 교섭대상에 해당된다. 즉 경영에 관한 사항이 근로조건에 영향을 미치거나 이와 밀접한 관련을 갖고 있는 경우에만 경영에 관한 사항이 단체교섭의 대상이 된다(제한긍정설; 다수설).

(3) 금지교섭대상 금지교섭대상에는 특정 정당 또는 정치인의 지원, 특정 종교의 강제, 노동조합에 대한 지배·개입, 임금 또는 소득의 허위신고, 구속자 석방 및 Closed Shop규정 등이 이에 해당된다.

제 4 절 團體交涉의 方法

Ⅰ. 意 義

단체교섭의 방법이라 함은 단체교섭의 구체적인 시기·시간·장소·인원 등의 절차 및 교섭태도 등에 관하여 단체교섭이 갖추어야 할 요건을 말한다.

Ⅱ. 團體交涉의 節次

현행 노사관계법은 단체교섭의 절차에 관하여 아무런 규정을 두고 있지 아니하다. 이는 노사자치의 원칙에 따라 단체교섭의 절차를 노사가 자주적으로 규범화 할 것을 기대하고 있는 것으로 보아야 한다.

단체교섭의 절차에 관하여는 이를 단체협약 등에서 단체교섭의 개시이전에 이미 정하고 있는 경우가 일반적이며, 단체협약에 의하든 혹은 노동관행에 의하든 단체교섭의 절차가 정립되어 있고 노동조합이 그러한 절차에 의하여 사용자측에게 단체교섭을 요구하고 있는 경우에 사용자측이 정당한 이유 없이 단체교섭을 거부한다면 이는 부당노동행위가 된다.

Ⅲ. 團體交涉의 態樣

1. 誠實交涉義務

(1) 관련규정

> **노사관계법 제30조 【교섭등의 원칙】** ① 노동조합과 사용자 또는 사용자단체는 신의에 따라 성실히 교섭하고 단체협약을 체결하여야 하며 그 권한을 남용하여서는 아니된다.
> ② 노동조합과 사용자 또는 사용자단체는 정당한 이유없이 교섭 또는 단체협약의 체결을 거부하거나 해태하여서는 아니된다.

(2) 주요내용 노동조합과 사용자는 단체교섭 및 단체협약 체결에 있어 신의성실의 원칙 및 권리남용금지의 원칙에 따라 이를 수행하여야 한다(동법 제30조 제 1 항). 노동조합과 사용자는 정당한 이유없이 단체교섭 또는 단체협약의 체결을 거부하거나 해태하여서는 아니된다(동법 제30조 제 2 항).

성실교섭의무의 구체적인 내용은 첫째, 일반적으로 단체교섭의 구체적인 시기·시간·장소 및 인원 등에 관하여 i) 단체교섭을 개시하지 아니하거나 정당한 이유 없이 이를 중단하는 행위, ii) 자기 주장을 일방적으로 고집하거나 부당한 내용을 주장하는 행위, iii) 의사전달자에 불과한 자 등 적합한 권한 없는 자를 단체교섭의 담당자로 내세우는 행위 등은 일반적으로 성실교섭의무를 위반한 것이 된다.

둘째, 단체교섭과정 중에서 노동조합이 사용자에 대하여 필요한 정보를 제공하여 줄 것을 요청하는 것은 당연한 권리인데, 사용자가 노동조합의 자료제공요구에 대하여 단체교섭대상에 관련된 제 자료 및 정보를 제공하지 않거나 이를 설명·증명하지 아니하는 경우 성실교섭의무에 위반된다.

셋째, 단체교섭의 결과 합의가 성립되면 이를 단체협약으로 체결하여야 하나, 합의가 성립되었음에도 불구하고 성실한 단체협약의 체결을 정당한 이유 없이 거부 또는 해태하는 경우 성실교섭의무에 위반된다.

2. 暴力行爲 등의 禁止

노동조합이 단체교섭을 수행하는 경우 어떠한 경우에도 폭력이나 파괴행위는 허용될 수 없다(노사관계법 제 4 조). 그러나 다소 위력적인 분위기가 생기는 것은 당연하고, 또한 노사분쟁의 성질로 보아서 사용자측의 우발적 행동이 개입하는 경우도 있다.

제 2 장 團體協約

제 1 절 總 說

Ⅰ. 團體協約의 特色

근로자의 근로삼권 보장에 따라 시민법상의 개별적 고용계약을 대신하여 등장한 노사간의 계약관계가 바로 단체협약이다. 단체협약은 i) 근로조건의 유지·개선기능, ii) 산업평화유지기능, iii) 기업민주화 기능(경영 규제기능), iv) 노사관계의 질서형성 및 안정화 기능, v) 근로자의 단결강화기능을 갖는다. 그러나 우리나라는 기업별 협약이 주종을 이루므로 노동시장지배기능(카르텔적 기능)은 거의 없다고 볼 수 있다(김유성, 김형배).

	일반계약	단체협약
교섭여부	당사자 자치의 원칙	단체교섭의 의무화 -사용자가 단체교섭을 거부하는 경우 부당 노동행위
계약체결	계약체결자유의 원칙	단체협약의 체결강제 -정당한 이유없이 단체협약의 체결 거부·해태금지
계약의 내용	계약의 내용·형식·유효기간의 자유	단체협약의 내용·형식·유효기간에 대한 법적 제한 부과
효 력	채권·채무적 효력	채권·채무적 효력+규범적 효력
적용대상	계약당사자	단체협약의 당사자+조합원+일반 제 3 자

Ⅱ. 團體協約의 法的 性質

1. 英美法系의 團體協約

(1) 영 국

1) 영국에서는 단체협약의 성질을 일종의 신사협정으로 취급하고 있으며, 협약체결의 당사자뿐 아니라 개별 근로자도 구속하지 못한다.

2) 노동조합은 조합원을 위하여 단체협약을 대신하여 체결한다는 대리설이 일반적이다.

3) 1992년 「노동조합 및 노사관계법」은 i) 단체협약이 서면으로 작성되고, ii) 양 당사자가 단체협약이 법적 효력을 갖는다는 명시적 규정을 둔 경우에 한하여 예외적으로 단체협약의 법적 효력을 인정하고 있다.

(2) 미 국

1) 종래에는 대리설이 통설이었으나, 1947년 태프트·하틀리법 이후 '제 3 자를 위한 계약설'로 파악한다(통설·판례).

2) 최근 일부 대법원 판례가 단체협약을 '노사간의 자치규범'으로 인정하고 있다.

3) 배타적 교섭제도하에서 체결된 단체협약은 교섭대표가 소속된 노동조합의 조합원은 물론 다른 노동조합의 조합원과 비조합원까지에도 그 효력을 미치게 되므로 사실상의 규범적 효력을 갖게 된다.

2. 大陸法系의 團體協約

단체협약은 i) 노동조합과 사용자간의 합의에 의하여 성립되므로 계약적 성질을 갖게 되고, ii) 이와 동시에 단체협약은 근로자와 사용자간의 개별적 근로계약을 직접 규율하므로 규범적 성질을 갖는다. 이를 「단체협약의 이중적 성질」(Nipperdey)이라고 한다.

(1) **규범설** 규범설은 단체협약의 체결 및 성립에는 대체로 일반계약의 법리가 적용되나, 일단 단체협약이 성립된 경우 동 단체협약은 하나의 법적 규범으로서 존재하고 작용한다고 한다.

1) **자치규범설** 노사간의 합의에 의하여 자치적으로 단체협약에 대하여 법적 효력이 부여된다고 한다. 자치규범설은 법률의 제·개정은 국민의 대표기관인 의회의 권한에 속하는 것인 바, 이러한 입법기능을 어떻게 노동조합 또는 사용자의 일반 개인이 보유·행사할 수 있는지의 설명이 어렵다 할 것이다.

2) **관습법설** 노사간의 자주적인 합의에 의하여 단체협약을 그들의 집단적 노사관계를 규율할 법규범으로 받아들이고자 하는 오랜 관습이 법적 확신을 얻어 관습법으로 형성되었기 때문에 단체협약에 법적 효력이 부여되었다고 한다. 관습법설은 영국과 같이 단체협약이 단순한 노사간의 신사협정으로 취급되고 그 자체에 대하여 법적 효력이 부여되지 아니하는 경우에 적합한 견해이나, 근로 3 권이 헌법이나 법률에 의하여 그 효력이 보장되는 경우에는 타당하지 아니한 이론이다.

(2) **계약설** 계약설은 단체협약의 체결 및 성립에 일반계약의 법리가 적용되는 것은 물론, 일단 성립된 단체협약의 효력도 사법적 계약이 갖는 효력에 근거한 것이라고 한다.

1) **수권설** 단체협약은 노사 당사자간의 자주적 합의에 의하여 성립되는 사법상의 계약에 불과하며, 단체협약이 규범적 성질을 갖는 근거는 국가가 법률의 규정에 의하여 규범적 성질을 내용으로 하는 법적 효력을 부여하였기 때문이라고 한다. 이러한 견해에 의하면 단체협약의 내용에 위배되는 근로계약이 무효로 되는 것은 우리나라 노사관계법 제33조와 같은 명문의 규정이 존재하기 때문이라고 한다.

2) **규범계약설** 단체협약이 본질적으로 노사 당사자간의 자주적 합의에 의하여 성립되는 계약인 것은 사실이나, 이러한 단체협약이 규범적 성질을 갖는 것은 노사 당사자가 당사자간에 적용되는 일종의 규범을 설정하고 이를 준수하기로 합의하고 이를 계약내용으로 체결하였기 때문이라고 한다. 이러한 견해에 의하면 국가의 법률은 이미 당사자간의 계약에 의하여 규범적 성질을 갖추고 있는 단체협약에 대하여 근로자 보호와 노사관계의 안정을 위하여 법적 효력을 확인하는 것이라고 한다.

제 2 절 團體協約의 成立

Ⅰ. 團體協約의 當事者

단체협약의 당사자란 '자신의 명의로 단체협약을 체결할 수 있는 자'를 말한다. 단체협약의 당사자에는 노동조합과 사용자 또는 사용자단체가 있다. '노동조합'이 단체협약의 당사자이므로, 노동조합의 조합원 개인은 단체협약의 당사자가 될 수 없다.

1. 勞動組合

(1) 노사관계법상의 노동조합 단체협약의 당사자가 될 수 있다.

(2) 근로자 단체(법외노조) 노동조합설립의 형식적 요건을 갖추지 못한 소위 헌법조합 또는 법외조합 등의 근로자 단체도 단체협약의 당사자가 될 수 있다고 한다(多數說).

(3) 연합단체 및 하부조직 현행법상으로 연합단체 역시 독립한 노사관계법상의 노동조합이므로 단체협약의 당사자가 될 수 있으며, 단위노조의 지부·분회도 독자적인 노동조합으로서의 실질적 요건을 갖추고 있는 경우 단체협약의 당사자가 될 수 있다고 본다(多數說).

2. 使用者 또는 使用者團體

단체협약의 사용자측 당사자는 사용자 또는 사용자단체이다. 「사용자」란 개인기업일 경우에는 그 기업주 개인, 법인 내지 회사기업일 경우에는 그 법인 내지 회사이다. 단체협약의 당사자가 될 수 있는 「사용자 단체」는 구성원인 사용자에 대해서 조정 또는 규제할 수 있는 권한을 가진 단체라야 한다.

Ⅱ. 團體協約의 形式

1. 書面作成 및 署名·捺印

(1) 관련규정

> **노사관계법 제31조 【단체협약의 작성】** ① 단체협약은 서면으로 작성하여 당사자 쌍방이 서명 또는 날인하여야 한다.

(2) 주요내용

1) **서면작성** 단체협약을 서면으로 작성함에 있어서 서면의 명칭이나 형식

은 이를 불문한다. 그러나 구두에 의한 합의는 합의내용이 명확하더라도 단체협약이 아니다.

2) 서명 · 날인 단체협약은 반드시 서명 또는 날인되어야 한다. 서명대신 기명도 허용된다고 보며(다수설; 대판 2002.8.27, 2001다79457; 대판 2005.3.11, 2003다27429), 서명 · 날인 대신에 「서명 · 무인」도 무방하다고 본다(대판 1995.3.10, 94마605).

2. 申 告

(1) 관련규정

> **노사관계법 제31조 【단체협약의 작성】** ② 단체협약의 당사자는 단체협약체결일부터 15일 이내에 이를 행정관청에게 신고하여야 한다.

(2) 주요내용 단체협약의 신고는 당사자 쌍방이 연명으로 하여야 한다(동법 시행령 제15조).

3. 作成要件을 갖추지 아니한 團體協約의 效力

(1) 서면으로 작성하지 아니하거나, 서명 · 날인하지 아니한 경우 단체협약 작성의 요건을 갖추지 아니한 단체협약의 효력에 관해서는 견해가 나뉘어지고 있다. 즉 i) 노사관계법 제31조 제 1 항의 요건은 효력발생요건으로서 이를 충족시키지 못하는 경우 단체협약으로서의 효력을 갖지 못하며, 아무런 私法上의 법적 효력도 인정될 수 없다는 견해(다수설), ii) 단체협약으로서의 효력은 부정되지만 민법상 계약으로서의 효력은 인정된다는 견해(김유성, 박홍규), iii) 단체협약의 규범적 효력은 노동조합법에 의해 부여되는 것이 아니고 단체협약의 본질상 인정되는 것이기 때문에 합의가 입증되는 한 규범적 효력은 인정될 수 있다는 견해(이병태)가 그것이다.

(2) 신고를 하지 아니한 경우 단체협약의 당사자가 단체협약이 체결되었음을 신고하지 아니한 경우 신고의무가 단체협약의 효력요건은 아니므로 단체협약의 효력은 인정되는 것으로 보아야 할 것이다(다수설).

Ⅲ. 團體協約의 內容

단체협약의 내용은 크게 규범적 부분 · 채무적 부분 및 제도적 부분으로 나누어 볼 수 있다. 단체협약의 규범적 부분은 근로조건의 개선을 목적으로 하는 단체협약의 본질적 기능을 실현하는 필요불가결한 부분이기 때문에 규범적 부분을 전혀 규정하고 있지 아니한 단체협약은 노동조합법상의 단체협약이라고 볼 수 없다.

부 분	개 념	내 용
규범적 부분	조합원들의 근로관계를 규율하는 근로조건 기타 근로자의 대우에 관한 부분	임금, 근로시간, 휴식, 휴일, 휴가, 인사에 관한 사항, 상벌 등
채무적 부분	단체협약의 당사자인 노동조합과 사용자간의 채권·채무 설정 부분	평화의무, 평화조항, Shop 조항, 쟁의조항, 조합활동조항, 유일교섭단체조항, 제 3 자교섭위임조항, 면책특약
제도적 부분	집단적 노사관계를 제도적으로 규정하고 있는 부분	노사협의회, 경영협의회, 고충처리기관 등에 관한 협정

제 3 절 團體協約의 效力

Ⅰ. 總 說

단체협약은 규범 및 계약으로서의 이중적 성질을 동시에 보유하고 있는 바, 단체협약의 내용에 관하여 단체협약의 당사자 및 제 3 자를 구속한다. 이를 단체협약의 효력이라고 한다.

일반적으로 단체협약의 내용은 크게 규범적 부분·채무적 부분 및 제도적(조직적) 부분의 셋으로 나뉘고, 각 부분은 각기 규범적 효력·채무적 효력 및 제도적 효력(조직적 효력)을 갖는다고 한다(다수설).

Ⅱ. 團體協約의 規範的 效力

1. 意義 및 關聯規程

(1) 관련규정

> **노사관계법 제33조 【기준의 효력】** ① 단체협약에 정한 근로조건 기타 근로자의 대우에 관한 기준에 위반하는 취업규칙 또는 근로계약의 부분은 무효로 한다.
> ② 근로계약에 규정되지 아니한 사항 또는 제 1 항의 규정에 의하여 무효로 된 부분은 단체협약에 정한 기준에 의한다.

(2) 의 의 단체협약의 규범적 효력이라 함은 단체협약이 일종의 규범으로서 근로자와 사용자간의 양 당사자를 구속하는 효력을 말한다.

노동조합과 사용자 사이에 체결된 단체협약은 조합원과 사용자간의 개별적 근로계약에 적용된다.

2. 團體協約의 規範的 效力의 法的 性質

단체협약의 규범적 효력은 i) 단체협약 제도를 인정하는 데서 오는 본질적 효력이므로 노사관계법 제33조 제 1 항은 단체협약의 규범적 효력을 단순히 확인하는데 불과한 주의적 규정이라는 견해와 ii) 단체협약의 효력의 본질은 채무적 효력이므로 동법 제33조 제 1 항에 의하여 단체협약의 규범적 효력이 새로이 창설된다는 견해가 있다.

3. 團體協約의 規範的 效力의 內容

(1) **강행적 효력** 단체협약에서 정한 근로조건 기타 근로자의 대우에 관한 기준에 위반하는 근로계약의 부분을 무효로 하는 효력을 말한다(노사관계법 제33조 제 1 항). 이는 단체협약의 본질상 그 효력이 근로계약의 효력보다 우월하므로 당연히 인정되는 효력이다.

(2) **대체적 효력**[1] 근로조건 기타 근로자의 대우에 관한 기준에 관하여 단체협약의 강행적 효력이 적용됨으로써 근로계약에 무효가 된 부분이 있거나, 근로계약에 아무런 관련 규정을 두고 있지 아니한 경우에 단체협약에서 정한 기준이 대신하여 적용되는 것을 말한다(노사관계법 제33조 제 2 항).

(3) **규범적 효력의 적용방법** 단체협약의 규범적 효력이 근로계약에 과연 어떻게 적용되는가(단체협약의 자동적 효력: 김형배)에 대하여 견해가 나뉘어져 있다.

1) **외부규율설** 규범적 성질을 갖는 단체협약이 사적 계약에 불과한 근로계약의 내용으로 직접 전환될 수는 없다고 한다. 단지 단체협약은 근로계약보다 그 효력면에서 우월한 효력을 갖고 있으므로 단체협약의 내용이 근로계약의 내용을 구속하고 이에 우선적으로 적용되는 것이라고 한다(김유성, 이상윤).

이러한 견해에 따르면 조합원이 노동조합으로부터 탈퇴하거나, 또는 단체협약이 종료되는 경우, 당해 조합원의 근로계약 관계에 대하여 적용될 단체협약이 존재하지 아니하므로 기존의 근로계약이 다시 적용된다고 한다. 외부규율설은 독일에서의 통설로서 단체협약의 규범적 부분은 법규범이므로, 법규범이 근로계약관계의 내용은 될 수 없고, 단지 지배적 효력을 미칠 뿐이라고 한다.

2) **내부규율설(내용설, 화체설)** 단체협약의 내용은 근로계약에 용해되어 근로계약의 한 부분으로서 적용된다고 하며, 단체협약이 근로계약의 외부에서 별개의 효력을 가지고 근로계약에 적용되는 것은 아니라고 한다.

---

1) 독일식 용어의 해석이 학자들마다 상이하고 규범적 효력의 본질적 내용을 잘 표현하고 있지 못하고 있다고 판단되어 「대체적 효력」을 「직접적 효력」(김형배) 또는 「보충적 효력」(김유성)으로 부르는 견해도 있다.

이러한 견해에 따르면 단체협약의 당사자인 노동조합으로부터 탈퇴한 근로자나 단체협약 종료 후의 조합원의 근로계약 관계에 대하여, 이러한 근로자에 적용될 단체협약이 존재하지 아니하더라도 단체협약의 내용은 이미 근로계약의 내용으로 용해되어 적용되고 있으므로 기존의 단체협약의 내용이 근로계약 관계에 그대로 적용된다고 한다. 내부규율설은 프랑스에서 대체로 인정되고 있는 견해이며 우리나라의 다수설이다.

4. 다른 團體協約과의 關係

노사자치의 원칙에 따라 체결된 새로운 단체협약의 규정은 그것이 기존의 단체협약보다 유리한 것이건 불리한 것이건 우선적 효력을 가져야 한다고 본다. 즉 근로계약의 경우와 같이 「유리한 조건 우선의 원칙」은 적용되지 아니한다고 본다(다수설; 노조 01254-23431, 1985.12.28).

Ⅲ. 團體協約의 債務的 效力

1. 意　　義

단체협약의 채무적 효력이라 함은 협약 당사자간의 단체협약을 준수하여야 하는 의무를 말한다.

단체협약의 채무적 효력은 i) 노동조합의 단체협약준수의무(자기의무와 영향의무)와 ii) 사용자의 단체협약준수의무로 나누어진다.

2. 債務的 效力의 具體的 內容

(1) 평화의무

1) 의　의　평화의무라 함은 단체협약의 유효기간 중에 쟁의행위를 하여서는 아니되는 의무를 말한다. 평화의무는 단체협약의 헌법적 성질상 단체협약에 당연히 내재하는 의무이다.

2) 종　류

① 절대적 평화의무　단체협약의 유효기간 중에 어떠한 경우에도 쟁의행위를 하여서는 아니되는 의무를 말한다. 절대적 평화의무는 기존의 단체협약에 규정된 사항 이외의 다른 사항에 관하여 사용자와 단체교섭을 실시하고 동 단체교섭이 결렬된 경우에도 기존의 단체협약의 유효기간 중에는 쟁의행위를 할 수 없으므로 근로자의 헌법상 단체교섭권 및 단체행동권의 본질적 내용을 침해하게 된다. 따라서 당사자간의 특약으로 절대적 평화의무를 단체협약에 규정하여도 이는 무효로 보아야 할 것이다(다수설).

② 상대적 평화의무 　단체협약의 유효기간 중에 단체협약으로 노사간에 이미 합의된 사항에 대하여는 이의 개폐 또는 변경을 목적으로 쟁의행위를 하여서는 아니되나, 단체협약에 규정되지 아니한 사항에 관하여는 쟁의행위가 허용되는 의무를 말한다. 이하에서는 상대적 평화의무에 관하여만 고찰하기로 한다.

3) 평화의무의 근거 　평화의무의 근거로서는 i) 평화의무는 단체협약이 평화협정이라는 내재적 성질에서 필연적으로 생긴다는「내재설」또는「제도목적설」(다수설; 대판 1992. 9. 1, 92누7733; 중노위 94쟁의99, 1995. 1. 16), ii) 평화의무는 당사자간의 묵시적 또는 명시적 합의에 따른 계약에 의하여 근거가 부여된다는「계약설」(김유성, 이병태) 등이 있다.

4) 평화의무의 효력

① 평화의무배제조항의 효력 　종래 i) 내재설·제도목적설 또는 법규범설의 입장에서 평화의무는 법규범인 협약에 내재하는 본질적 의무로서 이를 배제할 수 없다고 하거나(다수설), ii) 계약설의 입장에서 평화의무는 계약상의 합의로 인한 의무에 지나지 아니하므로 특약으로 이를 배제할 수 있다는 주장이 있다.

② 평화의무위반의 법적 효과 　평화의무를 위반하여 노동조합이 쟁의행위를 하는 경우, 당해 쟁의행위는 헌법상 단체교섭권의 본질적 내용을 침해하고 단체행동권의 내재적 한계를 일탈한 것으로서 그 정당성을 상실하게 된다(대판 1994. 9. 30, 94다4042; 중노위 94쟁의99, 1995. 1. 16). 따라서 정당한 쟁의행위에 부여되는 민사·형사상의 면책을 받을 수 없다.

> **[대판 1992. 9. 1, 92누7733]** 단체협약이 체결된 후 당해 단체협약의 무효를 주장하면서 행한 쟁의행위는 평화의무위반으로서 정당성이 상실된다.

(2) 평화조항

1) 의 　의 　평화조항은 쟁의행위의 구체적인 방법·절차 등을 단체협약에 명문으로 규정하고 있는 조항을 말한다.[2)]

평화조항은 단체협약에 명문의 규정을 두지 아니하더라도 그 효력이 당연히 발생하는 평화의무와는 달리 단체협약내에 구체적인 명문의 규정을 둠으로써 그 효력을 발생한다. 예컨대 쟁의행위를 하기 전에 노사가 자주적으로 정한 노동쟁의조정기관에 조정을 신청한다는 등의 조항을 말한다.

2) 평화조항위반의 법적 효과 　이에 대하여 i) 쟁의행위의 정당성을 상실하여 민사·형사책임을 부담한다는 견해가 있다(김형배). 그러나 ii) 평화의무의 위

2) 평화조항을 i) 쟁의행위 개시 이전에 노동쟁의조정절차를 거칠 것을 의무화하는 협의의 평화조항과 ii) 쟁의행위 개시 이후의 쟁의행위를 주체·절차 및 방법 등에 관하여 규정하고 있는 쟁의절차조항(또는 쟁의조항)으로 구분하는 견해도 있다.

반이 쟁의행위의 내재적 한계를 일탈하여 그 정당성을 상실하는 반면에, 평화조항의 위반은 쟁의행위의 단순한 절차를 위반한 것에 불과하므로 쟁의행위의 정당성을 상실하는 것은 아니라고 보아야 할 것이다(다수설).

(3) 조합원의 범위에 관한 조항 노동조합에의 가입자격은 노동조합이 자주적으로 결정하여 조합규약으로 정하는 것이 원칙이다. 따라서 단체협약에서 조합원의 범위를 규정하고 있는 조항은 근로자와 사용자의 범위가 불명확한 경우에 조합원의 범위를 노사간에 단순히 확인하는 규정으로 보아야 할 것이다.

(4) 면책특약 면책특약이라 함은 단체교섭 또는 쟁의행위를 거쳐 당사자들이 단체협약을 체결하는 경우에 당해 단체교섭 또는 쟁의행위로 인하여 발생된 민사·형사상의 책임을 묻지 아니하기로 하는 내용의 약정을 체결하는 것을 말한다.

이 경우 민사책임의 면책은 사용자의 손해배상청구권의 포기를 의미한다. 그러나 형사책임의 면책은 국가의 형벌권과 관련되므로 사용자가 형사상 고소를 하지 아니한다고 하여 형사책임이 면제되는 것이 아니므로 형사면책특약은 아무런 효력도 갖지 못한다. 다만 폭행죄 등은 형법상 반의사불벌죄에 해당되므로 사용자가 처벌을 원하지 아니하는 경우에는 형사책임이 면제될 수도 있고, 형사책임이 부과되는 경우에도 피해의 당사자인 사용자가 가해자인 근로자의 처벌을 원하지 아니하는 경우에는 그 정상이 참작될 수 있으므로 법적으로 아무런 효과를 갖지 못하는 것은 아니라고 판단된다.

이 면책특약의 범위 내에 징계책임의 면책도 포함된다(대판 1994. 1. 28, 93다49284).

> [대판 1994. 1. 28, 93다49284] 쟁의행위 자체뿐만 아니라 그 쟁의행위와 관련된 준비행위 등의 행위에 대해서도 민사상의 책임은 물론 징계책임도 면책된다.

(5) 조합활동조항 단체협약에는 일정한 조건하에 조합활동조항을 보장 또는 제한한다는 내용의 규정을 두고 있는 경우가 있다. 조합활동조항에는 i) 취업시간 등의 조합활동, ii) 조합전임직원규정, iii) 조합 사무소, 전화, 게시판 기타 기업시설의 이용, iv) 조합비공제에 관한 규정, v) 조합의 조직변경 등에 관한 회사에의 통지의무에 관한 규정 등이 포함된다.

Ⅳ. 團體協約의 制度的 效力

1. 意 義

단체협약의 제도적 효력이라 함은 단체협약에 규정된 제도적 부분에 관하여 단체협약의 당사자를 규율하는 효력을 말한다. 제도적 효력은 원칙적으로 규범적 효력이나, 그 효력의 성질은 제도적 부분의 성질에 따라 결정된다.

2. 解雇協議條項

(1) 의 의 해고협의(동의)조항이라 함은 사용자가 조합원을 해고하고자 하는 경우 해고 이전에 노동조합과 의무적으로 협의 또는 동의를 거친다는 조항을 말한다.

(2) 해고협의조항의 법적 성질

1) **규범적 부분설** 해고도 일종의 근로조건에 해당되므로 해고협의조항은 당연히 규범적 부분에 속하며 합리적인 이유없이 협의를 거치지 아니하거나 충분한 협의를 거치지 아니하고 행한 해고는 무효로 된다고 한다.

2) **채무적 부분설** 해고협의는 사용자가 조합원의 해고에 대하여 노동조합과 협의한다는 채무를 지고 있는데 불과하므로 협의를 거치지 아니하였을 경우에는 채무불이행의 책임은 부담하나 해고 자체는 유효하다고 본다.

3) **제도적 부분설** 해고협의는 인사권에 대한 노동조합의 경영참가를 제도적으로 인정한 것으로서 제도적 효력은 원칙적으로 규범적 효력이므로 해고에 대하여 협의를 거치지 아니한 경우에는 무효가 된다고 한다.

(3) 해고협의조항의 내용 해고 자체는 근로기준법상 정당한 이유가 있으나 그 해고에 관하여 노동조합과의 사전 협의 또는 동의를 거치지 아니한 경우, 동조항 위반의 해고의 효력에 관하여는 견해가 나뉘고 있다.

1) **해고유효설** 해고협의조항은 해고의 절차에 관한 약정으로서 해고사유의 실체적 기준을 정한 것이 아니기 때문에 이를 위반한 해고는 유효한 것으로 해석해야 한다는 견해이다(대판 1992.4.14, 91다4755; 대판 1992.6.9, 91다41477).

2) **해고무효설** 해고협의조항은 단체협약의 규범적 효력을 가지므로 이를 위반한 해고는 무효라는 견해이다(김유성, 이병태, 박상필).

3) **절충설** 해고협의조항이 i) 해고에 대한 「자문」 또는 「단순협의」에 불과한 경우에는 협의절차를 거치지 아니하여도 해고의 효력에는 영향이 없으나(대판 1993.4.23, 92다34940), ii) 「합의」·「동의」 등 노동조합의 사전동의나 승락을 얻어야 하는 경우에는 이러한 절차를 거치지 아니한 해고의 효력은 무효이다(대판 1995.1.24, 94다24596, 대판 1995.3.28, 94다46763 등). 다만 노동조합이 해고에 대한 합의 또는 동의권을 남용하여 아무런 이유 없이 해고에 대한 합의 또는 동의를 거부하는 경우에는 사용자가 합의하지 아니하고 해고처분을 하여도 해고는 유효하다(대판 1993.9.28, 91다 30620 등)는 견해이다.

제 4 절 團體協約의 適用範圍

Ⅰ. 團體協約의 人的 適用範圍

1. 意 義

단체협약의 효력은 단체협약의 당사자인 노동조합과 사용자에게만 적용되는 것이 원칙이다.

그러나 단체협약의 효력은 단체협약의 당사자인 노동조합 이외에도 당해 노동조합의 조합원과 당해 노동조합이 설립된 사업장에 종사하는 비조합원 및 다른 지역에 있는 사업장의 제 3 자에게도 적용된다. 단체협약의 효력이 조합원에게 적용되는 것은 일반적으로 단체협약의 「규범적 효력」때문이고, 제 3 자에게 적용되는 것은「사업장단위의 일반적 구속력」 때문이다.

2. 組 合 員

(1) 제3자를 위한 계약설　노동조합이 사용자와 단체협약을 체결하는 것은 제 3 자인 근로자들을 위하여 계약을 대신하여 체결하는 것이라고 한다(민법 제539조). 따라서 단체협약의 주체는 노동조합이 아닌 조합원이 된다.

(2) 대리설　협약당사자인 노동조합은 조합원을 위한 대리인의 지위에 있다고 하는 견해이다(민법 제114조). 따라서 노동조합이 사용자와 체결한 단체협약의 효과는 근로자와 사용자 사이에 발생한다고 한다.

(3) 단체설　노동조합은 고유한 권한을 가지고 단체협약을 체결하는 것이며, 집단적 근로규범계약으로서의 단체협약은 자율적으로 설정된 법규범의 효력을 갖는다고 한다(다수설).

(4) 절충설　절충설은 대리설과 단체설을 절충하여 단체협약을 체결하는 노동조합과 조합원이 다같이 권리·의무의 주체가 된다고 한다. 절충설은 노동조합의 의사와 그 구성원의 의사는 서로 분리·독립될 수 없다는 것을 근거로 하고 있다(김형배).

3. 非組合員

(1) 사용자가 임의로 적용하는 경우　단체협약은 동일한 사업장에 종사하는 비조합원의 근로관계에 대하여도 사용자가 임의로 적용하고 있는 것이 보통이다. 그러나 비조합원들에게 단체협약이 적용되는 것은 단체협약의 효력상 당연히 인정되는 것이 아니라 사용자가 임의로 적용해 주기 때문이다(노조 01254-506, 1993.

5.8). 그러므로 비조합원인 근로자들은 단체협약상의 근로조건 기타 근로자의 대우에 관한 기준을 사용자에게 청구할 권한이 없다. 또한 노동조합은 사용자에게 비조합원에 대하여 단체협약의 적용을 배제하여 줄 것을 요청할 수 없다(노조 1454-14973, 1983.6.13).

(2) 사업장단위의 일반적 구속력

1) **관련규정**

노사관계법 제35조 【일반적 구속력】 하나의 사업 또는 사업장에 상시 사용되는 동종의 근로자 반수 이상이 하나의 단체협약의 적용을 받게 된 때에는 당해 사업 또는 사업장에 사용되는 다른 동종의 근로자에 대하여도 당해 단체협약이 적용된다.

2) **의 의**

① 사업장단위의 일반적 구속력은 강행규정에 의하여 강제적으로 적용된다는 점에서 사용자가 임의로 단체협약을 비조합원에게 적용하는 것과 구분된다. 또한 법정 요건을 충족하는 경우 단체협약이 자동적으로 확장적용되어 진다는 점에서 협약당사자의 신청 또는 노동부장관의 직권에 의하여 적용되는 「지역단위의 일반적 구속력」과 다르다.

② 사업장단위의 일반적 구속력제도의 대표적인 입법취지는 하나의 사업장에서 동종에 종사하는 근로자의 과반수 이상의 근로자에게 적용되는 단체협약의 기준을 공정근로기준으로 간주함으로써 모든 근로자에게 형평성 있게 근로조건을 적용하고자 하는 것이다.

3) **확장적용의 요건**

① 하나의 사업·사업장 　하나의 단체협약의 적용을 받는 근로자가 반수 이상인지의 여부는 「하나의 사업 또는 사업장」을 단위로 산출한다. 따라서 하나의 기업이 수개의 사업 또는 사업장으로 되어 있는 경우에는 사업·사업장별로 각기 계산해야 된다.

② 상시 사용되는 동종의 근로자

ⓐ 「상시 사용되는 근로자」란 사실상 계속적으로 고용되고 있다는 것을 의미하며 근로자의 고용형태가 상용이라는 의미는 아니다. 따라서 일용직 근로자, 임시직 근로자, 파트타임 근로자 등 계약의 형식에 불구하고 작업의 내용과 성격에 따라 실질적으로 판단하여야 한다(대판 1992.7.31, 91구28506; 대판 1992.12.22, 92누13189).

ⓑ 「동종의 근로자」라 함은 실질적으로 직종이나 직무 또는 근무형태가 동일한 근로자로서 당해 단체협약의 규정에 의하여 그 협약의 적용이 예상되는 자를 말한다. 즉, 단체협약의 규정에 의하여 조합원의 자격이 없는 자는 단체협약의 적

용이 예상된다고 할 수 없어 단체협약의 적용을 받지 않게 된다(대판 1997.10.28, 96다13415; 대판 2003.12.26, 2001두10264; 대판 2004.1.29, 2001다5142; 대판 2004.2.12, 2001다63599 등).

우리나라의 노동조합 형태는 직종별 노조가 아니라 기업별 노조의 형태를 취하고 있으므로 어떤 업무가 사업 또는 사업장에서 이루어지는 정상적인 기업활동에 해당되는 경우에는 모두 동종의 작업에 해당되는 것으로 넓게 해석하여야 한다(多數說).

판례도 사업장 단위로 체결되는 단체협약의 적용범위가 특정되지 않았거나 협약 조항이 모든 직종에 걸쳐서 공통적으로 적용되는 경우에는 직종의 구분 없이 사업장 내의 모든 근로자가 동종의 근로자에 해당된다는 입장이다(대판 1992.12.22, 92누13189; 대판 1995.12. 22, 95다39618; 대판 1999.12.10, 99두6927). 다만 작업내용 및 형태가 현저히 상이한 경우 예컨대 경비원과 생산직(대판 1995.12.22, 95다39618), 청원경찰과 고용직·기능직(대판 1997.4.25, 95다4056) 등은 동종의 근로자라 볼 수 없다.

> **[대판 1992.12.22, 92누13189]** 사업장단위의 단체협약의 적용범위가 특정되지 아니하였거나, 사업 내의 모든 직종에 걸쳐 공통적으로 적용되는 경우에는 사업장의 모든 근로자가 직종의 구분없이 동종의 근로자에 해당된다.

③ 「반수 이상의 근로자」의 산출에는 당해 단체협약의 본래적 적용을 받는 노동조합의 조합원만이 포함되는 것으로 해석하여야 한다. 따라서 사용자의 임의적인 의사에 따라 단체협약의 적용을 받고 있는 비조합원 또는 단체협약의 일반적 구속력에 따라 단체협약이 이미 확장적용된 근로자는 반수 이상의 근로자를 산출하는 데에 포함되지 아니한다.

한편 확장적용의 요건은 확장적용의 「개시요건인 동시에 존속요건」이므로 비조합원의 신규채용·조합원의 탈퇴 등으로 반수 이상의 요건을 충족하지 못하게 되면 단체협약의 일반적 구속력은 당연히 종료된다.

4) 확장적용의 효과 확장적용의 효과는 당해 공장·사업장 기타 직장에서 사용되는 다른 동종의 근로자에 대하여도 당해 단체협약이 적용된다는 것이다.

① 적용부분 확장적용되는 단체협약의 부분은 규범적 부분에 한정된다(다수설·판례).

② 미조직 비조합원에 대한 적용 노사관계법 제35조는 「…단체협약이 적용된다」고 규정하고 있으므로 미조직 비조합원에게도 단체협약의 규범적 효력이 당연히 인정된다고 할 것이다(다수설).

③ 기조직 타조합원에 대한 적용 반수 미만의 소수 근로자가 별개의

노동조합을 결성하여 독자적인 단체협약을 보유하고 있는 경우에도 다수조합의 단체협약이 확장적용되는가의 문제가 생기는 바, 단체협약의 확장적용은 소수조합의 헌법상 단체교섭권을 침해하고 독자성을 부정하는 것이므로 인정되지 않는다(多數說).

▣ 요점정리

	일반적 구속력	지역적 구속력
근거규정	노사관계법 제35조	노사관계법 제36조
실체적 요건	• 하나의 사업 · 사업장에 • 상시 고용되는 동종 근로자의 • 반수 이상에 • 하나의 단체협약이 적용될 때	• 하나의 지역에 • 상시 고용되는 동종의 근로자의 • 3분의 2 이상에 • 하나의 단체협약이 적용될 때
절차적 요건	자동 적용	• 당사자의 일방 또는 쌍방의 신청에 의하거나 행정관청의 직권으로 • 노동위원회의 의결을 얻어 결정하고 • 이를 지체없이 공고
법적 효과	• 당해 공장 · 사업장 기타 직장에서 사용되는 다른 동종의 근로자에게도 단체협약이 적용 - 규범적 부분에 한함(다수설) - 다른 노조에게는 적용안됨(다수설)	• 당해 지역에서 종업하는 다른 동종의 근로자와 사용자에게도 단체협약 적용 - 규범적 부분에 한함(다수설) - 다른 노조에게는 적용안됨(다수설; 대판)

Ⅱ. 團體協約의 場所的 適用範圍

1. 意　　義

단체협약이 적용되는 사업장 또는 공장이외의 지역으로 단체협약이 확장적용되는 경우가 있는 바, 이를 「지역적 구속력」·「지역단위의 일반적 구속력」이라고 한다.

2. 地域單位의 一般的 拘束力

(1) 관련규정

> **노사관계법 제36조 【지역적 구속력】** ① 하나의 지역에 있어서 종업하는 동종의 근로자의 3분의 2 이상이 하나의 단체협약의 적용을 받게 된 때에는 행정관청은 당해 단체협약의 당사자의 쌍방 또는 일방의 신청에 의하거나 그 직권으로 노동위원회의 의결을 얻어 당해 지역에서 종업하는 다른 동종의 근로자와 그 사용자에 대

하여도 당해 단체협약을 적용한다는 결정을 할 수 있다.
② 행정관청은 제 1 항의 규정에 의한 결정을 한 때에는 지체없이 이를 공고하여야 한다.

(2) 의 의

1) 지역단위의 일반적 구속력의 입법취지는 i) 일정 지역에 있어 다수의 근로자에게 적용되는 단체협약상의 근로조건을 그 지역의 동종 근로자를 위한 공정근로기준으로 간주하여 다른 근로자에게도 확장적용함으로써 근로자간의 근로조건에 대하여 「형평성」을 도모하고, ii) 근로조건이 낮은 수준의 근로자를 고용한 기업이 다른 기업에 비하여 「부당경쟁력을 확보하는 것을 방지」하는 데에 있다.

2) 지역단위의 일반적 구속력제도는 산업별 노조가 체결하는 횡단적 단체협약을 주요 대상으로 하고 있으므로 기업별 노조가 지배적인 우리나라에서는 중요성이 적다고 할 것이다.

(3) 확장적용의 요건

1) **실질적 요건** 실질적 요건은 「하나의 지역에서 종업하는 동종의 근로자의 3분의 2 이상이 하나의 협약의 적용을 받게 되었을 것」이다.

① 「하나의 지역」이란 단체협약의 지역단위의 일반적 구속력의 입법취지 중의 하나가 사용자간의 부당경쟁을 방지하고자 하는 것임을 감안하여 볼 때에, 공단과 같이 「서로 경쟁관계에 있는 동종·유사업종에 종사하는 공장·사업장 등이 밀집되어 있는 지역」 등과 같이 동일한 「경제적 지역」이라고 볼 수 있을 것이다.

② 「동종」 및 「3분의 2」의 개념은 사업장단위의 일반적 구속력의 경우에 준하므로 생략하기로 한다.

2) **절차적 요건** 절차적 요건은 i) 단체협약 당사자의 쌍방 또는 일방의 확장적용의 신청 또는 행정관청이 직권으로 「노동위원회의 의결」을 얻어, ii) 행정관청의 결정과 그 「공고」이다.

(4) 확장적용의 효과 행정관청의 이 같은 결정에 따라 단체협약은 그 지역에서 종업하는 다른 동종의 근로자와 그 사용자에게도 확대 적용된다.

이미 단체협약을 체결하고 있는 다른 노동조합의 조합원에게도 단체협약이 적용되는가의 문제가 발생하는 바, 이는 부정되어야 할 것이다(다수설; 대판 1993. 12. 21, 92도2247; 부산고법 1995. 10. 11, 94구5700).

[대판 1993. 12. 21, 92도2247] 다른 노동조합이 이미 단체협약을 체결하고 있는 경우 지역단위의 일반적 구속력은 이에 미치지 아니한다.

Ⅲ. 團體協約의 時間的 適用範圍

1. 關聯規程

> **노사관계법 제32조 【단체협약의 유효기간】** ① 단체협약에는 2년을 초과하는 유효기간을 정할 수 없다.
> ② 단체협약에 그 유효기간을 정하지 아니한 경우 또는 제 1 항의 기간을 초과하는 유효기간을 정한 경우에 그 유효기간은 2년으로 한다.
> ③ 단체협약의 유효기간이 만료되는 때를 전후하여 당사자 쌍방이 새로운 단체협약을 체결하고자 단체교섭을 계속하였음에도 불구하고 새로운 단체협약이 체결되지 아니한 경우에는 별도의 약정이 있는 경우를 제외하고는 종전의 단체협약은 그 효력만료일로부터 3월까지 계속 효력을 갖는다.

2. 意　　義

단체협약은 단체협약의 유효기간 동안 존속하는 것이 원칙이다.

한편, 단체협약의 당사자는 「자동갱신협정」 또는 「자동연장협정」 등을 단체협약의 내용으로 체결함으로써 단체협약의 유효기간이 종료하는 경우 이를 연장할 수 있다. 또한 단체협약의 효력이 종료되는 경우에도 그 효력이 예외적으로 인정되는 경우가 있는 바, 이를 「團體協約의 餘後效」라 한다.

3. 團體協約의 法定有效期間

(1) 단체협약의 법정유효기간　단체협약의 최장유효기간은 2년이다(노사관계법 第32조 제 1 항). 단체협약의 법정유효기간을 정하는 이유는 당사자가 단체협약의 약정유효기간을 너무 장기간으로 정하는 경우 경제적·사회적 변화를 제대로 수용하지 못함으로써 현실성이 결여된 단체협약이 될 우려가 있기 때문이다.

(2) 단체협약 유효기간의 단축　당사자가 법정유효기간보다 짧은 기간을 단체협약의 유효기간으로 정하는 것은 「무방」하지만, 법정유효기간 이상의 기간을 단체협약의 유효기간으로 정하거나 단체협약에 유효기간을 정하지 아니한 경우에는 법정유효기간이 단체협약의 유효기간으로 된다(동법 第33조 제 2 항).

(3) 단체협약 유효기간의 연장　단체협약의 유효기간이 만료하기전에 단체협약의 당사자가 새로운 단체협약(이하 「신단체협약」이라고 한다)을 체결하기 위한 단체교섭을 실행하였으나 단체협약이 체결되지 아니한 경우 종전의 단체협약(이하 「구단체협약」이라고 한다)은 만료일부터 3개월 동안 그 효력이 연장된다(동법 第33조 제 3 항).

4. 自動更新協定과 自動延長協定

(1) 자동갱신협정 자동갱신협정이란 단체협약에 그 유효기간의 종료전 일정 기일까지 양 당사자의 어느 쪽으로부터도 협약의 개정 또는 파기의 통고가 없는 한 당해 협약을 다시 동일기간 또는 일정기간 유효한 것으로 갱신시킨다는 규정을 두는 것을 말한다.

이러한 자동갱신협정의 경우 법정유효기간의 기산점은 구단체협약의 유효기간 만료일의 다음날부터 기산된다.

(2) 자동연장협정

1) 관련규정

> **노사관계법 제32조【단체협약의 유효기간】** ③ ……. 다만, 단체협약에 그 유효기간이 경과한 후에도 새로운 단체협약이 체결되지 아니한 때에는 새로운 단체협약이 체결될 때까지 종전 단체협약의 효력을 존속시킨다는 취지의 별도의 약정이 있는 경우에는 그에 따르되, 당사자 일방은 해지하고자 하는 날의 6월 전까지 상대방에게 통고함으로써 종전의 단체협약을 해지할 수 있다.

2) 주요내용 자동연장협정이란 단체협약의 기간이 만료되어도 신단체협약의 체결을 위한 노사간의 단체교섭이 타결되지 아니하고 있을 경우 신단체협약이 성립될 때까지 또는 일정기간 동안 구단체협약의 유효기간을 연장한다고 하는 규정을 말한다. 예컨대 「당사자간의 새로운 단체협약의 체결에 관한 합의가 성립되지 아니하는 경우 이 협약은 새로운 단체협약이 성립할 때까지 유효하다」는 단체협약상의 규정을 말한다. 당사자일방이 자동연장협정을 해지하고자 하는 경우 해지일 6개월 전에 통고하여야 한다(동법 제32조 제 3 항 단서).

5. 團體協約의 餘後效

단체협약의 유효기간이 종료한 후에도 단체협약이 지속적으로 효력을 갖는 경우 이와 같은 효력을 단체협약의 여후효라고 한다.

단체협약의 여후효 문제는 단체협약이 전혀 적용되지 아니하는 상태, 즉 단체협약의 효력이 완전히 종료된 상태에서 구단체협약의 적용을 받았던 개별적 근로계약의 효력이 어떻게 처리되어야 하는가의 문제이다. 이 경우 문제가 되는 부분은 단체협약의 규범적 부분에 국한되며 채무적 부분은 그 효력이 당연히 종료된다(다수설).

제 5 절 團體協約의 終了

Ⅰ. 有效期間의 滿了

단체협약은 그 유효기간이 만료하는 경우에 종료한다. 단체협약의 유효기간은 당사자의 합의에 의하여 정하는 것이 원칙이나 법정유효기간을 초과할 수 없다.

Ⅱ. 團體協約의 取消 및 是正命令

1. 團體協約의 取消

단체협약은 당사자간의 의사표시에 기한 합의에 의하여 성립되는 것이므로, 당해 의사표시의 중요 부분에 착오가 있거나, 사기・강박에 의한 것일 때에는 당사자의 일방에 의하여 이를 취소할 수 있다(민법 제109조, 제110조 참조).

2. 行政官廳의 是正命令

> **노사관계법 제31조 【단체협약의 작성】** ③ 행정관청은 단체협약 중 위법한 내용이 있는 경우에는 노동위원회의 의결을 얻어 그 시정을 명할 수 있다.

Ⅲ. 團體協約의 解止

1. 相對方이 團體協約을 違反하는 境遇

상대방이 단체협약을 위반하는 경우 다른 당사자는 단체협약을 해지할 수 있다. 다만 단체협약의 경미한 위반인 경우에는 이를 해지할 수 없으나, 근로자가 평화의무를 위반하거나 사용자가 단체협약상의 근로조건을 이행하지 아니하는 등 단체협약의 존재 의의를 상실시킬만한 중대한 위반행위를 한 경우에만 이를 해지할 수 있는 것으로 보아야 한다(통설; 대판 1994. 12. 13, 93다59908).

2. 事情變更의 境遇

단체협약체결의 명시적・묵시적 전제조건이 되는 경제적・사회적 사정이 단체협약체결 당시에 예측할 수 없을 만큼 중대한 변화를 가져옴으로써 단체협약의 존립이 무의미하고 일방 당사자에게 단체협약의 준수를 강요하는 것이 지극히 불합리・불공평할 때에는 소위 「사정변경의 원칙」에 의하여 이를 해지할 수 있다(통설).

3. 解止契約에 의한 境遇

단체협약의 당사자는 단체협약의 유효기간 중에 합의에 의하여 단체협약을 해지할 수 있다. 이 경우 해지계약은 단체협약제한의 경우와 마찬가지로 서면으로 행하여지고 단체협약의 당사자 쌍방이 서명·날인할 것이 요구된다고 할 것이다(통설).

Ⅳ. 團體協約 當事者의 變更

1. 使用者의 變更

(1) 회사해산 청산절차 중에 노동조합의 조합원이 모두 해고됨으로써 단체협약은 종료된다.

(2) 조직변경 회사의 동일성이 인정되는 한 단체협약은 그대로 존속된다(대판 1991.11.12, 91다12806).

(3) 합 병

① 흡수합병인 경우에는 i) 피합병회사의 단체협약은 종료하고 합병회사의 단체협약이 적용된다는 견해, ii) 피합병회사의 권리·의무 관계가 포괄승계되므로 피합병회사의 단체협약은 그대로 존속된다는 견해(다수설·판례) 등이 있다.

② 신설합병인 경우에는 i) 피합병회사의 단체협약이 모두 적용된다는 견해(박상필, 김형배), ii) 피합병회사의 단체협약은 종료되고 신설회사의 단체협약이 적용된다는 견해 등이 있다.

(4) 영업양도 영업양도는 i) 노사관계가 본질적 요소가 아니므로 특별히 노사관계의 승계를 약정하지 아니하는 한 흡수합병의 경우에 준하는 것으로 보아야 할 것이라는 견해도 있으나(김유성), ii) 사업의 동일성이 유지되는 한 단체협약은 존속하는 것으로 보아야 한다(다수설·판례).

2. 勞動組合의 變更

(1) 노동조합의 해산 단체협약 당사자의 실체가 없어지므로 단체협약은 당연히 終了된다.

(2) 노동조합의 조직변경 단위노조와 연합단체 상호간, 직종별 노조, 산업별 노조 및 기업별 노조 상호간에 조직이 변경되는 경우 조직상의 실질적 동일성이 인정되는 한 단체협약은 그대로 존속한다(다수설).

(3) 노동조합의 분열 노동조합이 분열하여 두 개의 새로운 노동조합이 결성된 경우 구단체협약은 종료되나, 기존의 노동조합이 그대로 유지된 채 당해 노동조합에서 탈퇴한 조합원이 새로운 노동조합을 결성한 경우 구단체협약은 그대로 존속한다.

V. 新團體協約의 締結

구단체협약의 유효기간 중에 신단체협약을 체결하면 구단체협약은 소멸하게 된다.

제 6 절 團體協約의 解釋 및 違反

I. 團體協約의 內容解釋

> **노사관계법 제34조 【단체협약의 해석】** ① 단체협약의 해석 또는 이행방법에 관하여 관계 당사자간에 의견의 불일치가 있는 때에는 당사자 쌍방 또는 단체협약에 정하는 바에 의하여 어느 일방이 노동위원회에 그 해석 또는 이행방법에 관한 견해의 제시를 요구할 수 있다.
> ② 노동위원회는 제 1 항의 규정에 의한 요청을 받은 때에는 그 날부터 30일 이내에 명확한 견해를 제시하여야 한다.
> ③ 제 2 항의 규정에 의하여 노동위원회가 제시한 해석 또는 이행방법에 관한 견해는 중재재정과 동일한 효력을 가진다.

단체협약의 해석 또는 이행방법과 관련한 「집단적 권리분쟁」에 대하여 법원에 의한 사법적 구제는 소송비용 및 시간소요 등 현실적인 어려움이 따르므로 노동위원회의 유권해석을 통하여 신속한 해결을 도모하기 위한 것이다.

II. 團體協約의 違反

1. 勞動法上의 制裁手段

단체협약 위반을 이유로 형사처벌하는 것은 위헌이라는 헌법재판소의 결정(헌재 1998. 3. 26, 96헌가20) 취지를 존중하는 방향으로 법개정이 이루어진 바, 단체협약의 실효성을 확보하기 위하여 단체협약의 내용 중 형사처벌대상을 특정 · 정형화하였다.

즉 단체협약의 내용 중 ① 임금 · 복리후생비, 퇴직금에 관한 사항, ② 근로 및 휴게시간, 휴일, 휴가에 관한 사항, ③ 징계 및 해고의 사유와 중요한 절차에 관한 사항, ④ 안전보건 및 재해부조에 관한 사항, ⑤ 시설 · 편의제공 및 근무시간 중 회의참석에 관한 사항, ⑥ 쟁의행위에 관한 사항을 위반한 자는 1천만원 이하의 벌금에 처한다.

2. 私法上의 制裁手段

(1) 강제이행　단체협약 당사자의 일방이 단체협약상의 의무를 이행하지 아니하는 경우 다른 상대방은 민법 제389조에 따른 강제이행을 법원에 청구할 수 있다.

(2) 손해배상청구　단체협약 당사자의 일방이 단체협약상의 의무를 위반하여 민법상의 이행지체, 불완전이행 또는 이행불능에 해당되는 경우 다른 당사자는 민법 제390조에 따른 손해배상청구권을 갖는다.

(3) 단체협약의 해지　단체협약 당사자의 일방이 단체협약상의 의무를 이행하지 않는 경우 다른 당사자는 그 이행을 최고하고, 일정 기간 내에 이행을 하지 아니하는 경우에는 단체협약을 해지 할 수 있을 것이다(민법 제544조 참조). 다만, 단체협약의 해지는 단체협약의 중대한 위반이 있는 경우에만 허용된다.

(4) 동시이행의 항변　단체협약 당사자의 일방이 그 채무이행을 제공할 때까지 다른 당사자는 자기의 채무이행을 거절할 수 있다(민법 제536조 · 제549조 참조).

기출문제 및 기본문제

최근 기출문제

1. 단체교섭과 단체협약에 관한 설명으로 옳지 않은 것은? 〈51회 사시〉

① 법인격이 없는 노동조합은 단체교섭 당사자로서의 자격이 없다.

② 단체협약에 유효기간을 정하지 아니한 경우에 그 유효기간은 2년으로 한다.

③ 노동조합의 대표자는 사용자와 교섭하고 단체협약을 체결할 권한을 가진다.

④ 노동조합과 사용자 또는 사용자단체는 단체교섭에 관한 권한을 위임한 때에는 그 사실을 상대방에게 통보하여야 한다.

⑤ 단체협약은 서면으로 작성하여 당사자 쌍방이 서명 또는 날인하여야 한다.

≪**해설**≫ ① 단체교섭의 당사자는 단체교섭을 자신의 명의로 수행하는 단체교섭의 주체를 말한다. 따라서 노동조합의 법인격 유무와는 무관하다. ② 동법 제32조 제 1 항. ③ 동법 제29조 제 1 항. ④ 동법 제29조 제 3 항. ⑤ 동법 제31조 제 1 항.

2. 단체협약에 관한 설명으로 옳지 않은 것은? (다툼이 있는 경우에는 판례에 의함) 〈50회 사시〉

① 뚜렷한 무효사유를 제시하지 아니한 채 단체협약의 유효기간 중에 단체협약에서 정한 근로조건 등에 관한 내용의 변경이나 폐지를 요구하는 쟁의행위는 정당성이 없다.

② 단체협약의 일반적 구속력에 관한 「노동조합 및 노동관계조정법」 제35조의 「동종의 근로자」라 함은 단체협약의 적용이 예상되는 자를 가리키는 것이므로 조합원의 자격이 없는 자는 같은 규정에 의하여 단체협약의 적용을 받을 수 없다.

③ 하나의 지역에 있어서 종업하는 동종의 근로자 3분의 2 이상이 하나의 단체협약의 적용을 받게 된 때에는 별도의 절차없이 당해 지역에서 종업하는 다른 동종의 근로자에 대하여도 당해 단체협약이 적용된다.

④ 단체협약에 정한 근로조건 기타 근로자의 대우에 관한 기준에 위반하는 취업규칙의 부분은 무효이다.

⑤ 단체협약은 서면으로 작성하여 당사자 쌍방이 서명 또는 날인하여야 한다.

≪**해설**≫ ① 단체협약이 새로 체결된 직후부터 뚜렷한 무효사유를 내세우지도

| 해답 | 1. ① 2. ③

아니한 채 단체협약의 전면 무효화를 주장하면서 평화의무에 위반되는 쟁의행위를 행하는 것은 노동조합활동으로서의 정당성을 결여한 것이다(대판 1992. 9. 1, 92누7733; 대판 1994. 9. 30, 94다4042; 대판 2007. 5. 11, 2005도8005 등). ② 노동조합및노동관계조정법 제35조의 동종의 근로자란 당해 단체협약의 규정에 의하여 그 협약의 적용이 예상되는 자를 가리키며, 단체협약 등의 규정에 의하여 조합원의 자격이 없는 자는 단체협약의 적용이 예상된다고 할 수 없다(대판 1997. 10. 28, 96다13415; 대판 2003. 6. 27, 2002다23611; 대판 2004. 2. 12, 2001다63599; 대판 2005. 4. 14, 2004도1108 등). ③ 하나의 지역에 있어서 종업하는 동종의 근로자 3분의 2 이상이 하나의 단체협약의 적용을 받게 된 때에는 행정관청은 당해 단체협약의 당사자의 쌍방 또는 일방의 신청에 의하거나 그 직권으로 노동위원회의 의결을 얻어 당해 지역에서 종업하는 다른 동종의 근로자와 그 사용자에 대하여도 당해 단체협약을 적용한다는 결정을 할 수 있다(노사관계법 제36조 제 1 항). ④ 동법 제33조 제 1 항. ⑤ 동법 제31조.

3. **단체교섭에 관한 설명으로 옳지 않은 것은?** 〈사시 50회〉

① 노동조합의 대표자는 그 노동조합 또는 조합원을 위하여 사용자나 사용자단체와 교섭하고 단체협약을 체결할 권한을 가진다.

② 사용자로부터 교섭 또는 단체협약의 체결에 관한 권한을 위임받은 자는 그 사용자를 위하여 위임받은 범위 안에서 그 권한을 행사할 수 있다.

③ 노동조합과 사용자 또는 사용자단체는 신의에 따라 성실히 교섭하고 단체협약을 체결하여야 하며 그 권한을 남용하여서는 아니 된다.

④ 노동조합이 교섭에 관한 권한을 위임한 때에는 그 사실을 상대방에게 통보하여야 한다.

⑤ 소수의 조합원으로 구성된 노동조합은 교섭권한이 없다.

≪**해설**≫ ① 노사관계법 제29조 제 1 항. ② 동법 제29조 제 2 항. ③ 동법 제30조 제 1 항. ④ 동법 제29조 제 3 항. ⑤ 가입조합원이 소수에 불과하더라도 회사의 단체교섭의무는 존재한다(2005. 7. 14, 서울행법 2005구합4960).

4. **단체교섭의 당사자에 관한 설명 중 옳지 않은 것은?** 〈49회 사시〉

① 사용자측의 단체교섭 당사자는 개별 사용자 또는 사용자단체이다.

② 사용자단체가 교섭당사자의 지위를 가지려면 그 구성원인 사용자에 대하여 조정 또는 규제할 수 있는 권한을 가져야 한다.

③ 노동조합 및 노동관계조정법 제 2 조 제 4 호의 요건을 갖춘 연합단체는 단체교섭의 당사자가 될 수 있다.

④ 판례에 따르면 지부 · 분회라 하더라도 독자적인 규약과 집행기관을 가지고 독립한 조직체로 활동하는 경우에는 단체교섭의 당사자가 될 수 있다.

❙해답❙ **3.** ⑤ **4.** ⑤

⑤ 노동조합의 대표자도 단체교섭의 당사자이다.

≪**해설**≫ ①③ 단체교섭의 당사자란 단체교섭을 자신의 명의로 수행하고 단체협약이 체결되는 경우에 협약상의 권리·의무의 주체가 되는 단체교섭의 주체를 말한다. 따라서 단체교섭의 당사자는 근로자측 당사자로서 노동조합과 사용자측 당사자로서 사용자 또는 사용자단체가 된다(노사관계법 제30조 참조). ② 동법 제2조 제3호. ④ 판례에 의하면, 노동조합의 하부단체인 분회나 지부가 독자적인 규약 및 집행기관을 가지고 독립된 조직체로서 활동을 하는 경우 당해 조직이나 그 조합원에 고유한 사항에 대하여는 독자적으로 단체교섭하고 단체협약을 체결할 수 있고, 이는 그 분회나 지부가 노동조합및노동관계조정법상 그 설립신고를 하였는지 여부에 영향받지 아니한다고 한다(대판 2001. 2. 23, 2000도4299). ⑤ 단체교섭의 담당자란 단체교섭을 실제로 수행할 수 있는 법적 자격 즉, 단체교섭의 권한을 갖고 있는 자를 말한다. 예컨대, 단체교섭의 당사자는 노동조합과 사용자 또는 사용자단체가 되나, 노동조합의 대표자와 사용자의 대표자가 단체교섭에 임하는 경우 단체교섭의 담당자는 노사 양측의 대표자가 된다.

5. 단체협약에 대한 설명 중 옳지 않은 것은? 〈49회 사시〉

① 단체협약은 서면으로 작성하여 당사자 쌍방이 서명날인하여야 효력이 발생한다.

② 단체협약이라는 명칭을 반드시 사용할 필요는 없다.

③ 단체협약의 내용 중 징계의 기준에 관한 사항에 대해서는 규범적 효력이 인정된다.

④ 단체협약의 유효기간 중에 그 단체협약의 내용을 개폐하기 위한 교섭을 요구하여서는 아니 된다.

⑤ 단체협약에 유효기간을 정하지 아니한 경우 그 유효기간은 2년이다.

≪**해설**≫ ① 노사관계법 제31조 제1항. ② 단체협약은 노동조합이 사용자 또는 사용자단체와 근로조건 기타 노사관계에서 발생하는 사항에 관한 협정(합의)을 문서로 작성하여 당사자 쌍방이 서명날인함으로써 성립하는 것이므로, 당해 협정(합의)이 반드시 정식의 단체교섭절차를 거쳐서 이루어져야만 하는 것도 아니고, 반드시 「단체협약」이라고 명시하여야 하는 것은 아니며 「노사합의서」도 단체협약의 실질적·형식적 요건을 갖추었다면 모두 단체협약으로 본다(대판 2002. 8. 27, 2001다79457; 대판 2005. 3. 11, 2003다27429). ③ 단체협약 내에 「근로조건 기타 근로자의 대우에 관하여 정한 부분」을 규범적 부분이라고 한다. 근로조건과 직접적 관련이 있는 복무규율, 징계, 휴직, 해고 등도 규범적 부분에 속한다. ④ 평화의무란 단체협약의 유효기간 중에는 단체협약에서 정한 사항의 개정과 폐지를 목적으로 쟁의행위를 하지 않을 의무를 말한다. 따라서 단체협약의 유효기간 중이라도 차기 협약의 교섭을 타결하기 위하여 쟁의행위를 하거나 단체협약의 이행 또는 해석과 관련하여 쟁의행위를 하는 것, 기존의 협약 내용에 없는 것을 신설하기 위한 쟁의행위도 평화의무에 위반되지 않는다. 또한 기존의 협약 내용을 변경하

▌해답▌ 5. ④

자고 하면서 단체교섭을 요구하는 한도의 행위도 평화의무에 위반되지 않는다.
⑤ 동법 제32조 제 2 항.

6. 노동조합 및 노동관계조정법 제36조에서 규정하고 있는 단체협약의 지역적 구속력의 요건과 효과에 관한 설명 중 옳게 묶인 것은? 〈49회 사시〉

[X군 : 요건]
A. 하나의 지역에 있어서 종업하는 동종의 근로자 반수 이상이 하나의 단체협약의 적용을 받음
B. 행정관청이 당해 단체협약의 당사자의 쌍방 또는 일방의 신청에 의하거나 그 직권으로 노동위원회의 의결을 얻어 지역적 구속력 결정
C. 행정관청은 공고 후 지체없이 노동위원회의 승인을 받아야 함

[Y군 : 효과]
ㄱ. 당해 지역에서 종업하는 다른 동종의 근로자와 그 사용자에 대하여 당해 단체협약의 내용 중 근로조건에 관한 규정 적용
ㄴ. 당해 지역에서 종업하는 다른 동종의 근로자를 조직하고 있는 노동조합과 그 사용자에 대하여 당해 단체협약의 내용 중 조합활동의 보장에 관한 규정 적용
ㄷ. 당해 지역에서 종업하는 다른 동종의 근로자가 원하는 경우에만 그 사용자에 대하여 당해 단체협약 적용

① A－ㄱ ② A－ㄴ ③ B－ㄱ
④ B－ㄷ ⑤ C－ㄷ

≪**해설**≫ 지역적 구속력의 요건은 i) 하나의 지역에 있어서 종업하는 동종의 근로자 3분의 2 이상이 하나의 단체협약의 적용을 받게 되었다는 실체적 요건과, ii) 행정관청은 당해 단체협약의 당사자의 쌍방 또는 일방의 신청에 의하거나 그 직권으로 노동위원회의 의결을 얻어 당해 단체협약을 확장 적용한다는 결정을 하고, 지체없이 공고하여야 한다는 절차적 요건을 충족하여야 한다(노사관계법 제36조). 그렇게 되면 지역적 구속력의 효과로서 당해 지역에서 종업하는 다른 동종의 근로자와 그 사용자에 대하여도 규범적 효력이 발생한다는 것이다.

7. 단체협약의 효력에 관한 설명이다. ( )에 들어갈 내용으로 옳게 짝지워진 것은? 〈49회 사시〉

노동조합 및 노동관계조정법 제32조 제 3 항에 의하면 단체협약 유효기간 만료시를 전후하여 쌍방이 새로운 단체협약을 체결하고자 단체교섭을 계

해답 6. ③ 7. ③

> 속하였음에도 불구하고 새로운 단체협약이 체결되지 아니한 때에는 종전의 단체협약은 그 만료일로부터 (A)개월까지 계속 효력을 갖는다. 그러나 자동연장협정이 있는 경우에는 이에 따르고 위 규정은 적용되지 않는다. 자동연장협정이란 단체협약에서 그 단체협약의 유효기간이 경과한 후에도 새로운 단체협약이 체결되지 아니한 때에는 새로운 단체협약이 체결될 때까지 종전 단체협약의 효력을 존속시킨다는 취지의 약정을 말한다. 자동연장협정에 의하여 단체협약의 효력이 지속되는 경우에는 (B)개월의 해지기간을 두고 (C) 단체협약의 효력을 종료시킬 수 있다.

	A	B	C
①	3	6	당사자 쌍방의 합의에 의해
②	6	6	당사자 쌍방의 합의에 의해
③	3	6	당사자 일방의 요구에 의해
④	6	6	당사자 일방의 요구에 의해
⑤	3	3	당사자 일방의 요구에 의해

≪**해설**≫ 노사관계법 제32조 제 3 항 참조.

8. 단체교섭에 관한 설명 중 옳은 것으로 묶인 것은? 〈48회 사시〉

> ㉮ 사용자단체라 함은 노동관계에 관하여 그 구성원인 사용자에 대하여 조정 또는 규제할 수 있는 권한을 가진 사용자의 단체를 말한다.
> ㉯ 노동조합의 대표자는 단체교섭권한뿐만 아니라 단체협약을 체결할 권한도 가진다.
> ㉰ 노동조합이 정당한 이유없이 교섭 또는 단체협약의 체결을 거부하는 것은 부당노동행위에 해당한다.
> ㉱ 노동조합은 상부연합단체에게 교섭권한을 위임할 수 없다.

① ㉮, ㉯ ② ㉮, ㉰ ③ ㉯, ㉰
④ ㉯, ㉱ ⑤ ㉰, ㉱

≪**해설**≫ ㉮ 노사관계법 제 2 조 제 3 호. ㉯ 동법 제29조 제 1 항. ㉰ 사용자는 부당노동행위를 할 수 없다(동법 제81조). 그러나 노조법은 미국과 달리 노동조합의 부당노동행위를 규제하고 있지는 않다. ㉱ 노동조합과 사용자 또는 사용자단체로부터 교섭 또는 단체협약의 체결에 관한 권한을 위임받은 자는 그 노동조합과 사용자 또는 사용자단체를 위하여 위임받은 범위안에서 그 권한을 행사할 수 있다(동법 제29조 제 2 항). 따라서 노동조합은 상부연합단체에 교섭권한을 위임할 수 있다.

▌해답▐ 8. ①

9. 단체협약에 관한 설명 중 옳지 않은 것은? 〈48회 사시〉

① 하나의 지역에 있어서 종업하는 동종의 근로자 2분의 1이상이 하나의 단체협약의 적용을 받게 된 때에는 지역적 구속력이 적용될 수 있다.

② 단체협약에는 2년을 초과하는 유효기간을 정할 수 없다.

③ 단체협약의 당사자는 단체협약의 체결일부터 15일 이내에 이를 행정관정에 신고하여야 한다.

④ 행정관청은 단체협약 중 위법한 내용이 있는 경우에 노동위원회의 의결을 얻어 그 시정을 명할 수 있다.

⑤ 단체협약은 서면으로 작성하여 당사자 쌍방이 서명날인하여야 한다.

≪**해설**≫ ① 지역적 구속력은 하나의 지역에 있어서 종업하는 동종의 근로자 3분의 2이상이 하나의 단체협약의 적용을 받게 된 때에 적용한다(노사관계법 제36조 제 1 항). ② 동법 제32조 제 1 항. ③ 동법 제31조 제 2 항. ④ 동법 제31조 제 3 항. ⑤ 동법 제31조 제 1 항.

10. 노동조합및노동관계조정법상 단체교섭에 관한 설명 중 옳지 않은 것은? 〈47회 사시〉

① 노동조합의 대표자는 사용자와 교섭하고 단체협약을 체결할 권한을 가진다.

② 노동조합은 조합원이 아닌 제 3 자에게 단체교섭에 관한 권한을 위임할 수 없다.

③ 노동조합은 법인격 유무에 관계없이 단체교섭의 당사자가 된다.

④ 회원조합원들을 조정 또는 규제할 권한이 있는 사업자조합은 당해 사업자조합의 정관에서 단체교섭과 단체협약의 체결을 목적으로 하고 있다면 단체교섭의 당사자가 될 수 있다.

⑤ 노동조합과 사용자는 신의에 따라 성실히 교섭하고 단체협약을 체결하여야 하며 그 권한을 남용하여서는 아니된다.

≪**해설**≫ ① 노동조합및노동관계조정법 제29조 제 1 항. ② 노동조합은 조합원이 아닌 제 3 자에게 단체교섭에 관한 권한을 위임할 수 있다(동법 제29조 제 2 항 참조). ⑤ 동법 제30조 제 1 항.

11. 노동조합및노동관계조정법상 단체협약에 관한 다음 글의 ( ) 안에 들어갈 것으로 옳게 짝지어진 것은? 〈47회 사시〉

단체협약의 해석 또는 이행방법에 관하여 관계 당사자간에 의견의 불일치가 있는 때에는 당사자 쌍방 또는 단체협약이 정하는 바에 의하여 어느

|해답| **9.** ① **10.** ② **11.** ④

> 일방이 (A)에(게) 그 해석 또는 이행방법에 관한 견해의 제시를 요청할 수 있다. 이 경우 (A)이(가) 제시한 해석 또는 이행방법에 관한 견해는 (B)와(과) 동일한 효력을 가진다.

	A	B
①	법 원	중재재정
②	노동부장관	중재재정
③	법 원	확정판결
④	노동위원회	중재재정
⑤	노동위원회	확정판결

≪**해설**≫ 노동조합및노동관계조정법 제34조(단체협약의 해석) 참조.

12. 노동조합및노동관계조정법상 단체협약에 관한 설명 중 옳지 않은 것은?

① 사용자단체는 노동조합과 단체협약을 체결할 수 있다. 〈47회 사시〉
② 사용자는 정당한 이유가 있으면 단체협약의 체결을 거부할 수 있다.
③ 단체협약은 일종의 계약이므로 구두(口頭)로 체결할 수 있다.
④ 단체협약의 당사자는 단체협약의 체결일부터 15일 이내에 이를 행정관청에 신고하여야 한다.
⑤ 단체협약의 유효기간은 1년으로 정하더라도 유효하다.

≪**해설**≫ ③ 단체협약은 서면으로 작성하여 당사자 쌍방이 서명 또는 날인하여야 한다(노사관계법 제31조 제 1 항).

13. 단체협약에 관한 설명으로 옳지 않은 것은? 〈46회 사시〉

① 단체협약은 서면으로 작성하여 당사자 쌍방이 서명 또는 날인하여야 한다.
② 단체협약이라는 명칭을 사용해야 법적 효력이 발생한다.
③ 단체협약의 당사자는 단체협약 체결일부터 15일이내에 이를 행정관청에 신고하여야 한다.
④ 단체협약의 유효기간을 정하지 않은 경우 그 유효기간은 2년으로 한다.
⑤ 법정기간내에 재심을 신청하지 아니하여 확정된 노동쟁의 중재재정의 내용은 단체협약과 동일한 효력을 가진다.

≪**해설**≫ ①③ 노사관계법 제31조 제 1 항, 제 2 항 참조. ② 단체협약은 반드시 서면으로 작성하여 당사자 쌍방이 서명 또는 날인 하여야 한다(동법 제31조 제 1 항). 단체협약을 서면으로 작성함에 있어서 서면의 명칭이나 형식은 불문한다. 명칭을 반드시 단체협약이라고 할 필요는 없고 「임금협정」, 「확인서」, 「각서」, 「노

해답 12. ③ 13. ②

사합의서」 등이라도 단체협약이 될 수 있다(노조 1454-5067, 1983.2.26.). 그러나 구두에 의한 합의는 단체협약이 아니다. ④ 동법 제32조 제 2 항 참조. ⑤ 동법 제69조 제 3 항, 제70조 제 1 항 참조.

14. 성실교섭의무를 위반한 사용자의 행위로 볼 수 없는 것은? 〈45회 사시〉

① 단순한 의사전달 권한 밖에 없는 자를 교섭담당자로 내세우는 행위

② 단체교섭일자에 특별한 사정없이 일방적으로 휴업하는 행위

③ 노동조합의 주장에 대하여 설득하려고 노력할 뿐 자신의 입장을 양보하지 않는 행위

④ 합의에 도달했으나 조합원수가 적다는 이유로 협약체결을 거부하는 행위

⑤ 직접교섭을 고집하며 노동조합으로부터 위임을 받은 자와 단체교섭을 거부하는 행위

≪**해설**≫ 노사관계법 제30조는 교섭 등의 원칙을 규정하고 있는데 노동조합과 사용자 또는 사용자단체는 신의에 따라 성실히 교섭하고 단체협약을 체결하여야 하며 그 권한을 남용하여서는 아니된다고 하고, 정당한 이유없이 교섭 또는 단체협약의 체결을 거부하거나 해태하여서는 아니된다고 규정하고 있다. 따라서 성실교섭의무는 합의달성을 위한 노력의무, 설명의무와 자료제공의무, 합의된 사항은 반드시 단체협약으로 체결할 의무를 근본내용으로 담고 있다. 그러나 성실의무가 설득을 위해 최선의 노력을 다할 뿐인 것이지 노동조합의 주장에 대해 양보해야 하는 것을 의미하지는 않는다.

15. 노동조합및노동관계조정법상 단체협약이 성립하기 위한 필수요건으로만 옳게 묶인 것은? 〈45회 사시〉

㉮ 당사자 쌍방의 서명 또는 날인	㉯ 문서로 작성
㉰ 행정관청에의 신고	㉱ 노동조합 총회의 추진

① ㉮, ㉯ ② ㉮, ㉰ ③ ㉯, ㉰

④ ㉯, ㉱ ⑤ ㉰, ㉱

≪**해설**≫ 단체협약이 유효하게 성립하기 위해서는 반드시 서면으로 작성하여 당사자 쌍방이 이에 서명 또는 날인하여야 법적효력이 발생한다(노사관계법 제31조). 이처럼 단체협약의 작성에 요식행위성을 요구하는 것은 단체협약의 성립, 당사자 및 내용 등을 명확히 하여 단체협약의 해석·적용을 둘러싼 향후의 분쟁을 사전에 예방하고자 함이다. 행정관청에의 신고의무는 행정목적을 위한 단속규정에 불과하고 단체협약의 효력발생요건은 아니다(동법시행령 제15조).

16. 단체협약에 관한 설명 중 옳지 않은 것은? 〈45회 사시〉

① 단체협약의 채무적 부분은 협약당사자간의 권리의무를 정한 것이다.

┃해답┃ 14. ③ 15. ① 16. ③

② 단체협약의 규범적 효력은 개별조합원과 사용자에게 미친다.

③ 단체협약의 규범적 부분은 비조합원에게 적용될 여지가 없다.

④ 단체협약을 해지하는 경우 그 효력은 장래에 대해서 미친다.

⑤ 단체협약의 평화의무와 평화조항은 서로 다른 것이다.

≪**해설**≫ ①②③ 단체협약의 내용은 크게 규범적 부분, 채무적 부분, 조직적(제도적) 부분으로 나눌 수 있다. 규범적 부분이라 함은 근로조건 기타의 근로자의 대우에 관한 기준(노동조합및노사관계조정법 제33조)에 해당하는 것으로서 원칙적으로 조합원 및 사용자에 적용되는 것이다. 다만, 비조합원에게는 사용자가 임의로 적용하거나 효력확장제도에 의하여 일정한 요건을 갖춘 경우 당해 사업장의 다른 동종의 근로자에게도 적용되고(동법 제35조), 또 지역단위의 다른 동종의 근로자에게도 적용된다(동법 제36조). ④ 「해제」는 일시적 계약을 대상으로 하는 것이므로 소급효가 인정되지만, 단체협약을 「해지」하는 것은 계속적 계약을 대상으로 하는 것으로서 해지한 때부터 장래를 향하여 그 효력이 상실되는 것이다. ⑤ 채무적 부문은 협약당사자간의 권리와 의무를 정한 부분으로서 채무적 효력은 실행의무와 평화의무로 나눌 수 있는 데, 평화의무란 협약당사자가 단체협약 유효기간 중 협약소정사항의 개폐를 목적으로 하는 쟁의행위를 하지 않을 의무를 말한다. 그런데 평화조항이라고 하는 것은 협약당사자가 쟁의행위를 미연에 방지하고 분쟁을 평화적으로 해결하기 위해 분쟁조정절차를 거칠 것을 정하는 규정이라고 할 수 있다. 따라서 평화의무와 그 내용을 달리한다.

17. 노동조합및노동관계조정법상 단체교섭에 관한 설명 중 옳지 않은 것은?

〈44회 사시〉

① 노동조합대표자는 단체교섭권한과 단체협약체결권한을 가진다.

② 노동조합이 단체교섭권한을 위임한 때에는 그 사실을 사용자에게 통보해야 한다.

③ 사용자는 단체교섭권한을 제 3 자에게 위임할 수 없다.

④ 사용자뿐만 아니라 노동조합도 성실히 교섭하고 그 권한을 남용하여서는 안 된다.

⑤ 단체교섭이 타결된 경우 사용자가 단체협약의 체결을 거부하면 부당노동행위에 해당한다.

≪**해설**≫ ① 노사관계법 제29조 제 1 항, ② 동법 제29조 제 3 항, ③ 단체협약상 제 3 자위임금지조항이 체결되어 있지 않는 한 원칙적으로 노동조합과 사용자 또는 사용자단체는 교섭 또는 단체협약의 체결에 관한 권한을 제 3 자에게 위임할 수 있다(동법 제29조 제 2 항). ④ 성실교섭의무(동법 제30조 제 1 항), ⑤ 교섭사항에 관해서는 의견의 일치를 보았음에도 불구하고 단체협약에 서명·날인을 거부하는 경우 성실교섭의무에 반하는 것으로서(동법 제30조 제 2 항) 부당노동행위가 된다(전남지노위 1988. 7; 전북지노위 1971. 12. 2 등 참조).

해답 17. ③

18. 단체협약의 채무적 부분이 아닌 것은? 〈44회 사시〉

① 쟁의조정절차에 관한 사항 ② 조합비공제에 관한 사항

③ 조합사무실 제공에 관한 사항 ④ 취업시간 중 조합활동에 관한 사항

⑤ 조합원의 퇴직금 및 복리후생에 관한 사항

≪**해설**≫ 단체협약의 채무적 부분이라 함은 단체협약 당사자 상호간의 권리·의무를 규정한 부분을 말한다. 일반적으로 평화의무, 평화조항, 샵조항, 해고협의조항, 조합활동조항(②, ③, ④), 쟁의행위의 절차 및 규칙에 관한 사항(①) 등이다. ⑤ 단체협약의 규범적 부분이다.

19. 노동조합및노동관계조정법상 단체협약의 효력에 관한 설명 중 옳지 않은 것은? 〈44회 사시〉

① 단체협약에 정한 근로조건의 기준에 위반하는 취업규칙의 부분은 무효로 한다.

② 근로계약에 규정되지 아니한 사항은 단체협약에 정한 기준에 의한다.

③ 지역단위의 일반적 구속력은 노동위원회가 결정한다.

④ 단체협약의 규범적 부분이 비조합원에게 적용되는 경우가 있다.

⑤ 단체협약의 유효기간이 만료되더라도 그 효력이 일정기간 연장될 수 있다.

≪**해설**≫ ① 단체협약의 강행적 효력(노사관계법 제33조 제 1 항). ② 단체협약의 대체적 효력(동법 제33조 제 2 항). ③ 지역단위의 일반적 구속력은 단체협약의 당사자의 쌍방 또는 일방의 신청에 의하거나 행정관청의 직권으로 「노동위원회의 의결」을 얻어 행정관청이 결정한다(동법 제36조 제 1 항). ④ 단체협약의 규범적 부분이 비조합원에게 적용되는 경우는 i) 사용자가 임의로 적용하는 경우, ii) 사업장 단위의 일반적 구속력(동법 제35조) 등이 있다. ⑤ 단체협약의 유효기간이 만료되더라도 i) 법적 유효기간의 연장(동법 제32조 제 3 항), ii) 자동갱신협정·자동연장협정(동법 제32조 제 3 항), iii) 단체협약의 여후효론 등의 경우에는 그 효력이 일정기간 연장될 수 있다.

20. 노동조합및노동관계조정법상 단체교섭에 관한 설명으로 옳지 않은 것은? 〈43회 사시〉

① 노사쌍방은 신의에 따라 성실히 교섭하여야 한다.

② 연합단체인 노동조합은 단체교섭의 당사자가 될 수 없다.

③ 근로자 개인은 단체교섭의 당사자가 될 수 없다.

④ 단체교섭의 결과 합의가 성립하면 사용자는 이를 단체협약으로 체결하여야 한다.

⑤ 교섭에 관한 권한을 위임한 때에는 그 사실을 상대방에게 통보하여야 한다.

≪**해설**≫ ① 성실교섭의무(노사관계법 제30조 제 1 항). ② 상급단체인 연합단체도 독자적인 노동조합으로서의 요건을 갖춘 경우에는 단체교섭당사자의 지위를

| 해답 | 18. ⑤ 19. ③ 20. ②

가질 수 있다는 것이 일반적이다. ③ 근로자 개인은 헌법 제33조 제 1 항의 「단체교섭권의 주체」는 될 수 있으나, 단체교섭권의 행사는 노동조합만이 할 수 있으므로 단체교섭의 당사자(주체)는 노동조합과 상대방으로서 사용자(사용자단체)만이 된다. ④ 단체협약의 체결이 강제되는 것은 아니나, 단체교섭의 결과 합의가 성립되면 노동조합과 사용자 또는 사용자단체는 정당한 이유없이 단체협약의 체결을 거부하거나 해태하여서는 아니된다(동법 제30조 제 2 항 참조). ⑤ 단체교섭의 위임(동법 제29조 제 3 항).

21. 단체협약의 규범적 부분과 관계없는 것은? 〈43회 사시〉

① 일반적 구속력　② 여후효　③ 평화조항

④ 근로조건　⑤ 강행적 효력

≪**해설**≫ ① 일반적 구속력(노사관계법 제35조)이 확장 적용되는 부분은 규범적 부분에 한하며(통설·판례), ② 여후효에 관한 적용부분도 규범적 부분에 국한되며(통설), ④ 단체협약의 규범적 부분이란 조합원들의 근로관계를 규율하는 근로조건 기타 근로자의 대우에 관한 부분을 의미하므로 관련성이 있으며, ⑤ 단체협약의 규범적 효력(동법 제33조)은 강행적 효력과 대체적 효력을 의미하므로 관계가 있다. ③ 평화조항은 채무적 부분이다.

22. 유효기간을 정하지 않는 단체협약에 관한 설명으로 옳은 것은? 〈43회 사시〉

① 기간의 정함이 없는 단체협약이 된다.

② 단체협약으로서의 효력이 없다.

③ 2년을 유효기간으로 하는 단체협약이 된다.

④ 양 당사자는 언제든지 단체협약의 갱신을 요구할 수 있다.

⑤ 종전의 단체협약의 유효기간에 따른다.

≪**해설**≫ 단체협약에는 2년을 초과하는 유효기간을 정할 수 없다(노사관계법 제32조 제 1 항). 만약에 i) 단체협약에 그 유효기간을 정하지 아니한 경우 또는 ii) 2년을 초과하는 유효기간을 정한 경우에 그 유효기간은 「2년」으로 한다(동법 제32조 제 2 항).

23. 단체교섭에 관한 설명 중 옳지 않은 것은? 〈42회 사시〉

① 노동조합의 대표자는 사용자와 단체교섭을 하고 단체협약을 체결할 권한을 가진다.

② 노동조합과 사용자는 신의에 따라 성실히 교섭해야 한다.

③ 단체교섭권한은 원칙적으로 제 3 자에게 위임할 수 없다.

④ 단체협약에 유일교섭단체조항이 있다 하더라도 사용자가 다른 노동조합과 교섭할 수 있다고 보는 것이 지배적인 견해이다.

해답 21. ③ 22. ③ 23. ③

⑤ 사용자는 노동조합의 요구에 응하여 단체협약을 체결할 의무까지 부담하는 것은 아니다.

≪**해설**≫ ① 종래 노동조합대표자의 단체협약체결권한을 제한할 수 있는가와 관련하여 i) 노동조합대표자는 독자적으로 단체협약체결권한을 행사하며, 노동조합은 이러한 권한 행사에 조건이나 제한을 부가할 수 없다는 입장(판례)과 ii) 노동조합의 규약이나 총회의 의결로서 이를 제한할 수 있다는 입장(다수설)이 대립되어 있었으나, 현행법은 전자의 입장을 명문화 하였다(노사관계법 제29조 제 1 항). ② 성실교섭의무(동법 제30조 제 1 항). ③ 노동조합 또는 사용자는 단체교섭의 권한을 위임할 수 있으며, 위임받은 자는 위임받은 범위안에서 권한을 행사할 수 있다(동법 제29조 제 2 항). 이 경우 「제 3 자위임금지조항」의 설정이 가능한가와 관련하여 i) 무효설(박홍규)도 있으나, ii) 유효설이 일반적인 입장이다(통설). ④ 「유일교섭단체조항」의 법적 효력에 대하여 i) 노사자치의 원칙상 유효하다는 견해도 있을 수 있으나, ii) 특정 노동조합과 사용자 사이의 단체협약에 의하여 다른 노동조합의 헌법상 단체교섭권이 제한·박탈되어질 수는 없기 때문에 이를 무효로 보는 것이 일반적이다(통설). ⑤ 성실교섭의무란 합의가능성을 모색할 의무를 말하는 것이지, 합의의무 또는 공동결정의무나 양보를 할 의무를 뜻하는 것은 아니다. 현행법상의 성실교섭의무에는 단체협약을 체결할 의무가 포함되어 있다고 보여지나(동법 제30조 제 1 항), 이는 당사자간에 단체교섭이 타결(합의)된 경우에 단체협약을 체결하여야 한다는 것이지, 일방의 교섭신청에 대하여 쌍방은 언제나 단체협약의 체결에 이르러야 한다는 것을 의미하는 것은 아니다(다수설).

24. 단체협약의 규범적 부분에 해당하는 것은? 〈42회 사시〉

① 노동조합 전임자를 두기로 한 조항 ② 유니온 샵(Union Shop) 조항
③ 쟁의절차조항 ④ 평화조항
⑤ 연봉제조항

≪**해설**≫ 단체협약은 「규범적 부분」과 「채무적 부분」 및 「제도적 부분」으로 구성되어 있다. 「규범적 부분」이란 「단체협약에 정한 근로조건 기타 근로자의 대우에 관한 기준」으로서, 예컨대 임금, 근로시간, 휴식·휴일·휴가, 안전·보건·작업환경, 복리후생, 배치전환·교육훈련 등의 인사사항, 정년·해고 등에 관한 규정이 규범적 부분이다. 「채무적 부분」은 규범적 부분을 제외한 모든 조항으로서 주로 집단적 노사관계에 관한 조항, 예컨대 평화의무·평화조항, 쟁의조항(쟁의절차조항), 조합원범위조항, 유니온 샵 등 조직 강제조항, 노조전임자조항·조합비공제조항·근로시간중의 조합활동조항·조합사무소설치조항 등 조합활동보장 또는 편의제공조항, 유일교섭단체조항·제 3 자위임금지조항 등 단체교섭조항, 면책조항 등이다.

25. 평화의무에 관한 설명 중 가장 옳지 않은 것은? 〈42회 사시〉

① 단체협약의 유효기간 중에 기존의 단체협약 내용을 개폐하기 위한 쟁의행위를 하지 않을 의무를 말한다.

| 해답 | **24.** ⑤ **25.** ③

② 단체협약에 명시적인 규정이 없더라도 평화의무는 발생한다.

③ 단체협약이 실효하더라도 평화의무는 소멸하지 않는다.

④ 단체협약의 당사자 쌍방이 부담하는 의무이다.

⑤ 평화의무에 위반하여 쟁위행위를 한 경우에는 손해배상책임이 발생한다.

≪**해설**≫ ① 평화의무는 「절대적 평화의무」와 「상대적 평화의무」로 분류되는 바, 일반적으로 평화의무라 함은 기존의 합의내용에 대해서만 유효기간 중에 쟁의행위를 하지 않을 의무인 상대적 평화의무를 말한다(통설). ② 평화의무의 근거에 대하여 i) 내재설(제도목적설)(다수설), ii) 합의설(김유성), iii) 신의칙설(임종률) 등이 주장되고 있으나, 어느 견해에 의하든 평화의무는 평화조항과 달리 협약당사자 사이에 명시적 약정이 없더라도 「당연히」 발생하는 것으로 본다. ③④ 평화의무는 채무적 부분이므로, 협약체결 당사자가 쌍방이 준수해야 할 의무이며, 단체협약이 실효하면 소멸된다고 본다. ⑤ 평화의무 위반의 효과에 관하여 i) 법규범설 또는 내재설의 입장에서는 정당성을 상실한다고 보며(다수설・판례), ii) 계약설 또는 합의설의 입장에서는 계약위반에 불과할 뿐 정당성이 상실되는 것은 아니라고 본다(김유성, 임종률). 따라서 평화의무 위반의 쟁의행위에 대하여 전자의 견해에 의하면 노동조합은 채무불이행책임, 불법행위책임, 징계책임을 부담하게 되나, 후자의 견해에 의하면 노동조합은 협약위반의 책임 즉 채무불이행책임만이 문제될 뿐이라 한다.

26. 단체협약의 유효기간에 관한 설명 중 옳은 것은? 〈42회 사시〉

① 아무런 제한이 없다.

② 1년을 초과할 수 없다.

③ 2년을 초과할 수 없다.

④ 2년을 초과할 수 없되, 임금협약의 경우 1년을 초과할 수 없다.

⑤ 유효기간을 정하지 않은 경우 1년으로 한다.

≪**해설**≫ ①②③ 단체협약에는 원칙적으로 「2년」을 초과하는 유효기간을 정할 수 없다(노사관계법 제32조 제 1 항). ⑤ 다만 i) 단체협약에 그 유효기간을 정하지 아니한 경우, ii) 2년을 초과하는 유효기간을 정한 경우에 그 유효기간은 2년으로 한다(동법 제32조 제 2 항). ④ 구법상 단체협약의 유효기간에 관한 규정내용이다.

27. 새로운 단체협약을 체결하고자 단체교섭을 계속하였음에도 불구하고 새로운 단체협약이 체결되지 아니한 채 종전의 단체협약의 유효기간이 만료되었다. 이 경우 종전 단체협약에 별도의 약정이 없을 때 단체협약의 효력에 관한 설명 중 가장 옳은 것은? 〈42회 사시〉

① 유효기간의 만료와 동시에 종전 단체협약의 효력은 상실된다.

② 종전 단체협약이 그 유효기간만료일부터 3월까지 계속 효력을 갖는다.

③ 종전 단체협약이 그 유효기간만료일부터 6월까지 계속 효력을 갖는다.

┃해답┃ 26. ③ **27.** ②

④ 종전 단체협약이 그 유효기간만료일부터 1년까지 계속 효력을 갖는다.

⑤ 종전 단체협약이 자동적으로 갱신된 것으로 본다.

≪**해설**≫ ② 노사관계법 제32조 제 3 항 본문. 단체협약의 최장유효기간은 2년이다. 이 경우 유효기간이 만료되는 때를 전후하여 당사자 쌍방이 새로운 단체협약을 체결하고자 「단체교섭을 계속」하였음에도 불구하고 새로운 단체협약이 체결되지 아니한 경우에는 「별도의 약정이 있는 경우」 예컨대 자동갱신협정·자동연장협정이 있는 경우에는 그에 의하되, 그렇지 않은 경우 종전의 단체협약은 그 효력만료일부터 「3월」까지 계속 효력을 갖는다. 이는 당사자의 협약체결 노력을 격려하기 위한 정책적 고려에서 법이 특별히 무협약상태를 3월간 유예하고 단체협약의 효력을 연장한 것이다.

28. 단체교섭의 주체 및 대상에 관한 설명 중 옳지 않은 것은? (판례에 의함)

〈41회 사시〉

① 항만 하역회사는 항운 단위노조에 대하여 단체교섭의무를 부담하는 사용자가 아니다.

② 상부연합단체는 단체교섭의 주체가 될 수 없다.

③ 단체협약에 의하여 노조전임자로 된 자에 대하여 새로이 급여지급을 요구하는 것은 의무적 단체교섭사항에 해당하지 않는다.

④ 사용자의 사업부문의 폐지결정의 철회여부는 단체교섭의 대상이 되지 않는다.

⑤ 사용자의 사업부문 폐지에 따른 근로자의 근로조건의 변경 등에 관한 사항은 단체교섭의 대상이 된다.

≪**해설**≫ ① 판례에 의하면 항운노조 조합원의 노동력을 공급받아 하역작업을 수행하는 회사에 대하여 항운노조 조합원과의 사이에 명시적·묵시적으로 체결된 개별적 근로계약관계가 없음을 이유로 단체교섭의 당사자 지위를 부정한다(대판 1995.12.22, 95누3565 등). ② 상부연합단체가 단체교섭의 당사자가 되는가의 문제에 관하여 i) 연합단체는 단위노조로부터 협약체결권을 위임받은 경우에만 교섭당사자가 된다는 견해(김형배)도 있으나, ii) 연합단체는 노동조합 독자의 문제이거나 소속 단위노조 공통의 사항에 관하여는 고유의 단체교섭권을 당연히 갖게 된다는 것이 일반적이다(다수설). ③ 노조 전임자에 대한 임금지급은 사용자의 경비원조행위(다만, 2009.12.31까지 유예)로서 부당노동행위에 해당하므로(노사관계법 제81조 제 4 호) 이는 금지교섭대상이다. ④ 대판 1994.3.25, 93다30242. ⑤ 경영사항이라도 그것이 근로조건에 영향을 주는 경우에는 의무교섭대상이 된다(대판 1994.8.23, 93누21514 등).

29. 사용자의 성실교섭의무 내용으로 볼 수 없는 것은? 〈41회 사시〉

① 노조측과 합의달성을 위해 진지하게 노력할 의무

▎해답▎ 28. ② **29.** ②

② 단체협약유효기간 만료 후 3개월 이내에 새로운 단체협약을 체결할 의무
③ 교섭사항과 관련하여 노조측에 필요한 설명을 할 의무
④ 교섭사항과 무관한 것을 교섭의 전제조건으로 하지 않을 의무
⑤ 노조측에 교섭사항과 관련된 자료를 제공할 의무

≪**해설**≫ ①③④⑤ 사용자의 성실교섭의무란 사용자가 단체교섭에 성의를 가지고 임하는 것을 의미한다. ② 따라서 반드시 일정한 기간내에 단체협약을 체결할 의무를 의미하는 것은 아니다.

30. 현행법상 단체협약의 효력에 관한 설명 중 옳지 않은 것은? (판례에 의함)

〈41회 사시〉

① 단체협약상 평화의무조항이나 평화조항은 모두 채무적 효력이 인정될 뿐이다.
② 단체협약에 이른바 종전 단체협약의 자동연장조항을 두었다고 하더라도 당사자 일방은 해지하고자 하는 날의 3개월 전까지 상대방에게 통고하여 종전 협약을 해지할 수 있다.
③ 단체협약의 자동갱신조항에 따라 종전 단체협약의 유효기간 만료 후 갱신된 단체협약의 유효기간은 2년을 초과할 수 없다.
④ 현행법상 단체협약의 일반적 구속력이 인정되는 것은 단체협약의 규범적 부분에 한정된다.
⑤ 현행법상 단체협약의 지역적 구속력에 의한 효력확장제도는 소수노조가 별도의 단체협약을 체결하여 그 유효기간 중에 있다면 그 소수노조의 조합원에 대하여는 적용되지 않는다.

≪**해설**≫ ② 단체협약에 이른바 종전 단체협약의 자동연장조항을 두었다고 하더라도 당사자 일방은 해지하고자 하는 날의 「6개월」전까지 상대방에게 통고하여 종전 협약을 해지할 수 있다(노사관계법 제32조 제 3 항 단서). ③ 자동갱신조항은 당사자의 합의로 종전과 동일한 내용의 협약을 일정 유효기간에 걸쳐 체결해 두자는 것이므로 역시 최장유효기간의 제한(동법 제32조 제 1 항)을 받는다. 다만, 갱신기간을 정하지 않은 경우 i) 종전과 동일기간이 갱신되는가(다수설), ii) 2년으로 보는가(임종률)의 견해차이가 있을 뿐이다. ④ 통설·판례. ⑤ 소수조합의 단체교섭권·쟁의권이 침해되는 것은 헌법상의 규범조화적 해석에 반하며, 소수조합에게 유리의 원칙을 긍정한다면 지역적 구속력의 확장적용에 관한 입법취지에 반하게 되므로, 소수조합의 조합원에게는 다수조합의 단체협약이 확장적용되지 않고 그 독자의 단체협약이 적용된다고 본다(통설; 대판 1993.12.21, 92도2247).

31. 단체협약의 규범적 효력과 관계가 없는 것은? 〈41회 사시〉

▌해답▌ **30.** ② **31.** ④

① 강행적 효력 ② 직접적 효력 ③ 일반적구속력
④ Shop조항 ⑤ 餘後效

≪**해설**≫ 단체협약에 관한 제 논의에서 규범적 효력과 관련된 사항을 채무적 효과에 관련된 사항과 대비시킨 문제이다. ①② 규범적 효력은 강행적 효력과 직접적 효력(보충적·대체적 효력)으로 구성된다(노사관계법 제33조). ③ 단체협약의 일반적·장소적 확장적용은 규범적 부분에 한하며 확장적용의 효과는 비조합원인 근로자에 대하여도 규범적 효력에 의하여 단체협약이 적용되게 된다. ⑤ 단체협약이 소멸된 후에도 단체협약이 지속적으로 효력을 갖는 경우 이를 여후효라 하는 바 역시 단체협약의 규범적 부분에 관한 강행적 효력 또는 대체적 효력의 지속여부에 관한 논의이다. ④ Shop조항은 단체협약의 채무적 부분으로서 채무적 효력과 관계가 있다.

32. 다음 중 단체교섭의 당사자가 될 수 있는 자는 모두 몇 개인가?

〈40회 사시변형〉

㉮ 단위노동조합	㉯ 연합단체인 노동조합	㉰ 근로자 개인
㉱ 사용자 개인	㉲ 사용자 단체	

① 1개 ② 2개 ③ 3개
④ 4개 ⑤ 5개

≪**해설**≫ 단체교섭의 당사자란 단체교섭을 자신의 명의로 수행하는 단체교섭의 주체를 말한다. ㉯ 근로자측 당사자로서 i) 노사관계법상의 (단위)노동조합, ii) 법외노조(통설/반대; 판례), iii) 연합단체(상부단체)인 노동조합, iv) 하부노조(지부, 분회), ㉰ 사용자측 당사자로서 i) 사용자(개인), ii) 사용자단체 등이다. 그러나 i) (일시적)쟁의단, ii) 비조직파업(산고양이파업; Wild Cat Strike), iii) 근로자개인(※ 집단적 노사관계에서 근로자 개인의 명의로 할 수 있는 것은 거의 없다. 단체교섭의 당사자(×), 단체협약의 체결(×), 쟁의행위의 주체(×), 단 부당노동행위의 구제신청(○); 노사관계법 제 7 조 제 2 항, 제81조 제 1 호·제 2 호·제 5 호).

33. 단체협약의 규범적 효력을 최초로 입법한 법전은? 〈40회 사시〉

① 미국의 전국노동관계법(1935) ② 영국의 노동조합법(1913)
③ 영국의 공모 및 재산보호법(1875) ④ 독일의 단체협약법(1918)
⑤ 미국의 노사관계법(1947)

≪**해설**≫ 단체협약에 관한 입법례는 크게 i) 영미법계와, ii) 대륙법계로 나눌 수 있다. 전자의 경우 영국은 단체협약의 법적성질을 「일종의 신사협정」으로 취급하고 있으며 단체협약의 체결과 효력은 완전한 노사자치에 방임하고(「방임형」) 협약당사자 및 개별근로자를 구속하지 못하는 것이다. 다만 최근 노사관계법(1992년)에서 예외적으로 단체협약의 법적효력을 인정하고 있다(이상윤 노동법(제 2 판), 644쪽). 미국은 단체협약의 법적성질을 「계약」으로 파악하는 것이 일반적이다(1947.

┃해답┃ 32. ④ 33. ④

Taft－Hartly법 이후). 다만 최근 일부 판례에서는 노사간의 자치규범성까지 인정하고 있으며, 특히 배타적 교섭제도하에서는 사실상의 규범적 효력을 갖게 되는 결과를 낳기도 한다(이상윤 노동법(제 2 판), 645쪽). 후자의 경우 단체협약의 법적성질에 관하여는 독일을 중심으로 「단체협약법(1918)」의 제정 이전부터 논의되던 부분이었으며, 프랑스 · 일본 · 우리나라에서도 소개되고 많은 논의가 있는 부분이다.

34. 단체협약의 법적 성질에 관한 설명 중 옳지 않은 것은? 〈40회 사시〉

① 규범설은 노사합의의 결과로 생긴 자주적인 규범성에서 단체협약의 법적 성질을 찾고 있다.

② 규범설은 단체협약의 규범적 효력은 헌법 제33조에 의해서 당연히 인정된다고 한다.

③ 계약설은 단체협약의 직률적 효력을 체계적으로 설명하는 데 용이하다.

④ 계약설은 일정한 사항에 관하여 노사의 합의에 의해서 단체협약이 성립한다는 점에서 그 법적 성질을 찾고 있다.

⑤ 단체협약의 법적 성질은 노동조합의 조직형식과 단체협약의 체결방식등을 종합해서 판단해야 한다.

≪**해설**≫ 단체협약은 노동조합과 사용자간의 합의로서 성립되므로 「계약적 성질」을 갖게 되고, 동시에 근로자 개인과 사용자간의 개별적 근로계약을 직접 규율하므로(직률적 효력 · 불가변적 효력) 「규범적 성질」도 갖게 된다(「단체협약의 이중적 성질」). 이 경우 어느 성질을 강조하는가에 따라 i) 규범설(①)과 ii) 계약설(④)로 대별된다. ② 규범설에서는 단체협약의 규범적 성질은 근로 3 권의 보장결과 체결된 단체협약의 본질에 내재하는 것이므로 노사관계법 제33조는 확인규정이라 한다. 다만 종래 「授權說」을 규범설의 일종으로 분류하는 입장에서 수권의 근거를 i) 헌법 제33조로 보거나(이 경우 노사관계법 제33조는 확인규정에 불과), ii) 노사관계법 제33조로 보는 견해(즉 창설적 규정이 됨)의 대립이 있다. 따라서 ②번 지문은 전자의 입장에서 나온 것이다. ③ 계약설의 단점이 바로 단체협약의 규범적 효력(직률적효력 · 불가변적효력)을 설명하기가 쉽지 않다는 것이다.

35. 단체협약의 규범적 부분이 아닌 것은? 〈40회 사시〉

① Shop제에 관한 부분 ② 승진 · 승급에 관한 부분

③ 임금의 형태에 관한 부분 ④ 징계에 관한 부분

⑤ 정년제에 관한 부분

≪**해설**≫ 단체협약은 i) 개별적 근로관계의 체결 · 내용 · 종료에 관한 부분으로서 「근로조건 기타 근로자의 대우에 관한 기준」을 정한 규범적 부분, ii) 집단적 노사관계의 운영과 관련하여 「단체협약 당사자간의 권리 · 의무에 관한 것」을 규정한 채무적 부문, iii) 근로조건의 기준이나 협약 당사자 상호간의 권리 · 의무에 관

해답 34. ③ 35. ①

한 것이 아닌 것으로서 「집단적 노사관계를 제도적으로 규율하는 조항」에 관한 제도적 부분(조직적 부분)으로 이루어져 있다. ① 평화조항, Shop조항, 쟁의조항, 조합활동조항, 노조전임조항 등이 채무적 부분이다. ②③④⑤ 임금, 근로시간, 휴일·휴가, 안전보건, 재해보상, 복무규율, 징계, 휴직, 해고, 정년제 등이 규범적 부분이다.

36. 다음 중 단체협약의 종료사유가 아닌 것은? 〈40회 사시〉

① 유효기간의 만료
② 합의 해약
③ 노동조합의 해산
④ 사정변경으로 인한 해약
⑤ 노동조합의 법인격 상실

≪**해설**≫ 단체협약의 종료사유는 ⑴ 유효기간의 만료(노사관계법 제32조 제 1 항), ⑵ 단체협약의 취소: i) 중요부분의 착오(민법 제109조), ii) 사기·강박(민법 제110조), ⑶ 행정관청의 시정명령(노사관계법 제31조 제 3 항), ⑷ 단체협약의 해지: i) 상대방이 단체협약을 위반한 경우(통설·판례), ii) 사정변경이 있는 경우(통설), iii) 해지계약에 의한 경우(통설), iv) 자동연장협정에 의한 경우(노사관계법 제32조 제 3 항 단서), ⑸ 단체협약당사자의 변경: i) 회사의 해산, ii) 노동조합의 해산·분할, ⑹ 신단체협약의 체결 등이 있다. ⑤ 노동조합의 법인격 취득 여부는 임의적 사항(법정임의적 기재사항)이므로 법인격 상실이 노동조합의 해산사유도 아니며 단체협약의 종료사유도 아니다.

37. 우리나라에서 가장 일반적인 단체교섭의 형태는? 〈40회 사시〉

① 기업별교섭
② 산업별교섭
③ 대각선교섭
④ 공동교섭
⑤ 집단교섭

≪**해설**≫ 종래 우리나라 노동조합의 형태는 사업장단위의 기업별 노조가 주류를 이루고 있으므로, 단체교섭의 형태도 기업별 교섭이 대부분이었다. 다만, 최근에는 산별노조의 조직률이 증가추세에 있어 가장 일반적인 단체교섭의 형태를 일률적으로 규정하기는 곤란하다.

38. 단체협약에 대한 설명 중 옳지 않은 것은? 〈39회 사시〉

① 단체협약은 노사대표자의 협약이 아니라 노동조합과 사용자간의 집단의사의 합의이다.
② 단체협약의 내용은 서면으로 작성되어야 한다.
③ 노사 쌍방의 대표자가 서명·날인하여야 한다.
④ 단체협약의 성질에 비추어 반드시 노동조합 총회에서 비준을 얻어야 한다.
⑤ 단체협약은 그 성립과정에 있어서는 일종의 계약이며 그 기능은 자치적 입법기능을 갖는 법률행위이다.

| 해답 | **36.** ⑤ **37.** ① **38.** ④

≪**해설**≫ ① 단체협약의 근로자측 주체는 「노동조합」인 것이지, 노동조합 대표자인 개인이 아니다. ②③ 노사관계법 제31조. ④ 단체교섭당사자인 노동조합의 대표자가 단체교섭타결권한과 단체협약체결권한을 당연히 보유하는가 아니면 별도의 조합규약이나 총회의 의결을 필요로 하는가에 관하여 종래 견해 대립이 있었으나, 전원합의체 판결은 당연히 협약체결권을 갖는다고 판시한 바 있다(대판(전) 1993.4.27). 현행법은 이를 명문으로 입법화 하였다(노사관계법 제29조). ⑤ 단체협약의 법적성질에 관해 계약설과 법규범설의 대립이 있는 바, 계약설적 입장에서 서술한 무난한 설명이다.

39. 단체협약의 채무적 부분이라고 하기 어려운 것은? 〈39회 사시〉

① 평화조항 ② 조합활동조항 ③ 노동쟁의관계조항
④ 해고협의조항 ⑤ 단체교섭의 절차조항

≪**해설**≫ ①②③⑤ 채무적 부분은 집단적 노사관계의 운영과 관련하여 「단체협약당사자간」의 권리·의무를 규정한 부분으로서 평화조항·Shop조항·조합활동조항·쟁의조항·단체교섭의 절차 및 규칙에 관한 조항·조합전임자조항 등이 있다. ④ 해고협의 조항·해고동의(합의)조항의 법적성질에 관하여는 i) 규범적 부분설(多數說), ii) 채무적 부분설(김형배), iii) 제도적 부분설(박상필)의 견해 대립이 있다. 특히 최근 판례는 절충설에 입각하여, 해고협의조항이 i) 해고에 대한 「자문」 또는 「단순협의」에 불과한 경우(협의의 해고협의조항-채무적 부분)에는 협의절차를 거치지 아니하여도 해고의 효력에는 영향이 없으나(대판 1993.4.23, 92다34940), ii) 「합의」·「동의」 등 노동조합의 사전동의나 승락을 얻어야 하는 경우(해고합의·동의규정-규범적 부분)에는 이러한 절차를 거치지 아니한 해고의 효력은 무효라고 본다(대판 1995.1.24, 94다24596, 대판 1995.3.28, 94다46763 등). 본 문제의 경우 「해고협의조항」을 광의로 해석하여 다수의 견해인 규범적 부분으로 파악하여야 한다.

기출문제 및 기본문제

40. 단체교섭의 방식 중 대각선교섭 방식이란? 〈'97 행시〉

① 사업장의 기업과 상대방인 사용자 간에 행하는 것이다.
② 산업별·직종별 노조가 이에 대응하는 사용자단체 간에 행하는 것이다.
③ 기업별노조와 상부단체가 공동으로 사용자와 교섭하는 것이다.
④ 기업별노조가 소속한 산업별 상부단체가 개개 사용자와 교섭하는 것이다.
⑤ 기업별노조 여러 개가 동일 장소에서 각 사용자와의 공통된 사항을 교섭하는 것이다.

≪**해설**≫ ① 기업별교섭방식. ② 통일교섭방식(산업별교섭방식). ③ 공동교섭방식. ⑤ 집단(연합)교섭방식

▌해답▐ **39.** ④ **40.** ④

41. 다음 중 산업별 상부단체와 사용자단체가 교섭하는 방식은?

① 기업별 교섭 ② 산업별 교섭 ③ 대각선 교섭
④ 공동 교섭 ⑤ 집단 교섭

≪**해설**≫ 위 문제 해설 참조.

42. 단체교섭에 관한 설명이 바르지 못한 것은? 〈'99 공인노무사〉

① 노동조합의 대표자는 그 노동조합 또는 조합원을 위하여 사용자나 사용자단체와 교섭하고 단체협약을 체결한 권한을 가진다.
② 노동조합과 사용자 또는 사용자단체로부터 교섭 또는 단체협약의 체결에 관한 권한을 위임받은 자는 그 노동조합과 사용자 또는 사용자단체를 위하여 위임받은 범위 안에서 그 권한을 행사할 수 있다.
③ 노동조합과 사용자 또는 사용자단체는 신의에 따라 성실히 교섭하고 단체협약을 체결하여야 하며 그 권한을 남용하여서는 아니된다.
④ 상부단체인 연합단체는 당연히 단체교섭권한을 가지지 못한다.
⑤ 하부조직인 지부나 지회도 단체교섭의 주체가 될 수 있다.

≪**해설**≫ ① 노사관계법 제29조 제 1 항. ② 동법 제29조 제 2 항. ③ 동법 제30조 제 1 항. ④ 상부단체가 단체교섭을 행할 수 있는가에 관하여 i) 단체교섭의 주체성을 부인하는 견해(김형배, 김수복)와 ii) 단체교섭의 주체성을 긍정하는 견해(다수설)가 대립된다. 따라서 「당연히」 단체교섭을 행할 수 없는 주체가 되는 것은 아니며, 부정설에 의하더라도 총회나 대의원회의 위임이나 규약상의 수권에 의하여 단체교섭의 당사자가 될 수 있다는 것이고, 긍정설에서도 상부단체 자신에 관련된 사항과 가맹조합들의 공통적인 사항에 대하여는 한정적 단체교섭의 당사자(주체)가 될 수 있다는 것이다. ⑤ 하부조직이 독자적인 단체교섭의 당사자(주체)가 될 수 있는가에 관하여 우리나라 통설은 노동조합으로서의 실질이 인정되는 한 단체교섭의 주체성을 인정할 수 있다는 입장이다.

43. 단체교섭에 관한 설명이 틀린 것은? (다수설에 의한다)

① 단체교섭에 관한 권한은 위임할 수 있다.
② 특정의 근로자가 일시적으로 조직한 쟁의단은 교섭권한이 없다.
③ 근로조건의 결정권이 있는 지부나 분회도 단체교섭의 당사자가 될 수 있다.
④ 상부단체는 단체교섭의 권한이 없다.
⑤ 단체교섭의 당사자는 신의에 따라 성실히 교섭하고 그 권한을 남용하여서는 아니된다.

≪**해설**≫ ① 단체교섭 및 단체협약체결권한은 단체교섭의 당사자 이외의 제 3 자에게 교섭권한을 위임할 수 있다. 따라서 근로자측의 단체교섭담당자는 i) 노동조

해답 41. ② 42. ④ 43. ④

합의 대표자와, ii) 노동조합으로부터 교섭권한을 위임받은 자가 해당되며, 사용자측의 단체교섭담당자는 i) 사용자 또는 사용자단체와, ii) 사용자 또는 사용자단체로부터 위임받은 자가 이에 해당된다. ② 「쟁의단」은 노동조합으로서의 실질을 인정할 수 없으므로 단체교섭의 당사자가 될 수 없다는 것이 종래 다수설이다(반대견해 있음). ③ 하부조직이 i) 노동조합의 실질적 요건과 형식적 요건을 모두 충족시키는 경우 이는 독자적인 단위노조를 구성하므로 당연히 단체교섭의 당사자(주체)가 되는 것이며(노사관계법 시행령 제 7 조), ii) 노동조합의 실질적 요건을 갖추고 형식적 요건을 갖추지 못한 경우 노동조합으로서의 실질이 인정되는 한 단체교섭의 당사자(주체)가 된다는 것이다(통설). 다만 단체교섭의 당사자는 될 수 없고 단체교섭의 담당자만이 될 수 있을 뿐이라는 견해가 있다(이상윤: 노조 01254-0956, 94. 7. 10). ④ 상부단체가 단체교섭의 당사자(주체)가 될 수 있는가에 관하여 i) 단체교섭의 주체성을 원칙적으로 부정하면서 다만 총회 또는 대의원회로부터 위임을 받은 경우에만 단체교섭의 주체가 될 수 있다는 견해(김형배, 김수복)와 ii) 단체교섭의 주체성을 원칙적으로 긍정하는 견해(다수설)가 있다. 본문제에서는 단체교섭권한의 여부를 묻는 것이므로 상부단체도 위임의 범위안에서 당연히 단체교섭권한을 갖는다고 본다. 이 경우 노동조합의 단체교섭권한은 수임자의 단체교섭권한과 중복하여 경합적으로 남아 있게 된다(대판 1998. 11. 13, 98다20790). ⑤ 성실교섭의무(노사관계법 제30조).

44. 다음 중 단체교섭의 당사자가 될 수 있는 자는 모두 몇 개인가?

㉮ 노동조합	㉯ 노동조합으로부터 위임을 받은 자
㉰ 사용자 개인	㉱ 근로자 개인
㉲ 노사협의회의 대표자	

① 1개　　② 2개　　③ 3개
④ 4개　　⑤ 5개

≪**해설**≫ 단체교섭의 담당자는 교섭 그 자체를 행하는 자를 말하며, 따라서 단체교섭 후에 교섭을 타결짓는 주체로서의 단체교섭의 당사자와는 구별하여야 한다. 당사자는 노동조합과 사용자·사용자단체이다.

45. 유일교섭단체약관이란? 〈27회 사시〉

① Shop약정과 같은 것
② 평화의무와 같은 뜻
③ 특정한 노동조합이 자기의 노동조합만을 유일한 교섭단체로 승인하여야 한다는 것을 사용자와 협정하는 약관
④ 노사가 경영상의 제문제에 관해서 협의해야 한다는 약관
⑤ 제 2 조합과의 단체교섭도 허용한다는 노사간의 약관

▌해답▌ 44. ③ 45. ③

46. 단체교섭의 당사자와 담당자의 설명이 잘못된 것은? 〈'99 공인노무사〉

① 단체교섭의 당사자란 단체교섭을 자신의 명의로 수행하는 교섭의 주체이다.

② 단체교섭의 담당자란 노동조합과 사용자 또는 사용자단체를 대표하여 실제로 교섭을 직접 담당하는 자이다.

③ 「사용자단체」라 함은 노동관계에 관하여 그 구성원인 사용자에 대하여 조정 또는 규제할 수 있는 권한을 가진 사용자의 단체를 말한다.

④ 노동조합과 사용자 각각 단체교섭권을 보유한다.

⑤ 두 개념의 구별실익은 단체교섭권한을 담당자에게 위임하는 경우에 유용하다.

≪**해설**≫ 단체교섭의 주체(당사자)와 단체교섭권의 주체는 구별된다. 단체교섭권의 주체는 근로자 개인과 노동조합이나(헌법 제33조 제 1 항 참조), 단체교섭의 주체(당사자)는 노동조합과 단체교섭의 상대방인 사용자이다. ④ 따라서 사용자는 단체교섭권을 행사할 수 있는 주체가 아니고 단체교섭권한을 가질 뿐이다.

47. 노동관계법령 및 판례에 의할 때 틀린 설명은?

① 유일교섭단체조항은 현행법체계하에서 아무런 법적 구속력이 없다.

② 회사와 조합원간에 명시적·묵시적으로 체결된 근로계약관계가 없는 경우 회사는 단체교섭의 당사자가 될 수 없다.

③ 단체교섭의 당사자인 노동조합과 사용자는 각각 단체교섭권을 가진다.

④ 노동조합의 연합단체에 채용된 근로자들이 조직한 노동조합에 대하여는 연합단체가 사용자에 해당한다.

⑤ 노동조합의 대표자 또는 노동조합으로부터 위임을 받은 자는 단체교섭의 담당자가 될 수 있다.

≪**해설**≫ ① 회사는 본 노동조합이 회사에 재직하는 조합원을 대표하는 유일한 교섭단체로 인정한다는 유일교섭단체조항은 현행법체계하에서는 이론상 아무런 법적 구속력이 없다(통설). ② 판례에 의하면 항운노조 조합원의 노동력을 공급받아 하역작업을 수행하는 회사에 대하여 항운노조 조합원과의 사이에 명시적·묵시적으로 체결된 개별적 근로계약관계가 없음을 이유로 단체교섭의 당사자성을 인정할 수 없다고 한다(대판 1986. 12. 23; 대판 1993. 11. 23). ③ 단체교섭의 당사자 중 근로자측은 단체교섭권의 주체이며 사용자측은 단체교섭의무의 주체이다. ⑤ 노동조합의 대표자 또는 노동조합으로부터 위임을 받은 자는 단체교섭의 담당자가 될 수 있다(노사관계법 제29조 제 2 항).

48. 노사관계법에 의할 때 단체교섭에 관한 다음 설명 중 틀린 것은?

① 노동조합의 대표자는 단체교섭권한 뿐만 아니라 단체협약의 체결권한까지

┃해답┃ 46. ④ 47. ③ 48. ②

갖는다.

② 노동조합의 대표자는 조합규약이나 총회의 결의에 의하여 협약체결권한을 제한하는 경우에 단체협약체결권은 제한된다.

③ 노동조합과 사용자 또는 사용자단체로부터 교섭 또는 단체협약의 체결에 관한 권한을 위임받은 자는 그 노동조합과 사용자 또는 사용자단체를 위하여 위임받은 범위안에서 권한을 행사할 수 있다.

④ 노동조합과 사용자 또는 사용자단체는 교섭 또는 단체협약의 체결에 관한 권한을 위임한 때에는 그 사실을 상대방에게 통보하여야 한다.

⑤ 사용자는 제 3 자 위임금지조항의 체결을 이유로 연합단체인 노동조합과의 교섭을 적법하게 거부할 수 있다.

≪**해설**≫ ①② 단체교섭권한 속에 단체협약체결권한도 당연히 포함되는가에 관하여 종래 i) 조합대표자의 협약체결권을 규약이나 총회의결로 제한하거나 조건을 부과하더라도 아무런 영향을 미치지 아니한다는 입장(판례), ii) 규약이나 총회의결로 특별히 부여하거나 아니면 체결권한을 제한할 수 있다는 입장(다수설)이 있었다. 현행 노사관계법은 판례입장을 입법화 하였다(동법 제29조 제 1 항). ③ 조합으로부터 위임받을 자에 관하여는 법에서 정하는 바 없으나 노동조합 내부의 자이건 또는 외부의 자이건 이를 묻지 않는다(동법 제29조 제 2 항). ④ 노사관계법 제29조 제 3 항, 동법 시행령 제14조 제 2 항 참조. ⑤ 제 3 자위임금지조항을 이유로 하는 단체교섭 거부에 관하여는 i) 유효설(박상필, 김유성, 이상윤), ii) 무효설(박홍규), iii) 그리고 단위노동조합의 교섭권을 연합단체에 위임하는 것을 금지하는 협약조항은 무효라는 절충적 견해(김형배)가 있다.

49. 단체교섭대상의 3분체제에 관한 설명 중 틀린 것은?

① 의무교섭대상의 경우 노동조합의 단체교섭 제의를 사용자가 정당한 이유없이 거부한다면 부당노동행위가 된다.

② 임의교섭대상의 경우 노동조합의 단체교섭 제의를 사용자가 정당한 이유없이 거부하더라도 부당노동행위가 되지 아니한다.

③ 금지교섭대상의 경우 단체교섭의 대상이 될 수 없다.

④ 의무교섭대상 및 임의교섭대상에 관하여 일단 단체교섭이 개시되면 교섭이 결렬되는 경우 노동조합은 쟁의행위를 할 수 있다.

⑤ 임의교섭대상의 경우 사용자는 반드시 단체협약을 체결하지 아니하여도 무방하다.

≪**해설**≫ ④ 임의교섭대상의 경우 단체교섭이 결렬되더라도 노동조합은 쟁의행위를 할 수 없다.

┃해답┃ 49. ④

50. 다음 중 단체교섭의 교섭사항이 아닌 것은? 〈28회 사시〉

① 휴식 · 휴가 ② 생산 · 판매 ③ 임 금
④ 근로시간 ⑤ 안전 · 위생

≪**해설**≫ 원칙적으로 근로자의 인사 및 기업의 경영사항은 사용자의 독립적 책임하에서 행해지는 사항이며, 근로자참여및협력증진에관한법률의 범위 안에서 노사협의와 고충처리의 대상이 될 수 있을 뿐이다. 다만 경영권에 속한 사항일지라도 「근로조건 · 근로자의 지위와 밀접한 관련있는 인사 · 경영사항」은 단체교섭의 대상이 될 수 있다(통설 · 판례).

51. 단체교섭의 대상에 관한 판례의 태도가 아닌 것은?

① 택시회사에서 차량배차는 경영권에 속하므로 단체교섭의 대상사항이 아니다.
② 경영악화 등을 이유로 한 부서폐지결정은 단체교섭의 대상이 되지 않으며, 부서폐지결정으로 근로조건에 영향을 미치는 경우 단체교섭의 대상으로 된다.
③ 연구소장 퇴진요구가 근로조건의 개선요구에 주된 뜻이 있다고 볼 수 있다면 단체교섭사항이 될 수 있고 그 쟁의행위의 목적은 정당하다.
④ 노조전임제는 임의적 교섭사항이며 노동쟁의의 대상이 아니므로 중재대상으로 할 수 없다.
⑤ 비조합원에 관한 문제라 할지라도 그것이 조합원의 근로조건 등에 영향을 미치는 경우에는 교섭사항이 될 수 있다.

≪**해설**≫ ①⑤ 차량배차는 근로조건과 밀접한 관계를 가진다고 판시하였다(대판 1994. 8. 26, 93누8993). ② 대판 1994. 3. 25, 93다30242. ③ 대판 1992. 5. 12, 91다34523. ④ 대판 1996. 2. 23, 94누9177.

52. 다음 중 의무교섭대상에 속하는 것은?

① 노조전임제도 ② 임금 및 근로시간 ③ 경영권
④ 특정 정당 지원 ⑤ 근로시간 중의 노조활동

≪**해설**≫ ①③⑤는 임의교섭대상이고, ④는 금지교섭대상이다.

53. 다음 중 우리나라에서 단체협약으로서의 기능이 가장 미미한 것은?

① 근로조건 규제기능 ② 노사관계 규율기능 ③ 경영 규제기능
④ 평화적 기능 ⑤ 노동시장 지배기능

≪**해설**≫ 우리나라에서 단체협약은 주로 기업별 협약이 주종을 이루므로 산업별 협약에서 주로 기능하는 노동시장 지배기능 · 카르텔적 기능은 거의 없다고 볼 수 있다(김유성, 김형배).

▌해답▌ 50. ② 51. ① 52. ② 53. ⑤

54. 다음 단체협약에 관한 기술로서 틀리다고 인정되는 것은? 〈1회 공인노무사〉

① 단체교섭은 근로자들이 사회적·경제적 지위향상을 위해 행사할 수 있다.
② 노동조합은 일정한 경우에 단체교섭권한을 위임할 수 있다.
③ 단체교섭은 정당행위로서 형사상 면책된다.
④ 사용자의 단체협약의 체결을 정당한 이유없이 거부 또는 해태할 수 없다.
⑤ 취업시간 중에 단체교섭을 행하고 임금을 지급하면 노동조합의 운영비 원조에 해당된다.

≪**해설**≫ 근로자가 근로시간 중에 사용자와 협의·교섭하는 것을 사용자가 허용함은 무방하다(노사관계법 제81조 제 4 호 단서).

55. 다음 중 단체협약의 기능이 아닌 것은? 〈25·28회 사시〉

① 기업의 민주화 ② 산업평화의 유지
③ 근로계약의 개별화 ④ 근로자들의 조직의 강화
⑤ 근로자에게 유리한 근로조건의 결정

≪**해설**≫ 단체협약의 기능은 i) 근로조건의 유지·개선기능, ii) 산업평화의 유지기능, iii) 기업의 민주화기능, iv) 노사관계의 질서형성과 안정화기능, v) 경영의 안정화기능, vi) 근로계약내용의 획일화·표준화기능 등이 논의된다.

56. 단체협약과 관련된 다음 다수학설의 태도 중 틀린 것은? 〈34회 사시〉

① 가입한 연합단체인 노동조합에 교섭을 위임할 수 있다.
② 정당한 이유없이 단체교섭을 해태하는 경우에도 부당노동행위가 성립한다.
③ 유일교섭단체조항을 이유로 단체교섭을 거부할 수 없다.
④ 교섭권한없는 자가 교섭을 요구하는 경우 거부할 수 있다.
⑤ 설립신고증을 교부받지 못한 노조는 교섭권한이 없다.

≪**해설**≫ ① 노사관계법 제29조 제 2 항. ② 동법 제81조 제 3 호. ③ 유일교섭조항은 헌법상의 단체교섭권을 침해하므로 위헌·무효인 조항이다(통설). ④ 정당한 이유있는 단체교섭의 거부이다. ⑤ 법외노조도 단체교섭권 및 협약체결권을 갖는다고 본다(다수설).

57. 단체협약의 체결능력이 없는 자는? 〈34회 사시〉

① 산업별 노동조합연맹 ② 분회인 노동조합
③ 사용자 ④ 非法人인 노동조합
⑤ 전국경제인 연합회

≪**해설**≫ 단체협약의 당사자(협약능력자)로서 「노동조합측 당사자」는 i) 노사관

해답 54. ⑤ 55. ③ 56. ⑤ 57. ⑤

계법상의 노동조합, ii) 법외노조(통설/반대: 판례), iii) 상부단체(연합체), iv) 하부조직(지부·지회) 등이다. 단 i) 쟁의단 (×), ii) 비조직조합 (×), iii) 개별조합원 (×). 「사용자측 당사자」는 i) 사용자, ii) 사용자단체이다. 이 경우 「사용자단체」란 구성원인 사용자에 대하여 규제·조정할 수 있는 사실상의 권한을 가진 단체이어야 한다. 따라서 단지 자료수집·홍보 등을 위한 모임이나 정책협의차원의 기구는 사용자단체가 아니다.

58. 단체협약에 관한 설명 중 맞는 것은? 〈34회 사시〉

① 기간을 정하지 아니한 단체협약은 효력이 없다.

② 반드시 요식행위를 요하는 것은 아니다.

③ 새로운 단체협약을 체결하지 못한 채 유효기간이 만료한 단체협약은 그 종료일부터 효력을 상실한다.

④ 1년 미만의 유효기간을 정한 단체협약은 무효이다.

⑤ 2년을 초과하는 유효기간을 정한 임금협정의 유효기간은 2년이다.

≪**해설**≫ ①④⑤ 단체협약에 그 유효기간을 정하지 아니한 경우 또는 2년을 초과하는 유효기간을 정한 경우에 그 유효기간은 2년으로 한다(노사관계법 제32조 제 2 항). 한편, 당사자가 법정유효기간보다 짧은 기간을 정하는 것은 무방하다. ② 단체협약은 반드시 서면으로 작성하여 당사자 쌍방이 서명·날인하여야 한다(동법 제31조 제 1 항). 요식성을 위반한 단체협약은 효력이 없다(다수설). ③ 단체협약의 유효기간이 만료되는 때를 전후하여 당사자 쌍방이 새로 단체협약을 체결하고자 단체교섭을 계속하였음에도 불구하고 새로운 단체협약이 체결되지 아니한 경우에는 별도의 약정이 있는 경우를 제외하고는 종전의 단체협약은 그 효력만료일부터 3월까지 계속 효력을 갖는다(동법 제32조 제 3 항).

59. 다음 중 단체협약이 효력을 발생하기 위하여 반드시 필요한 요건의 조합은?

㉮ 당사자의 서명 또는 날인	㉯ 문서로 작성
㉰ 행정관청에의 신고	

① ㉮, ㉯ ② ㉯, ㉰ ③ ㉮, ㉰

④ ㉮, ㉯, ㉰ ⑤ 없음

≪**해설**≫ 행정관청에의 신고는 단체협약의 효력발생요건이 아니라는 것이 통설이다.

60. 단체협약이 유효하게 성립하기 위한 적법한 방식에 대한 설명이다. 틀린 것은?

① 질의답변서와 같은 동일서면이 아닌 경우 법률상의 효력을 인정할 수 없다.

② 서면에 의하지 않은 단체협약은 단체협약으로서의 효력뿐 아니라 민법상 계약으로서의 효력 등 일체의 효력도 인정하지 않는다.

해답 58. ⑤ 59. ① 60. ③

③ 단체협약은 반드시 서명 또는 날인 또는 기명 또는 날인을 하여야 유효하며, 따라서 판례에 의하면 서명 · 무인은 무효라 한다.

④ 협약당사자는 협약체결일로부터 15일 이내에 행정관청에게 쌍방의 연명으로 신고하여야 한다.

⑤ 신고하지 아니한 단체협약이라도 유효하다.

≪**해설**≫ ① 다만 당사자의 의사를 확인할 수 있는 한 규범적효력을 인정해야 한다는 소수설(이병태)이 있다. ② 요식행위(서면작성)를 갖추지 않은 단체협약의 효력은 i) 무효설(통설 · 판례), ii) 단체협약상의 효력은 부인하되 민법상의 효력은 인정된다는 견해(김유성, 박홍규), iii) 합의가 입증되는 한 규범적 효력도 인정된다는 견해(이병태)가 있다. ③ 「서명 · 날인」, 「기명 · 날인」, 「서명 · 무인」 모두 유효하다(대판 1995.3.10). ④ 노사관계법 제31조 제 2 항, 동법시행령 제15조. ⑤ 통설.

61. 단체협약의 유효기간에 관한 설명으로 바르지 못한 것은?

① 단체협약에 그 유효기간을 정하지 않거나 2년 이상의 기간을 정한 때에는 그 유효기간은 2년으로 된다.

② 단체협약의 유효기간 만료시를 전후하여 노동조합과 사용자 쌍방이 새로운 단체협약을 체결하기 위하여 단체교섭을 계속하였음에도 불구하고 단체협약이 체결되지 아니한 때에는 종전의 단체협약은 그 만료일부터 6월까지 계속 효력을 갖는다.

③ 「본 협약의 기간만료 전까지 당사자의 이의 제기가 없는 경우 동일내용 동일기간의 단체협약이 체결된 것으로 본다」는 자동갱신협정은 몇 번을 갱신하여도 노사관계법상 법정유효기간제도의 취지에 반하지 않는다.

④ 「본 협약은 신단체협약이 성립할 때까지 유효하다」는 자동연장협정은 별도의 신단체협약의 체결로 보며 임시성을 갖는다는 성질을 갖게 되므로 법정유효기간제도의 취지에 반하지 않는다.

⑤ 단체협약이 종료된 후의 근로관계는 협약상의 규범적 부분이 개별적 근로관계의 내용으로 화체된 것이므로 단체협약이 실효하더라도 여전히 존재하게 된다.

≪**해설**≫ ① 노사관계법 제32조 제 2 항. ② 동법 제32조 제 3 항. ③ 자동갱신협정은 구단체협약과 동일한 내용의 단체협약을 준수하겠다는 의사의 합치가 전제된 것으로 보아 구단체협약의 유효기간의 만료와 함께 동일내용의 신단체협약이 체결된 것으로 간주되므로 노사관계법 제32조의 취지에 어긋나지 않는다(대판 1993.2.9). 또한 당사자 일방의 의사표시로 갱신을 거절할 수 있으므로 갱신횟수의 제한을 두지 않더라도 단체협약의 장기화로 인한 폐단이 발생하지 않는다. ④

▎해답▎ 61. ②

자동연장협정의 성질은 구단체협약을 「임시로」 적용하는 신단체협약의 체결이라 본다(통설·판례). 따라서 구단체협약의 본래상의 유효기간이 아니므로 법정유효기간제도의 취지에 반하지도 않게 된다. ⑤ 단체협약 없는 상태에서 단체협약에 의하여 규율되었던 개별적 근로관계 중 근로조건에 관한 내용은 단체협약 실효후라도 개별적 근로관계의 내용으로 화체되어 여전히 존속하게 된다(이른바 「여후효」 긍정론; 다수설).

62. 다음 단체협약의 유효기간에 관한 설명 중 옳은 것과 틀린 것의 조합이 맞은 것은 무엇인가?

㉮ 단체협약의 효력기간은 원칙적으로 1년이다. ㉯ 단체협약의 기간을 자동적으로 연장하는 제도는 인정되지 않는다. ㉰ 유효기간 만료시를 전후하여 새로운 단체협약을 체결하기 위하여 단체교섭이 진행중일 때에는 별도의 약정이 있는 경우를 제외하고는 종전의 단체협약이 그 기간 종료 후 3개월만 효력을 갖는다. ㉱ 단체협약에 효력기간을 정하지 않았을 때에는 그 협약의 효력기간은 1년이다. ㉲ 단체협약의 기간이 만료되면 재협약이 체결될 때까지 자동적으로 구협약이 효력을 계속하는 것은 아니다.

① ㉮(○)㉯(○)㉰(×)㉱(○)㉲(○) ② ㉮(○)㉯(×)㉰(×)㉱(○)㉲(×)
③ ㉮(×)㉯(×)㉰(○)㉱(×)㉲(○) ④ ㉮(×)㉯(○)㉰(×)㉱(×)㉲(○)
⑤ ㉮(×)㉯(×)㉰(○)㉱(×)㉲(×)

≪**해설**≫ ㉮ 단체협약에는 2년을 초과하는 유효기간을 정할 수 없다(노사관계법 제32조 제 1 항). ㉯ 자동갱신협정·자동연장협정 모두 인정된다. ㉰ 동법 제32조 제 3 항 본문. ㉱ 단체협약에 그 유효기간을 정하지 아니한 경우 또는 2년을 초과하는 유효기간을 정한 경우에는 그 유효기간은 2년으로 한다(동법 제32조 제 2 항). ㉲ 자동갱신협정이 없는 한 원칙적으로 협약기간의 만료로 단체협약은 종료된다.

63. 다음 중 단체협약에 관한 설명으로 옳지 못한 것은? (견해대립시 판례에 의함)

① 노동조합과 사용자 또는 사용자단체만이 단체협약의 당사자가 될 수 있다.
② 단체협약은 반드시 서면으로 작성하여 당사자 쌍방이 서명 또는 날인하여야 하며, 그렇지 않으면 단체협약은 효력이 없다.
③ 단체협약은 조합원의 근로조건의 향상 기능과 노사간의 평화 상태를 유지하는 기능을 가지고 있다.
④ 단체협약의 내용 중에 위법한 것이 있는 경우에 행정관청은 언제나 이의

┃해답┃ 62. ③ 63. ④

시정을 명할 수 있다.

⑤ 단체협약의 당사자는 단체협약 체결일로부터 15일 이내에 당해 사업장의 소재지를 관할하는 행정관청에게 이를 신고하여야 한다.

≪**해설**≫ ③ 평화적인 교섭이나 쟁의행위를 거쳐서 쟁취한 유리한 근로조건을 협약이라는 형태로 서면화한 것이 단체협약인 바 이를 근로조건개선기능이라 하고, 단체협약에 의하여 근로조건 등에 관한 일정한 기준을 설정해 놓은 때에는 그 유효기간 내에는 무의미한 분쟁을 회피할 수 있는 바 이를 단체협약의 평화적 기능이라 한다. ④ 행정관청은 「노동위원회의 의결」을 얻어 시정을 명할 수 있다(노사관계법 제31조 제 3 항). ⑤ 단체협약의 당사자는 단체협약체결일로부터 15일 이내에 이를 행정관청에게 신고하여야 한다(동법 제31조 제 2 항).

64. 다음 중 단체협약의 규범적 부분이 아닌 것은?

① 임금지급방법 · 시기
② 해고합의조항
③ 재해보상의 종류와 산정방법
④ 정년제실시
⑤ 고용에 관한 협정

≪**해설**≫ 단체협약의 규범적 부분은「근로조건 기타 근로자의 대우에 관한 부분」으로서 근로관계가 성립되기 전인 고용협정은 사용자의 고유권한이다.

[단체협약내용]

효 력	분 류	
규범적 부분	개념	근로조건 기타 근로자의 대우에 관한 부분
	내용	임금의 액 · 형태 · 지불방법, 근로시간 · 휴식, 휴일 · 휴가, 손해배상의 종류 · 손해배상 산정방법, 승진 · 이동, 징계, 정년제
채무적 부분	개념	노조와 사용자간의 채권 · 채무 설정 부분
	내용	평화조항, Shop 조항, 조합활동조항, 쟁의관련조항, 조합전임조항, 제 3 자교섭위임조항, 손해배상의 청구
조직적 부분	개념	집단적 노사관계를 제도적으로 규율하는 부분
	내용	경영에 관한 제도, 근로자의 복지증진, 교육훈련, 노사분규예방, 경영협의회, 고충처리기관, 징계위원회 등 인사협의기구 등의 협정

65. 다음 중 단체협약에 관한 제조항 중 인정할 수 없는 것은?

① 조합활동조항
② 제 3 자 교섭위임금지
③ 평화조항
④ Union Shop조항
⑤ 조합원의 범위에 관한 조항

≪**해설**≫ 조합원의 범위는 근로자가 자주적으로 결정할 부분인 것이지, 이를 단체협약에 삽입할 성질의 것이 아니다. 그러나 기업별협약이 주류인 우리나라에서

해답 64. ⑤ 65. ⑤

는 단체협약에 조합원의 범위설정에 관한 사항을 두고 있는 것이 일반적이며, 이 경우 동 조항은 근로자 또는 사용자의 범위가 명확하지 아니하는 경우 이를 단순히 확인하는 성질을 갖고 있다.

66. 단체협약의 채무적 부분이라고 볼 수 없는 것은? 〈27회 사시〉

① 징계에 관한 조항 ② 조합활동조항 ③ 평화조항
④ 조합전임조항 ⑤ 유일교섭단체조항

≪**해설**≫ 채무적부분이 무엇인가에 관하여 명문의 규정은 없지만 일반적으로 i) 평화의무·평화조항, ii) 유일교섭단체조항, iii) 조합활동에 관한 편의조항(조합전임조항, 시설제공등 편의시설조항), iv) 단체교섭의 절차 및 규칙조항(제 3 자위임금지조항, 단체교섭의 시간·순서에 관한 조항), v) Shop조항, vi) 쟁의행위에 관한 조항 등이 이에 속한다.

67. 다음 중 단체협약의 규범적 부분과 가장 거리가 먼 것은?

① 일반적 구속력 ② 여후효 ③ 강행적 효력
④ 면책특약 ⑤ 지역적 구속력

≪**해설**≫ ①⑤ 효력확장은 규범적 부분에 한한다는 것이 통설·판례이다. ② 여후효를 인정하는 것이 통설이며 여후효가 미치는 범위는 규범적 부분에 한한다. ③ 단체협약의 규범적 효력은 강행적 효력과 직접적(대체적·보충적) 효력으로 구성된다. ④ 면책특약은 단체교섭·쟁의행위로 인하여 발생된 민사·형사상의 책임을 근로자에게 일체 묻지 않기로 하는 내용의 약정을 단체협약으로 체결하는 것을 말하는 바, 특약의 대상은 노동조합과 사용자간에만 관계되는 채무적 부분에 한하며, 민사면책의 특약만이 유효하고 국가형벌권의 배제를 뜻하는 형사면책의 약정은 허용되지 않는다.

68. 다음 중 단체협약의 규범적 효력의 내용에 관한 설명 중 바르지 못한 것은?

① 단체협약상의 기준에 위반되는 근로계약은 당연무효이다.
② 단체협약상의 기준에 위반되는 취업규칙의 부분은 무효이다.
③ 단체협약위반으로 인하여 무효로 된 부분은 단체협약의 기준에 의한다.
④ 근로계약에 정하여지지 않은 부분에 대해서는 단체협약의 기준에 의한다.
⑤ 노조에서 탈퇴하거나 협약이 종료한 경우에 기존협약의 규정이 근로계약관계에 그대로 적용된다는 것이 내용화체설의 입장으로서 통설적 견해이다.

≪**해설**≫ ①② 강행적 효력은 단체협약에 정한 근로조건 기타 근로자의 대우에 관한 기준에 위반하는 취업규칙 또는 근로계약의 부분을 무효로 하는 효력으로(노사관계법 제33조 제 1 항) 원칙적으로 단체협약의 규범적 사항에 모두 인정된다(이른바 「부분무효의 법리」). ③④ 직접적 효력은 단체협약의 규범적 부분에 위반하여 무효가 된 부분 또는 근로계약에 규정되지 않은 사항에 대해서 단체협약

▌해답▌ 66. ① 67. ④ 68. ①

에 정한 기준이 자동적으로 보충되는 효력이다(동법 제33조 제 2 항). ⑤ 단체협약의 규범적 효력이 개별 근로계약에 어떻게 적용되는가에 관하여 i) 내용화체설(내부규율설)과, ii) 외부규율설의 대립이 있다. 전설에 의하면 단체협약의 내용은 근로계약에 「용해」되어 근로계약의 한 부분으로서 적용되므로 조합원이 노동조합에서 탈퇴·제명된 경우에도 기존의 단체협약의 내용(규범적 부분에 한함)이 근로관계에 그대로 적용된다고 본다(통설).

69. 단체협약의 내용과 관련하여 효력인정여부에 대한 논란이 될 수 있는 협약내용으로 볼 수 없는 것은? 〈34회 사시〉

① Shop협정 ② 유일교섭단체조항 ③ 격차조항
④ 평화조항 ⑤ 단체협약배제조항

70. 단체협약의 실효성 확보를 위하여 단체협약의 내용 중 이에 위반자에 대하여는 1,000만원 이하의 벌금에 처하도록 법개정이 이루어진 바, 다음 중 형사처벌의 범위에 포함되지 않는 것은 모두 몇 개인가?

㉮ 임금·복리후생비, 퇴직금	㉯ 근로 및 휴게시간
㉰ 휴일, 휴가	㉱ 징계 및 해고의 사유와 중요 절차
㉲ 안전보건	㉳ 재해부조
㉴ 시설·편의제공	㉵ 근무시간 중 회의참석
㉶ 쟁의행위에 관한 사항	

① 4개 ② 3개 ③ 2개
④ 1개 ⑤ 0개

71. 단체협약의 평화의무에 관한 설명 중 틀린 것은?

① 평화의무는 단체협약의 헌법적 성질상 단체협약에 내재하는 본질적 의무로서 당연히 발생하는 것이다.
② 단체협약의 유효기간 중에 단체협약으로 노사간에 이미 합의된 사항에 대하여는 이의 계폐 또는 변경을 목적으로 쟁의행위를 하여서는 아니되나, 단체협약에 규정되지 아니한 사항에 관하여는 쟁의행위가 허용된다.
③ 노사관계법 제35조(지역적 구속력)에 의하여 단체협약의 확장적용을 받게 된 근로자도 평화의무를 부담한다.
④ 협약당사자인 노동조합 스스로 쟁의행위를 하지 않으며 그 구성원의 쟁의행위도 선동·지원하지 않을 부작위의무를 부담한다.
⑤ 당사자간의 특약으로 절대적 평화의무를 단체협약에 규정한 경우, 이는

❙해답❙ 69. ④ 70. ⑤ 71. ③

무효이다.

≪해설≫ 평화의무란 단체협약의 본래의 효과로서 협약소정사항에 대하여 그 유효기간 중은 쟁의행위로서 다투지 못한다는 노사쌍방의 의무를 말한다. ① 평화의무는 단체협약에 따르는 당연한 의무로서 명문의 규정이 필요가 없다는 점에서 평화조항과 구별된다. 평화조항은 구체적 조항으로서 노사의 합의의 결과 성립하는 것이다. ② 이른바 상대적 평화의무를 말한다. ③ 평화의무는 협약당사자간에만 인정되는 것이므로 단체협약의 확장적용을 받게 된 근로자가 평화의무를 지는 일은 없다. ④ 이른바 자기의무와 영향의무를 부담한다. ⑤ 절대적 평화의무는 헌법상 단체교섭권 및 단체행동권의 본질적 내용을 침해하므로 무효이다.

72. 다음 중 평화의무와 평화조항에 대한 설명이 바르지 못한 것은?

① 평화의무는 단체협약에 명문으로 규정하지 않아도 단체협약의 평화유지 기능에 내재하는 본래의 의무이다.

② 평화조항은 단체협약에 구체적인 명문의 규정을 둠으로써 비로소 그 효력을 발생한다.

③ 절대적 평화의무는 근로자의 단체교섭권·단체행동권의 본질적 내용을 침해하는 것으로 무효라 본다.

④ 判例에 의하면 평화의무위반의 쟁의행위는 정당성이 상실된다고 한다.

⑤ 判例에 의하면 평화조항위반의 쟁의행위는 정당성이 상실된다고 한다.

≪해설≫ ①② 평화의무·평화조항의 개념이자 차이점이다. 특히 ①은 내재설·제도목적설의 입장이다(통설; 중노위 94쟁의, 95.1.16). ③ 평화의무는 i) 절대적 평화의무, ii) 상대적 평화의무가 있으나 전자는 무효라 보고 통상 후자의 의미로 사용된다. ④ 대판 1992.9.1, 92누7733; 반대(박상필, 이병태). ⑤ 평화조항 위반의 쟁의행위의 정당성 인정여부에 관하여 i) 정당성을 상실한다는 견해(김형배)가 있으나 평화의무 위반의 경우와 모순된 설명을 하고 있어 설득력이 없으며, ii) 정당성을 상실하는 것은 아니라는 견해(다수설)가 유력하다. 판례에서 제시된 견해는 없다.

73. 단체협약의 일반적 구속력에 관한 설명 중 틀린 것은?

① 근로자가 하나의 사업·사업장에 사용되어야 한다.

② 상시 사용되는 동종의 근로자이어야 한다.

③ 근로자의 반수 이상이 하나의 단체협약의 적용을 받아야 한다.

④ 당사자의 신청 또는 노동위원회의 의결에 따라 행정관청이 확장적용을 결정한다.

⑤ 소수 노동조합의 단체협약이 체결되어 있는 경우 확장적용되지 아니한다.

≪해설≫ ④ 단체협약의 일반적 구속력은 요건을 갖추는 경우 자동적으로 확장

해답 72. ⑤ 73. ④

적용된다.

74. 다음은 단체협약의 지역적 구속력에 대한 기술이다. 잘못된 것은?

① 하나의 지역에 있어서 종업하는 동종의 근로자의 3분의 2 이상이 하나의 단체협약의 적용을 받게 된 때 가능하다.

② 행정관청의 직권으로 노동위원회의 의결을 거쳐 결정하는 것도 가능하다.

③ 단체협약 당사자의 신청의 경우에는 당사자 쌍방이 같이 신청하여야 한다.

④ 결정의 적용대상은 근로자와 사용자 모두이다.

⑤ 적용결정한 때에는 지체없이 공고하여야 한다.

≪**해설**≫ ① 하나의 지역에 있어서 종업하는 동종의 근로자 3분의 2 이상이 하나의 단체협약의 적용을 받게 된 때에는, ②③ 행정관청은 당해 단체협약의 당사자의 쌍방 또는 일방의 신청에 의하거나 그 직권으로, ④ 노동위원회의 의결을 얻어 당해 지역에서 종업하는 다른 동종의 근로자와 그 사용자에 대하여도 당해 단체협약을 적용한다는 결정을 할 수 있다. ⑤ 행정관청이 지역적 구속력의 결정을 한 때에는 지체없이 이를 공고하여야 한다(노사관계법 제36조).

75. 단체협약의 지역적 구속력 결정에 대하여 잘못 기술한 것은?

① 동종의 근로자의 3분의 2 이상이 하나의 단체협약의 적용을 받게 될 때 적용이 된다.

② 노동위원회가 의결하는 경우에는 행정관청은 반드시 확대적용을 결정하여야 한다.

③ 다른 노동조합이 이미 단체협약을 체결하고 있는 경우에는 적용되지 아니한다.

④ 결정은 당해 단체협약 당사자의 쌍방 또는 일방의 신청에 의하거나 그 직권으로 할 수 있다.

⑤ 적용결정이 내려진 경우에는 지체없이 이를 공고하여야 한다.

≪**해설**≫ 노동위원회의 의결을 얻은 후 행정관청은 확대적용을 결정하거나 하지 않을 수도 있다.

76. 사업장 단위의 일반적 구속력과 지역단위의 일반적 구속력과의 비교설명 중 틀린 것은?

① 사업장 단위의 일반적 구속력은 요건 충족시 자동적용되나, 지역단위의 일반적 구속력은 당사자의 신청 또는 행정관청의 직권으로 확장 적용된다.

② 사업장 단위의 일반적 구속력은 강행규정이나, 지역단위의 일반적 구속력

┃해답┃ 74. ③ 75. ② 76. ③

은 임의규정으로 행정관청의 재량사항이다.

③ 사업장 단위의 일반적 구속력은 소수조합에도 적용되나, 지역단위의 일반적 구속력은 타기업의 소수조합에 적용되지 않는다.

④ 양자 모두 유리한조건 우선의 원칙이 적용된다.

⑤ 양자 모두 확장적용되는 부분은 규범적 부분에 한한다.

≪**해설**≫ [사업장 단위의 일반적 구속력과 지역단위의 일반적 구속력의 비교]

구 분	사업장단위의 일반적 구속력	지역단위의 일반적 구속력
1. 입법취지	조합원과 비조합원간의 근로조건상 형평성 도모	• 동일지역의 근로자간의 형평성 도모 • 동일지역내 근로자간 · 사용자간의 불공정경쟁의 방지
2. 법규정	강행규정	임의규정
3. 적용범위	동일직장(하나의 사업 · 사업장)	동일지역
4. 수적요건	근로자의 반수 이상	근로자의 3분의 2 이상
5. 소수조합 확장적용	소수조합이 독자적인 단체협약 보유시 비적용(多數說)	소수조합이 다른 단체협약 체결시 비적용(多數說 · 判例)
6. 유리의 원칙	적 용	적 용
7. 적용대상	비조합원인 근로자	동종의 근로자와 그 사용자
8. 효 력	요건충족시 자동결정	신청, 직권에 의한 결정으로 적용

77. 단체협약에 관한 설명 중 틀린 것은? 〈'99 공인노무사〉

① 노동조합의 대표자는 단체교섭권과 협약체결권을 갖는다.

② 노동조합과 사용자 또는 사용자단체는 신의에 따라 성실히 교섭하고 단체협약을 체결하여야 하며 그 권한을 남용하여서는 아니된다.

③ 노동조합과 사용자 또는 사용자단체는 정당한 이유없이 교섭 또는 단체협약의 체결을 거부하거나 해태하여서는 아니된다.

④ 단체협약을 서면으로 작성하여 당사자 쌍방이 서명 또는 날인하여야 한다.

⑤ 단체협약에는 2년을 초과하는 유효기간을 정할 수 있다.

≪**해설**≫ ① 노사관계법 제29조 제1항. ② 동법 제30조 제1항. ③ 동법 제30조 제2항. ④ 동법 제31조 제1항. ⑤ 동법 제32조 제1항. 단체협약에는 「2년」을 초과하는 유효기간을 정할 수 없다.

78. 다음에서 단체협약의 종료 내지 실효사유가 될 수 없는 것은?

① 회사의 청산절차의 종료 ② 노동조합의 해산

③ 노동조합의 분열 ④ 단체협약 상대방의 평화의무의 위반

| 해답 | **77.** ⑤ **78.** ⑤

⑤ 회사의 조직변경

≪**해설**≫ ① 단체협약은 당사자인 회사가 해산하면 그 청산절차 종료시에 실효된다. ② 노동조합이 해산되는 경우, 협약당사자의 실체가 없어지기 때문에 단체협약은 실효한다. ③ 조합이 분열하여 새로운 두 개의 조합이 결성된 경우, 종래의 조합은 소멸되기 때문에 단체협약도 당연히 소멸한다. ④ 협약의 상대방이 평화의무를 위반한다든가 또는 단체협약에 의하여 정립된 근로조건의 기준을 계속 무시하는 등과 같이 단체협약의 존재의의를 상실시킬 만한 중대한 위반행위를 한 때에는 다른 상대방은 협약을 해지하고 단체협약의 구속으로부터 벗어날 수 있다(통설). ⑤ 회사의 동일성이 인정되는 한 단체협약은 「존속」한다(대판 1991.11.12, 91다12806).

79. 다음 중 단체협약의 해석에 관한 설명으로 틀린 것은?

① 단체협약의 해석·이행방법에 관하여 당사자간에 불일치가 있는 경우 노동위원회에 견해의 제시를 요청할 수 있다.

② 당사자 쌍방 또는 단체협약에 정하는 바에 의하여 어느 일방이 요청할 수 있다.

③ 노동위원회는 견해제시를 요청받은 날로부터 30일내에 명확한 견해를 제시하여야 한다.

④ 노동위원회가 제시한 해석 또는 이행방법에 관한 견해는 단체협약과 동일한 효력을 가진다.

⑤ 집단적 권리분쟁이라도 소송비용의 과다, 분쟁의 장기화를 막기 위하여 노동위원회의 판정사항으로 규정한 것이다.

≪**해설**≫ 노사관계법 제34조 제 3 항, 노동위원회가 제시한 견해는 중재재정과 동일한 효력을 가진다. 따라서 양당사자는 이 견해에 구속된다.

80. 단체협약의 위반에 대한 제재수단으로서 노사관계법령에 규정되어 있는 것은?

① 강제이행 ② 단체협약의 해지 ③ 동시이행의 항변
④ 손해배상청구 ⑤ 행정형벌의 부과

≪**해설**≫ 단체협약 위반에 대한 제재수단은 (1) 노동법상의 제재수단; i) 형벌의 부과(노사관계법 제92조), ii) 부당노동행위제도에 의한 구제(노사관계법 제81조 제 3 호), (2) 사법상의 제재수단; i) 강제집행, ii) 손해배상청구, iii) 단체협약의 해지, iv) 동시이행의 항변 등이 있다. ② 단체협약의 해지는 중대한 위반이 있는 경우 이외에는 허용될 수 없으며 ③ 동시이행의 항변은 그 의무의 내용·종류가 서로 대가적으로 상응시키기가 곤란하므로 구제수단으로 적절한 수단은 아니다. ① 강제이행·강제집행(민법 제389조)은 단체협약상의 의무가 주로 「하는 의무」이기 때문에 적합하지 않은 경우가 많을 것이지만, 단체협약상의 의무의 본질이

| 해답 | 79. ④ 80. ⑤

「의무의 이행」에 있으므로 강제집행은 허용되고 특히 간접강제 등의 강제집행은 사용자에게 심리적 압박을 가함으로써 유효하고 적합한 수단이 될 것이다(이상윤). ④ 단체협약상의 의무위반의 경우 이에 대한 손해액의 산정이 곤란한 경우가 많을 것이나, 손해배상액 산정시 노사관계의 특수성을 고려한다면 가장 일반적인 구제수단이 될 것이다. ⑤ 단체협약 위반행위를 형사처벌하는 법률규정은 죄형법정주의에 어긋나므로 헌법에 위반된다는 헌법재판소의 결정(헌재 1998.3.26, 96헌가20)에 따라 현행법은 단체협약을 위반하는 경우 당연히 처벌되는 것이 아니라, 단체협약의 내용 중 중요한 내용에 위반한 경우에 한하여 처벌(1천만원 이하의 벌금)하도록 하였다(동법 제92조 제1호).

81. 다음 근로자의 단체교섭권에 관한 판례 및 법령의 설명 중 타당하지 아니한 것은?

① 단체협약의 체결여부에 관하여 조합총회의 의결을 거쳐야 한다는 것은 노조대표자의 단체협약체결권한을 전면적·포괄적으로 제한함으로써 단체협약체결권한을 형식화하므로 무효이다.

② 노조전임의 인정여부는 소위 임의교섭대상으로서 중재재정의 대상이 되지 아니한다.

③ 정리해고에 관한 노동조합의 요구내용이 사용자는 정리해고를 하여서는 아니된다는 취지라면 이는 사용자의 경영권을 근본적으로 제약하는 것이 되어 원칙적으로 단체교섭의 대상이 될 수 없다.

④ 단체협약에 당사자가 서명·날인을 하는 대신에 서명·무인을 하여도 무방하다.

⑤ 단체협약이 체결된 후 당해 단체협약의 무효를 주장하면서 행한 쟁의행위는 평화의무위반으로서 당연히 정당성을 상실하지 아니하나 단체협약위반으로 인한 손해배상책임을 부담하게 된다.

≪**해설**≫ ① 대판 1993.4.27, 91누12257. ② 대판 1996.2.23, 94누9177. ③ 대판 1994.3.25, 93다30242; 대판 2001.4.24, 99도4893. ④ 대판 1995.3.10, 94마605. ⑤ 평화의무를 위반한 쟁의행위는 정당성을 상실하게 된다. 대판 1992.9.1, 92누7733.

82. 서면으로 작성하여 당사자 쌍방의 서명 또는 날인에 의하여 체결된 단체협약의 내용 중 그 위반 사항에 대한 벌칙의 적용이 없는 것은?

① 임금·복리후생비, 퇴직금에 관한 사항

② 징계 및 해고의 사유와 중요한 절차에 관한 사항

③ 시설·편의제공 및 근무시간 중 회의 참석에 관한 사항

④ 쟁의행위에 관한 사항

⑤ 조합원의 범위에 관한 사항

해답 81. ⑤ 82. ⑤

≪**해설**≫ 노사관계법 제31조 제 1 항의 규정에 의하여 체결된 단체협약의 내용 중 i) 임금·복리후생비, 퇴직금에 관한 사항, ii) 근로 및 휴게시간, 휴일, 휴가에 관한 사항, iii) 징계 및 해고의 사유와 중요한 절차에 관한 사항, iv) 안전보건 및 재해부조에 관한 사항, v) 시설·편의제공 및 근무시간 중 회의참석에 관한 사항, vi) 쟁의행위에 관한 사항을 위반한 자는 1천만원 이하의 벌금에 처한다(동법 제92조). 노사관계법 제92조 제 1 호 전단은 단체협약 위반에 대하여 벌칙을 규정하였었으나, 헌법재판소는 이에 대하여 죄형법정주의 위배를 이유로 위헌결정(헌재 1998. 3. 26, 96헌가20)을 하였기 때문에 효력이 상실되었다. 이에 따라 2001년 개정법은 벌칙의 적용대상을 단체협약 위반 전체로 하지 않고 단체협약 중 특정사항 위반으로 한정하였다.

제 4 편 團體行動權

제1장 總　　設

제 1 절 團體行動의 槪念

단체행동이란 단체교섭이 결렬된 경우 노동조합이 자기의 주장을 실력행사로 관철하기 위하여 행하는 집단행위를 말하며, 이 같은 단체행동을 할 수 있는 법적권리를 단체행동권이라 한다.

(1) 협의설　업무의 정상적 운영을 저해하는 「쟁의행위」로 파악한다.

(2) 광의설　업무의 정상적 운영을 저해하는 「쟁의행위」는 물론 완장착용 등과 같이 반드시 업무의 정상적 운영을 저해하지는 아니하는 「단체과시」도 포함된다(다수설: 대판 1990.5.15, 90도357).

(3) 최광의설　「쟁의행위」 및 「단체과시」는 물론 「조합활동」도 포함된다(이상윤).

구　분	주 요 내 용
단체행동	쟁의행위, 단체과시 및 조합활동
쟁의행위	• 노동쟁의의 발행 후 업무의 정상적인 운영을 저해하는 근로자의 투쟁행위와 이에 대항하는 사용자의 행위 • 파업 · 태업 · 피켓팅 · 보이콧 및 직장폐쇄 등
노동쟁의	단체교섭의 결렬 후 발생되는 분쟁상태
단체과시	• 업무의 정상적인 운영을 저해하지 아니하는 근로자의 투쟁행위 • 완장착용 · 리본착용 또는 제복미착용 등
조합활동	조합의 조직 및 운영에 관한 활동 중에서 단체교섭권 및 단체행동권의 행사와 직접적 관련이 없는 행위

제 2 절　類似概念과의 區別

Ⅰ. 勞動爭議

> **노사관계법 제 2 조 【정의】** 5. 노동쟁의라 함은 노동조합과 사용자 또는 사용자단체(이하 "노동관계당사자"라고 한다)간에 임금·근로시간·복지·해고 기타 대우 등 근로조건의 결정에 관한 주장의 불일치로 인하여 발생한 분쟁상태를 말한다. 이 경우 주장의 불일치라 함은 당사자간에 합의를 위한 노력을 계속하여도 더 이상 자주적 교섭에 의한 합의의 여지가 없는 경우를 말한다.

노동쟁의라 함은 노동조합과 사용자 사이의 근로조건에 관한 주장의 불일치로 인하여 발생되는 분쟁상태를 말한다(노사관계법 제 2 조 제 5 호). 따라서 근로조건 이외의 사항에 관한 분쟁상태는 「근로조건의 결정에 관한」 분쟁이 아니어서 현행법상의 노동쟁의라고 할 수 없다(대판 2003.7.25, 2001두4818). 그러므로 단체교섭이 단체협약의 체결에 이르지 못하고 결렬된 경우에는 실제적으로 실력행사를 하지 아니하더라도 노동쟁의는 발생한 것으로 된다. 따라서 실제적인 실력행사를 필요로 하는 쟁의행위 및 단체과시 등과 구분된다.

Ⅱ. 爭議行爲

> **노사관계법 제 2 조 【정의】** 6. "쟁의행위"라 함은 동맹파업·태업·직장폐쇄 기타 노동관계당사자가 그 주장을 관철할 목적으로 행하는 행위와 이에 대응하는 행위로서 업무의 정상적인 운영을 저해하는 것을 말한다.

쟁의행위라 함은 노동조합 또는 사용자가 분쟁상태를 자기 측에게 유리하게 전개하여 그 주장을 관철할 목적으로 행하는 실력행위로서 업무의 정상운영을 저해하는 것을 말한다(노사관계법 제 2 조 제 6 호). 따라서 쟁의행위는 동맹파업·태업 또는 직장폐쇄와 같은 구체적인 실력행사를 필요로 한다는 점에서 노동쟁의와 구별되며, 업무의 정상운영을 저해한다는 점에서 반드시 업무의 정상운영을 저해하지 아니하여도 되는 단체과시와 구별된다.

Ⅲ. 團體誇示

단체과시는 완장, 리본 착용 등 업무의 정상적인 운영을 저해하지 아니하는 근로자의 단체행동권 행사를 말한다. 단체과시에는 쟁의행위에 적용하는 각종 노동관련법상의 제한규정이 적용되지 아니한다. 그 이유는 업무의 정상적인 운영을 저해하지 아니하는 「단체과시」에 대하여 이러한 제한 등을 부과할 필요성이 없기 때문이다. 한편 정당한 「쟁의행위」에 부여되는 민사·형사상의 면책 등 각종 법령상의 보호제도가 「단체과시」에도 부여됨은 물론이다(대판 1990.5.15, 90도357).

Ⅳ. 組合活動

조합활동의 개념에 대하여 헌법 또는 법률은 아무런 명문의 규정도 두고 있지 아니하나, 일반적으로 조합의 조직 및 운영에 관한 활동 중에서 단체교섭권 및 단체행동권의 행사와 직접적인 관련이 없는 활동을 조합활동이라고 한다.

제 2 장 爭議行爲의 成立要件

제 1 절 爭議行爲의 實質的 成立要件(正當性 要件)

Ⅰ. 意 義

노사관계법 제 2 조 【정의】 6. "쟁의행위"라 함은… (이하 생략).
노사관계법 제37조 【쟁의행위의 기본원칙】 ① 쟁의행위는 그 목적·방법 및 절차에 있어서 법령 기타 사회질서에 위반되어서는 아니된다.
② 조합원은 노동조합에 의하여 주도되지 아니한 쟁의행위를 하여서는 아니된다.

쟁의행위의 실질적 성립요건이라 함은 쟁의행위가 헌법적인 보호를 받기 위하여 최소한도로 갖추어야 하는 쟁의행위의 본질적 요소로서 쟁의행위의 정당성의 요건을 말한다. 즉 실질적 요건을 갖추고 있는 쟁의행위는 헌법상의 쟁의행위로서 그 쟁의행위의 정당성이 부여되므로 민사·형사면책이 인정된다.

쟁의행위의 정당성 요건으로서의 실질적 성립요건은 쟁의행위의 주체·목적·대상 및 방법의 네 가지 관점(이상윤)에서 고찰하여 볼 수 있다.

[대판(전) 2001.10.25, 99도4837] 근로자의 쟁의행위가 형법상 정당행위가 되기 위하여는 첫째 그 주체가 단체교섭의 주체로 될 수 있는 자이어야 하고, 둘째 그 목적이 근로조건의 향상을 위한 노사간의 자치적 교섭을 조성하는 데에 있어야 하며, 셋째 사용자가 근로자의 근로조건 개선에 관한 구체적인 요구에 대하여 단체교섭을 거부하였을 때 개시하되 특별한 사정이 없는 한 조합원의 찬성결정 등 법령이 규정한 절차를 거쳐야 하고, 넷째 그 수단과 방법이 사용자의 재산권과 조화를 이루어야 함은 물론 폭력의 행사에 해당되지 아니하여야 한다는 여러 조건을 모두 구비하여야 한다.

Ⅱ. 爭議行爲의 主體

1. 勞動組合

(1) 노사관계법상의 노동조합　　쟁의행위는 본질적으로 근로자의 단체행동권 행사의 일부인 바, 쟁의행위의 주체는 노사관계법상의 노동조합이다.

한편, 쟁의행위의 주체는 당해 단체교섭의 주체와 일치하여야 한다(다수설; 대판 1992. 7. 14, 91다43800; 대판 1995. 10. 12, 95도1016; 헌재 1990. 1. 15, 89헌가103 등).

(2) 비노조쟁의행위

1) **법외노조**　　노사관계법 제45조는 노동쟁의조정절차를 거치지 아니하면 쟁의행위를 할 수 없다고 규정하고 있다. 근로자단체, 즉 법외노조는 노동쟁의조정을 신청할 수 있는 법적 권리가 부여되지 아니하므로(동법 제 7 조 제 1 항), 결과적으로 현행법은 법외노조의 쟁의행위를 허용하지 않는다고 볼 수 있으나(이상윤; 판례), 다수설은 이를 긍정한다.

2) **쟁의단**　　쟁의단 등 우발적 · 일시적 집단이 정당한 쟁의행위의 주체가 될 수 있는지의 여부에 대하여, i) 긍정적 견해도 있으나(김유성, 임종률), ii) 쟁의행위의 실질적 요건을 결여하였으므로 부정적으로 보아야 한다(김형배, 이상윤).

(3) 비공인쟁의행위

1) **소수조합원 또는 비독립적 지부 · 지회**　　소수조합원 또는 독자적인 단체교섭권이 없는 비독립적 지부 · 지회가 정당한 쟁의행위의 주체가 될 수 있는지의 여부에 대하여, i) 긍정적 견해도 있으나(신인령), ii) 비공인파업은 노동조합의 통일적 의사에 반하거나 이를 초월하여 행하여진 쟁의행위로서 정당성이 없다고 보아야 한다(다수설; 대판 1995. 10. 12, 95도1016 등). 따라서 근로자 개인, 일시적인 근로자 단체나 쟁의단은 쟁의행위의 주체가 될 수 없다(헌재 1990. 1. 15, 89헌가103).

2) **독립적 지부 · 지회**　　지부 · 지회가 단위노동조합에 해당하지 아니하나 독자적인 조직 · 규약을 갖고 독립된 단체교섭권을 갖추고 있는 경우, 이러한 지부 · 지회가 정당한 쟁의행위의 주체가 될 수 있는지 여부에 대하여, i) 부정적 견해도 있으나(임종률, 이상윤), ii) 독립적인 지부 · 지회는 정당한 쟁의행위의 주체가 될 수 있다고 보아야 한다(다수설).

판례도 노동조합의 하부단체인 분회나 지부가 독자적인 규약 및 집행기관을 가지고 독립된 조직체로서 활동을 하는 경우, 당해 조직이나 그 조합원에 고유한 사항에 대하여는 독자적으로 단체교섭하고 단체협약을 체결할 수 있다고 한다(대판 2001. 2. 23, 2000도4299; 대판 2008. 1. 18, 2007도1557 등).

2. 爭議行爲의 主體에 대한 制限 · 禁止

(1) 공무원의 쟁의행위 금지

> **헌법 제33조** ② 공무원인 근로자는 법률이 정하는 자에 한하여 단결권 · 단체교섭권 및 단체행동권을 가진다.

헌법 제33조 제 2 항에 따라 국가공무원법 제66조와 지방공무원법 제58조는 사실상 노무에 종사하는 공무원 이외에는 근로 3 권의 행사를 금지하고 있다.

「사실상 노무에 종사하는 공무원」이라 함은 지식경제부 소속의 현업기관과 국립의료원의 작업현장에서 노무에 종사하는 기능직공무원(기능직공무원의 정원을 대체하여 채용된 일반계약직공무원 및 시간제일반계약직공무원을 포함한다) 및 고용직공무원을 말한다(국가공무원복무규정 제28조 본문). 그러나 공무원의 노동조합 설립 및 운영 등에 관한 법률에 의한 공무원노조는 단결권 · 단체교섭권은 행사할 수 있으나, 단체행동권 즉 일체의 쟁의행위가 금지 된다(동법 제11조).

(2) 교원의 쟁의행위 금지

교원의 노동조합 설립 및 운영 등에 관한 법률에 의하여 교원노조도 단결권 · 단체교섭권은 인정되지만, 일체의 쟁의행위가 금지된다(동법 제 8 조). 한편, 사립학교의 교원도 사립학교법 제55조가 국공립학교의 교원에 관한 규정을 준용하고 있어 단체행동권이 금지된다.

(3) 방위산업체 근로자의 쟁의행위 금지

> **헌법 제33조** ③ 법률이 정하는 주요방위산업체에 종사하는 근로자의 단체행동권은 법률이 정하는 바에 의하여 이를 제한하거나 인정하지 아니할 수 있다.
> **노사관계법 제41조 【쟁의행위의 제한과 금지】** ② 「방위사업법」에 의하여 지정된 주요방위산업체에 종사하는 근로자 중 전력, 용수 및 주로 방산물자를 생산하는 업무에 종사하는 자는 쟁의행위를 할 수 없으며, 주로 방산물자를 생산하는 업무에 종사하는 자의 범위는 대통령령으로 정한다.

방위산업체 전부가 적용되는 것이 아니라, 방위산업체 중 「방위사업법」에 의하여 지정된 「주요 방위산업체」만이 적용대상이 되며, 주요 방위산업체에 종사하는 모든 근로자에게 적용되는 것이 아니라 「군수물자」를 실제 생산하는 「생산직 근로자」에게만 적용된다(다수설). 따라서 주요 방위산업체 근로자라 하더라도 관리직 근로자, 민수물자 또는 수출목적의 방산물자 생산업무 종사자는 쟁의행위가 제한되지 않는다.

「주로 방산물자를 생산하는 업무에 종사하는 자」라 함은 방산물자의 완성에 필요한 제조 · 가공 · 조립 · 정비 · 재생 · 개량 · 성능검사 · 열처리 · 도장 · 가스취급 등의 업무에 종사하는 자를 말한다(동법시행령 제20조).

(4) 선원법에 의한 제한 · 금지 선원은 선박이 외국의 항구에 있는 경우 등 그 밖에 선원근로관계에 관한 쟁의행위로 인하여 인명이나 선박의 안전에 현저한 위해를 줄 우려가 있는 경우 등에 해당하는 경우에는 선원근로관계에 관한 쟁의행위를 하여서는 아니 된다고 규정하여 일정한 경우 선원의 쟁의행위를 제한하고 있다(선원법 제27조).

Ⅲ. 爭議行爲의 目的

노사관계법 제 2 조 제 6 호는 쟁의행위의 목적으로서 「주장을 관철할 목적」을 규제하고 있다. 이 경우 「주장」이 무엇에 관한 것인지에 관하여는 논의가 있다.

쟁의행위에서 추구하는 목적이 여러 가지이고 그 중 일부가 정당하지 못한 경우, 주된 목적 내지 진정한 목적의 당부에 의하여 정당성 여부를 판단하여야 한다(대판 1992. 1. 21, 91누5204; 대판 2002. 2. 26, 99도5380; 대판 2007. 5. 11, 2006도9478).

1. 團體交涉의 對象과 連繫시키는 見解

쟁의권의 개념을 단체교섭이 결렬된 후에 단체교섭상의 자신의 주장을 관철하기 위하여 보장된 것이라고 해석하는 견해는 쟁의행위의 목적을 단체교섭의 대상과 연계시키고 있다(다수설; 대판 1994. 9. 30, 94다4042; 대판 2003. 2. 11, 2000도4169 등). 이러한 견해는 정치파업 · 동정파업을 정당한 쟁의행위로 보지 아니하고 있다.

> [대판 1994. 9. 30, 94다4042] 쟁의행위가 정당성을 갖추기 위해서는 그 목적이 근로조건의 향상을 위한 노사간의 자치적 교섭을 조성하기 위한 것이어야 하며, 이는 쟁의행위의 요구사항이 단체교섭사항에 해당함을 의미한다.

2. 團體交涉의 對象에 局限시키지 아니하는 見解

쟁의행위의 목적을 반드시 단체교섭의 대상에 국한하지 아니하고 단체교섭에 의하여 해결할 수 없는 목적이라도 쟁의행위의 목적이 될 수 있다고 하여 쟁의행위의 목적을 보다 넓게 보는 견해(이영희)가 있다.

Ⅳ. 爭議行爲의 相對方

노사관계법 제 2 조 제 6 호의 규정에 의하면 쟁의행위는 「노사관계 당사자간」의 주장의 불일치가 있는 경우 그 주장을 관철할 목적으로 수행되는 행위이다. 쟁의행위는 반드시 「노사관계 당사자간」에 수행되어야 하는 바, 근로자의 쟁의행위는 단체교섭의 상대방인 사용자 또는 사용자단체를 그 상대방으로 하여야 하고, 반대로 사용자의 쟁의행위는 근로자를 상대방으로 수행되어야 한다. 따라서 동정파업이나 정치파업 등은 근로자의 사용자가 아닌 다른 사용자 또는 국회·정부 등을 상대방으로 하는 쟁의행위이므로 이러한 쟁의행위는 쟁의행위의 상대방 요건을 충족하지 못할 것이다.

V. 爭議行爲의 方法

1. 爭議行爲의 手段

쟁의행위는 그 목적·방법 및 절차에 있어서 법령 기타 사회질서에 위반되어서는 아니 된다(노사관계법 제37조 제 1 항).

(1) 과잉금지의 원칙 과잉금지원칙이라 함은 쟁의행위라는 수단이 헌법상 보장된 단체교섭의 목적달성에 적합하고 필요한 것이어야 하며 그 정도를 초과하지 아니하도록 비례적이어야 한다는 것을 말한다.

1) 가해목적의 쟁의행위 쟁의행위가 사용자 또는 사용자의 거래상대방 등 제3자의 재산·명예 등에 손해를 끼치려는 것을 목적으로 하는 가해목적의 쟁의행위는 정당성이 없다(다수설).

2) 과다요구의 쟁의행위 노동조합이 사용자가 객관적으로 수용할 수 없는 과다한 요구를 하는 경우, 단체교섭의 단계에서 조정할 문제로서 그것만으로 쟁의행위가 정당성을 상실하는 것으로 볼 수는 없다(다수설; 반대 이상윤).

(2) 폭력·파괴행위 및 주요시설점거의 금지

1) 관련규정

> **노사관계법 제42조 【폭력행위 등의 금지】** ① 쟁의행위는 폭력이나 파괴행위 또는 생산 기타 주요업무에 관련되는 시설과 이에 준하는 시설로서 대통령령이 정하는 시설을 점거하는 형태로 이를 행할 수 없다.
> **노사관계법 제 4 조 【정당행위】** [본문생략] 그러나 어떠한 경우에도 폭력이나 파괴행위는 정당한 행위로 해석되어서는 아니된다.

2) 주요내용

① 폭력·파괴행위의 금지 쟁의행위는 폭력이나 파괴행위로서 이를 행하여서는 아니되며(노사관계법 제42조 제 1 항), 이 경우 정당성을 상실하게 된다(동법 제 4 조 단서).

그러나 쟁의행위는 어느 정도의 집단적 위력을 과시하는 것이 그 성질상 당연히 허용되므로, 형법상의 폭행죄·협박죄 또는 손괴죄를 엄격히 해석·적용하여서는 아니된다. 형법을 엄격히 적용하는 경우 이는 헌법상 보장된 단체행동권의 행사가 크게 제한받는 결과를 초래하게 될 것이다.

② 주요시설의 점거금지　　쟁의행위는 생산 기타 주요업무에 관련되는 시설과 이에 준하는 시설을 점거하는 형태로 하여서는 아니된다(동법 제42조 제1항). 이 경우 쟁의행위는 정당성을 상실하게 된다.

「이에 준하는 시설로서 대통령령이 정하는 시설」이라 함은 i) 전기·전산 또는 통신시설, ii) 철도(도시철도를 포함한다)의 차량 또는 선로, iii) 건조·수리 또는 정박중인 선박(다만, 선원법에 의한 선원이 당해 선박에 승선하는 경우를 제외한다), vi) 항공기·항행안전시설 또는 항공기의 이·착륙이나 여객·화물의 운송을 위한 시설, v) 화약·폭약 등 폭발위험이 있는 물질 또는 유해화학물질관리법에 의한 유독물을 보관·저장하는 장소, vi) 기타 점거될 경우 생산 기타 주요업무의 정지 또는 폐지를 가져오거나 공익상 중대한 위해를 초래할 우려가 있는 시설로서 노동부장관이 관계중앙행정기관의 장과 협의하여 정하는 시설을 말한다(동법 시행령 제21조).

(3) 안전보호시설의 유지

1) **관련규정**

> **노사관계법 제42조 【폭력행위 등의 금지】** ② 사업장의 안전보호시설에 대하여 정상적인 유지·운영을 정지·폐지 또는 방해하는 행위는 쟁의행위로서 이를 행할 수 없다.
> ③ 행정관청은 쟁의행위가 제2항의 행위에 해당한다고 인정하는 경우에는 노동위원회의 의결을 얻어 그 행위를 중지할 것을 통보하여야 한다. 다만, 사태가 급박하여 노동위원회의 의결을 얻을 시간적 여유가 없을 때에는 그 의결을 얻지 아니하고 즉시 그 행위를 중지할 것을 통보할 수 있다.
> ④ 제3항 단서의 경우에 행정관청은 지체없이 노동위원회의 사후승인을 얻어야 하며 그 승인을 얻지 못한 때에는 그 통보는 그 때부터 효력을 상실한다.

2) **주요내용**　　쟁의행위를 하는 경우 안전보호시설의 정상적인 유지·운영을 정지·폐지 또는 방해하여서는 아니되며(노사관계법 제42조 제2항), 이 경우 정당성을 상실하게 된다.

① 안전보호시설의 범위　　안전보호시설이란 사람의 생명·신체의 위험을 예방하거나 위생상 필요한 시설로서, 이에 해당하는지 여부는 당해 사업장의 성질, 당해 시설의 기능 등의 제반 사정을 구체적·종합적으로 고려하여 판단하여야 한다(대판 2005.9.30, 2002두7425; 대판 2006.5.12, 2002도3450).

안전보호시설에 물적 시설이 포함되는 바, 물적 시설이란 대체로 동력시설, 변전시설, 용광로시설, 탄광에서의 가스폭발방지시설, 통신시설, 낙반방지시설, 통기배수시설, 의무시설 등이 해당된다. 그러나 인적시설인 약제사, 간호사 등은 포함되지 않는다.

안전보호시설에는 물적 설비의 보호를 위한 시설도 포함된다는 견해도 있으나(김치선, 박상필, 김형배), 생명·신체의 안전보호를 위한 시설만이 포함된다고 보아야 한다(다수설).

② 안전보호시설의 정지·폐지·방해에 대한 행정절차

ⓐ 중지통보 행정관청의 중지통보는 파업이나 태업 자체를 중지하라는 통보가 아니라 안전보호시설의 정상적인 유지·운영을 정지·폐지·방해하는 특정의 행위를 중지하라는 통보이어야 한다.

ⓑ 안전보호시설의 유지와 쟁의행위의 정당성 성질상 안전보호시설에 해당하고 그 안전보호시설의 유지·운영을 정지·폐지 또는 방해하는 행위가 있었다 하더라도, 사전에 필요한 안전조치를 취하는 등으로 인하여 사람의 생명이나 신체에 대한 위험이 전혀 발생하지 않는 경우에는 쟁의행위가 정당성을 상실하지 않는다(대판 2006.5.12, 2002도3450).

2. 爭議行爲의 範圍

(1) 쟁의권과 재산권의 균형·조화

1) 의 의 헌법은 사용자의 재산권과 근로자의 근로3권을 동시에 나란히 보장하고 있으므로 헌법상 기본권 행사로서의 쟁의행위는 재산권과 균형·조화를 이루면서 행사되어야 하는 헌법상의 내재적 한계를 갖는다(대판 1994.9.30, 94다4042 등).

2) 작업시설 및 원료·제품의 보호

① 관련규정

> **노사관계법 제38조 【노동조합의 지도와 책임】** ② 작업시설의 손상이나 원료·제품의 변질 또는 부패를 방지하기 위한 작업은 쟁의행위 기간 중에도 정상적으로 수행되어야 한다.

② 주요내용 「작업시설의 손상을 방지하기 위한 작업」에는 기계에 주기적으로 윤활유 등을 공급하는 작업, 화재 등을 점검하는 소방·경비 작업, 생산공정상 응고·폭발·화재·가스발생 등을 방지하기 위한 가열·급수·냉각·전력공급 등의 작업 등이 해당된다.

「원료·제품의 변질 또는 부패를 방지하기 위한 작업」에는 냉동·냉장, 방부처리, 통조림·병조림·종이팩 등의 포장작업 및 고·저온 열처리 등이 해당된다.

(2) 쟁의권과 공공복리와의 조화

1) 의 의 쟁의권의 행사와 공공복리의 보호는 조화·균형되어야 하는 바,

쟁의행위의 상대방 이외의 제 3 자인 공공복리를 침해하는 것은 쟁의행위의 본질에 반하고, 헌법 제37조 제 2 항의 국가안전보장 · 질서유지 또는 공공복리를 위하여 법률로서 제한할 수 있음을 예정하고 있는 것은 이를 반영한 것이다.

2) 중재시 쟁의행위의 금지

노동쟁의가 중재에 회부된 때에는 그 날부터 15일간은 쟁의행위를 할 수 없다(노사관계법 제63조).

중재는 국민의 생활을 위협하는 노사분쟁을 신속히 처리한다는 측면에서 일정기간 동안 쟁의행위를 중지하도록 하는데 그 의의가 있다.

쟁의행위 중지기간 중에 파업을 하는 경우 쟁의행위의 정당성 상실 여부와 관련하여, 대법원 판례는 임의중재에 대하여는 판결한 바 없으나, 강제중재의 경우 중재회부 시 쟁의행위 중지기간 중에 파업을 하는 경우 정당성을 상실하는 것으로 보고 있다(대판 1990. 5. 15, 90도357; 대판 1991. 3. 27, 90도2528).

> **[대판 1991. 3. 27, 90도2528]** 중재에 회부된 때부터 15일간 쟁의행위를 할 수 없다고 규정하고 있는 것은 근로자의 단체행동권의 본질적 내용을 침해하는 것이 아니다.

3) 필수공익사업에 대한 필수유지업무의 설정

① 필수유지업무와 쟁의행위의 제한　「필수유지업무」라 함은 필수공익사업의 업무 중 그 업무가 정지되거나 폐지되는 경우 공중의 생명 · 건강 또는 신체의 안전이나 공중의 일상생활을 현저히 위태롭게 하는 업무로서 대통령령이 정하는 업무를 말한다(노사관계법 제42조의2 제 1 항, 동법시행령 [별표 1]).

필수유지업무의 정당한 유지 · 운영을 정지 · 폐지 또는 방해하는 행위는 쟁의행위로서 이를 행할 수 없다(동법 제42조의2 제 2 항). 필수유지업무의 정당한 유지 · 운영을 정지 · 폐지 또는 방해하는 행위를 쟁의행위로서 하면 벌칙이 적용되고(동법 제89조), 공중의 생명 · 보건 · 신체안전이나 일상생활에 대한 위해가 발생할 것을 요하지 않는다.

② 당사자의 자율에 의한 필수유지업무협정　노동관계 당사자는 쟁의행위기간 동안 필수유지업무의 정당한 유지 · 운영을 위하여 필수유지업무의 필요 최소한의 유지 · 운영 수준, 대상직무 및 필요인원 등을 정한 필수유지업무협정을 서면으로 체결하여야 한다(동법 제42조의3 전단). 이 경우 필수유지업무협정에는 노동관계 당사자 쌍방이 서명 또는 날인하여야 한다(동법 제42조의3 후단).

③ 노동위원회에 의한 필수유지업무의 결정

ⓐ 결정의 신청　노동관계 당사자 쌍방 또는 일방은 필수유지업무협정이 체결되지 아니하는 때에는 노동위원회에 필수유지업무의 필요 최소한의 유지 · 운영 수준, 대상직무 및 필요인원 등의 결정을 신청하여야 한다(동법 제42조의

4 제 1 항).

ⓑ 노동위원회의 결정　신청을 받은 노동위원회는 사업 또는 사업장별 필수유지업무의 특성 및 내용 등을 고려하여 필수유지업무의 필요 최소한의 유지·운영 수준, 대상직무 및 필요인원 등을 결정할 수 있다(동법 제42조의4 제 2 항). 이 경우 노동위원회의 결정은 특별조정위원회가 담당한다(동법 제42조의4 제 3 항).

ⓒ 결정에 대한 해석　노동위원회의 결정에 대한 해석 또는 이행방법에 관하여 관계 당사자간에 의견이 일치하지 아니하는 경우에는 특별조정위원회의 해석에 따른다(동법 제42조의4 제 4 항 전단). 이 경우 특별조정위원회의 해석은 노동위원회의 결정과 동일한 효력이 있다(동법 제42조의4 제 4 항 후단).

ⓓ 결정에 대한 불복절차 및 효력　관계당사자는 소정의 기간 내에 재심 신청 또는 행정소송을 제기하지 않으면 그 결정 또는 재심결정은 확정되며, 당사자는 이에 따라야 한다(동법 제42조의4 제 5 항, 제69조). 노동위원회의 결정 또는 재심결정은 재심신청 또는 행정소송의 제기에 의하여 그 효력이 정지되지 아니한다(동법 제42조의4 제 5 항, 제70조 제 2 항).

ⓔ 결정에 따른 쟁의행위　노동위원회의 결정이 있는 경우 그 결정에 따라 쟁의행위를 한 때에는 필수유지업무를 정당하게 유지·운영하면서 쟁의행위를 한 것으로 본다(동법 제42조의5).

ⓕ 필수유지업무 근무 근로자의 지명　「노동조합」은 필수유지업무협정이 체결되거나 노동위원회의 결정이 있는 경우 사용자에게 필수유지업무에 근무하는 조합원 중 쟁의행위기간 동안 근무하여야 할 조합원을 통보하여야 하며, 사용자는 이에 따라 근로자를 지명하고 이를 노동조합과 그 근로자에게 통보하여야 한다(동법 제42조의6 본문). 다만, 노동조합이 쟁의행위 개시 전까지 이를 통보하지 아니한 경우에는 「사용자」가 필수유지업무에 근무하여야 할 근로자를 지명하고 이를 노동조합과 그 근로자에게 통보하여야 한다(동법 제42조의6 단서).

4) 긴급조정제도　긴급조정의 결정이 공표된 경우 관계 당사자는 즉시 쟁의행위를 중지하여야 하며, 공표일부터 30일이 경과하지 아니하면 쟁의행위를 재개할 수 없다(노사관계법 제77조).

이는 쟁의행위가 국민경제 또는 공공의 이익에 부정적 영향을 미치게 되므로 이를 방지 또는 구제하고자 하는 것이다.

3. 爭議行爲의 節次

(1) 조합원의 찬반투표절차

1) 관련규정

> **노사관계법 제41조 【쟁의행위의 제한과 금지】** ① 노동조합의 쟁의행위는 그 조합원의 직접·비밀·무기명 투표에 의한 조합원 과반수의 찬성으로 결정하지 아니하면 이를 행할 수 없다.

2) 주요내용 쟁의행위는 재적조합원의 과반수가 찬성하는 경우에 한하여 이를 행할 수 있다(노사관계법 제41조 제1항).

조합원의 쟁의행위개시에 대한 찬·반투표는 조합내부의 의사형성에 관한 조합의 내부적 절차의 확보에 불과하며, 쟁의행위의 대외적 책임과는 무관하다는 견해가 있다(多數說).

그러나 쟁의행위는 그 본질상 노동조합의 통일적 의사결정에 따른 집단적 행위이므로 조합원의 찬·반투표는 단순히 조합내부의 의사결정과정을 확보하는 것이 아니라, 노동조합의 자주적·민주적 운영의 확보차원에서 쟁의행위가 과연 「노동조합」이라는 노동조합법상의 정당한 주체가 행하는 것인가를 확인하는 절차, 즉 쟁의행위의 주체에 관한 요건을 확인하는 절차로 보아야 한다(대판 1992.9.22, 91다4317; 대판 2000.3.10, 99도4838; 대판(전) 2001.10.25, 99도4837; 이상윤).

> **[대판(전) 2001.10.25, 99도4837]** 조합원의 직접·비밀·무기명투표에 의한 찬성결정이라는 절차를 거쳐야 한다는 노동조합및노동관계조정법 제41조 제1항의 규정은 노동조합의 자주적이고 민주적인 운영을 도모함과 아울러 쟁의행위에 참가한 근로자들이 사후에 그 쟁의행위의 정당성 유무와 관련하여 어떠한 불이익을 당하지 않도록 그 개시에 관한 조합의사의 결정에 보다 신중을 기하기 위하여 마련된 규정이므로 위의 절차를 위반한 쟁의행위는 그 절차를 따를 수 없는 객관적인 사정이 인정되지 아니하는 한 정당성이 「상실」된다.

(2) 노동쟁의조정전치주의

1) 관련규정

> **노사관계법 제45조 【조정의 전치】** ② 쟁의행위는 제5장 제2절 내지 제4절의 규정에 의한 조정절차(제61조의2에 따른 조정종료 결정후의 조정절차를 제외한다)를 거치지 아니하면 이를 행할 수 없다. 다만, 제54조의 규정에 의한 기간 내에 조정이 종료되지 아니하거나 제63조의 규정에 의한 기간 내에 중재재정이 이루어지지 아니한 경우에는 그러하지 아니하다.

2) 의 의 쟁의행위는 노동쟁의조정절차를 거치지 아니하면 이를 행할 수 없다(노사관계법 제45조 제2항 본문). 이는 소위 「노동쟁의조정전치주의」를 채택하고 있는 것이다. 다만, i) 조정기간중(일반사업의 경우 10일, 공익사업의 경우 15

일)에 조정이 종료되지 아니하거나, ii) 중재회부시 15일의 쟁의행위금지기간중에 중재재정이 이루어지지 아니한 경우 또는 iii) 동법 제61조의2의 규정에 따라 조정의 종료가 결정된 후에 행하는 조정의 경우에는 쟁의행위를 할 수 있다(동법 제45조 제2항 단서). 즉, 노동위원회의 조정결정이 내려진 후에 쟁의행위를 할 수 있는 것이 아니라, 조정·중재 기간이 경과하기만 하면 쟁의행위를 할 수 있는 것이다(대판 2001.6.26, 2000도2871).

한편 노동쟁의조정을 거치지 아니하고 쟁의행위를 하는 경우 정당성을 상실하는지 여부와 관련하여, i) 쟁의행위의 정당성을 상실한다는 견해도 있으나(이상윤), ii) 노동쟁의조정전치주의는 노동행정적 목적의 실현에 주된 목적을 두고 있으므로 동 절차 위반의 쟁의행위는 정당성을 상실하는 것이 아니라고 보아야 한다(다수설; 대판 2000.10.13, 99도4812; 대판 2001.11.27, 99도4779 등).

3) 조정전치주의와 행정지도 노동위원회가 노동쟁의조정신청을 받은 경우 그 신청내용이 조정 또는 중재의 대상이 아니라고 인정할 경우에는 그 사유와 다른 해결방법을 알려주어야 한다(동법시행령 제24조 제2항).

이 경우 행정지도를 따르지 아니하고 쟁의행위를 한 경우 쟁의행위의 정당성 여부가 문제된다. 종래 노동위원회는 정당성을 상실하는 것으로 보았으나(2001년 이전), 판례는 사용자측의 단체교섭 거부로 단체교섭이 미진한 경우에 노동위원회의 행정지도에 불구하고 파업을 한 경우 파업의 정당성을 인정하고 있다(대판 2001.6.26, 2000도2871).

4. 爭議行爲의 時期

(1) 관련규정

> **노사관계법 제2조【정의】** 5. "노동쟁의"라 함은 노동조합과 사용자 또는 사용자단체(이하 "노동관계 당사자"라고 한다) 간에 임금·근로시간·복지·해고 기타 대우 등 근로조건의 결정에 관한 주장의 불일치로 인하여 발생한 분쟁상태를 말한다. 이 경우 주장의 불일치라 함은 당사자간에 합의를 위한 노력을 계속하여도 더 이상 자주적 교섭에 의한 합의의 여지가 없는 경우를 말한다.

(2) 주요내용 쟁의행위는 당사자간의 단체교섭이 결렬된 이후에 행하는 것이 원칙이다(노사관계법 제2조 제5호 단서). 이 경우 단체교섭의 결렬여부는 쟁의행위를 개시하는 당사자의 주관적·일방적 기준에 의하여 판단되는 것이 아니라, 더 이상 단체교섭을 진행시키는 것이 무의미·불가능하다는 객관적·구체적인 기준에 따라야 한다.

제 2 절 爭議行爲의 形式的 成立要件

I. 意 義

쟁의행위의 형식적 성립요건이라 함은 우리나라 노사관계의 특성에 비추어 행정정책상의 목적달성, 당사자간의 편의 도모 또는 조합내부적 목적달성을 위하여 쟁의행위의 시간·절차 및 장소 등에 관하여 관련 법령, 단체협약 및 조합규약 등으로 정하는 요건을 말한다. 쟁의행위의 형식적 성립요건은 쟁의행위의 본질적 요소가 아니므로 그 요건이 결여되는 경우에도 정당한 쟁의행위의 성립에는 아무런 영향도 미치지 아니한다. 다만 쟁의행위가 형식적 성립요건을 갖추고 있지 못한 경우에는 당해 요건을 규정하고 있는 법령에 의하여 형사처벌을 받거나 단체협약·조합규약에 의한 불이익을 받는 경우가 있을 것이다.

II. 具體的 內容

1. 勞動爭議의 通報義務

(1) 관련규정

노사관계법 제45조 【조정의 전치】 ① 노동관계당사자는 노동쟁의가 발생한 때에는 어느 일방이 이를 상대방에게 서면으로 통보하여야 한다.

(2) 주요내용 통보를 하지 아니하고 쟁의행위를 한 경우에도 쟁의행위의 실질적 성립요건을 갖추는 한 쟁의행위의 정당성을 상실하는 것은 아니다.

2. 調停案의 解釋·履行에 대한 爭議行爲 禁止

(1) 관련규정

노사관계법 제60조 【조정안의 작성】 ⑤ 제 3 항 및 제 4 항의 해석 또는 이행방법에 관한 견해가 제시될 때까지는 관계당사자는 당해 조정안의 해석 또는 이행에 관하여 쟁의행위를 할 수 없다.

(2) 주요내용 당사자간에 이미 합의되어 단체협약과 동일한 효력을 갖고 있는 조정안의 해석·이행방법에 관하여 당사자간에 불일치가 생기는 경우 조정위원회의 유권해석이 나오기까지 7일 동안 근로자는 쟁의행위를 하여서는 아니된다(노사관계법 제60조 제 2 항·제 3 항·제 4 항).

노사관계법은 아무런 벌칙규정도 두고 있지 아니하고 있는 바, 동조항은 단순히 훈시적 성격을 갖고 있는 것으로 해석된다.

3. 爭議行爲의 申告

(1) 관련규정

> **노사관계법시행령 제17조【쟁의행위의 신고】** 노동조합은 쟁의행위를 하고자 할 때에는 노동부령이 정하는 바에 따라 미리 서면으로 행정관청과 관할노동위원회에 쟁의행위의 일시·장소·참가인원 및 그 방법을 신고하여야 한다.

(2) 주요내용 쟁의행위의 사전신고의무는 행정적 편의를 도모하기 위한 것으로서 사전신고를 하지 아니하고 쟁의행위를 하여도 정당성을 상실하는 것은 아니다.

4. 平和條項 違反의 爭議行爲

(1) 근 거 평화조항은 당사자간의 단체협약에 쟁의행위의 시기·절차·방법 및 장소 등을 정한 규정을 말한다. 예컨대 쟁의행위를 하기 일정기간 전에 상대방에게 사전예고를 한다는「쟁의예고협정」이 이에 해당된다.

(2) 주요내용

1) **규범설** 단체협약을 법규범으로 보는 견해는 평화의무를 위반하는 쟁의행위는 법규범의 설정 자체와 모순되므로 정당성을 상실하나, 평화조항의 위반은 단순한 절차위반에 불과하므로 정당성에는 아무런 영향을 미치지 아니한다고 한다(多數說).

2) **계약설** 단체협약을 원칙적으로 계약으로 보는 견해는 평화의무 및 평화조항의 위반이 모두 단순한 계약위반에 불과하므로 이를 위반하더라도 쟁의행위의 정당성과는 아무런 관련이 없다고 한다.

5. 組合規約 違反의 爭議行爲

(1) 근 거 노사관계법 제11조 제12호는 노동조합의 조합규약으로 쟁의행위에 관한 사항을 규정하도록 하고 있다.

(2) 주요내용 조합규약상의 쟁의행위의 절차에 위반하여 개시된 쟁의행위의 정당성에 관한 문제가 생긴다. 이에 대하여 i) 쟁의행위개시에 있어서의 중대한 절차위반으로 정당성을 상실한다는 견해와 ii) 단순한 조합내부의 의사형성과정의 하자에 불과하며 쟁의행위의 대외적 책임으로서의 정당성 문제에는 영향을 주지 아니한다는 견해(다수설)가 대립하고 있다.

제 3 장 爭議行爲의 正當性

제 1 절 總 說

Ⅰ. 意 義

근로자의 쟁의행위는 어떤 경우에나 무제한적으로 허용되는 것이 아니라, 헌법이 보장하고 있는 쟁의권이 갖추어야 할 최소한도의 요건을 충족하고 있는 경우에만 허용되는 것이다. 쟁의행위의 정당성이라 함은 헌법상 쟁의행위로서 요구되는 최소한도의 요건을 갖추고 있는 쟁의행위에 대하여 부여되는 법적 효과를 말한다.

Ⅱ. 正當性 判斷의 基準

쟁의행위의 정당성판단의 기준은 쟁의행위의 실질적 성립요건의 충족여부가 될 것이다. 쟁의행위가 실질적 성립요건을 충족하고 있는지의 여부는 쟁의행위의 주체, 목적, 상대방 및 방법 등 제반 사정을 고려하여 구체적·개별적으로 판단되어야 할 것이다.

제 2 절 爭議行爲의 正當性과 刑事·民事 免責

Ⅰ. 刑事·民事免責의 法的 根據

헌법 제33조 제 1 항은 근로자의 단결권·단체교섭권 및 단체행동권을 보장하고 있다. 정당한 쟁의행위에 대하여 노사관계법 제 3 조는 민사면책을, 동법 제 4 조는 형사면책을 규정하고 있는 바, 이는 헌법상의 쟁의권의 내용을 확인하는 규정이다.

노사관계법 제 4 조 【정당행위】 형법 제20조의 규정은 노동조합이 단체교섭·쟁의행위 기타의 행위로서 제 1 조의 목적을 달성하기 위하여 한 정당한 행위에 대하여 적용된다. 다만, 어떠한 경우에도 폭력이나 파괴행위는 정당한 행위로 해석되어서는 아니된다.
노사관계법 제 3 조 【손해배상청구의 제한】 사용자는 이 법에 의한 단체교섭·쟁의

> 행위로 인하여 손해를 받은 경우에 노동조합 또는 근로자에 대하여 그 배상을 청구할 수 없다.

Ⅱ. 刑事 · 民事免責의 適用範圍

노동법상의 형사·민사면책의 적용 범위는 근로자의 정당한 쟁의행위에 국한되는 것이 아니라 근로자의 정당한 단결권·단체교섭권 및 단체행동권의 행사에 모두 적용되어야 한다고 본다.

Ⅲ. 刑事 · 民事免責의 法的 性質

1. 違法性阻却說

쟁의행위는 민법상의 채무불이행 또는 불법행위의 법률요건에 해당하거나 형법상의 범죄구성요건에 해당하는 행위로서 위법한 행위이지만, 예외적으로 그 위법성이 조각되어 민사상·형사상의 책임이 면제된다고 한다(형법학자 다수설).

2. 構成要件該當性阻却說

쟁의행위는 처음부터 i) 민법의 의무불이행 내지 불법행위의 법률요건에 해당되지 아니하며, 또한 ii) 형법상의 업무방해죄나 강요죄 등의 범죄구성요건에도 해당하지 아니한다고 한다(노동법학자 다수설).

제 3 절 爭議行爲의 類型과 正當性

Ⅰ. 罷　　業

1. 罷業의 意義

(1) 개 념　　파업이라 함은 다수의 근로자가 하나의 단결체를 형성하여 근로조건의 유지·개선을 목적으로 조직적인 방법에 의하여 사용자에게 근로제공을 일시적으로 거부하는 행위를 말한다.

(2) 종 류

1) 주체상의 구별　　파업은 노동조합의 조합원에 의하여 행하여지는 조합원파업(「조직파업」)과 노동조합의 조합원이 아닌 자가 행하는 비조합원파업(「비조직파업」)으로 구별할 수 있다. 조합원파업 중에서 특히 노동조합의 통제나 지시를 벗어나 소수 조합원에 의하여 행하여지는 파업을 「산고양이파업(Wild Cat Strike)」

이라고 한다.

2) **규모상의 구별** 특정 산업 또는 기업의 모든 조합원이 파업에 참여하는 경우 이를 「전면파업」이라고 하고, 일부 조합원만이 파업에 참가하는 경우 이를 「부분파업」이라고 한다. 「총파업」은 모든 산업에서 또는 전국적으로 일시에 행하여진 파업을 말한다.

3) **목적상의 구별** 단체교섭이 결렬됨에 따라 근로자들의 주장을 관철하기 위하여 행하는 파업을 「경제파업(Economic Strike)」이라고 한다. 이에 반하여 사용자의 부당노동행위에 대하여 이의 시정을 요구하거나 항의하기 위하여 행하는 파업을 「부당노동행위파업(Unfair Labor Practice Strike)」이라고 한다.

4) **상대방에 의한 구별** 파업의 상대방은 노동조합의 사용자가 되는 경우가 일반적이다. 그러나 그 상대방이 행정부나 의회일 경우 이를 「정치파업」이라고 한다. 정치파업은 노동정책이나 또는 법률의 제·개정을 실현하는 것을 목적으로 한다. 다른 노동조합의 파업을 지원하고자 파업하는 경우 이를 「동정파업」이라고 한다.

2. 罷業의 正當性

파업의 효율성을 강화하기 위하여 피케팅을 동반하거나 연좌·농성(sit-in, sit-down)하는 직장점거를 동반하기도 하는 바, 피케팅과 직장점거가 수반되는 것을 이유로 파업 그 자체가 정당성을 상실하는 것은 아니다.

파업이 대규모적으로 전개되는 총파업(General Strike)도 단지 규모가 크다는 이유만으로 정당성을 상실하지는 아니한다. 중요한 업무를 담당하는 특정의 근로자를 지명하여 근로제공을 거부하게 하는 이른바 「지명파업」이나, 근로자의 일부만 근로제공을 거부하도록 하는 「부분파업」도 일부 근로자만이 파업하였다고 하여 정당성을 상실하는 것은 아니다.

Ⅱ. 怠 業

1. 怠業의 意義

태업이라 함은 근로의 제공은 하되, 작업능률을 저하시키는 쟁의행위를 말한다. 그러므로 태업은 근로의 제공은 하되, 동일한 시간에 제공되는 근로의 양을 줄이거나, 근로의 질을 저하시키는 쟁의행위이다.

태업은 크게 세 가지의 개념으로 분류하여 볼 수 있는 바, i) 기계·제품의 파손과 불량제품의 생산 등 적극적인 생산시설 및 제품의 파괴행위(적극적 사보타지), ii) 사용자의 영업비밀 또는 부정거래를 사용자의 거래상대방 또는 제 3 자에게 폭로하거나 비방하는 행위(폭로 사보타지), iii) 근로는 지속적으로 제공하되 작업의 능률을 저하시키는 소극적 태업행위가 바로 그것이다.

2. 怠業의 正當性

업무의 속도를 제한하는 감속근무 등 일반 태업의 경우에는 정당성이 인정되는 것이 원칙이다. 그러나 사보타지는 일반적인 태업과 달리 적극적으로 사용자의 생산시설 및 경영에 간여하고 있으므로 그 정당성이 부정되거나 제한된 범위 내에서만 인정되는 것이 원칙이다.

Ⅲ. 遵法鬪爭

1. 遵法鬪爭의 意義

준법투쟁이라 함은 노동조합의 통제하에 다수의 근로자들이 근로기준법 및 노사관계법 등 관련 법령 및 단체협약·취업규칙·근로계약 등에 규정된 권리를 동시에 행사하거나, 의무를 동시에 이행하여 파업이나 태업과 같은 쟁의행위의 효과를 발생하는 것을 말한다.

2. 遵法鬪爭의 正當性

(1) 의 의　준법투쟁은 법령이나 단체협약 등에서 쟁의행위를 제한하는 규정이 있는 경우에 그 적용을 회피하기 위하여 고안된 것으로서, 사용자측에 압력을 가하는 점에서는 파업이나 태업과 비슷하지만 근로자 개인의 권리·의무를 실행한다는 점에서는 파업이나 태업과 다르다는 양면성을 가지므로, 준법투쟁을 쟁의행위의 일종으로 볼 것인지 여부가 문제된다.

(2) 학 설　준법투쟁이 쟁의행위에 해당하는가는 그 구체적인 행위의 태양이 노사관계법상 「업무의 정상적인 운영을 저해하는 행위」(동법 제2조 제6호)에 해당하는지 여부에 따라 개별적으로 결정할 수밖에 없다. 이 경우 「정상적」인 업무운영이 무엇을 의미하는 지에 관하여 견해의 대립이 있다.

1) **사실정상설**　사실정상설에 의하면 노사관계법 제2조 제6호의 쟁의행위는 업무의 정상적인 운영을 저해하는 것이므로, 업무를 통상적으로 제공하여 온 사실상의 업무로 본다. 따라서 i) 법령 등의 근거 없이 단순히 관행적으로 수행하여 오던 근로의 제공을 거부하거나, ii) 기존에 수행하여 오던 근로의 제공을 법령 등에 규정된 최저수준으로 제공하는 것, iii) 법령상 근로자의 재량행위에 해당하는 권리를 근로자집단과 동시에 행사하여 출퇴근을 하지 아니하는 것 등은 모두 통상적으로 제공하여 오던 근로의 제공을 거부함으로써 업무의 정상적 운영을

저해하므로 쟁의행위에 해당된다고 한다.

2) **법률정상설** 법률정상설에 의하면 업무를 법령 등에 규정된 업무로 본다. 따라서 i) 법령 등의 근거 없이 관행적으로 수행하여 오던 업무는 근로자가 이를 반드시 제공할 법령상의 의무가 없으며, ii) 근로자는 법령 등에 규정된 최저수준의 의무만을 수행하여도 이를 불법으로 볼 수 없고, iii) 법령상 근로자의 재량행위에 해당하는 출퇴근 또는 조퇴는 법적 권리의 당연한 행사에 해당되므로 이를 업무의 정상적인 운영을 저해하는 것으로 볼 수 없다고 한다.

(3) 판 례 판례는 사실정상설에 입각하여 택시회사 근로자들이 평소 해온 과속·신호위반·합승·부당요금 징수 등 교통법규 위반을 중단하도록 한 경우(대판 1991.12.10, 91누636; 대판 2000.5.26, 98다34331), 평소 해 온 연장근로를 거부하도록 한 경우(대판 1990.12.7, 90다6095; 대판 1991.7.9, 91도1051), 평소 해온 휴일근로를 거부하도록 한 경우(대판 1991.7.9, 91도1051; 대판 1994.2.22, 92누11176), 연·월차휴가를 일제히 사용하도록 한 경우(대판 1994.6.14, 93다29167; 헌재 2004.7.15, 2003헌마878)를 모두 쟁의행위에 해당한다고 본다.

3. 具體的 事例

(1) 연장근로거부 법령 등에서 근로자 개인의 연장근로를 허용하지 아니하거나 관행화 되어 있지 아니한 경우 사용자의 연장근로 명령을 집단적으로 거부하는 것은 근로자의 당연한 권리행사로서 쟁의행위에 해당되지 아니한다. 그러나 통상적으로 해 오던 연장근로를 집단적으로 거부하도록 함으로써 회사업무의 정상운영을 방해하였다면 쟁의행위에 해당되므로 쟁의행위의 요건을 갖추는 경우에만 그 정당성이 인정된다(대판 1996.2.27, 95도2970).

(2) 일제휴직 연차유급휴가, 월차유급휴가, 생리휴가, 점심시간 일제사용, 또는 병가를 일제히 취하는 것은 집단적인 근로제공의 거부로서 이를 쟁의행위로 보아야 할 것이므로 쟁의행위의 요건을 갖추는 경우에만 그 정당성이 인정된다고 할 것이다(다수설; 대판 1996.7.30, 96누587).

(3) 동시이행의 항변권 행사 사용자의 계약의무위반으로 인하여 손해를 입은 근로자들이 이에 대항하여 집단으로 동시이행의 항변권을 행사한 경우 이것이 과연 정당한 쟁의행위에 해당하는지의 문제가 생긴다.

이에 대하여는 i) 근로자들의 당연한 권리행사이므로 쟁의행위에 해당되지 아니한다는 견해와, ii) 집단적으로 행사되었다는 점에서 언제나 쟁의행위라고 보는 견해가 있다.

(4) 집단사표 근로자들이 노동조합의 통제하에 집단적으로 사표를 제출하는 경우, 이것이 과연 정당한 쟁의행위에 해당하는지의 문제가 생긴다.

이에 대하여 근로자들이 쟁의행위의 효과를 높이는 하나의 수단으로서 집단사표를 제출하는 경우, 이는 실제로 사직의사가 없으므로 이는 쟁의행위에 해당된다. 이러한 경우에는 쟁의행위로서의 요건을 갖추는 경우에만 그 정당성이 인정된다.

(5) 안전투쟁 안전·위생에 관한 법령·단체협약·취업규칙 또는 근로계약의 규정을 철저히 준수하거나 위반사항의 시정을 요구하면서, 근로의 제공을 거부하는 경우 이것이 과연 정당한 쟁의행위의 개념에 해당되는지의 문제가 생긴다.

안전투쟁을 i) 일종의 파업 또는 태업으로 보는 견해(박상필, 김형배; 노사 32281-11348, 1989. 8. 2)와 ii) 안전에 관한 규정은 사용자가 준수하여야 할 당연한 의무로서 쟁의행위에 포함되지 아니한다는 견해(김유성, 박홍규)가 있다.

Ⅳ. 生産管理

1. 生産管理의 意義

생산관리란 노동조합이 사용자의 지휘명령권을 배제하면서 자신들의 의사에 따라 기업의 경영을 행하는 쟁의수단이다.

2. 生産管理의 正當性

(1) 생산관리 부당설 쟁의행위는 소극적인 근로제공의 거부를 원칙으로 하기 때문에 사용자의 생산수단을 적극적으로 통제하는 생산관리는 정당한 쟁의행위가 아니라고 한다(다수설).

(2) 생산관리 정당설 생산관리는 사용자의 생산수단을 지배·통제하기는 하나 이는 사용자의 경영권을 침해하는 것이 아니라 사실적 통제에 불과하므로 정당하다고 한다.

(3) 절충설 조합이 사용자의 종래의 경영방침을 변경하지 아니하고 업무를 종전과 같이 계속하는 「소극적 생산관리」는 정당하지만, 종래의 경영방침을 변경하는 「적극적 생산관리」는 정당하지 아니하다고 한다.

Ⅴ. 보 이 콧

1. 보이콧의 意義

보이콧은 노동조합이 쟁의행위의 상대방인 사용자의 제품의 불매를 호소하거나 그 제품의 취급을 거부하게 함으로써 그 제품의 거래를 방해하는 쟁의수단이다.

2. 보이콧의 正當性

(1) 1차 보이콧　1차 보이콧은 노동조합이 사용자에 대하여 사회적·경제적 압력을 가할 목적으로 사용자가 생산한 상품의 불매를 결의하거나 일반시민에게 불매 또는 거래정지를 호소하는 쟁의수단이다. 이는 정당한 쟁의행위로 보아야 할 것이다.

(2) 2차 보이콧　2차 보이콧은 쟁의 당사자인 사용자를 상품시장으로부터 고립시키기 위하여 그 거래선에게 사용자와의 거래를 정지하도록 호소하고, 이에 불응하면 그 거래선의 상품에 대하여 보이콧을 행하는 것이다. 제 2 차 보이콧은 정당한 쟁의행위가 아니라고 보는 견해가 타당하다(다수설).

Ⅵ. 피 케 팅

1. 關聯規程

노사관계법 제38조 【노동조합의 지도와 책임】 ① 쟁의행위는 그 쟁의행위와 관계없는 자 또는 근로를 제공하고자 하는 자의 출입·조업 기타 정상적인 업무를 방해하는 방법으로 행하여져서는 아니되며 쟁의행위의 참가를 호소하거나 설득하는 행위로서 폭행·협박을 사용하여서는 아니된다.

2. 피케팅의 意義

피케팅은 원래 파업·태업 및 보이콧 등의 효과를 높이기 위하여 부수적으로 행하는 쟁의수단으로서 노동조합이 필요한 장소에 피케팅요원을 배치하여 다른 근로자 내지 일반시민에게 쟁의행위가 벌어지고 있음을 알리고 이에 대한 협력을 호소하는 쟁의수단을 말한다.

3. 피케팅의 正當性

(1) 평화적 설득론　피케팅의 수단으로서 파업에 가담하지 아니하고 근무하려는 자에 대하여 평화적 설득을 하는 경우에만 이를 정당하다고 볼 수 있다고 한다(대판·다수설). 이러한 견해에 따르면 폭행·협박 또는 위력에 의한 물리적 강제(Physical Compulsion)는 부당한 쟁의행위가 된다는 것이다.

[대판 1990. 10. 12, 90도1431] 피케팅은 파업의 보조적인 수단으로서 파업비참가자에 대하여 평화적 설득, 구두·문서에 의한 언어적 설득의 범위 안에서만 인정된다.

(2) 실력저지 인정설　피케팅은 언어적 설득 등의 평화적 설득의 범위를 넘어 실력에 의한 저지행위로 나아간 경우에도 그 정당성이 인정될 수 있다고 한다.

Ⅶ. 職場占據

1. 關聯規程

노사관계법 제42조 【폭력행위등의 금지】 ① 쟁의행위는 폭력이나 파괴행위 또는 생산 기타 주요업무에 관련되는 시설과 이에 준하는 시설로서 대통령령이 정하는 시설을 점거하는 형태로 이를 행할 수 없다.

2. 職場占據의 意義

직장점거(work-in)란 파업을 할 때에 퇴거하지(work-out) 아니하고 사용자의 의사에 반하여 사업장에 체류하면서 연좌 또는 농성하는 쟁의행위를 말한다. 직장점거는 파업에 대한 보조적·부수적 쟁의행위이다.

3. 職場占據의 正當性

쟁의행위의 본질은 근로자의 근로제공을 소극적으로 거부하는데 있으므로 사용자의 조업을 저지하기 위하여 사용자가 소유·경영하는 시설을 실력으로 점거하는 직장점거는 원칙적으로 정당하지 못한 쟁의행위가 된다.

그러나 우리나라의 경우 기업별 노조형태를 취하고 있으므로 노동조합 활동의 대부분은 직장에서 이루어지고 있고, 쟁의행위는 대부분 기업 안에서 행하여진다. 따라서 직장점거는 사용자의 기업시설을 「전면적·배타적」으로 점거하는 경우에 한하여 정당하지 아니한 쟁의수단으로 평가되어야 하며, 「부분적·병존적」인 점거는 허용되어야 할 것이다(대판 1992. 2. 11, 91도1834).

제4장 爭議行爲의 法的 效果

제1절 爭議行爲와 勞使當事者間의 法的 關係

Ⅰ. 正當한 爭議行爲와 勞使當事者間의 法的 關係

1. 罷業과 勤勞契約關係

(1) 근로계약파기설　근로계약파기설은 파업에 의하여 근로계약이 파기된다고 한다. 근로계약파기설은 파업이 종료된 후 파기된 근로계약을 다시 체결하지 아니하고도 근로자가 다시 업무에 복귀하는 것을 설명할 수 없다.

(2) 근로계약정지설　근로계약정지설에 의하면, 파업에 의하여 근로계약은 일시로 정지될 뿐이며, 파기하는 것은 아니라고 한다(다수설). 즉 파업에 의하여 근로계약상의 주된 권리 · 의무가 정지되고 정지된 권리 · 의무는 파업의 종료와 더불어 다시 원상회복 된다고 한다.

(3) 근로계약내용설　근로계약내용설은 파업을 하는 경우 근로제공 및 임금지급을 하지 아니하는 것은 이미 근로계약의 내용으로 되어 있으며, 따라서 파업을 하는 경우에도 근로계약은 파기되거나 정지되지 아니한다고 한다(이상윤).

2. 罷業과 賃金關係

(1) 관련규정

> **노사관계법 제44조 【쟁의행위 기간중의 임금지급 요구의 금지】** ① 사용자는 쟁의행위에 참가하여 근로를 제공하지 아니한 근로자에 대하여는 그 기간에 대한 임금을 지급할 의무가 없다.
> ② 노동조합은 쟁의행위 기간에 대한 임금의 지급을 요구하거나 이를 관철할 목적으로 쟁의행위를 하여서는 아니된다.

(2) 무노동 · 무임금의 원칙

1) 의　의　사용자는 쟁의행위 참가근로자에게 파업기간에 대한 임금을 지급할 의무를 부담하지 아니한다. 이는 무노동 · 무임금의 원칙을 따르고 있는 것이다. 다만, 사용자가 쟁의행위기간 중에 임의로 임금을 지급하거나, 단체협약 등에 의하여 자발적으로 임금을 지급하는 것은 무방하다. 노동조합은 동 기간중에 임금의 지급을 요구하거나 이를 관철할 목적으로 쟁의행위를 하여서는 아니된다

(노사관계법 제44조 제 2 항).

2) 적용범위

① 임금이 근로시간에 비례하지 아니하는 경우 임금이 일의 완성여부에 따라 지급되는 도급제, 일의 성취도에 따라 지급되는 능률급은 임금이 근로시간에 비례하여 지급되는 것이 아니므로 「무노동 · 무임금」의 원칙이 적용되지 아니한다.

② 임금이 근로시간에 비례하는 경우 임금이 근로시간에 비례하여 지급되는 경우 「무노동 · 무임금」의 원칙이 적용된다.

ⓐ 임금이원론 임금을 i) 근로자의 노동력 제공의 대가로 지급되는 부분과 ii) 노동력 제공과 상관없이 근로자의 종업원으로서의 지위에 대하여 지급되는 부분으로 이분하고, 전자에 대하여는 파업중 임금이 지급되지 아니하나, 후자가 대하여는 파업중에도 지급된다는 「임금이원론」이 주장되고 있다(대판 1992.6.23, 92다11466 등 종래의 판례).

ⓑ 임금일원론 근로자의 종업원으로서의 지위도 결국은 근로자가 회사에서 근로를 제공하는 것을 전제로 하여 부여되는 것이므로 임금을 인위적으로 이분하는 것은 법논리상 무리이며, 실제적으로도 용이하지 아니하다고 할 것이다. 따라서 임금이원론을 지양하고 파업기간 중에는 모든 임금이 지급되지 아니한다는 견해이다(대판(전) 1995.12.21, 94마26721). 노사관계법 제44조는 임금일원론을 입법화하고 있는 것으로 보인다.

[대판(전) 1995.12.21, 94마26721] 현실의 근로를 제공하지 아니하고 단순히 근로자의 지위에 기하여 지급되는 생활보장적 임금은 있을 수 없고, 임금을 교환적 부분과 생활적 부분으로 2분 하는 임금이원론은 그 근거가 타당하지 아니하다.

(3) 파업 비참가자의 임금청구권 파업에 참가하지 아니한 근로자들이 근로를 제공하는 경우 i) 조업이 가능함에도 불구하고 사용자가 임의로 근로의 수령을 거부한 경우 근로자는 임금청구권을 가지나, ii) 파업의 결과 조업이 불가능하거나 그 자체가 무의미한 경우, 사용자가 근로의 수령을 거부하였을 지라도 근로자는 임금청구권을 갖지 못한다. 다만 휴업수당지급여부가 논의되고 있을 뿐이다.

3. 罷業과 雇傭關係

(1) 사용자의 대체근로의 제한

1) 관련규정

노사관계법 제43조 【사용자의 채용제한】 ① 사용자는 쟁의행위 기간 중 그 쟁의행위로 중단된 업무의 수행을 위하여 당해 사업과 관계없는 자를 채용 또는 대체할

> 수 없다.
> ② 사용자는 쟁의행위기간 중 그 쟁의행위로 중단된 업무를 도급 또는 하도급 줄 수 없다.
> ③ 제 1 항 및 제 2 항은 필수공익사업의 사용자가 쟁의행위기간 중에 한하여 당해 사업과 관계없는 자를 채용 또는 대체하거나 그 업무를 도급 또는 하도급 주는 경우에는 적용하지 아니한다.
> ④ 제 3 항의 경우 사용자는 당해 사업 또는 사업장 파업참가자의 100분의 50을 초과하지 않는 범위 내에서 채용 또는 대체하거나 도급 또는 하도급 줄 수 있다. 이 경우 파업참가자 수의 산정 방법 등은 대통령령으로 정한다.

2) 주요내용

① 원 칙 사용자는 쟁의행위 기간 동안 그 쟁의행위로 중단된 업무의 수행을 위하여 해당 사업과 관계없는 자를 채용 또는 대체할 수 없으며, 그러한 업무를 도급 또는 하도급 줄 수 없다(노사관계법 제43조 제 1 항 · 제 2 항).

이는 사용자의 「대체근로의 자유」에 대한 제한을 의미한다. 사용자는 사업장 내의 파업비참가근로자에 의하여 기업의 조업을 계속할 수 있을 뿐이다. 한 사업장 내에 수개의 부서 또는 작업장이 있어 비조합원을 배치이동하는 것은 무방하다. 쟁의행위 이전부터 계획된 사업확장 또는 신규채용계획에 따라 쟁의행위의 저지 또는 방해와 관계없이 근로자를 신규채용하거나 결원을 보충하는 것은 위법한 대체근로에 해당되지 아니한다.

근로자파견사업의 경우 파견사업주는 쟁의행위 중인 사업장에 그 쟁의행위로 중단된 업무의 수행을 위하여 근로자를 파견하여서는 아니된다(파견근로자보호등에 관한 법 제16조 제 1 항). 대체근로 제한의 실효성을 확보하기 위하여 파견사업주에게 별도의 의무를 부과한 것이다.

② 필수공익사업에 대한 예외 필수공익사업의 사용자가 쟁의행위기간 중에 한하여 당해 사업과 관계없는 자를 채용 또는 대체하거나 그 업무를 도급 또는 하도급 주는 경우에는 적용하지 아니한다(동법 제43조 제 3 항).

사용자는 당해 사업 또는 사업장 파업참가자의 100분의 50을 초과하지 않는 범위 내에서 채용 또는 대체하거나 도급 또는 하도급 줄 수 있다. 이 경우 파업참가자 수는 근로의무가 있는 근로시간 중 파업참가를 이유로 근로의 일부 또는 전부를 제공하지 아니한 자의 수를 1일 단위로 산정하며, 사업자는 파업참가자 수 산정을 위하여 필요한 경우 노동조합에 협조를 요청할 수 있다(동법 제43조 제 4 항, 동법시행령 제22조의4).

(2) 파업참가 근로자의 타기업 취업 파업중 파업참가 노동자가 다른 기업에 취업할 수 있는지의 여부에 대하여는 이를 긍정하는 견해와 부정하는 견해가 있다.

(3) 파업종료후의 근로관계 파업이 종료하는 경우 근로계약관계는 다시 정상

화되므로 파업에 참가했던 근로자들의 근로제공의무와 사용자의 임금지급의무는 원래대로 회복된다. 따라서 근로자가 근로제공을 거부하거나 사용자가 임금지급을 거부하면 근로계약불이행의 책임을 져야 한다.

Ⅱ. 不當한 爭議行爲와 勞使當事者間의 法的 關係

쟁의행위가 정당성을 갖고 있는 경우에는 민사·형사상의 면책이 인정되나, 정당성을 갖고 있지 아니한 경우에는 민사·형사상의 책임을 부담하게 된다.

▣ 요점정리

구 분		민사책임		형사책임
		손해배상책임	징계처분	
근로자 개인	일반조합원	• 근로계약불이행 • 불법행위책임	경징계	형벌부과 (업무방해죄 등)
	간부조합원	• 근로계약불이행 • 불법행위책임	중징계(?)	
노 동 조 합		• 단체협약위반 • 불법행위책임	징계대상이 아님	벌금형(제94조)

1. 民事責任

(1) 손해배상책임

1) 노동조합의 손해배상책임

> **노사관계법 제38조 【노동조합의 지도와 책임】** ③ 노동조합은 쟁의행위가 적법하게 수행될 수 있도록 지도·관리·통제할 책임이 있다.

① 단체협약의 불이행으로 인한 손해배상책임 노동조합이 단체협약상 평화의무에 위반하여 쟁의행위를 한 경우에는 손해배상책임을 부담한다. 다만, 단체협약상 평화조항에 위반하여 쟁의행위를 한 경우에는 그 정당성을 상실하지 아니하므로 주의를 요한다.

② 불법행위로 인한 손해배상책임 쟁의행위의 실질적 요건을 충족하지 못한 쟁의행위는 정당성을 상실하고 노동조합은 이에 대한 불법행위책임을 진다.

2) 근로자 개인의 손해배상책임

① 의 의

ⓐ 근로자 개인의 손해배상책임을 부인하는 견해 쟁의행위가 정당하지 못한 경우에도 노동조합의 조직적·통일적 행동으로서 쟁의행위가 행하여지는 경우 근로자 개인의 책임은 일체 부인된다는 견해이다.

ⓑ 근로자 개인의 손해배상책임을 인정하는 견해 현행법상 근로자 개인의 민사면책은 쟁의행위가 정당성을 가지고 있는 경우에 한해서 인정되고 있으므로, 쟁의행위가 정당하지 못한 경우 노동조합뿐 아니라 근로자 개인도 손해배상책임을 진다는 견해(다수설)이다.

② 일반 조합원의 책임

ⓐ 근로계약의 불이행으로 인한 손해배상책임 쟁의행위가 정당성을 가지지 못하는 경우에는 근로제공을 거부한 근로자의 개별적 행위는 근로계약의무에 위반하는 것이 되어 근로계약불이행으로 인한 손해배상책임을 발생한다.

ⓑ 불법행위로 인한 손해배상책임 쟁의행위가 정당성을 갖추지 못한 경우, 노동조합의 단체행동상의 불법행위로 발생한 손해전체에 대하여 일반 조합원도 손해배상책임을 부담하는 것이 원칙이다.

③ 조합간부의 책임 조합간부가 불법한 쟁의행위를 주도·지시하는 경우 i) 자신의 근로계약위반으로 인한 손해배상책임을 부담하는 것은 물론 ii) 일반 조합원과 달리 불법행위로 인하여 발생된 손해에 대하여 손해배상책임을 부담한다(대판 1994.3.25, 93다32828).

(2) 징계처분

1) 의 의 정당하지 아니한 쟁의행위에 참가한 조합원에 대하여 사용자는 징계처분을 하는 경우가 있다. 이러한 징계처분은 그 성질상 노동조합에 대하여 행하여 질 수 없으며, 근로자 개인에게만 행하여진다.

앞에서의 조합원에 대한 손해배상책임을 부정하는 견해는 조합원에 대한 징계처분도 이를 부정하고 있다.

2) 징계처분의 내용 부당한 쟁의행위의 대부분은 현실적으로 조합간부가 주도적 역할을 담당하므로 일반 조합원보다 무거운 징계처분을 받게 된다는 것은 일반적으로 당연하다고 할 것이다. 그러나 단지 조합간부의 지위에 있다는 외형적 사실만으로 일반 조합원보다 무거운 징계처분을 받아서는 아니된다고 할 것이다.

2. 刑事責任

> **노사관계법 제39조 【근로자의 구속제한】** 근로자는 쟁의행위 기간 중에는 현행범외에는 이 법 위반을 이유로 구속되지 아니한다.

정당하지 아니한 쟁의행위를 한 경우 이는 노사관계법 제 4 조상의 형사면책을 받지 못한다. 또한, 부당한 쟁의행위가 형법상의 범죄에 해당되는 경우 쟁의행위에 참가한 근로자 개인은 형사제재를 받게 된다. 예컨대 불법감금죄(형법 제276조, 제278조), 협박죄(형법 제283조, 제284조), 업무방해죄(형법 제314조), 주거침입죄(형법 제319조), 강요죄(형법 제326조) 및 공갈죄(형법 제350조) 등이 이에 해당될 것이다.

또한 노동조합의 대표자, 대리인, 사용인 기타의 종업원이 노동조합의 업무에 관하여 위법행위를 한 경우에는 노동조합에 대하여도 벌금형이 부과된다(노사관계법 제94조).

제 2 절 爭議行爲와 第三者와의 法的 關係

■ 요점정리

제3자	사용자의「계약불이행」책임		근로자의「불법행위」책임	
	정 당	부 당	정 당	부 당
사용자의 거래 상대방	• 긍정설: 책임인정 • 부정설: 책임면제	책임면제 (부정설)	책임면제	책임인정(불법행위요건을 충족하는 경우)
일반 제3자	책임면제	책임면제	책임면제	책임인정(불법행위요건을 충족하는 경우)

Ⅰ. 使用者의 去來相對方에 대한 損害賠償責任

근로자의 쟁의행위는 사용자뿐 아니라 사용자와 계약관계에 있는 거래상대방에게도 손해를 끼치게 되는 경우가 대부분이다. 예컨대 쟁의행위의 결과 사용자가 당해 사업장에서 생산되는 상품을 거래상대방에게 공급·인도하지 못하거나 이와 반대로 거래상대방으로부터 상품·원료를 수령하지 못하는 경우이다. 이 경우 i) 사용자는 그 거래상대방과의 계약불이행으로 인한 손해배상책임, ii) 근로자는 불법행위로 인한 손해배상책임의 문제가 대두된다.

1. 使用者의 損害賠償責任(契約不履行責任)

근로자의 쟁의행위로 인하여 사용자가 거래상대방과 체결한 계약의 채무를 이행하지 못한 경우, 사용자는 그 거래상대방에게 계약상의 채무불이행으로 인한 손해배상책임을 부담하는가에 대하여는 견해가 나뉘어져 있다.

(1) 긍정설(분리설, 계약법설) 사용자의 거래상대방에 대한 손해배상책임을 인정하는 견해는 i) 쟁의행위의 정당성으로 인한 민사면책은 노사당사자간에만 효력을 미치는 것이 원칙이고, 사용자의 거래상대방에 대한 계약위반에 관해서는 어떠한 효력도 미칠 수 없다고 하는 견해, ii) 사용자의 계약상대방의 관점에서 보면 쟁의참가근로자는 사용자의 이행보조자에 해당하므로 그들의 쟁의행위에 대하여 사용자가 책임을 져야 한다는 견해 등이 있다(다수설).

(2) 부정설(통합설, 단체법설) 사용자의 거래상대방에 대한 손해배상을 부정하는 견해는 i) 사용자는 정당한 쟁의행위의 당사자이므로 거래상대방에 대한 채무불이행이 면제된다는 견해, ii) 쟁의행위는 사용자의 지휘명령을 이탈하여 행하여지는 것이므로 사용자의 이행보조자가 아니라는 견해 등이 있다(김형배).

2. 勤勞者의 損害賠償責任(不法行爲責任)

근로자는 정당한 쟁의행위에 의하여 사용자의 거래상대방에게 발생한 손해에 대하여 불법행위책임을 부담하지 아니한다. 이는 헌법상 쟁의권 행사에 대한 민사면책의 법적 효과이다.

그러나 정당하지 아니한 쟁의행위로 인하여 사용자의 거래상대방에게 손해를 가져올 경우, 이러한 쟁의행위가 불법행위의 요건을 충족시킨다면 불법행위로 인한 손해배상책임을 부담하게 된다. 근로자는 사용자의 거래상대방과 계약을 체결하고 있지 아니하므로 계약위반으로 인한 손해배상책임을 부담하지 아니함은 물론이다.

Ⅱ. 一般 第三者에 대한 損害賠償責任

근로자의 쟁의행위는 쟁의행위의 당사자는 물론 사용자의 거래상대방과도 관계가 없는 일반 제3자에게 손해를 미치게 되는 경우가 있다. 이 경우 사용자와 근로자의 일반 제3자에 대한 손해배상책임 문제가 대두된다.

1. 使用者의 損害賠償責任

일반적으로 기업은 영업의 자유의 일환으로서 영업을 일시적으로 감축하거나 정지할 수 있으며, 노동조합과의 단체교섭에서 어느 선까지 양보할 것인가의 자유도 가진다. 따라서 사용자가 단체교섭에서 더 이상 양보를 하지 않아 쟁의행위가 발생하고 이로 인하여 일반 공중이 손해를 입더라도 불법행위는 성립되지 않는다.

한편, 노사관계법상 공익사업의 쟁의행위는 여러 면에서 제한되고 있다. 또한 이들 공익사업에 대하여는 관련 법률이 공중의 편익을 고려하여 조업의 수행을 제한·강제하는 법규를 두고 있다. 그러나 이들 규정들도 이른바 제3자 보호법규로 볼 수 없기 때문에 쟁의행위가 이들 법규에 위반하여 행하여지는 것을 사용자가 막지 못하였다 하여 불법행위가 성립되는 것은 아니라고 본다.

2. 勤勞者의 損害賠償責任

쟁의행위가 정당하지 아니한 경우 근로자가 일반 제3자에 대하여 손해배상책임을 부담하는가에 대하여, i) 쟁의행위는 기업내부현상이므로 기업의 외부와의 관계에 대하여는 직접 손해배상책임을 지지 아니한다는 견해가 있으나, ii) 정당하지 못한 쟁의행위는 헌법에 의하여 보호받고 있지 아니하므로 일반 사법원리에 기초하여 손해배상책임을 부담하는 것으로 보아야 할 것이다(다수설).

제5장 使用者의 爭議行爲

제1절 意 義

Ⅰ. 職場閉鎖의 槪念

직장폐쇄라 함은 사용자가 노동조합의 쟁의행위에 대항하여 직장을 폐쇄함으로써 근로자들의 근로수령을 거부하고 임금을 지급하지 아니하는 사용자의 쟁의행위를 말한다.

Ⅱ. 關聯規程

> **노사관계법 제2조 【정의】** 6. "쟁의행위"라 함은 파업·태업·직장폐쇄·기타 노동관계 당사자가 그 주장을 관철할 목적으로 행하는 행위와 이에 대항하는 행위로서 업무의 정상한 운영을 저해하는 것을 말한다.
> **노사관계법 제46조 【직장폐쇄의 요건】** ① 사용자는 노동조합이 쟁의행위를 개시한 이후에만 직장폐쇄를 할 수 있다.
> ② 사용자는 제1항의 규정에 의한 직장폐쇄를 할 경우에는 미리 행정관청 및 노동위원회에 각각 신고하여야 한다.

Ⅲ. 職場閉鎖의 法的 性質

직장폐쇄는 헌법 제33조에 근거한 것은 아니며, 그 법적 근거로서는 i) 직장폐쇄는 권리가 아니라(노사균형론) 단순한 자유로서 사용자에게 방임된 행위라고 보는 견해, ii) 노사간의 형평원칙 또는 노사대등의 원칙에서 구하는 견해(다수설·판례), iii) 사용자의 헌법상 재산권보장에서 찾는 견해, vi) 직장폐쇄를 규정하고 있는 노사관계법 제 2 조 제 5 호에서 근거를 찾는 견해 등이 있다.

Ⅳ. 職場閉鎖의 種類

1. 先制的 · 對抗的 職場閉鎖

노동조합이 쟁의행위를 행하기 전에 이에 앞서 행하는 직장폐쇄를「선제적 직장폐쇄」라고 하며, 노동조합이 쟁의행위를 행한 후에 이에 대항하여 행하는 직장폐쇄를「대항적 직장폐쇄」라고 한다. 노사관계법 제46조는「대항적 직장폐쇄」만을 인정하고 있다.

2. 攻擊的 · 防禦的 職場閉鎖

양 당사자간의 주장이 불일치하는 경우 사용자의 주장을 관철하기 위하여 행하는 직장폐쇄를「공격적 직장폐쇄」라고 하고, 노동조합의 쟁의행위로부터 사용자의 재산권을 보호하기 위하여 행하는 직장폐쇄를「방어적 직장폐쇄」라고 한다. 노사관계법 제46조는「방어적 직장폐쇄」만을 인정하고 있다.

제 2 절 職場閉鎖의 成立要件

Ⅰ. 職場閉鎖의 實質的 成立要件

직장폐쇄의 실질적 성립요건은 직장폐쇄의 주체 · 목적 · 상대방 및 방법에 있어 직장폐쇄의 본질상 그 성립에 반드시 갖추어야 할 최소한의 요건을 말한다.

1. 職場閉鎖의 主體

직장폐쇄의 주체는 쟁의행위가 발생한 사업장의 사용자이다.

2. 職場閉鎖의 目的

근로자의 쟁의권과 사용자의 재산권의 조화 · 균형이라는 헌법상의 원리를 직장폐쇄라는 측면에서 고찰하는 경우, i) 사용자는 쟁의행위로부터 기업의 시설 및 경영권 등의 보호 및 ii) 단체교섭의 기능 내지 단체협약의 체결을 위한 노사균형을 위하여 직장폐쇄를 할 수 있다고 본다.

3. 職場閉鎖의 相對方

직장폐쇄의 상대방은 쟁의행위를 주도한 노동조합과 근로자이다. 이 경우 노동조합의 위법한 쟁의행위에 대하여 직장폐쇄가 허용되는지 여부가 문제된다.

노동조합의 쟁의행위가 위법한 경우에 이에 대항하는 직장폐쇄는 정당성을 가지지 않는다고 보는 견해가 있으나, 근로자가 명백히 위법한 파업이나 태업을 행하고 사용자가 이로 인하여 현저히 불리한 압력이나 손해를 입는 경우에 이에 대항하는 직장폐쇄는 방어적인 것으로 보아야 할 것이다(이상윤).

4. 職場閉鎖의 方法

(1) 職場閉鎖의 時期　　직장폐쇄는 노동조합이 쟁의행위를 개시한 이후에만 이를 행할 수 있다(노사관계법 제46조). 따라서 노동조합이 쟁의행위를 개시하기 전에 행하는 선제적 직장폐쇄는 허용되지 아니하며, 노동조합의 쟁의행위 개시 이후에 행하는 대항적 직장폐쇄만이 인정된다.

(2) 職場閉鎖의 手段　　직장폐쇄의 수단은 근로자가 제공하는 근로의 수령을 거부하는 것이다. 이 경우 근로수령의 거부에 대하여 i) 단지 사용자의 통고 내지 선언만으로 성립된다는 선언설(通告說)과 ii) 현실적으로 사업장의 출입구를 폐쇄하여 근로자를 사실상 생산시설과 분리함으로써 사회통념상 근로자의 사업장 출입과 근로의 제공이 불가능한 상태로 만들어야 한다는 사실행위설로 견해가 나뉘어 있다.

판례는 근로자가 적법하게 직장점거를 개시한 후 사용자가 적법하게 직장폐쇄를 단행하고 근로자에게 퇴거요청을 한 경우에 이에 불응하면 형법상 퇴거불응죄를 구성한다(대판 1991. 8. 13, 91도1324)고 하여 선언설에 입각하고 있는 것으로 보인다.

(3) 職場閉鎖의 態樣　　직장폐쇄는 폭력이나 파괴행위로써 이를 행하여서는 아니되며(노동쟁의조정법 제13조 제 1 항), 안전보호시설의 정상한 유지·운영을 정지·폐지 또는 방해하여서는 아니된다(동법 제13조 제 2 항).

Ⅱ. 職場閉鎖의 形式的 成立要件

직장폐쇄의 형식적 성립요건이라 함은 직장폐쇄의 절차 등에 관한 요건으로서 직장폐쇄의 본질적 내용과는 관련이 없는 요건을 말한다.

1. 團體協約 違反의 職場閉鎖

사용자가 직장폐쇄를 하지 아니하겠다는 단체협약상의 의무를 위반하여 직장폐쇄를 행한 경우에도 직장폐쇄는 유효하게 성립되며 사용자는 단체협약 위반으로 인한 손해배상책임만을 부담할 뿐이다.

2. 申告節次 違反의 職場閉鎖

사용자가 직장폐쇄를 할 경우에는 미리 행정관청 및 노동위원회에 각각 신고하여야 한다(노사관계법 제46조 제 2 항). 사용자가 이를 위반하여 신고하지 아니하는 경우에도 직장폐쇄는 유효하게 성립된다. 다만, 사용자가 직장폐쇄의 신고를 하지 아니한 때에는 500만원 이하의 과태료에 처한다(동법 제96조 제 1 항).

3. 會社定款 違反의 職場閉鎖

회사정관 등에 직장폐쇄의 요건·절차 및 방법 등을 규정하고 있는 경우, 이에 위반하여 직장폐쇄를 할지라도 직장폐쇄는 유효하게 성립된다. 회사의 정관은 회사 내부를 규율하는 단순한 내부규정에 불과하기 때문이다.

제 3 절 職場閉鎖의 法的 效果

Ⅰ. 賃金支給義務의 免除

직장폐쇄가 정당성을 가지는 경우 사용자는 임금지급의무가 면제된다. 즉 부분적 직장폐쇄의 경우 사용자는 파업 참가근로자에게는 임금지급의무가 면제되며, 조업 참가근로자에게는 임금을 지급하여야 한다. 전면적 직장폐쇄의 경우 사용자는 파업 참가근로자는 물론 파업에 참가하지 아니한 조업희망 근로자에게도 임금지급의무가 면제된다.

Ⅱ. 占據의 排除

정당한 직장폐쇄는 노동조합이 정당하게 직장점거를 하는 것에 대하여 퇴거를 요구할 수 있다. 원래 사용자는 기업시설에 대하여 시설관리권을 가지지만 노동조합의 직장점거가 정당한 경우에는 이를 수인하여야 하기 때문에 방해배제권을 행사할 수 없다. 그러나 사용자가 노동조합의 쟁의행위에 대하여 정당하게 직장폐쇄를 한 경우에는 사용자의 시설을 정당하게 점거하여 온 근로자에 대하여도 퇴거를 요구할 수 있고 이 퇴거요구에 불응한 직장점거는 정당성을 상실하여 퇴거불응죄를 구성한다(대판 1991.8.13, 91도1324).

기출문제 및 기본문제

최근 기출문제

1. 「노동조합 및 노동관계조정법」상 쟁의행위에 관한 설명으로 옳은 것을 묶은 것은? 〈51회 사시〉

> ㉮ 사용자는 직장폐쇄를 쟁의행위로 행할 수 없다.
> ㉯ 쟁의행위는 근로를 제공하고자 하는 다른 근로자의 정상적인 업무를 방해하는 방법으로 행할 수 있다.
> ㉰ 사업장의 안전보호시설에 대하여 정상적인 유지·운영을 정지·폐지 또는 방해하는 행위는 쟁의행위로서 행할 수 없다.
> ㉱ 조합원은 노동조합에 의하여 주도되지 아니한 쟁의행위를 하여서는 아니된다.

① ㉮, ㉯ ② ㉮, ㉰ ③ ㉯, ㉰
④ ㉯, ㉱ ⑤ ㉰, ㉱

≪**해설**≫ ㉮ 사용자는 노동조합이 쟁의행위를 개시한 이후에만 직장폐쇄를 할 수 있다(노조법 제46조). ㉯ 쟁의행위는 그 쟁의행위와 관계없는 자 또는 근로를 제공하고자 하는 자의 출입·조업 기타 정상적인 업무를 방해하는 방법으로 행하여져서는 아니 되며 쟁의행위의 참가를 호소하거나 설득하는 행위로서 폭행·협박을 사용하여서는 아니 된다(동법 제38조). ㉰ 동법 제42조 제 2 항. ㉱ 동법 제37조 제 2 항.

2. 필수공익사업에서 쟁의행위와 관련된 설명으로 옳지 않은 것은? 〈51회 사시〉

① 필수유지업무의 정당한 유지·운영을 정지·폐지 또는 방해하는 행위는 쟁의행위로서 이를 행할 수 없다.
② 필수공익사업의 업무가 아니면 필수유지업무가 될 수 없다.
③ 노동관계 당사자는 필수유지업무협정을 서면으로 체결하여야 한다.
④ 필수유지업무협정이 체결되지 아니하는 때에는 노동위원회의 위원장은 노동쟁의에 대하여 직권으로 중재에 회부할 수 있다.
⑤ 필수공익사업의 사용자는 당해 사업 또는 사업장 파업참가자의 100분의 50을 초과하지 않는 범위 안에서 그 파업으로 중단된 업무의 수행을 위

┃해답┃ 1. ⑤ 2. ④

하여 쟁의행위 기간 중에 한하여 당해 사업과 관계없는 자를 채용 또는 대체할 수 있다.

≪**해설**≫ ① 노동조합 및 노동관계조정법 제42조의2 제 2 항. ② 동법 제42조의2 제 1 항. ③ 동법 제42조3. ④ 노동관계 당사자간에 자율적으로 필수유지업무협정을 체결하지 못한 경우 노동위원회에 의한 필수유지업무가가 결정된다(동법 제42조의3). 직권중재제도는 삭제되었다. ⑤ 동법 제43조 제 4 항.

3. 근로자의 쟁의행위가 형법상 정당행위가 되기 위한 요건에 관한 판례의 태도와 부합하지 않는 것은? 〈50회 사시〉

① 쟁의행위의 주체가 단체교섭의 주체로 될 수 있는 자이어야 한다.

② 사용자가 근로자의 근로조건 개선에 관한 구체적인 요구에 대하여 단체교섭을 거부하였을 때 법령상의 절차를 거쳐 개시하여야 한다.

③ 쟁의행위는 반드시 노동위원회의 조정결정이 있은 이후에 행하여야 한다.

④ 쟁의행위의 수단과 방법이 사용자의 재산권과 조화를 이루어야 한다.

⑤ 직접 · 비밀 · 무기명투표에 의한 조합원 과반수의 찬성결정절차를 따를 수 없는 객관적 사정이 인정되지 아니하는 한 그 찬성결정절차를 거쳐야 한다.

≪**해설**≫ ① 쟁의행위의 주체는 당해 단체교섭의 주체와 일치하여야 한다(다수설; 대판 1992. 7. 14, 91다43800; 대판 1995. 10. 12, 95도1016; 헌재 1990. 1. 15, 89헌가103 등). ② 노조법 제41조 제 1 항 참조. ③ 노사관계법상 쟁의행위는 조정절차를 거치지 아니하면 이를 행할 수 없다고 규정하고 있으나(동법 제45조 제 2 항), 판례는 노동쟁의조정전치주의는 노동행정적 목적의 실현에 주된 목적을 두고 있으므로 동 절차를 위반한 것만으로 쟁의행위의 정당성을 상실하는 것이 아니라고 보고 있다(대판 2000. 10. 13, 99도4812; 대판 2001. 11. 27, 99도4779 등). 따라서 노동위원회의 조정결정이 내려진 후에 쟁의행위를 할 수 있는 것이 아니라, 조정 · 중재 기간이 경과하기만 하면 쟁의행위를 할 수 있는 것이다(대판 2001. 6. 26, 2000도2871). ④ 대판 1994. 9. 30, 94다4042 등. ⑤ 대판(전) 2001. 10. 25, 99도4837.

4. 다음 각 사항을 신고하여야 할 기관과 옳게 짝지은 것은? (행정관청은 「노동조합 및 노동관계조정법」상 행정관청임) 〈50회 사시〉

① 취업규칙의 작성 · 변경 - 노동위원회

② 노동조합의 해산 - 행정관청과 노동위원회

③ 단체협약 - 노동위원회

④ 직장폐쇄 - 행정관청과 노동위원회

⑤ 노사협의회의 의결사항 - 행정관청

≪**해설**≫ ① 취업규칙을 작성 · 변경하는 경우에는 노동부장관에게 신고하여야

| 해답 | **3.** ③ **4.** ④

한다(근로기준법 제93조). ② 노동조합이 해산한 때에는 그 대표자는 해산한 날부터 15일 이내에 행정관청에게 이를 신고하여야 한다(노사관계법 제28조 제2항). ③ 단체협약의 당사자는 단체협약의 체결일부터 15일 이내에 이를 행정관청에게 신고하여야 한다(동법 제31조 제2항). ④ 사용자는 직장폐쇄를 할 경우에는 미리 행정관청 및 노동위원회에 각각 신고하여야 한다(동법 제46조 제2항). ⑤ 노사협의회는 의결된 사항을 신속히 근로자에게 널리 알려야 한다(근로자참여 및 협력증진에 관한 법률 제23조).

5. 노동조합 및 노동관계조정법상 쟁의행위에 관한 설명으로 옳은 것은?

〈49회 사시〉

① 사용자는 쟁의행위 기간 중 그 쟁의행위로 중단된 업무의 수행을 위하여 당해 사업과 관계없는 자를 채용할 수 있다.

② 쟁의행위로 중단된 업무의 수행을 위하여 일시적으로 필요한 경우 파견근로자를 사용할 수 있다.

③ 원료·제품의 변질 또는 부패를 방지하기 위한 작업은 쟁의행위 기간 중에도 정상적으로 수행되어야 한다.

④ 쟁의행위는 노동위원회로부터 사전에 적법하다는 판정을 받은 후에 가능하다.

⑤ 쟁의행위는 재적조합원 과반수의 출석과 출석조합원 과반수의 찬성으로 결정한다.

≪**해설**≫ ① 사용자는 쟁의행위 기간 중 그 쟁의행위로 중단된 업무의 수행을 위하여 당해 사업과 관계없는 자를 채용 또는 대체할 수 없다(노사관계법 제43조 제1항). ② 파견사업주는 쟁의행위중인 사업장에 그 쟁의행위로 중단된 업무의 수행을 위하여 근로자를 파견하여서는 아니된다(파견근로자보호 등에 관한 법률 제16조 제1항). ③ 노사관계법 제38조 제2항. ④ 쟁의행위는 원칙적으로 조정절차를 거치지 아니하면 이를 행할 수 없다. 다만, 조정종료 결정 후의 조정절차를 진행하거나(노사관계법 제61조의2), 조정기간 내에 조정이 종료되지 아니하거나(동법 제54조 참조), 중재 시 쟁의행위 중지기간 내에 중재재정이 이루어지지 아니한 경우에는 그러하지 아니하다(동법 제45조 제2항). 이 경우 조정전치주의는 조정을 반드시 거친 후 쟁의행위로 들어갈 수 있다는 취지인 것이지 적법판정을 받아야 된다는 것을 의미하는 것은 아니다. ⑤ 노동조합의 쟁의행위는 그 조합원의 직접·비밀·무기명투표에 의한 「조합원 과반수의 찬성」으로 결정하지 아니하면 이를 행할 수 없다(동법 제41조 제1항).

6. 노동조합및노동관계조정법에 명시되어 있는 쟁의행위의 제한 또는 금지규정이 아닌 것은?

〈48회 사시〉

① 조합원은 노동조합에 의하여 주도되지 아니한 쟁의행위를 하여서는 아니

▌해답▌ **5.** ③ **6.** ⑤

된다.

② 노동조합의 쟁의 행위는 그 조합원의 직접·비밀·무기명투표에 의한 조합원 과반수의 찬성으로 결정하지 아니하면 이를 행할 수 없다.

③ 쟁의행위는 쟁의행위를 참가를 호소하거나 설득하는 행위로서 폭행·협박을 사용하여서는 아니된다.

④ 노동조합은 쟁의행위 기간에 대한 임금의 지급을 요구하여 이를 관철할 목적으로 쟁의행위를 하여서는 아니된다.

⑤ 노동조합은 전임자의 인정을 요구하여 이를 관철할 목적으로 쟁의행위를 하여서는 아니된다.

≪**해설**≫ ① 노사관계법 제37조 제 2 항. ② 동법 제41조 제 1 항. ③ 동법 제38조 제 1 항. ④ 동법 제44조 제 2 항. ⑤ 전임자 인정여부를 위한 교섭은 임의교섭대상이기 때문에 이를 관철할 목적으로 쟁의행위를 하여서는 아니된다(대판 1996. 2. 23, 94누9177). 그러나 동 내용은 노동조합및노동관계조정법에 명시되어 있는 쟁의행위의 제한 또는 금지규정이 아니다.

7. 근로자의 쟁의행위에 대한 사용자의 대항수단에 관한 설명 중 옳은 것은?

① 사용자가 직장폐쇄를 하는 경우 근로계약관계가 종료된다. 〈48회 사시〉

② 파업의 위험이 현저한 경우에는 파업 전이라도 직장폐쇄를 할 수 있다.

③ 직장폐쇄는 헌법상 근로 3 권에 기초한 권리가 아니라 근로자의 쟁의행위에 대한 일종의 대항수단이다.

④ 사용자는 쟁의행위기간 중 그 쟁의행위로 중단된 업무를 도급 또는 하도급 줄 수 있다.

⑤ 사용자는 쟁의행위로 중단된 업무의 수행을 위해 파견근로자를 받아들여도 무방하다.

≪**해설**≫ ① 직장폐쇄는 노동관계 당사자가 파업·태업·기타 그 주장을 관철할 목적으로 행하는 행위에 대항하는 행위로서 쟁의행위의 일종이다. 따라서 쟁의행위로 인한 근로계약관계가 어떻게 될 것인가에 관한 근로관계정지설에 의하면 직장폐쇄로 근로관계는 정지될 뿐 종료되는 것은 아니다(다수설, 판례). ② 사용자는 노동조합이 쟁의행위를 개시한 이후에만 직장폐쇄를 할 수 있다(노사관계법 제46조 제 1 항). 따라서 파업전 선제적 직장폐쇄는 할 수 없다. ③ 직장폐쇄는 헌법 제33조에 근거한 것이 아니라 노사균형적차원에서 또는 노사간 형평성의 원칙 내지 노사대등의 원칙에서 근로자의 쟁의행위에 대한 대항적 차원에서 인정된 것이다. ④ 사용자는 쟁의행위기간 중 그 쟁의행위로 중단된 업무를 도급 또는 하도급 줄 수 없다(동법 제43조 제 2 항). ⑤ 파견사업주는 쟁의행위중인 사업장에 그 쟁의행위로 중단된 업무의 수행을 위하여 근로자를 파견하여서는 아니된다(파견근로자보호등에관한법률 제16조 제 1 항).

▎해답▎ 7. ③

8. 단체행동권 등에 관한 설명 중 옳은 것은? 〈47회 사시변형〉

① 헌법은 단체행동권의 주체를 근로자로 규정하고 있으므로 노동조합은 단체행동권의 주체가 될 수 없다.

② 사용자의 쟁의행위는 노동조합및노동관계조정법상 허용되지 않는다.

③ 쟁의행위가 정당한 경우 노동조합은 사용자가 입은 손해에 대해서뿐만 아니라 제 3 자가 간접적으로 입은 손해에 대해서도 배상책임을 지지 않는다.

④ 필수공익사업의 노동쟁의에 대하여 노동위원회 위원장은 직권중재에 회부할 수 있다.

⑤ 단순한 집단적 노무제공의 거부행위는 그것이 정당한 쟁의행위가 아니더라도 위력의 요소가 없어 업무방해죄로 형사처벌할 수 없다는 것이 판례의 태도이다.

≪**해설**≫ ① 쟁의행위의 주체라 함은 쟁의행위를 행할 수 있는 법적 자격을 갖추고 있는 자를 말하는 것으로 대법원 판례에 의하면「근로자의 쟁의행위가 정당성을 갖추기 위해서는 그 주체가 단체교섭이나 단체협약체결능력이 있는 자, 즉 노동조합이어야 한다(대판 1995.10.12, 95도1016)」고 판시하고 있다. ② 노동조합및노동관계조정법 제 2 조 제 6 호에서 사용자의 쟁의행위로서「직장폐쇄」를 인정하고 있다. ④ 종전에는 필수공익사업에 한하여 노동쟁의 조정이 실패한 경우에 노동위원회 위원장은 직권으로 중재에 회부할 수 있었다(구 노사관계법 제62조 제 3 호). 2007년 개정법은 필수공익사업의 직권중재제도를 폐지하고, 그 대신 필수공익사업에 대하여는 필수유지업무의 정폐·방해를 금지하면서 대체근로를 허용하는 것으로 하였다(노사관계법 제42조의2 제 2 항, 제43조 제 2 항). ⑤ 쟁의행위는 근로자가 소극적으로 노무제공을 거부하거나 정지하는 행위만이 아니라 적극적으로 그 주장을 관철하기 위해 업무의 정상적인 운영을 저해하는 행위까지 포함하는 것이므로, 쟁의행위의 본질상 사용자의 정상업무가 저해되는 경우가 있음은 부득이한 것으로서 사용자는 이를 수인할 의무가 있으나 이러한 근로자의 쟁의행위가 정당성의 한계를 벗어날 경우 근로자는 업무방해죄 등 형사상 책임을 면할 수 없다(대판 1992.12.8, 92도1645). 한편, 업무방해죄의 성립에 있어서 업무방해의 결과가 실제로 발생함을 요하는 것은 아니고 업무방해의 결과를 초래할 위험이 발생하면 족하다고 할 것이며, 업무를「방해한다」함은 업무의 집행 자체를 방해하는 것은 물론이고 널리 업무의 경영을 저해하는 것도 포함한다는 것이 판례 입장이다(대판 2002.3.29, 2000도3231). 따라서 집단적 노무제공의 거부행위는 쟁의행위인 것이고, 부당한 쟁의행위는 업무방해죄로 형사처벌할 수 있다.

9. 다음 설명 중 노동조합및노동관계조정법상 위법한 행위를 모두 고른 것은?

〈47회 사시〉

㉮ 일부 조합원들이 노동조합에 의하여 주도되지 아니한 쟁의행위를 하는 경우

해답 8. ③ 9. ②

> ㉯ 노동조합의 간부가 조합원들에게 쟁의행위에 참가하도록 설득하기 위하여 성명서를 발표하는 경우
> ㉰ 사용자가 쟁의행위 기간 중 그 쟁의행위로 중단된 업무를 도급 주는 경우
> ㉱ 사용자가 쟁의행위에 참가하여 근로를 제공하지 아니한 근로자에게 그 기간중의 임금을 지급하는 경우

① ㉮, ㉯ ② ㉮, ㉰ ③ ㉯, ㉰
④ ㉯, ㉱ ⑤ ㉰, ㉱

≪**해설**≫ ㉮ 조합원은 노동조합에 의하여 주도되지 아니한 쟁의행위를 하여서는 아니된다(노사관계법 제37조 제 2 항). 따라서 노동조합의 통일적 의사결정에 따른 공식적 집단행위에 대해서만 정당성이 인정되어야 하며, 단체의 통일적 의사에 반하거나 이를 초월하여 행하여진 근로자 개인 또는 집단의 소위 비공인쟁의행위(wild cat strike)는 정당한 쟁의행위가 될 수 없다. ㉰ 사용자는 쟁의행위기간 중 그 쟁의행위로 중단된 업무를 도급 또는 하도급 줄 수 없다(동법 제43조 제 2 항).

10. 현행법상 금지되는 쟁의행위가 아닌 것은? 〈46회 사시변형〉

① 방위사업법에 의하여 지정된 주요방위산업체에 종사하는 근로자 중 전력, 용수 및 주로 방산물자를 생산하는 업무에 종사하는 자의 쟁의행위
② 생산 기타 주요업무에 관련되는 시설을 점거하는 쟁의행위
③ 사업장의 안전보호시설의 정상적인 유지 · 운영을 정지 · 폐지 또는 방해하는 쟁의행위
④ 필수유지업무의 정당한 유지 · 운영을 정지 · 폐지 또는 방해하는 쟁의행위
⑤ 교원노동조합의 쟁의행위

≪**해설**≫ ① 노사관계법 제41조 제 2 항. ② 동법 제42조 제 1 항. ③ 동법 제42조 제 2 항. ④ 필수유지업무란 필수공익사업의 업무 중 그 업무가 정지되거나 폐지되는 경우 공중의 생명 · 보건 또는 신체의 안전이나 공중의 일상생활을 현저히 위태롭게 하는 업무를 말하는 바, 필수유지업무의 정당한 유지 · 운영을 정지 · 폐지 또는 방해하는 행위는 쟁의행위로서 이를 행할 수 없다(동법 제42조의2). ⑤ 노동조합과 그 조합원은 파업 태업 기타 업무의 정상적인 운영을 저해하는 일체의 쟁의행위를 하여서는 아니 된다(교원노조법 제 8 조 참조).

11. 노동조합및노동관계조정법상 정당성을 상실한 쟁의행위로 볼 수 없는 것은?

① 노동조합이 주도하지 아니한 일부 조합원의 쟁의행위 〈45회 사시〉
② 주요 생산시설에 대한 점거행위
③ 기업의 경영상태 및 지불능력에 비추어 그 요구가 다소 지나친 쟁의행위

▎해답▎ **10.** ④ **11.** ③

④ 사업자의 안전보호시설의 정상적인 유지 · 운영을 방해하는 행위

⑤ 비노조원의 회사 출입을 폭행 등 실력으로 저지하는 행위

≪**해설**≫ ① 노동조합및노동관계조정법 제37조 제 2 항은 조합원은 노동조합에 의하여 주도되지 아니한 쟁의행위를 하여서는 아니된다고 규정하고 있다. 따라서 노동조합의 통일적 의사결정에 따른 공식적 집단행위에 대해서 정당성이 인정되므로 노동조합이 주도하지 아니한 일부 조합원의 Wild Cat Strike는 쟁의행위의 정당성이 인정될 수 없다. ② 동법 제42조 제 1 항. ③ 노동조합이 그 기업의 경영상태 및 그 지불능력에 비추어 객관적으로 불가능한 과다한 요구를 하는 경우와 관련하여, 대법원은 이를 단체교섭 단계에서 조정할 문제인 것이지 쟁의행위의 정당성이 당연히 부정되는 것은 아니라고 한다(대판 1992. 1. 21, 91누5204). ④ 동법 제42조 제 2 항. ⑤ 피켓팅은 쟁의행위에의 참가를 호소하거나 설득하는 행위로서 폭행 · 협박을 사용하여서는 아니된다(동법 제38조 제 1 항).

12. 쟁의행위와 책임에 관한 설명으로 옳지 않은 것은? 〈45회 사시〉

① 형법 제20조의 정당행위 규정은 쟁의행위에 대하여 적용된다.

② 사용자가 정당한 쟁의행의로 인해 손해를 입은 경우에는 근로자 개인에게 손해배상을 청구할 수 없다.

③ 위법한 쟁의행위를 기획, 지시한 노조 간부에게 불법행위책임이 발생한다는것이 대법원 판례의 입장이다.

④ 쟁의행위가 위법한 경우 노동조합에 대해서는 손해배상책임을 물을 수 없다는 것이 대법원 판례의 입장이다.

⑤ 쟁의행위 중에 적극적으로 파괴행위에 가담한 근로자 개개인은 불법행위책임을 져야 한다.

≪**해설**≫ ①② 헌법상 단체행동권 보장의 당연한 법적효과로서 정당한 쟁의행위는 민사 · 형사상 책임이 면제된다. 이는 헌법상의 단체행동권보장의 실효성을 확보하기 위한 수단이다. 노사관계법 제 3 조와 제 4 조는 이를 확인하는 규정이다. 그러나 쟁의행위가 정당하지 않은 경우 민사 · 형사책임을 부담하게 된다. ③ 노동조합의 책임 외에 불법쟁의행위를 기획 · 지도 · 지시한 노동조합간부에 대해서도 손해배상책임을 물을 수 있다(대판 1994. 3. 25, 93다32828). ④ 노동조합의 대표자 또는 대표기관이 직무에 관하여 타인에게 손해를 가한 경우 이를 배상할 책임을 규정한 민법 제35조를 준용하여 책임을 인정하고 있다. 대법원도 노동조합의 간부들이 불법쟁의행위를 기획 · 지시 · 지도하는 등으로 주도한 경우에 이와 같은 간부들의 행위는 조합의 집행기관으로서의 행위라 할 것이므로 이러한 경우 민법 제35조 제 1 항의 유추적용에 의하여 노동조합은 그 불법쟁의행위로 인하여 사용자가 입은 손해를 배상할 책임이 있다고 판시하고 있다(대판 1994. 3. 25, 93다32828 · 32835). ⑤ 쟁의행위는 그 본질상 근로제공을 집단적으로 거부하는 것이므로 쟁의행위가 정당성을 가지지 못하는 경우에 쟁의행위에 참가한 일반 조합원의 경우에는 근로계약의무에 위반하는 것으로 손해배상책임을 부담하게 되나

▌해답▌ 12. ④

노동조합의 주도·통제에서 벗어나 일반조합원의 불법행위에 대해서는 그 조합원만 손해배상책임을 부담하게 된다.

13. 노동조합및노동관계조정법상 쟁의행위에 대한 설명 중 옳지 않은 것은?

〈44회 사시〉

① 쟁의행위는 그 목적·방법 및 절차에 있어서 법령 기타 사회질서에 위반되어서는 아니된다.

② 사용자는 쟁의행위 기간 중 그 쟁의행위로 중단된 업무의 수행을 위하여 당해 사업과 관계없는 자를 채용할 수 있다.

③ 조합원은 노동조합에 의하여 주도되지 아니한 쟁의행위를 하여서는 아니된다.

④ 사용자는 노동조합이 쟁의행위를 개시한 이후에만 직장폐쇄를 할 수 있다.

⑤ 쟁의행위는 생산 기타 주요 업무에 관련되는 시설 등을 점거하는 형태로 이를 행할 수 없다.

≪**해설**≫ ① 쟁의행위의 기본원칙(노사관계법 제37조 제1항). ② 사용자는 쟁의행위 기간 중 그 쟁의행위로 중단된 업무의 수행을 위하여 당해 사업과 관계없는 자를 채용 또는 대체할 수 없으며, 도급 또는 하도급을 줄 수 없다(동법 제43조 제1항, 제2항). 그러나 필수공익사업의 사용자는 쟁의행위기간 중에 한하여 당해 사업과 관계없는 자를 채용 또는 대체하거나 그 업무를 도급 또는 하도급을 줄 수 있다(동법 제43조 제3항). 이 경우 사용자는 당해 사업 또는 사업장 파업참가자의 100분의 50을 초과하지 않는 범위 안에서 채용 또는 대체하거나 도급 또는 하도급을 줄 수 있다(동법 제43조 제4항). ③ 비공인쟁의행위의 금지(동법 제37조 제2항). ④ 직장폐쇄의 실질적 요건(동법 제46조 제1항). ⑤ 폭력·파괴행위의 금지(동법 제42조 제1항).

14. 노동조합의 쟁의행위에 대한 사용자의 대항수단에 관한 설명으로 옳지 않은 것은?

〈43회 사시〉

① 직장폐쇄는 근로자의 쟁의행위가 개시된 이후에만 적법하게 행할 수 있다.

② 적법한 직장폐쇄를 하게 되면 사용자는 임금지급의무를 면한다.

③ 쟁의행위로 중단된 업무를 위하여 근로자를 새로이 파견받아 대체사용할 수 있다.

④ 하나의 사업에 수개의 사업장이 있는 경우 쟁의행위가 발생하지 않은 다른 사업장의 근로자를 대체사용할 수 있다.

⑤ 쟁의행위로 중단된 업무에 대하여 도급을 줄 수 없다.

≪**해설**≫ ① 직장폐쇄의 실질적 요건(노사관계법 제46조). ② 직장폐쇄의 법적

▌해답▐ 13. ② **14.** ③

효과(동법 제44조 참조). ③④ 사용자는 쟁의행위 기간 중 그 쟁의행위로 중단된 업무의 수행을 위하여 「당해 사업과 관계없는 자」를 채용 또는 대체할 수 없다(동법 제43조 제 1 항). 「당해 사업과 관계없는 자」란 파업 개시 당시에 당해 사업의 종업원이었거나 그 사업의 업무를 수행하고 있었던 자를 제외한 자를 의미하는 바, 따라서 당해 사업의 종업원은 노동조합의 조합원인지 여부 또는 당해 사업의 어느 사업장 소속인지 여부를 불문하고 대체근로에 투입할 수 있는 것이다(통설). ⑤ 동법 제43조 제 2 항.

15. 근로자의 단체행동권 행사에 관한 설명 중 가장 옳지 않은 것은? 〈42회 사시〉

① 노동조합및노동관계조정법에 의하여 신고증을 교부받은 노동조합이 아니면 쟁의행위를 할 수 없다.

② 쟁의행위는 최후의 수단으로서 행해져야 하는 것이 원칙이다.

③ 조합원이라 하더라도 노동조합에 의하여 주도되지 아니한 쟁의행위를 하여서는 아니된다.

④ 단체행동권은 근로자의 경제적·사회적 지위향상을 목적으로 행사되어야 한다.

⑤ 정당한 쟁의행위로 인하여 제 3 자에게 손해가 발생한 경우에는 노동조합은 제 3 자에 대하여 불법행위책임을 부담하지 아니한다.

≪**해설**≫ ① 설립신고증을 교부받은 노동조합은 「법내조합」이라 하며, 설립신고증을 교부받지 않았거나 조합규약이 미비된 즉 형식적 요건을 결여한 노동조합을 「법외조합」이라 한다. 법외조합의 법적 지위와 관련하여 단체교섭 및 단체협약 체결의 자격과 그 정당한 단체교섭이나 쟁의행위에 대한 민·형사 면책은 부정되지 않는다(통설). ② 최후수단의 원칙. ③ 비조직파업·비공인파업·들고양이파업·살쾡이파업(Wild Cat Strike, Unofficial Strike)은 금지된다(노사관계법 제37조 제 2 항). ④ 헌법 제33조 제 1 항, 노사관계법 제 1 조 참조. ⑤ 민사책임의 면제(동법 제 3 조).

16. 쟁의행위로 볼 수 있는 것은? (판례에 의함) 〈41회 사시〉

① 주장관철의 목적으로 집단적으로 리본을 패용하는 행위

② 퇴근시간 후 근로자가 근로조건개선에 관한 집회를 갖는 행위

③ 주장관철의 목적으로 관행화되어 온 잔업을 거부하는 행위

④ 근무태만행위

⑤ 휴게시간 중의 유인물의 배포 및 부착행위

≪**해설**≫ 쟁의행위란 i) 노동관계의 당사자가, ii) 주장관철을 목적으로 행하는 행위와 이에 대항하는 행위로서, iii) 업무의 정상적인 운영을 저해하는 행위를 말한다. 다만 업무의 정상적 운영을 저해하는 것이 무엇이냐에 대하여 i) 현실평가

| 해답 | **15.** ① **16.** ③

설(사실정상설)과, ii) 법적평가설(법률정상설)의 대립이 있다. 따라서 업무의 정상적 운영을 저해하는 것으로 볼 수 없는 ①②④⑤는 쟁의행위라 볼 수 없다. ③ 사용자의 적법한 지휘명령으로 운영하는 업무만을 저해하는 것이 아니라 노사관계에 있어서의 관행적 사실을 고려하여 기대할 수 있는 관행화된 업무를 저해하는 것도 쟁의행위에 해당한다(대판 1994.2.22, 92누11176 등 참고).

17. 헌법 제32조와 제33조의 규정에 근거한 것으로 볼 수 없는 것은? 〈41회 사시〉

① 직장폐쇄　② 노동조합결성　③ 최저임금제 시행
④ 단체교섭요구　⑤ 근로조건 기준의 법정주의

≪**해설**≫ ①②④ 헌법 제33조는 근로자의 근로 3 권을 규정하고 있으므로 근로자측의 쟁의행위는 모두 헌법 제33조에 근거한 것이다. 그러나 사용자측의 대항수단인 직장폐쇄의 헌법적 근거가 무엇인가에 관하여는 견해 대립이 있는 바, i) 직장폐쇄는 「권리」가 아니라 단순한 자유로서 사용자에게 방임된 행위(수단)라는 견해(김치선), ii) 노사간의 형평원칙(노사균형론) 내지 노사대등의 원칙에서 구하는 견해(다수설), iii) 근로자의 쟁의권남용을 방지하기 위한 쟁의권남용방지에서 근거를 찾는 견해(이병태), iv) 헌법 제21조 제 1 항(재산권 보장)과 헌법 제119조 제 1 항(기업의 경제적 자유)에 헌법적 근거를 둔다는 견해(헌법학자 다수견해) 등이 제시되고 있다. ③ 헌법 제32조 제 1 항, ⑤ 헌법 제32조 제 3 항.

18. 노동조합및노동관계조정법상 쟁의행위에 관한 명문의 규정내용과 다른 것은? 〈41회 사시〉

① 노동조합은 쟁의행위기간에 대한 임금의 지급을 요구하여 이를 관철할 목적으로 쟁의행위를 하여서는 아니된다.
② 조합원은 노동조합에 의하여 주도되지 아니한 쟁위행위를 하여서는 아니된다.
③ 사용자는 쟁의행위로 중단된 업무의 수행을 위하여 당해 사업과 관계없는 자를 대체할 수 없다.
④ 사용자는 쟁의기간 중 그 쟁의행위로 중단된 업무를 하도급 줄 수 있다.
⑤ 근로자는 쟁의행위기간 중에는 현행범 외에는 노동조합및노동관계조정법 위반을 이유로 구속되지 아니한다.

≪**해설**≫ ① 노사관계법 제44조 제 2 항. ② 동법 제37조 제 2 항. ③ 동법 제43조 제 1 항. ④ 사용자는 쟁의행위기간 중 그 쟁의행위로 중단된 업무를 「도급 또는 하도급」줄 수 없다(동법 제43조 제 2 항). ⑤ 동법 제39조.

19. 다음 설명 중 가장 옳지 않은 것은? 〈40회 사시〉

① 노조전임자는 그 기간에 사용자로부터 어떤 급여도 지급받아서는 아니되

해답 17. ①　18. ④　19. ⑤

나 2009년 12월 31일까지 유예된다.

② 사용자는 쟁의행위에 참가하여 근로를 제공하지 아니한 근로자에 대하여는 그 기간 중의 임금을 지급할 의무가 없다.

③ 노조 대표자는 단체협약의 체결권을 갖는다.

④ 단체협약의 해석·이행에 관한 다툼이 있으면 노사합의에 의한 신청으로 노동위원회가 판정하고 그 견해는 중재재정과 동일한 효력을 갖는다.

⑤ 쟁의기간 중 당해 사업과 관계가 없는 근로자의 대체는 허용된다.

≪**해설**≫ ① 노조전임자는 노동조합의 업무에만 종사하는 자로서 그 전임기간동안 사용자로부터 어떠한 급여도 지급받아서는 아니된다(노사관계법 제24조 제2항). 그러나 2009년 12월 31일까지 적용하지 아니한다는 경과규정을 두고 있으므로 타당하다(부칙 제6조 제1항). ② 쟁의행위 기간 중의 임금지급요구가 금지된다(동법 제44조 제1항). ③ 노동조합의 대표자는 사용자·사용자단체와 「교섭하고 단체협약을 체결한 권한」을 당연히 갖는 것으로 입법화하였다(제29조 제1항). ④ 단체협약의 해석·이행방법에 관한 의견의 불일치는 「당사자 쌍방 또는 단체협약에 정하는 방법에 의하여 어느 일방」이 견해의 제시를 요청할 수 있다(노사관계법 제34조 제1항). 이 경우 노동위원회가 제시한 유권해석은 「중재재정」과 동일한 효력이 있다(제34조 제3항). ⑤ 쟁의행위와 고용관계에 관하여 사용자는 쟁의행위 기간 중 그 쟁의행위로 중단된 업무의 수행을 위하여 「당해 사업과 관계없는 자」를 채용·대체할 수 없으므로(제43조 제1항), 근로자의 대체가 허용되는 것은 당해사업과 「관계있는 자」에 한한다.

20. 쟁의행위와 근로계약관계에 관한 설명으로 옳지 않은 것은? 〈40회 사시〉

① 정당한 파업에 참가하는 기간 중 근로자의 노무제공이 거부되며 따라서 임금지급도 청구할 수 없다.

② 사용자는 근로자가 정당한 파업에 참가하였다는 것을 이유로 불이익 취급을 할 수 없다.

③ 안전보호시설의 정상적인 유지를 위한 필수적인 근로는 파업기간 중이라도 계속하여야 한다.

④ 정당한 직장폐쇄라 하더라도 사용자는 근로자에 대한 임금지급의무가 있다.

⑤ 쟁의관계가 종료하면 사용자는 근로자를 취업시켜야 한다.

≪**해설**≫ ①⑤는 맞는 지문이며 특히 쟁의행위기간 중 임금지급관계는 「무노동무임금」 원칙이 적용된다(노사관계법 제44조; 대판(전) 1995.12.21). ② 「근로자가 정당한 단체행위에 참가한 것을 이유로」 불이익취급을 하는 경우 이는 부당노동행위에 해당되어 사용자는 처벌받게 된다(동법 제81조 제5호). ③ 동법 제42조 제2항. ④ 정당한 직장폐쇄의 중요한 효과는 i) 사용자의 임금지급의무의 면제, ii) 사업장 출입 및 체류의 금지가 인정된다는 것이다(통설·판례).

┃해답┃ 20. ④

21. 甲회사의 파업 중인 노조원 乙이 파업참가권유를 거부하는 근로희망자 丙을 폭행한 경우에 대한 다음 설명 중 옳은 것은? 〈40회 사시〉

① 파업이 정당한 경우에는 乙이 면책된다.

② 甲회사가 노조와 파업종료시 민·형사상 면책을 합의한 경우 丙은 乙에 대하여 일체의 책임을 물을 수 없다.

③ 乙의 근로희망자에 대한 폭력행사가 노조의 지시로 이루어진 경우에는 丙은 노조에 대하여도 책임을 물을 수 있다.

④ 丙이 노조원인 경우에는 乙은 면책된다.

⑤ 丙은 파업을 방지하지 못한 甲회사에 대하여도 책임을 물을 수 있다.

≪**해설**≫ ①③ 쟁의행위는 폭력이나 파괴행위를 수반하여서는 아니된다(노사관계법 제42조). 쟁의행위가 폭력행위 등의 금지규정에 반하는 경우 정당성이 인정되지 아니한다. 조합의 통제를 벗어난 일부조합원에 의한 폭행·파괴 등은(Wild Cat Strike) 쟁의행위 전체의 정당성 여부에 영향을 주지는 아니하나, 조합간부가 불법쟁의행위를 지시·지도한 경우에는 공동불법행위자로서 「연대책임」을 지게 된다(대판 1994.3.25). ② 노사간의 합의로 「면책약정」이 이루어졌더라도 이는 사법상의 민사면책에만 유효한 것이고, 형사면책까지 긍정되는 것은 아니다. 사인간의 합의로 국가형벌권을 배제할 수는 없는 것이며, 다만 폭행은 반의사불벌죄이므로 이러한 한도에서 효과가 있을 뿐이고 양형상의 고려요인은 될 수 있을 것이다. ④ 쟁의 행위가 폭력행위 등의 금지규정에 반하여 정당성을 상실하는 한 폭행의 상대방이 조합원인 여부에 의하여 그 법적 효과가 좌우되는 것은 아니다. ⑤ 조합간부에게 개별조합원의 위법행위에 대한 방지의무(영향의무)를 인정하여 징계책임·형사책임을 부과할 수 있는가에 관한 논의는 있지만 쟁의행위의 상대방인 사용자측에게 파업방지의무를 부과시킬 수는 없다.

22. 쟁의행위로 볼 수 있는 것은? 〈39회 사시〉

① 휴일에 아무런 협정없이 근무하라는 사용자의 명령에 불복종한 행위

② 근무태만행위

③ 노동법개악을 반대하는 노동조합의 시위행진

④ 퇴근시간 후 근로자가 근로조건개선에 관한 집회를 갖는 행위

⑤ 주장관철의 목적으로 행하는 일제휴가행위

≪**해설**≫ 쟁의행위의 개념 표지는 통상 i) 노동관계의 당사자가, ii) 주장관철의 목적으로, iii) 업무의 정상적 운영을 저해하는 것으로 요약된다(노사관계법 제2조 제6호). 따라서 ①②는 주장관철의 목적성이 없으며 ③④는 업무저해성이 없다. ⑤ 준법투쟁은 i) 현실평가설(사실정상설)과 ii) 법적평가설(법률정상설)에 따라 업무저해성의 인정여부가 다르게 된다. 통설·판례는 사실정상설의 입장에서 준법투쟁을 쟁의행위로 파악하고 있다.

┃해답┃ **21.** ③ **22.** ⑤

23. 파업과 관련한 설명으로 옳은 것은? 〈39회 사시〉

① 직장점거는 폭력파괴행위를 수반하지 않는 이상 전면적으로 사업장을 봉쇄하는 형태로 이루어져도 위법하지 않다.

② 파업 중에도 인명보호와 생산시설유지를 위한 이른바 보안작업은 수행되어야 한다.

③ 불법파업의 경우에 파업참가근로자에 대한 해고는 언제나 정당성이 인정된다.

④ 파업이 정당한 경우에는 일부 근로자의 폭력·파괴행위의 위법성도 부인된다.

⑤ 파업의 경우 제 3 자 및 공중의 이익은 고려의 여지가 없다.

≪**해설**≫ ① 직장점거를 수반하는 쟁의행위의 정당성판단에 관하여 판례에 의하면 i) 직장 또는 사업장시설의 점거범위가 일부분에 그치고, 사용자측의 출입이나 관리지배를 배제하지 않는 한 정당한 쟁의행위로 볼 수 있으나(「부분적·병존적 직장점거」), ii) 직장 또는 사업장시설을 전면적·배타적으로 점거하여 조합원 이외의 자의 출입을 제지하거나 사용자측의 관리·지배를 배제하는 것(「전면적·배타적 직장점거」)은 위법하다(대판 1991.6.11; 노사관계법 제42조 제 1 항)고 한다. ② 동법 제42조 제 2 항. ③ 위법한 쟁의행위를 주도했거나 이에 참가했거나 쟁의행위 중 파괴행위 등을 한 자에 대하여는 손해배상책임이 부과되는 외에 사용자에 의한 징계처분이 내려질 수도 있다. 징계처분은 손해의 전보와는 그 성질을 달리하는 것으로서 기업의 규율과 질서유지를 위하여 행하여지는 것이기 때문이다. 그러나 징계처분은 문제가 된 행위에 대하여 그 행위자의 행태와 역할이 기업질서의 침해와의 관계에서 구체적으로 검토되지 않으면 안되며, 취업규칙 등에 규정된 징계사유는 근로기준법 제23조 제 1 항의 「정당한 이유」라는 법적 기준을 충족하는 것이어야 한다. 즉 강행법규위반의 문제와 해고의 정당성 판단문제는 다른 차원인 것이다. ④ 쟁의행위 자체가 정당성을 가지고 있는 경우라도 개별근로자가 노동조합지도부의 지시에 위반하여 폭력행위를 한다거나 불법적인 직장점거 또는 파괴행위를 행한 경우에는 그 일부근로자들만이 불법행위책임을 져야 한다. ⑤ 쟁의행위는 소유권 기타의 재산권과 조화를 이루어야 하고(대판 1994.9.30), 공공복리의 보호와 조화·균형하에서 행사되어야 하며, 노사관계 당사자 이외의 제 3 자에게 손해를 주어서는 아니된다는 「내재적 한계」를 갖는다고 보아야 한다(통설).

24. 쟁의행위와 노동계약관계에 대한 설명 중 옳지 않은 것은? 〈39회 사시〉

① 파업참가전에 근로자가 이미 그 청구권을 취득한 임금은 파업기간 중이라도 이를 지급해야 한다.

② 조업이 가능한 경우에는 파업에 참가하지 않은 근로희망자의 노무제공이 있음에도 불구하고 사용자가 이를 수령하지 않으면 수령지체가 된다.

▎해답▎ 23. ② **24.** ③

③ 파업기간 중 근로계약관계는 존속하지 않으므로 성실의무·배려의무는 정지된다.

④ 근로자가 파업에 참가하는 것을 이유로 불이익 취급을 하는 것은 부당노동행위가 된다.

⑤ 우리나라에서는 직장폐쇄에 대해서 근로관계의 소멸적 효력을 인정할 수 없다.

≪**해설**≫ ① 파업기간 중 사용자에게 변제기에 도달한 임금에 대해서까지 지급거절권이 발생하는 것은 아니기 때문에 파업참가 전에 근로자가 이미 그 청구권을 취득한 임금은 파업기간 중이라도 이를 지급하여야 한다. ② 파업에 참가하지 않은 근로자의 주된 권리와 의무는 자동적으로 정지되는 것이 아니므로 근로희망자는 원칙적으로 취업을 요구할 수 있고, 사용자는 그 근로자를 취업시킬 의무가 있다. 따라서 조업이 가능한 경우 근로희망자의 노무제공이 있음에도 불구하고 사용자가 이를 수령하지 않으면 수령지체에 빠지게 되며 그 책임을 면할 수 없다. ③ 쟁의행위 중에는 당사자의 주된 의무만이 정지될 뿐이므로, 사용자의 배려의무 및 근로자의 충실의무와 같은 부수적 주의의무는 여전히 존속하게 된다. 따라서 쟁의행위기간 중이라도 사용자의 경영시설의 유지를 위하여 불가결하게 요구되는 작업은 수행되어야 한다. ④ 근로자가 파업에 참가하였다는 것을 이유로 불이익취급을 하는 경우, 이 경우는 부당노동행위에 해당되므로 사용자는 이를 행할 수 없다(노사관계법 제81조 제 1 호·제 5 호). ⑤ 직장폐쇄와 같은 쟁의행위시 근로관계의 정지적 효력만을 인정하게 된다.

25. A회사의 B노조가 적법하게 조직·주도한 파업 도중에 흥분한 노조원 C가 우발적으로 회사기물을 파괴하고 이를 저지하던 간부사원 D를 폭행한 경우, 다음 설명 중 옳지 않은 것은? 〈39회 사시〉

① C의 A에 대한 손해배상

② B의 A에 대한 손해배상

③ C의 D에 대한 손해배상

④ C의 기물파괴와 폭행행위에 가한 징계

⑤ C의 D에 대한 폭행에 따른 형사책임

≪**해설**≫ 노조원 C는 자신의 파괴행위에 대하여 i) A회사에 대한 손해배상책임 및 징계책임을 지게 되고, 폭행행위에 대하여, ii) D에 대한 손해배상책임, iii) 국가 형벌권에 의한 형사상의 폭행죄의 죄책을 부담하게 된다. 그러나 B노조는 적법한 쟁의행위를 조직·주도하였고, 조합원의 불법행위는 우발적으로 발생한 것이므로 영향의무의 위반 다시 말하면, 쟁의행위가 적법하게 수행될 수 있도록 관리·통제함에 있어서 그 책임이 있다고 할 수 없다(노사관계법 제38조 제 3 항). 그러므로 B노조는 회사 A에 대하여 어떠한 책임도 부담하지 않으며, 통제를 벗어난 개별근로자들의 불법행위는 불법행위에 가담한 근로자들만이 연대책임을 지

| 해답 | 25. ②

게 되는 것이다.

기출문제 및 기본문제

26. 다음의 노사관계법의 노동쟁의에 대한 설명 중 잘못된 것은?

① 노동쟁의란 노동조합과 사용자간의 분쟁상태를 말한다.
② 근로조건에 관계되지 아니한 사항에 대한 분쟁은 노동쟁의로 보지 않는다.
③ 노동쟁의란 근로조건에 관한 사항이어야 하나, 반드시 근로조건에 직결되는 사항일 필요는 없다.
④ 평화적인 단체교섭이 단체협약의 체결에 이르지 못하고 깨어진 경우 일정한 실력행사를 하지 아니하고 있다면 이는 노동쟁의의 상태라 할 수 없다.
⑤ 노동쟁의는 동맹파업·태업·직장폐쇄 등을 행하는 쟁의행위와는 구별되어야 한다.

≪**해설**≫ ④ 노동쟁의란 노동조합과 사용자 사이의 근로조건에 관한 주장의 불일치로 인하여 발생되는 분쟁상태를 말하는 바, 단체교섭이 단체협약의 체결에 이르지 못하고 결렬된 경우에는 실제적으로 실력행사를 하지 아니하더라도 노동쟁의는 발생한 것으로 된다. 따라서 실제적인 실력행사를 필요로 하는 쟁의행위 및 단체과시 등과 구별된다.

27. 노사관계법상의 노동쟁의와 관계없는 것은? 〈27회 사시변형〉

① 노동쟁의는 종업원들과 사용자간에 발생한 분쟁을 말한다.
② 노동쟁의는 노동조합과 사용자간에 발생한 분쟁도 포함된다.
③ 노동쟁의는 임금·근로시간 등 근로조건에 관한 분쟁이어야 한다.
④ 노동쟁의는 노사간의 단체교섭이 선행되어야 한다.
⑤ 노사간의 단체협약불이행으로 인한 분쟁은 노동쟁의가 아니다.

≪**해설**≫ 노동쟁의는 집단적 성질을 가진 것으로 개개 근로자(종업원)는 노동관계 당사자가 아니다.

28. 다음 중 독자적 쟁의행위에 속하는 것은 모두 몇 개인가?

㉮ 동맹파업	㉯ 태 업	㉰ 리본착용
㉱ 보이코트	㉲ 피켓팅	

① 1개　　② 2개　　③ 3개

┃해답┃ 26. ④ 27. ① 28. ②

④ 4개　　　　　　　　⑤ 5개

≪**해설**≫ 단순한 가두시위 · 집회, 완장착용 등의 단체과시는 단체행동에는 포함될 수 있으나, 업무의 정상적 운영의 저해를 반드시 수반하지는 않으므로 쟁의행위에는 포함되지 않는다.

29. 다음 중 쟁의행위라고 볼 수 없는 것은? 〈36회 사시유사〉

① 복지후생시설의 개선을 요구하며 집단적으로 작업을 중단하는 것
② 근로자 개인이 자신의 승진을 요구하며 근로시간 중에 공장장실에서 농성을 하는 것
③ 수당인상을 요구하며 노동조합 간부들이 조합사무실에서 단식농성을 하는 것
④ 주장을 관철할 목적으로 노동조합의 지시에 따라 근로자들이 각자 근무를 이탈하는 것
⑤ 주장을 관철할 목적으로 조합원들이 집단적으로 연장근무 명령을 거부하는 것

≪**해설**≫ 단체교섭권한이 없는 일시적인 근로자의 단체나 쟁의단 또는「근로자 개인」은 쟁의행위의 당사자가 될 수 없다(대판 1991. 5. 24, 91도324; 헌재 1990. 1. 15, 89헌가103).

30. 다음 중 파업의 정당성이 인정되는 것은? 〈34회 사시〉

① 조합원의 해고시 노조와의 사전협의의무를 관철하고자 하는 파업
② 근로희망자(파업에 불참)의 취업을 방해하는 직장점거 파업
③ A회사에서의 파업을 지원하기 위한 B회사에 조직된 노조의 파업
④ 정부의 통일정책에 항의하는 파업
⑤ 회사의 동구지역 투자계획에 반대하는 파업

≪**해설**≫ ③ 동정파업의 경우, 파업참가 근로자들이 고용되어 있는 당해 사업장의 사용자에 대한 요구를 관철하려는 것이 아니고, 다른 사업장에서의 파업을 지원하기 위한 동정파업도 정당한 쟁의행위가 아니다. ④ 정치파업의 경우, 즉 단순히 정부각료의 퇴진을 주장하거나 특정법령의 제정에 반대하는 것을 목적으로 하는 정치파업은 정당하지 않다(대판 1991. 1. 23). ⑤는 경영전권에 속한 사항으로 단체교섭의 대상사항이 될 수 없으므로 이를 이유로 하는 파업은 정당하지 않다. ①의 경우 해고협의조항은 단체협약의 채무적 부분으로 단체교섭의 대상사항이 되므로 당연히 이를 이유로 한 쟁위행위는 정당하다 할 것이다.

31. 근로자들이 법령 및 단체협약 등 규정된 권리를 동시에 행사하거나 의무를 동시에 이행하는 등의 방법을 통하여 행하는 쟁의행위는?

| 해답 | **29.** ② **30.** ① **31.** ④

① 파 업 ② 태 업 ③ 보이콧
④ 준법투쟁 ⑤ 피케팅

≪해설≫ 준법투쟁이란 노동조합의 통제하에 다수의 근로자들이 관련법령 및 단체협약 등에 규정된 권리를 동시에 행사하거나, 의무를 동시에 이행하여 파업이나 태업과 같은 쟁의행위의 효과를 발생하는 것을 말하는데, 연장근무의 거부, 일제휴직, 동시이행의 항변권 행사, 집단사표 및 안전투쟁 등이 있다.

32. 사용자의 지휘·명령권을 전면적으로 배제하고 근로제공을 일시적으로 거부하는 쟁의행위는?

① 파 업 ② 태 업 ③ 생산관리
④ 준법투쟁 ⑤ 직장점거

≪해설≫ i) 사용자의 지휘·명령권을 전면적으로 배제한다는 점에서 파업과 생산관리는 같다. ii) 근로제공을 계속하면서 작업능률을 저하시키거나(태업) 조합간부의 지휘하에 생산을 영위하는 것(생산관리)과는 다르다. iii) 노동력과 생산수단의 관계가 계속 유지되지 않는다는 점에서(근로관계 정지론) 태업과 생산관리와 다르다. iv) 파업 후 계속근로의 의사가 전제되어 있다는 점에서 모두 같다.

33. 다음 중 부수적·보조적 쟁의행위는? 〈36회 사시〉

① 동맹파업 ② 태 업 ③ 생산관리
④ 준법투쟁 ⑤ 감시행위(picketing)

≪해설≫ 피케팅(Picketing)은 독립적인 쟁의행위라기보다는 동맹파업 또는 보이콧(Boycott) 등 쟁의행위의 보조수단으로서의 성질을 갖는다. 직장점거는 파업의 실효성을 확보하기 위한 부수적 쟁의행위로서 부분적·병존적 직장점거만이 인정된다(判例). 보이콧은 독자적인 쟁의행위로서 행해지기도 하나 동맹파업에 병행하여 보충적으로 이용되기도 한다.

34. 다음 중 헌법상 근로3권에 근거한 쟁의행위가 아닌 것은? 〈'97 행시〉

① 동맹파업 ② 태 업 ③ 직장폐쇄
④ 피케팅 ⑤ 준법투쟁

≪해설≫ 사용자가 직장폐쇄를 할 수 있는 법적근거에 관하여 i) 자유권설, ii) 소유권설, iii) 실질적대등설·노사균형설·대항행위설(다수설), iv) 쟁의권남용방지설 등이 있다. 통설은 쟁의행위처럼 헌법상 근로3권으로부터 직접 인정되는 권리는 아니고, 근로자측의 쟁의권의 남용 등으로 노사간 균형관계가 파괴되지 않도록 실질적 대등관계의 조성 내지 대항수단의 평등 또는 투쟁평등의 원칙상 사용자에게 인정된 수단이라 본다.

35. 다음 중 파업에 참가하지 아니한 근로자 또는 시민들에게 파업에 동참 또는 지

해답 32. ① 33. ⑤ 34. ③ 35. ④

지하여 줄 것을 호소하는 쟁의행위는?

① 준법투쟁 ② 보이콧 ③ 준법투쟁
④ 피케팅 ⑤ 직장폐쇄

36. 다음 중 조합원파업 중에서 노동조합의 통제에서 벗어나 소수 조합원에 의하여 행하여지는 파업을 나타내는 말은?

① Sabotage ② Boycott ③ Wild Cat Strike
④ 부분파업 ⑤ 비조직파업

37. 다음 설명 중 틀린 것은?

① 사용자는 쟁의행위에 참가하여 근로를 제공하지 아니한 근로자에 대하여는 그 기간 중의 임금을 지급할 의무가 없다.
② 노동조합은 쟁의행위 기간에 대한 임금의 지급을 요구하여 이를 관철할 목적으로 쟁의행위를 하여서는 아니된다.
③ 사용자는 쟁의행위 기간 중 그 쟁의행위로 중단된 업무의 수행을 위하여 당해 사업과 관계없는 자를 채용 또는 대체할 수 없다.
④ 사용자는 쟁의행위 기간 중 그 쟁의행위로 중단된 업무를 도급 또는 하도급 줄 수 없다.
⑤ 쟁의행위가 사업장의 안전보호시설의 정상적인 운영을 정지·폐지 또는 방해하는 경우 행정관청은 노동위원회의 의결을 얻어 그 행위의 중지를 명하여야 한다.

≪**해설**≫ ① 노사관계법 제44조 제 1 항. ② 동조 제 2 항. ③ 동법 제43조 제 1 항. ④ 동조 제 2 항. ⑤ 최근 개정된 노사관계법에 의하면(2006.12.30) 그 행위의 중지를 통보하도록 규정하고 있다(동법 제42조 제 3 항).

38. 노사관계법상 대체근로의 제한에 관한 설명 중 틀린 것은?

① 사용자는 쟁의행위 기간 중 그 쟁의행위로 중단된 업무의 수행을 위하여 당해 사업과 관계없는 자를 채용 또는 대체할 수 없다.
② 사용자는 쟁의행위 기간 중 그 쟁의행위로 중단된 업무를 도급 또는 하도급 줄 수 없다.
③ 필수공익사업의 사용자는 쟁의행위 기간 중에 한하여 당해 사업과 관계없는 자를 채용 또는 대체하거나 그 업무를 도급 또는 하도급 줄 수 있다.
④ 필수공익사업의 사용자는 당해 사업 또는 사업장 파업참가자의 100분의

❙해답❙ **36.** ③ **37.** ⑤ **38.** ④

70을 초과하지 않는 범위 안에서 채용 또는 대체하거나 도급 또는 하도급 줄 수 있다.

⑤ 필수공익사업의 대체근로에 있어서 파업참가자 수는 근로의무가 있는 근로시간 중 파업참가를 이유로 근로의 일부 또는 전부를 제공하지 아니한 자의 수를 1일 단위로 산정한다.

≪**해설**≫ ① 노사관계법 제43조 제 1 항. ② 동법 제43조 제 2 항. ③ 동법 제43조 제 3 항. ④ 필수공익사업의 사용자는 당해 사업 또는 사업장 파업참가자의 「100분의 50」을 초과하지 않는 범위 안에서 채용 또는 대체하거나 도급 또는 하도급 줄 수 있다. ⑤ 동법시행령 제22조의4 제 1 항.

39. 쟁의행위의 법령상 제한에 관한 다음의 기술 중 틀린 것은?

① 노동관계의 지원을 받을 수 있는 자는 법령에 의하여 정당한 권한을 가진 자에 한한다.

② 쟁의행위는 당해 사업장 이외의 장소에서도 할 수 있다.

③ 노동조합의 쟁의행위는 조합원의 직접 · 비밀 · 무기명투표에 의한 과반수의 찬성으로 결정한다.

④ 지방자치단체에 종사하는 공무원인 근로자와 방위사업법에 의하여 지정된 주요방위산업체에 종사하는 근로자 중 주로 방산물자의 생산에 종사하는 자는 쟁의행위를 할 수 없다.

⑤ 안전보호시설의 정상적인 유지 · 운영을 방해하는 쟁의행위를 행할 수 없다.

≪**해설**≫ ① 노사관계법 제40조 삭제(2006. 12. 30). ② 구법에서 사업장밖의 쟁의행위를 금지하였으나, 현행법은 이를 삭제하고 대신 사업장 내에서의 불법적 쟁의행위의 양태들을 규정하고 있다. ③④ 동법 제41조 제 1 항 · 제 2 항. ⑤ 동법 제42조 제 2 항.

40. 쟁의권의 실효성 보장제도와 가장 무관한 것은? 〈34회 사시〉

① 형사책임면제　　② 사용자의 채용 · 대체제한

③ 불이익대우금지　　④ 손해배상청구금지

⑤ 조합원의 가부투표

≪**해설**≫ 쟁의행위에 대한 조합원의 찬반투표절차는 노동조합의 민주적 운영과 관련한 제도로서 조합의 의사형성과정에 내부적인 민주적 정당성을 확보시키고자 마련한 것이지 쟁의권의 실효성 보장책과는 거리가 있다.

41. 다음 쟁의행위 중 대체근로금지에 관한 설명 중 타당한 것은 모두 몇 개인가?

▎해답▎ 39. ① **40.** ⑤ **41.** ③

㉮ 사용자는 쟁의행위기간 중 쟁의행위와 관계없는 자를 채용, 또는 대체할 수 없다. ㉯ 사업장에 도급 또는 하도급에 의한 대체고용은 금지된다. ㉰ 필수공익사업의 사용자는 쟁의행위기간 중에 당해 사업과 관계없는 자를 채용 또는 대체하거나 그 업무를 도급 또는 하도급 줄 수 있다. ㉱ 파견사업주는 쟁의행위중인 사업장에 그 쟁의행위로 중단된 업무의 수행을 위하여 근로자를 파견할 수 있다. ㉲ 사업장의 조직변경 등 경영상 필요에 의한 신규채용은 쟁의행위기간 중이라도 허용된다.

① 1개 ② 2개 ③ 3개
④ 4개 ⑤ 5개

≪**해설**≫ ㉮ 당해 사업과 관계없는 자를 채용 또는 대체할 수 없다(노사관계법 제43조 제 1 항). ㉯ 동법 제43조 제 2 항. ㉰ 동법 제43조 제 3 항. ㉱ 파견할 수 없다(파견근로자보호등에관한법률 제16조 제 1 항). ㉲ 쟁의행위 이전부터 계획된 사업확장 또는 신규채용계획에 따라 쟁의행위의 저지 또는 방해와 관련없이 근로자를 신규채용하거나 결원을 보충하는 것은 위법한 대체고용에 해당되지 아니한다.

42. 쟁의행위에 대한 형사면책을 최초로 규정한 것은? 〈'97 행시〉

① 영국의 단결제한폐지법 ② 독일의 단체협약법
③ 미국의 연방노동관계법 ④ 독일의 공장조례령
⑤ 영국의 공모및재산보호에 관한 법률

≪**해설**≫ 쟁의행위에 대한 형사면책은 영국에서 1875년「공모 및 재산보호에 관한 법률」을 통하여 인정되었고, 미국에서는 Commonwealth V. Hunt(1842) 판례에서 제시한 목적-수단의 합법성의 관계(Means-ends Test) 법리에서 인정되던 것이 1935년 연방노동관계법에서 명시되었다. 한편 독일은 제한법규의 폐지라는 형식으로 1869년 북독일연방공업법이 공포된 것이 대표적인 예이다.

43. 쟁의행위의 정당성에 관한 설명 중 틀린 것은?

① 동정파업이 동정보다는 자기들의 요구를 유리하게 전개시키기 위한 경우에는 정당한 쟁의행위이다.
② 적극적으로 사용자의 재산을 점유하는 행위는 정당성이 없다.
③ 2차적 동맹파업은 2차적 보이코트를 관철시키기 위한 파업으로서 2차적 보이코트가 정당한 한 역시 정당한 쟁의행위이다.
④ 쟁의행위의 결정에 있어서 조합원 과반수의 찬성을 얻지 않은 경우 정당

| 해답 | 42. ⑤ 43. ③

성을 인정할 수 없다.

⑤ 운송수입금 납부거부 행위는 정당한 쟁의행위의 수단이 될 수 없다.

≪해설≫ ② 적극적 생산관리는 정당성이 없다(노사관계법 제42조 제 1 항). ③ 2차적 보이코트의 정당성 여부에 관하여는 견해의 대립이 있으나 2차적 동맹파업은 정당성이 없다는 것이 통설이다. ④ 동법 제41조 제 1 항. ⑤ 다수설과 행정해석(1999.8.17, 협력 68140-326)의 입장이다.

44. 다음 쟁의행위에 관한 제한 · 금지에 관한 설명 중 옳은 것과 틀린 것의 조합이 맞는 것은 무엇인가?

㉮ 산고양이파업(Wild Cat Strike)은 허용되지 아니한다. ㉯ 작업시설의 손상이나 원료 · 제품의 변질 또는 부패를 방지하기 위한 작업도 쟁위행위가 제한되지 아니한다. ㉰ 노동조합은 쟁의행위가 합법적으로 행해지도록 이를 지도 · 관리 · 통제하는 의무를 부담한다. ㉱ 주요방위산업체에 종사하는 근로자는 쟁의행위를 할 수 없다. ㉲ 근로자는 사업장 내부는 물론 외부에서도 쟁의행위를 할 수 있다.

① ㉮(×)㉯(○)㉰(○)㉱(×)㉲(×)
② ㉮(○)㉯(×)㉰(×)㉱(×)㉲(○)
③ ㉮(○)㉯(×)㉰(○)㉱(○)㉲(○)
④ ㉮(○)㉯(×)㉰(○)㉱(×)㉲(○)
⑤ ㉮(×)㉯(×)㉰(○)㉱(×)㉲(○)

≪해설≫ ㉮ 노사관계법 제37조 제 2 항. ㉯ 동법 제38조 제 2 항. ㉰ 동법 제38조 제 3 항. ㉱ 동법 제41조 제 2 항. 주요방위산업체에 종사하는 근로자 중 주요방산물자의 생산 또는 전력 · 용수 등 이에 직접 관련된 업무에 종사하는 자만이 쟁의행위를 할 수 없다. ㉲ 종래의 사업장 외부에서 쟁의행위를 금지하던 규정(구노동조합법 제12조 제 3 항)은 삭제되었다.

45. 다음 중 정당한 쟁의행위라고 할 수 있는 것은? 〈27회 사시변형〉

① 중점파업 ② 적극적 생산관리 ③ 적극적 Sabotage
④ 동정파업 ⑤ Wild Cat Strike

≪해설≫ ① 부분파업 · 지명파업 · 중점파업 · 파상파업은 전면파업과 더불어 허용되는 파업의 한 양태이다. ② 소극적 생산관리는 적법하나(통설 · 행정해석은 反對), 적극적 생산관리는 위법하다고 본다(통설 · 판례). ③ Sabotage를 소극적 사보타지로 보고 태업과 같은 의미로 사용하는 견해(다수설)에 의하면 정당한 쟁의행위가 될 수 있으나, 적극적 사보타지(통설은 위법이라 함)는 정당한 쟁의행위가 될 수 없다. ④⑤ 정치파업 · 동정파업 · 들고양이 파업(Wild Cat Strike) 등은 정당성을 인정할 수 없는 대표적인 것이다.

▌해답▌ 44. ④ 45. ①

46. 근로자의 쟁의행위와 사용자간의 법적 관계에 대한 서술 중 틀린 것은?

〈35회 사시유사〉

① 쟁의행위는 위법성이 조각되어 민사상·형사상의 책임이 면책된다는 것이 판례입장이다.

② 파업 중 근로자는 임금지급청구권이 없다.

③ 쟁의행위가 정당하지 아니한 경우 노동조합은 채무불이행책임은 면책되더라도 불법행위에 기한 손해배상책임을 면할 수 없다.

④ 쟁의행위가 정당하지 아니한 경우 일반조합원이 불법행위책임을 지는 경우 노동조합과 연대책임관계에 있게 된다.

⑤ 징계처분은 조합간부뿐만 아니라 일반조합원에게도 추궁할 수 있다.

≪**해설**≫ ① 형사·민사면책의 법적 성질에 관하여 i) 위법성조각설(판례·다수설)과, ii) 구성요건해당성조각설(김치선, 김형배, 이상윤)의 대립이 있다. ② 판례(대판(전) 1995.12.21)는 쟁의행위기간 중에는 사용자와 근로자의 주된 급부의무가 정지되므로 파업참가자들의 노무제공의무와 사용자의 임금지급의무는 모두 정지된다고 판시한 바 이를 현행 노사관계법은 제44조에서 규정하고 있다. ③④ 노동조합의 임원은 근로계약위반의 채무불이행책임과 불법행위에 기한 손해배상책임을 부담하고, 조합원은 근로계약위반으로 인한 채무불이행책임과 사용자의 영업권을 침해하는 불법행위책임을 부담할 수 있으며, 이들이 불법행위책임을 지게 되는 경우 이들은 전손해에 대하여 부진정연대책임관계에 있게 된다(통설·판례). ⑤ 위법한 쟁의행위를 주도했거나 이에 참가했거나 쟁의행위 중 파괴행위 등을 한 자에 대하여는 손해배상책임이 부과되는 외에 사용자에 의한 징계처분이 내려질 수도 있다.

47. 쟁의행위가 정당하지 아니한 경우에 근로자측이 사용자에게 부담하는 책임은?

① 손해배상책임 ② 형사책임 ③ 징계책임

④ 민사책임 ⑤ 민사책임 및 형사책임

≪**해설**≫ ④ 민사책임은 손해배상책임과 징계책임을 포함하는 개념이다. ②⑤ 형사책임은 사용자에 대한 책임이 아니라 국가에 대한 책임이다.

48. 쟁의행위가 정당하지 아니한 경우에 근로자 개인이 사용자에게 부담하는 책임에 관한 설명 중 틀린 것은?

① 민사책임의 경우 근로자측에서 노동조합 및 조합간부만이 이를 부담하고 일반 조합원은 이를 부담하지 아니한다.

② 근로자측은 사용자에 대하여 민사상의 손해배상책임을 진다.

③ 근로자측은 국가에 대하여 형사책임을 부담한다.

④ 민사책임은 손해배상책임과 징계책임으로 나뉘어진다.

▌해답▐ 46. ③ 47. ④ 48. ①

⑤ 조합간부에 대하여는 불법행위로 인한 손해배상책임이 부과되고 징계처분도 내릴 수 있다.

≪**해설**≫ ① 부당한 쟁의행위의 경우, 일반 조합원도 사용자에 대하여 민사책임으로서 손해배상책임 및 징계처분을 받는다.

49. 노동조합의 정당한 쟁의행위로 인하여 제 3 자가 손해를 받은 경우에 제 3 자가 취할 법적 대응방법 중 잘못된 설명은?

① 거래상대방인 제 3 자는 사용자에게 채무불이행책임을 물을 수 있다.
② 거래상대방인 제 3 자는 근로자에게 불법행위책임을 물을 수 없다.
③ 거래상대방이 아닌 일반 제 3 자도 사용자에게 손해배상책임을 물을 수 있다.
④ 거래상대방이 아닌 일반 제 3 자도 쟁의행위가 정당한 한 근로자에게 손해배상책임을 지울 수 없다.
⑤ 제 3 자는 노동조합에 대하여 당해 쟁의행위의 중지 또는 손해배상의 청구도 할 수 없다.

≪**해설**≫ ③ 쟁의행위는 원래 기업내부에서 발생된 현상으로서 기업 외부와의 관계에서는 직접 계약관계를 가지지 않기 때문이다. ④⑤ 노동조합의 정당한 쟁의행위로 인하여 제 3 자가 손해를 입은 경우에 제 3 자는 당해 노동조합이나 근로자에 대하여 손해배상의 청구를 할 수 없으며, 쟁의행위의 중지도 요구할 수 없다는 것이 통설이다.

50. 쟁의기간 중의 임금지급에 대하여 틀린 것은? (다툼이 있는 경우 판례에 의함)

① 무노동 · 무임금 원칙에 따르는 경우 임금이 전혀 지급되지 아니한다.
② 파업기간 중에도 임금이 일의 완성여부에 따라 지급되는 도급제의 경우에는 임금이 지급되어야 한다.
③ 무노동 · 무임금 원칙은 임금이 근로시간에 비례하여 지급되는 경우에 적용되는 것이 원칙이다.
④ 임금이분론에 따라 근로의 제공과 상관없이 지급되는 임금은 파업기간 중에도 지급되어야 한다.
⑤ 단체협약에 의하여 파업기간 중에도 임금을 지급할 수 있다.

≪**해설**≫ 노사관계법 제44조 및 최근 판례는 종전의 임금이분론을 지양하고 무노동 · 무임금의 원칙하에 파업기간 중에는 일체의 임금을 지급하지 아니한다는 입장을 취하고 있다.

51. 다음 중 쟁의행위의 법적 효과에 관한 설명 중 타당하지 아니한 것은?

① 쟁의행위가 발생한 경우 근로계약은 중지되는 것이 원칙이다.

▌해답▌ **49.** ③ **50.** ④ **51.** ④

② 쟁의행위가 종료된 경우 근로자는 원상복직하는 것이 원칙이다.
③ 쟁의행위 중에 근로자는 근로를 제공하지 아니하고, 사용자는 임금을 지급하지 아니하는 것이 원칙이다.
④ 쟁의행위 중에 사용자는 당해 사업과 관계있는 자라도 파업근로자를 다른 근로자로 대체하여서는 아니된다.
⑤ 쟁의행위에 참가하지 아니한 비참가자의 근로를 수령하여 업무를 할 수 있는 경우에 사용자는 이들에게 임금을 지급하는 것이 원칙이다.

≪**해설**≫ ① 쟁의행위가 발생하는 경우 근로계약은 파기되는 것이 아니라 중지된다는 것이 다수설이다. ④ 사업과 관계없는 자의 대체·채용이 금지된다.

52. 쟁의행위와 근로계약관계에 관한 설명으로 옳지 못한 것은? 〈2회 공인노무사〉
① 정당한 파업에 참가하는 기간 중 근로자의 노무제공이 정지되면 따라서 임금지급도 청구할 수 없다.
② 사용자는 근로자가 파업에 참가하였다는 것을 이유로 불이익처분을 행할 수 없다.
③ 직접 파업행위의 구성부분이 될 수 없는 생산시설이나 안전보호시설의 정상적인 유지를 위한 필수적인 근로는 파업 기간 중이라도 계속해야 한다.
④ 정당한 직장폐쇄라 하더라도 사용자는 근로자에 대한 임금지급 의무가 있다.
⑤ 파업이 종료하면 사용자는 근로자를 취업시켜야 하며 단체교섭 또는 단체협약에 의하여 재조정된 임금 기타 근로조건을 부여하여야 한다.

53. 쟁의행위에 대한 설명이 틀린 것은? 〈'99 공인노무사변형〉
① 노동조합의 쟁의행위는 그 조합원의 직접·비밀·무기명투표에 의한 조합원 과반수의 찬성으로 결정하지 아니하면 이를 행할 수 없다.
② 방위산업에관한특별조치법에 의하여 지정된 주요방위산업체에 종사하는 근로자 중 전력, 용수 및 주로 방산물자를 생산하는 업무에 종사하는 자는 쟁의행위를 할 수 없으며 주로 방산물자를 생산하는 업무에 종사하는 자의 범위는 대통령령으로 정한다.
③ 쟁의행위는 폭력이나 파괴행위 또는 생산 기타 주요업무에 관련되는 시설과 이에 준하는 시설로서 대통령령이 정하는 시설을 점거하는 형태로 이를 행할 수 없다.
④ 필수공익사업의 업무 중 필수유지업무의 정당한 유지·운영을 정지·폐지 또는 방해하는 행위는 쟁의행위로서 이를 행할 수 없다.

해답 52. ④ 53. ⑤

⑤ 노동조합은 쟁의행위 기간에 대한 임금의 지급을 요구하여 이를 관철할 목적으로 쟁의행위를 할 수 있다.

≪**해설**≫ ① 노사관계법 제41조 제1항. ② 동법 동조 제2항. ③ 동법 제42조 제1 항. ④ 동법 제42조의2 제2항. ⑤ 쟁의행위 기간 중의 임금지급을 요구하는 것은 「금지교섭대상」으로서 이를 관철할 목적으로 쟁의행위를 하는 것도 금지된다(동법 제44조 제2항). 동 규정은 강행규정으로서 벌칙(2년 이하 징역 또는 2천만원 이하의 벌금)의 적용이 있다(동법 제90조 참조).

54. 甲회사의 사용자 A는 B와 종류물공급계약을 체결하였으나, 甲회사의 노동조합 C가 파업을 하게 되어 A는 납기일에 제품공급을 못하게 되었다. 이에 대한 설명으로 틀린 것은?

① C노조의 파업이 정당한 경우에도 A는 책임을 진다는 견해가 있다(분리설).

② ①의 견해에 의하면 C노조의 파업이 정당한 경우 A는 이행보조자에 의한 과실책임을 진다는 것이다.

③ 협약자치제도의 당사자로서 민사면책의 특례규정은 A의 계약적 행위에 대하여도 적용된다는 견해가 있다(통합설).

④ 따라서 ③의 견해에 의하면 위 사례에서 A는 책임질 필요가 없다.

⑤ C노조의 파업이 부당한 경우 B는 C에게 불법행위책임을 물을 수 있다.

≪**해설**≫ 통합설에서도 종류물공급채무의 경우 등에는 사용자가 책임을 부담한다고 한다(김형배).

[사용자가 책임을 지는 예]

① 손해배상책임에 관한 합의(면책약관)가 있는 경우(다수설/반대: 김형배)
② 정당한 직장폐쇄(다수설/반대: 김형배)
③ 위법한 직장폐쇄
④ 정당한 쟁의행위(다수설/반대: 김형배) cf: 위법한 쟁의행위 → 책임 배제
⑤ 수령지체책임
⑥ 사용자가 종류물 공급채무를 부담한 경우
⑦ 사용자가 공급위험을 명시적·묵시적으로 인수한 경우
⑧ 쟁의행위 발생전 사용자의 사전조치 미흡
⑨ 쟁의행위 발생후 사용자의 사후조치 미흡
⑩ 사용자의 위법한 쟁의행위의 원인 제공

55. 다음 중에서 「조업계속의 자유」에 부합되는 직장폐쇄의 유형은?

① 대항적 직장폐쇄 ② 공격적 직장폐쇄 ③ 부분적 직장폐쇄

④ 선제적 직장폐쇄 ⑤ 방어적 직장폐쇄

≪**해설**≫ ③ 부분적 직장폐쇄는 일부 사업장은 폐쇄하되, 나머지 사업장에서 조

▎해답▎ 54. ④ 55. ③

업을 계속하는 형태의 직장폐쇄이다.

56. 직장폐쇄에 관한 다음 설명 중 틀린 것은?

① 노동조합이 쟁의행위를 개시한 이후에만 직장폐쇄를 할 수 있다.

② 직장폐쇄는 그에 대한 사용자의 의사표시만으로 성립한다.

③ 사용자는 직장폐쇄를 하고자 할 때에는 행정관청 및 노동위원회에 각각 이를 신고하여야 한다.

④ 방어적·수동적인 직장폐쇄만이 합법이며 노동조합측의 쟁의행위가 중단되면 직장폐쇄도 곧 중지하여야 한다.

⑤ 정당하게 직장폐쇄가 행하여지면 사용자는 임금지급의무를 면할 뿐만 아니라 조합사무소, 기숙사 등 복리후생시설도 소유권에 기하여 폐쇄할 수 있다.

≪**해설**≫ ①③ 노사관계법 제46조. ② 직장폐쇄는 현실적으로 근로자들의 취업을 집단적으로 저지하기 위한 사실행위가 필요하다는 견해(김치선, 박상필)가 있으나 의사표시만으로 근로수령거부가 성립되었다고 보는 선언설(통고설)이 판례(1991.8.13)·다수설이다. ④ 공격적·선제적인 직장폐쇄는 위법한 것으로 허용되지 않는다고 보는 것이 통설이다. 따라서 쟁의행위는 직장폐쇄 개시의 요건인 동시에 존속의 요건이므로 쟁의행위를 중단한 경우 즉시 직장폐쇄를 중지하여야 한다. ⑤ 사용자의 쟁의행위도 법적보호를 받게 되므로 수령지체책임 및 임금지급의무를 지지 않으나 직장폐쇄가 미치는 범위는 생산시설 또는 업무시설에 한정되고 조합사무소, 복리후생시설에는 미치지 아니한다.

57. 다음 중 직장폐쇄의 개념이 아닌 것은? (다수설·판례에 의함)

① 사용자가 근로자에 대하여 근로의 수령을 집단적으로 거부하는 행위를 말한다.

② 사용자의 재산권을 보호하기 위한 행위이다.

③ 직장폐쇄의 선언만으로는 부족하고 사실적으로 근로자를 직장에서 내보내야 성립한다.

④ 근로자의 취업을 집단적으로 거부하는 쟁의행위이다.

⑤ 직장폐쇄는 근로계약의 존속을 전제로 한다.

≪**해설**≫ 직장폐쇄의 성립은 i) 사용자의 의사표시만으로 족하다는 입장(통고설·선언설; 다수설·판례), ii) 공장문의 폐쇄, 체류자의 퇴거 등 취업이 곤란한 사실행위가 있어야 한다는 입장(사실행위설; 박상필, 임종률) 등이 있다.

58. 다음 근로자의 단체행동권에 관한 판례 및 법령의 설명 중 타당하지 아니한 것은?

| 해답 | **56.** ⑤ **57.** ③ **58.** ③

① 쟁의행위가 정당하기 위해서는 그 목적이 근로조건의 향상을 위한 노사간의 자치식 교섭을 조성하기 위한 것이어야 하며, 이는 쟁의행위의 요구사항이 단체교섭사항에 해당함을 의미한다.

② 중재에 회부된 때부터 15일간 쟁의행위를 할 수 없다고 규정하고 있는 것은 근로자의 단체행동권의 본질적 내용을 침해하는 것이 아니다.

③ 노조위원장이 조합원의 찬반투표없이 노조대의원의 위임을 받아 쟁의행위의 개시를 결정한 경우에는 단순히 조합내부의 의사결정절차를 위반한 것으로 반드시 정당성을 상실하는 것이 아니다.

④ 피켓팅은 파업의 보조적인 수단으로서 파업 비참가자에 대하여 평화적 설득, 구두, 문서에 의한 언어적 설득의 범위안에서만 인정된다.

⑤ 파업시 지급하지 아니하는 임금의 범위에 대하여 임금을 교환적 부분과 생활적 부분으로 2분 하는 임금이원론은 타당하지 아니하다.

≪**해설**≫ ① 대판 1994.9.30, 94나4042. ② 대판 1991.3.27, 90도2528. ③ 조합원의 찬반투표 없이 쟁의행위를 하는 경우 다수설에 의하면 단순히 조합내부의 의사결정절차위반으로서 반드시 정당성을 상실하는 것은 아니다. 판례에 의하면 정당성을 상실하는 쟁의행위이다(대판(전) 2001.10.25, 99도4837). ④ 대판 1990.10.12, 90도1431. ⑤ 파업시 임금공제의 물적 범위에 관하여 학설이 대립된다. i) 임금에는 그 성질에 따라 생활보장적 부분과 교환적 부분이 있는 바, 파업시 공제하여야 할 임금은 교환적 부분에 한정된다는 입장(임금이원론)과, ii) 쟁의행위로 인한 임금공제의 범위는 단체협약 또는 취업규칙이나 관행 등을 참작하여 당사자의 개별적인 의사해석에 따라 판단하여야 한다는 입장(의사해석설)이 있다. 의사해석설이 다수설과 최근 판례의 입장이다(대판 1995.12.21, 94다26721).

59. 필수공익사업의 쟁의행위에 대한 설명 중 틀린 것은?

① 필수공익사업에 대한 직권중재제도는 폐지되고 필수유지업무제도로 대체되었다.

② 필수공익사업 업무의 정당한 유지·운영을 정지·폐지 또는 방해하는 행위는 쟁의행위로서 이를 행할 수 없다.

③ 노동관계당사자는 필수유지업무협정을 서면으로 체결하고 쌍방이 서명 또는 날인하여야 한다.

④ 노동관계당사자 쌍방 또는 일방은 필수유지업무협정이 체결되지 아니하는 때에는 노동위원회에 필수유지업무의 필요 최소한의 유지·운영수준, 대상직무 및 필요인원 등의 결정을 신청하여야 한다.

⑤ 노동조합은 필수유지업무협정이 체결되거나, 노동위원회의 결정이 있는 경우 사용자에게 필수유지업무에 근무하는 조합원 중 쟁의행위기간 동안

▌해답▌ 59. ②

근무하여야 할 조합원을 통보하여야 하며, 사용자는 이에 따라 근로자를 지명하고 이를 노동조합과 그 근로자에게 통보하여야 한다.

≪**해설**≫ ① 2006. 12. 30. 노사관계법의 개정으로 필수유지업무제도가 도입되었다. ② 필수공익사업의 모든 업무가 해당되는 것이 아니라 필수공익사업의 업무 중 필수유지업무만이 적용대상이 된다(노사관계법 제42조의2 제 1 항 참조). ③ 동법 제42조의3. ④ 동법 제42조의4 제 1 항. ⑤ 동법 제42조의6.

60. 필수공익사업의 사용자가 파업중에 채용 또는 대체하거나 도급 · 하도급을 줄 수 있는 범위는?

① 파업참가자의 10% 이내

② 파업참가자의 30% 이내

③ 파업참가자의 50% 이내

④ 파업참가자의 100% 이내

⑤ 채용 · 대체하거나 도급 · 하도급 줄 수 없다.

≪**해설**≫ 필수공익사업의 사용자는 당해 사업 또는 사업장 파업참가자의 「100분의 50」을 초과하지 않는 범위 안에서 채용 또는 대체하거나 도급 또는 하도급 줄 수 있다(노사관계법 제43조 제 4 항).

▎해답▎ 60. ③

제 5 편　勞動爭議調整制度

제1장 總　　設

제 1 절　勞動爭議調整制度의 意義

단체교섭은 합의상태에 이르지 못하고 분쟁상태에 놓이게 되는 경우가 있는 바, 이러한 분쟁상태를 양 당사자가 아닌 제 3 자의 개입으로 해결하는 제도가 바로 노동쟁의조정제도이다.

제 2 절　勞使紛爭의 類型

Ⅰ. 個別紛爭과 集團紛爭

근로자 개인과 사용자 사이의 분쟁을 「개별분쟁」이라고 하며, 노동조합과 사용자 내지 사용자단체 사이의 분쟁을 「집단분쟁」이라고 한다. 이 경우 한 명의 근로자에 관한 문제라도 노동조합이 문제를 제기하여 사용자와의 분쟁이 야기된 경우에는 「집단분쟁」에 해당되나, 다수의 근로자가 관련된 경우라도 노동조합이 개입되지 아니하고 각기 자신의 문제를 주장하는 경우에는 「개별분쟁」에 해당된다. 집단분쟁은 후술하는 이익분쟁이나 권리분쟁에 모두 해당될 수도 있으나, 개별분쟁은 대부분 권리분쟁이다.

Ⅱ. 利益紛爭과 權利紛爭

이익분쟁이란 근로계약이나 단체협약을 체결하기 이전, 즉 권리 의무관계가 형성되기 이전에 당사자가 이러한 권리의무관계를 어떠한 내용으로 형성할 것인지에 대하여 각자의 이익을 주장함으로써 발생하는 분쟁을 말한다. 예컨대 단체협약을 체결하는 과정에서의 단체교섭이 결렬된 경우가 대표적인 이익분쟁의 예이다. 반면에 권리분쟁이란 바로 근로자의 권리의무관계를 이미 형성하고 있는 근로계약, 단체협약 및 법률의 해석·적용에 관한 당사자간의 분쟁을 의미한다.

제 2 장 勞動爭議調整制度

제 1 절 勞動爭議調整制度의 適用範圍

우리나라에서는 일반적으로 개별적 권리분쟁은 민사재판에 의한 사법절차에 의하여 처리하고, 집단적 이익분쟁은 노사관계법상의 조정·중재 등의 노동쟁의 조정제도로 해결하며, 집단적 권리분쟁은 민사재판으로 처리한다는 기본 체계를 취하고 있다.

1. 權利紛爭

법원조직법 제 2 조 ① 법원은 헌법에 특별한 규정이 있는 경우를 제외하고는 일체의 법률상의 쟁송을 심판하고, 기타 법률에 의하여 법원에 속하는 권한을 가진다.

노사분쟁에 관하여 일반 법원의 재판관할권은 권리분쟁에 국한되며, 이익분쟁은 소송물이 될 수 없다.

다만, 관련법령에서 노동위원회에게 권리분쟁에 관한 조정권한을 부여하는 경우 노동위원회는 당연히 이에 관한 조정을 할 수 있다.

예컨대, i) 단체협약(노사관계법 제34조), ii) 필수유지업무 유지·운영수준 등의 결정(동법 제42조의4), iii) 조정안(동법 제60조), iv) 중재재정(동법 제68조) 및 v) 노사협의회 의결사항(근로자참여및협력증진에관한법률 제25조)의 해석 또는 이행방법에 관하여 당사자간에 의견의 불일치가 있는 경우, 노동위원회가 이를 해석하고 그 해석에 중재재정과 동일한 효력을 부여하는 경우가 이에 해당될 것이다.

다만, 관련법령에 명문의 규정이 없는 경우에도 노동위원회가 권리분쟁에 관한 노동쟁의조정을 할 수 있는지의 여부에 대하여 i) 긍정설(종래의 판례; 이상윤)과 ii) 부정설(다수설)로 나뉘고 있다.

2. 利益紛爭

집단적 이익분쟁에 대하여는 「노동위원회」가 일반적인 관할권을 갖고 있으며 일반 법원은 관할권을 가질 수 없는 것이 원칙이다.

제2절 勞動爭議調整制度의 基本體系

Ⅰ. 意 義

노사관계법은 노사분쟁의 해결에 있어 노사자치의 원칙아래 노동쟁의조정의 방식으로서 노사의 자주적 해결 원리에 의한 「사적조정절차」와 노사관계법에 명문으로 규정된 「공적조정절차」를 두고 있다.

사적조정에 관한 당사자간의 합의가 있는 경우 사적조정절차가 우선적으로 적용되는 것이 원칙이다. 공적조정절차는 당사자간의 사적조정절차가 없거나, 사적절차에 의하여 분쟁이 해결되지 아니한 경우에 한하여 그 보조적인 수단으로 적용되고 있다.

▣ 요점정리

내 용		사적조정절차	공적조정절차
근거규정		노사관계법 제52조	동법 제5장
성 립		• 쌍방의 합의 또는 단체협약 • 노동위원회에 신고	• 사적조정절차가 없거나 • 사적조정절차가 실패하여 당사자가 신청하는 경우
주요내용		• 공적조정절차와 다른 조정 또는 중재절차의 선택 • 사적조정절차는 물론 공적조정절차를 밟지 아니하기로 하는 약정은 무효	• 일반조정절차 – 조정 · 중재 – 공익사업에 관한 특칙 • 긴급조정절차
조정기간 개시		조정의 개시일	조정의 신청일
효 력	조정의 성공	단체협약과 동일	단체협약과 동일
	조정의 실패	쟁의행위 또는 공적조정 절차의 신청	쟁의행위

1. 私的調整節次

(1) 관련규정

노사관계법 제52조 【사적조정 · 중재】 ① 제2절 및 제3절의 규정은 노동관계당사자가 쌍방의 합의 또는 단체협약이 정하는 바에 따라 각기 다른 조정 또는 중재방법(이하 이 조에서 "사적조정등"이라 한다)에 의하여 노동쟁의를 해결하는 것을 방해하지 아니한다.
② 노동관계당사자는 제1항의 규정에 의하여 노동쟁의를 해결하기로 한 때에는 이를 노동위원회에 신고하여야 한다.
③ 제1항의 규정에 의하여 노동쟁의를 해결하기로 한 때에는 다음 각호의 규정이 적용된다.

> 1. 조정에 의하여 해결하기로 한 때에는 제45조 제 2 항 및 제54조의 규정. 이 경우 조정기간은 조정을 개시한 날부터 기산한다.
> 2. 중재에 의하여 해결하기로 한 때에는 제63조의 규정. 이 경우 쟁의행위의 금지기간은 중재를 개시한 날부터 기산한다.
> ④ 제 1 항의 규정에 의하여 조정 또는 중재가 이루어진 경우에 그 내용은 단체협약과 동일한 효력을 갖는다.
> ⑤ 사적조정등을 수행하는 자는 「노동위원회법」 제 8 조 제 2 항 제 2 호 각목의 자격을 가진 자로 한다. 이 경우 사적조정등을 수행하는 자는 노동관계 당사자로부터 수수료, 수당 또는 여비 등을 받을 수 있다.

(2) 성 립 사적조정절차는 i) 노동쟁의가 발생하기 이전에, ii) 노동쟁의가 발생한 후 공적조정절차가 개시되기 이전에, iii) 공적조정절차가 개시된 이후라도 언제든지 당사자의 합의 또는 단체협약이 정하는 바에 따라 채택될 수 있다(노사관계법 제52조 제 1 항 및 동법시행령 제23조 제 2 항). 당사자가 사적조정절차를 채택한 경우에는 이를 노동위원회에 「신고」하여야 한다(동법 제52조 제 2 항 및 동법시행령 제23조 제 1 항, 제 2 항).

(3) 주요내용 당사자는 내용 · 절차 · 시기 및 조정기구 등의 모든 측면에서 노사관계법에 규정된 공적조정절차와는 다른 조정 또는 중재절차를 채택할 수 있다.

당사자는 조정 · 중재의 모든 절차를 채택할 수 있으며, 이 중 어느 절차를 생략할 수도 있다. 조정 및 중재의 형태는 노사관계법에 규정된 조정 · 중재의 형태와 반드시 일치하지 아니하여도 무방하다. 다만, 사적조정절차는 물론 공적조정절차도 적용받지 아니하기로 하는 당사자간의 약정은 무효이다.

사적조정을 수행하는 자는 지방노동위원회의 조정담당공익위원의 자격을 가진 자로 하며, 노동관계 당사자로부터 수수료, 수당 또는 여비 등을 받을 수 있다(동법 제52조 제 5 항). 지방노동위원회의 조정담당공익위원은 i) 공인된 대학에서 조교수 이상 재직한 자, ii) 판사 · 검사 · 군법무관 · 변호사 또는 공인노무사의 직에 3년 이상 재직한 자, iii) 노동관계업무에 3년 이상 종사한 자로서 3급 또는 3급 상당 이상의 공무원이나 고위공무원단에 속하는 공무원으로 재직한 자, iv) 노동관계업무에 10년 이상 종사한 자로서 4급 또는 4급 상당 이상의 공무원으로 재직한 자, v) 기타 노동관계업무에 10년 이상 종사한 자 또는 사회적 덕망이 있는 자로서 조정담당공익위원으로 적합하다고 인정되는 자로서 노동문제에 관한지식과 경험이 있는 자 중에서 위촉한다(노동위원회법 제 8 조 제 2 항 제 2 호).

(4) 공적조정절차의 적용 사적조정제도를 채택한다고 하여 조정절차에 관한 모든 사항을 약정할 수 있는 것은 아니다.

첫째, 사적조정제도에 대하여 공적조정절차에 관한 규정이 적용되는 경우가 있다. 노동쟁의를 조정에 의하여 해결하기로 한 때에는 i) 노사관계법 제45조 제 2 항에 의한 노동쟁의 조정전치주의의 원칙이 적용되며, ii) 동법 제54조에 의하여 조정을 「개시」한 날부터 일반사업에 있어서는 10일, 공익사업에 있어서는 15일 이내에 종료하여야 한다(동법 제52조 제 3 항 제 1 호). 노동쟁의를 중재에 의하여 해결하기로 한 때에는 제63조에 의하여 중재개시 이후 15일간은 쟁의행위를 할 수 없다(동법 제52조 제 3 항 제 2 호).

둘째, 공적조정절차에 관한 규정 중 강행적 효력을 갖고 있는 규정은 이를 위반하여서는 아니된다. 예컨대 긴급조정절차의 적용은 사적조정에 의하여 이를 배제할 수 없다.

(5) 효 력　　사적조정절차에 의하여 노동쟁의가 해결된 경우 조정안 또는 중재안은 단체협약과 동일한 효력을 갖는다(동법 제52조 제 4 항).

사적조정절차에 의하여 노동쟁의가 해결되지 아니하는 경우 i) 당사자는 쟁의행위를 행할 수 있으며, 또한 ii) 법정조정절차에 의한 조정·중재를 하여 줄 것을 관할 노동위원회에 신청할 수도 있다(동법시행령 제23조 제 3 항).

2. 公的調整節次

(1) 개 시　　당사자간의 사적조정절차가 마련되어 있지 아니하거나, 사적조정절차가 마련되어 있다 할지라도 사적조정절차에 의하여 노동쟁의가 해결되지 아니하는 경우에는 당사자의 신청에 의하여 공적조정절차가 적용된다.

(2) 내 용　　노동쟁의조정법에서 규정하고 있는 법정조정절차는 크게 일반조정절차와 긴급조정절차로 분류하여 볼 수 있다.

「일반조정절차」는 조정 및 중재 등 평상시의 노동쟁의의 조정방법이며, 「긴급조정절차」는 비상시의 노동쟁의의 조정방법으로서 쟁의행위가 공익사업에 관한 것이거나 그 규모가 크거나 그 성질이 특별한 경우에 한하여 예외적으로 인정되는 절차이다. 일반조정절차는 쟁의행위의 예방, 후자는 이미 발생한 쟁의행위의 중지에 그 중점을 두고 있다.

(3) 효 력　　조정 및 중재의 절차에 의하여 분쟁이 해결되면 조정서 및 중재재정서가 작성되고 이는 단체협약과 동일한 효력을 갖는다.

제 3 절 勞動爭議調整의 種類와 節次

▣ 요점정리

<table>
<tr><td colspan="2"></td><td>대 상</td><td colspan="2">조정절차</td></tr>
<tr><td rowspan="3">일반조정절차</td><td>일반사업</td><td>공익사업이외의 사업</td><td>조정·중재(약정)</td><td></td></tr>
<tr><td rowspan="2">공익사업</td><td>1. 일반공익사업</td><td rowspan="2">• 특칙의 존재
① 우선적 취급
② 조정기간 15일
③ 긴급조정
④ 특별조정위원회</td><td>조정·중재(약정)</td></tr>
<tr><td>2. 필수공익사업</td><td>조정·중재(강제)</td></tr>
<tr><td colspan="2">긴급조정절차</td><td>1. 실질적 요건: ① 공익사업에 관한 것이거나 규모가 크거나 성질이 특별한 것으로서, ② 현저히 국민경제를 해하거나 국민의 일상생활을 위태롭게 할 위험의 존재
2. 형식적 요건: ① 중앙노동위원회의 의견 청취 ② 노동부장관이 결정</td><td colspan="2">• 조정 및 중재</td></tr>
</table>

Ⅰ. 一般調整節次

1. 一般事業에 대한 勞動爭議調整

(1) 조 정 조정은 당사자의 「신청」에 의하여 개시되는 절차이다. 조정위원회가 당사자의 의견을 들어 조정안을 작성하여 수락을 「권고」하게 된다. 조정안은 당사자가 이를 수락할 것을 의무화하고 있지 아니하므로 당사자를 강제적으로 구속하는 중재안과 구별된다.

1) 조정의 개시 노동위원회는 관계 당사자의 일방이 노동쟁의의 조정을 신청한 때에는 지체없이 조정을 개시하여야 하며 관계 당사자 쌍방은 이에 성실히 임하여야 한다(노사관계법 제53조 제 1 항).

노동위원회는 조정신청전이라도 원활한 조정을 위하여 교섭을 주선하는 등 관계당사자의 자주적인 분쟁해결을 지원할 수 있다(동법 제53조 제 2 항).

2) 조정의 진행

① 조정의 담당자

ⓐ 조정위원회 조정은 노동위원회에 설치된 조정위원회가 담당한다

(동법 제55조 제 1 항). 조정위원회는 조정위원 3인으로 구성되며(동법 제55조 제 2 항), i) 당해 노동위원회의 위원 중에서 사용자를 대표하는 자, ii) 노동조합을 대표하는 자 및 iii) 공익을 대표하는 자 각 1인을 당해 노동위원회의 위원장이 지명한다(동법 제55조 제 3 항). 이 경우 노동조합을 대표하는 근로자위원은 사용자가, 사용자를 대표하는 사용자위원은 노동조합이 각각 추천하는 위원 중에서 지명하여야 한다. 다만, 회의 3일 전까지 관계당사자가 추천하는 위원의 명단제출이 없을 때에는 당해 위원을 위원장이 따로 지명할 수 있다(동법 제55조 제 3 항). 노동위원회의 위원장은 근로자를 대표하는 위원 또는 사용자를 대표하는 위원의 불참 등으로 인하여 조정위원회의 구성이 어려운 경우 노동위원회의 공익을 대표하는 위원 중에서 3인을 조정위원으로 지명할 수 있으되, 관계 당사자 쌍방의 합의로 선정한 노동위원회의 위원이 있는 경우에는 그 위원을 조정위원으로 지명한다(동법 제55조 제 4 항). 조정위원회의 위원장은 공익을 대표하는 조정위원이 된다(동법 제56조 제 2 항 본문). 다만 제53조 제 4 항에 따른 노동위원회의 위원장은 조정위원 중에서 호선한다(동법 제56조 제 2 항 단서).

ⓑ 단독조정인 노동위원회는 관계 당사자 쌍방의 신청이 있거나 관계 당사자 쌍방의 동의를 얻은 경우에는 조정위원회에 갈음하여 단독조정인에게 조정을 행하게 할 수 있다(동법 제57조 제 1 항).

단독조정인은 당해 노동위원회의 위원 중에서 관계 당사자의 쌍방의 합의로 선정된 자를 그 노동위원회의 위원장이 지명한다(동법 제57조 제 2 항). 단독조정제도를 인정하는 이유는 당사자의 선택에 따라 알선의 효과를 얻기 위한 것이다.

② 조정의 활동 조정위원회 또는 단독조정인은 기일을 정하여 의견청취를 위하여 관계당사자를 기일을 정하여 조정위원회에 출석하여 주장의 요점을 확인하여야 한다(동법 제58조).

조정위원회의 위원장 또는 단독조정인은 관계당사자와 참고인 이외의 자의 회의출석을 금할 수 있다(동법 제59조).

조정위원회는 조정안을 작성하여 이를 관계당사자에게 제시하고 그 수락을 권고하는 동시에 당해 조정안에 이유를 붙여 공표할 수 있으며, 필요한 때에는 신문 또는 방송에 의한 협력을 요청할 수 있다(동법 제60조 제 1 항). 이것은 여론을 통하여 당사자간의 분쟁해결을 위한 압력을 가하기 위한 조치이다.

③ 조정의 기간 조정은 당사자로부터 조정의 신청이 있은 날부터 일반사업에 있어서는 10일, 공익사업에 있어서는 15일 이내에 종료되어야 한다(동법 제54조 제 1 항). 조정기간은 관계당사자간의 합의로 일반사업에 있어서는 10일, 공익사업에 있어서는 15일 이내에서 「연장」할 수 있다(동법 제54조 제 2 항).

3) **조정의 효력**

① 조정안이 수락된 경우 조정안이 당사자에 의하여 수락된 때에는 조정위원 전원은 조정서를 작성하고 관계당사자와 함께 서명 또는 날인하여야 한다(동법 제61조 제 1 항). 조정서의 내용은 「단체협약」과 동일한 효력을 가진다(동법 제61조 제 2 항).

조정안이 관계당사자 쌍방에 의하여 수락된 후 그 해석 또는 이행방법에 관하여 관계당사자 사이에 의견의 불일치가 생긴 때에는 관계당사자는 당해 조정위원회 또는 단독조정인에 그 해석 또는 이행방법에 관한 명확한 견해의 제시를 요청하여야 한다(동법 제60조 제 3 항).

조정위원회 또는 단독조정인은 그 요청을 받은 날부터 7일 이내에 명확한 견해를 제시하여야 한다(동법 제60조 제 4 항).

당사자는 조정안의 해석 또는 이행방법에 관한 조정위원회의 견해가 제시될 때 까지는 당해 조정안의 해석 또는 이행에 관하여 쟁의행위를 할 수 없다(동법 제60조 제 5 항).

노사관계법 제60조 제 4 항의 규정에 의하여 조정위원회 또는 단독조정인이 제시한 해석 또는 이행방법에 관한 견해는 후술하는 「중재재정」과 동일한 효력을 갖는다(동법 제61조 제 3 항).

② 조정안이 수락되지 아니한 경우 조정위원회 또는 단독조정인은 관계 당사자가 수락을 거부하여 더 이상 조정이 이루어질 여지가 없다고 판단되는 경우에는 조정의 종료를 결정하고 이를 관계 당사자 쌍방에 「통보」하여야 한다(동법 제60조 제 2 항).

③ 조정종료 결정 후의 조정 노동위원회는 조정의 종료가 결정된 후에도 노동쟁의의 해결을 위하여 조정을 할 수 있다(동법 제61조의2 제 1 항). 이 경우 조정에 관하여는 동법 제55조 내지 제61조의 규정을 준용한다(동법 제61조의2 제 2 항).

(2) 중 재

1) **중재의 개시** 노사관계법은 i) 관계 당사자의 쌍방이 함께 중재의 신청을 한 때, ii) 관계 당사자의 일방이 단체협약에 의하여 중재신청을 한 때(동법 제62조), iii) 긴급조정에 있어 중앙노동위원회의 위원장이 조정이 성립될 가망이 없다고 인정한 경우에 공익위원의 의견을 들어 중재회부 결정을 한 때(동법 제79조) 및 iv) 교원노조법 · 공무원노조법에 의하여 조정이 실패한 때에 직권으로 중재절차를 개시할 수 있도록 규정하고 있다(각 동법 제10조 및 제13조).

이 중 i)과 ii)의 경우는 임의중재로서 노사자치의 원칙에 위배되지 아니하나, iii) 및 iv)의 경우는 강제중재로서 노사자치의 원칙에 비추어보면 부적절하다. 따라서 강제중재를 결정하는 것은 예외적인 경우에 국한되어야 할 것이다. 한편 선진화 입법에 따라(2006.12.30) 종래 필수공익사업에 대한 직권중재제도는 폐지되었다(시행 2008.1.11).

■ 요점정리

구 분	중재의 개시
임의중재	① 관계 당사자 쌍방의 신청(*당사자 일방의 단독신청 불가) ② 관계 당사자의 일방이 단체협약에 의하여 신청(노조법 제62조)
직권중재	① 긴급조정: 노동부장관의 긴급조정결정의 통고를 받은 후 15일 이내에 중앙노동위원회가 결정(노조법 제80조) ② 교원노조: 중앙노동위원회가 제시한 조정안을 당사자 일방 또는 쌍방이 거부한 경우, 중앙노동위원회 위원장이 직권 또는 노동부장관의 요청에 의하여 중재에 회부한다는 결정을 한 경우, 중앙노동위원회 교원노동관계조정위원회에서 중재 개시(교원노조법 제10조) ③ 공무원노조: 조정이 이루어지지 않은 경우, 중앙노동위원회 공무원노동관계조정위원회에서 지체없이 중재 개시(공무원노조법 제13조)

2) 중재의 진행

① 중재의 담당자　중재는 노동위원회에 설치되는 3인의 중재위원으로 구성된 「중재위원회」가 담당한다(동법 제64조 제1항). 중재위원은 노동위원회의 「공익위원 중에서」 관계당사자의 합의로 선정한 자에 대하여 노동위원회의 위원장이 지명한다(동법 제64조 제2항·제3항). 다만 관계당사자의 합의가 이루어지지 아니한 경우에는 노동위원회의 위원장이 공익위원 중에서 지명한다(동법 제64조 제3항).

중재위원회의 위원장은 공익을 대표하는 노동위원회의 위원인 중재위원 중에서 「호선」한다(동법 제65조 제2항).

② 중재의 활동　중재위원회는 기일을 정하여 관계당사자 쌍방 또는 일방을 중재위원회에 출석하게 하여 주장의 요점을 확인하여야 한다(동법 제66조 제1항). 중재위원회가 중재를 하는 경우 관계당사자가 지명한 노동위원회의 사용자를 대표하는 위원 또는 근로자를 대표하는 위원은 중재위원회의 동의를 얻어 중재위원회의 회의에 출석하여 의견을 진술할 수 있다(동법 제66조 제2항).

중재위원회의 위원장은 당사자와 참고인 이외의 자의 회의 출석을 금하며 그 회의의 공정한 진행을 방해하는 자의 퇴장을 명할 수 있다(동법 제67조).

③ 중재시의 쟁위행위의 금지　노동쟁의가 중재에 회부된 때에는 그 날부터 15일간은 쟁의행위를 할 수 없다(동법 제63조).

3) 중재의 효력

① 중재재정의 효력 중재의 결과 작성된 중재안을 중재재정이라고 한다. 중재재정은 서면으로 작성하고, 그 서면에는 효력발생기일을 명시하여야 한다(동법 제68조 제1항). 확정된 중재재정 또는 재심결정의 내용은 「단체협약」과 동일한 효력을 갖는다(동법 제70조 제1항).

중재재정의 해석 또는 이행방법에 관하여 관계당사자간에 의견의 불일치가 있는 때에는 당해 중재위원회의 해석에 따르며 그 해석은 「중재재정」과 동일한 효력을 갖는다(동법 제68조 제2항).

② 중재재정에 대한 불복절차 중재재정에 대한 불복절차에는 재심절차와 행정소송제기절차의 두 가지가 있는 바, 일정 기간내에 이들 절차를 밟지 아니하는 경우 그 중재재정 또는 재심결정은 확정되며, 당사자는 이를 따라야 한다(동법 제69조 제3항 · 제4항).

노동위원회의 중재재정 또는 재심결정은 당사자가 이에 대한 불복절차를 밟는 경우에도 이러한 불복절차의 개시에 의하여 그 효력이 정지되지 아니한다(집행부정지의 원칙)(동법 제70조 제2항).

ⓐ 재심절차 당사자가 지방노동위원회 또는 특별노동위원회의 중재재정이 위법이거나 월권에 의한 것이라고 인정하는 경우에는 그 중재재정서의 송달을 받은 날부터 10일 이내에 중앙노동위원회에 그 재심을 신청할 수 있다(동법 제69조 제1항).

「위법」이란 법령에 위반하거나, 법령의 적용을 잘못하거나 중대한 법리오해를 한 경우를 가리키고, 「월권」이란 중재재량권을 일탈 내지 남용한 경우라고 해석되고 있다. 중재재정이 위법하거나 월권에 의한 것이 아니라 단순히 어느 일방에게 불리하여 부당하거나 불합리한 내용이라는 사유만으로는 불복이 허용되지 아니한다.

ⓑ 행정소송의 제기 당사자는 i) 중앙노동위원회가 지방노동위원회 또는 특별노동위원회의 중재재정에 대하여 행한 재심결정이나, ii) 중앙노동위원회의 중재재정이 위법하거나 월권에 의한 것이라고 인정하는 경우에는 그 재심결정서 또는 仲裁裁定書의 송달을 받은 날부터 15일 이내에 행정소송을 제기할 수 있다(동법 제69조 제2항).

2. 公益事業에 대한 勞動爭議調整

(1) 공익사업의 개념 공익사업은 일반적인 공익사업과 필수공익사업으로 분류된다(동법 제71조).

1) 공익사업 공익사업이라 함은 공중의 일상생활과 밀접한 관련이 있거나

국민경제에 미치는 영향이 큰 사업으로서 ① 정기노선여객운수사업 및 항공운수사업, ② 수도사업·전기사업·가스사업·석유정제 및 석유공급사업, ③ 공중위생 및 의료사업, ④ 은행 및 조폐사업, ⑤ 방송·통신사업 등에 해당하는 사업을 말한다(동법 第71조 제 1 항).

2) 필수공익사업 필수공익사업이라 함은 공익사업 중에서 그 업무의 정지 또는 폐지가 공중의 일상생활을 현저히 위태롭게 하거나 국민경제를 현저히 저해하고 그 업무의 대체가 용이하지 아니한 사업으로서 ① 철도사업·도시철도사업 및 항공운수사업 ② 수도사업·전기사업·가스사업·석유정제 및 석유공급사업, ③ 병원사업 및 혈액공급사업, ④ 한국은행사업, ⑤ 통신사업 등의 사업을 말한다(동법 제71조 제 2 항).

(2) 공익사업에 대한 특칙

① 공익사업에 관한 노동쟁의의 조정은 일반사업의 노동쟁의에 있어서 보다 우선적으로 취급되고 신속히 처리되어야 한다(동법 제51조).

② 공익사업에 있어서는 15일간의 조정기간이 경과하지 아니하면 쟁의행위를 할 수 없다(동법 제45조 제 1 항·제54조 제 1 항). 이는 일반사업의 조정기간이 10일임에 비추어 5일 더 길다.

③ 공익사업에 대해서는 긴급조정이 인정된다(동법 제76조). 긴급조정의 그 결정이 공표되면 즉시 관계당사자는 쟁의행위를 중지하고 공표일로부터 30일간은 쟁의행위를 재개할 수 없다.

④ 공익사업에 대한 조정은 특별조정위원회가 담당한다(동법 제72조 제 1 항).

⑤ 필수공익사업에 대하여는 직권중재제도가 폐지되고, 필수유지업무제도를 마련하였다(동법 제42조의2).

(3) 공익사업에 대한 특별조정절차

1) 특별조정의 담당자 공익사업의 노동쟁의조정을 위하여 노동위원회에 「특별조정위원회」를 둔다(동법 제72조 제 1 항). 특별조정위원회는 특별조정위원 3인으로 구성하되, 공익위원 중에서 노동조합과 사용자가 순차적으로 배제하고 남은 4인 내지 6인 중에서 노동위원회의 위원장이 지명한다(동법 제72조 제 2 항·제 3 항). 다만, 관계당사자가 합의로 당해 노동위원회의 위원이 아닌 자를 추천하는 경우에는 그 추천된 자를 지명한다(동법 제72조 제 3 항 단서).

특별조정위원회에 위원장을 두되, 위원장은 i) 노동위원회의 공익위원인 특별조정위원 중에서 호선하고, ii) 당해 노동위원회의 위원이 아닌 자만으로 구성된 경우에는 그 중에서 호선하되, iii) 공익을 대표하는 위원인 특별조정위원이 1인인 경우에는 당해 위원이 위원장이 된다(동법 제73조).

2) 조정의 활동 특별조정위원회의 조정절차 및 방법 등에 관하여 노사관계법은 아무런 명문의 규정을 아니두고 있다. 일반사업에 대한 조정절차 및 방법, 조정기간 등이 적용되어야 할 것이다.

3) 조정의 결과

① 조정이 성립된 경우 일반사업의 조정과 마찬가지로 조정안을 작성하여야 한다.

② 조정이 성립되지 아니한 경우 일반사업과 마찬가지로 파업을 할 수 있다.

3. 敎員 및 公務員에 대한 勞動爭議調整

교원 및 공무원에 대하여는 조정과 직권중재제도가 적용된다. 한편, 기간제 및 단시간근로자에도 조정과 직권중재제도가 인정되나, 이는 노동쟁의가 아니라 「차별시정」을 위한 것이다.

■ **요점정리**

	조 정	중 재
개 시	관계당사자의 일방이 조정을 신청한 때	• 임의중재 - 당사자 쌍방의 신청 - 당사자 일방이 단체협약에 의하여 신청 • 강제중재 긴급조정에 있어 노동위원회위원장의 직권 또는 행정관청의 요구에 의하여 중재회부결정을 한 때
조정기관	〈조정위원회〉 • 조정위원 3인으로 구성 - 사용자가 지명한 근로자위원 - 근로자가 지명한 사용자위원 - 공익위원(위원장) • 노동위원회위원장이 지명 〈단독조정인〉 • 노동위원회의 위원 중에서 당사자의 합의로 선정 • 노동위원회위원장이 지명	〈중재위원회〉 • 중재위원 3인으로 구성 - 공익위원 중에서 당사자의 합의로 선정한 자 • 노동위원회의 위원장이 지명
조정내용	• 의견청취 - 당사자 출석 가능 • 조정안의 작성 및 수락권고 • 언론의 협조를 얻어 공개	• 의견청취 - 당사자 출석 가능 - 당사자가 지명한 사용자위원 · 근로자위원 또는 특별노동위원이 중재위원회의 동의를 얻어 회의출석 후 간접적으로 의

			견 진술
효력	조정 성공	• 조정위원전원은 조정서 작성 후 당사자와 함께 서명 · 날인 • 단체협약의 효력	• 중재재정을 작성하고 효력 기일 명시 • 단체협약의 효력
	조정 실패	• 당사자 비구속 • 중재 또는 쟁의행위	• 당사자가 구속되므로 실패란 개념이 없음 – 다만, ① 재심절차 및 ② 행정소송절차등의 불복절차

Ⅱ. 緊急調整節次

1. 關聯規程

노사관계법 제76조 【긴급조정의 결정】 ① 노동부장관은 쟁의행위가 공익사업에 관한 것이거나, 그 규모가 크거나 그 성질이 특별한 것으로서 현저히 국민경제를 해하거나, 국민의 일상생활을 위태롭게 할 위험이 현존하는 때에는 긴급조정의 결정을 할 수 있다.
② 노동부장관은 긴급조정의 결정을 하고자 할 때에는 미리 중앙노동위원회 위원장의 의견을 들어야 한다.
③ 노동부장관은 제 1 항 및 제 2 항의 규정에 의하여 긴급조정을 결정한 때에는 지체 없이 그 이유를 붙여 이를 공표함과 동시에 중앙노동위원회와 관계당사자에게 각각 통고하여야 한다.

2. 緊急調整의 要件

(1) 실질적 요건 쟁의행위가 i) 공익사업에 관한 것이거나 또는 그 규모가 크거나 그 성질이 특별한 것으로서 ii) 현저히 국민경제를 해하거나 국민의 일상생활을 위태롭게 할 위험이 현존하여야 한다(동법 제76조 제 1 항).

(2) 형식적 요건 「노동부장관」이 긴급조정의 결정을 하고자 할 때에는 미리 「중앙노동위원회위원장」의 의견을 들어야 한다(동법 제76조 제 2 항). 노동부장관이 중앙노동위원회위원장의 의견을 듣는다 함은 중앙노동위원회위원장의 의견에 구속된다는 것이 아니고, 의견을 참조한다는 의미로 해석된다.

3. 緊急調整의 效果

(1) 쟁의행위의 중지

노사관계법 제77조 【긴급조정시의 쟁의행위 중지】 관계당사자는 제76조 제 3 항의 규정에 의한 긴급조정의 결정이 공표된 때에는 즉시 쟁의행위를 중지하여야 하며, 공표일부터 30일이 경과하지 아니하면 쟁의행위를 재개할 수 없다.

(2) 긴급조정의 진행

> **노사관계법 제78조 【중앙노동위원회의 조정】** 중앙노동위원회는 제76조 제 3 항의 규정에 의한 통고를 받은 때에는 지체없이 조정을 개시하여야 한다.
> **노사관계법 제79조 【중앙노동위원회의 중재회부 결정권】** ① 중앙노동위원회의 위원장은 제78조의 규정에 의한 조정이 성립될 가망이 없다고 인정한 경우에는 공익위원의 의견을 들어 그 사건을 중재에 회부할 것인가의 여부를 결정하여야 한다.
> ② 제 1 항의 규정에 의한 결정은 제76조 제 3 항의 규정에 의한 통고를 받은 날부터 15일 이내에 하여야 한다.
> **노사관계법 제80조 【중앙노동위원회의 중재】** 중앙노동위원회는 당해 관계 당사자의 일방 또는 쌍방으로부터 중재신청이 있거나 제79조의 규정에 의한 중재회부의 결정을 한 때에는 지체없이 중재를 행하여야 한다.

노동부장관이 긴급조정의 결정을 한 때에는 지체없이 그 이유를 붙여 이를 공표함과 동시에 이를 중앙노동위원회와 관계당사자에게 각각 통보하여야 한다(동법 제76조 제 3 항). 긴급조정의 결정의 공표는 신문·라디오 또는 기타 공중이 신속히 알 수 있는 방법으로 하여야 한다(동법시행령 제32조).

중앙노동위원회는 노동부장관의 통고를 받으면 지체없이 조정을 개시하여야 한다(동법 제78조). 이 경우 중앙노동위원회가 조정이 성립할 가능성이 없다고 인정하는 경우에는 공익위원의 의견을 들어 긴급조정결정의 통고를 받은 날부터 15일 이내에 그 사건을 중재에 회부할 것인가의 여부를 결정하여야 한다(동법 제79조).

중앙노동위원회는 i) 관계 당사자의 일방 또는 쌍방으로부터 중재신청이 있거나, ii) 중앙노동위원회 위원장이 직권으로 중재회부의 결정을 한 때에는 지체없이 중재를 행하여야 한다(동법 제80조).

긴급조정에 의한 조정안과 중재재정은 일반적인 조정안과 중재재정과 마찬가지로 「단체협약」과 동일한 효력을 가진다.

■ 요점정리

분 류		쟁의행위의 중지
조정기간	일반산업	조정신청일부터 10일간
	공익산업	조정신청일부터 15일간
중 재		중재회부 신청일부터 15일간
긴급조정		긴급조정결정의 공표일부터 30일간

■ 요점정리

	조정제도	조정기관	결 정
일반사업	조 정	조정위원회 또는 단독조정인	• 노동쟁의조정의 신청
	중 재	중재위원회	• 당사자의 합의 또는 단체협약에 의하여 일방의 신청
공익사업	조 정	특별조정위원회	• 일반사업과 동일
	중 재	중재위원회	• 일반사업과 동일
긴급조정	조 정	중앙노동위원회	• 노동부장관이 중앙노동위원회 위원장의 의견을 듣고 결정
	중 재	중앙노동위원회	• 조정의 실패 후 중앙노동위원회위원장이 공익위원의 의견을 듣고 결정하거나 • 당사자의 일방 또는 쌍방의 신청에 의해 결정

■ 노동쟁의의 조정절차

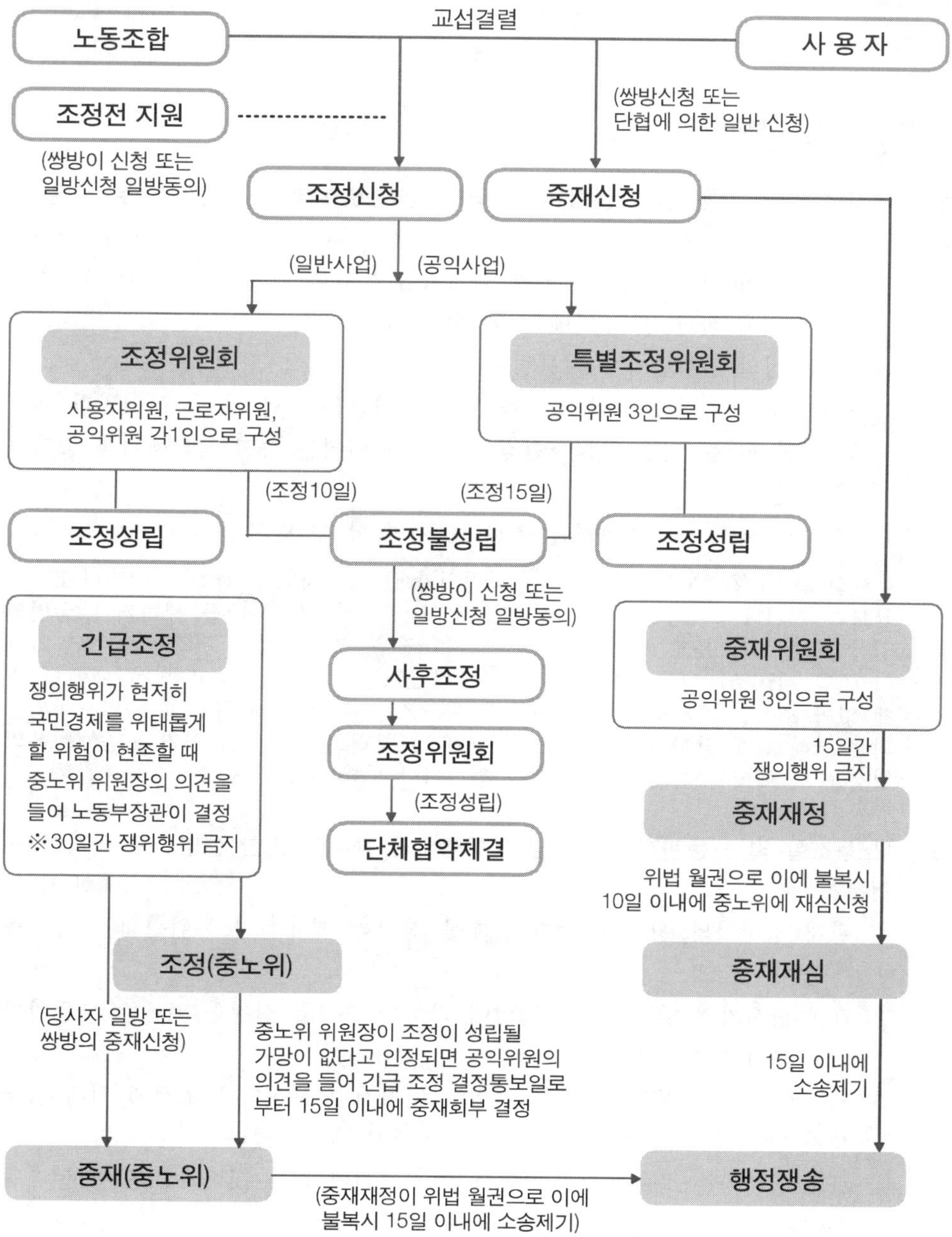

노동조합
교섭결렬
사 용 자
조정전 지원
(쌍방이 신청 또는
일방신청 일방동의)
(쌍방신청 또는
단협에 의한 일반 신청)
조정신청
중재신청
(일반사업)
(공익사업)
조정위원회
사용자위원, 근로자위원,
공익위원 각1인으로 구성
특별조정위원회
공익위원 3인으로 구성
(조정10일)
(조정15일)
조정성립
조정불성립
조정성립
(쌍방이 신청 또는
일방신청 일방동의)
긴급조정
쟁의행위가 현저히
국민경제를 위태롭게
할 위험이 현존할 때
중노위 위원장의 의견을
들어 노동부장관이 결정
※30일간 쟁위행위 금지
사후조정
조정위원회
(조정성립)
단체협약체결
중재위원회
공익위원 3인으로 구성
15일간
쟁의행위 금지
중재재정
위법 월권으로 이에 불복시
10일 이내에 중노위에 재심신청
중재재심
조정(중노위)
(당사자 일방 또는
쌍방의 중재신청)
중노위 위원장이 조정이 성립될
가망이 없다고 인정되면 공익위원의
의견을 들어 긴급 조정 결정통보일로
부터 15일 이내에 중재회부 결정
15일 이내에
소송제기
중재(중노위)
행정쟁송
(중재재정이 위법 월권으로 이에
불복시 15일 이내에 소송제기)

기출문제 및 기본문제

최근 기출문제

1. **「노동조합 및 노동관계조정법」상 긴급조정(緊急調整)에 관한 설명으로 옳은 것은?** 〈51회 사시〉

① 긴급조정의 결정은 쟁의행위가 공익사업에 관한 것일 때에만 할 수 있고, 일반사업에 관한 것일 때에는 할 수 없다.

② 긴급조정의 결정권자는 대통령이다.

③ 긴급조정의 결정에 따라 조정을 행하는 기관은 관할 지방노동위원회이다.

④ 관계 당사자는 긴급조정의 결정이 공표된 때에는 즉시 쟁의행위를 중지하여야 한다.

⑤ 긴급조정에서 노동위원회는 조정(調停)만 할 수 있고 중재는 할 수 없다.

≪**해설**≫ ①② 「노동부장관」은 쟁의행위가 i) 공익사업에 관한 것이거나 ii) 그 규모가 크거나 그 성질이 특별한 것으로서 현저히 국민경제를 해하거나 국민의 일상생활을 위태롭게 할 위험이 현존하는 경우, 긴급조정의 결정을 할 수 있다(노조법 제76조). ③ 중앙노동위원회는 긴급조정의 결정을 통고 받은 때에는 지체 없이 조정을 개시하여야 한다(동법 제78조). ④ 동법 제77조. ⑤ 중앙노동위원회는 당해 관계 당사자의 일방 또는 쌍방으로부터 중재신청이 있거나 중재회부의 결정을 한 때에는 지체 없이 중재를 행하여야 한다(동법 제80조).

2. **「노동조합 및 노동관계조정법」상 노동쟁의의 중재에 관한 설명으로 옳지 않은 것은?** 〈50회 사시〉

① 관계 당사자의 쌍방이 함께 중재를 신청한 때에는 노동위원회는 중재를 행한다.

② 관계 당사자의 일방이 단체협약에 의하여 중재를 신청한 때에는 노동위원회는 중재를 행한다.

③ 노동위원회위원장은 필수공익사업에 있어서 노동쟁의가 조정에 의해 해결되지 않은 경우 중재에 회부한다는 결정을 할 수 있다.

④ 관계 당사자는 중재재정이 위법이거나 월권에 의한 것이라고 인정하는 경우에는 재심을 신청할 수 있다.

⑤ 노동위원회를 통한 중재절차와 다른 중재(사적 중재)의 방법에 의하여 노

| 해답 | **1.** ④ **2.** ③

동쟁의를 해결하는 것이 가능하다.

≪**해설**≫ ①② 노사관계법 제62조. ③ 필수공익사업에 대한 직권중재(삭제-2008년 1월 1일 시행). ④ 관계 당사자는 지방노동위원회 또는 특별노동위원회의 중재재정이 위법이거나 월권에 의한 것이라고 인정하는 경우에는 그 중재재정서의 송달을 받은 날부터 10일 이내에 중앙노동위원회에 그 재심을 신청할 수 있다(동법 제69조 제 1 항). ⑤ 동법 제52조.

3. 노동조합 및 노동관계조정법상 쟁의행위가 금지되는 기간으로 옳게 묶인 것은?

〈49회 사시〉

[X군]
A. 일반사업의 경우 조정전치주의에 따라 쟁의행위가 금지되는 조정기간
B. 공익사업의 경우 조정전치주의에 따라 쟁의행위가 금지되는 조정기간
C. 중재에 회부된 때에 쟁의행위가 금지되는 기간
D. 긴급조정 결정이 공표된 때에 쟁의행위가 금지되는 기간

[Y군]
ㄱ. 10일 ㄴ. 15일 ㄷ. 20일 ㄹ. 30일 ㅁ. 60일

① A－ㄱ, B－ㄴ, C－ㄴ, D－ㄷ
② A－ㄱ, B－ㄴ, C－ㄴ, D－ㄹ
③ A－ㄱ, B－ㄴ, C－ㄷ, D－ㄹ
④ A－ㄴ, B－ㄷ, C－ㄹ, D－ㄹ
⑤ A－ㄴ, B－ㄷ, C－ㄹ, D－ㅁ

≪**해설**≫ A. B. 노사관계법 제54조. C. 동법 제63조. D. 동법 제77조.

4. 노동조합 및 노동관계조정법상 긴급조정에 관한 설명으로 옳지 않은 것은?

〈49회 사시〉

① 쟁의행위가 규모가 큰 것으로서 현저히 국민경제를 해하는 경우에도 긴급조정의 결정을 할 수 있다.
② 쟁의행위가 실제로 발생하지 않은 때에는 긴급조정의 결정을 할 수 없다.
③ 긴급조정의 결정권자는 노동부장관이다.
④ 긴급조정의 결정을 하고자 할 때에는 관할 지방노동위원회의 의견을 들어야 한다.
⑤ 긴급조정을 결정한 때에는 지체없이 그 이유를 붙여 공표하여야 한다.

≪**해설**≫ ①②③ 노사관계법 제76조 제 1 항. ④ 노동부장관은 긴급조정의 결정

┃해답┃ 3. ② **4.** ④

을 하고자 할 때에는 미리 「중앙노동위원회 위원장」의 의견을 들어야 한다(동법 제76조 제 2 항). ⑤ 동법 제76조 제 3 항.

5. 긴급조정에 관한 설명 중 옳은 것은? 〈48회 사시〉

① 긴급조정의 결정권자는 대통령이다.

② 쟁의행위가 공익사업에 관한 것일 때에만 긴급조정의 결정을 할 수 있다.

③ 긴급조정의 결정권자는 중앙노동위원회 공익위원회의 의결에 따라 결정을 내린다.

④ 긴급조정의 결정이 공표된 때에는 공표일부터 60일간 쟁의행위가 금지된다.

⑤ 중앙노동위원회는 긴급조정의 결정을 통고받은 때에는 지체없이 조정을 개시하여야 한다.

≪**해설**≫ ①②③ 노동부장관은 쟁의행위가 공익사업에 관한 것이거나 그 규모가 크거나 그 성질이 특별한 것으로서 현저히 국민경제를 해하거나 국민의 일상생활을 위태롭게 할 위험이 현존하는 때에는 미리 중앙노동위원회 위원장의 의견을 들어 긴급조정의 결정을 할 수 있다(노사관계법 제76조 제 1 항 및 제 2 항). ④ 긴급조정의 결정이 공표된 때에는 즉시 쟁의행위를 중지하여야 하며, 공표일부터 30일이 경과하지 아니하면 쟁의행위를 재개할 수 없다(동법 제77조). ⑤ 동법 제78조.

6. 다음 사업 중 노동조합및노동관계조정법상 필수공익사업에 해당하지 않은 것은?

〈47회 사시변형〉

① 시내버스 운송사업 ② 석유공급사업

③ 병원사업 ④ 한국은행사업

⑤ 통신사업

≪**해설**≫ 「필수공익사업」이라 함은 「공익사업」 중에서 그 업무의 정지 또는 폐지가 공중의 일상생활을 현저히 위태롭게 하거나 국민경제를 현저히 저해하고 그 업무의 대체가 용이하지 아니한 사업으로서 i) 철도사업, 도시철도사업 및 항공운수사업, ii) 수도사업·전기사업·가스사업, 석유정제사업 및 석유공급사업, iii) 병원사업 및 혈액공급사업, iv) 한국은행사업, v) 통신사업을 말한다(노사관계법 제71조 제 2 항).

7. 괄호 안에 적합한 것만으로 이루어진 항은? 〈46회 사시〉

「쟁위행위는 노동쟁의조정의 신청이 있는 날부터 일반사업에서는 (A)일, 공익사업에서는 (B)일이 경과하지 않으면 이를 할 수 없다. 그러나 이 기간은 당사자의 합의로 일반사업에 있어서는 (C)일, 공익사업에 있어서는 (D)일 이내에서 연장할 수 있다. 한편, 긴급조정의 경우에는 긴급조정의 공표일부터 (E)일이 경과하지 아니하면 쟁의행위를 재개할 수

┃해답┃ **5.** ⑤ **6.** ① **7.** ⑤

없다.」

	A	B	C	D	E
①	15	20	15	30	20
②	10	20	10	20	30
③	15	20	15	20	15
④	10	20	10	15	20
⑤	10	15	10	15	30

≪해설≫ 노사관계법 제54조 및 제77조 참조.

8. 노동조합및노동관계조정법상 사적 조정(調整)에 관한 설명 중 옳지 않은 것은?

〈46회 사시변형〉

① 사적조정을 수행하는 자는 노동관계 당사자로부터 수수료, 수당 또는 여비 등을 받을 수 있다.

② 노동조합및노동관계조정법에 의한 조정절차가 개시된 이후에는 노동쟁의 당사자가 합의하는 경우에도 사적 조정절차가 개시될 수 없다.

③ 사적 조정에 의하여 노동쟁의를 조정하기로 한 때에는 이를 노동위원회에 신고해야 한다.

④ 사적 조정에 있어서 중재에 의하여 해결하기로 한 때에는 쟁의행위의 금지기간은 중재를 개시한 날부터 기산한다.

⑤ 사적 조정에 있어서는 노동조합및노동관계조정법에 의한 절차나 내용과는 다른 조정 또는 중재방법을 택할 수 있다.

≪**해설**≫ ① 노사관계법 제52조 제 5 항. ② 사적조정절차는 노동쟁의가 발생하기 이전에, 노동쟁의가 발생한 후 공적조정절차가 개시되기 이전에, 공적조정절차가 개시된 이후라도 언제든지 당사자의 합의 또는 단체협약이 정하는 바에 따라 채택될 수 있다(동법 제52조 제 1 항 및 동법시행령 제23조 제 2 항). ③ 노사관계법 제52조 제 2 항. ④ 중재에 의하여 해결하기로 한 경우 쟁의행위의 금지기간은 중재를 「개시한 날부터」 기산한다(동법 제52조 제 3 항). 공적 조정의 경우 쟁의행위의 금지기간이 중재에 회부된 그 날부터 기산되는 점과 구별된다(동법 제63조). ⑤ 사적조정기구에 의하여 노동쟁의가 해결되지 아니한 경우에 당사자는 언제라도 공적조정을 신청할 수 있다(동법시행령 제23조 제 3 항 참조).

9. 노동조합및노동관계조정법상 필수공익사업이 아닌 것으로만 묶인 것은?

〈44회 사시변형〉

㉮ 철도(도시철도 포함)	㉯ 석유공급사업

▌해답▌ 8. ② 9. ⑤

㉰ 해운사업	㉱ 방송사업
㉲ 통신사업	

① ㉮, ㉯ ② ㉮, ㉱ ③ ㉯, ㉱
④ ㉯, ㉲ ⑤ ㉰, ㉱

≪**해설**≫ 해운사업 및 방송사업은 필수공익사업에 해당되지 아니한다(노사관계법 제71조 제 2 항 참조).

10. 노동조합및노동관계조정법상 사적조정제도에 관한 설명으로 옳은 것은?

① 사적조정(調停)은 허용되지만 사적중재는 허용되지 않는다. 〈43회 사시〉
② 노동관계당사자는 사적조정에 의하여 노동쟁의를 해결하기로 한 때에는 행정관청의 승인을 받아야 한다.
③ 사적조정이 이루어진 경우에도 그 내용은 임의적 합의에 불과할 뿐 단체협약으로서의 효력을 가지는 것은 아니다.
④ 사적조정절차는 공적조정절차가 개시된 후에도 채택할 수 있다.
⑤ 사적조정기간 경과 후 공적조정절차를 거쳐야 쟁의행위를 할 수 있다.

≪**해설**≫ ① 사적조정제도는 사적조정(調停) 또는 사적중재(仲裁) 모두 허용된다(노사관계법 제52조 제 1 항). ② 노동위원회에 신고하기만 하면 된다(동조 제 2 항). ③ 사적조정 또는 중재가 이루어진 경우에 그 내용은 「단체협약」과 동일한 효력을 가진다(동조 제 4 항). ④ 노사분쟁의 해결에 있어 노사자치의 원칙상(동법 제47조) 노동쟁의조정방식 중 노사의 자주적 해결원리에 의한 사적조정절차가 우선적으로 적용된다. 따라서 공적조정 또는 중재가 진행 중인 경우에도 사적조정·중재를 개시할 수도 있다(동법시행령 제23조 제 2 항). ⑤ 사적조정절차에 의하여 노동쟁의가 해결되지 아니하는 경우 i) 당사자는 쟁의행위를 할 수 있으며, 또한 ii) 공적조정절차에 의한 조정·중재를 노동위원회에 신청할 수도 있다(동법시행령 제23조 제 3 항).

11. 노동조합및노동관계조정법상 필수공익사업에 해당되지 않는 것은?

① 철도사업 ② 항공사업 〈43회, 41회 사시변형〉
③ 조폐사업 ④ 혈액공급사업
⑤ 통신사업

≪**해설**≫ 동법 제71조 참조.

12. 노동조합및노동관계조정법상 필수공익사업에 관한 설명으로 옳지 않은 것은?

〈43회 사시변형〉

① 조정기간의 연장 ② 특별조정위원회에 의한 조정

❙해답❙ **10.** ④ **11.** ① **12.** ⑤

③ 사적조정제도 인정 ④ 긴급조정의 대상

⑤ 직권중재제도의 인정

≪**해설**≫ ① 필수공익사업은 공익사업과 함께 일반사업과는 달리 조정기간이 5일 더 길다(노사관계법 제54조 제 1 항). ② 공익사업의 노동쟁의의 조정(調停)은 특별조정위원회가 담당한다(동법 제72조). ③ 공적조정 등의 규정은 노동관계 당사자가 쌍방의 합의 또는 단체협약이 정하는 바에 따라 사적조정 등에 의하여 노동쟁의를 해결하는 것을 방해하지 않는다(동법 제52조 제 1 항). ④ 공익사업에 관한 것은 긴급조정의 대상이 된다(동법 제76조 제 1 항). ⑤ 중재의 개시는 임의중재와 직권중재가 있는 바, 필수공익사업에 대한 직권중재는 폐지되었다(동법 제62조 제 3 호).

13. 중재의 개시사유에 해당하지 않는 것은? 〈42회 사시변형〉

① 노사 쌍방이 함께 중재를 신청한 때

② 노동조합이 단체협약에 의하여 중재를 신청한 때

③ 사용자가 단체협약에 의하여 중재를 신청한 때

④ 통신사업에 있어서 노동위원회 위원장이 중재회부를 결정한 때

⑤ 긴급조정절차에서 중앙노동위원회 위원장이 중재회부를 결정한 때

≪**해설**≫ 필수공익사업에 대한 직권중재제도는 폐지되었다(노사관계법 제62조 참조).

14. 긴급조정의 결정권자는? 〈42회 사시〉

① 대통령 ② 국무총리

③ 노동부장관 ④ 중앙노동위원회 위원장

⑤ 재정경제부장관

≪**해설**≫ 긴급조정의 결정은 「노동부장관」이 중앙노동위원회위원장의 의견을 들어 결정한다(노사관계법 제76조 제 1 항 · 제 2 항).

15. 사적조정 · 중재에 관한 설명으로 옳지 않은 것은? 〈41회 사시〉

① 노동관계당사자는 사적조정 · 중재에 의하여 노동쟁의를 해결하기로 한 때에는 이를 노동위원회에 신고하여야 한다.

② 노사관계대상자 쌍방의 합의나 단체협약에 의해 공적조정절차와 다른 조정 · 중재 절차를 마련할 수 있다.

③ 사적조정의 조정기간은 조정을 개시한 날부터 기산한다.

④ 사적중재시 쟁의행위는 중재를 개시한 날부터 15일간 금지된다.

⑤ 사적조정을 거쳤더라도 쟁의행위에 돌입하려면 노동위원회의 공적조정절

| 해답 | 13. ④ 14. ③ 15. ⑤

차를 거쳐야 한다.

≪**해설**≫ ① 노사관계법 제52조 제 2 항. ② 동법 제52조 제 1 항. ③④ 동법 제52조 제 3 항 제 1 호, 제 2 호. ⑤ 현행 노동조합및노동관계조정법은 노동위원회를 통한 공적조정절차를 대신하여 노사자치주의의 실현을 위하여 자주적인 사적조정절차를 인정하고 있으므로, 당사자의 특별한 약정이 없는 한 사적조정절차의 종료 후에는 조정기간의 경과와 더불어 언제든지 쟁의행위를 개시할 수 있는 것으로 본다(통설).

16. 공익사업에 대한 조정절차상의 특칙이 아닌 것은? 〈41회 사시〉

① 조정기간의 연장　② 노동쟁의조정의 우선적 처리
③ 조정전치주의　④ 특별조정위원회에 의한 조정
⑤ 긴급조정의 인정

≪**해설**≫ ③ 조정전치주의는 일반사업과 공익사업 모두에 공통적으로 적용되는 것이다(노사관계법 제45조).

[공익사업에 대한 특칙]

i) 공익사업 등의 우선적 취급(제51조)
ii) 조정기간 15일(제54조)
iii) 긴급조정의 대상(제76조)
iv) 특별조정위원회(제72조)
v) 필수공익사업에 대한 필수유지업무제도(제42조의2)

17. 노동조합 및 노동관계조정법상 필수공익사업이 아닌 것은? 〈39회 사시변형〉

① 항공운수사업　② 석유공급사업　③ 혈액공급사업
④ 공중위생사업　⑤ 통신사업

≪**해설**≫ 노사관계법 제71조 제 1 항은 (일반)공익사업을, 제 2 항은 필수공익사업을 각각 규정하고 있다.

18. 공익사업에 대한 설명 중 옳지 않은 것은? 〈39회 사시〉

① 조정기간이 15일로 되어 있다.
② 방송사업도 공익사업으로 본다.
③ 당사자의 의사에 반하여 중재에 회부할 수도 있다.
④ 중재재정에 불만이 있을 때에는 중재의 회부일로부터 15일이 경과한 후에 쟁의행위를 할 수 있다.
⑤ 쟁의행위가 발생한 경우에 긴급조정을 결정할 수 있다.

≪**해설**≫ 노동쟁의가 중재에 회부되면 그 날로부터 15일간 쟁의행위를 할 수 없

|해답| **16.** ③ **17.** ④ **18.** ④

다(노사관계법 제63조). 다만 중재재정에 대한 해석·이행방법에 관하여 관계 당사자간에 의견의 불일치가 있는 때에는 당해 중재위원회의 해석에 따라야 한다(동법 제68조 제 2 항).

19. 긴급조정에 대한 설명으로 옳은 것은? 〈39회 사시〉

① 쟁의행위가 현실적으로 발생하지 않았더라도 쟁의법상의 가능성이 있으면 긴급조정 결정을 할 수 있다.

② 긴급조정의 결정은 일본과 마찬가지로 국무총리가 이를 한다.

③ 긴급조정을 결정하는 경우에는 미리 중앙노동위원회의 동의를 받아야 한다.

④ 긴급조정이 결정되면 중앙노동위원회는 지체없이 알선을 개시하여야 한다.

⑤ 공익사업이 아닌 경우에도 긴급조정을 할 수 있다.

≪**해설**≫ 긴급조정의 실질적 요건은 공익사업이거나 규모가 크거나 성질이 특별한 것이면 된다. ①은 노사관계법 제76조가 명문상 「爭議行爲」라는 표현을 사용함으로써 시기적 제한(사후조정)을 분명히 하고 「위험의 現存」을 명백히 요구하고 있으므로 타당하지 아니하다.

기출문제 및 기본문제

20. 우리나라 노동쟁의조정제도의 기본원칙이 아닌 것은?

① 자주성　② 신속성　③ 공정성

④ 공익성　⑤ 효율성

≪**해설**≫ ① 노사관계법 제47조, 제48조. ② 동법 제50조. ③ 동법 제49조. ④ 동법 제51조 참조. ⑤ 효율성보다는 노사자치에 입각한 형평성·공정성·공익성·신속성이 우선해야 한다.

21. 다음 사항 중 쟁의행위에 들어갈 수 있는 시점은? 〈1회 공인노무사〉

① 중재에 회부되면 할 수 있다.

② 중재기간에도 할 수 있다.

③ 조정기간에 할 수 있다.

④ 노동쟁의조정기간이 경과되어야 할 수 있다.

⑤ 노동쟁의가 발생하면 즉시 할 수 있다.

≪**해설**≫ 쟁의행위는 노사관계법 제 5 장 제 2 절(조정)·제 3 절(중재)·제 4 절(공익사업등의 조정에 관한 특칙)의 규정에 의한 조정절차를 거치지 아니하면 행할 수 없다(노사관계법 제45조 제 2 항). 따라서 조정기간 즉 일반사업 10일, 공익

┃해답┃ 19. ⑤ 20. ⑤ 21. ④

사업 15일이 경과되어야 가능하다(동조 제 2 항 단서).

22. 노동쟁의조정제도의 조정범위에 관한 논의이다. 다음 중 틀린 것은?

① 해고자의 복직문제 등 권리분쟁은 개별분쟁이나 집단분쟁이나 원칙적으로 법원의 관할사항이다.

② 사실관계의 존부의 다툼·새로운 단체협약의 체결을 위한 분쟁 등의 조정은 노동위원회의 관할이다.

③ 개별분쟁은 대부분 권리분쟁이고 이익분쟁은 대부분 집단분쟁이다.

④ 조정안의 해석·이행방법에 대한 견해제시의 요청은 권리분쟁이지만 심판위원회가 담당한다.

⑤ 명문의 규정이 없는 경우에도 노동위원회가 권리분쟁을 조정할 수 있겠는가에 관하여는 견해대립이 있다.

≪**해설**≫ ③ 다수설 입장. 다만 예외적으로 개별분쟁이 이익분쟁인 경우도 있다. 예컨대 프로선수의 연봉협상이나 개별근로자의 계약협상. ④ 관계법령에서 노동위원회의 조정대상으로 규정한 경우 당연히 조정권을 갖는다. 다만 조정안의 해석·이행방법의 견해제시는 「조정위원회」에서 담당한다. ⑤ 종래 통설·판례는 긍정설을 취하였으나, 현행법에서의 해석론은 부정설이 다수견해이다.

23. 다음 중 당사자간의 권리·의무관계가 형성되기 이전에 자기에게 유리한 방향으로 권리·의무관계를 형성하기 위한 분쟁은?

① 개별분쟁 ② 집단분쟁 ③ 이익분쟁
④ 권리분쟁 ⑤ 법률분쟁

24. 다음 중 당사자간의 이미 형성된 권리·의무관계에 대한 해석·적용에 관한 분쟁은?

① 개별분쟁 ② 집단분쟁 ③ 이익분쟁
④ 경제분쟁 ⑤ 권리분쟁

25. 권리분쟁으로서 노동위원회가 조정권을 갖는다고 명문으로 규정된 것이 아닌 것은?

① 노동위원회 의결사항의 해석·이행방법
② 단체협약의 해석·이행방법
③ 조정안의 해석·이행방법
④ 중재재정의 해석·이행방법

해답 22. ④ 23. ③ 24. ⑤ 25. ①

⑤ 노사협의회 의결사항의 해석 · 이행방법

≪**해설**≫

① 단체협약(노사관계법 제34조) ② 조정안(동법 제60조) ③ 중재재정(동법 제68조) ④ 노사협의회 의결사항의 해석 · 이행방법(노사협력법 제24조)

26. 사적조정에 관한 설명 중 틀린 것은? 〈'97 행시 유사〉

① 사적조정은 노동위원회 이외의 제 3 자가 하는 노동쟁의의 조정을 말한다.

② 노동관계 당사자는 쌍방의 합의 또는 단체협약이 정하는 바에 따라 사적조정을 택할 수 있다.

③ 노동관계 당사자는 사적조정절차에 의할 때 이를 노동위원회에 신고하여야 한다.

④ 사적조정에 의할 때는 조정전치제도, 조정기간에 관한 규정은 적용되지 않는다.

⑤ 사적조정인의 자격은 지방노동위원회의 조정담당공익위원의 자격을 가진 자로 한다.

≪**해설**≫ 사적조정절차에도 공적조정절차가 적용된다. 따라서 i) 조정전치제도의 적용, ii) 조정기간(10일, 15일)의 준수, iii) 중재기간 중(15일) 쟁의행위금지, iv) 조정서 · 중재재정서의 효력 등이 공적조정절차에서처럼 똑같이 적용된다. ⑤ 노사관계법 제52조 제 5 항.

27. 사적조정에 관한 설명 중 잘못된 것은?

① 사적조정절차는 조정 또는 중재의 어느 하나 또는 두 가지 모두를 선택할 수도 있으며 공적조정절차와 사적조정절차 모두의 적용을 받지 않기로 하는 합의도 유효하다.

② 사적조정에 의하여 노동쟁의를 해결하고자 할 때에도 노동위원회에 신고하여야 한다.

③ 사적조정절차는 공적조정절차가 개시된 후라도 언제든지 가능하다.

④ 사적조정에 의하여 분쟁이 해결되면 법정 조정절차에 의한 분쟁해결과 동일한 효력이 인정된다.

⑤ 사적조정인은 노동관계 당사자로부터 수수료, 수당 또는 여비 등을 받을 수 있다.

≪**해설**≫ 공적조정 및 중재에 관한 규정은 근로관계 당사자가 쌍방의 합의 또는

해답 **26.** ④ **27.** ①

단체협약이 정하는 바에 따라 각각 다른 조정 또는 중재방법에 의하여 노동쟁의를 해결하는 것을 방해하지 아니한다(노사관계법 제52조 제 1 항). 그러나 어느 것의 적용도 받지 않기로 하는 합의는 무효이다.

28. 사적조정에 관한 설명 중 옳은 것과 틀린 것의 조합이 맞는 것은 무엇인가?

㉮ 공적조정절차는 노동관계당사자가 쌍방의 합의 또는 단체협약이 정하는 바에 따라 각각 다른 조정 또는 중재방법에 의하여 노동쟁의를 해결하는 것을 방해하지 아니한다. ㉯ 노동관계당사자는 사적조정에 의하여 노동쟁의를 해결하기로 한 때에는 이를 노동위원회에 신고하여야 한다. ㉰ 사적조정에 의하여 해결하기로 한 때에는 조정을 개시한 날부터 일반사업에 있어서는 10일, 공익사업에 있어서는 15일 이내에 종료하여야 한다. ㉱ 사적조정절차는 공적조정절차를 전후해서 채택할 수 있다. ㉲ 조정기간 경과 후 공적조정을 거치지 않으면 쟁의행위를 할 수 없다.

① ㉮(×)㉯(×)㉰(×)㉱(○)㉲(×) ② ㉮(×)㉯(×)㉰(○)㉱(×)㉲(○)
③ ㉮(○)㉯(○)㉰(×)㉱(○)㉲(×) ④ ㉮(○)㉯(○)㉰(×)㉱(×)㉲(○)
⑤ ㉮(○)㉯(○)㉰(○)㉱(○)㉲(×)

≪**해설**≫ ㉮ 노사관계법 제52조 제 1 항. ㉯ 동법 제52조 제 2 항. ㉰ 당사자간에 사적조정절차를 채택하는 경우 사적조정절차에 공적조정절차에 관한 규정이 적용되는 바 i) 노동쟁의 조정전치주의가 적용되며(노사관계법 제52조 제 3 항 제 1 호; 제45조 제 2 항), ii) 조정기간(일반사업 10일, 공익사업 15일)은 조정을 「개시한 날부터」 진행되며(동법 제52조 제 3 항 제 1 호; 제54조), iii) 중재시 쟁의행위의 금지기간(15일)은 중재를 「개시한 날부터」 기산된다(동법 제52조 제 3 항 제 2 호; 제63조). ㉱ 사적조정절차는 약적조정에 관한 합의가 있는 경우 공적조정절차보다 우선 적용되므로 i) 노동쟁의가 발생하기 이전에, ii) 노동쟁의가 발생한 후 공적조정절차가 개시되기 이전에, iii) 공적조정절차가 개시된 이후라도 언제든지 당사자의 합의 또는 단체협약이 정하는 바에 따라 채택될 수 있다(동법 제52조 제 1 항, 동법시행령 제23조 제 2 항). ㉲ 사적조정절차에 의하여 노동쟁의가 해결되지 아니한 경우 i) 쟁의행위를 하거나, ii) 공적조정절차에 의한 조정·중재의 신청이 가능하다(동법시행령 제23조 제 3 항).

29. 사적조정에 관한 설명 중 잘못된 것은? 〈2회 공인노무사〉

① 사적조정은 당사자 일방의 신청 또는 쌍방의 합의가 있을 때에만 가능하다.
② 사적조정에 의하여 노동쟁의를 해결하고자 할 때에도 노동위원회에 신고하여야 한다.

┃해답┃ 28. ⑤ **29.** ①

③ 사적조정의 경우에도 조정기간이 산정된다.

④ 사적조정에 의하여 분쟁이 해결되면 공적 조정절차에 의한 분쟁해결과 동일한 효력을 가진다.

⑤ 사적조정에 의하여 분쟁이 해결되지 아니한 때에는 다시 공적 조정절차를 밟을 수 있다.

≪**해설**≫ ① 공적조정 및 중재의 규정은 노동관계 당사자가 쌍방의 합의 또는 단체협약이 정하는 바에 따라 각각 다른 조정 또는 중재방법에 의하여 노동쟁의를 결정하는 것을 방해하지 아니한다(노사관계법 제52조 제1항). ② 동조 제2항. ③ 동조 제3항 제1호. ④ 사적중재의 규정에 의하여 조정 또는 중재가 이루어진 경우에 그 내용을 단체협약과 동일한 효력을 가진다(동조 제4항). ⑤ 동법시행령 제23조 참조.

30. 사적조정절차의 경우 조정기간은 언제부터 시작하는가?

① 당사자가 합의한 날 ② 단체협약으로 정한 날

③ 조정을 개시한 날 ④ 노동쟁의가 실제로 발생한 날

⑤ 노동쟁의 발생을 통보한 날

≪**해설**≫ 조정기간은 공정조정의 조정기간이 조정의 「신청이 있은 날부터」 기산되는 것과 달리 조정을 「개시한 날부터」 기산한다(노사관계법 제52조 제3항 제1호).

31. 노동쟁의가 서울특별시 및 경기도의 행정구역에 걸쳐 발생한 경우 조정을 누가 관장하는가?

① 노동부장관

② 서울특별시장 및 경기도지사

③ 서울지방노동위원회와 경기지방노동위원회

④ 중앙노동위원회

⑤ 중앙노동위원회위원장

≪**해설**≫ 노동위원회법 제3조 참조. 2 이상의 지방노동위원회의 관할구역에 걸친 「노동쟁의의 조정사건」은 중앙노동위원회가 관장한다.

32. 노사관계법상 조정을 담당하는 기관에 대한 설명이 바르지 못한 것은?

① 조정은 당사자 일방의 신청으로 개시된다.

② 조정위원은 노·사·공 각 1인씩 3인으로 구성된다.

③ 조정위원회위원장은 호선한다.

④ 단독조정인은 쌍방의 신청이나 쌍방의 동의를 얻은 경우에만 조정을 행할 수 있다.

해답 30. ③ 31. ④ 32. ③

⑤ 단독조정인은 당사자 쌍방의 합의로 선정된 자를 노동위원회위원장이 지명한다.

≪**해설**≫ 조정위원회의 위원장은 공익을 대표하는 조정위원이 된다. 다만, 제55조 제 4 항의 규정(근로자위원 또는 사용자위원의 불참으로 공익위원 3인으로 조정위원회를 구성하는 경우)에 따른 조정위원회의 위원장은 조정위원 중에서 호선한다(노사관계법 제56조 제 2 항).

[각 위원회 구성 및 위원장]

	구 성	위 원 장
조정위원회	① 노사공익대표 각 1인씩 3인으로 구성 ② 노동위원회위원장이 지명	• 공익대표위원
중재위원회	① 공익대표위원 중 합의선정된 3인으로 구성 ② 노동위원회위원장이 지명 → 단 미합의시 공익대표위원 중 3인 지명	• 호선
특별 조정위원회	① 공익대표위원 중 노사가 배제하고 남은 3인 내지 5인 중에서 3인으로 구성 ② 3인~5인 중 노동위원회위원장이 지명 → 단 합의 추천시 추천된 자 지명	• 호선, 단 공익위원이 1人인 경우 당연직

33. 노동쟁의의 조정활동에 관한 설명 중 틀린 것은?

① 조정신청전이라도 원활한 교섭을 위하여 교섭을 주선하는 등 관계 당사자의 자주적인 분쟁해결을 지원할 수 있다.

② 조정안의 해석에 관하여 의견의 불일치가 생긴 경우 관계 당사자는 조정안을 작성한 조정위원회에 그 해석에 관한 명확한 견해의 제시를 요청해야 한다.

③ 조정위원회는 구성원 전원이 출석하여야 개의할 수 있으며 과반수의 찬성으로 의결한다.

④ 조정안이 관계 당사자에 의하여 수락된 때에는 조정위원 전원 또는 단독조정인은 조정서를 작성하고 관계 당사자와 함께 서명날인하여야 한다.

⑤ 노동위원회는 조정이 종료되는 경우 더 이상 조정을 할 수 없다.

≪**해설**≫ ① 노사관계법 제53조 제 2 항. ⑤ 노동위원회는 조정의 종료가 결정된 후에도 노동쟁의의 해결을 위하여 조정을 할 수 있다(동법 제61조의2 제 1 항).

34. 조정위원회는 조정안의 해석과 이행방법에 관계당사자로부터 명확한 견해의 제시를 요청받은 경우 며칠 이내에 이를 제시하여야 하는가? 〈2회 공인노무사〉

① 5일 ② 7일 ③ 9일

| 해답 | **33.** ⑤ **34.** ②

④ 10일 ⑤ 15일

≪**해설**≫ 조정안이 관계 당사자의 쌍방에 의하여 수락된 후 그 해석 또는 이행방법에 관하여 관계 당사자간에 의견의 불일치가 있는 때에는 관계 당사자는 당해 조정위원회 또는 단독조정인에게 그 해석 또는 이행방법에 관한 명확한 견해의 제시를 요청하여야 한다(노사관계법 제60조 제3항). 조정위원회 또는 단독조정인은 요청을 받은 때에는 그 요청을 받은 날부터 7일 이내에 명확한 견해를 제시하여야 한다(동조 제4항).

35. 조정에 관한 설명 중 타당하지 아니한 것은?

① 조정은 당사자의 신청에 의하여 지체없이 개시된다.

② 조정위원회는 공익위원, 사용자가 지명하는 사용자위원 및 근로자가 지명하는 근로자위원의 3인으로 구성된다.

③ 조정과정에서는 당사자가 직접 참가할 수 있다.

④ 조정이 성립되면 단체협약과 동일한 효력을 갖는다.

⑤ 조정이 실패하면 중재 또는 쟁의행위를 할 수 있다.

≪**해설**≫ ② 근로자를 대표하는 조정위원은 사용자가, 사용자를 대표하는 조정위원은 노동조합이 각각 추천하는 노동위원회의 위원 중에서 노동위원회 위원장이 지명한다(노사관계법 제55조 제3항).

36. 조정의 효력에 관하여 옳지 않은 것은? 〈1회 공인노무사〉

① 직장별 일반적 구속력이 있다. ② 채무적 효력이 있다.

③ 지역적 일반적 구속력이 있다. ④ 규범적 효력이 있다.

⑤ 여후효는 인정되지 않는다.

≪**해설**≫ 조정서의 내용은 「단체협약」과 동일한 효력이 있다(노사관계법 제61조 제2항). 따라서 단체협약의 효력과 관련된 채무적 효력·규범적 효력과 장소적 적용범위와 관련된 일반적 구속력·지역적 구속력 및 시간적 적용범위와 관련된 여후효도 인정된다.

37. 조정위원회의 구성에 관한 설명 중 틀린 것은? 〈28회 사시〉

① 조정위원회는 노사 각 1인과 공익위원으로 구성한다.

② 조정위원회는 조정위원 3인으로 구성한다.

③ 사용자측 조정위원은 사용자가, 근로자측 조정위원은 노동조합이 추천한다.

④ 조정위원은 노동위원회 위원장이 지명한다.

⑤ 조정위원은 노동위원회의 위원 중에서 지명한다.

≪**해설**≫ 조정위원회의 구성에 있어서 근로자대표는 사용자가, 사용자대표는 노

┃해답┃ 35. ② 36. ⑤ 37. ③

동조합이 각각 추천하는 노동위원회의 위원중에서 당해 노동위원회의 위원장이 지명한다(노사관계법 제55조 제 3 항).

38. 노동쟁의조정제도 중에서 우리나라 현행법상 채택하고 있지 아니한 제도는 모두 몇 개인가?

㉮ 긴급조정	㉯ 조 정	㉰ 사실조사
㉱ 알 선	㉲ 강제중재	

① 1개 ② 2개 ③ 3개
④ 4개 ⑤ 5개

≪**해설**≫ ㉰ 사실조사는 미국 등에서 채택되고 있는 제도로서 우리나라에서는 이를 채택하지 아니하고 있다. ㉱ 알선제도는 현행법에서 채택하지 않고 있다.

39. 다음 중 중재개시의 요건과 거리가 먼 것은?

① 관계당사자의 쌍방이 함께 신청한 때
② 관계당사자 일방이 단체협약에 의하여 중재신청을 한 때
③ 교원노조 및 공무원노조의 노동쟁의 조정에서 조정이 실패한 경우
④ 긴급조정에서 중앙노동위원회위원장의 중재회부결정
⑤ 필수공익사업 노동위원회의 직권으로 중재에 회부한다는 결정을 한 때

≪**해설**≫ [중재의 개시요건]

구 분	중재의 개시
일반조정	① 당사자 쌍방의 신청(*당사자 일방의 단독신청은 불가) ② 단체협약에 의한 당사자 일방의 신청(노조법 제62조)
긴급조정	① 노동부장관의 긴급조정 결정의 통고 → 15일 이내 중앙노동위원회위원장이 중재회부의 결정(동법 제79조, 제80조) ② 당사자 일방 또는 쌍방의 신청(*당사자 일방의 신청도 가능)(동법 제80조)

① 교원노조: 중앙노동위원회가 제시한 조정안을 당사자 일방 또는 쌍방이 거부한 경우, 중앙노동위원회 위원장이 직권 또는 노동부장관의 요청에 의하여 중재에 회부한다는 결정을 한 경우, 중앙노동위원회 교원노동관계조정위원회에서 중재 개시(교원노조법 제10조) ② 공무원노조: 조정이 이루어지지 않은 경우, 중앙노동위원회 공무원노동관계조정위원회에서 지체없이 중재 개시(공무원노조법 제13조) ⑤ 필수공익사업에 대한 직권중재제도는 폐지되었다.

40. 중재에 관한 다음 기술 중 잘못된 것은?

① 중재재정은 서면으로 작성되어야 하며 그 서면에는 효력발생기일을 명시

|해답| 38. ② 39. ⑤ 40. ⑤

하여야 한다.

② 중재재정은 중재재정서가 관계당사자에게 도달되면 단체협약과 동일한 효력을 가진다.

③ 중재위원회의 위원장은 중재위원 중에서 호선한다.

④ 중재위원회는 관계당사자로부터 직접 주장의 요점을 확인하여야 한다.

⑤ 중재위원회의 위원장은 표결권을 가지며 가부동수인 때에는 결정권을 가진다.

≪**해설**≫ ④ 노사관계법 제66조 제 1 항. ⑤ 중재위원회의 위원장의 가부결정권은 삭제되었다. 중재위원회의 회의는 구성의원 전원의 출석으로 개의하고 출석위원 과반수의 찬성으로 의결한다(노동위원회법 제17조).

41. 중재재정은 다음 중 어느 것과 효력이 같은가? 〈28회 사시〉

① 근로계약　② 취업규칙　③ 단체협약

④ 행정예규　⑤ 판　례

≪**해설**≫ 확정된 중재재정은 「단체협약」과 동일한 효력을 갖는다(노사관계법 제70조 제 1 항).

42. 조정과 중재를 비교한 것 중 틀린 것은?

① 조정은 당사자 일방의 조정신청으로 지체없이 조정절차가 개시되고, 중재의 경우는 일반사업과 일반공익사업에는 임의중재가, 필수공익사업에는 직권중재가 인정된다.

② 조정은 노·사·공익을 각각 대표하는 3인의 조정위원으로 구성된 조정위원회가 행하고, 중재는 공익을 대표하는 위원 중에서 관계당사자의 합의로 선정한 자에 대하여 그 노동위원회위원장이 지명한 3인의 중재위원으로 구성된 중재위원회가 중재한다.

③ 조정의 수락 여부는 당사자의 자유이지만, 중재는 당사자의 요청에 의한 경우라도 그 결과는 당사자를 구속한다.

④ 사건이 중재에 회부되면 조정기간경과 후라도 15일간 쟁의행위를 할 수 없다.

⑤ 조정은 단체협약과 동일한 형태의 효력이 있으나 중재가 성립된 경우에는 확정판결과 동일한 효력이 있다.

≪**해설**≫ ① 노사관계법 제53조, 제62조 참조. ② 동법 제55조, 제64조 참조. ③ 조정과 중재의 본질적인 차이이다. ④ 동법 제63조 참조. ⑤ 조정이나 중재재정의 효력은 단체협약과 동일하다. 조정안의 수락여부는 관계당사자의 자유에 맡겨지

┃해답┃ **41.** ③ **42.** ⑤

는 것이나 쌍방이 수락함으로써 조정서는 그들을 구속하게 된다(동법 제61조 제 2 항). 중재재정은 당연히 양당사자를 구속한다(동법 제70조 제 2 항).

43. 중재재정에 관한 설명 중 틀린 것은?

① 중재재정은 서면으로 작성하여 효력발생기일을 명시하여야 한다.

② 관계당사자는 중재재정이 위법이거나 월권에 의한 경우에만 재심신청 또는 행정소송을 제기할 수 있다.

③ 지방 또는 특별노동위원회의 재정에 대하여는 중앙노동위원회에 재심신청을, 중앙노동위원회의 재정이나 재심결정에 대하여는 행정소송을 제기한다.

④ 중재재정의 해석 또는 이행방법에 관한 중재위원회의 해석은 양당사자를 구속하며 단체협약과 동일한 효력을 가진다.

⑤ 중재재정이 확정되면 단체협약과 동일한 효력을 가진다.

≪**해설**≫ ① 노사관계법 제68조 제 1 항. ②③ 동법 제69조 제 1 항 · 제 2 항. ④ 중재재정과 동일한 효력을 가진다(동법 제68조 제 2 항). ⑤ 동법 제70조 제 1 항.

44. 다음 중재에 관한 설명 중 잘못된 것은?

① 필수공익사업의 직권중재는 폐지되었다.

② 중재위원은 공익을 대표하는 공익위원이 되어야 한다.

③ 중재가 개시되면 10일간 쟁의행위를 할 수 없다.

④ 중재재정의 내용은 단체협약과 동일한 효력을 가진다.

⑤ 관계당사자는 확정된 중재재정에 반드시 복종해야 한다.

≪**해설**≫ ② 중재위원은 당해 노동위원회의 공익을 대표하는 위원 중에서 관계당사자의 합의로 선정한 자에 대하여 그 노동위원회의 위원장이 지명한다(노사관계법 제64조 제 3 항). ③ 노동쟁의가 중재에 회부된 때에는 그 날부터 15일간은 쟁의행위를 할 수 없다(동법 제63조). ④ 동법 제70조 제 1 항. ⑤ 중재는 조정절차가 실패한 경우 당연히 개시되는 것이 아니고 i) 당사자간의 합의(동법 제62조 제 1 호 · 제 2 호), ii) 교원(교원노조법 제10조), iii) 긴급조정결정시에만 인정되는 예외적 제도이다. 따라서 중재는 중재안이 당사자를 구속하는 성질을 갖는다.

45. 중재재정에 관하여 중앙노동위원회를 상대로 제기할 수 있는 행정소송의 제기 기간은? 〈25회 사시〉

① 5일 이내 ② 10일 이내 ③ 15일 이내
④ 20일 이내 ⑤ 25일 이내

≪**해설**≫ 10일 이내에 재심을 신청하지 아니하거나 15일 이내에 행정소송을 제기하지 아니한 때에는 그 중재재정 또는 재심결정은 확정된다(노사관계법 제69조).

| 해답 | **43.** ④ **44.** ③ **45.** ③

46. 공익사업은 어디에서 지정하는가? 〈27회 사시〉

① 노동위원회

② 정부가 국회의 동의를 얻어 지정한다.

③ 법 률

④ 정부의 건의에 의하여 노동위원회가 지정한다.

⑤ 노동위원회의 동의를 얻어 정부가 지정한다.

≪**해설**≫ 공익사업은 「일반공익사업」(노사관계법 제71조 제 1 항)과 「필수공익사업」(동조 제 2 항)으로 구성되는 바 노사관계법에서 직접 규정하고 있다.

47. 노사관계법상 공익사업에 해당하지 않는 것은? 〈34회 사시변형〉

① 정유사업 ② 공중위생사업 ③ 방위산업
④ 방송사업 ⑤ 조폐공사

≪**해설**≫ 노사관계법 제71조 참조.

48. 다음 중 필수공익사업이 아닌 것은? 〈'99 공인노무사변형〉

① 석유공급사업

② 주요방위산업체로서 주로 방산물자를 생산하는 사업

③ 항공운수사업

④ 한국은행

⑤ 혈액공급사업

≪**해설**≫ 노사관계법에서 「공익사업」이라 함은 공중의 일상생활과 밀접한 관련이 있거나 국민경제에 미치는 영향이 큰 사업으로서 i) 정기노선여객운행사업, ii) 수도 · 전기 · 가스 · 석유정제 및 석유공급사업, iii) 공중위생 및 의료사업, iv) 은행 및 조폐사업, v) 방송 및 통신사업 등을 말한다(노사관계법 제71조 제 1 항). ② 방위산업에관한특별조치법에 의하여 지정된 주요방위산업체에 종사하는 근로자 중 전력, 용수 및 주로 방산물자를 생산하는 업무에 종사하는 자는 쟁의행위를 할 수 없으며 주로 방산물자를 생산하는 업무에 종사하는 자의 범위는 대통령령으로 정한다(동법 제41조 제 2 항). ④ 시내버스 운송사업과 은행사업(한국은행 제외)은 2001년 1월 1일부터 필수공익사업에서 제외되었다(부칙 제 2 조 참조).

49. 특별조정위원회에 관한 설명이다. 틀린 것은?

① 공익사업의 노동쟁의조정을 위하여 둔 것이다.

② 공익대표위원 중 노사의 교차삭제법에 의한 3인 내지 5인 중에서 노동위원회위원장이 지명하는 3인으로 구성된다.

③ 당사자의 합의로 노동위원회위원이 아닌 자를 추천하면 그 자를 지명하여

| 해답 | **46.** ③ **47.** ③ **48.** ② **49.** ④

야 한다.

④ 필수공익사업에 한하여 중재회부를 노동위원회에 권고할 수 있다.

⑤ 노동위원회의 위원이 아닌 자와 공익위원 1인으로 구성되는 경우 공익위원이 위원장이 된다.

≪**해설**≫ ① 특별조정위원회는 모든 공익사업의 노동쟁의조정을 위하여 노동위원회에 설치한 것이다(노사관계법 제72조 제 1 항). ④ 필수공익사업에 대한 직권중재는 폐지되었다(2006. 12. 30). ⑤ 공익을 대표하는 위원인 특별조정위원이 1인인 경우에는 당해 공익위원이 「위원장」이 된다(동법 제73조 제 2 항 단서).

50. 공익사업의 쟁의행위에 관한 특칙을 설명한 다음 글 중 틀린 것은?

〈34회 사시변형〉

① 공익사업에 관한 쟁의행위의 조정은 우선적으로 취급한다.

② 조정기간이 15일로서 일반사업의 경우보다 5일 길다.

③ 공익사업에 대해서는 긴급조정이 인정된다.

④ 공익사업에 대해서는 긴급조정이 아닌 경우에도 강제중재가 인정된다.

⑤ 공익사업에 있어서는 특별조정위원회가 조정을 한다.

≪**해설**≫ 필수공익사업에 대한 직권중재제도는 폐지되었다(노사관계법 제62조 참조).

51. 다음 중 잘못 서술된 것은?

① 긴급조정의 결정은 노동위원회위원장이 한다.

② 긴급조정은 중앙노동위원회에서 담당한다.

③ 중재재정은 단체협약과 동일한 효력을 가진다.

④ 노동위원회의 운영 등과 관련한 지시권이나 규칙제정권은 중앙노동위원회만이 갖는다.

⑤ 조정안에 대한 유권해석 기간 중에는 쟁의행위를 할 수 없다.

≪해설≫ ① 긴급조정의 결정은 i) 미리 중앙노동위원회위원장의 의견을 들어 ii) 「노동부장관」이 행한다(노사관계법 제76조 제 1 항). ② 긴급조정의 조정·중재는 중앙노동위원회가 수행한다(동법 제78조, 제80조). ③ 동법 제70조. ④ 중앙노동위원회는 지방노동위원회 또는 특별노동위원회에 대하여 노동위원회의 사무처리에 관한 기본방침 및 법령의 해석에 관하여 필요한 「지시」를 할 수 있다(노동위원회법 제24조). 중앙노동위원회는 중앙노동위원회·지방노동위원회 또는 특별노동위원회의 운영 기타 필요한 사항에 관한 「규칙」을 제정할 수 있다(동법 제25조). ⑤ 조정안에 대한 해석 또는 이행방법에 대한 견해 제시 기간인 7일간은 쟁의행위를 할 수 없다(동법 제60조 제 4 항·제 5 항).

❙해답❙ 50. ④ 51. ①

52. 긴급조정에 대한 설명이 틀린 것은? 〈'99 공인노무사〉

① 긴급조정의 결정은 노동부장관이 행한다.

② 공익사업에 대하여만 가능하다.

③ 긴급조정이 결정되면 즉시 쟁의행위를 중지하여야 하며 공표일로부터 30일이 경과하여야 쟁의행위를 재개할 수 있다.

④ 노동부장관은 긴급조정을 결정한 때에는 지체없이 그 이유를 붙여 이를 공표함과 동시에 중앙노동위원회와 관계 당사자에게 각각 통고하여야 한다.

⑤ 중앙노동위원회는 당해 관계 당사자의 일방 또는 쌍방으로부터 중재신청이 있거나 중재회부의 결정을 한 때에는 지체없이 중재를 행하여야 한다.

≪**해설**≫ ①② 노동부장관은 쟁의행위가 i) 공익사업에 관한 것이거나, ii) 그 규모가 크거나, iii) 그 성질이 특별한 것으로서, 현저히 국민경제를 해하거나 국민의 일상생활을 위태롭게 할 위험이 현존하는 때에는 긴급조정의 결정을 할 수 있다(노사관계법 제76조 제 1 항). ③ 동법 제77조. ④ 동법 제76조 제 3 항. ⑤ 동법 제80조.

53. 다음은 긴급조정에 관한 서술이다. 밑줄 친 부분 중 옳은 것은?

① 노동부장관은 <u>노동쟁의</u>가 ② <u>공익사업에 관한 것으로서</u> 그 규모가 크거나 그 성질이 특별한 경우에 ③ 현저히 국민경제를 해하거나 국민의 일상생활을 위태롭게 할 위험이 <u>현존하는 때에는</u> ④ 미리 <u>중앙노동위원회</u>의 의견을 들어 ⑤ 긴급조정의 결정을 <u>하여야 한다</u>.

≪**해설**≫ 노동부장관은 쟁의행위가 공익사업에 관한 것이거나 그 규모가 크거나 그 성질이 특별한 것으로서 현저히 국민경제를 해하거나 국민의 일상생활을 위태롭게 할 위험이 현존하는 때에는 중앙노동위원회 위원장의 의견을 들어 긴급조정의 결정을 할 수 있다(노사관계법 제76조 제 1 항, 제 2 항).

54. 다음 중 긴급조정 결정의 요건이 아닌 것은?

① 공익사업에 관한 것이거나 그 성질이 특수하여야 한다.

② 쟁의행위의 규모가 커야 한다.

③ 현저히 국민경제를 해할 위험이 있어야 한다.

④ 국민의 일상생활을 위태롭게 할 위험이 있어야 한다.

⑤ 국가안보상 위험성이 발생할 우려가 있어야 한다.

≪**해설**≫ ⑤ 노동부장관이 긴급조정을 결정하기 위하여는 위험성이 현존하는 경우라야 한다.

▌해답▌ **52.** ② **53.** ③ **54.** ⑤

55. 긴급조정의 결정에 관한 다음 설명 중 틀린 것은?

① 쟁의행위의 발생가능성이 있더라도 현실적으로 발생하지 않은 때에는 긴급조정의 결정을 할 수 없다는 점에서 이를 사후조정이라고도 한다.

② 공익사업이 아니더라도 국민의 일상생활을 위태롭게 할 위험이 현존하는 때에는 긴급조정의 결정을 할 수 있다.

③ 긴급조정의 결정권자는 노동부장관이며 중재회부의 결정여부는 일방 또는 쌍방의 신청이나 직권으로 결정할 수 있다.

④ 긴급조정의 결정에는 미리 중앙노동위원회의 의견을 들어야 하며 노동부장관은 이에 따라야 한다.

⑤ 당사자의 의견과는 상관없이 강제적으로 개시되므로 쟁의권에 대한 중대한 제한이 있게 된다.

≪**해설**≫ ① 헌재 1996.12.26, 90헌바19. ④ 긴급조정의 결정에는 미리 중앙노동위원회위원장의 의견을 들으면 되는 것이고 이에 구속받지는 않는다(노사관계법 제76조 제 2 항).

56. 다음 연결이 잘못된 것은?

① 중재재정의 재심신청기간—10일

② 공익사업의 조정기간—15일

③ 중재시 쟁의조정기간—20일

④ 긴급조정시의 쟁의금지기간—30일

⑤ 조정안에 관한 해석 또는 이행방법에 관한 명확한 견해를 제시해야 할 기간—7일

≪**해설**≫ [노동조합 및 노동관계조정법상 각종기간]

사 유	일 수
일반사업의 조정기간	10日
공익사업의 조정기간	15日
중재시 쟁의금지기간	15日
긴급조정시 쟁의금지기간	30日
재심신청기간(중앙노동위원회의 중재회부결정기간)	10日
행정소송제기기간	15日
조정안의 해석에 관한 견해 제시기간	7日
중앙노동위의 중재회부결정	15日

|해답| **55.** ④ **56.** ③

제 6 편　不當勞動行爲制度

제1장 總　　設

제1절 意　　義

부당노동행위라 함은 사용자가 근로자의 근로 3 권을 침해하는 행위를 말하며 부당노동행위구제제도라 함은 사용자의 부당노동행위로부터 근로자의 근로 3 권을 보호하기 위하여 국가가 정책적으로 설정한 일종의 공법상의 권리구제제도이다(대판 1988. 12. 13, 86다카1035).

제 2 절　不當勞動行爲制度의 沿革

Ⅰ. 美　　國

① 1935년 Wagner법: 사용자의 부당노동행위 최초 인정 ② 1947년 Taft - Hartley법: 사용자의 부당노동행위와 함께 노동조합의 부당노동행위 신설 ③ 1959년 Landrum - Griffin법: 노동조합의 사용자에 대한 부당노동행위와 함께 조합원에 대한 부당노동행위도 제한하는 규정 신설

Ⅱ. 우리나라

① 1953년 제정노동조합법: i) 사용자의 부당노동행위뿐만 아니라 ii) 노동조합의 부당노동행위도 인정 ② 1963년 개정노동조합법: i) 부당노동행위를 독립된 하나의 「章」으로 규정하고, ii) 노동조합의 부당노동행위 삭제

제2장 不當勞動行爲의 類型

제1절 總 說

Ⅰ. 關聯規程

노사관계법 제81조【부당노동행위】 사용자는 다음 각 호의 어느 하나에 해당하는 행위(이하 "부당노동행위"라 한다)를 할 수 없다.

1. 근로자가 노동조합에 가입 또는 가입하려고 하였거나 노동조합을 조직하려고 하였거나 기타 노동조합의 업무를 위한 정당한 행위를 한 것을 이유로 그 근로자를 해고하거나 그 근로자에게 불이익을 주는 행위.
2. 근로자가 어느 노동조합에 가입하지 아니할 것 또는 탈퇴할 것을 고용조건으로 하거나 특정한 노동조합의 조합원이 될 것을 고용조건으로 하는 행위. 다만, 노동조합이 당해 사업장에 종사하는 근로자의 3분의 2 이상을 대표하고 있는 때에는 근로자가 그 노동조합의 조합원이 될 것을 고용조건으로 하는 단체협약의 체결은 예외로 하며, 이 경우 사용자는 근로자가 그 노동조합에서 제명된 것 또는 그 노동조합을 탈퇴하여 새로 노동조합을 조직하거나 다른 노동조합에 가입한 것을 이유로 근로자에게 신분상 불이익한 행위를 할 수 없다.
3. 노동조합의 대표자 또는 노동조합으로부터 위임을 받은 자와의 단체교섭체결 기타의 단체교섭을 정당한 이유없이 거부하거나 해태하는 행위.
4. 근로자가 노동조합을 조직 또는 운영하는 것을 지배하거나 이에 개입하는 행위와 노동조합의 전임자에게 급여를 지원하거나 노동조합의 운영비를 원조하는 행위. 다만, 근로자가 근로시간 중에 사용자와 협의 또는 교섭하는 것을 사용자가 허용함은 무방하며, 또한 근로자의 후생자금 또는 경제상의 불행 기타의 재액의 방지와 구제 등을 위한 기금의 기부와 최소한의 규모의 노동조합사무소의 제공은 예외로 한다.
5. 근로자가 정당한 단체행동에 참가한 것을 이유로 하거나 또는 노동위원회에 대하여 사용자가 이 조의 규정에 위반한 것을 신고하거나 그에 관한 증언을 하거나 기타 행정관청에 증거를 제출한 것을 이유로 그 근로자를 해고하거나 그 근로자에게 불이익을 주는 행위.

Ⅱ. 不當勞動行爲類型의 法的 性質

1. 例示說과 制限列擧說

(1) 예시설 노사관계법 제81조에 규정된 다섯 가지 유형의 부당노동행위는 대표적인 것만 열거한 것에 불과하므로, 다섯 가지 이외에도 다른 형태의 부당노동행위가 존재할 수 있다고 한다(다수설).

(2) 제한열거설　노사관계법 제81조에 규정된 다섯 가지 형태의 부당노동행위만 부당노동행위에 해당되며 이 이외의 다른 사용자의 행위는 어떠한 경우에도 부당노동행위가 될 수 없다고 한다.

2. 包括規程說과 並列列擧說

(1) 포괄규정설　노사관계법 제81조는 미국의 부당노동행위 규정과 달리 통칙규정을 두고 있지 아니하므로, 동조항 제 4 호에 대하여 통칙적 지위를 부여하는 것이 필요하다고 한다.

(2) 병렬열거설　노사관계법 제81조 제 4 호의 지배・개입에 관한 규정을 다른 규정과 구별하지 아니하고 동법 제81조 각호의 모든 규정을 단순히 병렬적 또는 열거적 규정으로 보되, 다만 제 4 호가 다른 규정과 달리 그 지배・개입이라는 측면에서 다의적이라고 한다.

(3) 절충설　노사관계법 제81조 제 4 호를 포괄규정설로 보거나, 병렬열거설로 보나 모두 부당노동행위의 구제범위를 넓게 잡고자 한다는 점에서 커다란 차이점은 없다고 한다(다수설).

Ⅲ. 不當勞動行爲의 類型

▣ 요점정리

분　류	부당노동행위
불이익취급	① 제81조 제 1 호 　㉠ 노동조합에 가입 또는 가입하려고 했거나, 노동조합을 조직하려고 한 것 　㉡ 노동조합의 업무를 위한 정당한 행위를 한 것 ② 제81조 제 5 호 　㉠ 근로자가 정당한 단체행동에 참가하는 것 　㉡ 노동위원회에 부당노동행위를 신고・증언하거나 　㉢ 기타 행정관청에 증거를 제출한 것을 이유로 불이익취급
황견계약 (비열계약)	① 근로자가 어느 노동조합에 가입하지 아니할 것 또는 탈퇴할 것을 고용조건으로 하거나 ② 특정 노동조합의 조합원이 될 것을 고용조건으로 하는 것(제81조 제 2 호)
단체교섭거부	노동조합의 대표자 또는 노동조합으로부터 위임을 받은 자와의 단체협약의 체결 기타의 단체교섭을 정당한 이유없이 거부하거나 해태하는 행위(제81조 제 3 호)
지배・개입	① 근로자가 노동조합을 조직・운영하는 것을 지배・개입하는 행위 ② 노동조합의 전임자에게 급여를 지급하거나, 노동조합의 운영비를 지원하는 행위

	다만, ㉠ 근로자가 근로시간에 사용자와 협의·교섭하는 것을 허용하는 것, ㉡ 근로자의 후생자금 또는 경제상의 불행 기타 재액의 방지와 구제 등을 위한 기금의 기부, ㉢ 최소한 규모의 노동조합사무소의 제공은 예외로 한다(제81조 제4호).

제 2 절 不利益取扱

I. 不利益取扱의 原因

1. 不利益取扱原因의 種類

(1) 노동조합에의 가입 또는 가입하려고 하였거나 노동조합을 조직하려고 한 것

1) 노동조합에의 가입이라는 것은 어느 근로자가 기존의 노동조합의 조합원이 되는 것을 의미한다.

2) 근로자가 노동조합을 조직하려고 하였다는 것은 새로운 노동조합을 결성하려는 것을 의미한다. 이에는 노동조합 조직을 위한 준비행위가 당연히 포함되고, 나아가 근로자가 노동조합 조직의 의도로 취하였던 행동은 널리 준비행위로 해석하여야 한다.

(2) 노동조합의 업무를 위한 정당한 행위를 한 것

1) 노동조합의 업무

① 노동조합 활동의 목적 무엇이 노동조합의 업무인가를 노동조합 활동의 목적이라는 측면에서 볼 때에는 이미 앞에서 설명한 노동조합의 필요목적 및 임의목적을 달성하기 위한 노동조합의 활동은 당연히 노동조합의 업무에 해당되나, 금지목적을 달성하기 위한 노동조합의 활동은 이에 해당되지 아니한다고 할 것이다.

② 노동조합 활동의 주체 노동조합의 업무를 위한 행위를 노동조합 활동의 주체라는 측면에서 볼 때에는 이를 「노동조합」의 행위와 「조합원」의 행위로 분류하여 볼 수 있다.

2) 정당한 행위 노동조합의 업무에 해당되지 아니하는 행위는 당연히 정당한 행위로 볼 수 없으며, 노동조합의 업무에 해당하는 경우에도 정당한 행위만이 부당노동행위제도에 의하여 보호된다.

(3) 정당한 단체행동에 참가하거나 노동위원회에 대하여 구제의 신청 등을 한 것

i) 근로자가 정당한 단체행동에 참가한 것, ii) 노동위원회에 대하여 사용자가 제81조의 규정에 위반한 것을 신고하거나 그에 관한 증언을 하거나 기타 행정관청에 증거를 제출한 것을 이유로 하는 불이익취급은 부당노동행위에 해당된다.

2. 不利益取扱原因의 競合

사용자의 불이익취급사유로서 근로자의 정당한 조합활동과 근로자에 대한 징계사유가 실제로 동시에 존재하는 경우, 이러한 경우를 「불이익취급원인의 경합」이라고 한다. 불이익취급원인의 경합이 발생한 경우 과연 부당노동행위를 인정할 것인가의 여부에 대하여는 다음과 같이 견해가 나뉘어져 있다.

(1) 부당노동행위 긍정설 사용자의 불이익취급사유 중 근로자의 정당한 조합활동 등을 이유로 하는 것이 존재하는 경우에는 언제든지 부당노동행위가 성립된다고 한다.

(2) 부당노동행위 부정설 사용자의 불이익취급사유 중 단체협약이나 취업규칙 등에 의하여 해고 기타 불이익취급을 할 수 있는 이유가 존재하는 경우에는 언제든지 부당노동행위가 성립하지 아니한다고 한다.

(3) 절충설 i) 정당한 근로 3 권의 행사와 정당한 해고 등의 불이익사유 중 어느 것이 불이익취급의 결정적 원인인가에 따라 판단되어야 한다는 「결정적 원인설」(대판 1994. 12. 23, 94누3001)과, ii) 근로자가 정당한 근로 3 권을 행사하지 아니하였더라면 불이익취급이 없었을 것으로 판단되는 경우에 부당노동행위의 성립을 인정하는 「상당인과관계설」(다수설)이 있다.

Ⅱ. 不利益取扱의 態様

1. 解 雇

해고는 가장 전형적인 불이익취급의 한 형태로서, 사용자의 일방적 의사표시로써 근로계약관계를 소멸하게 하는 행위이다.

다만 근로기준법 제23조 제 1 항의 규정에 의한 정당한 이유가 있는 경우에는 해고를 하여도 부당노동행위에 해당하지 아니한다.

2. 其他의 不利益

해고 이외의 불이익취급으로서는 징계처분, 인사상의 불이익, 경제상의 불이익 및 정신상의 불이익 등을 들 수 있다.

Ⅲ. 因果關係

1. 意 義

(1) 주관적 인과관계설 사용자의 불이익취급에는 반조합적 의도 내지 동기와 같은 부당노동행위의사를 필요로 한다고 한다.

(2) 객관적 인과관계설 사용자의 불이익취급에는 근로자의 정당한 조합활동과 불이익취급간의 원인·결과의 관계가 있다는 사실만 인식하면 충분하며, 사용자의 반조합적 의도 내지 동기와 같은 부당노동행위의사는 필요하지 아니하다고 한다(다수설). 이러한 견해에 의하면 사용자가 근로자의 정당한 쟁의행위를 정당하지 아니한 쟁의행위로 잘못 인식하고 이에 참가한 조합원을 징계한 경우에도 부당노동행위가 성립된다고 한다.

2. 因果關係의 立證 및 競合

사용자의 하나의 근로3권 침해행위가 노사관계법 제81조 각호에 규정된 다섯 가지 유형의 부당노동행위 유형 중 둘 이상의 유형에 동시에 해당하는 경우 소위「인과관계의 경합」문제가 발생하게 된다.

근로자는 수개의 부당노동행위 중 일부에 한하여 또는 전부의 구제를 선택하여 신청할 수 있음은 물론이다.

제 3 절 黃犬契約

Ⅰ. 意 義

조합에의 불가입·탈퇴 또는 가입을 고용조건으로 하는 계약을 이른바 황견계약(Yellow Dog Contract)이라고 한다.

Ⅱ. 黃犬契約의 類型

1. 組合不加入을 雇傭條件으로 하는 境遇

여기에서 금지되는 것은 모든 노동조합에의 불가입을 조건으로 하는 경우와 특정 노동조합에의 불가입을 조건으로 하는 경우를 모두 포함한다.

2. 組合脫退를 雇傭條件으로 하는 境遇

우리나라의 노동조합은 대부분 기업별 조합이어서 고용전의 미취업자는 조합원이 될 수 없으므로 조합에서의 탈퇴를 고용조건으로 하는 경우는 거의 없을 것이다. 그런 의미에서 조합으로부터의 탈퇴는 고용조건뿐 아니라 종업원으로 고용된 자에 대한 고용계속의 조건을 포함하는 것으로 해석하여야 할 것이다.

3. 特定한 勞動組合의 組合員이 될 것을 雇傭條件으로 하는 境遇

하나의 기업내에 복수조합이 병존하는 경우 사용자가 근로자를 특정 조합에의 가입을 강요하여 다른 조합에의 가입을 방해하고 자주적인 조합의 조직을 약체화시키거나 어용조합을 확장하고 있는 경우 이것을 금지하고 있는 것이다.

4. 組合活動의 禁止를 雇傭條件으로 하는 境遇

조합활동의 금지는 조합활동 일반을 금지하는 경우 또는 채용 후의 조합의 결성을 금지하는 경우와 같이 단결권의 행사를 억제하는 것이다. 이에 대하여 제81조 제 2 호에 명문의 규정은 없으나 고용의 조건만이 아니라 고용계속의 조건으로 되어도 황견계약에 해당하는 것은 당연하다.

Ⅲ. 유니온 샵 制度의 認定

1. 意　　義

노사관계법 제81조 제 2 호는 근로자가 특정한 노동조합의 조합원이 될 것을 고용조건으로 하는 행위를 부당노동행위로 규정하고 있으나, 동호 단서는 예외적으로 유니온 샵 협정 체결을 허용하는 바 이는 헌법상 근로자의 단결권을 침해하지 아니한다(대판 2002. 10. 25, 2000카기183; 헌재 2005. 11. 24, 2002헌바95).

2. 主要內容

(1) 노동조합이 당해 사업장에 종사하는 근로자의 3분의 2 이상을 대표할 것

① 본래 근로자의 개념에는 해고자 · 실업자 등의 미취업자도 포함되나, 이곳에서의 근로자는 당해 사업장에 종사하는 취업자만을 지칭하는 것임을 명문으로 규정하고 있다.

② 노동조합은 근로자의 3분의 2 이상을 대표하여야 한다. 이는 유니온 샵 협정을 체결하는 노동조합이 다수 조합일 것을 말하는 것이다. 근로자의 3분의 2 이상이 특정 노동조합에 가입한 경우 나머지 근로자들은 의무적으로 당해 노동조합에 가입하여야 한다.

(2) 근로자가 노동조합의 조합원이 될 것을 고용조건으로 하는 단체협약을 체결할 것　이 경우 근로자는 비조합원인 근로자만을 의미하며, 유니온 샵 협정의 체결 당시 이미 다른 노동조합의 조합원인 경우에는 동 협정이 적용되지 아니하나(다수설), 유니온 샵 협정이 체결된 노동조합을 탈퇴하여 조직대상을 같이 하는 다른 노동조합에 가입하는 경우 동 협정이 적용된다(대판 2002. 10. 25, 2000다23815).

유니온 샵 협정은 단체협약으로 체결되어야 하며, 취업규칙 등에서 규정하는

경우 무효라 할 것이다(대판 1998. 1. 17, 87다카2646).

한편 유니온 샵 제도는 근로자의 단결선택권과 노동조합의 집단적 단결권(조직강제권)이 충돌하는 경계상의 문제라는 점에서 위헌여부가 다투어지고 있다.

1) 유니온 샵 위헌설 논리적으로 i) 소극적 단결권 긍정론과 ii) 소극적 단결권 부정론 중 일반적 단결강제론은 유니온 샵을 위헌으로 보게 된다(김치선).

2) 유니온 샵 합헌설 제한적 단결강제론에 의하면 유니온 샵은 헌법상 근로자의 단결권을 침해하지 아니하는 것으로 보게 되고, 유니온 샵을 합헌으로 인정한다.

대법원은 유니온 샵 협정이 노조의 조직유지와 강화에 기여하는 측면을 고려하여 이를 합헌으로 판시하고 있으며(대판 2002. 10. 25, 2000다23815), 헌법재판소도 유니온 샵 협정이 특정 노동조합에의 가입을 강제함으로써 근로자의 단결선택권과 노동조합의 집단적 단결권(조직강제권)이 충돌하는 측면이 있으나, 전체적으로 상충되는 두 기본권 사이에 합리적인 조화를 이루고 있고 근로자의 단결선택권의 본질적인 내용을 침해하는 것으로 볼 수 없어 합헌이라는 입장이다(헌재 2005. 11. 24, 2002헌바95).

(3) 사용자는 근로자가 당해 노동조합에서 제명된 것을 이유로 신분상 불이익한 행위를 할 수 없을 것

1) 원 칙 유니온 샵 협정하에서는 조합원의 자격을 상실한 자에 대하여 사용자가 해고·전직 등 신분상의 불이익을 줄 수 있도록 허용하는 것이 원칙이다.

2) 예 외

① 제 명 노사관계법 제81조 제 2 호 단서에서는 사용자가 노동조합으로부터 「제명」된 근로자에게 해고·전직 및 징계 등 신분상 불이익한 행위를 할 수 없도록 규정하고 있다. 이러한 신분상 불이익의 면제조치는 유니온 샵 협정의 실효성을 반감시키고 있다.

② 탈 퇴 근로자가 노동조합에서 임의로 탈퇴한 경우에는 사용자가 신분상 불이익한 행위를 할 수 있는 것이 원칙이다.

그러나 노동조합을 탈퇴하여 새로 노동조합을 조직하거나 다른 노동조합에 가입한 경우에는 이를 이유로 근로자에게 신분상 불이익을 줄 수 없다(동법 제81조 제 2 호 단서).

또한 불이익을 주는 경우에도 사용자가 불이익처분을 반드시 의무적으로 하여야 하는지에 관하여 i) 불이익처분의무가 당연히 발생하는 것이 아니라 단체협약에 불이익처분에 관한 명문의 규정이 있는 경우에 한하여 불이익처분을 내릴 수 있다는 견해(중노위 95부노139, 1995. 11. 27)가 있으나, ii) 유니온 샵의 근본취지상 다른 명문의 규정이 없더라도 사용자는 노동조합에서 임의로 탈퇴한 근로자에

대하여는 해고 등 신분상 불이익한 처분을 반드시 내려야 할 의무가 있다고 본다(대판 1996. 10. 29, 96다28899; 대판 1998. 3. 24, 96누16070).

단체협약에 노동조합을 임의로 탈퇴한 근로자에게 불이익처분을 내리도록 규정하고 있음에도 불구하고, 사용자가 탈퇴근로자에게 불이익처분을 내리지 아니하는 경우 이는 단체협약상의 채무불이행으로 인한 책임만을 부담하는 데 불과하며, 부당노동행위가 성립하는 것은 아니다(대판 1995. 2. 28, 94다15363; 대판 1998. 3. 24, 96누16070).

유니온 샵조항이 체결되어 있는 경우에도 탈퇴근로자가 다시 가입원을 제출하는 경우에는 그 승인을 거부할 수 없다(대판 1996. 10. 29, 96다28899).

제 4 절 團體交涉拒否

Ⅰ. 意 義

사용자는 노동조합이 단체교섭을 요구하는 경우 정당한 이유없이 이를 거부하여서는 아니된다. 그러나 단체교섭을 계속하였으나 당사자간의 주장이 첨예하게 대립하여 더 이상 교섭을 계속하는 것이 무의미한 것이 명백해진 경우, 즉 이른바 교섭결렬 상태로 된 경우에는 단체교섭을 중단하더라도 단체교섭의 거부는 아니다. 그러나 교섭이 타결되어 당사자간의 합의가 성립된다면 이를 서면으로 작성하고, 단체협약에 서명·날인을 하여야 한다. 이것을 거부하면 단체교섭거부로 인한 부당노동행위에 해당된다고 보는 것이 일반적이다.

Ⅱ. 團體交涉拒否의 正當한 理由

노사관계법 제81조 제 3 호는 사용자의 단체교섭의무를 규정하고 있으나, 「정당한 이유」가 있는 경우에는 예외적으로 단체교섭을 거부할 수 있도록 규정하고 있다. 따라서 무엇이 「정당한 이유」에 해당하는가의 문제가 발생한다. 이는 대체로 근로자측의 「단체교섭 요건의 충족문제」와 사용자의 「성실교섭문제」로 귀착된다.

근로자가 단체교섭의 주체, 목적 및 방법 등에서 단체교섭의 요건을 충족시키지 못하고 있는 경우 사용자가 단체교섭을 거부하여도 이는 단체교섭거부의 정당한 이유로서 부당노동행위에 해당되지 아니한다. 이와 반면에 사용자가 성실하게 단체교섭을 행하지 아니하는 경우에는 단체교섭의 거부이유를 어떤 식으로 내세우더라도 이는 당연히 부당노동행위에 해당된다.

제 5 절 支配 · 介入

Ⅰ. 意 義

다른 부당노동행위가 근로자의 자주적인 근로 3 권 행사 자체를 직접 방해 · 침해하고 있는데 반하여, 지배 · 개입의 경우는 근로자의 근로 3 권 행사 자체는 인정하되, 이를 사용자가 원하는 방향으로 움직이게 함으로써 간접적으로 근로 3 권의 행사를 침해하고 있다.

Ⅱ. 支配 · 介入의 成立

1. 支配 · 介入行爲의 存在

(1) 노동조합의 조직 · 운영에 대한 지배 · 개입행위　　노동조합의 조직이라 함은 조직준비행위 등 노동조합의 결성을 지향하는 근로자의 일체의 행위를 의미한다. 노동조합의 운영이라 함은 노동조합의 내부적 운영뿐 아니라 단체교섭, 쟁의행위 및 고충처리 등의 필요목적을 달성하기 위한 활동은 물론 선전 · 계몽 및 교육 등의 임의목적을 달성하기 위한 활동을 포함하는 노동조합의 유지 · 존속 및 확대를 위한 일체의 행위를 의미한다.

(2) 운영비의 지원행위

1) 지배 · 개입에 해당하는 행위　　i) 노조전임에 대한 급여지급[1)]과 ii) 노동조합의 운영비를 원조하는 행위를 지배 · 개입과 구별하여 규정하고 있지만, 이것은 운영비 원조를 지배 · 개입의 특수한 형태로서 예시적으로 규정한 것이라고 해석된다.

2) 지배 · 개입에 해당하지 아니하는 행위　　i) 근로자가 근무시간 중에 사용자와 협의 또는 교섭하는 것, ii) 근로자의 후생자금 또는 경제상의 불행 기타의 재액의 방지와 구제 등을 위한 기금의 기부와, iii) 최소한의 규모의 사무소의 제공 등을 운영비 원조의 부당노동행위로부터 제외하고 있다(노사관계법 제81조 제 4 호 단서).

2. 支配 · 介入의 結果發生

사용자의 지배 · 개입행위 자체만으로 부당노동행위가 성립하는 것인지, 아니면 어용조합의 결성 또는 노동조합의 약화 등 구체적이고 현실적인 결과 또는 손해가 근로자에게 발생할 것이 필요한가의 문제이다.

---

1) 전임자에 대한 급여지급은 2010년 1월 1일부터 부당노동행위로 된다(동법 부칙 제 6 조 제 1 항).

부당노동행위제도의 근본취지가 민사법에 있어서와 달리 이미 발생된 손해의 배상을 목적으로 하는 것이 아니라 근로자의 근로3권 보호자체에 그 목적을 두고 있으므로 구체적인 결과나 손해의 발생을 요건으로 하지 아니한다고 보아야 할 것이다(다수설; 대판 1997.5.7, 96누2057).

3. 支配 · 介入의 意思

지배 · 개입에 의한 부당노동행위의 성립에 있어서 사용자의 주관적인 지배 · 개입의 의사가 필요한가의 문제이다.

(1) 의사불요설　지배 · 개입에 의한 부당노동행위는 근로3권에 대한 침해행위의 배제가 목적이므로 객관적으로 지배개입의 사실이 있다면 사용자의 의사여하를 막론하고 부당노동행위가 성립한다는 견해이다(김유성, 임종률, 이상윤).

(2) 의사필요설　지배 · 개입의 경우는 물론 부당노동행위는 일반적으로 사용자의 부당노동행위의사를 필요로 하지만 지배 · 개입의 경우는 행위 그 자체안에 부당노동행위의사를 이미 추단할 수 있다는 견해이다(다수설).

제3장　不當勞動行爲의 救濟節次

제1절　總　　說

I. 意　　義

분　류	노동위원회	형사구제	민사구제
근거규정	노사관계법 제82조~제86조	동법 제90조	大判 1988.12.13, 86다카1035
목　적	원상회복주의	형벌부과	당사자간의 권리 · 의무 관계의 확정
권리구제의 성　질	공법상의 제도	공법상의 제도	사법상의 제도
구제의 효　과	• 구제명령 – 사법상 효력없다. – 확정된 구제명령위반시 형벌부과(제89조 제2호) • 행정소송제기		• 판결의 효력 – 사법상의 효력있다.

	- 긴급이행명령 (제85조 제 5 항) - 확정된 구제명령위반시 형벌 부과(제89조 제 2 호)		

1. 原狀回復主義와 刑罰主義

(1) 원상회복주의 　노동위원회의 원상회복주의에 근거한 구제절차는 구제명령을 통하여 부당노동행위가 행하여지기 이전의 상태로 원상회복시킴으로써 침해된 권익을 바로 잡는다는 데 그 실익이 있다. 따라서 사용자가 구제명령을 제대로 이행하는 한 부당노동행위를 하였다는 사실에 대하여 아무런 불이익을 받지 아니하므로 사용자는 원하는 경우 언제든지 부당노동행위를 다시 행할 여지가 있다.

(2) 형벌주의 　형벌주의는 사용자의 부당노동행위를 사전에 예방·억제하고, 이에 대한 응보로서 부당노동행위를 행한 자를 직접 처벌하고 있다. 형벌주의는 헌법상의 근로3권을 침해하는 사용자의 부당노동행위 자체를 범죄로 보고 있는 것이다. 그러나 형벌주의는 부당노동행위를 사전에 예방하고, 부당노동행위라는 범죄를 저지른 자를 응징하는데에는 적합하지만 근로삼권이 침해된 근로자의 피해를 회복하는데 적합하지 아니하다.

■ 요점정리

1953년 제정 노동조합법	직벌주의(처벌주의)
1963년 개정 노동조합법	원상회복주의
1986년 개정 노동조합법	직벌주의와 원상회복주의 倂用

2. 勞動委員會에 의한 救濟制度와 司法的 救濟制度

(1) 노동위원회에 의한 구제제도 　노동위원회에 의한 부당노동행위구제제도는 근로자의 근로3권 보호를 주된 목적으로 하고, 사용자의 부당노동행위에 대하여 책임을 부과하는 것은 부차적인 목적이다.

개개인의 권리·의무관계의 존부와 그 범위를 확정하는 사법적 구제제도는 사용자의 부당노동행위에 대한 민사·형사상의 책임을 부과하는 데는 적합할지 모르나, 근로자의 근로3권 보호라는 부당노동행위의 본래적 취지를 달성하는 데는 적합하지 아니하다.

(2) 법원에 의한 구제제도 　부당노동행위구제제도는 부당노동행위 결과 발생한 노사 당사자간의 권리·의무관계의 확정 및 손해의 전보 등을 위하여 적합하지 아니하므로 이를 위하여 법원에 의한 사법적 구제제도가 별도로 필요하게 된다(대판 1988. 12. 13, 86다카1035).

(3) 양자의 관계 근로자는 동일한 부당노동행위에 대하여 노동위원회에 의한 구제절차와 법원에 의한 구제절차를 동시에 밟을 수 있다. 이 경우 노동위원회에 의한 구제절차와 법원에 의한 구제절차간에 경합문제가 발생한다. 두 가지 구제제도는 병행되나 법원에 의한 형벌부과의 경우와 마찬가지로 민사소송에 있어서도 노동위원회의 판정을 존중하여야 할 것으로 본다.

제 2 절 勞動委員會에 의한 救濟節次

I. 意 義

1. 槪 要

노동위원회에 의한 구제절차는 초심절차 및 재심절차로 나누어 볼 수 있으며, 중앙노동위원회의 결정에 대하여 불복하는 자는 행정법원에 행정소송을 제기할 수 있다.

■ 요점정리

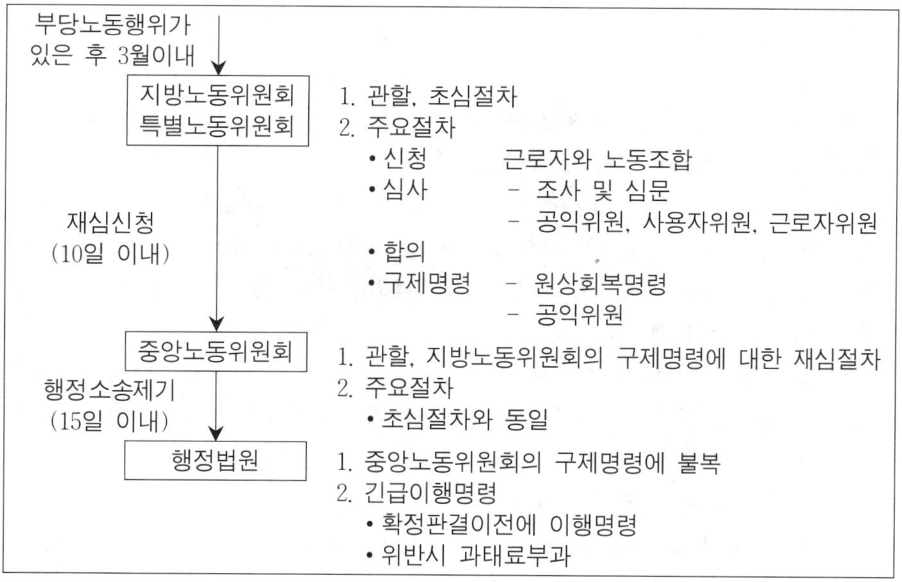

2. 當 事 者

(1) 신청인

노사관계법 제82조 【구제신청】 ① 사용자의 부당노동행위로 인하여 그 권리를 침해

당한 근로자 또는 노동조합은 노동위원회에 그 구제를 신청할 수 있다.

1) **근로자 개인** 부당노동행위를 당한 근로자이다.

2) **노동조합**

① 노사관계법상의 노동조합 당연히 부당노동행위 구제신청을 할 수 있다(동법 제 7 조 제 1 항).

② 법외노조 노사관계법 제81조 제 1 호의 불이익취급, 동조 제 2 호의 황견계약, 동조 제 5 호의 불이익취급의 경우에는 법외노조라 할지라도 근로자 개인은 부당노동행위구제의 신청인이 될 수 있다(동법 제 7 조 제 2 항).

(2) 피신청인 피신청인은 원칙적으로 사용자이다.

Ⅱ. 救濟의 節次

1. 初審節次

(1) 구제신청 초심절차는 부당노동행위가 발생한 사업장의 소재지를 관할하는 지방노동위원회에 그 구제를 신청함으로써 개시된다(노사관계법 제82조 제 1 항).

부당노동행위의 구제신청은 부당노동행위가 있는 날(계속하는 행위는 그 종료일)부터 3월 이내에 이를 하여야 한다(동법 제82조 제 2 항).

(2) 심 사

1) **조 사** 노동위원회는 부당노동행위의 구제신청을 받았을 때에는 지체 없이 필요한 조사를 하여야 한다(동법 제83조 제 1 항).

노동위원회위원장은 구제신청서가 접수된 후 지체 없이 조사관을 지정하고 관계 당사자에게 심판사건의 진행에 관한 사항을 안내하는 등 조사를 개시하여야 하며(노동위원회규칙 제45조), 사건처리를 담당할 「심판위원회」를 지체 없이 구성하여야 한다(동규칙 제44조).

2) **심 문** 조사가 종료된 후에는 부당노동행위의 구제명령을 내리기 이전에 반드시 필요한 심문을 하여야 한다(동법 제83조 제 1 항). 심판위원회가 관계 당사자를 심문하기 위해 행하는 회의를 「심문회의」라 하며, 심문회의는 당사자 쌍방이 참석한 가운데 진행한다(노동위원회규칙 제54조 제 2 항).

노동위원회가 심문을 할 때에는 관계당사자의 신청 또는 직권으로 증인을 출석하게 하여 필요한 사항을 질문하게 할 수 있다(동법 제83조 제 2 항). 심문과정에서는 관계당사자에 대하여 증거의 제출과 증인에 대한 반대심문을 할 수 있는 충분한 기회를 주어야 한다(동법 제83조 제 3 항).

(3) 판 정 심판위원회가 심문을 종결하였을 경우 의장은 「판정회의」를 개

최하여야 한다(노동위원회규칙 제59조 제 1 항). 심판위원회는 구제 신청의 전부나 일부가 이유있다고 인정할 때에는 구제명령을, 구제 신청의 이유가 없다고 인정할 때에는 기각결정을 하여야 하며(동규칙 제60조 제 2 항), 의결 사항을 토대로 판정서를 작성하여 정본을 당사자에게 송부하여야 한다(동규칙 제62조).

(4) 화 해　노동위원회는 「노동조합 및 노동관계조정법」 제84조에 따른 판정・명령 또는 결정이 있기 전까지 관계 당사자의 신청 또는 직권에 의하여 화해를 권고하거나 화해안을 제시할 수 있다(노동위원회법 제16조의3 제 1 항). 노동위원회는 화해안을 작성함에 있어서 관계 당사자의 의견을 충분히 들어야 하며(동법 제16조의3 제 2 항), 관계 당사자가 화해안을 수락한 때에는 화해조서를 작성하여야 하고(동법 제16조의3 제 3 항), 화해조서에는 관계 당사자와 화해에 관여한 위원 전원이 서명 또는 날인하여야 한다(동법 제16조의3 제 4 항). 이렇게 작성된 화해조서는 「민사소송법」에 따른 재판상 화해의 효력을 갖게 된다(동법 제16조의3 제 5 항).

(5) 구제명령　노동위원회가 심문을 종료하고 부당노동행위가 성립한다고 판정한 때에는 사용자에게 구제명령을 발하여야 하며, 부당노동행위가 성립되지 아니한다고 판정한 때에는 그 구제신청을 기각하는 결정을 하여야 한다(노사관계법 제84조 제 1 항).

1) 구제명령의 내용　구제명령의 내용은 신청인의 구제청구 내용을 존중하되 이에 반드시 구속되는 것은 아니다.

구제명령은 부당노동행위가 행하여지지 아니하였던 것과 동일한 상태로의 회복, 즉 원상회복을 목적으로 하므로 복직명령・임금(back pay)의 지급 등의 원상회복명령이 내려진다. 그러나 사용자에 대한 형벌의 부과, 손해배상의 명령 및 원상회복을 초과하는 추상적 부작위명령은 원칙적으로 허용되지 아니한다고 할 것이다.

2) 구제명령의 효력

① 의 의　부당노동행위의 구제명령은 서면으로 하되, 이를 사용자와 신청인에게 각각 교부하여야 한다(노사관계법 제84조 제 2 항). 관계당사자는 명령서를 교부받은 때부터 지체없이 구제명령을 이행하여야 한다(동법 제84조 제 3 항).

노동위원회의 구제명령은 당사자가 중앙노동위원회에 재심을 청구하거나 행정법원에 행정소송을 제기하더라도 그 효력이 정지되지 아니한다(동법 제86조).

② 구제명령의 법적 효력

ⓐ 공법상 효력　부당노동행위구제명령은 사용자에 대하여 공법상의 의무를 부담시키는 것에 국한되며, 당사자간의 사법상 법률관계를 발생・변경 또는 소멸시키는 것이 아니라고 본다(대판 1988. 12. 13, 86다카1035).

ⓑ 사법상 효력 노동위원회의 구제명령은 부당노동행위의 사법상 효력에 대하여 아무런 영향도 미치지 못한다. 근로자가 부당노동행위에 대하여 사법상의 권리구제를 받기 위하여는 사용자를 상대로 민사소송을 법원에 제기하여야 한다.

2. 再審節次

지방노동위원회(또는 특별노동위원회)의 구제명령 또는 기각결정에 불복이 있는 관계당사자는 중앙노동위원회에 재심신청을 할 수 있다(노사관계법 제85조 제 1 항). 그러나 지방노동위원회의 구제명령 또는 기각결정은 중앙노동위원회에의 재심신청에 의하여 그 효력이 정지되지 아니한다(동법 제86조).

(1) 재심신청

1) 신청기간 지방노동위원회의 구제명령 또는 기각결정에 불복이 있는 관계당사자는 그 명령서 또는 결정서의 송달을 받은 날부터 10일 이내에 중앙노동위원회에 그 재심을 신청할 수 있다(동법 제85조 제 1 항).

2) 신청의 범위 당사자의 재심 신청은 초심에서 신청한 범위를 넘어서는 아니되며, 중앙노동위원회의 재심 심리와 판정은 당사자가 재심신청한 불복의 범위 안에서 하여야 한다(노동위원회규칙 제89조).

(2) 재심절차 초심절차에 관한 규정은 그 성질에 어긋나지 않는 범위 내에서 재심절차에 준용된다(동규칙 제33조). 즉 초심절차에 적용되었던 신청·조사·심사·합의·명령 등의 절차가 재심절차에서도 그대로 진행된다.

(3) 재심에서의 이행권고 및 구제명령 중앙노동위원회는 재심신청이 요건을 충족하지 못한 경우 재심신청을 각하하고, 재심신청이 이유 없다고 판단하는 경우에는 기각하며, 이유 있다고 판단하는 경우에는 지방노동위원회의 처분을 취소하고 구제명령이나 각하 또는 기각결정을 하여야 한다(동규칙 제94조 제 1 항). 중앙노동위원회는 근로관계의 소멸이나 사업장 폐쇄 등으로 초심의 구제명령 내용을 그대로 유지하는 것이 적합하지 않다고 판단하는 경우에는 그 내용을 변경할 수 있다(동규칙 제94조 제 2 항).

3. 行政訴訟

(1) 소송의 제기 중앙노동위원회의 구제명령이나 기각결정 또는 재심판정에 대하여 관계당사자는 그 명령서·결정서 또는 재심판정서의 송달을 받은 날부터 15일 이내에 행정소송법이 정하는 바에 의하여 행정소송을 제기할 수 있다(동법 제85조 제 2 항). 이 기간 내에 행정소송을 제기하지 아니한 때에는 그 구제명령·기각결정 또는 재심판정은 확정된다(동법 제85조 제 3 항). 확정된 명령에 불복하

는 경우 형벌이 부과된다(동법 제89조 제 2 호).

(2) 긴급이행명령 「사용자」가 행정소송을 제기한 경우에 관할법원은 중앙노동위원회의 신청에 의하여 결정으로써, 판결이 확정될 때까지 중앙노동위원회의 구제명령의 전부 또는 일부를 이행하도록 명할 수 있으며, 당사자의 신청에 의하여 또는 직권으로 그 결정을 취소할 수 있다(동법 제85조 제 5 항).

당해 법원의 구제명령에 위반하는 때에는 i) 당해 명령이 부작위명령인 경우 500만원 이하의, ii) 당해 명령이 작위명령인 경우 그 명령의 불이행 일수 1일에 50만원 이하의 이율로 산정한 금액의 과태료가 부과된다(동법 제95조).

(3) 판결의 효력

1) **취소판결의 경우**

① 중앙노동위원회에서 내린 각하 또는 기각처분에 대하여 법원이 이를 취소한 경우 중앙노동위원회는 취소판결의 취지에 따라 다시 이전의 신청에 대한 처분을 하여야 한다(행정소송법 제30조 제 2 항).

② 중앙노동위원회에서 부당노동행위가 성립된다고 보아 내린 구제명령에 대하여 법원이 이를 취소한 경우에는 중앙노동위원회의 구제명령의 효력은 상실된다.

2) **청구기각판결의 경우** 중앙노동위원회의 구제명령에 대하여 법원이 청구기각의 판결을 하게 되면 구제명령은 확정된다.

제 3 절 法院에 의한 救濟節次

Ⅰ. 意 義

사용자가 근로자의 근로 3 권을 침해하는 부당노동행위를 행한 경우 이는 기본적으로 노사관계법에 규정된 노동위원회에 의한 부당노동행위구제절차를 통하여 구제받는 것이 원칙이다. 이 경우 사용자의 부당노동행위로 인하여 근로 3 권을 침해당한 근로자 또는 노동조합이 노동위원회에 의한 부당노동행위구제제도 이외에도 법원에 직접 소송을 제기하여 동규정을 위반한 행위의 무효확인, 손해배상청구 또는 작위·부작위 명령 등의 부당노동행위구제를 받을 수 있는지의 여부가 문제시 된다. 이것이 바로 부당노동행위의 법원에 의한 사법적 구제 문제이다.

Ⅱ. 司法的 救濟의 許容與否

1. 否 定 說

부당노동행위에 대한 사법적 구제를 부정하는 학설에는 i) 노동위원회에 의한 부당노동행위구제제도는 국가가 근로 3 권을 보호하기 위하여 마련한 유일한 공법상의 제도로서 사법상의 구제는 허용되지 아니한다는 견해, ii) 헌법상 근로 3 권의 대사인적 효력을 부인하는 견해 등이 있다.

2. 肯 定 說

부당노동행위에 대한 사법상의 효력을 다투기 위하여 사법상의 구제가 인정되어야 한다는 것이 일반적인 견해이다(다수설 · 대판).

이러한 긍정설에도 무엇을 사법상 재판의 근거규범으로 삼을 것인가에 따라 i) 헌법상 근로 3 권의 사인에 대한 직접적용설의 근거하에 헌법 제33조 제 1 항의 근로 3 권 보호를 직접 사법상 재판의 근거규범으로 인정하는 견해, ii) 헌법상 근로 3 권의 사인에 대한 간접적용설의 근거하에 노사관계법 제81조를 강행규범으로 보아 이를 사법상 재판의 근거규범으로 인정하는 견해(대판 1993. 12. 21, 93다11463), iii) 헌법상 근로 3 권의 사인에 대한 간접적용설의 근거하에 민법 제103조의 공서양속규정을 사법상 재판의 근거규범으로 인정하는 견해 등이 있다.

긍정설 중 근로 3 권의 사인에 대한 간접적용설의 근거하에 노사관계법 제81조를 강행규정으로 보아, 동 규정은 공법상 부당노동행위제도의 금지기준인 동시에 사법상 재판의 근거규범이 된다는 견해(대판)가 타당할 것이다.

[대판 1993. 12. 21, 93다11463] 노동조합법 제39조의 부당노동행위금지규정은 효력법규인 강행법규이므로 위 규정에 위반한 법률행위는 私法상으로 무효이다.

기출문제 및 기본문제

최근 기출문제

1. 부당노동행위의 유형과 그 특징에 관한 설명으로 옳지 않은 것은? (다툼이 있는 경우에는 판례에 의함) 〈51회 사시〉

① 사용자의 불이익처분이 근로자의 정당한 노동조합활동을 이유로 하는 경우 부당노동행위가 성립한다.

② 근로자에게 어느 노동조합에서 탈퇴할 것을 고용조건으로 하는 사용자의 행위는 부당노동행위이다.

③ 사용자가 정당한 이유 없이 단체교섭을 거부하거나 해태하면 부당노동행위가 성립한다.

④ 지배 · 개입으로서의 부당노동행위가 성립하려면 사용자에게 지배 · 개입의 의사가 있어야 한다.

⑤ 지배 · 개입으로서의 부당노동행위가 성립하려면 근로자의 단결권의 침해라는 결과의 발생을 요한다.

≪**해설**≫ ① 노동조합 및 노동관계조정법 제81조 제 1 호. ② 동법 제81조 제 2 호. ③ 동법 제81조 제 3 호. ④ 지배 · 개입으로서의 부당노동행위가 성립하려면 사용자에게 지배 · 개입의 의사가 있어야 하는가에 대하여는 견해가 대립되나, 형사법의 일반원칙에 따라 부당노동행위는 사용자의 부당노동행위의사를 필요로 한다는 것이 다수 견해이다. 다만, 지배 · 개입의 경우는 행위 그 자체 안에 부당노동행위의사를 이미 추단할 수 있다거나, 노동위원회가 제반 사정을 종합하여 추정하여야 한다고 본다. ⑤ 지배 · 개입으로서의 부당노동행위의 성립에 반드시 단결권의 침해라는 결과의 발생을 요하는 것은 아니다(대판 1997. 5. 7, 96누2057).

2. 사용자의 부당노동행위에 해당하지 않는 것은? (다툼이 있는 경우에는 판례에 의함) 〈50회 사시〉

① 단체교섭을 정당한 이유 없이 해태하는 행위

② 근로자가 어느 노동조합에서 탈퇴할 것을 고용조건으로 하는 행위

③ 조합활동을 혐오하여 근로자를 이례적으로 승진시켜 조합원 자격을 상실하게 하는 행위

④ 근로자가 노동조합을 조직하는 것에 개입하는 행위

▌해답▌ **1.** ⑤ **2.** ⑤

⑤ 최소한의 규모의 조합사무소를 제공하는 행위

≪**해설**≫ ① 노사관계법 제81조 제 3 호 ② 동법 제81조 제 2 호 ③ 동법 제81조 제 1 호 참조. ④⑤ 근로자가 노동조합을 조직하는 것에 개입하는 행위는 부당노동행위로서 금지되지만(동법 제81조 제 4 호 본문), i) 근로자가 근로시간 중에 사용자와 협의 또는 교섭하는 것을 사용자가 허용하는 것, ii) 근로자의 후생자금 또는 경제상의 불행 기타 재액의 방지와 구제 등을 위한 기금의 기부, iii) 최소한의 규모의 노동조합사무소의 제공은 예외적으로 허용된다(동조 제4호 단서).

3. 우리나라의 부당노동행위제도에 관한 설명으로 옳지 않은 것은? 〈49회 사시〉

① 노동조합의 부당노동행위는 인정되지 않는다.

② 법외노조(노동조합 및 노동관계조정법에 의하여 설립된 노동조합이 아닌 노동단체)는 부당노동행위구제신청을 할 수 없다.

③ 구제명령은 재심·행정소송의 제기에 의해 그 효력이 정지 되지 않는다.

④ 사용자가 노동위원회의 구제명령을 이행하지 않는 경우 현행법상 구제명령이 확정되기 전에는 이를 이행하도록 강제할 방법이 없다.

⑤ 근로자 또는 노동조합은 노동위원회의 구제 외에 직접 민사소송을 통한 사법적 구제를 신청할 수 있다.

≪**해설**≫ ① 사용자의 부당노동행위만 규제하고 있다(노사관계법 제81조). ② 동법 제 7 조 제 1 항. ③ 동법 제86조. ④ 사용자가 행정소송을 제기한 경우에 관할법원은 중앙노동위원회의 신청에 의하여 결정으로써, 판결이 확정될 때까지 중앙노동위원회의 구제명령의 전부 또는 일부를 이행하도록 명할 수 있으며, 또한 당사자의 신청에 의하여 또는 직권으로 그 결정을 취소할 수 있는 긴급이행명령제를 운영하고 있다(동법 제85조 제 5 항). ⑤ 부당노동행위에 대한 구제는 노동위원회를 통한 행정적 구제와 법원을 통한 사법적 구제의 2원주의를 취하고 있다.

4. 노동조합및노동관계조정법상 부당노동행위로 볼 수 없는 것은? 〈47회 사시〉

① 노동조합의 업무를 위한 정당한 행위를 한 것을 이유로 그 근로자를 해고한 경우

② 근로자가 어느 노동조합에서 탈퇴할 것을 고용조건으로 한 경우

③ 노동조합의 대표자와의 단체교섭을 정당한 이유 없이 거부한 경우

④ 근로자의 경제상의 불행을 방지, 구제하기 위한 기금을 기부한 경우

⑤ 사용자의 부당노동행위에 대한 증거를 행정관청에 제출한 것을 이유로 그 근로자를 해고한 경우

≪**해설**≫ ① 노동조합및노동관계조정법 제81조 제 1 호. ② 동법 동조 제 2 호. ③ 동법 동조 제 3 호. ④ 근로자가 노동조합을 조직 또는 운영하는 것을 지배하거나 이에 개입하는 행위와 노동조합의 전임자에게 급여를 지원하거나 노동조합의 운

▌해답▌ 3. ④ 4. ④

영비를 원조하는 행위는 부당노동행위에 해당한다. 다만, 근로자가 근로시간 중에 사용자와 협의 또는 교섭하는 것을 사용자가 허용함은 무방하며, 또한 근로자의 후생자금 또는 경제상의 불행 기타 재액의 방지와 구제 등을 위한 기금의 기부와 최소한의 규모의 노동조합사무소의 제공은 예외로 한다(동법 동조 제 4 호). ⑤ 동법 동조 제 5 호.

5. 부당노동행위구제제도에 관한 설명으로 옳은 것은? 〈46회 사시〉

① 근로자 또는 노동조합은 부당노동행위에 대해 노동위원회에 구제신청이 가능할 뿐 직접 법원에 소송을 제기할 수 없다.

② 부당노동행위를 행한 사용자에 대한 형사처벌은 피해자의 의사에 반하여 할 수 없다.

③ 노동위원회의 구제명령이 확정되는 이전에는 구제명령 위반을 이유로 형사처벌할 수 없다.

④ 법원의 긴급이행명령을 이행하지 않은 경우 징역 또는 벌금형이 부과된다.

⑤ 부당노동행위 구제신청은 부당노동행위가 있는 날부터 6월이내에 행하여야 한다.

≪**해설**≫ ① 근로자는 동일한 부당노동행위에 대하여 노동위원회에 의한 구제절차와 법원에 의한 구제절차를 동시에 밟을 수 있다. ② 부당노동행위는 종래의 노동조합법하에서는 반의사불벌죄이었으나 현재의 노사관계법이 제정되면서 삭제되었다. ④ 당해 법원의 긴급이행명령을 위반한 때에는 과태료가 부과된다(노사관계법 제95조). ⑤ 부당노동행위 구제신청은 부당노동행위가 있은 날(계속하는 행위는 그 종료일)부터 3월 이내에 행하여야 한다(동법 제82조 제 2 항).

6. 노동조합및노동관계조정법상 유니온 샵(union shop)에 관한 설명 중 옳지 않은 것은? 〈45회 사시변형〉

① 노동조합이 당해 사업장에 종사하는 근로자의 3분의 2 이상을 대표하고 있는 경우 유니온 샵 협정을 체결할 수 있다.

② 유효한 유니온 샵 협정에 따라 근로자에게 노동조합의 가입을 고용조건으로 하는 것은 부당노동행위가 아니다.

③ 사용자는 유니온 샵 협정이 있더라도 노동조합에서 제명된 것을 이유로 근로자에게 신분상 불이익한 행위를 할 수 없다.

④ 신규 채용된 근로자가 일정기간 내에 노동조합에 가입하지 않는 경우 사용자는 유니온 샵 협정에 따라 해고할 의무를 진다.

⑤ 노동조합에 일단 가입한 후 임의로 탈퇴한 경우에는 유니온 샵 협정을 근거로 해고하지 못한다.

▌해답▌ 5. ③ **6.** ⑤

≪**해설**≫ 유니온 샵 협정이 체결된 경우 사용자는 근로자가 당해 노동조합에서 제명된 것을 이유로 신분상 불이익한 행위를 할 수 없다(노사관계법 제81조 제 2 호). 그러나 근로자가 노동조합에서 임의로 탈퇴한 경우에는 사용자가 신분상 불이익한 행위를 할 수 있는 것이 원칙이다. 다만, 그 노동조합을 탈퇴하여 새로 노동조합을 조직하거나 다른 노동조합에 가입한 것을 이유로 근로자에게 신분상 불이익을 줄 수 없다(동법 제81조 제 2 호 참조).

7. 노동조합및노동관계조정법상 부당노동행위가 성립하는 것은? 〈45회 사시〉

① 근로자에 대한 후생복지기금을 기부하는 행위
② 근로자가 근로시간 중에 사용자와 협의 또는 교섭하는 것을 허용하는 행위
③ 최소한 규모의 노동조합 사무소를 제공하는 행위
④ 회사의 임원이 노동조합 대표자가 재선에 당선되도록 도와주는 행위
⑤ 유니온 샵 협정을 체결한 사용자가 노동조합에 가입하지 않은 근로자를 신규 채용하는 행위

≪**해설**≫ ①②③ 노사관계법 제81조 제 4 호는 근로자가 노동조합을 조직 또는 운영하는 것을 지배하거나 이에 개입하는 행위와 노동조합의 전임자에게 급여를 지원하거나 노동조합의 운영비를 원조하는 행위를 부당노동행위로 규정하고 있으나, i) 근로자가 근로시간 중에 사용자와 협의 또는 교섭하는 것을 사용자가 허용함은 무방하며, ii) 또한 근로자의 후생자금 또는 경제상의 불행 기타 재액의 방지와 구제 등을 위한 기금의 기부와 iii) 최소한의 규모의 노동조합사무소의 제공은 예외로 한다. ④ 따라서 회사의 임원이 노동조합 대표자가 재선에 당선되도록 도와주는 행위는 부당노동행위가 된다. ⑤ 유니온 샵 협정이란 사용자가 조합원 또는 비조합원에 상관없이 종업원을 고용할 자유가 있으나, 일단 고용된 후 일정 기간 이내에 종업원은 조합원이 되어야 하는 제도를 말한다. 따라서 부당노동행위가 성립하지 않는다.

8. 부당노동행위 구제절차에 관한 설명 중 옳지 않은 것은? 〈45회 사시〉

① 노동위원회는 부당노동행위 구제절차를 직권으로 개시할 수 있다.
② 노동위원회는 직권으로 증인을 출석하게 하여 필요한 사항을 질문할 수 있다.
③ 부당노동행위 구제신청은 부당노동행위가 있는 날부터 3월 이내에 하여야 한다.
④ 노동위원회는 관계당사자에 대하여 증인에 대한 반대심문을 할 수 있는 충분한 기회를 주어야 한다.
⑤ 재심신청은 명령서 또는 결정서의 송달을 받은 날부터 10일 이내에 중앙노동위원회에 할 수 있다.

▌해답▌ **7.** ④ **8.** ①

≪**해설**≫ ① 부당노동행위의 구제절차는 권리를 침해당한 근로자 또는 노동조합의 신청으로 개시된다(노사관계법 제82조 제 1 항). 노동위원회에 의한 구제절차는 당사자 신청주의에 기초하는 것이지 직권으로 구제절차가 개시되지는 않는다. ② 동법 제83조 제 2 항. ③ 동법 제82조 제 2 항. ④ 동법 제83조 제 3 항. ⑤ 동법 제85조 제 1 항.

9. 노동조합및노동관계조정법상 부당노동행위에 해당될 수 있는 것은? 〈44회 사시〉

① 불법쟁의행위를 주도한 조합간부를 형사고소한 경우
② 노동조합의 조합원이 되지 아니할 것을 고용조건으로 하는 근로계약을 체결한 경우
③ 노동조합에 대하여 근로자의 후생자금을 기부한 경우
④ 노조전임자를 두기로 동의한 경우
⑤ 쟁의행위 기간 중의 임금지급을 요구하는 단체교섭을 거부한 경우

≪**해설**≫ ① 고소·고발권의 정당한 행사, ② 황견계약(Yellow dog contract)(노사관계법 제81조 제 2 호), ③④⑤ 정당한 행위이다.

10. 노동조합및노동관계조정법상 부당노동행위구제제도에 관한 설명 중 옳지 않은 것은? 〈44회 사시〉

① 구제신청은 부당노동행위가 있은 날부터 3월 이내에 해야 한다.
② 구제신청은 부당노동행위로 인하여 그 권리를 침해당한 근로자 또는 노동조합이 할 수 있다.
③ 노동위원회의 구제명령은 행정소송의 제기에 의하여 그 효력이 정지되지 않는다.
④ 부당노동행위에 있어서 행정소송의 피고는 노동부장관이 된다.
⑤ 긴급이행명령제도는 노동위원회가 내린 구제명령의 실효성을 확보하기 위한 제도이다.

≪**해설**≫ ① 노사관계법 제82조 제 2 항, ② 부당노동행위 구제신청의 당사자(동법 제82조 제 1 항), ③ 집행부정지의 원칙(동법 제86조), ④ 부당노동행위에 대한 재심은 중앙노동위원회가 담당하며, 중앙노동위원회의 처분에 대한 행정소송은 「중앙노동위원회위원장」을 피고로 하여 제기하여야 한다(노동위원회법 제27조 제 1 항). ⑤ 긴급이행명령제도(노사관계법 제85조 제 5 항).

11. 다음의 사용자의 행위 중 부당노동행위에 해당되지 않는 것은? 〈43회 사시〉

① 노동조합 위원장 선거를 앞두고 조회시간에 특정 후보자를 지지하거나 비난하는 발언을 하는 행위

▎해답▎ 9. ②　10. ④　11. ②

② 노동조합의 업무에만 종사하는 노동조합의 전임자를 단체협약으로 인정하는 행위
③ 채용시 노동조합에 가입은 하되 조합비는 납부하지 않는다는 취지의 서약서를 요구하는 행위
④ 노동조합의 임금인상을 위한 단체교섭 요구에 대하여 합리적 설명이나 관련자료의 제공을 하지 않으면서 자신의 주장을 고집하는 행위
⑤ 노동조합 활동에 적극적인 근로자를 본인의 의사에 반하여 조합원 자격이 인정되지 않는 직위로 승진시키는 행위

≪**해설**≫ ① 노동조합의 조직·운영에 대한 지배·개입행위(노사관계법 제81조 제 4 호). ② 노동조합의 전임자를 인정하는 것은 협정설에 따라 합법적인 것이나(동법 제24조 제 1 항), 전임자에게 전임기간동안 급여를 지원하는 것이 부당노동행위가 된다. 다만, 동조항은 2009년 말까지 시행이 유예되었다(동법부칙 제 6 조). ③⑤ 불이익 취급(동법 제81조 제 1 호 및 제 5 호). ④ 단체교섭거부(동법 제81조 제 3 호).

12. 노동조합및노동관계조정법상 부당노동행위 구제절차 중 긴급이행명령제에 대한 설명으로 옳지 않은 것은? 〈43회 사시〉

① 법원이 중앙노동위원회의 신청에 의하여 결정으로써 긴급이행명령을 내린다.
② 근로자 또는 사용자가 중앙노동위원회의 재심결정에 대하여 행정소송을 제기한 경우에 인정된다.
③ 법원의 긴급이행명령에 위반한 자는 과태료에 처한다.
④ 긴급이행명령의 내용은 중앙노동위원회 구제명령의 전부 또는 일부의 이행이다.
⑤ 법원은 당사자의 신청 또는 직권으로 긴급이행의 결정을 취소할 수 있다.

≪**해설**≫ ②⑤ 「사용자」가 중앙노동위원회의 재심결정에 대하여 행정소송을 제기한 경우에만, ① 관할법원이 중앙노동위원회의 「신청」에 의하여 「결정」으로써, ④ 판결이 확정될 때까지 중앙노동위원회의 구제명령의 전부 또는 일부를 이행하도록 명할 수 있으며, ⑤ 한편 법원이 그 결정을 취소할 수 있는 경우는 당사자의 신청 또는 법원의 직권으로 가능하다(노사관계법 제85조 제 5 항). 노동위원회의 실체적 판단을 존중하여 구제명령의 실효성을 확보하고자 하는 잠정적 조치인 것이다.

13. 우리나라의 부당노동행위제도에 관한 설명 중 옳지 않은 것은? 〈42회 사시〉

① 노동조합의 부당노동행위는 인정되지 않는다.
② 원상회복주의와 처벌주의를 병용하고 있다.

▎해답▎ **12.** ② **13.** ⑤

③ 구제명령의 실효성 확보를 위해 긴급이행명령제도를 두고 있다.

④ 구제신청에 따른 노동위원회의 결정은 중앙노동위원회에의 재심신청이나 행정소송의 제기에 의하여 그 효력이 정지되지 아니한다.

⑤ 구제명령의 확정 여부와 관계없이 사용자가 구제명령을 이행하지 아니하면 형사처벌의 대상이 된다.

≪**해설**≫ ① 미국과 달리 우리나라는 사용자의 부당노동행위만 처벌한다. ② 현행법은 1986년 개정 노동조합법이후 원상회복주의와 형벌주의(처벌주의)를 병용하고 있다. ③ 현행법에서 노동위원회의 구제명령의 실효성 확보를 위하여 신설한 제도이다(노사관계법 제85조 제 5 항). ④ 집행부정지의 원칙(동법 제86조). ⑤ 구 노동조합법 제46조는 구제명령이 확정된 경우뿐만 아니라 초심결정에 불복하여 재심절차가 진행중인 경우에도 벌칙(2년 이하의 징역, 3000만원 이하의 벌금)이 적용된다 하였으나, 헌법재판소(1995. 3. 23, 92헌가14)는 이를 「위헌」 결정하였다. 즉 확정되지 아니한 구제명령, 재심 또는 행정소송에서 취소된 구제명령이나 확정된 구제명령을 위반한 경우와 차별없이 형벌을 적용하도록 한 것은 형평성·합리성을 결여한 것이라 하였다. 이에 현행법에서는 동조항을 삭제하고 구제명령이 확정된 경우에 한하여(동법 제85조 제 3 항) 벌칙이 적용된다(동법 제89조 제 2 호 참조).

14. 사용자의 행위로서 부당노동행위가 성립되지 않는 경우는? 〈42회 사시〉

① 쟁의기간 중의 임금지급을 요구하는 단체교섭을 거부하는 행위

② 노동조합에의 가입을 방해하는 행위

③ 특정 노동조합의 조합원이 될 것을 고용조건으로 하는 행위

④ 정당한 단체행동에 참가한 것을 이유로 근로자에게 불이익을 주는 행위

⑤ 노동조합에게 운영비를 지원하는 행위

≪**해설**≫ 부당노동행위의 유형은 i) 불이익 취급(②④의 경우), ii) 황견계약(③의 경우), iii) 단체교섭거부, iv) 지배·개입(⑤의 경우) 등이 있다(제81조). ① 쟁의행위 기간 중의 임금지급의 요구는 금지교섭대상이므로, 사용자가 이를 거부하더라도 부당노동행위가 되지 않는다(노사관계법 제44조 참조).

15. 노동조합및노동관계조정법상 사용자의 부당노동행위에 해당하지 않는 것은? (판례에 의함) 〈41회 사시〉

① 노동조합에 가입을 저지하기 위하여 노동조합에 가입하려는 근로자를 노조활동이 어려운 부서로 전보 발령하였으나 그 전보명령자체는 그 근로자에게 불이익하지 않은 경우

② 노조전임자제도를 정한 단체협약의 유효기간 만료 후 3월이 경과하여 노조전임자에 대한 원직복귀명령을 하였으나 노조전임제에 관하여 새로이

| 해답 | **14.** ① **15.** ②

단체교섭을 요구하면서 복귀하지 않자 해고한 행위

③ 근로자가 현행법상 노동조합으로서 실질적 요건을 갖추고 있으나 설립신고를 마치지 않은 노동조합에 가입하지 아니할 것을 고용조건으로 하는 행위

④ 현행법상 적법한 Union Shop 조항에 따라 근로자의 3분의 2 이상을 대표하는 노동조합에 가입한 근로자가 노동조합으로부터 제명되었다는 이유로 그를 해고한 행위

⑤ 단위 노동조합이 소속한 연합단체에 단체교섭권한을 위임하였다는 이유로 단위 노동조합과의 단체교섭을 거부하는 행위

≪**해설**≫ ① 불이익취급. ② 판례에 의하면 노조전임제는 노동조합에 대한 편의제공의 한 형태로서 사용자가 단체협약 등을 통하여 승인하는 경우에 인정되는 것일 뿐 사용자와 근로자 사이의 근로계약관계에 있어서 근로자의 대우에 관하여 정한 근로조건이라고 할 수 없는 것이고, 단순히 「임의적 교섭사항」에 불과하여 이에 관한 분쟁 역시 노동쟁의라 할 수 없으므로 특별한 사정이 없는 한 이것 또한 중재재정의 대상으로 할 수 없다고 한다(대판 1996.2.23, 94누9177). ③ 황견계약. ④ 변형 Union Shop 조항. ⑤ 단체교섭거부.

16. 근로자가 사용자의 부당노동행위에 대한 중앙노동위원회의 재심판정에 불복하여 행정소송을 제기하려는 경우 누구를 피고로 하여야 하는가? 〈41회 사시〉

① 중앙노동위원회 위원장 ② 관할 지방노동위원회 위원장

③ 중앙노동위원회 ④ 관할 지방노동위원회

⑤ 사용자

≪**해설**≫ 중앙노동위원회의 재심판정에 대하여 관계 당사자는 그 재심판정서의 송달을 받은 날부터 15일 이내에 행정소송법이 정하는 바에 의하여 소를 제기할 수 있다(노사관계법 제85조 제 2 항). 취소소송에 있어서의 피고는 당해 명령 또는 결정을 내린 「중앙노동위원회위원장」이다(노동위원회법 제27조 제 1 항; 행정소송법 제13조 참조).

17. 다음 중 지배·개입의 유형에 속한다고 보기 어려운 것은? 〈40회 사시〉

① 사용자의 조합활동에 대한 여비나 숙박비 등의 수당지급

② 조합결성에 대한 경비원조

③ 시설관리권의 남용

④ 반조합적 언론

⑤ 근로자에 대한 후생복지기금의 기부

≪**해설**≫ 노사관계법 제81조 제 4 호 「지배·개입」의 유형은 i) 노동조합의 조

| 해답 | **16.** ① **17.** ⑤

직・운영에 대한 지배・개입, ii) 노동조합의 전임자에 대한 급여지원, iii) 노동조합 운영비의 원조행위이다. 다만 i) 근로자가 근무시간 중에 사용자와 협의 또는 교섭하는 것, ii) 근로자의 후생자금 또는 경제상의 불행 기타의 재액의 방지와 구제 등을 위한 기금의 기부, iii) 최소한의 규모의 사무소의 제공 등을 지배・가입에 의한 부당노동행위로부터 제외하고 있다.

18. 부당노동행위에 대한 설명 중 옳지 않은 것은? 〈39회 사시〉

① 우리나라의 규범체계에서는 미국과 같이 노동조합측의 부당노동행위를 인정하는 제도를 채택할 수 없다.

② 현행법상으로는 사용자가 노동위원회의 구제명령에 불복하여 소를 제기한 경우, 판결이 확정되기 전에는 어떠한 이행명령도 불가능하다.

③ 부당노동행위로 판정된 해고에 관한 구제내용은 당사자를 원직복귀시킴과 동시에 해고기간 중의 임금액의 전액을 지급하는 것이 일반적이다.

④ 노동위원회에의 구제신청은 부당노동행위가 있은 날부터 3월 이내에 하여야 한다.

⑤ 구제명령을 위반한 경우는 물론 부당노동행위자체가 처벌의 대상이 된다.

≪**해설**≫ ① 우리나라는 미국과 달리 헌법상의 근로3권을 확인하고 구체화하기 위하여 부당노동행위제도가 도입된 것이기 때문에 노동조합측의 부당노동행위가 성립할 수 없다는 것이 일반적 해석이다. ② 사용자가 구제명령을 이행하지 않은 경우에 그 위반을 이유로 직접 벌칙이 적용된다(노사관계법 제89조 제2호). 그러나 이로 인하여 노동위원회의 구제명령이 확정될 때까지는 사용자의 이행을 확보할 수 있는 수단이 없게 되므로 구제명령의 실효성이 문제된다. 따라서 현행 노동조합 및 노동관계 조정법에서는 중앙노동위원회에 의한 재심판정에 사용자가 불복하여 행정소송을 제기하면 소송이 진행중이라도 관할법원의 결정에 의하여 긴급이행명령을 발할 수 있도록 하였다(노사관계법 제85조 제5항). ⑤ 부당노동행위 자체가 벌칙의 적용을 받음은 당연하며(동법 제90조), 확정된 구제명령에 위반하는 자도 역시 벌칙의 적용을 받게 된다(동법 제89조). 이는 2중처벌금지에 반하는 것이 아니다. 각각 다른 사유에 대한 벌칙의 적용에 불과하다.

19. 노동위원회는 사용자의 부당노동행위에 대하여 구제명령을 발할 수 있다. 이에 관한 다음 설명 중 옳지 않은 것은? 〈39회 사시〉

① 노동위원회는 부당노동행위의 성립여부를 판정한다.

② 구제명령은 사용자에 대하여 발한다.

③ 부당노동행위가 아니라고 판정하면 구제신청을 기각한다.

④ 노동위원회의 판정, 명령 및 결정은 사용자와 신청인에게 교부한다.

⑤ 구제명령을 받은 사용자는 그에 불복하여 민사소송을 제기할 수 있다.

해답 18. ② 19. ⑤

≪**해설**≫ ① 노사관계법 제83조. ② 동법 제84조 제 1 항. ③ 동법 제84조 제 1 항. ④ 동법 제84조 제 2 항. ⑤ 동법 제85조. 중앙노동위원회에 재심을 신청할 수 있으며, 재심판정에 불복하는 경우에는 재심판정의 취소소송인 「행정소송」을 제기할 수 있다.

기출문제 및 기본문제

20. 부당노동행위제도가 처음으로 등장한 것은?

① 영국의 1825년 단결금지폐지법

② 영국의 1871년 노동조합법

③ 미국의 1932년 노리스-라가르디아법

④ 미국의 1935년 Wagner법

⑤ 미국의 1947년 태프트-하틀리법

≪**해설**≫ 1935년 Wagner법에서는 최초로 사용자의 부당노동행위를 규정하고 있으나, 근로자의 부당노동행위는 규정하지 않았다. 그러다가 미국의 1947년 태프트-하틀리법에서 근로자의 부당노동행위를 규정하였다.

21. 우리나라 최초의 부당노동행위는 어떤 주의에 입각한 것이었나?

① 교화주의 ② 보상주의 ③ 형벌주의

④ 쌍벌주의 ⑤ 원상회복주의

≪**해설**≫ 1953년에 최초의 노동조합법과 노동쟁의조정법에 의하여 노동 3 권이 구체적으로 보장되었는데, 당시 노동조합법 제10조 및 제34조 제 1 항과 노동쟁의조정법 제10조에 의하여 부당노동행위제도가 마련되었다. 제정당시에는 사용자의 부당노동행위에 대하여는 형벌주의를 채택하였다. 현행 노사관계법에서는 원상회복주의와 형벌주의를 병용하고 있다.

22. 현행 부당노동행위제도의 특색이라 할 수 없는 것은? 〈34회 사시〉

① 피해근로자의 소속노조는 당연히 구제신청권이 있다.

② 구제절차는 실질적으로 5심제라 할 수 있다.

③ 원상회복주의에 과벌주의를 가미하고 있다.

④ 피해자가 원하는 경우에 한하여 처벌할 수 있다.

⑤ 노동위원회에 구제와 민사소송적 구제가 동시에 인정된다.

≪**해설**≫ ④ 1997년 3월 13일 노사관계법의 제정에 따라 반의사불벌죄는 일반범죄로 개정되었다.

▌해답▌ 20. ④ **21.** ③ **22.** ④

23. 다음 중 우리나라 부당노동행위구제제도의 기본원칙은?

① 원상회복주의 ② 민사상 구제주의
③ 형벌주의 및 민사상 구제주의 ④ 원상회복주의 및 형벌주의
⑤ 원상회복주의 및 민사상 구제주의

≪**해설**≫ 현행 노동조합법은 부당노동행위를 한 자에 대하여 처벌을 병과할 수 있도록 하여 노동위원회를 통한 행정구제를 통한 원상회복과 형벌주의를 병행하고 있다. 그리고 법원에 의한 민사소송적 구제도 가능하게 하며, 민사상 사법구제는 부당노동행위제도에 병행하여 인정되고 있는 기존의 사법상 구제제도에 불과하다.

24. 부당노동행위에 대한 다음 내용 중 맞지 않는 것은? 〈34회 사시〉

① 우리나라에서는 노동조합의 사무소를 제공하는 행위는 부당노동행위가 되지 않는다.
② 노동위원회의 심판위원회가 판정과 구제명령의 권한을 가진다.
③ 중앙노동위원회의 재심판정에 대하여 관계당사자는 행정소송을 할 수 있다.
④ 현행 노동조합및노동관계조정법에 의하면 부당노동행위의 구제신청은 부당노동행위가 있는 날로부터 3개월 이내에 이를 하여야 한다.
⑤ 자본주의 노동법제에서는 부당노동행위제도를 택하고 있지 않는 나라가 없다.

≪**해설**≫ ① 노사관계법 제81조 제 4 호 단서. ② 동법 제84조 제 1 항, 노동위원회법 제15조 제 3 항. ③ 동법 제85조 제 2 항. ④ 동법 제82조 제 2 항. ⑤ 부당노동행위제도는 1935년 미국 와그너법에서 제도화된 것으로, 일본 · 캐나다 · 우리나라 등에서 도입되었으나 영국 · 독일 등의 국가에서는 이에 대한 규정이 없다.

25. 다음 중 부당노동행위구제제도의 특색이라고 할 수 없는 것은? 〈25회 사시〉

① 직권주의적 성격
② 당사자주의적 성격
③ 법원에 의한 민사소송적 구제의 배제
④ 원상회복주의와 처벌주의 병행
⑤ 행정적 구제

≪**해설**≫ ① 직권주의적 요소로는 노동위원회는 직권으로 증인을 출석하게 하여 필요한 사항을 질문할 수 있다는 조항(노사관계법 제83조 제 2 항)을 들 수 있겠고, ② 당사자주의적 요소로는 신청인과 피신청인인 사용자가 자신의 주장과 증거를 제출할 수 있다는 조항(동법 제83조)을 들 수 있겠다. ③⑤ 부당노동행위의 결과로 발생한 당사자간의 권리의무의 확정과 손해배상에 의한 전보 등은 법원에

| 해답 | **23.** ④ **24.** ⑤ **25.** ③

의한 구제가 적합하다. 즉 부당노동행위제도는 공법상의 권리구제절차로서 사용자와 근로자 사이의 사법상 법률관계에 직접 영향을 미치는 것은 아니므로, 근로자는 부당노동행위제도와 별도로 민사소송에 의하여 해고 등의 불이익처분이 부당노동행위에 해당함을 이유로 그 사법상 효력을 다툼으로써 권리구제를 구할 수 있다(대판 1988.12.13, 86다카1035).

26. 부당노동행위구제제도의 원상회복주의에 관한 설명으로 잘못된 것은?

① 구제명령을 통하여 부당노동행위가 행하여지기 이전의 상태로 원상회복시키는 것을 말한다.

② 부당노동행위를 통하여 침해되어진 근로자의 권리를 쉽게 구제할 수 있다는 장점이 있다.

③ 원상회복주의는 부당노동행위를 범죄로 보지 아니한다.

④ 노동위원회의 확정된 부당노동행위구제명령에 위반하는 경우에는 당해 위반행위를 범죄로 본다.

⑤ 원상회복주의는 부당노동행위 방지효과면에서 형벌주의보다 효율적이다.

≪**해설**≫ 원상회복주의는 부당노동행위를 범죄로 보지 않아 부당노동행위자를 처벌하지 아니하고 원상회복만을 명하는 것이다. 그러므로 부당노동행위자에게는 실질적으로 아무런 불이익이 없게 되어 사용자는 원하는 경우 언제든지 부당노동행위를 다시 행할 여지가 있다.

27. 부당노동행위 유형 중 우리나라에서 그 사례가 가장 많은 것은? 〈25·28회 사시〉

① 불이익처분 ② 황견계약 ③ 단체교섭거부

④ 지배개입 ⑤ 노동위원회에의 신고 등을 이유로 한 불이익처분

≪**해설**≫ 부당노동행위의 유형 중 불이익취급에 기한 것이 80%를 넘는다.

28. 부당노동행위가 성립하지 않는 경우는? 〈25회 사시〉

① 특정 노동조합의 조합원이 될 것을 고용조건으로 하는 경우

② 노조전임에게 임금을 지급하는 행위

③ 노동자에 후생비용을 기부하는 행위

④ 노동조합이 위임한 교섭담당자가 비조합원임을 이유로 단체교섭을 거부하는 행위

⑤ 정당한 단체행동에 참가한 것을 이유로 근로자에게 불이익을 주는 행위

≪**해설**≫ 노사관계법 제81조 제 4 호 단서 참조.

29. 부당노동행위가 되는 것은? 〈27회 사시; 1회 공인노무사〉

해답 26. ⑤ 27. ① 28. ③ 29. ②

① 사용자가 노동조합에 소규모의 조합사무소를 대여한 행위
② 사용자가 조합에 가입하지 않는 신규채용 근로자를 해고한 행위
③ 사용자가 노동조합에 복리후생비를 지원한 행위
④ 사용자가 조합의 신청에 의하여 단체교섭을 개시했으나 합의에 도달치 못하여 협약체결을 거부한 행위
⑤ 노동조합이 단체교섭을 하기 위하여 사용자를 조합사무소에 장기간 감금한 행위

≪**해설**≫ ①③ 노사관계법 제81조 제 4 호 단서. ② 황견계약의 체결은 부당노동행위로서 사법상 무효이다(동법 제81조 제 2 호). ④ 성실교섭후 합의에 이르지 못한 경우 부당노동행위로 볼 수 없다. 정당한 이유없이 단체교섭을 거부·해태하는 경우에만 부당노동행위에 해당된다(동법 제81조 제 3 호).

30. 「한국공업주식회사」의 사장은 단체교섭을 거부하였다. 이 중 부당노동행위가 성립하는 경우는? 〈1회 공인노무사〉

① 노동조합의 일부 조합원이 단체교섭을 요구하는 경우
② 교섭권한의 범위가 분명하지 않은 경우
③ 사용자측의 교섭인원수, 교섭시간에 대한 제한설정에 대해 근로자측이 받아들이지 않는 경우
④ 교섭사항이 근로조건과 전혀 관계 없는 기업의 관리·운영 사항인 경우
⑤ 노동조합이 교섭절차를 무시하고 단체교섭을 요구하여 오는 경우

≪**해설**≫ ① Wild Cat Strike에 해당하는 경우 ② 불분명한 사항인 경우 ④ 근로조건과 무관한 사용자의 고유영역인 사항과 ⑤ 교섭절차를 준수하지 않은 경우, 사용자측의 부당노동행위가 성립하지 아니한다.

31. 부당노동행위에 관한 다음 설명 중 바르지 못한 것은?

① 부당노동행위의 본질은 헌법상 단결권 보장을 구체화한 것이다.
② 노사관계법 제81조는 부당노동행위의 유형을 병열적으로 예시한 것이다.
③ 불이익취급의 사유와 징계사유가 경합하는 경우 상당인과관계를 따져보거나 어느 것이 결정적 원인으로 작용했는가를 판단하여야 할 것이다.
④ 죄형법정주의의 원칙상 지배·개입에 관한 사용자의 의사는 고의 또는 목적에 상응하는 주관적 인식을 필요로 한다.
⑤ 노동조합의 부당노동행위의 구제신청권은 근로자 개인의 신청권과 별개의 독자적인 것이다.

≪**해설**≫ 자연적 의사의 존재는 필요하나 주관적인 의사·목적까지 요하는 것은

▌해답▌ 30. ③ 31. ④

아니다. 즉 지배·개입의 행위로서 객관적 의사가 추정된다.

32. 다음 중 단체교섭거부의 「정당한 사유」라고 볼 수 없는 것은? 〈37회 사시〉

① 교섭권한 없는 자가 교섭을 요구하는 경우
② 순수한 정치문제를 교섭사항으로 하는 경우
③ 현협약의 유효기간 중 그에 의해 결정되는 근로조건의 변경을 요구하는 경우
④ 단체협약에 규정된 단체교섭절차를 위반하여 조합이 교섭을 요구하는 경우
⑤ 타조합과의 사이에 유일교섭단체약관이 있는 경우

≪**해설**≫ 사용자의 단체교섭거부는 정당한 이유가 없는 경우에 부당노동행위가 된다. 정당성은 일반적으로 i) 교섭당사자에 있어서 교섭권한 있는 자의 교섭요구에만 응하면 된다. ii) 교섭사항에 있어서 사용자가 처분할 수 있는 사항에 대해서만 단체교섭을 할 수 있다. 협약유효기간 중은 평화의무가 존재하므로 ③도 단체교섭거부의 정당사유이다. iii) 교섭의 절차, 방법에 있어서 지나치게 부당한 경우도 단체교섭거부의 정당사유가 될 수 있다. ④의 경우 외에도 심야에 또는 장시간에 걸쳐 행해질 때, 폭력을 사용하거나 위하적인 언동을 행할 때, 다수인의 열석으로 냉정·원활한 교섭을 기대할 수 없는 경우 등에는 단체교섭을 거부해도 부당노동행위가 되지 않는다. ⑤ 사용자와 특정조합과의 사이에 유일교섭단체약관이 있을 때 이를 이유로 타조합과의 교섭을 거부함은 부당노동행위가 된다.

33. 황견계약(Yellow-dog Contract)에 기한 부당노동행위에 대한 설명 중 틀린 것은?

① 조합에의 불가입·탈퇴 또는 가입을 고용조건으로 하는 반조합적 계약이다.
② 황견계약의 체결만으로 부당노동행위가 되는 것은 아니며 이의 위반에 대한 불이익취급이 있는 때 부당노동행위가 되는 것이고 사법상 당연무효가 된다.
③ 단체협약에 유니온 샵 협정에 따라 근로자는 노동조합의 조합원이어야만 된다는 규정이 있는 경우에는 다른 명문의 규정이 없더라도 사용자는 노동조합에서 탈퇴한 근로자를 해고할 의무가 있다.
④ 단체협약상의 유니온 샵 협정에 의하여 사용자가 노동조합을 탈퇴한 근로자를 해고할 의무를 이행하지 않는다 하더라도 노동조합에 대한 지배·개입의 부당노동행위에 해당하는 것은 아니다.
⑤ 사용자는 근로자가 노동조합에서 제명된 것을 이유로 근로자에게 신분상 불이익한 행위를 할 수 없다.

≪**해설**≫ ① 황견계약의 정의이다. ② 불이익취급의 유형과 달리 황견계약체결만으로 곧 부당노동행위가 되는 것이며 사용자의 구체적인 처분을 기다릴 것이

해답 32. ⑤ 33. ②

아니다. ③④ 대판 1998. 3. 24, 96누16070. ⑤ 노사관계법 제81조 제 2 호 단서.

34. 황견계약(Yellow-dog Contract)의 설명으로 맞지 않는 것은? 〈25·28회 사시〉

① 고용계약을 통한 부당노동행위이다.

② 私法上 효력만은 인정된다.

③ 특정조합에의 가입을 약정하는 계약이다.

④ 반조합적 계약의 일종이다.

⑤ 노동조합에 가입하지 않을 것을 약정하는 계약이다.

≪**해설**≫ 위 문제 해설 참조.

35. 다음 중 부당노동행위가 되는 것에 관한 기술 중 옳은 것과 틀린 것의 조합이 맞는 것은 무엇인가?

㉮ 사용자가 노동조합에 무상으로 소규모의 조합사무소를 대여한 행위
㉯ 노동조합이 단체교섭을 하기 위하여 사용자를 조합사무소에 장기간 감금한 행위
㉰ 사용자가 조합의 신청에 의하여 단체교섭을 개시했으나 합의에 도달치 못하여 협약체결을 거부한 행위
㉱ 사용자가 조합에 가입하지 않은 근로자를 신규로 고용한 행위
㉲ 사용자가 노조전임에게 임금을 지급하는 행위

① ㉮(○)㉯(○)㉰(×)㉱(×)㉲(×)
② ㉮(○)㉯(×)㉰(×)㉱(○)㉲(×)
③ ㉮(×)㉯(×)㉰(○)㉱(×)㉲(○)
④ ㉮(○)㉯(○)㉰(○)㉱(○)㉲(×)
⑤ ㉮(×)㉯(×)㉰(×)㉱(×)㉲(○)

36. 현행법상 부당노동행위에 해당되지 않는 것에 관한 옳은 것의 조합은?

㉮ 노동조합에 가입하지 않는 것을 고용조건으로 하는 경우
㉯ 노동조합이 정당한 이유없이 사용자와의 단체교섭을 거부하는 경우
㉰ 사용자가 근로자의 정당한 노조활동을 이유로 해고조치하는 경우
㉱ 사용자가 노동조합의 전임을 인정하는 경우
㉲ 사용자가 노동조합의 결성·운영에 지배·개입하거나 경비원조를 하는 경우

① ㉮, ㉯
② ㉯, ㉱
③ ㉰, ㉲
④ ㉮, ㉲
⑤ ㉰, ㉱

| 해답 | **34.** ② **35.** ⑤ **36.** ②

≪**해설**≫ 현행법상 사용자의 부당노동행위만 규제할 뿐 근로자측의 부당노동행위는 규정하는 바 없다(노사관계법 제81조 참조).

37. 부당노동행위로 볼 수 있는 것은? 〈'99 공인노무사〉

① 노동조합의 운영비 원조 ② 노동조합사무소의 제공
③ 근로시간중 협의·교섭 허용 ④ 후생자금 기부
⑤ 최소한 규모의 노동조합 사무소 제공

≪**해설**≫ ① i) 근로자가 노동조합을 조직 또는 운영하는 것을 지배하거나 이에 개입하는 행위와, ii) 노동조합의 전임자에게 급여를 지원하거나, iii) 노동조합의 운영비를 원조하는 행위 등은 부당노동행위로서 허용되지 아니한다(노사관계법 제81조 제 4 호 본문). ②③④⑤ i) 근로자가 근로시간 중에 사용자와 협의 또는 교섭하는 것을 사용자가 허용함은 무방하며 또한, ii) 근로자의 후생자금 또는 경제상의 불행 기타 재앙의 방지와 구제 등을 위한 기금의 기부와, iii) 최소한의 규모의 노동조합사무소의 제공은 예외로 한다(동법 제81조 제 4 호 단서).

38. 부당노동행위 구제방법에 관한 설명이다. 바르지 못한 것은?

① 원상회복주의란 침해된 근로자의 권리를 회복시키려는 사후적 구제제도이다.
② 원상회복주의는 부당노동행위자체를 범죄로 보지 않고 구제명령에 위반하는 경우에야 비로소 범죄로 보게 된다.
③ 형벌주의란 사전에 부당노동행위를 예방·억제하고자 위반자에 대한 직접적인 처벌을 강조하는 사전적 예방제도이다.
④ 형벌주의는 죄형법정주의 원칙상 운영에 있어서 융통성·탄력성이 부족한 반면 권리구제가 확실하다.
⑤ 두 제도의 경합문제에 관하여 노동위원회에 의한 부당노동행위의 성부판단이 우선되어야 한다는 견해가 있다.

≪**해설**≫ 형벌주의는 사용자에 대한 위하력으로 예방적 효과를 거두기에는 유용하나 침해된 근로자의 권리회복에는 적합치 않다고 평가된다.

39. 노동위원회에 의한 부당노동행위의 구제명령의 효력은?

① 사법상의 효력 ② 공법상의 효력
③ 화 해 ④ 공법 및 사법상의 효력
⑤ 부당노동행위구제명령의 특수한 효력

≪**해설**≫ 부당노동행위구제명령은 공법상의 효력을 가지며, 사법상의 효력을 갖지 아니한다.

▌해답▌ 37. ① 38. ④ 39. ②

40. 노동위원회의 부당노동행위구제명령으로서 타당한 경우는 모두 몇 개인가?

㉮ 원상회복주의	㉯ 형벌의 부과	㉰ 손해배상명령
㉱ 추상적 부작위명령	㉲ 강제이행명령	

① 1개　　② 2개　　③ 3개
④ 4개　　⑤ 5개

≪**해설**≫ ㉯㉰㉱㉲는 노동위원회에 의한 부당노동행위구제명령으로서 원칙적으로 인정되지 아니한다.

41. 부당노동행위의 구제명령에 관한 설명 중 잘못된 것은?

① 부당노동행위의 신청권자는 근로자와 노동조합 모두이다.
② 구제명령의 내용은 노동위원회의 재량에 따른다.
③ 부당노동행위가 성립하지 않는 경우에는 기각결정을 내린다.
④ 부당해고로 인한 복직명령은 법원의 구제에 적합하다.
⑤ 부당노동행위의 구제명령은 심판위원회의 권한이다.

≪**해설**≫ ① 근로자개인에 대한 부당노동행위는 근로자개인이, 조합에 대한 부당노동행위는 조합이 신청인이 되는 것이 원칙이다. ② 노동위원회는 신청의 취지에 맞게 원상회복에 적당한 정도의 구제명령을 내리면 된다. ④ 원직복귀조치는 신속·간이하게 이루어지는 것이 바람직하므로 노동위원회에 의한 구제가 적합하다. 또한 법원은 이행명령을 강제할 수 없다.

42. 법원에 의한 부당노동행위구제판결이 아닌 것은?

① 원상회복명령　　② 해고무효확인　　③ 종업원지위 확인
④ 손해배상　　⑤ 긴급이행명령

≪**해설**≫ ① 원상회복명령은 노동위원회에 의한 구제명령의 내용이다(노사관계법 제84조 제 1 항).

43. 다음 부당노동행위의 구제명령의 효력에 관한 사항 중 틀린 것은?

〈2회 공인노무사〉

① 구제명령은 당해 근로자와 사용자 사이의 사법상의 법률관계를 당연히 형성시키는 효력을 가진다.
② 구제명령은 행정처분으로서 서면으로 관계 당사자에게 통고되어야 한다.
③ 구제명령에 불복이 있는 당사자는 명령서를 송달받은 날로부터 10일 이내에 중앙노동위원회에 재심을 신청할 수 있다.
④ 구제명령은 적법하게 취소·변경되지 않는 한 그 효력을 부인할 수 없다.

| 해답 | 40. ① 41. ④ 42. ① 43. ①

⑤ 구제명령은 재심의 신청이 있더라도 그 효력이 정지되지 않는다.

≪**해설**≫ ① 부당노동행위구제명령은 사용자에 대하여 「공법상의 의무」를 부과시키는 것에 국한되며, 당사자간의 사법상 법률관계를 발생·변경·소멸시키는 것이 아니다(판례·다수설). 다만 형벌규정에 의한 간접강제만이 가능하다. 따라서 사법상의 권리구제를 받기 위하여는 법원에 해고무효확인의 소를 구하는 민사소송을 제기하여야 한다. ② 노사관계법 제84조 제2항. ③ 동법 제85조 제1항. ④⑤ 불가변력, 불가쟁력, 집행부정지 원칙(동법 제86조).

44. 부당노동행위에 대한 노사관계법상의 규정에 비추어 틀린 것은?

〈1회 공인노무사〉

① 노동위원회의 조사절차는 민사소송법상의 조사절차와 유사한 성격을 지닌다.

② 조사절차란 판정적·준사법적 기능을 보유하는 노동위원회의 준비절차라 할 수 있다.

③ 조사 후 심문을 생략하고 명령을 발하는 것을 당사자가 이의를 제기하지 않는 한 적법하다.

④ 노동위원회가 구제신청을 받은 때에는 지체없이 필요한 조사를 하여야 한다.

⑤ 상대방이 신청인 증인에 대한 반대 심문기회를 부여하여야 한다.

≪**해설**≫ 조사가 종료된 후에는 부당노동행위의 구제명령을 내리기 이전에 「반드시」 필요한 심문을 하여야 한다(노사관계법 제83조 제1항). 구제절차에 관한 필요적 규정은 강행규정이므로 생략할 수 없으며 생략하는 경우 부적법하게 된다.

45. 부당노동행위구제제도의 실효성확보방안과 맞지 아니하는 것은?

① 행정소송제기시 법원에 의한 긴급이행명령

② 반의사불벌죄에 기초한 법원에 의한 형사처벌

③ 私法上의 민사구제제도

④ 지방노동위원회에 의한 구제명령제도

⑤ 중앙노동위원회에 의한 재심제도

≪해설≫ ② 부당노동행위는 종래의 노동조합법하에서는 반의사불벌죄이었으나, 노사관계법 제정에 따라 삭제된 바 있다.

46. 부당노동행위 구제절차 중 긴급이행명령제에 관한 설명 중 틀린 것은?

① 부당노동행위의 구제명령의 실효성을 확보하기 위하여 현행법에서 도입되었다.

② 당사자가 중앙노동위원회의 재심결정에 대하여 행정소송을 제기한 경우에 인정된다.

┃해답┃ 44. ③ 45. ② 46. ②

③ 사용자가 법원의 긴급이행명령에 따르지 않는 경우 벌칙이 아니라 과태료가 적용된다.

④ 당사자의 신청 또는 관할법원의 직권으로 그 결정을 취소할 수 있다.

⑤ 법원은 결정시 구제명령의 위법성을 심사할 수 있는가에 관하여 노동위원회의 구제명령은 일단 적법한 것으로 추정된다고 본다.

≪**해설**≫ 중앙노동위원회의 재심결정에 대하여 「사용자」가 불복하여 행정소송을 제기한 경우에 법원의 결정으로 긴급이행명령을 행한다.

47. 부당노동행위에 대한 긴급이행명령제도에 관한 설명 중 타당하지 아니한 것은?

① 부당노동행위에 관한 민사소송 또는 행정소송이 제기된 경우 관할 법원은 긴급이행명령을 내릴 수 있다.

② 긴급이행명령은 중앙노동위원회의 신청에 의하여 그 결정으로써 관할법원이 내린다.

③ 긴급이행명령은 판결이 확정될 때까지 중앙노동위원회의 구제명령의 전부 또는 일부를 이행하도록 내린다.

④ 긴급이행명령의 결정은 당사자의 신청에 의하여 또는 직권으로 결정을 취소할 수 있다.

⑤ 긴급이행명령에 위반하는 경우 과태료가 부과된다.

≪**해설**≫ 사용자가 행정소송을 제기한 경우에 관할 법원은 중앙노동위원회의 신청에 의하여 결정으로써, 판결이 확정될 때까지 중앙노동위원회의 구제명령의 전부 또는 일부를 이행하도록 명할 수 있으며, 당사자의 신청에 의하여 또는 직권으로 그 결정을 취소할 수 있다(노사관계법 제85조 제 5 항).

48. 현행법상 Union Shop 협정에 관한 설명 중 타당하지 아니한 것은?

① 노동조합이 근로자의 3분의 2 이상을 대표하고 있는 경우에 인정된다.

② 소극적 단결권 긍정설에 의하면 위헌의 소지가 있다.

③ 조합원이 노동조합에서 제명된 경우 사용자는 신분상 불이익한 행위를 할 수 없다.

④ 조합원이 노동조합에서 탈퇴한 경우 사용자는 반드시 신분상 불이익한 행위를 하여야 하며, 이를 위반하는 경우 부당노동행위를 구성한다.

⑤ 유니온 샵 협정의 요건을 갖추고 있는 경우에도 사용자가 반드시 이를 단체협약으로 체결하지 아니하여도 된다.

≪**해설**≫ ④ 새로운 노동조합을 조직하거나, 다른 노동조합에 가입한 것을 이유로 불이익조치를 할 수 없다(노사관계법 제81조 제 2 호 참조). 이른바 유니온 샵

해답 47. ① 48. ④

(Union Shop) 협정은 노동조합의 단결력을 강화하기 위한 강제의 한 수단으로서 근로자가 대표성을 갖춘 노동조합의 조합원이 될 것을 「고용조건」으로 하고 있는 것이므로, 단체협약에 유니온 샵 협정에 따라 근로자는 노동조합의 조합원이어야만 된다는 규정이 있는 경우에는 다른 명문의 규정이 없더라도 사용자는 노동조합에서 탈퇴한 근로자를 해고할 의무가 있다. 이 경우 단체협약상의 유니온 샵 협정에 의하여 사용자가 노동조합을 탈퇴한 근로자를 해고할 의무는 단체협약상의 채무일 뿐이고, 이러한 채무의 불이행 자체가 바로 노사관계법 제81조 제 4 호 소정 노동조합에 대한 지배·개입의 부당노동행위에 해당한다고 단정할 수 없다(대판 1998. 3. 24, 96누16070).

49. 부당노동행위와 관련한 판례의 태도와 틀린 것은?

① 노조를 탈퇴한 자에 대해 노조의 요구로 사용자가 해고한 경우에 탈퇴한 근로자가 탈퇴의사를 번복한 때에는 노조는 그 근로자를 다시 가입시킬 필요가 없다.

② 사용자의 부당노동행위 의사는 사용자의 조합에 대한 태도, 불이익 처분 시기, 노사관행, 처분이후 노동운동의 전망 등을 고려하여 판정할 것이다.

③ 조합활동으로서 배포된 문서가 일부 허위·과장이 있을지라도 문서 내용이 전체적으로 보아 진실한 것이라면 정당한 조합활동이라 볼 것이다.

④ 해고의 절차위반이 노동조합활동을 배제하기 위한 수단으로 행해진 경우에는 그 절차위반에 의한 해고도 부당노동행위에 해당한다.

⑤ 근로자에 대한 해고가 부당노동행위에 해당하여 무효가 되는 경우에는 임금 내지 임금에 준하는 손해배상청구권이 근로자에게 발생한다.

≪해설≫ ① 근로자가 탈퇴의사를 번복한 경우에는 특별한 사유가 없는 한 그 근로자를 가입시켜야 한다고 한다(대판 1995. 2. 28, 94다15363). ② 대판 2000. 4. 11, 99두2963 등 참조. ③ 대판 1993. 12. 28, 93다13544. ④ 대판 1990. 1. 12, 89누1193; 대판 1990. 8. 10, 89누8217. ⑤ 대판 1978. 2. 14.

50. 다음 부당노동행위구제제도에 관한 판례 및 법령의 설명 중 타당하지 아니한 것은?

① 부당노동행위구제제도는 근로자의 근로 3 권을 보호하기 위하여 국가가 정책적으로 설정한 일종의 공법상의 구제제도이다.

② 사용자가 유니온 샵 협정에 위반하여 노동조합으로부터 탈퇴한 자를 해고하지 아니하는 경우 이는 부당노동행위에 해당된다.

③ 부당노동행위구제제도는 노사당사자간의 권리·의무관계의 확정 및 손해의 전보 등을 위하여 적합하지 아니하므로 이를 위하여 법원의 司法적

｜해답｜ 49. ① 50. ②

구제가 별도로 필요하다.

④ 부당노동행위 구제명령은 사용자에 대하여 공법상의 의무를 부담시키는 것이므로 당사자간의 私法상 법률관계를 발생·변경 또는 소멸시키는 것은 아니다.

⑤ 노사관계법 제81조의 부당노동행위규정은 효력법규인 강행법규이므로 상기 규정에 위반한 법률행위는 私法상으로 무효이다.

≪**해설**≫ ① 대판 1988. 12. 13, 86다카1035. ② 유니온 샵이 체결되어 있는 경우 사용자가 노동조합으로부터 탈퇴한 자를 단체협약에 따라 해고하지 아니하더라도 이는 단체협약위반에 따른 손해배상책임만이 발생하며 부당노동행위에 해당되지 아니한다(대판 1995. 2. 28, 94나15363). ③ 대판 1988. 12. 13, 86다카1035. ④ 대판 1988. 12. 13, 86다카1035. ⑤ 대판 1993. 12. 21, 93다11463.

제 7 편 勞使協議會

제1장 總 說

제1절 意 義

노사협의제도는 근로자의 근로조건은 물론 기업의 경영전반에 관한 노사의 공동관심사항에 대하여 노사가 상호 협의함으로써 노사관계를 상호 협조적 관계로 정립하여 근로자의 경제적·사회적 지위를 향상시키고 기업경영을 합리화하고자 하는 제도를 말한다.

제 2 절 勞使協議制度의 類型

I. 勞使協議의 程度

1. 情報交換方式

노사 일방이 경영상의 일정 사항에 관하여 자신이 보유하고 있는 정보를 상대방에게 전달하고 또 상대방의 정보를 수령하는 제도로서 정보에 대한 평가나 대책에 대하여는 공동으로 협의하지 아니하는 방식이다.

2. 諮問方式

일정한 경영사항에 대하여 노사 일방이 자기의 의견이나 주장을 상대방에게 알리고, 상대방은 이에 구속되지 아니하고 단순한 자문으로서 받아들이는 형태의 노사협의제도이다.

3. 共同協議方式

경영상의 특정 대상에 대하여 정보교환이나 자문의 수준에 국한되지 아니하고 노사 쌍방이 관련문제에 대하여 상호 협의하되, 최종 결정권은 경영권자가 보유하고 있는 노사협의제도이다. 독일에 있어서 20세기초의 경영협의회(Betriebsrat),

영국에 있어서 20세기 초의 휘틀리위원회(Whitley Committee), 합동산업협의회(Joint Industrial Council), 제 2 차대전 이후의 합동생산위원회(Joint Production Committee)가 이에 해당된다.

4. 共同決定方式

경영상의 일정 사항에 관하여 노사가 공동으로 최종적인 결정을 내리는 노사협의제도이다. 독일에 있어서 1951년의 공동결정법(Mitbestimungsrecht) 및 1952년의 경영조직법상의 경영협의회(Betriebsrat)가 대표적인 예이다.

Ⅱ. 勞使協議의 方法

1. 資本參加制度

근로자가 기업의 자본, 즉 소유권의 일부를 보유하는 형태의 노사협의제도를 말한다. 종업원지주제도(Employee Stock Ownership System)나 우리사주제도 등이 이에 해당한다.

2. 利潤參加制度

근로자가 기업의 자본을 보유하고 있는가에 상관없이 기업의 이윤, 즉 경영성과의 배분에 참여하는 형태의 노사협의제도를 말한다. 중국 및 프랑스의 이익분배제도(Profit Sharing System)와 미국의 스캔론 플랜(Scanlon Plan) 등이 이에 해당된다.

3. 經營參加制度

근로자가 기업의 경영, 즉 의사결정과정(Decision-making Process)에 참여하는 형태의 노사협의제도를 말한다. 이에는 우리나라의 노사협의회제도, 독일의 공동결정제도 등이 대표적인 경우에 해당된다.

제 2 장 勞使協議制度

제 1 절 意 義

Ⅰ. 法的 性質

노사협의제도의 헌법적 근거로서는 i) 노사협의제도는 헌법 제33조의 근로 3 권 보장에서 당연히 도출될 수 없으며 인간의 존엄과 가치를 보장한 제10조와 보조적으로 제119조에서 근거를 찾아야 한다는 견해, ii) 경영참가의 근거를 헌법 제33조에서 찾기는 어려우며 이는 집단적 규범방식의 하나라고 보아야 하고 구태여 그 근거를 찾는다면 노사협의회법의 목적과 관련하여 헌법 제119조 제 1 항·제 2 항에 근거를 두는 견해, iii) 헌법 제23조 제 1 항의 재산권의 보장과 그 한계에서 근거를 찾는 견해 등이 있다.

Ⅱ. 勞使協議制度의 特性

1. 法律에 의한 義務的 設置

우리나라의 노사협의제도는 「근로자참여및협력증진에관한법률」(이하 「노사협력법」이라 한다)에 의하여 사업 또는 사업장단위로 그 설치가 강제되고 있다(노사협력법 제 4 조). 이는 법령에 의하여 노사협의제가 실시되는 독일 및 프랑스 등과 유사한 형태이며, 단체협약이나 노사관행에 의하여 임의로 설치되는 일본·영국 및 미국 등과 구별된다.

2. 勞使協議의 經營參加的 性格

우리나라 노사협의회의 기능은 경영참가적 성격을 갖는다(동법 제19조 내지 제21조). 경영참가적 성격이라 하여 경영사항에 대한 노사간의 완전한 공동결정을 허용하는 것은 아니다. 대부분의 경영사항에 관하여 단순히 협의하고 그 결과 합의에 도달할 수도 있으나 최종결정권한은 사용자가 갖고 있는 것을 의미한다.

3. 勞動組合의 勞使協議會에 대한 參與

근로자의 과반수로 조직된 노동조합이 조직되어 있는 사업 또는 사업장에는 노동조합의 대표자와 그 노동조합이 위촉하는 자로 하여금 근로자 대표위원이 되도록 함으로써 노동조합의 노사협의회에 대한 참여를 허용하고 있다(노사협력법 제 6 조 제 2 항).

4. 勞使協議制度와 團體交涉制度의 區別

노동조합의 단체교섭 그 밖의 모든 활동은 이 법에 의하여 영향을 받지 아니한다(노사협력법 제 5 조). 노사 당사자간의 단체교섭은 헌법 제33조 제 1 항에 근거를 둔 근로자의 헌법상 권리로서, 이는 노사간의 평화적 · 협동적 관계를 수립한다는 명목하에 노사협의제도에 의하여 침해되거나 변질되어서는 아니된다.

5. 行政官廳의 指導 · 監督

노사협의회의 조직과 운영에 관하여는 행정관청이 행정지도와 감독을 할 수 있다(노사협력법 제11조, 제17조, 제31조).

Ⅲ. 勞使協議制度와 團體交涉制度의 比較

▣ 요점정리

구 분		노사협의 제도	단체교섭 제도
노사관계		상호 협조적 관계	상호 대립적 관계
근로자 대표		• 근로자가 선출하는 자 • 근로자의 과반수로 노동조합이 조직되어 있는 경우에는 노동조합의 대표자와 그 노동조합이 위촉하는 자	• 노동조합의 대표자 또는 노동조합의 위임을 받은 자
근로자의 지위		• 종업원으로서 기업구성원의 지위	• 조합원으로서의 지위
대상사항		• 노사간의 이해가 대립 또는 공통되는 사항 모두 포함	• 노사간의 이해가 대립되는 사항
결과	타결	• 합의 – 의결사항 불이행시 1천만원 이하의 벌금	• 단체협약의 체결 – 협약의 주요내용 위반시 1천만원 이하의 벌금
	결렬	• 쟁의행위 불가	• 쟁의행위 가능

제 2 절 勤勞者參與및協力增進에관한法律

Ⅰ. 勞使協議會의 目的

노사협의는 근로자와 사용자 쌍방이 참여와 협력을 통하여 노사 공동의 이익을 증진함으로써 산업평화를 도모하고 국민경제발전에 이바지함을 목적으로 한다(노사협력법 제1조).

Ⅱ. 勞使協議會의 設置

> **노사협력법 제4조【노사협의회의 설치】** ① 노사협의회(이하 "협의회"라 한다)는 근로조건에 대한 결정권이 있는 사업이나 사업장 단위로 설치하여야 한다. 다만, 상시 30명 미만의 근로자를 사용하는 사업이나 사업장은 그러하지 아니하다.
> ② 하나의 사업에 지역을 달리하는 사업장이 있을 경우에는 그 사업장에도 설치할 수 있다.
> **동법시행령 제2조【설치범위】** ①「근로자참여및협력증진에관한법률」(이하 "법"이라 한다) 제4조 제1항을 적용하는 경우 하나의 사업에 종사하는 전체 근로자 수가 30명 이상이면 해당 근로자가 지역별로 분산되어 있더라도 그 주된 사무소에 노사협의회(이하 "협의회"라 한다)를 설치하여야 한다.

Ⅲ. 勞使協議會의 構成

1. 勞使代表의 選定

노사협의회는 근로자와 사용자를 대표하는 같은 수의 위원으로 구성하되, 각 3명 이상 10명 이하로 한다(동법 제6조 제1항). 노사협의회의 구성을 근로자위원과 사용자위원의 동수로 한 것은 노사대등의 원칙에 입각하여 민주적으로 운영하기 위한 것이다.

2. 勤勞者委員의 選任

근로자는 자주적으로 근로자를 대표하는 근로자위원을 선임한다. 사용자는 근로자위원의 선임에 개입하거나 이를 방해하여서는 아니된다(동법 제6조 제2항, 제10조 제1항).

(1) 근로자의 과반수로 구성된 노동조합이 조직되어 있는 경우 근로자위원은 근로자의 과반수로 조직된 노동조합이 있는 경우에는 노동조합의 대표자를 포함하여 그 노동조합이 위촉하는 자로 한다(동법 제6조 제2항).

(2) 근로자의 과반수로 구성된 노동조합이 조직되어 있지 아니한 경우 근로자의 과반수로 구성된 노동조합이 조직되어 있지 아니한 사업 또는 사업장의 근로자위원은 근로자의 직접·비밀·무기명 투표로 선출한다(동법시행령 제3조 제1항 본문).

3. 使用者委員의 選任

사용자를 대표하는 사용자위원은 해당 사업이나 사업장의 대표자와 그 대표자가 위촉하는 자로 한다(동법 제 6 조 제 3 항).

4. 勞使協議會의 議長

노사협의회에 협의회를 대표하며 회의업무를 총괄하는 의장을 두며, 의장은 위원 중에서 호선한다. 이 경우 근로자위원과 사용자위원 중 각 1명을 공동의장으로 할 수 있다(동법 제 7 조 제 1 항·제 2 항). 그리고 노·사 쌍방은 회의 결과의 기록 등 사무를 담당하는 간사 1명을 각각 둔다(동법 제 7 조 제 3 항).

5. 委員의 任期 및 地位

위원의 임기는 3년으로 하되 연임할 수 있다(동법 제 8 조 제 1 항). 보궐위원의 임기는 전임자 임기의 남은 기간으로 하고, 위원은 임기가 끝난 경우라도 후임자가 선출될 때까지 계속 그 직무를 담당한다(동법 제 8 조 제 2 항·제 3 항).

위원은 비상임·무보수로 하나 위원의 협의회 출석시간과 이와 직접 관련된 시간으로서 협의회규정으로 정한 시간은 근로한 시간으로 본다(동법 제 9 조 제 1 항·제 3 항). 그리고 사용자는 노사협의회 위원으로서의 직무수행과 관련하여 근로자위원에게 불이익을 주는 처분을 하여서는 아니 된다(동법 제 9 조 제 2 항). 불이익처분을 받지 아니한다 함은 임금·근로시간 등의 근로조건은 물론 기타 모든 면에서 다른 근로자와 불평등한 대우를 받지 아니함을 의미한다.

Ⅳ. 勞使協議會의 運營

1. 會議開催

노사협의회는 3개월마다 정기적으로 개최되어야 하며 필요에 따라 임시회의를 개최할 수 있다(동법 제12조).

(1) 회의의 소집　　의장은 노사협의회의 회의를 소집하며 그 의장이 된다(동법 제13조 제 1 항). 의장은 노사일방의 대표자가 회의의 목적을 문서로 밝혀 회의의 소집을 요구하면 그 요구에 따라야 하고, 회의개최 7일 전에 회의일시·장소·의제 등을 각 위원에게 통보하여야 한다(동법 제13조 제 2 항·제 3 항).

(2) 회의의 운영　　회의는 근로자위원과 사용자위원 각 과반수의 출석으로 개최하고 출석위원 3분의 2 이상의 찬성으로 의결한다(동법 제15조).

협의회를 개최할 수 있는 정족수를 전체위원의 과반수가 아니라 노사쌍방위원 각각 2분의 1 이상을 출석하도록 한 것은 양 당사자간의 대등한 관계를 확보하여 특정 사항에 대한 실질적인 협의 및 합의도출에 그 목적을 두고 있기 때문이다.

회의는 공개를 원칙으로 하나 협의회의 의결로 공개하지 아니할 수 있다(동법 제16조). 노사협의회의 위원은 협의회에서 알게된 비밀을 누설하여서는 아니된다(동법 제17조). 노사협의회는 의결된 사항을 신속히 근로자에게 널리 알려야 한다(동법 제23조).

(3) 임의중재 노사협의회는 다음에 해당하는 경우에는 근로자위원과 사용자위원의 합의로 협의회에 중재기구를 두어 해결하거나 노동위원회나 그 밖의 제 3 자에 의한 중재를 받을 수 있다(동법 제25조 제 1 항).

① 제21조에 따른 의결사항에 관하여 협의회가 의결하지 못한 경우

② 협의회에서 의결된 사항의 해석이나 이행방법 등에 관하여 의견이 일치하지 아니하는 경우

이 경우 중재결정이 있으면 협의회의 의결을 거친 것으로 보며 근로자와 사용자는 그 결정에 따라야 한다(동법 제25조 제 2 항).

2. 事前資料提供

근로자위원은 통보된 의제 중 협의 사항 및 의결 사항과 관련된 자료를 협의회 회의 개최 전에 사용자에게 요구할 수 있으며 사용자는 이에 성실히 따라야 한다. 다만, 그 요구 자료가 기업의 경영·영업상의 비밀이나 개인정보에 해당하는 경우에는 그러하지 아니하다(동법 제14조).

3. 勞使協議會規程

노사협의회는 그 조직과 운영에 관한 협의회 규정을 제정하고 노사협의회를 설치한 날부터 15일 이내에 노동부장관에게 제출하여야 하며, 이를 변경한 경우에도 또한 같다(동법 제18조 제 1 항).

V. 勞使協議會의 機能

▣ 요점정리

구 분	내 용	실효성 확보
협의사항 (제20조)	• 노사가 협의하여야 하나, 반드시 의결할 필요가 없는 사항	• 임의적 의결사항으로 함
의결사항 (제21조)	• 노사가 반드시 합의하여 의결하여야 하는 사항	• 의결실패시 임의중재 가능 • 의결사항의 성실이행의무 및 공지의무
보고사항 (제22조)	• 노사가 합의 또는 협의할 필요는 없으나 반드시 보고·설명하여야 하는 사항	• 근로자위원은 사용자에게 보고사항에 관한 자료의 제출을 요구

1. 勞使協議會의 協議事項

(1) 협의사항의 내용 ① 생산성 향상과 성과배분, ② 근로자의 채용·배치 및 교육훈련, ③ 근로자의 고충처리, ④ 안전·보건 그 밖의 작업환경 개선과 근로자의 건강증진, ⑤ 인사·노무관리의 제도개선, ⑥ 경영상 또는 기술상의 사정으로 인한 인력의 배치전환·재훈련·해고 등 고용조정의 일반원칙, ⑦ 작업 및 휴게시간의 운용, ⑧ 임금의 지불방법·체계·구조 등의 제도개선, ⑨ 신기계·기술의 도입 또는 작업공정의 개선, ⑩ 작업수칙의 제정 또는 개정, ⑪ 종업원지주제와 그 밖에 근로자의 재산형성에 관한 지원, ⑫ 직무발명 등과 관련하여 해당 근로자에 대한 보상에 관한 사항, ⑬ 근로자의 복지증진, ⑭ 사업장내 근로자감시 설비의 설치, ⑮ 여성근로자의 모성보호 및 일과 가정생활의 양립을 지원하기 위한 사항, ⑯ 그 밖의 노사협조에 관한 사항(동법 제20조 제 1 항).

(2) 협의사항의 의결

1) 의결의 방법 협의사항에 관해서는 근로자위원과 사용자위원이 단순히 의견의 교환 등 협의에 그치지 아니하고, 적극적으로 당사자간의 합의에 도달하여 의결할 수 있다(동법 제20조 제 2 항).

노사협의회의 협의결과 의결된 사항에 대해서는 노사협의회가 신속히 근로자에게 널리 알려야 한다(동법 제23조).

2) 의결사항의 이행 근로자와 사용자는 노사협의회에서 의결된 사항을 성실하게 이행하여야 한다(동법 제24조).

2. 勞使協議會의 議決事項

(1) 의결사항의 내용 ① 근로자의 교육훈련 및 능력개발 기본계획의 수립, ② 복지시설의 설치와 관리, ③ 사내근로복지기금의 설치, ④ 고충처리위원회에서 의결되지 아니한 사항, ⑤ 각종 노사공동위원회의 설치(동법 제21조)

(2) 의결사항의 의결

1) 의결의 방법 의결사항의 의결방법에 관하여 노사협력법은 아무런 명문의 규정도 아니두고 있으나, 동법 제15조에 규정된 일반 의결방법이 적용되어야 할 것이다. 노사협의회가 의결사항에 관하여 의결하지 못한 경우에는 i) 당사자 합의로 노사협의회에 중재기구를 두어 해결하거나 ii) 노동위원회나 그 밖의 제 3 자에 의한 중재를 받을 수 있다(동법 제25조 제 1 항 제 1 호).

2) 의결사항의 이행 의결사항을 의결한 경우 그 이행방법은 협의사항을 의결한 경우와 동일하다(동법 제24조).

3. 勞使協議會의 報告事項

(1) 사용자의 보고·설명사항 ① 경영계획 전반 및 실적에 관한 사항, ② 분기별 생산계획과 실적에 관한 사항, ③ 인력계획에 관한 사항, ④ 기업의 경제적·재정적 상황(동법 제22조 제1항)

(2) 근로자위원의 보고·설명사항 근로자위원은 근로자의 요구사항을 노사협의회에서 보고·설명할 수 있다(동법 제22조 제2항).

(3) 보고사항의 실효성 확보 사용자가 보고 및 설명사항을 이행하지 아니한 경우 근로자위원은 보고사항에 관한 자료의 제출을 요구할 수 있으며 사용자는 그 요구에 성실히 따라야 한다(동법 제22조 제3항).

Ⅵ. 苦衷處理制度

1. 意 義

고충(Grievance)이라 함은 근로조건 및 근로환경 등에 대한 근로자 개인의 불만을 말한다. 따라서 이는 근로자 집단의 불만인 노동쟁의와 구별된다. 본래 고충처리는 노사 당사자가 자주적으로 해결하는 것이 원칙이나 현행 노사협력법은 고충처리제도를 마련하고 있다.

2. 苦衷處理委員

(1) 적용범위 상시 30인 이상의 근로자를 사용하는 모든 사업 또는 사업장에는 고충처리위원을 두어야 한다(동법 제26조).

(2) 고충처리위원의 구성 고충처리위원은 노사를 대표하는 3명 이내의 위원으로 구성하되 i) 노사협의회가 설치되어 있는 사업이나 사업장의 경우에는 노사협의회가 그 위원 중에서 선임하고, ii) 노사협의회가 설치되어 있지 아니한 경우에는 사용자가 「위촉」한다(동법 제27조 제1항).

(3) 고충처리위원의 임기 고충처리위원의 임기에 관하여는 노사협의회 위원과 동일한 규정이 준용된다(동법 제27조 제2항). 따라서 위원의 임기는 3년으로 하되 연임할 수 있고, 보궐위원의 임기는 전임자의 잔임기간으로 하며, 위원의 임기가 만료된 경우라도 후임자가 선출될 때까지 계속 그 직무를 수행하여야 한다.

3. 苦衷處理節次

(1) 고충사항의 신고 및 처리 근로자가 고충사항이 있는 때에는 고충처리위원에게 구두 또는 서면으로 신고하고 신고를 접수한 고충처리위원은 지체없이 이를 처리하여야 한다(동법시행령 제7조).

(2) 처리결과의 통보 고충처리위원이 고충사항을 근로자로부터 청취한 때에는 10일 이내에 조치사항과 그 밖의 처리결과를 해당 근로자에게 통보하여야 한다(동법 제28조 제 1 항). 고충처리위원이 처리하기 곤란한 사항은 노사협의회에 부쳐 협의처리한다(동법 제28조 제 2 항).

기출문제 및 기본문제

최근 기출문제

1. 「근로자참여 및 협력증진에 관한 법률」상 노사협의회에 관한 설명으로 옳지 않은 것은? 〈51회 사시〉

① 노사협의회는 동수의 근로자위원과 사용자위원으로 구성한다.

② 사용자는 근로자위원의 선출에 개입할 수 없고, 어떠한 형태로도 근로자위원에게 편의를 제공해서는 아니된다.

③ 노사협의회의 위원은 임기가 끝난 경우라도 후임자가 선출될 때까지 계속 그 직무를 담당한다.

④ 노사협의회의 위원은 비상임 · 무보수로 한다.

⑤ 노사협의회는 3개월마다 정기적으로 회의를 개최하여야 한다.

≪**해설**≫ ① 근로자참여 및 협력증진에 관한 법률 제 6 조 제 1 항. ② 사용자는 근로자위원의 업무를 위하여 장소의 사용 등 기본적인 편의를 제공하여야 한다(동법 제10조 제 2 항). ③ 동법 제 8 조 제 3 항. ④ 동법 제 9 조 제 1 항. ⑤ 동법 제12조 제 1 항.

2. 노사협의회에 관한 설명으로 옳지 않은 것은? 〈50회 사시〉

① 노사협의회는 근로자와 사용자를 대표하는 같은 수의 위원으로 구성한다.

② 노사협의회 위원은 비상임 · 무보수로 한다.

③ 노사협의회를 설치하여야 하는 경우 노사협의회는 근로조건에 대한 결정권이 있는 사업이나 사업장 단위로 설치하여야 한다.

④ 상시 30명 이상의 근로자를 사용하는 사업이나 사업장은 노사협의회를 의무적으로 설치하여야 한다.

⑤ 사업장 내 근로자 감시 설비의 설치는 노사협의회의 의결사항이다.

≪**해설**≫ ① 근로자참여 및 협력증진에 관한 법률 제 6 조 제 1 항. ② 동법 제 9 조 제 1 항. ③④ 동법 제 4 조 제 1 항. ⑤ 「사업장 내 근로자 감시 설비의 설치」는 노사협의회의 협의사항이다(동법 제20조 제 1 항 제14호).

3. 근로자 참여 및 협력증진에 관한 법률상 노사협의회에 관한 설명으로 옳지 않은 것은? 〈49회 사시〉

| 해답 | **1.** ② **2.** ⑤ **3.** ⑤

① 하나의 사업에 지역을 달리하는 사업장이 있을 경우에는 그 사업장에 대하여도 노사협의회를 설치할 수 있다.
② 근로자의 과반수로 조직된 노동조합이 있는 경우 노동조합의 대표자는 당연직 근로자위원이 된다.
③ 위원이 노사협의회 출석에 소요되는 시간에 대하여는 근로한 것으로 봄으로 임금을 지급하여야 한다.
④ 노사협의회 위원은 비상임·무보수로 한다.
⑤ 직무발명을 한 근로자에 대한 보상과 사내근로복지기금의 설치는 노사협의회의 협의사항이다.

≪**해설**≫ ① 근로자참여 및 협력증진에 관한 법률 제 4 조 제 2 항. ② 동법 제 6 조 제 2 항. ③ 동법 제 9 조 제 3 항. ④ 동법 제 9 조 제 1 항. ⑤ 직무발명 등과 관련하여 당해 근로자에 대한 보상에 관한 사항은 노사협의회의 협의사항이고(동법 제20조 제 1 항 제12호), 사내근로복지기금의 설치에 관한 사항은 노사협의회의 의결사항이다(동법 제21조 제 3 호).

4. 노사협의회에 관한 설명 중 옳은 것은? 〈48회 사시변형〉

① 노사협의회는 상시 사용하는 근로자의 수와 상관없이 근로조건의 결정권이 있는 사업 또는 사업장 단위로 설치하여야 한다.
② 위원은 비상임·무보수로 하며, 위원의 노사협의회 출석시간 및 이와 직접 관련된 시간으로서 협의회 규정에서 정한 시간에 대하여는 근로한 것으로 본다.
③ 노동조합이 조직되어 있는 경우 근로자위원은 그 노동조합이 위촉하는 자로 한다.
④ 노사협의회의 회의는 공개하지 아니한다. 다만, 노사협의회의 의결에 의하여 공개할 수 있다.
⑤ 노사협의회는 근로자위원으로만 구성한다.

≪**해설**≫ ① 노사협의회는 근로조건에 대한 결정권이 있는 사업이나 사업장 단위로 설치하는 것을 원칙으로 하되, 상시 30명 미만의 근로자를 사용하는 사업이나 사업장은 설치하지 아니할 수 있다(근로자참여및협력증진에관한법률 제 4 조 제 1 항). ② 동법 제 9 조 제 1 항 및 제 3 항. ③ 협의회의 구성시 근로자를 대표하는 근로자위원은 근로자가 선출하되, 근로자의 과반수로 조직된 노동조합이 있는 경우에는 노동조합의 대표자와 그 노동조합이 위촉하는 자로 한다(동법 제 6 조 제 2 항). 따라서 노동조합이 조직되어 있는 모든 사업장의 노동조합이 근로자위원을 위촉할 수 있는 것은 아니다. ④ 협의회의 회의는 공개한다. 다만, 협의회의 의결에 의하여 공개하지 아니할 수 있다(동법 제16조). ⑤ 협의회는 근로자와 사용자를 대표하는 같은 수의 위원으로 구성하되, 각 3명이상 10명이하로 한다(동법 제 6

▌해답▌ 4. ②

조 제 1 항).

5. 근로자참여및협력증진에관한법률상 노사협의회가 협의하여야 할 사항이 아닌 것은? 〈47회 사시변형〉

① 사업장내 근로자감시설비의 설치 ② 노동쟁의의 예방
③ 신기계의 도입 ④ 작업수칙의 제정
⑤ 근로자의 고충처리

≪**해설**≫ ①③④⑤는 노사협의회의 협의사항이다(동법 제20조). ②는 개정법(2007. 1.26)에서 삭제되었으며, ①은 새로이 추가되었다.

6. 근로자참여및협력증진에관한 법률상 사용자가 노사협의회 정기회의에 보고·설명하여야 하는 사항이 아닌 것은? 〈46회 사시〉

① 복지시설의 설치와 관리에 관한 사항
② 경영계획 전반 및 실적에 관한 사항
③ 인력계획에 관한 사항
④ 기업의 경제적·재정적 상황에 관한 사항
⑤ 분기별 생산계획과 실적에 관한 사항

≪**해설**≫ ① i) 근로자의 교육훈련 및 능력개발기본계획의 수립, ii) 복지시설의 설치와 관리, iii) 사내근로복지기금의 설치, iv) 고충처리위원회에서 의결되지 아니한 사항, v) 각종 노사공동위원회의 설치 등은 노사협의회의 의결사항이다(근로자참여및협력증진에관한법률 제21조). ②③④⑤ 노사협의회의 보고사항이다(동법 제22조).

7. 근로자참여및협력증진에관한법률상 노사협의회제도에 관한 설명으로 옳지 않은 것은? 〈45회 사시〉

① 노사협의회는 상시 근로자 30명 이상을 사용하는 근로조건의 결정권이 있는 사업·사업장 단위로 설치된다.
② 노사협의회는 노사동수로 구성하되 그 수는 각 3명 이상 10명 이하로 한다.
③ 근로자위원은 근로자 과반수로 조직된 노동조합이 있는 경우에도 근로자가 직접 선출하여야 한다.
④ 노사협의회는 3개월마다 정기적으로 개최하여야 하며 회의개최 7일 전에 회의 일시, 장소, 의제 등을 각 위원에게 통보하여야 한다.
⑤ 회의는 근로자 위원과 사용자 위원의 각 과반수의 출석으로 개회하고 출석위원 3분의 2 이상의 찬성으로 의결한다.

▌해답▌ 5. ② 6. ① 7. ③

≪**해설**≫ ① 근로자참여및협력증진에관한법률 제 4 조 제 1 항. ② 동법 제 6 조 제 1 항. ③ 근로자를 대표하는 근로자위원은 근로자가 선출하되, 근로자의 과반수로 조직된 노동조합이 있는 경우에는 노동조합의 대표자와 그 노동조합이 위촉하는 자로 한다(동법 제 6 조 제 2 항). ④ 동법 제12조 제 1 항 및 제13조 제 3 항. ⑤ 동법 제15조.

8. 근로자참여및협력증진에관한법률상 노사협의회의 의결사항이 아닌 것은?

① 인력계획에 관한 사항 〈44회 사시〉
② 사내근로복지기금의 설치
③ 고충처리위원회에서 의결되지 않은 사항
④ 복지시설의 설치와 관리
⑤ 각종 노사공동위원회의 설치

≪**해설**≫ 노사협력법은 근로자의 참여정도에 따라 노사협의회가 취급하는 대상을 i) 협의사항(동법 제20조), ii) 의결사항(동법 제21조), iii) 보고사항(동법 제22조)의 세 가지로 나누고 있다. 노사협의회의 의결사항은 ②, ③, ④, ⑤와 근로자의 교육훈련 및 능력개발기본계획의 수립에 관한 사항이 있다(동법 제21조). ①은 노사협의회의 보고사항이다(동법 제22조).

9. 노사협의회에 관한 설명으로 옳지 않은 것은? 〈43회 사시변형〉

① 노사협의회는 근로자와 사용자를 대표하는 동수의 위원으로 구성한다.
② 노사협의회의 출석시간 및 이와 직접 관련된 시간으로서 협의회 규정에서 정한 시간은 근로한 것으로 본다.
③ 노사협의회는 근로조건의 결정권이 있는 사업 또는 사업장단위로 설치하여야 한다.
④ 노동조합의 단체교섭 기타의 활동은 근로자참여및협력증진에관한법률에 의하여 영향을 받지 아니한다.
⑤ 경영계획 전반 및 실적에 관한 사항은 노사협의회의 의결사항이다.

≪**해설**≫ ① 근로자참여및협력증진에관한법률 제 6 조 제 1 항. ② 동법 제 9 조 제 3 항. ③ 동법 제 4 조 제 1 항. ④ 동법 제 5 조. ⑤ 사용자가 정기회의에서 보고해야 할 사항이다(동법 제22조 제 1 항).

10. 노사협의회에 관한 설명 중 옳지 않은 것은? 〈42회 사시〉

① 노동조합의 단체교섭 기타의 활동은 근로자참여및협력증진에관한법률에 의하여 영향을 받지 아니한다.
② 노동조합이 있는 사업장에서는 어느 경우에나 노동조합이 근로자위원을

▌해답▌ 8. ① 9. ⑤ 10. ②

위촉한다.

③ 사내근로복지기금의 설치에 관한 사항은 노사협의회의 의결을 거쳐야 한다.

④ 노사협의회는 근로자와 사용자를 대표하는 동수의 위원으로 구성한다.

⑤ 노사협의회 회의는 공개함을 원칙으로 한다.

≪**해설**≫ ① 노사협의회와 노동조합과의 관계(근로자참여및협력증진에관한법률 제 5 조). ② 근로자 위원은 i) 근로자의 「과반수」로 조직된 노동조합이 있는 경우에는 노동조합의 대표자와 그 노동조합이 위촉하는 자로 하며, ii) 근로자의 과반수로 조직된 노동조합이 없는 경우에는 근로자의 직접·비밀·무기명 투표에 의하여 선출한다(동법 제 6 조 제 2 항, 동법시행령 제 3 조 제 1 항 본문). ③ 의결사항(동법 제21조). ④ 노사협의회는 근로자와 사용자를 대표하는 「같은 수」의 위원으로 구성하되, 각 3명 이상 10명 이하로 한다(동법 제 6 조). ⑤ 회의의 공개(동법 제16조).

11. 근로자의 경영참여권과 이익균점권에 대한 옳은 설명은? 〈40회 사시〉

① 우리 헌법은 제헌 이래 양자 모두를 인정하고 있다.

② 현행 헌법은 경영참여권에 관한 규정만을 두고 있다.

③ 제헌헌법에는 이익균점권에 대한 규정이 있었으나, 5·16군사쿠데타에 이은 헌법개정시 삭제되었다.

④ 이른바 유신헌법에서는 노동 3 권의 제한을 보상하는 의미에서 양자를 모두 인정한 바 있다.

⑤ 제헌헌법은 양자 모두를 인정하였으나 시행을 하지 않고 있다가 1980년 헌법개정시 삭제되었다.

≪**해설**≫ ①④⑤ 「이익균점권」은 제헌헌법에 최초로 규정되었던 것이 제 3 공화국 헌법개정시에 삭제된 것이고, 우리나라에서 「노사협의회제도」가 운영된 것은 1963년 개정 노동조합법에서부터이다. ② 현행 헌법상 「경영참여권」을 명문으로 규정한 것은 아니고, 학설상 노사협의제도의 헌법적 근거에 관하여만 논의되는 바 i) 헌법 제10조(인간의 존엄과 가치), ii) 헌법 제119조(경제조항), iii) 헌법 제23조 제 1 항(재산권의 보장) 등이 제시되고 있다.

12. 노사협의회의 의결사항이 아닌 것은? 〈40회 사시〉

① 근로자의 교육훈련 및 능력개발 기본계획의 수립

② 복지시설의 설치와 관리

③ 사내근로복지기금의 설치

④ 고충처리위원회에서 의결되지 아니한 사항

⑤ 생산성 향상과 성과배분

▌해답▌ 11. ③ **12.** ⑤

≪**해설**≫ 「의결사항」은 당사자가 합의하여 반드시 의결하여야 하는 사항으로서, 노사협의회에서 의결된 사항은 모든 근로자와 사용자가 성실하게 이행하여야 하는 바(노사협력법 제24조), 정당한 이유없이 이행하지 아니한 경우 벌칙의 적용을 받게 된다(동법 제30조 제 2 호). 「필요적 의결사항(제21조)」은 i) 근로자의 교육훈련 및 능력개발 기본계획의 수립, ii) 복지시설의 설치와 관리, iii) 사내근로복지기금의 설치, iv) 고충처리위원회에서 해결되지 아니한 사항, 각종 노사공동위원회의 설치 등이다.

13. 현행법상 노사협의회에 대한 설명 중 옳지 않은 것은? 〈39회 사시변형〉

① 모든 노동조합의 대표자는 필수적으로 근로자위원이 된다.

② 근로자위원과 사용자위원 각 동수로 구성한다.

③ 정기회의는 3개월마다 개최하여야 한다.

④ 사용자는 분기별 생산계획과 실적, 인력개발 등에 관하여 정기회의에서 보고·설명하여야 한다.

⑤ 근로자위원은 협의사항 및 의결사항과 관련된 자료를 노사협의회 개최전에 사용자에게 요구할 수 있다.

≪**해설**≫ ① 근로자의 과반수로 조직된 노동조합이 설치된 경우에 한하여 당연직 근로자위원이 된다(노사협력법 제 6 조 제 2 항). ② 동법 제 6 조 제 1 항. ③ 회의는 정기회의와 임시회의가 있으며, 정기적인 협의회는 3개월마다 개최하여야 한다(동법 제12조). ④ 사용자의 보고사항이다(동법 제22조 제 1 항). ⑤ 동법 제14조 참조.

기출문제 및 기본문제

14. 노사협력법의 목적을 바르게 지적한 것은?

① 근로자의 단결권·단체교섭권·단체행동권을 보장하여, 근로조건을 유지·개선하고자 하는데 있다.

② 근로자와 사용자 쌍방이 참여와 협력을 통하여 노사공동의 이익을 증진함으로써 산업평화를 도모하고 국민경제발전에 이바지함을 목적으로 한다.

③ 노동행정의 민주화와 노사관계의 공정한 조절을 기하기 위함에 있다.

④ 노동관계를 공정하게 조정하여 도모하고 노동쟁의를 예방 또는 해결함으로써 산업평화의 유지와 국민경제발전에 이바지함을 목적으로 한다.

⑤ 근로자의 기본적 생활을 보장, 향상시키며 균형있는 국민경제의 발전을 목적으로 한다.

▌해답▐ 13. ① **14.** ②

≪**해설**≫ ①④ 노사관계법의 목적이다. 노사협력법의 목적에 대하여는 동법 제 1 조에서 지문 ②와 같이 규정하고 있다. ⑤ 근로기준법의 목적이다.

15. 다음 중 노사협의회의 목적은 어느 것인가? 〈'99 공인노무사〉

① 근로자의 복지증진을 위한 사업실시

② 노동관계의 판정 및 조정업무의 수행

③ 참여와 협력을 통한 노사공동의 이익 증진

④ 노동쟁의의 예방·해결

⑤ 근로자의 기본적 생활의 보장·향상

≪**해설**≫ ① 산업재해보상보험법 제 1 조(목적). ② 노동위원회법 제 1 조(목적). ③ 근로자참여및협력증진에관한법률 제 1 조(목적). 동법은 근로자와 사용자 쌍방이 참여와 협력을 통하여 노사공동의 이익을 증진함으로써 산업평화를 도모하고 국민경제발전에 이바지함을 목적으로 한다. ④ 노동조합및노동관계조정법 제 1 조(목적). ⑤ 근로기준법 제 1 조(목적).

16. 다음 중 우리나라처럼 법률로서 노사협의회의 설치가 강제되는 나라는?

① 일 본 ② 독 일 〈'98 공인노무사〉

③ 미 국 ④ 영 국

⑤ 스칸디나비아제국

≪**해설**≫

분 류	유 형	해당 국가
규모별 형태	기업내의 노사협의회	독일, 프랑스, 벨기에, 우리나라
	산업별, 전국적 규모의 노사협의회	스칸디나비아제국(노르웨이, 덴마크, 스웨덴), 오스트리아
설치근거에 의한 유형	법률로서 의무화한 나라*	독일, 프랑스, 오스트리아, 우리나라
	단체협약으로써 설치된 나라	영국, 스칸디나비아제국, 이태리, 일본

17. 다음 중 우리나라 노사협의제의 특징에 속하지 않는 것은 어느 것인가?

① 법령에 의한 설치의무의 부과 〈1회 공인노무사〉

② 행정지도와 감독

③ 노동조합과의 절대적 분리성

④ 경영관리적 성격

⑤ 노동조합의 2원적 기능의 수행

≪**해설**≫ [우리나라 노사협의제도의 특성]

▌해답▌ 15. ③ **16.** ② **17.** ③

① 법률에 의한 강제적 · 의무적 설치(제 4 조)
② 노사협의의 경영참가적 성격(제20조, 제22조)
③ 노동조합의 노사위원회에 대한 참여 허용(제 6 조 제 2 항)
④ 노사협의제도와 단체교섭제도의 구별(제 5 조)
⑤ 행정관청의 지도 · 감독(제11조, 제18조, 제30조, 제31조)

18. 노사협의제도와 단체교섭제도에 관한 다음 설명 중 맞지 않는 것은?

① 양자는 목적 · 당사자 · 대상사항이 구별되는 것이 원칙이다. 〈34회 사시〉
② 그러나 노사협의와 단체교섭이 제도적으로 명확히 구별되지 않는 나라도 있다.
③ 독일의 경영협의회는 근로자 대표만으로 구성된다.
④ 근로자 대표위원은 사업장 내의 전체 근로자를 대표한다는 점에서 노동조합과는 구별된다.
⑤ 그러나 양제도 모두 그 헌법적 기초는 단결권보장에 두고 있다.

≪해설≫ 단체교섭제도는 헌법 제33조 근로 3 권 보장 조항에 근거하는 것이나, 노사협의제도는 i) 헌법 제10조 내지 제101조(김형배), ii) 헌법 제119조 제 1 항 · 제 2 항(박원석), iii) 헌법 제23조 제 1 항(이상윤) 등에 근거한다고 한다. 어느 견해에 의하든 헌법 제33조에 근거하는 제도가 아니라는 점에는 차이가 없다.

19. 노사협의제도와 단체교섭제도의 비교로서 잘못된 것은?

① 우리나라에서는 노사협의제도와 단체교섭을 분리 · 구별하고 있으며, 그 대표자도 상호중복되는 것을 금지하고 있다.
② 단체교섭제도에서는 근로자는 노동조합의 조합원으로서 지위를 가지나, 노사협의회에서는 종업원이라는 기업 구성원으로서의 지위를 가진다.
③ 단체교섭은 근로자의 경제적 · 사회적 지위의 향상을 목적으로 하나, 노사협의회는 근로자의 복지증진과 기업의 건전한 발전을 통한 산업평화달성을 목적으로 한다.
④ 단체교섭에서는 그 교섭이 결렬되면 소정의 절차를 거쳐 쟁의행위에 돌입할 수 있으나, 노사협의에서는 그 합의에 도달하지 못하였다하여 노동쟁의가 발생하지는 않는다.
⑤ 노사협의회에서 합의된 내용이라 하더라도 단체협약으로 체결되지 아니하면 노사간의 합의는 법적 효력을 가지지 못한다.

≪**해설**≫ 노사협의제도와 단체교섭제도는 구별하고 있으나(노사협력법 제 5 조), 노동조합의 대표자는 노사협의회에 대한 참여를 허용하고 있다. 즉 근로자를 대

해답 18. ⑤ 19. ①

표하는 위원(이하 「근로자위원」이라 한다)은 근로자가 선출하되, 근로자의 과반수로 조직된 노동조합이 있는 경우에는 노동조합의 대표자와 그 노동조합이 위촉하는 자로 한다(동법 제 6 조 제 2 항).

20. 노사협의회는 몇 명의 위원으로 구성할 수 있는가?

① 근로자대표와 사용자대표 각각 3명 이상 10명 이하
② 근로자대표와 사용자대표 각각 5명 이상 10명 이하
③ 근로자대표와 사용자대표 각각 3명 이상 15명 이하
④ 근로자대표와 사용자대표 각각 5명 이상 15명 이하
⑤ 근로자대표와 사용자대표 모두 3명 이상 10명 이하

≪**해설**≫ 노사협력법 제 6 조 제 1 항에서 「협의회는 근로자와 사용자를 대표하는 같은 수의 위원으로 구성하되, 각 3명 이상 10명 이하로 한다」라고 규정하고 있으므로 협의회가 성립되기 위하여는 최소한 근로자위원과 사용자위원 각 3명씩, 즉 최소 6명의 위원이 있어야 한다.

21. 다음 노사협의회에 관한 기술 중 옳은 것과 틀린 것의 조합이 맞는 것은 무엇인가?

㉮ 상시 30인 이상의 근로자를 사용하는 사업장에는 설치가 의무화된다.
㉯ 협의회가 미설치된 경우 노동조합이 고충처리위원을 위촉한다.
㉰ 매 3개월마다 협의회의 정기회의를 개최하여야 한다.
㉱ 근로자의 과반수로 조직된 노동조합이 있는 경우에는 노동조합의 대표자와 그 노동조합이 위촉하는 자를 근로자위원으로 한다.
㉲ 노동조합이 조직되지 아니한 경우 단체협약을 체결할 수 있다.

① ㉮(○)㉯(×)㉰(○)㉱(○)㉲(×)
② ㉮(×)㉯(○)㉰(×)㉱(×)㉲(×)
③ ㉮(○)㉯(○)㉰(○)㉱(○)㉲(×)
④ ㉮(○)㉯(○)㉰(×)㉱(○)㉲(○)
⑤ ㉮(×)㉯(×)㉰(×)㉱(×)㉲(○)

≪**해설**≫ ㉮ 상시 30명 이상의 근로자를 사용하는 사업장에는 설치가 강제된다(노사협력법 제 4 조 제 1 항). ㉯ 고충처리위원은 노사를 대표하는 3명 이내의 위원으로 구성하되 협의회가 설치되어 있는 사업이나 사업장의 경우에는 협의회가 그 위원 중에서 선임하고, 협의회가 설치되어 있지 않은 사업이나 사업장의 경우에는 사용자가 위촉한다(동법 제27조 제 1 항). ㉰ 동법 제12조 제 1 항. ㉱ 동법 제 6 조 제 2 항. ㉲ 단체협약은 노동조합만이 체결할 수 있다.

22. 노사협의회에 대한 설명으로 잘못된 것은?

① 노사협의회에는 의장을 두어야 하며, 의장은 노동위원회가 지명한 자가

❙해답❙ **20.** ① **21.** ① **22.** ①

담당한다.

② 의장은 협의회를 대표하며, 회무를 통리한다.

③ 사용자위원은 당해사업 또는 사업장의 대표자와 그 대표자가 위촉하는 자로 한다.

④ 사용자는 근로자위원의 업무를 위하여 장소사용 등 기본적 편의를 제공하여야 한다.

⑤ 근로자위원과 사용자위원 중 각 1인을 공동의장으로 할 수 있다.

≪**해설**≫ 협의회에 의장을 두며 의장은 위원 중에서 호선한다. 이 경우 근로자위원과 사용자위원 중 각 1명을 공동의장으로 할 수 있다(노사협력법 제 7 조 제 1 항).

23. 노사협의회 위원의 임기와 지위에 대한 다음 설명 중 잘못된 것은?

① 위원의 임기는 3년으로 한다.

② 위원은 연임할 수 있다.

③ 보궐위원의 임기는 전임자의 잔임기간으로 한다.

④ 위원은 그 임기가 만료되더라도 그 후임자가 선출될 때까지 계속 그 직무를 담당한다.

⑤ 위원은 일정액의 보수가 지급된다.

≪**해설**≫ ①②③④ 노사협력법 제 8 조의 위원의 임기에 관한 내용들이다. ⑤ 노사협의회 위원은 비상임·무보수로 한다(동법 제 9 조 제 1 항).

24. 노사협의회에 대한 다음 기술 중 잘못된 것은?

① 상시 30명 이상의 근로자를 사용하는 사업·사업장에는 설치가 강제된다.

② 협의회에 의장을 두며, 위원 중에서 호선을 한다.

③ 위원은 그 임기가 만료되는 시점을 기하여 그 직무가 종료된다.

④ 위원이 노사협의회 출석시간 및 이와 직접 관련된 시간으로서 협의회 규정에서 정한 시간에 대하여는 근로한 것으로 본다.

⑤ 위원은 비상임·무보수이어야 한다.

≪**해설**≫ ① 노사협력법 제 4 조. ② 동법 제 7 조. ④⑤ 동법 제 9 조 제 1 항 및 제 3 항. ③ 동법 제 8 조 제 3 항에서는 「위원은 임기가 끝난 경우라도 후임자가 선출될 때까지는 그 직무를 담당한다」라고 규정하고 있다.

25. 노사협의회의 운영에 관한 설명으로 잘못된 것은?

① 협의회는 3개월마다 정기적으로 회의를 개최하여야 한다.

② 반드시 공개하여야 한다.

┃해답┃ **23.** ⑤ **24.** ③ **25.** ②

③ 협의회의 위원은 협의회에서 지득한 비밀을 누설하여서는 안된다.

④ 근로자위원은 협의사항 및 의결사항과 관련된 자료를 노사협의회 개최전에 사용자에게 요구할 수 있다.

⑤ 협의회 의장은 노사일방의 대표자가 회의의 목적을 문서로 밝혀 회의의 소집을 요구하면 그 요구에 따라야 한다.

≪**해설**≫ ① 노사협력법 제12조 제 1 항. ③ 동법 제17조. ④ 동법 제14조. ⑤ 동법 제13조 제 2 항의 내용이다. ② 동법 제16조에서는 「협의회의 회의는 공개한다. 다만, 협의회의 의결로 공개하지 아니할 수 있다」라고 규정하고 있다. 그러므로 반드시 공개하여야 하는 것은 아니다.

26. 노사협의회의 협의사항이 아닌 것은? 〈34회 사시〉

① 노동쟁의 예방에 관한 사항

② 안전, 보건 기타 작업환경에 관한 사항

③ 생산성향상 및 근로자의 복지증진

④ 인력계획에 관한 사항

⑤ 근로자의 교육훈련에 관한 사항

≪**해설**≫ ④ 보고사항(노사협력법 제22조)

27. 노사협의회의 협의사항에 해당하는 경우는 모두 몇 개인가?

㉮ 생산성향상 ㉯ 사내근로복지기금의 설치 ㉰ 경영계획 전반 및 실적에 반한 사항 ㉱ 임금결정 ㉲ 작업환경

① 1개 ② 2개 ③ 3개

④ 4개 ⑤ 5개

≪**해설**≫ ㉯ 의결사항이다(노사협력법 제21조 제 3 호). ㉱ 임금의 지불방법・체계・구조 등의 제도개선에 관한 것은 협의사항이나(동법 제20조 제 1 항 제 8 호), 임금의 결정과 같은 근로조건의 결정은 노사협의회의 협의사항이 아니다.

28. 노사협의회 보고사항에 관한 것 중 틀린 것의 조합은?

㉮ 근로자의 복지 증진 ㉯ 분기별 생산실적에 관한 사항

┃해답┃ 26. ④ **27.** ② **28.** ④

> ㉰ 인력계획에 관한 사항
> ㉱ 노사협조에 관한 사항
> ㉲ 경영방침 및 실적에 관한 사항

① ㉮, ㉰ ② ㉯, ㉱ ③ ㉰, ㉲
④ ㉮, ㉱ ⑤ ㉯, ㉰

≪**해설**≫ ㉮㉱ 협의사항이다(노사협력법 제20조 제 1 항 제13호 및 제16호)

29. 고충처리에 관한 다음 설명 중 타당한 것은?

① 고충처리위원은 노사를 대표하는 3명 이내의 위원으로 구성하되, 협의회가 설치되어 있지 않은 경우 근로자대표가 선임한다.
② 고충처리위원은 처리결과를 10일 이내에 근로자와 사용자에게 통보해야 한다.
③ 고충처리위원이 처리하기 곤란한 사항은 사업장의 대표자에게 통보한다.
④ 고충처리위원의 임기는 3년으로 하되 연임할 수 있다.
⑤ 고충이란 근로조건 및 노동환경 등에 대한 근로자의 집단적 불만을 말한다.

≪**해설**≫ ① 사용자가 위촉한다(노사협력법 제27조 제 1 항). ② 고충처리의 결과는 당해 근로자에게 통보하여야 한다(동법 제28조 제 1 항). ③ 협의회에 부의하여 협의 처리한다(동법 제28조 제 2 항). ④ 동법 제27조 제 2 항 및 제 8 조 참조. ⑤ 집단적 불만은 단체교섭에 관한 사항이므로 근로조건에 관한 근로자 개인의 불만을 의미한다.

30. 고충처리에 관한 다음 설명 중 타당한 것은? 〈1회 공인노무사〉

① 고충처리위원의 임기는 2년이다.
② 고충처리위원이 처리하기 곤란한 사항에 대해서는 사업주에게 통보한다.
③ 고충처리위원은 노사를 대표하는 5명 이내의 위원으로 구성하되 협의회가 설치되어 있는 경우 협의회가 그 위원 중에서 선임한다.
④ 고충처리위원은 처리결과를 10일 이내에 근로자에게 통보해야 한다.
⑤ 협의회가 설치되지 아니한 사업장에서 고충처리위원이 처리할 수 없는 고충사항은 사업장의 대표자에게 통보한다.

≪**해설**≫ ① 위원의 임기는 3년으로 하되 연임할 수 있다(노사협력법 제27조 제 2 항; 제 8 조 제 1 항), ②⑤ 고충처리위원이 처리하기 곤란한 사항은 협의회의 회의에 부쳐 협의처리한다(동법 제28조 제 2 항). ③ 고충처리위원은 노사를 대표하는 3명 이내의 위원으로 구성하되, 협의회가 설치되어 있는 사업이나 사업장의 경우에는 협의회가 그 위원 중에서 선임하고, 협의회가 설치되어 있지 아니한 사

| 해답 | 29. ④ 30. ④

업이나 사업장의 경우에는 사용자가 위촉한다(동법 제27조 제 1 항). ④ 동법 제28조 제 1 항.

31. 노사협의회에 관한 설명이 틀린 것은? 〈'99 공인노무사〉

① 협의회는 근로자와 사용자를 대표하는 동수의 위원으로 구성한다.

② 위원의 협의회 출석 및 이와 직접 관련된 시간으로서 협의회 규정에서 정한 시간에 대하여는 근로한 것으로 본다.

③ 노사협의회는 재적위원 과반수의 출석과 출석위원 3분의 2 이상의 찬성으로 의결한다.

④ 근로자와 사용자는 협의회에서 의결된 사항을 성실하게 이행하여야 한다.

⑤ 고충처리위원은 근로자로부터 고충사항을 청취한 때에는 10일 이내에 조치사항 기타 처리결과를 당해 근로자에게 통보하여야 한다.

≪**해설**≫ ① 근로자참여및협력증진에관한법률 제 6 조 제 1 항. ② 동법 제 9 조 제 3 항. ③ 회의는 근로자위원과 사용자위원의 「각」 과반수의 출석으로 개최하고 출석위원 3분의 2 이상의 찬성으로 의결한다(동법 제15조). ④ 동법 제24조. ⑤ 동법 제28조 제 1 항.

┃해답┃ 31. ③

제 8 편 勞動委員會

제1장 總 說

제1절 意 義

노사문제를 양 당사자에게만 맡겨 놓을 경우 서로 극단적으로 대립되어 합의의 도출 가능성이 거의 없는 때도 있다. 또한 노사문제가 집단적 현상으로 나타날 경우에는 사회전체에 미치는 영향이 지대한 경우도 있으므로 당사자간의 입장을 조정할 제 3 자의 개입이 필요하게 된다. 이 제 3 자로서 노사문제를 합리적이고 공정하게 해결하기 위하여 설립된 기구가 바로 노동위원회이다.

제 2 절 勞動委員會의 特性

Ⅰ. 勞動委員會의 獨立性

노동위원회는 행정위원회로서 하나의 행정기관에 해당되지만, 노동위원회법은 노동위원회의 구성 · 기능 · 예산 및 인사 등에 있어서 독립성을 보장하고 있다.

즉, i) 노동위원회는 그 권한에 속하는 업무를 독립적으로 수행하며(노동위원회법 제4조 제 1 항), ii) 중앙노동위원회 위원장은 중앙노동위원회 및 지방노동위원회의 예산 · 인사 · 교육훈련 기타 행정사무를 총괄하며, 소속공무원을 지휘 · 감독함으로써(동법 제 4 조 제 2 항) 예산 및 인사상의 실질적인 독립을 기하고 있으며, 또한 iii) 중앙노동위원회의 독자적인 규칙제정권(동법 제25조)을 인정하고 있다.

Ⅱ. 勞動委員會의 公正性

노동위원회법은 노동위원회가 공정하게 업무를 수행할 수 있도록 i) 노동위원회 위원의 임기는 3년으로 하되(동법 제 7 조 제 1 항), 임기 중 자신의 의사에 반하여 면직 또는 해촉되지 아니한다(동법 제13조 제 1 항)고 규정하여 위원의 신분을 보장하고 있으며, ii) 공익위원은 노동위원회 위원장, 노동조합 및 사용자단체가 추천한 자 중에서 노동조합과 사용자단체가 순차적으로 배제하고 남은 자를 위촉대상 공익위원으로 하며(동법 제6조 제4항), iii) 노동위원회 위원은 자기와 직접적으로 이해관계가 있는 사항에 관하여는 제척·기피할 수 있다(동법 제21조).

Ⅲ. 勞動委員會의 專門性

노동위원회의 전문성을 보장하기 위하여 i) 특정 사항을 관장하는 특별노동위원회를 설치하고(동법 제2조 제3항), ii) 공위위원을 심판담당공익위원, 차별시정담당공익위원 및 조정담당공익위원으로 구분하여 위촉하고(동법 제6조 제6항), 그 담당업무에 따라 자격기준을 달리 정하고 있다(동법 제8조).

제2장 勞動委員會의 種類 및 組織

■ 요점정리

	중앙노동위원회	지방노동위원회	특별노동위원회
소 속	노동부장관	노동부장관	당해 중앙행정기관의 장
관 장	① 지방노동위원회 및 특별노동위원회의 처분에 대한 재심사건(제3조 제1항 제1호) - 부당노동행위구제 재심사건 등 ② 2 이상의 지방노동위원회의 관할구역에 걸친 노동쟁의의 조정사건(제3조 제1항 제2호) - 단, 필요한 경우 지방노동위원회 지정하여 처리(제3조 제4항) ③ 지방노동위원회 또는 특별노동위원회의 사무처리에 관한 기본방침 및 법령의 해석에 관한 지시(제24조) ④ 중앙·지방·특별노동위원회의 규칙제정권(제25조) ⑤ 다른 법률에 의하여 그 권한에 속하는 것으로 규정된 사건(제3조 제1항 제3호)	① 당해 관할구역에서 발생하는 사건 ② 2 이상의 관할구역에 걸친 심판사건 - 주된 사업장의 소재지를 관할하는 지방노동위원회에서 관장(제3조 제2항)	① 설치목적으로 규정된 특정한 사항을 관장 ② 현재 선원노동위원회가 설치되어 있음

		- 긴급조정의 결정에 대한 중앙노동위인회 위원장의 의견제시(노사관계법 제76조 제 2 항) 및 중앙노동위원회의 긴급조정 및 중재(동법 제78조, 제79조, 제80조) - 긴급이행명령의 신청권(동법 제85조 제 5 항) - 교원의 노동쟁의의 조정 · 중재(교원노조법 제 9 조, 제10조) - 공무원의 노동쟁의의 조정 · 중재(공무원노조법 제12조, 제13조)	

제 1 절 勞動委員會의 種類 및 管掌

Ⅰ. 中央勞動委員會

1. 地方勞動委員會 및 特別勞動委員會의 처분에 대한 再審事件

중앙노동위원회는 당사자의 신청이 있는 경우 지방노동위원회 또는 특별노동위원회의 처분을 재심하여 이를 인정 · 취소 또는 변경할 수 있다(동법 제26조 제 1 항). 이 경우 재심신청은 관계법령에 특별한 규정이 있는 경우를 제외하고는 지방노동위원회 또는 특별노동위원회가 행한 처분을 통지받은 날부터 10일 이내에 하여야 한다(동법 제26조 제 2 항). 중앙노동위원회는 그 처분에 관하여 당사자에게 서면으로 통지하여야 한다(동법 제26조 제 3 항).

중앙노동위원회의 처분에 대한 소는 중앙노동위원회위원장을 피고로 하여 처분의 통지를 받은 날부터 15일 이내에 이를 제기하여야 한다(동법 제27조 제 1 항). 상기 소의 제기로 처분의 효력은 정지하지 아니하며(동법 제27조 제 2 항), 상기 15일의 기간은 불변기간으로 한다(동법 제27조 제 3 항).

2. 2 이상의 地方勞動委員會의 管轄區域에 걸친 勞動爭議의 調整事件

중앙노동위원회는 2 이상의 지방노동위원회의 관할구역에 걸친 노동쟁의 「조정사건」을 담당한다(동법 제 3 조 제 1 항 제 2 호). 다만, 중앙노동위원회위원장은 효율적인 노동쟁의의 조정을 위하여 필요하다고 인정되는 경우에는 지방노동위원회를 지정하여 당해 사건을 처리하게 할 수 있다(동법 제 3 조 제 4 항).

3. 事務處理 및 法令解釋에 대한 指示權

중앙노동위원회는 지방노동위원회 또는 특별노동위원회에 대하여 노동위원회의 사무처리에 관한 기본방침 및 법령의 해석에 관하여 필요한 지시를 할 수 있다(동법 제24조).

4. 規則制定權

중앙노동위원회는 중앙노동위원회·지방노동위원회 또는 특별노동위원회의 운영 기타 필요한 사항에 관한 규칙을 제정할 수 있다(동법 제25조).

5. 다른 法律에 의하여 그 權限에 속하는 것으로 規定된 事件

(1) 노사관계법은 i) 노동부장관의 긴급조정결정에 대한 중앙노동위원회위원장의 의견제시(제76조 제 2 항) 및 중앙노동위원회의 긴급조정 및 중재의 권한(제78조, 제79조, 제80조) ii) 긴급이행명령의 신청권(제85조 제 5 항) 등을 규정하고 있다.

(2) 공무원의 노동조합설립 및 운영 등에 관한 법률, 교원의 노동조합 설립 및 운영 등에 관한 법률은 각각 공무원 또는 교원의 노동쟁의의 조정 및 중재를 중앙노동위원회의 권한으로 규정하고 있다(공무원노조법 제12조, 제13조 및 교원노조법 제 9 조, 제10조).

Ⅱ. 地方勞動委員會

지방노동위원회는 노동부장관 소속하에 두며 그 명칭·위치 및 관할구역은 대통령령으로 정한다(노동위원회법 제 2 조 제 2 항).

지방노동위원회는 당해 관할구역에서 발생하는 사건을 관장하되, 2 이상의 관할구역에 걸친 사건 중 노동쟁의의 조정사건을 제외한 사건은 주된 사업장의 소재지를 관할하는 지방노동위원회에서 관장한다(동법 제 3 조 제 2 항).

중앙노동위원회위원장은 주된 사업장을 정하기 어렵거나 주된 사업장의 주소지를 관할하는 지방노동위원에서 처리하기 곤란한 사정이 있는 경우에는 직권으로 또는 관계 당사자나 지방노동위원회위원장의 신청에 따라 지방노동위원회를 지정하여 당해 사건을 처리하게 할 수 있다(동법 제 3 조 제 5 항).

Ⅲ. 特別勞動委員會

특별노동위원회는 특정한 사항을 관장하기 위하여 필요한 경우에 당해 특정사항을 관장하는 「중앙행정기관의 장」 소속하에 둔다(동법 제 2 조 제 3 항).

특별노동위원회는 관계법률이 정하는 바에 따라 그 설치목적으로 규정된 특정사항에 관한 사건을 관장한다(동법 제 3 조 제 3 항).

현재 특별노동위원회에는 선원법 제 4 조 제 2 항의 규정 및 선원노동위원회

규정에 따라 설치된 「선원노동위원회」가 있다.

제 2 절 勞動委員會의 組織

Ⅰ. 勞動委員會의 構成

노동위원회는 근로자를 대표하는 근로자위원과 사용자를 대표하는 사용자위원 및 공익을 대표하는 공익위원으로 구성된다(동법 제 6 조 제 1 항). 노동위원회의 위원의 수는 근로자위원·사용자위원은 각 10인 이상 50인 이하, 공익위원은 10인 이상 70인 이하의 범위 안에서 각 노동위원회의 업무량을 감안하여 대통령령으로 정하며, 이 경우 근로자위원과 사용자위원은 동수로 한다(동법 제 6 조 제 2 항). 다만, 특별노동위원회에 두는 위원의 수는 설치근거가 되는 법률에서 달리 정할 수 있다(동법 제 5 조 제 2 항 제 1 호).

Ⅱ. 委員의 委囑 및 資格

1. 勤勞者委員 및 使用者委員

(1) 추천 및 제청　　근로자위원은 노동조합이 추천한 자 중에서, 사용자위원은 사용자단체가 추천한 자 중에서 위촉하되, 중앙노동위원회의 경우에는 대통령이 지방노동위원회의 경우에는 중앙노동위원회위원장이 각각 위촉한다(동법 제 6 조 제 3 항).

▣ 요점정리

* 특별노동위원회는 관련법령이 정하는 바에 따른다.

구 분			중앙노동위원회	지방노동위원회
위원	추천*	근로자 위 원	• 총연합단체인 노동조합에서 추천 • 노동부장관의 제청	• 당해 지방노동위원회의 관할 구역안에 조직되어 있는 총연합단체인 노동조합의 지역대표기구에서 추천 • 지방노동위원회위원장의 제청
		사용자 위 원	• 전국규모의 사용자단체에서 추천 • 노동부장관의 제청	• 당해 지방노동위원회의 관할 구역안에 조직되어 있는 사용자단체에서 추천 • 지방노동위원회 위원장의 제청
		공 익 위 원	• 노동위원회위원장, 노동조합 및 사용자단체 각각 추천 • 노동조합과 사용자단체가 순차적 배제, 남은 자 대상 위촉	• 노동위원회위원장, 노동조합 및 사용자단체 각각 추천 • 노동조합과 사용자단체가 순차적 배제, 남은 자 대상 위촉

		• 노동부장관의 제청	• 지방노동위원회위원장의 제청
	위 촉	• 대통령	• 중앙노동위원회의 위원장
	임 기	• 3년	• 3년
위 원 장		• 공익위원의 자격을 가진 자 중에서 노동부장관의 제청으로 대통령이 임명(정무직) • 공익위원이 되고 심판사건·차별시정사건과 조정사건을 담당한다.	• 공익위원 중에서 중앙노동위원회 위원장의 추천과 노동부장관의 제청으로 대통령이 임명 • 공익위원이 되고 심판사건·차별시정사건과 조정사건을 담당한다.
상 임 위 원		• 공익위원의 자격을 가진 자 중에서 중앙노동위원회위원장의 추천과 노동부장관의 제청으로 대통령이 임명. • 공익위원이 되고 심판사건·차별시정사건과 조정사건을 담당한다.	• 좌동

* 다만, 총연합단체인 노동조합에 소속되지 아니한 노동조합이 있는 경우에는 당해 노동조합으로부터 직접 추천을 받을 수 있다.

2. 公益委員

(1) 추천·선출 및 위촉 공익위원은 i) 심판사건을 담당하는 심판담당공익위원, ii) 차별시정사건을 담당하는 차별시정담당공익위원, iii) 조정사건을 담당하는 조정담당공익위원으로 구분하여 위촉하되(노동위원회법 제 6 조 제 6 항), 당해 노동위원회위원장·노동조합 및 사용자단체가 각각 추천한 자 중에서 노동조합과 사용자단체가 순차적으로 배제하고 남은 자를 위촉대상 공익위원으로 하고, 그 위촉대상 공익위원 중에서 중앙노동위원회의 공익위원은 노동부장관의 제청으로「대통령」이, 지방노동위원회의 공익위원은 지방노동위원회위원장의 제청으로「중앙노동위원회위원장」이 각각 위촉한다(동법 제 6 조 제 4 항). 다만, 노동조합 또는 사용자단체가 공익위원의 추천 또는 추천된 공익위원을 순차적으로 배제하는 절차를 거부하는 경우에는 당해 노동위원회위원장이 위촉대상 공익위원을 선정할 수 있다(동법 제 6 조 제 5 항).

(2) 공익위원의 자격 노동위원회의 위원 중 공익위원은 심판담당공익위원 및 차별시정담당공익위원 및 조정담당공익위원으로 분류하며 일정한 자격요건을 갖춘 자로서 노동문제에 관한 지식과 경험이 있는 자 중에서 위촉한다(동법 제 8 조).

Ⅲ. 委員會의 構成 및 地位

(1) 위원장 노동위원회에는 위원장을 둔다(동법 제 9 조 제 1 항). i) 중앙노동

위원회의 위원장은 중앙노동위원회의 공익위원 자격을 가진 자 중에서 노동부장관의 제청으로 대통령이, ii) 지방노동위원회의 위원장은 지방노동위원회의 공익위원 자격을 가진 자 중에서 중앙노동위원회위원장의 추천과 노동부장관의 제청으로 대통령이 각각 임명한다(동법 제 9 조 제 2 항). 특별노동위원회의 경우에는 근거법령이 정하는 바에 따른다(동법 제 5 조 제 1 항).

위원장은 회무를 통리하고 당해 노동위원회를 대표한다(동법 제10조 제 1 항). 위원장이 부득이한 사유로 직무를 수행할 수 없는 때에는 공익위원 중에서 대통령령이 정하는 바에 의하여 선임된 자가 그 직무를 대행한다(동법 제10조 제 2 항).

중앙노동위원회의 위원장은 정무직으로 한다(동법 제 9 조 제 3 항). 위원장은 공익위원이 되며, 심판사건 · 차별시정사건과 조정사건을 담당할 수 있다(동법 제 9 조 제 4 항).

(2) 상임위원 노동위원회에 상임위원을 두며 상임위원은 당해 노동위원회의 공익위원 자격을 가진 자 중에서 중앙노동위원회위원장의 추천과 노동부장관의 제청으로 대통령이 임명한다(동법 제11조 제 1 항).

상임위원은 공익위원이 되며, 심판사건 · 차별시정사건과 조정사건을 담당할 수 있다(동법 제11조 제 2 항). 각 노동위원회에 두는 상임위원의 수 및 직급은 대통령령으로 정한다(동법 제11조 제 3 항).

(3) 사무국 노동위원회에 사무국을 둔다(동법 제14조 제 1 항). 사무국의 조직 · 운영에 관하여 필요한 사항은 대통령령으로 정한다(동법 제14조 제 2 항).

Ⅳ. 任期 및 處遇

1. 任 期

노동위원회의 위원의 임기는 3년이며 연임할 수 있다(노동위원회법 제 7 조 제 1 항). 위원이 궐위된 경우 보궐위원의 임기는 전임자의 잔임기간으로 한다. 다만, 위원장 또는 상임위원이 궐위되어 후임자를 임명한 경우 후임자의 임기는 새로이 개시된다(동법 제 7 조 제 2 항). 그리고 임기가 만료된 경우에도 후임자가 위촉될 때까지는 계속 그 직무를 집행한다(동법 제 7 조 제 3 항).

2. 處 遇

위원의 처우에 관하여는 대통령령으로 정한다(동법 제 7 조). 노동위원회의 위원에 대하여는 그 직무수행을 위하여 필요한 수당과 여비를 지급할 수 있되, 공무원인 위원이 그 소관업무와 직접 관련하여 위원회에 출석하는 경우에는 그러하지 아니하다(동법시행령 제 8 조 제 1 항).

노동위원회의 상임위원이 아닌 위원에 대한 수당은 출석한 일수에 의하여 지급하고, 여비는 국내여비규정을 준용하여 지급한다(동법시행령 제 8 조 제 2 항).

Ⅴ. 身分保障 등

1. 身分保障

노동위원회 위원은 다음의 어느 하나에 해당하는 경우를 제외하고는 그 의사에 반하여 면직 또는 해촉되지 아니한다(동법 제13조 제 1 항). 다만, ①에 해당하게 된 경우에는 당연히 면직 또는 해촉된다(동법 제13조 제 2 항).

(1) 「국가공무원법」 제33조의 규정에 해당하게 된 경우

(2) 장기간의 심신쇠약으로 직무를 수행할 수 없게 된 경우

(3) 직무와 관련된 비위사실이 있거나 노동위원회 위원직을 유지하기에 적합하지 아니하다고 인정되는 비위사실이 있는 경우

(4) 제11조의2의 규정에 따른 행위규범을 위반하여 위원으로서 직무를 수행하기 곤란한 경우

2. 公務員擬制

노동위원회의 위원 중 공무원이 아닌 위원은 형법 기타 법률에 의한 벌칙의 적용에 있어서 공무원으로 본다(동법 제29조).

제 3 장 勞動委員會의 會議

제 1 절 會議의 構成 및 業務

Ⅰ. 全員會議

전원회의는 당해 노동위원회 소속위원 전원으로 구성하며, 다음의 사항을 처리한다(동법 제15조 제 2 항). 다만 ③, ④ 및 ⑤는 중앙노동위원회의 전원회의에 한한다.

① 노동위원회의 운영 등 일반적인 사항의 결정

② 관련 행정기관에 대한 근로조건의 개선조치에 관한 권고(제22조 제 2 항)

③ 지방노동위원회 또는 특별노동위원회에 대하여 노동위원회의 사무처리에 관한 기본방침 및 법령의 해석에 관하여 내리는 지시(제24조)

④ 중앙노동위원회·지방노동위원회 또는 특별노동위원회의 운영 기타 필요한 사항에 관한 규칙의 제정(제25조)

⑤ 위원장 또는 위원 1/3 이상이 처리를 요구한 사항

Ⅱ. 部門別 委員會

노동위원회에는 전원회의외에 그 권한에 속하는 업무를 부문별로 처리하기 위하여 다른 법률에 특별한 규정이 있는 경우를 제외하고는 심판위원회·차별시정위원회·조정위원회·특별조정위원회·중재위원회·교원노동관계조정위원회 및 공무원노동관계조정위원회(이하 「부문별위원회」라 한다)를 둔다(동법 제15조 제 1 항).

1. 審判委員會

(1) 구 성 심판위원회는 심판담당공익위원(위원장 또는 상임위원을 포함한다) 중 위원장이 지명하는 3인으로 구성하되, 위원장 또는 상임위원 1인을 포함하여야 한다. 다만, 위원장 또는 상임위원의 업무가 과도하여 정상적인 업무수행이 곤란하게 되는 등 부득이한 사유가 있는 경우에는 위원장 또는 상임위원을 제외한 심판담당공익위원 3인으로 심판위원회를 구성할 수 있다(동법 제15조 제 4 항 및 제 6 항).

(2) 업 무 심판위원회는 노사관계법·근로기준법 및 노사협력법 기타 법

령의 규정에 의하여 노동위원회의 판정·의결·승인 또는 인정 등을 받도록 규정된 사항을 처리한다(동법 제15조 제 3 항).

1) 의결권한 노동위원회의 「의결권한」은 행정관청이 행정처분을 내리기 전에 그 사전절차로서 위원회의 의결을 먼저 거치도록 하는 절차적 권한을 말한다.

노동위원회의 의결권한으로서 「노사관계법」은 ① 노동부장관의 노동조합 임시총회 소집권자 지명에 대한 의결(동법 제18조 제 3 항), ② 노동부장관의 노동관계법령에 위반한 조합규약의 시정명령에 대한 의결(동법 제21조 제 1 항), ③ 노동부장관의 노동관계법령 또는 규약에 위반한 노동조합의 결의 또는 처분의 시정명령에 대한 의결(동법 제21조 제 2 항), ④ 휴면노조의 해산에 대한 의결(동법 제28조 제 1 항 제 4 호), ⑤ 노동부장관의 위법한 단체협약의 시정명령에 대한 의결(동법 제31조 제 3 항), ⑥ 노동부장관의 단체협약의 지역적 구속력 확장에 대한 의결(동법 제36조 제 1 항), ⑦ 노동부장관의 안전보호시설의 정상적인 유지·운영을 침해하는 쟁의행위 중지명령에 대한 사전의결 및 사후승인(동법 제42조 제 3 항·제 4 항) 등을 규정하고 있다.

또한 「근로기준법」은 재해보상에 관한 심사·중재의 권한(동법 제88조 및 제89조) 등을 규정하고 있다.

[노동위원회의 의결을 필요로 하는 사항]

① 임시총회 소집권자의 지명요구 → 지명(노사관계법 제18조 제 3 항)
② 조합규약이 법령에 위반한 경우 → 시정명령(동법 제21조 제 1 항)
③ 조합의 결의·처분이 법령·규약에 위반한 경우 → 시정명령(동법 제21조 제 2 항)
④ 휴면노조의 해산의결 → 행정관청(동법 제28조)
⑤ 단체협약이 위법한 경우 → 시정명령(동법 제34조 제 1 항)
⑥ 지역적 구속력의 확장 → 행정관청(동법 제36조)
⑦ 안전보호시설을 정폐하는 쟁의행위 → 중지명령(동법 제42조)
⑧ 노동위원회 위원의 면직·해촉사유의 인정 → 면직·해촉(노위법 제13조 제 2 항)

2) 판정권한 노동위원회의 「판정권한」은 법원의 재판기능과 유사한 노사관계에 대한 사법적 판단권한이다.

노동위원회의 판정권한으로서 「노사관계법」은 ① 부당노동행위에 관한 판정 및 구제명령을 하는 권한(동법 제81조 내지 제86조), ② 단체협약의 해석 또는 이행방법에 관한 당사자의 의결불일치에 대한 의견제시(동법 제34조)를 규정하고 있다.

또한 「근로기준법」은 ① 근로계약상의 근로조건 위반으로 인한 손해배상청구에 대한 처리(동법 제19조 제 2 항), ② 부당해고 등의 구제신청(동법 제28조), ③ 휴업수당 지급의 예외를 인정하는 부득이한 사유에 관한 인정(동법 제46조 제 2 항), ④ 휴업보상 또는 장해보상의 면제사유로서 근로자의 중대한 과실 여부에 관한 인정(동법 제81조) 등의 기능을 갖는다.

2. 差別是正委員會

(1) 구 성 차별시정위원회는 차별시정담당공익위원 중 위원장이 지명하는 3인으로 구성하며, 위원장 또는 상임위원 1인을 포함하여야 한다. 다만, 위원장 또는 상임위원의 업무가 과도하여 정상적인 업무수행이 곤란하게 되는 등 부득이한 사유가 있는 경우에는 위원장 또는 상임위원을 제외한 차별시정담당공익위원 3인으로 차별시정위원회를 구성할 수 있다(동법 제15조 제 4 항 및 제 6 항).

(2) 업 무 차별시정위원회는 「기간제 및 단시간근로자 보호 등에 관한 법률」 또는 「파견근로자보호 등에 관한 법률」에 따른 차별시정과 관련된 사항을 처리한다(동법 제15조 제 4 항).

3. 調停委員會 · 特別調停委員會 · 仲裁委員會 · 教員勞動關係調整委員會 · 公務員勞動關係調整委員會

(1) 구 성 조정위원회 · 특별조정위원회 · 중재위원회는 노사관계법이 정하는 바에 따라 구성하며, 교원노동관계조정위원회 및 공무원노동관계조정위원회는 각 공무원노조법과 교원노조법이 정하는 바에 따라 구성하고, 공익위원은 조정담당공익위원 중에서 선정하되(노동위원회법 제15조 제 5 항, 제 8 항 및 제 9 항), 위원장 또는 상임위원을 포함한다.

(2) 업 무 조정위원회 · 특별조정위원회 · 중재위원회는 노사관계법에 의한 조정 · 중재 기타 이와 관련된 사항을 각각 처리하며(노동위원회법 제15조 제 4 항), 교원노동관계조정위원회 및 공무원노동관계조정위원회는 각 공무원노조법 및 교원노조법의 규정에 의한 조정 · 중재 기타 이와 관련된 사항을 처리한다(노동위원회법 제15조 제 5 항, 제 8 항 및 제 9 항).

한편 노사협력법은 노사협의회가 의결하지 못하거나, 의결한 사항에 대하여 해석 또는 이행방법에 대하여 불일치가 있는 경우 노동위원회 등에 의한 중재를 받을 수 있다고 규정하고 있다(제24조 제 1 항).

▣ 요점정리

분 류	구 성	업 무	위원장	의 결
전원회의	• 노동위원회 소속위원 전원	• 노동위원회의 운영 등 일반사항의 결정 • 관련행정기관에 대한 근로조건의 개선 조치에 관한 권고	• 노동위원회위원장	• 재적위원 과반수의 출석으로 개의하고, 출석위원

<table>
<tr><td colspan="2"></td><td></td><td>• 지방노동위원회 · 특별노동위원회에 대하여 기본방침 및 법령해석에 관하여 내리는 지시
• 규칙제정</td><td></td><td>과반수의 찬성으로 의결</td></tr>
<tr><td rowspan="3">부문별위원회</td><td>심판위원회</td><td>• 심판담당공익위원(위원장 또는 상임위원 포함) 중 위원장이 지명하는 3인</td><td>• 의결권한
• 판정권한</td><td>• 위원중에서 호선</td><td rowspan="3">• 구성인원 전원의 출석으로 개의하고, 출석위원 과반수의 찬성으로 의결</td></tr>
<tr><td>차별시정 위원회</td><td>• 차별시정담당공익위원(위원장 또는 상임위원 포함) 중 위원장이 지명하는 3인</td><td>• 기간제 및 단시간 근로자
• 파견근로자
• 차별시정과 관련된 조정 및 중재</td><td>• 위원중에서 호선</td></tr>
<tr><td>• 조정위원회
• 특별조정위원회
• 중재위원회
• 교원노동관계 조정위원회
• 공무원노동관계 조정위원회</td><td>• 노사관계법, 공무원노조법, 교원노조법이 정하는 바에 따라 구성하되 공익위원은 조정담당공익위원(위원장 또는 상임위원 포함) 중에서 선정</td><td>• 일반사업의 조정
• 공익사업의 조정
• 중재
• 긴급조정 및 중재 (중앙노동위원회)
• 공무원노조법 및 교원노조법에 의한 조정 · 중재(중앙노동위원회)</td><td>• 위원중에서 호선</td></tr>
</table>

제 2 절 會議의 運營

I. 會議의 召集

위원장은 전원회의의 의장이 되며 부문별 위원회위원장은 다른 법률에 특별한 규정이 있는 경우를 제외하고는 부문별 위원회위원 중에서 호선하고 당해 부문별 위원회의 의장이 된다(노동위원회법 제16조 제 1 항).

노동위원회의 회의는 위원장 또는 부문별위원회위원장이 각각 소집한다(동법 제16조 제 2 항). 다만, 위원장은 필요하다고 인정하는 경우에는 부문별위원회를 소집할 수 있다. 위원장 또는 부문별위원회위원장은 전원회의 또는 부문별 위원회를 구성하는 위원 과반수가 회의의 소집을 요구한 때에는 이에 응하여야 한다(동법 제16조 제 3 항).

Ⅱ. 會議의 議決

「전원회의」는 재적위원 과반수의 출석으로 개의하고 출석위원 과반수의 찬성으로 의결하며, 「부문별위원회의 회의」는 구성위원 전원의 출석으로 개의하고 출석위원 과반수의 찬성으로 의결한다(동법 제17조). 이 경우 회의에 참여한 위원은 그 의결사항에 서명・날인하여야 한다(동법 제17조).

Ⅲ. 會議의 進行

1. 報告 및 意見聽取

위원장 또는 부문별 위원회위원장은 소관회의에 부과된 사항에 관하여 구성위원 또는 담당공무원 등으로 하여금 회의에 보고하도록 할 수 있다(동법 제18조 제 1 항). 심판위원회 및 차별시정위원회는 의결하기 전에 당해 노동위원회의 근로자위원 및 사용자위원 각 1인 이상의 의견을 들어야 한다. 다만, 근로자위원 또는 사용자위원이 출석요구를 받고 정당한 이유없이 출석하지 아니하는 경우에는 그러하지 아니하다(동법 제18조 제 2 항). 노동부장관은 노동위원회의 요청이 있거나 필요하다고 인정할 경우 관계공무원으로 하여금 노동위원회의 회의에 출석하여 의견을 진술하게 할 수 있다(동법시행령 제10조).

2. 會議의 公開

노동위원회의 회의는 공개한다. 다만 당해 회의의 의결에 의하여 공개하지 아니할 수 있다(동법 제17조).

3. 會議의 秩序維持

위원장 또는 부문별 위원회위원장은 소관회의의 공정한 진행을 방해하거나 질서를 문란하게 하는 자에 대하여는 퇴장을 명할 수 있다(동법 제20조).

4. 委員의 除斥 및 忌避

위원은 자기와 직접 이해관계가 있는 사항에 대하여는 심의・의결 또는 조정에 관여할 수 없다(동법 제21조 제 1 항). 당사자는 심의・의결 또는 조정의 공정을 기대하기 어려운 위원이 있을 경우에는 위원장에게 그 사유를 적어 기피신청을 할 수 있으며, 위원장은 기피신청이 이유있다고 인정되는 경우에는 그 위원을 교체하여야 한다(동법 제21조 제 2 항・제 3 항). 위원장은 사건이 접수되는 즉시 제 2

항의 규정에 의한 기피신청을 할 수 있음을 사건당사자에게 알려야 한다(동법 제21조 제4항).

제4장 勞動委員會의 權限 및 義務

제1절 勞動委員會의 權限

Ⅰ. 協調要請 등

노동위원회는 그 사무집행을 위하여 필요하다고 인정할 때에는 관계 행정기관에 협조를 요청할 수 있으며, 협조를 요청받은 관계 행정기관은 특별한 사유가 없는 한 이에 응하여야 한다(동법 제22조 제1항). 노동위원회는 관계 행정기관으로 하여금 노동조건의 개선에 관하여 필요한 조치를 하도록 권고할 수 있다(동법 제22조 제2항).

Ⅱ. 調 査 權

노동위원회는 그 사무집행을 위하여 필요하다고 인정할 때에는 사용자·사용자단체·노동조합 기타 관계인에 대하여 출석·보고 또는 필요한 서류의 제출을 요구하거나, 위원장 또는 부문별위원회위원장이 지명한 위원 또는 직권으로 하여금 사업 또는 사업장의 업무현황·서류 기타 물건을 조사하게 할 수 있다(동법 제23조 제1항). 이 경우 조사하는 위원 또는 직원은 그 권한을 표시하는 증표를 관계인에게 제시하여야 한다(동법 제23조 제2항). 관계 당사자 외에 필요하다고 인정되어 노동위원회에 출석한 자에 대하여는 대통령령이 정하는 바에 의하여 비용을 변상한다(동법 제23조 제3항).

제2절 勞動委員會의 義務

Ⅰ. 秘密嚴守의 義務

노동위원회의 위원이나 직원 또는 그 위원이나 직원이었던 자는 그 직무에 관하여 지득한 비밀을 누설하여서는 아니된다(동법 제28조).

Ⅱ. 公正性의 義務

공익위원은 업무수행에 있어서 중립성을 유지하여야 한다(동법 제 8 조 제 3 항).

기출문제 및 기본문제

최근 기출문제

1. 노동위원회의 소관 사무가 아닌 것은? 〈50회 사시〉

① 근로기준법에 따른 부당해고 판정에 관한 업무
② 산업재해보상보험법에 따른 근로복지공단의 결정에 대한 재심에 관한 업무
③ 「기간제 및 단시간근로자 보호 등에 관한 법률」에 따른 차별시정에 관한 업무
④ 「노동조합 및 노동관계조정법」에 따른 노동쟁의 조정에 관한 업무
⑤ 「노동조합 및 노동관계조정법」에 따른 부당노동행위 판정에 관한 업무

≪**해설**≫ ② 근로복지공단의 심사청구에 대한 결정에 불복하는 자는 산업재해보상보험 재심사위원회에 재심사 청구를 할 수 있다(산업재해보상보험법 제106조 제1항).

[노동위원회의 소관 사무](노동위원회법 제2조의2)

1. 「노동조합 및 노동관계조정법」·「근로기준법」·「근로자참여 및 협력증진에 관한 법률」·「교원의 노동조합설립 및 운영 등에 관한 법률」·「공무원의 노동조합설립 및 운영 등에 관한 법률」·「기간제 및 단시간근로자 보호 등에 관한 법률」 및 「파견근로자보호 등에 관한 법률」에 따른 판정·결정·의결·승인·인정 또는 차별시정 등에 관한 업무 2. 「노동조합 및 노동관계조정법」·「교원의 노동조합설립 및 운영 등에 관한 법률」 및 「공무원의 노동조합설립 및 운영 등에 관한 법률」에 따른 노동쟁의 조정·중재 또는 관계 당사자의 자주적인 노동쟁의 해결지원에 관한 업무 3. 제1호 및 제2호의 업무수행과 관련된 조사·연구·교육 또는 홍보 등에 관한 업무 4. 그 밖에 다른 법률에 따라 노동위원회의 소관으로 규정된 업무

2. 노동위원회법상 중앙노동위원회에 관한 설명 중 옳지 않은 것은? 〈47회 사시〉

① 중앙노동위원회는 근로자위원과 사용자위원 및 공익위원으로 구성한다.
② 중앙노동위원회의 근로자위원은 노동조합이 추천한 자 중에서 위촉한다.
③ 중앙노동위원회의 위원의 임기는 3년으로 하되, 연임할 수 있다.
④ 중앙노동위원회의 전원회의는 재적위원 과반수의 출석으로 개의(開議)하고 출석위원 과반수의 찬성으로 의결한다.

해답 1. ② 2. ⑤

⑤ 중앙노동위원회의 처분에 대한 소는 노동부장관을 피고로 하여 제기하여야 한다.

≪**해설**≫ 중앙노동위원회의 처분에 대한 소는 중앙노동위원회위원장을 피고로 하여 처분의 통지를 받은 날부터 15일 이내에 이를 제기하여야 한다(노동위원회법 제27조 제 1 항).

3. 노동위원회의 권한이 아닌 것은? 〈46회 사시〉

① 위법한 노동조합규약에 대한 시정명령권
② 부당노동행위 해당 여부의 판정권과 구제명령권
③ 정당한 이유 없는 해고에 대한 구제명령권
④ 휴면노조의 해산에 관한 의결
⑤ 행정기관에 대하여 근로조건개선조치에 관한 권고

≪**해설**≫ ① 「행정관청」은 노동조합의 규약이 노동관계법령에 위반한 경우에는 「노동위원회의 의결」 얻어 그 시정을 명할 수 있다(노조법 제21조 제 1 항). 따라서 행정관청의 권한이다. 노동위원회는 ②③⑤와 조사권(노동위원회법 제23조 제 1 항) 및 ④ 행정관청의 관여사항(임시총회소집권자의 지명, 규약의 시정명령, 노조의 결의·처분의 시정명령, 조합의 해산, 단체협약의 시정명령, 지역적 구속력의 결정, 안전보호시설의 쟁의중지 명령)에 대한 의결권 등의 권한을 행사한다.

4. 특정한 사항을 관장하는 특별노동위원회는 누구의 소속하에 두는가? 〈43회 사시〉

① 노동부장관 ② 보건복지부장관
③ 대통령 ④ 당해 중앙행정기관의 장
⑤ 국무총리

≪**해설**≫ 특별노동위원회는 특정한 사항을 관장하기 위하여 필요한 경우에 당해 특정사항을 관장하는 「중앙행정기관의 장」소속하에 둔다(노동위원회법 제 2 조 제 3 항). 현재 해양수산부장관 소속하에 「선원지방노동위원회」가 있다.

5. 노동위원회의 소관사항에 해당하지 않는 것은? 〈42회 사시〉

① 휴업수당 지급의 예외 승인
② 단체협약의 지역적 구속력 의결
③ 단체협약의 위법한 내용에 대한 시정명령
④ 노사협의회 의결사항에 관한 분쟁의 중재
⑤ 부당해고 구제신청에 대한 판정

≪**해설**≫ ① 근로기준법 제46조 제 2 항. ② 노사관계법 제36조. ③ 「행정관청」은 단체협약중 위법한 내용이 있는 경우에는 노동위원회의 의결을 얻어 그 시정을

해답 3. ① 4. ④ 5. ③

명할 수 있다(노사관계법 제31조 제 3 항). 즉 노동위원회의 의결사항이기는 하지만 시정명령권자는 행정관청이다. ④ 노사협력법 제24조 제 1 항. ⑤ 근로기준법 제30조.

6. 중앙노동위원회 및 지방노동위원회의 공익위원을 위촉하는 자는 각각 누구인가?

〈42회 사시〉

① 대통령, 노동부장관　　② 대통령, 중앙노동위원회위원장
③ 노동부장관, 노동부장관　　④ 대통령, 대통령
⑤ 노동부장관, 중앙노동위원회위원장

≪**해설**≫ 공익위원은 당해 노동위원회위원장·노동조합 및 사용자단체가 각각 「추천」한 자 중에서 근로자위원과 사용자위원의 「투표」로 선출하되, i) 중앙노동위원회의 공익위원은 「대통령」이, ii) 지방노동위원회의 공익위원은 중앙노동위원회위원장이 각각 「위촉」한다(노동위원회법 제 6 조 제 4 항).

7. 중앙노동위원회의 권한에 속하지 않는 것은? 〈41회 사시〉

① 지방노동위원회 또는 특별노동위원회에 대한 사무처리 기본방침 및 법령 해석에 관한 지시권
② 중앙노동위원회·지방노동위원회 또는 특별노동위원회의 운영 기타 필요한 사항에 관한 규칙제정권
③ 지방노동위원회의 처분에 대한 재심사건
④ 특별노동위원회의 처분에 대한 재심사건
⑤ 긴급조정의 결정

≪**해설**≫ 중앙노동위원회의 권한으로는 i) 2 이상의 지방노동위원회의 관할구역에 걸친 노동쟁의의 조정사건(노동위원회법 제 3 조 제 1 항 제 2 호), ii) 지방노동위원회와 특별노동위원회에 대한 지시권(동법 제24조), iii) 규칙제정권(동법 제25조), iv) 지방노동위원회 또는 특별노동위원회의 처분에 대한 재심사권(동법 제26조), v) 긴급조정권(노사관계법 제78조), vi) 긴급이행명령의 신청권(동법 제85조 제 5 항), vii) 교원의 노동쟁의의 조정권(교원노조법 제 9 조, 제10조) 등이 있다. ⑤ 긴급조정의 결정권은 노동부장관의 권한이다.

8. 근로자가 사용자의 부당노동행위에 대한 중앙노동위원회의 재심판정에 불복하여 행정소송을 제기하려는 경우 누구를 피고로 하여야 하는가? 〈41회 사시〉

① 중앙노동위원회 위원장　　② 관할지방노동위원회 위원장
③ 중앙노동위원회　　④ 관할지방노동위원회
⑤ 사용자

❙해답❙ **6.** ② **7.** ⑤ **8.** ①

≪**해설**≫ 중앙노동위원회의 처분에 대한 소는 「중앙노동위원회위원장」을 피고로 하여 처분의 통지를 받은 날부터 15일 이내에 이를 제기하여야 한다(노동위원회법 제27조 제 1 항).

9. 노동위원회에 대한 설명 중 옳지 않은 것은? 〈39회 사시〉

① 노동위원회는 이른바 3자구성을 조직원리로 하고 있다.

② 노동위원회는 독립적 행정규제위원회이다.

③ 특별노동위원회는 특히 필요한 경우에 특정한 사항을 관장하게 하기 위하여 노동부에 설치한다.

④ 노동위원회는 판정적 기능과 조정적 기능을 행한다.

⑤ 노동쟁의의 조정을 위하여 노동위원회에 조정위원회를 둔다.

≪**해설**≫ 특별노동위원회는 특정사항을 관장하는 중앙행정기관의 장 소속하에 둔다. 선원법상 「선원지방노동위원회」가 있다.

기출문제 및 기본문제

10. 노동위원회에 관한 설명 중 틀린 것은? 〈'97 행시〉

① 노 · 사 · 공 3자로 구성된다.

② 중앙노동위원회는 특별노동위원회의 사무처리에 관한 기본방침을 지시할 수 있다.

③ 중앙노동위원회는 지방노동위원회의 처분에 대한 재심판정권을 갖는다.

④ 지방노동위원회는 특별노동위원회의 처분에 대한 재심판정권을 갖는다.

⑤ 중앙노동위원회와 지방노동위원회는 노동부장관 소속하에 둔다.

≪**해설**≫ 지방노동위원회 및 특별노동위원회의 처분에 대한 재심사건은 중앙노동위원회에서 관장한다(노위법 제 3 조).

11. 노동위원회제도에 관하여 잘못 설명한 것은?

① 중앙노동위원회는 노동부장관의 소속하에 둔다.

② 노동위원회는 노, 사, 공익의 3자로 구성된다.

③ 그 권한은 부당노동행위를 구제하는 외에도 분쟁을 조정, 중재하는 등의 쟁의조정권한도 갖는다.

④ 지방노동위원회는 소재지를 관할하는 광역시 · 도지사의 소속하에 둔다.

⑤ 특별노동위원회는 그 설치 목적이 된 특정사항에 관한 사건을 관장한다.

| 해답 | **9.** ③ **10.** ④ **11.** ④

≪**해설**≫ 중앙노동위원회 및 지방노동위원회는 「노동부장관」 소속하에 둔다(노동위원회법 제 2 조 제 2 항).

12. 특별노동위원회의 소속기관은 어느 것인가? 〈'99 공인노무사〉

① 중앙노동위원회 ② 노동부장관 ③ 중앙행정기관의 장
④ 보건복지부장관 ⑤ 관할 지방노동위원회

≪**해설**≫ 노동위원회는 중앙노동위원회·지방노동위원회 및 특별노동위원회로 구분한다(노동위원회법 제 2 조 제 1 항). 중앙노동위원회 및 지방노동위원회는 노동부장관 소속하에 두며, 지방노동위원회의 명칭·위치 및 관할구역은 대통령령으로 정한다(동조 제 2 항). 특별노동위원회는 특정한 사항을 관장하기 위하여 필요한 경우에 당해 특정사항을 관장하는 「중앙행정기관의 장」 소속하에 둔다(동조 제 3 항).

13. 다음의 노동위원회에 대한 설명으로 잘못된 것은?

① 중앙노동위원회는 2 이상의 지방노동위원회의 관할구역에 걸친 노동쟁의 조정을 관장한다.
② 중앙노동위원회는 중앙노동위원회 및 지방노동위원회의 소속 공무원을 지휘·감독한다.
③ 2 이상의 관할구역에 거친 심판 사건은 주된 사무소의 소재지를 관할하는 지방노동위원회에서 담당한다.
④ 특별노동위원회는 그 설치목적이 된 특정사항에 관한 사건을 관장한다.
⑤ 특별노동위원회는 노동부장관의 소속하에 둔다.

≪**해설**≫ 특별노동위원회는 당해 특정사항을 관장하는 중앙행정기관의 장의 소속하에 둔다(동법 제 2 조 제 3 항).

14. 노동위원회에 관한 다음 기술 중 옳은 것과 틀린 것의 조합이 맞는 것은 무엇인가?

㉮ 현재 특별노동위원회에는 하나도 설립되어 있지 아니하다. ㉯ 지방노동위원회는 노동부장관 소속하에 둔다. ㉰ 특별노동위원회는 특히 필요한 경우에 특정사항을 관장하는 중앙행정기관에 설치한다. ㉱ 중앙노동위원회는 국무총리 소속하에 둔다. ㉲ 지방노동위원회는 당해 지방자치단체의 장이 관리한다.

① ㉮(×)㉯(○)㉰(○)㉱(×)㉲(×) ② ㉮(×)㉯(○)㉰(×)㉱(×)㉲(○)

▌해답▌ 12. ③ 13. ⑤ 14. ①

③ ㉮(○)㉯(×)㉰(×)㉱(○)㉲(×) ④ ㉮(○)㉯(×)㉰(○)㉱(×)㉲(○)
⑤ ㉮(×)㉯(○)㉰(○)㉱(○)㉲(×)

≪**해설**≫ 현재 특별노동위원회는 해양수산부장관 소속하에 「선원노동위원회」가 설치·운영되고 있다. 중앙노동위원회는 노동부장관 소속하에 둔다. 지방노동위원회는 노동부장관이 관리한다.

15. 노동위원회의 성격에 관하여 다음 중 틀리는 것은? 〈1회 공인노무사〉

① 근로자대표·사용자대표·공익대표 등 3자로 구성되는 합의제 행정관청이다.
② 노동행정의 민주화와 노사관계의 공정한 조정을 기한다.
③ 판정적 권한과 조정적 권한을 주된 기능으로 한다.
④ 독립성을 가진 준사법적 기관이다.
⑤ 중앙노동위원회의 판정에 대하여 법원에 소를 제기할 수 없다.

≪**해설**≫ 중앙노동위원회의 처분에 대한 소는 「중앙노동위원회위원장」을 피고로 하여 처분의 통지를 받은 날부터 15일 이내에 이를 제기하여야 한다(노동위원회법 제27조 제 1 항). 이 경우 소의 제기에 의하여 처분의 효력은 정지하지 아니하며(동조 제 2 항), 위의 기간은 불변기간으로 한다(동조 제 3 항).

16. 노동위원회의 사무처리에 관한 기본방침은 누가 지시하는가? 〈1회 공인노무사〉

① 대통령 ② 노동부장관 ③ 국무총리
④ 독자적으로 업무처리 ⑤ 중앙노동위원회

≪**해설**≫ 노동위원회법 제24조에 의하면 중앙노동위원회만이 노동위원회의 사무처리에 관한 기본방침 및 법령의 해석에 관하여 필요한 지시를 내릴 수 있도록 하고 있다.

17. 다음 중 노동위원회의 판정기능이 아닌 것은? 〈'99 공인노무사〉

① 부당노동행위의 판정 및 구제명령권
② 행정기관에 대한 협조요청권
③ 부당해고에 대한 구제명령권
④ 휴업수당지급의 예외사유 인정
⑤ 재해보상의 심사와 중재

≪**해설**≫ ①③④ 심판위원회의 판정적 권한으로 법원의 재판기능에 유사한 것이다. ⑤는 의결권한으로 세분하는 견해(이상윤)에 의하면 판정기능으로 보기 어려운 면도 있으나, 종래 다수학자가 판정기능으로 분류해 놓고 있다. ② 노동위원회의 일반적 권한이다.

▍해답▍ 15. ⑤ 16. ⑤ 17. ②

18. 다음 중 중앙노동위원회만의 권한이 아닌 것은? 〈28회 사시〉

① 긴급조정권

② 긴급이행명령 신청권

③ 2 이상의 지방노동위원회의 관할에 걸친 노동쟁의조정사건

④ 부당노동행위의 성립여부에 대한 심사권

⑤ 운영에 관한 규칙제정권

≪**해설**≫ ④ 부당노동행위의 초심절차는 지방노동위원회 또는 특별노동위원회가 담당하며, 재심절차만 중앙노동위원회에서 담당한다(노사관계법 제85조 참조).

[중앙노동위원회의 고유권한]

(1) 노동위원회법
① 지방노동위원회 및 특별노동위원회의 처분에 대한 재심사건(동법 제 3 조, 제26조)
② 2 이상의 지방노동위원회의 관할구역에 걸친 노동쟁의의 조정사건(동법 제 3 조)
③ 다른 법률에 의하여 그 권한에 속하는 것으로 규정된 사건 i) 긴급조정권(노사관계법 제78조, 제80조), ii) 긴급이행명령신청권(동법 제85조 제 5 항), iii) 교원노조법상의 조정·중재권(동법 제 9 조, 제10조))
④ 지시권(동법 제24조)
⑤ 규칙제정권(동법 제25조)

(2) 노동조합및노동관계조정법
① 긴급조정권(노사관계법 제78조, 제80조)
② 부당노동행위에 대한 긴급이행명령의 신청권(동법 제85조 제 5 항)

19. 중앙노동위원회의 권한이 아닌 것은? 〈27회 사시〉

① 긴급조정권

② 지방노동위원회에 대한 지시권

③ 각 노동위원회의 운영 등에 관한 규칙제정권

④ 특별노동위원회의 규칙제정권

⑤ 긴급조정의 결정권

≪**해설**≫ 긴급조정의 결정은 노동부장관이 하며 긴급조정의 조정·중재의 수행은 중앙노동위원회가 수행한다(노사관계법 제76조 제 1 항, 제78조, 제80조).

20. 다음 노동위원회의 독립성에 관한 설명 중 타당하지 아니한 것은?

① 노동위원회는 그 권한에 속하는 업무를 독립적으로 수행한다.

② 중앙노동위원회 위원장은 중앙·지방노동위원회의 예산·인사·교육훈련 기타 행정사무를 총괄한다.

▌해답▌ 18. ④ 19. ⑤ 20. ④

③ 중앙노동위원회는 중앙·지방노동위원회의 운영 기타 필요한 사항에 관한 규칙을 제정할 수 있다.

④ 중앙노동위원회는 대통령직속기관이다.

⑤ 중앙노동위원회의 위원장은 중앙·지방노동위원회 소속의 공무원을 지휘·감독할 수 있다.

≪**해설**≫ ④ 중앙노동위원회는 노동부장관 소속하에 둔다.

21. 다음 중앙노동위원회 및 지방노동위원회 위원장의 각각의 임명권자는?

① 대통령, 노동부장관 ② 대통령, 중앙노동위원회 위원장

③ 노동부장관, 노동부장관 ④ 대통령, 대통령

⑤ 노동부장관, 중앙노동위원회 위원장

≪**해설**≫ 중앙노동위원회위원장은 중앙노동위원회의 공익위원 자격을 가진 자 중에서 노동부장관의 제청으로, 지방노동부위원회위원장은 당해 노동위원회의 상임위원 중에서 중앙노동위원회위원장의 추천과 노동부장관의 제청으로 대통령이 각각 임명한다(노동위원회법 제 9 조 제 2 항).

22. 다음 노동위원회 위원의 지위에 관한 설명 중 타당하지 아니한 것은?

① 위원의 임기는 3년이고 연임할 수 있다.

② 모든 위원에게는 직무수행을 위하여 필요한 수당과 여비를 지급할 수 있다.

③ 상임위원이 아닌 위원에 대한 수당은 출석한 일수에 따라 지급된다.

④ 여비는 국내여비규정을 준용한다.

⑤ 위원장이 부득이한 사유로 직무를 수행할 수 없는 때에는 상임위원이 그 직무를 대행한다.

≪**해설**≫ ② 공무원인 위원이 그 소관업무와 직접 관련하여 위원회에 출석하는 경우에는 필요한 수당과 여비를 지급하지 아니한다. 동법시행령 제 8 조 제 1 항.

23. 다음 노동위원회 공익위원의 추천권자의 옳은 것의 조합은?

㉮ 노동위원회위원장	㉯ 노동조합	㉰ 사용자단체
㉱ 근로자위원	㉲ 사용자위원	㉳ 상임위원

① ㉮, ㉯, ㉰ ② ㉯, ㉰ ③ ㉮, ㉱, ㉲

④ ㉯, ㉰, ㉳ ⑤ ㉱, ㉲

≪**해설**≫ 공익위원의 추천권자는 노동위원회위원장, 노동조합 및 사용자단체이고, 선출권자는 근로자위원과 사용자위원이다(노동위원회법 제 6 조 제 4 항).

▌해답▌ 21. ④ 22. ② 23. ①

24. 다음 기술 중 잘못된 것은?

① 노동위원회의 위원의 임기는 3년이다.

② 노동위원회 위원은 연임가능하다.

③ 위원은 그 임기가 만료되면 즉시 그 직무를 종료하여야 한다.

④ 노동위원회의 보궐위원의 임기는 전임자의 잔여기간으로 한다.

⑤ 위원의 처우에 관하여는 대통령령으로 정한다.

≪**해설**≫ ①②는 노동위원회법 제 7 조 제 1 항의 내용이다. ④ 동법 동조 제 2 항. ⑤ 동조 동법 제 4 항의 내용이다. ③ 동조 제 3 항에서는 「위원은 그 임기가 만료된 경우에는 후임자가 위촉될 때까지는 계속 그 직무를 집행한다」라고 규정하고 있다.

25. 노동위원회에 대한 설명이 틀린 것은? 〈'99 공인노무사 변형〉

① 노동위원회는 노동부장관의 감독을 받는다.

② 노동위원회의 위원의 수는 근로자위원 · 사용자위원은 각 10인 이상 50인 이하, 공익위원은 10인 이상 70인 이하의 범위 안에서 각 노동위원회의 업무량을 감안하여 대통령령으로 정한다.

③ 판정기능은 공익위원만이 담당한다.

④ 상임위원은 공익위원이 되며, 심판사건과 조정사건을 담당할 수 있다.

⑤ 지시권 및 규칙제정권은 중앙노동위원회의 전원회의에서 처리한다.

≪**해설**≫ ① 중앙노동위원회 및 지방노동위원회는 노동부장관 소속하에, 특별노동위원회는 중앙행정기관의 장의 소속하에 둔다고 규정하고 있어 마치 노동위원회가 노동부장관 등의 산하 종속기관인 것 같은 인상을 준다. 그러나 노동위원회는 행정조직적 차원에서 노동부장관이 관리한다는 것이지 업무 · 기능면에서 노동부장관의 지휘 · 감독을 받는다는 것은 아니다. 즉 i) 업무의 독립적 수행(제 4 조 제 1 항), ii) 행정사무 총괄 및 소속공무원의 지휘 · 감독(제 4 조 제 2 항) iii) 규칙제정권(제25조) 등을 부여함으로서 노동위원회의 「독립성」을 보장하고 있다. ② 노동위원회법 제 6 조 제 2 항. ③ 심판위원회는 심판담당 공익위원 중 위원장이 지명하는 3인으로 구성되며, 심판기능을 담당하므로 공익위원만이 심판을 담당하게 된다(동법 제15조 제 3 항). ④ 동법 제11조 제 2 항. ⑤ 동법 제15조 제 2 항.

26. 다음 노동위원회의 위원에 관한 설명 중 타당하지 아니한 것은?

① 중앙노동위원회 · 지방노동위원회의 위원장 및 상임위원은 공익위원이 된다.

② 중앙노동위원회 · 지방노동위원회의 위원장 및 상임위원은 모두 심판사건 · 차별시정사건과 조정사건을 담당할 수 있다.

③ 중앙노동위원회 · 지방노동위원회의 위원장 및 상임위원은 모두 노동부장

❙해답❙ 24. ③ 25. ① 26. ④

관의 제청으로 대통령이 임명한다.

④ 중앙노동위원회위원장과 상임위원은 공익위원 자격을 가진 자 중에서, 지방노동위원회위원장은 상임위원 중에서 각각 임명한다.

⑤ 중앙노동위원회 · 지방노동위원회의 위원장 및 상임위원의 임기는 모두 3년이다.

≪**해설**≫ ④ 중앙노동위원회 · 지방노동위원회의 위원장 및 상임위원은 모두 공익위원 자격을 가진 자 중에서 임명한다(노동위원회법 제 9 조 제 2 항 및 제11조 제 1 항).

27. 노동위원회의 상임위원에 관한 사항 중 잘못된 것은? 〈'97 행시변형〉

① 상임위원은 노동부장관의 제청으로 대통령이 임명한다.

② 상임위원은 노동위원회위원장이 추천한다.

③ 상임위원은 당연히 공익위원이 된다.

④ 상임위원은 중립성을 유지하여야 한다.

⑤ 상임위원은 심판사건 · 차별시정사건과 조정사건을 담당할 수 있다.

≪**해설**≫ 노동위원회에 상임위원을 두며 상임위원은 당해 노동위원회의 공익위원자격을 가진 자 중에서 중앙노동위원회위원장의 추천과 노동부장관의 제청으로 대통령이 임명한다(노동위원회법 제11조 제 1 항).

28. 지방노동위원회 위원장은 다음의 누구 중에서 임명되는가?

① 공익위원의 자격을 가진 자　　② 공익위원

③ 상임위원의 자격을 가진 자　　④ 상임위원

⑤ 공익위원 또는 상임위원

≪**해설**≫ 중앙노동위원회위원장은 중앙노동위원회의 공익위원 자격을 가진 자 중에서 노동부장관의 제청으로, 지방노동위원회위원장은 지방노동위원회의 공익위원 자격을 가진 자 중에서 중앙노동위원회위원장의 추천과 노동부장관의 제청으로 「대통령」이 각각 임명한다(노동위원회법 제 9 조 제 2 항).

29. 다음 중 중앙노동위원회의 심판담당 공익위원의 자격요건에 해당되지 아니하는 자는?

① 노동문제와 관련된 학문을 전공한 자로서 공인된 대학에서 부교수 이상으로 재직한 자

② 판사 · 검사 · 군법무관 · 변호사 또는 공인노무사의 직에 7년 이상 재직한 자

③ 노동관계업무에 7년 이상 종사한 자로서 2급 또는 2급상당의 공무원이나 고위공무원단에 속하는 공무원으로 재직한 자

┃해답┃ 27. ② 28. ① 29. ⑤

④ 노동관계업무에 15년 이상 종사하여 전문적 지식과 경험을 갖춘 자로서 심판담당공익위원으로 적합하다고 인정되는 자

⑤ 사회적 덕망이 있는 자로서 심판담당공익위원으로 적합하다고 인정되는 자

≪**해설**≫ ⑤ 노동관계업무에 15년 이상 종사한 자 또는 사회적 덕망이 있는 자로서 조정담당공익위원으로 적합하다고 인정되는 자는 중앙노동위원회의 「조정담당공익위원」으로 위촉할 수 있다(노동위원회법 제 8 조 제 1 항 제 2 호 참조).

30. 노동위원회의 구성에 관한 다음 설명 중 틀린 것은?

① 전원회의는 노동위원회소속의 위원전부로 구성된다.

② 노동위원회위원장은 전원회의의 의장이 된다.

③ 심판위원회의 위원은 심판담당 공익위원 중 노동위원회 위원장이 지명하는 3인으로 구성된다.

④ 심판위원회의 의장은 노동위원회 위원장이 지명한다.

⑤ 조정위원회의 구성은 노사관계법이 정하는 바에 따른다.

≪**해설**≫ 위원장은 전원회의의 의장이 되며 부문별위원회 위원장은 다른 법률에 특별한 규정이 있는 경우를 제외하고는 부문별위원회 위원 중에서 호선하고 당해 부문별위원회의 의장이 된다(노동위원회법 제16조 제 1 항).

31. 다음 중 공익위원만이 참여하는 회의는?

㉮ 전원회의	㉯ 심판위원회	㉰ 조정위원회
㉱ 특별조정위원회	㉲ 중재위원회	㉳ 차별시정위원회

① ㉮, ㉰, ㉳ ② ㉯, ㉰, ㉱ ③ ㉯, ㉲, ㉳
④ ㉰, ㉱, ㉲ ⑤ ㉯, ㉱, ㉲

≪**해설**≫ 전원회의, 조정위원회 및 특별조정위원회에는 근로자위원, 사용자위원, 공익위원 3자가 모두 참여한다.

32. 다음 노동위원회의 회의에 관한 사항 중 틀린 것은?

① 위원장은 소관회의에 부의된 사항에 관하여 구성위원 또는 조사관으로 하여금 회의에 보고하도록 할 수 있다.

② 심판위원회는 의결하기 전에 당해 노동위원회의 근로자위원 및 사용자위원 각 1인 이상의 의견을 들어야 한다.

③ 노동위원회의 회의는 반드시 공개되어야 한다.

④ 위원장은 소관회의의 공정한 진행을 방해하거나 질서를 문란하게 하는 자

┃해답┃ 30. ④ 31. ③ 32. ③

에 대하여 퇴장을 명할 수 있다.

⑤ 위원은 자기와 이해관계가 있는 사항에 대하여 심의·의결 또는 조정에 관여할 수 없다.

≪**해설**≫ ③ 노동위원회의 회의는 공개한다. 다만, 당해 회의의 결의에 의하여 공개하지 아니할 수 있다(노동위원회법 제19조).

33. 중앙노동위원회 위원장의 권한 중 틀린 것은 모두 몇 개인가?

㉮ 2 이상의 관할에 걸친 쟁의조정사건을 관장할 지방노동위원회 지정권
㉯ 중앙노동위원회 및 지방노동위원회의 행정사무 총괄 및 소속공무원 지휘·감독권
㉰ 지방노동위원회 위원장의 추천권
㉱ 지방노동위원회 및 특별노동위원회의 처분에 대한 재심사건
㉲ 긴급조정 결정시 의견제출권

① 1개 ② 2개 ③ 3개
④ 4개 ⑤ 5개

≪**해설**≫ ㉱ 중앙노동위원회의 권한이다(노동위원회법 제 3 조 제 1 항 제 1 호).

[중앙노동위원회 위원장의 권한]

(1) 노동위원회법 ① 2 이상의 관할에 걸친 쟁의조정사건을 관장할 지방노동위원회 지정권(제 3 조 제 4 항) ② 2 이상의 관할에 걸친 사건을 관장할 지방노동위원회 지정권(제 3 조 제 5 항) ③ 중앙노동위원회 및 지방노동위원회의 행정사무 총괄 및 소속 공무원 지휘·감독권(제 4 조 제 2 항) ④ 지휘·감독권의 일부위임(제 4 조 제 3 항) ⑤ 지방노동위원회의 근로자위원·사용자위원의 위촉권(제 6 조 제 3 항) ⑥ 지방노동위원회의 공익위원의 위촉권(제 6 조 제 4 항) ⑦ 지방노동위원회 위원장의 추천권(제 9 조 제 2 항) ⑧ 상임위원의 추천권(제11조 제 1 항) (2) 노동조합및노동관계조정법 ① 긴급조정의 결정시 의견제시권(제76조 제 2 항) ② 긴급조정의 중재회부 결정권(제79조 제 1 항)

| 해답 | 33. ①

제 9 편 종합문제

1. 다음 중 노사관계법상의 근로자가 아닌 자는 모두 몇인가?

㉮ 보험판매원	㉯ 실업자	㉰ 인쇄소 직공
㉱ 소상공업자	㉲ 임시직 직공	

① 1개　② 2개　③ 3개
④ 4개　⑤ 5개

≪**해설**≫ ㉯ 실업자 및 해고자도 근로자에 포함된다. ㉱ 소상공업자, 영세어민 등은 근로자에 포함되지 않는다(통설). ㉮ 보험판매원은 근로자에 해당되지 아니한다(대판).

2. 다음 중 노사관계법상의 사용자의 개념에 해당되지 아니하는 자는?

① 노동조합의 연합단체　② 주식회사의 대주주　③ 재단법인
④ 사용자단체　⑤ 비영리사단법인

≪**해설**≫ 주식회사의 소유와 경영분리 원칙에 따라 대주주는 사용자가 아니다.

3. 우리나라 노동조합의 조직형태에 관한 설명 중 틀린 것은?

① 근로자는 노동조합의 조직형태를 기업별·산업별·직종별·지역별 노동조합 중의 어느 것으로 할 것인가를 선택할 권리를 갖는다.
② 동종산업의 단위노동조합을 구성원으로 하는 산업별 연합단체를 조직할 수 있다.
③ 산업별 연합단체 또는 전국규모의 산업별 단위노동조합을 구성원으로 하는 총연합단체를 조직할 수 있다.
④ 연합단체 자체가 또 하나의 노동조합이다.
⑤ 직종별 조합형태를 구성할 때에는 일정한 지역별 제한을 두어서는 안된다.

≪**해설**≫ ① 대판 1993.3.23; 노사관계법 제5조. ②③ 노사관계법 제10조 제2항. ⑤ 지역적 제한을 둘 것인가의 여부는 근로자들이 스스로 선택할 문제이다. 예컨대 「경기지역 농협노조」가 있다.

4. 다음 중 산업별 조합의 장점이 아닌 것은?

▌해답▌ 1. ② 2. ② 3. ⑤ 4. ④

① 거대한 조직을 구성할 수 있다.
② 강한 압력단체의 기능을 할 수 있다.
③ 교섭시 산업간의 통일을 기할 수 있다.
④ 개별기업의 사정을 감안할 수 있다.
⑤ 배타적 경향이 적다.

≪**해설**≫ 산업별 노동조합은 직종이나 기업을 초월하여 단결되어 있으므로 개별기업의 내부사정을 잘 돌볼 수 없는 단점이 있다.

5. 다음 중 현행 노사관계법상 노동조합의 결합방식에 관하여 틀린 것은?

① 단일 조합은 근로자 개인만을 조합의 구성원으로 하고 있다.
② 단일 조합의 지부·분회는 조합의 구성원이 될 수 있다.
③ 산업별 연합단체는 단일조합만을 조합의 구성원으로 하고 있다.
④ 산업별 연합단체에 근로자 개인은 구성원이 될 수 없다.
⑤ 총연합단체는 산업별 연합단체만을 조합의 구성원으로 하고 있다.

≪**해설**≫ ⑤ 총연합단체는 i) 산업별 연합단체와 ii) 전국규모의 산업별 단위노동조합을 구성원으로 하고 있다.

6. 다음 샵 제도에 관한 설명 중 틀린 것은?

① Company Shop이란 직원이 아니면 조합원이 될 수 없다는 협정이다.
② Maintenance of Membership Shop이란 단체협약기간 중에 노동조합으로부터 조직근로자를 탈퇴할 수 없도록 하고 탈퇴하면 해고토록하는 협정이다.
③ Closed Shop이란 근로자가 특정 조합에 가입할 것을 고용조건으로 하는 협정이다.
④ Union Shop이란 일단 고용되면 조합원이 되고 제명된 조합원은 해고된다는 협정이다.
⑤ 현행 노사관계법하에서의 Union Shop제도하에서 임의탈퇴한 조합원은 불이익처분을 하여서는 아니된다.

≪**해설**≫ 사용자는 근로자가 당해 노동조합에서 「제명」된 것을 이유로 신분상 불이익한 행위를 할 수 없으나(노사관계법 제81조 제 2 호 단서), 임의탈퇴한 조합원은 불이익처분을 할 수 있다.

7. 다음 중 현행 노사관계법에서 채택하고 있는 유니온 샵 제도에 관하여 틀린 것은?

① 노동조합이 당해 사업장에 종사하는 근로자의 3분의 2 이상을 대표하여야 할 것

| 해답 | **5.** ⑤ **6.** ⑤ **7.** ⑤

② 근로자가 노동조합의 조합원이 될 것을 고용조건으로 하는 단체협약을 체결할 것
③ 근로자가 노동조합으로부터 제명된 것을 이유로 신분상의 불이익처분을 할 수 없을 것
④ 근로자의 3분의 2 이상이 특정 노동조합에 가입한 경우 나머지 비조합 근로자들은 단체협약의 체결에 의하여 의무적으로 가입할 것
⑤ 근로자가 노동조합으로부터 임의로 탈퇴한 것을 이유로 신분상의 불이익처분을 할 수 없을 것

≪**해설**≫ ③ 근로자가 노동조합으로부터 제명된 것을 이유로 신분상의 불이익처분을 할 수 없다(노사관계법 제81조 제2호 단서). 그러나 ⑤ 근로자가 노동조합으로부터 임의로 탈퇴한 것을 이유로 신분상의 불이익처분을 할 수 있다. 참고로, 2010.1.1부터 시행되는 노사관계법 제81조 제2호 단서에 따르면 근로자가 제명된 경우 뿐만 아니라 근로자가 노동조합을 탈퇴하여 새로 노동조합을 조직하거나 다른 노동조합에 가입한 것을 이유로 근로자에게 신분상 불이익한 행위를 할 수 없다. 2010.1.1부터 복수노조가 허용되는 것에 따른 조치이다.

8. 우리나라의 현행 노사관계법상 유니온 샵 제도에 관하여 틀린 것은?

① 특정 노동조합의 조합원이 될 것을 예외적으로 인정하고 있다.
② 사용자는 노동조합을 탈퇴한 근로자에게 불이익처분을 할 수 있다.
③ 특정 노동조합은 근로자 전체의 3분의 2 이상을 대표하여야 한다.
④ 특정 노동조합에서 제명되거나, 탈퇴하여 조합원 자격을 상실하게 되면 사용자는 불이익처분을 하여야 한다.
⑤ 유니온 샵 제도는 근로자의 노동조합 가입 및 탈퇴의 자유를 침해할 우려가 있다.

≪**해설**≫ 노사관계법 제81조 제2호 단서 참조. 우리나라의 유니온 샵은 조합에서 제명되는 경우에도 해고 등 불이익처분을 받지 아니한다.

9. 다음 중 해고의 효력을 다투는 근로자에 관한 사항 중 틀린 것은?

① 노동조합의 설립활동에 참여할 수 있다.
② 조합원이 되어도 노동조합의 결격사유에 해당되지 아니한다.
③ 대법원 판결에 의하여 해고가 확정될 때까지 조합원의 지위를 보유한다.
④ 노사협의회에 근로자대표로 참여할 수 없다.
⑤ 노동조합의 단체교섭에 참여할 수 있다.

≪**해설**≫ 중앙노동위원회의 재심판정까지 조합원의 지위를 보유한다(노사관계법 제2조 제4호 라목 참조).

┃해답┃ 8. ④ 9. ③

10. 노동조합 설립에 대한 신고 · 심사 절차에 관한 설명 중에서 맞는 것은?

① 신고주의를 채택하고 있으므로 설립신고를 접수한 후 즉시 설립신고증을 교부하여야 한다.

② 설립신고서를 접수한 후 서류가 제대로 구비되었는지의 여부에 관한 형식적 심사에 그쳐야 한다.

③ 설립신고서를 접수한 후 신고증교부기간이 경과한 후에도 이를 반려하거나 보완지시를 할 수 있다.

④ 설립신고에 대한 심사는 원칙적으로 신고제도에 위배된다.

⑤ 설립신고서에 대한 실질적 심사는 노동조합의 자유설립주의를 침해할 우려가 있다.

≪**해설**≫ ① 행정관청은 설립신고서를 접수한 때에는「3일」이내에 신고증을 교부하여야 한다(노사관계법 제12조 제 1 항). ② 노동조합의 설립심사의 대상에 대하여 i) 실질적 심사설과, ii) 형식적 심사설의 대립이 있다. ③ 대판 1990. 10. 23, 89누3243. ④ 노동조합에 대한 효율적인 조직체계의 정비 · 관리를 통하여 노동조합이 자주성 · 민주성을 갖춘 조직으로 존속할 수 있도록 노동조합을 보호 · 육성하고 그 지도 · 감독에 철저를 기하기 위한 노동정책적 고려에서 마련된 것이다. 따라서 신고제도에 위배된다거나 자유설립주의를 침해한다고 보기 어렵다(대판 1997. 10. 14, 96누9829).

11. 다음 중 노동조합의 실질적 요건을 갖추었으나, 형식적 요건을 갖추지 못한 법외노조의 학설 및 노사관계법상의 지위에 관한 설명 중 타당하지 아니한 것은?

① 법외노조는 노사관계법상의 노동조합을 설립하기 위한 활동을 할 수 있으며, 사용자가 이를 방해하는 경우 부당노동행위에 해당된다.

② 법외노조는 단체교섭을 할 수 있다는 것이 다수설의 태도이다.

③ 법외노조는 단체교섭을 요구하는 경우 사용자가 이를 거부하여도 부당노동행위에 해당되지 아니한다.

④ 법외노조는 단체협약체결권을 갖는다는 것이 다수설의 태도이다.

⑤ 법외노조는 노사관계법상 쟁의행위를 할 수 있다.

≪**해설**≫ 법외노조는 노사관계법 제 7 조 제 1 항에 의하여 노동쟁의조정을 신청할 수 없으며, 노동쟁의조정을 거치지 아니하고서는 쟁의행위를 할 수 없으므로(동법 제45조 제 2 항), 결과적으로 법외노조는 쟁의행위를 할 수 없다.

12. 노동조합이 설립일로부터 30일 이내에 작성하여 주된 사무소에 보관하여야 하는 서류에 들지 않는 것은?

① 임원의 명부 ② 규 약

| 해답 | **10.** ③ **11.** ⑤ **12.** ①

③ 회의록 ④ 재정에 관한 장부와 서류
⑤ 임원의 성명 · 주소록

≪**해설**≫ 노동조합의 비치서류는 i) 조합원 명부, ii) 규약, iii) 임원의 성명 · 주소록, iv) 회의록, v) 재정에 관한 장부와 서류 등이다(노사관계법 제14조).

13. 다음 중 노동조합의 법인격 취득과 맞지 아니하는 사항은?

① 노동조합이 법인격을 취득한 경우 민법의 재단법인에 관한 규정이 적용된다.
② 민법의 법인에 관한 규정은 노동조합의 재산문제에 국한하여 적용되는 것이 원칙이다.
③ 법인격을 취득하지 아니한 노동조합도 소송당사자능력을 갖추고 있다.
④ 노동조합의 형식적 요건을 갖추지 못한 근로자단체도 소송당사자능력을 갖추고 있다.
⑤ 노동조합의 지부는 독립적으로 법인격을 취득할 수 없다.

≪**해설**≫ 법인인 노동조합에 대하여는 이 법에 규정된 것을 제외하고는 민법 중 사단법인에 관한 규정을 적용한다(노사관계법 제 6 조 제 3 항).

14. 다음 중 노동조합의 가입 및 탈퇴에 관하여 틀린 것은?

① 노동조합의 가입은 노동조합과 조합원간의 일종의 계약이다.
② 노동조합의 설립행위는 조합원들의 합동행위이다.
③ 근로자가 조합규약에서 정한 가입자격을 갖추고 있음에도 불구하고 노동조합의 자주성의 원칙에 따라 노동조합은 가입승인을 하지 아니할 수 있다.
④ 단체설에 의하면 노동조합과 조합원의 관계는 일종의 규범관계이다.
⑤ 조합원의 노동조합 탈퇴절차는 조합규약으로 정하고 있는 경우 탈퇴는 이러한 절차에 따라야 한다.

≪**해설**≫ ③ 이러한 경우 조합가입신청서가 조합에 도달한 때에 조합에 가입한 것이 된다.

15. 다음 중 조합규약에 기재하지 아니하여도 무방하나, 기재되지 아니한 경우 법적 효력이 부여되지 아니하는 사항은?

① 노동조합의 법인격 취득 ② 복지 및 공제사업
③ 목적과 사업 ④ 해산에 관한 사항
⑤ 규율과 통제에 관한 사항

≪**해설**≫ ①은 법정 임의적 기재사항이다. ②는 자치 임의적 기재사항이다. ③④⑤는 의무적 기재사항이다.

해답 13. ① 14. ③ 15. ①

16. 노동조합의 총회의 의결사항이 아닌 것은? 〈17회 사시〉

① 예산·결산에 관한 사항　② 임원의 불신임결의
③ 단체협약에 관한 사항　④ 취업규칙의 변경
⑤ 규약의 변경에 관한 사항

17. 노동조합의 임시총회소집에 관한 설명으로 잘못된 것은?

① 노조의 대표자는 필요하다고 인정하는 때에는 언제든지 소집할 수 있다.
② 조합원 또는 대의원의 임시총회소집요구는 3분의 1 이상의 소집요구만 있으면 된다.
③ 대표자가 임시총회의 소집을 고의로 회피하는 경우 행정관청은 노동위원회의 승인을 얻어 소집할 자를 지명하여 회의를 소집하여야 한다.
④ 당해 노동조합에 회의소집권자가 없는 경우에는 행정관청이 회의의 소집권자를 지명하여야 한다.
⑤ 총회 또는 대의원회는 적어도 회의개최일 7일 전에 그 회의에 부의할 사항을 공고하여야 한다.

≪**해설**≫ 임시총회소집요구시에는 조합원 또는 대의원의 3분의 1 이상이 회의의 소집을 요구함에 있어서 회의에 부의할 사항을 제시하여야 한다.

18. 다음 사항 중 재적조합원 과반수의 출석과 출석조합원 3분의 2 이상의 찬성으로 의결할 수 있는 사항의 조합은?

㉮ 단체협약에 관한 사항	㉯ 예산·결산에 관한 사항
㉰ 노동쟁의에 관한 사항	㉱ 규약의 제정과 변경에 관한 사항
㉲ 임원의 해임	

① ㉮, ㉯　② ㉯, ㉰　③ ㉰, ㉲
④ ㉱, ㉲　⑤ ㉯, ㉱

≪**해설**≫ 재적과반수의 출석과 출석 2/3 이상의 찬성을 요하는 의결사항은 1) 규약의 제정 및 변경, 2) 임원의 해임, 3) 합병·분할·해산 및 조직변경에 관한 사항이다.

19. 노사관계법상 행정관청의 개입에 의한 자주성확보 규정이 아닌 것은?

① 설립신고서 반려처분 〈36회 사시〉
② 조합결의·처분의 시정명령
③ 임시총회소집권자의 지명

❙해답❙ **16.** ④ **17.** ② **18.** ④ **19.** ⑤

④ 단체협약의 시정명령

⑤ 단체협약의 일반적 · 지역적 구속력의 확장

≪**해설**≫ ⑤ 노사관계법 제35조 일반적 구속력의 확장은 법정요건구비시 당연히 적용되는 당연 규정이다.

[행정관청 관여사항]

① 설립신고서 · 규약의 보완요구(제12조 제 2 항) ② 설립신고서 반려(제12조 제 3 항) ③ 서류의 배치(제14조 제 1 항) ④ 설립신고서 변경신고 및 통보(제13조) ⑤ 임시총회소집권자의 지명(제18조 제 3 항) → 노동위원회 의결사항 ⑥ 조합규약의 시정명령(제21조 제 1 항) → 노동위원회 의결사항 ⑦ 조합의 결의 · 처분의 시정명령(제21조 제 2 항) → 노동위원회 의결사항 ⑧ 자료 제출(제27조) ⑨ 조합의 해산(제28조 제 1 항 제 4 호) → 노동위원회 의결사항 ⑩ 단체협약의 시정(제31조 제 3 항) → 노동위원회 의결사항 ⑪ 지역적 구속력의 결정(제36조) → 노동위원회 의결사항 ⑫ 안전보호시설의 쟁의중지명령(제42조 제 3 항) → 노동위원회 의결사항 ⑬ 긴급조정결정(제76조 제 1 항)

20. 노동조합의 흠결요건에 관한 다음 기술 중 옳지 않는 것은? 〈1회 공인노무사〉

① 근로조건개선과 병행하여 일정 한도 내에서 복리사업을 영위하는 것은 가능하다.

② 해당 기업의 종사자가 아닌 근로자의 가입을 허용하지 않아야 한다고 해석하는 것이 일반적이다.

③ 사용자의 이익을 대표하여 행동한 자로서 노동조합에의 참가가 허용될 수 없는 자의 범위는 기업의 실태에 따라 구체적으로 판단돼야 한다.

④ 현금 이외의 이익의 공여방법에 의하여 사용자가 경제적 원조를 제공하는 것은 무방하다.

⑤ 선의의 제 2 의 경쟁적 노동조합의 존립은 보장된다.

≪**해설**≫ 주로 사용자의 원조를 받는 경우란 현금지급은 물론 현물 등의 이익공여도 이에 포함된다.

21. 현행 노사관계법상 노동조합에 관한 다음 기술 중 틀린 것은? 〈2회 공인노무사〉

① 현행 노사관계법은 노동조합의 설립 요건에 관한 제한을 두고 있지 않으므로 민법의 사단법인 설립규정에 준하여 근로자 2인 이상이면 노동조합을 설립할 수 있다.

▌해답▌ 20. ④ **21.** ④

② 현행 노사관계법은 노동조합의 조직형태에 관한 제한을 두고 있지 않으므로 산업별 · 직종별 형태를 불문하고 설립이 가능하다.

③ 실질적 요건을 갖춘 노동조합이면 그 노조활동과 관련하여 민사상 · 형사상 면책의 규정이 당연히 적용된다.

④ 노동조합 설립시 행정관청에 설립신고를 하여야 하는데, 이는 노동조합을 보호 · 감독하기 위한 행정적 이유에 기인하는 것이므로 노동조합이 실질적 요건을 갖추고 있는 경우에는 설립신고의 유무와 관계없이 부당노동행위의 구제신청을 할 수 있다.

⑤ 설립신고를 접수한 행정관청은 그 설립신고서에 규약이 첨부되어 있지 아니한 경우에는 당해 노동조합에게 보완을 요구할 수 있다.

≪**해설**≫ 이 법에 의하여 설립된 노동조합이 아니면 노동위원회에 노동쟁의의 조정 및 부당노동행위의 구제를 신청할 수 없다(노사관계법 제 7 조 제 1 항).

22. 조합활동에 관한 설명 중 거리가 먼 것은?

① 조합활동이란 조합원의 모집 · 가입권유뿐만 아니라 공제 · 수양 기타 복리사업도 포함된다.

② 조합원은 조합의 명시적인 수권 · 지시가 없어도 활동의 성질상 당연히 조합활동으로 볼 수 있는 경우 조합활동의 주체가 될 수 있다.

③ 사용자는 조합활동에 대하여 재산권의 행사와 충돌되더라도 수인의무를 부담한다.

④ 사용자의 노무지휘권은 언제나 근로자의 조합활동권에 의해 제한을 받게 된다.

⑤ 따라서 조합원이 대의원선거를 위해 부득이 결근한 경우 징계할 수 없다.

≪**해설**≫ ③ 「근로자의 조합활동권」은 헌법상 근로 3 권의 보장으로부터 당연히 인정되는 것이므로 사용자가 이를 보장하고 수인하여야 할 의무를 부담한다(수인의무설: 다수설). 그러나 「사용자의 노무지휘권 · 시설관리권」과 조화 · 균형이 요청되는 바 사용자의 경영권을 침해하지 않는 범위에서만 조합활동이 보장된다고 본다(통설). ⑤ 조합활동의 필요성 · 긴급성 등을 종합적으로 판단하여 인정하여야 한다('92 대판).

[근로시간중의 조합활동]

(1) 원칙: 조합활동은 근로시간 외에 행하는 것이 원칙이다. (2) 예외 ① 근로자가 근로시간 중에 사용자와 협의 또는 교섭하는 것을 사용자가 허용하는 것(제81조 제 4 호 단서). ② 근로시간 중의 조합활동이 단체협약 및 취업규칙 등에 규정된 경우

▌해답▌ 22. ④

③ 노사관행에 의하여 허용되는 경우
④ 사용자의 명시적인 승낙이 있는 경우(대판 1995. 2. 17)
⑤ 당해 조합활동의 필요성 및 긴급성 등과 노무지휘권의 침해 정도 등을 구체적, 종합적으로 판단하여 인정되는 경우.

23. 다음 중 행정관청이 노동위원회의 의결을 얻어서 행사하도록 규정되어 있는 것 중 바르지 못한 것은?

① 조합규약의 시정명령
② 조합의 결의 · 처분의 시정명령
③ 단체협약의 시정명령
④ 단체협약의 지역적 구속력의 확장결정
⑤ 긴급조정의 결정

≪**해설**≫ 긴급조정의 결정권자는 노동부장관이다. 이 경우 미리 「중앙노동위원회 위원장」의 의견을 들어야 한다(노사관계법 제76조 제 1 항 · 제 2 항).

24. 다음 중 노조전임에 관한 설명 중 타당하지 아니한 것은?

① 노조전임은 단체협약으로 정하거나, 사용자의 동의가 있는 경우에 한하여 인정되는 것이 원칙이다.
② 노조전임은 재직기간동안 사용자로부터 어떠한 급여도 지급받아서는 아니된다.
③ 노조전임에게 임금을 지급하는 경우 이는 사법상 무효가 될 뿐 사용자가 처벌되는 것은 아니다.
④ 노조전임의 임기는 단체협약으로 정하거나, 사용자의 동의가 있는 경우에 한하여 인정된다.
⑤ 노조전임자는 근로를 제공하지 아니하나, 다른 근로자와 마찬가지로 출 · 퇴근시간을 준수하여야 한다.

≪**해설**≫ ① 노사관계법 제24조 제 1 항, ② 동법 제24조 제 2 항, ③ 노조전임에게 임금을 지급하는 경우 이는 부당노동행위에 해당되므로(동법 제81조 제 4 호) 형벌이 부과된다. ⑤ 대법원판례의 태도이다.

25. 다음 노동조합의 해산사유에 관한 설명 중 타당하지 아니한 것은?

① 규약에서 정한 해산사유의 발생
② 합병 또는 분할로 인한 소멸
③ 총회 또는 대의원회에서 재적 2/3 이상의 출석과 출석 2/3 이상에 의한

| 해답 | **23.** ⑤ **24.** ③ **25.** ③

의결

④ 노동조합의 임원이 없고 노동조합이 활동을 1년 이상 하지 아니한 경우

⑤ 노동조합의 조합원 수가 1인 이하인 경우

≪**해설**≫ ①②④는 노사관계법 제28조 제 1 항의 내용이다. ③은 재적조합원 과반수출석과 출석조합원 3분의 2 이상의 의결이 맞다(동법 제16조 제 2 항). 개정된 내용이다. ⑤ 조합원이 2인 이상인 경우에 한하여 노동조합이 성립된다.

26. 다음 근로자의 단결권에 관한 판례 및 법령의 설명 중 타당하지 아니한 것은?

① 근로자는 노동조합의 조직형태를 기업별 · 산업별 · 직종별 · 지역별 중에 어느 것으로 할 것인가를 선택할 권리를 가진다.

② 노동조합을 설립하는 경우 조합에 대응하는 사용자 또는 사용자단체가 존재하여야 한다.

③ 해고의 효력을 다투는 근로자의 후보등록을 거부한 채 실시된 노조위원장의 선거는 무효이다.

④ 노사관계법 제 2 조 제 4 호 라목에서 해고의 효력을 다투는 자를 「근로자가 아닌 자」로 보지 아니하는 경우에도 이를 근로기준법상의 근로관계가 지속적으로 유지되는 것으로 해석되어서는 아니된다.

⑤ 노동조합의 설립요건을 갖추지 못한 단체라 할지라도 민사소송법 제48조의 규정에 의한 소송당사자가 될 수 있다.

≪**해설**≫ ① 대판 1993. 2. 23, 92노7122. ② 동일 직종 당사자들의 도단위 지역노조설립의 경우 노동조합에 대응하는 사용자 또는 사용자단체가 존재하지 아니한다는 사실이 노조설립의 장애사유가 될 수 없다. ③ 대판 1992. 3. 31, 91다14413. 노사관계법 제 2 조 제 4 호 라목. 해고된 자가 노동위원회에 부당노동행위의 구제신청을 한 경우에는 중앙노동위원회의 재심판정이 있을 때까지 근로자가 아닌 자로 해석하여서는 아니된다. ④ 대판 1993. 6. 8, 92다42354. ⑤ 대판 1979. 12. 11, 76누189.

27. 단체교섭의 주체에 관한 설명 중 틀린 것은?

① 단체교섭 주체간의 경합이 발생한 경우에는 각 주체가 모두 단체교섭권을 갖는다는 것이 일반적이다.

② 유일교섭단체조항은 노사자치의 원칙상 유효하다는 것이 일반적인 견해이다.

③ 단체협약의 효력확장의 경우 소수노조의 단체교섭의 주체성은 인정되어야 한다는 것이 일반적인 견해이다.

④ 제 3 자위임금지조항은 노사자치의 원칙상 유효라는 것이 다수설이다.

⑤ 상부단체와 단위노조간에 단체교섭 주체에 관한 경합문제가 발생한 경우

▌해답▐ 26. ② 27. ②

양자가 모두 단체교섭의 주체가 된다는 것이 일반적인 견해이다.

≪**해설**≫ ② 유일단체교섭조항은 단결권침해로서 무효라는 것이 일반적인 견해이다.

28. 근로자측 단체교섭의 담당자에 관한 설명 중 틀린 것은?

① 단체교섭의 담당자는 노동조합의 대표자 및 노동조합으로부터 위임을 받은 자이다.

② 노조위원장 및 대의원은 당연히 노동조합의 대표자가 된다.

③ 단위노조는 상급단체인 연합단체에게 교섭권한을 위임할 수 있다.

④ 조합원이 아닌 자도 노동조합으로부터 위임을 받은 경우 단체교섭의 담당자가 될 수 있으며, 이 경우에는 이 사실을 사용자에게 통보하여야 한다.

⑤ 노동조합의 단체협약 체결에 대하여 노동조합의 추인 또는 의결을 받아야 한다는 제한은 현행법상 무효이다.

≪**해설**≫ ② 노조위원장은 당연히 노동조합의 대표자가 되나, 대의원은 노동조합으로부터 위임을 받은 경우에 한하여 대표자가 될 수 있다는 것이 일반적인 견해이다.

29. 단체교섭에 관한 다음의 기술 중 틀린 것은? 〈2회 공인노무사〉

① 현행 노사관계법상 단체교섭의 방식에는 제한이 없다.

② 단체교섭 당사자와 단체교섭 담당자는 개념상 구별되는 것으로 단체교섭의 당사자에는 단위 노동조합뿐만이 아니라 조합으로부터 권한을 위임받은 연합단체도 포함된다.

③ 노동조합이 단체교섭을 연합단체에 위임할 경우 반드시 총회나 대의원회의 의결을 거쳐야 한다.

④ 단체교섭은 단체협약의 체결을 위한 노사의 실질적인 교섭행위를 의미하는 것으로서 사용자 및 노동조합은 성실교섭의 의무를 부담한다.

⑤ 취업시간에 단체교섭을 행한 데 대해 사용자가 임금을 지불하더라도 이는 사용자가 노동조합에 대한 경비원조에 해당되지 않는다.

≪**해설**≫ 당사자의 지위는 위임될 수 없으며, 담당자의 지위만이 위임된다.

30. 다음 중 임의교섭대상에 속하는 것은?

① 노조전임제도 ② 임금 및 근로시간 ③ 구속자 석방

④ 퇴직금 제도 ⑤ 특정 정당 지원

▌해답▌ **28.** ② **29.** ② **30.** ①

≪**해설**≫ ① 대법원 판례의 입장이다. ②④는 의무교섭대상이다. ③⑤는 금지교섭대상이다.

31. 단체협약에 대한 행정해석이나 판례태도를 잘못 기술한 것은?

① 사용자가 사용자단체에 노사관계조정을 위임하여 이 단체가 조정, 규제 등의 역할을 한다 해도 노동조합이 사용자단체가 아닌 당해 사용자에게 교섭을 요구할 때는 이에 응해야 한다.

② 가입 조합원수가 과반수가 안 되고 다수의 비조합원이 단체협약의 적용을 받지 않는다는 이유로 사용자가 노동조합의 단체협약체결 요구를 거부할 수 없다.

③ 동종의 근로자라 함은 기존 단체협약의 적용을 받는 근로자와 작업내용이나 형태나 동일성, 유사성이 있는 직종에 근무하는 근로자를 말하며, 그 범위는 단체협약에서 구체적으로 정한다.

④ 여러 개 사업장의 종업원이 모여서 조직한 노동조합은 임금 기타 근로조건에 대하여 각 사업주 또는 사용자단체와 단체협약을 체결할 수 없다.

⑤ 사용자단체가 단순히 친목단체라도 그 단체가 임금수준결정 등 근로조건에 대하여 회원인 사용자를 조정 또는 규제할 수 있는 영향력이 있으면 단체교섭의 당사자가 될 수 있다.

32. 다음 중 단체협약에 관한 설명으로 옳지 못한 것은? 〈2회 공인노무사〉

① 노동조합과 사용자 또는 사용자단체만이 단체협약의 당사자가 될 수 있다.

② 단체협약은 반드시 서면으로 작성하여 당사자 쌍방이 서명 또는 날인하여야 하며, 그렇지 않으면 단체협약은 효력이 없다.

③ 단체협약은 조합원의 근로조건의 향상 기능과 노사간의 평화상태를 유지하는 기능을 가지고 있다.

④ 단체협약의 내용 중에 위법한 것이 있는 경우에 행정관청은 노동위원회의 의결을 얻어 이의 시정을 명할 수 있다.

⑤ 단체협약의 당사자는 단체협약 체결일부터 15일 이내에 당사자 쌍방의 연명으로 노동부장관에게 이를 신고하여야 한다.

≪**해설**≫ ① 노사관계법 제29조 제 1 항. ② 동법 제31조 제 1 항. ③ 단체협약의 2대 기능. ④ 동법 제31조 제 3 항. ⑤ 단체협약의 신고는 노동부장관이 아니라 「행정관청」이다(동법 제31조 제 2 항).

33. 다음 단체협약의 성질 및 내용에 관한 설명 중 타당하지 아니한 것은?

해답 31. ④ 32. ⑤ 33. ③

① 단체협약은 서면으로 작성하여 당사자 쌍방의 서명 또는 날인하여야 하며, 무인도 허용된다.
② 단체협약의 기간은 2년을 초과할 수 없다.
③ 사용자는 정당한 이유없이 단체협약의 체결을 거부하거나 해태하여서는 아니되나, 근로자는 이러한 의무를 부담하지 아니한다.
④ 단체협약의 해석·이행방법에 관하여 관계당사자간에 의견의 불일치가 있는 때에는 노동위원회에서 의견을 제시할 수 있다.
⑤ ④의 노동위원회가 제시한 견해는 중재재정과 동일한 효력을 갖는다.

≪**해설**≫ ① 노사관계법 제31조 제1항 및 대판 1995.3.10, 94마605. ② 동법 제32조 제1항, ③ 사용자 및 근로자가 모두 성실의무를 부담한다. 동법 제30조 제1항, 제2항, ④⑤ 동법 제34조.

34. 단체협약의 효력에 관한 다음 기술 중 틀린 것은? 〈2회 공인노무사〉
① 단체협약의 구속범위는 원칙적으로 협약을 체결한 노동조합의 조합원에 한한다.
② 단체협약상 평화조항이란 단체협약의 당사자가 협약의 유효기간 동안 협약 내에 정한 사항에 대하여는 쟁의행위를 하지 않을 것을 약정하는 조항을 말한다.
③ 현행법은 단체협약의 효력기간이 만료될 때까지 새로운 단체협약이 체결되지 않은 경우에 3월 간의 여후효를 인정하고 있다.
④ 단체협약 중 규범적부분에 대하여는 직접적 효력이 인정되고 있다.
⑤ 단체협약의 일반적 구속력은 그 실질적 요건이 충족되면 노동위원회의 의결 없이 성립한다.

35. 평화의무를 위반한 쟁의행위에 대한 책임을 옳게 기술한 것은? (판례 및 다수설에 의한다)
① 절대적 평화의무를 위반하는 경우 당사자는 민사상·형사상의 책임을 부담한다.
② 절대적 평화의무를 위반하는 경우 채무불이행으로 인한 손해배상책임만을 부담한다.
③ 상대적 평화의무를 위반하는 경우 형사상 책임은 면제되나 민사상 책임은 면제되지 않는다.
④ 상대적 평화의무를 위반하는 경우 형사책임 및 민사책임을 부담한다.

▌해답▌ 34. ② **35.** ④

⑤ 상대적 평화의무를 위반하는 경우 민사상 책임은 면제되나 형사상 책임은 면제되지 않는다.

≪**해설**≫ 절대적 평화의무란 단체협약의 유효기간 중에는 어떠한 경우에도 쟁의행위를 하여서는 아니되는 의무를 말하는데, 이는 헌법상 단체교섭권 및 단체행동권의 본질적 내용을 침해하는 것이므로 이를 준수하지 아니하더라도 아무런 책임을 지지 아니하며 이 규정은 당연무효로 보아야 한다는 것이 다수견해이다. 상대적 평화의무란 단체협약의 유효기간 중에 단체협약으로 노사간에 이미 합의된 사항에 대하여는 이의 개폐 또는 변경을 목적으로 쟁의행위를 하여서는 안 되지만, 단체협약에 규정되지 아니한 사항에 관하여는 쟁의행위가 허용되는 의무를 말한다. 따라서 상대적 평화의무를 위반하여 노동조합이 쟁의행위를 하는 경우 당해 쟁의행위는 그 정당성을 상실하여 민·형사상 면책을 받을 수 없다.

36. 단체협약의 효력에 관한 다음 설명 중 옳은 것은? (판례에 의함)

① 규범적 부분은 집단적 노사관계를 정하는 부분으로 이에 위반하는 근로계약은 무효가 된다.

② 해고동의조항에 위반하는 해고가 항상 무효가 되는 것은 아니다.

③ 평화조항에 위반한 쟁의행위는 무효이다.

④ 채무적 부분에 위반한 행위에 대하여 민법의 계약위반 효력을 인정하는 데는 많은 문제가 있다.

⑤ 노사관계법 제33조는 직률적 효력은 인정되지만 강행적 효력은 인정되지 않는다.

≪**해설**≫ ① 규범적 부분은 근로조건 기타 근로자의 대우에 관한 부분을 말하며, ③ 평화조항은 채무적 부분이므로 이에 위반한 쟁의행위는 무효라고 할 수 없으며, ④ 채무적 부분에 위반한 행위에 대하여는 민법의 계약위반 효력을 적용하는 것이 합리적이고, ⑤ 노사관계법 제33조는 강행적 효력뿐만 아니라 직접적 효력도 인정하고 있다. ② 해고동의조항에 위반하는 해고는 원칙적으로 무효가 될 것이나, 노동조합이 해고 동의권을 남용하는 경우에는 동의없이 해고처분을 하여도 무방하다(대판 1995. 3. 28, 94다46763).

37. 단체협약의 규범적 효력에 관한 설명 중 타당하지 아니한 것은?

① 단체협약에서 정한 규범적 부분에 위반하는 취업규칙 또는 근로계약은 그 부분에 한하여 무효이다.

② 근로계약에 규정되어 있지 아니한 부분에 관하여는 사적 자치의 원칙에 따라 단체협약이 적용되지 아니한다.

③ 단체협약에 의하여 무효가 된 근로조건의 부분에는 단체협약이 적용 된다.

④ 근로계약의 기준이 단체협약보다 높은 경우에는 근로계약의 기준이 적용

| 해답 | **36.** ② **37.** ②

된다.

⑤ 규범적 효력에는 강행적 효력 및 직접적 효력 등이 있다.

≪**해설**≫ 단체협약에 정한 근로조건 기타 근로자의 대우에 관한 기준에 위반하는 취업규칙 또는 근로계약의 부분은 무효로 하며, 근로계약에 규정되지 아니한 사항 또는 무효로 된 부분은 단체협약에 정한 기준에 의한다(노사관계법 제33조).

38. 다음 중 단체협약의 당사자를 구속하지 아니하는 조항은?

① 평화의무 ② 평화조항

③ 조합원의 범위에 관한 사항 ④ 면책특약

⑤ 조합활동조항

≪**해설**≫ ③ 조합원의 범위는 근로자가 자주적으로 결정하여야 하는 것이므로 이를 단체협약을 체결하여 사용자와 합의하여 결정하여서는 안된다.

39. 단체협약의 효력 및 제조항에 관한 설명 중 틀린 것은? (판례에 의함)

① 단체협약이 체결된 후 단체협약의 전면무효화를 주장하면서 행한 쟁의행위는 평화의무위반으로 정당성이 없다.

② 징계처분시 징계위원회의 의결이 있어야 한다는 규정이 있는 경우 징계위원회의 의결을 거치지 않은 징계처분은 무효이다.

③ 사용자가 해고를 함에 있어서 노동조합의 동의나 승낙을 얻어 인사권을 행사하도록 규정된 경우 동조항은 규범적 효력이 인정된다.

④ 면책조항이 있는 경우 농성기간중의 행위뿐만 아니라 그 농성과 일체성을 가지는 준비행위·유발행위에 대한 민사상의 책임이 포함되나 징계책임은 포함되지 않는다.

⑤ 평화의무는 조합자체의 의무이므로 일부조합원에 의하여 무단히 쟁의행위를 한 때에는 노동조합의 책임이 없다.

≪**해설**≫ ① 대판 1992. 9. 1, 92누7733. ② 원칙적으로 제도적 부분은 규범적 효력을 가진다. 그러므로 예컨대 단체협약에 징계가 행하여질 때에는 징계위원회의 의결이 있어야 한다는 규정이 있는 경우 징계위원회의 의결을 거치지 않은 징계처분은 당연히 무효라고 해야 한다(대판 1990. 12. 7, 90다9095). ③ 대판 1994. 2. 23, 93다28553. ④ 면책특약의 범위 내에서는 농성기간 중의 행위뿐만 아니라 그 농성과 일체성을 가지는 준비행위·유발행위에 대해서도 민사상의 책임은 물론 징계책임도 면제된다(대판 1991. 1. 11, 90다카21176).

40. 단체협약의 일반적 구속력의 효과를 설명한 것이다. 다음 중 맞는 것은?

〈1회 공인노무사〉

해답 38. ③ 39. ④ 40. ②

① 효력이 확정되는 단체협약은 규범적 부분과 채무적 부분이다.
② 효력이 확정되면 비조직의 근로자도 단체협약상의 청구권을 가진다.
③ 동일 사업장 내에 2개 이상의 조합이 있는 경우에는 다른 조합원에게도 효력이 확장된다.
④ 비조합원의 신규채용 또는 기존조합원의 탈퇴로 반수 이상의 요건을 갖추지 못하더라도 일반구속력은 존속한다.
⑤ 하나의 사업장에 상시 사용되는 근로자라 함은 사실상 계속적으로 사용되는 근로자를 의미하는 것은 아니다.

≪**해설**≫ ① 효력이 확장되는 단체협약은 규범적 부분에 한하며, ③ 동일 사업장 내에 소수 노조가 있어 독자적인 단체협약을 체결하고 있는 경우 소수노조의 조합원에게는 효력이 확장되지 않고, ④ 비조합원의 신규채용 또는 기존조합원의 탈퇴 등으로 상시 사용되는 동종의 근로자 반수 이상의 요건을 갖추지 못하게 되는 경우 일반구속력은 당연히 상실되며, ⑤ 하나의 사업장에 상시 사용되는 근로자라 함은 사실상 계속적으로 상시 사용되는 근로자를 의미하는 것이다.

41. 단체협약의 효력상실 사유에 해당되지 않는 것은 모두 몇 개인가?

㉮ 당사자의 착오 또는 사기·강박에 의한 단체협약의 취소
㉯ 행정관청의 단체협약 시정명령
㉰ 조직변경
㉱ 회사의 해산
㉲ 사정변경에 의한 단체협약의 해지

① 1개 ② 2개 ③ 3개
④ 4개 ⑤ 5개

≪**해설**≫ ㉰ 회사 또는 노동조합의 동일성이 인정되는 한 단체협약은 그대로 존속한다(다수설; 대판 1991.11.12, 91다12806).

42. 다음은 단체협약과 취업규칙을 비교설명한 것이다. 틀린 것은?

① 단체협약은 노사간의 세력의 조정을 도모하려고 하는데 대하여, 취업규칙은 주로 사용자의 이익을 목적으로 하는 것이다.
② 단체협약은 원칙으로 당해 노동조합의 조합원인 근로자를 대상으로 하고, 취업규칙은 조직·미조직을 불문하고 당해 사업장에 고용된 모든 근로자에게 적용된다.
③ 단체협약은 노사간 합의가 성립되어야만 작성되나, 취업규칙은 합의는 필요없고 근로자측의 의견을 듣는데 불과하다.

▌해답▌ 41. ① 42. ④

④ 취업규칙의 작성은 10人 이상 사업장에 반드시 의무적으로 작성하여야 하나, 단체협약의 체결은 사용자에게 강제되는 것이 아니다.

⑤ 양자 모두 근로조건을 설정하는 기준으로서 기능을 하고 그 규제의 대상을 같이 한다.

≪**해설**≫ 노사관계법 제81조 제 3 호는 사용자가 단체교섭을 정당한 이유없이 거부·해태하는 행위를 부당노동행위로 규정하는 바, 동호에는 단체교섭보다 더욱 본질적인 단체협약의 체결거부 및 위반의 경우가 당연히 포함된다고 보며 사용자는 부당노동행위로서 처벌된다고 본다(통설).

구 분	단체협약	취업규칙
1. 목 적	노사간 공정하고 객관적인 규율설정 및 세력조정	근로자의 취업상 제조건, 복무규칙 제정 – 사용자의 편의도모
2. 적용범위	조합원인 근로자	고용된 모든 근로자
3. 제정주체	노동조합과 사용자의 합의로 작성	사용자가 근로자의 과반수로 조직된 노조나 근로자의 과반수의 의견을 들어 작성
4. 강제성유무	체결의무 부과	10인 이상 사업장에 작성의무 부과
5. 공통점	근로조건의 설정이란 점에서 규제의 대상을 같이 한다.	

43. 다음 중 설명이 옳은 것은?

① 대법원은 해고의 효력을 다투는 자는 근로자로 보지 않는다고 판시하였다.

② 사용자도 노동조합에 대항하여 사용자단체를 결성할 수는 있으나, 이는 단결권에 해당하는 것은 아니다.

③ Union Shop조항이란 노조원이 아니면 고용하지 않는다는 조항을 말한다.

④ 우리나라에서는 최저임금조항을 제 5 공화국 헌법에서 비로소 설치하였다.

⑤ 사용자의 인사권과 경영권도 당연히 단체교섭의 대상이 된다.

≪**해설**≫ ② 사용자단체결성은 단결권에 의한 것이 아니라, 단지 결사의 자유의 내용이라고 보아야 한다. ③ Union Shop이란 근로자는 반드시 노조에 가입하여야 한다는 가입강제조항을 말하는 것이고, Closed Shop조항은 노조원이 아니면 고용하지 않겠다는 조항을 의미한다. ④ 우리나라에서의 최저임금조항은 현행헌법에서 비로서 설치되었다. 참고로 적정임금조항이 제 5 공화국 헌법에서 신설되었다. ⑤ 사용자의 인사권이나 경영권은 단체교섭의 대상이 될 수 없다는 것이 원칙이다.

44. 다음 설명 중 노사관계법상의 노동쟁의와 관련이 없는 것은? 〈27회 사시〉

① 노동쟁의는 근로자와 사용자간에 발생한 분쟁이어야 한다.

② 노동쟁의는 노동조합과 사용자간에 발생한 분쟁이어야 한다.

③ 노동쟁의는 임금, 근로시간 등 근로조건에 관한 분쟁이어야 한다.

▌해답▌ **43.** ② **44.** ①

④ 노동쟁의는 노사간의 단체교섭이 선행되어야 한다.

⑤ 노사간에 단체협약불이행으로 인한 분쟁은 노동쟁의가 아니다.

≪**해설**≫ 「노동쟁의」라 함은 개별적 분쟁이 아니라 노동조합과 사용자 또는 사용자단체간에 임금·근로시간·복지·해고 기타 대우 등 근로조건의 결정에 관한 주장의 불일치로 인하여 발생한 분쟁상태를 말한다(노사관계법 제2조 제5호).

45. 다음 중 쟁의행위라고 볼 수 있는 것은 어느 것인가?

① 족벌체제로 이루어지는 회사의 경영진에 대한 항의의 표시로 사업장을 점거한 경우

② 복지후생시설의 개선을 안건으로 하여 집단적으로 무기한 작업중지에 들어 간 경우

③ 임금인상률에 불만을 가지던 근로자들이 사전 협의없이 개인적으로 작업장을 이탈한 경우

④ 승진인사에서 탈락한 몇몇 중간간부들이 사장실을 점거 항의농성하는 경우

⑤ 타 회사의 파업에 대하여 지지의 표시로 파업에 돌입하는 경우

≪**해설**≫ 쟁의행위는 근로조건에 대하여 양 당사자가 주장을 관철시키기 위하여 행하는 일종의 투쟁행위이므로, 근로조건에 관한 것이 아닌 경우에는 쟁의행위에 해당하지 아니한다. 그러므로 ②의 경우만이 쟁의행위에 해당하게 된다.

46. 다음 중 쟁의행위에 관한 설명으로 잘못된 것은?

① 쟁의행위는 근로자뿐 아니라 사용자도 이를 행할 수 있다.

② 쟁의행위는 업무의 정상적 운영을 저해하는 행위이어야 한다.

③ 단체교섭사항이 될 수 없는 사항을 달성하려는 쟁의행위는 그 목적의 정당성을 인정할 수 없다.

④ 리본착용 등의 단체과시는 쟁의행위에 포함되지 아니한다.

⑤ 리본착용 등의 단체과시에는 민사·형사상 면책이 부여되지 아니한다.

≪**해설**≫ ③ 대판 1994.9.30, 94다4042; 대판 2001.4.24, 99도4893 판결 참조. ⑤ 단체과시는 업무의 정상적인 운영을 저해하지 아니하므로 쟁의행위의 개념에 포함되지 아니하나, 쟁의행위와 마찬가지로 민사·형사책임이 면책된다.

47. 다음 중 헌법상 단체행동권에 의하여 보호되지 아니하는 쟁의행위는?

① 파 업　② 태 업　③ 직장폐쇄

④ 보이콧　⑤ 피켓팅

≪**해설**≫ ③ 직장폐쇄는 사용자의 쟁의행위로서 사용자는 헌법상 단체행동권의 주체가 아니다.

┃해답┃ 45. ② 46. ⑤ 47. ③

48. 쟁의행위의 정의에 대한 설명 중 타당하지 아니한 것은?

① 쟁의행위는 노동쟁의상 노사의 주장·관철을 위한 투쟁행위이다.

② 쟁의행위는 업무의 정상적인 운영을 저해하는 행위이다.

③ 쟁의행위는 당사자간의 주장의 불일치로 인한 분쟁상태이다.

④ 쟁의행위의 목적은 근로조건의 집단적 유지·개선이다.

⑤ 쟁의행위의 주체는 노동조합과 사용자 또는 그 단체이다.

≪**해설**≫ ③ 이는 노동쟁의 정의에 관한 설명이다.

49. 준법투쟁에 관한 다음 설명 중 틀린 것은?

① 법정정원준수, 안전운전준수, 집단휴가, 정시출근, 정시퇴근 등을 주장관철의 수단으로 한다.

② 쟁의행위는 업무의 정상적 운영을 저해하는 것이어야 하는 바 준법투쟁이 이에 해당되는가가 논란이 되고 있다.

③ 업무의 정상적 운영을 저해한다는 것은 법령·단체협약에 부합되는「적법한」운영의 저해를 의미한다는 것이 판례이다.

④ 법령이나 협약에 반하지만 관행화된 업무도 정상적 운영을 저해하는 업무의 대상으로 보는 사실정상설에 의하면 준법행위도 쟁의행위가 된다.

⑤ 따라서 ④의 입장에 의하면 연장근무거부, 집단휴직, 집단사표, 안전투쟁 등이 모두 쟁의행위가 된다고 한다.

≪**해설**≫ ①② 지문 그대로 맞다. ③④ 이른바 법률정상설과 사실정상설의 대립이 있으나 판례는 비록 법령에 반하나 관행화된 업무가 계속 반복되어 행하여졌다면 이를 바로잡기 위한다는 명분으로 합법상태의 회복, 즉 안전운행, 법정기준, 안전기준을 엄격히 준수한다면 사실상 업무의 정상적인 운영을 저해하는 쟁의행위에 해당된다고 한다(대판 1991.10.22). 따라서 ③은 소수견해이고 ④가 판례·다수설의 견해이다.

50. 폭력이나 파괴행위를 사용하여 쟁의행위를 하는 경우 이에 대한 제재조치로서 타당한 것은?

① 쟁의행위의 정당성을 상실하여 민사·형사 책임이 부여됨과 동시에 법령위반으로 인하여 형벌이 별도로 부과된다.

② 쟁의행위는 어느 정도 집단적 물리력의 행사가 수반되는 것이므로 정당성을 상실하지 아니하나, 법령위반으로 인하여 형벌이 부과될 뿐이다.

③ 쟁의행위의 정당성을 상실하나, 노사관계법상 폭력이나 파괴행위를 금지하는 규정이 없으므로 형벌이 부과되지는 아니한다.

▌해답▌ **48.** ③ **49.** ③ **50.** ①

④ 쟁의행위는 어느 정도 집단적 물리력의 행사가 불가피한 것이므로 정당성이 부여될 뿐 아니라, 관련 법령에 의한 형사처벌도 받지 아니한다.

⑤ 쟁의행위의 정당성을 상실하고, 노사관계법의 폭력이나 파괴행위 금지규정을 위반하고 있으나 이의 위반에 대한 벌칙규정이 없으므로 형벌은 부과되지 아니한다.

≪**해설**≫ ① 노사관계법은 폭력이나 파괴행위 금지만을 규정하고 이에 위반하는 경우에 대한 아무런 벌칙규정도 두고 있지 않으나, 형법상의 형벌이 부과된다.

51. 甲 노조는 조정기간이 지나도록 조정안이 사용자측에 의하여 수용되지 않자 조합원 과반수의 찬성을 얻어 동맹파업에 돌입하게 되어 조합원인 乙도 3시간 동안 이 파업에 참가한 경우의 법률관계에 대한 다음 설명 중 옳은 것은?

① 乙의 노무제공정지는 근로계약위반이 된다. 〈28회 사시〉

② 乙은 업무방해 등의 죄목으로 형사상 처벌을 받는다.

③ 사용자는 乙을 파업에 참가한 이유로 해고할 수 있다.

④ 사용자는 파업에의 참가를 이유로 乙을 정기승급에서 제외시킬 수 있다.

⑤ 乙은 노무제공을 정지한 3시간 동안의 임금을 청구할 수 없다.

≪**해설**≫ ①은 형사면책의 대상이고 ②는 정당한 쟁의행위이므로 勤勞協約違反이 아니며 ③④는 사용자는 파업에 참가했다는 이유로 해고 기타 불이익처분을 할 수 없고(노사관계법 제81조 제5호) ⑤는 태업이 아니므로 「No Work No Pay의 원칙」에 따라 정당한 파업에 참가하는 기간 중 사용자의 임금지급 의무는 정지된다(동법 제44조).

52. 노사관계법상의 쟁의행위 제한에 관한 기술 중 잘못된 것은?

① 쟁의행위는 필요에 따라 당해 사업장 밖에서도 행할 수 있다.

② 그 조합원의 과반수의 찬성으로 결정하지 않으면 쟁의행위를 할 수 없다.

③ 국가·지방자치단체에 종사하는 공무원은 쟁의행위를 할 수 없다.

④ 쟁의행위는 폭력이나 파괴행위로서 이를 행할 수 없다.

⑤ 사용자는 쟁의기간중 쟁의와 관계없는 자를 채용 또는 대체할 수 없다.

≪**해설**≫ ⑤ 사업에 관계없는 자를 대체할 수 없다(노사관계법 제43조 제1항).

53. 다음 쟁의행위에 관한 설명 중 잘못된 것은?

① 쟁의행위는 당해 사업장 이외의 다른 장소에서는 이를 행할 수 있다.

② 사용자는 노동조합의 쟁의행위가 개시된 이후에 직장폐쇄를 할 수 있다.

③ 쟁의행위를 하고자 할 때에는 노동쟁의조정을 반드시 거쳐야 한다.

| 해답 | 51. ⑤ 52. ⑤ 53. ⑤

④ 간헐적으로 근로제공을 거부하는 것을 파상파업이라 한다.

⑤ 노동부장관은 쟁의행위가 안전시설을 파괴하는 경우 쟁의행위에 대한 중지명령을 내릴 수 있다.

≪**해설**≫ ② 사용자가 직장폐쇄를 하고자 할 때에는 반드시 노동조합의 쟁의행위가 개시된 이후에만 가능하고, 이 경우 행정관청과 노동위원회에 각각 신고하여야 한다(노사관계법 제46조). ⑤ 사업장의 안전보호시설에 대하여 정상적인 유지·운영을 정지·폐지 또는 방해하는 형태로 쟁의행위를 행하는 경우, 종래 행정관청은 노동위원회의 의결을 얻어 쟁의행위를 중지하는 명령을 내릴 수 있었으나, 선진화 입법(2006.12.30)에 따라 쟁의행위를 중지할 것을 통보하도록 개정되었다(동법 제42조 제 3 항).

54. 정당한 쟁의행위와 근로관계에 관한 설명이다. 틀린 것은?

① 파업참가 근로자의 임금청구권은 정지한다.

② 무노동·무임금원칙은 시간에 비례하지 않는 고정급·도급제·능률급에도 적용되어야 한다.

③ 부분파업으로 조업이 가능하더라도 균형성을 일탈하지 않는 한 사용자는 직장폐쇄로 대항할 수 있다.

④ 파업으로 중단된 업무라도 한 사업장 내의 다른 부서에서 근무하는 비조합원을 배치이동하는 대체는 무방하다.

⑤ 파업기간은 상여금·퇴직금지급의 기초가 되는 근로일로 산입되나, 휴가청구권의 취득을 위한 법정근로일로 산입할 것인가에 관하여는 견해의 대립이 있다.

≪**해설**≫ ① 근로관계정지론(통설·판례). ② 일의 완성여부에 따라 지급되는 「도급제」나 일의 성취도에 따라 지급되는 「능률급제」에서는 무노동·무임금 원칙이 적용될 수 없다. ③ 부분적 파업에 대하여는 부분적 직장폐쇄가 원칙이나 균형성이 이탈되지 않는 한 전면적 직장폐쇄도 가능하다고 본다(통설). ④ 행정해석. ⑤ 휴가청구권의 취득을 위한 근로일에 산입할 것이냐에 관해 i) 법률상의 근로일로 산입하는 것은 부당하다는 견해(김형배, 박상필), ii) 법정근로일로 산입하고 이를 출근한 것으로 보아야 한다는 견해(박홍규, 이상윤)가 있다.

55. 노사관계법의 내용에 대한 설명 중 잘못된 것은?

① 필수공익사업이 아닌 사업의 사용자는 쟁의기간 중 사업에 관계없는 자를 채용하지 못한다.

② 쟁의행위는 당해 사업장이외의 다른 장소에서 이를 행할 수 없다.

③ 공장, 사업장 기타 장소에 대한 안전보호시설의 정상적 유지·운영을 정지·폐지 또는 방해하는 행위는 쟁의행위로서 이를 행할 수 없다.

▌해답▌ 54. ② 55. ②

④ 지문 ③의 내용을 위반한 경우, 행정관청은 노동위원회의 의결을 얻어 중지를 통보할 수 있다.
⑤ 필수공익사업에 대한 직권중재제도는 폐지되고 필수유지업무제도가 도입되었다.

56. 다음 중 정당한 쟁의행위에 대한 민사·형사 면책에 관한 설명 중 타당하지 아니한 것은?

① 노사관계법 제 3 조의 민사면책 규정과 동법 제 4 조의 형사면책규정은 민사·형사면책이라는 법적 효과의 창설규범이다.
② 민사·형사면책은 정당한 쟁의행위뿐 아니라 정당한 근로3권의 행사 전반에 걸쳐 인정된다.
③ 민사·형사면책의 법적 성질로서는 위법성조각설과 구성요건조각설이 있는 바, 노동법학자들은 후자가 다수설이다.
④ 민사·형사면책의 법적 성질로서 위법성조각설을 주장하는 견해는 쟁의행위를 형법 제20조의 정당한 행위로 보고 있다.
⑤ 민사·형사면책의 법적 성질로서 구성요건조각설을 주장하는 견해는 쟁의행위는 헌법상의 기본권으로서 애당초 위법한 행위에 해당되지 아니한다고 한다.

≪**해설**≫ 노사관계법 제 3 조, 제 4 조는 창설규범이 아니라 확인규범이다.

57. 노동조합의 부당한 쟁의행위라고 볼 수 있는 것은?

① 작업장 환기시설을 요구하는 태업
② 유급휴가에 관한 파업
③ 임금인상에 관한 파업
④ 기숙사시설의 개선을 요구하는 파업
⑤ 국가보안법 폐지를 요구하는 파업

≪**해설**≫ ⑤의 경우와 같은 정치적 목적을 위한 정치파업은 정당한 쟁의행위로 인정되지 않는다.

58. 다음 중 쟁의행위가 정당하지 아니한 경우 이에 대한 노동조합 및 근로자에 대한 민사상 책임에 관하여 맞지 아니한 것은?

① 일반조합원은 근로계약불이행 및 불법행위로 인한 손해배상책임을 부담한다.
② 조합간부는 근로계약불이행 및 불법행위로 인한 손해배상책임을 부담한다.

해답 **56.** ① **57.** ⑤ **58.** ①

③ 노동조합은 단체협약위반 및 불법행위로 인한 손해배상책임을 부담한다.
④ 조합원은 징계의 대상이 된다.
⑤ 노동조합은 징계의 대상이 되지 아니한다.

≪**해설**≫ 일반조합원은 불법행위책임을 부담하지 아니한다는 것이 다수설이다.

59. 불법쟁의행위를 주도한 노조간부의 책임은?

① 불법쟁의행위에 대하여 계약불이행으로 인한 간부책임은 없다.
② 조합간부는 일반조합원과 동일한 책임을 부담한다.
③ 불법쟁의행위를 주도하여 사용자가 손해를 입으면 간부개인의 손해배상책임이 인정된다.
④ 노동조합만이 책임을 부담하며 노조간부의 개인책임은 인정되지 아니한다.
⑤ 노동조합이 1차적 책임을, 노조간부가 2차적 책임을 부담한다.

≪**해설**≫ 노조의 불법쟁의로 사용자가 손해를 입은 경우 노조간부는 손해배상책임이 있다(대판 1994. 3. 25, 93다32828).

60. 직장폐쇄에 대한 설명으로 잘못된 것은?

① 사용자가 행사하는 전형적이고 유일한 쟁의행위이다.
② 사용자가 직장폐쇄를 하고자 할 때에는 미리 행정관청 및 노동위원회에 각각 신고하여야 한다.
③ 직장폐쇄는 헌법 제33조에 근거하고 있는 것은 아니다.
④ 근로자의 파업돌입전에 행하여지는 선제적 직장폐쇄도 가능하다.
⑤ 정당하게 직장폐쇄가 이루어진 경우에는 사용자는 임금지급의무를 면하게 된다.

≪**해설**≫ 노사관계법 제46조에서는 「노동조합이 쟁의행위를 개시한 이후에만 직장폐쇄를 할 수 있다」고 규정하고 있으므로 선제적 직장폐쇄의 개념을 부인하고 있다.

61. 직장폐쇄에 관한 설명 중에서 타당하지 아니한 것은?

① 노동조합이 쟁의행위를 개시하기 전에도 경영자의 판단에 따라 직장폐쇄를 단행할 수 있다.
② 직장폐쇄는 사실상의 물리적 폐쇄조치를 하지 아니하고 직장폐쇄라는 통고 내지 선언만으로 족하다.
③ 직장폐쇄를 하는 경우 안전보호시설의 유지·운영을 정지하여서는 아니된다.
④ 직장폐쇄를 하는 경우 사용자는 파업 참가근로자에 대한 임금지급의무가

▌해답▌ 59. ③ 60. ④ 61. ①

면제된다.

⑤ 직장폐쇄를 하는 경우 사용자는 파업 비참가근로자에 대한 임금지급의무가 면제된다.

≪해설≫ 직장폐쇄는 노동조합이 쟁의행위를 개시한 이후에만 할 수 있다(노조법 제45조 제1항). 즉 직장폐쇄는 i) 대항성과 ii) 방어성이 정당성의 요건이 된다.

62. 노동쟁의조정제도에 관한 다음 기술 중 옳지 못한 것은? 〈2회 공인노무사〉

① 노동쟁의조정제도는 일종의 분쟁해결제도이다.

② 집단적 이익분쟁이 조정의 대상이다.

③ 개별적 근로관계 혹은 집단적 권리분쟁을 중심으로 하여 발생하는 고충도 조정의 대상이 된다.

④ 권리분쟁은 일반법원에 의해 해결하는 것을 원칙으로 한다.

⑤ 현행법은 노동쟁의와 쟁의행위를 구별하고 있는 바, 노동쟁의라 함은 노사간의 주장의 불일치로 인한 분쟁상태를 의미한다.

≪**해설**≫ 「노동쟁의」라 함은 노동조합과 사용자 또는 사용자단체간에 임금·근로시간·복지·해고 기타 대우 등「근로조건의 결정에 관한」주장의 불일치로 인하여 발생한 분쟁상태를 말한다(노사관계법 제2조 제5호). 현행법은 구법과 달리 쟁의행위의 대상과 조정대상은 이익분쟁에 한한다고 보아야 한다(다수설: 이상윤 교수는 조정 대상은 될 수 있다는 입장이다). 따라서 개별적 근로관계 혹은 집단적 권리분쟁은 조정의 대상이 될 수 없다.

63. 다음 중 근로자 개인에 대한 부당노동행위에 대하여 노동조합이 문제를 제기하여 발생한 분쟁은?

① 개별분쟁이자 이익분쟁 ② 집단분쟁이자 권리분쟁

③ 이익분쟁이자 집단분쟁 ④ 경제분쟁이자 집단분쟁

⑤ 권리분쟁이자 개별분쟁

≪**해설**≫ 부당노동행위에 관한 분쟁은 권리분쟁이다. 근로자 개인에 관한 문제라도 노동조합이 이의를 제기하는 경우에는 집단분쟁이다.

64. 사적조정절차에 관한 설명 중 타당하지 아니한 것은?

① 사적조정절차의 경우 냉각기간은 조정을 개시한 날부터 시작한다.

② 사적조정절차가 성공적으로 이루어진 경우 조정의 효력은 단체협약의 동일하다.

③ 공적조정절차는 강행규정이므로 사적조정절차에 우선적으로 적용된다.

④ 사적조정절차의 내용은 당사자가 자유로이 정할 수 있으나 사적조정절차

❙해답❙ 62. ③ **63.** ② **64.** ③

및 공적조정절차 모두를 거치지 아니하기로 하는 약정은 무효이다.

⑤ 사적조정절차는 당사자의 합의 및 단체협약에 의하여 당사자가 정할 수 있다.

≪**해설**≫ 노사관계법상의 공적조정에 관한 규정이 있다고 하여도 노동관계 당사자는 쌍방의 합의 또는 단체협약이 정하는 바에 따라 각각 다른 조정 또는 중재 방법에 의하여 노동쟁의를 해결할 수 있으며(노사관계법 제52조 제1항), 사적조정에 의하여 노동쟁의를 해결하기로 한 때에는 이를 노동위원회에 신고하여야 하는데(동법 제52조 제2항), 신고는 법 제5장 제2절 내지 제4절의 규정에 의한 공적조정 또는 공적중재가 진행 중인 경우에도 할 수 있다고 규정하고 있음(동법 시행령 제23조), 노사관계법은 사적조정우선주의를 취하고 있다고 본다.

65. 다음 중 공익사업의 노사관계법상 특칙에 관한 설명 중 맞는 것은 모두 몇 개인가?

㉮ 필수유지업무의 정당한 유지·운영을 정지·폐지 또는 방해하는 행위는 쟁의행위로서 이를 행할 수 없다 ㉯ 공익사업의 경우에는 특별조정위원회가 조정을 한다. ㉰ 공익사업에는 긴급조정제도가 인정되지 아니한다. ㉱ 공익사업에 대한 조정이 실패하는 경우 강제중재가 개시된다. ㉲ 필수공익사업의 사용자는 쟁의행위 기간 중에 한하여 당해 사업과 관계없는 자를 채용 또는 대체하거나 그 업무를 도급 또는 하도급 줄 수 있다.

① 1개 ② 2개 ③ 3개
④ 4개 ⑤ 5개

≪**해설**≫ ㉮ 노사관계법 제42조의2 제1항. ㉰ 쟁의행위가 공익사업에 관한 것이거나 그 규모가 크거나 그 성질이 특별한 것으로서 현저히 국민경제를 해하거나 국민의 일상생활을 위태롭게 할 위험이 현존하는 때에는 긴급조정의 결정을 할 수 있다(동법 제76조 제1항). ㉱ 필수공익사업에 대한 강제중재제도가 삭제되었다.

66. 다음의 노동쟁의조정기관에 관한 설명이 잘못된 것은?

① 필수공익사업의 조정은 특별조정위원회에서 담당한다.
② 조정은 그 노동위원회에서 구성된 조정위원회에서 담당한다.
③ 중재는 공익위원으로 구성된 중재위원회에서 담당한다.
④ 긴급조정은 노동부장관이 담당한다.
⑤ 사적조정의 경우 당사자가 선정한 자가 조정을 담당한다.

┃해답┃ 65. ③ 66. ④

≪**해설**≫ 긴급조정에 관하여는 노동부장관이 긴급조정의 결정권을 가지고 있을 뿐이고, 긴급조정의 담당은 중앙노동위원회가 담당한다.

67. 다음 노동쟁의조정에 관한 설명 중 타당하지 아니한 것은?

① 노동쟁의가 발생한 경우 이를 행정관청 및 노동위원회에게 신고하고 이를 상대방에게 통고하여야 한다.

② 쟁의행위는 노동쟁의조정절차를 거치지 아니하면 이를 행할 수 없다.

③ 조정(調停)은 일반사업에 있어서는 10일, 공익사업에 있어서는 15일 이내에 종료하여야 하며, 동기간 중에 쟁의행위를 할 수 없다.

④ ③의 조정기간은 당사자간의 합의로 이를 연장할 수 있다.

⑤ 노동위원회는 조정의 종료가 결정된 후에도 노동쟁의의 해결을 위하여 조정을 할 수 있다.

≪**해설**≫ ① 구 노동조합법 제16조 제1항의 노동쟁의발생의 신고제도는 폐지되었다. 다만, 쟁의행위를 하고자 할 때에 행정관청 및 노동위원회에 신고하여야 한다(노사관계법 시행령 제17조). ⑤ 동법 제61조의2.

68. 다음 조정 및 중재에 관한 설명 중 타당하지 아니한 것은?

① 조정은 조정위원회 또는 단독조정인이 행한다.

② 조정서의 효력은 중재재정과 동일한 효력을 갖는다.

③ 노동쟁의가 중재에 회부된 때에는 그날부터 15일간 쟁의행위를 할 수 없다.

④ 당사자의 일방은 단체협약 등이 없는 경우에는 중재를 신청할 수 없는 것이 원칙이다.

⑤ 현행 노사관계법은 알선제도가 없다.

≪**해설**≫ ② 조정서의 내용은 단체협약과 동일한 효력을 갖는다.

69. 다음의 기술 중 잘못된 것은?

① 조정위원회의 위원장은 공익을 대표하는 조정위원이 된다.

② 조정위원회의 의장은 표결권없이 회의 진행만을 맡으나, 만일 가부동수인 경우에는 그 결정권을 가진다.

③ 조정위원회는 기일을 정하여 관계당사자를 조정위원회에 출석케 하여 그 의견을 들어야 한다.

④ 조정위원회에는 관계당사자와 참고인 이외의 자의 출석은 금지된다.

⑤ 조정안을 작성한 경우에는 필요한 때에는 신문 또는 방송에 의한 협력을 요청할 수 있다.

▌해답▌ 67. ① 68. ② 69. ②

≪해설≫ 조정위원회의 의장은 공익을 대표하는 노동위원으로서 표결권을 가지며, 가부동수인 때에는 결정권이 없다. 그러므로 지문 ②는 잘못된 기술이다.

70. 노사관계법상의 중재가 이루어지는 경우가 아닌 것은?

① 노동부장관의 직권에 의한 경우

② 노동조합이 단체협약에 의하여 중재신청을 한 경우

③ 사용자가 단체협약에 의하여 중재신청을 한 경우

④ 관계당사자의 쌍방이 중재신청을 한 경우

⑤ 긴급조정에 있어 중앙노동위원회가 결정을 한 경우

≪해설≫ 노동위원회는 i) 관계 당사자의 쌍방이 함께 중재를 신청한 때, ii) 관계 당사자의 일방이 단체협약에 의하여 중재를 신청한 때에 중재를 개시한다(노사관계법 제62조). ① 필수공익사업에 대한 직권중재제도는 2008.1.1부터 폐지된다. ⑤ 동법 제79조

71. 다음 중 필수유지업무제도가 적용되는 사업이 아닌 것은?

① 항공운수사업 ② 수도 · 전기 · 가스사업 ③ 병원사업

④ 방송사업 ⑤ 혈액공급사업

≪해설≫ 필수유지업무제도가 적용되는 사업은 필수공익사업에 국한된다(노사관계법 제42조의2 이하 참조). ④는 공익사업에 해당하나 필수공익사업은 아니다(동법 제71조).

72. 다음 공익사업에 관한 설명 중 타당하지 아니한 것은?

① 공익사업의 조정 · 중재는 특별조정위원회가 담당한다.

② 공익사업에 대하여는 긴급조정이 허용된다.

③ 긴급조정이 공표되는 경우 공표일부터 30일이 경과되지 아니하면 쟁의행위를 할 수 없다.

④ 필수공익사업은 일반공익사업 중에서 업무의 정지 또는 폐지가 공중의 일상생활을 현저히 위태롭게 하거나 국민경제를 현저히 저해하고 그 업무의 대체가 용이하지 아니한 사업을 말한다.

⑤ 일반사업의 조정기간은 10일이나, 공익사업의 조정기간은 15일이다.

≪해설≫ ① 공익사업의 경우 조정은 특별조정위원회가 담당하나, 중재는 중재위원회에서 행한다.

73. 중재재정의 효력에 관한 다음 설명 중 옳지 아니한 것은? 〈34회 사시〉

① 중재재정은 그 절차가 위법하거나 월권적인 것이 인정되는 경우에만 재심

❙해답❙ 70. ① 71. ④ 72. ① 73. ⑤

신청을 할 수 있다.

② 중재재정중 근로조건 기타 근로자의 처우를 정한 것 이외에는 채무적 효력을 가진다.

③ 중재재정은 서면으로 작성된 것만 효력이 있다.

④ 중재재정의 내용은 단체협약과 동일한 효력을 가진다.

⑤ 중앙노동위원회의 중재재정은 이에 대한 행정소송이 제기되면 그 효력이 정지된다.

≪**해설**≫ 노동위원회의 중재재정 또는 재심결정은 중앙노동위원회에의 재심신청 또는 행정소송의 제기가 있다 하여도 집행부정지의 원칙에 따라 그 효력이 정지되지 아니한다(노사관계법 제70조 제 2 항).

74. 부당노동행위의 제도에 관한 다음 기술 중에서 틀린 것은 어느 것인가?

〈2회 공인노무사〉

① 부당노동행위제도는 미국의 와그너(Wagner)법에서 처음으로 입법화 한 제도를 계수한 것이나, 그 취지는 미국의 경우와는 달리 헌법상의 기본권인 구체적 보장의 의미를 담고 있다.

② 미국의 태프트-하틀리(Taft-Hartley)법에는 사용자의 부당노동행위뿐만 아니라 노동조합의 부당노동행위도 인정하고 있음에 반하여 우리나라에서는 사용자의 부당노동행위만을 인정하고 있다.

③ 우리나라에 있어서 부당노동행위는 헌법상 보장한 공공질서의 침해이므로 이를 위반한 자에 대하여는 피해자의 의사에 반하여 처벌할 수 없다.

④ 노사관계법 제81조 제 2 호 단서의 규정에 관하여는 사용자가 이러한 유니언 샵(Union Shop)협정을 체결하더라도 이를 부당노동행위로서 논하지 않겠다는 소극적 의미로 해석하는 것이 다수의 견해이다.

⑤ 근로조합의 전임자들이 사용자로부터 임금을 받는 것이 부당노동행위의 경비원조에 해당하느냐에 관해서 노동조합이 이를 쟁취한 것이면 이는 사용자의 부당노동행위가 성립하지 않는 것으로 보는 견해도 있다.

≪**해설**≫ ③ 노사관계법 제81조(부당노동행위)에 위반한 자에 대하여는 피해자의 의사와 무관하게 처벌할 수 있다(반의사 불벌조항 삭제)(동법 제90조).

75. 다음 중 부당노동행위구제신청을 할 수 없는 자는?

① 노사관계법상의 노동조합 ② 법외노조 소속의 조합원 개인

③ 근로자 개인 ④ 설립 중인 근로자단체

❙해답❙ **74.** ③ **75.** ⑤

⑤ 노사협의회

≪**해설**≫ 근로자 개인에 대한 부당노동행위에 해당하는 불이익처분에 의한 부당노동행위나 황견계약의 경우에는 근로자 개인이, 그리고 노동조합에 대한 부당노동행위에 해당하는 단체교섭거부, 지배 · 개입의 경우에는 노동조합이 신청인이 되는 것이 원칙이다. ② 법외노조는 노사관계법상의 노동조합을 설립하는 과정에 있는 경우 조합원 개인이 부당노동행위구제신청을 할 수 있다(노사관계법 제 7 조 제 2 항). ④ 노사관계법상의 노동조합으로서의 성립요건을 갖추지 못하더라도 이를 지향 · 설립하는 과정에 있는 근로자단체 및 이에 속한 근로자는 부당노동행위구제의 신청인이 될 수 있다(대판 1991. 1. 25, 90누4952).

76. 현행 노사관계법상의 부당노동행위 구제신청인에 대한 설명으로 잘못된 것은?

① 신청인은 사용자의 부당노동행위로 인하여 그 권리를 침해당한 근로자 또는 노동조합이다.

② 구제신청인이 될 수 있는 노동조합은 이른바 법내조합에 한한다.

③ 노동조합의 구제신청은 근로자의 것과는 별개의 권리이며, 근로자 개인의 구제신청권을 대위하거나 대리하는 것은 아니다.

④ 황견계약에 대한 구제신청인이 될 수 있는 근로자는 법내조합의 조합원이어야 한다.

⑤ 정당한 단체행위나 노동위원회에서의 증언 등을 이유로 한 불이익취급에 대한 구제신청을 하기 위하여는 법내조합의 조합원이어야 한다.

≪**해설**≫ 사용자의 부당노동행의로 권리를 침해당한 「근로자」 또는 「노동조합」은 노동위원회에 그 구제를 신청할 수 있다(노사관계법 제82조 제 1 항). 여기서 노동조합은 노동조합의 성립요건을 모두 갖춘 노사관계법상의 노동조합을 말하며(동법 제 7 조 제 1 항), 근로자는 원칙적으로 노사관계법상의 노동조합의 조합원을 말한다. 황견계약(동법 제81조 제 2 호)으로 인한 피해자는 계약당사자인 근로자 개인이 부당노동행위구제의 신청인이 되는 것이 원칙이나 당해 조합원이 소속된 노동조합도 신청인이 될 수 있다고 해석된다(통설).

77. 부당노동행위구제절차에 대한 설명으로 잘못된 것은?

① 부당노동행위가 있은 날로부터 3월 이내에 노동위원회에 구제신청을 하여야 한다.

② 노동위원회는 구제신청을 받은 경우에는 지체없이 필요한 조사와 관계당사자의 심문을 하여야 한다.

③ 노동위원회는 관계당사자 또는 직권으로 증인을 출석하게 하여 질문할 수 있다.

④ 노동위원회는 판정 및 명령 또는 결정을 서면으로 하되 이를 당해 사용자

해답 76. ④ 77. ⑤

와 신청인에게 각각 교부하여야 한다.

⑤ 노동위원회의 구제명령, 기각결정, 또는 재심판정에 대하여 불복 재심신청이나 행정소송이 제기된 경우에는 확정판정이 날 때까지 그 효력은 일시 정지된다.

≪**해설**≫ 노동위원회의 결정에 대하여 불복하여 중앙노동위원회에의 재심신청 또는 행정소송의 제기가 있다 하여도 집행부정지의 원칙에 따라 그 효력이 정지되지 아니한다(노사관계법 제70조 제 2 항).

78. 부당노동행위가 성립되지 않는 경우에 관한 기술 중 옳은 것과 틀린 것의 조합이 맞는 것은 무엇인가?

㉮ 노동조합에의 가입을 방해하는 행위 ㉯ 특정노동조합의 조합원이 될 것을 고용조건으로 하는 행위 ㉰ 조합이 위임한 교섭담당자가 비조합원임을 이유로 단체교섭을 거부하는 행위 ㉱ 불법 단체행동에 참가한 것을 이유로 노동자에게 불이익을 주는 행위 ㉲ 근로자의 후생자금을 기부하는 행위

① ㉮(○)㉯(×)㉰(×)㉱(○)㉲(○)
② ㉮(○)㉯(○)㉰(○)㉱(×)㉲(×)
③ ㉮(×)㉯(×)㉰(×)㉱(○)㉲(×)
④ ㉮(×)㉯(○)㉰(○)㉱(×)㉲(○)
⑤ ㉮(×)㉯(×)㉰(×)㉱(○)㉲(○)

79. 다음 중 사용자의 부당노동행위가 성립되지 않는 경우는? 〈2회 공인노무사〉

① 특정 노동조합의 조합원이 될 것을 고용조건으로 하는 행위
② 노조전임자에게 급여를 지원하는 행위
③ 조합이 위임한 교섭 담당자가 비조합원임을 이유로 단체교섭을 거부하는 행위
④ 근로자의 후생자금을 기부하는 행위
⑤ 정당한 단체행동에 참가한 것을 이유로 근로자에게 불이익을 주는 행위

≪**해설**≫ 노사관계법 제81조 참조.

80. 불이익취급에 의한 사용자의 부당노동행위에 대한 설명 중 잘못된 것은?

① 노동조합에 가입 또는 가입하려고 했거나 노동조합을 조직하려고 한 행위에 대하여 사용자가 근로자에 대하여 불이익을 주는 행위는 부당노동행위이다.

❙해답❙ 78. ⑤ 79. ④ 80. ④

② 노동조합의 업무를 위한 정당한 행위를 한 것을 이유로 근로자에게 불이익을 주는 행위는 부당노동행위이다.

③ 노동위원회에 대하여 구제신청 등을 한 것을 이유로 근로자에게 불이익을 주는 행위는 부당노동행위이다.

④ 피해자의 명시적인 반대의사가 있는 경우에는 불이익취급을 한 사용자에 대하여 형벌에 처할 수 없다.

⑤ 노동조합의 결의나 승인 없이 단체행동을 주도한 조합원에 대한 사용자의 징계처분은 부당노동행위에 해당되지 아니한다.

≪**해설**≫ 부당노동행위는 종래의 노동조합법하에서는 반의사불벌죄였으나 현재의 노사관계법이 제정되면서 삭제되었다.

81. 다음 부당노동행위에 관한 설명 중 타당하지 아니한 것은?

① 부당노동행위에 대한 형사처벌은 반의사불벌죄이다.

② 노동위원회의 부당노동행위구제명령에 불복하여 행정소송을 제기한 경우 법원은 판결의 확정 전일지라도 긴급이행명령을 내릴 수 있다.

③ 노조전임에 대한 임금지급은 제81조 제 4 호의 지배・개입에 해당된다.

④ 노동위원회의 확정된 부당노동행위구제명령을 이행하지 아니하는 경우 형벌이 부과된다.

⑤ 노동위원회의 구제명령은 私法的 效力을 갖고 있지 아니하므로, 司法的 판결을 얻기 위하여는 법원에 민사소송을 제기하여야 한다.

≪**해설**≫ ① 반의사불벌죄가 아니다(구노동조합법에서는 반의사불벌죄이었다). ② 노사관계법 제85조 제 5 항. ③ 동법 제81조 제 4 호. ④ 동법 제89조 제 2 호. ⑤ 대판 1988. 12. 13, 86다카1035.

82. 다음 부당노동행위에 대한 긴급이행명령제도에 관한 설명 중 타당하지 아니한 것은?

① 사용자가 노동위원회의 구제명령에 불복하여 행정소송을 제기한 경우에 관할법원이 내린다.

② 긴급이행명령은 중앙노동위원회의 신청에 의하여 법원이 결정함으로써 이를 내린다.

③ 긴급이행명령은 당사자의 신청에 의하여 또는 직권으로 그 결정을 취소할 수 있다.

④ 긴급이행명령은 판결이 확정될 때까지 그 효력을 갖는다.

해답 **81.** ① **82.** ⑤

⑤ 긴급이행명령에 위반하는 경우에는 500만원 이하의 벌금이 부과된다.

≪**해설**≫ ①②③④ 노사관계법 제85조 제5항 참조. ⑤ 긴급이행명령이 i) 「부작위명령」인 경우 500만원 이하의 과태료가, ii) 「작위명령」인 경우 1일에 50만원 이하의 비율로 산정한 과태료가 부과된다.

83. 부당노동행위의 구제에 대한 설명 중 타당하지 아니한 것은?

① 노동위원회는 원상회복명령을 원칙으로 한다.

② 법원은 해고무효확인소송 또는 종업원지위확인소송 등을 한다.

③ 부당노동행위의 사법상 효력은 당연 무효이다.

④ 노동위원회의 구제명령은 부당노동행위의 사법상 효력을 무효로 한다.

⑤ 사용자의 사법상 부당노동행위는 노사관계법 제81조에 위반된다.

≪**해설**≫ ④ 노동위원회의 구제명령은 부당노동행위의 사법상 효력을 무효로 하지 아니한다.

84. 노사협의제도에 관한 것으로서 옳지 못한 것은?

① 노사협의제도는 기업의 운영에 관한 사항 등을 노사간의 공통의 이해사항을 협의하는 제도이다.

② 노사협의제도는 근로자의 복지증진과 기업의 건전한 발전을 목적으로 한다.

③ 노사협의제도는 기업경영의 합리화와 산업평화주의를 목적으로 하는 제도이다.

④ 노사협의제도는 근로자와 사용자가 이해와 대화를 통하여 상호협조하는 제도이다.

⑤ 노사협의제도는 조합원으로서의 근로자와 사용자가 상호협력적 관계에서 협의하는 제도이다.

≪**해설**≫ 우리나라에서의 노사협의제도는 과거의 단체교섭에 포함될 수 없거나 부적당한 공동이해사항을, 근로자와 사용자가 기업의 구성원이라는 동등한 입장에서 상호 이해와 협조를 통하여 협력적 관계를 형성하는 제도이다. 그러므로 조합원으로서의 근로자라는 지문 ⑤의 내용은 잘못된 것이다.

85. 우리나라 노사협의제도의 특징이 아닌 것은?

① 노사협의제도는 법률에 의하여 설치가 강제된다.

② 노사협의제도는 공동결정제도의 성질을 갖는다.

③ 노동조합이 노사협의회에 참여한다.

④ 단체교섭은 노사협의에 의하여 영향을 받지 아니한다.

| 해답 | **83.** ④ **84.** ⑤ **85.** ②

⑤ 행정관청이 지도와 감독을 할 수 있다.

≪**해설**≫ ② 노사협의제도는 경영참가의 성질을 갖는다. ④ 노사협력법 제 5 조 참조.

86. 노사협의회의 회의에 관한 설명 중 타당하지 아니한 것은?

① 노사협의회는 각 3명 이상 10명 이하의 근로자와 사용자를 대표하는 같은 수의 위원으로 구성된다.

② 근로자의 과반수로 조직된 노동조합이 있는 사업이나 사업장에서는 노동조합의 대표자 및 그 노동조합이 위촉하는 자를 근로자위원으로 한다.

③ 근로자의 과반수로 조직된 노동조합이 없는 사업이나 사업장에서는 근로자의 투표에 의하여 선출한다.

④ 사용자위원은 사업이나 사업장의 대표자와 그 대표자가 위촉하는 자로 한다.

⑤ 공익위원은 근로자대표와 사용자대표의 합의에 의하여 선출된다.

≪**해설**≫ ⑤ 노사협의회에 공익위원은 참여하지 아니한다.

87. 다음 중 노사협의회의 의결사항에 해당되지 아니하는 것은?

① 근로자의 교육훈련 및 능력개발 기본계획의 수립

② 복지시설의 설치와 관리

③ 사내근로복지기금의 설치

④ 고충처리위원회에서 해결되지 아니한 사항

⑤ 근로자의 고충처리

≪**해설**≫ 근로자의 고충처리는 협의사항에 해당된다.

88. 다음 노사협의회에 관한 기술 중 틀린 것은? 〈1회 공인노무사〉

① 고충사항은 구두 또는 서면으로 신고할 수 있다.

② 사용자는 경영방침 또는 실적을 노사협의회에 보고하여야 한다.

③ 노사협의회는 노사위원 각각 과반수 출석과 출석위원 3분의 2 이상의 찬성으로 의결한다.

④ 임금인상 등 단체협약을 체결한다.

⑤ 노사협의회 의장은 위원 중에서 호선한다.

≪**해설**≫ 단체협약은 노동조합과 사용자 또는 사용자단체간에 체결하는 것이고, 노사협의회는 법정사항을 협의, 의결, 보고한다(노사협력법 제20조, 제21조 및 제22조 참조).

❙해답❙ 86. ⑤ **87.** ⑤ **88.** ④

89. 고충처리에 관한 다음 설명 중 타당한 것은? 〈1회 공인노무사〉

① 고충처리위원은 노사를 대표하는 5명 이내의 위원으로 구성하되, 협의회가 설치되어 있는 경우 협의회가 그 위원 중에서 선임한다.

② 고충처리위원은 처리결과를 15일 이내에 근로자에게 통보해야 한다.

③ 사업장에서 고충처리위원이 처리하기 곤란한 사항은 노사협의회의 회의에 부쳐 협의처리한다.

④ 고충처리위원의 임기는 2년이다.

⑤ 노사협의회가 설치되어 있는 사업장에는 반드시 고충처리위원을 두어야 한다.

≪**해설**≫ ① 고충처리위원은 노사를 대표하는 3명이내의 위원으로 구성하되, 협의회가 설치되어 있는 사업이나 사업장의 경우에는 협의회가 그 위원 중에서 선임하고, 협의회가 설치되어 있지 않은 사업이나 사업장의 경우에는 사용자가 위촉하며(노사협력법 제27조 제1항), ② 고충처리위원은 근로자로부터 고충사항을 청취한 경우에는 10일이내에 조치사항과 그 밖의 처리결과를 해당 근로자에게 통보하여야 하며(동법 제28조 제1항), ③ 동법 제28조 제2항, ④ 고충처리위원의 임기는 3년이고(동법 제27조 제2항 및 제8조), ⑤ 모든 사업 또는 사업장에는 근로자의 고충을 청취하고 이를 처리하기 위하여 고충처리위원을 두어야 한다. 다만, 상시 30명 미만의 근로자를 사용하는 사업이나 사업장은 그러하지 아니하다(동법 제26조).

90. 다음 중 노동위원회의 독립성에 관한 설명 중 타당하지 아니한 것은?

① 중앙노동위원회는 중앙・지방 및 특별노동위원회의 규칙을 제정한다.

② 중앙 및 지방노동위원회는 각자의 인사・교육훈련 기타 행정사무를 총괄한다.

③ 중앙노동위원회는 중앙 및 지방노동위원회 소속의 공무원을 지휘・감독한다.

④ 중앙노동위원회 위원장은 노동부장관의 제청으로 대통령이 임명한다.

⑤ 중앙노동위원회의 위원은 대통령이, 지방노동위원회의 위원은 중앙노동위원회의 위원장이 각각 위촉한다.

≪**해설**≫ ② 중앙노동위원회의 위원장이 지방노동위원회의 인사・교육훈련 기타 행정사무를 총괄한다. 노동위원회법 제4조 제2항 참조.

91. 다음의 보기들 중 중앙노동위원회만의 권한에 속하는 사항을 모두 고른 것은?

㉮ 노동위원회에 대한 지시권		
㉯ 각 노동위원회의 운영에 관한 규칙제정권		
㉰ 재심권	㉱ 취소권	㉲ 조사권

▌해답▌ **89.** ③ **90.** ② **91.** ③

① ㉮, ㉯, ㉱ ② ㉮, ㉰, ㉱, ㉲ ③ ㉮, ㉯, ㉰, ㉱
④ ㉯, ㉰, ㉱, ㉲ ⑤ ㉮, ㉯, ㉰, ㉱, ㉲

≪**해설**≫ 지문 ㉲의 조사권은 중앙노동위원회뿐만 아니라, 각급 노동위원회가 모두 가지는 권한이다.

92. 다음 노동위원회의 구성에 관한 설명 중 타당하지 아니한 것은?

① 근로자위원, 사용자위원 및 공익위원의 3자로 구성된다.
② 근로자위원은 노동조합이, 사용자위원은 사용자단체가 각각 추천한다.
③ 공익위원은 노동위원회위원장, 노동조합 및 사용자가 각각 추천한 자 중에서 노동조합 및 사용자가 투표로 선출한다.
④ 중앙노동위원회의 위원은 근로자위원·사용자위원 및 공익위원을 구분하지 아니하고 모두 대통령이 위촉한다.
⑤ 지방노동위원회의 위원은 근로자위원·사용자위원 및 공익위원을 구분하지 아니하고 모두 중앙노동위원회의 위원장이 위촉한다.

≪**해설**≫ 「근로자위원」은 노동조합이 추천한 자 중에서 위촉하고 사용자위원은 사용자단체가 추천한 자 중에서 위촉하되, 중앙노동위원회의 경우에는 노동부장관의 제청으로 대통령이, 지방노동위원회의 경우에는 지방노동위원회위원장의 제청으로 중앙노동위원회위원장이 각각 위촉한다(노동위원회법 제 6 조 제 3 항). 공익위원은 당해 노동위원회위원장·노동조합 및 사용자단체가 각각 추천한 자 중에서 노동조합과 사용자단체가 순차적으로 배제하고 남은 자를 위촉대상 공익위원으로 하고, 그 위촉대상 공익위원 중에서 중앙노동위원회의 공익위원은 노동부장관의 제청으로 대통령이, 지방노동위원회의 공익위원은 지방노동위원회위원장의 제청으로 중앙노동위원회위원장이 각각 위촉한다(동법 제 6 조 제 4 항).

93. 다음 노동위원회의 구성에 관한 설명 중 타당하지 아니한 것은?

① 중앙노동위원회위원장은 중앙노동위원회의 공익위원 자격을 가진 자 중에서 대통령이 임명한다.
② 지방노동위원회의 위원장은 상임위원중에서 대통령이 임명한다.
③ 중앙노동위원회·지방노동위원회의 위원장 및 상임위원의 임명에는 노동부장관의 제청이 있어야 한다.
④ 중앙노동위원회·지방노동위원회의 위원장과 상임위원은 모두 심판사건·차별시정사건과 조정사건을 담당할 수 있다.
⑤ 중앙노동위원회의 위원장직은 정무직이다.

≪**해설**≫ ② 지방노동위원회위원장은 지방노동위원회의 공익위원 자격을 가진 자 중에서 중앙노동위원회위원장의 추천과 노동부장관의 제청으로 대통령이 임명

┃해답┃ **92.** ③ **93.** ②

한다(노동위원회법 제 9 조 제 2 항).

94. 다음 중 중앙노동위원회만이 행사할 수 있는 권한이 아닌 것은?

① 지방노동위원회 또는 특별노동위원회의 처분에 대한 재심권

② 중앙노동위원회 · 지방노동위원회 또는 특별노동위원회의 운영 기타 필요한 사항에 관한 규칙제정권

③ 2 이상의 지방노동위원회의 관할구역에 걸친 사건

④ 긴급조정결정에 관한 의견제시

⑤ 긴급조정의 결정공표 후의 조정

≪**해설**≫ ③ 주된 사무소의 소재지를 관할하는 지방노동위원회에서 관장하되, 노동쟁의조정사건만을 중앙노동위원회에서 관장한다. 노동위원회법 제 3 조 제 1 항 · 제 2 항 참조.

95. 중앙노동위원회의 공익위원의 자격에 관한 설명 중 타당하지 아니한 것은?

① 공인된 대학에서 부교수 이상으로 재직한 자는 재직연수에 상관없이 조정담당공익위원이 될 수 있다.

② 판사 · 검사 · 군법무관 · 변호사 또는 공인노무사의 직에 7년 이상 재직한 자는 중앙노동위원회의 심판, 차별시정 또는 조정담당공익위원이 될 수 있다.

③ 사회적 덕망이 있는 자로서 공익위원으로 적합하다고 인정되는 자는 심판담당공익위원이 될 수 있다.

④ 노동관계업무에 7년 이상 종사한 자로서 2급 또는 2급상당 이상의 공무원이나 고위공무원단에 속하는 공무원으로 재직한 자는 심판, 차별시정 또는 조정담당공익위원이 될 수 있다.

⑤ 노동관계업무에 15년 이상 종사한 자는 조정담당공익위원이 될 수 있다.

≪**해설**≫ 중앙노동위원회의 공익위원은 심판담당공익위원 및 차별시정담당공익위원과 조정담당공익위원으로 구분하여 노동문제에 관한 지식과 경험이 있는 자중에서 위촉한다. 이 경우 노동관계업무에 15년이상 종사한 자 또는 「사회적 덕망이 있는 자」로서 조정담당공익위원으로 적합하다고 인정되는 자는 조정담당공익위원으로 위촉될 수 있는 자격이 되나, 심판담당공익위원으로 위촉될 자격은 없다(노동위원회법 제 8 조 제 1 항).

▎해답▎ 94. ③ **95.** ③

제 4 권

社會保障法

제 1 편　社會保障法

제1장 總　　說

제 1 절　社會保障法의 意義

Ⅰ. 社會保障法意義

사회보장의 개념규정은 각 국가·사회 및 학자들에 따라 모두 다르다. 다만 사회보장제도가 추구하여 온 목표나 실현방법은 일반적으로 공통적인 요소를 내포하고 있으며, 이에 관한 ILO의 원칙을 보면 다음과 같다.

1. 對象의 普遍的 保護

각계각층을 망라하는 국민전체를 사회보장의 적용대상으로 하여야 한다는 원칙을 말한다.

2. 費用負擔의 公平性

사회보장비용은 모든 국민의 공동부담을 원칙으로 한다. 다만, 자산이 적은 자에게 과중한 부담을 주지 않도록 하며, 항상 피보험자의 경제적 상태를 고려하여야 한다.

3. 給與水準의 適正性

「최저기준에 관한 조약」에서는 적정지급에 관한 기준에 대하여 다음의 3가지 원칙을 제시하고 있다.

(1) 급여비례원칙　각 개인의 기여료에 비례하는 수준의 급여를 행한다는 원칙

(2) 급여균일원칙　모든 수급자에게 동일액의 급여를 행한다는 원칙

(3) 가족부양수준원칙　급여액과 수급자의 재산정도를 감안하여 양자를 합쳐 수급자가 최저생활을 영위할 수 있도록 지급하여야 한다는 원칙

Ⅱ. 社會保障法의 對象

사회보장법은 대체로 사회보험, 공적부조 및 사회복지의 3부분을 그 대상으로 하고 있다.

▣ 요점정리

<table>
<tr><th></th><th>사회보험</th><th>공적 부조</th><th>사회복지</th></tr>
<tr><td>대 상</td><td>특정 위험·질병·노령·사망 등의 재해에 대한 사전대책</td><td>생활능력이 없는 자에 대한 사후지원</td><td>특정계층에 대한 지원(고령자, 장애인, 아동, 모자 등)</td></tr>
<tr><td>급 여</td><td>금전적 방법</td><td>금전적 방법</td><td>비금전적 방법</td></tr>
<tr><td>비용부담</td><td>〈유상〉 보험가입자가 전부 또는 일부를 부담</td><td>무상(국민세금)</td><td>무상(무능력자)
유상(능력자)</td></tr>
<tr><td>운영주체</td><td>공보험(국가)
사보험(민간)</td><td>국가</td><td>국가(사회복지시설)</td></tr>
<tr><td rowspan="2">기본체계</td><td colspan="2">양대체계</td><td></td></tr>
<tr><td colspan="3">3대체계</td></tr>
</table>

1. 社會保險

사회보장은 사회보장제도의 원류를 이루는 제도로서 사회보장에서 가장 주요한 위치를 점하고 있다. 사회보험은 수혜자, 즉 보험가입자 자신이 급여의 전부 또는 일부를 부담하게 되므로 수혜자가 무상으로 혜택을 받게 되는 공적부조와 본질적으로 다르다 할 것이다.

2. 公的扶助(社會扶助)

공적부조제도는 평등의 원칙에 의한 사회적 부양제도이다. 공적부조는 수혜자가 아무런 부담을 지지 아니하고 무상으로 혜택을 받는 제도라는 점에서 사회보험과 구별된다.

또한 공적부조는 생활을 위협하는 위험에 대응하는 것이 아니라, 일정한 최저수준의 생활을 설정하고 그 이하의 자에 대하여 소득을 확보시켜 주는 제도라는 점에서 사회보험제도와 구별된다.

3. 社會福祉

사회복지는 소득능력의 유무에 불구하고 일반적으로 금전적 급여에 의하지 아니하는 공적 서비스를 지칭하는 것이다. 사회복지는 소득능력(노동능력)이 없는 자들도 대상으로 하지만, 이들에 대한 소득보장급여는 아니고 오히려 비금전적 급여에 의하여 생활상의 빈곤을 경감시키는 것을 주목적으로 하고 있다.

제 2 절 社會保障法의 形成과 發展

Ⅰ. 第 1 期: 私的保險의 發展

초기자본주의 시기에는 자유방임의 법원리가 지배한 시기로서 빈곤의 원인은 개인의 책임으로 간주되었다. 따라서 빈곤층에 대한 구제는 국가나 부유층의 자선 및 은혜에 의한 것으로 해석되었고, 각 개인은 각종 재해로부터의 보호 및 최저생활수준 유지 등을 위하여 각자의 책임하에 스스로 모든 비용을 부담하여 개인보험 등에 가입하여야만 되었다.

Ⅱ. 第 2 期: 社會保險의 發展

자본주의가 차차 발전기에 돌입함에 따라 극심해 가는 근로자의 빈곤화현상은 개별적 근로자의 책임에 기인하는 것이 아니라 국가의 정책실패 또는 사회적 모순에 기인하는 것이라는 견해가 주장되었다.

따라서 국가가 근로자의 빈곤을 해결·지원할 수 있는 법제가 대두되기 시작되었으며, 이 중 대표적인 것인 19C말엽의 독일제국의 사회보험입법의 제정이다. 이른바 비스마르크(Bismarck)의 「사회보험삼법」의 제정이 대표적인 것으로서, 이는 오늘날의 독일의 사회보험법의 골격을 이루고 있고 기타의 서구제국에도 많은 영향을 주었던 것이다.

Ⅲ. 第 3 期: 社會保障制度의 發展

2차대전 후에는 국가가 적극적으로 국민의 사회적·경제적 수요를 충족시켜야 한다는 관념이 일반화되어, 「사회보험에서 사회보장으로」라는 사상이 대두되었다. 이리하여 미국에서는 세계최초로 「사회보장」이라는 용어를 사용한 실정법(Social Security Act)이 1935년 등장하게 되었고 연이어 1938년에 뉴질랜드에서 사회보장법이 제정되었다. 1942년 영국의 비버리지(Beveridge)의 사회보장구상을 계기로 공적부조와 사회보험과의 제 3 의 중간영역인 무갹출의 소득보장, 현물·서비스의 급여가 증가하고, 또한 의료보험이나 실업보험 지급을 넘어 생활보험의 기회가 확대되었다.

Ⅳ. 第 4 期: 社會保障의 國際化

사회보장제도의 발전과 밀접한 관계를 가지고 있는 것으로 ILO를 빼놓을 수 없다. 또한 1948년의 UN총회의 세계인권선언 채택과 1964년의 區州社會保障法典의 출현은 사회보장의 국제화·일반화를 더욱 촉진하게 되었다.

1. 國際勞動機構(ILO)

1919년 베르사이유 평화조약(제13편)에서 성립된 ILO는 노동조약이나 권고를 채택함으로써 근로조건의 국제적 기준을 설정하는 것이 임무였으나, 제 2 차대전 후에는 UN의 경제사회이사회와 협력하여 협의의 근로조건뿐 아니라 사회보장에 대하여도 활발한 활동을 행하게 되었다.

2. 世界保健機構(WHO)

UN전문기관으로서, 전염병·질병예방·환경위생 및 영양 등에 대하여 국제적인 조사·보급 활동을 행하고 있고, 국제위생조약의 채택 등 사회보장의료의 기초적 조건의 충실화에 기여하고 있다.

제 3 절 社會保障法의 法的 性格

Ⅰ. 關聯規程

> **헌법 제34조** ① 모든 국민은 인간다운 생활을 할 권리를 지닌다.
> ② 국가는 사회보장·사회복지의 증진에 노력할 의무를 진다.
> ③ 국가는 여자의 복지와 권익의 향상을 위하여 노력하여야 한다.
> ④ 국가는 노인과 청소년의 복지향상을 위한 정책을 실시할 의무를 진다.
> ⑤ 신체장애자 및 질병·노령 기타의 사유로 생활능력이 없는 국민은 법률이 정하는 바에 의하여 국가의 보호를 받는다.

Ⅱ. 社會保障을 받을 權利의 法的 性格

1. 人間다운 生活을 할 權利와의 關係

헌법 제34조 제 1 항은 「모든 국민은 인간다운 생활을 할 권리를 가진다」라고 규정함으로써 생존권의 이념과 근거를 제시하고 있다.

헌법상 생존권 중에서도 인간다운 생활을 할 권리는 가장 근원이 되는 기본적인 권리이고, 사회보장을 받을 권리는 인간다운 생활을 보장하기 위한 구체적

수단이 되는 권리이다. 즉 사회보장을 받을 권리는 인간다운 생활을 할 권리에서 파생된 권리이다.

2. 法的 性質

사회보장을 받을 권리의 보장수준과 관련하여 그것이 추상적 권리인지 또는 구체적 권리인지에 관하여 의견의 대립이 있다.

Ⅲ. 社會保障을 받을 權利의 規範的 構造

사회보장을 받을 권리는 다시 실체적인 사회보장청구권과 절차적 권리로 나누어 볼 수 있다.

▣ 요점정리

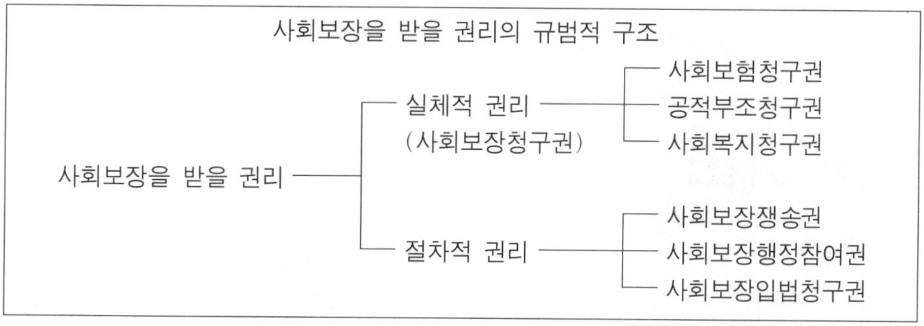

1. 實體的 權利: 社會保障請求權

국민이 사회보장법에 의하여 현실적인 사회보장급여를 청구할 수 있는 구체적 권리를 사회보장청구권이라고 한다.

사회보장청구권은 사회보장법의 체계와 관련하여 다음 세 가지의 청구권으로 구성된다. 즉 i) 사회보험법에 의하여 생활위험급여를 청구할 수 있는 사회보험청구권, ii) 공적부조법에 의하여 생활불능급여를 청구할 수 있는 공적부조청구권, iii) 사회복지법에 의하여 비금전적인 사회서비스를 청구할 수 있는 사회복지청구권이 그것이다.

2. 節次的 權利

(1) 사회보장쟁송권 실체적 권리인 사회보장청구권이 위법 또는 부당한 행정기관의 조치에 의해서 침해되었을 때 이의 구제를 신청하는 절차적 권리이다. 사회보장쟁송권에는 행정심판의 청구를 통한 행정적 구제와 행정소송을 통한 사

법적 구제가 있다.

(2) 사회보장행정참여권 사회보장행정은 전문적 · 기술적이기 때문에 행정기관의 재량의 여지가 많다. 구체적인 급여기준의 결정 등에 있어서 현저히 불공평한 경우가 있을 수 있으므로, 사회보장 행정절차에 지역주민 등이 사전에 참여할 수 있는 절차적 권리가 확보되어야 한다.

(3) 사회보장입법청구권 사회보장을 실현할 구체적 법률이 제정되지 않았거나 또는 제정된 법률이 불충분한 경우에 사회보장의 입법 혹은 그 개정을 청구할 수 있는 권리이다. 사회보장입법청구권은 사회보장권을 헌법상의 구체적 권리로 파악하는 경우에 인정된다.

제 2 장 社會保障基本法

제 1 절 基本體系

Ⅰ. 制定趣旨

1963년 사회보장에 관한 기본법으로서 「사회보장에관한법률」이 제정된 바 있다. 그러나 「사회보장에관한법률」은 불과 7개조에 불과한 법으로서 사회보장심의위원회에 관한 규정 이외에는 사회보장에 관한 구체적인 내용을 규정하지 아니하였다. 이에 따라 1995.12.30 「사회보장기본법」이 제정되어, 1996.7.1부터 시행되었으며 「사회보장에관한법률」은 폐지되었다.

Ⅱ. 目 的

사회보장기본법은 사회보장에 관한 국민의 권리와 국가 및 지방자치단체의 책임을 정하고 사회보장제도에 관한 기본적인 사항을 규정함으로써 국민의 복지증진에 기여함을 목적으로 하고 있다(동법 제 1 조).

Ⅲ. 基本原則

1. 國家와 地方自治團體의 責任

(1) 국가발전의 수준에 부응하는 사회보장제도를 확립하고 매년 이에 필요한

재원을 조달하여야 한다(동법 제 5 조).

(2) 가정이 건전하게 유지되고 그 기능이 향상되도록 노력하여야 한다(동법 제 6 조 제 1 항).

(3) 사회보장제도를 시행함에 있어 가정과 지역공동체의 자발적 복지활동을 촉진하여야 한다(동법 제 6 조 제 2 항).

2. 國民의 責任

모든 국민은 자신의 능력을 최대한 발휘하여 자립·자활할 수 있도록 노력하고 국가의 사회보장정책에 협력하여야 한다(동법 제 7 조).

제 2 절 主要內容

I. 社會保障制度의 基本體系

사회보장기본법은 사회보장제도를 사회보험, 공적부조, 사회복지서비스 및 관련복지제도로 구분하고 있다. 그러나 「관련복지제도」에 관하여는 개념정의만 하고 있을 뿐 구체적인 규정을 두고 있지 아니하므로 사회보험, 공적부조 및 사회복지서비스를 사회보장제도의 기본체계로 보아도 무방할 것이다.

1. 社會保障의 槪念

사회보장이라 함은 질병·장애·노령·실업·사망 등의 사회적 위험으로부터 모든 국민을 보호하고 빈곤을 해소하며 국민생활의 질을 향상시키기 위하여 제공되는 사회보험·공공부조·사회복지서비스 및 관련 복지제도를 말한다(동법 제 3 조 제 1 호).

2. 社會保障의 體系 및 費用負擔(동법 제 3 조 및 제27조)

■ 요점정리

종 류	내 용	비용부담
사회보험	국민에게 발생하는 사회적 위험을 보험방식에 의하여 대처함으로써 국민건강과 소득을 보장하는 제도	사용자·피용자 및 자영자가 부담하는 것을 원칙으로 하되 관계법령이 정하는 바에 따라 국가가 비용의 일부 부담
공공부조	국가 및 지방자치단체의 책임하에 생활유지능력이 없거나 생활이 어려운 국민의 최저생활을 보장하고 자립을	국가 및 지방자치단체가 비용의 전부 또는 일부 부담

	지원하는 제도	
사회복지 서 비 스	국가·지방자치단체 및 민간부문의 도움을 필요로 하는 모든 국민에게 상담·재활·직업소개 및 지도·사회복지시설이용 등을 제공하여 정상적인 사회생활이 가능하도록 지원하는 제도	• 관계법령이 정하는 일정소득수준이하의 국민: 국가 및 지방자치단체가 비용의 전부 또는 일부 부담 • 부담능력이 있는 국민: 수익자부담의 원칙. 다만 관계법령이 정하는 바에 따라 비용의 일부를 국가 및 지방자치단체가 부담
관 련 복지제도	보건·주거·교육·고용 등의 분야에서 인간다운 생활이 보장될 수 있도록 지원하는 각종 복지제도	

Ⅱ. 社會保障受給權

1. 社會保障受給權의 槪念

사회보장에 관한 관계법령이 정하는 바에 따라 사회보장의 급여를 받을 권리(동법 제 9 조).

2. 社會保障給與의 水準

(1) 원 칙 국가는 국민이 건강하고 문화적인 생활을 유지할 수 있도록 사회보장 급여수준의 향상에 노력하여야 한다(동법 제10조 제 1 항).

(2) 기 준 국가 또는 지방자치단체는 「최저생계비」와 「최저임금」을 참작하여 사회보장급여의 수준을 결정하여야 한다(동법 제10조 제 3 항).

1) **최저생계비** 국가가 관계법령이 정하는 바에 의하여 매년 공표(동법 제10조 제 2 항).

2) **최저임금** 최저임금법에 의한 최저임금(동법 제10조 제 3 항).

3. 社會保障給與의 申請

사회보장의 급여를 받고자 하는 자는 관계법령이 정하는 바에 의하여 국가 또는 지방자치단체에 「신청」하여야 한다(동법 제11조 제 1 항).

4. 社會保障受給權의 保護

사회보장수급권은 관계법령이 정하는 바에 따라 타인에게 양도하거나 담보로 제공할 수 없으며, 이를 압류할 수 없다(동법 제12조).

5. 社會保障受給權의 制限 등

사회보장수급권은 제한되거나 정지될 수 없다. 다만, 관계법령이 따로 정하고 있는 경우에는 제한 또는 정지되나 이 경우에도 그 제한 또는 정지의 목적에 필요한 최소한에 그쳐야 한다(동법 제13조).

6. 社會保障受給權의 拋棄

사회보장수급권은 정당한 권한이 있는 기관에 서면으로 통지하여 이를 포기할 수 있으며(동법 제14조 제 1 항), 다시 이를 취소할 수도 있다(동법 제14조 제 2 항). 그러나 타인에게 피해를 주거나 사회보장에 관한 관계법령에 위반되는 경우에는 이를 포기할 수 없다(동법 제14조 제 3 항).

7. 不法行爲에 대한 求償

제 3 자의 불법행위에 의하여 피해를 입은 국민이 그로 인하여 사회보장수급권을 가지게 된 경우 사회보장제도를 운영하는 자는 불법행위의 책임이 있는 자에 대하여 관계법령이 정하는 바에 의하여 구상권을 행사할 수 있다(동법 제15조).

Ⅲ. 社會保障審議委員會의 設置

- ○위원장　　1인(국무총리)
- ○부위원장　　3인(기획재정부장관, 교육과학기술부장관, 보건복지가족부장관)
- ○위　원　　총 30인 이내(위원장 및 부위원장 포함)
- ○임　기　　2년(단, 공무원인 임원의 임기는 그 재임기간으로 한다.)

Ⅳ. 社會保障制度의 運營

1. 運營 原則

(1) 범국민성　　국가 및 지방자치단체는 사회보장제도를 운영함에 있어 이를 필요로 하는 「모든 국민」에게 적용하여야 한다(동법 제24조 제 1 항). 다만 국내에 거주하는 외국인에 대하여는 「상호주의원칙」에 의하되, 관계법령이 정하는 바에 따른다(동법 제 8 조).

(2) 형평성　　국가 및 지방자치단체는 사회보장제도의 급여수준 및 비용부담 등에 있어서 「형평성」을 유지하여야 한다(동법 제24조 제 2 항).

(3) 민주성　　국가 및 지방자치단체는 사회보장제도의 정책결정 및 시행과정

에 공익의 대표자 및 이해관계인 등을 참여시켜 「민주성」을 확보하여야 한다(동법 제24조 제 3 항).

(4) 연계성 · 전문성 지방자치단체는 사회보장제도를 운영함에 있어서 국민의 다양한 복지욕구를 효율적으로 충족시키기 위하여 「연계성 · 전문성」을 높여야 한다(동법 제24조 제 4 항).

2. 役割分擔

국가는 지방자치단체와 사회보장에 관한 책임과 역할을 합리적으로 조정하여야 한다(동법 제25조 제 1 항).

(1) 사회보험 국가의 책임으로 행함을 원칙으로 한다(동법 제25조 제 2 항 전단).

(2) 공공부조 및 사회복지서비스 국가 및 지방자치단체의 책임으로 행함을 원칙으로 하되, 국가 및 지방자치단체의 재정형편 등을 감안하여 이를 조정할 수 있다(동법 제25조 제 2 항 후단).

3. 民間參與

(1) 국가 및 지방자치단체는 사회보장에 대한 민간부문의 참여를 조장할 수 있도록 정책을 개발 · 시행하고 그 여건을 조성하여야 한다(동법 제26조 제 1 항).

(2) 국가 및 지방자치단체는 사회보장에 대한 민간부문의 참여를 조장할 수 있도록 시책을 수립 · 시행하여야 한다(동법 제26조 제 2 항).

(3) 국가 및 지방자치단체는 개인 · 법인 또는 단체의 사회보장에 대한 참여에 소요되는 경비의 전부 또는 일부를 지원하거나 그 업무수행에 필요한 지원을 할 수 있다(동법 제26조 제 3 항).

4. 費用負擔

(1) 사회보장비용의 부담원칙 사회보장비용의 부담은 각각의 사회보장제도에 대한 역할분담에 따라 국가 · 지방자치단체 및 민간부문 간에 합리적으로 조정되어야 한다(동법 제27조 제 1 항).

(2) 사회보험 비용 사회보험에 소요되는 비용은 사용자 · 피용자 및 자영자가 부담하는 것을 원칙으로 하되 관계법령이 정하는 바에 따라 국가가 그 비용의 일부를 부담할 수 있다(동법 제27조 제 2 항).

(3) 공공부조 및 사회복지서비스(일정소득수준이하의 국민) 비용 공공부조 및 관계법령이 정하는 일정소득수준이하의 국민에 대한 사회복지서비스에 소요되는 비용의 전부 또는 일부는 국가 및 지방자치단체가 이를 부담한다(동법 제27조 제 3 항).

(4) 부담능력있는 국민에 대한 사회복지서비스 비용 부담능력이 있는 국민에

대한 사회복지서비스에 소요되는 비용은 그 수익자가 부담함을 원칙으로 하되, 관계법령이 정하는 바에 따라 국가 및 지방자치단체가 그 비용의 일부를 부담할 수 있다(동법 제27조 제 4 항).

V. 其　他

1. 社會保障傳達體系의 마련

국가 및 지방자치단체는 사회보장제도가 지역적으로 고루 분포되고 기능에 따라 균형이 이루어지고, 모든 국민이 쉽게 이용하고, 관계기관과 관계자간의 조정이 원활하도록 사회보장전달체계를 마련하여야 한다(동법 제28조).

2. 專門 人力의 養成

국가 및 지방자치단체는 사회보장제도의 발전을 위하여 전문 인력의 양성, 학술조사 및 연구, 국제교류의 증진 등에 노력하여야 한다(동법 제29조).

3. 關聯情報의 公開 및 情報體系의 確立

국가 및 지방자치단체는 국민이 사회보장제도에 관하여 필요로 하는 정보를 공개하고 이를 홍보하여야 하고, 사회보장제도를 효율적으로 운영하기 위하여 사회보장에 관한 정보를 관리하는 체계를 확립하여야 한다(동법 제30조).

4. 個人 · 團體 · 法人의 秘密保護

사회보장의 업무에 종사하는 자는 사회보장과 관련하여 알게 된 개인 · 법인 또는 단체의 비밀을 관계법령이 정하는 바에 의하여 보호하여야 한다(동법 제31조).

5. 社會保障에 관한 說明, 相談 및 通知

국가와 지방자치단체는 사회보장에 관한 관계법령에 규정된 권리나 의무를 해당 국민에게 설명하도록 노력하여야 하고(동법 제32조), 사회보장에 관한 관계법령에 따라 사회보장에 관한 상담에 응하여야 하며(동법 제33조), 사회보장에 관한 사항을 해당 국민에게 통지하여야 한다(동법 제34조).

6. 權利救濟

위법 또는 부당한 처분을 받거나 필요한 처분을 받지 못함으로써 권리 또는 이익의 침해를 받은 국민은 행정심판법 또는 행정소송법의 규정에 의한 심판청구 또는 행정소송을 제기하여 그 처분의 취소 또는 변경 등을 청구할 수 있다(동법

제35조).

■ 요점정리

<table>
<tr><th colspan="3">부 문</th><th>개 별 법</th></tr>
<tr><td colspan="3">기 본 법</td><td>사회보장기본법</td></tr>
<tr><td rowspan="3">사회
보험법</td><td rowspan="2">보험</td><td>의료</td><td>국민건강보험법</td></tr>
<tr><td>근로</td><td>고용보험법, 산업재해보상보험법, 진폐의예방과진폐근로자의 보호등에관한법률</td></tr>
<tr><td colspan="2">연 금</td><td>국민연금법, 공무원연금법, 사립학교교직원연금법, 군인연금법, 기초노령연금법</td></tr>
<tr><td colspan="3">공적 부조법</td><td>국민기초생활보장법, 의료급여법, 재해구호법, 의사상자보호법, 일제하일본군위안부에대한생활안정지원법, 북한탈출주민의보호와정착지원에관한법률, 독립유공자예우에관한법률, 국가유공자예우등에관한법률</td></tr>
<tr><td colspan="3">사회복지법</td><td>사회복지사업법, 사회복지사업기금법, 사회복지공동모금법, 아동복지법, 영육아보육법, 모자복지법, 모자보건법, 노인복지법, 장애인복지법, 외국민간원조단체에관한법률, 근로자의생활향상과고용안정지원에관한법률</td></tr>
</table>

기출문제 및 기본문제

최근 기출문제

1. 노동과 사회보장에 관한 헌법의 내용으로 옳지 않은 것은? 〈51회 사시〉

① 국가는 노인의 복지향상을 위한 정책을 실시할 의무를 진다.

② 국가는 법률이 정하는 바에 의하여 최저임금제를 시행하여야 한다.

③ 신체장애자 및 질병·노령 기타의 사유로 생활능력이 없는 국민은 법률이 정하는 바에 의하여 국가의 보호를 받는다.

④ 전몰군경의 유가족은 법률이 정하는 바에 의하여 우선적으로 근로의 기회를 부여받는다.

⑤ 주요방위산업체에 종사하는 근로자는 법률이 정하는 자에 한하여 단결권과 단체교섭권을 가진다.

≪**해설**≫ ① 헌법 제34조 제 4 항. ② 동법 제32조 제 1 항. ③ 동법 제34조 제 5 항. ④ 동법 제32조 제 6 항. ⑤ 법률이 정하는 주요방위산업체에 종사하는 근로자의 단체행동권은 법률이 정하는 바에 의하여 이를 제한하거나 인정하지 아니할 수 있다(동법 제33조 제 3 항).

2. 사회보장기본법에 관한 설명으로 옳지 않은 것은? 〈50회 사시〉

① 사회보장에 관한 다른 법률을 제정 또는 개정하는 경우에는 사회보장기본법에 부합되도록 하여야 한다.

② 공공부조에 소요되는 비용은 수익자가 부담함을 원칙으로 하되, 관계법령이 정하는 바에 따라 국가 및 지방자치단체가 그 비용의 일부를 부담할 수 있다.

③ 국가 및 지방자치단체는 사회보장제도를 운영함에 있어 이를 필요로 하는 모든 국민에게 적용하여야 한다.

④ 국가 및 지방자치단체는 사회보장제도의 정책결정 및 시행과정에 공익의 대표자 및 이해관계인 등을 참여시켜 민주성을 확보하여야 한다.

⑤ 사회보장비용의 부담은 각각의 사회보장제도에 대한 역할분담에 따라 국가·지방자치단체 및 민간부문간에 합리적으로 조정되어야 한다.

≪**해설**≫ ① 사회보장기본법 제 4 조. ② 사회보험은 국가의 책임으로 행함을 원

| 해답 | **1.** ⑤ **2.** ②

칙으로 하며, 공공부조 및 사회복지서비스는 국가 및 지방자치단체의 책임으로 행함을 원칙으로 하되, 국가 및 지방자치단체의 재정형편 등을 감안하여 이를 조정할 수 있다(동법 제25조 제 2 항). ③ 동법 제24조 제 1 항. ④ 동법 제24조 제 3 항. ⑤ 동법 제27조 제 1 항.

3. 사회보장제도의 운영원칙에 해당되지 않는 것은? 〈49회 사시〉

① 엄격한 자기책임의 원칙 적용

② 필요로 하는 모든 국민에게 적용

③ 비용부담 및 급여수준에 있어서의 형평성 유지

④ 정책결정 및 시행과정에서의 민주성 확보

⑤ 다양한 복지욕구를 효율적으로 충족시키기 위한 연계성 · 전문성 제고

≪**해설**≫ ① 사회보장법은 무과실책임주의에 근거하기 때문에 자기책임의 원칙을 엄격하게 적용하는 것이 아니라, 국가와 지방자치단체가 사회보장에 관한 책임과 역할을 합리적으로 조정하여 운영하여야 하는데, 사회보험은 국가의 책임으로 행함을 원칙으로 하며, 공공부조 및 사회복지서비스는 국가 및 지방자치단체의 책임으로 행함을 원칙으로 하되, 국가 및 지방자치단체의 재정형편 등을 감안하여 이를 조정할 수 있도록 하고 있다(사회보장기본법 제25조 참조). ② 범국민성(동법 제24조 제 1 항). ③ 형평성(동법 제24조 제 2 항). ④ 민주성(동법 제24조 제 3 항). ⑤ 연계성, 전문성(동법 제24조 제 4 항).

4. 노동관계 및 사회보장에 관한 헌법조항의 내용과 부합하지 않은 것은? 〈46회 사시〉

① 국가는 여자의 복지와 권익의 향상을 위하여 노력하여야 한다.

② 국가는 재해를 예방하고 그 위험으로부터 국민을 보호하기 위하여 노력하여야 한다.

③ 근로조건의 기준은 인간의 존엄성을 보장하도록 법률로 정한다.

④ 법률이 정하는 주요방위산업체에 종사하는 근로자의 단결권은 법률이 정하는 바에 의하여 이를 제한하거나 인정하지 아니할 수 있다.

⑤ 여자의 근로는 특별한 보호를 받는다.

≪**해설**≫ ① 헌법 제34조 제 3 항. ② 헌법 제34조 제 6 항. ③ 헌법 제32조 제 3 항. ④ 법률이 정하는 주요방위산업체에 종사하는 근로자의 「단체행동권」만이 법률이 정하는 바에 의하여 이를 제한하거나 인정하지 아니할 수 있다(헌법 제33조 제 3 항). ⑤ 헌법 제32조 제 4 항.

5. 사회보장기본법상 사회보장의 기본 체계에 해당하는 것은? 〈46회 사시〉

① 국민연금, 건강보험 및 고용보험

② 사회보험, 공공부조, 사회복지서비스 및 관련 복지제도

▌해답▌ 3. ① 4. ④ 5. ②

③ 최저생활보장, 사회보험 및 산업재해보상

④ 건강보험, 사회보험 및 사회복지

⑤ 아동복지, 노인복지 및 장애인복지

≪**해설**≫ ② 사회보장이라 함은 질병, 장애, 노령, 실업, 사망 등의 사회적 위험으로부터 모든 국민을 보호하고 빈곤을 해소하며 국민생활의 질을 향상시키기 위하여 제공되는 i) 사회보험, ii) 공공부조, iii) 사회복지서비스 및 iv) 관련 복지제도를 말한다(사회보장기본법 제 3 조 제 1 호).

6. 사회적 위험과 관련 사회보장법률의 연결이 옳지 않은 것은? 〈45회 사시〉

① 질병—국민건강보험법

② 업무상 재해—산업재해보상보험법

③ 실업—국민기초생활보장법

④ 노령—국민연금법

⑤ 공무상 사망—공무원 연금법

≪**해설**≫ ① 국민건강보험법은 국민의 「질병・부상」에 대한 예방・진단・치료・재활과 출산・사망 및 건강증진에 대하여 보험급여를 실시함으로써 국민보건을 향상시키고 사회보장을 증진함을 목적으로 한다(동법 제 1 조). ② 산업재해보상보험법은 산업재해보상보험사업을 시행하여 근로자의 「업무상의 재해」를 신속하고 공정하게 보상하며, 재해근로자의 재활 및 사회복귀를 촉진하기 위하여 이에 필요한 보험시설을 설치・운영하고, 재해예방과 그 밖에 근로자의 복지증진을 위한 사업을 시행하여 근로자 보호에 이바지하는 것을 목적으로 한다(동법 제 1 조). ③ 고용보험법은 고용보험의 시행을 통하여 「실업의 예방」, 고용의 촉진 및 근로자의 직업능력의 개발・향상을 꾀하고, 국가의 직업지도・직업소개기능을 강화하며, 근로자가 실업한 경우에 생활에 필요한 급여를 실시하여, 근로자의 생활 안정과 구직활동을 촉진함으로써 경제・사회발전에 이바지하는 것을 목적으로 한다(동법 제 1 조). ④ 국민연금법은 국민의 「노령・장애 또는 사망」에 대하여 연금급여를 실시함으로써 국민의 생활안정과 복지증진에 이바지하는 것을 목적으로 한다(동법 제 1 조). ⑤ 공무원연금법은 「공무원의 퇴직 또는 사망과 공무로 인한 부상・질병・폐질」에 대하여 적절한 급여를 실시함으로써, 공무원 및 그 유족의 생활안정과 복리향상에 기여함을 목적으로 한다(동법 제 1 조).

7. 사회보장기본법상 사회보장수급권에 관한 설명 중 옳지 않은 것은? 〈45회 사시〉

① 사회보장급여의 수준은 최저생활비와 최저임금법에 의한 최저임금을 고려하여 결정되어야 한다.

② 사회보장수급권은 재산권이므로 양도하거나 담보로 제공할 수 있다.

③ 사회보장수급권의 포기가 타인에게 피해를 주는 경우에는 이를 포기할 수 없다.

▌해답▐ 6. ③ **7.** ②

④ 사회보장수급권을 제한하거나 정지하는 경우에는 그 목적에 필요한 최소한에 그쳐야 한다.

⑤ 사회보장의 급여를 받고자 하는 자는 국가 또는 지방자치단체에 신청하여야 한다.

≪**해설**≫ ① 국가 또는 지방자치단체는 i) 관계법령이 정하는 바에 의하여 국가가 매년 공표하는 최저생계비와 ii) 최저임금법에 의한 최저임금을 참작하여 사회보장급여의 수준을 결정하여야 한다(사회보장기본법 제10조 제 3 항). ② 사회보장수급권은 관계법령이 정하는 바에 따라 타인에게 양도하거나 담보로 제공할 수 없으며, 이를 압류할 수 없다(동법 제12조). ③ 사회보장수급권은 정당한 권한이 있는 기관에 서면으로 통지하여 이를 포기할 수 있으나, 사회보장수급권의 포기가 타인에게 피해를 주거나 사회보장에 관한 관계법령에 위반되는 경우에는 이를 포기할 수 없다(동법 제14조). ④ 사회보장수급권은 원칙적으로 제한되거나 정지될 수 없다. 다만, 관계법령이 따로 정하고 있는 경우에는 사회보장수급권이 제한 또는 정지 될 수 있는데, 사회보장수급권이 제한 또는 정지되는 경우에도 그 제한 또는 정지의 목적에 필요한 최소한에 그쳐야 한다(동법 제13조). ⑤ 모든 국민은 사회보장에 관한 관계법령이 정하는 바에 의하여 사회보장의 급여를 받을 권리 즉 「사회보장수급권」을 가진다(동법 제 9 조). 사회보장의 급여를 받고자 하는 자는 관계법령이 정하는 바에 의하여 국가 또는 지방자치단체에 「신청」하여야 한다(동법 제11조).

8. 사회보장에 관한 현행법의 내용과 다른 것은? 〈44회 사시〉

① 모든 국민은 인간다운 생활을 할 권리를 가진다.

② 사용자는 사회보장의 증진에 노력할 의무를 진다.

③ 질병·노령 등으로 생활능력이 없는 국민은 법률이 정한 바에 따라 국가의 보호를 받는다.

④ 사회보장기본법상 사회보장은 사회보험·공공부조·사회복지서비스 및 관련복지제도로 이루어져 있다.

⑤ 사회보장 급여의 수준은 최저생계비와 최저임금법상의 최저임금을 고려하여 결정되어야 한다.

≪**해설**≫ ① 헌법 제34조 제 1 항, ② 국가의 의무이다(헌법 제34조 제 2 항), ③ 헌법 제34조 제 5 항, ④ 사회보장기본법 제 3 조, ⑤ 동법 제10조.

9. 사회보험에 해당되지 않는 것은? 〈43회 사시〉

① 산업재해보상보험법 ② 국민연금법

③ 국민건강보험법 ④ 고용보험법

⑤ 국민기초생활보장법

▌해답▐ 8. ② **9.** ⑤

≪**해설**≫ 사회보험이란 국민에게 발생하는 사회적 위험을 보험방식에 의하여 대처함으로써 국민건강과 소득을 보장하는 제도로서 사회보장제도에서 가장 중요하다. 현재 우리나라의 4대 사회보험으로는 산업재해보상보험법, 국민건강보험법, 국민연금법, 고용보험법에 의한 사회보험제도가 있다. ⑤ 국민기초생활보장법은 공적부조에 관련된 법이다.

10. 사회보장기본법에서 사회보장의 대상으로 명시하고 있는 사회적 위험에 해당되지 않는 것은? 〈43회 사시〉

① 질 병 ② 장 애 ③ 노 령
④ 사 망 ⑤ 도 산

≪**해설**≫ 사회보장이라 함은 질병·장애·노령·실업·사망 등의 사회적 위험으로부터 모든 국민을 보호하고 빈곤을 해소하며 국민생활의 질을 향상시키기 위하여 제공되는 사회보험·공공부조·사회복지서비스 및 관련복지제도를 말한다(사회보장기본법 제 3 조 제 1 호).

11. 다음 중 최초의 사회보험법은? 〈41회 사시〉

① 독일의 질병보호법 ② 영국의 국민보호법
③ 미국의 사회보장법 ④ 영국의 엘리자베스구빈법
⑤ 뉴질랜드의 사회보장법

≪**해설**≫ 사회보험에 관한 최초의 입법은 독일 비스마르크시대의 질병보호법, 재해보험법 등이며, 공적부조에 관한 최초의 입법은 1601년 영국 엘리자베스구빈법이 있다.

12. 공적부조법의 고유한 특색이라고 볼 수 없는 것은? 〈41회 사시〉

① 무갹출의 보호 ② 최저생활보호
③ 국가책임의 원리 ④ 차별적 평등의 원칙
⑤ 세대단위의 보호

≪**해설**≫ 공적부조법의 특징은 i) 최저한도의 생활의 보호, ii) 보호비용 전액을 국가가 부담함으로써 보호대상자는 비용을 부담하지 않는 무갹출의 보호, iii) 최저생활유지를 위하여 어느 종류 어느 정도의 부조를 어떠한 방법으로 행하여야 하는가에 관한 개별적 보호, iv) 세대단위의 보호 등이 있다. 공적부조에 관한 우리나라의 생활보호법(현행 국민기초생활보장법)에서 규정했던 기본원리로서는 i) 국가책임의 원리, ii) 최저생활보장의 원리, iii) 보충성의 원리, iv) 자립조장의 원리, v) 무차별평등의 원리 등이 제시되었다(김유성).

13. 사회보장법의 기능과 가장 거리가 먼 것은? 〈40회 사시〉

① 소득재분배적 기능 ② 빈곤의 예방과 구제기능

❙해답❙ **10.** ⑤ **11.** ① **12.** ④ **13.** ④

③ 자본주의경제의 자동안정화 기능 ④ 산업평화의 유지기능
⑤ 국민생활수준의 규정적 기능

≪해설≫ 사회보장법의 기능은 (1) 정치적 기능; i) 정치적 안정화 기능, ii) 민주주의 실현기능, iii) 국민의 행복추구와 국가의 번영, (2) 경제적 기능; i) 소득재분배 기능, ii) 자동안정화기능, iii) 자본주의 경제체제의 수정·발전 기능, iv) 자본축적기능, (3) 사회적 기능; i) 사회동화적 기능, ii) 일반생활수준의 규정적 기능(규범적 기능), iii) 인류문화창달에의 기여 등으로 분류된다. ④ 단체협약의 2대 기능은 i) 근로조건 유지·개선 기능, ii) 산업평화 유지기능이다.

기출문제 및 기본문제

14. 시민법의 기본원리를 극복·수정하고자 대두된 법은?

① 노동법 ② 사회보장법
③ 경제법 ④ 사회법
⑤ 노동법과 사회보장법

≪해설≫ ④ 사회법은 시민법원리를 극복하고자 대두된 법영역을 총칭하는 개념으로서 노동법, 사회보장법 및 경제법을 포괄하는 개념이다.

15. 사회보장법의 기본원칙 내지 특성이 아닌 것은?

① 최저보장의 원리
② 인간다운 생활의 보장을 위한 사회적 보호의 적정성
③ 보충성의 원칙
④ 인식대상의 고정
⑤ 기능의 역동성

≪해설≫ 사회보장기본법(제 3 조 제 1 호)에 따르면 질병, 장애, 노령, 실업, 사망을 사회적 위험으로 보고 있으나 다른 사유들도 사회적 위험으로 인정될 수 있다. 따라서 사회적 위험은 유동적이므로 지급사유도 유동적인 것이고 보호필요성도 유동적인 것이다.

16. 사회보장법의 기본원리라고 볼 수 없는 것은?

① 급여수준의 적정성 ② 급여균일원칙
③ 가족부양수준원칙 ④ 대상의 한정적 보호
⑤ 비용부담의 공평성

≪해설≫ ILO 「사회보장최저기준에 관한 협약(제102호)」에서 제시된 원칙은

해답 14. ④ 15. ④ 16. ④

(1) 대상의 보편적 보호, (2) 비용부담의 공평성, (3) 급여수준의 적정성: i) 급여비례원칙, ii) 급여균일원칙, iii) 가족부양수준원칙 등이다. ④ 대상의 보편적 보호: 각 계층을 망라하는 국민전체를 사회보장의 적용대상으로 하여야 한다.

17. 사회보장법의 기능이라고 보기 어려운 것은?

① 정치적 안정화기능 ② 소득재분배기능
③ 근로조건 개선기능 ④ 자본주의 경제체제의 수정 · 발전기능
⑤ 규범적 기능

≪**해설**≫ [사회보장법의 기능]

정치적 기능	① 정치적 안정화 기능 ② 민주주의 실현 기능 ③ 국민의 행복추구와 국가번영의 초석화 기능
경제적 기능	① 소득재분배 기능 ② 자본주의 경제체제의 자동안정화 기능 ③ 자본주의 경제체제의 수정 · 발전 기능 ④ 자본축적기능
사회적 기능	① 사회동화적 기능 ② 규범적 기능(국민생활수준의 규정적 기능) ③ 인류문화창달에의 기여기능

18. 노동법과 사회보장법의 영역이 교차하는 법률은?

① 생활보호법 ② 재해구호법 ③ 산업재해보상보험법
④ 의료보험법 ⑤ 장애인복지법

19. 공적부조제도의 법률적 성질이라고 볼 수 없는 것은?

① 최소보장의 원칙 ② 무각출의 원칙
③ 국가책임의 원칙 ④ 세대단위보호의 원칙
⑤ 차별적보호의 원칙

≪**해설**≫ ① 공적부조제도는 최저한도의 생활보장을 목적으로 하기 때문에 최저생활보장을 위한 수준에서 보호한다. ②③ 보험방식에 의한 사회보험제도와 달리 피보호자에게 각출이나 자기부담을 부과하지 아니하고, 보호비용 전액을 국가부담으로 한다(국가책임의 원리). 근래에는 국가부담이 대부분이나 지방자치단체가 부담하는 경우도 있다. ④ 생활의 빈곤여부는 각양각색이므로 개별적으로 구분하여 측정한다. 그러나 현실의 생활은 세대를 단위로 영위되므로 개인단위의 보호가 아니라 원칙적으로 세대를 단위로 실시한다. ⑤ 생활보호의 요건을 충족하는 한 그 보호는 평등하게 행하여져야 하며, 생활빈곤의 원인을 묻지 않고, 생활유지가 어려운 상태라는 객관적 요건만 있으면 보호를 해주어야 한다. 이를 무차별보호의 원칙이라고도 한다.

▌해답▌ 17. ③ 18. ③ 19. ⑤

20. 다음 중 사회복지에 관한 기본법은?

① 사회보장에 관한 법률 ② 사회복지사업법
③ 생활보험법 ④ 의료보험법
⑤ 고용보험법

21. 우리나라 사회보장제도에 관한 기본법은?

① 사회복지사업법 ② 생활보호법
③ 고용보험법 ④ 사회보장에 관한 법률
⑤ 사회보장기본법

≪**해설**≫ ⑤ 사회보장기본법은 1995.12.30 제정, 1996.7.1 시행되었으며, 이에 따라 사회보장에관한법률은 폐지되었다.

22. 다음 중에서 「사회보장」이란 용어가 실정법상 최초로 채택된 국가는?

① 뉴질랜드 ② 영 국 ③ 독 일
④ 미 국 ⑤ 구소련

≪**해설**≫ 1935년 미국의 사회보장법(Social Security Act)이 최초의 입법이다.

23. 헌법 제34조 제 5 항 「생활능력이 없는 국민에 대한 ……」과 관련된 제도는?

① 사회보험 ② 공적부조 ③ 사회복지
④ 사회보장 ⑤ 공적부조와 사회복지

≪**해설**≫ 헌법 제34조 제 5 항은 생활능력이 없는 국민에 대한 공적부조제도를 규정하고 있다.

24. 사회보장기본법상의 사회보장의 종류가 아닌 것은?

① 사회보험 ② 공적부조 ③ 사회복지서비스
④ 생활보호 ⑤ 관련복지서비스

≪**해설**≫ [사회보장제도의 기본체계]

종류(제 3 조)	내 용	비용부담(제27조)
사회보험	국민에게 발생하는 사회적 위험을 보험방식에 의하여 대처함으로써 국민건강과 소득을 보장하는 제도	• 사용자 · 피용자 및 자영자가 부담하는 것이 원칙 • 관계법령이 정하는 바에 따라 국가가 비용의 일부 부담
공공부조	국가 및 지방자치단체의 책임하에 생활유지능력이 없거나 생활이 어려운 국민의 최저생활을 보장하고	국가 및 지방자치단체가 비용의 전부 또는 일부 부담

해답 20. ② 21. ⑤ 22. ④ 23. ② 24. ④

	자립을 지원하는 제도	
사회복지 서비스	국가·지방자치단체 및 민간부문의 도움을 필요로 하는 모든 국민에게 상담·재활·직업소개 및 지도·사회복지시설이용 등을 제공하여 정상적인 사회생활이 가능하도록 지원하는 제도	• 관계법령이 정하는 일정소득수준이하의 국민: 국가 및 지방자치단체가 비용의 전부 또는 일부 부담 • 부담능력이 있는 국민: 수익자부담의 원칙. 다만 관계법령이 정하는 바에 따라 비용의 일부를 국가 및 지방자치단체가 부담
관 련 복지제도	보건·주거·교육·고용 등의 분야에서 인간다운 생활이 보장될 수 있도록 지원하는 각종 복지제도	

25. 사회보장제도 중에서 무상제도가 원칙인 것은?

① 사회보험　② 사회복지　③ 공적부조
④ 사회보험과 사회복지　⑤ 공적부조와 사회복지

≪**해설**≫ 공적부조는 무상이 원칙이다.

26. 사회보장제도의 양대 기본체계는?

① 사회보험 및 공적부조　② 사회보험 및 사회복지
③ 사회보험 및 사회복지　④ 근로삼권과 사회보험
⑤ 근로기본권 및 사회복지

≪**해설**≫ 사회보장제도의 양대 기본체계에는 사회보험과 공적부조가 해당되고, 3대체계에는 사회복지가 추가된다.

27. 사회보장제도 중에서 가장 먼저 발달한 것은?

① 사회보험　② 공적부조　③ 사회복지
④ 실업보험　⑤ 고용안정

28. 사회보장기본법에 의거한 사회보장수급권에 관한 설명 중 바르지 못한 것은?

① 국가는 모든 국민의 경제적인 최저생활이 유지될 수 있도록 노력하여야 한다.
② 사회보장급여의 수준은 최저생계비와 최저임금을 고려하여 결정한다.
③ 사회보장수급권은 양도, 담보제공, 압류가 금지된다.
④ 사회보장수급권은 제한되거나 정지될 수 없다.
⑤ 사회보장수급권은 포기할 수 있다.

| 해답 | **25.** ③ **26.** ① **27.** ① **28.** ①

≪해설≫ 사회보장기본법 제10조, 제12조, 제13조, 제14조 참조. ① 건강하고 문화적인 생활의 유지이지 최저생활의 보장이 아니다.

29. 사회보장기본법상 비용부담에 관한 설명 중 틀린 것은?

① 사회보장비용의 부담은 역할에 따라 합리적으로 조정되어야 한다.
② 일정소득수준 이하의 국민에 대한 사회복지서비스에 소요되는 비용의 전부 또는 일부는 국가 및 지방자치단체가 이를 부담한다.
③ 사회보험은 사용자·피용자 및 자영업자가 비용을 부담하는 것이 원칙이다.
④ 공공부조는 국가 및 지방자치단체가 비용의 전부 또는 일부를 부담한다.
⑤ 부담능력이 있는 국민에 대한 사회복지서비스는 전적으로 수익자부담의 원칙이 적용된다.

≪해설≫ [문 24]의 해설 참조. ⑤ 일정소득 이하의 국민에 대한 사회복지서비스는 국가 및 지방자치단체의 부담이 원칙이나 부담능력이 있는 국민이라도 국가 및 지방자치단체가 일부 부담할 수 있다(동법 제27조 제 4 항).

30. 우리나라의 사회보장제도 중에서 가장 먼저 실시된 것은?

① 공무원연금법 ② 의료보험법 ③ 생활보험법
④ 국민연금법 ⑤ 군인연금법

≪해설≫ ① 1960년 1월 1일 공무원연금법이 우리나라의 사회보장제도 중에서 최초로 실시되었다.

31. 사회보장제도 중에서 주로 금전적 지원을 원칙으로 하는 형태는?

① 사회보험 ② 사회보험과 공적부조 ③ 사회보험과 사회복지
④ 공적부조 ⑤ 공적부조와 사회복지

≪해설≫ 사회보험과 공적부조는 금전적 지원을 원칙으로 하나, 사회복지는 비금전적 지원을 원칙으로 한다.

32. 현행 헌법 제34조 제 2 항에 따른 사회보장제도에 있어서 가장 중추적인 것은?

〈35회 사시〉

① 사회복지제도 ② 생활보호제도
③ 재해구호제도 ④ 사회보험제도
⑤ 공적부조제도

33. 사보험과 사회보험의 차이에 관한 설명 중 틀린 것은?

① 사회보험은 개인의 사회적 보호를 목적으로 하고, 사보험은 개인의 사적

┃해답┃ 29. ⑤ 30. ① 31. ② 32. ④ 33. ④

인 필요충족을 목적으로 한다.

② 사회보험은 법률규정의 요건을 충족하면 보험가입자의 의사에 관계없이 당연히 보험관계성립이 강제되나, 사보험은 계약자유를 원칙으로 하므로 보험관계의 성립에 있어서 보험가입자의 의사가 결정적인 역할을 하게 된다.

③ 사회보험의 관리운영주체는 국가이다. 따라서 예외적으로 공공단체나 지방자치단체에 의해 운영될 수 있으나, 그 지휘·감독 및 재정부담 등을 통하여 그 종국적인 책임은 국가에게 주어져야 한다.

④ 사회보험은 원칙적으로 양도·상계·압류·담보가 금지되며, 사보험 또한 이러한 제한이 적용된다.

⑤ 사회보험은 상부상조·사회공동체정신이 사회보험의 기초로 작용하고 있다고 한다면, 사보험은 경제적 경영원리와 개인이익의 지향이 그 기초로 작용하고 있다.

≪**해설**≫ [사회보험과 사보험의 차이점]

구 분	사회보험	사 보 험
직접목적	사회정책적 고려에 기초한 개인의 사회적 보호 → 상부상조정신·공동체의식 지향	사경제적 경영원리에 기초한 개인적 필요의 충족 → 개인이익 지향
보험료	피보험자의 소득·가족수 등 지불능력에 따라 정함	보험대상인 위험의 대소에 따라 정함
보험급여	소득(보험료)수준과 급여수준의 불비례성	급여와 보험료(소득)의 비례성
성립근거	• 법령에 의한 당연성립 → 강제보험: 공법관계성 • 관리운영주체와 보험관계성립의 강제 • 관리운영주체의 독점적 지위	계약자유의 원칙 → 임의보험: 사법관계성
재 정	• 국고가 관리운영비의 전부·일부 부담 → 소득재분배 효과 • 보험료의 재정적 보조 → 보험원리의 적용상 한계	收支相等의 原則
사회급여 수급권	양도·상계·압류·담보 금지	처분 등 자유
예방급여	예방급여의 중요성 강조	

제 2 편 社會保險法

제1장 意 義

▣ 요점정리

구 분		법 률
위험별	질병보험	국민건강보험법
	노령보험 장해보험 유족보험	국민연금법, 공무원연금법, 기초노령연금법
	실업보험	고용보험법
	산재보험	산업재해보상보험법
기간별	단 기	국민건강보험, 고용보험법
	장 기	국민연금법, 공무원연금법

사회보험법은 의료보험, 근로자보험과 연금보험에 관한 법으로 나누어 볼 수 있다. 의료보험에 관한 법으로서는 ① 국민건강보험법이 있고, 근로자보험에 관한 법으로는 ① 고용보험법, ② 산업재해보상보험법이 있다. 또한 연금법에는 ① 국민연금법, ② 공무원연금법, ③ 사립학교교직원연금법, ④ 군인연금법, ⑤ 기초노령연금법이 있다.

제2장 雇傭保險法

제1절 意 義

Ⅰ. 雇傭保險制度의 概念

(1) 고용보험제도 실업급여사업, 고용안정・직업능력개발사업, 육아휴직급여

및 산전후휴가급여

(2) 실업보험제도 실업급여사업

Ⅱ. 雇傭保險制度의 沿革

(1) 18세기말 • 유럽에서 노동조합을 중심으로 한 근로자들의 자발적인 실업공제제도

(2) 20세기초 • 1905년 프랑스, 세계최초의 실업보험

• 1911년 영국, 사회보험방식에 의한 강제적 실업보험

(3) 20세기 중반 • 독일 및 일본을 중심으로 고용보험제도 도입

(4) 우리나라 • 1967년에 「직업안정및고용촉진에 관한 법률」 제 2 조에서 실업보험도입

• 1993년 12월 27일 고용보험법제정(법률 제4644호)

Ⅲ. 雇傭保險法의 目的

고용보험법은 고용보험의 시행을 통하여 실업의 예방, 고용의 촉진 및 근로자의 직업능력의 개발·향상을 도모하고 국가의 직업지도·직업소개 기능을 강화하며, 근로자가 실업한 경우에 생활에 필요한 급여를 실시함으로써 근로자의 생활의 안정과 구직활동을 촉진하여 경제·사회발전에 이바지함을 목적으로 한다(동법 제 1 조).

제 2 절 雇傭保險法의 適用範圍

Ⅰ. 適用對象 事業場

1. 原 則

고용보험법은 원칙적으로 근로자를 사용하는 모든 사업에 적용된다(동법 제 8 조 본문).

2. 例 外

산업별 특성 및 규모 등을 고려하여 대통령령으로 정하는 사업에 대하여는 적용하지 아니한다(동법 제 8 조 단서 동법시행령 제 2 조).

다만, 사업주가 근로자 과반수의 동의를 얻어 공단의 승인을 얻은 때에는 보

험에 가입할 수 있다(보험료징수법 제 5 조 제 2 항).

[적용제외 사업](동법 시행령 제 2 조)

1. 농업·임업·어업 또는 수렵업 중 법인이 아닌 자가 상시 4명 이하의 근로자를 사용하는 사업
2. 가. 총공사금액이 2천만원 미만인 공사
   나. 연면적 330제곱미터 이하인 건축물의 건축 또는 대수선에 관한 공사
   다만, i) 「건설산업기본법」 제 2 조 제 5 호에 따른 건설업자, ii) 「주택법」 제 9 조에 따른 주택건설사업자, iii) 「전기공사업법」 제 2 조 제 3 호에 따른 공사업자, iv) 「정보통신공사업법」 제 2 조 제 4 호에 따른 정보통신공사업자, v) 「소방시설공사업법」 제 2 조 제 1 항 제 2 호에 따른 소방시설업자, vi) 「문화재보호법」 제27조에 따른 문화재수리업자 등이 시공하는 공사는 제외한다.
   또한, 총공사금액이 2천만원 미만인 건설공사가 설계 변경(사실상의 설계 변경이 있는 경우를 포함한다)으로 인하여 2천만원 이상의 건설공사에 해당하게 되거나 「보험료징수법」 제 8 조 제 1 항 및 제 2 항에 따라 일괄적용을 받게 되는 경우에는 그 때부터 법의 규정의 전부를 적용한다.
3. 가사서비스업

Ⅱ. 適用 除外 勤勞者

다음의 근로자에게는 고용보험법을 적용하지 아니한다(동법 제10조).

1. 65세 이상인 자(단, 고용안정·직업능력개발 사업은 적용)
2. 소정근로시간이 대통령령으로 정하는 시간 미만인 자
   ① 1개월간 소정근로시간이 60시간 미만인 자와 1주간의 소정근로시간이 15시간 미만인 자.
   ② 생업을 목적으로 근로를 제공하는 자 중 3개월 이상 계속하여 근로를 제공하는 자와 일용근로자(1개월 미만 동안 고용되는 자)는 제외(동법시행령 제 3 조 제 1 항).
3. 「국가공무원법」과 「지방공무원법」에 따른 공무원. 다만, 대통령령으로 정하는 바에 따라 별정직 및 계약직 공무원의 경우는 본인의 의사에 따라 고용보험(제 4 장에 한한다)에 가입할 수 있다.
4. 「사립학교교직원 연금법」의 적용을 받는 자
5. 그 밖에 대통령령으로 정하는 자
   ① 외국인 근로자(「출입국관리법 시행령」 제12조 및 제23조 제 1 항·제 2 항에 따른 주재, 기업투자, 무역경영의 체류자격을 가진 자, 취업활동을 할 수 있는 체류자격을 가진 자, 재외동포의 체류자격을 가진 자, 영주의 체류자격을 가진 자 등은 제외한다)

② 「별정우체국법」에 따른 별정우체국 직원(동법시행령 제 3 조 제 2 항)

제 3 절 雇傭保險制度의 管掌機構 및 費用負擔

Ⅰ. 管掌機構

고용보험은 노동부장관이 이를 관장한다(동법 제 3 조).

고용보험의 시행과 관련한 주요사항은 「고용정책기본법」 제 6 조에 따른 「고용정책심의회」의 심의를 거쳐야 한다(동법 제 7 조).

Ⅱ. 雇傭保險의 費用負擔

1. 負擔原則 및 主體

사업구분	부 담 자	보험료부담액
실업급여사업	근로자 1/2	임금총액 × 실업급여 보험료율
	사용자 1/2	
고용안정 · 직업능력 개발사업	사용자 전액	임금총액 × 고용안정 · 직업능력개발사업보험료율

고용보험비용은 실업급여보험료와 고용안정 · 직업능력개발사업의 보험료로 구분 · 부과된다. 실업급여보험료는 근로자와 사용자가 각 1/2씩 부담하고, 고용안정 · 직업능력개발보험료는 사용자가 전액을 부담한다(보험료징수법 제13조 제 4 항).

이 경우 고용보헙가입자인 근로자가 부담하여야 하는 고용보험료는 자기의 임금의 총액에 실업급여의 보험료율의 2분의 1을 곱한 금액으로 한다(보험료징수법 제13조 제 2 항 본문).

다만, 노조전임 · 휴직자 등 사업주로부터 임금을 지급받지 아니하는 근로자의 경우 해당 근로자가 자기의 임금의 총액에 실업급여의 보험료율을 곱한 금액을 부담하여야 한다(동법 제13조 제 2 항 단서).

2. 負擔水準

고용보험료율은 보험수지의 동향과 경제상황 등을 고려하여 임금총액의 30/1,000의 범위 안에서 고용안정 · 직업능력개발사업의 보험료율 및 실업급여의 보험료율로 구분하여 대통령령으로 정한다(보험료징수법 제14조 제 1 항). 보험료율의 결정 및 변경은 고용정책심의회의 심의를 거쳐야 한다(보험료징수법 제14조 제 2 항).

제 4 절 主要雇傭保險制度

[고용보험사업 체계]

- 고용안정 · 직업능력 개발사업
  - 고용창출 지원
    - 중소기업근로시간단축지원금
    - 교대제전환지원금
    - 중소기업 고용환경개선에 대한 지원
    - 중소기업 전문인력활용 장려금
    - 중소기업 신규업종진출 지원금
  - 고용조정 지원
    - 고용유지지원금
    - 전직지원장려금
    - 재고용장려금
    - 지역고용촉진지원금
  - 고용촉진 지원
    - 고령자고용촉진장려금
    - 신규고용촉진장려금
    - 중장년훈련수료자채용장려금
    - 임금피크제보전수당
    - 임신 · 출산후계속고용지원금
    - 육아휴직등장려금과 대체인력채용 장려금
  - 건설근로자 등의 고용안정 지원
  - 고용안정 및 취업의 촉진
  - 고용촉진시설에 대한 지원
  - 고용정보의 제공 및 직업지도
  - 사업주 지원
    - 직업능력개발훈련비용의 지원
    - 직업훈련시설 · 장비 설치비용 융자 및 운영비 지원
    - 건설근로자의 직업능력개발지원
  - 피보험자 지원
    - 근로자수강장려금의 지원
    - 능력개발비용의 대부
    - 능력개발비용의 지원

- - - 실업자 재취직훈련
  - 직업능력개발훈련시설에 대한 지원
  - 직업능력개발의 촉진
  - 건설근로자등의 직업능력개발 지원
  - 고용정보의 제공 및 고용지원기반의 구축 등
  - 지방자치단체등에 대한 지원
- 실업급여
  - 구직급여
  - 취업촉진수당
    - 조기재취업수당
    - 직업능력개발수당
    - 광역구직활동비
    - 이주비
- 육아휴직급여등
  - 육아휴직급여
  - 산전후휴가급여등

Ⅰ. 失業給與事業

실업급여사업은 근로의 능력과 의사가 있음에도 불구하고 비자발적인 이유로 실업상태에 있는 근로자(고용보험법 제 2 조 제 3 호)가 생계를 유지하면서 조속한 시일 내에 다시 취업할 수 있도록 지원하는 사업으로서, i) 구직급여와 ii) 취업촉진수당으로 구분된다.

1. 求職給與

구직급여라 함은 고용보험적용대상자가 실업하고 있는 경우 실업기간 중에 생활안정의 도모를 위하여 지급하는 생활비로서의 급여이다(동법 제40조 제 1 항).

2. 就業促進 手當

(1) 조기재취업 수당　조기재취업 수당은 수급자격자가 안정된 직업에 재취직하거나 스스로 영리를 목적으로 하는 사업을 영위하는 경우로서 대통령령으로 정하는 기준에 해당하면 지급되는 수당이다(동법 제64조 제 1 항).

(2) 직업능력개발 수당　직업능력개발 수당은 수급자격자가 직업안정기관의 장이 지시한 직업능력개발훈련 등을 받는 실업자에게 직업능력개발훈련을 받는 기간에 대하여 지급되는 수당이다(동법 제65조 제 1 항).

(3) 광역 구직활동비　광역구직활동비는 수급자격자가 직업안정기관의 소개에

따라 광범위한 지역에 걸쳐 구직활동을 하는 경우로서 대통령령이 정하는 기준에 따라 직업안정기관의 장이 필요하다고 인정하는 경우 지급되는 수당이다(동법 제66조 제 1 항).

(4) 이주비 　이주비는 수급자격자가 취업하거나, 직업안정기관의 장이 지시한 직업능력개발훈련 등을 받기 위하여 그 주거를 이전하는 경우로서, 직업안정기관의 장이 필요하다고 인정하는 경우 대통령령으로 정하는 기준에 따라 지급하는 수당을 말한다(동법 제67조 제 1 항).

Ⅱ. 雇傭安定 · 職業能力開發事業

고용안정 · 직업능력개발사업이란 피보험자 및 피보험자이었던 자 그 밖에 취업할 의사를 가진 자(이하 "피보험자등"이라 한다)에 대한 실업의 예방, 취업의 촉진, 고용기회의 확대, 직업능력개발 · 향상의 기회 제공 및 지원 그 밖에 고용안정과 사업주에 대한 인력확보의 지원을 위하여 실시하는 사업을 말한다(동법 제19조 제 1 항).

이 경우 노동부장관은 고용안정 · 직업능력개발사업을 실시함에 있어서 근로자수, 고용안정 · 직업능력개발을 위하여 취한 조치 및 실적 등 대통령령이 정하는 기준에 해당하는 기업을 우선적으로 고려하여야 한다(동법 제19조 제 2 항).

Ⅲ. 育兒休職給與

노동부장관은 남녀고용평등과일 · 가정양립지원에관한법률 제19조에 따른 육아휴직을 30일(근로기준법 제74조에 따른 산전후휴가기간 90일과 중복되는 기간을 제외한다) 이상 부여받은 피보험자중 일정요건을 갖춘 경우에 육아휴직급여를 지급한다(동법 제70조 제 1 항).

Ⅳ. 産前後休暇給與 등

노동부장관은 남녀고용평등과일 · 가정양립지원에관한법률 제18조에 따라 피보험자가 근로기준법 제74조에 따른 산전후휴가 또는 유 · 사산휴가를 받은 경우로서 일정한 요건을 갖춘 경우에 산전후휴가급여 등을 지급한다(동법 제75조).

기출문제 및 기본문제

최근 기출문제

1. 국민에게 발생하는 사회적 위험을 보험방식에 의하여 대처함으로써 국민의 건강이나 소득을 보장하는 제도에 관한 법률이 아닌 것은? 〈51회 사시〉

① 「국민연금법」 ② 「고용보험법」
③ 「의료급여법」 ④ 「산업재해보상보험법」
⑤ 「국민건강보험법」

≪**해설**≫ ①②④⑤ 사회적 위험을 사회보험방식으로 대처하도록 마련한 사회보험은 산업재해보상보험, 고용보험, 국민건강보험, 국민연금 등이 있다. ③ 의료급여법은 생활이 어려운 자에게 의료급여를 실시함으로써 국민보건의 향상과 사회복지의 증진에 이바지함을 목적으로 제정한 공공부조법의 일환이다.

2. 사회보장제도 중 사회보험에 관한 법률로만 묶인 것은? 〈48회 사시〉

㉮ 국민연금법	㉯ 노인복지법
㉰ 영유아보육법	㉱ 국민기초생활보장법
㉲ 국민건강보험법	

① ㉯, ㉱ ② ㉰, ㉲ ③ ㉮, ㉯
④ ㉮, ㉲ ⑤ ㉰, ㉱

≪**해설**≫ ㉮㉲ 「사회보장」이라 함은 질병·장애·노령·실업·사망 등의 사회적 위험으로부터 모든 국민을 보호하고 빈곤을 해소하며 국민생활의 질을 향상시키기 위하여 제공되는 i) 사회보험, ii) 공공부조, iii) 사회복지서비스, iv) 관련복지제도를 말한다. 여기서 "사회보험"이라 함은 국민에게 발생하는 사회적 위험을 보험방식에 의하여 대처함으로써 국민건강과 소득을 보장하는 제도를 말하는 바 산업재해보상보험법, 고용보험법, 국민건강보험법, 국민연금법 등이 있다. ㉯㉰ 노인복지법, 영유아보육법은 사회복지법에 속하며, ㉱ 국민기초생활보장법은 공적부조법에 속한다.

3. 고용보험법상 고용보험사업으로 실시하고 있지 않은 것은? 〈47회 사시변형〉

① 실업급여 ② 육아휴직급여 ③ 산전후휴가급여
④ 장해급여 ⑤ 고용안정·직업능력개발사업

해답 1. ③ 2. ④ 3. ④

≪**해설**≫ 고용보험법상 고용보험사업으로 고용안정・직업능력개발사업, 실업급여, 육아휴직급여 및 산전후휴가급여 등을 실시하고 있다(고용보험법 제 4 조 제 1 항). 「장해급여」는 산업재해보상보험법에 의한 보험급여의 일종이다.

4. 고용보험법은 주요사업을 정하고 있다. 이에 해당하는 것은? 〈42회 사시변형〉

① 고용안정・직업능력개발사업, 실업급여, 모성보호사업

② 고용안정・직업능력개발사업, 취업알선사업

③ 취업알선사업, 취업촉진사업, 실업급여, 모성보호사업

④ 취업촉진사업, 고용안정・직업능력개발사업, 취업알선사업

⑤ 고용안정・직업능력개발사업, 실업급여, 육아휴직급여, 산전후휴가급여

≪**해설**≫ 고용보험사업은 i) 고용안정·직업능력개발사업, ii) 실업급여, iii) 육아휴직급여, iv) 산전후휴가급여 등을 말한다(고용보험법 제 4 조 제 1 항).

5. 고용보험법상 보험가입자는 누구인가? 〈40회 사시〉

① 근로자 ② 사용자 ③ 근로자와 사업주

④ 보험사무조합 ⑤ 정 부

≪**해설**≫ 고용보험법상 보험가입자는 「사업의 사업주와 근로자」이다. i) 당연가입자(보험료징수법 제 5 조 제 1 항), ii) 임의가입자(보험료징수법 제 5 조 제 2 항), iii) 의제가입자(보험료징수법 제 6 조)로 분류된다.

6. 고용보험법의 적용대상이 될 수 있는 근로자는? 〈39회 사시변형〉

① 소정근로시간이 일정시간 미만인 자

② 국가공무원법에 의한 공무원

③ 일용근로자

④ 사립학교교직원연금법에 의한 교원

⑤ 65세 이상인 자

≪**해설**≫ 적용제외 근로자: 1) 65세 이상인 자(단, 고용안정・직업능력개발사업의 경우는 적용). 2) 소정근로시간이 대통령령으로 정하는 시간 미만인 자(1개월간 소정근로시간이 60시간 미만인 자, 1주간의 소정근로시간이 15시간 미만인 자 포함. 다만 생업을 목적으로 근로를 제공하는 자 중 3개월 이상 계속하여 근로를 제공하는 자와 일용근로자[1개월 미만동안 고용되는 자] 제외). 3) 「국가공무원법」과 「지방공무원법」에 따른 공무원. 다만, 대통령령으로 정하는 바에 따라 별정직 및 계약직 공무원의 경우는 본인의 의사에 따라 고용보험(제 4 장에 한한다)에 가입할 수 있다. 4) 「사립학교교직원 연금법」의 적용을 받는 자. 5) 그 밖에 대통령령으로 정하는 자로서 i) 외국인 근로자(출입국관리법시행령 제12조, 제23조 제 1 항, 제 2 항 소정사항에 해당되는 경우 제외), ii) 별정우체국법에 따른 별정우체국

▌해답▌ 4. ⑤ **5.** ③ **6.** ③

직원(동법 제10조 및 동법시행령 제 3 조)

7. 고용보험법상의 구직급여에 대한 설명 중 옳지 않은 것은? 〈39회 사시〉

① 구직급여일수는 피보험기간 및 연령을 기준으로 정해진다.

② 피보험단위기간이 180일 미만인 때는 수급자격이 없다.

③ 구직급여를 받기 위해서는 구직을 신청해야만 한다.

④ 구직급여액은 급여기초액에 100분의 50을 곱한 금액이다.

⑤ 구직급여의 수급기간은 원칙적으로 10월이다.

≪**해설**≫ ① 구직급여의 소정급여일수는 피보험기간 및 연령을 기준으로 하여 90일에서 240일로 정해진다(고용보험법 제50조 제 1 항). ⑤ 구직급여의 수급기간은 원칙적으로 12월이다(동법 제48조 제 1 항).

기출문제 및 기본문제

8. 세계최초의 실업보험제도를 갖춘 나라는?

① 뉴질랜드 ② 미 국 ③ 영 국

④ 프랑스 ⑤ 독 일

9. 세계최초로 사회보험방식에 의한 강제적 실업보험제도를 도입한 나라는?

① 뉴질랜드 ② 미 국 ③ 영 국

④ 프랑스 ⑤ 독 일

10. 고용보험법의 적용범위에 대한 설명이다. 틀린 것은?

① 고용보험법은 근로자를 사용하는 모든 사업에 적용한다.

② 다만, 산업별 특성 및 규모 등을 고려하여 대통령령으로 정하는 사업에 대하여는 적용하지 아니한다.

③ 따라서 노조전임자와 같은 휴직 그 밖에 이와 비슷한 상태에 있는 기간 중에 지급받는 금품으로 생활하는 자에게는 적용이 없다.

④ 건설공사에 있어서 총공사금액이 2천만원 미만인 공사에 대하여는 적용하지 아니한다.

⑤ 농업·임업·어업 또는 수렵업 중 법인이 아닌 자가 상시 4명 이하의 근로자를 사용하는 사업에도 적용이 없다.

❙해답❙ **7.** ⑤ **8.** ④ **9.** ③ **10.** ③

≪**해설**≫ ①② 고용보험법 제 8 조. ③ 노조전임자·휴직자 등도 자기 임금의 총액에 실업급여의 보험료율을 곱한 금액을 보험료로 부담하여야 한다(보험료징수법 제13조 제 2 항 단서). 이 경우 휴직 그 밖에 이와 비슷한 상태에 있는 기간 중에 지급받는 금품 중 노동부장관이 정하여 고시하는 금품은 임금으로 본다(동법 제 2 조 제 3 호 단서). 위 규정들은 1997.8.28에 노조전임자 등에게도 본법이 적용될 수 있도록 하기 위하여 신설된 조항들이다.

[적용제외사업](고용보험법 시행령 제 2 조)

1. 농업·임업·어업 또는 수렵업 중 법인이 아닌 자가 상시 4명 이하의 근로자를 사용하는 사업
2. 가. 총공사금액이 2천만원 미만인 공사
   나. 연면적 330제곱미터 이하인 건축물의 건축 또는 대수선에 관한 공사
   다만, i) 「건설산업기본법」 제 2 조 제 5 호에 따른 건설업자, ii) 「주택법」 제 9 조에 따른 주택건설사업자, iii) 「전기공사업법」 제 2 조 제 3 호에 따른 공사업자, iv) 「정보통신공사업법」 제 2 조 제 4 호에 따른 정보통신공사업자, v) 「소방시설공사업법」 제 2 조 제 1 항 제 2 호에 따른 소방시설업자, vi) 「문화재보호법」 제27조에 따른 문화재수리업자 등이 시공하는 공사는 제외한다.
   또한, 총공사금액이 2천만원 미만인 건설공사가 설계 변경(사실상의 설계 변경이 있는 경우를 포함한다)으로 인하여 2천만원 이상의 건설공사에 해당하게 되거나 「보험료징수법」 제 8 조 제 1 항 및 제 2 항에 따라 일괄적용을 받게 되는 경우에는 그 때부터 법의 규정의 전부를 적용한다.
3. 가사서비스업

11. 다음 고용보험법이 원칙적으로 적용되는 자는?

① 선 원　　② 일용근로자

③ 65세 이상인 자　　④ 외국인근로자

⑤ 공무원 및 교원

≪**해설**≫ ② 2004.1.1.부터 법의 개정으로 일용근로자는 고용보험법이 적용된다(동법 제10조, 동법시행령 제 3 조 제 1 항).

12. 근로자 및 사용자가 부담하는 실업급여보험료의 각각의 액수는?

① 근로자가 전액부담　　② 사용자가 전액부담

③ 각각 50%씩 부담　　④ 각각 1/3씩 부담

⑤ 각각 25%씩 부담

13. 고용보험제도에서 비용부담에 관한 설명 중 타당하지 아니한 것은?

① 고용보험비용은 실업급여보험료·고용안정보험료·직업능력개발사업의 보험료로 구분·부과된다.

② 피보험자인 근로자는 자신의 임금총액에 실업급여의 보험료율의 2분의 1

해답 11. ② 12. ③ 13. ③

을 곱한 금액만을 보험료로 납부한다.

③ 노조전임의 경우 임금을 받지 아니하므로 보험료를 납부하지 아니한다.

④ 보험료율은 임금총액의 3퍼센트를 초과할 수 없다.

⑤ 보험료율의 변경은 고용정책심의회의 심의사항이다.

≪**해설**≫ ③ 노조전임자 등 사업주로부터 임금을 지급받지 아니하는 근로자의 경우 당해 근로자가 자기의 임금총액에 실업급여의 보험료율을 곱한 금액을 부담하여야 한다(보험료징수법 제13조 제 2 항 단서).

14. 다음 중 실업급여를 받을 자격이 없는 자는?

① 이직(실직)전 18개월 동안에 피보험단위기간이 180일 이상인 자

② 의원사직한 자

③ 정리해고된 자

④ 부상 등으로 업무수행이 불가능하여 이직한 자

⑤ 사업장 휴업이 장기간 계속되어 이직한 자

≪**해설**≫ ① 고용보험법 제40조 제 1 항. ② 피보험자가 자기의 중대한 귀책사유로 해고되거나 정당한 사유없는 자기 사정으로 이직한 경우에는 수급자격이 없다(동법 제58조 제 1 항).

15. 실업급여의 수혜요건이 아닌 것은? 〈'99 공인노무사〉

① 이직일 이전 18개월간에 180일 이상 고용되어 고용보험료를 낸 경우여야 한다.

② 수급기간은 10월을 넘지 못한다.

③ 근로를 계속할 의사와 능력이 있어야 한다.

④ 실직이 중대한 과실에 의한 경우나 정당한 이유없이 직장을 그만둔 경우가 아니어야 한다.

⑤ 2주마다 성실하게 직장을 찾았으나 아직 취업을 못했다는 것을 입증하여야 실업급여를 받는다.

≪**해설**≫ 수급기간은 원칙적으로 수급자격과 관련된 이직일의 다음 날부터 계산하기 시작하여 「12개월」내에서 소정급여일수를 한도로 하여 지급한다(고용보험법 제48조 제 1 항).

16. 다음 중 사용자가 전액을 부담하여야 하는 것은?

① 실업급여보험료

② 고용안정보험료

▌해답▌ 14. ② 15. ② 16. ⑤

③ 직업능력개발보험료

④ 실업급여보험료 및 고용안정보험료

⑤ 고용안정보험료 및 직업능력개발보험료

≪**해설**≫ 실업급여의 보험료는 근로자·사용자가 각각 50%씩 부담하게 되나 고용안정사업과 직업능력개발사업은 사업주가 전적으로 부담한다.

17. 고용보험법상의 고용안정사업에 관한 설명 중 틀린 것은?

① 업종을 전환하는 사업주가 근로자를 배치전환하는 경우에는 인력배치지원금이 지급된다.

② 근로기준법상의 휴업수당을 지급한 사업주에게 휴업수당지원금을 지급한다.

③ 인근 지역주민을 대량 고용한 사업주에게 지역고용지원금이 지원된다.

④ 근로자고용촉진시설을 설치·운영한 경우 고용촉진시설장려금이 지원된다.

⑤ 전직훈련을 시킨 사용자에게 전직훈련비용과 훈련중 임금에 대한 전직훈련지원금이 지급된다.

≪**해설**≫ 지역고용지원금은 고용사정이 열악한 지역으로 사업을 이전하거나 신설한 사업주에게 지급된다.

18. 취업촉진수당의 종류가 아닌 것은? 〈'99 공인노무사〉

① 조기재취업수당 ② 재고용장려금 ③ 직업능력개발수당

④ 광역구직활동비 ⑤ 이주비

≪**해설**≫ ①③④⑤ 실업급여는 구직급여와 취업촉진수당으로 구분되는 바(고용보험법 제37조 제1항), 취업촉진수당은 i) 조기재취업 수당(동법 제64조), ii) 직업능력개발 수당(제65조), iii) 광역 구직활동비(제66조), iv) 이주비(제67조) 등이다. ② 재고용장려금은 고용안정사업의 하나이다(동법시행령 제23조).

| 해답 | **17.** ③ **18.** ②

제 3 편 종합문제

1. 사회보장이라는 용어가 처음 사용된 것은?

① 뉴딜(New Deal)정책(1934년) ② 미국의 사회보장법(1935)
③ 대서양헌장(1941) ④ 세계인권선언(1948)
⑤ ILO헌장

≪**해설**≫ 사회보장이라는 용어는 미국 루즈벨트 대통령이 의회에서 뉴딜정책을 설명하는 가운데서 비롯되었다. 법률용어로서 최초로 등장한 것은 미국의 사회보장법, 광의의 사회보장이라는 용어는 대서양헌장에서 나타나고 있다.

2. 사회보장기본법에 대한 설명 중 타당하지 아니한 것은?

① 1995.12.30 제정되어 1996.7.1 시행되었다.
② 사회보장법의 기본체계 및 실현방법에 관하여 구체적인 규정을 두고 있다.
③ 사회보장의 개념요소를 사회보험, 공적부조, 사회복지서비스 및 관련복지 제도로 정의하고 있다.
④ 사회보장은 국민의 자립정신을 저해하지 아니하는 것을 원칙으로 한다.
⑤ 자문기관으로서 사회보장심의위원회를 둔다.

≪**해설**≫ ② 동법은 사회보장도입의 기본원칙만 천명하고 있을 뿐이다.

3. 사회보장기본법에서 규정하고 있는 사회보장의 범위에 관한 설명 중 타당한 것은?

① 사회보장 및 사회복지
② 사회보험 및 공공부조
③ 공공부조 및 사회복지
④ 사회보험, 공공부조, 사회복지서비스 및 관련복지
⑤ 사회보험 · 공공부조 및 사회복지서비스

≪**해설**≫ 동법 제3조.

4. 노동법과 사회보장법의 관계에 관한 설명 중 타당하지 아니한 것은?

① 노동법은 근로자를, 사회보장법은 근로자를 제외한 국민을 적용대상으로 하는 것이 원칙이다.

▌해답▌ **1.** ① **2.** ② **3.** ④ **4.** ①

② 노동법과 사회보장법은 모두 시민법상의 법원리를 수정·극복하고자 대두된 법분야이다.
③ 노동법은 헌법 제32조 및 제33조를, 사회보장법은 헌법 제34조를 법적 근거로 하고 있다.
④ 노동법은 사회보장법보다 먼저 형성·발전되어 왔다.
⑤ 노동법과 사회보장법은 산업재해보상보험법 등과 같은 분야에서 상호 공통된 영역을 갖는다.

≪**해설**≫ ① 사회보장법은 근로자를 포함한 국민을 대상으로 하고 있다.

5. 헌법 제34조 제 4 항과 관련된 사회보장제도는?

① 사회보험 ② 공적부조 ③ 사회복지
④ 사회보장 ⑤ 공적부조와 사회복지

≪**해설**≫ 헌법 제34조 제 4 항은 노인과 청소년에 대한 사회복지제도를 규정하고 있다.

6. 사회보장의 성격으로 합당하지 않은 것은?

① 헌법상 생존권의 실현을 목적으로 한다.
② 전국민을 대상으로 그 최저생활을 보장하는데 있다.
③ 완전고용정책과 최저임금제도를 위해 사회정책을 수립한다.
④ 평등사회의 실현을 위하여 사회주의제도의 지속성을 기대한다.
⑤ 자본주의사회의 모순점을 극복하여 수정자본주의체제를 유지한다.

7. 사회보장제도에 관한 설명 중 타당하지 아니한 것은?

① 공적부조제도는 생활능력이 없는 자를 대상으로 한다.
② 사회보험제도는 유상이 원칙이나, 사회복지제도는 무상이 원칙이다.
③ 사회보험제도는 금전급여가 원칙이나 공적부조제도와 사회복지제도는 비금전급여가 원칙이다.
④ 사회복지제도는 생활능력이 있는 자도 대상이 될 수 있다.
⑤ 사회보험제도는 민간에 의하여 운영되기도 한다.

≪해설≫ ③ 공적부조제도도 금전급여가 원칙이다.

8. 취업근로자만을 대상으로 하는 사회보장제도는?

① 의료보험제도 ② 산업재해보상보험제도

|해답| **5.** ③ **6.** ④ **7.** ③ **8.** ②

③ 국민연금제도 ④ 고용보험제도
⑤ 생활보호제도

9. 사회보장제도 중에서 비금전적 지원을 원칙으로 하는 형태는?
① 사회보험 ② 공적부조 ③ 사회복지
④ 사회보험과 공적부조 ⑤ 사회보험과 사회복지

10. 헌법 제34조 제 5 항의 생활능력이 없는 국민을 위한 법률로서 가장 적합한 것은?
① 국민건강보험법 ② 국민연금법 ③ 의료보호법
④ 공무원연금법 ⑤ 산업재해보상보험법

11. 다음 권리장전 가운데 공포와 궁핍으로부터의 자유를 선언한 것은?
① 미국독립선언(1776년) ② 소련연방헌법(1936년) 〈제26회 사시〉
③ 프랑스헌법(1946년) ④ 세계인권선언(1948년)
⑤ 서독기본법(1949년)

12. 헌법 제34조 제 5 항 「생활능력이 없는 국민」을 위한 입법이라고 볼 수 없는 것은?
① 국민기초생활보장법 ② 군사원호보상법 ③ 아동복지법
④ 직업안정법 ⑤ 의료보호법

13. 헌법 제34조 제 5 항 「생활능력이 없는 국민」을 가장 적절히 설명한 것은?
① 근로자 전체를 말한다.
② 실업자를 말한다.
③ 근로의 능력을 가지고 있으나 그 기회를 상실한 자를 말한다.
④ 여러 원인으로 근로능력을 상실하여 생활유지 능력이 없는 자를 말한다.
⑤ 근로능력은 있으나 일자리가 없어서 생활이 곤란한 자를 말한다.

14. 공적부조와 사적보험과의 공통점에 해당되지 않는 것은?
① 경제적 보장 ② 급부와 지출의 균형유지
③ 적용대상의 무제한성 ④ 욕구에 따른 사전급부결정
⑤ 보험의 운영주체

15. 다음의 사회보험과 공적부조에 대한 구별 중 잘못된 것은?

┃해답┃ **9.** ③ **10.** ③ **11.** ④ **12.** ④ **13.** ④ **14.** ⑤ **15.** ②

① 사회보험의 경우 보험료 불입은 수혜자 자격요건이 되나 공적부조는 불입이 필요없다.
② 사회보험은 빈곤에 대처하는 사후조치적 성격이 강한 반면 공적부조는 사전조치적 성격이 강하다.
③ 사회보험은 근로능력이 있는 사람을 위한 제도이고 공적부조는 근로무능력자를 도운다.
④ 사회보험이 능력주의에 기초하고 있다면 공적부조는 평등주의를 기초로 한다.
⑤ 사회보험은 미국에서, 공적부조는 유럽에서 발전하였다.

16. 비스마르크의 사회보험의 3대 체계에 해당하는 것은?

① 연금보험, 노령보험, 재해보험
② 연금보험, 질병보험, 노령보험
③ 재해보험, 질병보험, 연금보험
④ 실업보험, 질병보험, 연금보험
⑤ 질병보험, 재해보험, 노령보험

17. 우리나라 전국민이 의료보장을 받게 된 시기는?

① 1963년
② 1979년
③ 1981년
④ 1989년
⑤ 1991년

18. 사회보험이 최초로 실시된 국가는?

① 영 국
② 미 국
③ 독 일
④ 뉴질랜드
⑤ 스웨덴

19. 생활이 극빈한 사람에게 국가의 자산으로 부조를 제공함으로써 그들을 빈곤에서 해방시키고자 하는 국가의 사회보장은?

① 사회보험
② 공적부조
③ 국민연금
④ 실업수당
⑤ 사회복지

20. 공적부조의 내용과 다른 것은?

① 조세수입이 주재원이다.
② 수혜의 자격조건은 개인의 요구나 자산조사에 의해 결정된다.
③ 근로능력이 없는 자를 위한 제도이다.
④ 국가가 책임의 주체가 된다.

해답 16. ⑤ 17. ④ 18. ③ 19. ② 20. ⑤

⑤ 특수한 사고의 발생여부에 따라 수혜받게 된다.

21. 생활유지의 능력이 없는 국민의 생존권 보장이라는 측면에서 제정된 법제도는?
① 장애자복지법 ② 국민기초생활보장법 ③ 아동복지법
④ 모자복지법 ⑤ 사회복지사업법

22. 다음 중 고용보험법의 적용이 배제되는 자에 해당하지 아니하는 자는?
① 65세 이상인 자
② 일용근로자
③ 별정우체국법에 의한 별정 우체국 직원
④ 선원법에 의한 선원
⑤ 취업자격 또는 거주자격이 있는 외국인 근로자

23. 다음 중 근로자가 부담하는 고용보험료는?
① 실업급여사업 ② 실업급여사업 및 고용안정사업
③ 직업능력개발사업 ④ 실업급여사업 및 직업능력개발사업
⑤ 실업급여사업 및 고용안정 · 직업능력개발사업

24. 다음 중 사용자가 전액을 부담하는 고용보험료는?
① 실업급여사업
② 고용안정 · 직업능력개발사업
③ 실업급여사업 및 고용안정사업
④ 고용안정사업
⑤ 실업급여사업 및 고용안정 · 직업능력개발사업

25. 고용보험법상 노조전임자가 부담하는 보험료는?
① 납부하지 아니한다.
② 실업급여보험료의 1/2
③ 실업급여보험료 전액
④ 실업급여 보험료 및 고용안정 · 직업능력개발사업보험료 전액
⑤ 고용안정 · 직업능력개발사업보험료 전액

| 해답 | **21.** ② **22.** ② **23.** ① **24.** ② **25.** ③

■ 부록 Ⅰ: 문제은행모형예

□ 문제유형 분류

1. 문제형식별 분류

- 단순택일형
- 정답개수형
- 정답조합형
- 「○·×」 조합형
- 빈칸넣기형
- 순서바꾸기형
- 종합형(빈칸넣기+순서바꾸기결합형 등)

〈문제형식 해설〉

◆ 단순택일형: ~에 관하여 옳은(옳지 않은 것) 택일

기본형) ~에 관한 설명 중 옳지 않은(옳은) 것은?

① ② ③

④ ⑤

◆ 정답조합형: 질문과 함께 다수의 답항을 제시하고 그중 질문에 해당하는 답항의 조합(보통 2~3개) 택일

기본형) ~에 관한 설명 중 옳지 않은(옳은) 것의 조합은?

① AB ② BC ③ CD

④ DEA ⑤ ABCD

◆ 정답개수형: 질문과 함께 다수의 답항을 제시하고 그중 질문에 해당하는 답항이 몇 개인지 택일

기본형) ~에 관한 설명 중 옳지 않은(옳은) 것은 몇 개인가?

① 1개 ② 2개 ③ 3개

④ 4개 ⑤ 5개

◆ 「○·×」 조합형: 질문과 함께 다수의 예문을 제시하고, 각 예문별로 ○·× 표시가 정확하게 된 답항을 택일

기본형) 다음 사례에 관한 죄책중 옳은 것과 틀린 것의 조합은?

(아래 A~E까지 5개의 사례 제시)

① A(○)B(×)C(×)D(○)E(○) ② A(○)B(○)C(×)D(○)E(×)
③ A(○)B(×)C(○)D(×)E(×) ④ A(×)B(×)C(×)D(○)E(×)
⑤ A(×)B(○)C(○)D(×)E(○)

◆ 빈칸넣기형: 특정 주제나 논점에 대한 장문의 문장(논술 · 견해 · 논평 · 대화 등)을 제시하고, 그 문장속의 빈칸에 들어갈 어구(또는 문장)을 제시된 보기중에서 고르는 형태

기본형) 다음 문장의 ( )에, 아래 적은 보기로부터 가장 적절한 말로 보충하여 문장을 완성한 경우, (①)부터 (⑤)까지에 들어갈 어구의 조합중 옳은 것은? (보기 a~h까지 8개 예시)

① a ② c ③ d
④ f ⑤ g

◆ 순서바꾸기형: 특정 주제나 논점에 관한 장문의 문장(논술 · 견해 · 논평 · 대화 등)을 제시하고, 일정한 문장배열 조건에 따라 제시된 문장들을 논리적으로 배열하는 형태

기본형) 다음 A~E문장을『대개「 」, 이 때문에「 」, 이러한 조세가 갖는 기능을 생각해 보건대「 」. 따라서「 」. 그렇다고 한다면「 」.』로 순서를 바꾸면, 조세법의 합헌성심사에 관한 정돈된 기술이 된다. 두 번째와 네 번째 들어갈 문장으로서 옳은 것의 조합은 어느 것인가? (아래 A~E 5개 문장 제시)

① A, B ② B, C ③ C, D
④ D, E ⑤ E, A

◆ 빈칸넣기+순서바꾸기형: 특정 주제나 논점에 관한 수개의 문장(논술 · 견해 · 논평 · 대화 등)의 빈칸을 보기로 제시된 어구로 채운 다음, 주어진 문장배열 조건에 따라 순서를 바꾸는 형태

기본형) 다음 A~E문장의 ( )안에 보기에서 적절한 어구를 골라 삽입한 다음,『「 」. 또한,「 」. 그러나「 」. 그래서「 」. 그렇지만,「 」.』이라고 순서를 바꿔 배열하면, (특정주제)에 관한 완성된 논술이 된다. 바꿔 배열한 후의 문장에서 2번째, 9번째의 ( )안에 삽입할 어구의 조합(단, 순서는 상관없다)으로서 맞는 것은 어느 것인가? (빈칸이 몇 개씩 포함한 A~E 5개 문장+㉠~㉫ 단어 · 어구가 나열된 보기 제시)

① ㉢, ㉦ ② ㉢, ㉩ ③ ㉦, ㉨
④ ㉦, ㉪ ⑤ ㉨, ㉪

2. 문제내용별 분류

- 지식형: 특정 주제, 법조문, 판례 등에 대한 지식 검증
- 논리형: 논리적 순서에 따라 문장을 나열·완성하거나 대화나 논평을 제시하여 논리적으로 틀린(옳은) 항을 찾는 형태
- 견해형: 판례에 대한 해석, 학설내용·학설근거를 묻거나 학설을 적용하여 해결하는 형태
- 사례해결형: 제시된 사실관계에서 제기되는 다양한 법률적 쟁점에 대한 해결책의 옳고 그름을 묻는 형태
- 견해+사례+논리적 추론형: 특정 논점에 대한 다수 견해와 다수 사례를 제시하고 논리적 추론을 통하여 특정 결론에 이르는 견해 또는 견해+사례를 찾는 형태

■ 부록 II : 2차시험 기출문제

1. 行政高等考試

제5회(1967)

(1) 勞動爭議의 調整과 仲裁와의 異同

(2) 우리나라 賃金保護制度에 대하여 論하라.

제6회(1968)

(1) Union Shop과 團結權과의 關係

(2) 勞動組合의 缺格事由

제7회(1969)

(1) 正當한 爭議行爲를 保護하기 위한 現行法上의 諸制度

(2) 使用者의 不當勞動行爲와 그의 救濟

제8회(1970)

(1) 團體協約과 就業規則과의 關係를 說明함

(2) 公益事業과 勞動爭議에 관한 特則을 說明함

제9회(1970)

(1) 爭議行爲에 대한 法令上 制限禁止

(2) 團體協約의 效力

제10회(1971)

(1) A勞動組合은 1971. 6. 14에 代議員會議를 열고 甲種勤勞所得稅를 引下하기 위한 다음 二段階鬪爭을 전개하기로 결의하였다.

① 與黨幹部 某國會議員과 교분이 깊은 組合員 甲이 組合을 代表하여 對國會·對政府 交涉을 벌이며 그 交涉費用으로 組合基金 30만원을 지출한다.

② 9월 定期國會에서 稅法改正이 이루어지지 않을 경우에는 10월에 있을 道議員選擧에 있어서 全組合員은 第1野黨인 X黨의 候補를 지지하기로 했다.

(2) 就業規則

제11회(1972)

(1) 勞動組合의 保護要件을 說明함

(2) 團體協約의 一般的 拘束力을 說明함

제12회(1972)

(1) 爭議權保障의 效果

(2) 解雇豫告制度를 論함

제13회(1973)

(1) 勞動法의 法源을 論함

(2) 不當勞動行爲制度의 本質을 說明하고 現行法上의 不當勞動行爲制度를 論評하라.

제14회(1973)

(1) 勞動賃金의 保護

(2) 團體交涉權의 性質

제15회(1974)

(1) 就業規則의 效力

(2) 團結權의 保障과 勞動組合의 活動에 관한 行政官廳의 關與

제16회(1974)

(1) 勞動條件의 保護

(2) 爭議權保障의 法律的 意義

제17회(1975)

(1) 勞動委員會의 機能 및 그 問題點에 대하여 論하라.

(2) 爭議調整上 特例制度를 說明하라.

제18회(1975)

(1) 團體協約의 債務的 部分을 說明하고 그 效力을 論함.

(2) 解雇豫告를 說明하라.

제19회(1976)

(1) 勤勞契約終了後의 勤勞基準法上 保護制度

(2) 勞動組合設立의 自主性과 運營의 民主性

제20회(1977)

(1) 使用者가 團體交涉을 正當히 拒否할 수 있는 경우를 論하라.

(2) 勤勞基準法上 女性勤勞者保護에 관하여 說明하라.

제21회(1977)

(1) 團體交涉權保障의 法律上 意義

(2) 勞動委員會의 權限

제22회(1978)

(1) 解雇에 관하여 다음 事項을 說明하라.

① 解雇의 制限과 正當한 理由

② 懲戒解雇와 解雇權의 濫用

(2) 다음을 略述하라.

① 産前後休暇

② 通常賃金

③ Labor injunction

제23회(1979)

(1) 勤勞基準法·勤勞契約·就業規則 및 團體協約의 異同과 相互關係를 論述하라.

(2) 다음을 略述하라.

① 法外組合

② Union Shop 協定

제24회(1980)

(1) 公益事業에 있어서 勞動爭議調整法上의 特則과 爭議行爲의 制約을 論하라.

(2) 다음을 略述하라.

① 公務員의 勞動基本權

② 休業支拂(手當)

제25회(1981)

(1) 勤勞基準法상의 退職金制度에 관하여 論하라.

(2) 다음을 略述하라.

① 賃金支給의 原則

② 仲裁의 要件과 效果

제26회(1982)

(1) 團體交涉과 勞使協議의 關係를 說明하라.

(2) 다음을 略述하라.

① 勤勞基準法上 都給時의 使用者責任

② 職場閉鎖(Lock-out)

제27회(1983)

(1) 勤勞者의 團結强制와 그 限界를 論하라.

(2) 다음을 略述하라.

① 不當勞動行爲의 司法的 救濟

② 苦衷處理制度 (25점)

제28회(1984)

(1) 女性勤勞者의 保護를 論하라.

(2) 다음을 略述하라.

① 不當勞動行爲의 救濟節次

② 違法한 職場閉鎖時의 使用者의 責任

제29회(1985)

(1) 雇傭契約과 勤勞契約의 關係를 論하라.

(2) 다음을 略述하라.

① 團體協約의 效力擴張

② 勤勞者의 性別에 의한 차별대우

제30회(1986)

(1) 團體協約과 就業規則과의 관계를 論하라.

(2) 다음을 略述하라.

① 勞動法과 社會保障論

② 勤勞契約上 使用者의 義務

제31회(1987)

(1) 同盟罷業에 있어서 正當性 判斷基準과 民·刑事上의 責任을 論하라.

(2) 다음을 略述하라.

① 雇傭의 正當事由

② 團結强制와 Shop制度

제32회(1988)

(1) 團體協約의 內容과 그 效力에 관하여 論하라.

(2) 다음을 略述하라.

① 賃金債權의 優先辨濟

② 勞動爭議의 仲裁

제33회(1989)

(1) 勤勞基準法上의 解雇의 制限을 論하라.

(2) 다음을 略述하라.

① 斡旋과 調停의 比較

② 업무상 災害와 勤勞者의 重過失

제34회(1990)

(1) 法外組合의 法律上 地位를 論하라.

(2) 다음을 略述하라.

① 適法鬪爭

② 休業支拂

제35회(1991)

(1) 위법한 爭議行爲의 責任을 논하라.

(2) 다음을 略述하라.
① 團體交涉의 거부
② 均等處遇

第36回(1992)

(1) 勤勞基準法上의 休暇制度에 대해 논하라.
(2) 다음을 略述하라.
① 使用者의 爭議行爲의 正當性
② 團結權과 結社의 自由

第37回(1993)(**整理解雇**)

(1) 甲회사는 경제사정의 변화로 경영상태가 악화되어 종업원 300명 중 50명을 해고하기로 방침을 세우고 36세 미만으로서 1987년 이후에 입사한 자를 해고하기로 하였던 바, 노동조합은 이에 대하여 강력히 반대하고 나섰다. 이 解雇가 有效하기 위한 要件을 說明하라.
(2) 다음을 略述하라.
① 災害補償責任과 損害賠償責任과의 關係
② 緊急調整

第38回(1994)

(1) (노조대표자의 단체협약체결권한) 甲 노동조합의 조합규약에는 「단체교섭에 합의한 경우 합의한 사항에 대해서는 총회의 인준을 거쳐야 한다」고 규정되어 있다. 그러나 노조대표 乙은 위 조합규약을 어기고 직권으로 사용자와 단체협약을 체결하였다. 이에 대한 法的 評價를 하시오.
(2) 다음을 略述하라.
① 甲회사가 토요일 격주휴무제(8시간)를 단체협약으로 정한 경우에 法的 效果
② 職場閉鎖

第39回(1995)

(1) (준법투쟁, 직권중재와 냉각기간, 제 3 자 개입금지) S시에는 10개의 대학병원이 있는데 그 중 甲병원의 노동조합만이 단체협약이 결렬되자 甲병원 노동조합은 관할 노동위원회에 쟁의발생신고를 한 뒤 병원가운입기 거부와 근무시간외 근무를 거부하기로 결정했다. 이에 S시의 시장은 관할 노동위원회에 직권중재신청을 하였고, 관할 노동위원회는 즉각 이를 받아들여 직권중재회부를 결정하였다. S시의 관할 경찰서장은 甲병원노동조합의 그러한 단체행동은 불법노동행위로 간주, 병원노조간부에 대해 사법처리할 것을 결정하고 노조간부를 구속하였다. 나머지 병원의 노조

측은 甲병원노조를 지지, 격려하기 위해 라면 10박스를 제공하고 파업지지성명을 발표하였다. 이에 S시의 관할 경찰서장은 나머지 병원의 노조에 대해서는 사법처리하기로 결정하였다. 이에 S시 관할 노동위원회의 조치와 관할 경찰서장의 조치에 대해서 論하시오.

(2) 다음을 略述하라.

① 産業災害保險法上 業務上 災害

② 公務員의 勞動3權

제40회(1996)

(1) 懲戒解雇와 整理解雇의 差異點을 論하시오.

(2) 다음을 略述하라.

① 平和條項과 平和義務

② 團體交涉과 勞使協議

제41회(1997)

(1) 근로자 A는 노조위원장으로서 정당한 쟁의행위를 주도하였다는 이유로 사용자 B로부터 해고당하였다. A의 救濟手段은?

(2) 다음을 略述하라.

① 女性勤勞者 保護

② 整理解雇(雇傭調整)

제42회(1998)

(1) 공익사업에 대한 노동쟁의조정제도에 대해 논하시오.

(2) A기업은 기업을 경영하기 위하여 B은행에 근저당권을 설정하고 자금을 차입하였으나 도산하였다. B은행은 경매절차의 진행중에 있는데 이 경우 A기업 근로자가 임금과 퇴직금을 받을 수 있는 수단에 대해 논하시오.

(3) 甲기업은 乙근로자와 1998. 3. 2. 단체협약에 의하여 노동조합의 업무에만 종사하도록 하였다. 이 경우 甲기업 乙근로자의 근로관계법상의 지위를 논하라.

제43회(1999)

(1) 甲병원 사업주는 甲병원 노조가 설립되자 세무서와 보건소에 폐업신고를 하고 甲병원 외과 과장인 乙로 하여금 새로운 병원 B를 설립하게 했다. B병원은 甲병원 노조원을 제외한 비노조원만을 고용하였다. 노동위원회는 이에 대해 구제명령을 발부하였다. 이 구제명령 발부는 정당한가?

(2) A회사 노조가 사업주와 임금교섭중 임금교섭이 결렬되었다. 이에 노조는 연장근로를 거부하기로 하고 연차휴가 및 월차휴가를 신청하였다. 이에 대해 A회사 사업주는 불법쟁의행위로 판단, 형사고발 및 징계조치를

하기로 결정하였다. 위 노조행위의 정당성과 사업주의 행위의 정당성을 평가하여라.

(3) 근로기준법상 여성 생리휴가에 대해 논하고 비생리 여성 근로자의 휴가 청구권에 대해 논하라.

第44회(2000)

第45회(2001)

第46회(2002)

(1) 근로자 200명이 종사하고 있는 A기업의 사업장에서 근로자 150명이 근로조건의 개선을 위해서 노동조합을 설립하기로 결의하고, 창립총회를 개최하여 규약, 임원 등 조직을 갖추고, 사용자에 대하여 근로조건개선을 위한 단체협상을 요구했다. 그러나 사용자는 위 근로자단체가 행정관청에 조합설립신고를 하지 않았다는 이유로 단체협상을 거부하였다. 위 근로자단체는 규약에 정한 절차에 따라 파업을 결의하고 노동조합및노동관계조정법상의 소정의 절차를 거쳐서 파업에 돌입하였다. 이 경우 노동조합및노동관계조정법상의 법률관계를 논하시오. (40점)

(2) 다음을 약술하시오. (총 60점)

① A회사 강릉본사에서 X남과 Y녀가 부부사원으로서 근무해오던 중, Y녀는 A노동조합의 위원장으로 피선되어 노조활동을 활발하게 하였다. A회사는 Y녀의 노조탈퇴를 강요하기 위해서 정당한 이유없이 X남을 목포공장으로 전근조치하였다. 이에 X남이 불응하자, A회사는 복무명령이행을 이유로 X남을 해고하였다.

이 경우 누가 노동조합및노동관계조정법상 어떤 구제를 신청할 수 있는가? (30점)

② 해고의 예고 (30점)

第47회(2003)

(1) 노동조합 전임자에 대한 급여지급에 관하여 논하라. (50점)

(2) A社는 경영난으로 그동안 휴업·조업단축 등의 조치를 취해 왔으나, 객관적 사정에 비추어 더 이상 현재의 종업원규모(남녀 각 50명)를 유지할 수 없게 되어 정리해고를 실시하기로 결정하고, 근속년수·부양가족상황·연령 등을 기준으로 해고대상자를 선정하여 20명을 정리해고하였다. 그런데 정리해고된 20명 중 18명이 여성이었다.

해고된 여성 B는 이러한 해고대상자 선정기준은 성별을 이유로 한 차별적 조치라고 주장하고 있다. B의 주장은 타당한가? (25점)

(3) 甲사장은 정규직원 3명과 1주 30시간씩 근무하는 텔레마케터 5명을 두고

통신판매업을 하고 있다. 2년간 근무해 왔던 텔레마케터 乙은 퇴직하면서 퇴직금을 달라고 하였다. 그러나 甲사장은, 정규직원이 아니므로 퇴직금을 지급할 수 없고, 설사 乙이 근로자라고 하더라도 자신의 사업장은 3명만을 고용하고 있으므로 근로기준법상 퇴직금을 지급해야하는 5인 이상 사업장이 아니어서 퇴직금을 지급할 수 없다고 한다. 甲사장의 주장은 타당한가? (25점)

제48회(2004)

(1) 근로기준법 제23조의 취지를 고려하여 기간의 정함이 있는 근로계약과 관련한 다음의 경우를 논하시오. (총 40점)
① 1년을 초과하는 근로계약 기간을 정한 경우 (25점)
② 근로계약 기간의 정함이 형식에 불과한 경우 (15점)

(2) 단체협약 유효기간 경과 후의 단체협약의 효력에 대해서 논하시오. (40점)

(3) A회사에는 기업별 노동조합인 B노동조합이 있다. B노동조합 지도부는 A회사와 단체교섭을 진행하였으나 결렬되자 조합원 다수가 참여할 것으로 믿고 파업찬반투표를 실시함이 없이 전면파업을 결정하였다. 이에 따라 B노동조합은 조합원 95%가 참가한 가운데 실제로 파업을 실시하였다. 이 파업에 대해 A회사는 절차상 파업찬반투표를 거치지 않았으므로 위법이라고 주장하였다. A회사 주장의 당부를 논하시오. (20점)

제49회(2005)

(1) A회사에 근무하는 甲과 乙은 노동조합을 결성하기로 하고 준비에 들어갔다. 이 사실을 알게 된 회사측에서는 甲과 乙을 불러 노동조합을 조직하지 말 것을 종용하고 회유하였다. 그러나 甲과 乙이 이에 불응하고 계속 노동조합을 조직하려 하자, A회사는 정기 승진시기가 아님에도 불구하고 甲을 승진시켜 타 사업장으로 전보하였고, 乙에 대하여는 그가 5년 전 입사 당시에 제출한 이력서상의 허위 학격기재를 이유로 해고하였다. 위 사안에서 A회사의 조치는 정당한가? (25점)

(2) 직장폐쇄의 정당성을 논하시오, (10점)

(3) 탄력적 근로시간제에 대해서 논하시오. (단, 연장근로와의 관계는 제외한다) (15점)

제50회(2006)

(1) 노동조합 위원장인 甲은 근로조건에 관한 노조측의 요구가 관철되지 않자, 임원외의를 소집하여 통상 1일 평균 2시간씩 행해져 오던 연장근로를 거부할 것을 주장하였고, 임원회의에서 이를 결의하였다. 이 결의에 따라 조합원들은 노동쟁의신고 및 쟁의행위 찬반투표를 거치지 않고 연

장근로를 거부하기에 이르렀고, 평소 관행화된 연장근로에 대해 비판적이던 평조합원인 乙도 이에 동참하였다. 회사측은 이를 이유로 甲과 乙을 징계규정에 따라 징계해고하였다. 甲과 乙에 대한 징계해고의 정당성을 논하시오.

(2) 사용자가 일방적으로 취업규칙을 변경하더라도, 변경된 취업규칙이 유효한 경우에 대하여 서술하시오.

(3) 근로자측 단체교섭의 당사자와 담당자 개념에 대하여 각각 서술하고, 그 차이점을 비교하시오.

第51회(2007)

(1) 노동조합의 정당한 단체교섭 요구를 사용자가 거부하거나 불성실하게 대응하는 경우 노동조합이 취할 수 있는 행정구제, 가처분, 손해배상의 청구에 관하여 설명하시오. (15점)

(2) 노조전임자의 법적 지위에 관하여 약술하시오. (10점)

(3) 노동위원회의 부당해고 구제명령의 내용과 효력에 관하여 설명하시오. (15점)

(4) 근로기준법상 사용자의 도산 시 근로관계로 인한 채권의 보호에 관하여 약술하시오. (10점)

第52회(2008)

(1) 甲은 근로자 500명이 근무하는 자동차부품 제조회사를 경영하고 있다. 2008년 6월 1일 근로자 100명이 노동조합을 설립하였다고 주장하면서 그 대표자 乙이 사용자 甲에게 단체교섭을 요구하였으나 사용자 甲은 노동조합의 설립요건을 갖추지 못하였다는 이유로 단체교섭을 거부하였다. 다음 물음에 답하시오. (총 25점)

① 乙이 대표자인 근로자단체가 사용자의 단체교섭 거부에 대해 노동위원회에 부당노동행위 구제신청을 한 경우 노동위원회가 부당노동행위로 인정하기 위한 전제로서 노동조합의 실질적 요건과 형식적 요건을 검토하시오. (20점)

② 乙이 대표자인 근로자단체가 노동조합의 설립요건을 갖추지 못한 경우 그 법적 지위에 관해 설명하시오. (5점)

(2) 사용자 甲이 설립한 자동차부품 제조회사는 근로기준법의 적용을 받는 사업체이다. 임금 지급의 방법과 관련하여 사용자 甲이 준수하여야 하는 근로기준법상의 기본원칙과 그 내용을 약술하시오. (15점)

(3) 사용자가 취업규칙의 내용을 종전보다 불이익하게 변경하고자 하는 경우 그 효력요건으로서 근로자측의 동의가 있어야 한다. 이 경우 동의의 주

체에 대해 약술하시오. (10점)

2. 公認勞務士 試驗

제 1 회(1987)

〈勤勞基準法〉

(1) 勤勞基準法上의 賃金債權의 保護를 論하라.

(2) ① 解雇의 豫告

② 變形勤勞時間制

〈產災豫防補償法〉

(1) 產業災害補償保險法上의 保險給與의 原理를 설명하고, 民法上의 損害賠償制度와 勤勞基準法上의 災害補償制度와의 差異點을 論하라.

(2) ① 概算保險料와 確定保險料

② 有害物質의 表示

제 2 회(1989)

〈勞動法（Ⅰ)〉

(1) 勤勞時間의 保護

(2) ① 休業支拂

② 就業規則의 變更과 그 效力

〈勞動法（Ⅱ)〉

(1) 勞動組合의 內部統制權에 대해서 論評하라.

(2) ① 職場閉鎖

② 勞動委員會의 判定的 權限

제 3 회(1991)

〈勞動法（Ⅰ)〉

(1) 勤勞基準法과 產業災害補償保險法上의 補償, 民事上의 賠償과의 關係를 論하시오.

(2) ① 就業規則의 變更

② 平均賃金과 通常賃金의 相異點

〈勞動法（Ⅱ)〉

(1) 勞動組合의 民主性 確保를 위한 勞動組合法上의 規定을 論하시오.

(2) ① 平和義務

② 任意仲裁

제 4 회(1993)

〈勞動法（Ⅰ)〉

(1) 整理解雇의 要件에 대하여 論하라.

(2) ① 勤勞契約과 眞實告知義務

② 最低賃金의 決定基準

〈勞動法（Ⅱ)〉

(1) 團體協約의 規範的 部分과 그 效力에 대하여 論하라.

(2) ① 勞使協議와 團體交涉의 이동(異同)

② 勞動爭議調整法上 緊急調整制度

제 5 회(1995)

〈勞動法（Ⅰ)〉

(1) 勤勞關係終了 後의 勤勞者保護에 대하여 論하시오.

(2) ① 業務上災害의 認定基準

② 强制勤勞의 禁止

〈勞動法（Ⅱ)〉

(1) 違法한 爭議行爲의 民事責任에 대하여 論하시오.

(2) ① 勞動組合의 財政權에 대한 行政官廳의 調査權

② 勞使協議會의 協議事項

제 6 회(1997)

〈勞動法（Ⅰ)〉

(1) 年次有給休暇에 대해 論하라.

(2) ① 短時間勤勞者保護

② 産業安全保健法上의 事業主의 有害 & 危險防止措置義務

〈勞動法（Ⅱ)〉

(1) 우리나라 勞動法秩序에서 團體交涉과 勞使協議를 比較 說明하라.

(2) ① 이른바 法外勞組의 法的 地位

② 조정전치제도

제 7 회(1998)

〈勞動法（Ⅰ)〉

(1) 整理解雇에 대하여 論하라.

(2) ① 賃金債權의 優先辨濟

② 中間搾取의 排除와 勤勞者派遣

〈勞動法（Ⅱ)〉

(1) 不當勞動行爲의 救濟節次를 논하라.

(2) ① 勞組前任者(제도)
② 勞動關係의 支援

제 8 회(1999)

〈勞動法(Ⅰ)〉

(1) 勤勞時間의 柔軟化制度와 勞使關係에 미치는 影響을 論하시오.

(2) ① 安全保健管理體系(可及的 圖式化 包含)
② 雇傭保險制度의 體系·機能·趣旨·內容

〈勞動法(Ⅱ)〉

(1) 團體協約의 內容과 效力을 論하시오.

(2) ① 必修公益事業의 仲裁制度(私的仲裁를 除外한다)
② 正當한 勞組活動의 範圍(施設物 利用과 就業時間의 關係)

제 9 회(2000)

〈勞動法(Ⅰ)〉

(1) '甲'회사는 근로자 '乙'을 귀책사유에 근거하여 해고하였고 '乙'은 정당한 사유없는 해고라고 주장하였다. 해고의 정당한 사유에 대하여 유형별로 설명하고 그에 따른 구제절차를 논하라. (다만, '甲'회사에는 노동조합이 없으며, 노동조합 결성시도도 역시 없었다)

(2) ① 산업재해보상보험법상 근로자의 수급권의 보호
② 산업안전보건법상 근로자의 보건관리

〈勞動法(Ⅱ)〉

(1) 부당노동행위 구제에 있어서 행정적 구제 및 사법적 구제의 의미를 설명하고 그 차이점을 논하라.

(2) ① 노동조합의 유형별 특징을 설명하고 산업별 노동조합과 기업별노동조합의 차이점을 비교하라.
② 쟁의행위기간중 사용자의 채용제한을 논하라.

제10회(2001)

〈勞動法(Ⅰ)〉

(1) '甲'회사는 분기별로 100%씩 상여금을 400% 지급하고 있었는데 최근 경영악화로 인하여 1/4분기 상여금을 지급하지 못하였다. 그런데 甲 회사는 상여금 지급규정을 삭제하기 위하여 4월 초에 종업원들에 대하여 개별적으로 동의서 양식을 발송하였고 과반수의 찬성을 얻어 4월 말에 상여금 지급규정을 삭제하였다. 이에 대하여 甲 회사 근로자들은 1/4분기와 2/4분기의 상여금의 지급을 청구하고 있다. 여기에서 발생할 수 있는 법적 쟁점에 관하여 논하시오.

(2) ① 노동관계법상 모성보호

② 고용보험법상 구직급여

〈勞動法 (Ⅱ)〉

(1) 노동조합의 요건을 논하고 설립신고제도와 자유설립주의에 대하여 헌법상 단결권의 성격과 관련하여 서술하라.

(2) ① 파업시 근로자의 임금청구권

② 단체협약의 유효기간

第11회(2002)

〈勞動法 (Ⅰ)〉

(1) 사업양도(영업양도)에 따른 개별적 근로관계법상의 문제점에 관하여 논하시오. (50점)

(2) 고용보험사업 중 육아휴직급여와 산전후휴가급여의 각각에 대하여 다음 사항을 중심으로 설명하시오(수급조건, 수준, 지급제한 등). (25점)

(3) 산업재해보상보험법상 급여체계(종류, 조건, 수준)에 대하여 설명하시오. (25점)

〈勞動法 (Ⅱ)〉

(1) 甲노동조합은 주5일 근무제를 위한 사용자와 단체교섭이 결렬되어 노동위원회에 쟁의조정신청을 하였다. 그러나 노동위원회는 교섭미진을 이유로 교섭의 재개를 권고하였다. 그러나 甲노동조합은 조정기간 이후 쟁의행위를 개시하였다. 이에 노동조합의 쟁의행위의 정당성(목적, 절차, 수단과 태양)을 논하시오. (50점)

(2) 조직강제와 부당노동행위제도에 관하여 약술하시오. (25점)

(3) 단체교섭의 「당사자」와 「담당자」에 대하여 약술하시오. (25점)

第12회(2003)

〈勞動法 (Ⅰ)〉

(1) 근로자 갑은 컴퓨터 회사 A와 근로계약을 맺으면서 퇴직후 2년 이내에 경쟁기업에 전직을 하지 아니하며, 해외연수 후 1년 이내에 퇴사시 해외연수비를 반환한다는 취업규칙에 서명, 날인하였다. 그 후 갑은 6개월 간의 해외연수를 마친 후 3개월 후에 경쟁기업인 B사로 전직하였다. 이에 컴퓨터 회사 A는 갑을 상대로 해당 연수비를 반환할 것과, 비밀유지의무와 겸업금지의무 위반을 이유로 손해배상을 청구하였다. 이 사안에 대하여 논하시오. (50점)

(2) 산업재해보상보험법상 재해보상에 대한 이의신청(불복) 및 구제방법 (25점)

(3) 사용자의 징계권 (25점)

〈勞動法（Ⅱ)〉

(1) 단체교섭의 대상에 대하여 논하라. (50점)

(2) 불이익취급에 있어서 불이익취급의 유형에 대하여 약술하라. (25점)

(3) 노동위원회의 심판위원회와 조정위원회를 비교하라. (25점)

제13회(2004)

〈勞動法（Ⅰ)〉

(1) 근로조건 명시의무에 대해 논하라. (50점)

(2) 임금지급방법의 4대원칙과 비상시 지불에 대해 약술하라. (25점)

(3) 구직급여 지급제한사유에 대해 약술하라. (25점)

〈勞動法（Ⅱ)〉

(1) 노조법 제2조 제4호 라목에 대해 논하라. (50점)

(2) 직장폐쇄요건 및 효과를 약술하라. (25점)

(3) 직권중재제도의 요건, 절차, 효과 및 근로3권과의 관계를 약술하라. (25점)

제14회(2005)

〈勞動法（Ⅰ)〉

(1) 부당해고의 행정적 구제 및 사법적 구제에 관하여 논하시오. (50점)

(2) 근로시간제도의 적용제외(근로기준법 제61조)의 요건과 효과를 약술하시오. (25점)

(3) 산업재해보상보험법상의 적용범위 및 대상자에 관하여 약술하시오. (25점)

〈勞動法（Ⅱ)〉

(1) 「갑」회사는 경영사정이 급속도로 악화되자 인력감축을 주요내용으로 하는 구조조정을 단행하기로 방침을 정하고 이를 공고하였다. 이에 「갑」회사 내 「을」노동조합은 구조조정방침 철회 및 노동조합과 사전합의 후 시행할 것과 임금 20% 인상(임금협약의 유효기간은 아직 6개월 남아있는 상태임)을 내용으로 하는 단체교섭을 요구했다. 노사는 수차례 단체교섭을 진행했으나 구조조정 시행에 대한 현격한 입장차이로 교섭이 난항을 겪게 되자 최종적으로 「갑」회사는 구조조정에 관한 사항은 단체교섭의 대상이 아니며 임금협정도 아직 유효기간중이라는 이유로 더 이상의 교섭은 없다며 단체교섭을 중단하였다.

이에 「을」노동조합은 교섭결렬을 선언하고 조합원 총회에서 조합원 87%의 찬성으로 쟁의행위를 결의한 후 노동위원회에 조정신청을 하였다. 노동위원회에서는 양당사자의 현격한 입장차이로 조정이 성립될 가능성이 없다고 판단하여 조정중지결정을 내렸고 이후 「을」노동조합은 전면적인 파업에 돌입하였다.

「을」노동조합의 파업에 대하여 「갑」회사는 불법파업이라고 주장하고 있는데 이 사례와 관련된 현행법상 쟁점을 도출하고 각각의 쟁점에 대하여 논하시오. (50점)

(2) 다음을 약술하시오

① 설립신고가 되어 있지 않은 산업별노동조합의 기업지부에서 기업별 노동조합으로 조직형태를 변경하려고 하는 경우 그 절차와 효과 (25점)

② 조합비일괄공제제도(check-off) (25점)

第15회(2006)

〈勞動法 (Ⅰ)〉

(1) 기간의 정함이 있는 근로계약의 성립 및 종료에 관한 법적 쟁점을 논하고, 그 계약을 체결한 근로자에 대한 법적 보호방안을 언급하시오. (50점)

(2) 다음 사항을 약술하시오.

① 도급사업에 있어서 산업안전보건법상 안전, 보건조치 및 근로기준법상 재해보상책임 (25점)

② 고용보험법상 고용안정·직업능력개발사업 중 고용안정관련사업 (25점)(변형)

〈勞動法 (Ⅱ)〉

(1) 노동조합 전임자의 법적지위에 대하여 논하시오. (50점)

(2) 다음을 설명하시오.

① 근로삼권의 자유권성과 생존권성 (25점)

② 단체 협약의 효력확장 (25점)

第16회(2007)

〈勞動法 (Ⅰ)〉

(1) 근로기준법상 휴업수당에 관하여 논하시오. (50점)

(2) 다음 문제를 약술하시오.

① 근로기준법상 부당해고에 대한 노동위원회의 구제명령의 이행 확보수단 (25점)

② 고용보험법상 실업급여의 종류 (25점)

〈勞動法 (Ⅱ)〉

(1) 단체교섭의 거부와 부당노동행위의 관계를 논하시오. (50점)

(2) 다음 문제를 약술하시오.

① 조합원의 권리와 의무 (25점)

② 노사협의회의 운영 (25점)

第17회(2008)

〈勞動法(Ⅰ)〉

(1) 경영상 이유에 의한 해고(정리해고)에 관하여 논하시오. (50점)

(2) 다음 문제를 약술하시오.

① 근로기준법상 재해보상에 있어서 민법 및 산업재해보상보험법과의 관계 (25점)

② 근로기준법상 연장근로의 제한(제53조) (25점)

〈勞動法(Ⅱ)〉

(1) 갑회사의 단체협약에는 「조합원이 담당하는 업무의 변경에 관한 사항은 노동조합의 동의를 요건으로 한다.」는 규정이 있다. 갑회사는 조합원이 담당하고 있는 전산업무를 외부에 도급하기로 하고, 전산전문업체인을 회사와 도급계약을 체결하였다. 이에 갑회사의 노동조합은 갑회사의 위 결정에 대하여 단체교섭을 요구하였으나 갑회사는 이를 거부하였다. 이 사안에 관한 노동법적 쟁점을 논하시오. (50점)

(2) 다음 문제를 약술하시오.

① 쟁의행위 기간 중 사용자의 채용제한에 관하여 설명하시오. (25점)

② 노동위원회의 관장(관할)에 관하여 설명하시오. (25점)

[共著者略歷]

李 相 潤

서울대학교 법과대학 졸업
미국 University of Pennsylvania
(법학석사: LL.M)
미국 University of Wisconsin
(법학박사: J. D., S.J.D.)
행정고시, 미국 변호사시험 합격
통상산업부, 법제처 근무
사법고시 · 행정고시 · 공인노무사 등
국가고시위원
(현재) 연세대학교 법과대학 교수

[著書]
국민연금법해설
국제경제법
노동조합법
영미법
노동법
공인노무사 노동법 I [이론편]

姜 樂 元

연세대학교 법과대학 졸업
연세대학교 행정대학원(법학석사) 졸업
연세대학교 사회교육원 책임강사
삼성 인사노무관리과정 강사
LG 인화원 노경전문가 강사
포스코 노경전문가 강사
한국생산성본부 노무진단사과정 강사
(현재) 대유노무법인 대표
공인노무사

[著書]
통합법전
주관식 노동법 I
공인노무사 노동법 I [이론편]

第17版
客觀式 **勞動法**

1996년 8월 30일 제 1 판 발행
2000년 10월 20일 제 6 판 발행
2004년 8월 30일 제10판 발행
2006년 2월 10일 제12판 발행
2009년 5월 30일 제17판 발행

共著者 李相潤 · 姜樂元
發行人 林 勸 圭
發行處 弘 文 社

120－090 서울시 마포구 염리동 36－249
登錄 1993. 6. 24 第 1－1543 號
TEL : (02) 712－5311(代) FAX : (02) 716－5311
Homepage : http://www.hongmoonsa.co.kr
E-mail : hongmoonsa@hanmail.net

값 39,000원

ISBN 978－89－7770－233－2 93360